Steinmann / Schreyögg · Management

Horst Steinmann / Georg Schreyögg

Management

Grundlagen der Unternehmensführung

Konzepte, Funktionen, Praxisfälle

GABLER

Dr. Horst Steinmann ist Universitätsprofessor für Betriebswirtschaftslehre an der Universität Erlangen-Nürnberg.

Dr. Georg Schreyögg ist Universitätsprofessor für Betriebswirtschaftslehre an der FernUniversität Hagen.

CIP-Titelaufnahme der Deutschen Bibliothek

Steinmann, Horst:
Management: Grundlagen der Unternehmensführung; Konzepte, Funktionen, Praxisfälle/Horst Steinmann; Georg Schreyögg. – Wiesbaden; Gabler, 1990
ISBN 3-409-13312-7
NE: Schreyögg, Georg:

Der Gabler Verlag ist ein Unternehmen der Verlagsgruppe Bertelsmann International.

Lektorat: Ute Arentzen

Satz: SATZPUNKT Ewert, Braunschweig
Druck und Buchbinderei: Wilhelm & Adam, Heusenstam

Printed in Germany

ISBN 3-409-13312–7

Vorwort

Lehrbücher zum Management haben in Deutschland noch keine sehr lange Tradition – dies ganz im Unterschied zum angelsächsischen Sprachraum, in dem schon zu Anfang dieses Jahrhunderts mit der Konstituierung dieses Faches und korrespondierend dazu mit der Produktion von Lehrtexten begonnen wurde. Management ist ein ebenso faszinierendes wie komplexes Bündel von Aufgaben, das zu systematisieren und lehrbar zu machen spezielle Schwierigkeiten bereitet. Schwierig ist es einerseits, theoretisch einen solchen Bogen zu spannen, daß eine integrative Zusammenschau der äußerst heterogenen Aufgabenelemente möglich wird. Die traditionellen Rahmenkonstruktionen erweisen sich zunehmend als zu eng, um die Komplexität der Management-Aufgabe fassen zu können. Für dieses Buch wurde deshalb eine neue Rahmenkonzeption entwickelt, die Management als Steuerungsprozeß in Handlungssystemen interpretiert, die sich in bestandskritischen Umwelten zu bewähren haben. Dabei wurde für das Ausbildungsziel nicht primär an die oberste Führungsebene und ihre Anforderungen gedacht, wie das in der herkömmlichen Unternehmensführungslehre der Fall ist, sondern grundsätzlich an **alle** Personen, die mit betriebswirtschaftlichen Führungsaufgaben betraut sind.

Thematische Fixpunkte sind die fünf klassischen Managementfunktionen: Planung – Kontrolle – Organisation – Personaleinsatz – Führung. Die Vielfalt der Themen, die mit diesen fünf Funktionen umrissen wird, kann ein einzelnes Lehrbuch nicht vollständig abdecken, Selektivität ist unvermeidbar. Selektiv ist nicht nur die thematische Auswahl, sondern auch und gerade die Wahl der Konzepte zu den einzelnen Themenschwerpunkten. Es ist keineswegs Ziel dieses Buches, jeweils alle gängigen Konzepte, Theorien und Ergebnisse zu referieren, sondern, wann immer möglich, haben wir uns auf einige wenige, besonders relevant erscheinende und aussagekräftige konzentriert. Nicht immer ist dabei die Wahl auf das jeweils aktuellste Konzept gefallen.

Die zweite grundlegende Herausforderung bei dem Abfassen eines Management-Lehrbuches ist die Vermittlung einer hinreichend realistischen, praxisbezogenen Sichtweise der Managementaufgaben. Es ist das Ziel dieses Buches, nicht nur eine Einführung in das methodische Rüstzeug zu geben, sondern auch dem Leser einen Eindruck von der Vielfältigkeit, der Aktualität, den Problemen und Grenzen der Managementaufgaben zu vermitteln. Um diesem Ziel wenigstens ein kleines Stück näher zu kommen, ist der Text mit vielen Beispielen, kleineren Fallstudien und anderen aktuellen Bezügen angereichert worden. Um den Lernprozeß zu erleichtern, finden sich ferner am Ende jedes Kapitels Diskussionsfragen, gleichfalls werden dort für ein vertiefendes Studium Literaturhinweise gegeben. Teile des Buches sind lehrerprobt, d. h. sie wurden seit Jahren im Hochschulunterricht verwendet: zahlreiche Studenten der Universität Erlangen-Nürnberg, aber auch viele Praktiker in Weiterbildungskursen haben mit ihrer Kritik zur Verbesserung beigetragen.

Das Buch wendet sich in erster Linie an Studenten, die sich in das Gebiet der Managementlehre einarbeiten wollen, sei es als Teilgebiet der Allgemeinen Betriebswirtschaftslehre oder als Spezielle Betriebswirtschaftslehre. Es wendet sich ferner an weiterbildungsinteressierte Führungskräfte und an solche Praktiker, die sich eine theoretische Grundlage für eine spätere Führungsposition schaffen wollen.

Bei der Erstellung dieses Buches haben wir von vielen Seiten Unterstützung und Anregung erfahren. Unser Dank gilt insbesondere Dipl. Kfm. Jürgen Thiem und Dr. Hans Böhm, die an der Erstfassung einiger Kapitel mitgewirkt haben, ferner gebührt Dank für zahlreiche Anregungen Dr. M. Heinrich, Dr. G. Mus, Dr. F. Hasselberg, Dipl.-Ök. U. Hartmann und Frau Dipl.-Ök. H. Papenheim. Für die sorgfältige Manuskripterstellung und die erfolgreiche Bewältigung aller Tücken des Textverarbeitungssystems und anderer komplizierter Koordinationsprobleme zwischen Nürnberg und Hagen sei besonderer Dank gesagt Frau Gisela Maaß, Frau Liesbeth Schoyerer und Frau Erika Gruß.

Nürnberg/Hagen

HORST STEINMANN
GEORG SCHREYÖGG

Inhaltsübersicht

Vorwort V

Erster Teil
Management: Einführung und historische Entwicklung 1

Erstes Kapitel
Manager und Management 3

Zweites Kapitel
Die Entstehung des Managements und der Managementlehre 23

Zweiter Teil
Konzeptionelle Grundlagen des Managements 61

Drittes Kapitel
Die Rolle des Managements in der Marktwirtschaft 63

Viertes Kapitel
Der Managementprozeß in Handlungssystemen 101

Dritter Teil
Planung und Kontrolle 123

Vorbemerkungen 125

Fünftes Kapitel
Strategische Planung und Kontrolle 127

Sechstes Kapitel
Operative Planung und Kontrolle 211

Vierter Teil
Organisation und Führung 353

Siebtes Kapitel
Organisatorische Strukturgestaltung 355

Achtes Kapitel
Das Individuum in der Organisation: Motivation und Verhalten ... 407

Neuntes Kapitel
Die Gruppe in der Organisation: Das Gruppenverhalten ... 451

Zehntes Kapitel
Der Vorgesetzte in der Organisation: Das Führungsverhalten ... 485

Elftes Kapitel
Unternehmenskultur ... 529

Fünfter Teil
Personaleinsatz ... 555

Zwölftes Kapitel
Personalfunktionen im Unternehmen ... 567

Dreizehntes Kapitel
Personalauswahl ... 581

Vierzehntes Kapitel
Personalbeurteilung ... 611

Fünfzehntes Kapitel
Entlohnung ... 637

Stichwortverzeichnis ... 681

Inhaltsverzeichnis

Erster Teil
Management: Einführung und historische Entwicklung 1

Erstes Kapitel
Manager und Management 3
1.1 Was heißt Management? 5
1.2 Management-Funktionen im Überblick 7
1.3 Soll-Aufgaben und tatsächliche Aktivitäten von Managern 10
1.4 Management-Rollen und Management-Funktionen 17
1.5 Funktionen und Fähigkeiten 19
Diskussionsfragen 21
Literaturhinweise 21

Zweites Kapitel
Die Entstehung des Managements und der Managementlehre 23
2.1 Der Ursprung in der Praxis 25
2.2 Die Ideengeschichte des Managements:
Schulen, Lehrmeinungen, Strömungen 30
2.2.1 Die Etablierung des Faches an den Hochschulen:
USA und Deuschland 31
2.2.2 Die Entwicklung von Lehrmeinungen (Schulen) 33
2.2.2.1 Die Klassiker des Managements 34
2.2.2.2 Die verhaltenswissenschaftliche Schule 45
2.2.2.3 Die quantitativ-mathematisch orientierte Schule 54
2.2.2.4 Systemtheoretische Ansätze 56
Diskussionsfragen 59
Literaturhinweise 60

Zweiter Teil
Konzeptionelle Grundlagen des Managements 61

Drittes Kapitel
Die Rolle des Managements in der Marktwirtschaft 63
3.1 Bezugsgruppen um das Unternehmen 65
3.2 Handlungskoordinaten in der Wirtschaft 66
3.2.1 Zwei Handlungstypen 66
3.2.2 Verständigungsorientes Handeln 68
3.2.3 Erfolgsorientiertes Handeln 69

3.3 Management als erfolgsorientiertes Handeln 72
3.3.1 Das Vertragsmodell der Unternehmung als Verfassung des erfolgsorientierten Handelns 73
3.3.2 Vertragsmodell der Unternehmung und Preissystem 75
3.3.3 Kritik der empirischen Voraussetzungen des Vertragsmodells der Unternehmung 77
3.3.3.1 Externe Effekte 77
3.3.3.2 Vermachtungsprozesse in der Wirtschaft 78
3.3.3.3 Trennung von Eigentum und Verfügungsgewalt 82
3.3.3.4 Schlußfolgerung 84
3.4 Management als verständigungsorientiertes Handeln 84
3.4.1 Anschlußstellen: Gesetz und Unternehmensethik 84
3.4.2 Management und Gesetze: Indirekte Anschlüsse an verständigungsorientiertes Handeln 86
3.4.2.1 Externe und interne Ansatzpunkte 86
3.4.2.2 Externe Restriktionen für das Managerhandeln 86
3.4.2.3 Modifikationen des internen Entscheidungsprozesses 91
3.4.3 Management und Ethik (Unternehmensethik) 92
3.5 Zum Verhältnis von erfolgs- und verständigungsorientertem Handeln von Managern 96
Diskussionfragen 98
Literaturhinweise 98

Viertes Kapitel
Der Managementprozess in Handlungssystemen 101
4.1 Einführung 103
4.2 Die Idee der plandeterminierten Unternehmensführung 103
4.3 Systemtheoretische Grundlagen der Unternehmensführung 107
4.3.1 Unternehmenssteuerung als Problem 107
4.3.2 Die System/Umwelt-Differenz als Bezugspunkt 109
4.3.3 Grenzen der Systemtheorie 115
4.4 Der Managementprozeß im Handlungssystem Unternehmung 116
Diskussionfragen 121
Literaturhinweise 122

Dritter Teil
Planung und Kontrolle 123

Vorbemerkung 125

Fünftes Kapitel
Strategische Planung und Kontrolle 127
5.1 Strategische Planung: Grundbegriffe 129
5.2 Elemente und Schrittfolge des strategischen Managements 132
5.3 Umweltanalyse 135
5.3.1 Definition der Geschäftsfelder 136

5.3.2 Die globale Umwelt 137
5.3.3 Wettbewerbsumwelt: Markt- und Geschäftsfeldanalyse 144
5.4 Unternehmensanalyse: Stärken und Schwächen 152
5.4.1 Die Ressourcenanalyse 155
5.4.2 Konkurrentenanalyse 163
5.5 Strategische Optionen 165
5.5.1 Gewinnung von Alternativen 165
5.5.2 Strategische Optionen auf der Geschäftsfeldebene 167
5.5.3 Strategische Optionen auf der Gesamtunternehmens-Ebene 174
5.5.3.1 Diversifikation 174
5.5.3.2 Portfolio-Strategien 177
5.5.3.3 Strategien im internationalen Kontext 186
5.6 Strategische Wahl 190
5.7 Planung der Strategieimplementation 193
5.7.1 Strategische Programme 194
5.7.2 Strategiegerechte Organisationsstrukturen 195
5.7.3 Strategie und Kultur 196
5.7.4 Personalwirtschaftliche Aspekte 198
5.8 Strategische Kontrolle 200
5.8.1 Unsicherheit und Komplexität 201
5.8.2 Typen strategischer Kontrolle 202
5.8.3 Organisation der strategischen Kontrolle 205
Diskussionsfragen 209
Literaturhinweise 210

Sechstes Kapitel
Operative Planung und Kontrolle 211
6.1 Zum Zusammenhang von operativem und strategischem Planungssystem 213
6.2 Merkmale der operativen Planung 218
6.2.1 Arten operativer Pläne 218
6.2.1.1 Operative Pläne zur Strategieumsetzung und Systemsicherung 218
6.2.1.2 Die Teilpläne des Realgüterprozesses 220
6.2.1.3 Die Teilpläne des Wertumlaufprozesses 224
6.2.1.4 Projektpläne für operative und strategische Projekte 226
6.2.2 Das System der operativen Teilpläne im Überblick 227
6.2.3 Die Interdependenz der Teilpläne 228
6.2.4 Die operative Planung unter Unsicherheit 231
6.2.4.1 Planungssituationen bei Unsicherheit 231
6.2.4.2 Ansätze zum Umgang mit Unsicherheit 233
6.3 Ausgewählte Modelle operativer Planung 237
6.3.1 Die Konstruktion von Planungsmodellen 237
6.3.2 Methoden der operativen Planung (Modellierungstechniken) 241
6.3.2.1 Optimierungsmodelle 242
6.3.2.2 Prognostizierende Modelle 255
6.3.2.3 Experimentier-Modelle (Simulation) 260

6.3.3 Planung des Realgüterprozesses an Beispielen 264
6.3.3.1 Die Produktionsprogrammplanung mit Hilfe der Linearen Programmierung 264
6.3.3.2 Projektplanung mit Netzwerktechnik 287
6.3.4 Planung des Wertumlaufprozesses an Beispielen 294
6.3.4.1 Die Break-even-Analyse 295
6.3.4.2 Planbilanzierung 304
6.3.4.3 Liquiditätsoptimierung in der kurzfristigen Finanzplanung 318
6.4 Die Umsetzung der Pläne in Budgets 325
6.4.1 Budgets als Steuerungsinstrumente 325
6.4.2 Arten von Budgets 329
6.4.3 Der Budgetierungsprozeß 333
6.5 Die operative Kontrolle 337
6.5.1 Die operative Kontrolle als Feedback-Kontrolle/ adaptive Kontrolle 337
6.5.2 Der Kontrollprozeß 338
6.5.3 Die Kontrolle auf Geschäftsfeldebene 340
6.5.3.1 Die Kontrolle operativer Pläne 341
6.5.3.2 Die operative Projektkontrolle als Sonderfall 346
6.5.4 Die Kontrolle bei divisionaler Organisation 347
Diskussionsfragen 351
Literaturhinweise 352

Vierter Teil
Organisation und Führung 353

Siebtes Kapitel
Organisatorische Strukturgestaltung 355
7.1 Theoretische Grundlagen 357
7.2 Was heißt Organisieren 358
7.3 Organisatorische Differenzierung 363
7.3.1 Aufgabenanalyse 364
7.3.2 Formen organisatorischer Arbeitsteilung 366
7.3.2.1 Organisation nach Verrichtungen 366
7.3.2.2 Organisation nach Objekten 368
7.3.3 Organisatorische Teilung des Entscheidungsprozesses 373
7.4 Organisatorische Integration 376
7.4.1 Abstimmung durch Hierarchie 378
7.4.2 Abstimmung durch Programme 385
7.4.3 Selbstabstimmungsregelungen 387
7.4.3.1 Grundlagen 387
7.4.3.2 Formen lateraler Integration 387
7.4.3.3 Personelle Voraussetzungen 392
7.5 Einflußgrößen der Organisationsgestaltung 393
7.5.1 Umwelt als Einflußgröße 394

7.5.2 Technologie ... 396
7.5.3 Lebenszyklus ... 399
7.5.4 Menschen ... 401
Diskussionsfragen ... 403
Literaturhinweise ... 405

Achtes Kapitel
Das Individuum in der Organisation: Motivation und Verhalten ... 407
8.1 Motivation und Motivationstheorien ... 409
8.2 Formale Prozeßtheorien: Das Erwartungs-Valenz-Modell von Vroom ... 420
8.3 Inhaltliche Motivationstheorien ... 420
8.3.1 Die Hierarchie der Bedürfnisse nach Maslow ... 420
8.3.2 Das Motivationsmodell von Richards und Greenlaw ... 424
8.3.3 Die Zwei-Faktoren-Theorie von Herzberg ... 425
8.3.4 Das Reifekontinuum nach Argyris ... 430
8.4 Motivierende Arbeitsgestaltung ... 432
8.5 Arbeitszufriedenheit ... 441
8.5.1 Theoretische Grundlagen ... 441
8.5.2 Handlungskonsequenzen der Arbeitszufriedenheit ... 443
8.5.3 Bedingungen der Arbeitszufriedenheit ... 445
Diskussionsfragen ... 449
Literaturhinweise ... 449

Neuntes Kapitel
Die Gruppe in der Organisation: Das Gruppenverhalten ... 451
9.1 Begriff und Typen von Gruppen ... 453
9.2 Systemanalytischer Bezugsrahmen zur Beschreibung und Erklärung des Gruppenverhaltens ... 455
9.2.1 Gesamtkonzept ... 455
9.2.2 Die Inputvariablen ... 457
9.2.3 Die Prozeßvariablen (Gruppenformation und -entwicklung) ... 459
9.2.3.1 Gruppenkohäsion ... 459
9.2.3.2 Normen und Standards ... 461
9.2.3.3 Interne Sozialstruktur der Gruppe ... 463
9.2.3.4 Kollektive Handlungsmuster ... 474
9.2.4 Die Outputvariablen ... 479
Diskussionsfragen ... 483
Literaturhinweise ... 484

Zehntes Kapitel
Der Vorgesetzte in der Organisation: Das Vorgesetzenverhalten ... 485
10.1 Zur Theorie der Führung ... 485
10.2 Führerschaft und Führungseigenschaften (Eigenschaftsansatz) ... 487
10.3 Führerschaft als Beeinflussungsprozeß ... 490
10.3.1 Führung als intendierter sozialer Einflußversuch ... 490

10.3.2 Der Einflußprozeß und seine Erfolgsbedingungen ... 492
10.3.2.1 Das Einflußprozeß-Modell ... 492
10.3.2.2 Grundlagen sozialer Macht (Einflußpotentiale) ... 494
10.4 Führungsstile und Leistungsverhalten ... 497
10.4.1 Autoritärer versus demokratischer Führungsstil ... 497
10.4.2 Weitere Führungsstil-Konzepte ... 501
10.4.3 Zwei-Dimensionale Konzepte ... 505
10.5 Situationstheorien der Führung ... 507
10.5.1 Der Moderator-Ansatz ... 508
10.5.1.1 Das Fiedlersche Kontingenzmodell ... 508
10.5.1.2 Die „Situationale Führungstheorie" ... 513
10.5.1.3 Das Multiple Verknüpfungsmodell ... 516
10.5.2 Der situationsanalytische Ansatz: Das Vroom-Yetton-Modell ... 517
10.5.3 Der instrumentalistische Ansatz:
Die Weg-Ziel-Theorie der Führung von House ... 521
10.5.4 Vergleichende Gegenüberstellung der Situationstheorien ... 523
10.5.5 Offene Fragen
Diskussionsfragen ... 526
Literaturhinweise ... 527

Elftes Kapitel
Unternehmenskultur ... 529
11.1 Begriff und Bedeutung von Unternehmenskultur ... 532
11.2 Der innere Aufbau einer Unternehmenskultur ... 534
11.3 Kulturtypen ... 537
11.4 Starke und schwache Kulturen ... 540
11.5 Unternehmenskulturen und Subkulturen ... 543
11.6 Wirkungen von Unternehmenskulturen ... 544
11.6.1 Positive Effekte ... 544
11.6.2 Negative Effekte ... 544
11.6.3 Starke Unternehmenskulturen und Innovation ... 548
11.7 Kulturwandel in Organisationen ... 549
Diskussionsfragen ... 552
Literaturhinweise ... 553

Fünfter Teil
Personaleinsatz ... 555

Zwölftes Kapitel
Personalfunktionen im Unternehmen ... 557
12.1 Personal – als Management- und als Sachfunktion ... 559
12.2 Zum Bedeutungswandel der Personalfunktion ... 560
12.3 Die Aufgabengebiete der modernen Personalabteilung ... 562
12.3.1 Personal-Gewinnung ... 563
12.3.1.1 Personalplanung ... 563

12.3.1.2 Personalbeschaffung, -auswahl und -weisung 565
12.3.2 Personal-Entwicklung 566
12.3.2.1 Personalbeurteilung 566
12.3.2.2 Aus-, Fort- und Weiterbildung 567
12.3.2.3 Betriebliches Vorschlagswesen 568
12.3.3 Personalerhaltung 568
12.3.3.1 Gestaltung des Entgelts 568
12.3.3.2 Betriebliche Sozialpolitik 571
12.3.3.3 Mitarbeiterinformation 572
12.3.3.4 Personalverwaltung 573
12.3.3.5 Industrielle Beziehungen 573
12.4 Die Organisation des Personalwesens 574
12.5 Die Einordnung der Personalabteilung in die Gesamtorganisation 575
12.6 Die generischen Personalfunktionen des Managers 577
Diskussionsfragen 579
Literaturhinweise 579

Dreizehntes Kapitel
Personalauswahl 581
13.1 Der Handlungsrahmen der Personalauswahl 583
13.2 Instrumente und Prozeß der Personalauswahl 589
13.2.1 Überblick 589
13.2.2 Die Analyse der Bewerbungsunterlagen 590
13.2.3 Auswahl-Interviews 592
13.2.4 Psychologische Tests 597
13.2.5 Das Assessment-Center 602
13.3 Personalauswahl zwischen Vollzug und Öffnung 607
Diskussionsfragen 608
Literaturhinweise 609

Vierzehntes Kapitel
Personalbeurteilung 611
14.1 Einführung 613
14.2 Zwecke der Personalbeurteilung 613
14.3 Ansätze der Personalbeurteilung 616
14.3.1 Der Tätigkeitsorientierte Ansatz 617
14.3.2 Der Ergebnisorientierte Ansatz 626
14.3.3 Prozeßgestaltung statt Methodenoptimierung 628
14.4 Das Beurteilungsgespräch 628
14.5 Personalbeurteilung zwischen Vollzug und Öffnung 630
14.6 Allgemeine Problemaspekte der Leistungsbeurteilung 633
Diskussionsfragen 635
Literaturhinweise 636

Fünfzehntes Kapitel

Entlohnung ... 637
15.1 Der Lohnkonflikt ... 639
15.2 Grundlagen der Entgeltdifferenzierung: Elemente, Gestaltungsmöglichkeiten, Probleme ... 640
15.2.1 Überblick ... 640
15.2.2 Lohnsatzdifferenzierung ... 642
15.2.3 Lohnformdifferenzierung ... 648
15.2.3.1 Zeitlohn ... 648
15.2.3.2 Akkordlohn ... 649
15.2.3.3 Prämienlohn ... 651
15.2.3.4 Pensumlohn ... 653
15.2.3.5 Allgemeine Probleme der idealtypischen Leistungslohnformen ... 653
15.3 Entlohnung im Wandel ... 654
15.3.1 Überblick ... 654
15.3.2 Neue Produktionstechnologien und Entlohnung ... 656
15.3.2.1 Arbeitsbewertung und neue Technologien ... 656
15.3.2.2 Lohnformgestaltung und neue Technologien ... 661
15.4 Entlohnung und Motivation ... 667
15.5 Entlohnung und Lohnzufriedenheit ... 670
15.5.1 Determinanten der Lohnzufriedenheit ... 671
15.5.2 Empirische Befunde ... 675
15.6 Unzufriedenheit mit der Entlohnung und ihre Folgen ... 676
Diskussionsfragen ... 678
Literaturhinweise ... 678

Stichwortverzeichnis ... 681

Erster Teil

Management: Einführung und historische Entwicklung

Erstes Kapitel
Manager und Management

Zweites Kapitel
Die Entstehung des Managements und der Managementlehre

Erstes Kapitel

Manager und Management

1.1 Was heißt Management? 5

1.2 Management-Funktionen im Überblick 7

1.3 Soll-Aufgaben und tatsächliche Aktivitäten von Managern 10

1.4 Management-Rollen und Management-Funktionen 17

1.5 Funktionen und Fähigkeiten 19

Diskussionsfragen 21

Literaturhinweise 21

Jahrhunderte lang waren es Bauern, Handwerker, Händler usw., die die Menschen mit dem versorgten, was sie zum Leben brauchten. Heute werden unsere Güter zum größten Teil von großen Organisationen erstellt, Organisationen, die von Managern geleitet werden. Das Management von Organisationen ist damit an eine zentrale gesellschaftliche Stelle gerückt, der Beruf des Managers erhielt eine herausragende Bedeutung. Diese Entwicklung ist noch relativ jung.

Noch vor 150 Jahren war das Bild ganz anders, den Beruf des Managers gab es noch nicht. Die Leitungshierarchie hatte noch keine Bedeutung, die meisten Wirtschaftseinheiten waren klein und personengebunden. Spätestens seit Beginn der sog. Gründerjahre hat sich dann der dramatische Wandel vollzogen, der den Faktor Management zu einem allgegenwärtigen Phänomen gemacht hat.[1]

Die Einsicht in die große Bedeutung des Managements für die wirtschaftliche Entwicklung hat rasch das Bedürfnis nach allgemeinen, wissenschaftlich fundierten Management-Grundsätzen entstehen lassen, die den Erfolg dieser Tätigkeit absichern. Es entwickelte sich ein eigenständiges Wissensgebiet, das zunehmend in speziellen Ausbildungsgängen zunächst an Wirtschaftsschulen und später an Universitäten vermittelt wurde. Dies führte im Ergebnis dazu, daß die Aufgabe des Managements systematisiert wurde, d.h. insbesondere Management wurde – jedenfalls in Teilen – zu einer **lehrbaren** und **lernbaren** Qualifikation ausgeformt.

Dies ist auch der Ansatzpunkt für dieses Lehrbuch. Es hat die Aufgaben des Managements zum Gegenstand und stellt die wesentlichen Wissensbestände, Methoden und Instrumente vor, die zur Bewältigung dieser Aufgaben entwickelt wurden. Das Buch versucht Antwort zu geben auf Fragen wie: Was umfaßt die Aufgabe von Managern? Was unterscheidet erfolgreiche von erfolglosen Managern? Welche Marktkenntnisse und Methoden stehen dem Management zur Verfügung? Welche Umwelteinflüsse spielen in die Aufgabe des Managers herein? In welchem Umfang ist die Managementaufgabe organisierbar? usw. Einen solchen Überblick zu geben, ist nicht ganz unproblematisch. Denn weder ist das Gebiet der Managementlehre heute schon klar umrissen, noch hat der Begriff des Managements selbst bisher eine einheitliche Festlegung erfahren. In der Wirtschaftspraxis ist er ein „Allerweltsbegriff", der – zumal in Deutschland – mehr um seiner Signalkraft willen als seines Bedeutungsgehalts wegen verwendet wird.

1.1 Was heißt Management?

Soweit theoretische Bemühungen um eine „Lehre des Managements" vorliegen, kann man mindestens zwei unterschiedliche Begriffsbildungen feststellen. Management wird einerseits als Institution verstanden und andererseits – davon deutlich unterschieden – als Komplex von Aufgaben, die zur Steuerung eines Systems erfüllt werden müssen; entsprechend wird ein „institutioneller Ansatz" und ein „funktionaler Ansatz" in der Managementlehre unterschieden.

1 Vgl. dazu unsere Ausführungen zur Genesis des modernen Managements im zweiten Kapitel.

Mit Management als **„Institution“** meint man alle Positionen der Unternehmenshierarchie, die mit Anweisungsbefugnis betraut sind, also alle die Stellen, die sich in die Führungsaufgabe teilen. Manager sind demnach alle Firmenmitglieder, die Vorgesetztenfunktionen wahrnehmen, angefangen vom Meister bis zum Vorstandsvorsitzenden. Diese im angelsächsischen Sprachraum gebräuchliche Begriffsfassung geht also weit über die oberen Führungsebenen hinaus, für die im deutschen Sprachgebrauch häufig der Begriff Manager reserviert ist. Dieses Managementverständnis schließt auch den Eigentümer-Unternehmer mit ein und ignoriert damit die in der industrieökonomischen Forschung gebräuchliche Unterscheidung zwischen **Managern** im Sinne von kapitallosen Funktionären, die von den Kapitaleignern zur Führung eines Unternehmens bestellt sind, und **Eigentümern** als den durch das eingebrachte Kapital legitimierten Unternehmensführern.[2]

Der **Funktionsansatz** knüpft dagegen – prinzipiell unabhängig von einer vorherigen Fixierung auf bestimmte Positionen und Führungsebenen – an diejenigen Handlungen an, die der Steuerung des Leistungsprozesses, d.h. aller zur Aufgabenerfüllung notwendigen ausführenden Arbeiten in der Unternehmung oder allgemeiner in der Organisation dienen; solche „Steuerungshandlungen“ können z.B. planender, organisierender oder kontrollierender Art sein.

So gesehen geht es hier also nicht um einen speziellen Personenkreis oder um eine bestimmte Ebene in einem Unternehmen, sondern zunächst einmal nur um einen Kranz von Aufgaben, die erfüllt werden müssen, wenn das System seine Ziele erreichen will. Leitungspositionen (Instanzen) sind zu gewissen Teilen, keineswegs aber vollständig mit der Erfüllung dieser Funktionen betraut. Sie haben daneben in mehr oder weniger großem Umfang auch Sachaufgaben zu bewältigen. Häufig ist der Anteil der Managementaufgaben am Gesamtaufgabenbudget eines Managers um so kleiner, je niedriger er in der Unternehmenshierarchie angesiedelt ist; es gibt jedoch auch viele Industriebetriebe, in denen gerade Führungskräfte der unteren Ebenen so gut wie ausschließlich mit Managementfunktionen betraut sind.

Die Managementfunktionen stehen zu den originären betrieblichen Funktionen wie Einkauf, Produktion oder Verkauf (Sachfunktionen) in einem komplementären Verhältnis. Man kann sich das Management als eine komplexe Verknüpfungsaktivität vorstellen, die den Leistungserstellungsprozeß gleichsam netzartig überlagert und in alle Sachfunktionsbereiche steuernd eindringt. Abbildung 1.1 stellt diesen Zusammenhang schematisierend als eine Art Matrix dar. Ein gutes Betriebsergebnis ist nur erzielbar, wenn Sach- und Managementfunktionen eng zusammenwirken und gut aufeinander abgestimmt sind.

Das funktionale Managementkonzept sieht das Management also als eine Art Querschnittsfunktion, die den Einsatz der Ressourcen und die Koordination der Sachfunktio-

2 In der industrieökonomischen Forschung ist diese Unterscheidung relevant, weil es dort gerade auf die vergleichende Gegenüberstellung von eigentümergeleiteten und managergeleiteten Unternehmen ankommt. Vgl. Berle, A.A./Means, G.C., The modern corporation and private property, 2. Aufl., New York 1968; Schreyögg, G./Steinmann, H., Zur Trennung von Eigentum und Verfügungsgewalt, in: Zeitschrift für Betriebswirtschaft 51 (1981), S. 533-558.

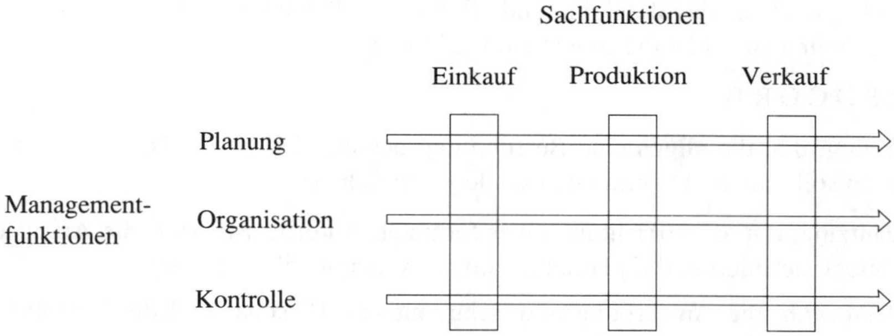

Abb. 1.1: Management als Querschnittsfunktion

nen steuert. Managementfunktionen fallen demzufolge in jedem Bereich des Unternehmens an, gleichgültig, ob es sich nun um den Einkaufs-, Finanzierungs-, Vertriebs- oder einen sonstigen betrieblichen Bereich handelt. Diese Aufgaben sind auch auf jeder Hierarchiestufe zu erfüllen, wenn auch unterschiedlich nach Art und Umfang.

Damit wird die Konzeption des funktionalen Managementverständnisses klar:

Management ist ein Komplex von Steuerungsaufgaben, die bei der Leistungserstellung und -sicherung in arbeitsteiligen Systemen erbracht werden müssen. Diese Aufgaben stellen sich ihrer Natur nach als immer wiederkehrende Probleme dar, die im Prinzip in jeder Leitungsposition zu lösen sind, und zwar unabhängig davon, in welchem Ressort, auf welcher Hierarchieebene und gleichgültig auch, in welchem Unternehmen sie anfallen. Obwohl die Situationen erheblich unterschiedlich, die Probleme gänzlich different, die zu erstellenden Leistungen usw. völlig anderer Art sein können, trotzdem gibt es einen generellen Katalog von Systemsteuerungsaufgaben. Sie werden in der Regel von speziell dazu bestellten Personen erfüllt, den Führungskräften, also dem Management im institutionalen Sinne. Es sind genau diese **generellen Management-Aufgaben**, die im Mittelpunkt dieses Buches stehen sollen. Im Grundsatz geht es dabei um Aufgaben von Managern jedweder Organisation, wir wollen uns aber im fortfolgenden auf den Sonderfall der erwerbswirtschaftlichen Organisation konzentrieren.

1.2 Management-Funktionen im Überblick

Um eine so komplexe Funktion wie die des Managements besser verstehen zu können, empfiehlt es sich, sie zunächst einmal in eine begrenzte Menge von Teilaufgaben zu zerlegen. Von dieser Möglichkeit hat die Managementlehre umfänglichen Gebrauch gemacht, die Zahl der entwickelten Managementfunktionskataloge ist heute unüberschaubar. Dennoch hat sich im Laufe der Zeit ein im großen und ganzen akzeptierter Kranz von Basis-Funktionen herausgebildet. Von besonderem Einfluß war dabei die an das Pionierwerk von Henri Fayol anknüpfende POSDCORB-Klassifikation von Gulick.[3] Dieses Konzept unterscheidet die folgenden Funktionen:

P O S D C O R B

Planning, d.h. die allgemeine Bestimmung dessen, was zu tun ist und wie es getan werden soll, um die Unternehmensziele zu erreichen.

Organizing, d.h. die Errichtung einer formalen Autoritätsstruktur, die Arbeitseinheiten bildet, definiert und im Hinblick auf das Gesamtziel koordiniert.

Staffing, d.h. die Anwerbung und Schulung von Personal und die Gewährleistung adäquater Arbeitsbedingungen.

Directing, d.h. das fortlaufende Treffen von Einzelentscheidungen und ihre Umsetzung in fallweise oder generelle Anweisungen.

COordinating, d.h. die allgegenwärtige Aufgabe, die verschiedenen Teile des Arbeitsprozesses zu verknüpfen.

Reporting, d.h. die fortlaufende Information der vorgesetzten Ebene über die Entwicklung des Aufgabenvollzuges. Dies schließt die fortwährende Eigeninformation und die der unterstellten Mitarbeiter mit ein.

Budgeting, d.h. die Wahrnehmung aller der Aufgaben, die zur Budgetierung gehören, insbesondere Budgetaufstellung und Budgetkontrolle.

Aus diesem und anderen Konzepten hat sich in der Fortfolge der mehr oder weniger klassische Fünferkanon von Managementfunktionen herausgebildet, wie er für die traditionelle Managementlehre bis heute Geltung hat und in dem Standard-Lehrbuch von Harold Koontz und Cyril O'Donnell beschrieben wurde:[4]

(1) Planung (planning)
(2) Organisation (organizing)
(3) Personaleinsatz (staffing)
(4) Führung (directing)
(5) Kontrolle (controlling).

Die **Koordination** wird in diesem Konzept dabei nicht (wie bei POSDCORB und vielen anderen Managementprozeßansätzen) als eine eigenständige Funktion angesehen; sie ist von ihrem Charakter her keine Teilfunktion, sondern funktionsübergreifend, d.h. sie wird durch eine Vielzahl unterschiedlicher Führungshandlungen bewirkt. Gleiches gilt im übrigen für die oftmals gesondert ausgewiesene Managementfunktion **Entscheidung**. Auch sie ist gewissermaßen eine Meta-Funktion, die jeder Managementfunktion inhärent ist. Jede Planungs-, Organisations- oder Personaleinsatzaufgabe beinhaltet eine Vielzahl von Entscheidungen. Sie als eigenständige Funktion zu führen, gibt deshalb in diesem Rahmen keinen Sinn.

3 Vgl. Gulick, L.H., Notes on the theory of organizations, in: Gulick, L.H./Urwick, L.F. (Hrsg.), Papers on the science of administration, New York 1937, S. 13.

4 Vgl. Koontz, H./O`Donnell, C., Principles of management: An analysis of managerial functions, New York 1955 (8. Aufl. 1984, mit Co-Autor H. Weihrich).

In der Konzeption von Koontz/O'Donnell stehen die fünf Managementfunktionen nicht lose nebeneinander, sondern werden in eine bestimmte Ordnung und Abfolge gebracht, so daß die Vorstellung eines **Prozesses** entsteht.

Im Managementprozeß werden die Managementfunktionen dynamisch als Phasen im Sinne einer aufeinander aufbauenden Abfolge von Aufgaben angesehen. Der klassische Managementprozeß ordnet die fünf Managementfunktionen nach dem folgenden Phasenablauf: Planung – Organisation – Personaleinsatz – Führung – Kontrolle.

(1) Planung

Den logischen Ausgangspunkt des klassischen Management-Prozesses bildet die Planung, d.h. das Nachdenken darüber, was erreicht werden soll und wie es am besten zu erreichen ist. Es geht also zu allererst um die Bestimmung der Zielrichtung, die Entfaltung zukünftiger Handlungsoptionen und die Auswahl unter diesen. Von der langfristigen zur kurzfristigen Orientierung fortschreitend beinhaltet Planung u.a. die Festsetzung von Zielen, Rahmenrichtlinien, Programmen und Verfahrensweisen zur Programmrealisierung für die Gesamtunternehmung oder einzelne ihrer Teilbereiche. Es ist diese Idee des Prozeßanfangs, die der Planung die Rolle der **Primärfunktion** zuschreibt in dem Sinne, daß alle anderen Funktionen ihre Bestimmung aus der Planung erfahren und so gewissermaßen dem Regiment der Planung unterworfen sind.

(2) Organisation

Planung ist lediglich gedankliche Arbeit. Sie bedarf der Umsetzung, wenn sie das Handeln der Organisationsmitglieder tatsächlich steuern soll. Der Managementfunktion Organisation obliegt es daher, in einem ersten Umsetzungsschritt ein Handlungsgefüge herzustellen, das alle notwendigen Aufgaben spezifiziert und so aneinander anschließt, daß eine Realisierung der Pläne gewährleistet ist. Zentral ist die Schaffung von überschaubaren plangerechten Aufgabeneinheiten (Stellen und Abteilungen) mit Zuweisung von entsprechenden Kompetenzen und Weisungsbefugnissen sowie die horizontale und vertikale Verknüpfung der ausdifferenzierten Stellen und Abteilungen. Ebenso gehört dazu die Einrichtung eines Kommunikationssystems, das die eingerichteten Stellen mit den zur Aufgabenerfüllung notwendigen Informationen versorgt.

(3) Personaleinsatz

Die in der Organisation geschaffenen Stellen bedürfen sodann einer anforderungsgerechten Besetzung mit Personal, um eine plangemäße Umsetzung der organisierten Tätigkeiten zu ermöglichen. Die Personalfunktion beinhaltet aber nicht nur die einmalige Stellenbesetzung, sondern im Fortlauf des Prozesses auch die fortwährende Sicherstellung und Erhaltung der Human Ressourcen. Darunter fallen vor allem die Aufgaben der Personalbeurteilung und der Personalentwicklung. Ferner gehört zur Gewährleistung einer qualifizierten Stellenbesetzung eine leistungsgerechte Entlohnung.

(4) Führung

Sind mit der Planung der Organisation und der personellen Ausstattung die mehr strukturellen Voraussetzungen für den Aufgabenvollzug geschaffen, schließt sich idealtypisch die permanente, konkrete Veranlassung der Arbeitsausführung und ihre zieladäquate Feinsteuerung im vorgegebenen Rahmen als zentrale Führungsaufgabe eines jeden Managers an. Der tägliche Arbeitsvollzug und seine Formung durch den Vorgesetzten, als die **Führung im engeren Sinne**, stehen jetzt im Vordergrund. Es interessieren das Einflußgefüge als Mikro-Struktur zwischen den Beteiligten und diejenigen Maßnahmen, durch die die Veranlassung und Steuerung der Arbeitshandlungen optimal möglich wird. Motivation, Kommunikation und der Führungsstil sind die herausragenden Themen dieser Managementfunktion.

(5) Kontrolle

Die letzte Phase des so konzipierten Management-Prozesses ist dann die Kontrolle. Sie stellt insofern logisch den letzten Schritt dar, als sie die erreichten Ergebnisse registrieren und mit den Plandaten vergleichen soll. Der Soll/Ist-Vergleich soll zeigen, ob es gelungen ist, die Pläne in die Tat umzusetzen. Allfällige Abweichungen sind daraufhin zu prüfen, ob sie die Einleitung von Korrekturmaßnahmen oder grundsätzliche Planrevisionen erfordern. Die Kontrolle bildet mit ihren Informationen zugleich den Ausgangspunkt für die Neuplanung und damit den neu beginnenden Managementprozeß. Nachdem Kontrolle ohne Planung nicht möglich ist, weil sie sonst keine (planmäßigen) Sollvorgaben hätte, und andererseits jeder neue Planungszyklus nicht ohne Kontrollinformationen über die Zielerreichung beginnen kann, bezeichnet man Planung und Kontrolle auch als Zwillingsfunktionen.

Abbildung 1.2 veranschaulicht die beschriebene Vorstellung des Management-Prozesses als einer Abfolge von Management-Funktionen und gibt eine detaillierte Übersicht über weitere den Funktionen zuzuordnende Einzelaufgaben.

1.3 Soll-Aufgaben und tatsächliche Aktivitäten von Managern

Diese lineare Abfolge der Managementfunktionen wird in den praxisbezogenen Prinzipien der Managementlehre häufig relativiert, weil de facto die Interdependenzen zwischen den Funktionen so stark ausgeprägt sind, daß sie sich einer solchen Ordnung entziehen. Diese **Interdependenzen** ergeben sich sowohl in sachlicher als auch in zeitlicher Hinsicht. Mit anderen Worten, die Aufgaben überlappen sich zu stark und lassen sich im praktischen Arbeitsprozeß nicht in dem Maße isolieren und zeitlich strecken, daß eine sequentielle Abarbeitung im Sinne des beschriebenen Prozesses möglich würde. Bei

Kontrollsystemen und Kontrollhandlungen geht es zum Beispiel nicht nur um die Beschaffung und Analyse von Informationen über den Planvollzug, sondern sie haben auch Auswirkungen auf Einstellungen und Verhaltensweisen der Mitarbeiter zu und in ihrer Arbeit. Zuviel Kontrolle entmutigt, schafft Mißtrauen, regt zum Ausweichen an usw. Ähnliche Interdependenzen gibt es auch bei den anderen Funktionen. Ein Beurteilungssystem kann der Motivation entgegenstehen, und eine zu detaillierte Planung läßt wenig Raum für Kreativität.

Schon aus diesen Beispielen folgt, daß gewöhnlich mehrere Funktionen gleichzeitig bedacht werden müssen; so ist z.B. die Entscheidung für ein Motivationssystem zugleich auch eine Entscheidung für ein Kontrollsystem oder zumindest die Entscheidung gegen einen bestimmten Typus von Kontrollsystemen. Diese offenkundige Diskrepanz zwischen der linearen Soll-Konzeption und realen Managementprozessen gab Veranlassung, empirisch genauer zu erforschen, wie sich das Tätigkeitsspektrum eines Managers praktisch darstellt.

„Frage einen Manager, was er tut, so wird er dir mit großer Wahrscheinlichkeit sagen, daß er plant, organisiert, koordiniert und kontrolliert. Dann beobachte, was er wirklich tut. Sei nicht überrascht, wenn du das, was du siehst, in keinen Bezug zu diesen vier Wörtern bringen kannst.“[5]

Mit dieser provozierenden Feststellung resümiert Henry Mintzberg das Ergebnis seiner Studie zur Natur der Managementaufgabe. Diese Studie gehört in den Bereich der empirischen Analysen der Managerarbeit, in denen sich der Vorwurf der mangelnden Wirklichkeitsnähe des klassischen Konzepts der Managementfunktionen und ihrer systematischen Abfolge konkretisiert hat.

In diesen Arbeitsaktivitäts-Studien hat man versucht, unvoreingenommen zu registrieren, was Manager ganz konkret tun. Dazu wurden verschiedene Methoden eingesetzt. Bekannt geworden sind die Tagebuchstudien, in denen Manager gebeten werden, über einen gewissen Zeitraum hinweg ihre einzelnen Aktivitäten chronologisch aufzuzeichnen. Prominenter noch wurden aber die Studien, die dem Manager einen permanenten Beobachter zur Seite gestellt haben, mit der Maßgabe, sämtliche Aktivitäten eines Tages akribisch aufzuzeichnen.

Schon in den ersten Studien[6] zeigte sich ein Muster, das sich in späteren Untersuchungen immer wieder bestätigen sollte:

1. **Offene Zyklen.** Die Arbeit hat keinen klar geschnittenen Anfang und kein eindeutiges Ende. Sie ist vielmehr durch das Lösen permanenter Probleme gekennzeichnet. Es sind dies Probleme, die sich nicht grundsätzlich lösen lassen, weil eine dynamische externe und interne Umwelt sie fortwährend aktiviert, wenn auch in unterschiedlichster Form.

5 Vgl. Mintzberg, H., The manager's job: Folklore and fact, in: Harvard Business Review 53 (1975), S. 49 (Übers. d. d. Verf.).

6 Vgl. vor allem die Pionier-Studien von Carlson, S., Executive behavior: A study of the work load and the working methods of managing directors, Stockholm 1951 und Guest, R.H., Of time and the foreman, in: Personnel 32 (1955/56), S. 478-486.

2. **Der Arbeitstag ist zerstückelt.** Die Arbeit vollzieht sich nicht in einem geordneten, nach Phasen gegliederten Ablauf, sondern ist gekennzeichnet durch eine Vielzahl von Einzelaktivitäten, ad hoc-Gesprächen, ungeplanten Besuchen und einem ständigen Hin- und Herspringen zwischen Themen vom trivialen Alltagsproblem bis zur 10 Millionen-DM-Investition. So blieben z.B. die Manager (n=160) in der Tagebuch-Studie von Stewart im Verlaufe von vier Wochen nur in neun Arbeitssequenzen länger als eine halbe Stunde an einer Arbeit.[7] Mintzberg registriert in seiner Studie, in der fünf Topmanager jeweils eine Woche lang direkt beobachtet wurden, daß die Hälfte aller Aktivitäten eines Tages weniger als 9 Minuten dauerten, und nur 10% aller Arbeitssequenzen waren länger als eine Stunde (meist Besprechungen).[8] Kasten 1.1 gibt ein eindrückliches Beispiel für einen solchen zerstückelten Arbeitstag. Es ist einer eigenen Studie entnommen, die den Arbeitstag von Geschäftsführern mittelständischer Unternehmen zum Gegenstand hatte.

3. **Verbale Kommunikation**. Die meiste Zeit wird mit Gesprächen verbracht. In allen Studien zeigte sich übereinstimmend, daß der wesentliche Teil der Arbeit im Kontakt und über den Kontakt mit Menschen geleistet wird. In den vielen Untersuchungen gab es kaum einen Manager, der weniger als 70 % seiner Zeit für Gespräche verwandt hätte; einige General-Manager in der Untersuchung von Kotter verbrachten sogar bis zu 90 % ihrer Zeit mit Gesprächen.[9]

4. **Fragen und Zuhören.** Die Kontakte bestehen nur zum geringsten Teil aus Anweisungen, eine wesentlich größere Rolle spielen die Fragen, die der Manager stellt, das Zuhören und das Geben von Auskünften.Die Kontaktpartner sind sehr unterschiedlich, Kollegen, Vorgesetzte, Kunden, Verbände, Lieferanten usw., Kontakte mit den unterstellten Mitarbeitern machen selten mehr als die Hälfte aller Kontakte aus.

5. **Ambiguität.** Die Tätigkeit des Managers ist gekennzeichnet durch Komplexität und Ungewißheit. Die zu lösenden Probleme sind häufig schwer strukturierbar und stellen sich zumeist in einer Form, wie sie vorher nicht bekannt war. In der Regel muß eine Entscheidung fallen, lange bevor alle benötigten Informationen gesammelt sind.

Aus dieser Beschreibung der Managertätigkeit geht implizit auch hervor, daß Manager nicht nur Initiatoren und Impulsgeber, sondern mindestens im gleichen Maße – bedingt durch externe Zwänge – Reagierer und Anpasser sind. Den Aufriß genau dieses Spielraums aus Reaktion und Aktion hat Stewart[10] zum Gegenstand ihrer Konzeptualisierung der Managementaufgabe gemacht. Nach diesem Verständnis ist das Tätigkeitsfeld eines Managers durch drei Komponenten bestimmt:

1. **Handlungszwänge** (demands); das sind alle Aktivitäten, die zu den fest umrissenen Pflichten eines Stelleninhabers gehören (Berichterstattung, Budgeterstellung, Gegenzeichnung von Briefen usw.).

2. **Restriktionen** (constraints); das sind Begrenzungen, die der Manager in seiner Tätigkeit erfährt. Sie können von innen oder von außen kommen. Begrenzungen der ge-

7 Vgl. Stewart, R., Managers and their jobs, London 1967.
8 Vgl. Mintzberg, H., The nature of managerial work, 2. Aufl., Englewood Cliffs, N.J. 1980, S. 33.
9 Vgl. Kotter, J., The general managers, New York 1982, S. 80.
10 Vgl. Stewart, R., Choices for the manager, Englewood Cliffs, N.J. 1982.

Kasten 1.1

Ein Arbeitstag von Raphael Berger

Raphael Berger leitet eine Gießerei mit ca. 100 Mitarbeitern. Daneben betreibt er eine im Aufbau befindliche Gesellschaft, die sich mit der Entwicklung eines Computersystems (Hardware und Software) zur Fertigungssteuerung beschäftigt.

8.00: Raphael Berger betritt das Gebäude und erhält schon auf dem Weg zu seinem Büro von Ralf Dahm, einem Mitarbeiter aus der Kalkulation, einen Hinweis auf eine Störung bei dem in Entwicklung befindlichen Computersystem. Danach geht er zu seinem Schreibtisch,

8.12: wo ihn der Anruf eines Mitarbeiters erreicht, der einen Austausch der Auszubildenden vorschlägt.

8.15: Direkt im Anschluß daran ruft er einen seiner Meister, Herrn Gallus, an, um ihm eine Anweisung technischer Art zu geben.

8.16: Dann startet er den in seinem Büro befindlichen Computer, der ihm die Ergebnisse der während der Nacht erfaßten und verarbeiteten Fertigungsdaten ausdruckt, um die Probleme, von denen ihm Ralf Dahmn berichtet hat, selbst zu beobachten und

8.19: stellt dann Dahm telefonisch dazu eine Frage.

8.20: Berger telefoniert mit einem zweiten Meister (Kraft), um von ihm eine Information über den Produktionsfortschritt in einem bestimmten Bereich zu erhalten.

8.21: Nun beginnt er sich mit der bereits auf seinem Schreibtisch befindlichen Eingangspost zu beschäftigen, indem er sie öffnet, liest und zur Weiterverarbeitung vorbereitet. Einen Teil, den er selbst bearbeiten möchte, behält er zurück. Dies dauert mit den folgenden 8 Unterbrechungen etwa 12 Minuten.

8.22: Als Reaktion auf eines der Schreiben telefoniert Berger mit Meister Gallus und stellt ihm eine Frage.

8.23: Dann stellt er Meister Kraft dieselbe Frage.

8.25: Berger ruft den Entwicklungsingenieur des Computersystems (den er auch privat sehr gut kennt) an und spricht mit ihm über die aufgetretene Störung.

8.26: Der Betriebsleiter meldet sich telefonisch, Berger gibt ihm Anweisungen in der mit den Meistern bereits besprochenen Angelegenheit.

8.29: Berger sieht durch die offene Tür seines Büros, wie ein Mitarbeiter des Nachbarbetriebes das Bürogebäude betritt und steht auf, um ihm entgegenzutreten. Beide unterhalten sich kurz auf dem Flur über allgemeine Probleme, bevor der Besucher seine ursprünglich geplante Unterredung mit Mitarbeitern der Fertigung beginnt.

8.31: Berger telefoniert mit Meister Groll, um ihn zu sich zu bestellen.

8.32: Sie führen ihre Besprechung auf dem Flur, da Groll eintrifft, als Berger gerade auf dem Weg in das kaufmännische Büro ist, um den Mitarbeitern dort die Post zu bringen. Berger trifft eine Entscheidung über das weitere Vorgehen in einer produktionstechnischen Angelegenheit.

8.33: Berger sucht die Buchhalterin in ihrem Büro auf. Sie erkundigt sich nach seiner kranken Sekretärin, daraus entwickelt sich eine kurze Unterhaltung über deren Gesundheitszustand.

8.34: Auf dem Rückweg zu seinem Büro wird er noch einmal von Groll, der in der Tür stehengeblieben war, zu dem eben erörterten Thema befragt.

8.35: Kaum in sein Büro zurückgekehrt, erhält er einen Anruf von Meister Gallus, der eine Information haben möchte.
8.36: Nach einem Blick auf den laufenden Computerausdruck informiert er Dahm telefonisch über seine Beobachtungen und erörtert dann mit ihm ein damit in Zusammenhang stehendes Personalproblem.
8.37: Sie unterbrechen das Gespräch und Dahm kommt in Bergers Büro, um sich den aufgetretenen Fehler direkt anzusehen.
8.37: In diesem Zusammenhang bittet er Meister Gallus telefonisch um eine Information, bricht das Gespräch jedoch ab, als dieser ihm keine Antwort geben kann,
8.37: und stellt dieselbe Frage seiner Buchhalterin. Nach Beendigung dieses Telefonates verläßt Dahm das Zimmer.
8.40: Berger liest nun die Tageszeitung, (bis 8.52, d.h. auch in den kurzen Zeiten zwischen den folgenden Ereignissen).
8.44: Der Computerausdruck ist fertig, Berger teilt dies Dahm telefonisch mit.
8.45: Dahm kommt herein, um sich den Ausdruck zu holen.
8.47: Berger ruft Meister Kraft an, um ihm eine kurze Frage zum Produktionsablauf zu stellen.
8.49: Der Betriebsleiter betritt das Büro, gibt Berger einen Bericht über die Befolgung der vorhin erhaltenen Anweisungen und verläßt es wieder, als Berger den Anruf
8.50: eines Lieferanten erhält, der mit ihm über einen Liefertermin sprechen will.
8.52: Berger geht zu Dahm, um sich mit ihm weiter über das Computerproblem zu unterhalten. An dem Gespräch beteiligen sich bald auch die im selben Zimmer sitzende Sekretärin und der später dazustoßende Meister Kraft.
8.56: Während dieses Gesprächs trifft der Anruf eines Kunden ein. Es geht um Schwierigkeiten mit dem gekauften Computersystem. Berger erklärt, wie das Problem gelöst werden könnte.
8.58: Unmittelbar nach Beendigung dieses Gesprächs erreicht ihn ein Anruf vom Fachverband (Wirtschaftsvereinigung), dem er die gewünschten Auskünfte ebenfalls sofort gibt.
9.00: Kurz nachdem er das Gespräch mit den anderen wieder aufgenommen hat, unterbricht er es, um den Entwicklungsingenieur über den Kundenanruf in Kenntnis zu setzen. In der Zwischenzeit löst sich die Gesprächsrunde auf.
9.06: Die Sekretärin erinnert an einen wichtigen Brief. Berger diktiert stehend im kaufmännischen Büro diesen Brief.
9.07: Dabei wird er jedoch durch den Anruf des Betriebsleiters unterbrochen, der ihm eine kurze Information gibt.
9.08: Berger geht in sein Büro zurück, um dort einen bereits für 9.00 Uhr angekündigten Kundenbesuch zu empfangen. Nach einer kurzen Begrüßung und ein paar in ungezwungener Atmosphäre (die Gesprächspartner kennen sich bereits) gewechselten Worten nehmen sie an dem in Bergers Büro befindlichen Konferenztisch Platz. In dem sich nun anschließenden Gespräch werden Konstruktionsprobleme anhand einer Zeichnung erörtert.

Quelle: Schreyögg, G./Hübl, G., Manager und ihre Arbeit, Hagen 1989 *

meinten Art stellen z.B. dar: Budgetlimits, Satzungen, Betriebsvereinbarungen, eingesetzte Technologien usw.

3. **Eigengestaltung** (choices); damit soll der Aktivitätsraum umrissen sein, der frei gestaltet werden kann. Erst hier kann der Manager seiner Arbeit und seinem Umfeld einen eigensinnigen Stempel aufprägen (z.B. Führungsverhalten, Arbeitsstil, Konfliktlösung).

Zwar sind alle Managementtätigkeiten durch diese drei Komponenten gekennzeichnet, die Zusammensetzung der Komponenten variiert jedoch in der Praxis erheblich von Ebene zu Ebene und von Organisation zu Organisation. Häufig wird die Meinung vertreten, eine Top-Management-Aufgabe wäre durch besonders viel „choice" und besonders wenig „demands" gekennzeichnet. Daß dies nicht unbedingt der Fall sein muß, zeigt die Analyse von Neustadt. Sie hatte die Arbeit des Präsidenten der Vereinigten Staaten von Amerika zum Gegenstand und streicht die „Handlungszwänge" als dominante Komponente heraus:

„Die Art und Weise, wie ein Präsident seine Zeit nutzt und seine Aufmerksamkeit verteilt, ist beherrscht von den Dingen, die er täglich tun muß: die Rede, die er versprochen hat zu halten, den fixen Gesprächstermin, den er nicht mehr verschieben kann, das Dokument, das nur er abzeichnen kann, die Ruhepause, die sein Doktor angeordnet hat. Die Prioritäten gehen nicht von der Relevanz eines Themas aus, sondern von der Notwendigkeit, etwas tun zu müssen."[11]

Bei der Hervorhebung von Handlungszwängen (demands) sollte man jedoch zwischen solchen unterscheiden, die eine bestimmte Position notwendig mit sich bringt (Unterschriften, Repräsentanz usw.), und solchen, die auf eigenen, autonom getroffenen Entscheidungen beruhen (Terminzusagen, Teilnahme an Kongressen usw.). Darüber hinaus ist so gut wie immer das, was eine Position erfordert, von irgend jemand einmal zur Routine gemacht worden und also im Prinzip revidierbar.

Die bisher referierten Ergebnisse sind zunächst einmal nichts anderes als Berichte über sichtbare und registrierbare Elemente der Management-Tätigkeit. Eine solche Sichtweise muß solange oberflächlich bleiben, wie nicht der Inhalt der Tätigkeit mit berücksichtigt wird. „Schreibtischarbeit" kann z.B. zur Erstellung eines Plans dienen oder zum Entwurf einer Rede, zum Lesen eines wichtigen Kontrollberichts oder zur Durchsicht der Bilder vom letzten Betriebsausflug. Es ist also erforderlich, zwischen dem beobachtbaren Arbeitsverhalten und dem Inhalt der Tätigkeit, also der Managementaufgabe, deutlich zu unterscheiden. Mintzberg stellt gerade auf diese Unterscheidung ab, wenn er die beobachteten Aktivitäten als Ausdruck der Erfüllung von zehn Rollen im Sinne generalisierter Verhaltenserwartungen interpretiert, die er als Kern jeder Manageraufgabe begreift. Die zehn Rollen werden nach drei Aktivitätsgruppen gegliedert: dem Aufbau und der Aufrechterhaltung interpersoneller Beziehungen, der Aufnahme und Abgabe von Informationen und dem Treffen von Entscheidungen (vgl. Abb. 1.3).

Interpersonelle Beziehungen

1) Galionsfigur
Die Darstellung und Vertretung der Unternehmung oder der Abteilung nach innen und nach außen. Der Manager fungiert hier gewissermaßen als Symbolfigur. Nicht die konkrete Arbeit, sondern seine Anwesenheit oder seine Unterschrift als solche sind hier von Bedeutung. (Beispiel: Ein verärgerter Kunde möchte den Geschäftsführer sprechen oder der Abteilungsleiter bittet jährlich zum Neujahrsempfang.)

11 Vgl. Neustadt, R.E., Presidential power, New York 1960, S. 155 (Übers. d. d. Verf.).

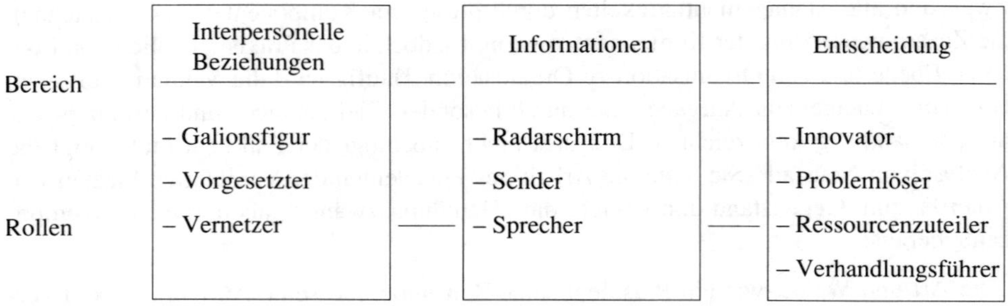

Abb. 1.3: Die 10 Management-Rollen nach Mintzberg

2) Vorgesetzter
Die Anleitung und Motivierung der unterstellten Mitarbeiter sowie deren Auswahl und Beurteilung. (Beispiel: Ein Manager diskutiert mit seiner Gruppe die Umsätze des letzten Monats.)

3) Vernetzer
Der Aufbau und die Aufrechterhaltung eines funktionstüchtigen, reziproken Kontaktnetzes innerhalb und außerhalb des Unternehmens. (Beispiel: Manager tritt einem Erfahrungskreis der Industrie- und Handelskammer bei).[12]

Information

4) „Radarschirm"
Die kontinuierliche Sammlung und Aufnahme von Informationen über interne und externe Entwicklungen, insbesondere über das selbst aufgebaute „Netzwerk". (Beispiel: Der Manager erfährt von einem Reisenden, daß der Hauptkonkurrent seine Gußteile demnächst zu einem Schleuderpreis aus Südkorea beziehen wird).

5) Sender
Die Übermittlung und Interpretation relevanter Informationen und handlungsleitender Werte an die Mitarbeiter und andere Organisationsmitglieder. (Beispiel: Manager besucht einen Lieferanten und berichtet seinen Mitarbeitern seine Eindrücke.)

6) Sprecher
Die Information externer Gruppen und die Vertretung der Organisation in der Öffentlichkeit. (Beispiel: Manager nimmt an einer Fernsehdiskussion über die sozialen Folgen moderner Technologien teil.)

12 Kotter (a.a.O.) kommt in seiner Studie zur Tätigkeit von General-Managern zu dem Schluß, daß der Aufbau von internen und externen Netzwerken zu den wichtigsten Managementaktivitäten überhaupt gehört (dort: „network building"). Der Aufbau eines funktionstüchtigen Netzwerkes in diesem Sinne dauert gewöhnlich Jahre. Vgl. S. 67 ff.

Entscheidungen

7) Innovator

Die Initiierung und die Ausformung geplanten Wandels in Organisationen. Grundlage dieser Aktivität ist das fortwährende Aufspüren von Problemen und die Nutzung sich bietender Chancen. (Beispiel: Manager richtet eine Arbeitsgruppe ein, um die Erfindung eines Mitarbeiters aus der Grundlagenforschung in eine neue Produktidee umzusetzen.)

8) Problemlöser

Die Schlichtung von Konflikten und die Beseitigung unerwarteter Probleme und Störungen, die zur Handlung zwingen. (Beispiel: Manager stoppt den Bau einer Niederlassung im Fernen Osten wegen eines dramatischen Preisverfalls auf dem betreffenden Produktmarkt.)

9) Ressourcenzuteiler

Dazu gehören drei Zuteilungsbereiche: die Verteilung von eigener Zeit und damit die Bestimmung dessen, was wichtig und unwichtig ist; die Verteilung von Aufgaben und generellen Kompetenzen (Organisation); die selektive Autorisierung von Handlungsvorschlägen und damit zugleich die Zuteilung finanzieller Ressourcen. (Beispiel: Ein Mitarbeiter legt einen Plan für den Kauf einer neuen Presse vor, der Manager lehnt ab, weil der Erwerb eines Trockenofens wichtiger erscheint.)

10) Verhandlungsführer

Die Vertretung der eigenen Organisation oder Abteilung in folgenreichen Verhandlungen. (Beispiel: Die Gründung eines Gemeinschaftsunternehmens ist geplant, die Bedingungen sind von drei beauftragten Managern im Detail auszuhandeln.)

Diese zehn Aktivitätsbündel oder Rollen sollen ebenso wie die oben beschriebenen Managementfunktionen im Grundsatz generell für jede Managementposition gelten und sind insofern als eine Ganzheit zu betrachten. In Abhängigkeit von Branche, Hierarchieebene, Ressort, Arbeitsgruppe, Persönlichkeit usw. kann sich jedoch eine durchaus unterschiedliche Schwerpunktsetzung, eine je spezifische Gestalt ergeben. So liegt etwa bei Produktionsmanagern (Werksleitern, Meistern usw.) der Schwerpunkt häufig in der Bewältigung plötzlich auftretender Störungen, also in der Rolle des „Problemlösers“. Bei Verkaufsmanagern liegt dagegen der Schwerpunkt meist beim Herstellen von Verbindungen („Vernetzer“) und der Repräsentation („Galionsfigur“).

1.4 Management-Rollen und Management-Funktionen

Betrachtet man die zehn Rollen genauer, so stellt man fest, daß sie von den klassischen Managementfunktionen so weit gar nicht entfernt sind, wie es zunächst den Anschein hat. So lassen sich zumeist lockere Verbindungslinien herstellen, etwa zwischen der Managementfunktion Planung und der Innovator-, der Radarschirm-, und der Ressourcenzuteilungsrolle. Die Managementfunktion „Organisation“ wird ebenfalls mit der Ressourcenzuteilungsfunktion angesprochen (wenn auch nicht voll abgedeckt). Die Rollen des Vorgesetzten, des Senders und des Problemlösers korrespondieren mit der Managementfunktion „Führung". Personaleinsatzprobleme kann man der Vorgesetztenrolle zuordnen, während die Managementfunktion „Kontrolle" eine gewisse Entsprechung in der „Radarschirm"-Rolle findet.

Die Tatsache, daß die zehn Rollen eine gewisse Affinität zu einzelnen Managementfunktionen (nicht aber zu dem klassischen Management-Prozeß als solchen!) zeigen, muß nicht weiter verwundern. Sind diese doch auf einer sehr viel konkreteren Betrachtungsebene angesiedelt, so daß sie sich teilweise den viel abstrakteren Managementfunktionen zuordnen lassen. Im übrigen sind auch die zehn Rollen mehr als eine bloße Beschreibung dessen, was beobachtet worden ist, sondern stellen auch schon einen Kanon von Aufgaben dar, der erfüllt werden soll. Ein Manager, der vier oder fünf dieser Rollen nicht beachtet, würde sich den Vorwurf einhandeln, daß er wichtige Aufgaben vernachlässigt. Mit anderen Worten: es wird gezeigt, welche Aufgaben ein Manager erfüllen muß, wenn er ein gutes Ergebnis erreichen will. Dies ist auch das Verständnis, das diesem Buch zugrunde liegen soll. Die Managementfunktionen werden mehr als Sollenssätze, als zu erfüllende Anforderungen verstanden, denn als exakte Beschreibung des Verhaltens vieler Manager.

Waren – so gesehen – die empirischen Studien zum Verhalten von Managern überflüssig? Ganz gewiß nicht, haben doch diese Studien mindestens zwei sehr wichtige Einsichten gebracht, die die Entwicklung der Management-Lehre erheblich beeinflußt haben:

1. Die empirischen Studien haben die konzeptionelle Begrenzung der traditionellen Managementfunktion aufgezeigt. Der klassische Management-Prozeß vermag aufgrund seiner Struktur einen wichtigen Teil der Aufgaben nicht zu erfassen, die von erfolgreichen Managern wahrgenommen werden. Es sind dies alle jene Anforderungen und Aufgaben, die den über Planung hinausgehenden Außenbezug der Organisation und seine Bewältigung anbelangen. In dem Schema von Mintzberg erscheinen diese Anforderungen unter den Rollen: Galionsfigur, Sprecher, Verhandlungsführer, Vernetzer. Diese Rollen können im klassischen Management-Prozeß keinen Platz finden, weil dort der Außenbezug im wesentlichen nur als Planungsproblem zum Thema wird.

2. Die zehn Rollen machen mit Nachdruck darauf aufmerksam, daß sich der betriebliche Leistungsprozeß nicht glatt durchplanen läßt, wie es im Managementprozeß den Anschein hat, sondern daß mit einem erheblichen Maß an plötzlichen Störungen, unvorhergesehenen Ereignissen und neuen Konstellationen gerechnet werden muß. Häufig bleibt nichts anderes übrig, als kurzfristig auf eine aktuelle Bedrohung oder Chance zu reagieren. Systematisch vorbereitetes Entscheiden und rasches situationsgerechtes Handeln stehen sich daher notwendig in einem spannungsreichen Bogen gegenüber.

Dieses Gegenüber von Aktion und Reaktion, von sorgfältiger Analyse und spontaner Entscheidung, von klarer Ordnung und flexibler Anpassung ist kennzeichnend für ein erfolgreiches Management und soll deshalb auch als Grundlinie für dieses Buch gelten.

Ein theoretischer Rahmen, der diese Leitlinie aufnimmt und zu einem lehr- und lernbaren Konzept verarbeitet, wird später in Teil II entwickelt. Für dieses einführende Kapitel soll es genügen, auf die Notwendigkeit einer erweiterten Funktionsbetrachtung hingewiesen zu haben.

1.5 Funktionen und Fähigkeiten

Managementfunktionen beschreiben Aufgaben, die von Managern wahrgenommen werden (sollen). Funktionen können freilich nur erfüllt werden – und auch das haben die referierten empirischen Analysen deutlich gemacht -, wenn die entsprechenden Voraussetzungen gegeben sind. Was die persönlichen Voraussetzungen von Managern anbetrifft, so geht aus den aufgezeigten Funktionen und Rollen klar hervor, daß sie über eine Reihe sehr unterschiedlicher Fähigkeiten verfügen müssen, wenn sie dem komplexen Charakter der sich stellenden Aufgaben gerecht werden wollen. Katz hat in seinen Studien drei Schlüssel-Kompetenzen ("skills") identifiziert, die die Grundlage für eine erfolgreiche Bewältigung der Managementfunktionen bilden:[13]

(1) **Technische Kompetenz**, d.h. Sachkenntnis und die Fähigkeit, theoretisches Wissen und Methoden auf den konkreten Einzelfall anzuwenden. Dies ist die am einfachsten zu vermittelnde Kompetenz, und die Managementlehre hat sich dementsprechend lange auf sie konzentriert. Heute weiß man, daß die zwei folgenden von mindestens gleichrangiger Bedeutung sind.

(2) **Soziale Kompetenz**, d.h. die Fähigkeit, mit anderen Menschen effektiv zusammenzuarbeiten, sowohl als Mitglied als auch als Leiter einer Gruppe. Dazu gehört nicht nur eine grundsätzliche **Kooperationsbereitschaft**, sondern auch die Fähigkeit, das Handeln anderer Menschen zu verstehen und sich in sie hineinzuversetzen. Der soziale Aktionsradius eines Managers ist groß, und ebenso groß ist die Anforderung an seine soziale Kompetenz. Sie ist auf mindestens vier Ebenen gefordert, auf der Ebene der Kollegen, der unterstellten Mitarbeiter, der Vorgesetzten und der Bezugsgruppen aus der Umwelt (vgl. Abb. 1.4).

(3) **Konzeptionelle Kompetenz**, d.h. die Fähigkeit, Probleme und Chancen im Zusammenhang zu erkennen. Die Entwicklung dieser Kompetenz setzt ein grundsätzliches Verständnis des Gesamtsystems und der Bewegungskräfte des Leistungsprozesses voraus; nur so können für Einzelprobleme und -entscheidungen Anschlüsse an andere Entscheidungen gefunden werden. Konzeptionelle Kompetenz verlangt aber auch – das betonen jüngere Untersuchungen mit Nachdruck[14] – die Fähigkeit, ein Problem aus verschiedenen Perspektiven betrachten zu können oder allgemeiner in verschie-

13 Vgl. Katz, R.L., Skills of an effective administrator, in: Harvard Business Review 52 (1974), Nr. 5, S. 90 ff.

14 Vgl. z.B. Bartunek, J.M./Gordon, J.R./Weathersby, R.P., Developing „complicated“ understanding in administrators, in: Academy of Management Review 8 (1983), S. 273-284.

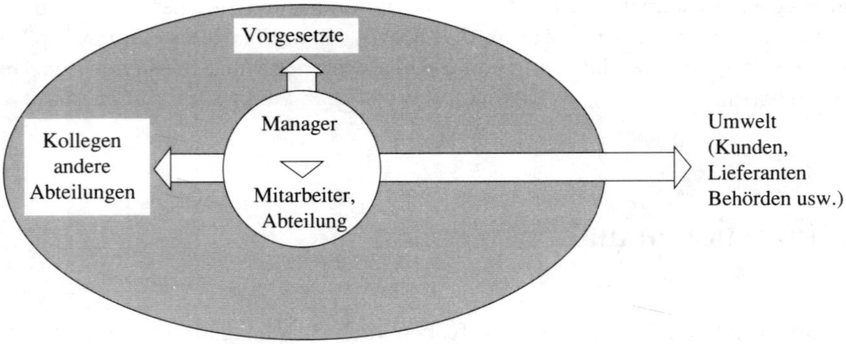

Abb. 1.4 Die Ebenen sozialer Kompetenz der Manager

denen Kategorien zu denken. Darüber hinaus – und das ist für einen Manager fast noch wichtiger – verlangt konzeptionelle Kompetenz das Vermögen, trotz unterschiedlicher Sichtweisen einen koordinierten Handlungsvollzug innerhalb und zwischen den Abteilungen sicherzustellen.

Alle drei Kompetenzen wirken in einer Managementaufgabe zusammen, die Erfüllung jeder Funktion ist, wenn auch mit unterschiedlichen Schwerpunkten, auf das Zusammenspiel der Kompetenzen angewiesen (vgl. Abb. 1.5).

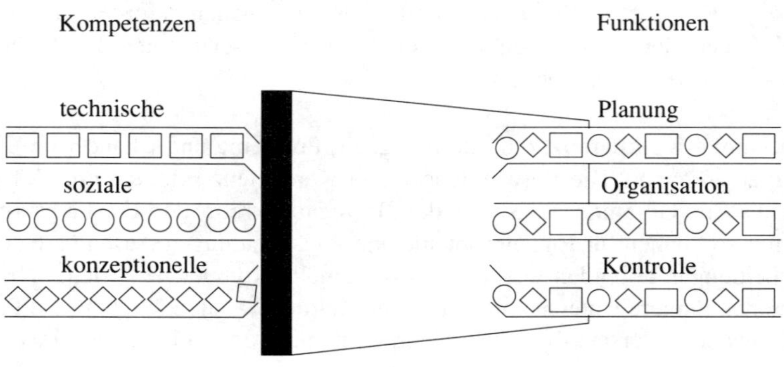

Abb. 1.5: Managementkompetenzen als Grundlage der Managementfunktionen

Diskussionsfragen

1. Was versteht man in der Managementlehre unter „institutioneller“ und „funktionaler“ Sichtweise?
2. Welche Aufgabe fällt der Planung in dem Ansatz von Koontz/O'Donnell zu?
3. Ein Verkaufsmanager äußert: „Um Planung brauche ich mich nicht zu kümmern, wir haben dafür in unserem Unternehmen eine extra Planungsabteilung mit fünf Leuten.“ Was würden Sie ihm antworten?
4. Ein Ergebnis der empirischen Managementforschung lautet: Manager haben einen zerstückelten Arbeitstag. Ist es wichtig, dies zu wissen? Warum?
5. Stewart unterscheidet zwischen „demands“, „choices“ und „constraints“. Erläutern Sie anhand eines Beispiels den Bezug zur Tätigkeit eines Managers!
6. Diskutieren Sie den Satz „Routine verdrängt das Denken“!
7. Welchen Zusammenhang sehen Sie zwischen der Rolle des „Vernetzers“ und der des „Sprechers“?
8. Wozu benötigt ein Manager „konzeptionelle Kompetenz“?
9. Trägt eine hohe „soziale Kompetenz“ zur Qualität von Planung und Kontrolle bei?
10. Zeigen Sie den Unterschied zwischen „technischer Kompetenz“ und „konzeptioneller Kompetenz“ auf!

Literaturhinweise

Zusammenfassende Darstellungen der Management-Funktionen:

Newman, W.H./Summer, C.E./Warren, E.K., The process of management, 6. Aufl., Englewood Cliffs, N. J. 1986.

Staehle, W.H., Management, 4. Aufl., München 1989.

Frese, E., Unternehmungsführung, Landsberg/Lech 1987.

Ulrich, P./Fluri, E., Management, 4. Aufl., Bern/Stuttgart 1986.

Rühli, E., Unternehmungsführung und Unternehmungspolitik, 2 Bde., 2. Aufl., Bern/Stuttgart 1988.

Zu empirischen Analysen der Managementtätigkeit und ihre Kritik:

Mintzberg, H., The nature of managerial work, 2. Aufl., Englewood Cliffs, N. J. 1980.
Hales, C.P., What do managers do? A critical review of the evidence. In: Journal of Management Studies 23 (1986), S. 88-115.

Zu den Management-Kompetenzen:

Livingston, J.S., The myth of the well-educated manager. In: Harvard Business Review 49 (1971), S. 79-89.
Shrivastva, S. u.a., The executive mind, San. Francisco 1985.

Zweites Kapitel

Die Entstehung des Managements und der Managementlehre

2.1 Der Ursprung in der Praxis 25

2.2 Die Ideengeschichte des Managements: Schulen, Lehrmeinungen, Strömungen ... 30
  2.2.1 Die Etablierung des Faches an den Hochschulen: USA und Deutschland 31
  2.2.2 Die Entwicklung von Lehrmeinungen (Schulen) 33
    2.2.2.1 Die Klassiker des Managements 34
    2.2.2.2 Die verhaltenswissenschaftliche Schule 45
    2.2.2.3 Die quantitativ-mathematisch orientierte Schule 54
    2.2.2.4 Systemtheoretische Ansätze 56

Diskussionsfragen 59

Literaturhinweise 60

2.1 Der Ursprung in der Praxis

Das Vorverständnis über das Management, wie es bisher entwickelt wurde, läßt sich vertiefen, wenn man dessen Entwicklungsgeschichte genauer studiert und dabei nach den Gründen fragt, die zur Entfaltung des Managements geführt haben. Es besteht weitgehend Einigkeit darüber, daß sich – unbeschadet mancher Vorläufer – das Management im heutigen Sinne erst im Laufe der Industriellen Revolution voll herausgebildet hat, genauer mit der Entstehung der industriellen Großunternehmung[1]. Diese brachte – im Vergleich etwa zum überschaubaren kleinen Handwerksbetrieb oder zu den mittelgroßen Fabriken in der Frühzeit der Industriellen Revolution – einen immens wachsenden Koordinationsbedarf mit sich. Das läßt sich ganz sinnfällig am Beispiel des Wachstums der Eisenbahnen zeigen, die in der Mitte des 19. Jahrhunderts als Aktiengesellschaften gegründet wurden.

Bis dahin prägte die **Person** des Eigentümerunternehmers in den überschaubaren kleinen Handels-, Handwerks- und Industriebetrieben ganz überwiegend die Art und Weise, wie die Arbeiten koordiniert wurden. Der Unternehmer steuerte „seinen" Betrieb nach eigenen Vorstellungen; der direkte Kontakt zum Personal machte allgemeine Regelungen zur Verteilung von Kompetenzen und Funktionen überflüssig. Sehr schön kommt dieser direkte persönliche „Führungsstil" in dem nachfolgenden Zitat aus dem ersten Buch zum Ausdruck, das in praktischer Absicht „Systeme von Regeln für den erfolgreichen Betrieb der Gewerbe" (1868) anbot: „Die beste Instruktion ist die mündliche, die der allezeit und überall gegenwärtige, alles durchschauende Unternehmer selbst gibt, und die, welche ein Beispiel den Angestellten fortwährend vor Augen hält"[2].

Genau diese **„personelle"** Lösung des Koordinationsproblems stieß bei den Eisenbahngesellschaften schnell an Grenzen. In dem Maße, wie immer mehr Züge pro Tag im Personen- und Frachtverkehr auf immer längeren und örtlich weit ausgreifenden Strecken sicher und effizient eingesetzt werden sollten, wuchs die Komplexität und Unübersichtlichkeit der Transportvorgänge, bis offensichtlich wurde, daß einige wenige Personen sie nicht mehr alleine überwachen konnten. Schwere Eisenbahnunfälle in Serie mit Frontalzusammenstößen bei der „Western" in den USA in den vierziger Jahren des vorigen Jahrhunderts führten zu gerichtlichen Untersuchungen, die Reformen in der Organisation und Führung der Eisenbahngesellschaften nach sich zogen. Genauer wird diese Entwicklung in der sehr bekannten wirtschaftshistorischen Untersuchung von Chandler beschrieben[3].

Bis Mitte des 19. Jahrhunderts waren die Streckennetze der amerikanischen Eisenbahngesellschaften einfach und unkompliziert. Die „Boston & Worcester Railroad" hatte z.B. eine eingleisige Strecke von 44 Meilen. Drei Passagierzüge verließen die beiden Endbahnhöfe täglich um 6 Uhr, 12 Uhr und 16 Uhr. Je ein Güterzug fuhr gleich morgens

1 Vgl. Kocka, J., Unternehmer in der deutschen Industrialisierung, Göttingen 1975, S. 80 ff.

2 Emminghaus, A., Allgemeine Gewerkslehre, Berlin 1868, S. 9, zitiert nach Kocka, J., a.a.O., S. 81.

3 Vgl. Chandler, A.D., The visible hand: The managerial revolution in American business, Cambridge/Mass. 1977, S. 80 ff., insbes. S. 96 ff.

nach dem Personenzug ab. Die Züge trafen sich in Framingham in der Mitte der Strecke. Kein Zug fuhr zum Bestimmungsbahnhof weiter, solange nicht der Gegenzug in Framingham eingelaufen war. Die Koordination dieses einfachen Transportsystems wurde von einem Vorgesetzten mit seinen Funktionsassistenten (für Transport- und Wartungstätigkeiten) aus einem einzigen Büro heraus erledigt.

Die Grenzen dieser „personalen Steuerung" der Transporte wurden bei der „Western" deutlich. Ihr Streckennetz war 150 Meilen lang. Es war in drei Sektionen gebaut worden, und jede Sektion (Division) erhielt nach Fertigstellung ein eigenes Büro mit Vorgesetzten und Funktionsassistenten. Wegen der Streckenlänge erreichte der Morgenzug den Bestimmungsbahnhof erst am späten Nachmittag. Da die Eisenbahngesellschaft drei Züge in jede Richtung fahren ließ, gab es täglich 9 Zusammentreffen der in entgegengesetzte Richtung fahrenden Züge. Verständigungsmöglichkeiten über Telegraph gab es noch nicht. Und so ereigneten sich – nicht zuletzt auch infolge der gebirgigen und unübersichtlichen Landschaft – die erwähnten vielen Unfälle einschließlich eines Frontalzusammenstoßes. Die Überwachung und Koordination der Zugbewegungen (auch bei Verspätungen und Störungen) war offensichtlich mit dem einfachen System personaler Steuerung nicht mehr zu leisten gewesen.

Eine schließlich eingesetzte Untersuchungskommission schlug die Schaffung eindeutiger Kommunikationswege und Verantwortlichkeiten für die zentralen Aufgabenfelder der Eisenbahnverwaltung vor. Daraufhin wurden für alle drei geographisch getrennte Sektionen der Western identische Organisationsstrukturen geschaffen, die wiederum zentral durch das Hauptbüro in Springfield koordiniert wurden. In jedem der drei Sektionsbüros hatte der **„Assistenz-Transportmanager"** die Verantwortung für die Zugbewegungen und die Personen- und Frachttransporte. Der **„Streckenmeister"** war für die Instandhaltung der Eisenbahngeleise verantwortlich und der **„Mechanikermeister"** für die Reparatur und Instandhaltung der Züge. Auf diese Weise wurde der Aufgabenvollzug klar geteilt. Die drei Stellen selbst waren zur Koordination ihrer Aufgaben in eine hierarchische Struktur eingebunden. Die Assistenz-Transportmanager berichteten an den Transportmanager in der Zentrale in Springfield, die Mechanikermeister an den Chefmechaniker dort, der ebenfalls dem Transportmanager unterstellt war. Die Streckenmeister berichteten dagegen direkt an den „General Superintendant" in Springfield. Der „General Superintendant" war dem Präsidenten und dem „Board of Directors" der Western-Eisenbahngesellschaft verantwortlich. Alle Manager erstellten regelmäßig Berichte auf der Basis derjenigen Informationen, die sie selbst von ihren Untergebenen erhielten: von den Stationsvorstehern, den Zugführern, den Lagerverwaltern, den Vorarbeitern der Reparaturtrupps etc.

Um Unfällen vorzubeugen, werde ferner ein **„Informationssystem"** eingerichtet; genaue Fahrpläne wurden erstellt. Die Zugführer erhielten die Verantwortung für die Einhaltung der Pläne, zusammen mit genauen Instruktionen, wie sie sich bei Zugverspätungen oder bei Störungen zu verhalten hatten.

Auf diese Weise entstand also – aus der Praxis geboren – ein neues Management-Muster für die Koordination immer komplexer werdender Aufgaben und Arbeiten, das das Leitbild für alle später gegründeten Eisenbahngesellschaften in den USA wurde. Der wesentliche Unterschied zu seinem Vorläufer, der „personalen Koordination", lag genau in der Herauslösung der Koordinationsaufgaben aus ihrer engen Bindung an die jeweiligen persönlichen Einstellungen, Verhaltensweisen und situationalen Bedingungen und Verhältnisse in den drei Sektionsbüros. Insofern entstand eine „überpersönliche" Struktur von Stellen, eine Organisation mit mehreren Management-Ebenen und allgemeinen Verhaltensregeln.

Man kann also festhalten, daß die frühe Entwicklungsstufe des Managements durch die Ausgliederung der Managementfunktionen aus dem ursprünglich einheitlichen personalen Handlungszusammenhang, ferner durch deren Ausdifferenzierung und hierarchische Stufung gekennzeichnet ist (vgl. Abb. 2.1).

Die Gründe für diese Entwicklung sind im Falle der Eisenbahngesellschaften deutlich geworden: Die Größe und geographische Ausdehnung (örtliche Dezentralisation) des Streckennetzes und die damit verbundene hohe Komplexität der Steuerungsaufgaben erzwangen im Interesse der Sicherheit und der Effizienz des Eisenbahnverkehrs eine Lösung, die die bisherige eng begrenzte Steuerungskapazität durch Ablösung der Managementfunktionen von den (wenigen) Leitungspersonen und deren organisatorische „Verselbständigung" erweiterte. Hier lag gleichsam die Voraussetzung und die Erfolgsbedingung für das Entstehen der Großunternehmung. Die Richtigkeit dieser These zeigte sich im weiteren Verlauf der Industrialisierung dann auch in solchen Fällen, wo andere Gründe (als bei den Eisenbahnen) zum Unternehmenswachstum und damit zu immer komplexeren und schwieriger überschaubaren Handlungszusammenhängen führten. Zwei dieser Gründe seien noch erwähnt[4]:

(1) Das Wachstum wurde von vielen Unternehmungen durch Integration solcher Transaktionen in den Unternehmensverbund beschleunigt, die vorher von anderen Unternehmen ausgeführt und über den Markt abgewickelt wurden (**vertikale Integration**). Diese Entwicklung betraf insbesondere die Integration von Produktion und Distribution (Vorwärtsintegration), die primär zur Absicherung von Märkten angesichts von Überkapazitäten oder zur Abstimmung von Produktentwicklung, Produktionsprozessen und Markterfordernissen vorgenommen wurde. Natürlich mußten sich, damit die Integrationsstrategie auf Dauer gegenüber der desintegrierten Marktlösung im Wettbewerb Bestand hatte, dadurch Ertrags- und Kostenvorteile ergeben. Und in der Tat ist heute in der Theorie der Firma eine der zentralen Thesen, daß mit der Entfaltung, Spezialisierung und Rationalisierung der Managementfunktionen eine „organisatorische" Lösung der komplexen Koordinationsaufgaben in Großunternehmen möglich wurde, die in vielen Fällen geringere (Transaktions-)Kosten als die Marktkoordination mit sich brachte[5].

(2) Das Wachstum wurde ferner durch die Herausbildung von Mehrproduktunternehmen beschleunigt. In dem Maße, wie die erschlossenen Märkte durch Auftauchen neuer Unternehmen enger wurden und infolge von Sättigungserscheinungen ein schnelles

4 Vgl. dazu auch Kocka, J., a.a.O., S. 82 ff., und Schreyögg, G., Unternehmensstrategie, Berlin/New York 1984, S. 58 ff. (unter Auswertung der Ergebnisse auch von Chandler, A.D., a.a.O.).

5 Vgl. zur Transaktionskostentheorie und ihrer Bedeutung für die Alternative „Markt vs. Unternehmung" u.a. Williamson, O.E., Markets and hierarchies: Analysis and antitrust implications, London 1975.

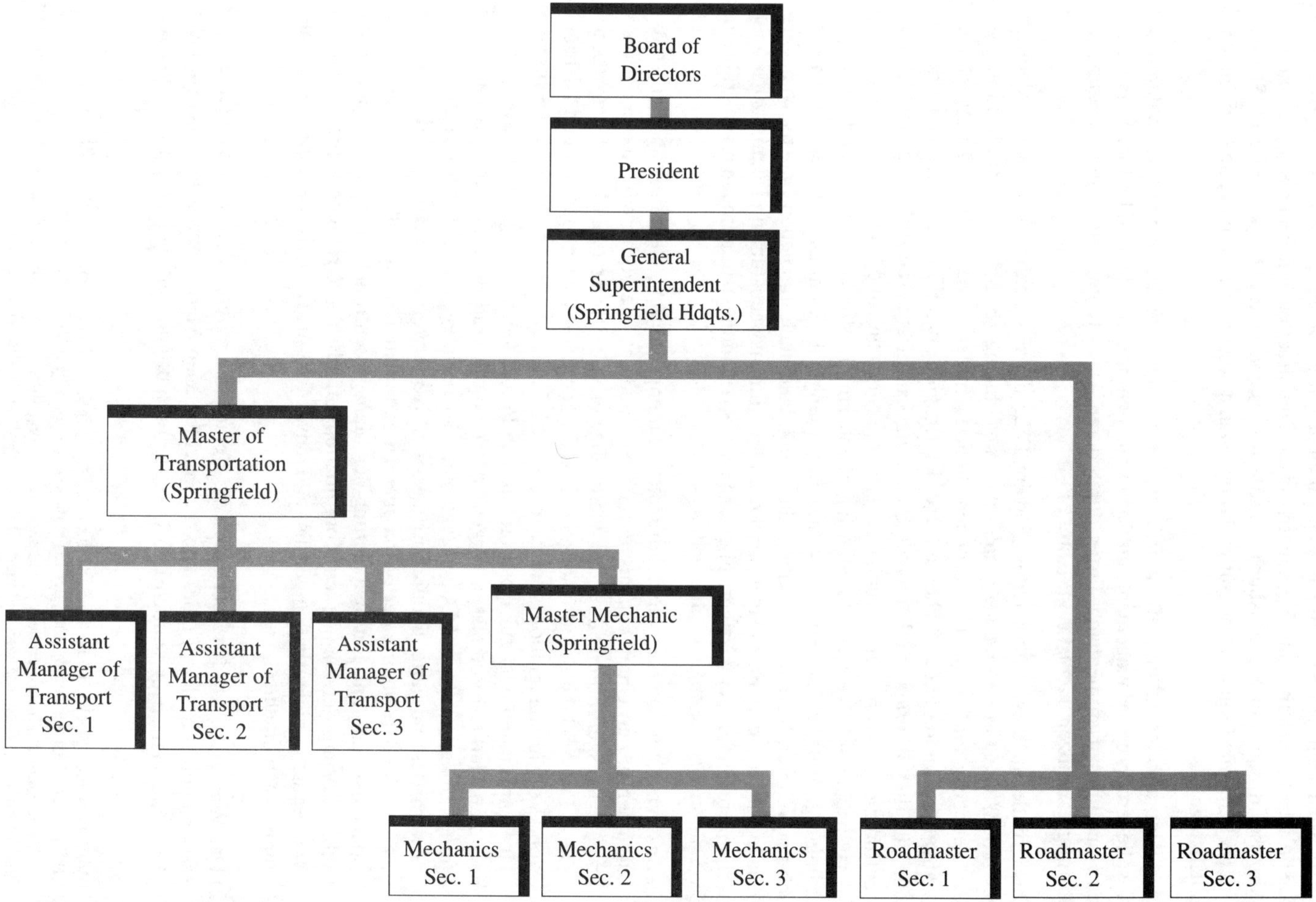

Abb. 2.1: Organisation der „Western“ um 1850 (rekonstruiert nach Chandler, A.D.)

Marktwachstum nicht mehr zu erwarten stand, dehnten die Großunternehmen ihre Geschäfte auch auf andere vielversprechende Branchen und auf ausländische Märkte aus. Diese Bestrebungen zur Diversifizierung, die schon in der Frühphase der Industrialisierung zu beobachten waren, verkomplizierten für den Unternehmer die Steuerungsprobleme (noch einmal) und erzwangen so ebenfalls eine „Entindividualisierung" der großbetrieblichen Steuerungsaufgaben durch Ausbildung eines Managementsystems.

Bei den amerikanischen Eisenbahngesellschaften scheint die Entdeckung und Entwicklung der neuen Managementfunktionen primär eine Leistung derjenigen Praktiker gewesen zu sein, die mit dem Aufbau und anschließenden Betrieb der Eisenbahnen tagtäglich zu tun hatten; sie bekamen den Druck der ungelösten Koordinationsprobleme gleichsam unmittelbar zu spüren und mußten Lösungen dafür finden. Es scheint – mit anderen Worten – nicht so gewesen zu sein, daß Erfahrungen aus anderen Großorganisationen, die mit ähnlichen Problemen konfrontiert waren, wie dem Militär oder der öffentlichen Verwaltung, direkt von den Eisenbahngesellschaften übernommen wurden. Gleichwohl waren diese Bereiche aber indirekt eine Quelle des Managementwissens im Eisenbahnwesen, insofern sie nämlich zur Ausbildung von Ingenieuren und Verwaltungsbeamten beitrugen, die dann im Eisenbahnwesen tätig wurden[6].

In Deutschland zeigte sich eine andere Entwicklung. Hier wurden organisatorische Lösungen (und darin geübte Beamte) gezielt aus der öffentlichen Verwaltung übernommen und an die besonderen Bedürfnisse der wachsenden Privatunternehmen angeglichen. Aufgabenverteilungen und Anordnungsbefugnisse wurden – zusammen mit Kompetenzabgrenzungen, Informationswegen und anderen Formalia – im Detail ausgearbeitet und schriftlich festgelegt. Insgesamt – so das Urteil von Kocka[7] – ist diese Übernahme von Problemlösungsmustern aus der öffentlichen Verwaltung günstig für die Entwicklung eines frühen systematischen Managements in den entstehenden Großunternehmen gewesen und habe das Unternehmens- und Wirtschaftswachstum erleichtert.

Für das Verständnis der Entstehungsgeschichte des Managements ist es ferner wichtig zu sehen, daß hier nicht so etwas wie die **Delegation** von Aufgaben vorliegt, die der bisherige Eigentümer-Unternehmer an Personen seines Vertrauens vorgenommen hat, um sich zu entlasten. Der Delegationsbegriff schließt ja die Möglichkeit ein, das, was delegiert wurde, wieder zurückzunehmen in den eigenen Aufgabenbereich. Das kann der Eigentümer eines Großunternehmens jedoch **nicht**, und zwar aus strukturellen Gründen, ganz unabhängig von seinen persönlichen Fähigkeiten und Wünschen. Ein Großunternehmen zu führen, läßt sich wegen der Komplexität dieser Aufgabe prinzipiell nicht mehr von einer einzelnen Person bewältigen. Ihre Informationsverarbeitungs- und Koordinationskapazität ist zu gering. Hinzu kommt, daß die Managementfunktionen sich inhaltlich soweit entwickelten und ausdifferenzierten, daß sie lehr- und lernbar wurden. Die Eigenschaft, Eigentümer zu sein, ist mit der Entstehung der Großunternehmung also keine ausreichende Qualifikation für die Unternehmensführung mehr. Entscheidend ist die über

6 Vgl. Chandler, A.D., a.a.O., S. 95.
7 Kocka, J., a.a.O., S. 86 f.

Ausbildung und Praxis erworbene Qualifikation als Manager. Manager zu sein, wurde zu einem Beruf. Und die mit der Professionalisierung verbundene Spezialisierung ist eine weitere strukturelle Barriere gegen jede Re-Delegation von Aufgaben an die Person des Eigentümer-Unternehmers[8]. Man kann das auch so ausdrücken, daß die Genese des Managements irreversibel ist.

2.2 Die Ideengeschichte des Managements: Schulen, Lehrmeinungen, Strömungen

Die angedeutete Professionalisierung des Managements, d.h. die Ausbildung eines eigenständigen Managerberufes, ist – wie bei anderen Berufsbildungen auch – an verschiedenen äußeren Kennzeichen ablesbar, wie etwa der Entstehung von beruflichen Vereinigungen, der Gründung von berufsbezogenen Fachzeitschriften, der Organisation von Tagungen, auf denen gemeinsam interessierende Probleme diskutiert werden können, und nicht zuletzt der Einrichtung von Ausbildungsgängen, die gewissen Qualitätsstandards genügen. Alle diese Aktivitäten tragen dazu bei bzw. setzen auch voraus, daß das in der Praxis gewonnene neue Wissen aufgeschrieben, begrifflich und systematisch durchdrungen und in größere Erklärungszusammenhänge eingeordnet wird. Die bereits erwähnte „Allgemeine Gewerkslehre" von A. Emminghaus aus dem Jahre 1868 ist ein Beispiel für derartige Bestrebungen. Sie alle zusammen bilden das, was man heute rückblickend als **„Ideengeschichte des Managements"** bezeichnet.

Diese Geschichte darf man sich allerdings nicht als eine systematisch gewachsene Ansammlung von wohlgeordnetem kumulierten Wissen vorstellen. Zu sehr vereinzelt und disparat waren die spezifischen Erfahrungen und Ansätze der einzelnen Praktiker, die sich daran gemacht haben, ihr Wissen niederzuschreiben. Und auch als die „Management-Lehre" – zum Teil unter ganz verschiedenen Fachbezeichnungen – nach und nach Eingang in die Universitäten fand, hatte das keineswegs zwangsläufig eine Vereinheitlichung des Lehr- und Forschungsprogramms zur Folge. Wie bei allen jungen Disziplinen – und als eine solche ist die Management-Lehre auch heute noch zu bezeichnen – streitet man darüber, ob es sich hier überhaupt um ein eigenständiges (akademisches) Lehrgebiet handeln kann, und wenn ja, welches denn wohl die zu einem solchen Lehrgebiet gehörenden „Teilgebiete" sein müßten. Und wie bei allen Handlungswissenschaften unterscheidet man verschiedene Schulen. Schulen, deren Querbezüge nicht immer leicht zu durchdringen sind, so daß bis zum heutigen Tage – wenn man so will – die von Koontz geprägte Bezeichnung vom „Management-Theorien-Dschungel"[9] auf die Disziplin angewendet werden kann.

8 Zur Unhaltbarkeit der Delegationsthese vgl. auch Kocka, J., Industrielle Angestelltenschaft in frühindustrieller Zeit, in: Büsch, O. (Hrsg.), Untersuchungen zur Geschichte der frühen Industrialisierung vornehmlich im Wirtschaftsraum Berlin/Brandenburg, Berlin 1971, S. 347 ff.

9 1962 legte der bekannte Managementforscher und Mitverfasser eines breit verwendeten Management-Lehrbuches, Harald Koontz, auf einem Symposium an der University of California, Los Angeles, ein Dis-

2.2.1 Die Etablierung des Faches an den Hochschulen: USA und Deutschland

Es besteht in der unternehmensgeschichtlichen Forschung Einigkeit darüber, daß lange vor der Etablierung der Managementlehre an den Hochschulen wichtige Publikationen dazu von Praktikern erschienen sind. Darüber hinaus mag man auch in den Büchern einer Anzahl von Kameralwissenschaftlern Vorläufer des Faches sehen[10]. Nichtsdestotrotz läßt sich ein Anfangspunkt markieren, von dem aus eine **systematischere** – nicht nur vereinzelt betriebene – theoretische Beschäftigung mit dem Management begann. Gemeint sind die frühen Versuche zur Etablierung des Faches als Universitätsdisziplin. Am frühesten und zügigsten vollzog sich dabei diese Entwicklung in den USA, wo man wohl auch weniger mit Vorbehalten der „scientific community" gegenüber dem Wissenschaftscharakter des neuen Faches zu kämpfen hatte; sehr viel später folgte Deutschland und mit großen (nur aus den Eigenarten des Bildungssystems erklärbaren) Verzögerungen, das „Mutterland" der Industrialisierung und damit eigentlich des Managements, England[11].

In den USA wird die Entstehung der „business schools" an den Universitäten als der letztlich entscheidende Schritt zur Professionalisierung des Managements eingestuft[12]. Die ersten Kurse und Ausbildungsgänge in „business administration" wurden um die Jahrhundertwende etabliert; 1881 entstand z.B. als erste die heute noch berühmte „Wharton School of Commerce and Finance", ein Jahrzehnt später gründeten die Universitäten von Chicago und California „undergraduate schools of commerce". Als 1908 die „Harvard Business School" gegründet wurde, die heute wohl über das größte Renommee aller „Business Schools" in den USA verfügt, war das Fach „Business Administration" bereits an einer Reihe anderer Universitäten etabliert.

Die Ausbildung in „Business Administration" orientierte sich von Anfang an sehr stark an den Bedürfnissen der Praxis. Neben allgemeinen kaufmännischen Fächern (Buchhaltung, Handelsrecht etc.) wurden dabei z.B. in Harvard auch Kurse über das Management in bestimmten Wirtschaftszweigen (Industrie, Handel, Transport) angeboten. Für das Eisenbahnwesen gab es etwa Wahlkurse in „Railroad Organization and Finance", „Railroad Operation" und „Railroad Rate-Making". Und um 1910 tauchten dann schon Kurse

kussionspapier mit dem Titel „The management theory jungle" vor. Vgl. auch Koontz, H., The management theory jungle, in: Journal of the Academy of Management 3 (1961), S. 174-188. 20 Jahre später bekräftigt Koontz seine Auffassung: The management theory jungle revisited, in: Academy of Management Review 2 (1980), S. 175-187.

10 Zu den Kameralwissenschaften als Vorläufer der Betriebswirtschaftslehre vgl. Schneider, D., Allgemeine Betriebswirtschaftslehre, 2. Aufl., München/Wien 1985, S. 107 ff.

11 Vgl. zur Entwicklung der Management-Ausbildung in England den informativen Aufsatz von Lupton, T., The development of education for management in the United Kingdom, in: Zeitschrift für Betriebswirtschaft 57 (1987), S. 86-99. In England war man wohl lange der Meinung, daß die Führung eines Unternehmens jedem möglich sei, der im Studium an Hand eines geeigneten Faches eine rigorose Denkschulung erhalten hatte. Zur Bedeutung des englischen Pragmatismus in diesem Zusammenhang Urwick, L., Grundlagen und Methoden der Unternehmensführung, Essen 1961, S. 19 ff.

12 So Chandler, A.D., a.a.O., S. 466.

auf, die **allgemeine** Managementprobleme in den Mittelpunkt rückten und weniger die Führungsprobleme einzelner Wirtschaftszweige. Als Teil einer Allgemeinen Managementlehre läßt sich so der erste Kurs in Unternehmenspolitik („Business Policy") ansehen, der in Harvard 1911/12 stattfand und bereits die heute berühmte **Fall-Methode** (in Anlehnung an die Juristen-Ausbildung an der Harvard Law School) verwendete. In den Folgejahren wurden dann sehr viele neue Business Schools in den verschiedensten US-Staaten gegründet.

Etwa um 1920 war in USA der Berufsstand der Manager etabliert. Es gab eine systematische Berufsausbildung an den Universitäten, allgemeine und wirtschaftszweigbezogene Berufsverbände waren entstanden, Fachzeitschriften gegründet, und der Beruf der Unternehmensberater hatte sich entwickelt. Es bildete sich durch intensive Kommunikation das Bewußtsein heraus, einer neuen großen und bedeutenden Berufsgruppe, eben der der Manager, anzugehören. Die Managementausbildung an den Universitäten war in den Folgejahren dabei keineswegs frei von Kritik. Das pragmatische Vorgehen der „business schools" führte z.B. zur Vernachlässigung der Forschung und zu einer allzu vordergründig praxisorientierten, wenig theoriegeleiteten Lehre. Diese Kritik hatte dann Reformen zur Folge. Heute schlägt das Pendel in gewisser Weise wieder zurück, zunehmende Kritik wird laut, die „business schools" seien zu theoretisch und zu quantitativ orientiert und bildeten zuwenig praktisches unternehmerisches Denken und Handeln aus.[13]

In den **deutschsprachigen Ländern** (Deutschland, Österreich, Schweiz) entstanden ebenfalls Ende des 19. Jahrhunderts Pflanzstätten der höheren kaufmännischen Bildung, nämlich die Handelshochschulen (1898 in Leipzig, Wien, St. Gallen). Sie verfolgten mit ihrem Lehrangebot aber zunächst mehr den Zweck, die Allgemeinbildung der Kaufleute zu erhöhen[14]; neben Volkswirtschaftslehre, Recht, Buchhaltung und kaufmännischem Rechnen spielten die Fremdsprachen eine bedeutende Rolle, damit die Ausrichtung auf den Außenhandel und die Weltwirtschaft dokumentierend. Auch in der weiteren Entwicklung hin zur Betriebswirtschaftslehre treten Fragen der Planung, Organisation und Führung, also die klassischen Managementfunktionen, kaum in den Vordergrund. Es dominieren in den zwanziger Jahren mit Blick auf die Anforderungen „praktischer Betriebsführung", insbesondere der „Kontrolle der Betriebsgebarung" (Kostenkontrolle bei stagnierenden Märkten), Fragen des Rechnungswesens[15], wobei auf diesem Gebiet die Leistungen im anglo-amerikanischen Raum deutlich übertroffen wurden.

In der Zeit des Nationalsozialismus bleibt die Betriebswirtschaftslehre dann sowieso von den Managemententwicklungen in den USA abgekoppelt[16]. Und erst in den fünfziger

13 Vgl. z.B. Behrman, J.N./Levin, R.I., Are business schools doing their jobs?, in: Harvard Business Review 62 (1984), S. 140-142.

14 Vgl. Schneider, D., a.a.O., S. 129.

15 Vgl. etwa die Arbeiten von E. Schmalenbach zur „Dynamischen Bilanz", (4. Aufl., Leipzig 1926) und zu den „Grundlagen der Selbstkostenrechnung und Preispolitik" (2. Aufl., Leipzig 1925).

16 Vgl. zur Bedeutung des „Führerprinzips" für die „nationalsozialistische Betriebsgemeinschaft" Staehle, W., Management, 4. Aufl., München 1989, S. 19 f.

Jahren treten, nicht zuletzt angestoßen durch Erich Kosiol und durch Erich Gutenberg[17], auch Fragen der Planung und Organisation stärker in den Mittelpunkt des wissenschaftlichen Interesses.

Von dort an ist dann ein kontinuierlich wachsendes Interesse der Betriebswirtschaftslehre an Fragen des Management zu registrieren, wiewohl die Entwicklungslinien durchaus nicht einheitlich sind. Es werden Lehrstühle für Unternehmensführung gegründet, im Zuge der verhaltenswissenschaftlichen Öffnung des Faches viele Lehrinhalte aus der amerikanischen – stark soziologisch und psychologisch orientierten – Organisationswissenschaft rezipiert, wissenschaftstheoretische Grundsatzdiskussionen über das Verhältnis von Betriebswirtschaftslehre einerseits und Managementlehre andererseits geführt und – ähnlich wie schon früh in den USA – werden auch in Kooperation von Wissenschaft und Praxis Weiterbildungsinstitutionen für die Praxis des Management gegründet, wie etwa das „Universitätsseminar der Wirtschaft". Schließlich erscheinen erste Lehrbücher für das Fach Anfang der 70er Jahre, wie etwa von H. Ulrich und E. Rühli, und Anfang der 80er Jahre von W. Staehle.

Die schärfsten Angriffe gegen die Entstehung einer „Management-Lehre" neben oder als Teil der Betriebswirtschaftslehre kommen von D. Schneider; nach seiner Auffassung kann es eine eigenständige Management-Lehre gar nicht geben, da die praktische Unternehmensführung ja eine Vielzahl von verschiedenen Aspekten menschlichen Handelns, von der Psychologie über die Soziologie bis hin zur Ökonomie, umfasse und jede Wissenschaft immer nur einen Aspekt aus diesem praktischen Handlungszusammenhang mit Erfolg bearbeiten könne. Alles andere münde in einen Dilettantismus[18].

Trotz dieser Kritik ist insgesamt gesehen mit der beschriebenen Entwicklung in den USA, in England und – verspätet – auch in den deutschsprachigen Ländern Europas heute ein Zustand erreicht, der wohl nicht mehr rückgängig zu machen ist. Was zu tun bleibt, ist, die neue Disziplin theoretisch befriedigend zu verankern. Dazu ist es erforderlich, weiter über die (wissenschafts-)theoretischen Grundlagen des Faches zu reflektieren und einen geeigneten Ansatz zu wählen und inhaltlich auszufüllen. Alles dies muß vor dem Hintergrund der Ideengeschichte des Faches erfolgen, der wir uns nunmehr zuwenden.

2.2.2 Die Entwicklung von Lehrmeinungen (Schulen)

Überblickt man die Ideengeschichte des Managements genauer, so lassen sich eine Reihe von mehr oder weniger eindeutig abgrenzbaren Phasen ausmachen, die durch die Dominanz eines einheitsstiftenden Gedankens, einer zentralen Leitidee der Lehre, gekenn-

17 Gutenberg, E., Grundlagen der Betriebswirtschaftslehre, Band 1: Die Produktion, 1. Aufl., Berlin/Göttingen/Heidelberg 1951; Kosiol, E., Grundlagen und Methoden der Organisationsforschung, Berlin 1959; Vgl. zur Entwicklung der deutschen Betriebswirtschaftslehre seit 1945 auch Schneider, D., a.a.O., S. 150 ff.

18 Vgl. etwa Schneider, D., a.a.O., S. 30 ff.

zeichnet sind. Der Wechsel von einer Phase zur anderen ist dabei nicht immer so zu verstehen, daß ältere Gedanken vollständig „über Bord geworfen" und durch neue ersetzt wurden. Oft ging es mehr um die Ergänzung des alten gedanklichen Bezugsrahmens; teilweise finden sich allerdings auch Vorschläge, die zu einem radikalen Wechsel des Grundansatzes (sog. „Paradigmawechsel") auffordern. Die wichtigsten hier behandelten Phasen lassen sich grob wie folgt klassifizieren[19]:

- die Klassiker des Managements
- die verhaltenswissenschaftliche Schule
- die mathematische Schule
- der systemtheoretische Ansatz.

Mit dieser Einteilung in vier Phasen werden ohne Zweifel nicht alle feinen Ausdifferenzierungen der Ideengeschichte des Management erfaßt. Der große Überblick genügt jedoch, um die zentralen gedanklichen Orientierungen festzumachen; es ist hier – mit anderen Worten – keine genaue Aufschreibung der Geschichte der Lehrmeinungen beabsichtigt.

2.2.2.1 Die Klassiker des Managements

Am Anfang der Ideengeschichte des Managements stehen – wie bereits erwähnt – Arbeiten von Autoren, die versucht haben, ihre praktischen Erfahrungen und praktisch erprobten Ideen systematisch zu ordnen und niederzuschreiben[20]. Ihr Blickwinkel ist dabei mehr oder weniger weit ausgelegt, hat nur den engeren Bereich der Bestgestaltung von Arbeitsvorgängen und -vollzügen im Blick oder weitet sich schon zu Versuchen aus, die Funktionen des Managements umfassender zu betrachten und sinnvoll auszudifferenzieren.

Frederick W. Taylor

Der erste Autor, der in diesem Zusammenhang zu nennen ist und der Anfang dieses Jahrhunderts zunächst in USA und später dann auch in Deutschland eine breite Resonanz in der Praxis gefunden hat, ist Frederick W. Taylor (1856 – 1915), ein Praktiker mit ingenieurwissenschaftlicher Vorbildung. Er ist der „spiritus rector" und Promotor des sog. „Scientific Management"[21], im deutschen Sprachraum nicht ganz glücklich mit „Wissenschaftliche Betriebsführung" übersetzt.

Es ging ihm nämlich weniger um eine geordnete Erfassung des Gesamtbereichs des Managements (aus der Perspektive der obersten Führung) als vielmehr um exakte Prinzipien zum rationellen Einsatz von Menschen und Maschinen im Produktionsprozeß; er

19 Vgl. zu den verschiedenen Klassifikationsvorschlägen in der Literatur auch Staehle, W., a.a.O., S. 21 ff.

20 Wichtige Klassiker des Managements kommen in dem Band „Papers on the science of administration", herausgegeben von L. Gulick und L. Urwick, New York 1937, zu Wort.

21 Das 1911 in USA erschienene Buch von Taylor trug den Titel „Principles of scientific management".

hat insofern mit seinen Prinzipien, Beispielen und Techniken eher die unteren Ebenen des Managements im Auge, obwohl die von ihm propagierten Management-Prinzipien später dann auch in Versuche zu einer systematischen Ordnung der Management-Funktionen per se eingegangen sind.

Die bis dahin übliche traditionelle Art und Weise, die industriellen Arbeitsvollzüge zu gestalten, revolutionierte Taylor, indem er – nicht zuletzt im Gefolge vieler Experimente in der Industrie[22] – die Einheit von Planung und Ausführung der Arbeit auflöste. Unter dem alten System war es der (Vor-) Arbeiter gewesen, der auf der Grundlage seiner gesammelten Erfahrungen fast alle Arbeitsvollzüge selbst gedanklich vorbereitete, dann die notwendigen Arbeiten ausführte und schließlich die Ergebnisse kontrollierte. Er war „Planer", „Gestalter" und „Kontrolleur" in einem. Indem diese Einheit aufgebrochen und damit die Planung und Kontrolle von der Bindung an die Person des Arbeiters gelöst wurde, entstand zuallererst die Möglichkeit, die Arbeitsplanung systematischer zu gestalten und zu entwickeln. Auf diese Weise sollten **Spezialisierungsvorteile** geschaffen und genutzt werden: das Management wird Träger der Arbeitsplanung und -kontrolle, der Arbeiter soll sich auf die Ausführung der (für ihn) vorgeplanten (einfachen) Arbeitsverrichtungen konzentrieren[23].

Damit war Platz geschaffen für die systematische Anwendung wissenschaftlich angeleiteter Methoden bei der Arbeitsplanung. Die Analyse der Arbeitsvorgänge, die Zerlegung der Arbeit in möglichst kleine Arbeitselemente (Arbeitsteilung) mit der Möglichkeit der Spezialisierung der Arbeiter, die Messung der Zeit für deren bestmögliche Ausführung (Best-Arbeiter), kurz: die Methoden- und Zeitstudien (Industrial Engineering) konnten nun entwickelt und eingesetzt werden, um durch die Planung der Arbeit die Voraussetzungen für hohe Arbeitseffizienz zu schaffen. Zur Nutzung dieses so geschaffenen Potentials sollten dann geeignete Arbeiter ausgewählt, (kurz) angelernt und durch finanzielle Anreize hoch motiviert werden; hier taten sich neue Aufgaben für das Personalmanagement auf. Schließlich bedurfte es systematischer Kontrollanstrengungen, um die Arbeitsergebnisse zu prüfen und zu überwachen.

„Wissenschaftliche Betriebsführung" – das wird deutlich – hatte also eine beachtliche Ausweitung der Managementaufgaben mit entsprechender Erweiterung und Differenzierung der Managementhierarchie zur Folge. Viele Planungs- und Kontrollaufgaben, die vorher von Vorarbeitern und Arbeitern erledigt wurden, wurden jetzt Spezialisten im Einkauf, in der Produktion, in der Qualitätskontrolle, im Personalwesen etc. übertragen. Die wissenschaftliche Betriebsführung ließ damit die Kosten des Managements beachtlich steigen; da gleichzeitig die Arbeitskosten pro Leistungseinheit aber durch weitgehende Arbeitsteilung und hohe Spezialisierung der Arbeiter auf einfache Verrichtungen noch stärker gesenkt werden sollten, erwartete man insgesamt einen hohen positiven Netto-Effekt auf die ökonomische Effizienz des Betriebes[24].

22 Vgl. dazu die Taylor-Biographie von Copley, F.B., Frederick W. Taylor: Father of scientific management, Vols. I and II, New York 1923.

23 Vgl. dazu Taylor, F.W., a.a.O., S. 38.

24 Vgl. auch Albers, H.H., Principles of management, 3. Aufl., 1969, S. 38.

Die Kerngedanken des „Scientific Management“ hat Taylor in Management-Prinzipien (verstanden als allgemeingültige Handlungsregeln für Manager) niedergelegt. Danach erfordert ein effizientes Management u.a.

- die Trennung von Planung und Ausführung und die weitgehende Teilung der Arbeit
- die Kontrolle der Ausführung durch das Management
- die leistungsgerechte Differenzierung finanzieller Anreize (Akkordsätze) nach Maßgabe von Zeitstudien und
- eine funktionale Gliederung der Organisation und der Vorgesetztenaufgaben (Funktionsmeistersystem).

Das Fließband galt und gilt bis heute als letzte Steigerung des Taylor-Systems. Die Ideen von Taylor sind von seinen Schülern F.B. Gilbreth (1868 – 1924) und L. Gilbreth (1878-1972) in einer wichtigen Hinsicht ergänzt worden, nämlich durch **Bewegungsstudien**, die der Elimination unzweckmäßiger oder überflüssiger Bewegungsabläufe bei der Ausführung der Arbeit dienen sollten. Henry L. Gantt (1861 – 1919) entwarf ein Lohnanreizsystem, das dem von Taylor überlegen war, und schuf vor allem mit dem **Gantt-Chart** eine einfache und effiziente Planungs- und Kontrolltechnik, die die Produktionsplanung systematisieren sollte; sie findet bis heute in der Praxis Verwendung.

So erfolgreich das Taylor-System auf der einen Seite war, so sehr umstritten war es auf der anderen Seite, und zwar von Anfang an. Man sah schon früh die **negativen Konsequenzen** des „Scientific Management“ für den arbeitenden Menschen in Form der Entfremdung von seiner Arbeit (Teilung und dadurch Sinnentleerung der Arbeit, Disziplinierung und Überwachung der Arbeiter mit der Folge der Fremd- statt Selbstbestimmung etc.). Als es schließlich zu Streiks und massiver Opposition gegen das Taylor-System kam, entschloß sich der U.S.-Kongreß, ein Hearing zu veranstalten, das klären sollte, ob dieses System ethisch vertretbar sei und ob es den Arbeiter ausbeute.[25] Taylor selbst hat diese negativen Konsequenzen so nicht antizipiert und auch nicht akzeptiert. Vor dem Kongreß argumentierte er, daß sein System nur dann funktioniere, wenn Kapital und Arbeit sich den Produktivitätszuwachs teilten. Er ging von der Voraussetzung aus, daß jeder Arbeiter bzw. jede Arbeiterin in der Arbeit letztlich nach hohen Löhnen strebt, also als „economic man“ an finanziellen Anreizen in Konkurrenz zu den anderen Arbeitern interessiert ist. Er versuchte deshalb auch, zwischenmenschliche Beziehungen (human relations) in der Arbeit als eher störend und leistungshindernd durch solche arbeitsorganisatorische Lösungen abzubauen, die dem einzelnen Arbeiter gestatteten, möglichst isoliert von anderen sich ganz auf den Leistungsvollzug zu konzentrieren[26].

Für die Ideengeschichte des Managements sind – mehr als diese sehr spezifische Sicht der „human relations“ – die Taylorschen Gedanken in mehr formaler Hinsicht von Bedeutung. Wurde doch hiermit erstmals die Verselbständigung und Ausformung von Managementfunktionen zum Konzept; Planung und Kontrolle gewinnen im „Scientific Management“ als eigenständige Managementfunktionen Gestalt.

25 Hearings before Special Committee of the House of Representatives to Investigate the Taylor and other Systems of Shop Management under Authority of House Resolution 90, Washington D.C. 1912.

26 Vgl. Albers, H., a.a.O., S. 40; ferner Wächter, H., Wissenschaft und Arbeitskraft, in: Zeitschrift für Arbeitswissenschaft 41 (1987), S. 212 ff. und Hoffmann, R.-W., Wissenschaft und Arbeitskraft, Frankfurt/New York 1985.

Henry Fayol

Neben Taylor ist Henry Fayol (1841 – 1925), Ingenieur und ehemals Generaldirektor einer französischen Bergwerksgesellschaft, der zweite wichtige Klassiker des Managements. Ihm ist der erste Entwurf eines (konzeptionellen) Bezugsrahmens für die Management-Lehre zu verdanken. Anders als der pragmatische Amerikaner Taylor ist der Franzose Fayol – der rationalistischen Denktradition seines Landes verpflichtet – auf eine systematische Ordnung aus, die er erstmals 1916 in seinem Buch „Administration industrielle et générale“ vorstellt. Hier liegt gleichsam der Ursprung der funktionalen Betrachtung des Managements, wie sie einleitend als Management-Prozeß in groben Zügen dargestellt wurde und noch heute zum Kernbestandteil vieler Management-Lehrbücher gehört. Über eine Systematik der Managementfunktionen hinaus hat Fayol ferner 14 „Managementprinzipien“ als Handlungsanleitung für erfolgreiches Management formuliert (vgl. Kasten 2.1).

Fayol unterschied fünf Management-Funktionen – „éléments d'administration“, wie er sie nannte. Sie betreffen die (1) Planung und (2) Organisation als Vorbereitung des Handelns, den (3) Befehl und die (4) Koordination als das Handeln selbst und die (5) Kontrolle als Registrierung des erzielten Handlungserfolges. Dieser Funktionskatalog ist letztlich – mit seiner Sequenz von „Denken-Durchführen-Kontrollieren“ – am Leitbild des handelnden Individuums, am „individuellen Aktor“, gewonnen und auf den „kollektiven Aktor“, die Unternehmung, übertragen.

Die Planung (1) umfaßt bei Fayol die Prognose der Zukunft und die Vorbereitung auf sie. Sie soll – ganz allgemein formuliert – die Ziele und den zukünftigen Kurs der Unternehmung (langfristig) festlegen. Fayol war der Auffassung, daß eine so umfassend verstandene Planung nicht nur die schwierigste aller Management-Funktionen sei, sondern auch die Vorbedingung, um das Management (seiner Zeit) von Grund auf zu verbessern[27]. „Planloses“ Handeln verführe zum zögerlichen Vorgehen, zu falschen Schritten und zu plötzlichen Kursänderungen, die die Quelle so vieler Schwächen und Einbrüche von Unternehmungen seien[28].

Organisieren (2) heißt dann der Entwurf und die Realisierung einer allgemeinen (Organisations-) Struktur für die Unternehmung, die dazu dienen soll, das Geplante zu verwirklichen (und die Ausstattung dieser Struktur mit Mitarbeitern[29]). Organisieren steht – so gesehen – bei Fayol in einer instrumentellen Beziehung zur Planung (ist „Mittel zum Zweck“), gehört aber gleichzeitig noch der Vorbereitung des Handelns (als dem eigentlichen realen Arbeitsvollzug) an. Ferner geht mit der pointierten Betonung des strukturellen Aspektes der Organisation eine Ausblendung des „Faktors Mensch“ in seiner Bedeutung für den Entwurf effizienter Organisationen einher, eine Ausblendung, die für alle Klassiker des Managements kennzeichnend ist. Für Fayol ist Organisationsentwurf eine Ingenieursaufgabe („organizational engineering“). Das kommt sehr deutlich in dem

27 Massie weist in seinem Beitrag über Management-Theorien zurecht darauf hin, daß vieles, was Fayol seinerzeit über Planung gesagt hat, heute zwar elementar klingt, daß es damals aber z. B. keineswegs selbstverständlich war, die Planung von der Ausführung zu unterscheiden. Vgl. Massie, J.L., Management theory, in: March, J.G. (ed.), Handbook of organizations, Chicago 1965, S. 388.

28 Fayol, H., Allgemeine und industrielle Verwaltung, Berlin 1929 (dt. Übers.).

29 Fayol unterscheidet also noch nicht zwischen „Personaleinsatz“ und „Organisation“ als distinkten Managementfunktionen. Diese Trennung wird erst später vollzogen.

Kasten 2.1

Henry Fayols Allgemeine Prinzipien des Managements

1. Arbeitstag: Mehr und bessere Arbeit bei gleicher Anstrengung ist durch Spezialisierung erzielbar.
2. Autorität und Verantwortung: Autorität ist das Recht, Anweisungen zu erteilen und Gehorsam zu verlangen. Autorität verlangt Verantwortung, sie ist das natürliche Gegenstück.
3. Disziplin: Ohne Disziplin kann kein Unternehmen gedeihen.
4. Einheit der Auftragserteilung: Für jedwede Arbeit sollte ein Beschäftigter nur Anweisungen von einem Vorgesetzten erhalten.
5. Einheit der Leitung: Alle Anstrengungen, Koordinierungen, Anweisungen, müssen auf ein Ziel hin ausgerichtet sein („one head, one plan").
6. Unterordnung des Einzelinteresses unter das Gesamtinteresse: Das Interesse einzelner Beschäftigter oder eine Gruppe sollte nicht die Oberhand über das ganze Unternehmen bekommen.
7. Entlohnung des Personals: Die Entlohnung des Personals ist der Preis für die erbrachten Leistungen; sie sollten fair und angemessen sein.
8. Zentralisierung: Die Zentralisierung ist natürlicher Bestandteil jeder Organisation, alle Entscheidungen müssen an einem Ort zusammenlaufen. Das optimale Ausmaß an Zentralisierung muß für jedes Unternehmen individuell gefunden werden.
9. Skalare Kette: Die skalare Kette ist der Instanzenzug, beginnend bei der höchsten Autorität bis zur untersten Führungsebene. Dies ist der Weg, den alle Kommunikationen zu laufen haben. In Ausnahmefällen ist jedoch horizontale Kommunikation zu erlauben („Brückenschlag").
10. Ordnung: Jedem Mitarbeiter und jedem Ding seinen Platz und alles auf seinem Platz.
11. Gerechtigkeit: Der Unternehmensleiter sollte danach streben, auf allen Führungsebenen einen Sinn für Billigkeit und Gerechtigkeit zu entwickeln.
12. Stabiler Führungskader: Es braucht lange Zeit für die Führungskraft, sich zurechtzufinden; eine hohe Fluktuation ist umproduktiv.
13. Initiative: Initiative ist die Kraft, sich einen Plan auszudenken und seinen Erfolg sicherzustellen. Die Initiative aller Beschäftigen ist eine Quelle der Stärke für jedes Unternehmen.
14. Esprit de corps: In der Einheit liegt die Stärke.

Quelle: Fayol, H., Allgemeine und industrielle Verwaltung, Berlin 1929 (dt. Übers.)

nachfolgenden Zitat eines anderen Klassikers zum Ausdruck, wenn er über die organisatorische Koordination menschlicher Anstrengungen spricht: „The job as such is therefore antecedent to the man on the job, and the sound co-ordination of these jobs, considered simply as jobs, must be the first and necessary condition in the effective co-ordination of the human factor."[30]

30 Vgl. Mooney, J.D., The principles of organization, in: Gulick, L. and Urwick, L., a.a.O., S. 92; Mooney war seinerzeit (in den dreißiger Jahren) Vizepräsident der General Motors Corporation.

Organisation heißt also formale Organisation, hat es mit den Beziehungen zwischen Stellen, nicht zwischen Menschen, zu tun. Der Organisationsgestalter unterstellt, daß sich der Mensch friktionslos und effizienzneutral an die entworfenen Strukturen anpaßt. Er entwirft gleichsam eine „Organisations-Maschine".

Mit der Beschränkung auf die Struktur geht – so gesehen – eine wichtige Einengung des Organisationsbegriffs einher, die später in kritischer Auseinandersetzung mit den Klassikern Veranlassung gegeben hat, das Blickfeld zu weiten und auch das „Verhalten (von Menschen) in Organisationen" mit zu bedenken.

Insoweit, wie die Organisation die Struktur für die arbeitsteilige Bewältigung der Gesamtaufgabe bereitstellt, schafft sie die Voraussetzung für den Aufgabenvollzug, bewerkstelligt ihn aber (noch) nicht selbst. Hier liegt nach Fayol die Aufgabe der Funktionen „Befehl" (3) und „Koordination" (4).

Die vor-organisierten betrieblichen (Teil-)Aufgaben in Arbeitsvollzug umzusetzen, erfordert, die Anstrengungen der arbeitenden Menschen trotz ihrer unterschiedlichen Interessen und Motive auf die einheitliche Zielsetzung der Unternehmung hin auszurichten. Dies soll durch die Befehlsgewalt erreicht werden. Der Befehl soll also gleichsam das „allgemeine Interesse" des Ganzen gegen die partikularen Interessen der Organisationsmitglieder zur Geltung bringen und auf diese Weise eine handlungsfähige Einheit schaffen. Diese Sinngebung der Managementfunktion „Befehl" kommt in folgendem Zitat recht gut zum Ausdruck: „Es ist für den Mann oder die Männer, die über eine gesellschaftliche Gruppe die Kontrolle ausüben, unmöglich, zu gewährleisten, daß interne individuelle Interessen nicht das allgemeine Interesse beeinträchtigen – daß Ehrgeiz, Besitzgier, die Kämpfe der einzelnen um Positionen oder Gehälter und die persönliche Machtgier dem allgemeinen Interesse der Unternehmung untergeordnet werden, wenn nach außen, in Beziehung zu den Besitzern, die Gelegenheit zu einem unkontrollierten und unbehinderten Verfolgen dieser Motive als Ziel der Unternehmung angesehen wird."[31]

In diesem Zitat von Urwick, einem Verfechter und Weiterentwickler der Ideen von Fayol, wird ganz deutlich, daß die Integration der Menschen in eine gegebene Organisationsstruktur als ein Problem verstanden wird, das primär über die Befehlsgebung gelöst werden kann und soll. Erst die späteren Arbeiten zur verhaltenswissenschaftlichen Organisationslehre gehen auch hier dieses „Integrationsproblem" differenzierter an und fragen ausdrücklich auch nach den Motiven (bzw. Bedürfnissen) der Menschen und wie diesen Motiven im Rahmen der Organisationsgestaltung und der Managementfunktion „Führung" so Rechnung getragen werden kann, daß eine Annäherung von Organisations- und Mitgliederzielen ohne dauernde Inanspruchnahme des „Befehls" als Integrationsinstrument möglich wird.

Für die Ausübung der Befehlsgewalt in der Unternehmung sind eine Reihe der erwähnten 14 Managementprinzipien von Bedeutung (vgl. Kasten 2.1). Um eine Einheit der Führung zu gewährleisten, muß z.B. ein gewisses Ausmaß an Zentralisation in dem Sinne sichergestellt werden, daß die letzte Verantwortung für Entscheidungen bei der Un-

31 Urwick, L., Grundlagen und Methoden der Unternehmensführung, Essen 1961, S. 115 (Übersetzung von „The elements of administration", New York 1943).

ternehmensspitze liegt. Andere Managementprinzipien, die für die Ausübung der Befehlsgewalt relevant sind, betreffen die „Einheit der Auftragserteilung", d.h. die Forderung, daß ein Untergebener von nur einem Vorgesetzten Weisungen empfangen soll, ferner die hierarchische Koordination derart, daß der Befehlsweg als abgestuftes Über- und Unterordnungsverhältnis von der Unternehmensspitze bis zur untersten Managementebene verläuft, schließlich die Schaffung eines Teamgeistes im Führungskader ("Esprit de Corps").

Die „Koordination" (4) hat für Fayol die Aufgabe, die vielfältigen Arbeiten und Ressourcen in einer Unternehmung örtlich, zeitlich und sachlich zu einem einheitlichen Handlungszusammenhang zu harmonisieren. Fayol hat hier wohl die Vorstellung, daß jeder Manager tagtäglich neben den genannten anderen Funktionen noch eigenständige Koordinationsaktivitäten entfalten muß, z.B. um eventuelle Störungen und Änderungen im Arbeitsfluß effizient zu korrigieren. Besprechungen zwischen Vorgesetzten und Mitarbeitern seien hierfür ein geeignetes Instrument. Hier wird allerdings übersehen, daß doch alle Managementfunktionen letztlich nur das eine Ziel haben, die vielfältigen arbeitsteiligen Aufgabenvollzüge zu einem Ganzen zu koordinieren. Deshalb betrachtet man heute – wie früher schon erwähnt[32] – die Koordination nicht mehr als eigenständige Managementfunktion, sondern sieht darin das eigentliche Ziel, auf dessen Erfüllung die Managementfunktionen letztlich gerichtet sind.

Die Managementfunktion „Kontrolle" (5) schließlich bedeutet bei Fayol ein **Rückkoppeln** der realisierten Ergebnisse der betrieblichen Tätigkeit an die Planung. Die Kontrolle prüft, ob alles in Übereinstimmung mit den verabschiedeten Plänen, den erlassenen Instruktionen und den aufgestellten Grundsätzen verläuft[33]. Die Kontrolle ist damit, systematisch gesehen, allen anderen Managementfunktionen sachlich und zeitlich nachgeordnet.

Der wesentliche Beitrag von Fayol zur Managementlehre ist – jenseits aller aus heutiger Sicht zu registrierenden Defizite – in ihrer systematischen Konzeptionalisierung als „Lehre von den Managementfunktionen" aus der Perspektive des Top-Managements zu sehen; es ist diese Konzeptionalisierungsleistung, die den Ansatz von Fayol von dem Taylorschen unterscheidet, der ja keinen derartigen Systematisierungsversuch unternommen hat und wegen seiner selektiven Problembearbeitung auch gar nicht unternehmen konnte. Es mag denn auch mit dem anglo-amerikanischen Pragmatismus zusammenhängen, daß Taylor in den USA schnell einen sehr großen Einfluß gewann, während Fayol dort erst relativ spät rezipiert wurde. Wenn und soweit heute die Managementlehre, wie im ersten Kapitel dargestellt, überwiegend noch als „Lehre vom Managementprozeß" verstanden wird, gründet sie aber mehr in den systematischen Anfängen von Fayol als der Taylorschen Betriebsführungslehre. „The identification of the essential functions of management directed thougths of classical theorists into a common pattern. This pattern provided a simple, analytical, and straigthforward approach for helping practitioners to understand the management process. It became generally accepted as 'the' approach for explaining the job of management."[34]

32 Vgl. oben S. 8.
33 Fayol, H.: a.a.O., S. 107.
34 So das Urteil von Massie, J.L., a.a.O., S. 390, über die Bedeutung der Klassiker für das Management.

Eine zweite Leistung von Fayol mag man in seinem Bestreben sehen, die Managementlehre in lehrsatzartige Handlungsprinzipien zu fassen. Die Vorstellung, die sich mit den Management-Prinzipien von Anfang an verband, war die ihrer **universellen Gültigkeit**, also die Behauptung, daß ihre Befolgung unter **allen** situativen Bedingungen die Effizienz der Unternehmensführung verbürgen würden. Gegen diese Universalitätsthese, die von vielen Autoren bis heute verfochten wird, richtet sich die Kritik z.B. solcher Forscher, die auf die Kulturgebundenheit von Managementstilen hinweisen. Prinzipien, die in westlichen Industriestaaten Erfolg haben – so ihre These -, mögen z.B. in einer fernöstlichen Kultur durchaus fehl am Platze sein[35].

Max Weber

Neben dem Amerikaner Taylor und dem Franzosen Fayol wird in der Reihe der Klassiker in allen Management-Lehrbüchern regelmäßig auch der berühmte deutsche Soziologe Max Weber (1864 – 1920) genannt. Weber ist zwar kein „Managementtheoretiker" im eigentlichen Sinne, hat aber mit seinen Untersuchungen zur „bürokratischen Herrschaft" wichtige Grundlagen zum Verständnis der Funktionsweise moderner Großorganisationen in Staat und Wirtschaft geschaffen und insofern zugleich auch entscheidende Beiträge zur Management-Funktion „Organisation" geleistet. Weber wird häufig als „Vater der Organisationstheorie" bezeichnet; auf seine Arbeiten haben später bedeutende Management-Theoretiker, u.a. auch Chester I. Barnard, aufgebaut. Im Gegensatz zu Taylor und Fayol will Weber keine Prinzipien zur Optimierung betrieblicher Führung angeben, sondern er will das Funktionieren großer Organisationen mit dem Idealtypus der Bürokratie als formal rationalste Form der Herrschaftsausübung erklären. Er will zeigen, daß und wie es in Großorganisationen, wie z.B. der kapitalistischen Großunternehmung, gelingt, die Handlungen der Individuen aufeinander zu beziehen, regelhaft zu verstetigen und effizient zu einem Ganzen zu verbinden.

Ausgangspunkt für Webers Arbeiten war das rasche Anwachsen großer Organisationen und die Erklärungsbedürftigkeit ihres Funktionszuwachses. Der legale Herrschaftstypus, also die Herrschaft kraft Satzung, hat in Kleingruppen noch keine Bedeutung; man kennt die wechselseitigen Handlungsgewohnheiten und kann über zukünftiges Handeln miteinander sprechen. Erst wenn diese Überschaubarkeit der Handlungssituation im Zuge des Wachstums der Unternehmung verloren geht, müssen andere Mechanismen für die Ordnung, die Regelmäßigkeit und Zielgerichtetheit im Handeln aller Organisationsmitglieder herangezogen werden. An dieser Stelle wird der Webersche Begriff der „Herrschaft" (Autorität) relevant. Er bedeutet „die Chance ..., für spezifische (oder: für

35 Die Kulturgebundenheit des Managements wurde insbesondere solchen (Teil-) Disziplinen der Managementlehre schnell zum Problem, die sich mit der Führung der internationalen Unternehmung zu befassen hatten, die ja in verschiedenen Kulturkreisen operiert. Das „Comparative Management" hat dann die Kulturabhängigkeit des Managements explizit zum Gegenstand der Forschung gemacht. Aber auch die „Situativen Ansätze" der Organisationstheorie wenden sich vehement gegen die Vorstellung universell gültiger Management-Prinzipien. Zu dieser Diskussion vgl. Koontz, H., A model for analyzing the universality and transferability of management, in: Academy of Management Journal 12 (1969), S. 415-430.

alle) Befehle bei einer angebbaren Gruppe von Menschen Gehorsam zu finden.“[36] Wenn und soweit diese Chance langfristig besteht, wäre in der „Herrschaft“ eine Erklärung für die dauerhafte Koordination individueller Handlungen durch den Befehl (als Merkmal hierarchischer Organisationen) gegeben. Unternehmungen ließen sich dann auch als „Herrschaftsverbände“ verstehen.

Es kommt – so gesehen – also auf die Grundlagen an, auf die sich die Chance stützt, bei einem bestimmten Kreis von Personen Gehorsam zu finden. Von Interesse ist hier nicht eine Unterordnung, die etwa aus einer momentanen Schwäche und Hilflosigkeit der Gehorchenden resultiert oder aus einem augenblicklichen materiellen Vorteilskalkül einzelner Organisationsmitglieder entsteht; auf derart „flüchtiger“ Basis ließe sich eine dauerhafte Ordnung nicht gründen. Dies sind nach Weber zwar Macht-, aber nicht Herrschaftsverhältnisse. Ordnungsstiftende Stabilität entsteht erst dort, wo nicht solche „äußerlichen“ Situationsmerkmale, sondern wo die Anerkennung des herrschaftlichen Anspruchs der Legitimationsglaube, den Befehlen Geltung verschafft. Die Frage, worauf dieser Legitimitätsglaube basieren kann, führt zur Unterscheidung verschiedener Herrschaftsformen als Kern der Weberschen Analyse. Neben der „traditionellen Herrschaft“ und der „charismatischen Herrschaft“ ist die „legale Herrschaft“ für die Neuzeit die wichtigste Herrschaftsform, bei der die Legitimationsgeltung im Gegensatz zu den beiden anderen Formen rational ist insofern, als ihre Bindung auf gesatzter Ordnung und nicht auf geltender Tradition oder die „außeralltägliche Hingabe an die Heldenkraft einer Person“ beruht. Gehorsam wird nicht der Person, sondern den Regeln geleistet. Das gilt für den Gehorchenden wie für den Anordnenden gleichermaßen.[37] Die abstrakte Regelbindung und der Glaube an die Legitimität dieser Regeln ist das besondere der legalen Herrschaft, und die bürokratische Herrschaft ist ihr reinster Typus.

Kasten 2.2

Max Webers Merkmale der bürokratischen Organisation

1. Regelgebundenheit der Amtsführung
2. Genau abgegrenzte Kompetenzbereiche
3. Prinzip der Amtshierarchie (Instanzenzug)
4. Aktenmäßigkeit der Verwaltung (Büro)
5. Unpersönlichkeit der Amtsführung
6. Definierte Qualifikationserfordernisse für Stelleninhaber
7. Fixierte Laufbahnen einschl. Gehaltshierarchie
8. Anstellung durch Arbeitsvertrag

Quelle: Weber, M., Wirtschaft und Gesellschaft, 5. Aufl., Tübingen 1972, S 124 ff.

36 Weber, M., Wirtschaft und Gesellschaft, 5. Aufl., Tübingen 1972, S. 122 (1.Auflage 1921). Eine gute Zusammenfassung der Weberschen Grundgedanken zur Herrschaft und Bürokratie findet sich bei Kieser, A./ Kubicek, H., Organisationstheorien I, Stuttgart u.a. 1978, S. 84 ff. Klärend zu Mißverständnissen in bezug auf Webers Bürokratietheorie siehe auch Mayntz, R., Max Webers Idealtypus der Bürokratie und die Organisationssoziologie, in: Mayntz, R. (Hrsg.), Bürokratische Organisation, Köln/Berlin 1968, S. 27 ff.

37 Weber, M., a.a.O., S. 125.

„Bürokratische Herrschaft" ist (idealtypisch) durch eine genaue Festlegung von Amtspflichten und präzise Abgrenzung von Autorität und Verantwortung gekennzeichnet, ferner durch ein festgelegtes System von Über- und Unterordnungen (Amtshierarchie), durch die nach festen, erlernbaren Regeln ablaufende Amtsführung und die Aktenmäßigkeit aller Vorgänge. In diesen (und weiteren) formalen Merkmalen findet die bürokratische Herrschaft ihren konkreten, für die Handlungskoordination bedeutsamen Niederschlag (vgl. Kasten 2.2).

Die Erfahrung lehre, so meint Weber, daß sie die (vom Standpunkt der technischen Aufgabenbewältigung her gesehen) effizienteste Form zur Organisation großbetrieblicher Aufgabenvollzüge in der Wirtschaft (und darüber hinaus in Staat, Kirche, Militär) darstelle. Der Kapitalismus hat nach seiner Meinung eine zentrale Rolle in der Entwicklung und Ausbildung von bürokratischen Strukturen gespielt, da er ja auf Rechenhaftigkeit, Genauigkeit, Stabilität und Effizienz angelegt sei und alle diese Eigenschaften in der Bürokratie am besten zur Geltung kämen (vgl. Kasten 2.3).

Die **universelle** Effizienz, die Weber – unabhängig von seinen kulturpessimistischen Visionen[38] – für bürokratische Organisationen reklamieren zu können glaubt, ist in späteren Entwicklungen der Organisationstheorie in vielfältiger Weise in Frage gestellt worden. Bürokratie wird heute ja geradezu als Synonym für Ineffizienz verwendet. Gründe dafür liegen sowohl in der bereits erörterten Tatsache, daß sich Menschen den Anforderungen einer formellen bürokratischen Struktur nicht ohne Motivationsverluste und insofern effizienzneutral beugen und ferner in dem in späteren Entwicklungsphasen der Organisationstheorie so wichtigen Problem, daß die strenge Regelgebundenheit der Bürokratie jedenfalls für solche Situationen unangemessen ist und zu Effizienzverlusten führen muß, wo die Umwelt der Organisation einem schnellen Wandel unterliegt, ein Problem, das solange nicht in das Blickfeld der organisationstheoretischen Erörterungen gelangen konnte, wie die Organisation als ein „geschlossenes System" betrachtet wurde. Diese kritischen Hinweise können aber den außerordentlich bedeutsamen Beitrag Max Webers zur Organisationslehre nicht schmälern.

Kasten 2.3

Effizienz bürokratischer Organisation

„Der entscheidende Grund für das Vordringen der bürokratischen Organisation war von jeher ihre rein technische Überlegenheit über jede andere Form. Ein voll entwickelter bürokratischer Mechanismus verhält sich zu diesen genau wie eine Maschine zu den nicht mechanischen Arten der Gütererzeugung. Präzision, Schnelligkeit, Eindeutigkeit, Aktenkundigkeit, Kontinuierlichkeit, Diskretion, Einheitlichkeit, straffe Unterordnung, Ersparnisse an Reibungen, sachlichen und persönlichen Kosten sind bei streng bürokratischer, speziell: monokratischer Verwaltung durch geschulte Einzelbeamte…auf das Optimum gesteigert."

Quelle: Weber, M., Wirtschaft und Gesellschaft, 5. Aufl., Tübingen 1972, S. 561 f.

38 Vgl. Webers düstere Prognose, was die negativen Folgen der Bürokratie für das gesellschaftliche Zusammenleben anbelangt, in: Gesammelte Aufsätze zur Soziologie und Sozialpolitik, Tübingen 1924, S. 413 f.

Resümee

Die klassische Schule, zu der eine Reihe anderer, hier nicht ausdrücklich erwähnter Praktiker weitere bedeutsame Beiträge geleistet hat[39], lebt bis in die Gegenwart hinein in solchen Lehrbüchern fort, die den im ersten Kapitel dargestellten „Management-Prozeß"[40] mit der (idealtypischen) Phasenfolge verschiedener Managementfunktionen zur Grundlage für die Ordnung des Stoffes machen. Man spricht deshalb auch von der „management process school", deren Hauptrepräsentanten Harold Koontz und Cyril O'Donnell mit ihrem 1955 erstmals publizierten und auch heute noch weit verbreiteten Lehrbuch „Principles of Management – An Analysis of Managerial Functions"[41] sind. In dieser – wie mehrfach erwähnt – auf Fayol zurückgehenden Idee, das Management funktionsorientiert zu analysieren, eben als logische Abfolge von im Zeitablauf nacheinander zu vollziehenden Aufgaben, liegt der praktisch fruchtbare und überdauernde Beitrag dieser Schule zur Managementlehre. Gleichwohl stehen hinter dieser Konzeption eine ganze Reihe von (impliziten) Annahmen, auf deren Fragwürdigkeit und restriktiven Charakter für die weitere Entwicklung der Lehre ja bereits teilweise verwiesen wurde. Diese Annahmen seien abschließend noch einmal systematisch zusammengestellt; damit werden zugleich wichtige Ansatzpunkte für (spätere) Neuorientierungen deutlich.

Die Annahmen sind[42]:

1) Die Effizienz (einer Unternehmung) ist sachtechnisch bestimmt, „irrationale" Elemente wie Freude, Sympathie, Zorn usw. stören den sachlichen Aufgabenvollzug und sind deshalb auszuschalten.
2) Management hat es primär mit den formalen aufgabenbezogenen Handlungen der Individuen zu tun. In Arbeitsgruppen kooperieren die Mitglieder der Gruppe auf einer rein sachlichen Basis – unabhängig von persönlichen Problemen und Eigenschaften.
3) Effizienz ist nur erreichbar, wenn sich die Organisationsmitglieder den klar definierten Aufgaben anpassen, wenn ihr Handeln einer unverfälschten Anwendung der generellen Regeln entspricht.
4) Die in Unternehmungen tätigen Menschen arbeiten (bloß) um des Geldes willen und sind deshalb in erster Linie durch finanzielle Anreizsysteme zu motivieren.
5) Es ist möglich, zukünftige Entwicklungen gut zu prognostizieren und Handlungsmuster richtig zu planen. Deshalb können alle Arbeiten vor der Ausführung genau und überraschungsfrei spezifiziert werden.
6) Menschen halten nicht immer die Vorschriften ein und müssen deshalb kontrolliert werden und Rechenschaft über ihre Arbeit ablegen.

39 Vgl. z.B. Sheldon, O., The philosophy of management, London 1923. Einen Überblick gibt George, C.S., The history of management thought, 2. Aufl., Englewood Cliffs , N.J. 1987, S. 131 ff.

40 Vgl. oben S. 7 ff.

41 In 8. Auflage 1984 (mit dem Co-Autor Heinz Weihrich) unter dem Titel „Management" publiziert. Ein weiterer bedeutender Vertreter dieser Schule ist Terry, G.R., Principles of management, Homewood/Ill. 1960.

42 Vgl. dazu auch Massie, J.L., a.a.O., S. 405.

7) Einfache Aufgaben lassen sich leichter bewerkstelligen und kontrollieren, so daß höhere Produktivität primär durch Spezialisierung auf eng begrenzte Aufgabenvollzüge entsteht.
8) Organisationsmitgliedern fehlt der Überblick zur eigenverantwortlichen Gestaltung ihrer wechselseitigen Arbeitsbeziehungen. Sie bedürfen deshalb der Anleitung durch ein Regelwerk und durch Vorgesetzte.
9) Die Quelle aller Weisungsbefugnisse (Befehlsgewalt) ist die Unternehmensspitze bzw. die von ihr gesetzte Ordnung. Weisungsbefugnis wird nach unten auf die einzelnen Hierarchieebenen delegiert.
10) Koordination entsteht nur, wenn sie von oben geplant und angeleitet wird.
11) Managementfunktionen sind universell und können unter den verschiedensten situativen Bedingungen in gleicher Weise ausgeführt werden. Das gilt auch für das Verhältnis der Unternehmung zu ihrer Umwelt und deren Veränderungen im Zeitablauf.

Unter diesen Annahmen, die gleichsam das Leitbild des klassischen Ansatzes umreißen, haben im weiteren Verlauf zuerst diejenigen Anlaß zu Kritik und Neuorientierung gegeben, die das Management primär auf die Planung, Organisation und Kontrolle des sachlichen Aufgabenvollzuges (als entscheidende Erfolgsvoraussetzung) verpflichten wollten und insoweit mehr oder weniger von den Menschen, ihren Bedürfnissen und Entwicklungsmöglichkeiten abstrahierten, mit denen und durch die die Sachaufgaben in kooperativer Anstrengung zu bewältigen sind. So gesehen blieb die klassische Schule eher formal, was ganz deutlich bei der Managementfunktion „Organisation" zutage tritt. Man „entdeckt" im klassischen Ansatz gleichsam die formale Organisation als zweckgerichtete Struktur, als Gesamtheit genereller Regelungen zur Aufgabenerfüllung, und kann das, was man später dann die „informale" Organisation zu nennen pflegt, wenn überhaupt, so bloß als Störfaktor in den Blick bekommen. Wie verhalten sich Menschen in Organisationen? Welche vom Management unbeabsichtigten, eben informellen, Strukturen bilden sich heraus? Im welchem Verhältnis stehen sie zur formalen Organisationsstruktur? Derartige Fragen rückten nach den zwanziger Jahren dieses Jahrhunderts bis etwa 1950 in das Zentrum des Interesses der Managementforschung. Es ist dies die Zeit der „verhaltenswissenschaftlichen Schule".

2.2.2.2 Die verhaltenswissenschaftliche Schule

Die mehr oder weniger radikale Abweichung von den klassischen Managementansätzen bereitet sich einerseits in den sog. Hawthorne-Experimenten vor, die Ende der zwanziger Jahre im Hawthorne Werk der Western Electric Comp., einer Tochter der AT&T (American Telephon und Telegraph Comp.) begannen und 1932 im Gefolge der Wirtschaftskrise endeten. Andererseits ist sie in den bekannten Arbeiten von Chester I. Barnard (1886-1961) angelegt, der allerdings in seinem berühmten Buch „The Functions of the Executive" (1938)[43], das einerseits auf seinen Erfahrungen als Manager aufbaut und an-

43 Die deutsche Übersetzung der 17. Auflage ist unter dem Titel „Die Führung großer Organisationen" 1970 in Essen erschienen.

dererseits auf dem Studium der organisationssoziologischen Theorien von Max Weber (und dessen Schüler T. Parsons) basiert, eine eher vermittelnde Stellung einnimmt. In der Ideengeschichte des Managements schreibt man ihm deshalb den „Brückenschlag" zwischen Klassik und (neoklassischer) verhaltenswissenschaftlicher Schule zu[44].

Chester I. Barnard

Der „Brückenschlag" ist schon in dem zentralen Grundgedanken der Barnardschen Theorie impliziert, nämlich das Zustandekommen von Organisationen als „kooperative Systeme" aus der Bereitschaft (der Entscheidung) der Individuen zur Kooperation selbst zu erklären. Formale Organisation bezieht sich auf diejenige Form der Zusammenarbeit von Menschen, die bewußt, absichtsgeleitet und auf einen Zweck gerichtet ist. Sie ist „ein System von bewußt koordinierten Handlungen oder Kräften von zwei und mehr Personen."[45] Diese Definition verbindet bereits die gemeinsame Aufgabe (als Zweck der Kooperation) mit den Wünschen, Zielen oder Motiven der Menschen, deren Leistungen für die Zielerreichung erforderlich sind; insofern wird hier der aufgabenbezogene Standpunkt der klassischen Managementlehre überschritten in Richtung auf eine Integration des „Faktors Mensch".

Die von Barnard vorgeschlagene Definition formaler Organisationen geht in ihrer Reichweite aber über diesen „Brückenschlag" hinaus. In ihr sind Fragestellungen angelegt, die der Klassik fremd waren und insofern echte Innovationen darstellen. Drei dieser Fragestellungen seien kurz angedeutet:

(1) Wenn (formale) Organisationen ihre Existenz der bewußten und absichtsgeleiteten Bereitschaft von Individuen zur Kooperation verdanken, dann wird es möglich, die Frage nach dem Überleben von Organisationen als Frage nach der Erfüllung der Erwartungen zu stellen, die die Individuen mit ihrer freiwilligen Leistung für das gemeinsame Ziel verbinden (Motive der Kooperation). Werden sie nicht erfüllt, reduzieren Individuen u.U. ihre Leistungsbeiträge oder scheiden aus der Organisation aus.

Um zu überleben, muß eine Organisation also immer wieder genug Anreize bereitstellen können, um die Individuen zu Leistungen für die gemeinsame Zielerreichung zu veranlassen. Dies ist die sog. **„Anreiz-Beitrags-Theorie"** der Organisation. Ihr ist die von Barnard vorgeschlagene Unterscheidung von Effizienz und Effektivität von Organisationen inhärent. Eine Organisation ist effizient in dem Maße, wie es ihr (im Urteil der kooperierenden Individuen) gelingt, die individuellen Kooperationsmotive zu erfüllen. Sie ist effektiv in dem Maße, wie der gemeinsame Organisationszweck erreicht wird. Wenn eine Organisation ineffizient ist, kann sie nicht effektiv sein und geht unter, weil die Kooperation zerbricht. Und umgekehrt ist Effektivität der Organisation notwendig, um effizient zu sein und die erwarteten Leistungen für die Organisationsmitglieder bereitzustellen.[46] Erforderlich ist also für das Überleben von Organisationen gleichsam ein (langfri-

44 Vgl. etwa Wren, D.A., The evolution of management thought, New York 1972, S. 320, und Staehle, W., a.a.O., S. 28.

45 Barnard, Ch. I., The functions of the executive, Cambridge/Mass. 1938, S. 73.

stiger) Gleichgewichtszustand zwischen Anreizen und Beiträgen (Anreiz-Beitrags-Gleichgewicht).

(2) Der zweite gegenüber der klassischen Managementlehre innovative Gedanke des Barnardschen Werkes ist die Konzeptionalisierung der Organisation als eines offenen Systems. Barnard betont (dies in Übereinstimmung mit der später darzustellenden Systemtheorie), daß nicht eigentlich Personen, sondern deren **Handlungen** konstitutiver Bestandteil formaler Organisationen seien. Handlungen werden als Elemente verstanden, die durch Koordination wechselseitig aufeinander bezogen und insofern systematisch zu einem Ganzen verknüpft sind. Organisationen müssen somit alle diejenigen Individuen zur Kooperation veranlassen, deren Handlungen für die Erreichung des gemeinsamen Zweckes immer wieder neu erforderlich sind.

Dieser Gedanke läßt keine so einfache Grenzziehung zwischen „Innen" und „Außen" mehr zu wie in der klassischen Vorstellung. Für Barnard sind deshalb u.a. Kapitaleigner, Arbeitnehmer, Fremdkapitalgeber, Lieferanten und Abnehmer, Teilnehmer der Organisation (genauer: deren organisationsbezogene Handlungen). Organisation wird gleichsam als Koalition aller kooperierenden Personen verstanden (Koalitionstheorie der Organisation)[47]. Als Konsequenz daraus kann sich die Managementlehre auch nicht mehr wie in dem klassischen Ansatz auf eine „intraorganisatorische", also auf eine bloße Binnenperspektive beschränken, sondern muß die Interaktion mit der Umwelt bzw. den sie umgebenden Anspruchsgruppen zum Gegenstand ihrer Überlegungen machen.

(3) Die ungewöhnlichste Idee, die aus der Barnardschen Organisationskonzeption resultiert, ist aber zweifellos die „Akzeptanztheorie der Autorität". Wenn Organisationen von der bewußten, freiwilligen Bereitschaft der Mitglieder zur Kooperation abhängig sind, muß man als Indikator für das Vorliegen von Autorität (Befehlsgewalt) die Entscheidung der Menschen ansehen, einem Befehl zu gehorchen oder nicht. Wenn ein Untergebener einen Befehl nicht befolgt, hat er ihm keine Autorität zugestanden. Autorität ist aus dieser Sicht das Merkmal eines Befehls in einer formellen Organisation, kraft dessen ein Organisationsmitglied ihn akzeptiert, als Richtschnur für das, was es im Hinblick auf die Organisation tut oder unterläßt. Diese Definition von Autorität ist unausweichlich, wenn man von dem Grundgedanken ausgeht, daß sich Organisationen durch freie Wahl (Entscheidung) ihrer „Mitglieder" konstituieren. Dann kann es außerhalb dieser Basis ja keine andere unabhängige Quelle von Autorität (wie etwa die Persönlichkeit des Vorgesetzten) mehr geben; es muß vielmehr um eine Quelle gehen, die bereits durch die jederzeit revidierbare (freiwillige) Anerkennung der Organisationsmitglieder legitimiert ist. Der Glaube an die Legalität resultiert bei Barnard dabei aus der freiwilligen Vereinbarung,

46 In der weiteren Entwicklung der Managementlehre hat sich die Bedeutung der beiden Begriffe Effektivität und Effizienz gerade umgekehrt. Effizienz bezeichnet heute den Einsatz der richtigen Mittel (Wirtschaftlichkeitsprinzip); Effektivität bezieht sich dagegen auf die Zielerreichung und vor allem darauf, daß die richtigen Ziele verfolgt werden ("Doing the right things"). Vgl. dazu Drucker, P., Die ideale Führungskraft (Übers.a.d.Engl.), Düsseldorf/Wien 1967, S. 11 ff.

47 Diese weite Fassung des Organisationsbegriffs hat starke Kritik hervorgerufen. Vgl. Barnards Erwiderung darauf in Barnard, Ch.I., Organisation and management, Cambridge Mass. 1948, S. 111-113.

enthält also ein gewisses Element der Demokratie[48]. Gewisse Anklänge an das Legitimitätskonzept von Max Weber werden hier sichtbar, vor allem dann, wenn man zusätzlich Barnards Idee einer „Indifferenzzone", eine Art Vertrauensvorschuß, berücksichtigt, die der Autorität ein notwendiges Maß an Stabilität verleiht und sie vor den Dysfunktionen jederzeitiger Revidierbarkeit schützt.

Der Gedanke, die Organisation als „Koalition von Individuen" zu begreifen, fand dann später in der Managementlehre breite Akzeptanz. Wesentlich zur Verbreitung trug das 1945 publizierte Buch des späteren Nobelpreisträgers H.A. Simon über Entscheidungsverhalten in Organisationen[49] bei. Auch andere bekannte Arbeiten, die im Umkreis von Simon entstanden sind, orientieren sich an ähnlichen Ausgangspositionen[50]. March und Simon analysieren ausführlich auf der Basis der Anreiz-Beitrags-Theorie die Entscheidung der Individuen zur Teilnahme an und zum Verlassen der Organisation, insbesondere aber die Entscheidung, produktive Beiträge zur Erfüllung des Organisationszweckes zur Verfügung zu stellen (decision to produce).

Die Kritik der Barnardschen Organisationstheorie sei hier nur mit der Frage angedeutet, ob man denn wirklich zur Erklärung des Zustandekommens und der Existenz von Organisationen so etwas wie den autonomen freien Willen von Individuen zum unhinterfragten Ausgangspunkt nehmen kann. Gibt es nicht gesellschaftliche Verhältnisse, die die Freiheit zum Ein- bzw. Austritt materiell konterkarieren? Man denke etwa an die Arbeitslosigkeit, die die Chancen eines Individuums, das eigentlich einen Arbeitsplatzwechsel vornehmen möchte, einen neuen Arbeitsplatz zu finden, sehr stark beschneidet. Anders formuliert: Die Ein- und Austrittsentscheidungen von Individuen sind in ihrer materiellen Basis (auch) gesellschaftlich bestimmt; deshalb kann die Organisationstheorie nicht voraussetzungslos bei den autonomen (freien) Individuen beginnen[51].

Hawthorne-Experimente

So bedeutend und theoretisch innovativ die Gedanken von Barnard Mitte der dreißiger Jahre auch waren, so haben sie doch eigentlich erst sehr viel später eine breitere Wirkung entfaltet. Der Durchbruch des verhaltenswissenschaftlichen Paradigmas selbst wurde nicht durch seine Forschungen, sondern durch die erwähnten Hawthorne-Experimente und die darauf aufbauenden weiteren Arbeiten erzielt. Sie führen im Ergebnis zu einer radikalen Revision klassischer Positionen hinsichtlich etwa der Arbeitsmotivation, der Rolle des Vorgesetzten, der Bedeutung der Arbeitsgruppe oder des Stellenwertes der Arbeitsteilung.

48 M. Weber spricht insoweit von einer „paktierten" (im Gegensatz zu einer „oktroyierten") Ordnung, in: Wirtschaft und Gesellschaft, a.a.O., S. 19.

49 Simon, A.H., Administrative behavior: A study of decision-making processes in administrative organization, New York 1945 (dt. Übers. Landsberg/Lech 1981).

50 Vgl. etwa March, J.G./Simon, H.A., Organizations, New York u.a. 1958 (dt. Übers. Wiesbaden 1976) und Cyert, R.M./March, J.G., A behavioral theory of the firm, Englewood Cliffs, N.J. 1963.

51 Vgl. zu dieser Kritik genauer Ortmann, G., Unternehmungsziele als Ideologie, Köln 1976; zu weiteren Kritikpunkten vgl. auch Staehle, W., a.a.O., S. 399 ff.

Dabei hatten die Hawthorne-Experimente selbst mit durchaus klassischen Versuchsanordnungen zur Erforschung von physischen Einflußfaktoren der Arbeitsproduktivität begonnen[52]. Man richtete in bestimmten Fertigungsstätten der Hawthorne-Werke Versuchs- und Kontrollgruppen ein und variierte systematisch gewisse äußere Arbeitsbedingungen (als unabhängige Variablen) in der Hoffnung, stabile Zusammenhänge mit der Arbeitsproduktivität (als abhängiger Variable) nachweisen und auf diese Weise zur produktivitätsfördernden Gestaltung der Arbeitsbedingungen beitragen zu können. Dies war eine Vorgehensweise, die letztlich der Taylorschen Gedankenwelt des „scientific management" entsprach.

Unter sorgfältiger Überwachung aller konstant zu haltenden Faktoren (Luftfeuchtigkeit, Raumtemperatur etc.) variierte man z.B. die **Beleuchtungsstärke**, um den Einfluß der Lichtverhältnisse auf die Leistung der Arbeiter ausfindig zu machen. Die Ergebnisse entsprachen zunächst ganz den Erwartungen, mit zunehmender Beleuchtungsstärke stieg auch die Produktivität an. Die Überraschung kam erst, als zu Gegenprüfungszwecken die Beleuchtungsstärke wieder verringert wurde, die Produktivität aber dennoch weiter anstieg. Selbst bei ganz miserablen Beleuchtungsverhältnissen stieg die Produktion in der Versuchsgruppe weiter. Was dieses Ergebnis noch verwunderlicher machte, war die Tatsache, daß auch in der Kontrollgruppe die Produktivität stetig wuchs, obwohl dort die äußeren Bedingungen immer konstant geblieben waren.

Während der ganzen Versuchsperiode registrierte man also einen Produktivitätsanstieg, der mit den herkömmlichen wissenschaftlichen Methoden und Versuchsdesigns nicht zu erklären war. In dieser kritischen Situation schaltete sich 1927 eine Harvard-Forschergruppe mit E. Mayo (1880 – 1949) an der Spitze ein. Es ist die dann folgende Untersuchungsphase, die die Hawthorne-Experimente letztlich durch entscheidende neue Einsichten über das Verhalten von Menschen in Organisationen berühmt gemacht hat.

Die **Relais-Montage-Testraum-Studie**. Zunächst wurden noch einmal vergleichbare Experimente in einem Testraum durchgeführt, allerdings unter Variation anderer unabhängiger Variablen, wie Ruhepausen, Länge des Arbeitstages oder Entlohnungssystem. Es zeigten sich wieder dieselben Effekte. Und als man – irritiert durch den erneuten stetigen Produktivitätsanstieg – die ursprünglichen Arbeitsbedingungen wiederherstellte, also z.B. die Ruhepausen, den verkürzten Arbeitstag, die Erfrischungen während der Arbeit abschaffte, stieg schließlich die Produktivität erneut, und zwar auf vorher nie erreichte Höhen an. Die nachfolgende Restauration der alten „Privilegien" ließ dann schließlich die Produktion pro Arbeiter und Woche nochmals steigen.

Nach Durchsicht der bisherigen Befunde und aufgrund weiterer Experimente, die insbesondere noch einmal die traditionelle These vom positiven Einfluß der Lohnanreizsysteme auf die Produktivität prüfen sollten, kam man schließlich zu der Einsicht, der entscheidende Grund für die (bisher unerklärlichen) Produktivitätssteigerungen sei nicht im Lohnsystem oder äußeren Arbeitsbedingungen zu suchen, sondern im emotionalen Be-

52 Vgl. Roethlisberger, F.J./Dickson, W.J., Management and the worker, Cambridge/Mass. 1939, 16. Aufl. 1975, S. 19 ff.

reich. Man war stolz darauf, Teil einer wichtigen Gruppe zu sein, der die freundliche Aufmerksamkeit des Vorgesetzten und der Forscher galt. Dies förderte die Beziehungen untereinander, und man konnte die Isolation großbetrieblicher Industriearbeit überwinden. Die Forscher sprachen von einer „emotionalen Kettenreaktion"[53]. Diese entscheidende Schlußfolgerung wurde dann zur Grundlage der weiteren Hawthorne-Untersuchungen, deren Dokumentation in dem erwähnten Buch „Management and the Worker" von Roethlisberger und Dickson den größten Raum einnimmt[54].

Das **Interview-Programm**. Diese Untersuchungen mit einem groß angelegten Interviewprogramm und der Beobachtung zwischenmenschlicher Beziehungen in Arbeitsgruppen verwiesen von ihren Ergebnissen her unmißverständlich auf die Notwendigkeit, die Organisation (auch) als soziales System zu deuten und zu verstehen. Man registrierte z.B. in den Interviews immer wieder, daß die Arbeiter nicht über die im Interviewleitfaden vorgesehenen Fragen sprechen wollten. Sie trugen ganz andere Sachprobleme und Beschwerden über ihre Arbeit vor, die sich dann allerdings bei genauer Nachprüfung als nicht stichhaltig erwiesen. Man fand heraus, daß derartige Beschwerden als Hinweise auf persönliche Probleme und Schwierigkeiten des Interviewten innerhalb und außerhalb der Arbeitswelt interpretiert werden mußten, Schwierigkeiten, die zu einer Absenkung der Leistung führten. Als Konsequenz aus dieser Einsicht wurden die Vorarbeiter darin geschult, mehr auf die persönlichen Schwierigkeiten und emotionalen Probleme der Mitarbeiter zu achten; sie sollten versuchen, derartige Störungen herauszufinden und – soweit möglich – für Abhilfe zu sorgen („personnel counseling program"). Diese Umorientierung von einem bloß aufgabenbezogenen auf einen (auch) personenbezogenen „Führungsstil" verbesserte die Arbeitsmoral und führte zur Steigerung des Outputs. Damit war der Zusammenhang zwischen den „human relations" im allgemeinen und der Arbeitsleistung offensichtlich geworden.

Die **Bank Wiring Observation Room-Studie**. Parallel zum Interviewprogramm liefen in den Hawthorne-Werken im letzten Versuchsstadium ferner Experimente, die die Bedeutung der informellen Gruppen für die Arbeitsleistung aufzeigten. Man schuf drei formale Arbeitsgruppen, die in einem Beobachtungsraum mit der Anfertigung von Wicklungen für Motoren betraut waren (dies ist der berühmte „bank wiring observation room"). Jede Gruppe bestand aus drei „Wicklern" und einer Person, die die Kontakte lötete. Es gab ferner zwei Inspektoren, die die Qualitätskontrolle für alle drei Gruppen durchzuführen, also die Arbeit zu begutachten hatten. Die Entlohnung erfolgte auf Basis

53 Man spricht in diesem Zusammenhang auch vom sog. „Hawthorne-Effekt" und meint damit den – im Sinne eines klassisch-naturwissenschaftlichen Versuchsdesigns – „verfälschenden" Einfluß auf die Ergebnisse als Folge der Tatsache, daß allen Arbeitern bekannt war, an einem Experiment teilzunehmen. Dadurch veränderte sich möglicherweise ihr Arbeitsverhalten im Vergleich zur „normalen" Arbeitssituation, ohne daß dieser „Effekt" isoliert werden konnte. Es wäre jedoch falsch, die Ergebnisse der Hawthorne-Experimente aus diesem Grunde zurückzuweisen. Die naturwissenschaftlich inspirierte Vorstellung, (auch) im Bereich des menschlichen Verhaltens kausalanalytisch vorzugehen, d.h. in Ursache-Wirkungs-Zusammenhängen zu denken, ist methodisch nicht haltbar. Der Mensch ist nicht nur Objekt, sondern immer auch Subjekt in entsprechenden Versuchssituationen. So gesehen ist dann der „Hawthorne-Effekt" nur ein verstärkender Hinweis auf die Bedeutung, die die in der Partizipation an den Versuchen liegende Anerkennung und Bedürfnisbefriedigung für die Arbeitsmotivation hat.

54 Vgl. dort S. 189–548.

sowohl der individuellen wie der Gruppenleistung, womit die Kooperation zwischen den Arbeitern besonders gefördert werden sollte. Zwei Beobachtungen ließen die Bedeutung der informellen Gruppenbeziehungen deutlich hervortreten:

(1) Die Gruppen entwickelten sehr schnell eine eigenständige Vorstellung darüber, was im Hinblick auf den Lohn eine „faire Tagesleistung" war. Dieser informelle Standard war niedriger als die vom Management geforderte (formale) Leistung. Um die informelle Gruppennorm durchzusetzen, entfalteten die Gruppenmitglieder spezifische Verhaltensweisen und Interaktionen. War eine Tagesleistung z.B. zu hoch ausgefallen, versteckte man den „Überschuß" und meldete nur die Menge, die der formellen Norm entsprach. „Akkordbrecher" versuchte man durch besondere disziplinarische Maßnahmen „bei der Stange" zu halten. Man äußerte sich z.B. sarkastisch über sie oder machte sie lächerlich. Die Leistung – das zeigten diese Experimente – ist also nicht (nur) von den physischen Möglichkeiten der Arbeiter, sondern auch von sozialen Normen (der Gruppe) abhängig.

(2) Die zweite Beobachtung betrifft die informellen Gruppenbeziehungen im engeren Sinne. Die Analyse der Art und Häufigkeit der Kontakte und sozialen Beziehungen, wie sie sich im Beobachtungsraum entwickelten, ergab, daß sich über die drei formalen Gruppen hinweg zwei „Cliquen" (informelle Gruppen) gebildet hatten. Die Mitglieder der Cliquen entwickelten innerhalb ihrer Gruppe eine hohe Intensität zwischenmenschlicher Beziehungen untereinander, und dies auch dann, wenn damit gegen die ausdrücklichen Anweisungen des Management verstoßen wurde. Man half sich aus, wo nötig, man machte in den Pausen gemeinsame Spiele etc. Zwischen den zwei Cliquen bestanden derartige Kontakte nicht. Für die Zugehörigkeit bzw. den Ausschluß aus einer dieser informellen Gruppen waren verschiedene Faktoren entscheidend. Die vorgegebene räumliche Anordnung der Arbeitsplätze und die Art der Tätigkeit spielten dabei nur eine untergeordnete Rolle. Wichtig waren persönliche Merkmale. Ausgeschlossen wurden z.B. Arbeiter, die sich mit den Vorgesetzten gut stellen wollten und diesen über die Gruppenaktivitäten berichteten, ferner solche, die ihre Arbeit zu ernst nahmen. So wurde einer der beiden Qualitätsprüfer von seiner Clique akzeptiert, weil er registrierte Fehler großzügig und informell handhabte und auch aufgrund seiner sonstigen Verhaltensweisen von den Arbeitern als ihresgleichen angesehen wurde. Der zweite war dagegen „Außenseiter". Er wurde von keiner Clique aufgenommen; er nahm seine Prüfarbeit zu genau und wickelte sie zu formal nach den vorgegebenen Anweisungen des Managements ab. Arbeiter – so die Schlußfolgerungen aus diesen Beobachtungen – reagieren also nicht (nur) als Individuen, sondern (auch) als Mitglieder von Gruppen.

Diese knappe Rekapitulation der letzten Versuchsreihe bei den Hawthorne-Werken macht ganz deutlich, daß informellen Beziehungen in der formalen Organisation offenbar eine sehr viel größere Bedeutung zugemessen werden muß als es etwa Taylor tat, wenn er derartige Kontakte als „Störeinflüsse" durch formale Regelungen unterbinden wollte. In jeder formalen Organisation bilden sich – weil man es mit Menschen und nicht nur „Vollzugsorganen" zu tun hat – unvermeidlicherweise auch informelle Strukturen heraus, die von entscheidender Bedeutung für die Zufriedenheit der Mitarbeiter sind und ihre Leistungen wesentlich beeinflussen. Sie sind deshalb für den Erfolg der Unternehmensführung von großer Bedeutung.

Human Relations-Bewegung

Diese Grundeinsichten aus den Hawthorne-Experimenten wurden nachfolgend weiter vertieft und zu dem Lehrgebäude der „Human Relations-Bewegung“ fortentwickelt. Als Kerngedanke bildete sich in dieser Schule die Vorstellung heraus, daß „glückliche (zufriedene) Arbeiter gute Arbeiter“ sind. Auf dem Hintergrund einer (unhinterfragt gebliebenen) klassischen Organisationsstruktur müssen also die zwischenmenschlichen Beziehungen am Arbeitsplatz so gestaltet werden, daß sie die sozialen Bedürfnisse der Organisationsmitglieder in hohem Maße befriedigen. Dies ist die notwendige Bedingung für die ökonomische Effizienz der Unternehmung. So gesehen läßt sich dann auch kein Widerspruch mehr zwischen den Zielen der Mitarbeiter und Zielen der Organisation ausmachen: Soziale und ökonomische Rationalität werden deckungsgleich. Diese Harmonievorstellung der Human-Relations-Bewegung ist gleichsam die „Umkehrung“ der klassischen Harmoniethese von Taylor, wonach Arbeiter sich ja aufgrund ihrer ökonomischen Interessenorientierung zwanglos an die Rationalitätsanforderungen der Organisation anpassen und den Anordnungen des Vorgesetzten unterwerfen würden.

Insgesamt ist es das bleibende Verdienst der Hawthorne-Experimente, die große Bedeutung der ungeplanten, spontan entstehenden zwischenmenschlichen Beziehungen in Organisationen mit aller Deutlichkeit herausgearbeitet zu haben. Die verhaltenswissenschaftliche Schule hat in der Tradition dieser Experimente dann drei zentrale Themenbereiche entfaltet und in die Managementlehre integriert, nämlich das „Individuum in der Organisation“ (Individuenverhalten, Motivationstheorien), die „Gruppe in der Organisation“ (Gruppenverhalten) und der „Vorgesetzte in der Organisation“ (Vorgesetztenverhalten)[55].

Diese deutliche Hinwendung zu Fragen des „Verhaltens in Organisationen“ („Organizational Behavior“) hat dann allerdings dazu geführt, daß man die strukturellen Aspekte der Organisationsfunktion, wie sie der klassische Ansatz favorisierte, aus den Augen verlor. In dem Maße, wie man aus der Mikroperspektive der Arbeitssituation die Bedingungen der Zufriedenheit der Mitarbeiter (als entscheidende Vorbedingung für die Produktivität) untersuchte, traten die generellen organisatorischen Regelungen, die Strukturen der Gesamtorganisation und damit die „Makroperspektive“ als weniger relevant in den Hintergrund oder wurden als schlichte Gegebenheit übernommen. Hier setzten dann wieder die nachfolgenden organisationstheoretischen Forschungen an, die das organisatorische Kernproblem der Integration von Mitarbeiterbedürfnissen einerseits und ökonomischen Organisationszielen andererseits nicht mehr auf der Basis einer vorausgesetzten Harmonie angingen, sondern hier durchaus einen Konflikt (manche sogar ein Dilemma) konstatierten, der u.a. auch durch geeignete Strukturentwürfe der Organisation gelöst werden sollte.

55 Vgl. dazu den vierten Teil dieses Buches: „Organisation und Führung“.

Human-Ressourcen-Ansatz

Die Human-Relations-Bewegung hatte ihren Höhepunkt in den fünfziger Jahren schon überschritten. Sie wurde abgelöst von dem Human-Ressourcen-Ansatz, der vor allem auch die vernachlässigten Strukturen der Organisation wieder stärker theoretisch zur Geltung bringt. Man diagnostizierte ein Spannungsverhältnis, das sich aus den traditionellen Organisationsstrukturen einerseits und den Entfaltungsbedürfnissen der Menschen andererseits ergibt; es äußere sich in den Spannungen zwischen bürokratischer Effizienz und nicht-rationalem Verhalten, zwischen Disziplin und Autonomie, zwischen formalen und informalen Beziehungen. Dieses Spannungsverhältnis führe im Ergebnis zu einer Verschwendung von Human-Ressourcen. Erst wenn dieses Spannungsverhältnis hinreichend thematisiert werde und neue den menschlichen Bedürfnissen besser angepaßte Organisationsstrukturen entworfen würden, könne von einer angemessenen theoretischen Behandlung des Organisationsproblems gesprochen werden.

Verschiedene Autoren haben die Kritik in dieser Richtung vorangetrieben und mehr oder weniger detaillierte Lösungsvorschläge sowohl in verhaltens- als auch in strukturmäßiger Hinsicht gemacht. Zu diesen Autoren gehören primär McGregor[56], Argyris[57] und Likert[58]. Sie versuchen, auf der Basis von motivationstheoretischen Überlegungen, die nicht nur wie die Human Relations-Schule die sozialen Bedürfnisse, sondern in einem umfassenderen Sinne das Selbstverwirklichungsstreben des Menschen am Arbeitsplatz zum Gegenstand haben, Führungsprinzipien und Strukturmodelle zu entwickeln, die einen Zusammenklang von individueller Bedürfnisbefriedigung und ökonomischer Zielerreichung ermöglichen sollen. Da diese Reformvorschläge sehr deutlich eine effiziente umfassende Nutzung der menschlichen Ressourcen – und nicht ihre einseitige Routinisierung – im Auge haben, spricht man hier auch von den „Human-Ressourcen-Ansätzen".

Die Kritik dieser Ansätze gegenüber der traditionellen Organisation (und Organisationslehre) hebt im Kern darauf ab, daß die menschlichen Potentiale nicht zur Entfaltung kommen können und traditionelle Organisationen deshalb ineffektiv sind. Wenn man etwa mit Argyris unterstellt, daß der gesunde Mensch von der Kindheit bis zum Erwachsenenalter einen Reifeprozeß durchmacht, der – generell gesprochen – von starker Abhängigkeit hin zur autonomen Persönlichkeit führt, die durch vielfältige Interessen, differenzierte Verhaltensweisen, Bewußtsein der eigenen Persönlichkeit etc. gekennzeichnet ist, so folgt, daß die traditionelle Organisation von den Mitarbeitern als demotivierend und leistungshemmend erlebt werden muß. Die extreme Spezialisierung, die Einheit des Befehlsweges, die Trennung von Planung (Anweisung) und Ausführung, kurz alle Prinzipien des Taylorismus, die ursprünglich zur Steigerung der Arbeitsproduktivität konzipiert wurden, erweisen sich im Lichte der hier vorausgesetzten Motivationstheorie als dysfunktional. Reformen der Organisationsstrukturen sollen deshalb so beschaffen sein,

56 McGregor, D., The human side of enterprise, New York 1960 (dt. Übers.: Der Mensch im Unternehmen, Düsseldorf/Wien 1970).

57 Argyris, C., Personality and organization, New York 1957 und ders.: Integrating the individual and the organization, New York 1964.

58 Likert, R., The human organization: Its management and value, New York 1967 (dt. Übers.: Die integrierte Führungs- und Organisationsstruktur, Frankfurt 1975).

daß sie den Mitarbeitern mehr Entfaltungsmöglichkeiten bieten, Entscheidungspartizipation ermöglichen, Vertrauen statt Furcht in zwischenmenschlichen Beziehungen schaffen, die Informationsflüsse vielseitig und nicht nur von unten nach oben (als Gegenstrom zum Befehlsweg) gestalten, die (Arbeits-)Gruppe als organisatorische Einheit (statt des Individuums) integrieren, Fremdkontrolle durch weitgehende Selbstkontrolle substituieren etc. Hier geht es letztlich um Entwürfe effektiver und humaner Organisationen zugleich und damit um Versuche, das organisatorische Dilemma befriedigend zu lösen.

Ein spezieller Zweig der Human Ressourcen-Schule beschäftigt sich mit dem Problem des geplanten **Wandels von Organisationen**. Diese Teildisziplin firmiert heute unter dem Namen „Organisationsentwicklung".[59] Ausgangspunkt für diese Sonderentwicklung waren immense Schwierigkeiten, Human Ressourcen-Programme in die Praxis umzusetzen, insbesondere bürokratische Organisationen für diese neuen Ideen zu öffnen. Die Forschung in diesem Gebiet führte zu einem Kanon verschiedener Vorgehensweisen und Methoden. Sie stellen alle darauf ab, bestehende verfestigte Strukturen zu lockern ("Unfreezing") und den Organisationsmitgliedern die Angst vor Neuem und Ungewohntem zu nehmen. Ein Pionier auf diesem Gebiet war der schon erwähnte Rensis Likert, der durch kontinuierliche Befragung der Organisationsmitglieder und durch Rückkopplungsgespräche in Arbeitsgruppen dem Wandelprozeß die vorwärtstreibenden Impulse geben will ("Survey Feedback").[60]

2.2.2.3 Die quantitativ-mathematisch orientierte Schule

Es dürfte aus dem Überblick zur verhaltenswissenschaftlichen Schule deutlich geworden sein, daß dort die Managementfunktionen „Planung" und „Kontrolle" gar nicht (explizit) zur Sprache kommen. Obwohl von Taylor in ihrem eigenständigen Stellenwert für die Steigerung der (Arbeits-) Produktivität hoch eingeschätzt und auch von Fayol, Urwick und anderen Klassikern als unverzichtbar an den Anfang des Management-Prozesses gestellt, hat die verhaltenswissenschaftliche Schule das Augenmerk von vornherein weg von der Planung auf Probleme der Organisation und Führung gelenkt. Sie ist insofern stark selektiv vorgegangen. Ihre weiteren Entwicklungslinien führen in eine hochgradig ausdifferenzierte Organisationslehre und verlieren damit später den von den Klassikern noch mitgedachten Zusammenhang aller Management-Funktionen ganz aus dem Auge.

Die Gründe für diese Verengung der Problemstellung sind vielfältig. Ein wichtiger Erklärungsfaktor dürfte die sehr begrenzte Möglichkeit zur Verarbeitung von Informationen gewesen sein, eine Restriktion, die bis in die sechziger Jahre dieses Jahrhunderts hinein die Planungspraxis auf eher rudimentäre Vorgehensweisen und Instrumente für die geistige Vorbereitung des Unternehmensgeschehens verwies. Erst nachdem die elektronische Datenverarbeitung sich schneller und schneller entwickelte und mathematische Modelle und Verfahren zur Handhabung komplexer Problemzusammenhänge verfügbar waren, setzte in der Managementlehre in den frühen 60er Jahren ein nachhaltiges wis-

59 Vgl. Bennis, W.G., Organization development, Reading/Mass. 1969.
60 Likert, R., a.a.O.

senschaftliches Interesse für die Managementfunktionen Planung und Kontrolle ein. Das Pendel schlug nun gleichsam in die andere Richtung aus: „Management Science" wurde im anglo-amerikanischen Sprachraum die Bezeichnung für eine Disziplin, die in der planerischen Vorbereitung von Management-Entscheidungen die zentrale Aufgabenstellung einer Managementlehre überhaupt sah – wobei „science" den naturwissenschaftlichen Exaktheitsanspruch an die Problemlösungen signalisieren sollte.

Die Durchführung des Geplanten wurde als unproblematisch angesehen; man neutralisierte durch diese Annahme gleichsam die Implementationsprobleme von Organisation und Führung und rechtfertigte so zugleich (implizit) die Beschränkung auf die Beschäftigung mit Planungsfragen. Der klassische Ansatz des Management-Prozesses, wie er Fayol vorschwebte, schrumpfte so wiederum – diesmal im Vergleich zum Verhaltensansatz von der anderen Seite – auf eine Teilfunktion zusammen, nämlich die geistige Vorbereitung des Handelns. Wegen ihrer quantitativ-mathematischen Orientierung spricht man heute auch von der „mathematischen Schule" der Managementlehre. Sie läßt sich letztlich inhaltlich und methodisch von der Disziplin der „Unternehmensforschung" (Operations Research) kaum noch unterscheiden.

Versuche zur mathematischen Handhabung von unternehmerischen Entscheidungsproblemen hat es schon recht früh gegeben. Als Vorläufer der Unternehmensforschung werden wegen ihres quantitativen Vorgehens z.B. Taylor und sein Schüler Gantt ebenso genannt wie Andler, der 1929 die berühmte Formel zur Optimierung der Lagerhaltung entwickelte[61]. Aber erst die Entdeckung der Linearen Programmierung in den vierziger Jahren führte dann zu einer nachhaltigen Anwendung mathematischer Verfahren und Algorithmen in der Ökonomie und besonders der Betriebswirtschaftslehre. Darüber hinaus wurden neue Verfahren entdeckt (z.B. Dynamische Programmierung 1957, Netzplantechnik 1959) und fanden Eingang in die betriebliche Planungspraxis[62].

Die quantitativ-mathematische Schule läßt sich allerdings nicht allein durch Verweis auf die mathematischen Verfahren charakterisieren. Hinzu kommt ein bestimmter Denkstil, mit dem Entscheidungsprobleme in Angriff genommen und gelöst werden sollen. Für diesen Denkstil ist der Versuch zur Modellierung von Entscheidungsproblemen von zentraler Bedeutung. Man konstruiert für ein vorgegebenes (praktisches) Problem ein Modell, indem man aus der „Totalinterdependenz der Wirklichkeit" (Kosiol) zunächst die problemrelevanten Zusammenhänge selektiert und sie dann mit Hilfe eines geeigneten Mediums so darstellt, daß die Strukturgleichheit zwischen Ursprungsproblem und Modell zumindest soweit gewährleistet ist, daß die Problemlösung für praktische Zwecke verwendbar wird. Auf diese Weise entwirft man z.B. **mathematische** Modelle, etwa für die Planung des Produktprogramms, für den zeitlichen und örtlichen Durchlauf von Losgrößen durch ein Fertigungssystem oder für die Höhe und Terminierung von Ein- und Auszahlungen im Rahmen der kurzfristigen Finanzplanung. Man optimiert dabei einen Zielfunktionswert (z.B. maximaler Deckungsbeitrag, minimale Durchlaufzeit, maxima-

61 Andler, K., Rationalisierung der Fabrikation und optimale Losgröße, München/Berlin 1929.

62 Vgl. dazu die Geschichte der Unternehmensforschung bei Meyer, M., Operations Research, Systemforschung, 2. Aufl., Stuttgart 1986, S. 1 ff.

ler Finanzgewinn) unter gewissen problemspezifischen Beschränkungen. Solche Beschränkungen mögen etwa verfügbare Kapazitäten bei der Programmplanung, Lieferfristen bei der Durchlaufterminierung oder Kreditlinien bei der Finanzplanung sein. In jedem Falle müssen in solchen Modellen viele interdependente Entscheidungstatbestände im Hinblick auf ihre Handlungskonsequenzen für die Zielerreichung und die Einhaltung der Beschränkungen in einer – der unmittelbaren Anschauung nicht mehr zugänglichen Weise – miteinander verknüpft und gelöst werden. Modellbildung erfordert also hochabstraktes Denken zur Erfassung komplexer Zusammenhänge. Und die Komplexität der Modelle erzwingt dann zwangsläufig den Computereinsatz, um die mit der Lösung und Auswertung der Modelle zusammenhängenden Aufgaben der Informationsverarbeitung zu lösen.

Diese kurze Skizze macht deutlich, daß die mathematische Schule einen wichtigen Beitrag zur besseren Handhabung von Planungsproblemen geleistet hat und auch in Zukunft leisten kann. Die Gleichsetzung der Managementlehre mit dieser Schule ist jedoch verfehlt, und dies nicht nur wegen ihrer zu engen Auslegung auf die Managementfunktion „Planung". Auch innerhalb dieser Managementfunktion stößt der Einsatz von Mathematik und elektronischer Datenverarbeitung dort an Grenzen, wo die Planungsprobleme so „schwach strukturiert" sind, daß an die Stelle der mathematisch-quantitativen Aufbereitung und Lösung argumentative Begründungsleistungen zur Fundierung von Entscheidungen treten müssen. Das ist z.B. im Rahmen der strategischen Planung weitgehend der Fall. Ferner ist zu beachten, daß sich natürlich die Managementfunktion „Planung" nicht in der quantitativen Entscheidungsvorbereitung erschöpfen kann. Dann würden ja z.B. so wichtige praktische Fragen wie die der zweckmäßigen Gestaltung von Planungssystemen oder Planungsprozessen und deren Auswirkung auf das Verhalten der am Planungsprozeß Beteiligten aus der Managementlehre ausgeklammert. Es kann also nicht um die Gleichsetzung von Managementlehre und Unternehmensforschung gehen. Die mathematische Vorbereitung von Entscheidungen ist vielmehr ein (recht begrenztes) Teilgebiet dieser Lehre und ist hier der Managementfunktion „Planung" zuzuordnen.

2.2.2.4 Systemtheoretische Ansätze

Die Entwicklungslinien der sehr heterogenen systemtheoretischen Ansätze[63] reichen einerseits in die Soziologie und soziologische Organisationstheorie mit den Arbeiten von Parsons zurück; andererseits haben sie ihre Wurzeln in der Biologie, der Kybernetik und der Informationstheorie – zu erwähnen sind hier insbesondere die Arbeiten des österreichischen Biologen Ludwig v. Bertalanffy, der eine vielbeachtete „Allgemeine Systemtheorie" entwickelte.[64] Es ist zunächst eher diese zweitgenannte Richtung gewesen, die in der Managementlehre in den fünfziger und sechziger Jahren rezipiert und adaptiert wurde.[65] Besondere Beachtung fand einerseits die Idee des kybernetischen Regelkreises

63 Vgl. dazu die Übersicht bei Willke, H., Systemtheorie, Stuttgart/New York 1982, S. 3 ff.

64 Bertalanffy, L.v., General system theory, 6. rev. Aufl., New York 1979.

65 Prominent das Lehrbuch von Kast, F.E. und Rosenzweig, J.E., Organization and management: A systems approach, New York 1970; im deutschsprachigen Raum: Ulrich, H., Die Unternehmung als produktives soziales System, 2. Aufl., Bern/Stuttgart 1970.

und seine Anwendung für die Unternehmenssteuerung und -kontrolle. Das zentrale, daraus abgeleitete Managementproblem ist die Erhaltung und Stabilisierung eines **Systemgleichgewichts.**[66] Der **Kontrolle** als Quelle des bestandskritischen Feedbacks fällt dabei unter den Managementfunktionen eine Schlüsselrolle zu.

Die mehr soziologisch orientierten Arbeiten zur Systemtheorie werden etwas später, aber mit durchschlagenderem Erfolg für die Managementlehre fruchtbar gemacht.[67]

Insgesamt gesehen gelingt es, mit dem systemtheoretischen Ansatz erstmals die **Außenbezüge** der Unternehmung **systematisch** zu erfassen und zum Gegenstand der Theorienbildung zu machen. Ausgangspunkt der Überlegungen ist eine komplexe und veränderliche Umwelt, in der zu handeln ohne eine signifikante (Komplexitäts-) Reduktionsleistung nicht möglich ist. Systeme werden als Handlungseinheiten begriffen, die die Probleme einer komplexen und veränderlichen Umwelt in einem kollektiven arbeitsteiligen Leistungsprozeß bewältigen, wenn sie ihren Erhalt gewährleisten wollen. Systeme, die die Umwelt unbeantwortet lassen, also kein Komplexitätsgefälle zwischen System und Umwelt aufbauen und erhalten, können nicht bestehen.[68] Dies bedeutet, daß Systeme fortwährend vom Zerfall bedroht sind (Entropie).

„Die Komplexität der Umwelt beantworten“ heißt zunächst einmal, daß Systeme in sich Strukturen schaffen müssen, die eine Bewältigung der Umweltbezüge ermöglichen. Eine komplexe Umwelt erfordert eine entsprechend komplexe Binnenstruktur, um die vielfältigen Umweltbezüge erfassen und aufarbeiten zu können („law of requisite variety“).

Das bekannteste Muster der Verarbeitung komplexer Umwelten ist die Herausbildung von Subsystemen, die eine Spezialisierung auf bestimmte Systemfunktionen ermöglichen, z.B. stabilisierende Subsysteme, innovierende Subsysteme, außenbezogene Subsysteme, integrierende Subsysteme. System/Umwelt-Bezug heißt aber auch, daß Veränderungen in der Umwelt immer wieder neue Probleme für das System stellen und damit in aller Regel eine Veränderung des Systems nach sich ziehen. Die Bestandserhaltung stellt sich daher als permanentes Problem, sie wird durch die einmal gefundene Selektionsleistung nicht definitiv gelöst.[69]

In der **Theorie offener Systeme** wird das System nicht nur als Anpasser konzeptualisiert, sondern man geht vielmehr davon aus, daß das System/Umwelt-Verhältnis interaktionaler Natur ist, d.h. eine Unternehmung (=System) steht unter starkem Umwelteinfluß, hat aber auch selbst die Möglichkeit, gestaltend auf die Umwelt einzuwirken. Systeme – so die Annahme – besitzen eine begrenzte Autonomie, in deren Rahmen sie regelmäßig zwischen verschiedenen Handlungsalternativen wählen können.

Die Diskussion um die Frage der **Grenzziehung** zwischen System und Umwelt ließ bald die Probleme einer zu engen Analogie zur Biologie – wie anfangs betrieben – offenbar werden. Soziale Systeme „sterben“ nicht und haben deshalb auch keine natürlichen

66 Vgl. die Beiträge in Emery, F.E. (Hrsg.), Systems thinking, Harmondsworth 1969.

67 Vgl. z.B. Thompson, J.P., Organizations in action, New York 1967; Kirsch, W., Entscheidungsprozesse, Wiesbaden 1970.

68 Vgl. Luhmann, N., Soziologische Aufklärung, Bd. 1, 3. Aufl., Opladen 1972, S. 39 ff.

69 Vgl. Luhmann, N., a.a.O., S. 39 ff.

Grenzen. Die Rede vom „Überleben“ ist nur in einem sehr abstrakten Sinne zu verstehen, gemeint können damit immer nur historische Systemzustände sein, die sich letztlich einer **normativen Setzung** verdanken. Dies machte im Fortlauf eine Unterscheidung zwischen organischen Systemen und sozialen Systemen notwendig. **Soziale Systeme** haben keine empirisch erfahrbaren Systemgrenzen. Die Grenzziehung und -Definition ist im wesentlichen eine Leistung, die das System selbst erbringen muß. Knapp und allgemein formuliert, ist der Prozeß der Grenzbildung darin zu sehen, daß bestimmte Handlungsbereiche geschaffen werden, die es ermöglichen, die Komplexität der Welt, das Übermaß an Möglichkeiten, in spezifischer Weise einzuengen, zu reduzieren und zu verarbeiten. Eine spezielle Unternehmung stellt z.B. nicht alles her, was auf dem Markt verkauft werden könnte, sondern wählt bestimmte Produkte und Märkte aus, für die sie produziert. Diese Funktion macht ihre Grenze zur Umwelt aus, macht sie als System im Verhältnis zur Umwelt identifizierbar, unterscheidet sie von anderen Unternehmungen, die mit anderen Selektionsvorgängen ihre Grenze definiert haben.

Für die Managementlehre ist die Systemtheorie von nachhaltigem Einfluß gewesen. Viele Themen und Probleme, die von der Systemtheorie formuliert wurden, sind heute zum Standard geworden. Wiederum ist es die Organisationstheorie gewesen, die als erste die Impulse aus der Systemtheorie in Konzepte umgesetzt hat. Herausragende Anwendungen sind die Studien zum Einfluß der Umwelt auf die Organisation[70] und zur Interaktion von Organisation und Umwelt.[71] Zwei Strömungen haben dabei eine besondere Aufmerksamkeit gefunden.

Das ist zum einen das **Ressourcen-Abhängigkeits-Theorem**.[72] Es verdichtet den weitläufigen System-Umwelt-Bezug auf ein zentrales Problem, nämlich die Abhängigkeit von externen Ressourcen. Das Unternehmen benötigt – so der Ausgangspunkt – zur Leistungserstellung Ressourcen verschiedener Art, über die es in der Regel nicht selbst, sondern externe Organisationen verfügen. Es steht damit zwangsläufig in zahlreichen engen Austauschbeziehungen zu anderen Organisationen (vertikaler Leistungsverbund). Der Grad, in dem dieser Leistungsaustausch zur **Ressourcenabhängigkeit** wird, hängt ab von dem Ausmaß, in dem die Unternehmung Ressourcen benötigt, die eine andere Organisation besitzt, und inwieweit auch andere Organisationen der Unternehmensumwelt die benötigten Ressourcen anbieten (oder Substitute verfügbar sind). Ressourcen-Abhängigkeit, die bei einem Vorhandensein von Großabnehmern analog auch zur Outputseite hin entsteht, zieht eine Reihe von Unwägbarkeiten, also **Ungewißheit** nach sich, die die Effizienz des täglichen Leistungsvollzugs bedrohen und die Planung zukünftiger Aktivitäten behindern. Das Unternehmen muß daher – um seinen Bestand zu sichern – bestrebt sein, diese Unwägbarkeiten soweit als möglich beherrschbar zu machen. Neben internen Vorkehrungen (Abpufferung, Flexibilisierung usw.) kommt dazu primär der Aufbau kooperativer Beziehungen zu den vorgelagerten Systemen in Frage. Der Ressourcen-Abhängigkeits-Ansatz zeigt eine ganze Skala solcher Kooperationsstrategien

70 Vgl. Lawrence, P.R./Lorsch, J.W., Organization and environment, Boston 1967.
71 Vgl. Pfeffer, J./Salancik, G.R., The external control of organization, New York 1978.
72 Vgl. Thompson, J.D., Organizations in action, New York 1967.

zur Steigerung der Umweltkontrolle auf. Sie reichen von der Kooptation über den Abschluß langfristiger Verträge bis hin zum joint venture.

Eine andere neuere Strömung in der Managementlehre, die an Themen der Systemtheorie anschließt, ist der ökologische oder **evolutionstheoretische Ansatz**.[73] Dieser insgesamt stark an der Biologie orientierte Ansatz interessiert sich primär für den evolutionären Ausleseprozeß und versucht die Frage zu beantworten, weshalb bestimmte Systeme ihr Überleben sichern können, andere dagegen nicht. Die Idee ist, daß die Umwelt wie in der Natur aus der Vielfalt der Systeme diejenigen ausfiltert, die sich an die speziellen externen Gegebenheiten nicht oder eben nicht hinreichend angepaßt haben. Unangepaßte Systeme werden ausgelesen, neue Systeme entstehen, der evolutorische Prozeß formt die Entwicklung und Zusammensetzung der System-Population nach seiner Dynamik.

Vom Ergebnis her führt der evolutionstheoretische Ansatz in ein Paradox – zumindest für die Managementlehre. Die Bedeutung der betrieblichen Steuerungsleistung und antizipierenden Systemgestaltung tritt zurück zugunsten eines unbeherrschbaren Ausleseprozesses, der noch nicht einmal seine zukünftige Ausleselogik freigibt. In der Konsequenz treten auf einzelwirtschaftlicher Ebene **Glück** und **Zufall** als zentrale Erklärungsfaktoren für den Erfolg in den Vordergrund.

Diskussionsfragen

1. Was ist die wesentliche Voraussetzung für „persönliche Führung"?
2. Warum zeigten sich gerade bei den Eisenbahngesellschaften erste Ansätze zur Ausgliederung von Managementfunktionen?
3. Kritisieren Sie die „Delegationsthese"!
4. Warum kommt es durch die von F.W. Taylor vorgenommene Analyse, Zerlegung und Spezialisierung der Arbeitsvollzüge zu einer Ausweitung von Managementaufgaben?
5. Welche systematische Betrachtung von Fayol hat als Grundgedanke bis heute Bedeutung?
6. Worin sieht die klassische Managementlehre den Anreiz für den Menschen, in einer Unternehmung zu arbeiten?
7. Worin besteht das zunächst Unerklärliche bei der ersten Gruppe der Hawthorne-Experimente?

73 Vgl. Aldrich, H.E., Organizations and environments, Englewood Cliffs, N.J. 1979; Winter, S.G., Economic natural selection and the theory of the firm, in: Yale Economic Essays, 1964, 4, S. 225–272.

8. Charakterisieren Sie den wesentlichen Betrachtungsunterschied zwischen klassischer und verhaltenswissenschaftlicher Schule in bezug auf den arbeitenden Menschen!
9. Was versteht man unter der Human-Relations-Bewegung?
10. Welche Veränderung erfährt diese durch den Human-Ressourcen-Ansatz?
11. Wo liegen die Grenzen der Mathematischen Schule für Fragen des allgemeinen Managements?
12. Welcher Grundgedanke der systemtheoretischen Ansätze findet sich bereits bei Barnard?
13. Welches Problem wirft der evolutionstheoretische Ansatz für die Managementlehre auf?

Literaturhinweise

Zu den verschiedenen Schulen der Managementlehre:

Staehle, W. H., Management, 4. Aufl., München 1989.
Wren, D.A., The evolution of management thought, 2. Aufl., New York 1979.

Zur historischen Entstehung des Managements:

Kocka, J., Unternehmer in der deutschen Industrialisierung, Göttingen 1975.
Chandler, A.D., The visible hand. The managerial revolution in American business, Cambridge/Mass. 1977.
Chandler, A.D./Daems, H. (Hrsg.), Managerial hierarchies, Cambridge/Mass. 1980.
Frese, E., Grundlagen der Organisation, 3. Aufl., Wiesbaden 1987, S. 31-111.

Zweiter Teil

Konzeptionelle Grundlagen des Managements

Drittes Kapitel
Die Rolle des Managements in der Marktwirtschaft

Viertes Kapitel
Der Managementprozeß in Handlungssystemen

Drittes Kapitel

Die Rolle des Managements in der Marktwirtschaft

3.1 Bezugsgruppen um das Unternehmen ... 65

3.2. Handlungskoordination in der Wirtschaft ... 66
3.2.1 Zwei Handlungstypen ... 66
3.2.2 Verständigungsorientiertes Handeln ... 68
3.2.3 Erfolgsorientiertes Handeln ... 69

3.3 Management als erfolgsorientiertes Handeln ... 72
3.3.1 Das Vertragsmodell der Unternehmung als Verfassung des erfolgsorientierten Handelns ... 73
3.3.2 Vertragsmodell der Unternehmung und Preissystem ... 75
3.3.3 Kritik der empirischen Voraussetzungen des Vertragsmodells der Unternehmung ... 77
3.3.3.1 Externe Effekte ... 77
3.3.3.2 Vermachtungsprozesse in der Wirtschaft ... 78
3.3.3.3 Trennung von Eigentum und Verfügungsgewalt ... 82
3.3.3.4 Schlußfolgerung ... 84

3.4 Management als verständigungsorientiertes Handeln ... 84
3.4.1 Anschlußstellen: Gesetz und Unternehmensethik ... 84
3.4.2 Management und Gesetze: Indirekte Anschlüsse an verständigungsorientiertes Handeln ... 86
3.4.2.1 Externe und interne Ansatzpunkte ... 86
3.4.2.2 Externe Restriktionen für das Managerhandeln ... 86
3.4.2.3 Modifikationen des internen Entscheidungsprozesses ... 91
3.4.3 Management und Ethik (Unternehmensethik) ... 92

3.5 Zum Verhältnis von erfolgs- und verständigungsorientiertem Handeln von Managern ... 96

Diskussionsfragen ... 98

Literaturhinweise ... 98

3.1 Bezugsgruppen um das Unternehmen

In der Ideengeschichte des Managements, wie sie vorstehend im Überblick rekonstruiert wurde, tauchte bereits eine Vielzahl von Personen oder Personengruppen auf, die in einem mehr oder weniger engen Bezug zu den Entscheidungen und den Aktionen des Management stehen. Erinnert sei etwa an die Kapitaleigner, die Gruppe der Arbeitnehmer, die Endverbraucher, an Abnehmer und Lieferanten, die Wettbewerber und schließlich an die in der Kommune oder in überkommunalen staatlichen Zusammenschlüssen organisierten Menschen. Besonders in der Anreiz-Beitrags-Theorie von Barnard oder bei der Deutung der Unternehmung als eines offenen Systems rückte die Vielfalt derartiger Gruppen ins Blickfeld. Eine neuere Richtung der amerikanischen Managementlehre, der sog. „Stakeholder-Ansatz", hat diesen Gruppenbezug des Managements weiter ausgebaut und in das Zentrum der strategischen Managementlehre gerückt[1]. Als „stakeholder" (Interessenträger) werden dabei Gruppen oder Individuen angesehen, die entweder aktiv Einfluß auf Entscheidungen des Unternehmens nehmen können oder passiv durch dessen Entscheidungen betroffen sind. Abbildung 3.1 gibt einen Einblick in die Vielfalt von **Bezugsgruppen**, die in dieser Theorie als (potentiell) relevant bei der Wahrnehmung der Managementaufgaben angesehen werden; dabei wird regelmäßig betont, daß natürlich eine solche Liste von Bezugsgruppen niemals abgeschlossen sein kann, weil im Wirtschaftsleben immer wieder neue „stakeholder" bzw. Gruppierungen mit je spezifischen situationsbedingten Bezügen zum Management auftauchen (und verschwinden) können.

Das Management als Akteur im Umfeld einer Vielzahl von (mehr oder weniger spezifischen) Gruppierungen um das Unternehmen – diese Sichtweise ist zwar ein geeigneter Ausgangspunkt für die weiteren Überlegungen, weil sie unmittelbar an die lebenspraktischen Aufgabenvollzüge des Managements anknüpft; sie muß aber weiter differenziert werden, um die unterschiedlichen Qualitäten im Verhältnis des Management zu den verschiedenen (faktischen und möglichen) Bezugsgruppen einsichtig zu machen. Die allgemeine Lebenserfahrung legt ja schon nahe, daß die Beziehungen von Kapitaleignern zum Management nach Art und Intensität von anderer Qualität sind als etwa die von Arbeitnehmern oder gar Protestgruppen, die sich für die Lösung eines ganz speziellen Umweltproblems ad hoc mit Forderungen, Petitionen, Drohungen und Verhandlungsangeboten an das Management wenden. Nicht zuletzt ist es das Recht, das das Verhältnis des Management zu einzelnen Bezugsgruppen genauer ordnet; man denke an das Gesellschaftsrecht, das Mitbestimmungsrecht, das Arbeitsrecht oder die Publizitätsgesetzgebung. Man muß also theoretisch tiefer schürfen, um die Ordnungsstrukturen freizulegen, die das Verhältnis von Management und Bezugsgruppen zueinander konstituieren.

1 Vgl. Freeman, R.E., Strategic management, A stakeholder approach, Boston u. a. 1984.

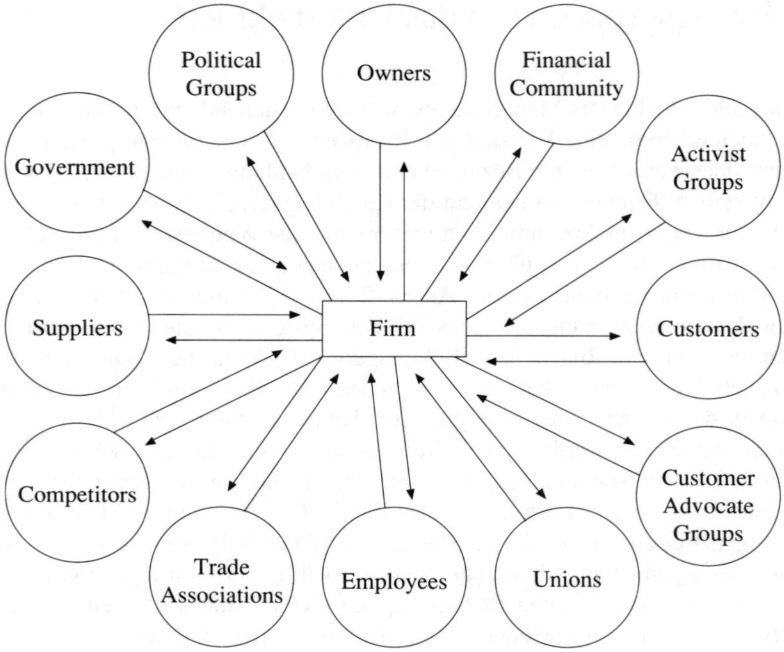

Abb. 3.1: Bezugsgruppen der Unternehmung im Stakeholder-Ansatz
Quelle: Freeman, R.E.: Strategic management, Boston u.a. 1984, S. 55

3.2 Handlungskoordination in der Wirtschaft

3.2.1 Zwei Handlungstypen

Die Beziehungen des Managements zu den Bezugsgruppen im Umfeld der Unternehmung sind Ausdruck der Art und Weise, wie die Handlungen der infrage stehenden Akteure aufeinander bezogen, wie sie koordiniert werden. Jede arbeitsteilige Wirtschaft und Gesellschaft steht ja vor diesem grundlegenden Problem der **Handlungskoordination**: Wie sollen die Interessen und Absichten sowie die daraus fließenden Handlungen aller Individuen und Gruppierungen so aufeinander bezogen werden, daß ihre erfolgreiche dauerhafte Koordination gelingt und auch in Zukunft immer wieder möglich ist. In der

Wirtschaft differenziert sich dieses Koordinationsproblem in doppelter Hinsicht aus[2]. Es geht einmal um ein „**Kalkulationsproblem**“: Wie sollen die Ressourcen, die Produktionsfaktoren einer Volkswirtschaft, so eingesetzt werden, daß eine maximale gesamtgesellschaftliche Wohlfahrt entsteht? Der zweite Aspekt betrifft das „**Kontrollproblem**“: Wie läßt sich erreichen, daß alle Menschen im erforderlichen Umfang an der Erreichung der kalkulierten Ziele mitwirken? Je nachdem, welche Antworten von der Wirtschaftsordnung her für diese beiden Fragen gefunden werden, ergibt sich auch ein anderes Ordnungsmuster für das Verhältnis von Management und Bezugsgruppen der Unternehmung.

Für die Lösung des angesprochenen Koordinationsproblems stehen jeder Gesellschaft **im Prinzip** – noch ganz unabhängig von jeder historischen Wirtschaftsordnung – zwei **Handlungstypen** zur Verfügung, nämlich das verständigungsorientierte Handeln einerseits und das erfolgsorientierte Handeln andererseits[3]. Es ist unsere These, daß sich das Verhältnis des Managements zu den Bezugsgruppen unter genau diesen beiden Handlungstypen rekonstruieren läßt. Dabei ist – hier schon vorgreifend – das erfolgsorientierte Handeln der dominante Koordinationstyp in einer über Preise gesteuerten Geld- und Wettbewerbswirtschaft. Er liegt der Konstruktionslogik der Marktwirtschaft zugrunde und legt – wie später genauer zu zeigen ist[4] – eine **systemtheoretische** Deutung der Rolle von Unternehmung und Management nahe. Gleichwohl wäre es aber falsch, das Handeln des Managements ausschließlich als erfolgsorientiertes verstehen zu wollen; im Gegenteil gehört es zu den modernen Einsichten der Managementlehre, daß Managementhandeln immer auch zu einem gewichtigen Teil verständigungsorientiertes Handeln ist und man die Rolle der Unternehmensführung nur dann adäquat begreift, wenn man diese beiden Handlungstypen zusammen im Auge behält. Diese Grundeinsicht über das Verhältnis des Managements zu seinen Bezugsgruppen, allgemeiner: zu Umwelt, Gesamtwirtschaft, Gesellschaft und Staat, ist im folgenden genauer zu begründen. Dazu werden zunächst in einem ersten Schritt die zentralen Begriffe des erfolgsorientierten und des verständigungsorientierten Handelns grundsätzlich präzisiert.

Dort, wo Menschen in kleineren oder größeren Gruppen (Familie, Verein, Unternehmung, Wirtschaft etc.) ihre Handlungen aufeinander beziehen und koordinieren müssen, kann diese Koordination im vorhinein (ex ante) über die **Handlungsintentionen** oder nachträglich (ex post) über die **Handlungswirkungen** erfolgen. Der erste Koordinationsmodus zielt – noch ganz allgemein gesprochen – auf eine **gemeinsame** Verständigung über die anzustrebenden Ziele und zu ergreifenden Mittel; der zweite Modus zielt auf isolierte Anpassungsprozesse der Individuen für ihr zukünftiges Handeln auf Grund beobachteter Handlungswirkungen in der Vergangenheit.

2 Vgl. zu dieser doppelten Fragestellung des durch die Wirtschaftsordnung zu lösenden Koordinationsproblems Dahl, R.A./Lindblom, Ch.E., Politics, economics, and welfare, New York 1953.

3 Beide Begriffe gehen zurück auf die Handlungstheorie von Habermas. Vgl. Habermas, J., Theorie des kommunikativen Handelns, Band I und II, Frankfurt a.M. 1981.

4 Vgl. unten S. 107 ff.

3.2.2 Verständigungsorientiertes Handeln

Für eine **Verständigung** ist es erforderlich, daß alle Betroffenen ihre individuellen (subjektiven) Zielvorstellungen und das verfügbare Wissen über geeignete Mittel zur Zielerreichung in Argumentationsprozesse einbringen, Gründe und Gegengründe austauschen und abwägen und schließlich – wenn alles gut geht – auf Grund der **Einsicht** in die Richtigkeit einer gefundenen Begründungsbasis zu einer freien Einigung darüber kommen, welche Zwecke verfolgt und welche Mittel ergriffen werden sollen. Das so gewonnene Handlungsprogramm ist dann vernünftig (rational) genau in dem Sinne, daß es sich den gemeinsam gefundenen „guten Gründen" verdankt; man kann hier auch von „**kommunikativer Rationalität**" sprechen (im Unterschied zu der nachfolgend zu explizierenden „subjektiven Handlungsrationalität" des erfolgsorientierten Handelns). Die koordinierende Kraft verständigungsorientierten Handelns beruht dabei auf der rational motivierten Einsicht in die Richtigkeit des beabsichtigten Tuns; es ist diese gründegestützte Einsicht – im Unterschied etwa zu Überredungs-, Belohnungs- oder Bestrafungsstrategien – die die für das gemeinsame Handeln notwendige Bindungswirkung (**Verpflichtung**) hervorruft. Dort, wo Menschen durch „gute Gründe" überzeugt worden sind, wirkt der „zwang-lose Zwang des Arguments", so daß sich der Einzelne aus Einsicht und deshalb auch aus freien Stücken mit den gemeinsamen rationalen Zwecken und den Wegen, sie zu erreichen, identifizieren und sie mit verwirklichen kann.

Verständigungsorientiertes Handeln trägt – so verstanden – der Grundeinsicht für menschliches Zusammenleben Rechnung, daß eine **friedliche** Beilegung von Konflikten zwischen Menschen – ohne spätere Widerstände und Reibungsverluste – letztlich nur dann möglich ist, wenn jeder den anderen als „Person" ernst nimmt und sich auf seine Bedürfnisse und Interessen einläßt, d.h. ihn nicht bloß als „Mittel zum Zweck" zur Verwirklichung der eigenen Ziele und Pläne begreift und „benutzt". Der andere wird als ein gleichwertiges Gegenüber angesehen, auf den man sich argumentativ einlassen muß, damit die gemeinsame Gestaltung des Lebens in friedlicher Abstimmung der Zwecke und Mittel gelingt, damit ein innerer sozialer Frieden entsteht.

Verständigungsorientiertes Handeln in diesem Sinne hat **zwei wesentliche Merkmale**, die es von dem anderen Handlungstypus, dem erfolgsorientierten Handeln, unterscheiden:

(1) Verständigungsorientiertes Handeln ist originär auf das Medium der Sprache angewiesen, verwirklicht sich nur durch **Sprache**. Es gibt keine anderen Medien der Koordination – etwa Geld oder Macht -, mit deren Hilfe Argumentationen und die Überzeugungskraft guter Gründe entfaltet werden könnte. Verständigungsorientiertes Handeln trägt der anthropologischen Grundeinsicht Rechnung, daß Menschen als „**Rede**tiere" sich von der übrigen Natur gerade durch ihr Sprachvermögen unterscheiden; es stellt deshalb den Ausgangspunkt, die Grundlage, für **alle** weiteren Überlegungen zur rationalen Koordination menschlichen Handelns dar; es ist eine Basis, hinter die nicht noch einmal (methodisch) weiter zurückgegangen, die nicht noch einmal „hinterfragt" werden kann. Verständigungsorientiertes Handeln ist also

die **originäre Quelle von Vernunft** und damit von Legitimation des Handelns; es geht dem erfolgsorientierten Handeln – richtig verstanden – immer voraus. Wer deshalb z.B. für einzelne Lebensbereiche, wie etwa die Wirtschaft (mit Rationalitätsanspruch) fordert, daß es erfolgsorientiert über Geld und Wettbewerb unter **Freistellung** von laufender gemeinsamer Verständigung koordiniert werden soll, muß – jenseits schlichter Willkür und bloßen Machtgebrauchs – für diese Forderung allererst argumentieren, also gute Gründe geltend zu machen versuchen. Darauf ist weiter unten zurückzukommen[5].

(2) Verständigungsorientiertes Handeln impliziert ferner die Bereitschaft, eigene Interessen und Standpunkte gegebenenfalls – in Abhängigkeit von der Qualität der vorgetragenen und geprüften Argumente – zu revidieren; wer ernsthaft argumentiert – also nicht bloß zur Durchsetzung eigener Interessen überreden oder rhetorisch brillieren will – setzt damit nicht nur schon voraus, daß der Argumentationspartner gegebenenfalls bereit ist, sich dem besseren Argument zu beugen, sondern muß auch selber bereit sein, eigene Positionen zu revidieren. Es wird damit deutlich, daß verständigungsorientiertes Handeln auf den **Konsens** im Sinne der freien Zustimmung aller Betroffenen abstellt[6]. Dieser freie Konsens ist es dann, der die **friedliche** Handlungskoordination so lange gewährleistet, wie die Gründe Gültigkeit haben, auf die man sich geeinigt hat. Frieden ist so – per definitionem – freier, rational motivierter Konsens[7]. Die Friedenserhaltung ist dabei letztlich eine **dauernde** Aufgabe. Nicht nur mag sich die Situation, die Ausgangslage, verändern, auf der das gemeinsame Handlungsprogramm beruht; Menschen können sich natürlich auch immer über die (antizipierte) Situation und die Wirkungen und Nebenwirkungen ihres Handelns irren und sehen sich dann zu Revisionen ihrer Zwecke und Mittelwahlen genötigt, um weiterhin in Frieden miteinander leben zu können.

3.2.3 Erfolgsorientiertes Handeln

Das erfolgsorientierte Handeln läßt sich nun als Gegenstück zum verständigungsorientierten Handeln in dem Sinne verstehen, daß hier Sprache und Argumentation nicht Zentrum und Basis der Handlungskoordination bilden, sondern andere Koordinationsmedien (Macht, Geld und Markt etc.) die Koordination bewirken (sollen). Um allfälligen Mißverständnissen vorzubeugen, sei bereits hier betont, daß mit dieser Charakterisierung natürlich nicht gemeint ist, daß erfolgsorientiertes Handeln im Leben ganz auf Sprache verzichten kann, gleichsam „sprachlos“ abläuft. Nur hat das Miteinanderreden hier nicht die allgemeine argumentative Verständigung zum Ziel, sondern dient – soweit erforder-

5 Vgl. dazu unten S. 92 ff.

6 Die hier gemeinte „freie Zustimmung“ ist nicht im Sinne von Beliebigkeit gemeint, sondern soll sich auf die Einsicht in die Richtigkeit von Gründen stützen.

7 Vgl. dazu weitergehend die Überlegungen der konstruktiven Philosophie und Wissenschaftstheorie, in: Lorenzen, P., Lehrbuch der konstruktiven Wissenschaftstheorie, Mannheim u.a. 1987, S. 228 ff.

lich und für die eigenen Zwecke und Ziele förderlich – der (wechselseitigen) Erhellung (oder ggfs. auch der strategischen Verschleierung: Bluff!) der Positionen, Interessen, partikularen Standpunkte der miteinander handelnden Partner.

Den Kern erfolgsorientierten Handelns bildet das, was man in der ökonomischen Theorie als **subjektive Handlungsrationalität** zu bezeichnen pflegt: Der einzelne Aktor maximiert nach Maßgabe seiner eigenen Präferenzfunktion und seines Mittelwissens seinen Nutzen dadurch, daß er in einer gegebenen Handlungssituation die Wirkungen der möglichen Mittelwahlen abschätzt und dann die geeigneten „optimalen" Mittel auswählt. Diese – im Hinblick auf die vorzunehmende Mittelwahl für gegebene Zwecke auch als **„Zweckrationalität"** (M. Weber) bezeichnete – Rationalitätsidee liegt u.a. der (normativen) betriebswirtschaftlichen Entscheidungstheorie zugrunde. Das Individuum **ist** dort (von vornherein) als „rational" gedacht (homo oeconomicus); es **hat** die Eigenschaft der Rationalität; diese manifestiert sich nicht – wie bei dem verständigungsorientierten Handeln – erst in einem Prozeß gemeinsamer Begründungsanstrengungen und den daraus resultierenden „guten Gründen". Die so verstandene subjektive Handlungsrationalität kann auch – weil die Präferenzfunktion der Individuen als gegeben (unhinterfragbar) vorausgesetzt wird – niemals (wie die kommunikative Rationalität des verständigungsorientierten Handelns) die Ebene der konfligierenden Zwecke explizit thematisieren.

Damit ist deutlich geworden, daß bei erfolgsorientiertem Handeln der andere Mensch eigentlich nur insoweit interessiert, wie er als **Mittel** für die Erreichung der eigenen Zwekke, des eigenen Vorteils, geeignet ist und gebraucht wird. Wenn sich dabei nicht von vornherein (zufällig) ein faktischer Interessengleichklang ergibt, wie etwa bei Marktpartnern, die zu einem gegebenen Marktpreis ein für beide Teile profitables Geschäft machen können, muß der andere durch Belohnungen oder Bestrafungen oder durch Überredung, also letztlich durch **Machtgebrauch**, so beeinflußt werden, daß er bereit ist, sich in das intendierte Handlungsprogramm zu fügen. Die **(wechselseitige) Beeinflussung** – und nicht die Argumentation zur Gewinnung gemeinsam begründeter Handlungsorientierungen – steht im Zentrum erfolgsorientierten Handelns der einzelnen Akteure. Alle Partner behalten letztlich ihre individuellen Ansprüche und Interessenpositionen bei und verschränken sie für den Augenblick durch strategische Konzessionen nur insoweit, wie es auf Grund der Machtverteilung und der Einflußbemühungen geboten und subjektiv vorteilhaft ist; insofern ist erfolgsorientiertes Handeln von vornherein auf den **Kompromiß** – und nicht auf den Konsens – angelegt; Kompromisse stiften nur einen **labilen Frieden**, da jede Änderung der subjektiven Erfolgsaussichten, etwa eine Verschiebung der Machtgrundlagen, einzelne Akteure veranlassen mag, ihre Handlungsstrategien zu ändern, um die eigene Position doch noch zu verbessern. Dann müssen neue Anpassungsprozesse zur Handlungskoordination Platz greifen.

Bei erfolgsorientiertem Handeln mag sich – im Nachhinein – natürlich herausstellen, daß die Handlungskoordination nicht gelungen ist, weil (1) die isoliert handelnden Akteure die Reaktionen ("Strategien") der anderen Akteure falsch eingeschätzt haben oder (2) die Vielzahl der (ex ante unkoordinierten) Einzelhandlungen sich nicht zu einem „Gleichgewicht" aufaddiert. Die Handlungswirkungen der Akteure „passen" nicht zusammen, so daß im Zeitablauf Revisionen der individuellen Handlungsprogramme bzw.

Pläne über Zwecke und Mittel so lange notwendig werden, bis kein Akteur mehr Veranlassung hat, seine Pläne zu ändern (Gleichgewicht). Koordination als **dynamischer Anpassungsprozeß** auf ein Gleichgewicht hin: dieses Grundmuster liegt letztlich auch der Koordination wirtschaftlicher Handlungen in einer dezentralen Wettbewerbswirtschaft (Marktwirtschaft) mit dem Preissystem als Koordinationsmechanismus zugrunde.

Da erfolgsorientiertes Handeln – so verstanden – **bewußt** auf Argumentation im Sinne des Austausches und des gemeinsamen Prüfens von Gründen für Zweck- und Mittelwahlen verzichtet, kann es niemals per se eine **originäre** Quelle von Vernunft sein; denn Vernunft ist letztlich auf nur im Dialog konstituierbare (erfolgreiche) Begründungsleistungen angewiesen[8], auf die die rein subjektiv-individualistisch angelegte Rationalitätsidee des erfolgsorientierten Handelns ja gerade verzichtet, weil sie das isoliert handelnde Indidivuduum als schon (zweck-)rational voraussetzt und damit dessen Präferenzen als nicht explizit argumentationszugänglich behandelt. Aus diesem Grunde bedarf es – wie bereits angedeutet[9] – für diejenigen Bereiche einer Gesellschaft, wo erfolgsorientiertes Handeln zu Koordinationszwecken wirksam werden **soll**, also z.B. in der Wirtschaft, einer vorherigen ausdrücklichen „Legitimation" (Begründung) der entsprechenden gesellschaftlichen Institutionen und Einrichtungen; dies jedenfalls immer dann, wenn Vernunft (und nicht Beliebigkeit, Willkür oder „Evolution") die gesellschaftlichen Institutionen beherrschen soll. Die Begründung muß einsichtig machen, daß und warum es sinnvoll ist, in der Markt- und Wettbewerbswirtschaft das Handeln der einzelnen Akteure im Interesse aller **freizustellen**. In diesem Sinne muß jede marktwirtschaftliche Wirtschaftsordnung legitimierbar sein und bleiben; man muß (immer wieder) begründet einsichtig machen können, daß die prinzipielle Freistellung von Produktion und Konsum, also das erfolgsorientierte Handeln der Wirtschaftssubjekte, nach Maßgabe ihrer subjektiven Handlungsrationalität letztlich zu einer Lösung des gesamtwirtschaftlichen „Kalkulations- und Kontrollproblems" im Sinne einer geordneten Bedürfnisbefriedigung für alle führt. **Ökonomische Rationalität** ist – richtig verstanden – somit immer eine **abgeleitete** Rationalität und bleibt als solche kritikzugänglich und legitimationsbedürftig und darf nicht dogmatisiert werden. Es gibt keine „von Hause aus" ökonomische Rationalität, die sich gleichsam nur aus sich selbst heraus legitimieren kann; die Freistellung der „subjektiven Handlungsrationalität" in ökonomischen Handlungszusammenhängen bleibt immer als politischer Akt selbst noch einmal begründungsbedürftig. Man kann diesen Gedanken auch so ausdrücken, daß **Politik** (verstanden als Bemühung um verständigungsorientiertes Handeln)[10] immer dem **Markt** (oder der Wirtschaft, organisiert als erfolgsorientiertes Handeln) vorausgehen muß: „Politik rangiert vor Markt"; andern-

8 Wir beziehen uns mit dieser These auf die neueren Entwicklungen der Philosophie und Wissenschaftstheorie, soweit diese darauf aufmerksam machen, daß sowohl Wahrheitsfragen (für Tatsachen) wie Gerechtigkeitsfragen (für Normen) nicht solipsistisch entschieden, sondern nur durch diskursive (dialogische) Verständigung (bis auf weiteres) geklärt werden können. Diese „dialogische Transformation" der Philosophie ist z.B. entfaltet in Apel, K.-O., Transformation der Philosophie, Band I, II, Frankfurt a.M. 1973.

9 Vgl. oben S. 68 f.

10 Zur Vermeidung von Mißverständnissen sei hier betont, daß „Politik" häufig als reine „Machtpolitik" (man sagt auch: „Realpolitik") verstanden wird (z.B. „politische Prozesse" in der Organisationstheorie). Das ist hier nicht gemeint. Vielmehr geht es hier um „ethisch-politische" Ortientierungen des Lebens auf der Basis argumentativer (machtfreier) Verständigungsleistungen.

falls kann eine (über das Preissystem gesteuerte) Marktwirtschaft ihren Beitrag zur friedlichen Koordination der wirtschaftlichen Handlungen nicht leisten.

Die Legitimation der marktwirtschaftlichen Koordination (im Vergleich zur Planwirtschaft) läßt sich im Prinzip – grob gesprochen – durch Verweis auf die **Komplexität** des ökonomischen Kalkulations- und Kontrollproblems leisten. Die schiere Vielzahl der Akteure im wirtschaftlichen Kosmos verurteilt jeden Versuch zu einer (ausschließlich) am verständigungsorientierten Handeln ausgerichteten Koordination aller Einzelpläne im Hinblick auf Ziele- und Mittelwahlen zum Scheitern. Man muß sich – um mit der extremen Komplexität der ökonomischen Koordinationsaufgabe überhaupt effizient fertig zu werden – in der heutigen historischen Situation hochentwickelter Volkswirtschaften auf das erfolgsorientierte Handeln als Leitbild der Handlungskoordination einlassen, wenn man nicht die negativen Erfahrungen der zentralen Planwirtschaften mit ihren bürokratischen, ineffizienten und letztlich nur noch auf Machtausübung der Planzentrale gestützten Koordinationsversuchen wiederholen will. Man muß die wirtschaftliche Handlungskoordination über das **sprachfreie** Medium der freien Preisbildung durch Angebot und Nachfrage laufen lassen und auf diese Weise die Abstimmung der individuellen Teilpläne der Akteure „rationalisieren". Es ist der dadurch erzielbare **Effizienzgewinn** bei der Lösung des Koordinationsproblems, der das entscheidende Argument für die Legitimation der Marktwirtschaft darstellt, nicht dagegen die (dogmatische) Berufung auf die individuelle Freiheit an sich.

Allerdings heißt alles dies dann wiederum nicht, wie schon erwähnt, daß die konkreten institutionellen Bedingungen, unter denen eine Marktwirtschaft operieren, unter denen erfolgsorientiertes Handeln freigestellt sein soll, nicht mehr (immer wieder) kritisch geprüft werden könnten; sie bleiben jedenfalls insoweit revidierbar, wie sie mit den Funktionsbedingungen der Marktwirtschaft vereinbar sind. Die Diskussion über Wettbewerbsgesetze, über die Mitbestimmung der Arbeitnehmer, über den Verbraucherschutz, über die Kapitalmarktverfassung etc. sind genau als solche Versuche zu verstehen, die Institutionen der freien Marktwirtschaft im Sinne eines Lernprozesses durch verständigungsorientiertes politisches Handeln so zu verbessern, daß sie den inneren sozialen Frieden nicht beeinträchtigen. Die „freie" Marktwirtschaft wird so zur „Sozialen Marktwirtschaft".

Diese kurze Charakterisierung der beiden Handlungstypen war als Vororientierung notwendig, um die Rolle des Management in einer über das Preissystem koordinierten Markt- und Wettbewerbswirtschaft verstehend rekonstruieren zu können. Diese Rekonstruktion soll nunmehr geleistet werden.

3.3 Management als erfolgsorientiertes Handeln

Unternehmensführung ist in der Marktwirtschaft der Grundidee nach als rein erfolgsorientiertes Handeln verfaßt. Diese These werden wir zunächst an Hand der (historisch) vorfindbaren Institutionen in derartigen Wirtschaftsordnungen begründen. Danach muß dann das Funktionieren der Marktwirtschaft mit Hilfe des Preissystems genauer einsichtig gemacht werden, um die Bedingungen freizulegen, unter denen das System idealtypisch konzipiert ist. Die Kritik an der empirischen Triftigkeit dieser Funktionsbedingungen wird es dann erlauben, den Anschluß des erfolgsorientierten Handelns des Managements an das verständigungsorientierte Handeln zu finden und damit die Legitimationsgrundlage des Managements vollständig zu explizieren.

3.3.1 Das Vertragsmodell der Unternehmung als Verfassung des erfolgsorientierten Handelns

Wir beginnen bei der Analyse der Institutionen mit dem Gesellschaftsrecht als dem „Ort“, wo das unternehmerische Handeln unmittelbar in Form von mehr oder weniger präzise ausformulierten Verhaltenserwartungen verfaßt ist. Das Handels- und speziell das Gesellschaftsrecht stellt für diejenigen, die ihr Eigenkapital im Prozeß der Gütererstellung und -verteilung riskieren, die also als „Kaufmann“ ein Handelsgewerbe betreiben wollen (§ 1 HGB), eine Fülle von Unternehmensformen zur Verfügung: Die Einzelfirma, die offene Handelsgesellschaft, die Kommanditgesellschaft, die Gesellschaft mit beschränkter Haftung und die Aktiengesellschaft, um hier nur einige zu nennen. Diese „Unternehmensformen“ stellen es den Kapitaleignern im Rahmen der Gesetze frei, ihre eigenen Interessen nachhaltig zu verfolgen. Die Kapitaleigner bilden gleichsam die wirtschaftlichen Aktionszentren in einer Wettbewerbswirtschaft; sie organisieren selbst (Eigentümer-Unternehmer) oder durch (angestellte) Geschäftsführer (Manager) einen „Handlungsverbund“ zwischen den Menschen, die bereit sind, ihre Arbeitsleistung zu vereinbarten (Markt-)Konditionen für mehr oder weniger lange Zeit dem Eigentümerverband zur Verfügung zu stellen. Diese „Arbeitnehmer“ schließen Arbeitsverträge ab und unterwerfen sich damit zu den im Vertrag niedergelegten Konditionen der Weisungsbefugnis (Direktionsbefugnis) der Kapitaleigner oder der von ihnen beauftragten Manager. In ähnlicher Weise schließen die Kapitaleigner mit Lieferanten Lieferverträge für Roh-, Hilfs- und Betriebsstoffe zu Marktkonditionen ab, und Geldgeber stellen auf der Basis von Kapitalüberlassungsverträgen Fremdkapital zu Kapitalmarktzinsen zur Verfügung. Die Konsumenten kaufen Güter zu Qualitäten und Preisen, wie sie der Markt zuläßt (Kaufverträge). Zwischen den Eigenkapitalgebern (bzw. der von ihnen gegründeten handelsrechtlichen Gesellschaft) und den Arbeitnehmern, Konsumenten, Lieferanten und Fremdkapitalgebern besteht so ein dichtes Netz von Vertragsbeziehungen als Grundlage für den Handlungsverbund, wobei die Verträge gerade diejenigen Konditionen rechtlich verbindlich festschreiben, die der Markt im (Leistungs-) Wettbewerb aller Anbieter und Nachfrager untereinander zuläßt. Jeder Marktpartner verfolgt dabei seine eigenen Interessen und diese verschränken sich im Markt durch die Preise als Informationssystem so, daß genau diejenigen Transaktionen zustande kommen, die die durch Angebot und Nachfrage manifestierten Interessen aller Beteiligten erfüllen. Jeder kann – ohne den anderen zu schädigen – seine Interessen so weit verfolgen, wie es der Markt zuläßt.

Was hier vom Gesetzgeber konzipiert ist, kann man als das **„Vertragsmodell der Unternehmung"** bezeichnen: Die Unternehmung wird als ein System von Verträgen mit dem Eigentümerverband als wirtschaftlichem Aktionszentrum konzipiert. Das **Eigentum** (an den Produktionsmitteln) und der **Vertrag** sind die Grundbausteine, sind diejenigen Institutionen, die für die Verfassung wirtschaftlichen Handelns in der Marktwirtschaft als eines erfolgsorientierten Handelns notwendig und hinreichend sind. Die Kapitaleigner tragen das wirtschaftliche Risiko, das sich im Mißerfolgsfalle in Form von Verlusten und im Erfolgsfalle in Gewinnen niederschlägt. Sie beziehen also ein **Residualeinkommen** (im Gegensatz zum festen **Kontrakteinkommen** der Arbeitnehmer) als Differenz von Erträgen und Aufwendungen. Als Träger des (Kapital-)Risikos steht ihnen die volle Entscheidungsautonomie zu. Die Unternehmensverfassung ist vom Prinzip der „Einheit von Risiko, Kontrolle und Gewinn (Verlust)" beherrscht.

Gelingt es auf Dauer nicht, die Differenz zwischen Erträgen und Aufwendungen positiv zu gestalten und eine ausreichende Rentabilität zu erwirtschaften, führt das schließlich zur Illiquidität und zum zwangsweisen Ausscheiden aus dem Wirtschaftsprozeß (Konkurs). Je höher der Gewinn auf Dauer ausfällt, umso geringer ist das Konkursrisiko. Erfolgsorientiertes Handeln in der Wirtschaft schlägt sich also ganz konkret in der Verhaltenserwartung an das Management nieder, die **Rentabilität** des investierten Kapitals zu maximieren und immer für (eine ausreichende) Liquidität zu sorgen. Der Kapitalmarkt ist dabei die Institution, die die optimale Allokation des Kapitals steuert. Rentabilität und Liquidität sind – so gesehen – Manifestationen des erfolgsorientierten Handelns in der Wirtschaft. Da nun alle Vertragspartner – seien es andere Unternehmen (als Lieferanten oder Abnehmer) oder Haushalte – aus den Markttransaktionen einen ihnen angemessen erscheinenden Nutzen ziehen – sonst würden sie nicht am Marktgeschehen teilnehmen – liegt letztlich allem ökonomischen Handeln die Erfolgsorientierung zugrunde.

Die Marktwirtschaft stellt sich also idealtypisch gesehen als eine Institution zur Koordination wirtschaftlicher Handlungen dar, die **vollständig** am Paradigma des erfolgsorientierten Handelns orientiert ist. Für verständigungsorientiertes Handeln ist von der **Konstruktionslogik** dieser Wirtschaftsordnung her kein Platz. Für diesen Handlungstypus scheint aber auch keine Notwendigkeit zu bestehen, da innerhalb dieses Systems sämtliche Markttransaktionen als **freiwillige** Interessenverschränkungen zustande kommen, die allen zum Vorteil geraten. Es besteht – so gesehen – weder auf gesamtwirtschaftlicher Ebene noch auf Unternehmensebene ein Bedarf dafür, daß die am Wirtschaftsprozeß Beteiligten sich noch einmal gemeinsam eigens neu über einen inhaltlichen Ausgleich der Interessen verständigen sollten, etwa über Fragen wie: Was soll produziert werden? Wieviel soll produziert werden? Wer soll wieviel verdienen? Markt- und Preissystem bilden einen „perfekten" **Mechanismus des Interessenausgleichs** auf der Basis je individueller Präferenzen. Dieser Mechanismus muß nur rechtlich richtig verfaßt werden, damit sichergestellt ist, daß keiner (am Markt) den anderen zwingen kann, die ganze Zusammenarbeit also freiwillig ist. Man muß – mit anderen Worten – verhindern, daß auf irgendeiner Marktseite mit unfairen Mitteln gekämpft wird oder Macht entsteht, die zum eigenen Vorteil ausgenutzt werden kann. Das Gesetz gegen den unlauteren Wettbewerb und das Kartellrecht dienen genau diesem Zweck. Das Vertragsrecht und die an Vertragsverletzungen geknüpften Sanktionen stellen dann für alle Marktpartner die Versicherung gegen die kalkulierten ökonomischen Risiken dar. Das Konkursrecht regelt die Rechtslage, wenn Zahlungsunfähigkeit eintritt und eine Unternehmung deshalb aus dem Wettbewerbsprozeß ausscheiden muß.

3.3.2 Vertragsmodell der Unternehmung und Preissystem

Das Vertragsmodell der Unternehmung, wie es vorstehend grob skizziert wurde, ist – das dürfte deutlich geworden sein – Ausfluß der gesamtwirtschaftlichen Organisation erfolgsorientierten Handelns mit Hilfe von Markt, Wettbewerb und Preissystem. Betrachten wir nun die **Koordination** wirtschaftlicher Handlungen durch das Preissystem noch einmal etwas genauer mit dem Ziel, die Funktionsbedingungen offen zu legen und zu kritisieren, unter denen die Reduktion wirtschaftlichen Handelns auf erfolgsorientiertes Handeln in der Marktwirtschaft gelingen soll.

In der Marktwirtschaft als eines dezentral gesteuerten Wirtschaftssystems liegt die **Entscheidungsautonomie** bei den einzelnen Unternehmungen und Haushalten; eine zentrale Planung und Steuerung erfolgt nicht. Die Koordination der wirtschaftlichen Handlungen wird vielmehr über Preise bewerkstelligt, die sich für die nachgefragten und angebotenen Güter auf den verschiedensten Märkten bilden. Das dadurch entstehende **Preissystem** erfüllt die Funktion der optimalen Koordination der individuellen Wirtschaftspläne, wenn die sich bildenden Preise **Knappheitspreise** sind. Als solche müssen sie die Nutzenschätzungen der Haushalte für die verschiedenen Güter, wie sie sich in ihren **Nachfragefunktionen** niederschlagen, ebenso widerspiegeln wie die Kostenstrukturen für die Herstellung der Güter, die in den **Angebotsfunktionen** zum Ausdruck kommen. Verschiebungen in den relativen Nutzenschätzungen der Haushalte für die verschiedenen Güter führen dann zu Verschiebungen von Nachfragefunktionen und bewirken Preisveränderungen, die als **Informationen** an die Unternehmungen weitergegeben werden. Diese passen ihre Produktion solange an, bis das Angebot auf die veränderte Marktlage eingerichtet worden ist. Im Wettbewerb aller Produzenten überleben dann langfristig diejenigen Unternehmungen, die das Angebot zu den gegebenen Preisen auf Dauer am besten befriedigen können. Unwirtschaftliche Betriebe scheiden aus. Auf diese Weise werden alle Unternehmungen durch den Wettbewerb gezwungen, ihre Kosten in Schach zu halten, um nicht als „Grenzbetriebe" langfristig aus dem Markt verdrängt zu werden. So entsteht – bezogen auf die Nutzenschätzungen der Endverbraucher – eine optimale Allokation der Ressourcen.

Genauerhin – wie am Modell der vollkommenen Konkurrenz und des totalen gesamtwirtschaftlichen Gleichgewichts demonstrierbar – ist Voraussetzung für die Funktionsfähigkeit des Preissystems, daß sich Haushalte und Unternehmungen rational verhalten (im Sinne der subjektiven Handlungsrationalität)[11]: Die Haushalte müssen ihren Nutzen

11 Vgl. dazu genauer Lowe, A., Politische Ökonomik, Wien 1965, insbes. S. 51 ff.

maximieren und die Unternehmungen den Gewinn. Unter der Voraussetzung der vollkommenen Konkurrenz auf Anbieter- und Nachfragerseite entsteht dann ein Marktgleichgewicht, bei dem gilt:

1. Grenzkosten = Preis (bei minimalen individuellen Durchschnittskosten) und
2. Grenznutzen = Preis (bei maximalem individuellen Gesamtnutzen).

In dieser Situation sind alle Wirtschaftspläne der ökonomischen Akteure aufeinander abgestimmt; keiner hat mehr Veranlassung, seine Dispositionen zu ändern. Die Bedürfnisbefriedigung aller Individuen ist maximal; die gesamtwirtschaftliche Wohlfahrt ist erreicht. Es gibt keine andere Allokation der Ressourcen, die zu einer Verbesserung der Position eines Haushaltes führen könnte, ohne daß die Position eines anderen Haushaltes verschlechtert würde (Pareto-Optimalität).

In diesem Gedankengebäude ist das Preissystem eine notwendige und hinreichende Bedingung für die Lösung des Koordinationsproblems mit seinen beiden Dimensionen als Kalkulations- und Kontrollproblem[12]. Das Preissystem steuert alle individuellen Entscheidungen so, daß die optimale Allokation der Ressourcen erreicht wird (Kalkulationsproblem); es induziert gleichzeitig bei allen rational handelnden ökonomischen Akteuren diejenigen Handlungen, die erforderlich sind, um das Kalkulierte zu verwirklichen (Kontrollproblem). Es stellt – wie erwähnt – einen gesellschaftlichen Interessenausgleich zwischen allen am Wirtschaftsverkehr beteiligten Individuen her. Dies allerdings nur dann, wenn keiner die Möglichkeit hat, zur Durchsetzung von Partikularinteressen auf die Preisbildung einen Einfluß auszuüben. Die Preisbildung muß „überpersönlich“ sein. Ist das der Fall, bewirkt das Preissystem eine machtfreie Lösung des Kontrollproblems: keiner gibt irgend einem anderen einen Befehl und doch ist jeder aus eigenem Nutzenstreben veranlaßt, das zu tun, was erforderlich ist, um das Kalkulierte Wirklichkeit werden zu lassen. Es ist diese machtfreie Lösung des Wirtschaftsordnungsproblems, die bis auf den heutigen Tag ihre Faszination auf die Demokratien der westlichen Industriestaaten nicht verfehlt hat.

Die weiter oben beschriebenen wirtschaftsverfassungsrechtlichen Regelungen (Gesellschaftsrecht, Wettbewerbsrecht, Vertragsrecht etc.) sind nun als Versuch zu verstehen, die Funktionsfähigkeit des Preissystems in der ökonomischen Wirklichkeit herzustellen und unter den sich ändernden historischen Bedingungen laufend aufrecht zu erhalten. Dabei haben sich in den letzten Jahrzehnten **drei Voraussetzungen** für die Funktionstüchtigkeit des Preissystems in den Marktwirtschaften westlicher Industriestaaten als besonders kritisch erwiesen. Sie sind für das Verständnis der Rolle des Management in diesen Gesellschaften schlechthin von zentraler Bedeutung; sie stellen nämlich die Begründung dafür dar, warum es letztlich in **realen** Marktwirtschaften für die friedliche Koordination ökonomischer Handlungen, für die Sicherung des inneren sozialen Friedens, doch nicht ausreicht, die Rolle des Managements ausschließlich auf erfolgsorientiertes Handeln zu beschränken, warum es also in wichtigen Bereichen durch verständigungsorientiertes Handeln ergänzt werden muß.

12 Vgl. dazu oben S. 67.

3.3.3 Kritik der empirischen Voraussetzungen des Vertragsmodells der Unternehmung

Die drei kritischen Bedingungen für die Funktionstüchtigkeit des Preissystems, um die es hier geht, betreffen:

- die Durchsetzung der Interessen der Kapitaleigner (Produktionsmitteleigentümer) im Entscheidungsprozeß der Unternehmung zur Wahrung der gewinnmaximalen Motivation (**Einheit von Eigentum und Verfügungsgewalt**);
- den machtfreien Vollzug ökonomischer Tauschvorgänge (**Machtlosigkeit von Produzenten und Konsumenten**) zur Wahrung des überindividuellen Charakters des Preissystems und
- die Internalisierung aller ökonomischen Kosten und Nutzen bei den Entscheidungsträgern (**Abwesenheit externer Effekte**) zur Wahrung der korrekten Informationsfunktion des Preissystems.

Es sind dieses die drei zentralen Voraussetzungen, die gegeben sein müssen, damit die Wirtschaft als rein private (erfolgsorientierte) Veranstaltung konzipiert werden kann; als solche ist sie dann geeignet, zur friedlichen Koordination wirtschaftlicher Handlungen beizutragen. Umgekehrt heißt das: Wenn und soweit diese Funktionsbedingungen nicht oder nicht mehr hinreichend erfüllt sind, gewinnt Wirtschaften zwangsläufig auch einen öffentlichen (verständigungsorientierten) Charakter und modifiziert damit die Rolle des Managements in westlichen Industriegesellschaften. Die nachfolgende Explikation der zentralen Funktionsbedingungen für das Preissystem in diesen Gesellschaften wird diese These einsichtig machen.

3.3.3.1 Externe Effekte

Am unmittelbarsten wird die Fragwürdigkeit von Wirtschaft als **rein** privater Veranstaltung dort offensichtlich, wo die wirtschaftliche Betätigung (in Haushalten und Unternehmungen) zu Wirkungen führt, die nicht mehr vollständig über das Preissystem abgerechnet werden. Überall dort, wo Konsum und Produktion (viele) andere tangieren, ohne daß die daraus resultierenden Beeinträchtigungen (Kosten) und Besserstellungen (Nutzen) über Marktprozesse verrechnet werden, verliert das wirtschaftliche Handeln nolens volens seinen rein privaten Charakter; denn der Markt kann dann (nach Voraussetzung) nicht allein für einen friedlichen Interessenausgleich sorgen, sondern es sind „politische" Willensbildungsprozesse erforderlich.

Daß externe Effekte – theoretisch verstanden als Interdependenzen zwischen individuellen Produktionsfunktionen oder Konsumfunktionen – die Erreichung der gesamtwirtschaftlichen Wohlfahrt verhindern und damit die zentrale Legitimationsgrundlage des Preissystems tangieren, ist theoretisch unbestritten[13]. Strittig ist dagegen die Frage, welchen empirischen Umfang solche externen Effekte heute schon angenommen haben und

13 Vgl. dazu etwa Frey, B.S., Theorie demokratischer Wirtschaftspolitik, München 1981, S. 75 ff.

wie man ihnen dementsprechend durch geeignete Mittel begegnen kann. Leben wir in einer Welt universaler externer Effekte oder sind externe Effekte nur eine marginale Randerscheinung?

Ohne hier einen breiten empirischen Beweis antreten zu wollen, lehrt uns die Alltagserfahrung, daß die Auffassung von der Marginalität externer Effekte wohl kaum mehr haltbar ist. Welche ökonomischen Prozesse und Branchen man auch betrachtet, immer spielen externe Effekte eine nicht zu unterschätzende Rolle: Der Verkehr (mit LKW und PKW) belastet nicht nur die natürliche Umwelt, sondern auch viele Menschen, die tagtäglich z.B. vom Durchgangsverkehr durch Verkehrszentren betroffen werden; die Eisen- und Stahlerzeugung belastet die Luft; die Chemieindustrie produziert Fluor-Chlor-Kohlen-Wasserstoffe, die mitverantwortlich sind für das Ozonloch; Abwässer von Chemiebetrieben oder Atomkraftwerken beeinträchtigen den Fischbestand in den Flüssen, so daß die Flußfischerei (und andere Branchen) leidet; diese Beispiele ließen sich beliebig vermehren.

Da durch externe Effekte die Interessen vieler Menschen kurz- oder langfristig berührt, ja oft ihre existenziellen Lebensgrundlagen überhaupt betroffen werden, ohne daß damit ein über den Markt automatisch verrechneter ökonomischer Vor- oder Nachteilsausgleich verbunden ist, müssen zwangsläufig ethisch-politische Prozesse Platz greifen, um den gesellschaftlichen Interessenausgleich zu ermöglichen. Derartige Prozesse (im Sinne eben des verständigungsorientierten Handelns) zwischen den Betroffenen können einmal im politischen Raum stattfinden, indem für die Wirtschaft solche (gesetzlichen) Rahmenbedingungen geschaffen werden, die auf die Beseitigung oder Internalisierung externer Effekte gerichtet sind. Ethisch-politische Prozesse mögen aber auch auf Unternehmensebene stattfinden, nämlich dann, wenn Unternehmer und Manager – sei es freiwillig, sei es durch öffentliche Kritik gezwungen – selbst Mittel und Wege suchen, um externe Effekte zu vermeiden oder zu vermindern.

3.3.3.2 Vermachtungsprozesse in der Wirtschaft

Wirtschaften als reine Privatsache wird aber auch dort problematisch, wo die Grundvoraussetzung eines (tendenziell) machtfreien Vollzugs ökonomischer Tauschvorgänge nicht mehr gegeben ist. Dort, wo Macht in der Wirtschaft zur Ausübung kommt, besteht die Chance, die eigenen Interessen gegen andere durchzusetzen, ohne sie dafür ökonomisch zu entschädigen; damit aber wird der überpersönliche (interessenneutrale) Charakter des Preissystems konterkariert und seine Allokationsfunktion beeinträchtigt. Auch dies ist theoretisch unbestritten, wie die kritische Einstellung der volkswirtschaftlichen Wettbewerbstheorie gegenüber allen Vermachtungsprozessen in der Wirtschaft eindrücklich belegt; man denke nur an den langen und andauernden Kampf der neoliberalen Schule und der Väter der Sozialen Marktwirtschaft gegen jedwede Form der machtmäßigen Beeinträchtigungen des Wettbewerbs, der ja weithin als das genialste Entmachtungsinstrument der Geschichte angesehen wird.

Strittig ist auch hier also wieder eher die empirische Frage, ob auf den meisten Märkten der Wettbewerb noch so funktionsfähig ist, daß man trotz der Unvollkommenheit im

Prinzip doch auf die Allokationsfunktion des Preissystems vertrauen kann. Im Mittelpunkt der Diskussionen zur Machtfrage stehen dabei weniger die Klein- und Mittelbetriebe als vielmehr die Groß- und Riesenunternehmungen, die viele hunderttausende von Mitarbeitern haben und über immense materielle Ressourcen verfügen. Für diese Unternehmen bezieht sich die Diskussion nicht mehr nur auf die Marktmacht (Marktbeherrschung) und ökonomische Konzentrationsprozesse in ihrer Bedeutung für die Funktionsfähigkeit des Preissystems, sondern hat sich auch auf andere Manifestationen von Macht ausgedehnt. So unterscheidet Epstein etwa die folgenden Formen von Macht der großen „corporation" in den USA[14]:

- Ökonomische Macht: Die Fähigkeit, die Natur, Qualität, Preise und Produktions- und Verteilungsbedingungen knapper Güter und Ressourcen zu beeinflussen;
- Gesellschaftliche Macht in Form des Einflusses großer Unternehmen auf die Art und das Verhalten anderer gesellschaftlicher Institutionen des öffentlichen Lebens;
- Kulturelle Macht: Der Einfluß großer Unternehmen auf Werte, Einstellungen und Lebensstile von Menschen;
- Technologische Macht in Form der Rolle der Großunternehmung bei der Formung von Richtung, Ausmaß und Konsequenzen des technologischen Wandels in einer Gesellschaft;
- Macht über die physische Umwelt: Auswirkungen durch die Art und Weise, wie sowohl natürliche Ressourcen genutzt als auch globale Regionalentwicklungen beeinflußt werden;
- Politische Macht als Möglichkeit von Großunternehmen, Prozeß und Ergebnisse der Regierungspolitik zu beeinflussen;
- Macht über das Individuum, sei es direkt in seiner Eigenschaft als Arbeitnehmer, Aktionär, Mitglied der lokalen Kommune etc., oder sei es indirekt über die Beeinflussung von Meinungsbildungsprozessen, die die Rolle des Individuums in der Gesellschaft betreffen.

Alle diese Formen von Macht, wenn sie denn in einem empirischen Tatbestandsurteil bestätigt würden, würden natürlich die rein ökonomische Rolle der Unternehmung unabhängig davon betreffen, wie die jeweiligen Unternehmer und Manager von dieser Macht Gebrauch machen würden; denn Macht stellt – gleichgültig wie sie in einer **aktuellen** Situation genutzt wird – **potentiell** immer eine Gefährdung des inneren sozialen Friedens in einer Gesellschaft dar und bedarf deshalb der besonderen Legitimation und Kontrolle. Die Machtstellung der Großunternehmung wäre damit – neben den externen Effekten – der zweite Ansatzpunkt, der es nahe legt, die Rolle des Managements in westlichen Industriestaaten nicht nur im Sinne von erfolgsorientiertem, sondern auch verständigungsorientiertem Handeln zu verstehen.

An dieser Stelle kann natürlich die empirische Frage der Machtstellung des Großunternehmens nicht abschließend beantwortet werden. Viele Untersuchungen und Faktoren sprechen aber dafür, daß es auch hier nicht bloß um ein vernachlässigbares Randphäno-

14 Epstein, E.M., Dimensions of corporate power, Teil 1, in: California Management Review, 16 (1973), Nr. 2; Teil 2 ebenda, Nr. 4.

men geht. Schon der ökonomische Alltag macht immer wieder auf viele Situationen aufmerksam, wo Macht und Machtgebrauch durch Großunternehmen in das Rampenlicht einer kritischen Öffentlichkeit gerückt wurden.

Reduziert man alle diese Beobachtungen auf ihren theoretischen Kern, so geht es um die Frage der Existenz von **wesentlichen Handlungsspielräumen** auf Unternehmensebene derart, daß eine Erklärung des unternehmerischen Handelns nicht mehr vollständig ohne Bezugnahme auf die individuellen Zielvorstellungen der einzelnen Aktoren möglich ist[15]. In der Situation der vollkommenen Konkurrenz, also bei totaler Machtlosigkeit, steht den Unternehmungen ein derartiger Handlungsspielraum nicht zur Verfügung: Das Unternehmen ist Mengenanpasser und scheidet aus dem Markt aus, wenn es nicht die gewinnmaximale Menge ausbringt. Der Handlungsspielraum ist hier null; Preissystem und Wettbwerb wirken unparteiisch gegen Jedermann, sie „entindividualisieren" gleichsam das Problem der Koordination der Handlungspläne der ökonomischen Akteure. Wo ein Abweichen von der Gewinnmaximierung möglich ist, ist das umgekehrt ein Indiz dafür, daß die Unternehmung nicht unter dem Druck eines intensiven Wettbewerbs steht.

Geht man dieser Argumentationslinie weiter nach, so stößt man auf die Analyse von Marktstrukturen als **indirektem** Nachweis für Handlungsspielräume von Unternehmungen. Wie die Oligopoltheorie gezeigt hat, tritt die reaktive, sich bloß den disziplinierenden Kräften des Marktes beugende Firma in der Oligopolsituation in den Hintergrund. Kein Oligopolist ist gezwungen, seinen Preis und seine Angebotsmenge streng nach dem Marginalprinzip „Grenzkosten = Grenzerlös" zu bestimmen.

Die weiteren theoretischen Untersuchungen haben dann die klassichen Voraussetzungen des vollkommenen Marktes selbst kritisiert und unter den Stichworten Produktdifferenzierung (monopolistische Konkurrenz), Marktzutrittsschranken und unvollkommene Information die Argumente für systematische Handlungsspielräume in realen Wettbewerbswirtschaften weiter verstärkt. Nimmt man dann noch die grundlegende These des „Managerkapitalismus" vom schwindenden Einfluß der Kapitaleigner in den großen Unternehmungen hinzu mit der Folge, daß die Gewinnmaximierungsprämisse der Theorie an empirischer Triftigkeit verliert, so läßt sich im Ergebnis festhalten, daß in oligopolistischen (und monopolistischen) Marktstrukturen bei unvollkommenen Märkten signifikante Handlungsspielräume für die Unternehmensleitung bestehen bzw. auch immer wieder neu geschaffen werden können.

Dieses Ergebnis rückt natürlich die nationalökonomische Theoriebildung enger an die betriebswirtschaftliche Lehre von der Unternehmensstrategie heran. Wie später bei der Darstellung der Strategielehre im einzelnen deutlich wird[16], läßt sich unternehmensstrategisches Handeln nur dann sinnvoll thematisieren, wenn man von der Vorstellung abläßt, daß das Verhalten der Firma vollständig durch Marktstrukturen **determiniert** ist. Erst wenn man konzediert, daß Unternehmungen durch ihre Strategie selbst in der Lage sind, Marktstrukturen und die Unvollkommenheit der Märkte mit zu beeinflussen, ist Platz für eine betriebswirtschaftliche Strategielehre geschaffen. Es ist ja genau diese

15 So Kaysen, C., The corporation: How much power? What scope?, in, Mason, E.S. (ed.): The corporation in modern society, 4. Aufl., Cambridge/Mass. 1961, S. 85.

16 Vgl. dazu unten fünftes Kapitel.

Schnittstelle zwischen volkswirtschaftlicher Markttheorie und betriebswirtschaftlicher Strategielehre, auf die auch die neuere Entwicklung der Industrieökonomik hinweist[17]. Die Industrieökonomik hat die Voraussetzungen des vollkommenen Marktes aufgegeben und differenziert wettbewerbliche Branchenstrukturen danach, ob sie sich im Hinblick auf die fünf Wettbewerbskräfte (Grad der Rivalität, Markteintrittsbarrieren, Substitutionskonkurrenz und Machtbeziehungen zu vorgelagerten Lieferanten und nachgelagerten Abnehmern) unterscheiden. Aus der Branchenanalyse wird eine durchschnittliche Branchenrentabilität prognostiziert. Von dieser **durchschnittlichen** Branchenrentabilität kann dann aber jede einzelne Unternehmung durch geeignete Gestaltung ihrer individuellen Wettbewerbsstrategie abweichen und **Wettbewerbsvorteile** realisieren; dabei wird auch eine Beeinflussung der fünf Wettbewerbskräfte selbst mitgedacht. Der (empirisch orientierten) Industrieökonomik ist also die Vorstellung von Handlungsspielräumen nicht fremd; die ökonomischen Strukturen der Branche setzen je nach Ausbildung ihrer Wettbewerbskräfte nur die (mehr oder weniger engen) Grenzen dieser Handlungsspielräume.

Nimmt man nun aus **betriebswirtschaftlicher** Sicht den Faden an dieser Stelle noch einmal auf, so ergibt sich auch ohne den Umweg über die Marktstrukturen und Marktbeschaffenheiten, also gleichsam in **direkter** Betrachtung der strategischen Handlungsmöglichkeiten der Unternehmung, eine Stützung der These, daß (Groß-) Unternehmungen in westlichen Industriestaaten über nicht unbeachtliche Machtpotentiale verfügen. Sie wurzeln letztlich in dem immensen Ressourcenpotential dieser Unternehmen[18], verbunden mit großen Marktanteilen. In einer solchen Situation ist das Ressourcenpotential zunächst einmal als Signal für **Reaktionsmacht** zu deuten, d.h. (Groß-) Unternehmen schätzen bei der Planung eigener Aktionen die Intensität der möglichen Reaktionen auf der Basis der Ressourcenpotentiale der Konkurrenten ab. Je größer dieses Potential ist, umso eher muß mit Vergeltungsstrategien gerechnet werden, umso gefährlicher sind aggressive Wettbewerbsstrategien. Ferner läßt sich das Ressourcenpotential verstehen als Signal für **Aktionsmacht**, d.h. die Möglichkeit, Neukonkurrenten abzuwehren, mit Konkurrenten aktiv zu kooperieren, kämpferische Verhaltensweisen zu zeigen etc. Ein großes Ressourcenpotential signalisiert demzufolge den Konkurrenten, daß ein Angriff wenig sinnvoll, bei der Preisgestaltung eher barometrische Gefolgschaft geboten ist und daß tendenziell die Gefahr einer Verdrängungspolitik besteht. Der vorhandene Spielraum für Aktion bzw. Reaktion wird dabei durch zwei Komponenten bestimmt, nämlich einmal durch die Bandbreite der Aktionsmöglichkeiten (Konzentrationspotential) und zweitens durch die Zeitdauer, mit der die einzelnen Aktionen gegen den stärksten Konkurrenten durchgehalten werden können (Durchhaltepotential).

Nimmt man alle diese volks- und betriebswirtschaftlichen Überlegungen zum Handlungsspielraum zusammen, und beachtet man, daß das Oligopol nach allen vorliegenden empirischen Untersuchungen in weiten Bereichen der Industrie die vorherrschende Marktform ist[19], so wird man das Argument von der (ökonomischen) Machtstellung der

17 Vgl. dazu genauer Porter, M.E., The contributions of industrial organization to strategic management, in: Academy of Management Review 6 (1981), S. 609–620.

18 Vgl. dazu die genauere Analyse bei Steinmann, H., Das Großunternehmen im Interessenkonflikt, Stuttgart 1969, S. 160 ff.

19 Dazu die detaillierte Analyse bei Schreyögg, G., Unternehmensstrategie, Berlin/New York 1984, S. 17 ff.

Großunternehmung in westlichen Industriegesellschaften nicht mehr einfach von der Hand weisen können. Die Reaktion des **Rechts** auf diese Situation ist denn auch der Versuch, die dadurch bedrohte Chancengleichheit der unterlegenen Marktpartner am Markt durch rechtliche Maßnahmen wiederherzustellen. Die vielfältigen gesetzlichen Regelungen zum Verbraucherschutz, zum Arbeitsrecht, zum Umweltschutz, zum Schutz kleiner Kapitalanleger und zur Publizität lassen sich letztlich als Versuch verstehen, die gestörte Machtbalance in der Wirtschaft wieder einigermaßen zu korrigieren[20].

3.3.3.3 Trennung von Eigentum und Verfügungsgewalt

Neben den externen Effekten und der Machtstellung der Großunternehmung ist schließlich die Trennung von Eigentum und Verfügungsgewalt, die „Spaltung des Eigentumatoms", das dritte Argument, mit dem eine zentrale Funktionsbedingung des Preissystems partiell bestritten und der rein private Charakter des Wirtschaftens in (Groß-)Unternehmungen in Frage gestellt wird. Es geht bei diesem Argument um die seit der berühmten Untersuchung von Berle/Means aus den 30er Jahren[21] immer wieder reproduzierte empirische Feststellung, daß in der Praxis die Kapitaleigner großenteils schon gar nicht mehr – wie es die Konstruktionsidee der Wettbewerbswirtschaft fordert – gleichzeitig auch die Entscheidungsträger, die Unternehmer, seien; vielmehr seien es angestellte Manager, die, ohne Eigentümer zu sein, relativ autonom die Verfügungsgewalt über die Produktionsmittel ausübten. Die funktionsnotwendige Einheit von Eigentum und Verfügungsgewalt sei damit aufgehoben, das Eigentumatom in seine beiden Bestandteile der „Nutzung der Früchte" (Dividende) und der „Verfügungsgewalt" aufgespalten.

Für diese Trennung von Eigentum und Verfügungsgewalt werden insbesondere zwei Gründe verantwortlich gemacht: die Professionalisierung des Managements und die Inaktivität und Inkompetenz der Kleinaktionäre.

Mit der **Professionalisierung des Managements** ist gemeint, daß die Aufgabe, ein (Groß-)Unternehmen zu führen, in hochentwickelten und stark arbeitsteiligen Industriegesellschaften längst zum „Beruf" geworden ist in dem Sinne, daß zu ihrer erfolgreichen Wahrnehmung eine systematisch angelegte Ausbildung und ein spezieller beruflicher Werdegang erforderlich sind. Der Kapitalbesitz allein reicht demnach als Qualifikationsnachweis für die Führung großer Unternehmungen nicht mehr aus. Diese Feststellung birgt nicht nur die Gefahr einer „Entkoppelung" von gewinnmaximaler Motivation und unternehmerischen Handeln in sich; sie stellt zugleich auch die traditionelle Legitimationsbasis der kapitalistischen Unternehmensordnung in Frage: In dem Maße, wie die Berechtigung zur Unternehmensführung durch Hinweis auf die berufliche Eignung erbracht werden muß, verliert das Eigentum allein als legitimatorische Grundlage an Kraft. Damit aber ist zugleich auch der rein private Charakter der Großunternehmung zur Debatte gestellt.

20 Vgl. dazu im einzelnen unten S. 86 ff.
21 Vgl. Berle, A.A/Means, G.C., The modern corporation and private property, New York 1932.

Während das Argument von der Professionalisierung des Managements für alle Großunternehmen gültig ist, zielt der zweite Grund, die **Inaktivität und Inkompetenz der (Klein-) Aktionäre**, speziell auf die Rechtsform der Aktiengesellschaft, deren Grundkapital breit gestreut ist (Publikums-Aktiengesellschaft). Nicht selten haben solche Gesellschaften hunderttausende und mehr Anteilseigner; Aktionäre sind hier etwa Hausfrauen, Rentner, kleine Gewerbetreibende und Handwerker, Arbeiter und Angestellte, kurz Kleinaktionäre, die von ihrer Ausbildung her nicht fähig oder von ihrer geringen Kapitalbeteiligung her nicht motiviert sind, ihre Eigentümerinteressen wahrzunehmen; dies weder direkt in der Hauptversammlung noch indirekt durch Vertreter im Aufsichtsrat. In einer solchen Situation ist es das Management, das das Unternehmen führt und die Richtlinien der Unternehmenspolitik bestimmt. Das Aktieneigentum ist faktisch „entmachtet" und vermag keine Verfügungsgewalt mehr auszuüben. Man spricht dann davon, daß ein derartiges Unternehmen „**managerkontrolliert**" ist im Gegensatz etwa zu einem Unternehmen, das zu 100 % oder wenigstens 75 % einer Privatperson (z.B. einem Großaktionär) gehört und dann als „**eigentümerkontrolliert**" bezeichnet wird. Eine Untersuchung der 300 größten deutschen Unternehmen aus dem Jahre 1979 zeigt, daß bereits 57 % dieser Unternehmen (nach Umsatz gerechnet 73 %) als managerkontrolliert einzustufen sind[22] (vgl. Abb. 3.2). Damit hat die Managerkontrolle in der Bundesrepublik ein Ausmaß erreicht, das es rechtfertigt, von einem Auseinanderfallen von „Idee" und „Wirklichkeit" der traditionellen Unternehmensordnung zu sprechen. Die faktische Trennung von Eigentum und Verfügungsgewalt eröffnet – zusammen mit dem Verweis auf die Machtpotentiale von Großunternehmen – die Möglichkeit, daß Manager von der für das Funktionieren des Preissystems notwendigen Voraussetzung der Gewinnmaximierung abweichen und eigene diskretionäre Zielsetzungen in den Entscheidungsprozeß einfließen lassen.

Größenklasse	Managerkontrolle nach			
	Anzahl		Umsatz	
	1972	1979	1972	1979
1–100	65	66	72	80
101–230	33	45	35	46
1–300	50	57	65	73

Abb. 3.2: Managerkontrolle nach Größenklassen der 300 größten deutschen Unternehmen, 1972 und 1979 im Vergleich, in Prozent

Quelle: Steinmann, H./Schreyögg, G./Dütthorn, C., Managerkontrolle in deutschen Großunternehmen – 1972 und 1979 im Vergleich, in: Zeitschrift für Betriebswirtschaft 53 (1983), S. 13

22 Vgl. Steinmann, H./Schreyögg, G./Dütthorn, C., Managerkontrolle in deutschen Großunternehmen – 1972 und 1979 im Vergleich, in: Zeitschrift für Betriebswirtschaft 53 (1983), S. 4–25.

3.3.3.4 Schlußfolgerung

Damit ist eine dritte Voraussetzung dafür kritisch geworden, die Wirtschaft als rein private Veranstaltung zu begreifen. Nimmt man dann neben den angeführten drei **ökonomischen** Argumenten noch die erwähnten, von Epstein aufgezählten vielfältigen **nichtökonomischen** Manifestationsformen von Macht großer Unternehmen als empirisch triftig hinzu, so ist die Schlußfolgerung unabweisbar, daß das erfolgsorientierte Handeln des Managements in hochentwickelten Industriegesellschaften dringend durch verständigungsorientiertes Handeln ergänzt werden muß. Das erfolgsorientierte Handeln des Managements ist wegen der externen Effekte, wegen der verfügbaren Machtpotentiale und wegen der Trennung von Eigentum und Verfügungsgewalt nicht mehr eine hinreichende Bedingung für die Sicherung des inneren sozialen Friedens in hochentwickelten Industriegesellschaften. Es muß durch verständigungsorientiertes Handeln **ergänzt** werden, um einen verantwortlichen, d.h. friedensstiftenden, Machtgebrauch überall dort sicherzustellen, wo großbetriebliches Wirtschaften die Interessen anderer existenziell berührt, ohne daß dies über den Markt- und Preismechanismus berücksichtigt würde. Diese These ist nachfolgend genauer zu begründen; es ist ferner zu zeigen, in welcher Form sich das verständigungsorientierte Handeln des Managements in der Wirtschaft manifestiert.

3.4 Management als verständigungsorientiertes Handeln

3.4.1 Anschlußstellen: Gesetz und Unternehmensethik

Die bisher entfaltete Kritik an den Funktionsbedingungen des Preissystems trifft die Behauptung, in historisch realisierten Marktwirtschaften sei die dezentrale Preisbildung bereits eine **hinreichende** Bedingung, um die friedliche Koordination wirtschaftlicher Handlungen, um den inneren sozialen Frieden, dauernd zu sichern; wäre das der Fall, könnte man die Rolle des Managements – wie gezeigt – auf erfolgsorientiertes Handeln beschränken. Nur gegen diese These richtete sich die bisherige Kritik; es ist – mit anderen Worten – noch nichts über ein **alternatives Verständnis** der Rolle des Managements in hochentwickelten Industriegesellschaften ausgesagt.

Insbesondere läßt sich aus der bisherigen Kritik nicht schließen, daß das Markt- und Preissystem überflüssig sei und damit auch die darauf bezogene erfolgsorientierte Rolle des Managements; dies würde letztlich einen Systemwechsel von der Marktwirtschaft zur Planwirtschaft bedeuten. Gegen diese Schlußfolgerung sprechen gewichtige Gründe, die letztlich die Komplexität der volkswirtschaftlichen Kalkulations- und Kontrollprobleme betreffen. Alle Erfahrung lehrt, daß zentrale Planwirtschaften nicht in der Lage sind, mit dieser Komplexität fertig zu werden; die katastrophale Lage in den Zentralverwaltungswirtschaften im Ostblock spricht hier eine allzu deutliche Sprache. Im Vergleich mit dem Befehlsinstrumentarium der zentralen Planwirtschaft ist die freie Preisbildung das bessere Mittel, um die Komplexität der volkswirtschaftlichen Koordinationsaufgabe zu bewältigen; aus diesem Grunde gehen ja auch östliche Planwirtschaften zunehmend zu einem System freier Preisbildung mit Preisen als Knappheitsindikatoren über.

Für die weiteren Überlegungen ist nun wichtig, daß bis dato kein **„dritter Weg“** jenseits von Zentralverwaltungswirtschaft und Marktwirtschaft zur Lösung des volkswirtschaftlichen Koordinationsproblems bekannt ist. Wegen dieser Alternativenlosigkeit stellt das Argument der **Komplexitätsreduktion** in Verbindung mit den angesprochenen Erfahrungen im Systemvergleich letztlich das entscheidende Argument für die Legitimation der Marktwirtschaft und der freien Preisbildung dar. Damit entsteht dann allerdings genau die Problemlage, die wir in unserer Kritik zusammenzufassen versucht haben: Geht es nun in Marktwirtschaften nur noch um (private) „Freiheit“ unter Aufgabe der (gesellschaftichen) „Einheit“ in Form der gesamtwirtschaftlichen Wohlfahrt? Ist also der „Pluralismus“ der individuellen Werte das letzte Wort in der Sache? Oder geht es nach wie vor um die alte – auch dem Wirtschaftsliberalismus nicht fremde – Idee der Versöhnung von Freiheit **und** Einheit?[23] Wenn diese Idee weiter richtig bleibt, dann kann allerdings angesichts der geäußerten Kritik die Aufgabe, die Einheit aus der Freiheit der wirtschaftlichen Betätigung zu gewinnen, nicht mehr als eine **bloß** ökonomische Aufgabe begriffen werden. Es müssen politische Verständigungsprozesse dort Platz greifen, wo das ökonomische System alleine die friedliche Koordination wirtschaftlicher Handlungen nicht bewerkstelligen kann. Das Bemühen um die Einheit (der gesellschaftlichen Wirtschaftsführung) kann dann nicht mehr durch Verweis auf die optimalen Allokationswirkungen des Preissystems suspendiert werden; vielmehr geht es hier um eine – den ökonomischen Prozessen systematisch vorgelagerte – dauernde politische Anstrengung für den inneren sozialen Frieden. Die politischen Bemühungen betreffen dabei sowohl geeignete rechtliche Rahmenbedingungen für das (im übrigen freigestellte) ökonomische Handeln in den Unternehmungen wie auch eigenständige Beiträge des Managements zur Lösung solcher Konflikte, die im Zusammenhang mit der Verfolgung einer bestimmten Unternehmenspolitik aufzutauchen drohen oder aufgetaucht sind. Hier wird die Erweiterung der Rolle des Managements in Richtung auf das verständigungsorientierte Handeln offenbar. Diese Erweiterung hat in der Vergangenheit bereits in einer Vielzahl von gesetzlichen Regelungen seinen Niederschlag gefunden; es findet darüber hinaus neuerdings seinen Ausdruck in der Forderung nach einer stärkeren ethischen Orientierung unternehmerischen Handelns (Unternehmensethik).

23 Myrdal hat hier von der „kommunistischen Fiktion“ der wirtschaftsliberalen Theorie gesprochen. Vgl. Myrdal, G., Das politische Element in der nationalökonomischen Doktrinbildung, Berlin 1932, S. 215 ff.

3.4.2 Management und Gesetze: Indirekte Anschlüsse an verständigungsorientiertes Handeln

3.4.2.1 Externe und interne Ansatzpunkte

Das systembedingte erfolgsorientierte Handeln des Managements findet **indirekt** Anschluß an das verständigungsorientierte Handeln dort, wo es um Gesetze geht, die zum Schutz bestimmter Interessengruppen, wie z.B. Verbraucher oder Arbeitnehmer, erlassen worden sind. In dieser ihrer Schutzfunktion stellen derartige Gesetze nicht nur die ursprüngliche Annahme des bürgerlichen Rechts in Frage, daß in der Wirtschaft gleichgeordnete Vertragsparteien miteinander in Beziehung treten; sie sind zugleich – wie oben schon angedeutet[24] – eine indirekte Bestätigung der ökonomischen Argumentation zur Machtstellung der Großunternehmung, der gegenüber andere Marktparteien zwecks Sicherung des sozialen Friedens geschützt werden sollen. Insoweit, wie das Management derartige Gesetze sorgfältig beachtet, ordnet es letztlich sein erfolgsorientiertes Handeln in den größeren (politischen) Zusammenhang des verständigungsorientierten Handelns ein.

Die Gesetze selbst können dabei einmal als externe Beschränkungen (Rahmenbedingungen) des unternehmerischen Handlungsspielraums wirksam werden, ohne die gesellschaftsrechtlichen Regelungen des Entscheidungsprozesses in der Unternehmung selbst zu verändern; sie können aber auch zum Schutz gewisser Interessen in diesen Entscheidungsprozess selbst eingreifen und ihn formal so umgestalten, daß eine bessere Chance der Interessenwahrnehmung gegeben ist. Versuche, die Entscheidung des Managements gleichsam „von außen" zu konditionieren (constraint approach), findet man etwa im Zusammenhang mit dem Verbraucherschutz, gewissen betriebsverfassungsrechtlichen Regelungen und dem Publizitätsgesetz; dagegen greifen z.B. die Mitbestimmungsgesetze von 1951 (Montan-Mitbestimmung) und von 1976 direkt in den unternehmerischen Entscheidungsprozeß ein und modifizieren ihn durch Mitwirkung der Arbeitnehmer so, daß deren Interessen besser wahrgenommen werden können.

Es kann nachfolgend nicht darum gehen, alle diese Gesetze im Detail darzustellen[25]; es soll nur exemplarisch gezeigt werden, wie der Gesetzgeber durch externe Beschränkungen oder interne Prozeßregelungen versucht, das erfolgsorientierte Handeln des Managements verständigungsorientiert zu konditionieren.

3.4.2.2 Externe Restriktionen für das Managerhandeln

Maßnahmen zum Schutz des **Verbrauchers** setzen an verschiedenen Punkten des Marktzusammenhanges an. Soweit sie nicht dazu dienen, die Funktionsfähigkeit des Marktes als Voraussetzung für erfolgsorientiertes Handeln des Managements zu garan-

24 Vgl. dazu oben S. 78 ff.

25 Vgl. dazu genauer Gerum, E./Steinmann, H., Unternehmensordnung, in: Bea, F.X./Dichtl, E./Schweitzer, M. ((Hrsg.), Allgemeine Betriebswirtschaftslehre, 4. Aufl., Stuttgart 1988, S. 200 ff.

tieren, wie z.B. des Gesetz gegen Wettbewerbsbeschränkungen (GWB), legen sie dem Management gewisse Pflichten auf, die die Gerechtigkeit im Austauschprozeß garantieren sollen. Um den Verbraucher z.B. vor gefährlichen oder defekten Produkten zu schützen, hat der Gesetzgeber das **Recht der Produzentenhaftung** geschaffen. Unternehmen drohen erhebliche Schadensersatzpflichten, wenn sie bei der Konstruktion oder Fabrikation ihrer Produkte nicht sorgfältig verfahren oder den Benutzer über mit dem Produkt verbundene Gefahren nicht informieren. Darüber hinaus schuf der Gesetzgeber in fast allen westlichen Industrienationen **administrative Kontrollsysteme**, die dem präventiven Verbraucherschutz dienen sollen. Hier ist sowohl an das Lebensmittel- und Arzneimittelrecht zu denken als auch an die Verwaltungskontrolle technischer Arbeitsmittel, wie sie das sog. „Maschinenschutzgesetz" von 1968 vorsieht. Nach diesem Gesetz darf der Hersteller oder Importeur nur solche Produkte auf den Markt bringen, die den „allgemein anerkannten Regeln der Technik" (DIN-Normen) sowie den Arbeitschutz- und Unfallverhütungsvorschriften genügen. Schließlich kann auch noch auf den Versuch des Gesetzgebers hingewiesen werden, die Asymmetrien des Austauschprozesses im Markt zugunsten der Konsumenten zu korrigieren, z.B. durch das Gesetz über die Allgemeinen Geschäftsbedingungen (**AGB-Gesetz**) von 1977 oder das Gesetz gegen den unlauteren Wettbewerb (**UWG-Gesetz**).

Auch im Verhältnis des Managements zu den **Arbeitnehmern** hat der Gesetzgeber in der Vergangenheit durch die Entwicklung des Arbeitsrechts den Versuch gemacht, die ursprüngliche Fiktion von gleichstarken Vertragspartnern am Arbeitsmarkt so zu korrigieren, daß ein besserer Ausgleich der Interessen und damit ein Beitrag zum sozialen Frieden geleistet wird. Im Verlauf der letzten 100 Jahre ist eine solche Fülle von entsprechenden Regelungen entstanden, daß heute das Arbeitsrecht zu einem eigenständigen Rechtsgebiet mit großer wirtschaftlicher und sozialer Relevanz geworden ist. Wichtige arbeitsrechtliche Regelungen finden sich im Rahmen des **kollektiven Arbeitsrechts**, z.B. des Tarifvertrags- und Arbeitskampfrechts und des Betriebsverfassungsgesetzes; im Bereich des **Individualarbeitsrechts** ist z.B. auf das Kündigungsschutzgesetz, die Arbeitszeitordnung, das Bundesurlaubsgesetz, das Jugendarbeitsschutzgesetz etc. hinzuweisen.

Konfrontiert man das geltende Arbeitsrecht mit den Prämissen, wie sie dem früher skizzierten Vertragsmodell der Unternehmung zugrunde liegen[26], so ist inzwischen eine weitgehende Vorregelung der zentralen interessenrelevanten Bestandteile individueller Arbeitsverträge durch gesetzliche oder tarifvertragliche Vorschriften erfolgt bzw. üblich geworden. Lohn, Arbeitszeit, Urlaub, Kündigungsfristen sowie die sonstigen allgemeinen Arbeitsbedingungen werden nicht mehr allein und in entscheidendem Maße vom einzelnen Arbeitnehmer und Arbeitgeber, sondern von Gewerkschaften und Arbeitgeberverbänden ausgehandelt. Aus dem Schutzgedanken resultiert auch das Betriebsverfassungsgesetz, das die Direktionsbefugnis der Arbeitgeber zahlreichen Beschränkungen durch Mitwirkungs- und Mitbestimmungsrechte des Betriebsrates in sozialen, personellen und wirtschaftlichen Angelegenheiten unterworfen hat (vgl. Kasten 3.1). Die arbeits-

26 Vgl. oben S. 73 ff.

rechtlichen Regelungen sind allerdings heute so weit durchstrukturiert worden, daß inzwischen die Diskussion darüber entbrannt ist, ob hier nicht mit den Bemühungen des Gesetzgebers um verständigungsorientiertes Handeln zwischen den Marktparteien zuviel des Guten getan worden ist und über eine „**Deregulierung**" sehr viel stärker wieder dem erfolgsorientierten Handeln Rechnung getragen werden muß[27].

Kasten 3.1

Synopse der Beteiligungsrechte des Betriebsrates

Mitwirkungsrechte	Mitbestimmungsrechte
Recht auf Information über – § 90: Planungen zur Gestaltung von Arbeitsplatz, Arbeitsablauf und Arbeitsumgebung – § 92 Abs. 1: Personalplanung – § 99 Abs. 1: Personelle Einzelmaßnahmen (Einstellung, Eingruppierung, Umgruppierung, Versetzung) – § 106 Abs. 2: Wirtschaftliche Angelegenheiten (Wirtschaftsausschuß) – § 111 Abs. 2: Betriebsänderungen	**Anspruch auf Aufhebung von** – § 98 Abs. 2: Bestellung eines betrieblichen Ausbilders – §§ 99 Abs. 1, 100 Abs. 2, 101: personellen Einzelmaßnahmen
Recht auf Anhörung zu – § 102 Abs. 1: Kündigungen	**Zustimmungs- oder Vetorecht bei** – § 87 Abs. 2: sozialen Angelegenheiten – § 94: Inhalt von Personalfragebögen und Beurteilungsgrundsätzen – § 95: – § 98 Abs. 2: Bestellung eines betrieblichen Ausbilders
Recht auf Beratung und Verhandlung bei – §§ 90, 92 Abs. 1, 111 Abs. 1 (s. o.) – § 96 Abs. 1: Förderung der Berufsbildung – 97: Einrichtungen und Maßnahmen der Berufsbildung	**Initiativrechte bei** – § 87 Abs. 2: sozialen Angelegenheiten – § 91 S. 1: nicht menschengerechten Arbeitsplätzen – § 95 Abs. 2: – § 98 Abs. 4: Durchführung betrieblicher Berufsbildungsmaßnahmen und der Teilnahme bestimmter Arbeitnehmer – § 112 Abs. 4: Aufstellung eines Sozialplanes
Recht auf Widerspruch bei – §§ 99, 102: s. o. – § 103: außerordentliche Kündigung	

Quelle: Steinmann, H./Gerum, E., Unternehmensordnung, in: Bea, X./Dichtl, E./Schweitzer, M., Allgemeine Betriebswirtschaftslehre, Bd. 1, Grundfragen, 4. Aufl., Stuttgart 1988

27 Die Diskussion um die Deregulierung im Arbeitsrecht läßt sich – so gesehen – als Versuch verstehen, die Grenzen zwischen erfolgs- und verständigungsorientiertem Handeln für die Arbeitswelt situationsgerecht immer wieder neu zu bestimmen.

Ein dritter Bereich, wo das Bemühen um verständigungsorientiertes Handeln gewisse Rahmenbedingungen für das Management gesetzt hat, betrifft die **Publizität** von Großunternehmen. Die Einsicht in die vielfältigen Wirkungen der wirtschaftlichen Aktivitäten von Großunternehmen auf die Interessen von Konsumenten, Arbeitnehmern und die Allgemeinheit haben heute zu einer Abkehr von der bloß am Privatinteresse der Eigentümer orientierten Informationshandhabung geführt. Dies dokumentiert sich sowohl in der Verabschiedung des Publizitätsgesetzes (PublG) aus dem Jahre 1969 wie auch des Bilanzrichtliniengesetzes (BiRiLiG) aus dem Jahre 1985.

Das **Publizitätsgesetz** hat die Pflicht zur Rechnungslegung und Bekanntmachung des Jahresabschlusses an die Größe einer Unternehmung gebunden; Größenmerkmale sind dabei nach § 1 PublG: Die Bilanzsumme (mehr als 125 Mio. DM), die Umsatzerlöse pro Jahr (mehr als 250 Mio. DM) und die Beschäftigtenzahl (mehr als 5.000 Arbeitnehmer), wobei mindestens zwei dieser drei Kriterien erfüllt sein müssen, damit eine Unternehmung unter die Publizitätspflicht fällt. Die Orientierung am ökonomischen Tatbestand der Unternehmungsgröße (und nicht – wie bisher – an der Rechtsform) bringt dabei den Wandel von einer eher privatistisch-erfolgsorientierten zu einer eher politisch-verständigungsorientierten Interpretation der Informationspflichten des Unternehmens zum Ausdruck. Das wird besonders aus der Begründung zum Regierungsentwurf des PublG deutlich, in der explizit das Problem des Interessenausgleichs in der Gesellschaft angesprochen ist (vgl. Kasten 3.2):

Kasten 3.2

Auszug aus der Begründung des Publizitätsgesetzes

„Die Geschicke eines Großunternehmens beeinflussen nicht nur den privaten Bereich seiner Eigentümer. Sie berühren vielmehr die Interessen zahlreicher Dritter und oft auch ihre Existenz. Die Lage eines Großunternehmens ist z.B. für die Investitionsentscheidungen vieler anderer Unternehmen als Lieferanten oder Abnehmer wesentlich. Von ihr hängen die Arbeitsplätze so vieler Arbeitnehmer ab, daß eine Entwicklung zum Guten oder Schlechten von wesentlicher Bedeutung jedenfalls für den regionalen und manchmal sogar für den allgemeinen Arbeitsmarkt ist. Expansion und Niedergang solcher Unternehmen beeinflussen die Struktur und Finanzlage ganzer Städte; sie schaffen nicht selten Bedingungen, an denen auch die staatliche Wirtschaftspolitik nicht vorübergehen kann. Bei Unternehmen dieser Größenordnung muß ein berechtigtes Interesse der Beteiligten – als Sammelbegriff für die gegenwärtigen und künftigen Lieferanten und Abnehmer, Arbeitnehmer, Geldgeber und alle Stellen, die wirtschafts- und sozialpolitische Entscheidungen mit Auswirkungen auf das Unternehmen zu treffen haben – anerkannt werden, sich über den Stand und die Entwicklung des Unternehmens unterrichten zu können. Denn das Interesse dieser Beteiligten und damit der Allgemeinheit, Unterlagen für die Beurteilung des Unternehmens zu erhalten, wiegt schwerer als etwa dagegen sprechende Belange seiner Eigentümer".

Quelle: Biener, H.: Gesetz über die Rechnungslegung von bestimmten Unternehmen und Konzernen (PublG) mit Regierungsbegründung, Düsseldorf 1973, S. 2 f.

Das zum 01.01.1986 in Kraft getretene **Bilanzrichtliniengesetz** soll den am unternehmerischen Geschehen Interessierten einen verbesserten und erleichterten Einblick in den Jahresabschluß bieten. Es läßt das Publizitätsgesetz in seiner Grundkonzeption unverändert, vollzieht allerdings für einzelne Rechtsformen Modifikationen, wie sie durch Anpassungen an das europäische Recht erforderlich geworden sind.

Mehr noch als in den rechtlichen Regelungen zum Verbraucherschutz dokumentiert sich im Publizitätsgesetz der Wandel der Großunternehmung von einer rein privaten zu einer „quasi-öffentlichen" Institution[28]. Der Wandel im Publizitätszweck von den frühen Zeiten der Industrialisierung bis heute macht das deutlich. Dienten früher die Publizitätsregeln des Gesellschafts- und insbesondere des Aktienrechts dem Zweck, die Aktionäre und Gläubiger, also die **privaten** Kapitalgeber, zu informieren und damit das marktwirtschaftliche System funktionsfähig zu halten, so transzendiert das Publizitätsgesetz ganz eindeutig diese rein private Dimension in Richtung auf die Anerkennung eines **öffentlichen** Interesses an der Großunternehmung; Manager sollen nicht mehr allein gegenüber den Kapitalgebern, sondern auch gegenüber einer breiten Öffentlichkeit argumentationspflichtig sein. Diesen Schluß legt jedenfalls die zitierte Begründung zum Regierungsentwurf des Publizitätsgesetzes nahe.

Als eine Manifestation dieses öffentliches Interesses läßt sich auch die gesamte **Umweltschutzgesetzgebung** interpretieren. Bei dieser Gesetzgebung geht es um den Schutz von Umweltgütern wie Wasser, Boden und Luft, Landschaftsbild, Ruhe, wildlebende Pflanzen und Tiere. Der verständigungsorientierte Regelungsbedarf ergibt sich hier eigentlich bereits aus immanenten markttheoretischen Überlegungen, da sich für solche Umweltgüter Preise nicht rechtzeitig und von selbst bilden, um die bestehenden Knappheitsverhältnisse anzuzeigen. Die am Wirtschaftsprozeß beteiligten Personen und Interessengruppen werden nicht bereits durch den Markt zur Wahrung ihrer gemeinsamen materiellen Lebensgrundlagen angehalten. Es bedarf einer gemeinsamen Verständigungsbasis, die von der staatlichen Umweltschutzpolitik geschaffen werden muß.

Die Instrumente, mit denen Umweltpolitik betrieben werden kann, sind vielfältig. Zu nennen sind etwa ordnungsrechtliche Ge- und Verbote, wirtschaftliche Anreize, z.B. Emissionsgutschriften, Umweltabgaben oder Finanzierungshilfen, ferner die Umweltplanung und die Absprachen zwischen Staat und Wirtschaft bzw. Unternehmen.

Diese Instrumente haben bereits teilweise in den zentralen Bereichen des Umweltschutzes in Gesetzen und Rechtsverordnungen ihren Niederschlag gefunden, nämlich bei Umweltchemikalien, der Wasser- und der Abfallwirtschaft. Relevante Gesetze sind etwa das Bundes-Immissionsschutzgesetz, das Wasserhaushaltsgesetz, das Pflanzenschutzgesetz, Chemikaliengesetz und das Abfallbeseitigungsgesetz. Die Umweltproblematik hat ferner auch in der betrieblichen Praxis zu einer Sensibilisierung geführt, die zu einer Integration von Umweltfragen in strategische Überlegungen Veranlassung gibt[29].

28 Ulrich, P., Die Großunternehmung als quasi-öffentliche Institution, Stuttgart 1977.

29 Vgl. etwa Kreikebaum, H., Strategische Unternehmensplanung, 2. Aufl., Stuttgart u.a. 1987; sowie Seidel, E./Menn, H., Ökologisch orientierte Betriebswirtschaft, Stuttgart u.a. 1988.

3.4.2.3 Modifikationen des internen Entscheidungsprozesses

Neben den externen Restriktionen hat der Gestzgeber ferner den **internen Entscheidungsprozeß** für große Unternehmen so verändert, daß durch die Mitbestimmung der Arbeitnehmer eine bessere Interessenwahrung möglich werden soll. Das klassische Gesellschaftsrecht hatte ja – wie oben erwähnt[30] – nur die Interessenabstimmung zwischen den Eigenkapitalgebern zum Gegenstand; indem die Mitbestimmungsgesetze diesen gesellschaftsrechtlichen Entscheidungsprozeß modifizieren, stellen sie eigentlich bereits einen Schritt weg von der interessenmonistischen hin auf eine interessendualistische Struktur der Unternehmung dar; sie transzendieren insoweit das erfolgsorientiert gestaltete Gesellschaftsrecht in Richtung auf eine (partiell) verständigungsorientierte Verfassung der Großunternehmung. Im Kern streben die Mitbestimmungsgesetze einen mehr oder weniger großen Einfluß der Arbeitnehmer auf die Entscheidungen im Aufsichtsrat an, also einem Organ, dem der gesetzgeberischen Konstruktionsidee nach eine gewisse Kontrollfunktion gegenüber dem unternehmenspolitischen Kernorgan „Vorstand" zukommen soll (vgl. Abb. 3.3).

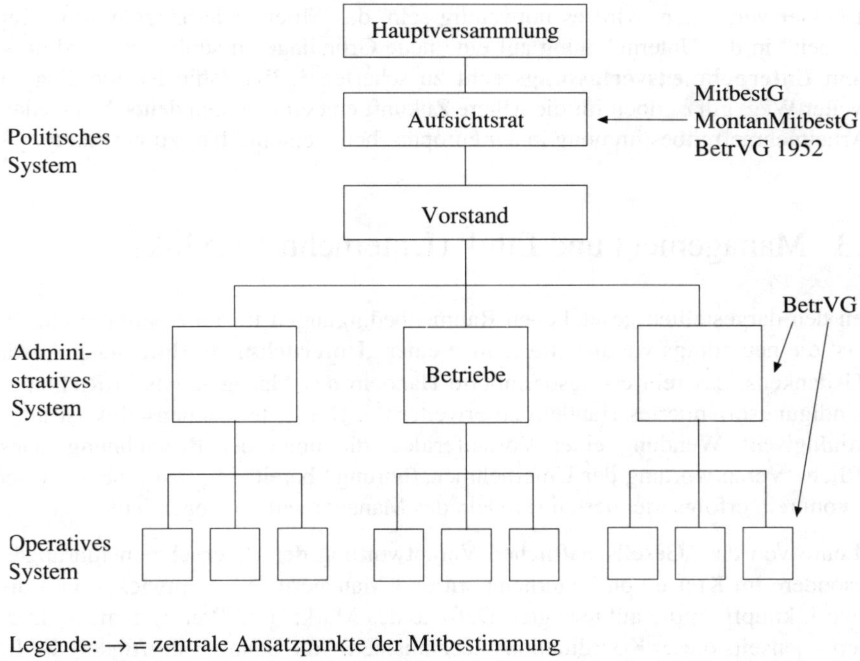

Abb. 3.3: Ansatzpunkte der Mitbestimmung

Quelle: Steinmann, H./Gerum, E.: Unternehmensordnung, in: Bea, X./Dichtl, E./Schweitzer, M.: Allgemeine Betriebswirtschaftslehre, Bd. 1: Grundfragen, 4. Aufl., Stuttgart 1988, S. 214

30 Vgl. oben S. 73 f.

Allerdings belassen es diese Gesetze, sieht man einmal vom Montan-Mitbestimmungsgesetz von 1951 ab, bei einem **unterparitätischen Einfluß** der Arbeitnehmer; das gilt sowohl für das Mitbestimmungsgesetz 1976, das die großen Kapitalgesellschaften (Aktiengesellschaften und Gesellschaften m.b.H.) mit mehr als 2.000 Beschäftigten erfaßt, wie auch für das Betriebsverfassungsgesetz von 1952, das die Mitbestimmung im Aufsichtsrat kleiner Kapitalgesellschaften mit mehr als 500 Beschäftigten regelt.

Die Mitbestimmungsgesetze lassen sich zusammen mit dem Betriebsverfassungsgesetz als der Versuch verstehen, den Interessenausgleich zwischen Kapital und Arbeit nicht nur über **Marktprozesse** und damit über erfolgsorientiertes Handeln laufen zu lassen, sondern systematisch **im Unternehmen** als Ausdruck verständigungsorientierten Handelns zu verankern. Es verwundert deshalb natürlich auch nicht, daß sich gerade hier die gesetzlichen Regelungen z.T. besonders hart im Raume stoßen: Das Gesellschaftsrecht, das den Kapitaleigentümerverband als ökonomisches Initiativzentrum im Rahmen des „Vertragsmodells der Unternehmung" konstituieren soll, ist wegen genau dieses Ausgangspunktes von seiner Konstruktionslogik her nur schwer vereinbar mit den mitbestimmungsrechtlichen Regelungen, die an die (weiter-)bestehende gesellschaftsrechtliche Konstruktion anknüpfen. Will man also in Zukunft das am erfolgsorientierten Handeln orientierte Gesellschaftsrecht mit dem verständigungsorientierten Mitbestimmungsrecht besser versöhnen, wird es notwendig sein, das Miteinanderhandeln von „Kapital und Arbeit" in der Unternehmung auf eine neue Grundlage zu stellen; es wird notwendig, ein **Unternehmensverfassungsrecht** zu schaffen[31]. Bis dahin ist allerdings noch ein weiter Weg, gilt es doch für die nähere Zukunft erst einmal, den deutschen Gedanken der Arbeitnehmermitbestimmung in der europäischen Gemeinschaft zu verankern.

3.4.3 Management und Ethik (Unternehmensethik)

Neben den dargestellten gesetzlichen Rahmenbedingungen für unternehmerisches Handeln ist die neuerdings vieldiskutierte Idee einer „**Unternehmensethik**" auch Ausdruck des Gedankens, das rein erfolgsorientierte Handeln des Managements in Richtung auf verständigungsorientiertes Handeln zu erweitern[32]. Die Unternehmensethik ist letztlich die **dialogische** Wendung einer Vorläuferidee, die unter der Bezeichnung „Gesellschaftliche Verantwortung der Unternehmensführung" bereits implizit eine Verabschiedung vom rein erfolgsorientierten Handeln des Management vollzogen hatte.

Die Lehre von der „Gesellschaftlichen Verantwortung der Unternehmensführung", die insbesondere im Kreise von Unternehmern und Managern selbst entwickelt und diskutiert wird, knüpft an die aufgezeigten Defizite des Markt- und Preissystems an und akzeptiert – jenseits dieser Koordinationsmechanismen – die Schutzbedürftigkeit der Inter-

31 Einen ersten Anlauf dazu hat das Justizministerium mit dem Einsatz einer Kommission in den 70er Jahren unternommen. Vgl. Unternehmensrechtskommission, Bericht über die Verhandlungen der Unternehmensrechtskommission, hrsg. v. Bundesministerium der Justiz, Köln 1980.

32 Vgl. zur Unternehmensethik den Aufsatzband von Steinmann, H./Löhr, A.(Hrsg.), Unternehmensethik, Stuttgart 1989.

essen von Kapitaleignern, Verbrauchern, Arbeitnehmern und der Öffentlichkeit. Als Problemlösung wird ein **Moralkodex** für Manager ins Auge gefaßt, demgemäß es berufliche Aufgabe der Unternehmensführung sein soll, Kunden, Mitarbeitern, Geldgebern und der Gesellschaft zu **dienen** und diese Interessen im Rahmen der unternehmerischen Entscheidungen zum Ausgleich zu bringen. Die Dienstleistung der Unternehmensführung gegenüber diesen Bezugsgruppen der Unternehmung sei allerdings nur möglich, so wird gesagt, wenn die Existenz des Unternehmens langfristig gesichert werde. Hierzu seien **ausreichende** Unternehmensgewinne erforderlich. Der Unternehmensgewinn ist nach dieser Lehre also nur noch ein notwendiges Mittel, um die dienende Funktion der Unternehmung auszuführen, nicht aber mehr ihr Endziel (vgl. als Beispiel dazu das sog. „Davoser Manifest", das auf dem 3. Europäischen Management Symposium in Davos 1973 vorgestellt wurde, in Kasten 3.3).

Im Ergebnis wird in dieser Lehre für die Unternehmensführung der Zukunft die Praktizierung einer neuen unternehmerischen Handlungsmaxime in marktwirtschaftlichen Systemen gefordert. An die Stelle des an den Eigentümerinteressen orientierten erwerbswirtschaftlichen Prinzips soll das Prinzip der „gesellschaftlichen Verantwortung" im Sinne einer dienenden und **interessenausgleichenden Rolle der Unternehmensführung** gegenüber den genannten Bezugsgruppen des Unternehmens treten. Sollte ein solcher Moralkodex von der Mehrzahl der Manager befolgt werden, so würde sich die Unternehmung damit faktisch als eine **interessenpluralistische** Institution darstellen. Radikal interpretiert, würde das letztlich die Aufgabe der Vorstellung bedeuten, daß der Markt und das Preissystem selber schon einen wesentlichen, ja den entscheidenden Beitrag zum gesellschaftlichen Interessenausgleich leisten; genau wegen dieser radikalen Konsequenz ist ja die Idee der gesellschaftlichen Verantwortung der Unternehmensführung auch von extremen Verfechtern der Marktwirtschaft, wie etwa Milton Friedman, rigoros attackiert worden[33].

Eine weniger radikale Interpretation der Lehre sieht in der gesellschaftlichen Verantwortung des Managements dagegen nicht einen Ersatz, sondern eine **Ergänzung** der Koordinationsfunktion des Preissystems im Hinblick auf den inneren sozialen Frieden. Manager sollen angehalten werden, ihr eigenes Handeln und seine Wirkungen immer wieder daraufhin zu prüfen, ob dadurch der Interessenausgleich in der Gesellschaft substantiell beeinträchtigt wird. Wenn das der Fall ist, sollen sie über die Möglichkeiten eines Interessenausgleichs nachdenken und dazu alternative Ziele, Mittel und Maßnahmen ins Auge fassen. Insoweit, wie sie das tun, gehen sie über ein erfolgsorientiertes Handeln hinaus in Richtung auf eine Verständigungsorientierung; sie nehmen eben ein Stück „gesellschaftlicher Verantwortung" wahr.

Die Schwäche dieser Lehre liegt ohne Zweifel in ihrer rein **monologischen** Orientierung, also in der Vorstellung, Manager könnten von sich aus – ohne sich mit den Betrof-

33 Vgl. zur Kritik die Zusammenfassung bei Steinmann, H., Zur Lehre von der „Gesellschaftlichen Verantwortung der Unternehmensführung", in: WiSt-Wirtschaftswissenschaftliches Studium 2 (1973), S. 467–473.

Kasten 3.3

Das Davoser Manifest

„A. Berufliche Aufgabe der Unternehmensführung ist es, Kunden, Mitarbeitern, Geldgebern und der Gesellschaft zu dienen und deren widerstreitende Interessen zum Ausgleich zu bringen.

B. 1. Die Unternehmensführung muß den Kunden dienen. Sie muß die Bedürfnisse der Kunden bestmöglich befriedigen. Fairer Wettbewerb zwischen den Unternehmen, der größte Preiswürdigkeit, Qualität und Vielfalt der Produkte sichert, ist anzustreben.

Die Unternehmensführung muß versuchen, neue Ideen und technologischen Fortschritt in marktfähige Produkte und Dienstleistungen umzusetzen.

2. Die Unternehmensführung muß den Mitarbeitern dienen, denn Führung wird von den Mitarbeitern in einer freien Gesellschaft nur dann akzeptiert, wenn gleichzeitig ihre Interessen wahrgenommen werden.

Die Unternehmensführung muß darauf abzielen, die Arbeitsplätze zu sichern, das Realeinkommen zu steigern und zu einer Humanisierung der Arbeit beizutragen.

3. Die Unternehmensführung muß den Geldgebern dienen. Sie muß ihnen eine Verzinsung des eingesetzten Kapitals sichern, die höher ist als der Zinssatz auf Staatsanleihen. Diese höhere Verzinsung ist notwendig, weil eine Prämie für das höhere Risiko eingeschlossen werden muß. Die Unternehmensführung ist Treuhänder der Geldgeber.

4. Die Unternehmensführung muß der Gesellschaft dienen. Die Unternehmensführung muß für die zukünftigen Generationen eine lebenswerte Umwelt sichern. Die Unternehmensführung muß das Wissen und die Mittel, die ihr anvertraut sind, zum Besten der Gesellschaft nutzen.

Sie muß der wissenschaftlichen Unternehmensführung neue Erkenntnisse erschließen und den technischen Fortschritt fördern. Sie muß sicherstellen, daß das Unternehmen durch seine Steuerkraft dem Gemeinwesen ermöglicht, seine Aufgabe zu erfüllen. Das Management soll sein Wissen und seine Erfahrungen in den Dienst der Gesellschaft stellen.

C. Die Dienstleistung der Unternehmensführung gegenüber Kunden, Mitarbeitern, Geldgebern und der Gesellschaft ist nur möglich, wenn die Existenz des Unternehmens langfristig gesichert ist. Hierzu sind ausreichende Unternehmensgewinne erforderlich. Der Unternehmensgewinn ist daher ein notwendiges Mittel, nicht aber Endziel der Unternehmensführung."

Quelle: Steinmann, H.: Zur Lehre von der „Gesellschaftlichen Verantwortung der Unternehmensführung", in: WiSt-Wirtschaftswissenschaftliches Studium 2 (1973), S. 472 f.

fenen auseinanderzusetzen – wissen, was für die Betroffenen „gut" ist und aus dieser isolierten Position heraus einen friedlichen Interessenausgleich befördern. Wenn man diese elitäre Grundorientierung der Lehre von der gesellschaftlichen Verantwortung der

Unternehmensführung in Richtung auf eine **dialogische** – und das heißt auch gleichberechtigte – Verständigung mit den Betroffenen überschreitet, erhält die Vorstellung von der gesellschaftlichen Verantwortung der Unternehmensführung allerdings eine **ethische** Dimension, wird zur „Unternehmensethik". Diese richtet sich dann auf solche Normen (Handlungsregeln), die von Unternehmungen im Sinne einer **Selbstbindung** entwickelt und verbindlich in Kraft gesetzt werden, um konfliktrelevante Auswirkungen des Gewinnprinzips bei der Steuerung der Unternehmensaktivitäten zu begrenzen[34].

Ein bekanntes Beispiel, das hier zur Illustration unternehmensethischen Handelns angeführt werden könnte, ist der Kodex, den die Firma Nestlé (Vevey/Schweiz) 1982 nach langen Auseinandersetzungen und Diskussionen mit den verschiedensten Protestgruppen im Umfeld der Unternehmung auf der Basis des Entwurfs der Weltgesundheitsorganisation akzeptiert hat, um die Vermarktung von Muttermilch-Ersatzprodukten bei der Babyernährung in der Dritten Welt sinnvoll zu regulieren. Der Kodex normiert in elf Artikeln Gebote und Verbote und solche Marketingmaßnahmen, für die ein gravierender Konflikt zwischen ethischen Forderungen und dem Prinzip der Gewinnmaximierung in der Vergangenheit festgestellt oder für die Zukunft antizipiert wurde. Zu nennen sind aus dem Kodex etwa das Verbot für das Verkaufspersonal, sich selbst als Lehrende an Ausbildungskursen für werdende Mütter zu beteiligen, ferner das Gebot, auf die Vorteile der Muttermilchernährung gegenüber den Substitutprodukten hinzuweisen, oder das Verbot, für im Gesundheitsdienst tätiges Personal (Ärzte, Krankenschwestern) bei der Entlohnung finanzielle oder sonstige materielle Anreize vorzusehen. Durch diese für die Gesamtorganisation der Firma Nestlé verbindlichen und auf ihre Einhaltung überwachten Normen sollen Verhaltensweisen ausgeschlossen werden, die die Unwissenheit der Mütter in den Entwicklungsländern der Dritten Welt ausnutzen, um Gewinne zu erzielen.

Die Unternehmensethik ist also – das zeigt dieses Beispiel – letztlich von ihrer Wirkung her auf eine **Begrenzung** des Gewinnprinzips in solchen Handlungssituationen ausgerichtet, wo das Streben nach Gewinn zu einem ethisch verwerflichen Tun führt oder führen kann. Das Gewinnprinzip als solches wird dabei keineswegs als unethisch diskriminiert; ganz im Gegenteil geht das ganz überwiegende Schrifttum durchaus von der richtigen Einsicht aus, daß das Gewinnprinzip **im allgemeinen** sehr wohl ein geeignetes und notwendiges Instrument ist, um die komplexen Steuerungsprobleme einer Volkswirtschaft im Wege der Dezentralisation und Übertragung von Entscheidungsautonomie an die Einzelwirtschaften erfolgreich zu lösen. Da das Gewinnprinzip aber eben **formaler** Natur ist (insofern es auf die Gelddimension abstellt), sind mit ihm auch grundsätzlich solche **materiellen** Mittelwahlen vereinbar, die zwar die Erreichung der Gewinnziele ermöglichen, aber ethisch nicht gerechtfertigt werden können. Da die Umsetzung der Gewinnziele in materielle Mittelwahlen im konkreten Einzelfall durch Entscheidungen auf Unternehmensebene geschieht, ist dort dann auch der richtige Ort, wo die Unternehmensethik situationsgerecht im Sinne einer Gewinnbegrenzung einsetzen muß.

34 Vgl. zum Begriff der Unternehmensethik genauer das einführende Kapitel in Steinmann, H./Löhr, A. (Hrsg.), Unternehmensethik, a.a.O., S. 3 ff.

Aus dieser Skizze wird bereits deutlich, daß die Forderung nach einer Unternehmensethik das erfolgsorientierte Handeln in Richtung auf ein verständigungsorientiertes Handeln transzendiert. Sie ist mit ihrer dialogischen Grundorientierung an der Idee des freien Konsenses orientiert und hat damit das Potential, zu einer Lösung von solchen Konflikten im Umfeld der Unternehmung beizutragen, die rechtlich noch nicht geregelt sind bzw. wegen bestehender Steuerungsdefizite des Rechts manifest werden. Die Unternehmensethik ergänzt – so gesehen – gleichsam „von Innen" das Recht, welches seinerseits den unternehmerischen Handlungsspielraum von „außen" begrenzt. Beide zusammen sind dann aber, weil und soweit sie nicht bloß erfolgsorientiertes Handeln betreffen, Ausdruck eines verständigungsorientierten Handelns des Managements; beide zusammen konstituieren die Legitimationsgrundlage des Managements.

3.5 Zum Verhältnis von erfolgs- und verständigungsorientiertem Handeln von Managern

Die Überlegungen dieses Kapitels sollten einsichtig machen, daß die Rolle des Managements in den Marktwirtschaften hochentwickelter Industriegesellschaften nicht auf rein erfolgsorientiertes Handeln reduziert werden kann. Unternehmungen bleiben – auch wenn sie zuallererst ökonomische Institutionen sind – natürlich in den politischen Gesamtzusammenhang von Staat und Gesellschaft eingebunden. Sie müssen deshalb auch einen Beitrag dazu leisten, die konfliktrelevanten Auswirkungen ökonomischen Handelns in Richtung auf den inneren sozialen Frieden zu bewältigen. Deshalb bleiben Manager, auch wenn sie betriebswirtschaftliche Führungsaufgaben in Unternehmungen übernehmen, immer auch „Republikaner", sie bleiben indirekt (über die Gesetze) und direkt (über die Unternehmensethik) der „res publica", der öffentlichen Sache, verpflichtet[35].

Diese doppelte, sowohl auf Erfolgs- wie auch Verständigungsorientierung gerichtete Dimension im Aufgabenprofil eines Managers hat natürlich weitreichende Konsequenzen für die Managementlehre selbst, die noch keineswegs genau und bis ins Letzte durchdacht sind; und das gilt für alle fünf Managementfunktionen. Unsere Darstellung kann wegen dieser Theorielage nur hier und dort auf die verständigungsorientierte Dimension, etwa ethische Implikationen des Managerhandelns, hinweisen. Der Leser bleibt im übrigen selbst aufgefordert, bei der Lektüre des Buches über die der Stoffbehandlung im Kern zugrundeliegende erfolgsorientierte Dimension hinaus zu denken und den dargebotenen Stoff daraufhin zu problematisieren, welche Konsequenzen sich ergeben, wenn man die verständigungsorientierte Dimension stärker in die Lehre integriert. Im Kontext der Unternehmensethik mögen hier exemplarisch etwa folgende Leitfragen als Hilfe die-

35 Vgl. dazu auch Lorenzen, P.: Philosophische Fundierungsprobleme einer Wirtschafts- und Unternehmensethik, in: Steinmann, H./Löhr, A. (Hrsg.), Unternehmensethik, a.a.O., S. 52 f.

nen: Wie lassen sich unternehmensethische Überlegungen in den betriebswirtschaftlichen Planungsprozeß integrieren?[36] Wie kann man eine arbeitsteilige Organisation, die ganz auf den ökonomischen Vollzug einer Betriebsaufgabe ausgerichtet ist, ethisch sensibilisieren?[37] Welche Implikationen hat das doppelte, auf Ökonomie und Ethik gerichtete, Aufgabenprofil des Managers für die Personaleinsatzfunktion, etwa Personalbeschaffung, Leistungsbeurteilung und Entlohnung? Wie ändert sich die traditionelle Führungsrolle des Vorgesetzten, wenn es darum geht, auch die ethische Dimension in sein Aufgabenprofil zu integrieren? Und schließlich ganz besonders wichtig: Wie wird die Managementfunktion „Kontrolle" tangiert, wenn es nicht nur um die Erreichung ökonomischer, sondern auch ethischer Ziele geht?

Es sollte deutlich sein, daß es bei all diesen Fragen nicht um die schlichte Hinzufügung einer „ethischen Dimension" zu klassischen betriebswirtschaftlichen Zielvorstellungen und Mittelwahlen gehen kann, sondern der **Wirkungszusammenhang** der je spezifischen Ziele und Mittel zu bedenken ist. Auf ein klassisches betriebswirtschaftliches System der Kostenbudgetierung und -kontrolle läßt sich nicht einfach eine ethische Zieldimension aufsetzen, etwa indem gewisse ethische Verhaltenserwartungen zum betriebswirtschaftlichen Aufgabenprofil hinzugefügt werden. Dadurch wird nämlich die betriebswirtschaftliche Kontrollaufgabe selber tangiert: Die Nichterreichung von Kostenzielen kann ja nun nicht mehr nur betriebswirtschaftliche, sondern auch ethische Gründe haben und das Kontrollsystem muß in der Lage sein, in der Abweichungsanalyse zwischen beiden Abweichungsursachen zu diskriminieren. Andernfalls besteht die Gefahr, daß die betriebswirtschaftliche Zielsetzung unter Hinweis auf die der Kontrolle entzogenen ethischen Anforderungen und Nebenbedingungen konterkariert wird (und umgekehrt). Man muß also – das macht dieses Beispiel deutlich – über die sinnvolle Integration betriebswirtschaftlicher und ethischer Handlungsdimensionen nachdenken und die fünf Mangementfunktionen und das zu ihrer Wahrnehmung erforderliche Instrumentarium entsprechend ausformen.

36 Vgl. dazu Schreyögg, G., Implementation einer Unternehmensethik in Planungs- und Entscheidungsprozessen, in: Steinmann, H./Löhr, A. (Hrsg.), Unternehmensethik, a.a.O., S. 247–258.

37 Vgl. dazu Steinmann, H./Löhr, A., Der Beitrag von Ethik-Kommissionen zur Legitimation der Unternehmensführung, in: dies. (Hrsg.), Unternehmensethik, a.a.O., S. 259–269.

Diskussionsfragen

1. Welches ist der Unterschied zwischen erfolgsortientiertem und verständigungsorientiertem Handeln?
2. Durch welche Institutionen wird in einer Marktwirtschaft das erfolgsorientierte Handeln des Managements verfaßt?
3. Wie läßt sich die prinzipielle Freistellung des unternehmerischen Handelns von diskursiven Verständigungsprozessen in der Marktwirtschaft begründen?
4. Welche Gründe sprechen für die Notwendigkeit, das erfolgsorientierte Handeln des Managements in der Marktwirtschaft durch verständigungsorientiertes Handeln zu ergänzen?
5. In welchen Formen manifestiert sich die Macht der (Groß-)Unternehmung?
6. Wie kann in einer Marktwirtschaft das erfolgsorientierte Handeln des Managements Anschluß an das verständigungsorientierte Handeln finden?
7. Was ist der Sinn einer Unternehmensethik in der Marktwirtschaft? Wo liegt der Unterschied zur Lehre von der gesellschaftlichen Verantwortung der Unternehmensführung?

Literaturhinweise

Zum Stakeholder-Ansatz:

Freeman, R.E., Strategic management: A stakeholder approach, Boston u.a. 1984.

Zum verständigungs- und erfolgsorientierten Handeln:

Habermas, J., Theorie des kommunikativen Handelns, Band I,II, Frankfurt a.M. 1981.

Lorenzen, P., Lehrbuch der Konstruktiven Wissenschaftstheorie, Mannheim u.a. 1987, S. 228–308.

Hirschman, A.O., Exit, voice and loyalty, Cambridge/Mass. 1970.

Zur Verfassung erfolgsorientierten Handelns in der Unternehmung (Unternehmensverfassung):

Steinmann, H./Gerum, E., Unternehmensordnung, in: Bea, F.X./Dichtl, E./Schweitzer, M., Allgemeine Betriebswirtschaftslehre, 4. Aufl., Stuttgart 1988, S. 179–267.

Lowe, A., Politische Ökonomik, Wien 1965, S. 49–76.

Zum verständigungsorientierten Handeln in der Wirtschaft:

Ulrich, P., Transformation der ökonomischen Vernunft, Bern/Stuttgart 1986.
Steinmann, H./Löhr, A. (Hrsg.), Unternehmensethik, Stuttgart 1989.
Biervert, B./Held, M. (Hrsg.), Ethische Grundlagen der ökonomischen Theorie, Eigentum, Verträge, Institutionen, Frankfurt/New York 1989.

Viertes Kapitel

Der Managementprozeß in Handlungssystemen

4.1 Einführung 103

4.2 Die Idee der plandeterminierten Unternehmensführung 103

4.3 Systemtheoretische Grundlagen der Unternehmensführung 107
4.3.1 Unternehmenssteuerung als Problem 107
4.3.2 Die System/Umwelt-Differenz als Bezugspunkt 109
4.3.3 Grenzen der Systemtheorie 115

4.4 Der Managementprozeß im Handlungssystem Unternehmung 116

Diskussionsfragen 121

Literaturhinweise 122

4.1 Einführung

In dem vorhergehenden Kapitel ging es darum, den allgemeinen Handlungsrahmen für das Management im Spannungsfeld von Unternehmung und Umwelt aufzureißen und die verschiedenen Handlungstypen und -rationalitäten herauszuarbeiten. Es wurde bereits deutlich, daß beide Handlungstypen, sowohl das erfolgsorientierte als auch das verständigungsorientierte Handeln in einem Kontext stehen, der selbst noch einmal der Erläuterung und der Erkundung möglicher Wechselwirkungen bedarf. Konkreter gesprochen, geht es darum, innerhalb des skizzierten Rahmens nun den Steuerungsprozeß herauszuarbeiten, der **Stellung und Bedeutung** der konkreten Managementaufgaben definiert und ihren **Zusammenhang** konzeptionell bestimmt.

Wie bereits im ersten und zweiten Kapitel ausführlich dargelegt, ist die Frage des Steuerungskonzeptes und in Abhängigkeit davon die Konzeptualisierung des Management-Prozesses eine lang diskutierte und immer wieder neu aufgeworfene Fragestellung in der Managementlehre. Dieses Lehrbuch wird sich – um es vorweg zu sagen – nicht an dem klassischen Schema des Managementprozesses und seiner linearen Funktionsabfolge orientieren, sondern Management in einem umfassenderen Sinne als Steuerungsprozeß in und von komplexen Handlungssystemen thematisieren. Die Gründe dafür seien nachfolgend dargelegt.

4.2 Die Idee der plandeterminierten Unternehmensführung

Die klassische Managementlehre baut ihr Grundverständis des betrieblichen Steuerungsprozesses auf dem Prozeß-Paradigma auf. Hiernach wird – wie in Kapitel 1 bereits dargelegt – Unternehmensführung als eine systematische Abfolge von (Management-) Funktionen begriffen. Am Anfang dieser Funktionsabfolge soll die Planung als geistiger Entwurf der zukünftig zu erreichenden Ziele und der hierzu ergreifenden Maßnahmen stehen. Da alle anderen Managementfunktionen auf die Erreichung der Planziele hin ausgelegt werden, geht die Planung diesen Funktionen notwendigerweise voraus (Primat der Planung).[1] Ihr folgt die Organisation als Strukturentwurf für den arbeitsteiligen Aufgabenvollzug. An sie schließt sich die Ausstattung (staffing) der Organisation mit geeignetem Personal und die Führung als Veranlassung und Überwachung des Aufgabenvollzugs an. Der Prozeß mündet in die Kontrolle ein, die feststellt, ob Vollzug und Planung übereinstimmen. Die Kontrolle koppelt schließlich Informationen über den Zielerreichungsgrad an die Planung zurück, um bei einem allfälligen neuen Planungsprozeß Berücksichtigung finden zu können (vgl. Abb. 4.1).

1 Vgl. z.B. Griffith, R.W., Management, 2. Aufl., Boston 1987, S. 10 ff.

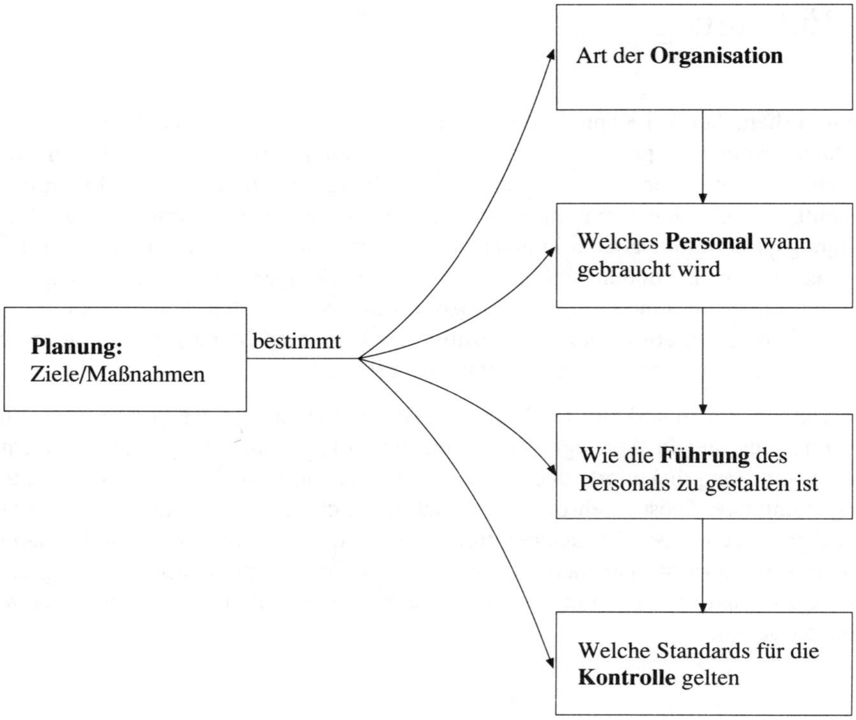

Abb. 4.1: Grundschema der plandeterminierten Unternehmensführung

Quelle: Koontz, H./O`Donnell, C./Weihrich, H., Management, 8. Aufl., New York 1984, S. 103 (modifiziert)

Aus dieser Konstruktionslogik des klassischen Managementprozesses wird unmittelbar deutlich, daß den der Planung nachgeordneten Managementfunktionen keine eigenständige (Um-) Steuerungskapazität im Hinblick auf die Unternehmensziele und zielrealisierenden Maßnahmen zugeschrieben wird. Die gedankliche „Last" der Unternehmenssteuerung liegt alleine bei der Planung; sie schafft den Rahmen, in den sich alle anderen Steuerungsaktivitäten einordnen. Planung muß deshalb logischerweise auch als im Großen und Ganzen verläßlich gedacht werden, sonst könnte sie diese ihre dominante Rolle im Konzept der Steuerungsaufgaben nicht erfüllen. Die anderen Managementfunktionen sind Mittel zur effizienten Planrealisierung; sie erhalten ihre Sinnbestimmung nur aus der Planung; sie lösen nur Probleme, die sich aus dem Planvollzug heraus stellen.

Gutenberg bringt diese Auffassung im Hinblick auf die Organisation mit aller Klarheit zum Ausdruck: „Während Planung den Entwurf einer Ordnung bedeutet, nach der sich der gesamtbetriebliche Prozeß vollziehen soll, stellt Organisation den Vollzug, die Realisierung dieser Ordnung dar. ... Die Organisation hat also immer nur dienenden oder instrumentalen Charakter."[2] Und programmatisch an anderer Stelle: „So muß denn überhaupt versucht werden, die Unternehmung als Gegenstand betriebswirtschaftlicher Theorie in eine Ebene zu projizieren, in der zwar Organisation vorhanden ist, aber nur eine solche, die der eigenen Problematik entbehrt."[3]

Dasselbe gilt für alle weiteren Managementfunktionen, sie stehen im Dienste der Planrealisation, sie sind von ihrer Bestimmung her neutrales Instrument. Die Mitarbeiterführung oder der Personaleinsatz dürfen demgemäß nicht – und schon gar nicht eine intendierte – zur Quelle eigenständiger Ziel- und Mittelwahlen werden; die Rationalität des Planentwurfs würde in Frage gestellt, die planerischen Intentionen möglicherweise (wenn auch unbeabsichtigt) konterkariert. Der Managementprozeß hat deswegen bei der Planung seinen zwingenden Anfang.

Da also alle der Planung nachgeordneten Managementfunktionen ihre Sinnstiftung und Ausformung aus dem Planungssystem und den vorgegebenen Plänen ableiten (vgl. Abb. 4.1) und insoweit an keiner Stelle die Vorgaben der Planung transzendieren, kann ihnen auch keine eigenständige (Um-) Steuerungskapazität zukommen. Dieser Logik folgend, soll hier vom Paradigma der „plandeterminierten Unternehmensführung" gesprochen werden. Die grundlegende Annahme dabei ist, daß die vorordnende Steuerungsleistung im wesentlichen von der Planung alleine erbracht werden kann und muß.

Schon eine kurze Durchsicht der Steuerungsprobleme, wie sie seit langem in der Managementliteratur im besonderen und in der betriebswirtschaftlichen Literatur im allgemeinen diskutiert werden, zeigt, daß nur wenige davon mit diesem Paradigma in Einklang gebracht werden können. Gleichgültig, ob man die innovationsfördernde Wirkung von Organisationsstrukturen diskutiert, die Flexibilität spontaner Kooperation, die Gerechtigkeit von Lohnsystemen, die vorlaufende Korrektur eines Frühwarnsystems oder die Kreativität von Qualitätszirkeln, immer wieder werden wir auf eigenständige Steuerungsansprüche der der Idee nach bloß nachgeordneten Managementfunktionen Organisation, Personaleinsatz, Führung und Kontrolle hingewiesen.Die Aushandlung eines für gerecht erachteten Lohnsystems läßt sich ebensowenig als Erfüllung des Unternehmensplans darstellen wie die Generierung einer neuen Ablaufplanung in einem Qualitätszirkel. Dies sind für die Erfüllung der Unternehmensziele wichtige Prozesse, aber keineswegs Planerfüllung im Sinne des Wortes. Es wird offenkundig, daß die Fassungskraft des Paradigmas der Plandeterminierung denkbar schmal ist und daß sich viele Teilgebiete der Managementlehre in einem für gewöhnlich unausgesprochen gebliebenen Widerspruch dazu entwickeln. Bei Licht besehen reklamieren die meisten Funktionen ein eigenständiges, von der Planung nur in Teilen abhängiges Problemverarbeitungspotential.

Wie kann man sich diese widerspruchsvolle Entwicklung erklären? Eines der Hauptprobleme der Idee plandeterminierter Unternehmensführung liegt darin, daß sie extreme Ansprüche an die Planungsfunktion stellt, Ansprüche, die in Wirklichkeit niemals eingelöst werden können. Die Planung muß ja nach dieser Konzeption alle wesentlichen Pro-

2 Vgl. Gutenberg, E., Grundlagen der Betriebswirtschaftslehre, Bd. 1: Die Produktion, 24. Aufl., Berlin u.a. 1983, S. 235 f.

3 Vgl. Gutenberg, E., Die Unternehmung als Gegenstand betriebswirtschaftlicher Theoriebildung, Frankfurt a.M. 1967, S. 25 f.

bleme der betrieblichen Steuerung antizipieren und im Sinne einer stimmigen Gesamtordnung lösen können; sie muß, mit anderen Worten, in der Lage sein, alle aus der Umwelt und dem System resultierenden bestandskritischen Probleme aufzufangen und in den Plan einzuarbeiten. Eine solche Wirkungsweise der Planung ist jedoch nur unter ganz bestimmten Voraussetzungen vorstellbar, nämlich dann,
wenn

(1) die Umwelt des Handlungssystems Unternehmung in all ihren **Wirkungszusammenhängen** erfaßbar ist und keine Änderungen der so vollständig erfaßten Umwelt dergestalt eintreten, daß ihre Entwicklung nicht exakt prognostizierbar wäre;

(2) das Handlungssystem Unternehmung problemfrei Planvorgaben realisieren könnte, d.h. das System als solches vollständig erfaßbar und **beherrschbar** wäre. Jedes einzelne Glied, jede Aktion müßte auf einen zentralen (optimalen!) Handlungsentwurf gerichtet werden können. Es müßte eine zentrale Instanz geben, die alle anderen Systemeinheiten unbegrenzt steuern kann, sofern nur exakt dargelegt wird, was, wann und wie es erreicht werden soll.

Beide Annahmen sind offenkundig reine **Idealisierungen**, im praktischen Vollzug völlig unrealistisch, im Widerspruch zu jeder Lebenserfahrung. Weder ist die Umwelt vollständig beschreibbar bzw. die Totalität ihrer Wirkungsbeziehungen verstehbar, noch gehorcht ihre Entwicklung strengen Verlaufsgesetzen derart, daß sie so gut prognostizierbar wäre, wie es eine Plandeterminierung verlangt. Jede praktische Unternehmenssteuerungskonzeption muß davon ausgehen, daß die **Umwelt** komplex ist. Ebensowenig trifft sich die Idee einer linearen Durchplanbarkeit von **Handlungssystemen** mit unseren Erfahrungen. Handlungssysteme stehen nicht nur vor dem Problem der Umweltkomplexität, sondern sind selbst komplex. Komplexität besagt, daß ein Sachverhalt aus sovielen Elementen und Anschlußmöglichkeiten besteht, daß nicht mehr jedes mit jedem verknüpft werden kann. Das heißt, es gibt zwischen den Elementen sehr viel mehr Verknüpfungsmöglichkeiten als tatsächlich verknüpft sein können. Dies hat Selektivität und damit Unbestimmtheit zur Folge (s.u.).[4]

Diese unrealistischen Annahmen machen plausibel, weshalb zahlreiche Fragestellungen der Management-Lehre – wie oben beispielhaft erwähnt – und Problemformulierungen aus der Praxis zwangsläufig zum Konzept einer plandeterminierten Unternehmensführung in Widerspruch gerieten. Man hat einfach die Probleme aufgegriffen, die sich der **Führungspraxis** gestellt haben, unabhängig davon, ob sie sich als Planungs- oder Planrealisierungsprobleme verstehen ließen. Erst später ergab sich das konzeptionelle Problem, das generierte Wissen in eine Konzeption einzuflechten, die solchen Problemen (z.B. anpassungsfähigen Organisationsstrukturen oder dem Lohnkonflikt) keinen Platz zuweisen kann. Diese Problematik kulminiert darin, daß es auch nicht gelungen ist, das Konzept so zu modifizieren, daß es den neuen Entwicklungen gerecht werden könnte.

Der klassische Managementprozeß erweist sich als ein zu enger und zu glatter Bezugsrahmen, um einen Großteil der aktuellen Probleme und der dazu entwickelten Konzepte und Modelle in sich aufnehmen zu können. Es ist deshalb verfehlt und wenig hilfreich,

4 Vgl. Luhmann, N., Soziale Systeme, Frankfurt a.M. 1984, S.46 ff.

weiterhin vom Primat der Planung auszugehen und alle anderen Managementfunktionen nur aus der verengten Perspektive der Planrealisierung, und das heißt primär: ohne eigenständiges Steuerungspotential zu thematisieren. Es bedarf eines neuen Bezugsrahmens, der dieser Kritik Rechnung trägt und ein erweitertes Verständnis der Managementfunktionen zuläßt.

Dazu muß in einem ersten Schritt das Verständnis von Steuerung selbst revidiert werden. Anstatt sie als omnipotente Aktivität einer Zentrale zu verstehen, die die Umweltkomplexität und -unsicherheit planerisch restlos abarbeiten und friktionslos in Handlungen umsetzen kann, muß sie im Rahmen und in Reaktion auf das jederzeit problematische Verhältnis von Umwelt und System thematisiert werden. Unternehmenssteuerung ist eine ausgesprochen störungsanfällige Funktion – und als solche muß sie konzeptualisiert werden.

Um das Gemeinte besser verstehen zu können, ist es erforderlich, den Hintergrund der vorgetragenen Kritik deutlicher hervortreten zu lassen.

4.3 Systemtheoretische Grundlagen

4.3.1 Unternehmenssteuerung als Problem

Management oder Unternehmenssteuerung werden gewöhnlicherweise als ein Bündel von Aktivitäten verstanden, die bestimmte Zielzustände zu erreichen suchen, indem sie auf Dinge, Menschen oder Systeme einwirken. Diese Perspektive legt es nahe, den primären Bezugspunkt für eine Steuerungstheorie bei dem Handelnden (dem Planer, dem Organisator, dem Unternehmensführer usw.) zu wählen und die Steuerungstheorie als eine **Theorie der Steuerungshandlungen** zu begreifen mit den drei Elementen Steuerungssubjekt, Steuerungsobjekt und Steuerungsziel. Die eben diskutierte Idee plandeterminierter Unternehmensführung ist ein Unterfall einer solchen Theorie der Steuerungshandlung.

Eine solche an der Einzelhandlung ausgerichtete Theorie der Unternehmensführung begreift die Unternehmung als eine Art **Superaktor** und reduziert dementsprechend die Steuerungsproblematik auf die Handlungs- bzw. Entscheidungsvorbereitung. Mehr oder weniger unbeachtet bleibt die Tatsache, daß sich Unternehmen in der Regel als komplexe Handlungssysteme darstellen und daß diese Tatsache eine Fülle von Steuerungsproblemen aufwirft, die der Idee der Einzelhandlung fremd bleiben. Bekannte Probleme, die in diesem Zusammenhang immer wieder diskutiert werden, sind z.B. das „Implementationsproblem" oder die „Grenzen der Steuerbarkeit"[5] Es sind dies im wesentlichen uner-

5 Vgl. z.B. auf politischer Ebene Mayntz, R., Politische Steuerung und gesellschaftliche Steuerungsprobleme, in: Jahrbuch zur Staats- und Verwaltungswissenschaft 1 (1987), S. 95 ff., auf betrieblicher Ebene Malik, F., Strategie des Managements komplexer Systeme, Bern/Stuttgart 1984.

wartete Nebenfolgen von Handlungen, „Störungen“ bei der praktischen Umsetzung und Reaktionen auf die der Handlung zugrundeliegende Voraussetzungen in Form selbstzerstörender Prognosen.[6]

Diese Phänomene sind deutliche Indikatoren dafür, daß die am Paradigma der Einzelhandlung gewonnene Steuerungstheorie rasch ihre Grenzen findet. Sie kann diese (alt bekannten) Probleme nicht fassen; sie entziehen sich einem handlungstheoretischen Verständnis.[7] Es bleibt nichts anderes als sie als (zum Teil allerdings übermächtige) Störfaktoren zur Kenntnis zu nehmen, die sich nicht in die Regie der eigenen Steuerung stellen lassen.

Es ist wiederum Gutenberg, der mit aller Schärfe diese Implikation herausarbeitet, so etwa am Beispiel der „informellen Gruppe“[8] Nach einer Beschreibung des Phänomens kommt er zu folgender Einschätzung:

„Aber der informellen Kommunikation fehlt eben doch die Konstanz, die Verbindlichkeit, die Kontrollierbarkeit... Damit tritt ein störendes Element in die formelle Informationsordnung des Unternehmens ein, das eine besondere Form `orgnisatorischer Unsicherheit` darstellt. Diese Unsicherheit läßt sich weder durch den betrieblichen Entscheidungsprozeß noch durch den formellen Kommunikationsfluß auschalten. Sie muß vom Unternehmen in Kauf genommen werden.“[9]

Diese resignative Hinnahme ungeplanter Phänomene kann auf keinen Fall befriedigen, sind es doch häufig die ungeplanten Aktivitäten die den Bestand des Unternehmens sicherstellen. Dies unterstreicht noch einmal, daß die Managementlehre einen weiteren Bezugsrahmen braucht als ihn die handlungstheoretische Steuerungskonzeption bietet; letztere kann nur einen speziellen Teil der Probleme erfassen, die sich der Unternehmenssteuerung stellen, und damit auch nur ein sehr beschränkten Beitrag zur Rationalisierung von Steuerungsproblemen leisten.

In dem sich die herkömmliche Steuerungstheorie auf die Steuerungshandlung und ihre geistige Vorbereitung (Planung) beschränkt, setzt sie ihren Blickwinkel mit ihrem Gegenstand gleich, d.h. die Unternehmung wird mit der Planung bzw. den Plänen gleichgesetzt. De facto ist aber die Planung, ihre organisatorische Umsetzung und Kontrolle nur Teilprozeß eines viel umfassenderen Handlungssystems.[10] Alle Steuerungshandlungen sind daher immer nur Handlungen unter vielen anderen in der Unternehmung; das bedeutet unter anderem auch, daß die Steuerungshandlungen in der Unternehmung **beobachtet** werden und daß auf den Steuerungsprozeß hin (Gegen-) Handlungen ergriffen werden (können), die wiederum Gegenreaktionen auslösen[11]. Diese Reaktionsdynamik

6 Vgl. Merton, R.K., Die unvorhergesehenen Folgen zielgerichteter sozialer Handlung, in: Dreitzel, H.D. (Hrsg.) Sozialer Wandel, Neuwied/Berlin 1972, S. 169 – 183.

7 Vgl. Habermas, J., Aspekte der Handlungsrationalität, in: Vorstudien und Ergänzungen zur Theorie des kommunikativen Handelns, Frankfurt a.M. 1984, S. 448 f.

8 Zu diesem Thema vgl. im einzelnen unten neuestes Kapitel.

9 Vgl. Gutenberg, E., Grundlagen der Betriebswirtschaftslehre, Bd. I, Die Produktion a.a.O., S. 297.

10 Vgl. dazu im Hinblick auf die Organisationsfunktion Luhmann, N., Funktionen und Folgen formaler Organisation, 3. Aufl., Berlin 1976, S. 27 ff.

11 Vgl. Luhmann, N., Die Wirtschaft der Gesellschaft, Frankfurt a.M. 1988, S. 331 f.

(hier nur als Beispiel angeführt) kann man nur erfassen, wenn man Steuerung vom System her analysiert und nicht nur als Einzelhandlung sieht.

Diese kurze Diskussion zeigt schon, daß die Managementlehre neben der Handlung einer zweiten, weiteren Bezugsebene bedarf, es ist die Ebene des Systems, die als solche handlungstheoretisch nicht mehr erklärbar ist. Die neuere Systemtheorie hat hier wichtige Erkenntnisfortschritte erzielt, an die die Managementlehre anzuschließen ist, um die erörterten Problemstellungen und Widersprüche in einen bearbeitbaren Rahmen zu bringen. Gemeint ist damit weniger die Kybernetik und die Regelkreislogik, sie hat sich für die hier gemeinte Problematik als zu eng und zu mechanistisch erwiesen, sondern vielmehr die System/Umwelt-Theorie, die die Grenzerhaltung in den Mittelpunkt ihrer Betrachtung rückt.[12]

4.3.2 Die System/Umwelt-Differenz als Bezugspunkt

Ausgangspunkt der folgenden Überlegungen ist die Einsicht, daß die Unternehmung ein **Handlungssystem** ist, das gegenüber einer komplexen Umwelt aufrecht erhalten wird. Systeme sind nur aus ihrer Relation zur Umwelt verstehbar; sie konstituieren und erhalten sich durch Erzeugung und Bewahrung einer **Differenz** zur Umwelt.[13] Systeme konstituieren sich in einer komplexen Umwelt; sie tun dies, indem sie sich **abgrenzen**. Handlungssysteme als soziale Systeme haben keine natürlichen Grenzen, sie schaffen ihre Grenzen selbst durch eigene Handlungen, durch Sinnverarbeitung und Kommunikation. Grenzen schaffen heißt eine Differenz herstellen, indem das Innenverhältnis ein anderes weniger komplexes wird als das Außenverhältnis. Mit der Grenzziehung konstituieren sinnverarbeitende Systeme ihre spezielle Umwelt, d.h. sie legen zunächst einmal fest, was für sie Umwelt ist und darüberhinaus welche Segmente der Umwelt mehr und welche weniger bedeutsam sind, wie bestimmte Verknüpfungen zwischen Elementen der Umwelt zu suchen sind usw.

Von **Handlungssystemen** wird hier deshalb gesprochen, weil sich das System aus Handlungen konstituiert und nicht aus Personen als solchen. Personen sind nur mit einzelnen konkreten Handlungen in einem System präsent, stehen jedoch als Persönlichkeiten oder – wenn man so will – als Person-Systemen mit eigenen Bestandsbedingungen, außerhalb des Systems, gehören also zur Systemumwelt.[14]

12 Die neuesten Entwicklungen der Systemtheorie zur Autopoiesis sollen hier nur am Rande einfließen; es erscheint noch unklar, ob sie für die hier interessierende Thematik und den hier zu entwickelnden Rahmen einen wesentlichen Fortschritt darstellen. Siehe dazu im einzelnen Maturana, H.R., Erkennen: Die Organisation und Verkörperung von Wirklichkeit, Braunschweig 1982; Luhmann, N., Soziale Systeme, Frankfurt a.M. 1984; Ulrich, H./Probst, G. (Hrsg.), Self-organization and management of social systems, Berlin 1984.

13 Vgl. Luhmann, N., Soziale Systeme, a.a.O., S. 34 f.

14 Vgl. Luhmann, N., Funktionen und Folgen formaler Organisation, a.a.O., S. 24 f.

Zwischen System und Umwelt besteht notwendigerweise immer ein **Komplexitätsgefälle**, die Grenze ist die Differenz. Die Systemleistung, der Nutzen der Systembildung, ist abstrakt gesprochen die **Reduktion** und nicht die Abbildung von Umweltkomplexität; durch Reduktion wird Orientierung in einer überwältigend komplexen Umwelt möglich. Eine Punkt-für-Punkt-Entsprechung zwischen System und Umwelt kann es definitionsgemäß nicht geben, sie käme einer Auflösung des Systems gleich.

Reduktion von Umweltkomplexität heißt in erster Linie **Selektion**, d.h. das System nimmt nur bestimmte Aspekte aus der Umwelt wahr, beschäftigt sich nur mit bestimmten Fragestellungen, läßt nur bestimmte Perspektiven zu. Selektiv zu sein, ist keine freie Entscheidung in dem Sinne, daß Systeme auch nicht selektiv sein könnten. Es gilt zu sehen, daß Komplexität Selektion erzwingt. Selektivität ist aber nicht folgenlos; im Gegenteil, sie bringt für das System eine fortwährende Schwierigkeit mit sich. Der Grund ist einfach zu erkennen: Selektion zieht zwangsläufig **Kontingenz** im Sinne von Unbestimmtheit nach sich.[15] Dort, wo Selektion unvermeidlich ist, ist auch keine Sicherheit mehr möglich, das Ausgeblendete bleibt unerkannt und seine Wirkungen werden für das System zu potentiellen Überraschungen, die jederzeit auftreten können. Für die Entscheidungsträger eines Handlungssystems heißt Kontingenz zuallererst, daß alles so kommen kann, wie angenommen, daß aber auch alles anders kommen kann, wie vermutet. Es fehlt die Sicherheit, das **Risiko** wird folglich zum konstituierenden Merkmal des Steuerungsprozesses.

Das System gewinnt einerseits Freiheit und Autonomie durch Beschränkung auf bestimmte Teile und Beziehungen der Umwelt und gegebenenfalls durch aktive Einwirkung auf diese. Andererseits bedeutet die mehr oder weniger pauschale Ausblendung und Ignorierung der „Restumwelt“ nun allerdings nicht, daß dieser Bereich tatsächlich irrelevant ist. Die Ausblendung hat ihren Preis; ausgeblendete Beziehungen machen sich später potentiell als bestandsgefährdende Probleme oder Krisen aufdringlich bemerkbar. Die Reduzierung der Umweltkomplexität bringt zwar die Probleme für das System in ein bearbeitbares Format, ändert jedoch an dem Faktum der Umweltkomplexität nichts. Die Umwelt bleibt daher schon deshalb permanent eine potentielle Quelle der Bedrohung. Darüberhinaus ergeben sich innerhalb der Umwelt immer wieder (unerwartete) Veränderungen, die die einmal gefundenen Bearbeitungsmuster und Routinen obsolet werden lassen. Die **Bestandserhaltung** (Differenzstabilisierung) ist also ein **permanentes Problem**, es läßt sich nicht definitiv lösen.

Dieses Muster der sinnverarbeitenden Systembildung, wie sie sich in der modernen Systemtheorie darstellt, gibt zugleich ein instruktives Leitmotiv für eine (Neu-) Konzeptionalisierung des Management-Prozesses:

Der **Selektionszwang** als Konsequenz der (Umwelt-) Komplexität und das daraus resultierende **Risiko der Ausblendung** (Unsicherheit) umreißen **zwei Eckpfeiler** des Spannungsfeldes der Unternehmenssteuerung. Ein System kann sich nur durch Selektion konstituieren und es kann seinen Bestand nur bewahren, wenn es gelingt, die durch Selektion geschaffene Differenz (das Komplexitätsgefälle) aufrecht zu erhalten.

15 Luhmann, N., Soziale Systeme, a.a.O., S. 47.

Die Rede vom Komplexitätsgefälle zwischen System und Umwelt und seiner Aufrechterhaltung setzt – und das ist wichtig – keineswegs voraus, daß Art und Umfang des Gefälles immer gleich bliebe. Im Gegenteil, das System hat im Prinzip immer die Möglichkeit, die Grenzen (die Differenz) neu zu bestimmen oder zu modifizieren, sich neue Umweltkontakte zu ermöglichen und neue Strategien der Abgrenzung zu wählen. Es ist aber nicht selten eine Veränderung der Umwelt selbst, die eine Neubestimmung der Differenz erforderlich macht. Die Bestimmung (oder die Erfindung) von stabilisierungsfähigen Grenzen ist eine steigerbare, optimierbare Leistung.[16] Oder anders ausgedrückt: Systeme sind lernfähig, sie können durch Erfahrung, Vergleich mit anderen Systemen, Analogien etc. ihr Problemlösungspotential steigern und ihre Position zur Umwelt verbessern. Die Veränderung und Neubestimmung der Grenzen, oder kurz die **Systementwicklung**, ist deshalb neben Selektion und Risiko(-Kompensation) der **dritte Eckpfeiler** eines systemtheoretisch geleiteten Konzeptes des Management-Prozesses.

Der dargestellte Prozeß der Differenzbildung darf nicht dahingehend mißverstanden werden, daß an seinem Ende ein nicht-komplexes System einer komplexen Umwelt gegenüber stünde. Die Zusammenhänge sind verwickelter. Die Reduktion von Komplexität setzt ein hinreichendes Maß an Differenziertheit bezüglich des Problemfassungsvermögens voraus; die Relationen der Umwelt müssen durch das System mit weniger Relationen vereinfachend, aber dennoch effektiv rekonstruierbar sein; so paradox es klingen mag, aber Komplexität ist nur durch Komplexität (wenn auch geringerer Ordnung) reduzierbar. Wird die Komplexität zu stark reduziert (z.B. durch Schaffung einer Handvoll genereller Regelungen), so besteht die Gefahr, daß das System nicht mehr adäquat mit der Umwelt in Interaktion treten kann, es verliert seine „Lebensfähigkeit".[17]

Ein Handlungssystem besteht aus Elementen, die von dem System selbst im Zuge der Differenzbildung und -stabilisierung geschaffen wurden. Weil Handlungssysteme, um Komplexität reduzieren zu können, selbst komplex sein müssen, sind sie notwendigerweise auch **selbst-selektiv**. Dies hat zur Folge, daß sich Systeme selbst nicht vollständig erfassen und beschreiben können.[18] Zur Selbstbeschreibung – und planen wie auch organisieren haben typischerweise in der Selbstbeschreibung ihren Anfang und ihr Ende – sind hochselektive Vereinfachungen erforderlich, die innerhalb des Systems Realitätscharakter erhalten; dies schon dadurch, daß auf sie reagiert wird.[19]

Es ist just dieser Sachverhalt der Eigenkomplexität von Handlungssystemen, der die schärfste Grenzziehung zum klassischen Managementprozeß mit sich bringt, denn von dem Moment an, wo wir den komplexen Charakter des Handlungssystems Unternehmung erkennen, werden zugleich die Schranken der Steuerbarkeit offenkundig und begründet. Jeder Eingriff in ein komplexes System muß davon ausgehen, daß seine Folgen nicht voll beherrschbar sind. Trotzdem kann Steuerung stattfinden.

16 Vgl. Luhmann, N., Soziale Systeme, a.a.O., S. 54.

17 Vgl. Ulrich, H./Probst, G.J.B., Anleitung zum ganzheitlichen Denken und Handeln, Bern/Stuttgart 1988, S. 62 f.

18 Vgl. Rosen, R., Complexity as a system property, in: International Journal of General Systems 3 (1977), S. 227–232.

19 Vgl. Luhmann, N., Die Wirtschaft der Gesellschaft, a.a.O., S. 33.

Damit ist der **vierte Eckpfeiler** eines systemtheoretisch geleiteten Konzeptes der Unternehmensführung, nämlich die **Eigenkomplexität** von Handlungssystemen bestimmt. Die oben eingeführte grenzkonstituierende und identitätsstiftende Differenz ist also eine **Differenz von Komplexitäten**, nicht eine Differenz zwischen Komplexität und Eindeutigkeit.

Bevor wir aus diesen vier Eckpfeilern den Rahmen für einen (neu formulierten) Management-Prozeß zusammensetzen, sei zuvor der zuletzt genannte Aspekt der Komplexität des Systems noch einmal genauer beleuchtet, weil gerade er in aller Schärfe deutlich macht, weshalb die Idee der plandeterminierten Unternehmensführung zu kurz greift. Um dies zu tun, wollen wir erneut das Kernthema der Systemsicherung, die Reduktion vom Komplexität aufgreifen und fragen, wie Systeme diese Leistung erbringen. Grundsätzlich haben Systeme verschiedene Möglichkeiten, dies zu bewerkstelligen. Die vorrangige, weil abstrakteste Strategie ist die Ausbildung von **Strukturen.**[20]

Strukturbildung setzt die Systemelemente in Beziehung, und zwar über die Zeit hinweg. Es gibt kein System ohne Struktur, es würde sonst jederzeit in das Unzusammenhängende zerfallen. Die Struktur wählt aus, zwischen welchen Elementen Relationen aufgebaut werden sollen und zwischen welchen nicht. Strukturen festigen intern getroffene Einschränkungen des Handelns.[21] Ähnlich wie bei der Umweltthematik schon herausgestellt, bringen Einschränkungen zwangsläufig Unwägbarkeiten mit sich. So stoßen wir wieder auf das Paradox, daß sich Systeme bestimmte Sicherheiten schaffen müssen, um handeln zu können, daß es aber gerade diese Schaffung von (künstlichen) Sicherheiten ist, die ihrerseits Unsicherheit schafft. Um es noch einmal zu betonen: Selektivität kann es nicht ohne Risiko geben.

Eine der zentralsten Strukturierungsformen ist die Bildung von speziell eingegrenzten Bereichen, d.h. von Subsystemen (Systemdifferenzierung). Die Bildung von **Subsystemen** bedeutet für die Gesamtsystemsteuerung eine sehr starke Entlastung; sie kann die Subsysteme als bedingt eigenständige Leistungseinheiten betrachten, deren Funktionsabläufe sie nicht vollständig kennen und mitplanen muß. Die Gesamtsteuerung kann sich je nach Aktualität und Problemlage, etwa im Zuge strategischer Planung, mal mit dem und mal mit dem anderen Subsystem intensiver beschäftigen, währenddessen die anderen Subsysteme als zuverlässige Leistungseinheiten „funktionieren“, also keiner besonderen Aufmerksamkeit bedürfen.[22]

Vom Standpunkt des einzelnen Subsystems aus sind alle übrigen Elemente und Systeme des Supersystems wiederum Umwelt, wenn auch **„interne Umwelt“**. Die interne Umwelt unterscheidet sich von der externen Umwelt durch einen höheren Grad an Ordnung und durch ein geringeres Maß an Komplexität, sie ist ja schon vorbearbeitet und läßt sich daher auch von den Subsystemen leichter verarbeiten. Subsysteme weisen logi-

20 Vgl. Luhmann, N., Soziale Systeme, a.a.O., S. 382 ff.

21 Vgl. dazu auch die parallel laufenden Ausführungen Gutenbergs zur betrieblichen Organisation, Grundlagen der Betriebswirtschaftslehre, a.a.O., S. 234 ff.

22 Vgl. Luhmann, N., Zweckbegriff und Systemrationalität, Frankfurt a.M. 1973, S. 271.

scherweise ebenfalls ein geringeres Maß an Eigenkomplexität auf als das Supersystem, sie sind aber in sich selbst wieder komplex.

Subsysteme bilden (auf der Basis einer internen System/Umwelt-Differenz) eine eigene Identität aus, die sich von der des Gesamtsystems unterscheidet. Sie verdanken ja ihre Existenz einer **eigenständigen Selektionsleistung**; allerdings einer Selektionsleistung, die von dem übergeordneten System nur dann toleriert wird, wenn sie das Subsystem befähigt, einen für das Gesamtsystem brauchbaren Output zu produzieren. Dies bedeutet, daß jedes Subsystem auch in einem bestimmten Maße eigene Zwecke und Orientierungen haben kann.

Das Supersystem kann mehr Komplexität verarbeiten, wenn es intern zwar verbundene, aber gegeneinander verschobene Zweck- und Selektionsperspektiven zuläßt. Jedes Teilsystem übernimmt gewissermaßen einen Teil der Umweltkomplexität, es spezialisiert sich auf die eigene Problemdefinition der Bestandsbewahrung. Je prägnanter die Differenzbildung zwischen den Subsystemen ausfällt (z.B. zwischen der Rechtsabteilung und dem Referat für Öffentlichkeitsarbeit), umso mehr Anstrengungen bedarf es allerdings dann wieder Anschlüsse zwischen diesen herzustellen. Daß heißt, die Ausdifferenzierung eines Systems erhöht zwar seine Komplexitätsverarbeitungsfähigkeit, erhöht aber auch die Binnenkomplexität des Gesamtsystems und erfordert spezielle Maßnahmen zur Reduktion der Binnenkomplexität.[23] Diese Integrationsmaßnahmen können nicht selbst wieder starr geplant werden, sondern sind eher im Sinne einer elastischen Koppelung zu verstehen.

Der Verweis auf die Subsystembildung läßt die Idee der **Einheit der Leitung**, wie sie erstmals von Fayol mit aller Schärfe formuliert und später zum ehernen Grundsatz der traditionellen Managementlehre wurde, als illusorisch, ja sogar als tendenziell unproduktiv erscheinen. Die Subsystembildung findet ja in der spezialisierten und relativ selbständigen Problembearbeitung ihren Sinn. Die Gesamtsteuerung eines Systems – auch wenn sie als hierarchische Spitze des Handlungssystems eingerichtet ist – muß sich dem (unumgänglichen) Schema der Systemdifferenzierung beugen[24], sie ist sinnvoll nur im Sinne einer globalen Vorsteuerung vorstellbar.

Die partielle Verselbständigung der Subsysteme und deren elastische Koppelung führen mit einer gewissen Wahrscheinlichkeit zu **Konflikten** und Inkompatibilitäten. Solange man die Unternehmung als wohlgeordnete Handlungseinheit begreift, die von einem zentralen Willenszentrum aus umfassend gesteuert werden kann, müssen solche widerspruchsvollen Orientierungssysteme als gravierende Störungen erscheinen, die es alsbald auszumerzen gilt. Aus systemtheoretischer Sicht sind widerspruchsvolle Orientierungen in einem System notwendige Folge der internen Differenzierung und bis zu einem gewissen Grad durchaus funktional. Die entstehenden Konflikte und deren Abarbeitung sind auch als Teilprozeß der Reduktion von Umweltkomplexität zu sehen. Einem Auswuchern der Konflikte ist vorzubeugen. Ihm sind zu einem wesentlichen Teil durch die

23 Vgl. Lawrence, P.R.,/Lorsch, H.W., Organization and environment, Boston 1967.

24 Vgl. Luhmann, N., Ökologische Kommunikation, Opladen 1986, S. 48.

gegenseitige Kontrolle der Subsysteme klare Grenzen gesetzt. Zum anderen Teil ist es Aufgabe der Führung, eine sinnvolle Konfliktaustragung zu ermöglichen.

Wirtschaftliche Handlungssysteme, insbesondere Unternehmungen, sind Systeme, die für die Absorption der Umweltkomplexität zuallererst den Mechanismus der **Zwecksetzung** verwenden. Die Strategie der Zwecksetzung ermöglicht eine Teilverlagerung der Bestandsproblematik von „außen nach innen", d.h. das amorphe Bestandsproblem wird durch Definition erstrebenswerter Wirkungen in eine bearbeitbare Fassung transformiert, die zum Gegenstand konkreter Pläne und systeminterner Verständigungsprozesse gemacht werden kann. Die Setzung von Zwecken und ihre kalkulierende planerische Umsetzung in Pläne und Strukturen – und das ist aus systemtheoretischer Sicht entscheidend – reicht aber nicht aus, den Systembestand zu sichern.[25] Mit anderen Worten: Zweckspezifisch strukturierte Systeme müssen mehr Probleme lösen, als in der Zweckerfüllung zum Ausdruck kommt und auch grundsätzlich in Zwecken zum Ausdruck gebracht werden kann. Schon allein die Ungewißheit darüber, ob ein tragfähiger Zweck (z.B. Produktprogramm) gewählt wurde, erfordert flankierende Maßnahmen, die nicht selbst wieder im Zweck ihren Ausdruck finden können, sondern das Zwecksystem transzendieren. Schon Barnard hat gezeigt, wie im zweiten Kapitel dargelegt, daß die Bestandsthematik keineswegs nur mit einer Zielfunktion verfolgt werden kann, sondern daß ein System zahlreiche Referenzpunkte hat, die es in Balance bringen muß.

Der **Bestand eines Systems** kann deshalb nicht wie in der traditionellen Managementlehre einfach als Zielerreichung verstanden werden, sondern stellt sich als ein **Komplex von Problemen** dar, die gelöst werden müssen, wenn ein System die Differenz zur Umwelt aufrecht erhalten will. In diesem Sinn werden häufig zwei generelle Grundfunktionen von Systemen, die Lokomotionsfunktion (= Zweckerfüllung) und die Kohäsionsfunktion (= Systempflege) unterschieden. Dies sind zwei Funktionen, die sich nicht aufeinander zurückführen und deshalb auch nicht in einem Zweck oder einer schlüssigen Zweck-/Mittelkette ausdrücken lassen. Parsons formulierte diese zwei Funktionen zusammen mit dem Konzept der System/Umwelt-Differenz zu dem berühmten 4-Funktions-Schema (AGIL) aus: Anpassung (adaptation), Integration (integration), Zweckerfüllung (goal attainment) und Erhaltung der Basisorientierungsmuster (latent pattern maintenance).[26]

Diese vier Funktionserfordernisse stehen in einem widerspruchsvollen Verhältnis zueinander; es muß dem System jedoch trotzdem gelingen, alle in einem hinreichenden Maße gleichzeitig zu erfüllen. Die oben beschriebene Systemdifferenzierung, mit den partiell gegeneinander verschobenen Subsystemen, ist der wichtigste Mechanismus, mit dem dies geleistet werden kann.

Nach all dem Gesagten stellt sich die Frage nach der (erfolgsorientierten) **Rationalität**. Auch sie muß eine neue dem Systemdenken angepaßte Bestimmung erfahren.Sie kann nicht mehr wie in der traditionellen Managementlehre nur die Einzelhandlung zum Be-

25 Luhmann, N., Zweckbegriff und Systemrationalität, a.a.O., S. 179 ff.

26 Vgl. Parsons, T., Einige Grundzüge der allgemeinen Theorie des Handelns, in: Hartmann, H. (Hrsg.), Moderne amerikanische Soziologie, 2. Aufl., Stuttgart 1973, S. 231 ff.

zugspunkt nehmen, es kann ja durchaus sein, daß eine rational geplante Einzelhandlung für das System Unternehmung eine gänzlich irrationale Wirkung entfaltet. Das System muß deshalb zur weiteren Bezugsebene eines rationalen Steuerungskonzeptes werden. Ein System ist demzufolge in dem Maße rational gesteuert, wie es gelingt, die Systemleistungen zu erbringen – abstrakter: externe Komplexität zu absorbieren und die damit einhergehenden internen Probleme zu lösen. Der Einzelbeitrag, die Einzelentscheidungen können in einer Systemsteuerungstheorie für sich allein keine Rationalität beanspruchen; rational können sie demnach nur in bezug auf und nach Maßgabe von Systemreferenzen sein. Die (kollektive) **Systemrationalität** läßt sich nicht auf die individuelle Rationalität zurückführen, gleichwohl entsteht sie aus individuellen Handlungen.

4.3.3 Grenzen der Systemtheorie

Die Systemtheorie gibt – wie gezeigt – einen adäquateren Rahmen für die Konzeption des Managementprozesses als die Theorie der Einzelhandlung. So sehr dieser Fortschritt hervorzuheben ist, so wenig darf dabei übersehen werden, daß die Systemtheorie insgesamt einige Perspektivverengungen mit sich bringt, die für eine Managementlehre problematisch sind. Die zentralsten sollen abschließend kurz skizziert werden.[27]

Die Systemtheorie (in der hier vorgestellten Ausprägung) läßt jedwede Kritik und Erkenntnisakte in der Funktionsperspektive aufgehen, d.h. sie werden beurteilt nur im Hinblick auf ihren Beitrag zur Komplexitätsbewältigung. Kritik und Erkenntnisfortschritt interessieren nur in ihren Effekten für die aufrechtzuerhaltende System/Umwelt-Differenz.

Es fehlt in diesem Ansatz jeder Impuls, ja jede Möglichkeit, distanziert aus den Funktionszusammenhängen herauszutreten; das System, bzw. die grenzerhaltende Komplexitätsreduktion, wird als **unhintergehbar** angesetzt. Eine (transsubjektive) Verständigung, wie im dritten Kapitel als Handlungstyp diskutiert, wäre damit von vorne herein ausgeschlossen, ja mehr noch: gar nicht denkbar.

Die **Hauptbruchstelle** der Systemtheorie, die dann auch einen Verknüpfungspfad für die beiden Paradigmen weist, ist, daß sie, wie jede andere Theorie, einen Zugang zu ihrem Gegenstand nur über **Sprache** finden kann. Sie kann die in ihrem Gegenstandsbereich, also Handlungssystemen, vorgefundenen Aktoren nur verstehen und beschreiben, wenn sie an ein vorgefundenes Verständigungssystem anschließt: die Sprache. Auch die Kommunikation über die Richtigkeit und Zweckmäßigkeit der Systemperspektive kann nur vollzogen werden, wenn auf ein schon bestehendes Verständigungssystem (intersubjektiv geteilte Lebenswelt) angeschlossen werden kann. Die Systemtheorie kann nach Voraussetzung dieses Grundlagenproblem nicht reflektieren, sie muß sich blind und ohne Erklärung auf die Existenz von Verständigungsprozessen verlassen.

27 Dabei wird vor allem angeschlossen an Habermas, J., Der philosophische Diskurs der Moderne, Frankfurt a.M 1985, S. 426 ff; ders., Entgegnungen, in: Honneth, A./Joas, H. (Hrsg.), Kommunikatives Handeln, Frankfurt a.M. 1986, S. 377 ff.

Diese **unausgesprochene Voraussetzung** ist nur von einer die Systemprozesse transzendierenden Ebene her begreifbar, die in einer verständigungsorientierten Kommunikationstheorie ihren Ursprung hat. Dies verweist uns auf den **methodischen Primat** der verständigungsorientierten Handlungstheorie im Sinne einer prinzipiellen Vorordnung. Erst wenn letzteres gedacht ist, kann ersteres sinnvoll werden. Diese methodische Vorordnung sichert uns einen Zugang zur Systemkritik und normativen Bewertung von Systemzuständen und -handlungen, wie es z. B. die Unternehmensethik zu ihrem Gegenstand gemacht hat. Die Managementlehre tut also gut daran, die Verwendung der Systemtheorie im Sinne der verständigungsorientierten Basis zu relativieren.

4.4 Der Managementprozeß im Handlungssystem Unternehmung

Auf der Basis dieser grob skizzierten Überlegungen kann nun der Rahmen für einen neu definierten, an dem systemtheoretischen Denken orientierten Managementprozeß aufgespannt werden. Wir hatten **vier thematische Schwerpunkte** herausgearbeitet:

(1) Selektion
(2) Kontingenz bzw. Risikokompensation
(3) Entwicklung (Suche nach neuen Grenzbestimmungen)
(4) die Eigenkomplexität des Handlungssystems Unternehmung.

Diese vier Themen sind nur auf dem Hintergrund der Basisrelation von **System und Umwelt** begreiflich; sie muß deshalb auch die Basisfigur eines systemtheoretisch geleiteten Konzepts des Managementprozesses sein. Die klassischen Managementfunktionen können im Sinne formaler Aufgabenkategorien weiter Verwendung finden, jedoch mit geänderter Bedeutung und Ordnung. Der **Zusammenhang** der Managementfunktionen und ihre Steuerungslogik werden im wesentlichen bestimmt durch den zuletzt genannten vierten Gesichtspunkt, die Eigenkomplexität des Handlungssystems Unternehmung.

Der **Managementprozeß** wird definiert durch die Abfolge der drei abstrakten Systemfunktionen Selektion, Kompensation und Entwicklung. Alle fünf Managementfunktionen tragen zu diesen generellen Funktionen bei, wenn auch mit unterschiedlichem Gewicht. Die **Planung** hat ihren Schwerpunkt bei der Selektion, die **Kontrolle** in der Kompensation. Die **Organisation** ist ihrem Wesen nach eher ein Instrument der Selektion, trägt aber auch wesentlich zur Öffnung des Systems bei. **Führung** und **Personaleinsatz** sind, wie noch zu zeigen, für alle Systemfunktionen gleichermaßen bedeutsam.

Es hat sich eingebürgert, den Managementprozeß in zwei Ebenen zu untergliedern, in die mehr konzeptionelle **strategische** und die mehr aktionsbezogene **operative** Ebene (s.u.). Diese Untergliederung in zwei Ebenen soll hier mit aufgenommen werden, um das Konzept des Managementprozesses von der Reichweite der Entscheidungen her zu ergänzen. Abbildung 4.2 führt die genannten Gesichtspunkte schematisierend zusammen. Das damit bezeichnete Steuerungskonzept sei nachfolgend etwas näher erläutert:

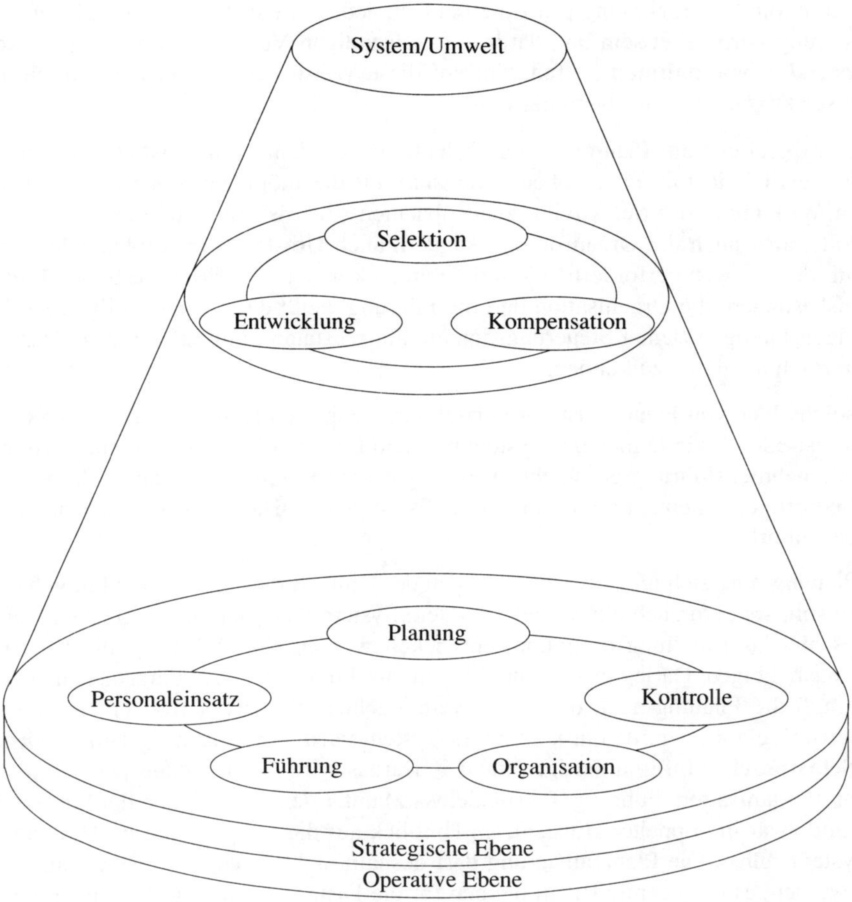

Abb. 4.2: Der Managementprozeß als Systemsteuerung

Beginnen wir mit der **Planung**. Die Planung legt die Voraussetzungen für zukünftiges Handeln fest. Sie leistet dies – abstrakt gesprochen – im wesentlichen auf dem Wege der Selektion. Sie formt sich eine Sichtweise der Umwelt und ihrer Bewegungskräfte heraus, auf die hin gehandelt werden kann. Sie wählt sich auf der Grundlage von Relevanzvermutungen über zukünftige Entwicklungen und interne Wirkungszusammenhänge ein zweckbestimmtes Handlungsprogramm und macht dadurch (eindeutiges) Handeln trotz der Vieldeutigkeit zukünftiger Umweltentwicklungen möglich. Planung ist also ein Instrument der Grenzziehung, das auf die Funktionstüchtigkeit von Zwecken vertraut. Da aber immer auch alles anders als in der Planung antizipiert kommen kann (= Kontingenz), muß die Unternehmung prinzipiell auf die jederzeitige Revision der planerischen Orientierung vorbereitet sein und dafür die notwendigen Vorkehrungen im Sinne **kompensierender Maßnahmen** treffen. Nur auf diese Weise kann das unvermeidlich hohe Risiko selektiven Handelns begrenzt werden.

Diese Vorbereitung auf Planrevisionen bedeutet für die Unternehmensführung nicht nur die Notwendigkeit, mit einer hohen **Wachsamkeit** die möglicherweise bestandsbedrohenden Wirkungen der Selektivität zu beobachten (dies ist eine zentrale Aufgabe der Kontrolle, aber auch der Organisation), sondern auch **Umsteuerungspotentiale** anzulegen, um diese – wenn erforderlich – aktivieren zu können. Für die Managementfunktionen, insbesondere die Organisation und die Führung, heißt das zwangsläufig, sie mit einem eigenständigen (Um-) Steuerungspotential auszustatten, um auf kritische Veränderungen rasch reagieren zu können.

Eine solche Idee von Planung ist nur vorstellbar, wenn die Planung als Teil des Systems gedacht ist. Identifizierte man das System mit dem Plan, wie dies in der plandeterminierten Unternehmensführung geschieht, wäre ja gar kein Raum, die Planung als beobachtungsbedürftige Systemaktivität zu denken: Es ist ja jede Handlung idealiter durch den Plan bestimmt!

Jede Planung muß sich nicht nur ein Bild von der Umwelt machen, auf die hin gehandelt werden soll, sondern auch ein Modell von dem System Unternehmung selbst entwerfen, auf das hin das Handlungsprogramm entwickelt werden soll. Nachdem die Unternehmung nach obigen Darlegungen sinnvoll nur als komplexes System gedacht werden kann, muß die Planung auch davon ein vereinfachtes, selektives Konzept in den Planungsprozeß einbringen, da ein komplexes System nach Voraussetzung keine **vollständige Selbstbeschreibung** anfertigen kann.[28] Daraus wird deutlich, daß jede **Planrealisierung** (Organisation, Führung, Personaleinsatz) unter dem Vorzeichen der **Selektivität** steht, und zwar in doppelter Hinsicht, im Hinblick auf die Umwelt und im Hinblick auf das System selbst. Die Planrealisierung darf deshalb nicht zu eng von dem Plan vorgedacht werden, es muß genug Raum bleiben für die Distanznahme, die Umsteuerung und die eigengesteuerte Reaktion der Subsysteme auf alle die aktuellen von der Planung nicht antizipierten oder gar nicht bedachten Probleme.

Darüber hinaus muß Planung mit dem Problem fertig werden, daß sie selbst als Planung im System **Effekte** erzeugt. Der Planungsprozeß findet im System statt und ist auf das System gerichtet, er kann von den Subsystemen beobachtet werden und setzt damit eigendynamische Prozesse in Gang (man denke etwa an die allseits bekannten und vielfach dokumentierten taktischen Winkelzüge um die Budgetplanung[29]). Es ist deshalb notwendig, Planung nicht isoliert, sondern immer kontextgebunden zu denken.

Heute wird in der Mehrzahl der Fälle die Unternehmensplanung aufgespalten in eine **strategische** und in eine **operative** Planung. Die strategische Planung legt das Handlungsprogramm einer Unternehmung in den Grundzügen fest. Die strategische Planung

28 Vgl. im einzelnen Luhmann, N., Soziale Systeme a.a.O., S. 635 f.
29 Vgl. dazu unten, S. 327 ff.

hat also als erste und wichtigste Funktion den Aufbau einer **Differenz** von System und Umwelt durch Zwecksetzung. Sie schneidet aus der Umwelt ein bearbeitbares Handlungsfeld (strategische Geschäftsfelder) heraus. Dieser zwangsläufig hochselektive Akt muß eine Kompensation, eine Risikovorsorge im System erfahren. Selektion und Kompensation sind aus der Sicht der Unternehmenssteuerung komplementär, gewissermaßen ein Zwillingspaar. Es gilt jedoch zu sehen: Je ungewißer das Planungsfeld, umso bedeutsamer wird die Kompensation. Anders ausgedrückt, bei hoher Ungewißheit verliert die Planung zunehmend ihre Funktionstüchtigkeit. Das System muß immer mehr zur flexiblen ad hoc Steuerung übergehen, die Managementfunktion Führung rückt dann in den Mittelpunkt.

Die Ergebnisse der strategischen Entscheidungen werden zum Input für die **operative Ebene** und deren Entscheidungen. Die operative Ebene hat zwei grundlegende Aufgaben, sie hat einerseits einen effizienten Vollzug der Strategie sicherzustellen, und sie hat andererseits die vielfältigen Einzelprobleme abzuarbeiten, die planerisch gar nicht alle erfaßbar sind oder nicht erfaßt wurden.

Was den Vollzug des strategischen Plans oder allgemeiner des System-Umwelt-Konzeptes betrifft, so schaffen Organisation und Personaleinsatz die generellen Voraussetzungen für ihre Realisierung. Im Rahmen dieser generellen Voraussetzungen (Abteilungs- und Stellenbildung, Personalauswahl etc.) entfalten dann die operative Planung und Kontrolle ihre Aktivitäten sowie die Führung als direkte situationsspezifische Steuerung.

Die Aufgabe der **operativen Planung** als vollziehende Planung ist es, die groben Handlungsvorgaben der strategischen Planung (für die laufende Strategie und neue strategische Projekte) „kleinzuarbeiten", d.h. solange weiter zu bearbeiten, bis die Ebene konkreter Handlungspläne, bestimmt nach Raum und Zeit, erreicht ist (z.B. Bestimmung des optimalen Produktprogramms und seines zeitlichen und örtlichen Durchlaufs durch das Produktionssystem). Diese Aufgaben werden von dem System gewöhnlich als hochstrukturierte Probleme konstruiert. Die **operative Kontrolle** nimmt die Vorgaben der operativen Planung dann zum Maßstab für die Beantwortung der Frage, ob der effiziente Plan-Vollzug gelingen wird bzw. mit fortschreitender Realisation gelungen ist. Die operative Kontrolle prüft aber in einem breiteren Sinne auch, ob die grundsätzlichen Bestandsvoraussetzungen einer Unternehmung (Liquidität, Rentabilität) im erforderlichen Umfange bestehen.

Dies verweist schon darauf, daß sich der operative Bereich nicht ausschließlich auf den Planvollzug konzentrieren kann. Allgemein ergibt sich diese Forderung schlüssig nicht nur aus dem bereits dargelegten Faktum der Systemdifferenzierung und der daraus folgenden partiell gegeneinander verschobenen Subsystemorientierungen, sondern auch daraus, daß sich die Bestandsproblematik eines Systems keineswegs vollständig in (strategischen) Zwecken abbilden läßt. Systeme müssen, um ihren Bestand zu sichern, sehr viel mehr Probleme lösen als in strategischen Zielen zum Ausdruck kommt und auch zum Ausdruck gebracht werden kann (z.B. Integration, Identitätssicherung).

Die Managementfunktion **Führung** dient gewissermaßen als Lückenbüßer, sie ist überall dort gefragt und notwendig, wo Planung und Organisation versagen, wo eine Feinanpassung oder eine spontane Umsteuerung erforderlich wird. Daneben hat die Führung eine zentrale Bedeutung für die Integration und die Kohäsion des Systems.

Insgesamt sind die operativen Handlungen und Regelkataloge also eher auf Routineprozesse ausgerichtet mit dem Ziel, auf der Grundlage des gegebenen Erfolgspotentials den Unternehmensbestand sicherzustellen. Nachdem, wie gezeigt, der gesamte Steuerungsprozeß auf mehr oder weniger spekulativen (weil hochselektiven) Beinen steht, braucht sowohl der strategische Prozeß als auch der hochselektive Routineapparat eine risikobegrenzende **Kompensation** (vgl. Abb. 4.2). Ihre Aufgabe besteht unter Orientierung an dem Effektivitätskriterium darin, laufend die Frage zu stellen: „Verfolgen wir die richtigen Ziele mit den richtigen Mitteln?" Daß diese Frage **permanent** und **systematisch** gestellt werden muß, folgt aus dem dargelegten Selektionsrisiko. Indem Bedrohungen des bestehenden Kurses identifiziert und Veränderungsnotwendigkeiten signalisiert werden, erhält das System die bestandskritischen Umsteuerungsinformationen. Wie schon erwähnt, hat die Managementfunktion Kontrolle hier ihren Schwerpunkt, eine erfolgreiche Kompensation bedarf jedoch des Einsatzes aller Managementfunktionen. Grundsätzlich gilt: Je mehr der Kompensationsprozeß planerisch vorbereitet wird, um so geringer ist die Wahrscheinlichkeit, daß ungewöhnliche Bedrohungen oder neuartige Entwicklungen frühzeitig erkannt werden. Die Sicherungsfunktion verlangt nach einer eher ungebundenen, offenen Ausgestaltung.

Der letzte große Funktionsbereich ist die **Systementwicklung**. Sie knüpft einerseits an der Kompensation an, weil dort Umsteuerungs- und Veränderungsnotwendigkeiten aufgezeigt werden. Sie geht andererseits weit über diese Reaktionsaufgabe hinaus; ihr geht es um die Exploration von Veränderungen der Systemgrenzen bzw. des System/Umwelt-Konzeptes, das eine Unternehmung verfolgt. Es soll ganz grundsätzlich nach neuen, noch besseren oder tragfähigeren System/Umwelt-Differenzen Ausschau gehalten werden und zwar sowohl auf der strategischen als auch auf der operativen Ebene. Nachdem sich **Innovation** nur sehr bedingt planen läßt, treten hier die Managementfunktionen Planung und Organisation, hinter Führung, Personaleinsatz und Kontrolle zurück. Der Systementwicklungsauftrag steht mit seiner ganzen Orientierung dem Auftrag des effizienten Planvollzuges entgegen; während letzterer auf Ordnung, also Schließung drängt, braucht ersterer eher „Unordnung", also Öffnung. Wie schon mehrfach erwähnt, sind Widersprüche dieser Art im Rahmen der Systemsteuerung unvermeidbar und nur begrenzt lösbar. Es ist eine wichtige Aufgabe im Steuerungsprozeß solche Widersprüche zu erkennen und mit ihnen umzugehen, d.h. Handhabungsmuster zu entwickeln. Man kann einmal diesen und einmal jenen Aspekt stärker betonen, man kann versuchen, den Konflikt durch Spezialisierung zu entschärfen – wie auch immer, er wird als fortwährendes Problem bestehen bleiben.

Die hier vorgestellte neue Konzeption des Managementprozesses hat im Vergleich zum traditionellen Managementprozeß eine größere Fassungskraft für die vielfältigen Probleme und Referenzpunkte der Führungspraxis. Sie macht die Beziehung zwischen Unternehmung (System) und Umwelt zum theoretischen Ausgangspunkt und interpretiert von dort her strategische Planung als Selektionsprozeß, der einerseits durch Vereindeutigung von Komplexität und Unsicherheit Handeln ermöglicht, andererseits aber aufgrund des Selektionsrisikos eine kompensierende Systemüberwachung erforderlich macht. Dieser

Rahmen schafft Platz für alle die Probleme, die in der Managementliteratur im Spannungsfeld von Flexibilität, Innovation, Effizienz und Routine bezüglich der Managementfunktionen diskutiert werden. Die Managementfunktionen bleiben zwar dem Namen nach dieselben wie im klassischen Managementprozeß und der Idee plandeterminierter Unternehmensführung, sie erfahren jedoch eine grundlegende Neubestimmung ihrer Systematik.

Die nachfolgenden Kapitel orientieren sich an den Managementfunktionen. Die Ausführungen beginnen mit Planung und Kontrolle (dritter Teil). Am Anfang steht die strategische Planung und korrespondierend dazu die strategische Kontrolle. Im Anschluß daran wird die operative Planung dargestellt sowohl im Hinblick auf die verfügbaren Methoden als auch auf die verschiedenen Einsatzgebiete. Als Bindeglied von Planung und Kontrolle stehen die Ausführungen zur Budgetierung. Den Abschluß bildet die operative Kontrolle.

Der danach folgende vierte Teil ist ganz den Managementfunktionen Organisation und Führung gewidmet. Sie werden aus dem Blickwinkel aller drei Systemfunktionen behandelt, da sich praktisch eine Trennung ohnehin nicht durchführen läßt. Den Auftakt macht die Diskussion der bedeutsamsten Organisationsaufgaben und -probleme. Das anschließende achte Kapitel behandelt das Individuum in der Organisation unter dem Themenschwerpunkt Motivation. Das neunte Kapitel behandelt die Stellung und Bedeutung von Kleingruppen in Organisationen und diskutiert die Implikationen für die Systemsteuerung. Das zehnte Kapitel geht speziell auf den Vorgesetzten ein, auf seine Stellung in der Organisation und auf die Bedeutung seiner Verhaltensweisen für den Führungsprozeß. Den Abschluß von Teil IV bildet ein Kapitel über die Unternehmenskultur und die ihr eigentümlichen normgeleiteten Steuerungsprozesse.

Die Kapitel im letzten Teil des Buches (vierter Teil) gruppieren sich um die Managementfunktion „Personaleinsatz". Nach einer allgemeinen Einführung (zwölftes Kapitel) behandelt das dreizehnte Kapitel Methoden und Probleme der Personalauswahl, das vierzehnte Kapitel die Personalbeurteilung und das fünfzehnte Kapitel die Grundfragen der Entlohnung.

Diskussionsfragen

1. Welche Bedeutung hätte die Managementfunktion „Kontrolle", wenn die Idee der plandeterminierten Unternehmensführung in perfekter Weise realisierbar wäre?
2. Welche beiden Voraussetzungen liegen dem Gedanken der plandeterminierten Unternehmensführung zugrunde?
3. Welche wichtige Folgerung muß man aus der Tatsache der Eigenkomplexität von Handlungssystemen ziehen?

4. Wie definiert die neuere Systemtheorie die Grenze zwischen System und Umwelt?
5. Wodurch entsteht das Selektionsrisiko?
6. Gehört ein Angestellter der Buchhaltung zum System?
7. Warum kann man die Bestandsproblematik einer Unternehmung nicht mit einem Zweck und daraus abzuleitenden Plänen ausdrücken?
8. Inwiefern ist die Systemtheorie normativ zu relativieren?
9. Inwiefern ist die Planung ein Selektionsprozeß?
10. Warum kann sich ein System nicht vollständig selbst beschreiben?

Literaturhinweise

Zu den Grundlagen des klassischen Managementprozesses:

Gutenberg, E., Die Unternehmung als Gegenstand betriebswirtschaftlicher Theoriebildung, Frankfurt a.M. 1967 (zuerst Berlin 1925).

Zu den Grundlagen der modernen Systemtheorie:

Luhmann, N., Soziale Systeme, Frankfurt a.M. 1984.

Eine leicht verständliche Einführung in das systemtheoretische Denken und seinem Bezug zur Unternehmungsführung geben:

Ulrich, H./Probst, G.J.P., Anleitung zum ganzheitlichen Denken und Handeln: Ein Brevier für Führungskräfte, Bern/Stuttgart 1988.

Zur Bedeutung der Systemrationalität für die Unternehmensführung:

March, J.G., „Bounded rationality", ambiguity and the engineering of choice, in: Bell Journal of Economics 9 (1978), S. 587–608.

Schreyögg, G., Unternehmensstrategie, Berlin/New York 1984.

Zu den Grenzen der Steuerung:

Kirsch, W., Evolutionäres Management und okzidentaler Rationalismus, in: Probst, G./Siegwart, H. (Hrsg.), Integriertes Management, Bern/Stuttgart 1985, S.331–360.

Teubner, G., Reflexives Recht, in: Archiv für Rechts- und Staatsphilosophie 68 (1982), S.13 ff.

Zur normativen Relativierung der Systemtheorie:

Habermas, J., Theorie des kommunikativen Handelns, Bd. II, Frankfurt a.M. 1981.

Dritter Teil

Planung und Kontrolle

Fünftes Kapitel
Strategische Planung und Kontrolle

Sechstes Kapitel
Operative Planung und Kontrolle

Vorbemerkung

Will man nicht dem Prinzip wahlloser Handlungen im Vertrauen auf den glücklichen Zufall folgen, so muß dem Handeln ein Prozeß der Orientierungsgewinnung vorangehen. Diese Phase der Gewinnung einer **Handlungsorientierung** wird gewöhnlich als **Planung** bezeichnet. Die Gewinnung einer Orientierung ist ein geistiger Akt, der dem eigentlichen Tun vorangeht. Planung ist deshalb eine grundsätzlich **zukunftsgerichtete** Tätigkeit. Nachdem ferner eine Handlungsorientierung nicht gewonnen wird, um eine Situation zu verschlechtern, sondern um sie zu **verbessern** oder zumindest **positiv** zu gestalten, ist Planung nicht nur eine zukunftsgerichtete Tätigkeit, sondern eine auf bestimmte positive Zukunftszustände bezogene.

Die Gewinnung einer Handlungsorientierung ist wegen der Komplexität und Dynamik der Welt kein analytisch abschließbarer Prozeß. Er bleibt immer selektiv und also in seinen Implikationen ungewiß.

Planung ist kein einmaliger Akt in einer Unternehmung, sondern ein vielstufiger, immer wieder zu leistender Prozeß. Die allgemeine Handlungsorientierung fließt aus den grundsätzlichen Unternehmenszielen und dem strategischen Programm. Das strategische Programm legt fest, auf welchen Märkten mit welchen Produkten eine Unternehmung aktiv sein und wie der Wettbewerb bestritten werden soll.

Während also die **strategische Planung** den grundsätzlichen Orientierungsrahmen für zentrale Unternehmensentscheidungen absteckt, stellt die **operative Planung** darauf ab, eine unter Berücksichtigung der strategischen Ziele konkrete Orientierung für das **tagtägliche** Handeln zu gewinnen. Der operative Plan ist das Orientierungsgerüst, das sich der Manager für Tages-, Wochen- und Monatsaktivitäten schafft. Ein operativer Plan benennt z.B. die Maschinenbelegung der kommenden Woche, legt die Instandhaltungszeiten für die Anlage fest, verknüpft den Materialfluß mit dem Produktionsprogramm usw.

Es ist dies auch der Grund, weshalb man früher die operative Planung als **kurzfristige** und die strategische Planung als **langfristige** Planung bezeichnet hat. Diese Bezeichnungen sind heute nicht mehr sehr gebräuchlich; dies vor allem deshalb, weil sich die Gleichsetzung von strategisch und langfristig als **irreführend** erwiesen hat. Strategische Pläne können einen überaus kurzfristigen Horizont haben, ohne auch nur im mindesten den Charakter eines operativen Plans anzunehmen. Man denke nur an den Erwerb einer Unternehmensbeteiligung, die überraschend angeboten wurde, oder an die dramatische Umsteuerung von Ressourcen (Turn-around), um eine aufgetretene Krise zu bewältigen. Es ist deshalb im Hinblick auf die hier interessierende Handlungsorientierung besser, die Planungsebenen der **Sache** nach zu unterscheiden, also zwischen der strategischen und der operativen Ebene, und getrennt davon nach dem **zeitlichen** Horizont.

Planung ist grundsätzlich eine Aufgabe, die sich in der einen oder anderen Form jedem Manager stellt. In vielen Unternehmen liegt der Idee der Hierarchie folgend der strategische Planungsschwerpunkt mehr auf den oberen Managementebenen, der operative Planungsschwerpunkt dagegen auf den unteren Hierarchieebenen. Es wäre jedoch völlig falsch, hierin einen Ausschließlichkeitsgrundsatz zu erblicken. Häufig basieren strategische Neuorientierungen auf Anregungen von der „Frontlinie“, und nicht selten ist die operative Planung für den Geschäftserfolg so wichtig, daß kein Vorstand seine unmittelbare Beteiligung daran aufgeben würde. Es ist deshalb auch irreführend, strategische Planung als Top-Management-Aufgabe und operative Planung als Meister- und Gruppenleiteraufgabe zu bezeichnen.

Insbesondere die spezifischen Denkweisen, Informationsgrade, Techniken und Ziele sind für strategische und operative Planung so unterschiedlich, daß daraus die in diesem Buch vorgenommene Zweiteilung in

Strategische Planung und Kontrolle und
Operative Planung und Kontrolle

resultiert.

Fünftes Kapitel

Strategische Planung und Kontrolle

5.1 Strategische Planung: Grundbegriffe ... 129

5.2 Elemente und Schrittfolge des strategischen Managements ... 132

5.3 Umweltanalyse ... 135
5.3.1 Definition der Geschäftsfelder ... 136
5.3.2 Die globale Umwelt ... 137
5.3.3 Wettbewerbsumwelt: Markt- und Geschäftsfeldanalyse ... 144

5.4 Unternehmensanalyse: Stärken und Schwächen ... 152
5.4.1 Die Ressourcenanalyse ... 155
5.4.2 Konkurrentenanalyse ... 163

5.5 Strategische Optionen ... 165
5.5.1 Gewinnung von Alternativen ... 165
5.5.2 Strategische Optionen auf der Geschäftsfeldebene ... 167
5.5.3 Strategische Optionen auf der Gesamtunternehmens-Ebene ... 174
5.5.3.1 Diversifikation ... 174
5.5.3.2 Portfolio-Strategien ... 177
5.5.3.3 Strategien im internationalen Kontext ... 186

5.6 Strategische Wahl ... 190

5.7 Planung der Strategieimplementation ... 193
5.7.1 Strategische Programme ... 194
5.7.2 Strategiegerechte Organisationsstrukturen ... 195
5.7.3 Strategie und Kultur ... 196
5.7.4 Personalwirtschaftliche Aspekte ... 198

5.8 Strategische Kontrolle ... 200
5.8.1 Unsicherheit und Komplexität ... 201
5.8.2 Typen strategischer Kontrolle ... 202
5.8.3 Organisation der strategischen Kontrolle ... 205

Diskussionsfragen ... 209

Literaturhinweise ... 210

5.1 Strategische Planung: Grundbegriffe

Im Frühjahr 1988 stand das Management der Rheinisch-Westfälischen Elektrizitätswerke (RWE) AG vor einer großen Entscheidung. Man hatte die Raffinerien sowie das gesamte Vertriebsnetz der Deutschen Texaco AG zum Kauf angeboten bekommen. Mit dem Kauf der Deutschen Texaco AG bestand die Chance, mit 1900 Stationen zweitgrößter Tankstellenbetreiber der Bundesrepublik zu werden. Der Vorstoß in die Mineralölverarbeitung könnte dem Konzern insgesamt einen Ausgleich für den stagnierenden Strommarkt schaffen. Ein Erwerb würde zugleich die seit langem aufgeschobene Entscheidung zum Ausbau oder zur Schließung der mineralölverarbeitenden Tochter UK Wesseling eindeutig zugunsten eines Ausbaus treffen.

Dies war keine leichte Entscheidung; einmal abgesehen von dem beträchtlichen Kaufpreis in Höhe von DM 2 Mrd. (Börsenpreis von 2,7 Mrd.), mußte man sich erst einmal Klarheit darüber verschaffen, ob man ein so starkes Engagement im Tankstellenbereich haben wollte, ob dies ein tragfähiger neuer Geschäftszweig wäre, welche Querverbindungen positiver oder negativer Art sich zu den angestammten Geschäften ergäben usw. Als erschwerendes Problem kam hinzu, daß die Deutsche Texaco AG im Vorjahr (1987) Verluste in Höhe von etwa fünf DM pro Tonne verarbeiteten Oels zu verzeichnen hatte und auch die Tochtergesellschaft UK-Wesseling nicht gewinnbringend betrieben werden konnte.

Die Entscheidung, vor der das RWE-Management stand, ist eine strategische Entscheidung, es stand die grundsätzliche Ausrichtung des Geschäfts zur Diskussion. Es stand die Frage an, ob das grundsätzliche Betätigungsfeld der Firma um einen neuen großen Geschäftszweig erweitert werden soll.

Mit solchen und ähnlichen Entscheidungen beschäftigt sich die strategische Planung, die den Gegenstand des nachfolgenden Kapitels bildet. Von strategischen Entscheidungen spricht man noch nicht sehr lange in der Managementlehre; es hat sich aber schnell erwiesen, daß das Denken in Strategien und strategischen Alternativen ein wichtiges Rüstzeug liefert für die dauerhafte Sicherung des Unternehmenserfolges. Was versteht man im einzelnen unter Unternehmensstrategien?

Strategien geben Antwort auf zwei grundsätzliche Fragen („Grundfragen der Strategischen Planung"):

(1) In welchen Geschäftsfeldern wollen wir tätig sein?
(2) Wie wollen wir den Wettbewerb in dem(n) Geschäftsfeld(ern) bestreiten?

Die **erste** Frage betrifft die Wahl der „Domäne", also des Produkt-Marktes, in dem das Unternehmen tätig sein will. Dabei ist diese Frage nicht als bloße Beschreibung des status quo gemeint, sondern sie verlangt eine Antwort darauf, in welchem(n) Geschäft(en) die Unternehmung zukünftig tätig sein will, ob sie also im alten Geschäft verbleiben, ein neues erschließen oder diversifizieren will. Ein Geschäftsfeld oder eine Domäne definiert sich nicht nur nach angebotenen Produkten/Leistungen, sondern kann sich ebenso gut nach Kundengruppen (z.B. private und öffentliche Auftraggeber) oder Anwenderproblemen (z.B. Neubau und Altbausanierung) bestimmen. Viele Unternehmen sind in mehreren Domänen tätig.

Die **zweite** strategische Grundfrage stellt auf die Positionierung in den ausgewählten Geschäftsfeldern ab. Sie verlangt eine Antwort darauf, mit welcher Konzeption und Stoßrichtung den Wettbewerbern begegnet werden soll. Will man sich z.B. als Nischenanbieter profilieren, will man auf der Basis einer im Vergleich zu den Konkurrenten kostengünstigen Produktion zum Marktführer in der Standardklasse werden oder das eigene Angebot durch ganz spezielle Merkmale von dem der Konkurrenz absetzen?

Allgemein gesprochen zielt die strategische Planung darauf ab, den Bestand und die Rentabilität der Unternehmung dauerhaft sicherzustellen, d.h. es wird geprüft, ob in den jetzigen Geschäftsfeldern mit dem jetzt gewählten Wettbewerbskonzept auch in Zukunft erfolgreich konkurriert werden kann, ob neue Geschäftsfelder gesucht und/oder neue Wettbewerbskonzepte entwickelt werden müssen. Das strategische Konzept konstituiert die im dritten Kapitel ausführlich dargestellte System/Umwelt-Grenze.

Unternehmen weisen heute häufig mehrere Führungsebenen aus, die jeweils eigene Strategieformulierungs-Kompetenz haben. Dies gilt in besonderem Maße für den Konzern mit selbstplanenden Tochtergesellschaften oder allgemeiner für Unternehmen mit vielen Sparten (Divisionen).

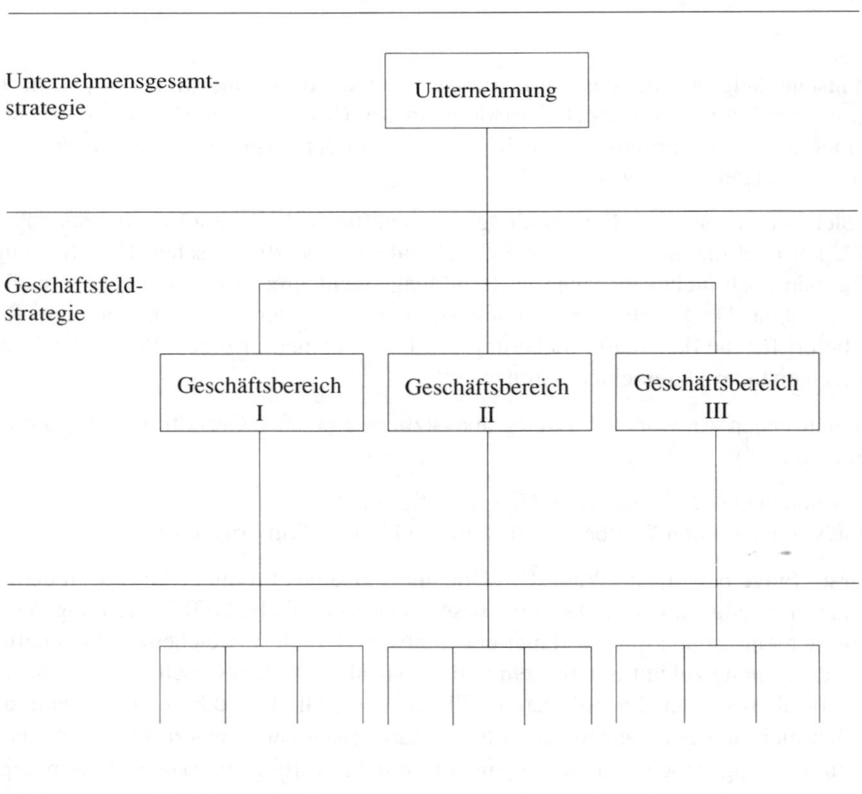

Abb. 5.1: Strategische Ebenen

Korrespondierend mit dieser Mehrebenen-Organisation unterscheidet die strategische Planung zwei grundsätzliche Planungsebenen, nämlich die

- Ebene der Gesamtunternehmung (des Konzerns, der Holding) und
- Ebene des Geschäftsfeldes (der Sparte, des Produkt-Marktes).

Dementsprechend wird auch – wie in Abbildung 5.1 dargestellt – unterschieden zwischen:

- Unternehmensgesamt-Strategie (corporate strategy) und
- Geschäftsfeld-Strategie (business strategy).

In der **Unternehmensgesamt-Strategie** geht es darum, die Geschäftsfelder der Firma festzulegen und die Ressourcen auf die Geschäftsfelder im Sinne der strategischen Zielsetzung zu verteilen. Zur Ebene der Unternehmensgesamt-Strategie ist z.B. die Entscheidung der Daimler Benz AG zu rechnen, die AEG zu kaufen und damit zu einem breiten Technologieanbieter werden.

Mit der **Geschäftsfeld-Strategie** wird dagegen entschieden, wie der Wettbewerb in einem ganz bestimmten Geschäftsfeld bestritten werden soll (Wettbewerbsstrategie). Dabei geht man davon aus, daß die Bedingungen in den Geschäftsfeldern, sowohl was die unternehmensinterne als auch was die externe Situation anbelangt, äußerst unterschiedlich sein können, so daß jeweils eine spezielle Strategie erforderlich wird. Unternehmen mit mehreren Geschäftsfeldern können also ganz unterschiedliche Strategien verfolgen.

Hat ein Unternehmen nur ein Geschäftsfeld, dann erübrigt sich die Unterscheidung in Unternehmensgesamt- und Geschäftsfeld-Strategie.

Bisweilen wird auch die Ebene der betrieblichen Funktionen als strategische Ebene begriffen. Man spricht dann von Funktionalstrategien, also Strategien für die einzelnen Funktionsbereiche wie etwa Marketingstrategie, Personalstrategie, Beschaffungsstrategie oder Fertigungsstrategie.[1] Dies widerspricht jedoch dem hier verwendeten Strategiebegriff, der ja **funktionsübergreifend** auf die **Steuerung der gesamten Geschäftseinheit** oder des **Gesamtsystems** abstellt. Die betrieblichen Funktionsbereiche können keine **strategische Autonomie** in dem hier dargelegten Sinne haben, ihre Steuerung ist eine nachgeordnete Aufgabe, sie ist an die festgelegte Strategie gebunden. Den betrieblichen Funktionsbereichen obliegt es, Programme zu entwickeln, die eine Umsetzung der Strategie in konkretes Handeln ermöglichen. Statt von Funktionalstrategien wird deshalb hier von **strategischen Programmen** der Funktionsbereiche gesprochen.

1 Vgl. Hofer, C.W./Schendel, D., Strategy formulation: Analytical concepts, St. Paul 1978, S. 29.

5.2 Elemente und Schrittfolge des strategischen Managements

Jede Strategieplanung baut – wie unterschiedlich die Vorgehensweisen im einzelnen auch sein mögen – auf **zwei Grundpfeilern** auf, nämlich **der Analyse der Umweltsituation** und **der Analyse der internen Möglichkeiten und Grenzen**. Dieses Grundmuster liegt auch dem hier verwendeten Modell der strategischen Planung zugrunde. Abbildung 5.2 zeigt einen schematischen Aufriß des strategischen Planungsprozesses mit seinen einzelnen Elementen und Stufen.

Der strategische Planungsprozeß gliedert sich in fünf Hauptelemente: Umweltanalyse, Unternehmensanalyse, Strategische Optionen, Strategische Wahl und Strategische Programme. Die in Abbildung 5.2 ebenfalls aufgeführte Realisation der Strategie und die Strategische Kontrolle sind Bestandteil des **gesamten strategischen Managementprozesses**, nicht aber Elemente der strategischen Planung im engeren Sinne. Im folgenden seien die fünf Elemente des strategischen Planungsprozesses sowie die Realisation und die strategische Kontrolle kurz erläutert.

Umweltanalyse

Die strategische Analyse ist das Herzstück jedes strategischen Planungsprozesses, weil sie die informatorischen Voraussetzungen für eine erfolgreiche Strategieformulierung schafft. Sie setzt sich aus zwei gleich bedeutsamen Teilen zusammen, der Umweltanalyse und der Unternehmensanalyse. Aufgabe der Umweltanalyse ist es – grob gesagt –, das externe Umfeld der Unternehmung daraufhin zu erkunden, ob sich Anzeichen für eine Bedrohung des gegenwärtigen Geschäftes und/oder für neue Chancen und Möglichkeiten erkennen lassen. Die Umweltanalyse kann sich nicht nur auf das nähere Geschäftsumfeld der jeweiligen Unternehmung beschränken, sondern hat auch globalere Entwicklungen und Trends zu berücksichtigen, die möglicherweise für Diskontinuitäten und Überraschungen im engeren Geschäftsumfeld sorgen.

Zur globalen Umwelt gehört die allgemeine technologische Entwicklung, gesellschaftliche Strömungen und Veränderungen (z.B. Wertewandel), politische Strukturen und ähnliche Faktoren, während für die engere Geschäftsumwelt die jeweiligen Wettbewerbskräfte maßgeblich sind.

Unternehmensanalyse

Das Gegenstück der Umweltanalyse ist die Unternehmensanalyse, sie ist auf die interne Ressourcensituation ("interne Umwelt") gerichtet. Hier wird geprüft, welchen strategischen Spielraum die Unternehmung hat und ob sie im Vergleich zu den wichtigsten Konkurrenten spezifische **Stärken** oder **Schwächen** aufweist, die einen Wettbewerbsvorteil/-nachteil begründen (können). Sowohl die Umweltanalyse als auch die Unternehmensanalyse müssen wegen der Komplexität und Dynamik der Analysefelder als **selektive** Informationsverarbeitungsprozesse betrachtet werden, können also immer nur unvollständig und damit risikobehaftet sein.

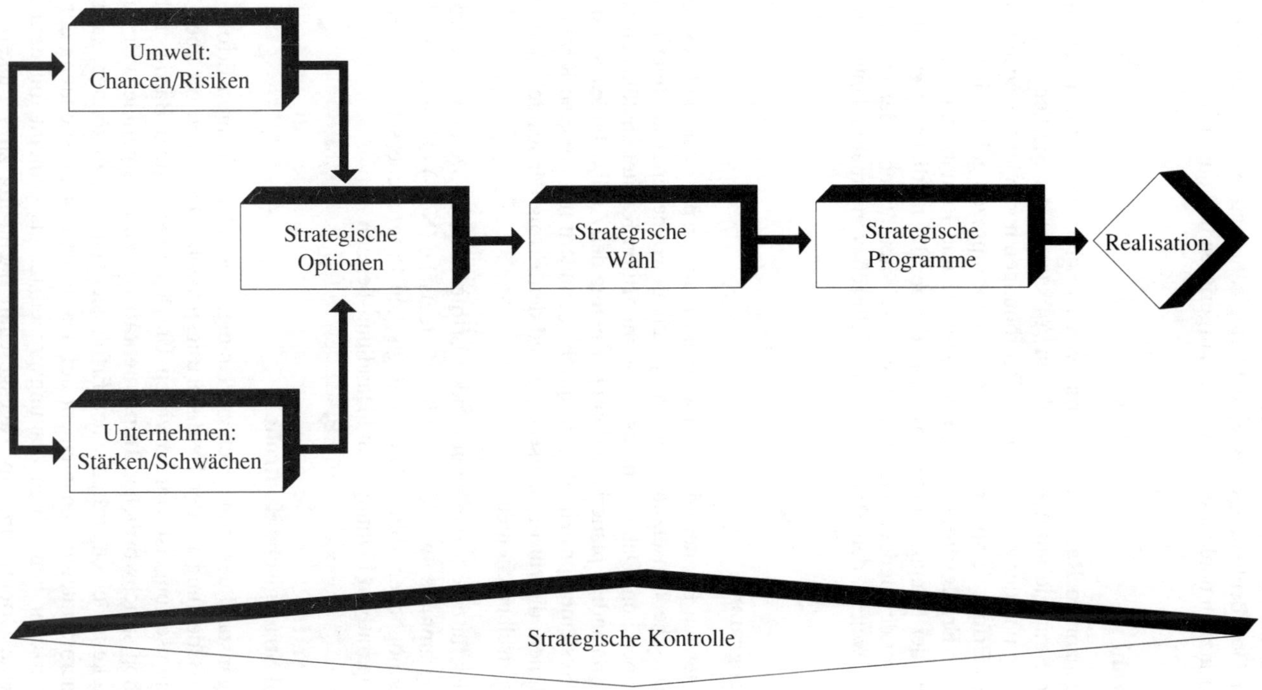

Abb. 5.2: Schematischer Aufriß des strategischen Managementprozesses

Strategische Optionen

Die Informationen der strategischen Analyse werden im nächsten Schritt zu möglichen, im Rahmen der Gegebenheiten sinnvollen Strategiealternativen verdichtet. Es soll der Raum der grundsätzlich denkbaren Strategien aufgerissen und durchdacht werden.

Strategische Wahl

Aus dem aufgespannten Raum der Alternativen ist schließlich dann in einem Bewertungsprozeß die Strategie auszuwählen, die in Anbetracht der Stärken und Schwächen der Unternehmung und der zu erwartenden Bedrohungen und/oder Chancen aus der Umwelt den größten Erfolg verspricht. In diesem Auswahlprozeß gehen aber als Auswahlkriterien nicht nur **Erfolgsdimensionen** wie Umsatz und Rentabilität ein, sondern hier sind auch Fragen der Managementphilosophie, der gesellschaftlichen Vertretbarkeit und der **Ethik** von zentraler Bedeutung, wie z.B. welche Alternativen widersprechen den Firmengrundsätzen, welche den Prinzipien einer ethisch vertretbaren Unternehmensführung?

Strategische Programme

Im fünften und letzten Element des strategischen Planungsprozesses geht es schließlich darum, die praktische Umsetzung der analytisch gewonnenen Handlungsorientierung planerisch vorzubereiten. Dabei kann es – wie im dritten Kapitel ausführlich erläutert – nicht um eine vollständige planerische Durchdringung des Aktionsfeldes gehen – dies ist bei komplexen Systemen prinzipiell unmöglich –, sondern nur um eine Konkretisierung solcher Maßnahmen, die für die Umsetzung und den Erfolg der festgelegten Unternehmensstrategie kritisch erscheinen.

Auf der Basis der für eine Strategie geltenden Erfolgsfaktoren werden schwerpunktartig strategische Programme entwickelt, die eine strategische (Neu-) Orientierung des Handlungsgerüstes ermöglichen sollen. Die Strategischen Programme setzen Orientierungspunkte für den operativen Planungs- und Handlungsbereich.

Realisation und Strategische Kontrolle

Nicht mehr Gegenstand der strategischen Planung, wohl aber für ihren Erfolg von ausschlaggebender Bedeutung ist der **Realisierungsprozeß**. Diese sich oft über Jahre erstreckende Planumsetzung ist von so vielen Unwägbarkeiten und Barrieren begleitet, daß sie zum schon sprichwörtlichen **Implementationsproblem** gerieten. Um trotz aller dieser Schwierigkeiten einen strategischen Erfolg sicherstellen zu können, kam die Forderung nach einem Strategie-Management auf. Damit ist eine Ausdehnung der strategischen Aktivitäten über den reinen Planungsprozeß hinaus gemeint mit dem Ziel, die (neue) strategische Orientierung im Tagesgeschäft nachhaltig zu verankern. Dementsprechend wird dann auch erweiternd von strategischem Management oder strategischer Unternehmensführung gesprochen.

Strategische Kontrolle

Gegenstand eines so verstandenen strategischen Managements wäre dann auch die **strategische Kontrolle**. Entgegen der üblichen Lehrmeinung wird – wie ebenfalls bereits im dritten Kapitel gezeigt – Kontrolle in diesem Buch nicht als angehängtes Schlußglied des Managementprozesses begriffen, sondern als selbständiges Steuerungsinstrument, das den Planungsprozeß kritisch absichernd begleitet. Planung – und in diesem Sinne ganz besonders: die strategische Planung – ist ein hoch-selektiver Prozeß, der eines fortwährenden Korrektivs bedarf, um frühzeitig Irrwege und Bedrohungen aufzudecken. Neben dem Planungs- und Implementationsprozeß ist also ein gleichlaufender Radar zu installieren, der Veränderungsnotwendigkeiten registriert und signalisiert. Wie in Abbildung 5.2 gezeigt, setzt deshalb die strategische Kontrolle nicht erst nach Vorliegen der Ergebnisse ein, sondern nimmt ihre Tätigkeit mit den ersten Festlegungen im Planungsprozeß auf.

Mit den beschriebenen Elementen ist der Rahmen abgesteckt, anhand dessen nun im Fortlauf die Elemente und Schrittfolge des strategischen Managements im einzelnen beschrieben werden sollen.

Dieser schematische Aufriß behandelt nicht die Frage, von wem die Planungsarbeit geleistet und wie sie organisatorisch eingebettet wird. Deshalb dazu an dieser Stelle noch ein kurzer Hinweis:

Die Planungsarbeit der Manager wird in vielen Unternehmen von **Planungsabteilungen** unterstützt. Dies sind Spezialabteilungen, die in besonderer Weise mit den Instrumenten und Methoden der Planung vertraut sind und so den Planungsprozeß kompetent anleiten können. Sie sind zumeist als **Stabsabteilungen** Instanzen zugeordnet. Bisweilen hat man diesen Abteilungen über die methodische Anleitung hinaus die ganze Planungsarbeit übertragen wollen; dies erwies sich aber aus leicht erkennbaren Gründen in vielen Fällen als Fehlschlag. Die Planung muß in den Händen der Leute liegen, die über die relevanten Informationen verfügen und die später mit dem Plan arbeiten müssen. Häufig wird, um das Dilemma zwischen Sachverstand und Methodenwissen zu lösen, gerade für strategische Planungen eine Projektgruppe gebildet, in der zeitlich begrenzt Manager und Planer ein **Team** bilden.

5.3 Umweltanalyse

Eine erfolgreiche Bearbeitung der Umweltsituation ist nur möglich, wenn ein Konzept des Analyseobjekts geschaffen wird. Dazu sind mehrere Fragen zu klären.

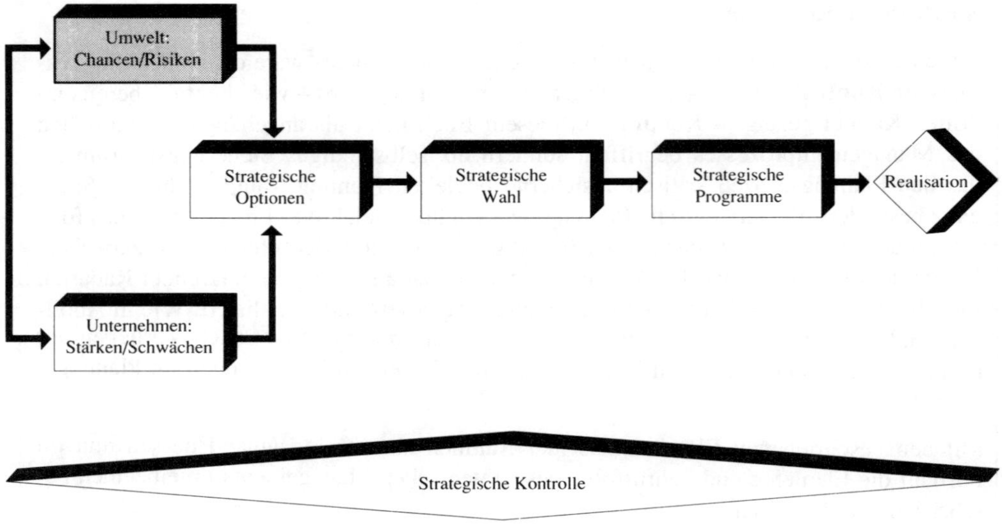

Abb. 5.3: Die Umweltanalyse im strategischen Prozeß

5.3.1 Definition der Geschäftsfelder

Die **erste Abgrenzungsfrage** richtet sich auf die **vertikale Differenzierung** der Strategieebenen; es ist zu entscheiden, ob sich die Analyse auf die

- Unternehmensebene und/oder
- Geschäftsfeldebene

beziehen soll. Wie eingangs gezeigt, gibt die übergreifende **Unternehmensstrategie** Antwort auf die Frage, in welchen Domänen bzw. Produkt/Markt-Feldern das Unternehmen tätig sein soll und in welchem Verhältnis diese Aktivitätsfelder zueinander stehen. In der **Geschäftsfeldstrategie** geht es dagegen um die Frage, wie auf einem genau bestimmten Produkt/Markt-Feld der Wettbewerb bestritten werden soll. Der Fokus der Umweltanalyse variiert korrespondierend dazu.

Diese Unterteilung geht davon aus, daß die strategisch planende Unternehmung in unterschiedlichen Aktivitätsbereichen tätig ist. Bei einem Einproduktunternehmen, das im wesentlichen nur auf einem Markt konkurriert, erübrigt sich eine solche Differenzierung der Umweltanalyse, es sei denn, der strategische Planungsprozeß stellt auf eine Ausweitung der Aktivitätsfelder ab.

Eine **zweite Abgrenzungsfrage** richtet sich auf das Aktivitätsfeld bzw. den strategisch relevanten Markt. Zwar existieren in vielen Unternehmen Aktivitätsfeld-Definitionen (Abteilungen, Filialen, Niederlassungen usw.); diese sind jedoch in der Regel nach ganz anderen Gesichtspunkten gebildet, z.B. nach organisatorischen, vertriebsbezogenen oder gesellschaftsrechtlichen Gesichtspunkten. Sie eignen sich deshalb nur in Ausnahmefällen für eine strategische Analyse bzw. als konzeptioneller Rahmen für die Definition eines strategischen Geschäftsfeldes (Strategic Business Unit).

Die Frage der Abgrenzung des relevanten Marktes hat eine lange Tradition.[2] In der Volkswirtschaftslehre wird in der Regel die fehlende Substitutionsbeziehung zwischen den Produkten („Substitutionslücke") zum Abgrenzungskriterium erhoben. Die **strategische Marktabgrenzung** verfolgt einen spezielleren Zweck. Im Vordergrund stehen die analysierende Unternehmung und die Suche nach der geeignetsten Wettbewerbsstrategie. Das zentrale Abgrenzungskriterium ist deshalb die **strategische Selbständigkeit**, also die Möglichkeit, für das betreffende Geschäftsfeld eine eigenständige Wettbewerbsstrategie zu erarbeiten. Diese relative Eigenständigkeit muß sowohl **intern** von den Ressourcen und ihrer Leistungsverflechtung als auch **extern** gegeben sein. Intern wird eine weitgehende Selbständigkeit des Leistungsprozesses gefordert, nicht nur um einen **strategiespezifischen Ressourceneinsatz** zu ermöglichen, sondern auch um eine **strategische Erfolgsverantwortlichkeit** zu gewährleisten.

Hinter der Forderung nach **externer Unabhängigkeit** steht die bereits erwähnte Idee, daß unterschiedliche Märkte auch zumeist gänzlich unterschiedliche Strategien erforderlich machen. Die externe Abgrenzung ergibt sich nicht nur aus Unterschieden in den angebotenen Produkten. Vielmehr kommt es ganz wesentlich auch auf Unterschiede zwischen den Abnehmern und den Wettbewerbern und räumliche Grenzen an. So können strategische Geschäftsfelder eines Herstellers von LKW-Verschlüssen zum Beispiel so lauten: Pritschen-Verschlüsse/Skandinavien und – kundenbezogen – „Bundeswehr".

Dem Streben nach einer möglichst feinen Marktabgrenzung, um die Strategien auf die unterschiedlichen Wettbewerbsgegebenheiten optimal ausrichten zu können, steht allerdings die Gefahr einer stark steigenden Zahl strategischer Geschäftsfelder mit überproportional steigenden Administrationskosten gegenüber.

Zwischen diesen Anforderungen den geeigneten Weg zu finden, bereitet in der Praxis häufig Schwierigkeiten, nicht selten wird die zweckmäßigste Abgrenzung erst nach mehrfachem Probieren gefunden.

5.3.2 Die globale Umwelt

Die Analyse eines strategischen Geschäftsfeldes untergliedert sich in zwei Schritte, nämlich die der globalen und die der Wettbewerbsumwelt (vgl. Abb. 5.4). Während die Wettbewerbsumwelt die unmittelbaren externen Einflußkräfte und Interaktionssysteme abbilden soll, verweist die **globale Umwelt** auf allgemeine, mehr indirekt auf das Ge-

2 Vgl. Hoppmann, E., Die Abgrenzung des relevanten Marktes im Rahmen der Mißbrauchsaufsicht über marktbeherrschende Unternehmen, Baden-Baden 1974.

schäftsfeld wirkende Faktoren und Systeme. Natürlich sind die in Abbildung 5.4 gezogenen Grenzen zwischen diesen Umwelten rein didaktische Strukturierungshilfen und keine real erfaßbaren Schranken. Dies ist schon deshalb unmöglich, weil die globale Umwelt als solche **kein System** und deshalb prinzipiell unbeschränkt ist (vgl. drittes Kapitel).

Im Grundsatz soll die globale Umwelt in **unbeschränkter** Form beobachtet und analysiert werden. Es sollen ja möglichst alle potentiell relevanten Trends und Entwicklungen erfaßt und geprüft werden. Dennoch ist dies aus systematischen Gründen letztlich unmöglich. Um den unvermeidlichen Selektionsprozeß anzuleiten, ist es üblich geworden, vorstrukturierend vier Hauptsektoren zu unterscheiden:

(1) makro-ökonomische Umwelt
(2) technologische Umwelt
(3) politisch-rechtliche Umwelt
(4) sozio-kulturelle Umwelt.

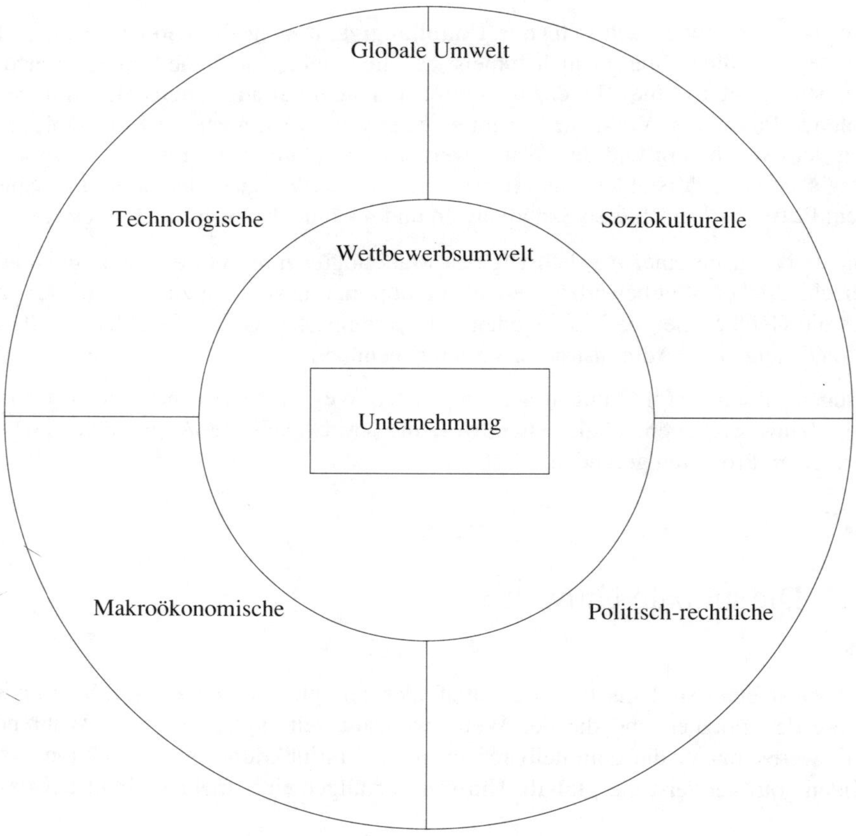

Abb. 5.4: Die globale und die Wettbewerbsumwelt

(1) Die makro-ökonomische Umwelt

Die allgemeine ökonomische Umweltanalyse kann sich nicht nur auf die unmittelbare Wettbewerbssituation in den Geschäftsfeldern beziehen, sondern hat – gerade, was die zukünftige Entwicklung des Geschäftes anbelangt – die weiteren ökonomischen Einflußkräfte mit in die Überlegungen einzubeziehen. Der Kanon der potentiellen Einflußfaktoren ist breit, er reicht von der Entwicklung des Brutto-Sozialprodukts über die Arbeitslosenquote bis zu Konjunkturprognosen. Eine allgemeine Rezession beeinflußt das Wettbewerbsgeschehen in einem Geschäftsfeld ebenso wie Veränderungen in den Wechselkursen. Man denke nur an die Turbulenzen des Dollarkurses und ihre weitreichenden positiven oder negativen Konsequenzen für die einzelnen Hersteller bzw. Exporteure und Importeure.

Ein noch dramatischeres Beispiel für die Bedeutung der allgemeinen ökonomischen Faktoren ist die Entwicklung des Ölpreises, die in den zwei sog. Öl-Krisen auch Firmen in Turbulenzen gebracht hat, die sich gar nicht in unmittelbarer Nähe zum Öl-Geschäft sahen und erst durch den krisenhaften Umsatzrückgang die Zusammenhänge mit dem eigenen Geschäft erkannten. In nicht wenigen Fällen kam dieses Erkennen dann zu spät. Deshalb ist eine sorgfältige Beobachtung der allgemeinen ökonomischen Entwicklung und die Exploration der möglichen Zusammenhänge zum eigenen Geschäft fester Bestandteil jeder fundierten strategischen Analyse.

(2) Die technologische Umwelt

Kein Aspekt der weiteren Umwelt hat in den letzten Jahren soviel Veränderungen erfahren wie die technologische Umwelt. Sie ist eine Quelle von Bedrohungen und Chancen längst auch für solche Unternehmen geworden, die auf den ersten Blick keinen engeren Technologiebezug aufweisen, wie etwa Banken, Versicherungen oder Handelshäuser. Lange bevor sich technologische Entwicklungen in der Wettbewerbssituation eines Geschäftsfeldes niederschlagen, müssen sie erkannt werden, um daraus Wettbewerbsvorteile machen zu können.

Die technologische Entwicklung ist heute eine weltweite geworden. Ihre Beobachtung kann sich deshalb nicht mehr nur auf ein Land oder eine Region beschränken. Häufig ist es auch so, daß technologische Neuerungen gar nicht in dem Bereich entwickelt werden, in dem sie dann später ihre Hauptnutzung erfahren. So wurden z.B. Kunstfasern nicht in der Textilindustrie und die elektronische Schreibmaschine nicht in der Büroausstattungsindustrie erfunden. Mangelnde Aufmerksamkeit im technologischen Sektor kann sehr rasch zum Problem werden; die Liste der Industrien, die einen technologischen Umbruch nicht rechtzeitig registriert haben, ist lang: mechanische Schreibmaschinen, Uhrenindustrie, Rechenmaschinen etc.

Technologien zeigen gewöhnlich, ähnlich wie Produkte, einen zyklischen Verlauf („Technologie-Lebenszyklus). Jede technologische Neuerung hat einen begrenzten Satz von Leistungsparametern; dieser kann durch systematische Forschung und Entwicklung sukzessive erschlossen werden. Nach einiger Zeit ergibt sich jedoch eine Ausschöpfungsgrenze, von der ab nur noch marginale Fortschritte erzielbar sind. Dieser Ausschöpfungsprozeß zeigt oft den in Abbildung 5.5 gezeigten S-förmigen Verlauf.

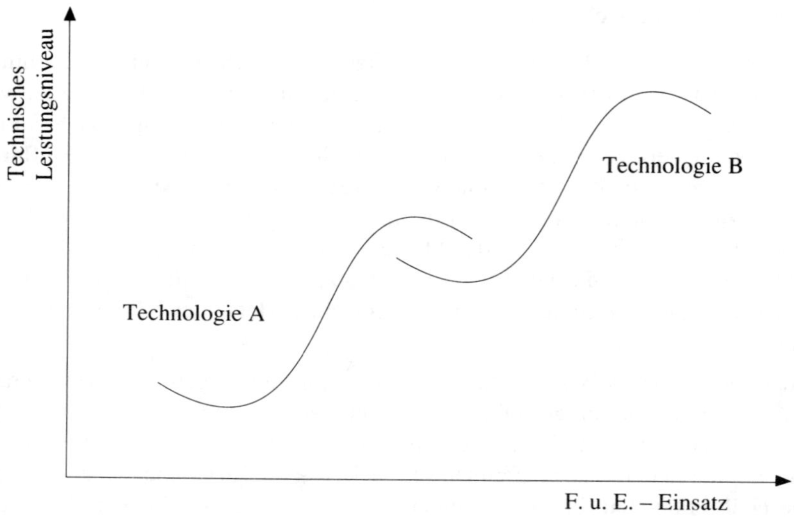

Abb. 5.5: Der Technologie-Lebenszyklus

Die Erfahrung zeigt, daß von einem bestimmten Reifepunkt an eine neue Technologie die alte sprungartig ablöst (Technologie B in Abb. 5.5). Ein bekanntes Beispiel für eine solche sprunghafte Ablösung ist z. B. der Übergang von Transistoren zu (Silicium-) Chips. Eine der zentralen Aufgaben der technologischen Analyse ist es deshalb zu erkunden, inwieweit das Leistungspotential einer bestehenden Technologie ausgeschöpft ist und welche technologische Entwicklung den Technologie-Sprung begründen könnte.

(3) Die politisch-rechtliche Umwelt

Die Zeit, in der man den politischen Bereich und den ökonomischen Bereich als zwei völlig getrennte Sektoren betrachtet hat, die auch möglichst wenig miteinander in Berührung kommen sollten, ist längst Vergangenheit. Die politische und die wirtschaftliche Sphäre sind heute auf so vielfältige Weise verflochten, daß keine strategische Analyse darauf verzichten kann, die politischen Einflüsse auf die Entwicklung der Märkte zu untersuchen. Beispiele für politische Entscheidungen von hohem strategischen Rang sind Import/Export-Zölle, Smogverordnungen, Produzentenhaftpflicht oder die Zulassungsbestimmungen für Arzneimittel.

Die politisch-rechtliche Analyse kann sich ebensowenig wie die der anderen Faktoren auch auf die nationale Politik beschränken. Internationale Tendenzen, wie die Öffnung Chinas oder die Verschuldung der sog. 3. Welt, sind häufig von ebenso großer Bedeutung (natürlich variiert diese Bedeutung mit der Breite des jeweiligen geschäftlichen Tätigkeitsspektrums).

(4) Die sozio-kulturelle Umwelt

Von herausragender Bedeutng für strategische Entscheidungen ist häufig der sozio-kulturelle Bereich. Viele Mißerfolge und Fehlinvestitionen haben in einer mangelhaften Beobachtung und Analyse gerade dieses Bereiches ihre Ursache. Es besteht die Gefahr, daß der schwer faßbare und meist nicht quantifizierbare Charakter der hier relevanten Faktoren zu ihrer Vernachlässigung führt.

Von besonderer Bedeutung für das Verstehen der sozio-kulturellen Umwelt und ihrer Entwicklung sind **demographische** Merkmale und die vorherrschenden **Wertmuster**. Insbesondere geht es um die frühzeitige Erkennung eines sich abzeichnenden **Wandels**.

Ein Beispiel für einen solchen Wertewandel mit zugleich weitreichenden demographischen Implikationen betrifft die Stellung der Frau in der Gesellschaft. Abbildung 5.6 zeigt die netzartig verflochtenen Einflußfaktoren im Hinblick auf die Nachfrage am Beispiel der Tiefkühlkost. Im unteren Bereich der Abbildung sind weitere nicht sozio-kulturelle Einflußfaktoren mit aufgelistet.

Die Vorgehensweise bei der globalen Umweltanalyse wird heute gewöhnlich im Anschluß an das bei General Electric entwickelte Verfahren in **vier Schritte** untergliedert:[3].

1. Ermittlung der relevanten Bewegungskräfte in den Sektoren und Prognose ihrer Entwicklung
2. Analyse der Querverbindungen zwischen den Einflußkräften
3. Entwurf alternativer Sezenarien
4. Festlegung der Prämissen für den weiteren Planungsprozeß.

Nach einer praktikablen Sektordefinition wird zunächst eine Bestandsaufnahme durchgeführt mit dem Ziel, die wesentlichen Trends und Charakteristika zu identifizieren. Im Anschluß daran stellt sich die Frage, wie sich die Trends und Muster in den nächsten Jahren entwickeln werden (im Sinne einer „überraschungsfreien" Prognose) und/oder ob es Anzeichen für potentielle „Trendbrüche" gibt.

Die mit den Sektoralanalysen erbrachten Informationen (im wesentlichen: Trends und mutmaßliche Trendbrüche) sind mit dem Problem behaftet, daß durch die Segmentierung potentielle Querverbindungen zwischen den Sektoren systematisch vernachlässigt werden und damit die Problemstellung unter Umständen zu sehr vereinfacht wird. Ein prognostiziertes Umweltereignis kann die Geschwindigkeit oder die Richtung eines Trends aus einem anderen Sektor signifikant beeinflussen. Deshalb muß in einer nächsten Stufe versucht werden, **Wahrscheinlichkeit und Umfang von Querverbindungen** abzuklären. Obgleich dies in den meisten Fällen nur auf der Basis plausibler Vermutungen möglich sein wird, ist für den Fall eines präziseren Informationsstandes ein Instrument entwickelt worden, das unter dem Namen **Cross-Impact-Analyse** bekannt wurde.

Häufig wird in einem abschließenden Schritt der Versuch unternommen, die vielen gesammelten Informationen zu bündeln und daraus ein Zukunftsbild, ein Szenario, zu ent-

3 Vgl. im einzelnen Fahey, L./Narayanan, V.K., Macroenvironmental analysis for strategic management, St. Paul u.a 1986, S.51 ff.

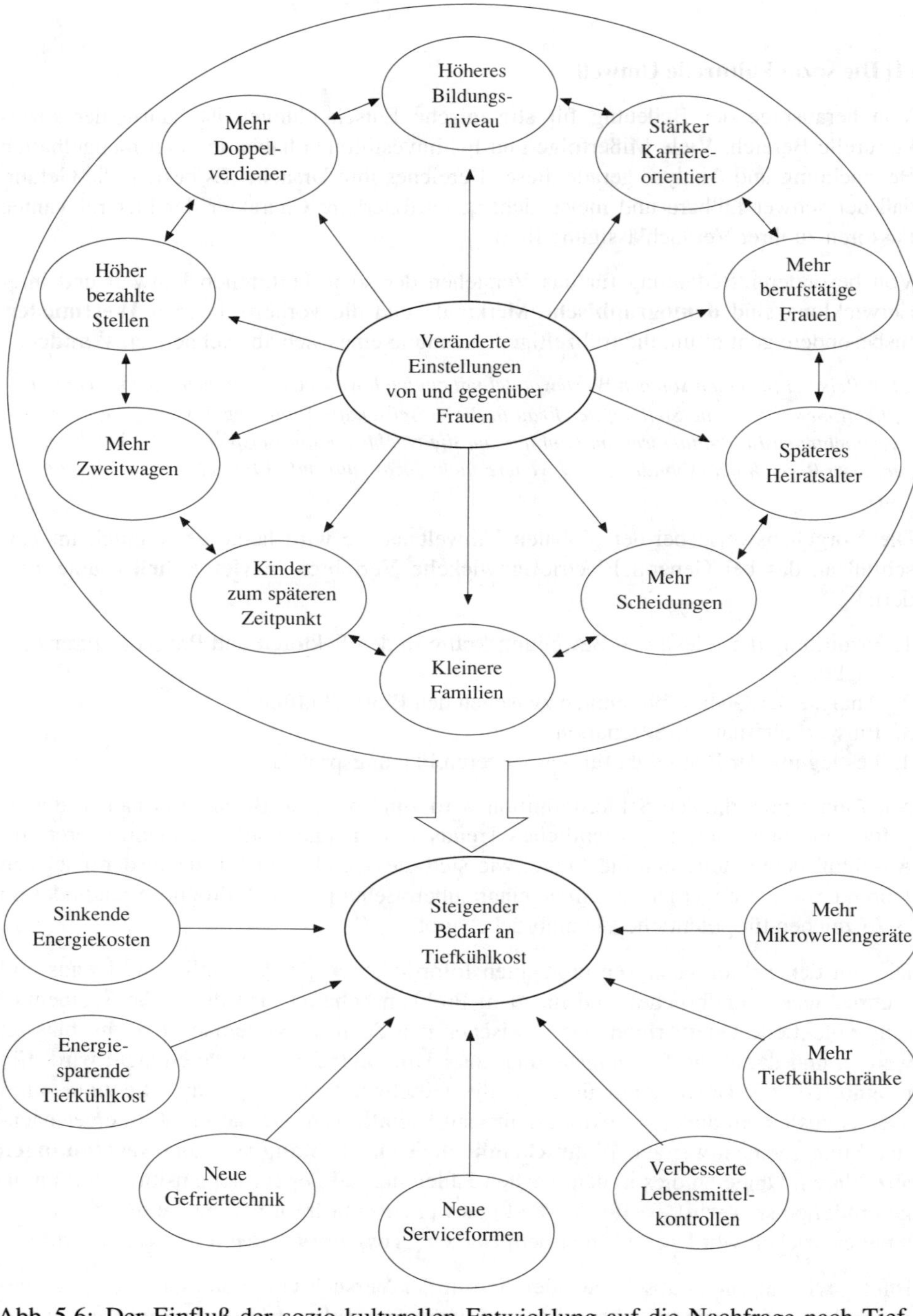

Abb. 5.6: Der Einfluß der sozio-kulturellen Entwicklung auf die Nachfrage nach Tiefkühlkost

Quelle: Smith, G.D./Arnold, D.R./Bizzell, B.G., Business Strategy and Policy, 2. Aufl., Boston u.a. 1988, S. 29

werfen.[4] Es ist dies ein **Mittel der Komplexitätsreduktion**. Die vielfältigen Einflüsse und Kräfte, die in der Umweltanalyse herausgearbeitet wurden, werden zu einem überschaubaren plausiblen Bild der Zukunft verdichtet. Nachdem die Trends und Projektionen in der Regel alles andere als eindeutig sind und nur selten einen hohen Wahrscheinlichkeitsgrad haben, ist man dazu übergegangen, mehrere **alternative Szenarien** zu erstellen.

So verwendet z.B. General Electric vier Szenarien, angefangen von der „überraschungsfreien" Zukunft bis hin zur „schlechtesten aller denkbaren Zukunftssituationen". Die Deutsche Shell AG arbeitet mit zwei Szenarien, einem positiven Evolutions- und einem Disharmonien-Szenario, die in Abbildung 5.7 vergleichend gegenübergestellt sind.

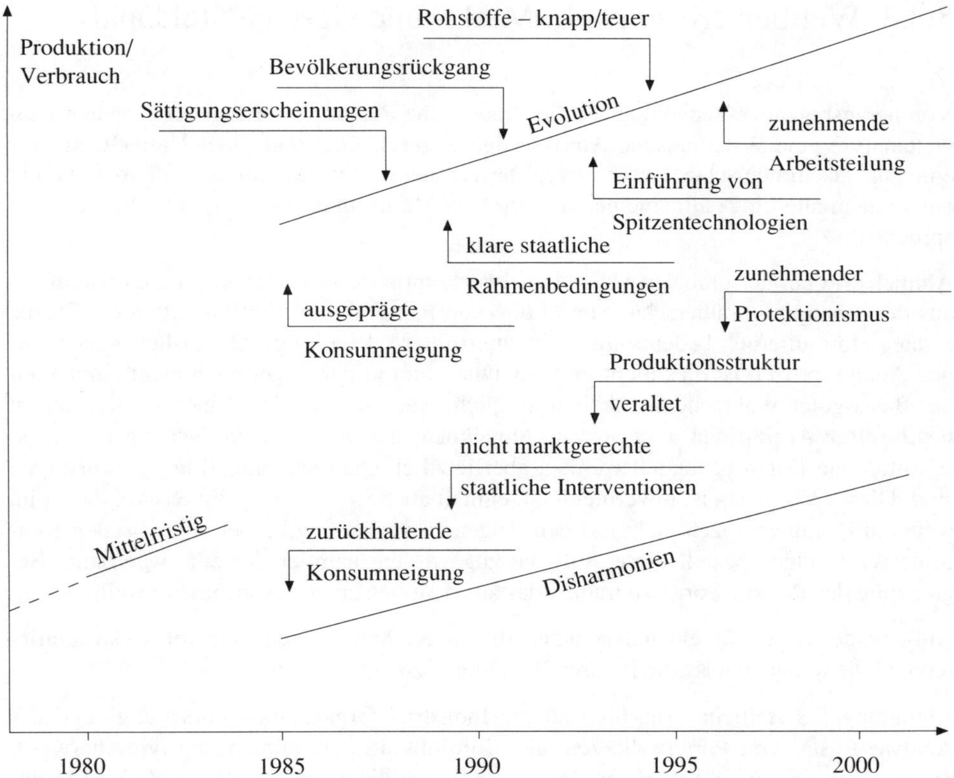

Abb. 5.7: Szenarien der Deutschen Shell AG

Quelle: Stümke, W., Strategische Planung bei der Deutschen Shell AG, in: Steinmann, H. (Hrsg.), Planung und Kontrolle, München 1981, S. 340

4 Zur Szenario-Technik vgl. im einzelnen Geschka, H./von Reibnitz, U., Die Szenario-Technik – ein Instrument der Zukunftsanalyse und der strategischen Planung, in: Töpfer, A./Afheldt, H. (Hrsg.), Praxis der strategischen Unternehmensplanung, Frankfurt a.M.1983, S.125-170; Wack, P.: Szenarien: Unbekannte Gewässer voraus, in: Harvard-Manager 8 (1986), S.60-77.

Unabhängig davon, ob die Trends der globalen Umweltanalyse zu Szenarien verdichtet werden oder nicht, in jedem Fall endet die Analyse mit einer Reihe von Festlegungen in Form von **kritischen Annahmen** oder Prämissen, die für den Fortlauf des Planungsprozesses Gültigkeit haben und Orientierung verleihen. Sie stecken das Feld der Möglichkeiten grob ab und schließen andere potentiell relevante Faktoren und Zusammenhänge aus. Diese Festlegungen beruhen zumeist nur auf plausiblen Vermutungen und vagen Prognosen, es ist deshalb zwingend notwendig, fortlaufend die Gültigkeit dieser Annahme mit zu überwachen. Wie später dargelegt, ist dies eine Kernaufgabe der strategischen Kontrolle.

5.3.3 Wettbewerbsumwelt: Markt- und Geschäftsfeldanalyse

Von herausragender Bedeutung für die strategische Planung ist neben der globalen Umweltanalyse eine systematische **Analyse der engeren ökonomischen Umwelt**, die wir eingangs als strategisches Geschäftsfeld bezeichnet haben; (bisweilen wird aber auch in einem dann allerdings allgemeineren Sinne von Markt, Industriezweig oder Branche gesprochen).

Ähnlich wie bei der globalen Umweltanalyse kommt es auch hier wesentlich darauf an, aus der prinzipiell unüberschaubaren Fülle von Faktoren und Einflußkräften die für die Strategieformulierung bedeutsamsten herauszufiltern. Wie im ganzen bisher beschriebenen Analyseprozeß ist dies nicht mit Gewißheit und in der Regel noch nicht einmal auf der Basis guter Wahrscheinlichkeiten möglich. Auch hier ist der Planer auf das Setzen **bestimmter Annahmen** angewiesen; Annahmen, die in den nachfolgenden Planungsschritten wie Daten behandelt werden, aber letztlich eben nur **plausible Vermutungen** sind. Dieses Vorgehen ist unvermeidlich, enthält aber zwangsläufig ein Risiko, das es im weiteren Planungsprozeß nicht aus den Augen zu verlieren gilt. Der strategischen Kontrolle wird unten speziell diese Aufgabe zugewiesen, nämlich für eine wachsame Begrenzung des Risikos Sorge zu tragen, das aus dem Setzen von Annahmen resultiert.

Aufgabe der Geschäftsfeldanalyse ist es, die engere ökonomische Umwelt zu strukturieren und die relevanten Kräfte in ihren Wirkungen zu analysieren.

Abbildung 5.8 stellt im Anschluß an die Industrial Organization-Forschung[5] und das Analyse-Raster von Porter[6] die zentralen Einflußkräfte zusammen, die typischerweise die Struktur eines Marktes prägen. Diese Abbildung dient zugleich als Leitfaden für diesen Abschnitt. Die globalen Umweltkräfte stecken den breiten Rahmen ab und wirken indirekt auf die Attraktivität des Geschäftsfeldes ein.

5 Vgl. Bain, J.S., Industrial organization, 2. Aufl., New York 1968.

6 Vgl. Porter, M.E., Wettbewerbsstrategie (Übers. a.d. Engl.), Frankfurt a.M.1983.

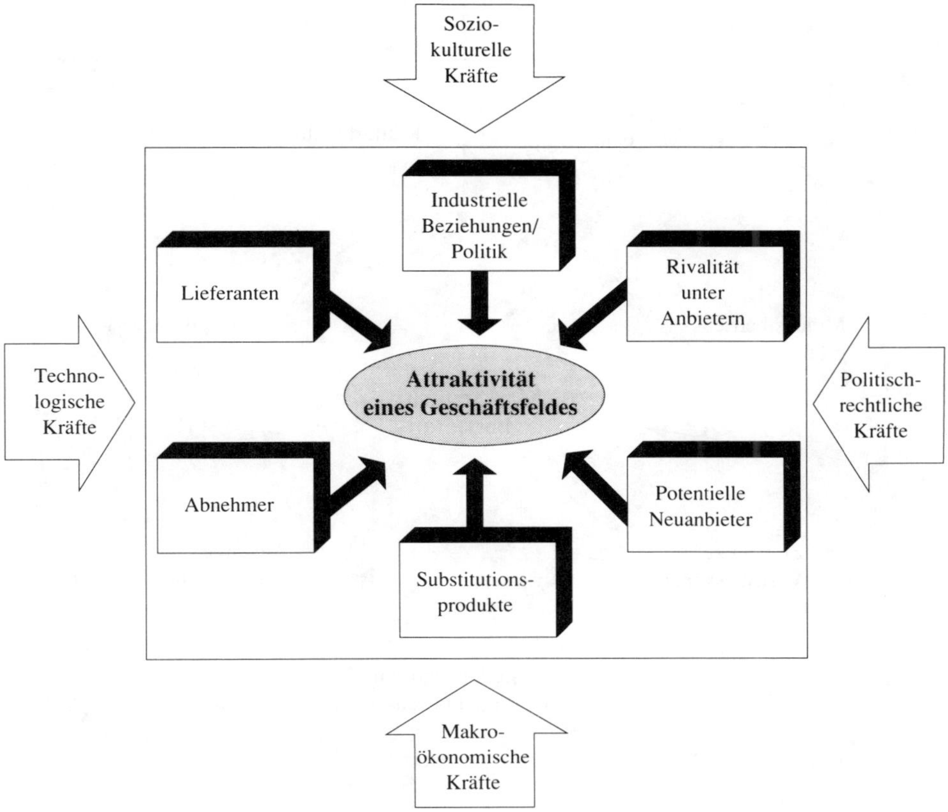

Abb. 5.8: Die engere ökonomische Umwelt

Quelle: In Anlehnung an Porter, M., Wettbewerbsstrategie (Übers. a. d. Engl.), Frankfurt a.M. 1983

(1) Bedrohung durch neue Anbieter

Neue Anbieter stellen für die etablierten Anbieter immer eine Bedrohung dar. Sie bauen neue Kapazitäten auf, versuchen häufig, über günstigere Preise die Nachfrage auf sich zu lenken usw.; in den meisten Fällen verschlechtern sie für die etablierten Anbieter das Gewinnpotential. Die Wahrscheinlichkeit, daß neue Anbieter in dem Markt aktiv werden, hängt in erster Linie von der Höhe der **Markteintrittsbarrieren** ab.[7]

Markteintrittsbarrieren sind definiert als Kräfte, die Unternehmen davon abhalten, in ein Geschäftsfeld zu investieren, das ihnen potentiell attraktiv erscheint. Eintrittsbarrieren schützen die etablierten Anbieter vor unliebsamer Neukonkurrenz und möglichen, die Rentabilität zerstörenden Preiskämpfen. Insofern tragen sie aus der Sicht der etablierten

7 Einen Überblick über den Stand der Diskussion gibt Minderlein, M., Markteintrittsbarrieren und Unternehmensstrategie, Wiesbaden 1989

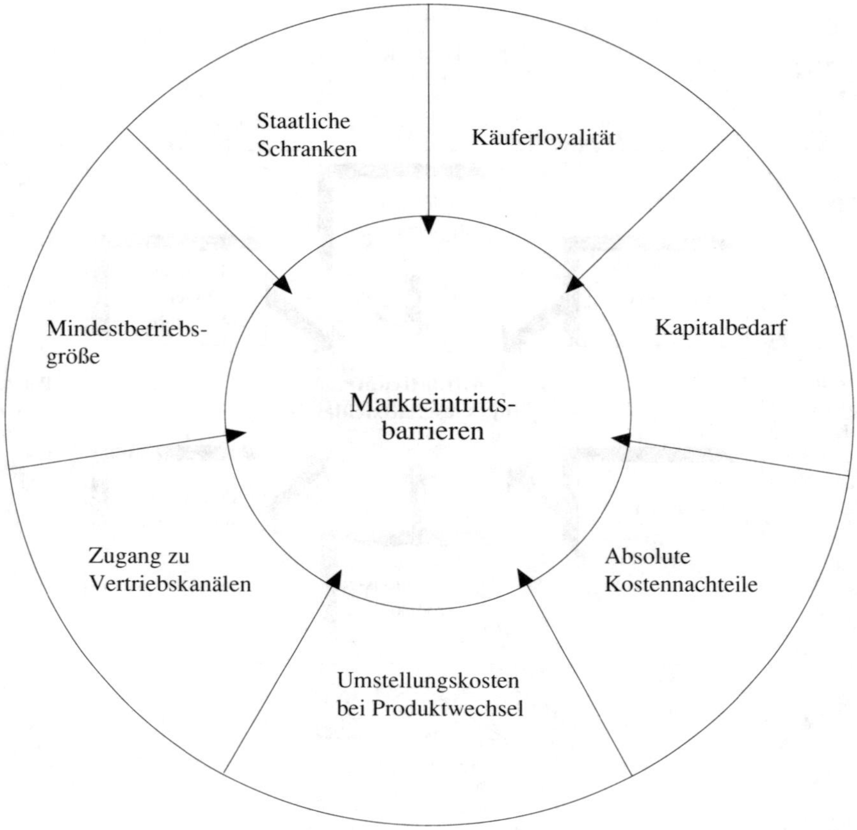

Abb. 5.9: Quellen von Eintrittsbarrieren

Anbieter zu einer Erhöhung der Marktattraktivität bei, aus der Sicht potentieller Neuanbieter vermindern sie jedoch die Attraktivität, weil eine hinreichende Bedingung für hohe Gewinne entfällt. Eintrittsbarrieren werden im wesentlichen durch **sieben Einflußfaktoren** bestimmt (vgl. Abbildung 5.9). Einige davon seien erläutert:

Mindestbetriebsgröße

In jedem Geschäftsfeld bestehen mehr oder weniger große Möglichkeiten, die Stückkosten eines Gutes durch höhere Ausbringungsmengen zu senken („**economies of scale**"). Hohe Ausbringungsmengen bringen bisweilen im Vergleich zu mittleren Ausbringungsmengen **Kostenersparnisse** in der Größenordnung von 30–50%.[8] Dies hat dann zur Konsequenz, daß eine effiziente (d.h. die relevanten Skalenersparnisse ausschöpfende) Betriebsgröße erst bei einem relativ hohen Marktanteil erreicht werden kann (Mindestbetriebsgröße).

8 Vgl. im einzelnen Scherer, F.M., Industrial market structure and economic performance, 2. Aufl., Chicago 1980.

Für die Ermittlung der Eintrittsbarrieren ist die Kenntnis der **maximal erzielbaren Skalenersparnisse** wichtig. Der Zusammenhang liegt auf der Hand, je höher die Ausbringungsmenge ist, die man haben muß, um zu konkurrenzfähigen Stückkosten produzieren zu können, um so schwieriger ist der Markteintritt. Man braucht nicht nur ein erhebliches Startkapital, sondern steht auch vor dem Problem, gleich zu Beginn erhebliche Mengen auf dem Markt absetzen zu müssen. Der Zutritt mit einer zu kleinen Betriebsgröße führt zu Stückkosten, die ggf. sogar über dem Marktpreis liegen. Bei Zutritt mit einer effizienten Betriebsgröße droht der Preis wegen der dann stark gestiegenen Angebotsmenge unter die Stückkosten abzusinken.

Für die Beurteilung der Eintrittsbarrieren ist es aber häufig – neben der effizienten Betriebsgröße (Mindestbetriebsgröße) – ebenso wichtig, den Verlauf der **Stückkostenkurve** zu kennen, um zu wissen, wie stark die Kostennachteile sind, wenn unterhalb der **optimalen Ausbringungsmenge** produziert wird.

Die exakte Ermittlung der Mindestbetriebsgröße und des Stückkostenverlaufs ist aufwendig und übersteigt häufig die Möglichkeiten des strategischen Planers. Sind keine allgemeinen Daten – wie solche in Abbildung 5.10 – verfügbar, so lassen sich erfahrungsgemäß doch anhand der eigenen Betriebsgröße und entsprechender gedanklicher Betriebsgrößenvariation die relevanten Tendenzen in den Stückkosten ermitteln.

Abb. 5.10: Unterschiedliche Stückkostenverläufe in Abhängigkeit von der Ausbringungsmenge

Die bisherigen Betrachtungen beziehen sich nur auf **produktionsbedingte Skalenerträge**. Größenvorteile resultieren aber auch aus anderen Bereichen, wie Aufbau eigener Abteilungen für Forschung und Entwicklung, Marktforschung, Public Relations, Rechtsberatung, ferner die Errichtung eigener Vertriebssysteme, die Durchsetzung von Mengenrabatten im Einkauf oder die Unterhaltung eigener Lobbyisten. Solche Aktivitäten setzen allerdings doch grundsätzlich eine erhebliche **Betriebsgröße und Finanzkraft** voraus.[9]

Neben den Größenersparnissen sind desweiteren Verbunderspamisse (economies of scope) zu berücksichtigen. Verbundersparnisse liegen vor, wenn zwei (oder mehr) verschiedene Produkte (bei gleichen Mengen) von **einem** Unternehmen kostengünstiger als von zwei (oder mehreren) separaten Unternehmen produziert werden können.[10] Verursachungsfaktoren sind u.a. Einsatzfaktoren mit Kollektivguteigenschaften (z.B. Image, Grundlagenforschung) oder verschieden nutzbare Kapazitäten. Kostenvorteile von Mehrproduktunternehmen sind nur dann keine Marktschranke, wenn die Neuanbieter über dieselbe kosteneffiziente Produktpalette verfügen wie die etablierten Anbieter.

Käuferloyalität

Eine hohe Käuferloyalität stellt häufig eine besonders schwer überwindbare Eintrittsbarriere dar. Loyalität gründet sich gewöhnlich auf **emotionale Bindungen**, die durch neue Argumente nur schwer aufzulösen sind. Hohe Käuferloyalität ist in der Regel die Folge einer erfolgreichen **Produktdifferenzierungspolitik**, sei es durch räumliche oder zeitliche Variation des Angebots, durch Service, durch Schaffung assoziativer Unterschiede (Image) oder durch Qualitätsvariation.[11]

Ziel der Differenzierung ist es, die Elastizität der Nachfrage zu senken, um auf diese Weise quasi monopolistische Preisspielräume zu schaffen („Monopolistische Konkurrenz“).[12] Produktdifferenzierung ist im Prinzip imitierbar, jedoch nur dann erfolgreich, wenn der Abnehmer ein gewisses Maß an Umstellungsneigung zeigt. In jedem Falle aber impliziert die Imitierbarkeit eine Preisobergrenze, von der ab der Abnehmer bereit ist, seine Loyalität aufzugeben.

Ob geringe Eintrittsbarrieren jedoch tatsächlich, wie bisher unterstellt, zu einem schnellen Zutritt neuer Anbieter führen, hängt von einem weiteren Faktor ab, nämlich der Vergeltung, die der potentielle Neuanbieter von den etablierten Anbietern erwartet, und zum anderen davon, wie rasch er ggf. den Markt wieder verlassen kann, ohne allzu hohe Einbußen („sunk costs“) hinnehmen zu müssen.

(2) Abnehmeranalyse

Die Abnehmer spielen in der Strategischen Analyse in mehrfacher Hinsicht eine zentrale Rolle: Marktabgrenzung, neue Bedürfnisse, Kaufverhalten etc. Im Rahmen der strategi-

9 Vgl. Albach, H., Finanzkraft und Marktbeherrschung, Tübingen 1981.

10 Vgl. Teece, D.J., Economies of scope and scope of the enterprise, in: Journal of Economic Behavior and Organizations 1 (1980), S. 223-245.

11 Vgl. Scherer, F.M., 1980, a.a.O., S. 375 ff.; Gutenberg, E., Grundlagen der Betriebswirtschaftslehre, Bd. 2: Der Absatz, 17. Aufl., Berlin u.a. 1984, S. 183.

12 Vgl. Chamberlin, E.M., The theory of monopolistic competition, 6. Aufl., Cambridge/Mass. 1950, S. 56 ff.

schen Marktanalyse werden sie primär als **Wettbewerbskraft** analysiert, die mehr oder weniger stark die Rentabilität der Geschäftsfelder begrenzen kann. Anknüpfungspunkt ist die **Verhandlungsstärke** der Abnehmer. Unter Abnehmern sollen dabei nicht unbedingt die Endverbraucher verstanden werden, sondern die Gruppe, die auf dem Gütermarkt des zu analysierenden Unternehmens als Nachfrager auftritt. Das können Konsumenten, industrielle Abnehmer oder auch (Groß- und Einzel-)Handelsunternehmen sein.

Die Verhandlungsstärke der Abnehmer bestimmt sich in den meisten Fällen durch die folgenden Bedingungen:[13]

(a) Konzentrationsgrad der Abnehmergruppe

Obgleich der Konzentrationsgrad der Anbieter häufig höher liegt als der der Abnehmer, gibt es doch viele Fälle, in denen die Abnehmer eine beträchtliche Konzentration erreichen. In manchen Fällen gibt es nur einen oder zwei große Abnehmer in einem Markt. Im Extremfall steht einem Abnehmer eine Vielzahl von Anbietern gegenüber („Monopson").

(b) Anteil an den Gesamtkosten der Abnehmer

Die Intensität, mit der die Abnehmergruppe die Preisverhandlungen führt und auf Preisunterschiede reagiert, hängt ferner wesentlich davon ab, welche Bedeutung sie dem Einkauf beimißt. Bildet das Marktprodukt einen großen Anteil am gesamten Einkaufsbudget, so wird härter verhandelt und intensiver gesucht als bei nur geringem Anteil.

(c) Standardisierungsgrad

Standardisierte Produkte stärken die Position des Abnehmers; er kann sich immer sicher sein, einen **alternativen Lieferanten** zu finden, und gewinnt dadurch Verhandlungsspielraum. Umgekehrt verhält es sich bei stark differenzierten Produkten. In solchen Fällen sind allein die Umstellungskosten der Abnehmer bei einem Lieferantenwechsel gewöhnlich so hoch, daß nur eine stark abgeschwächte Preiselastizität der Abnehmer vorliegt (Quasi-Monopol bei Produktdifferenzierung). **Umstellungskosten** senken generell die Verhandlungsmacht der Abnehmer.

(d) Drohung mit Rückwärtsintegration

Abnehmer mit großer Finanzkraft, speziellem technologischem Know How u.ä. sind häufig in der Lage, glaubwürdig mit Rückwärtsintegration zu drohen; sie können sich dadurch eine günstigere Verhandlungsposition verschaffen. Eine Integrationsdrohung ist vor allem dann glaubwürdig, wenn das **Nachfragevolumen** des Abnehmers groß genug ist, um bei Eigenprodukten alle relevanten **Größenersparnisse** erzielen zu können. Im letztgenannten Fall ist der Druck auf die Anbieter am stärksten, denn der Abnehmer hat nur ein geringes Verhandlungsrisiko.

13 Vgl. Porter, M.E., Wettbewerbsstrategie, a.a.O., S. 50 ff.

(e) **Bedeutung des Produktes für die Qualität des Abnehmerproduktes**

Wenn die Qualität des Abnehmerproduktes sehr sensibel auf Inputveränderungen reagiert, so stärkt dies die Position des Anbieters; der Abnehmer ist eher geneigt, höhere Preise zu akzeptieren.

(f) **Informationsstand des Abnehmers über die Situation der Anbieter**

Die Verhandlungsstärke eines Abnehmers steigt gewöhnlich auch in dem Maße, in dem er über seine Faktormärkte informiert ist, d.h., daß er das Nachfragevolumen, die Kostenstruktur der Anbieter, die Beschaffungssituation u.ä. kennt.

(g) **Gewinnsituation der Nachfrager**

Eine angespannte Gewinnsituation läßt in der Regel das Interesse an Preisverhandlungen stark anwachsen, um durch niedrigere Einkaufspreise eine Situationsverbesserung zu erzielen.

Die Einschätzung der Verhandlungsstärke sollte insgesamt differenziert angegangen werden; in der Regel ist die **Abnehmerschaft keine homogene Gruppe**, sondern es ist nach verhandlungsstärkeren und schwächeren Segmenten zu unterscheiden.

(3) Lieferantenanalyse

Analog zur Abnehmeranalyse, nur eben aus einem umgekehrten Blickwinkel, kann die Ermittlung der **Verhandlungsstärke** der Lieferanten erfolgen. Starke Lieferanten können durch überhöhte Preise oder durch verminderten Service die Attraktivität eines Marktes erheblich beeinträchtigen. Dies gilt vor allem dann, wenn die Nachfrager nicht in der Lage sind, die ungünstigen Einstandskosten voll in ihren eigenen Preisen weiterzugeben.

(4) Substitutionsprodukte

Substitutionsprodukte sind Produkte anderer Märkte, die im Grundsatz denselben Bedarf wie das fokale Produkt befriedigen können. Beispiele sind: Heizöl und Erdgas, Bahn und Flugzeug, Immobilien und Lebensversicherung als Geldanlageformen. Wichtig ist der **Verwendungszusammenhang des Abnehmers**, eine absolute Substitutionalität gibt es nicht.

Die Existenz von Substitutionsprodukten begrenzt das Gewinnpotential eines Geschäftsfeldes, sie stellen eine Art externe Konkurrenz dar. Bei Substitutionsprodukten ist die **Kreuzpreiselastizität** immer positiv; wird also der Preis für Gut A angehoben, so vergrößert sich (ceteris paribus) die Nachfrage nach dem Substitutionsgut B. Das bedeutet, daß Substitutionsprodukte eine Preisobergrenze ziehen und den Preisspielraum des fokalen Marktes eingrenzen, und zwar um so stärker, je elastischer die Nachfrage ist. Substitutionsbeziehungen relativieren die Marktstrukturen, selbst hoch konzentrierte Märkte können durch Substitutionsprodukte einen starken Preisdruck erfahren.

(5) Rivalität unter den Konkurrenten

Der Wettbewerb in einem Geschäftsfeld kann mehr oder weniger intensiv geführt werden. Dies hängt keineswegs nur von der Zahl der Anbieter ab. Neben den Verhaltensmaximen der Wettbewerber gibt es eine Reihe von **strukturellen Faktoren**, die eine stark ausgeprägte Rivalität unter den Wettbewerbern als wahrscheinlich erscheinen lassen:[14]

(a) Marktsättigung

Ist das Wachstumspotential eines Marktes weitgehend erschöpft, so wird die Konkurrenz um Umsatzsteigerungen zum **Nullsummenspiel**. Mit anderen Worten, in der Wachstumsphase ist die Wettbewerbsintensität gewöhnlich geringer als in der Sättigungsphase. Dieser Aspekt verstärkt sich bei Homogenität der Produkte, bei hohen Fixkostenanteilen und bei begrenzter Mobilität, wie sie aus den nachfolgend darzustellenden Austrittsbarrieren fließt.

(b) Austrittsbarrieren

Marktaustrittsbarrieren sind Faktoren, die Unternehmen bewegen, Anbieter in einem Markt zu bleiben, selbst dann, wenn die Preise unter die Rentabilitätsschwelle sinken oder mit den Erlösen noch nicht einmal mehr ein Deckungsbeitrag erzielt werden kann.[15] Bestimmungsfaktoren sind in erster Linie Kosten, die durch Desinvestition entstehen (wie z.B. Abbruchkosten, Umsiedlungskosten, Sozialpläne, Konventionalstrafen) und andererseits Einbußen (Buchverluste), die durch mangelnde Liquidierbarkeit der Anlagen entstehen (z.B. wegen hoher Transportkosten oder hohen Spezialisierungsgrades).

(6) Industrielle Beziehungen und der Staat als Wettbewerbsfaktoren

Der Staat nimmt in vielfacher Weise Einfluß auf den Wettbewerb. Neben allgemeinen gesetzlichen Schranken (z.B. UWG, BetrVG), die ja bereits bei der globalen politischen Umwelt behandelt wurden, gibt es direkt auf das Geschäftsfeld bezogene Einflüsse, deren Bedeutung im Rahmen der Geschäftsfeldanalyse zu erfassen ist. Zu denken ist hier zum einen an die **Marktregulierung**, z.B. in Form von Preiskontrollen, Importschranken oder Exportverboten. Die Marktregulierung wirkt sich häufig dämpfend auf die Marktattraktivität aus, kann aber durchaus auch attraktivitätssteigernd sein (z.B. Importquoten). Ein anderer Bereich sind die geschäftsfeldspezifischen industriellen Beziehungen. Sie definieren Rahmenbedingungen für die Regelung der Konflikte zwischen den verschiedenen Interessengruppen, in erster Linie zwischen Arbeitgebern und Arbeitnehmern. Chronisch schlechte **Konfliktregelungsmechanismen** beeinträchtigen die Attraktivität eines Geschäftsfeldes erheblich.

14 Vgl. Scherer, F.M., a.a.O., S. 199 ff.

15 Vgl. Caves, R.E./Porter, M.E., „Barriers to exit“, in: Qualls, D.P./Mason, R.E. (Hrsg.), Essays in industrial organization. In honor of Joe S. Bain, Cambridge/Mass. 1976, Kapitel 3.

Entwicklung des Geschäftsfeldes

Eine strategische Analyse ist nicht nur an der Erfassung der derzeitigen Attraktivität eines Geschäftsfeldes interessiert, sondern muß auch Aussagen über die zukünftige Entwicklung des Geschäftsfeldes und seiner Ertragsaussichten machen. Eine exakte Prognose ist hier sowenig möglich wie bei den globalen Umweltfaktoren, weil man niemals alle relevanten Faktoren, geschweige denn deren zukünftigen Verlauf kennen kann. Nicht zuletzt hängt ja die Entwicklung eines Geschäftsfeldes auch davon ab, was die fokale Unternehmung strategisch beschließt und wie die Wettbewerber auf diese Strategie reagieren (zirkuläre Interdependenz). Dennoch werden Entwicklungsaussagen gebraucht, um eine Entscheidungsgrundlage für die zukünftige strategische Ausrichtung des Unternehmens zu schaffen (zunächst unter der Prämisse, daß sich die eigene Strategie nicht ändert). Die Prognose der Geschäftsfeldentwicklung muß auch versuchen, die relevantesten Trends aus der globalen Umweltanalyse einzubeziehen.

Im Hinblick auf die später darzulegende Entwicklung von Strategien wirft die Analyse der Geschäftsfeldstruktur und der Marktattraktivität zwei grundsätzliche Alternativen auf:[16] Soll sich das Unternehmen besser

(1) an die vorgefundenen Geschäftsfeldkräfte anpassen oder soll es
(2) die Geschäftsfeldstruktur zu verändern suchen?

Diese Grundsatzentscheidung sollte ein Unternehmen jedoch erst dann treffen, wenn es seine strategischen Stärken und Schwächen analysiert hat.

5.4 Unternehmensanalyse: Stärken und Schwächen

Die globale und die geschäftsfeldbezogene Umweltanalyse geben ein Bild von den mutmaßlichen relevanten Kräften des externen Aktionsfeldes. Aufgabe des nächsten Planungsschrittes ist die **Ermittlung der internen Situation**, um dann aus der Gegenüberstellung der externen Kräfte und der internen Stärken und Schwächen geeignete Strategiealternativen formulieren zu können. Abbildung 5.11 erinnert an den Gesamt-Zusammenhang.

Die Unternehmensanalyse setzt sich aus zwei Blöcken zusammen:

(1) **Ressourcenanalyse**, d.h. die Analyse der Unternehmenspotentiale und ihrer Nutzung;
(2) **Konkurrentenanalyse**, d.h. die Einschätzung der eigenen Potentiale im Lichte der Konkurrenz.

16 Vgl. Porter, M.E., Wettbewerbsstrategie, a.a.O., S. 245.

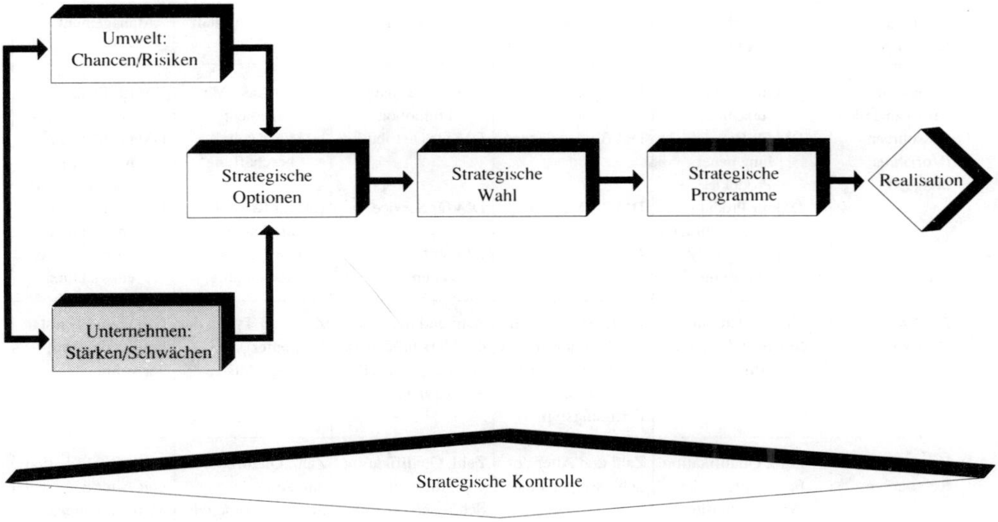

Abb. 5.11: Die Unternehmensanalyse im strategischen Prozeß

Nur beide Blöcke zusammen lassen eine Bestimmung der strategischen Stärken und Schwächen zu. Ob eine bestimmte Ressourcenausstattung eine Stärke oder Schwäche ist, läßt sich nämlich nicht absolut bestimmen; dies hängt in entscheidendem Maße von der **Ressourcenausstattung der wichtigsten Konkurrenten** ab. Ein gut qualifiziertes Vertriebsteam mag z.B. auf den ersten Blick als Stärke erscheinen, kann sich aber im Lichte eines unter Umständen sehr hohen Qualifikationsniveaus des Vertriebsteams eines Hauptkonkurrenten eher als unauffällige Ressource darstellen oder im Extremfall sogar als Schwäche. Schon dieses Beispiel zeigt, weshalb eine Beurteilung der eigenen Ressourcen ohne Bezug auf die Konkurrenten für strategische Zwecke nicht sinnvoll ist.

Die Stärken- und Schwächenanalyse dient jedoch über diese geschäftsfeldbezogene Problemstellung hinaus auch als Grundlage zur Beantwortung der weiteren Frage, ob sich das vorhandene Potential eignet, um Zukunfts-Märkte zu erschließen oder in neue Märkte im Sinne einer Diversifikation einzutreten. Dies sind dann Fragen der Unternehmensgesamt-Strategie.

Ziel der Ressourcenanalyse kann es nicht sein, eine Beschreibung **aller** Ressourcen und ihrer Entwicklung zu geben. Die interne Situation eines Unternehmens ist zwar überschaubarer und besser vorstrukturiert als die Umwelt, dennoch zwingt die Komplexität auch hier die strategische Analyse, stark zu **selektieren** und **Analyseprioritäten** zu setzen. Die Ressourcenanalyse ist deshalb – völlig analog zur Umweltanalyse – durch eine fortlaufende Setzung von Annahmen (**Prämissen**) gekennzeichnet, die helfen, das unüberschaubare Informationsfeld bearbeitbar zu machen (wenn auch auf das Risiko irriger Annahmen hin!).

Funktion / Ressourcen	Forschung und Entwicklung	Produktion	Marketing	Finanzwirtschaft	Management
Allokation der finanziellen Ressourcen (Vorjahres budgets)	DM für Grundforschung DM für Entwicklung neuer Produkte DM für Produktverbesserungen DM für Prozeßverbesserung	DM für Werkshallen DM für Ausrüstung DM für Material DM für Arbeit	DM für Verkauf Promotion DM für Distribution DM für Service DM für Marktforschung	DM für Cash Management DM für Kapitalbeschaffung DM für Kapitalallokation DM für Betriebsabrechnung	DM für Planungssystem DM für Management-Informationssystem DM für Personalentwicklung DM Organisationsentwicklung
Physische Ressourcen	Größe, Alter und Standort der Labore und Ausrüstungen	Zahl, Größe, Alter und Standort der Werke; Grad der Automation Fertigungstyp	Zahl und Standort der Verkaufsbüros, der Verkaufsstellen, der Servicestellen	Zahl und Typen der Computer Sonstige Ausrüstung	Größe und Ausstattung der Zentralverwaltung
Human-Ressourcen	Zahl, Qualifikation, Fachrichtung der Wissenschaftler und Ingenieure Fluktuationsrate	Zahl und Alter des Schlüsselpersonals Fluktuationsrate	Zahl, Qualifikation und Alter der Schlüsselverkäufer und des Marketingstabes Fluktuationsrate	Zahl, Qualifikation und Alter des Schlüsselpersonals Fluktuationsrate	Zahl, Qualifikation und Alter d. Managements u. der zentralen Stabsleute, Führungsstil, Motivation Fluktuationsrate
Organisatorische Ressourcen	System für Fortschrittskontrollen und Entwicklungsbeurteilung	Art. u. Komplexitätsgrad d. Beschaffungssystems, d. Produktionsplanungs- u. -kontrollsystems, d. Lagerhaltungssystems	Art u. Komplexitätsgrad d. – Distributionssystems – Servicesystems – Preisbestimmungssystems – Marktforschungssystems	Art u. Komplixitätsgrad d. – Cash Management-Systems – Finanzplanungssystems – Rechnungswesen	Art d. Organisationskultur, des Führungsmodells, der Kommunikationssysteme
Technologische Ressourcen	Zahl der Patente und der neuen Produkte % des Umsatzes durch neue (höchstens 5 Jahre alte) Produkte	Verfügbarkeit der Rohmaterialien; Produktivität, Kapazitätsauslastung, Produktionskostenentwicklung	%-Anteil der Marketingkosten an d. Stückkosten; Markenloyalität, Preissetzungsmacht, Beeinflußbarkeit der Nachfrage	Kreditwürdigkeit Cash Flow Kursentwicklung	Unternehmensimage, Beziehungen zu öffentlichen Instanzen; spezifisches Know-How (z. B. joint-/ventures, Konsortialführung, Ost-West-Handel)

Abb. 5.12: Die Funktions/Ressourcen-Matrix nach Hofer/Schendel

Quelle: Schreyögg, G., Unternehmensstrategie, Berlin/New York 1984, S. 113

Um eine gute Entscheidungsgrundlage zu schaffen, kann sich die Ressourcenanalyse nicht mit einer einfachen Beschreibung der strategisch bedeutsamen Ressourcen begnügen, sie muß auch die **Steuerungskräfte** miterfassen, die die Ressourcen bewegen, d.h. Gegenstand der Analyse müssen auch die Planung, die Organisation und die Kontrolle der Ressourcenverwendung sein. Betriebliche Sachbereiche und Führungspotentiale sind also gleichermaßen Gegenstand der Ressourcenanalyse.

5.4.1 Die Ressourcenanalyse

Zunächst ist es Aufgabe des strategischen Planers, die vorhandenen Unternehmensressourcen aus einem strategischen Blickwinkel zu ordnen und zu beschreiben. In dem für diesen Zweck entwickelten **Analyse-Schema** von Hofer/Schendel[17] werden die folgenden **fünf Arten** von Ressourcen unterschieden: **finanzielle** Ressourcen (cash flow, Kreditwürdigkeit etc.), **physische** Ressourcen (Gebäude, Anlagen, Servicestationen usw.), **Humanressourcen** (Facharbeiter, Ingenieure, Führungskräfte usw.), **organisatorische** Ressourcen (Informationssysteme, Integrationsabteilungen usw.) und **technologische** Ressourcen (Qualitätsstandard, Markennamen, Forschungs-Know-How usw.).

Die finanziellen Ressourcen werden als **Basisressourcen** betrachtet, weil sie in einer Marktwirtschaft Voraussetzung für den Einsatz der anderen Ressourcen sind und weil sie das Ende der Transformationskette bilden. Während ihre Analyse allgemein nach den gängigen finanzwirtschaftlichen Kriterien (Eigenkapitalrentabilität, Kapitalumschlag, Cash-Flow, Verschuldungsgrad, Liquidität etc.) erfolgen kann, sollen die anderen Ressourcen auf dem Hintergrund der betrieblichen Sach- und Führungsfunktionen analysiert werden. Als systematisierendes Hilfsmittel dient hierzu die in Abbildung 5.12 gezeigte **Funktions/Ressourcen-Matrix**. Ist in dem Unternehmen bereits eine Budgetplanung vorhanden, so sollen in Zeile 1 zur Orientierung die Budgets des Vorjahres mit aufgenommen werden.

Jüngere Systematisierungsvorschläge stellen den **Wertschöpfungsprozeß** deutlicher in den Vordergrund. Hier ist insbesondere die **Wertketten-Analyse** (value chain analysis) von Porter zu nennen.[18] Dabei wird zwischen „**primären**" Aktivitäten, die unmittelbar mit Herstellung und Vertrieb eines Produktes verbunden sind, und „**unterstützenden**" Aktivitäten, die Versorgungs- und Steuerungs-Leistungen für die primären Aktivitäten erbringen, unterschieden. Wichtig für diese Art von Wertschöpfungsanalyse ist, daß sie zusätzlich die **Nahtstelle zu vor- und nachgelagerten Wertketten** herausarbeiten will (vgl. Abb. 5.13). Letzteres ist für die Ermittlung des strategischen Handlungsspielraumes von großer Bedeutung, weil neue Strategien oft auch eine „grenzüberschreitende" Neuordnung der Wertaktivitäten verlangen oder aber, weil in dieser Neuordnung eine herausragende Chance liegen kann.

17 Vgl. Hofer, C.W./Schendel, D., a.a.O., S. 149

18 Vgl. Porter, M.E., Wettbewerbsvorteile. (Übers. a.d. Engl.), Frankfurt a.M. 1986.

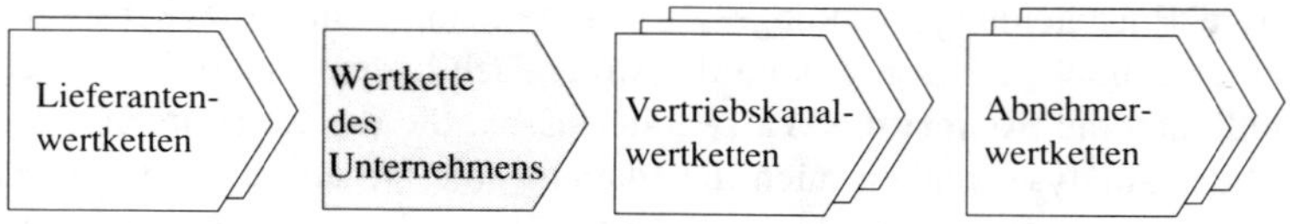

Abb. 5.13: Verschränkung der Wertketten

Quelle: Porter, M.E., Wettbewerbsvorteile, Frankfurt 1986, S. 60

Die später darzulegende Konkurrentenanalyse verlangt dementsprechend eine Kenntnis der Wertketten der wichtigsten Konkurrenten, um Unterschiede im Sinne von Stärken und Schwächen identifizieren zu können. Bedient ein Unternehmen mehrere Geschäftsfelder, so hat die Wertkettenanalyse zunächst – soweit als möglich – getrennt für die einzelnen Geschäftsfelder zu erfolgen, um dann in einem nächsten Schritt die interne Verschränkung der Wertketten mit ihren realisierten und potentiellen **Synergien** zu ermitteln.

Porter ordnet – nicht ganz ohne Willkür – kritische Wertaktivitäten den zwei erwähnten Klassen, also den primären und sekundären (unterstützenden) Aktivitäten zu und formt daraus ein allgemeines Wertketten-Modell (vgl. Abb. 5.14).

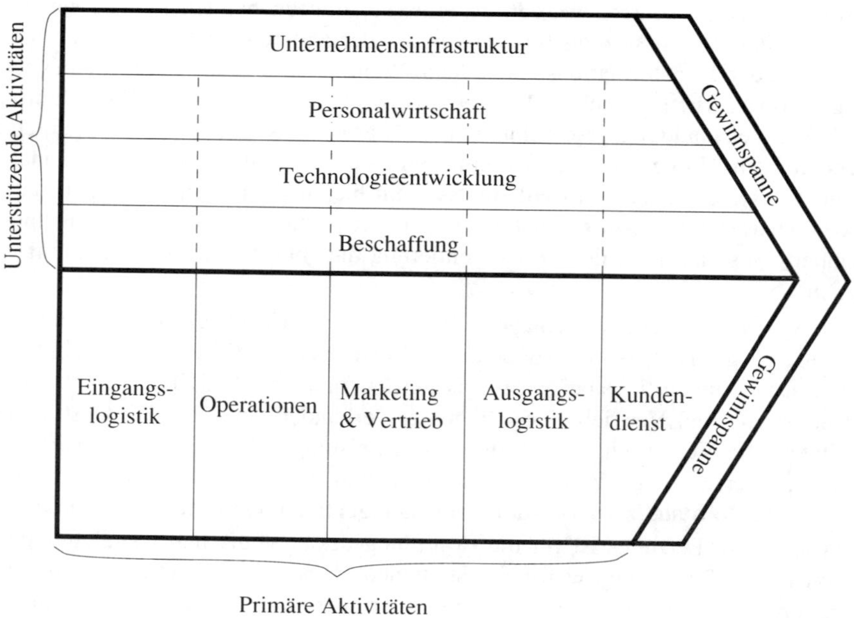

Abb. 5.14: Die Wertkette

Quelle: Porter, M.E., Wettbewerbsvorteile, a.a.O., S. 62

Das allgemeine Wertketten-Modell sei im folgenden kurz erläutert:[19]

(1) Primäre Aktivitäten

Unter „**Eingangslogistik**" werden alle Aktivitäten verstanden, die den Eingang, die Lager und Bereitstellung von Betriebsmitteln und Werkstoffen (Roh-, Hilfs- und Betriebsstoffen) betreffen.[20]

Unter „**Operationen**" sind alle Tätigkeiten der Produktion zusammengefaßt (Materialumformung, Zwischenlager, Qualitätskontrolle, Verpackung usw.).

Unter „**Marketing und Vertrieb**" sind alle Aktivitäten der Werbung, Verkaufsförderung, Außendienst, Preisbestimmung, Wahl der Vertriebswege etc. zusammengefaßt.

„**Ausgangslogistik**" bezieht sich auf alle Aktivitäten zur Auslieferung der Produkte (Fertiglager, Transport, Auftragsabwicklung usw.).

„**Kundendienst**" faßt schließlich alle Tätigkeiten zusammen, die ein Unternehmen anbietet zur Förderung des Einsatzes und der Werterhaltung der verkauften Produkte.

(2) Sekundäre Aktivitäten

„**Beschaffung**" bezeichnet alle Einkaufsaktivitäten; jede der primären Wertaktivitäten benötigt Inputs, deshalb ist die Beschaffung als Querschnittsaktivität ausgewiesen.

Auch für die „**Technologieentwicklung**" gilt, daß jede primäre Wertaktivität an eine bestimmte Technologie gebunden ist. Zur Technologieentwicklung zählt Porter: Forschung & Entwicklung, Bürokommunikation, Instandhaltungsverfahren, Mediaforschung, Transportmittel oder -paletten usw.

Zur „**Personalwirtschaft**" gehören schließlich alle Aktivitäten, die den Produktionsfaktor „Arbeit" betreffen, also Personalbeschaffung, Einstellung, Weiterbildung, Beurteilung, Entlohnung usw.

Der alles übergreifende Faktor ist die „**Unternehmensinfrastruktur**". Dazu zählt Porter alle Aktivitäten der Gesamtgeschäftsführung, das Rechnungswesen, die Finanzwirtschaft, Außenkontakte, Informationssysteme usw. Diese Aktivitäten lassen sich im Unterschied zu den anderen sekundären Aufgaben in der Regel nicht weiter aufspalten und den einzelnen primären Wertaktivitäten zuweisen, sie gelten für eine ganze Kette (= Gemeinkosten!).

Jedes Geschäftsfeld hat typische, von anderen Geschäftsfeldern differente Wertketten. Es unterscheiden sich aber auch – zumindest potentiell, denn diese Möglichkeit macht ja die strategische Substanz aus – die Wertketten der einzelnen Anbieter innerhalb eines Geschäftsfeldes.

19 Vgl. Porter, M.E., Wettbewerbsvorteile, a.a.O., S. 67 ff.

20 Es ist nicht ganz klar, weshalb sich die Eingangslogistik nicht auf alle Elementarfaktoren im Gutenbergschen Sinne bezieht, weshalb also das Personal unberücksichtigt bleibt.

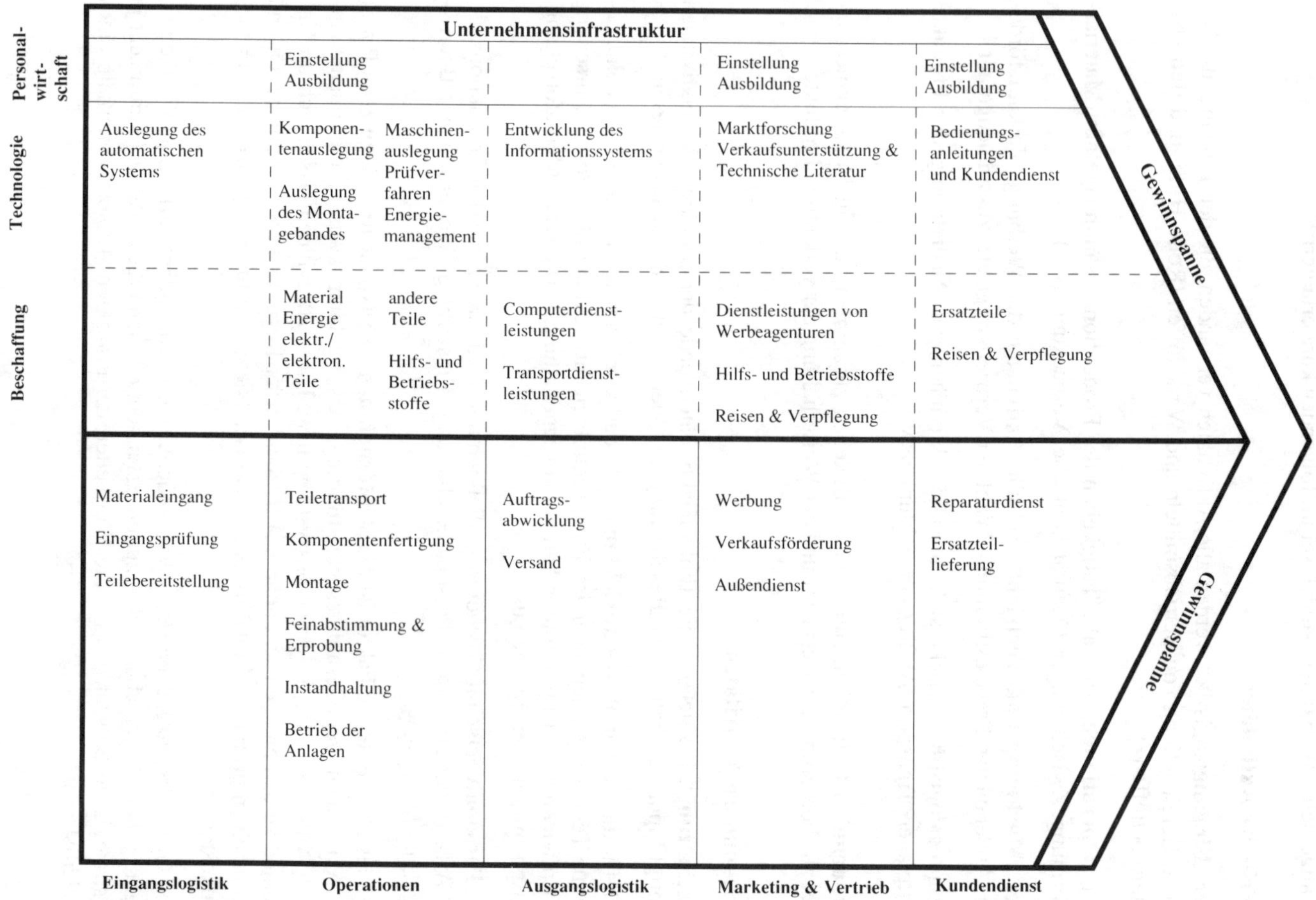

Abb. 5.15: Die Wertkette eines Kopiergeräteherstellers

Quelle: Porter, M.E., Wettbewerbsvorteile, a.a.O., S. 75

Abbildung 5.15 zeigt als Beispiel die Wertkette eines Kopiergeräteherstellers.

Die mit der allgemeinen Wertkette vorgeschlagene Ordnung der betrieblichen Aktivitäten ist offenkundig theoretisch alles andere als zwingend; ihre Logik läßt viele Fragen offen. Man sollte die Wertkette deshalb nicht als unverrückbares Prinzip, sondern vielmehr als Check-Liste für den Analytiker betrachten, anhand derer er prüfen kann, ob er an alle potentiell relevanten Bereiche und deren Verknüpfungsökonomien gedacht hat.

Nach einer Rekonstruktion des betrieblichen Wertschöpfungsprozesses sind in einem nächsten Schritt alle strategisch mutmaßlich relevanten Wertaktivitäten im einzelnen zu analysieren. Dies sei hier beispielhaft an der Funktion „Marketing und Vertrieb" gezeigt. Die strategische Analyse des Absatzbereichs beginnt mit einer Umsatzstruktur-Analyse. Für diesen Zweck haben sich u.a. die folgenden Analyseinstrumente als nützlich erwiesen:

(1) Rentabilitätsprofil des Umsatzes
(2) Altersprofil der Produkte
(3) Produktrentabilität in Abhängigkeit vom Alter der Produkte
(4) Verteilung des Umsatzes nach Produkten (ABC-Analyse)
(5) Sonstige Analysen

(1) Zur Ermittlung des **Umsatzrentabilitätsprofils** wird für jedes Produkt (oder jede homogene Produktgruppe) der Bruttogewinn (Produkterlöse ./. direkt zurechenbare Kosten) ermittelt und in % des Produkterlöses ausgedrückt (Bruttoumsatzgewinnrate). Nach Klassifizierung der Bruttoumsatzgewinnrate wird der Umsatz ermittelt, der den einzelnen Klassen zuzuordnen ist (Abb. 5.16).

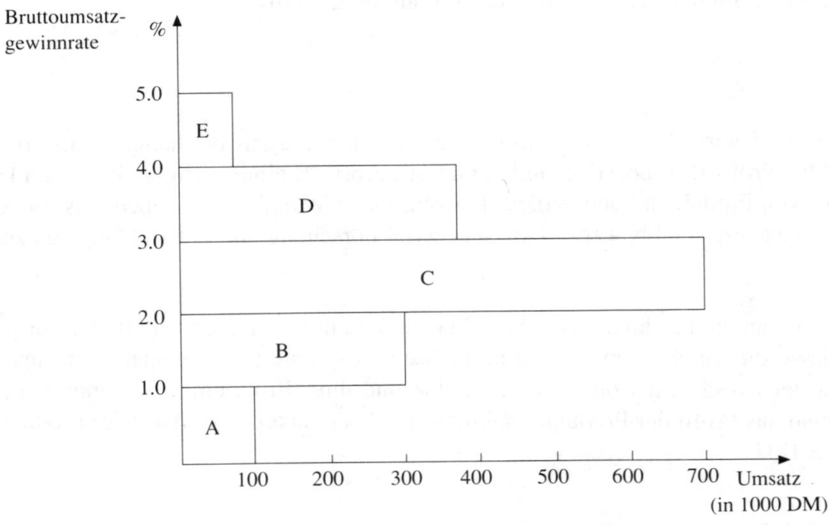

Abb. 5.16: Das Umsatzrentabilitätsprofil des Produktprogramms

Wie Abbildung 5.16 zeigt, läßt sich daraus ein Umsatzrentabilitätsprofil entwickeln, das auf mögliche Ungleichgewichte hinweist und zum Konkurrenzvergleich verwendet werden kann.

Die Informationen aus den Umsatzrentabilitätsprofilen können Aufschluß darüber geben, ob und mit welchem Schwerpunkt das Produktprogramm neu zu gestalten ist.

(2) Analog zu dem Verfahren unter (1) kann ein Altersprofil der Produkte aufgestellt werden (vgl. Abb. 5.17).

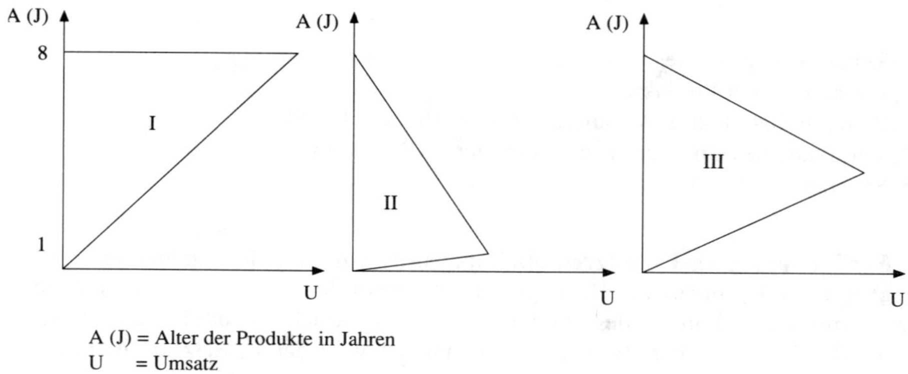

Abb. 5.17: Mögliche Altersprofile des Produktprogramms

Bei Profil I wird der größte Umsatzanteil mit den ältesten Produkten realisiert, umgekehrt bei Profil II. Eine Mittelstellung nimmt Profil III ein. Im Hinblick auf den Lebenszyklus von Produkten können diese Informationen Veranlassung geben, das Produktsortiment zu überprüfen bzw. die Aktivitäten von Forschung und Entwicklung neu zu orientieren.

(3) Faßt man die Produkte nach Altersklassen zusammen und bestimmt man für jede Altersklasse die durchschnittliche Bruttoumsatzgewinnrate (als gewogenes arithmetisches Mittel der Umsätze der einzelnen Produkte und ihrer Bruttoumsatzgewinnraten), so erhält man das Profil der Produktrentabilität in Abhängigkeit vom Alter der Produkte (vgl. Abb. 5.18).

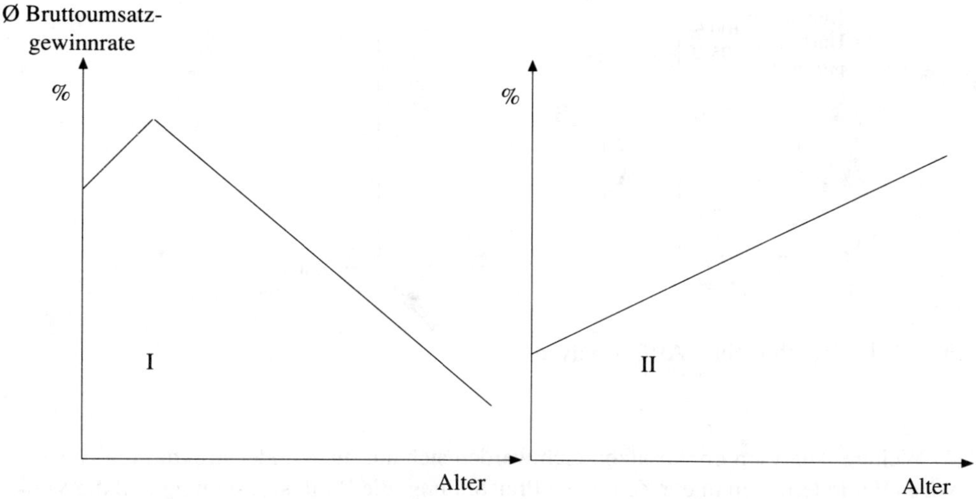

Abb. 5.18: Produktrentabilität in Abhängigkeit vom Produktalter

Profil I zeigt die höchsten Bruttoumsatzgewinnraten für die jüngeren Produkte, umgekehrt Profil II. Das Profil II wird Veranlassung geben, die Strategie der Unternehmung zu überprüfen, um die langfristige Rentabilitätsbasis der Unternehmung zu sichern.

(4) Der Ansatz einer ABC-Analyse gibt Aufschluß über die dominierenden Umsatzträger des Produktprogramms. Die Produkte (bzw. homogenen Produktgruppen) werden in absteigender Folge ihrer Umsätze geordnet. Je nach dem angestrebten Differenzierungsgrad der Informationen faßt man einzelne Produkte gemäß ihrem prozentualen Anteil an der Gesamtproduktzahl zu Klassen zusammen. Für die Umsätze der gebildeten Produktklassen wird ebenfalls der prozentuale Anteil am Gesamtumsatz ermittelt. In kumulativer Darstellung erhält man dann beispielsweise die Graphik in Abbildung 5.19.

Produkte der Klasse A machen 20 % der Produktzahl aus und erbringen 80 % des Umsatzes. Weitere 30 % der Produkte (Klasse B) erbringen 15 % des Umsatzes und die restlichen 50 % der Produkte tragen mit 5 % zum Umsatz bei (Klasse C). Diese Analyse kann Anlaß zu folgenden Überlegungen geben: Wie groß ist der Anteil der durch die drei Klassen direkt verursachten Kosten? Zeigt sich kein ausgewogenes Verhältnis, so ist dies ein deutlicher Hinweis auf die Notwendigkeit, das Produktprogramm neu zu überdenken. Dabei ist allerdings die zukünftige Rentabilität der Produkte in Abhängigkeit von ihrem Alter zu beachten. In Klasse C können z.B. junge Produkte enthalten sein, die erst in der Anlaufphase stehen.

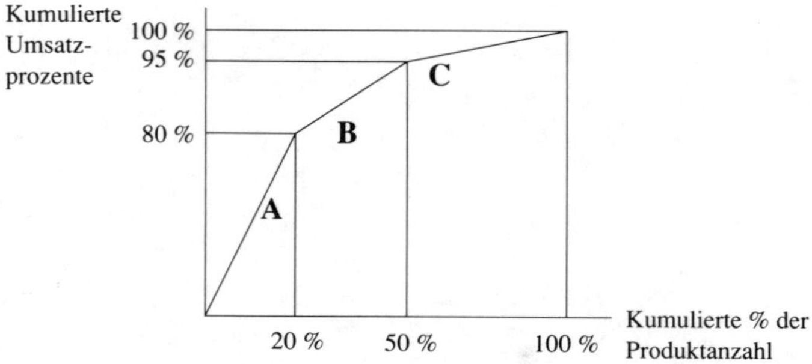

Abb. 5.19: Graphik einer ABC-Analyse

(5) Weitere Analysen im Absatzbereich werden sich auf die Kundenstruktur, die Absatzwege (Veränderungen in der Zeit!), die Preisbildung, die Produktgestaltung und die Werbung beziehen, d.h. auf alle absatzpolitischen Instrumente (Abbildung 5.20 zeigt als Beispiel die Entwicklung der Absatzwege). Zeitvergleiche und Vergleiche mit Gesamtbranchengrößen können hier Hinweise auf wichtige Entwicklungen von strategischer Bedeutung liefern.

	1960	1972	1988
Kaufhäuser	10 %	25 %	30 %
Massenfilialgeschäfte	5 %	40 %	50 %
Großhandel/Einzelhandel	65 %	30 %	20 %
Direktvertrieb	20 %	5 %	0 %

Abb. 5.20: Beispiel für eine Anteilsänderung verschiedener Absatzwege eines Produktes

In ähnlicher Weise ist für alle **anderen Wertaktivitäten** zu verfahren. Eine Zusammenschau der typischerweise relevanten Aspekte gibt die zu Beginn des Kapitels gezeigte Matrix von Hofer/Schendel.

5.4.2 Konkurrentenanalyse

Obwohl die Konkurrenten Teil der Umwelt sind, findet die Konkurrentenanalyse ihren genuinen Platz in der Stärken- und Schwächen-Analyse. Der Grund wurde eingangs bereits erläutert: eine Beurteilung der eigenen Ressourcen ist ohne Bezugnahme auf den Wettbewerb und die relevanten Konkurrenten strategisch nicht aussagekräftig.

Die Konkurrentenanalyse ist aus diesem Grunde analog zur Ressourcenanalyse aufzubauen[21]. Die Konkurrentenanalyse beginnt damit, daß die **wichtigsten Konkurrenten** ausgewählt und in ihrer allgemeinen **Marktposition** beschrieben werden. Dabei sollte nicht unbedingt die Umsatzstärke alleiniges Auswahlkriterium sein; aufstrebende neue Firmen sind ggf. für die strategische Analyse von besonderer Bedeutung und müssen deshalb auch berücksichtigt werden.

In der Konkurrentenanalyse wird nach Ermittlung der Daten schrittweise ein **Ressourcenvergleich** vorgenommen. Insgesamt kommt es darauf an herauszufinden, ob die Konkurrenten Vor- oder Nachteile bei den zentralen Wertaktivitäten haben und wie diese Vor- bzw. Nachteile die Marktstellung beeinflussen.

Die Konkurrentenanalyse und der damit verwobene Stärken/Schwächen-Vergleich laufen Gefahr, in Anbetracht der Vielzahl der Wertaktivitäten völlig unübersichtlich und unökonomisch zu werden. Als Versuch, diesem Problem zu begegnen, kann der **Ansatz der Kritischen Erfolgsfaktoren** angesehen werden.[22] Dieser Ansatz fordert dazu auf, die gesamten Wertaktivitäten auf die bedeutsamsten Erfolgsfaktoren zu verdichten. Ziel ist es, diejenigen Wettbewerbsfaktoren herauszufinden, die für den Markterfolg entscheidend sind.

Im Unterschied zu dem später darzulegenden PIMS-Programm, das **universelle Erfolgsfaktoren** wie Qualität und Marktanteil postuliert, geht der hier darzustellende Ansatz von **geschäftsfeldspezifischen Faktorkonstellationen** aus. Dabei kann wie folgt verfahren werden:

21 Zu den anderen Konzepten der Konkurrentenanalyse vgl. Hoffmann, J., Erkenntnisse aus der Portfolio-Analyse der Konkurrenz für die eigenen Produkt-/Markt-Strategien, in: Fuchs, J./Schwantag, K. (Hrsg.), Agplan-Handbuch zur Unternehmensplanung, Bd. 3, Berlin 1982, Kennzahl 4834; Porter, M.E., Wettbewerbsstrategie, a.a.O; Hinterhuber, H.H., Strategische Unternehmensführung Bd. 1, 4. Aufl., Berlin/New York 1989.

22 Vgl. Rockart, J.F., Chief executives define their own data needs, in: Harvard Business Review 57 (1979), Nr. 2, S. 81-93.

Erfolgsfaktoren	
(1)	Angebotspalette
(2)	Lieferleistungen
(3)	Technischer Kundendienst
(4)	Garantieleistungen
(5)	Distributionsdichte
(6)	Preis
(7)	Lieferantenkredit
(8)	Werbung
(9)	Verkaufsförderung
(10)	Kompetenz des Verkaufspersonals
(11)	Produktqualität
(12)	Entwicklungspotential
(13)	Flexibilität

Abb. 5.21: Beispiel für eine Liste potentieller kritischer Erfolgsfaktoren

1. Im Rahmen der Wertaktivitätsanalyse schält sich eine Reihe bedeutsamer Wettbewerbsfaktoren heraus. Diese werden zu einer Liste zusammengestellt. Abbildung 5.21 zeigt beispielhaft, wie eine solche Liste aussehen könnte.
2. Aus dieser Liste sind in einem nächsten Schritt die wichtigsten (=kritischen) Erfolgsfaktoren auszuwählen.
3. Im Anschluß daran wird dann die eigene Position und die der stärksten Konkurrenten auf diesen kritischen Dimensionen eingeschätzt. Ein Profilvergleich läßt die Stärken- und Schwächen der einzelnen Anbieter plastisch hervortreten (vgl. Abb. 5.22).

Bei der Beurteilung sollte jedoch beachtet werden, daß negative Profilabweichungen auch unterschiedliche Strategien abbilden können und keineswegs pauschal als Schwäche eingestuft werden dürfen. Für einen Billiganbieter ist klar, daß er keine Spitzenqualität anbieten kann und will.

Parallel zum Profilvergleich ist der schon erwähnte Vergleich der Wertketten durchzuführen. Er hat den Vorteil, daß er den Ressourceneinsatz im Zusammenhang zeigt und damit die Ressourcensteuerungs-Logik der Konkurrenten miterfassen kann. Für die Suche nach Wettbewerbsvorteilen ist ein solcher Vergleich unverzichtbar.[23]

23 Vgl. Porter, M.E., Wettbewerbsvorteile, a.a.O.

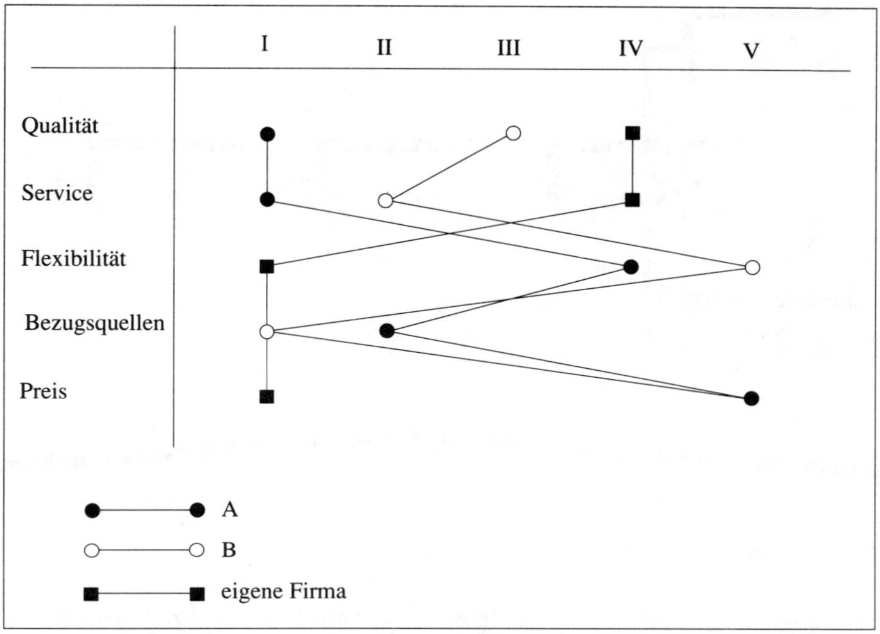

Abb. 5.22: Profilvergleich

5.5 Strategische Optionen

5.5.1 Gewinnung von Alternativen

Mit der Wertaktivitätenanalyse und dem Konkurrenzvergleich ist die strategische Analyse abgeschlossen. Im nächsten Schritt müssen die erarbeiteten Informationen zusammengeführt werden, um beurteilen zu können, ob und inwieweit die gegenwärtige Strategie bzw. das Strategie-Programm zu verändern ist, und welche Strategiealternativen sich formulieren lassen. Abbildung 5.23 erinnert an den Zusammenhang.

Für den weiteren Aufbau der Strategieplanung ist – systematisch gesehen – zunächst einmal das **strategische Problem** zu präzisieren, und zwar durch Gegenüberstellung der Ressourcensituation und der Umweltentwicklung im Lichte der allgemeinen Unternehmensziele. Mit anderen Worten, das analysierende Unternehmen muß sich nun die grundsätzliche Frage stellen, ob die derzeitige strategische Position einer Veränderung bedarf, sei es, weil sie obsolet zu werden droht, sei es, weil eine andere Position mehr Erfolg verspricht. In jedem Falle stellt sich die Frage nach einer **möglichen strategischen Neuorientierung**.

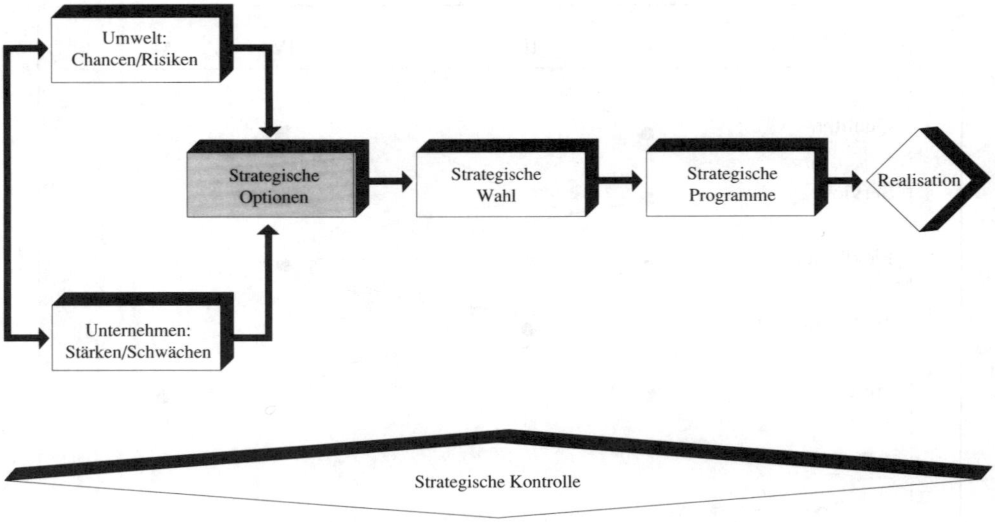

Abb. 5.23: Strategische Optionen im strategischen Prozeß

Natürlich wird der strategische Planer faktisch nicht erst hier an die zu lösenden strategischen Probleme denken. Aus der Entscheidungsprozeßforschung[24] ist hinreichend bekannt, daß Informationsaufnahme, Problemstellung und Problemlösung meist in einem Zuge erfolgen und nicht linear, sondern zyklisch abgearbeitet werden. Die hier vorgenommene künstliche Aufdröselung des strategischen Entscheidungsprozesses geschieht zu analytischen Zwecken, um Logik und Hilfsmittel für die einzelnen Phasen darstellen zu können.

Die Frage, auf welche Weise eine strategische Neuorientierung gewonnen werden kann, hat die Unternehmensplanung lange Zeit dem nicht weiter erkundbaren Bereich der **Kreativität** und der **unternehmerischen Inspiration** zugewiesen. Aus der strukturierten Datenaufnahme heraus sollten auf die jeweilige historisch-spezifische Situation bezogene Alternativen generiert werden.[25]

Dieses **einzelfallbezogene Verständnis der Alternativengewinnung** gerät heute mehr und mehr in den Hintergrund. An seine Stelle trat zunächst die diametral entgegengesetzte Idee der „**Normstrategie**". Man suchte nach empirischen Gesetzmäßigkeiten strategischen Erfolges, um daraus **universelle** Erfolgsstrategien ableiten zu können. Zu dieser Entwicklungsphase der strategischen Planung zählen die viel zitierte Portfolio-Analyse und das sog. PIMS-Programm; beide werden unten – allerdings nur noch als heuristisches Instrument – noch genauer erläutert.

24 Vgl. Witte, B., Phasen-Theorem und Organisation komplexer Entscheidungsverläufe, in: Zeitschrift für betriebswirtschaftliche Forschung 20 (1968), S. 625-647; Mintzberg, H./Raisinghani, D./Théorêt, A., The structure of „unstructured" decision processes, in: Administrative Science Quarterly 21 (1976), S. 246-275; Lyles, M.A., Formulating strategic problems: Empirical analysis and model development, in: Strategic Management Journal 2 (1981), S. 61-75.

25 Vgl. stellvertretend Andrews, K.R., The concept of corporate strategy, rev. ed., Homewood/Ill. 1980.

Derartige Bemühungen, Normstrategien aus empirischen Quasi-Gesetzmäßigkeiten zu gewinnen, stießen und stoßen jedoch auf nahezu unüberwindliche praktische und methodische Schwierigkeiten.[26] Strategisches Handeln gehorcht meist nicht naturgesetzmäßigen Verlaufsformen. Strategische „Gesetze" (Invarianzen) sind nur von kurzer Dauer, neue Strategien setzen sie bald außer Kraft.

Am sinnvollsten erscheint es, weder dem einen, noch dem anderen Ansatz zu folgen, sondern einem dritten Weg den Vorzug zu geben, dem Optionsansatz. Dies bedeutet, daß man auf die orientierende Kraft von Normstrategien nicht verzichtet; sie jedoch nicht mehr als zwingende Konsequenz, sondern als grundsätzliche Option betrachtet. Normstrategien helfen, den Raum möglicher Optionen vorzustrukturieren. Sie sollten aber nicht das einzelfallbezogene Denken gänzlich verdrängen, denn dieses Denken ist es gewöhnlich, das den Weg für neue, bislang unbekannte Optionen freischlägt.

Strategische Optionen sind grundsätzlich nach den zwei essentiellen Strategieebenen zu differenzieren, also nach der Unternehmensgesamtebene und nach der Geschäftsfeldebene.

5.5.2 Strategische Optionen auf der Geschäftsfeldebene

Für die Entwicklung einer Wettbewerbsstrategie sind vielfältige Aspekte relevant und beachtungsbedürftig. Vor allen Detailproblemen stehen jedoch **drei Grundfragen**, auf die jede Wettbewerbsstrategie eine Antwort geben muß:

(1) Wo soll konkurriert werden? (Ort des Wettbewerbs)
(2) Nach welchen Regeln soll konkurriert werden? (Regeln des Wettbewerbs)
(3) Mit welcher Stoßrichtung soll konkurriert werden? (Schwerpunkt des Wettbewerbs)

(1) Kernmarkt versus Nische

Die erste Frage ist auf die **verschiedenen Möglichkeiten der Marktabdeckung** gerichtet. Wo soll das Unternehmen in Wettbewerb treten? Ist es vorteilhafter, eine Strategie für den ganzen Markt zu wählen oder die Ressourcen (Stärken) auf ein Segment zu konzentrieren? Grundsätzlich geht es also um die Entscheidung, ob der **Kernmarkt** oder eine **Nische** (Teilmarkt) als Ort des Wettbewerbs gewählt werden soll. Die Begrenzung auf einen Teilmarkt ist immer dann sinnvoll, wenn ein Unternehmen aufgrund seiner speziellen Stärken sein Ziel hier besser erreichen kann als bei einer Betätigung auf dem Gesamtmarkt. Die Konzentration auf eine Nische kann unter Umständen höhere Erträge erbringen als die Bedienung des Gesmtmarktes. Die Nische kann sich durch eine Kundengruppe definieren (z.B. Italienische Restaurants als Abnehmer von speziellem Gemü-

26 Vgl. im einzelnen Schreyögg, G., Zur Generalisierbarkeit unternehmensstrategischer Grundsätze, Hagener Universitätsreden, Heft 10, Hagen 1986

se), durch eine Produktlinie (z.B. nur Artischocken statt eines ganzen Gemüsesortiments) oder durch ein geographisches Segment (z.B. Gemüseangebot nur im Raum Nürnberg/Fürth).

Die Entscheidung für eine **Nische** bedeutet immer den **Verzicht** auf potentiell mögliche Marktanteile. Nischenstrategien versprechen vor allem dann Erfolg, wenn die Anbieter des Kernmarktes aus strukturellen Gründen (Fertigungstechnologie, Vertriebssystem, Instandhaltungsorganisation usw.) die Nische nicht ohne weiteres auch mit bedienen können. So tun sich z.B. die großen Fluggesellschaften sehr schwer, den kleinen Regionalluftverkehr in das vorhandene Angebot einzubeziehen. Es fehlt nicht nur an geeignetem Fluggerät, der ganze Apparat ist auf den großzahligen Flugverkehr ausgerichtet (Personalorientierung, Verwaltung, Wartung usw.).

Grundsätzlich ist jedoch jede Nischenstrategie, ebenso wie jede andere Strategie, vom Risiko der Erosion bedroht.

(2) Plazierung versus Veränderung

Die zweite Frage bezieht sich auf die **Geschäftsfeldstruktur** und wirft die oben bereits angedeutete Grundsatzentscheidung auf, ob der Geschäftsfeldstruktur in ihrer derzeitigen Form gefolgt werden oder ob eine Veränderung der Wettbewerbsregeln angestrebt werden soll.

Die konservative Strategie betrachtet die Geschäftsfeldstruktur als **gegeben** und sucht nach einer **optimalen Plazierung** des Unternehmens in dem gegebenen Kräftefeld des Wettbewerbs unter Berücksichtigung der je spezifischen Stärken und Schwächen.

Im Unterschied dazu versuchen die **Veränderungsstrategien**, die herrschenden Regeln des Marktes zu überwinden. Dies kann mit Hilfe von **Macht** geschehen, indem die Struktur zu eigenen Gunsten verändert wird (z.B. Konzentration durch Übernahme von Wettbewerbern); ein anderer Weg ist die **Kooperation** wie etwa die Gründung von Gemeinschaftsunternehmen (z.B. Bosch-Siemens-Hausgeräte).

Eine Strukturveränderung kann aber auch auf einem ganz anderen Wege herbeigeführt werden, nämlich durch die **Umkehrung und Neudefinition** der **Regeln des Marktes**. Derartige **Markt-Innovationsstrategien** stellen meist darauf ab, die kritischen Erfolgsfaktoren eines Geschäftsfeldes neu zu gewichten oder neue Erfolgsfaktoren (etwa durch eine bislang unbekannte Ressourcenkombination) hinzuzufügen. Zu erinnern ist hier etwa an die Firma IKEA, die mit ihrer neuartigen Kombination der Wertaktivitäten die Regeln des Möbelmarktes neu formuliert hat.

(3) Differenzierung versus Kostenorientierung

Die dritte Frage verweist auf zwei weitere grundsätzliche Optionen, die sich jeder Ausgestaltung einer Wettbewerbsstrategie stellen. Soll das Unternehmen schwerpunktmäßig über

– günstige Kosten oder
– Leistungsdifferenzierung

den Wettbewerb bestreiten?

Die **Kostenschwerpunkt-Strategie** stellt darauf ab, einen Wettbewerbsvorteil durch einen **relativen Kostenvorsprung** zu erzielen. Die strategischen Aktivitäten bündeln sich um das Ziel, niedrigere Kosten im Verhältnis zu den Konkurrenten zu erzielen. Wie bei der Umwelt- und Ressourcenanalyse bereits deutlich wurde, gibt es viele Quellen für strategische Kostenvorteile.

Orientierte man sich z.B. an der sog. „**Erfahrungskurve**" (vgl. Kasten 5.1), so müßte die Kostenschwerpunkt-Strategie zwangsläufig auf eine **Strategie der Marktführerschaft** in dem Sinne hinauslaufen, daß nur derjenige einen strategischen Kostenvorteil erringen kann, der auch die **Marktführerschaft** inne hat. Mit anderen Worten, nur derjenige Anbieter mit der größten Mengenerfahrung bzw. dem größten Marktanteil kann auch (potentiell) die günstigsten Kosten haben.

Nach der Logik der Erfahrungskurve könnte immer nur ein Unternehmen in einem Markt sinnvoll die Kostenstrategie wählen.[27] Nun ist allerdings heute hinreichend bekannt, daß die Kostenerfahrungskurve keineswegs zwingend ist (vgl. Kasten 5.1). So hat sich z.B. bei der Diskussion der Betriebsgrößenersparnisse klar gezeigt,[28] daß in vielen Branchen die möglichen Größenersparnisse bei schon relativ kleinen Betriebsgrößen ausgeschöpft sind, und daß in manchen Fällen bei weiterer Ausdehnung der Betriebsgröße sogar die Gefahr von „**diseconomies of scale**" besteht. Aus diesen Gründen sollte die Kostenorientierung unabhängig von einer gleichzeitigen Marktführerschaft als grundsätzliche strategische Option betrachtet werden.

Die Kostenschwerpunkt-Strategie bedeutet nicht, daß die Qualität oder andere Differenzierungsgesichtspunkte wie Image, Service usw. völlig vernachlässigt werden sollten. In der Regel wird im Rahmen einer Kostenstrategie ein **Standardgut** mit durchschnittlicher Qualität und Gestaltung angeboten. Kostenführerschaft bedeutet nicht zwangsläufig Billiganbieter; meist wird der Kostenführer bestrebt sein, sein Produkt soweit attraktiv machen, daß er den Preis in der Nähe des Branchendurchschnitts halten und so den Kostenvorteil abschöpfen kann.

Die **Differenzierungsstrategie** – als zweite grundlegende Option des Wettbewerbsschwerpunktes – stellt darauf ab, einen Wettbewerbsvorteil gegenüber der Konkurrenz dadurch zu erzielen, daß das angebotene Gut (Produkt oder Dienstleistung) einen **Besonderheitscharakter** erhält. Differenzierte Güter sind in gewissem Umfange einzigartige Güter. Wie schon bei den Markteintrittsbarrieren angesprochen, zielt die Differenzierung auf eine **Herabsetzung der Preiselastizität** der Nachfrage ab.

27 So auch der Vorschlag von Porter, M.E., Wettbewerbsstrategie, a.a.O., S. 34 f.

28 Vgl. z.B. Scherer, F.M., a.a.O.

Kasten 5.1

Die Erfahrungskurve

Das Konzept der Erfahrungskurve wurde Mitte der sechziger Jahre von der amerikanischen Unternehmensberatungsgesellschaft „Boston Consulting Group" (BCG) entwickelt und als Instrument zur Formulierung effektiver Geschäftsstrategien propagiert.

Auf dem Hintergrund bekannter ökonomischer Gesetzmäßigkeiten („Gesetz der Massenproduktion", Betriebsgrößenersparnisse) hat die BCG empirische Untersuchungen zur langfristigen Gesamtkostenentwicklung ihrer Klienten angestellt und herausgefunden, daß im Zeitablauf gesehen zwischen der Stückkostenentwicklung und der Produktionsmenge folgender Zusammenhang besteht: Mit jeder Verdoppelung der kumulierten Produktmenge (=Erfahrung) sinken die (inflationsbereinigten) Stückkosten um 20-30%:

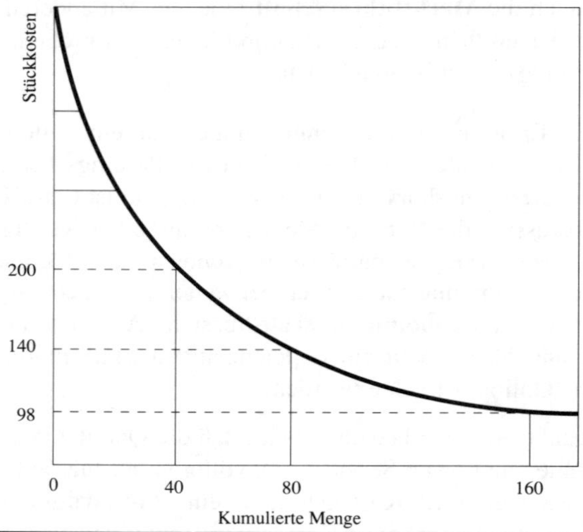

Selbst bei starken Preisunterbietungen der Konkurrenz soll die Kernnachfrage – und damit die Rendite – erhalten bleiben. Die Nachfrager nehmen den relativ höheren Preis wegen der Einmaligkeit des Produktes in Kauf („**monopolistische Konkurrenz**").

Für die Entwicklung von Differenzierungsstrategien gibt es zwei generelle Ansatzpunkte:[29]

– Senkung der Nutzungskosten und/oder
– Steigerung des Nutzungswertes.

Im **ersteren** Falle findet die Einmaligkeit ihren Wert darin, daß das Produkt geeignet ist, die Nutzungskosten des Abnehmers zu senken. So können z.B. durch das Differenzierungsmerkmal „Technische Beratung" die Anlaufkosten bei neuen Aggregaten oder durch fertigungsoptimale Ausgestaltung des (Vor-) Produkts Fertigungskosten beim Abnehmer gesenkt werden.

29 Vgl. Porter, M.E., Wettbewerbsstrategie, a.a.O., S. 4

Kasten 5.1 (Fortsetzung)

Ausschlaggebend für die kumulierte Produktionsmenge ist letztlich die Stellung der Unternehmung am Markt, da die Produktionsmenge durch die Absatzmenge determiniert wird. Deshalb kann der Marktanteil als Indikator für die Bestimmung der kumulierten Produktionsmenge benutzt werden. Ein hoher Marktanteil inidiziert somit eine große kumulierte Produktionsmenge. Daraus folgt, daß das Unternehmen mit dem größten Marktanteil aufgrund der Kostenvorteile, die sich aus dem Erfahrungskurveneffekt ergeben, die größte Gewinnspanne aufweist. Der Marktanteil wird so zum alles entscheidenden Wettbwerbsfaktor:

Größter Marktanteil → Höchste kumulierte Menge → Geringste Stückkosten → Höchste Rentabilität

Das Erfahrungskurvenkonzept ist vielfach kritisiert worden. Die Haupteinwände sind:

1. Das Erfahrungskurvenkonzept kann keine generelle Gültigkeit beanspruchen, da empirisch auch gänzlich andere Kostenverläufe feststellbar sind.
2. Die Verwendung von Marktanteilen als Indikator für die kumulierte Menge im Kokurrentenvergleich ist nur auf den unrealistischen Prämissen möglich: homogene Produkte, gleiche Erfahrungsraten, einheitliche Marktpreise für alle Anbieter und gleiche Markteintrittszeitpunkte.
3. Das Konzept der Erfahrungskurve ignoriert die Tatsache, daß „Erfahrung" häufig in der Branche (unbeabsichtigt) diffundiert.
4. Ferner hat das Erfahrungskurvenkonzept nur für eine gegebene Technologie Gültigkeit; Sprünge in der Entwicklung der Fertigungstechnologie begründen eine neue Erfahrungskurve.

Quellen: Henderson, B.D.,: Die Erfahrungskurve in der Unternehmensstrategie, 2. Aufl., Frankfurt a.M. - New York 1984, Abernathy, W.J./Wayne, K.: Limits of the learning curve, in: Harvard Business Review, 52 (1974), Nr. 5, S. 109 - 119

Im **zweiteren** Falle wird die Einmaligkeit durch die Schaffung eines Zusatznutzens bewirkt. Typische Quellen für eine solche Differenzierung sind: Kundendienst, Standort, Betriebsgröße (Zahl der Agenturen, internationale Verbindungen usw.), Qualität, Design oder Integration (z.B. Gesamtpaket für Leistungen).

Erfolgreich kann eine solche Differenzierungsstrategie nur dann sein, wenn der zusätzlich angebotene Nutzen

- für den Kunden **wichtig** ist und
- von dem Kunden tatsächlich als solcher **wahrgenommen** wird.

Ein weiteres Erfolgsmerkmal ist die Frage, wie leicht die Differenzierung von den Konkurrenten **imitiert** werden kann. Die Differenzierung eines Gutes ist in der Regel nur mit höheren Kosten möglich (Werbung, Servicepersonal, Designer etc.), eine Differenzierung ist deshalb auch nur so lange attraktiv, wie die zusätzlich erzielbaren Erträge größer als die zusätzlichen Aufwendungen für die Differenzierung sind.

Differenzierungs- und Kostenstrategie sind im Grundsatz sich **gegenseitig ausschließende Alternativen**. Differenzierung ist gewöhnlich mit einer Verschlechterung der Kostenstruktur verbunden; die Kostenstrategie stellt auf eine Optimierung der Kostenstruktur ab und erlaubt deshalb nur eine durchschnittliche Qualität und Differenzierung.

Unternehmen, die sich scheuen, einen **eindeutigen Schwerpunkt** zu setzen, laufen Gefahr, zwischen zwei Stühle zu geraten. Sie können weder die großen Mengenabnahmen erreichen, noch exklusive Abnehmergruppen ansprechen. Unternehmen, die sich für keine der beiden Stoßrichtungen entscheiden können, haben deshalb gewöhnlich auch eine geringere Rentabilität.[30]

(4) Strategieoptionen im Überblick

Insgesamt spannen die drei Grundfragen strategischer Orientierungen dichotomisch ausgeprägt ein Spektrum von (2^3 =) **acht Basisoptionen** auf, die in Abbildung 5.24 schematisch als Würfel mit 8 Oktanten dargestellt sind.

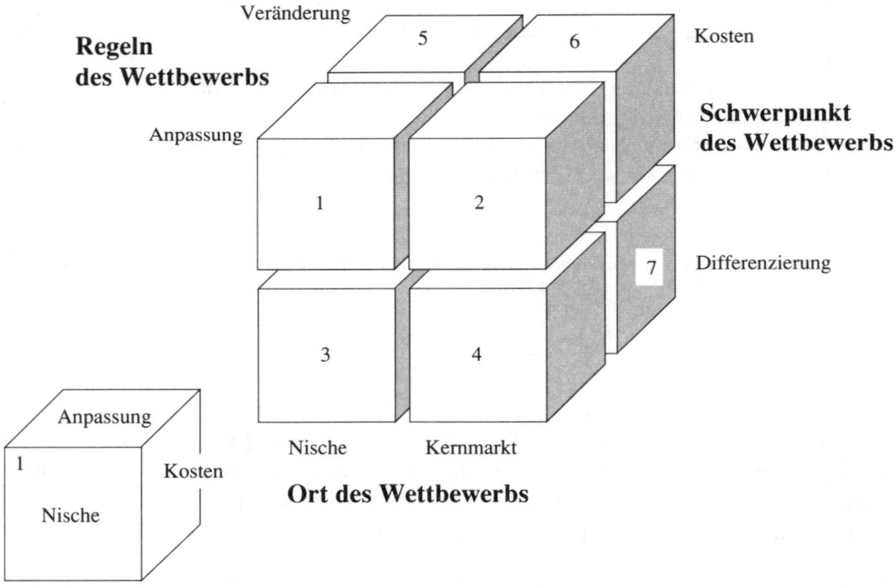

Abb. 5.24: Die acht Basisoptionen der Geschäftsfeldstrategie

Jeder Oktant stellt eine der Strategieoptionen dar, die sich aus der Beantwortung der drei Grundfragen ergeben. Dies mag ein Beispiel illustrieren (Oktant 3):

30 Vgl. Hall, W.K., Survival strategies in a hostile environment, in: Harvard Business Review 58 (1980), Nr. 5, S. 75-85. Auf Situationen, in denen beide Schwerpunkte zugleich verfolgt werden sollen, verweist Hill, C.W.L., Differentiation versus low cost or differentiation and low cost: A contingency framework, in: Academy of Management Review 13 (1988), S. 401-412.

Die Firma IKEA konnte in den 70er Jahren einen hervorragenden Platz im deutschen Möbelmarkt erobern. Sie hatte sich für eine ungewöhnliche Strategie entschieden: Man wollte

- in den Kernmarkt
- mit neuen Regeln
- als Kostenführer

eindringen.

Markant war die Kombination Kostenführung mit neuen Regeln. Durch eine Neustrukturierung der Wertkette – insbesondere durch eine Neuverteilung der Wertaktivitäten zwischen der Firma und den Abnehmern ist es gelungen, einen signifikanten Kostenvorteil gegenüber der Konkurrenz zu erringen. Durch eine geschickte Imagekampagne konnte ferner über das Preiskalkül hinaus eine emotionale Bindung der Kunden an die Firma erreicht werden. Letzteres hat dazu beigetragen, daß der erworbene Wettbewerbsvorsprung gegen andere nachrückende Mitnahmemöbel-Anbieter erfolgreich verteidigt werden konnte.

Die zentralen Unterschiede in der Strategie zwischen herkömmlichen Anbietern und IKEA zeigt Abbildung 5.25.

Möbelmarkt		
	Etablierte Anbieter (Hülsta, WK etc.)	**IKEA**
Fertigung/Einkauf	Kleine Lose, hohe Kosten	Große Serien, geringe Kosten
Montage	Hohe Kosten, lohnintensiv	Geringe Kosten (erledigt Kunde)
Transport	Großvolumen: hohe Kosten	Kompaktverpackungen: geringe Kosten
Ausstellungsort	Zentrale Lage, hohe Kosten	Gewerbegebiet, geringe Kosten
Lieferzeit	Lang, kleines Lager: geringe Kosten	Kurz, großes Lager: hohe Kosten
Lieferung und Ausstellung	Fuhrpark, Schreiner: hohe Kosten	Keine Kosten (übernimmt Kunde)

Abb. 5.25: Neue Regeln im Möbelmarkt

Quelle: Nach Wittek, B.F., Kundennutzen als strategische Waffe, in: Strategische Planung 3 (1987), S. 43

Die hier erläuterten strategischen Optionen stellen **situationsunabhängige Handlungsorientierungen** dar. Welche Option in welcher Ausgestaltung im Einzelfall zu wählen ist, hängt in ganz entscheidendem Maße von den Ergebnissen der Strategischen Analyse ab. Wachsende Märkte bieten andere Chancen und Risiken als schrumpfende Märkte. Und ähnlich: Firmen mit chronisch ungünstiger Kostenstruktur sind in der Regel schlecht beraten, sich die Kostenführerschaft als strategisches Ziel zu setzen.

5.5.3 Strategische Optionen auf der Gesamtunternehmens-Ebene

5.5.3.1 Diversifikation

Eine gesonderte Betrachtung der Gesamtunternehmens-Ebene ist nur dann sinnvoll, wenn eine Unternehmung in mehreren Geschäftsfeldern mit je spezifischen Wettbewerbsstrategien konkurriert oder aber, wenn eine Unternehmung ihre Aktivitäten auf zusätzliche Geschäftsfelder ausdehnen will. Die Strategie des Übergangs von nur einem Geschäft zu einer Mehrzahl von Geschäftsbereichen nennt man in der Planungsliteratur **Diversifikation**. Dies ist heute eine häufig gewählte Strategie geworden. Von den 500 größten U.S.-amerikanischen Unternehmen haben sich ca. 90% zur Diversifikation entschlossen. In der Bundesrepublik dürfte der Anteil nicht wesentlich geringer liegen, obwohl exakte Zahlen bislang fehlen.

In der Planungsliteratur gibt es eine Vielzahl von Diversifikationsklassifikationen.[31] Am häufigsten werden Diversifikations-Optionen nach den zwei folgenden Gesichtspunkten unterschieden:

(1) Nach dem Verwandtschaftsgrad mit dem bisherigen Geschäft.
(2) Nach der Stellung im Wertschöpfungsprozeß.

(1) Die Unterscheidung nach dem **Verwandtschaftsgrad** der Geschäftsfelder orientiert sich an der gemeinsamen Nutzung von Ressourcen und Risikogesichtspunkten. Es gibt Diversifikationen, die auf der Basis derselben Fertigungstechnologie betrieben werden, auf ähnlicher Produkttechnologie basieren (z.B. chemische Produkte oder Metallwaren) oder eine gemeinsame Nutzung des Vertriebssystems erlauben (vgl. Abb. 5.26).

Je enger die Bezüge zum angestammten Geschäft, um so höher ist gewöhnlich das **Synergiepotential** (2+2=5), also die Chance, aus der gemeinsamen Nutzung von Ressourcen Vorteile zu ziehen („**economies of scope**“).

Ein weitgehender Verzicht auf Synergien liegt dagegen bei der völlig unverbundenen Diversifikation vor, der sog. **konglomeraten** oder **lateralen** Diversifikation. Das häufigste Motiv einer solchen Diversifikation ist neben rein finanzwirtschaftlichen Gesichtspunkten die Risikostreuung.

Die Profitabilität konglomerater Diversifikation wird immer wieder angezweifelt. So kommt z.B. Rumelt[32] in seinen umfänglichen empirischen Studien zu dem Ergebnis, daß Unternehmen mit einer Strategie der verwandten Diversifikation, die in anderen Geschäftsfeldern erworbenes Know How bei moderatem Risiko transferiert, im Durch-

31 Vgl. Reed, R./Luffmann, G.A., Diversification: The growing confusion, in: Strategic Management Journal 7 (1986), S. 29-36.

32 Vgl. Rumelt, R.P., Strategy, structure, and economic performance, Cambridge/Mass. 1974; Rumelt, R.P., Diversification strategy and profitability, in: Strategic Management Journal 3 (1982), S. 359-369.

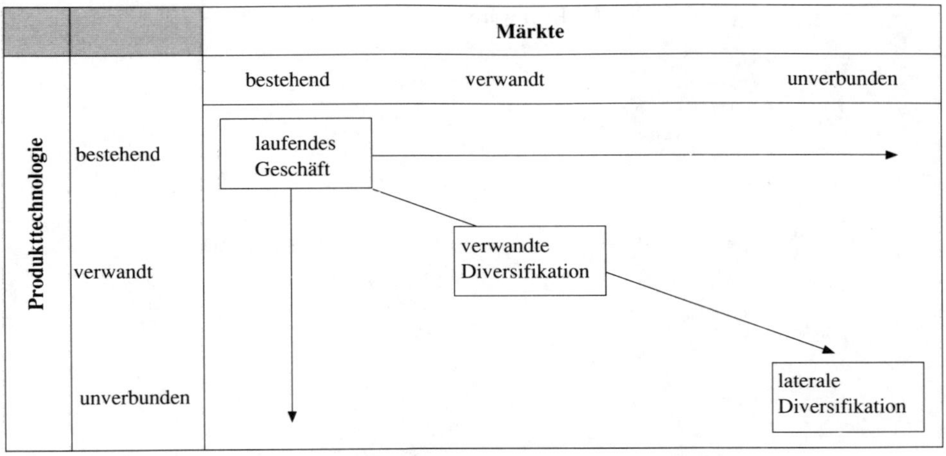

Abb. 5.26: Diversifikationsstrategien, gegliedert nach dem Verwandtschaftsgrad mit dem bestehenden Geschäft

schnitt erfolgreicher waren als Unternehmen, die die Strategie der lateralen Diversifikation gewählt hatten. Ähnliche Ergebnisse erbrachte die Studie von Bettis.[33]

Trotz dieser Zweifel erfreut sich die konglomerate Diversifikation in der Praxis einer immer stärkeren Beliebtheit. Dies vor allem deshalb, weil sie für Firmen, die in stagnierenden oder schrumpfenden Branchen (z.B. Stahl oder Kohle) tätig sind, den Weg zu neuen zukunftsträchtigeren Märkten öffnet.[34]

(2) Der zweite Gesichtspunkt zur Unterscheidung von Diversifikationen orientiert sich an der **Wertschöpfungsstufe** (vgl. Abb. 5.27). Diversifikationen können in vorgelagerten oder nachgelagerten Wertschöpfungsstufen angesiedelt sein (**vertikale** Diversifikation).

Häufig werden vertikale Integration und vertikale Diversifikation synonym verwendet. Dies ist nur in Ausnahmefällen richtig. Eine **vertikale Integration** ist – wie in Kurseinheit I gezeigt – eine Maßnahme zur Verbesserung der Kostenstruktur oder zur Sicherung der Rohstoff- oder Absatzbasis. Sie wird erst dann und nur dann zur Diversifikation, wenn die Integration (auch) zu einer **neuen selbständigen Markttätigkeit** führt.

Wenn ein Röhrenhersteller ein Stahlwerk erwirbt, um einen kostengünstigen Rohstoff zu haben, so ist dies eine vertikale Integration (z.B. im Zuge der Kostenschwerpunktstrate-

33 Vgl. Bettis, R.A., Performance differences in related and unrelated diversified firms, in: Strategic Management Journal 2 (1981), S. 379-393.

34 Dieser Trend mag auch die eigentliche Erklärung für den Rentabilitätsunterschied sein. Firmen, die von unattraktiven Branchen kommen und sich zur konglomeraten Diversifikation entschieden haben, werden im Durchschnitt – jedenfalls zu Anfang – eine geringere Gesamtrentabilität aufweisen als Firmen, die in einer prosperierenden Branche eine „verwandte" Diversifikation tätigen. Vgl. dazu Christensen, H.K./ Montgomery, C.A., Corporate economic performance: Diversification strategy versus market structure, in: Strategic Management Journal 2 (1981), S. 327-343.

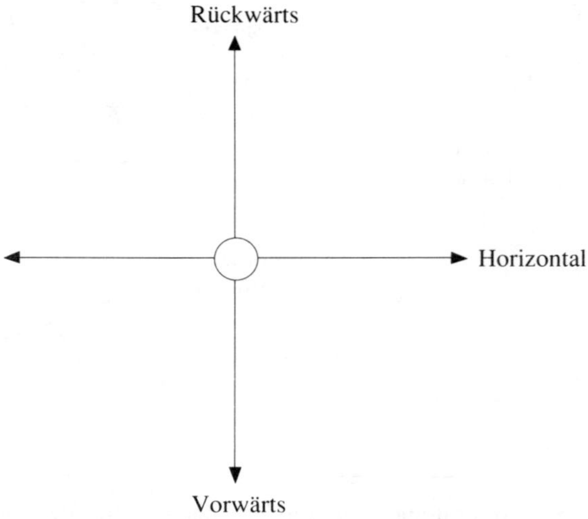

Abb. 5.27: Vertikale und horizontale Diversifikation

gie). Erwirbt er das Stahlwerk, um sodann als Anbieter auf dem Stahlmarkt aufzutreten, so ist dies eine vertikale Diversifikation. Natürlich ist auch eine Kombination von beiden denkbar, wie dies etwa bei der Mannesmann AG der Fall ist. Analog verhält es sich bei der vorwärts gerichteten Diversifikation.

Eine **horizontale Diversifikation** sucht neue Geschäftsfelder auf der vergleichbaren Wertschöpfungsstufe in mehr oder weniger großer Nähe zum angestammten Markt (z.B. Küchenmaschinen und Staubsauger).

Eine geplante Diversifikation kann grundsätzlich auf drei Wegen realisiert werden:

- Akquisition
- Kooperation
- Eigenaufbau.

In der Praxis wird mit Abstand am häufigsten der **Akquisitionsweg** gewählt. In einer kürzlich durchgeführten Untersuchung von Porter[35] zu insgesamt 3.800 Diversifikationsfällen hatten Firmen in 2.600 Fällen diesen Weg gewählt. Es ist dies der am einfachsten und schnellsten zu realisierende Weg, das erforderliche Know-How wird gekauft. Die Schwierigkeiten dieses Weges werden allerdings häufig weit unterschätzt. In der eben erwähnten Studie waren z.B. nur 35% der untersuchten 2.600 Fälle erfolgreich.

35 Vgl. Porter, M.E., From competitive advantage to corporate strategy, in: Harvard Business Review 65 (1987), Nr. 3, S. 43-59.

Der Weg des **Eigenaufbaus** („start up") wird wesentlich seltener beschritten (fehlendes Know How, zu großes Risiko etc.). Dort, wo er allerdings konsequent beschritten wird, hat er eine gute Erfolgsprognose. In der erwähnten Studie waren immerhin 58% der untersuchten Fälle erfolgreich.

In jüngster Zeit rückt die **Kooperation** als dritter Weg stark in den Vordergrund, etwa in Form von Lizenznahmen oder joint ventures.[36] Eine Kooperation – oft vermieden wegen des Autonomieverlustes – ist vor allem dort aussichtsreich, wo sich zwei separat entwickelte Kompetenzen auf einem neuen Markt zu einem Wettbewerbsvorteil vereinen lassen (z.B. Forschungs- und Vertriebskompetenz).

Welcher Weg auch immer im Einzelfall gewählt wird, ausschlaggebende Frage für den Erfolg ist immer, ob es dem diversifizierenden Unternehmen gelingen wird, in dem neuen Geschäftsfeld eine aussichtsreiche Wettbewerbsposition zu erringen oder nicht.

5.5.3.2 Portfolio-Strategien

Hat sich eine Firma zur Diversifikation entschlossen, so stellt sich auf Unternehmensebene ein neues strategisches Problem, nämlich wie die vorhandenen Ressourcen auf die verschiedenen Geschäftsbereiche verteilt werden sollen und wie das Verhältnis der Geschäftsbereiche zueinander strategisch bestimmt werden soll. Zur Fundierung dieser gesamtstrategischen Entscheidungen sind die populären Portfolio-Modelle entwickelt worden.

Portfolio-Modelle unterstützen das Management von diversifizierten Unternehmen bei der komplexen strategischen Führungsaufgabe, indem sie[37]

- einen **Maßstab** definieren, der einen Vergleich der unterschiedlichen Geschäfte erlaubt;
- eine **generalisierte** Beschreibung der strategischen Situation anbieten, in der sich die individuellen Analysen zusammenfassen lassen;
- das **Verhältnis** von zentralen Merkmalen der Geschäftseinheiten zum Unternehmensgesamterfolg bestimmen;
- eine eindeutige **Strategieempfehlung** für jeden Geschäftsbereich geben.

Der dabei zugrundeliegende Selektionsprozeß ermöglicht einerseits überhaupt erst, die komplexe strategische Gesamtführungsaufgabe auf ein bearbeitbares Format zu bringen, birgt aber auf der anderen Seite aufgrund der geradezu dramatischen Vereinfachung zahlreiche Risiken. Diese Risiken sorgfältig zu beobachten, muß Aufgabe eines jeden strategischen Prozesses sein, der sich dieses Instrumentes bedient.

Basis aller Portfoliokonzepte ist die Beschreibung des Erfolgspotentials einer strategischen Geschäftseinheit aus den Chancen und Bedrohungen der Umwelt sowie aus den internen Stärken und Schwächen. Die typische Darstellungsweise in der Form eines Koordinatensystems weist dementsprechend immer eine Umweltachse und Unternehmensachse aus (vgl. Abb. 5.28).

36 Vgl. Contractor, F.J./Lorange, P., Competition vs. cooperation, in: Management International Review, Special Issue: Co-operative strategies in international business, Wiesbaden 1988.

37 Vgl. Fry, J.N./Killing, J.P., Strategic analysis and action, Englewood Cliffs, N.J. 1986, S. 145.

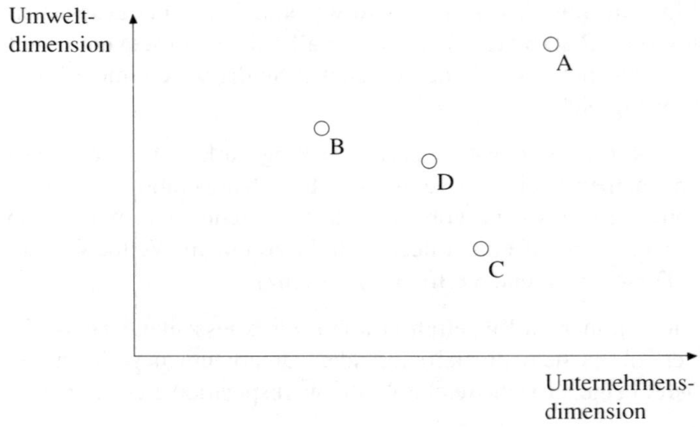

Abb. 5.28: Grundstruktur der Portfolio-Methode

Quelle: Welge, M.K., Unternehmensführung, Bd. 1, Planung, Stuttgart 1985, S. 339

Die wohl bekannteste Portfoliomatrix wurde Anfang der 70er Jahre von der Boston Consulting Group (BCG) entwickelt.[38]

Wie Abbildung 5.29 zeigt, wird die **Umweltkonstellation** einer strategischen Geschäftseinheit in der BCG-Matrix durch einen einzigen Faktor, nämlich das „**Marktwachstum**", repräsentiert. Die BCG geht implizit davon aus, daß sich alle umweltbedingten Chancen und Risiken durch die Marktwachstumsrate abbilden lassen. Eine gewisse (keinesfalls jedoch zwingende!) Unterstützung erfährt diese These durch die bereits erwähnte „Erfahrungskurve" und den Produktlebenszyklus. In beiden Konzepten wird ein enger Zusammenhang zwischen dem Wachstum und den Erfolgsgrößen, wie Gewinn, ROI und Cash Flow, postuliert (vgl. Kasten 5.2). Stark wachsende Märkte stellen demnach eine Chance dar und versprechen unternehmerischen Erfolg. Niedrige Wachstumsraten deuten hingegen auf unattraktive Märkte hin, die sich in der letzten Phase ihres Lebenszyklus befinden.

In der Originaldarstellung des BCG-Portfolios wird das Marktwachstum auf der Ordinate abgetragen. Die Trennlinie, die Felder mit hohen und niedrigen Wachstumsraten abgrenzt, wird dort bei 10% gezogen. Grundsätzlich kann die Trennlinie aber auch in anderer Weise bestimmt werden (z.B. über die Wachstumsrate des Bruttosozialproduktes), eine feststehende Regel wird dafür nicht angegeben. Ebenso ist nicht genau festgelegt, wie die Marktwachstumsrate zu bestimmen ist. Es können z.B. Fünfjahres-Durchschnitte verwendet werden, die sich entweder auf Vergangenheitswerte oder auf Prognosewerte beziehen.

38 Vgl. Dunst, K.H., Portfolio Management, Berlin/New York 1979.

Kasten 5.2

Das Produktlebenszyklus-Konzept

Empirische Beobachtungen zeigen, daß Produkte ähnlich dem biologischen Entwicklungsprozeß unterschiedliche Reifestadien durchlaufen. Am gebräuchlichsten wurde eine Unterteilung in die vier Phasen Einführung, Wachstum, Reife und Niedergang.

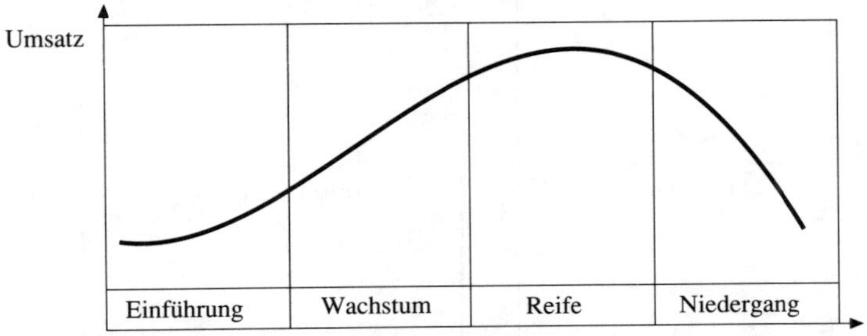

Das Lebenszyklus-Konzept wird jedoch nicht nur für Produkte, sondern zunehmend auch für Märkte und Branchen verwendet. So unterscheidet man z.B. vier Marktphasen: Experimentierphase, Expansionsphase, Ausreifungsphase und Stagnations- bzw. Rückbildungsphase, die ähnlich dem Produktlebenszyklus-Konzept durch unterschiedliche Bedingungskonstellationen, z.B. Höhe der Markteintrittsbarrieren, Gewinnraten usw., gekennzeichnet sind.

Ganz ähnlich, jedoch mit engerem strategischen Bezug, unterscheidet Porter:
- entstehende oder junge Märkte
- Märkte, die sich im Übergang von schnellem Wachstum zur Reife befinden und
- schrumpfende Märkte

Das wesentliche Merkmal junger Branchen ist hiernach darin zu sehen, daß es noch keine feststehenden Branchenregeln gibt. Deshalb besteht das vordringliche Strategieproblem darin, entsprechende Regeln zu etablieren.

Der Übergang der Branche zur Reife wird als besonders kritische Phase angesehen, weil sich in dieser Zeit das Wettbewerbsumfeld fundamental ändert:
- Durch verlangsamtes Wachstum mehr Wettbewerbsintensität; es dominiert in dieser Phase der Kampf um Marktanteile, so werden häufig Preis-, Service- und Werbekriege beobachtet;
- Gefahr der Schaffung von Überkapazitäten;
- Zunehmende Produktstandardisierung bewirkt Internationalisierung des Wettbewerbs;
- Steigende Macht der Abnehmer.

Schrumpfende Branchen sind solche Branchen, die im Zeitablauf einen absoluten Rückgang der verkauften Menge zu verzeichnen haben. Der Wettbewerbscharakter in der Niedergangsphase ist durchaus unterschiedlich und läßt diverse Handlungsmöglichkeiten offen.

Haupteinwände:
1. Bedingungsfaktoren ungeklärt
2. Empirische Verläufe variieren stark
3. Phasendauer extrem unterschiedlich
4. Bestimmung der Phase im Zyklus ist zuverlässig erst ex post möglich
5. Überbetonung der Produktinnovation.

Quelle: Porter, M.E., Wettbewerbsstrategie, Übers. a.d.Engl. Frankfurt a.M. 1983

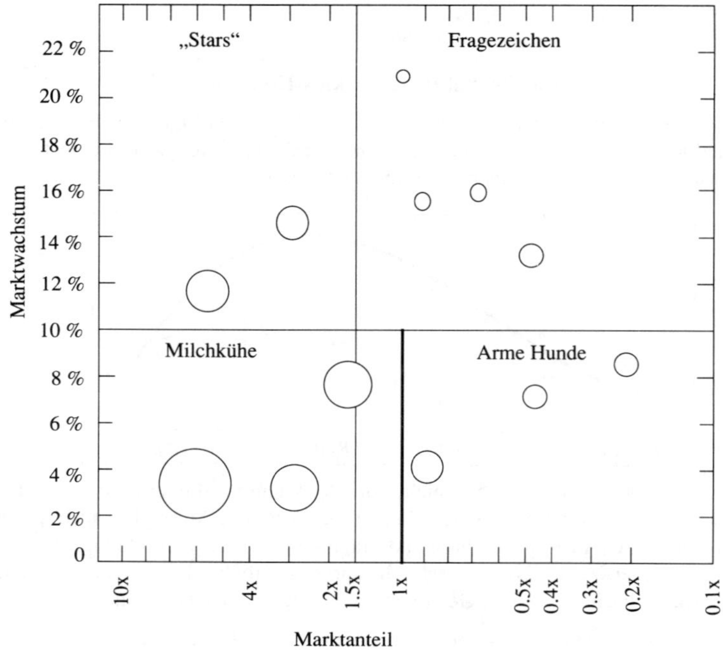

Abb. 5.29: Die BCG-Portfolio-Matrix

Quelle: Nach Hedley, B., Strategy and the „Business Portfolio", in: Hahn, D./Taylor, B. (Hrsg.), Strategische Unternehmungsplanung, 2. Aufl., Würzburg/Wien 1983, S. 138

Auch die **Stärken und Schwächen** einer Geschäftseinheit werden in der BCG-Matrix durch einen einzigen Faktor repräsentiert, nämlich durch den (relativen) **Marktanteil**. Zur Begründung für diese drastische Vereinfachung wird gewöhnlich auf die „Erfahrungskurve" und die Ergebnisse der sog. PIMS-Forschung verwiesen. Die Brücke zur Erfahrungskurve kann nur mit einer Verknüpfungshypothese geschlagen werden, indem man nämlich unterstellt, der Marktanteil indiziere die kumulierte Produktionsmenge und also die Kostenstruktur, was dann bei gleichen Preisen und Produkten den Rückschluß auf den Wettbewerbsvorteil oder -nachteil gegenüber der Konkurrenz erlaubt.

Eine direktere Begründung fließt aus der PIMS-Forschung. Dort konnte in einigen Studien gezeigt werden, daß eine hohe Profitabilität wesentlich durch einen hohen Marktanteil (statistisch) erklärt wird. Wie nicht weiter verwunderlich,, ist jedoch ein derart globaler Zusammenhang für zahlreiche Einwendungen offen (vgl. Kasten 5.3).

Kasten 5.3

Das PIMS-Konzept

Das PIMS-Konzept (PIMS = Profit Impact of Market Strategy) versucht Strategien empirisch zu fundieren, indem man die für den strategischen Erfolg maßgeblichen Bestimmungsfaktoren („laws of the market") herauszufinden versucht. Die Forschungsgruppe wertete die Daten von ca. 600 strategischen Geschäftseinheiten mit dem Ziel aus, Unterschiede im Gewinn – genauer: in der Gesamtkapitalrentabilität – zu erklären. Mit 37 erfaßten unabhängigen Variablen, konnte ca. 80% der Rentabilitäts-Varianz erklärt werden. Im Ergebnis erwies sich der Marktanteil als relativ guter (20%) und im Verlaufe weiterer Untersuchungen auch als stabilster Prediktor. Nachfolgende Abbildung zeigt die isolierte Auswertung:

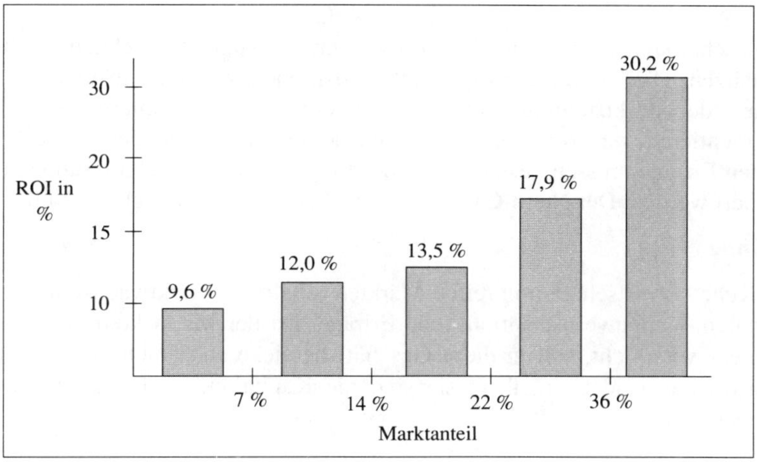

Andere Faktoren, die wesentlich zur Rentabilitätserklärung beitrugen, waren Qualität und geringe Kapitalintensität.

Die zentralen Einwände sind:

1. Es gibt zahlreiche Unternehmen mit kleinem Marktanteil und trotzdem hoher Rentabilität. In manchen Branchen sind sie erfolgreicher als Unternehmen mit hohen Marktanteilen.
2. In stagnierenden Märkten erzielen Unternehmen häufig trotz hoher Marktanteile nur kleine Renditen. Dies impliziert, daß die Marktsituation die letztlich entscheidende Größe ist.
3. Wettbewerbsvorteile erklären Profitabilität besser als der Marktanteil.

Quelle: Buzzell, R.D./Gale, B.T., The PIMS principles, New York/London 1987; Woo, C.Y./Cooper, A.C., Erfolg trotz kleinen Marktanteils, in: Harvard Manager 3 (1984), S.72-75.

Die BCG-Gruppe definiert „relativer Marktanteil“ wie folgt:

$$\text{Relativer Marktanteil} = \frac{\text{Umsatz der Geschäftseinheit}}{\text{Umsatz des stärksten Konkurrenten}}$$

Ein Wert von 2 bedeutet dann z.B., daß der Umsatz der betreffenden Geschäftseinheit doppelt so groß wie der des stärksten Konkurrenten ist. Entsprechend zeigt ein Wert von 0,5, daß der eigene Umsatz nur die Hälfte des Marktführers beträgt.

Die verschiedenen strategischen Geschäftseinheiten sind nun in diesem Bestimmungsfeld zu positionieren. Sie werden in der Matrix nicht als Punkt, sondern als Kreisfläche dargestellt, wobei der Kreisumfang durch den Umsatz bestimmt wird.

Die resultierenden vier Quadranten der Matrix sind wie folgt bestimmt:

(1) Stars

Dies sind Geschäftsfelder, die einen hohen relativen Marktanteil in schnell wachsenden Märkten besitzen. Dies ist die günstigste aller Positionen, die hohe Erträge verspricht. Zur Sicherung der Marktstellung muß sich das interne Wachstum allerdings am Marktwachstum orientieren, was fortlaufend entsprechend hohe Investitionen erfordert. Die erwirtschafteten Erträge müssen deshalb nach der Empfehlung der BCG-Gruppe vollständig reinvestiert werden. Der Netto-Cash-Flow der Stars ist demnach gleich Null.

(2) Cash-Kühe

Die „Cash Kühe“ erwirtschaften in reifen Märkten (niedriges Marktwachstum) aufgrund ihrer sehr guten Wettbewerbsposition hohe Erträge. Da der Markt kein großes Erfolgspotential mehr verspricht, soll in diese Geschäftsbereiche auch nicht weiter investiert werden. Cash-Kühe sind zu melken, sie sind die Kapitalquelle für andere neue Geschäftsbereiche.

(3) Fragezeichen

Diese Geschäftseinheiten sind in wachsenden, attraktiven Märkten mit einem geringen Marktanteil vertreten. Sie stellen also quasi eine ungenutzte Chance dar. Um dieses Chancenpotential auszuschöpfen, sind in der Logik der Matrix Marktanteilssteigerungen notwendig, die aber erhebliche Investitionen fordern. Das Management steht vor der Frage, welche der „Fragezeichen-Geschäfte“ den erforderlichen Investitionsaufwand rechtfertigen, in welche also investiert werden sollte und welche aus dem Geschäft genommen werden sollten.

(4) Arme Hunde

Die „armen Hunde“ stellen die ungünstigste Position in der BCG-Matrix dar: es sind Geschäfte mit schwacher Wettbewerbsposition in unattraktiven Märkten. Der unattraktive Markt läßt Maßnahmen zur Positionsverbesserung nicht angeraten erscheinen. Die notwendigen Investitionen lassen sich nicht amortisieren, da der Markt sich bereits in der Degenerationsphase befindet. Aufgrund der geringen bzw. negativen Rentabilität dieser Geschäfte ist ihre Weiterführung nicht zu rechtfertigen.

Die Strategieempfehlungen (die sog. Normstrategien) bauen auf drei generischen Strategien auf (vgl. Abb. 5.30).

Abb. 5.30: Normstrategien der Portfolio-Analyse

Die Matrix orientiert sich an zwei zentralen Zielkriterien:

- **Rentabilität** durch hohen Marktanteil
- **Finanzmittelausgleich** durch ausgewogenes Portfolio an Geschäftsfeldern unterschiedlicher Lebenszyklusphasen.

Marktanteil	Finanzmittel	BCG-Typen
1) Wachsen	Investieren	Stars, Fragezeichen
2) Halten	Abschöpfen	Cash-Kühe
3) Rückzug	Desinvestieren	Arme Hunde, Fragezeichen

Abb. 5.30: Normstrategien der Portfolio-Analyse

Die Matrix orientiert sich an zwei zentralen Zielkriterien:

- **Rentabilität** durch hohen Marktanteil
- **Finanzmittelausgleich** durch ausgewogenes Portfolio an Geschäftsfeldern unterschiedlicher Lebenszyklusphasen.

Die BCG-Matrix ist in ihrer deterministischen Ausrichtung (Normstrategien) zum Gegenstand scharfer Kritik geworden[39] (vgl. Kasten 5.4). Allzu heroisch sind die Annahmen und allzu brüchig die vielen Verknüpfungshypothesen. Eine sinnvolle Verwendung können die BCG-Matrix und andere ähnliche Modelle nur als Generator von **Optionen** haben, niemals aber im Sinne deterministischer Normstrategien, die genau bestimmen, welche strategische Bewegung in der jeweiligen Situation optimal ist.

39 Vgl. Coenenberg, G./Baum, H.G., Strategisches Controlling, Stuttgart 1987, S. 85 ff.; Kreikebaum, H., Strategische Unternehmensplanung, 2. Aufl., Stuttgart 1987, S. 89 ff.; Kreilkamp, E., Strategisches Management und Marketing, Berlin/New York 1987.

Kasten 5.4

Arme Hunde im Überfluß

In einer Untersuchung von Hambrick, MacMillan und Day zeigte sich, daß in den betrachteten 1028 Geschäftseinheiten (aus der PIMS-Datenbank) nach den Kriterien der BCG-Matrix 418 Geschäftseinheiten als „Dogs" einzustufen waren. (Folgt man der Logik der BCG-Matrix, so wären über 40% aller Geschäftseinheiten aufzugeben). Es zeigte sich jedoch, daß der ROI der Dogs nur unwesentlich unter dem der „Fragezeichen" lag und daß die „Dogs" sogar einen wesentlich höheren Cash Flow als die „Stars" und „Fragezeichen" im Sample erwirtschaftet hatten. Dies deutet darauf hin, daß neben den BCG-Dimensionen andere Dimensionen von mindestens gleichrangiger Bedeutung für den Unternehmenserfolg sind.

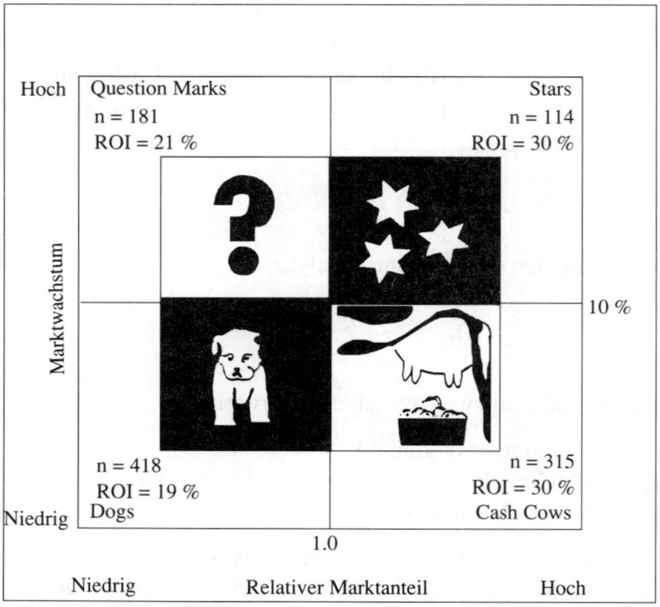

Quelle: Hambrick, D.C./Mac Millan, J.C./Day, D.L.: Strategic attributes and performance in the BCG-matrix – A PIMS-based analysis of industrial product business, in: Academy of Management Journal 25 (1982), S. 510 - 531

Andere strategische Portfolio-Modelle[40] berücksichtigen den einen oder anderen Kritikpunkt an der BCG-Matrix – insbesondere lassen sie mehr Spielraum bei der Auswahl

40 Vgl. im Überblick Mauthe, K.D./Roventa, P., Versionen der Portfolio-Analyse auf dem Prüfstand, in: Zeitschrift für Organisation 51 (1982), S. 191-204.

der kritischen Faktoren für Umwelt und Unternehmung, im Endeffekt laufen sie aber alle auf dieselben Normstrategien hinaus. Dies gilt z.B. auch für die ebenfalls sehr bekannt gewordene, von General Electric und McKinsey entwickelte Branchenattraktivitäts-Wettbewerbsstärken-Matrix. Sie löst die radikale Vereinfachung der strategischen Situationsbeschreibung des BCG-Modells (allerdings auf Kosten der Klarheit) auf und läßt in die Bestimmung der Basisdimensionen (vgl. Abb. 5.31) eine Vielzahl von Faktoren einfließen.

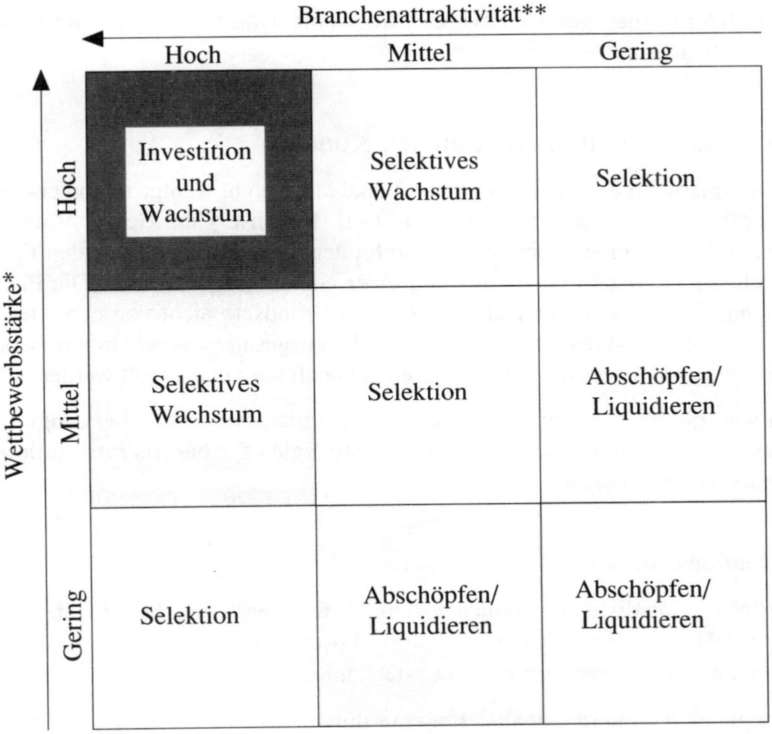

Abb. 5.31: Die Branchenattraktivitäts-Wettbewerbsstärken-Matrix

Quelle: Hax, A.C./Majluf, N.S., Strategisches Management (Übers.a.d.Engl.), Frankfurt/New York 1988, S. 73

Der strategische Gesamtrahmen gleicht jedoch sehr stark dem BCG-Ansatz. Hier wie dort wird dem Manager ein robustes Instrument an die Hand gegeben, das die verschiedenen Geschäftsbereiche einer Firma in systematischer Weise vergleichend gegenüberstellt und auf einer ziemlich abstrakten Ebene Empfehlungen für die strategische Bewegung der verschiedenen Geschäftsbereiche gibt. Je offener man die Bestimmung der Erfolgsfaktoren läßt, um so formaler gerät allerdings der Portfolio-Ansatz und um so schwächer wird seine normative Kraft.[41]

Insgesamt werden Portfolio-Modelle heute mehr als Strukturierungshilfen zur Darstellung der verschiedenen strategischen Geschäftsbereiche angesehen, denn als Generatoren von Strategieempfehlungen. Die Planung einer neuen Strategie bedarf – wie zu Anfang dieses Kapitels gezeigt – einer sehr viel komplexeren Situationsbeschreibung sowohl der internen als auch der externen Situation. Dies gilt auch für die strategische Planung auf Unternehmensgesamt-Ebene, obwohl dort naturgemäß auf einer höheren Abstraktionsstufe gearbeitet werden muß.

5.5.3.3 Strategien im internationalen Kontext

Sehr viele Unternehmen sind heute international tätig, nicht wenige davon erwirtschaften mehr als 50% ihres Umsatzes im Ausland (z.B. Hoechst, Ciba Geigy, Volvo, Exxon), und manche Unternehmen operieren auf so breiter Basis im internationalen Feld, daß es schwerfällt, sie überhaupt noch eindeutig einer Nation zuzuschreiben. Die Planung von internationalen Strategien unterscheidet sich im Grundsatz nicht von den eben erläuterten Grundmustern. Auf der Ebene der Unternehmensgesamtstrategie treten jedoch einige besondere Aspekte hinzu, die hier abschließend noch kurz dargestellt werden sollen.

Ähnlich wie im vorangegangenen Abschnitt kann man zwischen **Übergangsstrategien**, hier Strategien der Internationalisierung, und Strategien für **bereits international tätige** Unternehmen unterscheiden.

(1) Internationalisierung

Für eine Internationalisierung können verschiedene Gründe sprechen: Ersatz für gesättigte (Heimat-) Märkte, Senkung der Produktionskosten, Sicherung der Rohstoffbasis, Wiederverwendung ausgemusterter Fertigungstechnologie usw.

Als Strategie ist die Internationalisierung nur dort anzusprechen, wo sie das Tätigwerden in Märkten anderer Nationen einschließt, wo also ein neues Geschäftsfeld spezieller Art erschlossen werden soll.

Was die Planung der Internationalisierung anbelangt, so verlangt hier die strategische Analyse neben all den anderen beschriebenen Faktoren eine besondere Abschätzung der länderspezifischen Eigenheiten und Risiken. Die Umweltanalyse hat insbesondere kulturelle Besonderheiten und andere Länderspezifika wie Steuern, Unternehmensrecht, Wirtschaftspolitik einzubeziehen. Um die Unwägbarkeiten, die ja bei einem Eintritt in fremde Märkte besonders hoch sind, besser abschätzbar zu machen, wurde eine Reihe von Methoden (z.B. BERI-Index) entwickelt, die auch einen Vergleich zwischen alternativen Länder-Märkten möglich machen sollen.[42]

41 Vgl. dazu Frese, E., Unternehmungsführung, Landsberg a.L. 1987, S. 147.

42 Vgl. Stobaugh, R., How to analyze foreign investment climates, in: Harvard Business Review 47 (1969), Nr. 5, S. 100-108.

Was die Analyse der Unternehmensressourcen anbelangt, so steht hier an erster Stelle die Frage nach der Transferierbarkeit des Management Know-Hows, also die Frage nach der interkulturellen Gültigkeit (Universalität) des angesammelten Wissens, der erworbenen Erfahrungen.[43]

Für den Eintritt in fremde Märkte stehen unterschiedliche Möglichkeiten zur Verfügung. Hierzu zählen

- Export, d.h. den reinen Warentransfer in ein anderes Land,
- Lizenzvergabe, d.h. den Verkauf bestimmter Ressourcen (Fertigungsverfahren, Markenname usw.) an Unternehmen anderer Länder,
- Franchising, d.h. der Verkauf eines ganzen Programmpaketes an Unternehmen anderer Länder (Coca Cola, McDonald`s)
- Direktinvestition, d.h. der Aufbau eigener Fertigungsstätten in einem fremden Land, sei es in Form eines
  - joint ventures oder einer
  - Tochtergesellschaft.

Abbildung 5.32 zeigt die Eintrittsoptionen, geordnet nach dem Ausmaß des Eigenbesitzes und der Kontrollmacht.

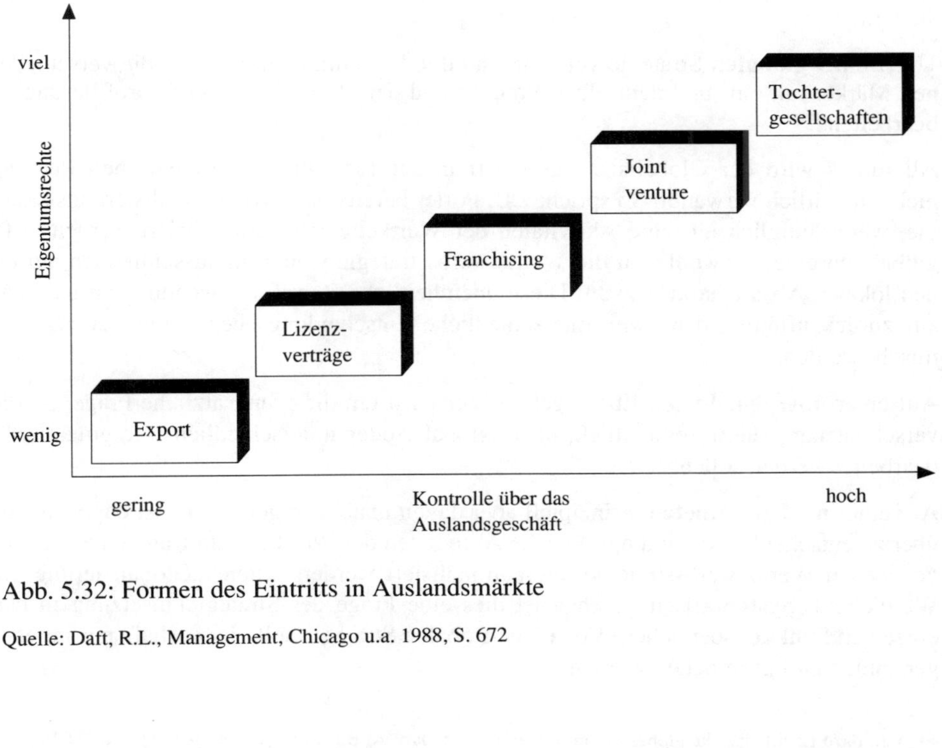

Abb. 5.32: Formen des Eintritts in Auslandsmärkte

Quelle: Daft, R.L., Management, Chicago u.a. 1988, S. 672

43 Vgl. Kumar, B.N., Interkulturelle Managementforschung. Ein Überblick über Ansätze und Probleme, in: Wirtschaftswissenschaftliches Studium 17 (1988), S. 389-395.

Die Frage, welche Eintrittsform gewählt wird, hängt nicht nur vom Grad des gewünschten Risikos ab, sondern auch von möglichen Restriktionen, die in dem Gastland gültig sind (z.B. Importzölle, Joint Venture-Zwang bei Direktinvestitionen).

Um Mißverständnissen vorzubeugen, sei darauf hingewiesen, daß eine bloße Verlagerung der Fertigung ins Ausland **ohne Eintritt** in den dortigen Markt definitionsgemäß keine Strategie, sondern eine Maßnahme zur Verwirklichung einer Wettbewerbsstrategie, z.B. der Kostenführerschaft, sein kann.

(2) Multinationale Strategie

Was nun die zweite große Frage anbelangt, welche strategischen Optionen einem bereits international tätigen Unternehmen offenstehen, so zentriert sich die wissenschaftliche Diskussion um die Alternative: Globalisierung oder Fragmentierung.

Die Unternehmen müssen entscheiden, ob sie auf den verschiedenen Inlands- und Auslandsmärkten mit einer einheitlichen Strategie operieren wollen oder ob sie die jeweiligen nationalen Märkte separat behandeln und eine je spezifische Strategie entwickeln wollen. Eine nähere Betrachtung erfolgreicher multinationaler Unternehmen zeigt, daß sie mit durchaus unterschiedlicher strategischer Gesamtorientierung ihre Aktivitäten steuern.

Unter einer **globalen** Strategie versteht man den Entschluß einer Firma, die verschiedenen Märkte mit ein- und demselben Produkt und derselben Wettbewerbsprofilierung zu bearbeiten.[44]

Allerdings wird der Globalisierungsbegriff in der Literatur zur strategischen Planung nicht einheitlich verwandt. So spricht z.B. Porter bereits dann von Globalisierungsstrategie, wenn lediglich einzelne Aktivitäten der Wertkette internationalisiert werden (z.B. global sourcing), obwohl sich die Wettbewerbsstrategie weiterhin ausschließlich auf einen lokalen Absatzmarkt bezieht. Diese uneinheitliche Begriffsverwendung ist u.a. darauf zurückzuführen, daß zwei unterschiedliche Entscheidungsebenen miteinander vermischt werden.

Auf einer **übergeordneten** Ebene geht es zunächst um die grundsätzliche Frage, ob die verschiedenen Märkte einheitlich, also „global", oder unterschiedlich ("fragmentiert") bearbeitet werden sollen.

Auf einer **nachgeordneten**, prinzipiell aber davon unabhängigen Ebene ist dagegen darüber zu entscheiden, ob und ggf. welche Aktivitäten der Wertkette im Rahmen einer vorgegebenen Wettbewerbsstrategie internationalisiert werden sollen („Globalisierung der Wertkette"). **Systematisch** gesehen ist dies eine Frage der Strategieumsetzung in den einzelnen Funktionsbereichen. Von einer globalen Strategie soll hier deshalb nur im erstgenannten Fall gesprochen werden.

44 Vgl. dazu Levitt, T., The globalization of markets, in: Harvard Business Review 61 (1983), S. 92-102; einen viel weiteren Begriff verwendet dagegen Kogut, B., Designing global strategies, in: Sloan Management Review 26 (1985), S. 27-38.

Globale Strategien beruhen natürlich ihrerseits wiederum auf einer spezifischen Wettbewerbsstrategie. So kann die globale Konkurrenz z.B. auf der Basis der Kostenorientierung geführt werden (z.B. die Firmen Toyota oder Goldstar); sie nützen in erster Linie die Größenersparnisse einer globalen Strategie. Zum anderen kann aber die globale Strategie auch auf einer Differenzierungsstrategie aufbauen (z.B. die Firmen IBM und BMW), sie verwenden die Globalisierung in erster Linie, um die Differenzierungskosten zu senken und um sich gegenseitig verstärkende Effekte bei der Differenzierungsprofilierung zu erzielen.[45] Ferner kann auch als Option weltweit eine Nischenstrategie eingesetzt werden, wie dies etwa die Firmen Porsche oder Lacoste versuchen.

Eine **fragmentierte, national angepaßte Strategie** („multidomestic strategy") behandelt die jeweiligen Wettbewerbssituationen separat und geht auf die nationalen Besonderheiten ein. Dies führt im Ergebnis zu einem Portfolio unterschiedlicher Wettbewerbsstrategien. Zu erinnern ist etwa an die Firma General Motors, die in Deutschland mit der Deutschen Opel AG eine völlig angepaßte Strategie verfolgt, oder an die japanische Firma Sony mit WEGA auf dem deutschen Markt.

Die Frage, ob einer globalen oder einer fragmentierten, den spezifischen Gegebenheiten des Auslandsmarktes angepaßten Strategie der Vorzug gegeben werden soll, hängt von verschiedenen Faktoren ab. Es sind vor allem die drei folgenden Gesichtspunkte, die für diese Entscheidung eine herausragende Rolle spielen:[46]

(1) Nationale Unterschiede,
(2) Größenersparnisse,
(3) Verbundersparnisse.

(1) Die Bedeutung **nationaler Unterschiede** liegt auf der Hand, manche Produkte oder Wettbewerbsvorteile lassen sich nicht auf Märkte anderer Länder transferieren, etwa weil dort anders geartete Präferenzstrukturen dominieren oder weil gesetzliche Vorschriften dem entgegenstehen. Andererseits erwies sich jedoch die Idee, grundsätzlich nach einer optimalen Anpassung der Strategie an den Auslandsmarkt zu suchen, als zu starr. Die Voraussetzungen für eine globale Strategie können ja auch bewußt hergestellt werden (z.B. Benetton), oder technologische Entwicklungen verändern die Voraussetzungen.

(2) Häufig sind es die erzielbaren **Größenersparnisse**, die bei der Entscheidung für oder gegen die Globalisierung den Ausschlag geben. Globalisierung schafft die Grundlage für weitläufige Standardisierung und damit die Voraussetzung, Größenersparnisse in großem Umfange bei Fertigung, Marketing und F&E zu erzielen. Allerdings kann man – wie bei der Diskussion der Eintrittsbarrieren schon betont – nicht grundsätzlich davon ausgehen, daß eine Ausdehnung der Operationen immer signifikante Skalenerträge erzielbar macht, bisweilen ist die Schwelle der optimalen Betriebsgröße schon relativ früh erreicht.

45 Vgl. Porter, M.E., Competition in global industries: A conceptual framework, in: Porter, M.E. (Hrsg.), Competition in global industries, Boston 1986, S. 47.

46 Vgl. Ghoshal, S.: Global strategy, in: Strategic Management Journal 8 (1987), S. 425-440.

(3) Bedeutsam sind schließlich auch die potentiellen **Verbundersparnisse (economies of scope)**. Damit wird vor allem darauf abgestellt, daß die internationalisierte Unternehmung auch dann Größenersparniseffekte (allerdings besonderer Art) erzielen kann, wenn sie sich für eine national differenzierende Strategie entscheidet. So kann z. B. das in verschiedenen Märkten erworbene Wissen gepoolt oder es können Ressourcen (z.B. Transportmittel, Zugang zu Finanzmärkten) gemeinsam genutzt werden.

Aus vorstehenden Überlegungen ergibt sich, daß Globalisierung und Fragmentierung Basisoptionen sind, über deren Vorteilhaftigkeit erst nach genauer Kenntnis der externen Situationen und der Stärken und Schwächen sinnvoll entschieden werden kann. Die eine Firma kann ihre Ressourcen eher über eine fragmentierte Strategie zu einem je spezifischen Wettbewerbsvorteil führen, die andere eher über eine globale Strategie. In vielen Märkten können beide Strategien erfolgreich nebeneinander bestehen, bisweilen verfolgen auch multinationale Firmen gemischte Strategien, d.h. bestimmte Märkte werden global, andere differenzierend bearbeitet.

Unabhängig davon kann aber über die Jahre hinweg ein verstärkter Trend zur Globalisierung festgestellt werden; mehr Freihandel, der raschere Transfer neuer Technologien und die Internationalisierung der Kommunikation haben dazu wesentlich beigetragen.[47]

Es ist allerdings auch genau dieser Trend, der die öffentliche Kritik an multinationalen Unternehmen sehr stark anwachsen ließ und der viele Länder zu Maßnahmen veranlaßte, ihre Märkte vor Überfremdung zu schützen. In besonderem Maße kritisch verfolgt die Öffentlichkeit die Tätigkeit multinationaler Unternehmen in Entwicklungsländern, nicht nur weil sie befürchtet, daß nationale Eigenarten verloren gehen, sondern auch weil ein selbständiger Industrialisierungsprozeß auf diese Weise schwer realisierbar ist.[48] Der zuletzt genannte Einwand gilt auch für differenzierende Strategien. Das Verhalten multinationaler Unternehmen gegenüber Entwicklungsländern ist zu einem zentralen Thema der **Unternehmensethik** geworden und hat zu zahlreichen Bemühungen geführt, ethische Verhaltensstandards zu entwickeln.[49]

5.6 Strategische Wahl

In einem nächsten Schritt schließen sich an die Formulierung strategischer Alternativen die **Beurteilung** der generierten Alternativen und die **Auswahl der geeignetsten Strategie(n)** an. Abbildung 5.33 erinnert an den Gesamtzusammenhang.

47 Vgl. dazu im einzelnen Chandler, A.D.jr., The evolution of modern global competition, in: Porter, M.E. (Hrsg.), Competition in global industries, a.a.O., S. 405 ff.

48 Vgl. Doz, Y., Government control and multinational strategic management, New York 1979.

49 Vgl. Steinmann, H./Löhr, A., Unternehmensethik – eine „realistische Idee", in: Zeitschrift für betriebswissenschaftliche Forschung 40 (1988), S. 299-317.

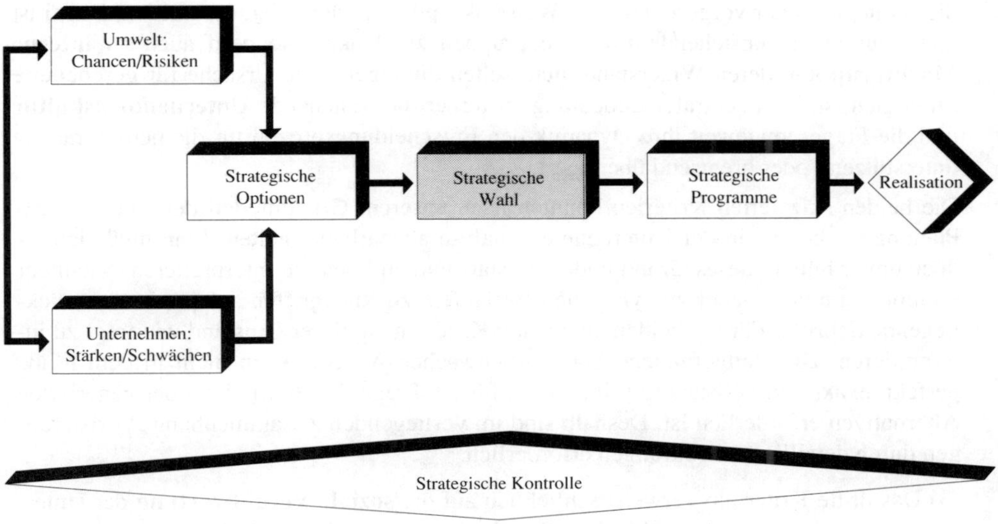

Abb. 5.33: Die Strategische Wahl im strategischen Prozeß

Die Beurteilung der generierten Alternativen und ihrer Wirkungen soll im Lichte der langfristigen Ziele bzw. hieraus abgeleiteter Kriterien erfolgen. Zur Vereinfachung des komplexen Auswahlprozesses wurde eine Reihe von **Kriterienkatalogen** entwickelt, die im Sinne einer Check-Liste eine Grobprüfung erlauben.[50]

Die Kriterienkataloge beinhalten neben den allgemeinen **ökonomischen Ziel-Kriterien** der **Profitabilität** und der **Ertragssicherung** zumeist in der einen oder anderen Form die folgenden qualitativen Fragen:

(1) Profildeckung
(2) Machbarkeit/Akzeptanz
(3) Ethische Vertretbarkeit.

(1) Das erste Kriterium fragt danach, ob und inwieweit die jeweiligen **Ressourcenanforderungsprofile** der Alternativen dem faktischen Ressourcenprofil der Unternehmung entsprechen bzw. inwieweit Lücken bestehen.

(2) Das zweite Kriterium fordert dazu auf, die **Machbarkeit** der Alternativen zu prüfen, auch um unrealistische Alternativen vorzeitig ausschalten zu können. Zu prüfen ist u.a., ob die personellen und technologischen Voraussetzungen gegeben sind, ob gesetzliche Vorschriften eine solche Strategie zulassen oder ob die notwendigen Rohstoffe dauerhaft beschaffbar sind. Dazu gehört auch eine Prüfung, ob die betroffenen Interessengruppen

50 Zu solchen Evaluationskatalogen für Strategien vgl. u.a. Hatten, K.J./Hatten, M.L., Effective strategic management, Englewood Cliffs, N.J. 1988, S. 168.

die Strategie in der vorgeschlagenen Weise akzeptieren oder ablehnen werden. Dabei ist nicht nur an außenstehende Interessengruppen zu denken, sondern auch an **interne Machtgruppen**, deren Widerstand nicht selten die eigentliche Ursache für gescheiterte Strategien ist. Von zentraler Bedeutung ist ferner die bestehende **Unternehmenskultur** und die Frage, inwieweit ihre Dynamik den Entscheidungsprozeß für die neue Strategie unterstützend oder bremsend überlagert.

Die beiden skizzierten Kriterien könnten nach unserem Grundmodell der strategischen Planung als bereits in der Unternehmensanalyse abgearbeitet gelten. Man muß sich jedoch davor hüten, dieses Grundmodell zu starr und zu linear zu interpretieren. Vielmehr kommt es immer wieder zu zyklischen Verläufen, zu Rückgriffen auf (logisch) zurückliegende Schritte. Für die beiden genannten Kriterien ist dieser Umstand wie folgt zu interpretieren: Die stattgefundene Stärken/Schwächen-Analyse kann nicht in dem Maße perfekt, exakt und vollständig sein, wie es für die Frage der Beurteilung der generierten Alternativen erforderlich ist. Deshalb sind im vorliegenden Zusammenhang Präzisierungen durch detailliertere Prüfungen erforderlich.

(3) Das dritte Kriterium verweist schließlich auf die **soziale Verantwortung** der Unternehmung und die gültigen **ethischen Regeln** und fordert dazu auf, die formulierten Alternativen auf moralische Vertretbarkeit zu prüfen und als unmoralisch zu qualifizierende Alternativen auszuscheiden.

Abbildung 5.34 faßt die verschiedenen Einflußkräfte zusammen, die typischerweise neben den allgemeinen Unternehmenszielen bestimmend in den strategischen Auswahlprozeß eingreifen. An dieser Stelle wird – nebenbei gesagt – noch einmal deutlich, was im vierten Kapitel schon ausführlich behandelt wurde, daß sich die Bestandsproblematik von Systemen nicht restlos in Zwecke übersetzen läßt und daß sich an den verschiedensten Stellen diese mangelnde Übersetzung als Problem wieder bemerkbar macht.

In der Regel ist der Auswahlprozeß eine qualitative Abwägung aller relevanten Gesichtspunkte unter Einschluß der ökonomischen Zielkriterien. Ein solcher Abwägungsprozeß ist – darauf sei ausdrücklich hingewiesen – keineswegs gleichzusetzen mit beliebigem Meinen oder willkürlichem Akzeptieren oder Ablehnen. Gewiß ist die Vorteilhaftigkeit von strategischen Alternativen nicht exakt beweisbar, aber es gibt Gründe für die Alternativen (dies stellt ein geordneter Planungsprozeß sicher), und Gründe lassen sich prüfen. Ausgewählt wird die Alternative, die die besseren Gründe für sich hat. Die Gründe müssen nicht formalisiert oder quantifiziert, aber sie müssen nachvollziehbar sein, so daß – jedenfalls dem Prinzip nach – jedem Gutwilligen eine Erörterung möglich wird.

Von manchen Autoren wird empfohlen, diese Kriterien/Fragen zu einem formalisierten Bewertungsverfahren auszuformen, in dem z.B. die Bewertungskriterien exakt definiert, die Meßniveaus und die Kriterien spezifiziert und schließlich Stufenwertzahlen für jede Alternative ermittelt werden.[51] Die Verwendung solcher Verfahren für strategische Entscheidungen trifft jedoch in der Regel auf unüberwindbare Schwierigkeiten. Weder las-

51 Vgl. die „Nutzwertanalyse“ von Zangemeister, C., Werturteil und formalsierte Planungsprozesse, in: Zeitschrift für Organisation 42 (1973), S. 292-298. Zu einem weniger streng formalisierten Beispiel speziell auf die strategische Planung bezogen vgl. Hinterhuber, H.H., a.a.O., S. 177 ff.

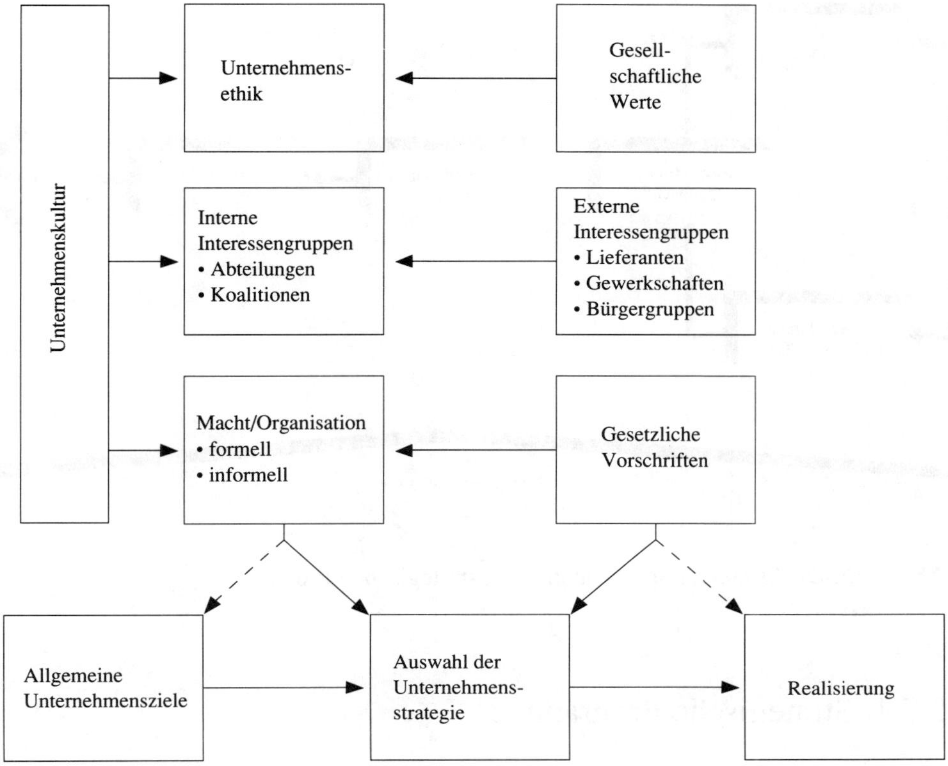

Abb. 5.34: Einflußfaktoren des strategischen Auswahlprozesses

sen sich die Alternativen in dem erforderlichen Maße präzisieren, noch sind die Umweltzustände nach Zahl und nach Wahrscheinlichkeit bekannt, so daß auch die Wirkungen der Alternativen nicht exakt prognostizierbar sind.

5.7 Planung der Strategieimplementation

Der nächste große und zugleich letzte Planungsschritt ist die planerische Vorbereitung der Strategierealisation. Bei der Umsetzung der Strategien geht es zentral um die Entwicklung strategischer Programme, die die Aufgabe haben, die Umsteuerung der Unternehmensaktivitäten im Hinblick auf die strategische Neuorientierung zu ermöglichen.

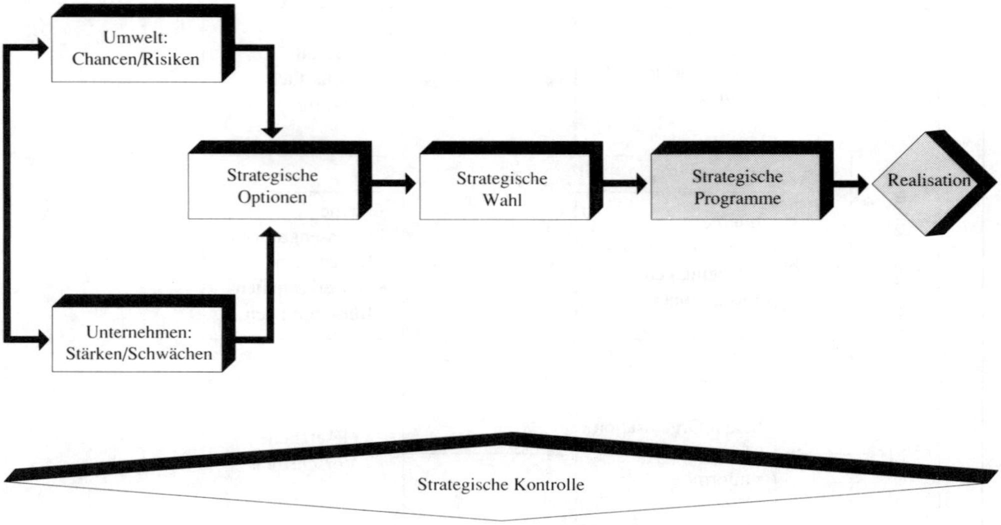

Abb. 5.35: Die Strategieimplementation im strategischen Prozeß

5.7.1 Strategische Programme

Aufgabe der strategischen Programmplanung ist es, die Strategie(n) für die betrieblichen Funktionen über die Zeit auf die Gegenwart hin zu konkretisieren. Mit anderen Worten, es wird konkretisiert, welche Maßnahmen von den einzelnen betrieblichen Funktionsbereichen ergriffen werden müssen, damit die geplante Strategie realisiert werden kann. Es geht also um Fragen wie: Welche Schritte muß z.B. der Einkauf ergreifen, um die geplante Kostenführerschaftsstrategie zu verwirklichen, oder welche Aktivitäten muß der technische Bereich entfalten, um einen technischen Kundendienst als zentrales Differenzierungsmerkmal aufzubauen?

Schon diese Fragen deuten an, daß es sich bei der Entwicklung strategischer Programme nicht um eine vollständige Übersetzung oder gar um eine bloße Deduktionsleistung in dem Sinne handeln kann, daß der Strategieplan bereits alle Umsetzungsmaßnahmen enthielte. Die Programmentwicklung ist vielmehr eine eigenständige planerische Leistung, in der es darum gehen soll, Maßnahmen zu fixieren, die für den Erfolg der geplanten Strategie kritisch sind. Nicht alles betriebliche Handeln wird in strategische Programme gegossen, sondern selektiv nur jene Maßnahmenbereiche, die für die Umsetzung als kritisch angesehen werden. Eine vollständige Durchplanung des gesamten betrieblichen Handelns ist – wie im vierten Kapitel bereits ausführlich gezeigt – nicht nur unmöglich, sondern wäre auch in höchstem Maße dysfunktional, jede Veränderung würde den ganzen Planapparat erschüttern.

Aufgabe der Programmplanung ist es deshalb, im ersten Schritt diejenigen Bereiche herauszufiltern, die für die erfolgreiche Umsetzung der Unternehmensstrategie von kritischer Bedeutung sind. Hat sich ein Unternehmen z.B. entschlossen, die Sicherheit der Produkte zum zentralen Thema einer Differenzierungsstrategie zu machen, so sind die strategischen Programme nach Maßgabe dieses Themas zu entwickeln: Entwicklung von Sicherheitsvorkehrungen, Erhöhung der Qualitätsstandards in der Produktion, die Kommunikation der Sicherheitsphilosophie usw.

Diese Vorgehensweise, den Umsetzungsprozeß auf die kritischen Maßnahmenbereiche zu konzentrieren, ist bewußt selektiv. Sie trägt der allgemeinen Einsicht Rechnung, daß der strategische Plan nur ein Rahmenplan, nicht aber ein umfassender Steuerungsplan sein kann. Die nicht-strategiekritischen Bereiche sind den Optimierungsbemühungen der operativen Planung anheim zu stellen, die auf diese Weise zusätzliche Systemreferenzen berücksichtigen und damit die immer unvollständige Übersetzung des Systembestandsproblems in ein strategisches Programm abpuffern kann. Wenn die operative Planung zusätzliche, über die strategische Zielsetzung hinausgehende Systemprobleme verarbeitet, erhöht sich das Komplexitätsverarbeitungspotential eines Unternehmens, d.h. es gewinnt an Flexibilität. Die Nahtstelle zwischen strategischer und operativer Planung genauer wird unten bei der Erläuterung der operativen Planung genauer bestimmt.

5.7.2 Strategiegerechte Organisationsstrukturen

Als eine der zentralen Erfolgsbedingungen für die Umsetzung einer Strategie wird die Schaffung einer strategiegerechten Organisationsstruktur angesehen. Es wird gefordert, die formalen Aufbaustrukturen, die Informationsprozesse, die Kommunikation usw. soweit den Erfordernissen der formulierten Strategie anzupassen, daß die Steuerungskraft der Organisation auf die strategischen Ziele gelenkt wird.[52]

Die Frage, welche Strategie welche Organisationsstruktur erfordert, oder noch genereller, in welcher Form Organisationsstrukturen Strategien unterstützen sollen, wird bislang allerdings nur selten in einer konkreten Weise beantwortet.

Einige Groborientierungen liegen zwischenzeitlich aber dennoch vor; diese sind hauptsächlich aus der bereits mehrfach erwähnten historischen Studie von Chandler und ihren Nachfolgeuntersuchungen abgeleitet (vgl. Abb. 5.36). Demnach ist – vereinfachend gesagt – bei Einprodukt- und Hauptproduktstrategien die klassische funktionale, zentralistisch ausgerichtete Organisation erfolgreicher, während sich bei breiter Diversifikation eine Anpassung der Organisation durch Dezentralisierung und Divisionalisierung als effektiv erwies.[53]

52 Vgl. im Überblick Galbraith, J.R./Kazanjian, R.K., Strategy implementation. Structure, systems and process, 2. Aufl., St. Paul u.a. 1986.

53 Vgl. Chandler, A.D.jr., Strategy and structure: Chapters in the history of the industrial enterprise, Cambridge/Mass. 1962; Bühner, R., Strategie und Organisation, Wiesbaden 1985.

Strategie	Organisationsstruktur
Einprodukt	Funktional/zentralisiert
Verwandte Diversifikation	Divisional/denzentralisiert
KonglomerateDiversifikation	Holding/stark dezentralisiert

Abb. 5.36: Strategietypen und korrespondierende Strukturen nach Chandler

Insgesamt kann man sagen, daß durch die Diversifikation die Binnenkomplexität eines Unternehmens (meist überproportional) steigt und daß die resultierende Diversität organisatorisch bewältigt werden muß, wenn die Strategie ein Erfolg werden soll. Die These, wonach die Diversifikation mit dem Aufbau dezentraler divisionalisierter Strukturen beantwortet werden muß, beleuchtet nur einen Teil der organisatorischen Problematik, nämlich die Struktur-**Differenzierung**. Von mindestens ebensolcher Bedeutung ist aber die Frage, wie die diversen semi-autonomen Geschäftsbereiche wieder zusammengeführt werden können, also die Frage der **Integration** (vgl. im einzelnen siebtes Kapitel). Die Integration ist heute die größte organisatorische Herausforderung in komplexen diversifizierten Großunternehmen. Differenzierung ist organisatorisch nicht sinnvoll ohne gleichlaufende Integration. In stark diversifizierten Unternehmen ist deshalb die Einrichtung von speziellen Integrationsstrukturen von großer Bedeutung. Zu erinnern ist dabei nicht nur an zentrale Koordinations- und Kontrolleinrichtungen (Controlling, Personalpolitik etc.), sondern auch an vernetzende Strukturformen wie die Matrixorganisation oder die Projektorganisation.[54]

Während die organisatorischen Implikationen einer Diversifikationsstrategie relativ gut erschlossen sind, gibt es für Geschäftsfeldstrategien bislang wenig Untersuchungen. Der Grund dafür ist offenkundig; bei der Wettbewerbsstrategie dominiert der jeweils gewählte Inhalt die organisatorische Aufgabe so sehr, daß generelle Aussagen nur sehr schwer möglich sind. Es bleibt bei der Aufforderung, die zentralen strategischen Anliegen in der Organisationsstruktur zu verankern, damit ihnen auch auf diesem Wege die gebührende Nachhaltigkeit verliehen wird.[55]

5.7.3 Strategie und Kultur

Bei der Frage strategischer Organisationsmaßnahmen tritt in letzter Zeit ein Gesichtspunkt immer deutlicher in den Vordergrund, der uns später noch einmal ausführlicher beschäftigen wird,[56] die **Unternehmenskultur**. Gemeint ist damit das in einem Unter-

54 Vgl. Lawrence, P.R./Lorsch, J.W., Organization and environment: Managing differentiation and integration, Boston 1967.

55 Vgl. Christensen et al., a.a.O., S. 541 ff.

56 Vgl. elftes Kapitel.

nehmen vorherrschende Wert- und Orientierungssystem, das sich im Laufe der Zeit herausgebildet hat, das mit Traditionen und Ritualen verfestigt ist und in das neue Organisationsmitglieder in einem subtilen Prozeß hineinsozialisiert werden.[57]

Die Unternehmenskultur als **unsichtbare Steuerungsgröße** hat für die Strategierealisierung insofern eine sehr große Bedeutung, weil ihre Stellung zur strategischen Neuorientierung über Erfolg oder Mißerfolg der Strategie entscheiden kann.[58]

Die Implementation einer neuen Strategie kann planerisch noch so gut durchdacht sein – sie kann dennoch scheitern, wenn sie mit den grundlegenden Überzeugungen der existierenden Unternehmenskultur kollidiert. Dies vor allem dann, wenn der Widerspruch gar nicht erkannt wird. Unternehmenskulturen entfalten eine spezifische Eigengesetzlichkeit, die zu verändern und an die neue strategische Orientierung anzupassen, nicht ohne weiteres möglich ist. Die Unternehmenskultur zu erkennen, ist deshalb inzwischen zur festen Aufgabe des Managements strategischer Planungen geworden.

Unternehmenskulturen können Strategien zu einem glänzenden Erfolg werden lassen, ja sie können zum primären Medium der (enthusiastischen) Strategierealisation werden[59]; sie können aber auch zum Bremsklotz, zur kontraproduktiven Sperre werden.

Diese Beobachtungen führten zu dem Prinzip, daß strategischer Erfolg nur dann möglich ist, wenn Strategie und Kultur übereinstimmen. Es gibt bis heute noch wenige Erkenntnisse darüber, welche Strategien welche Kulturen erfordern.[60]

Für den strategischen Planer bestehen zwei grundsätzliche Möglichkeiten, mit der Unternehmenskultur umzugehen:[61]

(1) **Anpassung der Strategie**, d.h., es sind nur solche Strategien auszuwählen, die mit der existierenden Unternehmenskultur harmonieren oder
(2) **Anpassung der Kultur**, d.h. man versucht die Unternehmenskultur an die neue strategische Orientierung anzupassen.

Wie schon erwähnt, ist die zweite Alternative praktisch nur mit großer Mühe und auch nicht kurzfristig realisierbar.[62] Unternehmenskulturen sind ungeplant gewachsene komplexe Orientierungssysteme, die einer einfachen Neugestaltung nicht ohne weiteres zugänglich sind. Kultur ist nicht in dem Sinne „**machbar**", wie etwa die Umstellung der Lohnabrechnung auf EDV.

Auf der anderen Seite kann ein Unternehmen aber auch nicht vor der eigenen Kultur kapitulieren und eine notwendige strategische Neuorientierung nur deshalb blockieren, weil sie nicht den vorherrschenden gültigen Orientierungen entspricht. Die Kultur drohte dann im Extremfall zur Existenzbedrohung für die Unternehmung zu werden.

57 Vgl. Schein, E.H., Organizational culture and leadership, San Francisco 1986.
58 Vgl. Greipel, P., Strategie und Struktur, Bern/Stuttgart 1988.
59 Vgl. Peters, T.J./Waterman, R.M., Auf der Suche nach Spitzenleistungen (Übers. a.d.Engl.), Landsberg a. L. 1983.
60 Zu einem Versuch, ein Zuordnungsmodell auf der Basis der BCG-Matrix zu entwickeln, vgl. Deshpandé, R./Parasuram, A., Linking corporate culture to strategic planning, in: Business Horizons 29 (1986), Nr. 3, S. 28-37.
61 Vgl. Schwartz, M./Davis, S.M., Matching corporate culture and business strategy, in: Organizational Dynamics 10 (1981),Nr. 1, S. 30-48.
62 Vgl. Ulrich, P., Systemsteuerung und Kulturentwicklung, in: Die Unternehmung 4 (1984), S. 303-325.

Ziel einer strategisch bewußten Unternehmensführung muß es deshalb sein, von vornherein darauf zu achten, daß sich die Kultur nicht zu sehr verfestigt, daß sie nicht zu **stark** wird, um von vornherein ein flexibleres Wertgefüge, eine offenere Orientierung zu haben. Eine solche Position beinhaltet aber auch einen Verzicht, nämlich den Verzicht auf die Steuerungseffizienz gut eingespielter Kulturen. Aus strategischer Sicht sind die Vorzüge sehr stark ausgeprägter und tief verankerter Unternehmenskulturen zweifelhaft; es ist extrem risikoreich, strategische Flexibilität (Effektivität) zugunsten hoher operativer Steuerungseffizienz zu opfern.[63]

5.7.4 Personalwirtschaftliche Aspekte

Neben der Organisation wird die Einrichtung personalwirtschaftlicher Instrumente auf den Strategieumsetzungsprozeß als mindestens ebenso wichtiger, wenn nicht als wichtigerer Faktor angesehen. Praktische Erfahrungen haben immer deutlicher werden lassen, daß eine geplante Strategie nur dann erfolgreich in die Tat umgesetzt werden kann, wenn die dafür notwendigen **personalpolitischen Voraussetzungen** (rechtzeitig) geschaffen werden.

Dieser noch sehr allgemeine Zusammenhang soll anhand einiger personalpolitischer Maßnahmen etwas näher erläutert werden. Abbildung 5.37 faßt die zentralen („generischen") personalwirtschaftlichen Aktionsparameter im Rahmen der Strategieumsetzung zusammen.

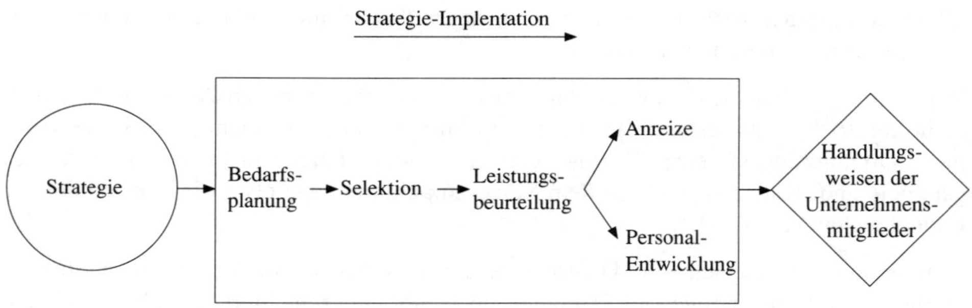

Abb. 5.37: Personalwirtschaftliche Instrumente im Dienste der Strategieimplementation

Quelle: In Anlehnung an Tichy, N.M./Fombrun, C.J./Devanna, M.A., Strategic human resource management, in: Sloan Management Review 24 (1982), S. 47-61

63 Vgl. im einzelnen Schreyögg, G., Zu den problematischen Konsequenzen starker Unternehmenskulturen, in: Zeitschrift für betriebswirtschaftliche Forschung 41 (1989), S. 94-113.

Der unmittelbare Anknüpfungspunkt für strategische Umsetzungsmaßnahmen ist die **Planung des Personalbedarfs**. Aus der geplanten Strategie und den Programmen für die betrieblichen Funktionsbereiche soll der langfristige Personalbedarf in qualitativer und quantitativer Hinsicht abgeleitet und dem Ist-Bestand gegenübergestellt werden. Aus den Abweichungen resultiert schließlich der Personalentwicklungs- und -beschaffungsplan.

Die Personalbeschaffung wirft sodann die Frage der Auswahl auf, d.h. die Frage, wie das **Selektionssystem** auszurichten ist, damit die geplante Strategie erfolgreich realisiert werden kann. Eine Diversifikationsstrategie erfordert demnach z.B. die Errichtung eines gezielt auf die neue Geschäftseinheit ausgerichteten Auswahlsystems. Es ist gerade diese strategieorientierte Selektion, die in jüngerer Zeit viel Beachtung findet.

Im Gegensatz zu der herkömmlichen Leitidee des Universalmanagers geht man zunehmend davon aus, daß Managerverhalten nur begrenzt variabel ist und deshalb ein „Fit" von geplanter Strategie und Persönlichkeitsprofil der Schlüsselpersonen in der strategischen Geschäftseinheit als zentrale Bedingung für eine wirksame Strategierealisierung angestrebt werden muß. So wird etwa vorgeschlagen, für eine Schrumpfungsstrategie einen standfesten „Diplomaten" einzusetzen, während ein Markteintritt von einer quirligen Pionierpersönlichkeit geführt werden sollte.[64]

Ähnlich wird für das Leistungsbeurteilungs- und Anreizsystem eine klare Orientierung an strategischen Prioritäten gefordert. Diese Systeme sollen so ausgestaltet sein, daß die Mitarbeiter motiviert sind, Handlungen zu ergreifen, die die Geschäftseinheit ihren strategischen Zielen näherbringen.[65] Statt der vorherrschenden Orientierung an kurzfristigen, leicht meßbaren Erfolgen, wie sie diesen personalpolitischen Instrumenten häufig unausgesprochen zugrunde liegt, sollen also Leistungsbeurteilungskriterien und Anreizsysteme (auch) das jeweilige strategische Anforderungsprofil widerspiegeln und eben auch Leistungen honorieren, die aus strategischer Perspektive bedeutsam sind. Für diversifizierte Unternehmen bedeutet dies, daß gegebenenfalls sehr unterschiedlich ausgerichtete Bonus-Systeme gleichzeitig nebeneinander bestehen; sie variieren in dem Maße, in dem sich die strategischen Anforderungsprofile voneinander unterscheiden. Ein ausgeglichenes Strategie-Portfolio – etwa im Sinne der BCG-Matrix – hätte dann eben auch für jeden Geschäftsbereich, je nach Matrixposition, ganz unterschiedliche Bonusschwerpunkte. Eine Ernte-Strategie bedarf anderer Anreize als eine Investitions-Strategie für Stars.[66]

In der Leistungsbeurteilung zutage getretene Qualifikationslücken im Hinblick auf die Anforderungen der Strategie sollen schließlich mit strategischen **Personalentwicklungs-**

64 Vgl. Wissema, J.G./Van der Pol, H.W./Messer, H.M., Strategic management archetyps, in: Strategic Management Journal 1 (1980), S. 37-48; Szilagyi, A./Schweiger, D.M., Matching managers to strategies: A review and suggested framework, in: Academy of Management Review 9 (1984), S. 626-637.

65 Vgl. Fombrun, C.J./Laud, R.L., Strategic issues in performance appraisal: Theory and practice, in: Personnel 60 (1983), S. 23-31; Stonich, P.J., The performance measurement and reward system: Critical to strategic management, in: Organizational Dynamics 12 (1984), Nr. 2, S. 45-57.

66 Vgl. Stonich, P.J., Using rewards in implementing strategy, in: Strategic Management Journal 2 (1981), S. 345-352.

programmen[67] geschlossen werden. Dies setzt natürlich hinreichend aussagefähige Kriterien der Leistungsbeurteilung voraus. Strategische Personalentwicklung wird aber auch in einem allgemeineren Sinne vorgeschlagen, nämlich zur Sensibilisierung der Mitarbeiter für die kritischen strategischen Dimensionen ihrer Tätigkeit.

Um eine reibungslose Umsetzung der projektierten Pläne zu gewährleisten, ist sicherzustellen, daß die Mitarbeiter ihre Tätigkeit in den (neuen) strategischen Kontext einordnen und dem Strategiebezug in den täglichen Entscheidungen eine entsprechende Priorität einräumen können.

Aus der im vierten Kapitel ausführlich diskutierten Problematik wird sofort klar, daß diese Implementationsdenkweise nur eine stark eingegrenzte Sichtweise bietet, weil sie nur die **Planumsetzung** zum Thema macht, den Kontext der Planentstehung aber außer Betracht läßt.

Strategische Organisation und Personalführung erscheinen als lediglich abgeleitete Planungsprobleme, als ein durch den strategischen Plan mehr oder weniger determiniertes Handlungsprogramm. Es wird jedoch zunehmend erkannt, daß es neben der gezeigten Implementationsperspektive einen ganz anderen Zusammenhang zwischen betrieblicher Organisation bzw. Personalpolitik und Unternehmensstrategie zu beachten gilt. Gemeint ist der Einfluß, den die Organisationsstruktur und die personalpolitischen Maßnahmen auf die Entstehung strategischer Entscheidungen nehmen, und zwar auch dann, wenn sie gar nicht im Hinblick auf die strategische Planung getroffen worden sind.[68] Eine zwischenzeitlich prominent gewordene Kurzformel bringt den gemeinten Sachverhalt auf den Punkt „Strategy follows structure personnel policy".

5.8 Strategische Kontrolle

Die Strategien und Programme bestimmen die allgemeine Richtung der Unternehmensaktivitäten. Mit Hilfe hieraus abgeleiteter Aktionspläne, Budgets und geeigneter organisatorischer Maßnahmen sollen diese gedanklichen Konstruktionen in die Tat umgesetzt und schließlich durchgeführt werden. Als letzte Phase dieses Steuerungsprozesses wird häufig die Kontrolle dargestellt. Sie soll prüfen, ob es gelungen ist, das Geplante in die Tat umzusetzen und die angestrebten Ziele zu erreichen. Die Gegenüberstellung von Soll und Ist zeigt Realisationslücken bzw. Planabweichungen auf. Diese traditionelle Kontrollauffassung ist jedoch – wie im vierten Kapitel schon gezeigt – gerade für den strategischen Bereich unbrauchbar. Aufgrund des weiten Planungshorizonts und der damit in besonderem Maße gegebenen Unüberschaubarkeit (Komplexität) und Unsicherheit käme eine ex-post Kontrolle, die den Niederschlag der Ergebnisse der strategischen Umsetzung abwartet, einer groben Fahrlässigkeit gleich.

67 Vgl. Hinterhuber, H.H., Strategiegerechte Personalentwicklung, in: Wunderer, R. (Hrsg.), Humane Personal- und Organisationsentwicklung, Festschrift für Guido Fischer, Berlin 1979, S. 147-169.

68 Vgl. Schreyögg, G., Verschlüsselte Botschaften. Neue Perspektiven einer strategischen Personalführung, in: Zeitschrift Führung + Organisation 56 (1987), S. 151-158.

Statt als letztes Glied des strategischen Managementprozesses ist strategische Kontrolle vielmehr – wie in Abbildung 5.38 verdeutlichend gezeigt – als planungsbegleitender Prozeß zu denken, der von dem Moment an einsetzen muß, von dem an der erste Selektionsschritt im Planungsverfahren erfolgt.[69] Wie mehrfach betont, ist der strategische Planungsprozeß in starkem Maße dadurch gekennzeichnet, daß fortwährend Unsicherheit und Unklarheit durch das Setzen von Annahmen „vernichtet“ wird.

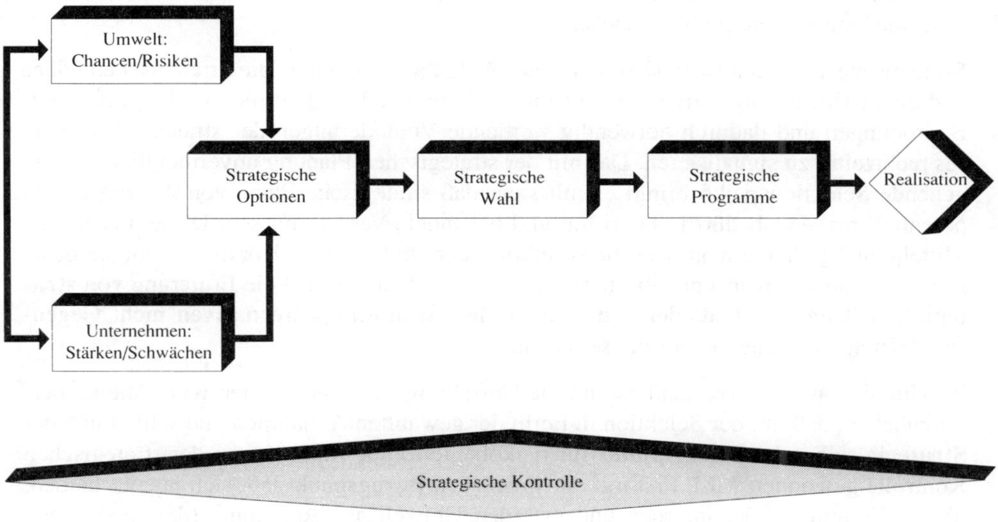

Abb. 5.38: Die strategische Kontrolle im strategischen Prozeß

5.8.1 Unsicherheit und Komplexität

Der Planungsprozeß braucht trotz Unsicherheit und Komplexität schlußendlich Eindeutigkeit, um eine Handlung empfehlen zu können. Um dieses Dilemma zu bewältigen, muß das Management künstlich Eindeutigkeit herstellen. Es muß durch Interpretationsmuster, Prioritätensetzung, Filterung usw. die aus Unsicherheit und Komplexität resultierende Ambiguität gewissermaßen auf ein bearbeitbares Maß reduzieren. Dieser ganze Reduktionsprozeß ist gekennzeichnet durch Ausblenden und Wegfiltern, er ist – nach Voraussetzung – nicht voll beherrschbar und somit selektiv.

69 Vgl. Schreyögg, G./Steinmann, H., Strategic control. A new perspective, in: Academy of Management Review 12 (1987), S. 91-103.

Diese Selektivität birgt ein fundamentales Risiko in sich, nämlich das der Fehlselektion und das der Ignoranz. Daraus resultiert als Konsequenz die Aufgabe, Vorkehrungen zur Handhabung des Selektionsrisikos zu schaffen. Dies ist die genuine Aufgabe der strategischen Kontrolle. Sie hat eine kompensierende Funktion wahrzunehmen, die das Selektionsrisiko der Planung begrenzt.

Strategische Planung ist also so gesehen tentatives Handeln. Sie entwirft auf der Grundlage von Relevanzvermutungen über die Umwelt versuchsweise eine Strategie. Es ist die Funktion der strategischen Kontrolle, dieses versuchsweise Handeln durch Absicherungsmaßnahmen möglich zu machen.

Strategische Kontrolle läßt sich somit als Aufgabe definieren, die strategischen Pläne und deren Umsetzung fortlaufend auf ihre weitere Tragfähigkeit hin zu überprüfen, um Bedrohungen und dadurch notwendig werdende Veränderungen des strategischen Kurses rechtzeitig zu signalisieren. Das mit der strategischen Planung unvermeidlich einhergehende Selektionsrisiko bringt es mit sich, daß strategische Pläne von Anfang an als potentiell revisionsbedürftig begriffen und behandelt werden müssen. Diese hier in den Mittelpunkt gerückte Kompensationsfunktion der strategischen Kontrolle hebt sie deutlich gegen andere Konzepte ab. Insbesondere wird deutlich, daß die Eruierung von **strategischen Chancen** und/oder von strategischen **Handlungsalternativen** nicht Gegenstand der strategischen Kontrolle sein kann.

Im Hinblick auf das Verständnis und die Gestaltung der strategischen Kontrolle ist hervorzuheben, daß mit der Selektion in Form der gewählten Annahmen und schließlich der **Strategie** selbst der **Bezugspunkt** für risikobegrenzende Maßnahmen der strategischen Kontrolle gewonnen wird. Erst mit einem solchen Bezugspunkt läßt sich ja entscheiden, ob ein Ereignis in der internen und externen Umwelt als Bedrohung (der selektierten Strategie) zu gelten hat oder nicht.

5.8.2 Typen strategischer Kontrolle

Die strategische Kontrolle soll definitionsgemäß ein Gegengewicht zur Selektivität der Planung bilden. Daraus folgt, daß sie selbst zumindest von der Intention her nicht selektiv angelegt werden darf. Ihre Kompensationsfunktion ist insofern globaler und ungerichteter Natur. Es lassen sich jedoch Spezialisierungsvorteile erzielen, wenn die globale Kompensationsfunktion teilweise ausdifferenziert wird. Folgt man dieser Spezialisierungsidee, so kommt man zu drei Kontrolltypen: Neben die

- **Strategische Überwachung** als globale Kernfunktion treten die beiden Spezialfunktionen
- **Strategische Durchführungskontrolle** und
- **Strategische Prämissenkontrolle**.

Während sich die Prämissenkontrolle auf die bewußt gesetzten Annahmen im Planungsprozeß konzentriert, ist es Aufgabe der Durchführungskontrolle, alle diejenigen Informationen zu sammeln, die sich im Zuge der Strategiedurchführung ergeben und die auf Gefahren für eine Realisierung der gewählten Strategie hindeuten könnten. Abbildung 5.39 faßt die strategischen Kontrolltypen schaubildartig zusammen.

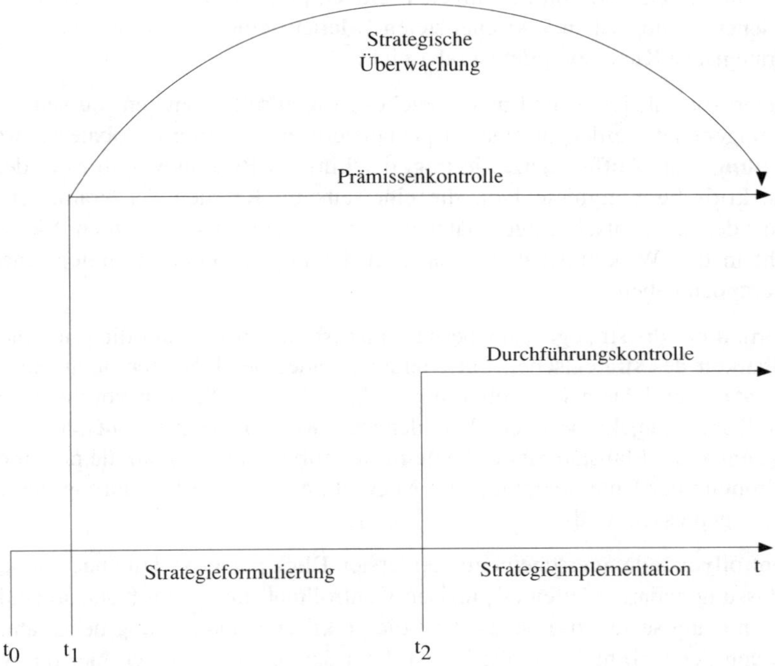

Abb. 5.39: Der strategische Kontrollprozeß

Im strategischen Planungsprozeß, der in t_0 beginnt, ist das **Setzen von Prämissen** (t_1) das wesentliche Mittel, um die Entscheidungssituation zu strukturieren. Nachdem mit der Setzung von Prämissen immer zugleich eine Großzahl möglicher anderer Zustände ausgeblendet wird, konstituiert sich mit ihr ein hohes kontrollbedürftiges Risiko. Daraus leitet sich das erste spezielle Kontrollfeld ab, nämlich die (explizit gemachten) strategischen Prämissen fortlaufend daraufhin zu überwachen, ob sie weiterhin Gültigkeit beanspruchen können.

Die Setzung von Prämissen kann niemals vollständig in dem Sinne sein, daß alle relevanten Entwicklungen erkannt und/oder alle neuen Entwicklungen vorhergesehen werden. Die strategische Kontrolle muß deshalb darauf bedacht sein, diesen bei der Prämissensetzung ausgeblendeten, aber für den strategischen Kurs möglicherweise bedrohlichen Bereich ebenfalls mit abzudecken, um auch insoweit das Risiko zu begrenzen. Hierfür kann man sich die Einsicht zunutze machen, daß sich diese unbekannten oder unerkannten Entwicklungen im Zuge der Strategieimplementation nach und nach als Störungen bemerkbar machen, indem sie nämlich Handlungen behindern und/oder erwartete Ergebnisse verfälschen.

Sobald die Umsetzung der Strategie beginnt (t_2), muß auch die Sammlung derartiger Informationen einsetzen. Dies ist die genuine Aufgabe der **strategischen Durchführungskontrolle**. Sie hat anhand von Störungen wie auch prognostizierter Abweichungen von ausgewiesenen strategischen Zwischenzielen (Meilensteinen) festzustellen, ob der gewählte strategische Kurs gefährdet ist oder nicht.[70]

Diese beiden spezialisierten und damit selektiven Kontrollaktivitäten müssen – wie erwähnt – eingebettet werden in eine unspezialisierte und insofern globale **strategische Überwachung**[71] als Auffangnetz. Sie trägt der Einsicht Rechnung, daß es in der Regel zahlreiche kritische Ereignisse gibt, die einerseits im Rahmen der Prämissensetzung übersehen oder auch falsch eingeschätzt werden, andererseits aber ihren Niederschlag noch nicht in den Wirkungen und Resultaten der implementierten strategischen Teilschritte gefunden haben.

Anders formuliert, die strategische Überwachung ist die Antwort auf die prinzipielle Unabschließbarkeit des strategischen Entscheidungsfeldes der Unternehmung. Sie ist eine im Grundsatz ungerichtete Kontrollaktivität, d.h., sie ist nicht von vornherein auf ein konkretes Kontrollobjekt bezogen. Um dennoch Kontrollinformationen gewinnen zu können – denn ohne Maßstab gibt es keine Information –, macht man die potentielle Bestandsbedrohung der Unternehmung zum Maßstab, an dem die Bewährung der gewählten Strategie gemessen wird.

Diese Kontrollvorstellung erscheint auf den ersten Blick paradox, denn nach herkömmlicher Auffassung bedarf es ja eines präzisen Kontrollmaßstabes, um Kontrollhandlungen überhaupt in Gang setzen zu können. Daß die praktische Handhabung der strategischen Überwachung dennoch nicht unmöglich ist, liegt daran, daß man sich hier die folgende Einsicht zunutze machen kann: Die Bestandsbedrohung ist zwar unbestimmter als die Strategie, sie vereindeutigt sich jedoch in der konkreten Situation in **Gestalt von Krisen**, die das Erfolgspotential der selektierten Strategie zu erodieren drohen. Damit wird es möglich, Komplexität auf andere Weise zu reduzieren, nämlich durch Beobachtung von Krisenanzeichen.[72] Man geht davon aus, daß der Zeitablauf selbst Komplexität absorbiert, die Fülle der Möglichkeiten einengt und in der aktuellen Situation schließlich offenbart, wo die strategische Bedrohung liegt (vgl. dazu Kasten 5.5 und die dort dargestellten Krisenverläufe).

70 In aller Regel wird die Meilenstein-Kontrolle als „Planfortschrittskontrolle" (Wild, J., Grundlagen der Unternehmensplanung, 3. Aufl., Reinbek 1980, S. 44) im Sinne des Feedback so thematisiert, daß sie Abweichungen des „Ist" vom „Soll" fortlaufend registriert, um eine rechtzeitige Anpassung des „Ist" an das „Soll" bewerkstelligen zu können. Dies ist jedoch die genuine Aufgabe der operativen Kontrolle. Der hier entscheidende Gesichtspunkt, die Frage nach der fortdauernden Gültigkeit des strategischen „Soll", kommt dabei nicht ins Blickfeld.

71 Vgl. dazu die immer noch aufschlußreiche empirische Studie von Aguilar, F., Scanning the business environment, New York 1967.

72 Vgl. Luhmann, N., Zweckbegriff und Systemrationalität, Frankfurt a.M. 1973, S. 328.

Kasten 5.5		
Krisen in deutschen Industrieunternehmen		
Unternehmung	Branche Umsatz in Mrd. DM/Beschäftigte	Krisenverlauf
Deutsche BP AG Hamburg	Ende der 70er Jahre größte deutsche Mineralölgesellschaft 1981: 24,3/10100	Durch drastischen Rückgang des Mineralölverbrauchs entstehen erheliche Überkapazitäten im Raffineriebereich, BP wird von der Strukturkrise der deutschen Mineralölindustrie im Unterschied zu Wettbewerbern mit Windfallprofits aus eigenen deutschen Bohrlöchern am stärksten betroffen, dreistellige Millionenverluste ab 1981, drastischer Kapazitäts- und Personalabbau (Rückzug aus Öldestillation, Konzentration auf Handelsgeschäft, Verringerung der Raffinierie- und Konversionskapazität von 24 Mio. jato in 1979 auf 5 Mio. jato Ende 1985, Personalabbau auf 6.000), Ende 1983 Kapitalschnitt und Wiederaufstockung, Fixkostenabbau von 400 Mio. DM p. a. seit 1981, „Altlasten" der Strukturbereinigung in Höhe von mehreren 100 Mio. DM machen den Anfang 1985 trotz ausgeglichenen Betriebsergebnisses massive Finanzhilfen durch die Muttergesellschaft nötig, erst ab 1986 nachhaltige Ergebnisbesserung.
Deutsche Dampfschiffahrts-Gesellschaft (DDG) „Hansa" Bremen	Auf Schwergutfrachter und Offshore-Versorger spezialisierte Traditionsreederei 1977: 0,52/3160	Großinvestitionen, die die Finanzkraft überfordern; Verluste im Iran-Geschäft, Dollar-Verfall, Dumping-Konkurrenz aus Staatshandels- und Schwellenländern, Treibstoffverteuerung, Ende 1980 Vergleichsverfahren eingeleitet, Anfang 1981 weitgehende Einstellung des Geschäftsbetriebs, Nov. 1984 Erfüllung der Mindestquote im Liquidationsvergleichsverfahren.

Dual Gebr. Steidinger KG St. Georgen	Zeitweise drittgrößter Schallplattenspielerhersteller	Mißglückte Expansionspläne, Konkurrenz aus Billiglohnländern, Ende 1981 Zahlungsunfähigkeit, Konkurs, Mitte 1982 Übernahme von Betriebsteilen durch den französischen Thomson-Konzern, Verbreiterung der Produktpalette durch Verbreiterung der Produktpalette durch Videorecorder und CD-Abspielgeräte, 1984 deutliche Verbesserung der Ergebnissituation.
Jacobs AG Zürich	Marktführer bei Kaffe in Westeuropa 1977: 3,2/3900	Unerwarteter Preissturz auf dem Kaffeemarkt führt 1977 zu 50 Mio. SFr. Betriebsverlust, durch Sofortmaßnahmen zur Umsatzsteigerung rasche Krisenbewältigung.

Quelle: Müller, R., Krisenmanagement in der Unternehmung, 2. Aufl., Frankfurt a. M. u. a. 1986, S. 11 ff.

Erst durch diese Umkehrung der Kontrollogik wird die strategische Überwachung jedenfalls im Ansatz befähigt, ihre zweifache Kompensationsfunktion, nämlich gegenüber der strategischen Planung und gegenüber den beiden anderen Kontrollaktivitäten, zu erfüllen. Unter dem Druck der Situation muß dann freilich zumeist rasch gehandelt werden. Es muß deshalb das Bestreben sein, durch Frühwarninstrumente oder durch ein „Issue-Management" die bezeichneten Krisensignale in einem frühen Stadium aufzufangen, um noch einen hinreichenden Handlungsspielraum sicherstellen zu können.[73]

Die drei genannten Kontrollarten bilden in ihrem Zusammenwirken das strategische Kontrollsystem. Wie in Abbildung 5.39 gezeigt, muß mit dem Setzen der ersten Prämissen im Rahmen der Strategischen Planung die Prämissenkontrolle ihre Tätigkeit aufnehmen. Von hier an begleitet sie alle weiteren Prämissensetzungen im Rahmen des Planungs- und Implementationsprozesses. Zum gleichen Zeitpunkt muß die strategische Überwachung ihre Tätigkeit aufnehmen. Wenn die Strategieimplementation beginnt, greift die dritte Kontrollart, die strategische Durchführungskontrolle. Ab diesem Zeitpunkt wirken alle drei vorgeschlagenen Kontrollarten zusammen, um das Selektionsrisiko der strategischen Planung zu kompensieren. Strategische Kontrolle stellt so verstanden einen kontinuierlichen Prozeß dar. Eine Periodisierung, etwa unter Anbindung an den strategischen „Planungskalender", wie es im Zusammenhang mit der sog. Neuplanung üblich ist, würde ihrem Wesen grundlegend widersprechen.

73 Zu Frühwarnsystemen vgl. Albach, H./Hahn, D./Mertens, P., Frühwarnsysteme, Zeitschrift für Betriebswirtschaft – Ergänzungsheft, Wiesbaden 1979.

5.8.3 Organisation der strategischen Kontrolle

Aus den vorstehenden kurzen Überlegungen ergibt sich bereits, daß die strategischen Kontrolltypen unterschiedliche Kontrollobjekte haben und auch in einem unterschiedlichen Maße vorstrukturiert (= organisiert) werden können. Abbildung 5.40 stellt die wesentlichen Unterschiede zusammen.

Typen strategischer Kontrolle / Kontrollcharakteristika	Strategische Überwachung	Prämissenkontrolle	Durchführungskontrolle
Ausmaß der Gerichtetheit	Gering	Mittel	Hoch
Kontrollobjekt	Umwelt/ Ressourcen	Planungsprämissen	Zwischenziele

Abb. 5.40: Das System der strategischen Kontrolle

Von den drei genannten Kontrolltypen kann die **strategische Durchführungskontrolle** noch am ehesten aus einer Formalisierung der Informationsaufnahme Nutzen ziehen. Die Kontrollobjekte sind ja bestimmungsgemäß relativ gut definiert und, sofern es sich um Meilensteine handelt, planerisch vorherbestimmt. Insoweit, wie die Meilensteine betroffen sind, läßt sich im vorhinein festlegen, wer welche Resultate zu welcher Zeit messen soll. So kann etwa bei einem neuen Forschungs- und Entwicklungsprojekt festgelegt werden, wann und durch wen festgestellt werden soll, ob bestimmte Versuchsreihen zu dem gewünschten Erfolg geführt haben. Oder bei einem neueingeführten Produkt mag der Marketing-Leiter dafür verantwortlich sein festzustellen, ob ein bestimmter Marktanteil in der festgelegten Zeit erreicht werden konnte. Überraschend auftretende Behinderungen im Durchführungsprozeß lassen sich dagegen natürlich nicht derart formal vorstrukturieren. Diese feinfühlig zu registrieren, ist aber ein mindestens gleichgewichtige Aufgabe der strategischen Durchführungskontrolle.

Die Informationsaufnahme im Rahmen der **Prämissenkontrolle** kann ebenfalls bis zu einem gewissen Grade von einer Formalisierung profitieren. Nach Voraussetzung sind hier ja von der Planung eine Reihe kritischer Annahmen und ggf. Schwellenwerte identifiziert, auf die hin die Kontrollaktivitäten ausgerichtet werden können. Die Beobachtung der aufgelisteten Prämissen ist am zweckmäßigsten von den sachlich zuständigen Funktionsbereichen zu leisten. So würde man etwa im Rahmen der Produktentwicklung diese Aufgabe keinesfalls global dem Entwicklungsingenieur überantworten, sondern etwa die Kostenprämissen der Kalkulation, die Marktprämissen dem Vertrieb und/oder der Marktforschung, die technischen Prämissen der Entwicklung usw.

Eine vergleichbare Vorstrukturierung auch für die **strategische Überwachung** vorzusehen, etwa im Sinne kritischer Beobachtungsfelder,[74] wäre dagegen falsch; soll es ja hier darum gehen, einen möglichst breiten Kontrollschirm für potentielle kritische Ereignisse aufzubauen. So gesehen wäre eine solche Vorstrukturierung geradezu kontraproduktiv. Eine gewisse Vorstrukturierung wird sich jedoch auch hier zwangsläufig herausbilden; dies vor allem dann, wenn im Zuge der Umweltbeobachtung potentielle strategische Bedrohungen sichtbar werden, deren weitere Entwicklung sorgfältig überwacht werden muß. Diese Entwicklungen geben im Fortlauf insoweit eine Fokussierung der weiteren Beobachtungstätigkeit vor, die dann natürlich auch in sehr viel aktiverer Weise vollzogen werden kann.

Aus vorstehenden Überlegungen ist deutlich geworden, daß sich Teile der strategischen Kontrolle einer organisatorischen Reglementierung weitgehend entziehen. Eine organisatorische Strukturierung kann nur den allgemeinen Rahmen für die strategische Kontrolle grob abstecken, der Kern der Aufgabe, die kompensierende Informationsaufnahme und -verarbeitung, muß im wesentlichen fallweise bewältigt werden. Die organisatorischen Maßnahmen zur Sicherstellung dieser Funktion müssen daher im Prinzip auf einer anderen Ebene als der der generellen Regelungen angesiedelt werden, nämlich auf der Ebene der Verhaltenspotentiale von Subsystemen. Man muß die Subsysteme und ihre Mitglieder motivieren und befähigen, eigeninitiativ tätig zu werden.

Auf der **individuellen Ebene** setzt erfolgreiche strategische Kontrolle zweierlei voraus: Wissen und Fähigkeiten einerseits und bestimmte Verhaltensqualitäten andererseits. Ersteres stellt darauf ab, daß die Subsysteme ihre Kontrollaufgabe nur wahrnehmen können, wenn sie mit der Strategie und ihren Voraussetzungen hinreichend vertraut sind, nur dann können sie strategische Implikationen immer mitdenken. Um selbststeuernd den richtigen Informationsanschluß im strategischen Kontrollsystem zu finden, müssen die Subsysteme ferner einen Überblick über die wichtigsten Zusammenhänge im Leistungsprozeß haben.

Von den erforderlichen Verhaltensqualitäten sei hier insbesondere auf das autonome Denken und den Mut, divergierende Sichtweisen zum Ausdruck zu bringen, hingewiesen.

Autonomie ist erforderlich, um von vorherrschenden Denk- und Handlungsmustern Distanz nehmen zu können. Organisationsmitglieder müssen bereit sein, einmal getroffene Setzungen und Begründungen wieder zur Disposition zu stellen. Dazu muß der Mut treten, differente Wahrnehmungen und für richtig erkannte Revisionen auch gegen Widerstand zur Geltung zu bringen, sich also nicht durch soziale Bindungen wie etwa Gruppensolidarität von einmal als richtig erkannten Einsichten abbringen zu lassen. Dieser Aspekt ist wichtig, weil die Infragestellung der Strategie immer auch ein Ausscheren aus der gefundenen gemeinsamen Definition der strategischen Situation verlangt.

74 Vgl. dazu Lorange, P., Strategic control: Some issues in making it operationally more useful, in: Lamb, R. (Hrsg.): Competitive Strategic Management, Englewood Cliffs, N. Y. 1984.

Der zuletzt genannte Gesichtspunkt verweist bereits darauf, daß es falsch wäre, die Verhaltensvoraussetzungen für eine strategische Kontrolle alleine auf der individuellen Ebene zu suchen. Nicht selten verlangt die strategische Kontrolle die Infragestellung lange geübter Praktiken und – noch weitergehend – sogar die Verletzung von Tabus. Im Kern geht es darum, eine Atmosphäre zu schaffen und aufrecht zu erhalten, die die offene Kommunikation und die Experimentierlust fördert. Konkreter gesprochen geht es um eine Systemorientierung, die Widersprüche akzeptiert, Ja-Sagern mißtraut und Neugierde belohnt.[75]

Derartige Systemorientierungen entfalten sich um so eher, je mehr die betrieblichen Belohnungs- und Bestrafungsmuster (Bonus-, Promotions-, Beschwerdesysteme usw.) sie unterstützen.

Diskussionsfragen

1. Welche Ebenen unterscheidet man in der strategischen Planung?
2. Was ist ein Szenario?
3. Warum reicht es nicht aus, bei der Unternehmensanalyse nur die eigenen Ressourcen (Potentiale) zu untersuchen?
4. Was ist eine Wertkette?
5. Was sind Normstrategien, und wie läßt sich dieses Konzept für die strategische Planung sinnvoll nutzbar machen?
6. Auf welche beiden Dimensionen werden in der BCG-Portfolio-Matrix die gesamte Umweltkonstellation und die gesamte Unternehmenssituation reduziert?
7. Nennen Sie Produkt-Beispiele, die dem im Konzept des Produktlebenszyklus unterstellten typischen Verlauf widersprechen?
8. Welche Aufgaben haben „strategische Programme“?
9. Welches sind die wesentlichen Gründe für die Notwendigkeit einer besonderen strategischen Kontrolle?
10. In welchem Sinne hat die strategische Überwachung eine doppelte Kompensationsfunktion?

75 Vgl. Nystrom, P./Starbuck, W., To avoid organizational crises, unlearn, in: Organizational Dynamics 13 (1984), Nr. 4, S. 53-65.

Literaturhinweise

Allgemeine Einführung in das strategische Denken:

Andrews, K.R., The concept of corporate strategy, rev. ed., Homewood/Ill. 1985
Schreyögg, G., Unternehmensstrategie, Berlin/New York 1984

Zu Modellen der Strategischen Planung:

Kreikebaum, H., Strategische Unternehmensplanung, 2. Aufl. Stuttgart u.a. 1987
Welge, M., Unternehmensführung, Bd. 1, Planung, Stuttgart 1985

Zur Umweltanalyse:

Fahey, L./Narayanan, V.K., Macroenvironmental analysis for strategic management, St. Paul 1986
Porter, M., Wettbewerbsstrategie (Übers. a.d.Engl.), Frankfurt a.M. 1987

Zur Unternehmensanalyse:

Porter, M., Wettbewerbsvorteile (Übers. a.d.Engl.), Frankfurt a.M. 1986
Hinterhuber, H., Strategische Unternehmensführung, Bd. 1, 4. Aufl. Berlin/New York 1989

Zu den grundsätzlichen Strategiealternativen:

Biggadike, R.E., Corporate diversification, Cambridge/Mass. 1979
Johnson, G./Scholes, K., Exploring corporate strategy, 2. Aufl., New York 1988, S. 147-224

Zur praktischen Umsetzung von Strategien:

Ansoff, I., Implanting strategic management, Englewood Cliffs, N.J. 1984
Meier, W., Durchsetzen von Strategien, Zürich 1983

Zur strategischen Kontrolle:

Lorange, P./Morton, M.F.S., Strategic control systems, St. Paul, 1986
Hasselberg, F., Strategische Kontrolle im Rahmen strategischer Unternehmensführung, Frankfurt a.M. u.a. 1989

Sechstes Kapitel
Operative Planung und Kontrolle

6.1 Zum Zusammenhang von operativem und strategischem Planungssystem 213

6.2 Merkmale der operativen Planung ... 218
6.2.1 Arten operativer Pläne ... 218
6.2.1.1 Operative Pläne zur Strategieumsetzung und Systemsicherung ... 218
6.2.1.2 Die Teilpläne des Realgüterprozesses ... 220
6.2.1.3 Die Teilpläne des Wertumlaufprozesses ... 224
6.2.1.4 Projektpläne für operative und strategische Projekte ... 226
6.2.2 Das System der operativen Teilpläne im Überblick ... 227
6.2.3 Die Interdependenz der Teilpläne ... 228
6.2.4 Die operative Planung unter Unsicherheit ... 231
6.2.4.1 Planungssituationen bei Unsicherheit ... 231
6.2.4.2 Ansätze zum Umgang mit Unsicherheit ... 233

6.3 Ausgewählte Modelle operativer Planung ... 237
6.3.1 Die Konstruktion von Planungsmodellen ... 237
6.3.2 Methoden der operativen Planung (Modellierungstechniken) ... 241
6.3.2.1 Optimierungsmodelle ... 242
6.3.2.2 Prognostizierende Modelle ... 255
6.3.2.3 Experimentier-Modelle (Simulation) ... 260
6.3.3 Planung des Realgüterprozesses an Beispielen ... 264
6.3.3.1 Die Produktionsprogrammplanung mit Hilfe der Linearen Programmierung ... 264
6.3.3.2 Projektplanung mit Netzwerktechnik ... 287
6.3.4 Planung des Wertumlaufprozesses an Beispielen ... 294
6.3.4.1 Die Break-even-Analyse ... 295
6.3.4.2 Planbilanzierung ... 304
6.3.4.3 Liquiditätsoptimierung in der kurzfristigen Finanzplanung 316

6.4 Die Umsetzung der Pläne in Budgets ... 325
6.4.1 Budgets als Steuerungsinstrumente ... 325
6.4.2 Arten von Budgets ... 329
6.4.3 Der Budgetierungsprozeß ... 333

6.5 Die operative Kontrolle ... 337
6.5.1 Die operative Kontrolle als Feedback-Kontrolle/ adaptive Kontrolle 337
6.5.2 Der Kontrollprozeß ... 338
6.5.3 Die Kontrolle auf Geschäftsfeldebene ... 340
6.5.3.1 Die Kontrolle operativer Pläne ... 341
6.5.3.2 Die operative Projektkontrolle als Sonderfall ... 346

6.5.4 Die Kontrolle bei divisionaler Organisation 347

Diskussionsfragen 351

Literaturhinweise 352

6.1 Zum Zusammenhang von operativem und strategischem Planungssystem

Die Unterscheidung von strategischem und operativem Planungssystem macht es erforderlich, das Verhältnis beider zueinander nun genauer zu bestimmen.

Daß die strategische Planung für die operative Planung den Orientierungsrahmen abgeben muß, insoweit also systematisch vorzuordnen ist, wurde bereits begründet. So gesehen steht die operative Planung in einer (instrumentellen) **Vollzugsfunktion** zur strategischen Planung. Dies macht einen wichtigen Teil ihrer Rationalität aus, erschöpft sie jedoch nicht. Sie muß auch die Gegenwart und die kurzfristige Überlebensperspektive gegenüber der langfristigen Absicherung des Erfolgspotentials zur Geltung bringen. Zwar stellt das Erfolgspotential in gewissem Sinne eine Vorsteuerungsgröße für die anderen Unternehmensaktivitäten, insbesondere aber Rentabilität und Liquidität, dar; niemals kann jedoch die strategische Planung die Garantie dafür übernehmen, daß auch in der kurzen Sicht die Ausschöpfung des Erfolgspotentials so erfolgt, daß das Überleben des Systems laufend gewährleistet ist. Wie also ist das Verhältnis von strategischem und operativem Planungssystem zu fassen?

Die strategische Unternehmensplanung stößt – wie schon im fünften Kapitel ausführlich dargelegt – nach (1) der Festlegung des Portfolios der Geschäftsfelder und (2) der Wettbewerbsstrategie für jedes Geschäftsfeld bis zur (3) umrißhaften Ausformulierung der strategischen Maßnahmen vor. Hier liegt die inhaltliche Schnittstelle zwischen beiden Planungssystemen. Es ist klar, daß der operative Handlungsspielraum um so enger wird, je stärker die strategische Maßnahmenplanung konkretisiert und detailliert wird. Die zentrale Frage ist also, wie der Konkretisierungsgrad der strategischen Planung auszulegen ist. Die Lückenhaftigkeit der Informationsbasis und die Komplexität des Systems setzen seiner „Durchplanung", also einer vollständigen Konkretisierung, klare Grenzen; sie ist weder möglich noch wünschenswert. Dies sei unter Rückgriff auf den theoretischen Leitrahmen etwas näher begründet.

Mit der Formulierung strategischer Ziele wird das amorphe Bestandsproblem des Systems in eine bearbeitbare Fassung transformiert und ihre planerische Umsetzung in Zweck/Mittel-Ketten ermöglicht. Dies reicht aber nicht aus, den Systembestand zu sichern, denn zweckspezifisch strukturierte Systeme müssen mehr Probleme lösen, als in der Zweckerfüllung zum Ausdruck kommt und auch grundsätzlich zum Ausdruck gebracht werden kann.

Der Bestand eines Systems kann nicht einfach als Zielerreichung, sondern muß als ein **Komplex von Problemen** verstanden werden, die gelöst werden müssen, um die Differenz zur Umwelt aufrecht zu erhalten. Dazu sind weitere über die Strategiebildung und ihre Transformierung in Zweck/Mittel-Ketten hinausgehende Absorptionsmedien erforderlich. Das zentralste Medium dazu überhaupt ist die Bildung von Subsystemen, die selbst in sich wieder komplex sind.

Die Bildung von Subsystemen bedeutet für die Gesamtsystemsteuerung eine sehr starke Entlastung; sie kann die Subsysteme bis zu einem gewissen Grade als eigenständige Leistungseinheiten betrachten, deren Funktionsabläufe sie nicht vollständig kennen und mitplanen muß, die aber dennoch als zuverlässige Leistungseinheiten „funktionieren". Subsysteme bilden eine eigene (Teil-) Identität aus, d.h. sie verdanken ihre Existenz einer eigenständigen Selektionsleistung sowie der Fähigkeit, einen für das Gesamtsystem brauchbaren Output zu produzieren. Dies impliziert, daß sich jedes Subsystem in einem bestimmten Umfang auch eigene Zwecke setzen kann. Das Supersystem kann mehr Komplexität verarbeiten, wenn es intern zwar verbundene aber gegeneinander verschobene Zweck-Perspektiven zuläßt. Als Folge davon hat sich jede Gesamtplanung eines komplexen Systems an einer Mehrheit von Systemreferenzen zu orientieren.

Aus diesen Überlegungen folgt, daß die Gesamtplanung (= strategische Planung) ein gewisses Maß an struktureller Elastizität lassen muß, d.h. die Entscheidungen der Subsysteme bedürfen einer gewissen Autonomie und müssen zu einem bestimmten Grad unabhängig davon sein, wie in anderen Subsystemen entschieden wird.

Bezogen auf das Verhältnis von strategischer und operativer Planung bedeutet das, daß beide als partiell gegeneinander verschobene Handlungsentwürfe zu betrachten sind. Während der strategische Plan auf die Zwecksetzung für das Gesamtsystem spezialisiert, ist die Funktionserfüllung der operativen Pläne amorpher und breiter anzusetzen. Es ist deshalb auch keine starre Gesamtplanung des Systems, sondern eine elastische lose Verkoppelung der beiden Planungssysteme anzustreben.

Praktisch gesprochen, ergibt sich die Frage, wieweit sollten strategische Maßnahmen durchgeplant werden und wieviel Handlungsspielraum soll korrespondierend dazu dem operativen Planungssystem verbleiben? Wenn etwa – um diese Fragen am Beispiel zu verdeutlichen – für ein Geschäftsfeld A eine Kostenführerschaftsstrategie vorgesehen ist und eine der notwendigen strategischen Maßnahmen zur Kostensenkung in der Desintegration der Fertigung gesehen wird, dann ergeben sich Konsequenzen für die Beschaffungsfunktion. Wie konkret sollten diese Konsequenzen in der strategischen Maßnahmenplanung ausformuliert werden? Genügt eine globale Handlungsrichtlinie (Policy) mit der Folge, daß der operative Bereich einen maximalen Freiraum erhält? Oder müssen – vielleicht sogar nach Beschaffungsgütern getrennt – quantitative Zielgrößen vorgegeben werden, etwa derart: von Faktor A müssen (mindestens) 40 %, von Faktor B (mindestens) 80 % des Volumens auf Fremdbezug umgestellt werden? Dabei wäre dann zu bedenken, welche zusätzliche Funktionen das Subsystem Beschaffung noch erfüllen muß und inwieweit diese einer Integration in den strategischen Plan bedürfen.

Die Antwort auf das hier formulierte „Schnittstellen-Problem" muß sich des instrumentellen Charakters der Planung bewußt sein. Diese soll ja als Managementfunktion einen möglichst wirksamen Beitrag zur Steuerung der Unternehmung leisten. Von diesem Kriterium her ergeben sich dann zwei formale Bedingungen für die Festlegung der Schnittstelle, die dann im Einzelfall jeweils inhaltlich konkretisiert werden müssen:

1. Die strategische Maßnahmenplanung muß soweit konkretisiert werden, daß die für den Erfolg der Strategie kritischen Handlungsorientierungen im alltäglichen Handlungsvollzug der Unternehmung nicht verfehlt werden (Prinzip strategischer Vor-Steuerung).

2. Jede weitere Durchplanung der strategischen Maßnahmen im Sinne einer integrierten Gesamtplanung läuft Gefahr, der operativen Planung den Handlungsspielraum zu nehmen, den sie benötigt, um einerseits die erforderlichen Maßnahmen zur Verwirklichung der Strategie sachlich so wählen und zeitlich so terminieren zu können, wie es die unmittelbare Handlungssituation erfordert, und andererseits die sonstigen Funktionen (das „Tagesgeschäft" und die „Selbstverständlichkeiten") zu erfüllen, die sich den operativen Sub-Systemen stellen (Prinzip operativer Flexibilität).

Das erste Prinzip versteht sich von selbst; wird es nicht verfolgt, bleibt die strategische Planung wirkungslos. Das zweite Prinzip trägt der oben erläuterten Einsicht Rechnung, daß ohne einen hinreichenden Handlungsspielraum im operativen Bereich das Komplexitätsverarbeitungsvermögen bzw. die Steuerungseffizienz leidet, und dies aus mindestens drei Gründen. Neben der erörterten **Mehrfunktionsorientierung** der operativen Systeme als erstem Grund gilt es zu berücksichtigen, daß sich die jeweils aktuellen **situativen Rahmenbedingungen** und Handlungsspielräume für die Verwirklichung von Strategien im Rahmen der strategischen Planung nicht punktgenau ausloten lassen, weil wegen der Komplexität und Ungewißheit der Zukunft treffsichere Prognosen nicht möglich sind.

Der dritte Grund ist schließlich **motivationaler** Natur. In dem Maße, wie die Unternehmensstrategie den nachgeordneten Führungsebenen Handlungsspielräume beläßt und sie zur eigenständigen situationsgerechten Umsetzung der strategischen Programme auffordert, werden diese dazu motiviert, strategisch mitzudenken und die strategischen Grundintentionen im täglichen Handlungsvollzug sinngemäß und kreativ umzusetzen. Sie werden veranlaßt, nach neuen Möglichkeiten zur noch besseren Verwirklichung strategischer Absichten Ausschau zu halten oder solche selbst neu zu schaffen. Sie werden ferner bemüht sein, kurzfristig veränderte Rahmenbedingungen für die Verwirklichung der Strategie bei der operativen Planung mit zu berücksichtigen und – wenn dies nicht möglich sein sollte – Revisionen der Strategie anzumahnen. Und sie werden schließlich auch motiviert, Handlungen zu ergreifen, die ökonomisch sinnvoll erscheinen, aber aus dem Rahmen der Strategie heraustreten.

An dem konkreten Beispiel der Fertigungstiefe bzw. der Beschaffung sei die Anwendung dieser formalen Überlegungen illustriert. Die strategische Maßnahmenplanung im Rahmen einer Kostenführerschaftsstrategie möge ergeben haben, daß es zur Erlangung eines dauerhaften strategischen Wettbewerbsvorteils erforderlich ist, in Zukunft bei einzelnen Fertigungsstufen in unterschiedlichem Umfang zu desintegrieren und Teile auszulagern. Das angestrebte Verhältnis von Eigenherstellung zu Fremdbezug sei für zwei zentrale Güter mengen- und wertmäßig fixiert. Nur wenn diese Ziele in einer bestimmten Zeit auch tatsächlich erreicht werden, läßt sich für eine gute Erfolgschance der Kostenführerschaftsstrategie argumentieren. Der gezielte Abbau der Fertigungstiefe ist also in diesem Falle ein kritischer **strategischer Erfolgsfaktor**. Deshalb muß die strategische Planung hier detaillierter ausfallen; eine generelle Richtlinie für die Beschaffungspolitik im Sinne einer allgemeinen Desintegration wäre nicht zielführend genug, um die Umsteuerung der traditionellen Aktivitäten auf die neue strategische Intention zu gewährleisten. Von der anderen Seite, der operativen Planung aus gesehen, ist dann allerdings über das hinaus, was zur strategischen Steuerung nötig ist, jede weitere Detaillierung der strategischen Maßnahmenplanung dysfunktional. Es muß der operativen Planung überlassen bleiben, in Übereinstimmung mit dem Abbau der strategischen Fertigungstiefe den operativen Handlungsspielraum auszuloten, gegebenenfalls kreativ zu erweitern und die operativen Maßnahmen zur Strategierealisierung festzulegen. Das würde etwa für die Lieferantenauswahl konkret heißen, daß im Rahmen der Beschaffungspolitik festzustellen ist, welche Lieferanten überhaupt für die verschiedenen Produktlinien verfügbar sind und in welchem Ausmaße sie zweckmäßigerweise für den Fremdbezug herangezogen werden sollten, zu welchen Zeitpunkten in welchen Mengen eingekauft werden soll, wie hoch die Rabatte ausfallen sollten. Alles dies sind Feststellungen und Entscheidungen, die die operative Beschaffungsplanung – natürlich im Rahmen der strategischen Zielvorgabe – selbst treffen sollte. Die operative Beschaffungsplanung muß also über soviel Autonomie verfügen wie **möglich** ist, ohne die strategischen Steuerungsabsichten unmöglich zu machen.

Dazu kommen natürlich die traditionellen Aufgaben der Beschaffung, die es nicht zu vernachlässigen gilt, die sich aber nicht direkt aus der Unternehmensstrategie ableiten. Dazu gehören vor allem die Tätigkeiten, die mit der Steuerung der Einkaufstätigkeit selbst zusammenhängen: Abwicklung des Bestellwesens, Eingangskontrolle usw. Sie werden quasi autonom vom operativen System geplant und verwaltet.

Mit der vorgeschlagenen formalen (nicht-inhaltlichen) Grenzziehung zwischen strategischem und operativem Planungssystem ist dann die Vorstellung vereinbar, daß die im Einzelfall konkretisierte inhaltliche Grenze zwischen beiden Systemen je nach den sachlichen Erfordernissen einzelner Funktionsbereiche unterschiedlich ausfallen und auch im Zeitablauf von Planungsperiode zu Planungsperiode variieren kann.

Die formale Charakterisierung der Grenze zwischen strategischer und operativer Planung trifft ferner keine Vorentscheidung über die inhaltliche Vereinbarkeit von strategischer und operativer Planung. Natürlich muß die strategische Planung die Bedingungen und Konsequenzen ihrer Realisierung prinzipiell mit bedenken. Sie muß realistisch in dem Sinne sein, daß sich für eine gute Chance argumentieren läßt, daß die operative Planung geeignete Mittel finden kann, um die strategischen Handlungsimperative zu verwirklichen, und daß die damit verbundenen Liquiditäts- und Rentabilitätswirkungen akzeptabel sind. Da die strategische Planung die Realisierungschancen vorgeschlagener Strategien aber nur allgemein und grob abschätzen kann, entscheidet sich erst im Rahmen der operativen Planung, ob nicht für die überschaubare nächste Zukunft eine Situation eingetreten oder zu erwarten ist, die die Realisierung der Strategie grundsätzlich verhindert oder zeitliche Verschiebungen erforderlich macht. So mag die kurzfristige Liquiditätsplanung zu Tage fördern, daß aufgrund plötzlich aufgetretener Umstände (z.B. Konkurs von wichtigen Abnehmern) eine Situation entstanden ist, die die Verwirklichung einer Strategie nur um den Preis einer zu starken Gefährdung der kurzfristigen Zahlungsbereitschaft möglich macht. Oder es mag sein, daß die Entwicklung der Gewinnsituation einzelner Sparten überraschenderweise so ungünstig ist, daß langfristige strategische Pläne zur Erschließung neuer Märkte zugunsten einer Rationalisierung und Konsolidierung des laufenden Geschäfts zurücktreten müssen. In derartigen Situationen, wo sich also ein von der strategischen Planung nicht vorhersehbarer Konflikt zwischen strategischen Handlungsintentionen und operativen Handlungsoptionen auftut, muß die operative Planung inhaltliche und/oder zeitliche Revisionen der Strategie anmahnen, um den Widerspruch aufzulösen.

Zusammenfassend ist also festzuhalten, daß sich eine inhaltlich – gleichsam wesensgemäß natürliche – Grenzziehung zwischen operativer und strategischer Planung nicht vollziehen läßt; strategische und operative Planung sind zwei partiell gegeneinander verschobene Steuerungsinstrumente und als solche so einzusetzen, daß in Abhängigkeit von der jeweiligen strategischen Handlungssituation die Steuerung effektiv bewerkstelligt wird. Auf diese Sachlage ist die angegebene formale Handlungsregel abgestellt: Alle diejenigen strategischen Maßnahmen müssen konkret fixiert werden, die für den Erfolg der Unternehmensstrategie kritisch sind; alle nicht-strategiekritischen Maßnahmen sind Gegenstand der operativen Planung. Das Verhältnis von strategischer und operativer Planung darf also nicht im Sinne eines eindeutigen Ableitungszusammenhanges zwischen Zielen und Mitteln im Rahmen einer Ziel-Mittel-Hierarchie gesehen werden; es ist dem Grunde nach selektiv. Aus der Einsicht heraus, daß eine vollständige Vorsteuerung des operativen durch das strategische System nicht sinnvoll und auch gar nicht möglich ist, gilt es also für eine erfolgreiche Transformation strategischer Intentionen in operative Maßnahmen die kritischen Bereiche herauszufinden und zu fixieren. Die strategische Planung muß der operativen Planung zwar eine Orientierung vorgeben, damit überhaupt strategisch geführt werden kann; diese Vorgabe kann aber angesichts der Unsicherheit der Erwartungen und der Binnenkomplexität moderner Unternehmen bloß rahmenartig ausfallen. Die Ausfüllung dieses Rahmens erfordert dann eigenständige kreative Leistungen im operativen Planungssystem, um die bestmögliche Realisierung der strategischen Zwecke zu erreichen und die Aufgaben zu erfüllen, die die Bestandserhaltung des Systems erfordert, ohne daß sie sich aus der Strategie ergäben.

Aus diesen grundsätzlichen Überlegungen ergibt sich abschließend eine formale Charakterisierung der operativen Planung. Sie hat alle diejenigen Entscheidungen zu ihrem Gegenstand, die in den verschiedenen Funktionsbereichen der Unternehmung kurzfristig (schon) getroffen werden müssen, um die Strategie zeitgerecht und effizient zu realisieren und den Systembestand zu sichern. Die **zeitliche Reichweite** der operativen Planung wird man dabei variieren können; in der Praxis sind Planungszeiträume von ein bis zu zwei Jahren üblich. Um zu entscheiden, für welche strategischen Maßnahmen im gewählten Planungszeitraum aktueller Handlungsbedarf besteht, d.h. die operative Planung die geeigneten Mittel bereitstellen muß, und für welche strategischen Maßnahmen das noch nicht erforderlich ist, muß der zeitliche und sachliche Wirkungszusammenhang zur strategischen Planung beachtet werden. Dieser Wirkungszusammenhang kann im Sinne einer groben Entwicklungsperspektive von der strategischen Planung aufgezeigt werden oder ist vom operativen Planungssystem zur Gewinnung seiner Handlungsorientierung selbst zu entwerfen. Dieses Verbindungsstück pflegt man traditionellerweise auch als **taktische Planung** zu bezeichnen.

6.2 Merkmale der operativen Planung

6.2.1 Arten operativer Pläne

6.2.1.1 Operative Pläne zur Strategieumsetzung und Systemsicherung

(1) Die entfaltete Rationalität des operativen Planungssystems findet ihren Niederschlag in einer Reihe von Planungsaktivitäten bzw. – als deren Ergebnis – in einer Reihe von Teil-Plänen, die – wie weiter unten noch zu zeigen ist- wegen der Interdependenz der Teilpläne wechselseitig aufeinander abzustimmen sind. Der nachfolgende Aufriß über die Arten operativer Pläne vermittelt zugleich einen ersten Überblick über die Vielfalt planerischer Aktivitäten, die im operativen Planungssystem anzutreffen sind.

Soweit es um den Vollzug der Strategie als Aufgabe der operativen Planung geht, ist zunächst einmal die Unterscheidung von **Standard- und Projektplanung** bedeutungsvoll. Unterscheidungskriterium ist die Frage, ob eine gegenwärtig verfolgte Strategie beibehalten werden soll oder – zur Sicherung des Erfolgspotentials – mehr oder weniger langfristige Änderungen des Produkt-Markt-Konzeptes beabsichtigt werden. Soweit letzteres der Fall ist, müssen – unabhängig von der laufenden Strategie – rechtzeitig Aktivitäten in Gang gesetzt werden, mit deren Hilfe strategische Umsteuerungen vollzogen werden können. Man denke etwa an die Weiter- oder Neuentwicklung von Produkten, die in späteren Jahren als Umsatzträger fungieren sollen. Alle derartigen Aktivitäten zur Umsteuerung der laufenden Strategie werden im operativen System in Form von (strategischen) **Projektplänen** aufgenommen und bis zur Handlungsreife konkretisiert. Als strategische Projekte werden darüber hinaus solche Vorhaben bezeichnet, die zwar der Realisierung der gewählten Strategie dienen, denen aber **ex ante** eine für diese Realisierung bedeutsame Rolle zuerkannt wird (man denke etwa an die Erstellung weitgehend automatisierter Produktionsanlagen im Zusammenhang mit einer Strategie der Kostenführerschaft). Zu berücksichtigen ist ferner, daß es neben strategischen auch **operative Projekte** gibt, die nicht unmittelbar der Umsteuerung der gegebenen Strategie dienen, sondern die die Voraussetzungen für die Realisierung der laufenden Strategie verbessern sollen (z.B. Neubau einer Werkshalle oder Ersatz alter Produktionsanlagen) oder schlicht kurzfristig gebotene Maßnahmen zur Existenzsicherung des Unternehmens betreffen (z.B. Public Relations-Kampagne zur Verbesserung des angeschlagenen Ansehens einer Unternehmung in der Umwelt).

Alle anderen Pläne, die der Verwirklichung der laufenden Strategie (des gegebenen Produkt-Markt-Konzeptes) und der Aufrechterhaltung der Systemfunktionen gewidmet sind, gehören zur operativen **Standardplanung**. Sie beziehen sich vor allem auf die Planung des **Realgüterprozesses** (des Produktprogramms und seiner Konsequenzen für die betrieblichen Funktionsbereiche) und andererseits des **Wertumlaufprozesses** (der monetären Konsequenzen der Handlungsprogramme im Realgüterprozeß).

(2) In gewissem Sinne quer zu dieser Unterscheidung liegt die zwischen **funktionsbezogener** und **faktorbezogener** Planung. Letztere registriert über die betrieblichen Funktionsbereiche hinweg die Faktorverbräuche für Programme und Projekte nach Faktorarten

(z.B. Betriebsmittelpläne, Personalbedarfspläne); erstere fokussiert auf die betrieblichen Funktionsbereiche und registriert die aus dem kurzfristigen Produktionsprogramm resultierenden funktionsspezifischen Faktoranforderungen und Leistungen. Die so skizzierten Arten operativer Planung sollen nachfolgend im einzelnen kurz charakterisiert werden.

(3) Der Anknüpfungspunkt der operativen (Standard-) Planung ist das Produkt-Markt-Konzept der laufenden Strategie in dem durch die strategische Maßnahmenplanung vorgegebenen Konkretisierungsgrad. Die operative Programmplanung hat in Verwirklichung ihrer Vollzugsfunktion die Aufgabe, die **effiziente** Realisierung dieses Produkt-Markt-Konzeptes denkerisch vorzubereiten; dabei muß sie gleichzeitig die kurzfristigen Rentabilitäts- und Liquiditätsanforderungen und andere Aspekte der aktuellen Funktionssicherung als Restriktionen der Strategierealisierung ausreichend zur Geltung bringen.

(4) Im Übergang von der strategischen zur operativen Planung kehrt sich das Ziel planerischen Denkens also gleichsam um. Es geht jetzt nicht mehr um die Frage „Are we doing the right things?", sondern um die Frage „Are we doing the things right?" Diese ganz allgemeine Zielsetzung der operativen Planung darf allerdings nicht eng ausgelegt werden in dem Sinne, daß es jetzt nur noch um eine faktoreinsatzbezogene Kostenminimierung gehe und das Handlungsprogramm als Output in Art und Menge selbst bereits feststehe. Zur Debatte steht vielmehr die Umsetzung des strategischen Produkt-Markt-Konzeptes in ein optimales Handlungsprogramm. Die effiziente Ausschöpfung des in der Strategie angelegten Erfolgspotentials läßt sich also nicht als eine einfache Ableitung weiterer Handlungskonsequenzen aus den strategischen Maßnahmen verstehen; vielmehr ist es dafür erforderlich, weitere eigenständige Aufwands- und Ertragskalkulationen anzustellen, um herauszufinden, welche in den vorgegebenen strategischen Geschäftsfeldern angelegten Umsatzmöglichkeiten tatsächlich unter dem Effizienz-Aspekt und unter Berücksichtigung der bestehenden aktuellen Handlungsrestriktionen genutzt werden sollen. Zu diesen Restriktionen gehören neben den vorgegebenen strategischen Geschäftsfeldern und den durch die strategische Maßnahmenplanung fixierten strategischen Erfolgsfaktoren eine Vielzahl von kurzfristig unbeeinflußbaren Tatbeständen der internen und externen Umwelt der Unternehmung. Um diese Vielfalt möglicher Restriktionen anzudeuten, sei z.B. auf die begrenzten Kapazitäten fertigungstechnischer Anlagen oder Absatzkanäle verwiesen; ferner auf Engpässe bei der Beschaffung bestimmter Produktionsfaktoren oder auf saisonal bedingte Absatzrestriktionen in bestimmten Teilmärkten; schließlich können aber auch finanzielle Beschränkungen, z.B. durch Kreditaufkündigungen von Banken hervorgerufene Liquiditätsengpässe, auf die kurzfristige Produktionsprogrammplanung einwirken. Eine Skizzierung der für die operative Planung zur Verfügung stehenden Modelle erfolgt später.[1]

1 Vgl. dazu unten S. 237 ff.

6.2.1.2 Die Teilpläne des Realgüterprozesses

(1) Die Teilpläne des Realgüterprozesses lassen sich – wie dargestellt – nach Faktoren und Funktionen untergliedern. Je nachdem, welche Systematik der Produktionsfaktoren man zugrunde legt, kann man verschiedene faktorbezogene Teilpläne unterscheiden.

Orientiert man sich etwa an der Klassifikation der Elementarfaktoren nach Gutenberg[2], so wären als **faktorbezogene Teilpläne** der Personalplan für den Produktionsfaktor (objektbezogene) Arbeit, der Anlagen- oder Betriebsmittelplan für die Beschaffung und Wartung der Betriebsmittel (Gebäude, Maschinen, Werkzeuge) und der Plan für die Beschaffung und Bevorratung der Werkstoffe (Roh- und Hilfsstoffe, halbfertige oder fertige Erzeugnisse) zu unterscheiden. Darüber hinaus könnte man im Hinblick auf den Gutenbergschen „dispositiven Faktor" (Unternehmensführung) Teilpläne für die Managementfunktionen gesondert ausweisen, also die Planung des Planungssystems mit den dafür erforderlichen Ressourcen, die Organisationsplanung, die Planung der Personalpolitik und der Führungsgrundsätze sowie die Planung des Kontrollsystems. Natürlich sind nicht alle derartigen faktorbezogenen Teilpläne routinemäßige Praxis. Eine Reihe von ihnen werden sowieso nur sporadisch anfallen, etwa wenn gravierende Änderungen des Planungssystems oder der Organisation anstehen. Von größerer Bedeutung sind in der Praxis dagegen faktorbezogene Planungen für Personal und Betriebsmittel. In der Regel ergeben sich aber natürlich bereits aus den funktionsbezogenen Teilplänen die Faktorbeanspruchungen nach Menge und Wert für die zu erbringenden Leistungen. Es ist deshalb ausreichend, hier genauer auf die funktionsbezogenen Teilpläne des operativen Systems einzugehen.

(2) Die Gliederung der **funktionsbezogenen Teilpläne** wird je nach Ausdifferenzierung und Tiefengliederung der betrieblichen Funktionen unterschiedlich ausfallen. Obwohl hier unternehmensindividuelle Lösungen und auch spezifische Funktionsbezeichnungen häufig sind, lassen sich doch generell für den Realgüterprozeß gewisse Grundfunktionen unterscheiden, die für jede Unternehmung, die auf der Beschaffungs- und Absatzseite in Marktbeziehungen eingebunden ist, typisch sind. Offensichtlich ist jedes Unternehmen auf die Zufuhr von Faktoren angewiesen, die in einem betrieblichen Transformationsprozeß in fertige, d.h. marktfähige Produkte umgewandelt werden. Die fertigen Erzeugnisse werden dann an Verbraucher oder weiterverarbeitende Unternehmen weitergegeben. Es lassen sich somit für jedes gewerbliche Unternehmen die Grundfunktionen Beschaffung, Produktion und Absatz unterscheiden. Unter der Funktionsbezeichnung „Verwaltung" werden in der Regel darüber hinaus solche Tätigkeiten zusammengefaßt, die sich auf die Gesamtunternehmung und die Aufrechterhaltung ihrer Beziehungen zur Umwelt beziehen (z.B. Rechtsberatung oder Öffentlichkeitsarbeit). Gegenstand dieser Tätigkeiten ist letztlich die Informationsverarbeitung im allgemeinsten Sinne. Folgt man dieser groben Funktionsgliederung, so lassen sich also vier operative Teilpläne unterscheiden: Der Beschaffungsplan, der Produktionsplan, der Absatzplan und der (allgemeine) Verwaltungsplan. Von diesen vier Plänen werden wegen ihrer Bedeutung nachfolgend die ersten drei genauer charakterisiert.

2 Vgl. Gutenberg, E., Grundlagen der Betriebswirtschaftslehre, Bd. I: Die Produktion, 23. Aufl., Berlin/ New York 1979, S. 3 f.

Teilpläne in Beschaffung und Einkauf

(3) Theorie und Praxis unterscheiden üblicherweise zwischen den Funktionen „Beschaffung" und „Einkauf". Dabei ist Einkauf der engere Begriff: Er umfaßt die Bereitstellung von solchen Gütern (und Dienstleistungen), die unmittelbar und regelmäßig in den Produktionsprozeß eingehen, also die Roh-, Hilfs- und Betriebsstoffe und halbfertigen bzw. fertigen Vorprodukte. Die Beschaffung zielt demgegenüber in einem weiteren Sinne auf alle Ressourcen, die typischerweise und wiederholt als Input bereitgestellt werden müssen, also nicht nur die Werkstoffe, sondern auch die finanziellen, personellen und sonstigen sachlichen Ressourcen (z.B. Betriebsmittel). Je nach Art der zu beschaffenden Ressourcen werden dabei unterschiedliche Planungsmodelle zur Anwendung kommen.

(4) Einen breiten Raum nimmt in der Praxis die Planung des Einkaufs von Roh-, Hilfs- und Betriebsstoffen ein. Ziel dieser häufig auch als „operative Materialplanung" bezeichneten Funktionen ist es, die benötigten Faktoren in der erforderlichen Menge für die Produktion rechtzeitig und möglichst kostengünstig bereitzustellen. Der Einkaufsleiter sieht sich hier einem Optimierungsproblem gegenüber: Wird der Lagerbestand sehr hoch gehalten, so entstehen hohe Kapitalbindungszinsen und Lagerhaltungskosten, dagegen werden durch die mit einer derartigen Politik verbundene geringe Bestellhäufigkeit die Bestell- und Lieferkosten je Bestellung niedrig gehalten; diese steigen jedoch bei dem Bemühen, durch geringere Lagerhaltung die Kapitalbindungszinsen und die Lagerhaltungskosten zu senken, da dann die Bestellhäufigkeit notwendigerweise zunimmt. Die Senkung der Kapitalbindungszinsen und Lagerhaltungskosten bei geringer Lagerhaltung bedingt also eine Erhöhung der Bestell- und Lieferkosten und umgekehrt. Das daraus resultierende Optimierungsproblem lautet: Wie hoch soll die jeweilige Bestellmenge sein, damit die Summe der jährlichen Kapitalbindungszinsen im Lager und die Lagerhaltungskosten (beide steigen mit der Bestellmenge) einerseits und die jährlichen Bestell- und Lieferkosten (beide nehmen mit der Bestellmenge ab) andererseits ein Minimum wird? Dieses Problem führt auf die bekannte Formel von der optimalen Einkaufslosgröße.[3]

(5) Neuerdings wird in der Praxis der operative Handlungsspielraum für Optimierungsüberlegungen im Einkauf in vielen Branchen durch eine weit vorangetriebene Konkretisierung der strategischen Maßnahmenplanung eingeengt. Zu erinnern ist z.B. an die sog. „**Just-In-Time-Produktion**", die den Vorteil bestandsarmer Läger mit einer bedarfsgerechten Sicherung der Produktions- und Lieferfähigkeit verbinden soll.[4] Die Bestellung erfolgt kurzfristig, und die gelieferten Güter gehen im Idealfall direkt von der Anlieferung auf der Rampe in die Produktion ein. Dadurch lassen sich strategisch relevante Kostenvorteile in erheblichem Ausmaß erzielen; allerdings setzen solche Konzepte eine beachtliche Flexibilität insbesondere der Lieferanten voraus. Die operative Einkaufsplanung reduziert sich in dieser Situation auf die Auswahl und dauernde Überwachung geeigneter (kostengünstiger und zuverlässiger) Lieferanten und die Organisation eines rei-

3 Vgl. dazu Müller-Merbach, H., Operations Research, 3. Aufl., München 1973, S. 73.

4 Vgl. Wildemann, H., Das Just-In-Time-Konzept, Frankfurt a.M. 1988.

bungslosen Materialflusses in die Produktion hinein. Unterbrechungen des Materialflusses können mit erheblichen Stillstandskosten der Produktion verbunden sein; deshalb ist für Störfälle eine gewisse Lagerhaltung auch bei derartigen Just-In-Time-Konzepten notwendig.

Eine weitere strategische Vorgabe, die den operativen Handlungsspielraum im Einkauf einengen kann, bezieht sich häufig auf die **Lieferantenauswahl**. Zur Sicherung strategischer Wettbewerbsvorteile mag es sinnvoll sein, bestimmte Lieferanten von vornherein nicht in die Auswahl einzubeziehen bzw. gerade umgekehrt sie explizit zu berücksichtigen. Um die eigene Einkaufsmacht zu maximieren und damit langfristig die Einkaufskosten günstig zu beeinflussen, kann es z.B. sinnvoll sein, die Einkäufe stark zu streuen und Großlieferanten zu meiden.[5]

Teilpläne in der Produktion

(6) Nachdem das optimale kurzfristige Produktionsprogramm auf der Basis der strategischen Vorgaben bestimmt worden ist, geht es in der operativen Produktionsplanung um die Realisierung dieses Programms. Die zwei großen Teilpläne, die hier kurz anzusprechen sind, betreffen die Vollzugs- oder Prozeßplanung und die Bereitstellungsplanung für die Produktionsfaktoren. Die **Prozeßplanung** beinhaltet dabei in erster Linie die Bestimmung der Mengen, die in ununterbrochener Reihenfolge auf einer Anlage zu produzieren sind (Losgröße) und die Reihenfolge, in der die Lose die Anlagen durchlaufen sollen (Ablaufplanung). Simultan werden dabei unter Berücksichtigung vorhandener Kapazitäten Durchlaufwege und Durchlaufzeiten festgelegt. Die Zielsetzung der größtmöglichen Effizienz bei der Verwirklichung des Produktionsprogramms schlägt sich dabei nicht nur in der Kostenminimierung nieder, sondern z.B. auch in der Auslastung von Anlagen, Einhaltung von Lieferterminen usw. Welche dieser Zielsetzungen Priorität erhalten, wird von Branche zu Branche bzw. von Betrieb zu Betrieb und im Zeitablauf schwanken.

Die Planung von Losgrößen und Reihenfolgen erfolgt typischerweise auf der Grundlage gegebener Produktionsverfahren, d.h. die Fertigungstechnologie liegt – zumeist längerfristig u.U. aufgrund strategischer Überlegungen – fest und überläßt der operativen Planung lediglich einen begrenzten Handlungsspielraum für die Optimierung.

(7) Die **Bereitstellungsplanung** bezieht sich aus der Sicht der Produktion auf die Ermittlung des Bedarfs an Ressourcen sowie auf alle Vorkehrungen ihrer physischen Bereitstellung am Produktionsort; an diesem Punkt wird die Schnittstelle zur Einkaufs- bzw. Beschaffungsplanung deutlich. Die Bereitstellung von Ressourcen umfaßt insbesondere auch die sog. Anlagenplanung, in der der Bedarf an Produktionsanlagen (z.B. Maschinen) nach Art, Leistungsfähigkeit, Menge, Zeitpunkt und Nutzungsdauer spezifiziert wird. Teil der Anlagenplanung ist die **Instandhaltungs- bzw. Wartungsplanung**. Diese legt sowohl Zeitpunkte als auch Maßnahmen der Instandhaltungsaktivitäten fest. Anders als die Neubeschaffung von Anlagen, die in der Regel Gegenstand von speziel-

5 Vgl. Porter, M.E., Wettbewerbsstrategie, Frankfurt a. M. 1983, S. 50-56.

len Projektplanungen ist, ist die Instandhaltungsplanung grundsätzlich Bestandteil der operativen Programmplanung.

Abbildung 6.1 faßt die angesprochenen Teilpläne aus dem Funktionsbereich der Produktion noch einmal übersichtlich zusammen.

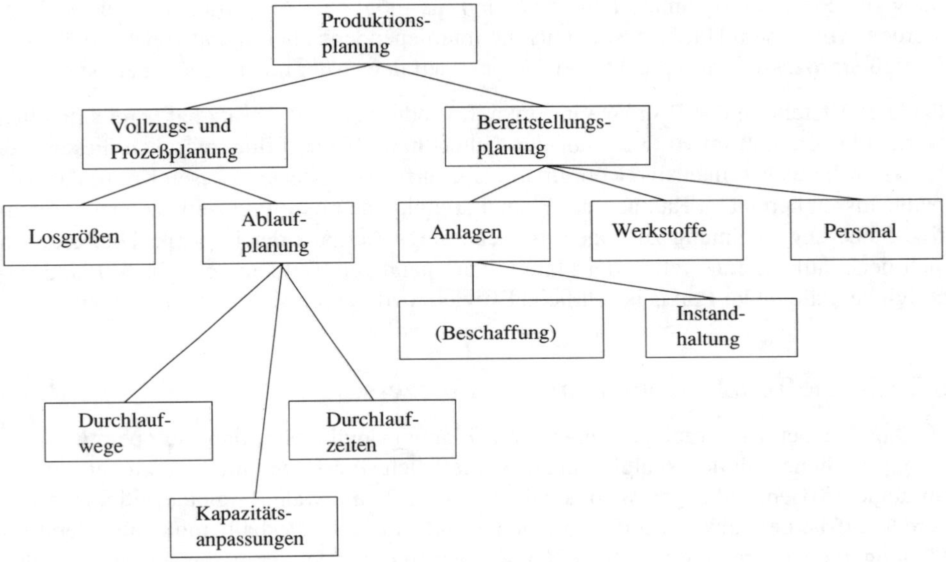

Abb. 6.1: Teilpläne der Produktionsplanung

Versuche einer Gesamtoptimierung der Produktionsplanung erwiesen sich als zu starr, deshalb geht man heute zunehmend zur Aufteilung der Produktionspläne in handhabbare Teileinheiten über (Fertigungssegmentierung). Dies nicht zuletzt auch, um eine bessere Anpassung an die verschiedenen Unternehmensstrategien zu ermöglichen.[6]

Teilpläne im Funktionsbereich Absatz

(8) Die Teil-Pläne im Funktionsbereich Absatz legen alle diejenigen Aktionsparameter fest, die für die Vermarktung des Produktprogramms von Bedeutung sind. Klassischerweise spricht man hier vom sog. „Marketing-Mix", zu dem u.a. gehören: Die Preispolitik, die Wahl der Distributionskanäle, die Werbepolitik, die Gestaltung sonstiger Absatzkonditionen und die Servicepolitik. Es obliegt der operativen Absatzplanung, auf der Ba-

6 Vgl. Wildemann, H., Fabrikorganisation: Kundennahe Produktion durch Fertigungssegmentierung, in: Zeitschrift für Betriebswirtschaft 59 (1989), S. 27-54.

sis der strategischen Vorgaben für die verschiedenen Geschäftsfelder, etwa ob eine Kostenführerschafts- oder eine Differenzierungsstrategie verfolgt werden soll, ein konsistentes Handlungsprogramm für die Vermarktung der verschiedenen Produkte zu entwickeln. Dieses Handlungsprogramm bestimmt dann zusammen mit weiteren anderen Determinanten (z.B. Konjunkturlage, Branchenstruktur) die kurzfristig absetzbaren Mengen der einzelnen Produkte. Diese Mengenschätzungen müssen natürlich bei der Planung des Produktprogramms antizipiert und als mögliche Restriktionen berücksichtigt werden. Mit diesem Hinweis ist bereits die Interdependenz aller operativen Teilpläne des Realgüterprozesses angesprochen, ein Aspekt, auf den später noch einzugehen ist.[7]

(9) Die Darstellung der Teilpläne in Einkauf, Produktion und Absatz hat bereits deutlich werden lassen, daß im Hinblick auf den Güter- bzw. Materialfluß zwischen diesen drei Funktionsbereichen intensive Koordinationsbedürfnisse bestehen. Diesen Koordinationsbedürfnissen bereits im Rahmen der Planung durch eine raum- und zeitbezogene integrative Steuerung Rechnung zu tragen, ist neuerdings Aufgabe der Logistik. Hier ergeben sich neue, auf die Integration der klassischen operativen Teilpläne gerichtete Planungsaktivitäten, die in der Praxis beachtliche Effizienzvorteile mit sich bringen können.

6.2.1.3 Die Teilpläne des Wertumlaufprozesses

(1) Aus der bereits dargelegten operativen Planungslogik folgt, daß die operative Planung und Steuerung des Realgüterprozesses letztlich so erfolgen muß, daß nicht nur die Strategie effizient vollzogen wird, sondern – wie schon erwähnt – gleichzeitig auch andere kurzfristige Funktionsanforderungen erfüllt werden. Deshalb muß die operative Planung notwendigerweise auch die Konsequenzen mit reflektieren, die sich aus der Planung des Realgüterprozesses für die Liquidität und Rentabilität ergeben, wie auch die Funktionsvoraussetzungen der Subsysteme berücksichtigen (z.B. Einführung der Gleitzeit).

Die Planung des Wertumlaufprozesses vollzieht sich auf drei „Werteebenen": (1) Auf der Ebene der **Einnahmen und Ausgaben** geht es um die Planung der Liquidität, verstanden als die Fähigkeit eines Unternehmens, seinen Zahlungsverpflichtungen jederzeit nachkommen zu können; (2) auf der Ebene der **Kosten und Leistungen** geht es um die Plan-Kalkulation der betrieblichen Leistungen, um die Rentabilität sicherzustellen; (3) auf der Ebene der **Aufwendungen und Erträge** wird schließlich nicht nur ein betriebliches, sondern auch ein bilanzielles Ergebnis im Hinblick auf die Rentabilitätszielsetzung geplant.

Zusammenfassend ergeben sich so drei große Planungskreise der (operativen) Wertumlaufplanung: Die Finanzplanung mit dem Ziel einer effizienten Liquiditätssicherung und die Betriebsergebnisrechnung und die Planbilanzierung mit dem Ziel einer Sicherung der Rentabilität.

7 Vgl. dazu unten S. 228 ff.

Kurzfristige Finanzplanung

(2) Die kurzfristige Finanzplanung hat zum Ziel, das finanzielle Gleichgewicht der Unternehmung in jeder Teilperiode des Planungszeitraumes sicherzustellen. Zu diesem Zweck muß sie zunächst alle Einnahmen und Ausgaben prognostizieren, wie sie sich aus der operativen Planung des Realgüterprozesses auf der Basis des fixierten Produktprogramms ergeben. Sie muß also z.B. die Einnahmen aus Umsatzerlösen und Zinserträgen erfassen und sie muß die Ausgaben für Löhne und Gehälter, den Einkauf von Roh-, Hilfs- und Betriebsstoffen, Mieten etc. abschätzen. Darüber hinaus muß sie die aus der strategischen Planung resultierenden Einnahmen und Ausgaben für die betrachtete Periode zusammenstellen; hierzu können z.B. gehören der Einkauf von Grundstücken für den Bau von Fabrikgebäuden, die Ausgaben für den Kauf einer Unternehmung oder die Einnahmen aus einer beschlossenen Kapitalerhöhung. Alle diese Einnahmen- und Ausgabenströme müssen für die Teilperioden des Planungszeitraumes gegenübergestellt und die entsprechenden Finanzüberschüsse und Finanzdefizite registriert werden. Die Anlage von Finanzüberschüssen und die Deckung von Finanzdefiziten ist dann Aufgabe der kurzfristigen Finanzplanung im engeren Sinne. Es müssen die nach Zeitdauer und allen übrigen Konditionen geeigneten Anlage- und Finanzierungsmöglichkeiten eruiert werden. Aus diesem Handlungspotential sind dann solche Alternativen auszuwählen, die einerseits den kurzfristigen Finanzgewinn (Differenz von kurzfristigen Finanzerträgen und kurzfristigen Finanzaufwendungen) optimieren und andererseits das finanzielle Gleichgewicht für jede Teilperiode des Zahlungszeitraums sicherstellen.

Planbilanzierung

(3) Die Aufstellung einer Planbilanz und einer Plan-Gewinn- und Verlustrechnung auf der Grundlage des festgelegten Produktprogramms und der operativen Teilpläne liefert wichtige Informationen auch für die Abschätzung der zu erwartenden Rentabilitätssituation der Unternehmung. Die Planung der Aufwendungen und Erträge gibt eine Vorstellung über den planmäßigen Erfolg (Gewinn oder Verlust) der betrachteten Periode; die Planbilanz informiert über die Vermögens- und Kapitalstruktur und gibt damit die Möglichkeit, verschiedene Rentabilitätskennziffern (Gesamtkapitalrentabilität, Eigenkapitalrentabilität) als Plangrößen zu bestimmen. Ergeben sich hier unbefriedigende Situationen, so lassen sich vorbeugende Maßnahmen zur Abhilfe planen. Man kann etwa rückkoppelnd Umsteuerungen im Realgüterprozeß vornehmen, z.B. kann man geplante Wachstumsziele im Umsatz zurücknehmen, um eine zu starke unerwünschte Fremdfinanzierung zu vermeiden. Man kann aber auch umgekehrt darüber nachdenken, restriktiv wirkende bilanzpolitische Grundsätze zu lockern, um die ursprünglichen Planungsziele für den Realgüterprozeß doch zu realisieren, z.B. anvisierte Wachstumsziele zu erreichen, die bei zu konservativen Finanzierungsgrundsätzen nicht realisierbar gewesen wären. Im übrigen lassen sich aus der bilanziellen Ergebnisplanung weitere nützliche Informationen gewinnen, deren Zahl und Qualität davon abhängt, wie differenziert die Planbilanzierung erfolgt.

Betriebsergebnisplanung

(4) Im Gegensatz zur bilanziellen Ergebnisplanung ist die Betriebsergebnisplanung nicht nur periodenbezogen, sondern auch stückbezogen. Hier werden in der Vorkalkulation Kosten und (ggf.) Preise für die betrieblichen Leistungen (Produkte) kalkuliert und zur Grundlage der Planung des optimalen Produktprogramms gemacht. Mit diesem optimalen Produktprogramm ist dann ein Plan-Gesamtdeckungsbeitrag verbunden, von dem die gesamten Plan-Fixkosten zu subtrahieren sind, um das Plan-Betriebsergebnis zu erhalten. Dieses unterscheidet sich von dem bilanziell ermittelten Plan-Gewinn insbesondere durch die (geplanten) neutralen Aufwendungen und Erträge.

(5) Die skizzierte Grundstruktur der Betriebsergebnisrechnung kann natürlich in vielfältiger Weise variiert und verfeinert werden, worauf hier nicht im einzelnen einzugehen ist. Hingewiesen werden sollte aber auf jeden Fall auf die Plankostenrechnung, die ein wesentlicher Baustein für die Planung des kalkulatorischen Betriebsergebnisses ist.

6.2.1.4 Projektpläne für operative und strategische Projekte

(1) Projekte werden, weil es sich in der Regel um seltene, häufig sogar einmalige Vorhaben handelt, außerhalb der Routine der operativen Planung bearbeitet. Das bedeutet allerdings nicht, daß die Projekte in ihrer Zielsetzung freigestellt sind. Die Projektziele sind für die **strategischen Projekte** im Rahmen der strategischen Planung vorgegeben. Die operative Planung strategischer Projekte befaßt sich dann mit der Umsetzung der Projekte, d.h. der Festlegung von auszuführenden Tätigkeiten, der räumlichen und zeitlichen Anordnung dieser Aktivitäten innerhalb des Projektes sowie der Planung der für die zielkonforme Umsetzung erforderlichen Zeiten, Kapazitäten und Kosten. Exemplarisch stelle man sich den Bau einer Großanlage, z.B. in der Chemie, vor, die im Rahmen der langfristigen strategischen Zielsetzungen ab einem bestimmten Zeitpunkt mit der Produktion eines neuen Kunststoffes beginnen soll.

(2) Die **operativen Projekte** unterscheiden sich – wie bereits erwähnt – von den strategischen Projekten nur dadurch, daß ihnen ein unmittelbarer strategischer Zielbezug fehlt. Im übrigen stellen sich aber bei der Planung solcher Projekte im Hinblick auf die (dann von der operativen Führung autonom festzusetzenden) Ziele (Fertigstellungszeiten, Fertigstellungskosten) dieselben planerischen Probleme. Sobald Projekte im Hinblick auf die Zahl von Aktivitäten und ihre sachliche und zeitliche Verknüpfung einen Komplexitätsgrad erreicht haben, der eine unmittelbare Durchschaubarkeit nicht mehr ermöglicht, können in bestimmten Fällen mathematische Planungsinstrumente zur Bewältigung der Komplexität eingesetzt werden.[8]

8 Vgl. dazu unten S. 287 ff.

6.2.2 Das System der operativen Teilpläne im Überblick

Der Gesamtzusammenhang der operativen Teilpläne im Realgüter- und Wertumlaufprozeß läßt sich in verschiedenster Weise schaubildartig darstellen. Die nachfolgende Abbildung enthält über die hier behandelten Teilpläne hinaus – speziell was die Planung des Realgüterprozesses anbetrifft – als zusätzlichen Teilplan den für **Forschung und Entwicklung**. Im übrigen entspricht die Gesamtarchitektur des dargestellten operativen Planungssystems aber unseren Ausführungen: Die Unterscheidung von Plänen im Realgüterprozeß (linke Hälfte) und im Wertumlaufprozeß (rechte Hälfte) wird ebenso einsichtig wie die Zielorientierung der Teilpläne im Hinblick auf Rentabilität und Liquidität; schließlich wird auch die Unterscheidung von Standardplanung und Projektplanung deutlich.

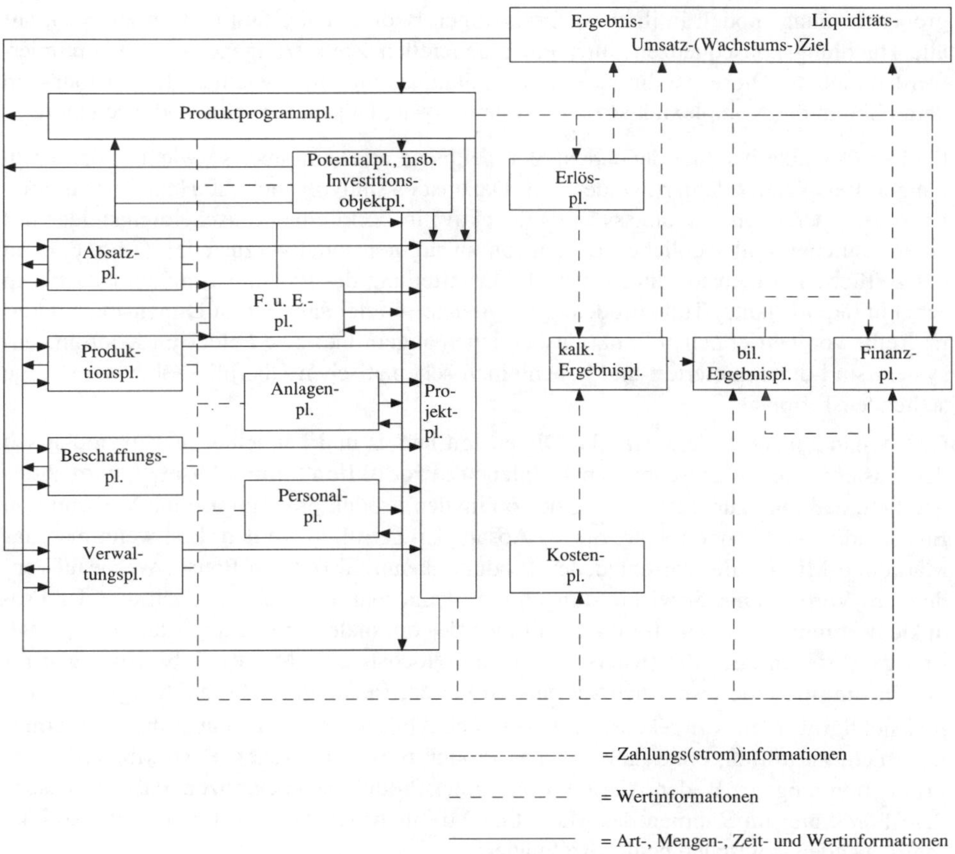

Abb. 6.2: System der operativen Teilpläne im Überblick

Quelle: Hammer, R., Unternehmensplanung, München 1982, S. 67; in enger Anlehnung an Hahn, D., Planungs- und Kontrollrechnung, 3. Aufl., Wiesbaden 1985, S. 122 a

6.2.3 Die Interdependenz der Teilpläne

(1) Es wurde bereits mehrfach darauf hingewiesen – und auch die Abbildung 6.2 macht dies noch einmal deutlich – daß man sich das operative Planungssystem nicht als eine Vielzahl unverbunden nebeneinander stehender Teilpläne vorstellen darf. Vielmehr sind grundsätzlich alle Teilpläne – gleichgültig auf welchem Abstraktionsniveau sie konkretisiert werden – wechselseitig voneinander abhängig, d.h. sie sind **interdependent**. Bei zwei Teilplänen bedeutet das z.B., daß man über die Handlungsalternativen in Plan A nicht entscheiden kann, wenn man nicht weiß, wie der Plan B aussieht; und umgekehrt kann man nicht über die Handlungsalternativen des Planes B entscheiden, ohne daß man den Plan A kennt. Man müßte also im Hinblick auf ein übergeordnetes Gesamtoptimum die Teilpläne eigentlich **simultan** festlegen. In letzter Konsequenz würde das bedeuten, daß alle Handlungsalternativen im operativen System nur **uno actu** in einem einzigen großen Planungsmodell in ihrer wechselseitigen Bedingtheit erfaßt und im Hinblick auf alle Handlungskonsequenzen unter einer generellen Zielsetzung gemeinsam optimiert werden müßten. Dieses ist die Idee der Simultanplanung, die – wie mehrfach betont – an dem Faktum der Komplexität sozialer Systeme systematisch, also notwendig scheitert.

(2) Der Gedanke der Interdependenz der Teilpläne erscheint aber so wichtig, daß er an einigen Beispielen erläutert werden soll. Dazu ist es sinnvoll, sich die Handlungsalternativen des operativen Planungssystems (selektiv) in Form eines Entscheidungsfeldes mit einer zeitlichen und sachlichen Dimension zweidimensional vorzustellen (Abb. 6.3). In der **zeitlichen** Dimension findet man die Unterteilung des Planungszeitraums (z.B. ein Jahr) in (äquidistante) Teilperioden (z.B. Monate); in der **sachlichen** Dimension sind eine Reihe von betrieblichen Funktionsbereichen angeordnet. Die Felder im Koordinatensystem sind durchnumeriert und geben einen schematischen Überblick über die infrage stehenden Teilpläne.

Greift man zunächst die **sachliche** Dimension heraus und betrachtet hier exemplarisch den Zusammenhang zwischen den Teilplänen **„Produktion" und „Absatz"**, wird sofort deutlich, daß man zur Bestimmung des optimalen Produktprogramms eine Vielzahl von Entscheidungen kennen müßte, die im Absatzplan getroffen werden. Erst wenn man das Marketing-Mix für die verschiedenen Produkte kennt, also deren Preise, Werbeaufwendungen, Verpackung, Serviceleistungen etc., kann man die Deckungsbeiträge der Produkte bestimmen, die man für die Ermittlung des optimalen Produktprogramms benötigt. Erst dann stehen auch die (wahrscheinlichen) Höchst- oder Mindest-Absatzmengen für die Planungsperiode fest. Auch sie müssen bei der Planung des Produktprogramms berücksichtigt werden. Umgekehrt sind aber auch die Entscheidungen über das Marketing-Mix nicht zu treffen, ohne daß man das Produktprogramm kennt. Restriktionen in der Produktion mögen z.B. den Ausstoß bestimmter Produkte so begrenzen, daß ihre besondere Förderung im Rahmen des Marketing-Mix nicht sinnvoll ist. Es besteht also eine Interdependenz zwischen beiden Teilplänen.

(3) Eine ähnliche Interdependenz läßt sich für die **Finanz- und Absatzplanung** konstatieren. Offensichtlich kann die kurzfristige Finanzplanung nicht aufgestellt werden, ohne

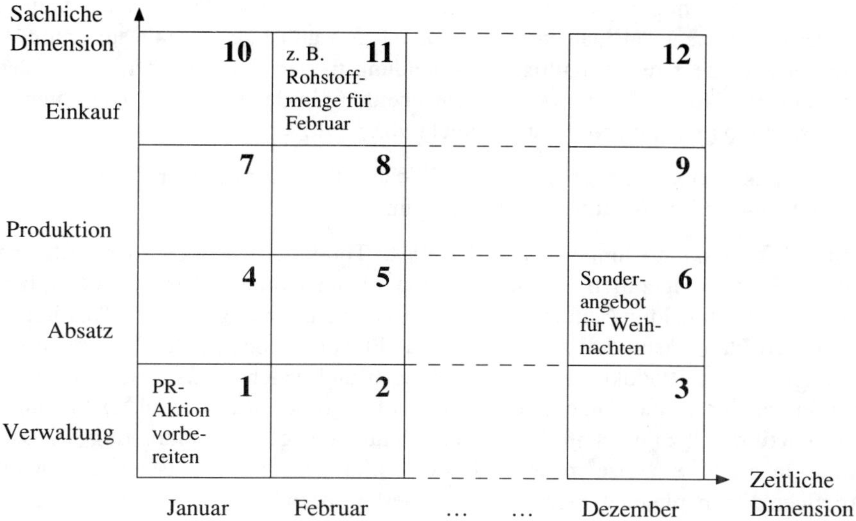

Abb. 6.3: Das Entscheidungsfeld des operativen Planungssystems

daß darüber entschieden ist, wie das Absatzprogramm und damit die (voraussichtlichen) Einnahmen aus Umsatzerlösen aussehen. Insofern ist der Finanzleiter auf die Entscheidungen im Absatzbereich angewiesen. Umgekehrt mag es aber auch sein, daß bestimmte Marketingprogramme im Absatzbereich deshalb nicht realisiert werden können, weil dafür kurzfristig die finanziellen Mittel fehlen. Es mag auch sein, daß unter dem Gesichtspunkt der Finanzplanung solche Produktlinien favorisiert werden sollten, bei denen die Kunden keine langen Zahlungsziele in Anspruch nehmen und die gebundenen Mittel also schnell zurückfließen. So gesehen läßt sich dann wiederum nur über beide Teilpläne gemeinsam entscheiden, indem die Handlungskonsequenzen der verschiedenen Alternativen unter allen Restriktionen in beiden Bereichen gegeneinander abgewogen werden.

(4) In ähnlicher Weise läßt sich die Interdependenz der Teilpläne in der **zeitlichen** Dimension zeigen. Das wird bereits an der **kurzfristigen Finanzplanung** deutlich. Wie oben angedeutet,[9] muß der Finanzleiter in der kurzfristigen Finanzplanung Defizite einzelner Teilperioden abdecken bzw. Überschüsse anlegen. Dabei wird er es in der Regel mit Handlungsalternativen zu tun haben, die in späteren Perioden zu Rückzahlungsverpflichtungen (z.B. bei Kreditaufnahmen) oder Rückflüssen (z.B. bei Festgeldanlagen von Überschüssen) führen. Der Finanzleiter kann also, wenn er in der Periode 1 ein Defizit abzudecken hat, über sein Handlungsprogramm in dieser Periode nicht entscheiden, ohne daß er die Auswirkungen auf spätere Perioden in Rechnung stellt. Es mag dann etwa sein, daß die Aufnahme eines bestimmten günstigen Kredites in Periode 1 deshalb zurückgewiesen werden muß, weil das zu Rückzahlungsverpflichtungen in einer späteren Periode führt, in der selbst nach den vorliegenden Prognosen starke Finanzdefizite

9 Vgl. oben S. 225.

anfallen. Erst wenn man weiß, ob in der späteren Periode dieses Defizit auch dann abgedeckt werden kann, wenn man in der Periode 1 den günstigen Kredit aufnimmt, kann man in der Periode 1 die endgültige Entscheidung treffen. Hier beeinflußt also der Finanzplan einer späteren Teilperiode die Entscheidung in der Periode 1. Die umgekehrte Wirkungsrichtung stellt man sich selbst leicht vor.

(5) Man hat es also in sachlicher wie in zeitlicher Hinsicht mit einer **Totalinterdependenz** der Teilpläne im operativen System zu tun.

Es wurde bereits darauf hingewiesen, daß diese Totalinterdependenz der Teilpläne im operativen System eigentlich zu einer Simultanplanung drängt. Die **Simultanplanung** versucht, die Entscheidungssituation der Unternehmensführung in ihrer Totalität in einem einzigen Planungsmodell zu erfassen. Das Planungsmodell hätte dann nicht nur zu bestimmen, welche Produkte in welchen Mengen und welchen Arten auf welchen Maschinen in welcher Reihenfolge und in welchen Losgrößen wann herzustellen sind, sondern **uno actu** damit zugleich im Absatzbereich über das gesamte Marketing-Mix zu entscheiden; in gleicher Weise müssen die Auswirkungen dieser Entscheidungen in der kurzfristigen Finanzplanung nicht nur registriert werden, sondern es müßten auch die Rückwirkungen auf die übrigen Teilpläne insoweit in Rechnung gestellt werden, als es um die Einhaltung des finanziellen Gleichgewichts geht. Nach alledem müßte dann noch die Produktions-, Absatz- und Finanzplanung mit der Einkaufsplanung total integriert werden.

(6) Die zu erwartende Komplexität eines solchen Totalmodells läßt sich reduzieren, indem man unter ökonomischen Gesichtspunkten in Rechnung stellt, daß natürlich nicht alle Interdependenzen im Entscheidungsfeld die gleichen gewichtigen ökonomischen Auswirkungen haben. Im Rahmen einer **Grobplanung** erfaßt man dann nur die großen wesentlichen Interdependenzen und integriert diese in ein simultanes Planungsmodell. Aber auch eine solche Grobplanung stößt an unüberwindliche Grenzen. Die Dynamik der Umwelt und die Komplexität sozialer Systeme lassen die Idee der Simultanplanung als pure Illusion erscheinen, vielleicht sogar als gefährliche Illusion, weil sie einen verfälschten Eindruck von den Steuerungsmechanismen eines Unternehmens gibt.[10]

(7) Man muß aus diesen Gründen für die Gestaltung des operativen Planungssystems die Idee der Simultanplanung aufgeben. An ihre Stelle tritt der Denkansatz der **Sukzessivplanung**. Man antizipiert in planerischen Vorüberlegungen, welcher betriebliche Funktionsbereich für die Planungsperiode voraussichtlich den **Engpaß** darstellen wird.[11] Wenn man es für seine Produkte mit einem Käufermarkt zu tun hat, wird das in der Regel der **Absatzsektor** sein. Man beginnt dann mit der Absatzplanung als der obersten Planungsstufe und legt hier die entscheidenden Parameter des Marketing-Mix tentativ fest. Hat man das vorläufige Absatzprogramm nach Mengen und Preisen fixiert, so kann darauf die Produktions-Programm- und Ablaufplanung aufbauen. An diese schließt sich dann in einem dritten Schritt die Einkaufsplanung an. Unter der Annahme, daß der Finanzsektor

10 Vgl. im einzelnen viertes Kapitel.

11 Durch die Festlegung des Engpasses für einen konkreten Zeitraum wird mit der sachlichen zugleich auch die zeitliche Interdependenz planerisch verarbeitet.

keinen Engpaß darstellt, registriert man anschließend die finanziellen Auswirkungen auf den Finanzplan, und der Finanzleiter bemüht sich, die für die Teilperioden des Planungszeitraums entstehenden Defizite abzudecken bzw. Überschüsse anzulegen.

Bei dieser Vorgehensweise mag es natürlich sein, daß die Ausgangsvermutung, daß der Absatzsektor den Engpaß darstellt, sich auf einer oder mehreren der nachfolgenden Stufen im nachhinein als falsch herausstellt. Man muß dann **rückkoppelnd** geeignete Planrevisionen beim Absatzplan und den Folgeplänen herausfinden, um die im Planungsprozeß ermittelten Engpaßsituationen zu überwinden, oder mit der Koordination der Pläne an einer anderen Stelle neu beginnen. Die Sukzessivplanung arbeitet die Interdependenz der Teilpläne im operativen System also in **zwei Schritten** ab: in einem ersten Schritt wird eine engpaßbezogene Planung derart durchgeführt, daß der (vermutete) Engpaßsektor zur Basis der Planung gemacht und alle anderen Teilpläne auf den Engpaß hin ausgelegt werden. Stellt sich die Engpaß-Vermutung als falsch heraus, läßt sich also keine realisierbare Lösung für das Gesamtsystem finden, so werden in einem zweiten Schritt im Sinne von Rückkoppelungsschleifen solange Planrevisionen durchgeführt, bis eine realisierbare Planungssituation erreicht worden ist.

6.2.4 Die operative Planung unter Unsicherheit

6.2.4.1 Planungssituationen bei Unsicherheit

(1) Jede Planung ist per definitionem zukunftsgerichtet und die Zukunft ist unsicher. Die Unsicherheit bezieht sich auf alle diejenigen Tatbestände, die der Planer nicht selbst herstellen kann und die die Konsequenzen der erwogenen Handlungsalternativen (positiv oder negativ) beeinflussen. Bezeichnet man alle diejenigen Tatbestände, die sich dem Einflußbereich des Planers entziehen, als Umwelt(-ereignisse), so kann man in Übereinstimmung mit der traditionellen Entscheidungstheorie im Hinblick auf Grade der Unsicherheit drei Situationen unterscheiden. Die **erste** Situation ist dadurch gekennzeichnet, daß mit Bestimmtheit bekannt ist, welche der möglichen Umweltereignisse in der Zukunft tatsächlich eintreffen werden; alle Daten des Entscheidungsproblems sind dann **einwertige** Zufallsvariablen. Dies ist die Situation der **Gewißheit**. Bei der Planung des optimalen Produktprogramms hat man in Gewißheitssituationen dann also z.B. mit genau einem Deckungsbeitrag (Preis abzüglich variable Kosten) für jedes Produkt zu rechnen, ferner mit genau einem Wert für alle Kapazitätsbeanspruchungen pro Produktionseinheit und mit einwertigen Periodenkapazitäten.

(2) Die **zweite** Situation wird als **Risikosituation** bezeichnet. Hier liegen für einzelne oder alle Daten (nur) **objektive** Wahrscheinlichkeitsverteilungen vor; sie sind **mehrwertige** Zufallsvariablen. Im Hinblick auf das optimale Produktionsprogramm hat man also z.B. damit zu rechnen, daß mehrere Preissituationen oder Kostenzustände (mit unterschiedlichen Wahrscheinlichkeiten) sich für ein Produkt realisieren können und/oder Kapazitätsbeanspruchungen und Kapazitäten ebenfalls nur durch Wahrscheinlichkeitsverteilungen beschrieben werden können. Kritisch läßt sich zu der Risikosituation anmer-

ken, daß „objektive“ Wahrscheinlichkeiten strenggenommen nur bei Phänomenen, die keinen Bezug zur Planung in einer Unternehmung aufweisen, also z.B. bei Gesellschaftsspielen von der Art der Würfel- und Roulettspiele oder bei Lotterien ex ante feststellbar sind, und zwar dann, wenn der Mensch durch Konstruktion **geeigneter** Zufallsgeneratoren (Würfel, Lose usw.) von vornherein selbst dafür sorgt, daß die gewünschte Wahrscheinlichkeitsverteilung auch tatsächlich auftritt. Bei betriebswirtschaftlichen Entscheidungssituationen kann man dagegen Wahrscheinlichkeitsverteilungen (oder ihre Kenngrößen, wie Erwartungswerte oder Streuungen) allenfalls aus der Vergangenheit des zu planenden Bereichs gewinnen. Die Übertragung derartiger Vergangenheitswerte in zukunftsorientierte Planungsmodelle ist systematisch nicht möglich, zumindest aber erfordert sie ein erhebliches Maß an **subjektivem** Vertrauen darauf, daß zwischen Vergangenheit und Zukunft keine unvorhergesehene Veränderung auftritt. Diese **subjektive** Komponente gewinnt natürlich umso mehr an Gewicht, je weniger sich gute Gründe für die Übertragbarkeit vergangener Umweltzustände auf die Zukunft anführen lassen.[12] So gesehen ist dann auch die Grenze fließend zwischen solchen Risikosituationen, für die objektive Wahrscheinlichkeitsverteilungen vorliegen, und solchen, wo man mangels objektiver Verteilung mit **subjektiven** Schätzungen von Wahrscheinlichkeiten operiert.

In Risikosituationen ist die einfache Optimierungsanweisung, etwa den Gewinn zu maximieren oder die Kosten zu minimieren, ergänzungsbedürftig; der Planer muß wissen, welches **Risikoniveau** der Entscheidungsträger letztlich zu akzeptieren bereit ist.[13]

(3) Die **dritte** Situation, die die Entscheidungstheorie unterscheidet, ist die der **Ungewißheit**. Hier ist lediglich bekannt (oder wird als bekannt unterstellt), daß irgendein Umweltereignis aus einer **endlichen** Menge von solchen Ereignissen eintreten wird, ohne daß man aber (objektive oder subjektive) Wahrscheinlichkeitsinformationen über den Eintritt hat. In derartigen Situationen wird die planerische Arbeit extrem erschwert. Wenn es gelingt, für die verschiedenen möglichen Handlungsalternativen und für alle enumerierten Umweltzustände die Handlungskonsequenzen grob abzuschätzen, also eine sog. „Pay-off-Matrix“ (Auszahlungstabelle) aufzustellen, dann wird sich in der Regel die Sachlage ergeben, daß je nach Umweltzustand eine andere Handlungsalternative unter dem Gesichtspunkt der Gewinnmaximierung oder Kostenminimierung vorzuziehen ist. Man sagt dann auch, daß keine der Handlungsalternativen („Strategien“) eine andere dominiert. Dann bedarf es spezifischer Entcheidungsregeln, um das Entscheidungsdilemma aufzulösen, da die Handlungsanweisung: „Maximiere den Gewinn“! oder „Minimiere die Kosten!“ nicht mehr zum Ziel führt. Eine solche Entscheidungsregel ist z.B. die „**Minimax-Regel**“. Sie unterstellt eine pessimistische Einstellung des Entscheiders und empfiehlt, wenn es um die Minimierung der Kosten geht, eine solche Strategie zu wählen, bei der die für jede einzelne Strategie maximal erwarteten Kosten ein Minimum werden. Der Planer bereitet sich auf diese Weise gleichsam auf den schlechtesten aller möglichen Umweltzustände vor und versucht, dann den Schaden zu minimieren. Bei einer Gewinnmatrix wäre umgekehrt zu verfahren (Maximin-Regel). Der Planer versucht,

12 Vgl. dazu auch Meyer, M., Operations Research, 2. Aufl., Stuttgart 1986, S. 164.

13 Vgl. dazu unten S. 254 f.

in Anwendung einer solchen Entscheidungsregel gleichsam das Ausmaß der negativen Überraschung so klein wie möglich zu halten; gleichwohl ist er vor bösen Überraschungen natürlich nicht „sicher".

6.2.4.2 Ansätze zum Umgang mit Unsicherheit

(1) Aufgrund der Tatsache, daß – gleichgültig ob es sich um Risiko- oder Ungewißheitssituationen handelt- alles schließlich doch auch ganz anders kommen kann, und dies nicht nur für die strategische, sondern – wenn auch vielleicht in nicht so dramatischer Form – auch für die operative Planung zutrifft, muß auch dort darüber nachgedacht und müssen Vorkehrungen dafür getroffen werden, wie mit der Unsicherheit umgegangen werden sollte. Zwei große Ansatzpunkte sind hier erkennbar, die miteinander kombiniert werden können bzw. sollten. Der erste Ansatzpunkt liegt in der **operativen Planung** selber: Man versucht, sich durch die inhaltliche oder prozessuale Gestaltung der Planung so gut es geht auf die Unsicherheit vorzubereiten. Der zweite Ansatzpunkt besteht darin, kurzfristige **Reaktionspotentiale** anzulegen, um sich schnell auf nicht antizipierte Situationen einstellen zu können. Solche Reaktionspotentiale können im **Managementprozeß** angelegt werden (Organisation, Kontrolle); sie können aber auch im **Realgüterprozeß** in Form flexibler Strukturen (z.B. flexible Fertigungssysteme) angelagert werden.[14]

Unsicherheit und Planung

(2) Im Rahmen der inhaltlichen Planung besteht zunächst die Möglichkeit, Planungsprobleme in einem ersten Schritt so zu behandeln, **als ob** Gewißheit bestünde. Man rechnet also mit einwertigen Erwartungen, schließt dann aber in einem zweiten Schritt an die Optimallösung sog. **Sensitivitätsanalysen** an.[15] Man untersucht mit solchen Analysen die **Stabilität** der gefundenen Lösung gegenüber Änderungen der Ausgangsdaten. Hat man z.B. das optimale Produktprogramm bestimmt, so fragt man danach, wie lange dieses Produktprogramm optimal bleibt, wenn sich etwa die Preise und/oder Kosten eines Produktes verändern. Im günstigsten Fall erweist sich das Produktprogramm als (extrem) stabil, d.h. daß große Preis- bzw. Kostenschwankungen auftreten können, ohne daß das Produktprogramm angepaßt werden muß. Eine solche Information verleiht nicht nur eine gewisse Sicherheit bei der Realisierung des Programms, sondern macht es auch möglich, der zukünftigen Preisentwicklung der Produkte weniger Aufmerksamkeit zu widmen, also Informationskosten zu sparen. Mit Hilfe der Sensitivitätsanalyse kann man so – von einer „Punktlösung" ausgehend – den Entscheidungsraum um diese Lösung herum gleichsam ausleuchten.

(3) Neben der Sensitivitätsanalyse bietet die **Alternativ- oder Eventualplanung** eine zweite Möglichkeit, mit der Unsicherheit der Umwelt umzugehen. Man berechnet Opti-

14 Vgl. dazu auch Ansoff, H.J., Die Bewältigung von Überraschungen und Diskontinuitäten durch die Unternehmensführung – Strategische Reaktionen auf schwache Signale, in: Steinmann, H. (Hrsg.), Planung und Kontrolle, München 1981, S. 233 ff., insbes. S. 242 ff.

15 Vgl. dazu unten S. 279 ff.

mallösungen für alternative Datenkonstellationen, wobei man insbesondere auf solche Daten abstellt, die man in der Prognose für besonders kritisch erachtet. Dies ist gleichsam die Umkehrung der Sensitivitätsanalyse. Die Alternativplanung enthebt natürlich nicht von der Notwendigkeit, schließlich eine Auswahl für denjenigen Plan zu treffen, der realisiert werden soll. Der Planer muß sich also schlußendlich doch für eine Datenkonstellation entscheiden, die er für besonders wahrscheinlich hält. Es mag allerdings sein, daß die Alternativplanung – ähnlich wie die Sensitivitätsanalyse – im glücklichen Fall ergibt, daß viele Alternativpläne bei den betrachteten Datenkonstellationen im großen und ganzen übereinstimmen. Dann ist das wiederum ein Hinweis auf die Stabilität der Lösung (relativ zu den betrachteten Datenvariationen). Da man im Rahmen der Eventualplanung aber nur eine begrenzte Menge von Alternativen überhaupt durchrechnen und dabei u.U. gewichtige Alternativen sogar übersehen kann, bietet auch diese Vorgehensweise natürlich keine „Versicherung“ gegen die Unsicherheit.

(4) Das gleiche gilt für die **flexible** (im Gegensatz zur starren) **Planung**. Hat man es mit mehrperiodigen, sequentiellen Entscheidungen zu tun derart, daß über Handlungsalternativen in späteren Perioden in Abhängigkeit von dann relevanten Umweltereignissen und den vorher getroffenen Entscheidungen befunden werden muß, so lassen sich solche Planungsprobleme auf sog. **Entscheidungsbäumen** abbilden.[16] Der Planer steht dann vor der Wahl, ob er zum Ausgangszeitpunkt bereits eine definitive Entscheidung über eine ganz bestimmte Alternativenfolge durch den ganzen Entscheidungsbaum hindurch treffen soll. Im Gegensatz zu einer derartigen starren Planung wird bei der flexiblen Planung unter Berücksichtigung der Alternativen in späteren Entscheidungsstufen zum Ausgangszeitpunkt nur über die in der ersten Periode zu realisierenden Alternativen definitiv entschieden. Über die Alternativen der späteren Stufen (Perioden) wird lediglich bedingt oder eventualiter befunden. Man macht damit die Folgeentscheidungen in späteren Perioden von der **Aktualisierung der Informationen** über die Umweltzustände abhängig, man paßt sie gleichsam an die neue Situation an. Im Vergleich zur starren Planung trifft man also keine unnötigen (und ökonomisch unzweckmäßigen) Festlegungen; in diesem Sinne ist die Planung flexibel. Daß auf diese Weise die Unsicherheit allerdings keinesfalls vollständig „abgearbeitet“ wird, ist unmittelbar einsichtig. In jeder Entscheidungsstufe kann man sich irren, weil doch alles anders kommt als geplant; im Lichte späterer Umweltinformationen können sich alle vorherigen Entscheidungen als falsch herausstellen. Im übrigen ist eine solche vorsichtige Abwarte-Strategie nur selten möglich; häufig müssen die Ressourcen schon frühzeitig gebunden werden.

(5) Eine vierte Art, mit der Unsicherheit der Umwelt planerisch umzugehen, ist die **robuste Planung**. Sie macht sich die Einsicht zunutze, daß es bei manchen Planungsproblemen erste Planungsschritte gibt, die für die Zukunft noch nichts präjudizieren, also keine Handlungsoptionen vernichten. Sind solche robusten Schritte möglich, ist es rational, mit weiteren „commitments“ solange zu warten, bis Entscheidungen nicht mehr aufgeschoben werden können. Auf diese Weise wird es möglich, die jeweils unumgänglich zu treffenden Entscheidungen – ähnlich wie bei der flexiblen Planung – vom aktuellen

16 Vgl. dazu unten S. 250 ff.

Informationsstand abhängig zu machen. Man erkennt allerdings sofort, daß auch auf diese Weise der Irrtum nicht ausgeschlossen werden kann, einmal ganz abgesehen von den stark idealisierten Bedingungen.

(6) Neben den angesprochenen Vorgehensweisen, die primär die Art der Informationsverarbeitung bei der Planung betreffen, lassen sich auch durch die Organisation des **Planungsprozesses** gewisse Vorkehrungen gegen die Unsicherheit der Zukunft treffen. Hierzu sei beispielhaft auf die Möglickeit einer sog. **rollenden** (gleitenden) **Planung** hingewiesen. Ihr Wesen besteht darin, daß man den Planungszeitraum, bei der operativen Planung etwa ein Jahr, in Teilperioden, z.B. Quartale oder Monate, zerlegt und dann für den ersten Monat (oder das erste Quartal) eine Feinplanung durchführt und es für die übrigen Perioden bei einer Grobplanung beläßt. Im Zuge der Realisierung der Feinplanung des ersten Monats (oder des ersten Quartals) wird für den nächsten Monat (oder das nächste Quartal) die Feinplanung vorbereitet und gleichzeitig der gesamte Planungszeitraum um einen Monat (ein Quartal) in die Zukunft fortgeschrieben und mit einer neuen Grobplanung versehen. Das „Rollen" der Planung besteht – so gesehen – dann also darin, daß periodisch der Jahresplan in einem Monatsplan (Quartalsplan) konkretisiert und der Gesamtplan in die Zukunft fortgeschrieben wird. Die Planung „rollt" gleichsam entlang der Zeitachse in die Zukunft fort.

Bei dieser Vorgehensweise hat man durch die Organisation des Planungsprozesses die Möglichkeit eingebaut, die handlungsrelevanten Feinplanungen vom jeweiligen Informationsstand abhängig zu machen, ohne den größeren zeitlichen Zusammenhang der Teilpläne (ganz) aus dem Auge zu verlieren. Demgegenüber verzichtet die nicht-rollende Planung auf die Möglichkeit, Entscheidungen auf der Grundlage aktueller Informationen zu treffen; dies gilt jedenfalls insoweit, wie die Organisation des Planungsprozesses selbst (ohne Einbeziehung der Kontrolle) betroffen ist. Man sieht leicht ein, daß das Prinzip der rollenden Planung, nämlich Entscheidungen auf dem jeweils aktuellsten Informationsstand zu treffen, im Extremfall in eine **Echtzeitsteuerung** übergeht: Die Zeit zwischen Planung und Realisierung wird soweit verkürzt, wie es möglich ist, ohne daß die erforderlichen Informationsverarbeitungsprozesse beeinträchtigt oder unmöglich werden. Der Einsatz von Computern – z.B. bei der Steuerung von Produktionsanlagen – hat dabei den Zeitbedarf für die Informationsverarbeitung in den letzten Jahren bereits in beachtlichem Ausmaß reduziert. Er läßt es heute bei der Auftragsfertigung auch bereits zu, Tagesplanungen zu korrigieren und Produktionsanlagen umzusteuern, um nach Abschluß der Tagesplanung doch noch eingegangene Eilaufträge zu berücksichtigen. Daß hierin ein wesentlicher strategischer Wettbewerbsvorteil dann liegen kann, wenn die Lieferzeit ein entscheidender strategischer Erfolgsfaktor ist, bedarf keiner weiteren Begründung.

Aber so sehr man sich auch bemühen mag, es wird der Planung aus systematischen Gründen (Dynamik und Komplexität) niemals gelingen, alleine das Unsicherheitsproblem klein zu arbeiten. Es ist vielmehr Aufgabe der gesamten Steuerungsfunktion, dieses Fundamentalproblem so zu bearbeiten, daß das System Unternehmung seine Funktionsfähigkeit erhält.

Unsicherheit und Reaktionspotentiale

(7) Im **Managementprozeß** bieten grundsätzlich alle weiteren Managementfunktionen (neben der Planung) die Möglichkeit, die Reaktionsfähigkeit der Unternehmung angesichts von Unsicherheit zu erhöhen. Von besonderer Bedeutung ist, wie bei der strategischen Kontrolle schon ausführlich dargelegt, die **Kontrollfunktion** im Sinne einer Kompensation.

Neben der Kontrolle bietet die **Organisation** die Möglichkeit, Reaktionspotentiale anzulagern und damit die Flexibilität der Unternehmung angesichts der Unsicherheit der Zukunft zu erhöhen. Statt bürokratischer Organisationen mit rigiden generellen Regelungen, tief gestaffelten Hierarchien, weit vorangetriebener Arbeitsteilung, strikter Über- und Unterordnung und eindeutigen Befehlswegen, die zugleich durch ausschließlich vertikale Informationswege gekennzeichnet sind, kann man den Gegentyp der **flexiblen Organisation** entwerfen (flache Hierarchien, horizontale und laterale Kommunikation, wenige allgemeine Regelungen, partizipative Entscheidungsprozesse etc.) und auf diese Weise Vorkehrungen dafür treffen, daß Störungen situationsgerecht durch die Organisation bzw. die Organisationsmitglieder aufgefangen und rasch abgearbeitet werden. Man sieht natürlich sofort, daß hier dann auch die Managementfunktion **Personaleinsatz** gefordert ist, um das notwendige Wissen und die erforderlichen Einstellungen und Verhaltensweisen bei den Organisationsmitgliedern zu schaffen. In dem Maße, wie es auf diese Weise gelingt, in allen übrigen Managementfunktionen Reaktionspotentiale anzulegen, kann sich die Planung auf die Selektionsleistung konzentrieren. Die **Planung unter Gewißheit** läßt sich aus dieser Sicht dann auch neu legitimieren. Sie ist nicht mehr eine unzuverlässige Vergewaltigung der tatsächlichen Planungssituation, sondern ein **„Als-ob-Vorgehen“** (die Planung tut so, als ob Gewißheit besteht), das seine Berechtigung (auch) aus dem Verweis auf die bestehenden Reaktionspotentiale der übrigen Managementfunktionen ziehen kann.

(8) Neben dem Managementprozeß bietet der **Realgüterprozeß** Ansatzpunkte, kurzfristige Reaktionspotentiale anzulagern. Bei der Auswahl von Produktionsfaktoren achtet man auf universelle statt spezialisierte Kompetenzen. Man beschafft z.B. Universalmaschinen, die für ein breiteres Spektrum von Produkten geeignet sind, statt Spezialmaschinen, die nur für das gerade gültige Produktspektrum und seine besonderen Varianten geeignet sind. Diese Flexibilität wird in der Regel etwas kosten: Universalmaschinen werden im Hinblick auf Umrüstung, Energieverbrauch, Bedienungsanforderungen etc. höhere Kosten bedingen als Spezialmaschinen. Das ist heute allerdings keineswegs mehr bei allen Fertigungssystemen der Fall. Flexible computerunterstützte Produktionsanlagen erlauben es, eine Vielzahl von Produktvarianten praktisch ohne die Kosten einer Umrüstung zu produzieren („Losgröße 1“). Die Entscheidung, welche Produktvariante – etwa in der Automobilfertigung nach Farbe und Spezialausstattung – zu fertigen ist, kann so lange aufgeschoben werden, bis Gewißheit über die Nachfrage in Form eines genau spezifizierten Kundenauftrags vorliegt. Das Potential, unmittelbar auf verschiedenste Anforderungen einer unsicheren Umwelt ad hoc zu reagieren, muß natürlich vom Management systematisch und an den wichtigen Stellen in den betrieblichen Funktionsbereichen installiert werden. Hier geht es um die **Planung der Flexibilität** (im Gegensatz zur flexi-

blen Planung), und bei dieser Planung muß eine sorgfältige **Kosten-Nutzen-Analyse** angestellt werden. Rechnet man mit Umweltsituationen, die über längere Zeit weitgehend konstant sind, so sind flexible Lösungen „überqualifiziert". Wenn man dagegen für die Zukunft mit wesentlichen Umweltunsicherheiten glaubt rechnen zu müssen, z.B. weil sich der technische Fortschritt beschleunigt, die Konkurrenz zu neuen Strategien übergeht, neue Wettbewerber in den Markt eintreten, die Märkte sich globalisieren etc., so sollte man eher flexible Lösungen anstreben. Man sollte dann u.U. aber nach Umweltsegmenten differenzieren und prüfen, in welchen der den verschiedenen Umweltsegmenten entsprechenden Funktionsbereichen sinnvollerweise kurzfristige Potentiale zur Reaktion auf von der Planung nicht antizipierte oder antizipierbare Umweltentwicklungen angelegt werden sollten.

6.3 Ausgewählte Modelle operativer Planung

6.3.1 Die Konstruktion von Planungsmodellen

Mit der operativen Planung wird – wie mit jeder Planung – per definitionem – Handeln (bloß) vorbereitet, nicht (schon) vollzogen. Planung nimmt also nicht die Form direkter Gestaltungseingriffe zur Veränderung der Realität an, sondern verwirklicht sich als denkendes Vorbereiten des Handelns in einem Konstruktionsprozeß, an dessen Ende – gleichsam stellvertretend für den zu planenden Weltausschnitt – die Entscheidung – oder der Plan steht; im Rahmen der operativen Unternehmensplanung konstruiert der Planer z.B. Liquiditätsplanungsmodelle für die Steuerung der (kurzfristigen) Einnahmen- und Ausgabenströme oder Produktionsplanungsmodelle für die Bestimmung des Produktionsprogramms einer Periode (Monat, Jahr) und seine raum-zeitliche Realisierung.

Für das Arbeiten mit quantitativen Planungsmodellen ist nun das richtige Verständnis des Vorgangs der Modellbildung, der Modellkonstruktion, wichtig. Was tut der Planer eigentlich, wenn er „modelliert", d.h. ein Planungsmodell entwirft?

Die klassische „Lehrbuchantwort" lautet hier, daß er eine **Abbildung** vollzieht, nämlich eine vorgegebene Struktur eines realen Weltausschnittes mit seinen **Elementen** und den **Relationen** zwischen diesen Elementen, das sog. „Realsystem", in die Form des Modells überführt.[17] Nimmt man als **Realsystem** etwa den Produktionsbereich einer Unternehmung, so wären dort „Elemente" z.B. Produkte und Kapazitäten und „Relationen" die Beziehungen zwischen Produktionsmenge einerseits und Preisen resp. Kosten- und Outputmengen andererseits. In einem **Modell** der Produktionsprogrammplanung wären dementsprechend die gesuchten Produktionsmengen der Produkte dann als Unbekannte x_i für die Produkte i = 1, ..., n abzubilden und die Relationen als Produktions-, Preis- und Kostenfunktionen.

17 Vgl. etwa Bamberg, G./Coenenberg, A.G., Betriebswirtschaftliche Entscheidungslehre, 3. Aufl., München 1981, S. 12 ff.

Folgt man dieser Sichtweise, ist ein Modell ein Abbild der Realität. Da Unternehmen oder auch Unternehmensbereiche aber generell komplexe Systeme und als solche niemals vollständig beschreibbar sind, führt die Idee der Abbildung in die Irre. Man muß zwangsläufig selektieren und Zusammenhänge zerschneiden, um zu einem Modell zu kommen. Die Modellbildung ist also – wie alle Planungen -selektiv, sie arbeitet auf der Basis einer nicht vollständig begründbaren Hypothese, daß alle zur Beantwortung der spezifischen Fragestellung eines Planungsproblems relevanten Elemente und Relationen im Modell erfaßt sind. Sucht der Fertigungsplaner z.B. die gewinnmaximale Zusammensetzung des Produktionsprogramms für die nächste Planungsperiode, so mag es weniger auf die Farbe oder Verpackung der Produkte ankommen, wohl aber auf die Beanspruchung der Kapazität pro Produkteinheit durch die einzelnen Produkte; zumindest dann, wenn es sein Ziel ist, die Kapazitäten so auf die Produktlinien zu verteilen, daß der Gesamtgewinn ein Maximum wird. Ob die anderen Produkteigenschaften oder andere Zusammenhänge für die Gesamtoptimierung aus Unternehmenssicht ebenfalls sehr wichtig sind, läßt er offen.

Trotz aller Vereinfachungen muß dann aber – so das abgeschwächte Postulat der Abbildungsidee – zumindest **Strukturgleichheit bzw. -ähnlichkeit** zwischen Realsystem und Modell vorliegen, damit, jedenfalls im Prinzip, der Übertrag des Modells bzw. seiner Ergebnisse auf Handlungen im Realsystem möglich wird. Die Forderung der Strukturgleichheit in diesem Sinne ist beispielsweise verletzt, wenn man in der Produktionsprogrammplanung die faktisch bedeutsamen Kapazitätsrestriktionen vernachlässigt oder nichtlineare Kostenstrukturen in beliebiger Weise als lineare behandelt. Man hat dann keine Strukturähnlichkeit oder – wie man auch sagt – keine relationenuneindeutige Abbildung der realen Situation konstruiert.

Das abgeschwächte Postulat der Strukturgleichheit ist aber im Prinzip ebensowenig haltbar wie die starke Version der Abbild-Theorie. Man geht nämlich unhinterfragt davon aus, daß im Realsystem eine **Struktur** objektiv vorliegt, die es im Modell nur „wirklichkeitsgetreu" zu wiederholen gelte. Dies trifft nicht den Kern der Sache. Es ist keineswegs so, daß dem Planer das „Planungsproblem" als feststehende Tatsache der objektiven Welt gegenübertreten würde, dessen Strukturen es im Modell nur richtig abzubilden gelte. Diese Position beruht auf einem (erkenntnistheoretischen) Mißverständnis. Probleme sind keine absoluten real existenten Phänomene, sie werden von denen, die sie zu entdecken glauben, „konstruiert", ein Problem kann erst im Rekurs auf einen Bezugsrahmen zu einem solchen werden. Ein Umweltereignis kann – wie im dritten Kapitel dargelegt – erst dann zu einem Problem werden, wenn eine entsprechende Grenzziehung zwischen System und Umwelt vorgenommen wurde. Ein Planungsproblem ist so gewissermaßen „konstruierte Wirklichkeit", eine Wirklichkeit, die erst durch bestimmte Eigenleistungen des Entdeckers bzw. des Systems Form annimmt.[18] In einem ähnlichen Sinne schreibt Menges: „Die wahre Anstrengung des Entscheidens liegt **vor** dem Entscheidungsproblem, wie es üblicherweise definiert und aufgefaßt wird, sie liegt in den Vor-

18 Zu einer in diesem Sinne radikalisierten Position des Konstruktivismus vgl. Watzlawick, P., Die erfundene Wirklichkeit, München 1985.

entscheidungen, welche die Bestimmungsstücke des je gegebenen Problems überhaupt erst zusammenbringen."[19]

Diese die Selektivität betonende Perspektive erfordert, die **konstruktiven** Eigenleistungen des Planers im Prozeß der Modellbildung stärker in den Mittelpunkt zu rücken und Modellbildung nicht mehr länger als **Re-Konstruktion** unabhängig vorgegebener Strukturen der Wirklichkeit zu begreifen.[20] Dazu ist es erforderlich, den Akzent der Betrachtung stärker auf die Phase der Problemgenerierung im Prozeß der Modellbildung „vorzuverlagern". Es gilt zu sehen, daß man Planungsprobleme nicht einfach – wie Dinge der realen Welt – **erkennen** kann, sondern daß sie als Teil der Modellierungsarbeit zuallererst konstruiert werden müssen.

Probleme werden in der (Unternehmens-) Praxis gewöhnlich als Abweichungen konstruiert zwischen dem, was gewollt oder erwartet wird und dem, was erreicht wurde oder dem, was sich ereignet hat. Kritische Signale und daraus erschließbare „Problem-Situationen" sind gewöhnlich alles andere als eindeutig. Sie sind vielmehr durch Ambiguität (Unsicherheit und Komplexität) gekennzeichnet. Es ist die Aufgabe des Planers, diese Ambiguität durch Selektion in mehreren Strukturierungsschritten in – wenn auch konstruierte – Eindeutigkeit bzw. Entscheidbarkeit zu überführen. Das geschieht teils durch die Beschaffung von Wissen, teils aber immer auch durch das Setzen von (mehr oder weniger begründeten) Annahmen über zukünftige Entwicklungen und relevante Wirkungszusammenhänge. Die operative Planung steht zwar zu einem gewissen Teil am Ende dieses Strukturierungsprozesses, weil die Ergebnisse der strategischen Planung als Bestandteile der eigenen Problemdefinition schon vorgegeben sind. Gleichwohl muß auch sie angesichts der dann immer noch verbleibenden Unsicherheit und Komplexität noch einen eigenständigen Strukturierungsprozeß vollziehen, in dessen Verlauf selbst vielfältige Entscheidungen darüber zu treffen sind, was zur Gewinnung einer eindeutigen Handlungsorientierung (bis auf weiteres) als (gesetztes) Datum des Handelns anzusehen ist (also nicht der Entscheidung unterliegen soll) und was als (noch) offene Wahlmöglichkeit zu gelten hat. Das operative **Entscheidungsmodell** steht ganz am Ende dieses mehrstufigen Konstruktionsprozesses zur Reduktion der Ambiguität (und dem korrespondierenden Zuwachs an Bestimmtheit); es „schließt" gleichsam das ursprünglich „offene" Problem endgültig und schafft damit Eindeutigkeit, Entscheidbarkeit. Ob freilich das Problem richtig modelliert ist, läßt sich aufgrund der Ambiguität der Ausgangssituation nicht a priori entscheiden, dies zeigt sich erst dann, wenn sich die Konstruktion im Handlungsvollzug bewähren muß. Und es ist nicht selten so, daß sich gerade grobe Konstruktionen vorzüglich bewähren.[21]

Die hier angerissene Fragestellung nach der optimalen Ausformulierung und Detaillierung von Planungsmodellen ist ein interessanter Fall von **Reflexivität**, das zu behandelnde Instrumentarium wird auf das Instrument selbst angewandt.[22]

19 Menges, G., Vorentscheidungen, in: Henn, R. (Hrsg.), Operations Research Verfahren II, Meisenheim am Glan 1965, S. 38.

20 Vgl. dazu auch Bretzke, W.-R., Der Problembezug von Entscheidungsmodellen, Tübingen 1980; dort allerdings nicht unter Rekurs auf die hier leitende systemtheoretische Perspektive.

21 Vgl. Zentes, J., Die Optimalkomplexion von Entscheidungsmodellen, Köln u.a. 1976, S. 4 passim.

22 Vgl. Mitroff, I.I./Betz, F., Dialectical decision theory, in: Management Science 19 (1972), S. 14.

Zusammenfassend läßt sich festhalten: In Planungsmodellen werden also Entscheidungsprobleme nicht abgebildet, sondern konstruiert. Das fertige Planungsmodell ist eine Rekonstruktion einer aufgrund von diversen Vorentscheidungen als problemhaft definierten Situation.

Dieses Verständnis von der (operativer) Planung als eines ambiguitätsreduzierenden Konstruktionsprozesses wirft zugleich ein problematisches Licht auf eine begriffliche Unterscheidung, die in der Planungsliteratur gängig ist und in der Abbildtheorie wurzelt, nämlich die zwischen „wohlstrukturierten" und „schwachstrukturierten" Planungsproblemen.[23] Diese Unterscheidung suggeriert ja, daß es **vor** allen planerischen Bemühungen – gleichsam „von Hause aus" – in der Welt unterschiedliche Problemtypen gibt, die unterschiedliche Anforderungen an ihre Abbildung stellen. Planungsprobleme sind aber als Folge der Umweltambiguität und des mangelnden Wissens zunächst einmal immer amorph, sind immer definitionsbedürftig. Strukturen werden im Zuge des Planungsprozesses durch menschliche Strukturierungsleistungen erst **geschaffen**. Die Rede von wohl- und schwachstrukturierten Problemen muß deshalb – zur Vermeidung ontologischer Mißverständnisse – so rekonstruiert werden, daß sie auf unterschiedliche Grade von im Planungsprozeß vorgenommenen Strukturierungen abstellt.

Wieweit die Strukturierungsleistung vorangetrieben werden muß, richtet sich dann nach den jeweiligen Steuerungserfordernissen der Unternehmensführung und den Merkmalen der Verwendungssituation. Strategische Planungen sollen – wie gezeigt – grobe Handlungsorientierungen vermitteln; deshalb reicht es hier aus, das Ausgangsproblem zu einer schwachstrukturierten Planungsaufgabe zu verdichten, die (mehr oder weniger) weit vor der völligen Durchstrukturierung halt macht, wie sie für die operative Planung im Prinzip charakteristisch ist. Ein Planungsproblem ist – so unser Vorschlag – dann **wohlstrukturiert** worden, wenn die einzelnen Merkmale eindeutig beschrieben sind. Das ist dann der Fall, wenn **alle** Relationen zwischen den Elementen im Sinne einwertiger Erwartungen als genau bekannt behandelt werden; dann läßt sich – vorausgesetzt ein entsprechender Algorithmus ist verfügbar – aus der endlichen Menge der Handlungsmöglichkeiten unter Beachtung der bekannten Handlungskonsequenzen ein – im Hinblick auf eine vorgegebene Zielsetzung optimales – Handlungsprogramm logisch ableiten. Das weiter unten zu behandelnde Problem der operativen Produktionsprogrammplanung, das mit Hilfe der Linearen Programmierung mathematisch gelöst wird, ist in diesem Sinne wohlstrukturiert.

Dort jedoch, wo es im Rahmen der Strategischen Planung etwa um die Wahl zwischen einer Differenzierungs- und einer Kostenführerschaftsstrategie geht[24], hat man es dagegen mit einer **schwachstrukturierten** Planungsaufgabe zu tun; denn hier ist es aufgrund der Vielfalt der Handlungsparameter und ihrer nur grob antizipierbaren Wirkungen gar nicht sinnvoll, alle Handlungskonsequenzen bis zum Ende en detail zu durchdenken und eindeutig zu definieren.

23 Vgl. zu dieser Unterscheidung Newell, A./Simon, H.A., Human problem solving, Englewood Cliffs/N.J. 1972.

24 Vgl. fünftes Kapitel.

Den Entwurf von operativen Planungs- bzw. Entscheidungsmodellen im dargestellten Sinne als einen ambiguitätsreduzierenden Konstruktionsvorgang und nicht als Abbildung der Realität zu interpretieren, gründet sich auf das im vierten Kapitel entwickelte Verständnis von Umweltkomplexität und Selektionszwang. Es wäre allerdings ein Mißverständnis, die Unhaltbarkeit der Abbildtheorie so auszulegen, daß damit die „Realität" für die Konstruktion von operativen Planungsmodellen ganz irrelevant sei und negiert werden könne. Die Konstruktion von operativen Planungsmodellen basiert natürlich auf einem Situationsmodell, in dem die auf dem Hintergrund der errichteten System-Umwelt-Differenz als relevant betrachteten Tatbestände der Realität als empirische Randbedingungen erfaßt werden. Ungeeignete Selektionsentscheidungen bzw. Situationsmodelle machen sich nämlich aufdringlich und objektiv bemerkbar, im Extremfall führen sie zum Untergang des Handlungssystems Unternehmung. Die Bezeichnung „Situationsmodell" macht deutlich, daß es sich nach all dem bereits Gesagten allerdings nicht um eine vollständige Situationsbeschreibung handelt, sondern um eine Konstruktionsleistung, deren Zweckmäßigkeit sich im praktischen Vollzug erweisen muß. Nicht selten erweisen sich hoch selektive Modellkonstruktionen als durchaus hilfreich, dies vor allem dann, wenn die Situationsbedingungen von der Unternehmung gestaltbar sind. So wird z.B. häufig das Subsystem Produktion durch Maßnahmen künstlich stabilisiert[25] und gegen allzu starke Schwankungen abgesichert, so daß mit hoch selektiven Planungsmodellen auf der Basis sicherer Erwartungen gearbeitet werden kann.

6.3.2 Methoden der operativen Planung (Modellierungstechniken)

Vor dem Hintergrund der vorstehenden Überlegungen über die Konstruktion von Planungsmodellen wird deutlich, warum gerade in der operativen Planung mathematische Verfahren als Modellierungstechniken eine bedeutsame Rolle spielen können. Die operative Planung zielt ja auf die letztendliche Schließung von Planungsproblemen durch Formulierung solcher wohlstrukturierter Planungsaufgaben und Anwendung solcher Modelle, aus denen die Lösung (Handlungsanweisung) eindeutig als **logische** Implikation ableitbar ist. Und mathematische Verfahren und Techniken sind genau durch diese Eigenschaften gekennzeichnet: Sie haben eine formale Struktur und im Prozeß der mathematisch-analytischen Umformung wird nichts an Informationsgehalt hinzugefügt, was nicht als Planungsaufgabe in sie hineingesteckt wurde; mathematische Operationen sind rein logische Operationen.

Die mathematischen Hilfsmittel zur Modellierung von operativen Planungsmodellen (Modellierungstechniken) werden in der dafür primär zuständigen Disziplin, der Unternehmensforschung, in unterschiedlicher Weise gegliedert. Für den hier beabsichtigten

25 Vgl. Thompson, J.D., Organizations in action, New York 1967.

orientierenden Überblick knüpfen wir an den Vorschlag von Meyer an, der zwischen optimierenden, prognostizierenden und experimentierenden Modellierungstechniken bzw. Modellen unterscheidet.[26]

6.3.2.1 Optimierungsmodelle

Die mathematischen Optimierungsmodelle lassen sich letztlich als Ausdifferenzierungen eines allgemeinen Problems begreifen, nämlich eine **Zielfunktion** unter **Nebenbedingungen** (Restriktionen) zu optimieren (zu maximieren oder zu minimieren), wobei die (Entscheidungs-)Variablen nur nichtnegative Werte annehmen dürfen. Man kann diese Aufgabenstellung auch mathematisch wie folgt schreiben:

$$f(x_1, \dots, x_n) \longrightarrow \text{opt! (max! oder min!)} \qquad (1)$$

$$g_i(x_1, \dots, x_n) = 0 \quad (i = 1, \dots, m) \qquad (2)$$

$$x_j > 0 \quad (j = 1, \dots, n) \qquad (3)$$

In der Grundstruktur erkennt man schon hier umrißhaft eine Ähnlichkeit dieses mathematischen Ansatzes mit dem allgemeinen **ökonomischen** Problem, i (i = 1, …, m) knappe Ressourcen so auf j (j = 1, …, n) verschiedene mögliche Verwendungsrichtungen zu verteilen, daß der Nutzen ein Maximum wird. Die Obergrenzen der Ressourcen und ihre Beanspruchung in jeder Verwendungsrichtung pro Einheit lassen sich durch die Nebenbedingungen (2) erfassen, die Nutzenmaximierung durch (1), und die Tatsache, daß ökonomische Probleme nur nicht-negative Lösungen haben können (negative Lösungen also sinnlos sind) durch (3).

Deterministische Modelle

Eine erste Ausdifferenzierung dieser allgemeinen Struktur erhält man, wenn in (1) bis (3) die funktionalen Beziehungen ausschließlich **lineare Funktionen** sind, also:

$$f(x_j) = \sum_{j=1}^{n} c_j x_j \longrightarrow \text{opt! (max! oder min!)} \qquad (1a)$$

$$g_i(x_j) = \sum_{j=1}^{n} a_{ij} x_j - b_i = 0 \quad (j = 1, \dots, m) \qquad (2a)$$

$$x_j \geq 0 \quad (j = 1, \dots, n). \qquad (3a)$$

(2a) kann man – wenn man auch das „kleiner oder gleich-Zeichen“ zuläßt – wie in (2a') schreiben:

$$\sum_{j=1}^{n} a_{ij} x_j \leq b_i. \qquad (2a')$$

26 Vgl. Meyer, M., a.a.O., S. 16 ff.

Dann wird wiederum eine mögliche ökonomische Interpretation leicht: Ein Betrieb hat i Abteilungen, durch die j Produkte während ihrer Fertigung laufen müssen. Die Kapazitäten (Faktoren) dieser Abteilungen pro Planungsperiode sind b_i, die Inanspruchnahme der Kapazitäten pro Einheit des Produktes j wird durch a_{ij} angegeben; und (2a') fordert dann, ein Produktionsprogramm (x_j) so zu bestimmen, daß die dadurch in Anspruch genommenen Kapazitäten die verfügbaren Kapazitäten nicht überschreiten (höchstens voll ausnutzen). (1a) gibt mit c_j als dem Deckungsbeitrag des Produktes j das Ziel vor, nicht ein beliebiges, mit (2a') verträgliches, sondern ein deckungsbeitragsmaximales Produktionsprogramm zu bestimmen.

(1a) – (3a) stellen das Modell der **Linearen Programmierung** LP dar. LP ist die bei weitem wichtigste Modellierungstechnik für die operative Planung. Dies nicht nur deshalb, weil viele operative Planungsprobleme sich (durch geübte Modellkonstrukteure) als LP-Modelle rekonstruieren lassen; häufig auch dann, wenn man es auf den ersten Blick nicht vermuten würde. Hinzu kommt, daß mit der Simplex-Methode die Theorie der Linearen Programmierung ein Lösungsverfahren zur Verfügung stellt, das auch für die Lösung einer Reihe nicht-linearer Probleme (nach geeigneter Umformulierung in ein LP) angewendet werden kann. Dabei gibt es neben dem allgemeinen LP-Ansatz (1a) – (3a) noch zwei für die operative Planung wichtige Sonderfälle. Der erste Sonderfall ist das sog. **Transportmodell**, für das ein eigenständiges Lösungsverfahren, die sog. „Transportmethode", existiert. Es läßt sich verbal umschreiben als die Aufgabe, für eine Periode (Jahr, Monat, Woche) ein transportkostenminimales Versandprogramm zu entwickeln, wobei die Versandgüter am Verladeort i (i = 1,...,m) in der Menge A_i pro Periode verfügbar sind und am Nachfrageort j (j = 1,...,n) in der Menge N_j pro Periode nachgefragt werden.

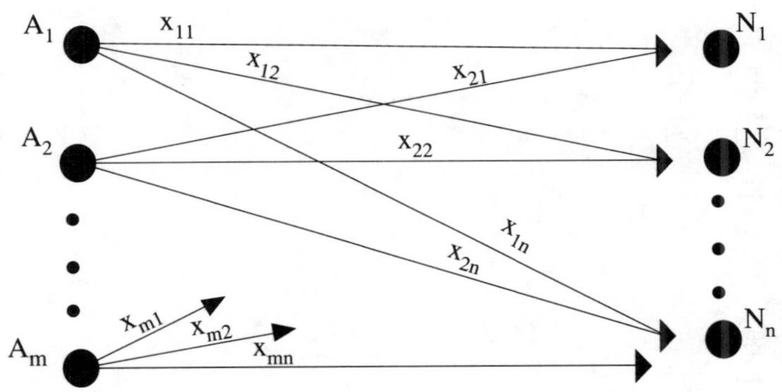

Abb. 6.4: Das Transportproblem

Führt man – wie in Abbildung 6.4 – für die gesuchte Menge, die von i nach j zu transportieren ist, die Entscheidungsvariable x_{ij} ein mit c_{ij} als Transportkosten pro Einheit, so lautet der mathematische Ansatz für das Transportproblem:

$$\sum_{j=1}^{m} \sum_{j=1}^{n} c_{ij}\, x_{ij} \longrightarrow \text{min!} \qquad (1b)$$

$$\sum_{j=1}^{n} x_{ij} = A_i \quad (i = 1, \ldots, m) \qquad (2b)$$

$$\sum_{j=1}^{m} x_{ij} = Nj \quad (j = 1, \ldots, n) \qquad (3b)$$

$$x_{ij} \geq 0$$

In (1b) – (3b) ist schon vorausgesetzt, daß das pro Periode verfügbare gesamte Transportangebot genau der gesamten nachgefragten Menge entspricht, also

$$\sum_{i=1}^{m} A_i = \sum_{j=1}^{n} N_j.$$

In dieser Voraussetzung ist aber keine wesentliche Modifikation des LP-Modells zu sehen, da man sie auch fallen lassen kann, ohne die Lösbarkeit der Planungsaufgabe zu beeinträchtigen.

Eine zweite spezifische Unterstruktur des allgemeinen LP-Modells erhält man, wenn man in (1b) – (3b)

$A_i = 1$ und $N_j = 1$

setzt, also

$$\sum_{i=1}^{m} \sum_{j=1}^{n} c_{ij}\, x_{ij} \longrightarrow \text{max!} \qquad (1c)$$

$$\sum_{j=1}^{n} x_{ij} = 1 \quad (i = 1, \ldots, m) \qquad (2c)$$

$$\sum_{j=1}^{n} x_{ij} = 1 \quad (j = 1, \ldots, n)$$

$$x_{ij} \geq 0. \qquad (3c)$$

Dieses ist das sog. „Zuweisungsmodell“. Eine ökonomisch sinnvolle Problemstellung ist die Zuweisung von m Arbeitern auf n Maschinen (m = n), um den Output zu maximieren, wobei die je unterschiedliche Produktivität des Arbeiters i an der Maschine j durch c_{ij} gemessen wird. Die gesuchte Lösung lautet dann:

$$x_{ij} = \begin{cases} 1, \text{ falls Arbeiter i an Maschine j eingesetzt} \\ 0 \text{ sonst.} \end{cases}$$

Die Nebenbedingungen (2c) stellen sicher, daß jeder Arbeiter nur für den Einsatz an einer Maschine geplant wird und jede Maschine auch nur einen Arbeiter zugewiesen erhält.

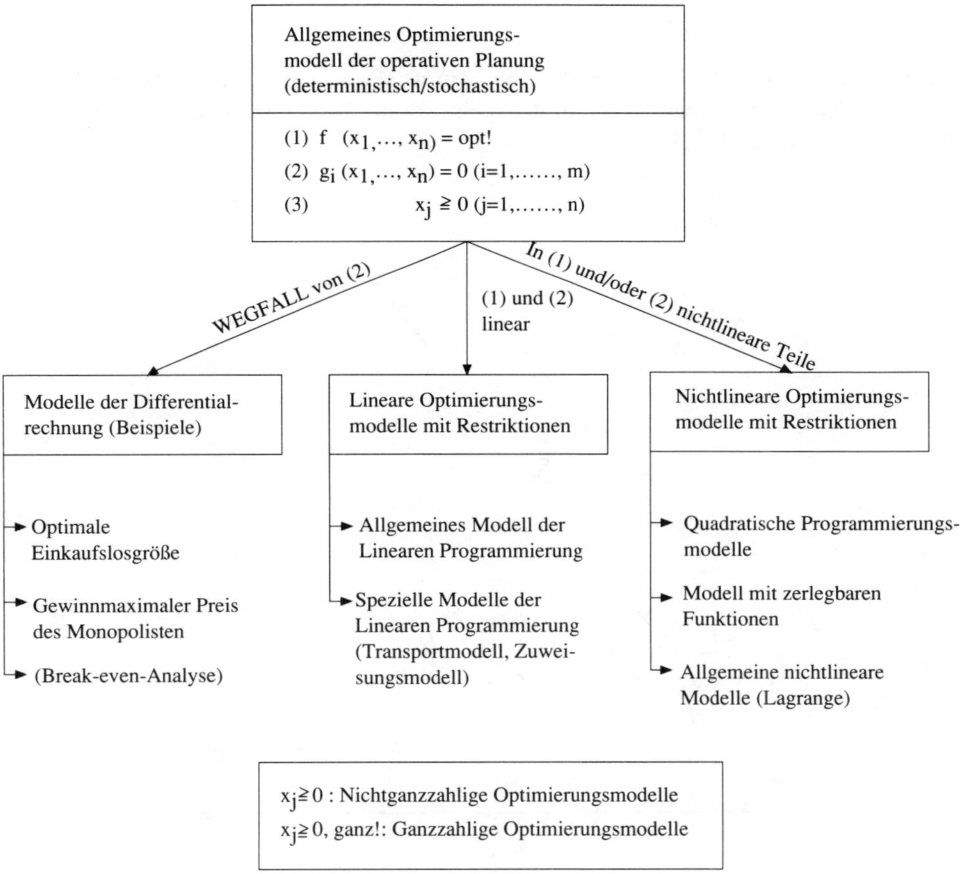

Abb. 6.5: Wichtige Optimierungsmodelle der operativen Planung im Überblick

Eine **zweite** Ausdifferenzierung des allgemeinen Optimierungsmodells erhält man, wenn in (1) – (3) die Bedingungen (2) entfallen. Dann hat man eine Optimierungsaufgabe ohne Restriktionen (vgl. Abb. 6.5). Modellierungstechnik ist bei nichtlinearer Funktion die Infinitesimalrechnung bzw. etwas enger, die Differentialrechnung. Hier geht es also um die Ermittlung eines optimalen „Punktes", wie beispielsweise des gewinnmaximalen Preises eines Monopolisten oder der kostenminimalen Losgröße im Einkauf für eine Planungsperiode[27]. Der gewinnmaximale Preis eines Monopolisten ergibt sich z. B. aus der (nichtlinearen) Zielfunktion

$$G(x) = E(x) - K(x) \tag{4}$$

(mit E (x) als Erlös- und K (x) als Kostenfunktion) durch Differentiation zu

$$G'(x) = E'(x) - K'(x) = 0$$

$$E'(x) = K'(x).$$

Der gewinnmaximale Preis p* des Monopolisten ist also – wie ja aus der ökonomischen Theorie bekannt – derjenige Preis (auf der Preis-Absatz-Funktion), bei dem die Grenzkosten = Grenzerlös sind (vgl. Abb. 6.6).

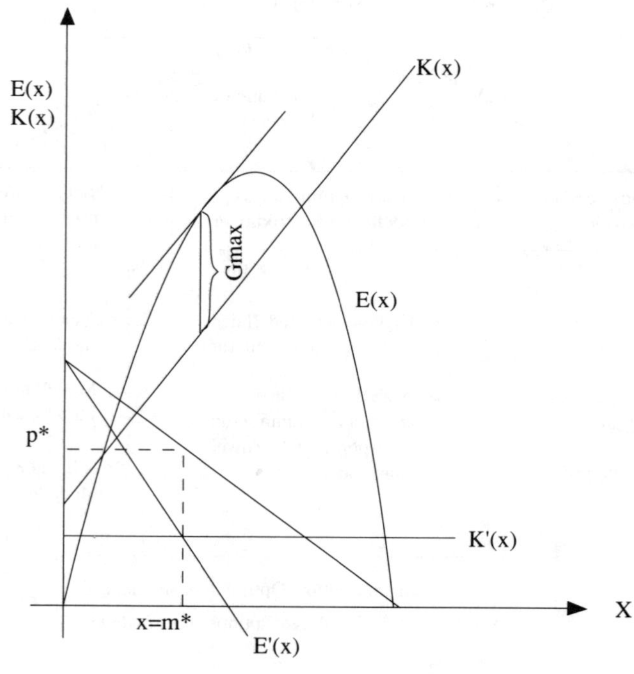

Abb. 6.6: Gewinnmaximaler Preis des Monopolisten (Differentialrechnung als Modellierungstechnik)

27 Zur Präzisierung sei darauf hingewiesen, daß dieser Modelltyp auch eine Restriktion enthalten kann (z.B. die Lagerkapazität bei der Bestimmung der optimalen Einkaufsmenge). Solche Restriktionen sind aber – sofern sie relevant werden – in struktureller Erweiterung des Modellansatzes als Gleichungen in Form einer Lagrange'schen Funktion in die Aufgabenstellung der Infinitesimalrechnung einbeziehbar.

Die Differentialrechnung ist nicht mehr anwendbar, wenn in (4) die Erlösfunktion linear ist (Mengenanpasser in der Lehrbuch-Situation der vollständigen Konkurrenz) und die Kostenfunktion ebenfalls. In diesem Spezialfall, der traditionellerweise in der sog. **Break-even-Analyse** behandelt wird, liegt das Gewinnmaximum natürlich an der Kapazitätsgrenze; ökonomisch interessant wird dann eher derjenige Punkt, bei dem Gesamtkosten = Gesamterlös (sog. Gewinnschwelle = Break-even-Punkt).

Eine **dritte** Ausdifferenzierung von (1) – (3) erhält man schließlich, wenn man es in der Zielfunktion und/oder den Nebenbedingungen mit **nicht-linearen Beziehungen** zu tun hat. Die hierunter fallenden Modellierungstechniken sind typenabhängig; es gibt (noch) kein leistungsfähiges allgemeines Lösungsverfahren für Probleme der nicht-linearen Programmierung. Als wichtigste Typen sind zu nennen: die quadratische Programmierung und die Modelle mit zerlegbaren Funktionen. Der in Abbildung 6.5 noch aufgeführte dritte Typ allgemeiner nicht-linearer Modelle braucht hier nicht weiter behandelt zu werden, da er wegen der geringen Leistungsfähigkeit der Lösungsmethode der Lagerangeschen Multiplikatoren[28] für die Praxis kaum von Bedeutung ist.

In **Quadratischen Programmierungsmodellen** sind die Nebenbedingungen (2) linear, die Zielfunktion (1) ist dagegen nicht-linear, genauer: quadratisch, d. h. daß einige der Zielfunktionsterme das Quadrat einer Variablen (oder des Produkts zweier Variablen) enthalten. Ein solcher Fall ergibt sich z. B. für eine Unternehmung, die sich als Monopolist einer Preis-Absatz-Funktion gegenübersieht und ihr optimales Produktionsprogramm sucht. In diesem Fall lauten die Nebenbedingungen wie in (2a'), die Zielfunktion ist aber, da jetzt der Preis von der Absatzmenge abhängt, nicht wie in (1a) anzusetzen, sondern lautet:

$$f(x_j) = \underbrace{\sum_{j=1}^{n} p_j(x_j)\, x_j}_{\text{Gewinn = Gesamterlös}} - \underbrace{\sum_{j=1}^{n} k_j x_j}_{\text{Gesamtkosten}} \qquad (5)$$

Bei einer monoton linear fallenden Preis-Absatz-Funktion ist – wie in Abbildung 6.6 graphisch veranschaulicht – der Gesamterlös für ein Produkt j:

$$E(x_j) = p_j(x_j)x_j = (a\text{-}bx_j)x_j = ax_j - bx^2_j \qquad (5a)$$

Die Modelle der quadratischen Programmierung sind für die operative Planungspraxis nicht ganz unwichtig[29]. Lösungsverfahren behandeln jeweils Spezialfälle dieses Modells[30].

28 Dieser Fall mag aus dem Mathematikunterricht des Gymnasiums bekannt sein. Vgl. für einen kurzen Überblick Hillier, F.S./Liebermann, G.J., Operations Research, 4. Aufl., München-Wien 1988, S. 818 f.

29 Sie spielen etwa bei der Planung eines optimalen Wertpapierportefeuilles eine Rolle, wo es um die Abwägung von Rentabilität und Risiko geht. Vgl. zur kurzen Information Hillier, F.S./Liebermann, G.J., a.a.O., S. 418 f.

30 Dazu genauer Hillier, F.S./Liebermann, G.J., a.a.O., S. 440 ff. mit weiteren Nachweisen.

Wichtig für die operative Planungspraxis sind schließlich auch noch Modelle mit **zerlegbaren (separierbaren) nicht-linearen Funktionen**; sie lassen sich relativ leicht auf ein LP-Modell zurückführen und sind dann mit der Simplex-Methode lösbar. Abbildung 6.7 veranschaulicht den Spezialfall einer konkaven Zielfunktion, die zerlegbar ist in eine **Summe** von linearen Funktionen[31].

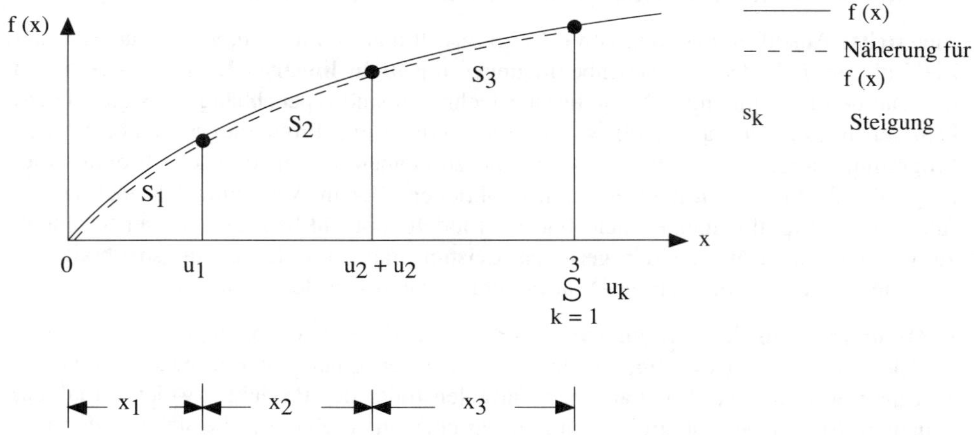

Abb. 6.7: Linearisierung einer zerlegbaren nicht-linearen Zielfunktion (konkav)

Man sieht nun sofort, daß die nicht-lineare (konkave) Zielfunktion f(x) durch eine Summe von linearen Funktionen angenähert werden kann.

Bei einer Maximierung wird dabei wegen $S_1 > S_2 > S_3$ zunächst x_1 in die Lösung genommen, dann x_2 und dann x_3. Die Lösung setzt also die Teilfunktionen sinnvoll stückweise so zusammen, daß sie in aufsteigender Ordnung aneinander anschließen (und kombiniert nicht etwa x_1 mit x_3 unter Auslassung von x_2). Man muß nur noch gewährleisten, daß die x_k die zulässigen Maximalwerte, wie sie durch die stückweise Linearisierung von f(x) in Form der „Stützpunkte" vorgegeben werden, nicht überschreiten. Also ergeben sich als lineare Nebenbedingungen für die nicht-linearen Funktionen in der Zielfunktion (zusätzlich zu denen der ursprünglichen Planungsaufgabe):

$$f(x) = \sum_{k=1}^{3} s_k x_k .$$

$$x_k \leqq u_k \quad (k = 1, 2, 3)$$

$$x = \sum_{k=1}^{3} x_k .$$

31 Ebenda, S. 444 ff.

Auf diese Weise hat man die nicht-lineare Zielfunktion, die im vorliegenden Fall für die Maximierung als **konkav** vorauszusetzen war, durch eine lineare Zielfunktion angenähert. Für eine Minimierungsaufgabe muß entsprechend die Zielfunktion **konvex** sein.

Abbildung 6.5 enthält schließlich noch den Hinweis darauf, daß manche Optimierungsaufgaben der operativen Planung u. U. nur (oder teilweise) **ganzzahlige** Lösungen fordern, unabhängig davon, um welche Art Modell es sich handelt. Man denke etwa an unteilbare Faktoren oder Produkte großer Dimensionen, wie z. B. Investitionen in Großmaschinen. Dann liegt eine Aufgabenstellung der ganzzahligen Programmierung vor. In der Regel erhält man dafür die optimale **ganzzahlige** Lösung höchstens zufälligerweise durch Abrunden der nicht-ganzzahligen Lösung. Man braucht also ein spezielles Lösungsverfahren für ganzzahlige Planungsaufgaben. Hierfür kann man sich die Einsicht zunutze machen, daß die Ganzzahligkeitsforderung die ursprünglich unendlich große Zahl möglicher Lösungen des nicht-ganzzahligen Problems auf die **endliche Menge** der Kombinationen der ganzzahligen Lösungswerte der Entscheidungsvariablen („Gitterpunkte“) reduziert (Abb. 6.8), falls der ursprüngliche Lösungsraum beschränkt ist.

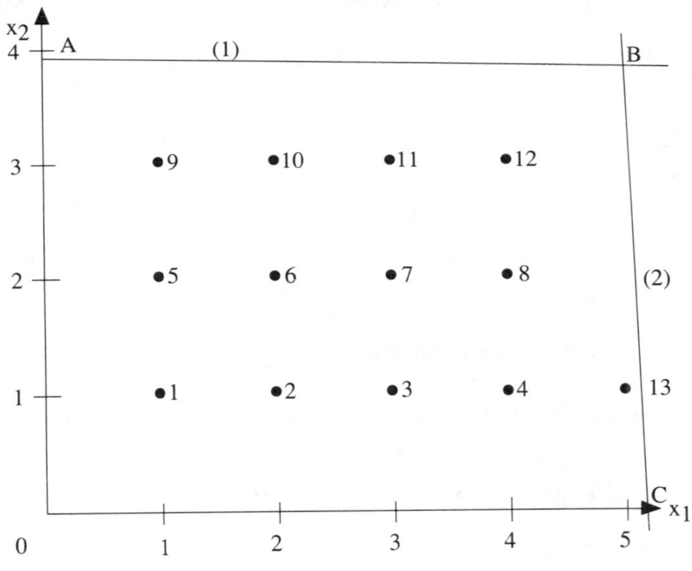

Abb. 6.8: Ganzzahlige „Gitterpunkte“ im zweidimensionalen Raum

In Abbildung 6.8 sind also nicht mehr alle (unendlich vielen) $x_1 - x_2$-Werte im durch die Restriktionen (1) und (2) ausgegrenzten Bereich 0ABC der zulässigen nicht-ganzzahligen Lösungen auch als Lösung des ganzzahligen Problems zugelassen, sondern nur noch die „Gitterpunkte“ 1 bis 13. Eine Lösungsidee wäre jetzt, diesen 13 $x_1 - x_2$-Kombinationen ihre Zielfunktionswerte zuzuordnen und unter diesen das Maximum zu suchen (sog. **Vollenumeration**). Diese Vorgehensweise würde aber mit steigender Zahl der Variablen schnell an Grenzen stoßen. Es bedarf also intelligenter Suchverfahren, die angeben, in welche „Richtung“ ansteigender Zielfunktionswerte es sich lohnt, den Suchprozeß selektiv fortzusetzen, um in einer vertretbaren Rechenzeit zu optimalen Lösungen zu kommen. Es geht somit um eine begrenzte, systematisch angeleitete Enumeration. Auf dieser Grundidee basieren die sog. **Entscheidungsbaum-Verfahren**. Sie rekonstruieren das ganzzahlige (lineare oder nicht-lineare) Planungsproblem als sukzessiv-mehrstufigen Entscheidungsprozeß, der sich in jeder Stufe verzweigt und dann in Form einer „Baumstruktur" visualisiert werden kann. Für die Entscheidungsbaumverfahren existiert keine einheitliche theoretische Grundlage; sie differenzieren sich vielmehr je nach der Vorgehensweise bei der Problemlösung aus. Bekannte Entscheidungsbaumverfahren sind die Dynamische Programmierung und die Branch- and Bound-Verfahren[32]. Die Vorgehensweise der Entscheidungsbaumverfahren deuten wir am Beispiel der Dynamischen Programmierung mit folgender Aufgabe an:

Vier Vertreter sind auf drei Märkte so aufzuteilen, daß der Gesamtumsatz ein Maximum wird; der (wahrscheinliche) Umsatz $f_j(x_j)$ auf den drei Märkten in Abhängigkeit von der gesuchten Zahl der eingesetzten Vertreter x_j ist in der nachfolgenden Tabelle gegeben:

Markt$_1$

x_1	$f_1(x_1)$
0	0
1	1,5
2	3
3	1
4	2

Markt$_2$

x_2	$f_2(x_2)$
0	0
1	1
2	2
3	4
4	2

Markt$_3$

x_3	$f_3(x_3)$
0	0
1	1
2	2
3	3
4	4

Abb. 6.9: Umsatz als Funktion der Zahl eingesetzter Vertreter auf drei Märkten

Das Problem ist durch eine nicht-lineare Zielfunktion und Ganzzahligkeit der Variablen gekennzeichnet.

$$Z = f_1(x_1) + f_2(x_2) + f_3(x_3) \longrightarrow \text{max!} \qquad (6a)$$

$$x_1 + x_2 + x_3 \leq 4 \qquad (6b)$$

$$x_1, x_2, x_3 \geq 0, \text{ ganzzahlig!} \qquad (6c)$$

Man sieht natürlich bei diesem einfachen Beispiel sofort, daß die Optimallösung lautet:

$$x_1 = 1; x_2 = 3, x_3 = 0 \quad \text{mit } Z_{max} = 5{,}5.$$

Die Dynamische Programmierung interpretiert (6a) – (6c) nun als ein dreistufiges Entscheidungsproblem wie in Abbildung 6.10: in der ersten Stufe geht es um die gesuchte Zahl x_1 der dem Markt 1 zuzuweisenden Vertreter, in der zweiten Stufe um x_2 als der dem Markt 2 zuzuweisenden Vertreter und auf der dritten Stufe entsprechend um x_3.

32 Vgl. dazu Meyer, M./Hansen, K., Planungsverfahren des Operations Research, 3. Aufl., München 1985, S. 75 f. und S. 187 f.; ferner Hillier, F.S./Liebermann, G.J., a.a.O., S. 388 ff. und S. 316 ff.

Der Lösungsgedanke ist dann einfach. Man ermittelt für jede Stufe k „optimale Politiken“ P_{kr}, d. h. solche Kombinationen zulässiger Lösungen der bis zur Stufe k betrachteten Variablen, die bei gleichem „Ressourcenverbrauch“ r (Zahl der Vertreter) die Zielfunktion maximieren; man unterdrückt dann für die weitere Rechnung der Stufen k + 1,..., n – 1 die nicht-optimalen Politiken der Stufe k, da sie das Gesamtoptimum nicht mehr beeinflussen können. In der **Stufe 1** der Abbildung 6.10 ist sofort offensichtlich, daß es drei „optimale Politiken“ gibt, nämlich

$$P_{10}: \{x_1 = 0; z = 0\}$$

$$P_{11}: \{x_1 = 1; z = 1{,}5\}$$

$$P_{12}: \{x_1 = 2; z = 3\}$$

Die Politiken P_{13} und P_{14} können für die weitere Rechnung vernächlässigt werden, da lt. Abbildung 6.9 bei mehr als zwei Vertretern der **Gesamtumsatz** abnimmt.

In **Stufe 2** der Abbildung 6.10 sind alle Variablenwerte von x_2 aufgenommen, die zusammen mit den drei bereits ermittelten Variablenwerten von x_1 jeweils die maximal zulässige Vertreterzahl von 4 nicht übersteigen. Ein **Zweig** des Entscheidungsbaumes (bis Stufe 2) entspricht also einer Kombination der jeweiligen Variablenwerte von x_1 und x_2. Eliminiert werden auf dieser Stufe durch Vergleich der Zweige des Baumes alle Lösungen, deren Zielfunktionswert bei gleicher Zahl von Vertretern nicht maximal ist (durch Kreuz markiert), dies sind die nicht-optimalen Politiken P_{2r} der Stufe 2. Bei vier Vertretern lautet die optimale Politik:

$$P_{24}: \{x_1 = 1; x_2 = 3; z = 5{,}5\}.$$

Alle anderen Variablenkombinationen mit einem Ressourcenverbrauch von r = 4 haben niedrigere Zielfunktionswerte und können deshalb eliminiert werden; sie werden auf keinen Fall Bestandteil einer optimalen Gesamtlösung sein. In ähnlicher Weise lassen sich für die übrigen Ressourcenverbräuche (r = O, 1, 2, 3) die optimalen Politiken aus Abbildung 6.10 ablesen (Pfeilmarkierung).

Für die letzte Stufe n = 3 sind die optimalen Politiken der Stufe n – 1 = 2 mit Variablenwerten von x_3 so zu kombinieren, daß die Nebenbedingung (6b) eingehalten, d. h. die Gesamtvertreterzahl nicht überschritten wird. Man sieht wieder aus Abbildung 3.7, daß für $x_3 = 0$ das Maximum der Zielfunktion erreicht wird. Die optimale Politik ist durch Rückverfolgung des zugehörigen Zweiges des Entscheidungsbaumes zu ermitteln:

$$P_{34}: \{x_1 = 1; x_2 = 3; x_3 = 0; z = 5{,}5\}.$$

Das beschriebene Verfahren der Dynamischen Programmierung läßt sich mathematisch elegant formulieren. Für die praktische Anwendung ist selbstverständlich der Einsatz eines Rechners erforderlich. Es sollte am dargestellten Beispiel zugleich deutlich geworden sein, daß der Rechenaufwand sehr schnell steigen muß, wenn die Zahl der Variablen und/oder der Nebenbedingungen ansteigt.

Aufgrund der dargestellten Vorgehensweise läßt sich eine „optimale Politik“ abschließend wie folgt charakterisieren:

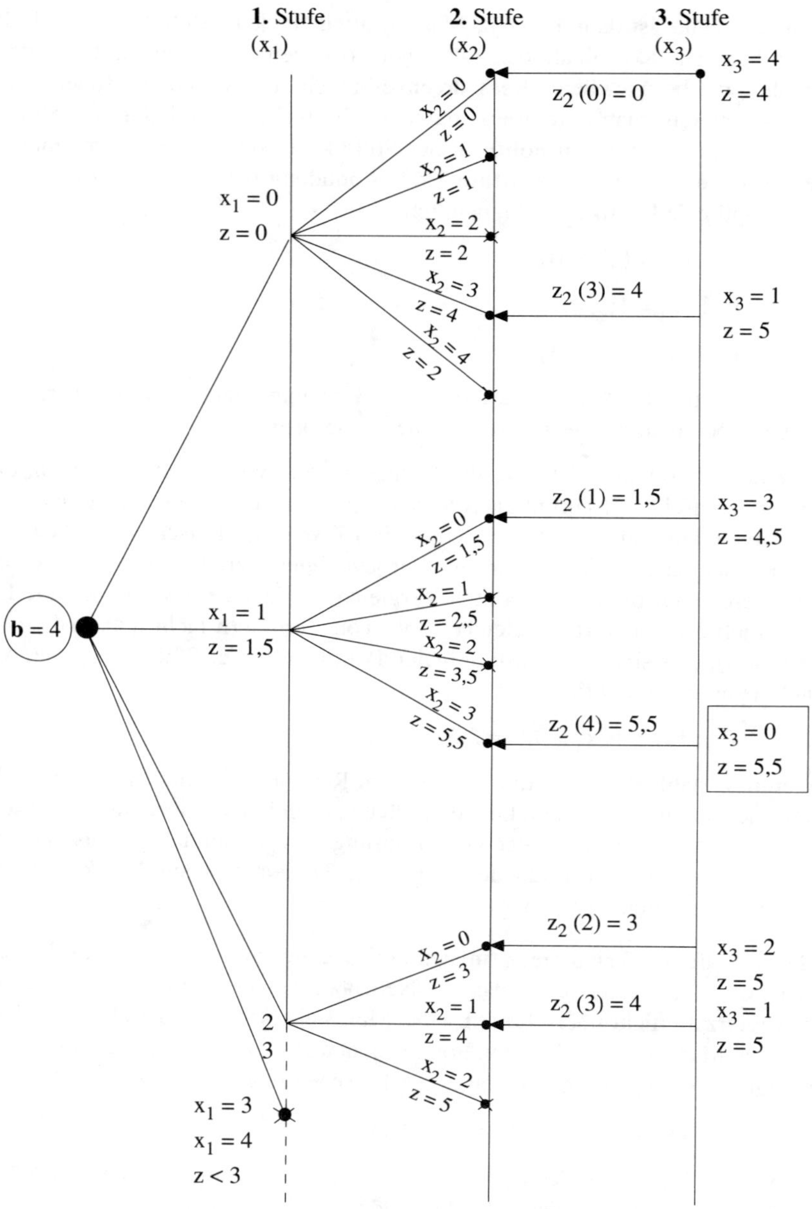

Abb. 6.10: Dynamische Programmierung als Entscheidungsbaumverfahren

„Eine optimale Politik hat die Eigenschaft, daß ihre bis zur k-ten Stufe (k = 1, ..., n – 1) betrachtete Teilpolitik Element der Menge der bis zur k-ten Stufe optimalen Teilpolitiken ist".

Dies ist eine modifizierte Formulierung des sog. „**Bellmannschen Optimalitätsprinzips**", das in seiner ursprünglichen Form lautet:

„Eine optimale Entscheidungspolitik hat die Eigenschaft, daß, ungeachtet des Anfangszustandes und der ersten Entscheidung, die verbleibenden Entscheidungen eine optimale Entscheidungspolitik hinsichtlich des aus der ersten Entscheidung resultierenden Zustandes darstellen".[33]

Diese zweite Formulierung des Prinzips unterstellt eine vom **Ende** des Entscheidungsbaumes her beginnende retrograde Lösung, während die erste Formulierung den Lösungsweg im Auge hat, der am **Anfang** des Entscheidungsbaumes beginnt.

Modelle mit mehrwertigen Zufallsvariablen

Die bisher beschriebenen Optimierungsmodelle sind **deterministisch** in dem Sinne, daß alle Daten aus **einwertigen** Zufallsvariablen bestehen. Der Planer geht (implizit oder explizit) davon aus, daß alle von ihm nichtbeeinflußbaren Ereignisse in der Umwelt genau eine Ausprägung annehmen. Dies ist der Fall der „Gewißheit", der – wie früher erwähnt[34] – gerade für operative Planungen von großer Bedeutung ist, da es hier wegen des kurzen Planungshorizontes und der größeren Treffsicherheit der Prognose im Prinzip eher gerechtfertigt ist so zu tun, als ob Gewißheit bestünde. Gleichwohl kann auch in der operativen Planung der Fall der mehrwertigen Zufallsvariablen nicht ganz vernachlässigt werden.

In einer solchen Situation mag es für den Planer schon ausreichend sein, eine **Sensitivitätsanalyse** durchzuführen, um sich über die Empfindlichkeit der Lösung bei Datenänderungen zu informieren, etwa die Frage zu beantworten, wie stabil ein Produktionsprogramm ist relativ zu Preis- (oder Kosten-) Änderungen: Wie weit können die Preise eines Produktes steigen oder sinken, ohne daß sich die Lösung des Linearen Programms ändert (Preisober- und -untergrenzen)? Stabile Lösungen erfordern dann während der Planrealisierung weniger Aufmerksamkeit hinsichtlich der Preisänderungen als sehr empfindliche Lösungen.

Neben der Sensitivitätsanalyse, die das Problem der Ungewißheit gleichsam **ex-post** anpackt (nachdem eine Lösung unter der Annahme der Gewißheit ermittelt wurde), besteht die andere Möglichkeit für den Planer darin, die Ungewißheit **ex-ante** schon im Modellansatz zu berücksichtigen. Im Falle von **Risikosituationen**, wo also der Eintritt bestimmter Ereignisse durch (objektive) Wahrscheinlichkeitsverteilungen beschrieben wer-

33 Bellmann, R., Dynamische Programmierung und selbstanpassende Regelprozesse, München/Wien 1967, S. 88.

34 Vgl. oben S. 231.

den kann[35], führt das zu **stochastischen Planungsmodellen**. Ihre Lösung ist erst dann eindeutig möglich, wenn der Entscheidungsträger vorher das **Risiko-Niveau** angibt, das zu akzeptieren er bereit ist.[36] Am Beispiel der Nebenbedingungen (2a') des LP-Modells sei erläutert, wie sich bei Vorgabe eines Risikoniveaus π_i für die als normalverteilt angenommenen Kapazitäten eines Produktionssystems das stochastische Problem in ein deterministisches überführen läßt. Das Risikoniveau des Entscheidungsträgers läßt sich formulieren als

$$P_r \left\{ \sum_{j=1}^{n} a_{ij}\, x_j \leq b_i \right\} \geq \pi_i \; (i = 1,\ldots, m) \qquad (7)$$

mit a_{ij} als deterministischen Größen wie bisher. Die b_i sind normalverteilte Zufallsvariablen; die aus möglichen Störungen beim Einsatz der Maschinen i resultieren. (7) drückt aus, daß der Entscheidungsträger mindestens mit einer Wahrscheinlichkeit von π_i gewährleistet sehen möchte, daß das geplante Produktionsprogramm die tatsächlich in der Planperiode zur Verfügung stehenden Kapazitäten nicht überschreitet. Er ist umso risikoscheuer, je größer π_i wird. Ist nun etwa $\pi_i = 0{,}5$, so bedeutet das, daß man für die b_i in (7) gerade den Mittelwert b_i einsetzen kann; man sagt, daß das **deterministische Äquivalent** für (7) in diesem Falle lautet:

$$\sum_{j=1}^{n} a_{ij}\, x_j \leq b_i \qquad (i = 1,\ldots, m) \qquad (7a)$$

Will man eine größere Sicherheit für die Einhaltung der Restriktionen haben ($\pi_i > 0{,}5$), so muß vom Mittelwert noch ein entsprechender Abschlag gemacht werden, um das deterministische Äquivalent zu erhalten. Allgemein gilt dafür:

$$\sum_{j=1}^{n} a_{ij}\, x_j \;\leq\; b_i \;+\; \lambda_i \cdot \sigma_i \qquad (7\,b)$$

In (7b) ist π_i gemäß Abbildung 6.11 eine Funktion von π_i, die auch in Statistiktabellen erfaßt ist. π_i gibt das Vielfache der Standardabweichung σ_i an, um das der Mittelwert nach unten oder oben korrigiert werden muß, um dem vorgegebenen, durch π_i quantifizierten Risikoniveau zu genügen. Für $\pi_i > 0{,}5$ ist $\pi_i < 0$, (Abschlag vom Mittelwert), für $\pi_i < 0{,}5$ ist $\pi_i > 0$ (Zuschlag zum Mittelwert).

35 Es sei nochmals daran erinnert, daß sich Risikosituationen von Ungewißheitsstiuationen (i.e.S.) genau dadurch unterscheiden, daß für letztere keine Informationen in Form von (objektiven) Wahrscheinlichkeitsverteilungen vorliegen. Vgl. dazu oben S. 232.

36 Zu anderen Verfahren der Berücksichtigung des Risikos vgl. Bitz, M., Entscheidungstheorie, München 1981.

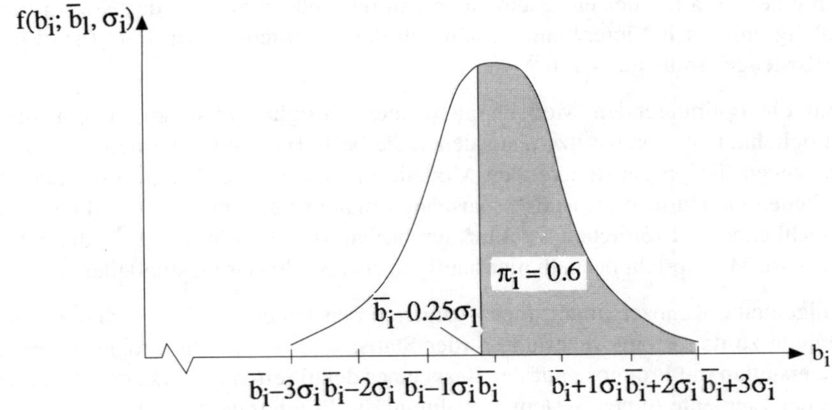

Abb. 6.11: Dichtefunktion für eine normal-verteilte Zufallsvariable b_i mit Erwartungswert b_i und Standardabweichung σ_i

Hat man das Sicherheitsäquivalent auf diese Weise ermittelt, kann man das Standard-LP-Problem lösen.

Stochastische LP-Probleme liegen selbstverständlich auch vor, wenn einzelne oder alle der Koeffizienten a_{ij} oder die Zielfunktionskoeffizienten c_j normalverteilt sind. Ferner können andere Verteilungen als die Normalverteilung in stochastischen LP-Problemen vorkommen. Stochastische Planungsprobleme sind darüber hinaus natürlich auch nicht auf Optimierungsmodelle beschränkt, sondern tauchen auch z. B. bei prognostizierenden Modellen auf.

6.3.2.2 Prognostizierende Modelle

Im Gegensatz zu den Optimierungsmodellen wird mit Hilfe prognostizierender Modelle keine Optimierung (keine Entscheidung) angestrebt. Vielmehr geht es bei diesen Modellen zunächst um die Strukturierung von Problemsituationen mit dem Ziel, das komplexe Zusammenwirken vieler bereits fixierter Elemente eines Systems im **Zeitablauf** erkenn- und interpretierbar zu machen.[37] Insofern kann man als einen wesentlichen Zweck dieser Modelle die „**Situationsaufhellung**" ansprechen. Daran anschließend lassen sich dann allerdings Änderungen einzelner oder mehrerer Elemente in ihrer Auswirkung auf das Gesamtergebnis überprüfen und insofern doch **alternative Handlungsweisen** im Hinblick auf angestrebte Zielgrößen untersuchen. So mag man etwa prüfen, wie Änderungen der Fertigungszeiten eines Teilprojektes, die durch die Bereitstellung zusätzlicher Kapazitäten ermöglicht werden, sich auf den Fertigstellungstermin eines Großbauprojektes auswirken werden; oder man untersucht – um ein anderes Beispiel zu nennen,

37 Vgl. Meyer, M., a.a.O., S. 73.

wie sich eine Variation der entscheidenden Einflußgröße bezüglich der Kosten bei der Behandlung chronisch Nierenkranker, nämlich die Patienten-Zugangsrate (pro Monat), auf die Kostengebarung auswirkt.[38]

Während die optimierenden Modelle also einen „Möglichkeitsraum" von Lösungen (Wahlmöglichkeiten) voraussetzen, aus denen die beste Handlungsalternative zu bestimmen ist, gehen die prognostizierenden Modelle umgekehrt gleichsam von einer schon vorgegebenen eindeutigen „Lösung" (Ausgangssituation) aus, die dann in ihrer verwikkelten sachlichen und zeitlichen Struktur durchschaubar gemacht und ggf. (diskret) modifiziert wird. Man spricht deshalb hier häufig auch von „Erklärungsmodellen".

Diese allgemeine Kennzeichnung macht zugleich den Unterschied der prognostizierenden Modelle zu den Prognoseverfahren (der Statistik) deutlich. Die prognostizierenden Modelle erstellen die Prognose auf der Basis einer detaillierten Analyse des Zusammenwirkens der Elemente (eines Systems), während die Prognoseverfahren Prognoseergebnisse global (ganzheitlich) aus Entwicklungstendenzen geeigneter aggregierter Daten der Vergangenheit ableiten.

Zu den prognostizierenden Verfahren zählen als wichtigste die Netzwerk- bzw. Netzplanmodelle und die Markov-Modelle.

Netzpläne sind **graphische Veranschaulichungen** umfangreicher Projekte, die in eine große Anzahl von **Einzelaktivitäten** zerlegbar sind, wobei die Reihenfolge für die Ausführung der Einzelaktivitäten und die Zusammenhänge zwischen ihnen bekannt sind (Projektbeispiele: Schiffbau, Brückenbau, Großreparaturen). Für die Darstellung von Netzplänen sind verschiedene Möglichkeiten der graphischen Wiedergabe entwickelt worden. Bei der „Critical Path Method (CPM)" werden z. B. Pfeile zur Symbolisierung von in der Zeit ablaufenden Tätigkeiten verwendet, während Kreise die Verknüpfung mehrerer Tätigkeiten wiedergeben. Kreise zeigen darüber hinaus an, daß die Tätigkeiten, deren Pfeilspitze in einem Kreis mündet, unbedingt beendet sein müssen, bevor die Tätigkeiten begonnen werden können, deren Pfeilschäfte aus ihm herausgehen. Sie repräsentieren insofern auch Ereignisse, nämlich die Fertigstellung vorhergehender Aktivitäten (Abb. 6.12).

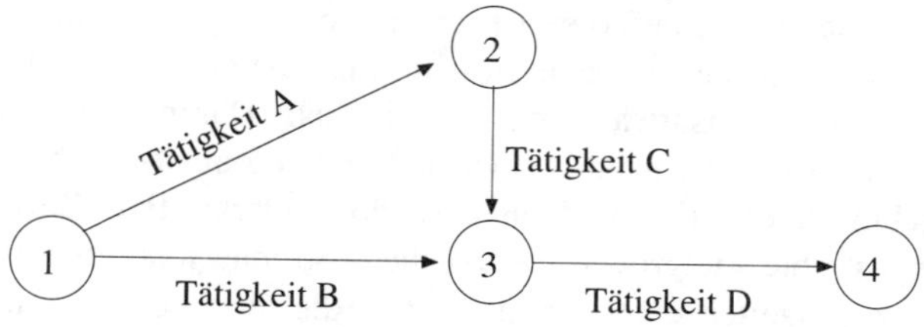

Abb. 6.12: Pfeile und Kreise als Grundelemente eines Netzplanmodells nach CPM

38 Vgl. ebenda, S. 96.

Wenn die zeitlich-sachliche Struktur eines Projektes derart in einem Netzplan erfaßt ist, können daraus wichtige Planungsdaten prognostiziert werden. Man kann z. B. den frühestmöglichen und/oder spätestmöglichen Beginnzeitpunkt von Tätigkeiten (und als deren Differenz die sog. „Pufferzeit") bestimmen und entsprechend die Dispositionen daran orientieren. Oder man kann den sog. „Kritischen Pfad" durch ein Netzwerk ermitteln als die Folge miteinander verbundener Strecken, die – in Pfeilrichtung durchlaufen – die längste Zeit beansprucht.

Erweiterungen der Netzplantechnik ergeben sich, wenn die Zeitdauern der Tätigkeiten keine **deterministischen Größen** darstellen, sondern die Merkmale von Zufallsvariablen besitzen (stochastische Tätigkeitsdauern). Das sog. PERT-System (Program Evaluation and Review Technique) arbeitet in diesem Sinne z. B. mit der „Beta-Verteilung" und läßt für jede Tätigkeit eine optimistische, pessimistische und häufigste Zeit schätzen. Ihr wird dann nach Maßgabe der Schätzung Erwartungswert und Streuung zugeordnet und dann damit – wie bei CPM – rechentechnisch operiert, um kritische Planungsdaten (jetzt aber mit entsprechenden Risikoangaben) zu ermitteln.

Der zweite hier interessierende Typ prognostizierender Modelle sind die **Markov-Modelle** (Markov-Ketten).[39] Ihre Eigenart läßt sich am Unterschied zu den Netzplan-Modellen demonstrieren.[40] Bei Netzplanmodellen sind alle Ereignisfolgen im Zeitablauf zwingend festgelegt; in Abbildung 6.12 folgen z. B. die Ereignisse (Kreise) 2 und 3 auf das Ereignis 1 und das Ereignis 4 auf das Ereignis 3 mit Sicherheit (Wahrscheinlichkeit $p = 1$ oder 100%). Unterschiedlich sind dagegen die zu berücksichtigenden Zeiten (Tätigkeitsdauern), wenn den Ereignissen selbst Eintrittszeitpunkte zugeordnet werden sollen. Markov-Modelle stellen dann eine Umkehrung dieser Konfiguration dar. Man hat nicht unterschiedliche, sondern **einheitlich festgelegte Zeitabstände** $t = 1$ (Sekunde, Minute etc.) zwischen dem Eintreten von möglicherweise aufeinanderfolgenden Ereignissen; und ferner gilt bezüglich der Wahrscheinlichkeiten dafür, daß nach Ablauf von t eines der möglichen Ereignisse eintritt, nicht wie bei Netzplanmodellen $p = 1$ (Sicherheit), sondern die Wahrscheinlichkeiten sind unterschiedlich und liegen zwischen 0 und 1 ($0 < p < 1$). Man kann dann mit Hilfe von Markov-Modellen in Kenntnis des Ausgangszustandes und dieser sog. **Übergangswahrscheinlichkeiten** den Zustand des Systems zu irgendeinem Zeitpunkt prognostizieren und sich entsprechend darauf vorbereiten.

Ein Beispiel soll das Wesen der Markov-Modelle veranschaulichen.[41] Ein Produktionssystem besteht aus zwei voneinander unabhängigen, voll ausgelasteten Produktionsautomaten A_1 und A_2, die von Zeit zu Zeit ausfallen und von einer Bedienungsperson wieder zum Laufen gebracht werden müssen. Dabei ist A1 mit absolutem Vorrang zu bedienen, d. h. notfalls ist sogar die Bedienung von A_2 zu unterbrechen. Hier existieren vier (Ausgangs-)Zustände:

39 Sie sind nach dem russischen Mathematiker A.A. Markov (1856-1922) benannt.

40 Vgl. dazu und zum folgenden Meyer, M., a.a.O., S. 83.

41 Nach Meyer, M./Hansen, K., a.a.O., S. 234 ff.

1) b = beide Automaten laufen;
2) e = A_1 ist zu bedienen; A_2 läuft;
3) z = A_2 ist zu bedienen; A_1 läuft;
4) w = A_2 muß auf Bedienung warten, während A_1 bedient wird.

Auf Grund der bekannten Ausfallhäufigkeiten von A_1 und A_2 und der Bedienungsgeschwindigkeit der zugeordneten Person gelten dann für einen Zeitschritt t = 1 [min] die Übergangswahrscheinlichkeiten zwischen den 4 Zuständen b, e, z und w der Matrix P = (p_{ij}), die in den Zeilen die 4 Zustände zur Zeit t = 0 und in den Spalten die Zustände zur Zeit t + t = 1 enthält.

P =

von \ nach	b	e	z	w
b	0,926	0,024	0,049	0,001
e	0,190	0,760	0,010	0,040
z	0,195	0,005	0,780	0,020
w	0	0	0,200	0,800

Abb. 6.13: Matrix der Übergangswahrscheinlichkeiten P = (p_{ij})

Für Entscheidungen ist es jetzt z. B. interessant, den Zustand des Systems nach einer beliebigen Zeit von n Minuten zu kennen und zu wissen, ob und wann das System in einen **Gleichgewichtszustand** derart übergeht, daß die Wahrscheinlichkeiten für das Auftreten der vier Zustände b, e, z und w sich nicht mehr verändern und unabhängig davon werden, mit welchem Zustand das System im Zeitpunkt Null begonnen hatte. Für solche Prognoseleistungen sind Markov-Modelle nützlich. Wie sie zustande kommen, sei am Beispiel des Produktionssystems weiter erläutert.

Die Matrix P gibt offensichtlich auch die **Zustandswahrscheinlichkeiten des Produktionssystems nach 1 Minute** Laufzeit an, also $p = p^{(1)}$. Die Wahrscheinlichkeit für den Übergang von Zustand „b" zu Zustand „e" ist z. B. $p_{be} = 0{,}024$; das ist aber auch gerade die Wahrscheinlichkeit p_{be}, daß sich das System nach 1 Minute im Zustand „e" **befindet**, nachdem es vorher im Zustand „b" war. Die Zustandswahrscheinlichkeiten für den Zustand „e" nach **2 Minuten** Laufzeit bei einem Ausgangszustand „e" ergeben sich dann aus folgenden Fallkombinationen:

- Übergang von „e" nach „e" in der ersten Minute und wieder nach „e" in der zweiten Minute: $p_{ee} \cdot p_{ee}$;
- Übergang von „e" nach „b" und dann nach „e": $p_{eb} \cdot p_{be}$;
- Übergang von „e" nach „z" und dann nach „e": $p_{ez} \cdot p_{ze}$;
- Übergang von „e" nach „w" und dann nach „e": $p_{ew} \cdot p_{we}$.

Die Wahrscheinlichkeiten dieser vier Fälle sind additiv zu verknüpfen. Man erhält

$$p_{ee}^{(2)} = p_{ee} \cdot p_{ee} + p_{eb} \cdot p_{be} + p_{ez} \cdot p_{ze} + p_{ew} \cdot p_{we} = 0{,}582.$$

In ähnlicher Weise ergeben sich die übrigen Zustandswahrscheinlichkeiten nach n = 2 Minuten Laufzeit des Systems. Sie sind in der Matrix $p^{(2)}$ zusammengestellt.

$$p^{(2)} = \begin{pmatrix} 0{,}871 & 0{,}0041 & 0{,}084 & 0{,}004 \\ 0{,}322 & 0{,}582 & 0{,}033 & 0{,}063 \\ 0{,}334 & 0{,}012 & 0{,}622 & 0{,}032 \\ 0{,}039 & 0{,}001 & 0{,}316 & 0{,}644 \end{pmatrix}$$

Diese Matrix $p^{(2)}$ der Zustandswahrscheinlichkeiten nach 2 Minuten Laufzeit ergibt sich auch noch auf eine zweite Weise, bei der man genau die Rechenoperationen vollzieht, die zu $p^{(2)}$ geführt haben, indem man nämlich die Matrix der Zustandswahrscheinlichkeiten nach 1 Minute Laufzeit $p^{(1)}$ mit der Matrix der Übergangswahrscheinlichkeiten P multipliziert:

$$p^{(2)} = p^{(1)} \cdot p \qquad (8)$$

Da man jeden beliebigen erreichten Zustand n-1 des Produktionssystems als Ausgangspunkt für den Übergang auf den nächsten Zustand n betrachten kann, gilt allgemein für die Prognose

$$p^{(n)} = p^{(n-1)} \cdot p \qquad (9)$$

Für n = 50 ergibt sich:

$$p^{(50)} = \begin{pmatrix} 0{,}696 & 0{,}074 & 0{,}193 & 0{,}037 \\ 0{,}696 & 0{,}074 & 0{,}193 & 0{,}037 \\ 0{,}696 & 0{,}074 & 0{,}193 & 0{,}037 \\ 0{,}696 & 0{,}074 & 0{,}193 & 0{,}037 \end{pmatrix}$$

In $p^{(50)}$ sind die Zeilen der Matrix gleich; ferner gilt, daß

$$p^{(50)} = p^{(51)} = p^{(52)} \ldots$$

Beides zusammen läßt folgende Interpretation zu: Nach einer Laufzeit von 50 Minuten sind die Wahrscheinlichkeiten für das Auftreten der Zustände b, e, z und w unabhängig davon geworden, in welchem Ausgangszustand das System sich zum Zeitpunkt Null befunden hatte; sie ändern sich auch nicht mehr. Es ist eine **Gleichgewichtssituation** entstanden, für die gilt:

- A_1 arbeitet in Zukunft mit 88,9% der Schichtzeit; (69,6% + 19,3%);
- A_2 arbeitet in 77% der Schichtzeit (69,6% + 7,4%);

- A_2 muß in 3,7% der Schichtzeit auf Bedienung warten und
- die Bedienungsperson arbeitet nur in 30,4% der Schichtzeit (7,4% + 19,3% + 3,7%).

Diese Ergebnisse können natürlich zum Gegenstand ökonomischer Überlegungen gemacht werden. Man kann z. B. jetzt überlegen, ob die gewählte Bedienungsstrategie, die zu einer Wartezeit (Produktionsausfall) von A_2 von 3,7% der Schichtzeit führt, verbessert werden kann, etwa durch Bedienung ohne Vorrang von A_1 nach der Regel „first come, first served" oder Vorrang von A_2 vor A_1, wenn die Deckungsbeiträge pro Kapazitätseinheit bei A_2 sehr viel höher sind als bei A_1.

Daß das Produktionssystem auf den angesprochenen Gleichgewichtszustand einschwingt, ist Folge einer spezifischen mathematischen Eigenschaft der Matrix der Übergangswahrscheinlichkeiten p, nämlich daß es sich hier um eine sog. **ergodische Matrix** handelt.[42] Infolge dieser Eigenschaft ist es auch möglich, für die Berechnung von $p^{(50)}$ nicht alle vorherigen Zustandswahrscheinlichkeiten $p^{(1)}$ bis $p^{(49)}$ berechnen zu müssen, sondern ein verkürztes Verfahren anzuwenden, bei dem man dann allerdings nicht die Zeitdauer erfährt, nach der das System in den Gleichgewichtszustand einschwingt.

Bei dem vorstehenden Beispiel handelt es sich um ein sog. **homogenes** Markov-Modell. Es ist dadurch gekennzeichnet, daß die Übergangswahrscheinlichkeiten (nicht die Zustandswahrscheinlichkeiten!) unabhängig von der Operationsdauer des Systems sind. Bei **nicht homogenen** Markov-Modellen ändern sich dagegen diese Wahrscheinlichkeiten im Zeitablauf; dann muß man den Zustand des Systems unmittelbar vor der Änderung der Übergangswahrscheinlichkeiten p_{ij} bestimmen und von dort ab mit den veränderten p_{ij}^* rechnen.

6.3.2.3 Experimentier-Modelle (Simulation)

Der Einsatz von optimierenden und prognostizierenden Modellen scheitert in der Praxis häufig daran, daß die damit vorgegebenen (mathematischen) Strukturen der Vielfalt und Vielschichtigkeit zu kraß von dem Planungsproblem abweichen. In solchen Fällen können ggf. Experimentiermodelle, die für den **Einzelfall** maßgeschneidert entwickelt werden, Entscheidungshilfen bieten.

Experimentiermodelle lassen sich wegen dieser Fallbezogenheit – was ihre Vorgehensweise anbetrifft – nur ganz allgemein charakterisieren. Es gibt außerdem in der Literatur unterschiedliche Auffassungen darüber, wie Experimentiermodelle begrifflich abgegrenzt werden sollen. Zum Teil rechnet man bereits alle Vorgehensweisen zu diesen Modellen, bei denen auf der Basis von prognostizierenden bzw. optimierenden Modellen umfangreiche numerische Berechnungsexperimente durchgeführt werden, wobei eine Vielzahl von Annahmen des Ausgangsproblems modifiziert und das Modell dann solange wiederholt durchgerechnet wird, bis eine günstige Annahmenkonstellation gefunden worden ist, die zur Veränderung des Realsystems Veranlassung gibt. Bei Netzplanmodellen mag man auf diese Weise z. B. die Änderung der Dauer von Einzeltätigkeiten in

42 Vgl. dazu genauer Meyer, M., a.a.O., S. 242 f.

Abhängigkeit von verschiedenen möglichen Technologien und die Auswirkung auf Fertigstellungstermine und Kosten eines Großprojektes untersuchen; bei Optimierungsmodellen kann man etwa im Sinne von sog. „What-If-Modellen" versuchen, die Auswirkungen von stark umweltabhängigen Annahmen und ihrer Veränderung auf das Ergebnis herauszufinden, um auf diese Weise die Ungewißheit besser in den Griff zu bekommen. Man kann diese Vorgehensweisen, bei denen das „Verhalten" eines Realsystems unter verschiedenen Bedingungskonstellationen gleichsam nachgeahmt wird, schon als „Simulation" (im weiteren Sinne) bezeichnen.

Gegenüber dieser weiten Fassung spricht man dann von „Simulation im engeren Sinne", wenn man ein ganz spezifisches Realsystem, z. B. einen komplizierten Produktionsablauf, eigens in einem Computerprogramm nachbildet, sei es, um dessen Verhalten besser zu verstehen und/oder sei es, um ggf. Möglichkeiten zur optimalen Gestaltung herauszufinden. Ein solches Programm enthält in der Regel natürlich auch Anweisungen für das Rechnen mit mathematischen Funktionen, etwa für Kostenabhängigkeiten, besteht aber hauptsächlich aus Zähleinrichtungen und Ja/Nein-Abfragen, wodurch nach Vorgabe von Anfangs- und Randbedingungen numerische Berechnungsexperimente gesteuert werden.[43] Je nachdem, ob in einem solchen Modell für die Daten ein- oder mehrwertige Zufallsvariablen angesetzt werden, spricht man von **deterministischer** oder **stochastischer** Simulation.

Zum besseren Verständnis dieser recht allgemeinen Kennzeichnung wählen wir als Beispiel für eine stochastische Simulation den folgenden (einfachen) Produktionsablauf mit zwei Bearbeitungsstufen für die Herstellung von Zahnrädern, nämlich Fräsen einerseits sowie Nachbearbeitung und Härtung andererseits (Abb. 6.14).[44]

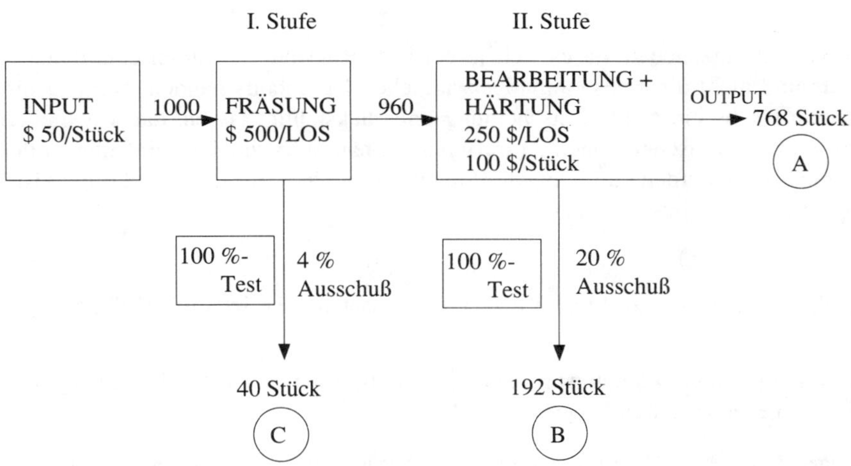

Abb. 6.14: Produktionsdurchlauf bei Zahnradfertigung (stochastischer Prozeß)

43 Meyer, M., a.a.O., S. 118.

44 Das Beispiel ist als Fallstudie „Weatherburn Aircraft Engine Company" entnommen aus Christenson, C.J., Vancil, R.F., and Marshall, P.W., Managerial economics, rev. ed., Homewood/Ill. 1973, S. 512 f.

Der Produktionsprozeß ist nicht voll beherrschbar. Die Ausschußrate wird durch einen 100-prozentigen Test festgestellt und beträgt bei der Fräsung im Durchschnitt 4%, bei der Härtung 20% der jeweils eingesetzten Menge. Es soll ein Auftrag über genau 10 Zahnräder erledigt werden, wobei eine Lagerhaltung für spätere Nachbestellungen nicht in Frage kommt, da es sich bei den gewünschten Zahnrädern um ein Auslaufmodell handelt. Was ist in der Produktion zu tun, um diesen Auftrag kostenminimal abzuwickeln? Die entstehenden Kosten sind in Abbildung 6.14 im einzelnen vermerkt.

Zur Lösung des Problems vergegenwärtigt man sich, daß ein in das Produktionssystem eingehendes Zahnrad entweder alle beiden Tests bestehen kann (A), den ersten, aber nicht den zweiten Test bestehen kann (B), und schließlich auch schon den ersten Teil nicht bestehen kann (C). Die zugehörigen Wahrscheinlichkeiten sind

$$P_{(A)} = 0{,}768$$
$$P_{(B)} = 0{,}192$$
$$P_{(C)} = 0{,}040$$
$$\Sigma \; = 1{,}000$$

Es genügt nun offenbar nicht, einfach

$$Z = \frac{10}{0{,}768} = 14 \text{ Zahnräder}$$

in das System einzugeben, da es sich ja bei $(1 - P_{(A)})$ um die durchschnittliche Ausschußrate und nicht die eines einmaligen aktuellen Durchlaufs handelt. Darüber hinaus würde eine solche einstufige Entscheidung unberücksichtigt lassen, daß zur Steuerung der Kosten **zwei** Entscheidungen zu treffen sind, nämlich: wieviele Einheiten sollen in Stufe I eingesetzt werden und wieviele Einheiten dann in Stufe II. Eine „Politik“ ist hier also als zweistufige Entscheidung

$$P(X, Y)$$

mit X als Einsatzmenge in Stufe I und Y als Einsatzmenge in Stufe II definiert, z. B. P (14; 11).

Zur Simulation dieses Planungsproblems[45] benötigt man einen Zufallszahlengenerator. Er muß zwei Eigenschaften haben:

45 Zur Präzisierung des Problems müßten noch gewisse Vereinbarungen getroffen werden, wie z.B.: 1. Nach jeder Stufe ist das Ergebnis wegen der Dauer des Tests nicht sofort bekannt, andernfalls könnte man auf das Testergebnis warten und sofort nachfertigen. Die Rüstkosten des 2. Produktionsdurchgangs würden dann gespart mit der Folge, daß alle die Politiken begünstigt würden, die mit niedrigen Stückzahlen operieren, etwa: P = (12, 11). 2. Der zweite Produktionsdurchlauf bringt das exakte Ergebnis; hier wäre es allerdings auch möglich, wieder eine Simulation (in Abhängigkeit vom Simulationsergebnis des 1. Produktionsdurchlaufs) durchzuführen.

1. Jede Zahl muß die gleiche Wahrscheinlichkeit haben, bei einem Versuch gezogen zu werden (Gleichverteilung).
2. Jede Zahl muß bei jedem neuen Versuch wieder die gleiche Wahrscheinlichkeit haben, gezogen zu werden (Unabhängigkeit).

Ein (idealer) Würfel wäre ein solcher Zufallszahlengenerator. Unabhängig gleichverteilte Zufallszahlen werden aber auch in sog. Zufallszahlentabellen erfaßt, aus denen man dann Zufallszahlen ziehen kann.

Zur Simulation ordnet man jetzt in einem ersten Schritt den Wahrscheinlichkeiten (P) (dreistellige) Zufallszahlen (Z) zu, also etwa wie folgt in Abbildung 6.15.

	P	Z
C	0,040	001–040
B	0,192	041–232
A	0,768	233–000

Abb. 6.15: Zuordnung von Zufallszahlenbereichen zu Wahrscheinlichkeiten

Nun geht man im zweiten Schritt an beliebiger Stelle (zufällig) in die Zufallszahlentabelle, zieht Zufallszahlen und ordnet diesen Zufallszahlen nach Maßgabe der Abbildung 6.15 die Ereignisse A, B oder C zu. Man habe z. B. eine Politik P = (15, 12) zu simulieren und folgende Reihe von 15 „Ereignissen" „gezogen":

{A, A, A, B, B / C, A, A, A, A / A, A, A, B, B}.

Man stellt sofort durch Abzählen fest, daß bei diesem ersten Simulationsergebnis nach der ersten Stufe noch 14 Zahnräder als „gute Stücke" verfügbar sind (es tritt nur 1 C auf; ob die verbleibenden 14 Zahnräder in der zweiten Stufe als B-Stücke ausfallen oder nicht, ist hier noch nicht bekannt). Man kann also 12 dieser guten Stücke (etwa die ersten 12) weiter verarbeiten und stellt **nach** der zweiten Stufe fest, daß von diesen 12 zwei als Ausschuß ausfallen; man hat also gerade bei diesem Simulationslauf (glücklicherweise) 10 gute Zahnräder erhalten. Andere Simulationsläufe mögen ungünstiger ausgehen, weil man, etwa bei einer ganz „knappen" Politik P = (12,11), bereits nach der ersten Stufe nicht genügend Zahnräder zur Weiterverarbeitung hat oder nach der zweiten Stufe keine 10 Zahnräder für den Auftrag verfügbar sind und ein zweiter Produktionslauf mit entsprechend höheren Kosten gefahren werden muß.

Für alle Simulationsläufe einer gegebenen Politik registriert man im dritten Schritt die dafür anfallenden Kosten (Abb. 6.16) und ermittelt nach hinreichend vielen Läufen die Durchschnittskosten der gerade betrachteten Politik.

Lauf	Ergebnis	Kosten					
		Zahnrad 50 $/ST	Rüstkosten Fräsen 500 $/LOS	Rüstkosten Bearbeitung + Härtung 250 $/LOS	Variable Kosten Bearbeitung + Härtung 100 $	Nachbearbeitungs-Kosten	Gesamt-kosten
1	AAABB/ CAAAA/ AAABB	750	500	250	1200	–	2700
2							
3							
.							
.							
.							

Abb. 6.16: Kosten der Simulationsergebnisse

Man wiederholt dann diese Simulation für weitere Politiken und wählt am Ende diejenige für die Realisierung aus, deren erwartete durchschnittliche Kosten ein Minimum sind.

Dieses einfache Beispiel demonstriert das Prinzip der Simulation stochastischer Prozesse. Es macht zugleich deutlich, daß für eine Simulation Berechnungsexperimente in einem solchen Umfang erforderlich sind, daß der Computereinsatz unabdingbar wird.

Am Ende des Abschnitts 6.3 informiert Kasten 6.1 über die relative Häufigkeit der Verwendung einzelner mathematischer Planungsmethoden in der Praxis. Zwei Untersuchungen in den USA werden vergleichend gegenübergestellt.

6.3.3 Planung des Realgüterprozesses an Beispielen

6.3.3.1 Die Produktionsprogrammplanung mit Hilfe der Linearen Programmierung

(1) Die Planung des kurzfristigen Produktionsprogramms der Gesamtunternehmung (oder auch einzelner ihrer Sparten) für eine Periode (z.B. Monat, Jahr) auf der Grundlage des (vorgegegebenen) strategischen Produkt-Markt-Konzeptes ist eine der zentralen und praktisch bedeutsamen Anwendungen der Linearen Programmierung. Dabei ist es immer wieder erstaunlich, welche Problemstellungen sich in der Praxis durch geschickte Modellkonstruktion als LP-Probleme darstellen und behandeln lassen. Das reicht von Modellen zur Steuerung der Raffinerieproduktion bei der Erdölverarbeitung über die Programmsteuerung in anderen Branchen der Grundstoffindustrie (Kohle, Steine und Er-

den)[46] bis zur Verschnittminimierung bei der Papierherstellung, optimalen Maschinenbelegungsplänen in der Metallverarbeitung oder der Herstellung kostenminimalerer Diätprodukte in der Ernährungsindustrie.

Allen diesen Anwendungen liegt eine allgemeine Modellstruktur zugrunde, die in der (betriebswirtschaftlichen) Produktionstheorie zwischen den Modellen mit limitationaler und solchen mit substitutionaler Produktionsfunktion anzusiedeln ist; sie stellt gleichsam - wie später noch deutlich wird - den "Übergang zwischen diesen beiden klassischen Modelltypen dar.

(2) Zur Entfaltung der allgemeinen Modellstruktur knüpfen wir zunächst an ein einfaches Beispiel an[47]. Gegeben sei ein Produktionssystem wie in Abbildung 6.17 veranschaulicht:

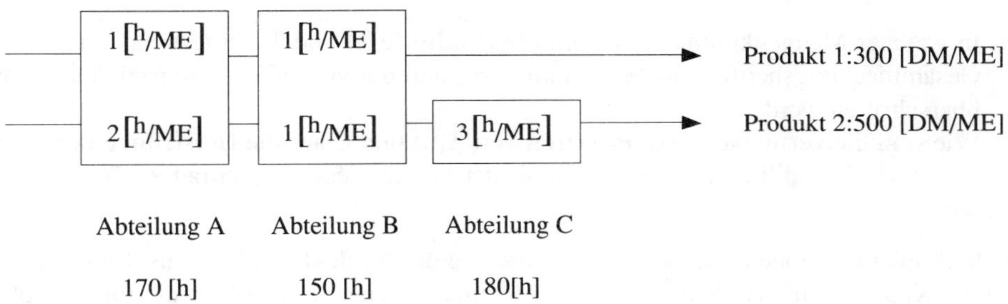

Abb. 6.17: Produktionssystem

Nehmen wir an, ein Ausschnitt des (ansonsten umfangreicheren) Strategischen Plans betreffe zwei „Milchkühe" (die Produktarten T_1 und T_2), die nur in einer vorhandenen Betriebsstätte mit den in Abbildung 6.17 skizzierten drei Abteilungen bzw. Maschinen A, B und C gefertigt werden können. Es ist dann (wegen der Normstrategie „Melken der Milchkühe"[48] keine weiteren Investitionen in diesem Geschäftsbereich) plausibel, von unveränderlichen Kapazitäten dieser drei Abteilungen (Maschinen) auszugehen und den Deckungsbeitrag zu maximieren.

T_1 durchläuft die Abteilungen A und B und beansprucht dabei die verfügbare Monatskapazität beider Abteilungen mit je 1 Stunde/Mengeneinheit [h/ME]. T_2 durchläuft alle drei Abteilungen A, B und C mit den in Abbildung 6.17 angegebenen Kapazitätsbeanspruchungen. Die beiden Produkte erwirtschaften die folgenden Plan-Deckungsbeiträge der Tabelle 6.1.

46 Vgl. dazu Meyer, M. und Steinmann, H.: Planungsmodelle für die Grundstoffindustrie, Würzburg-Wien 1971.

47 Entnommen aus: Müller-Merbach, H., Operations Research, 2. Aufl., München 1971, S. 88 ff.

48 Vgl. dazu S. 182 f.

ökonom. Daten / Produkte	Plan-Preis	Budgetierte variable Kosten	Plan-Deckungsbeitrag [DM/ME]
Produkt 1	1000	700	3000
Produkt 2	3000	2500	500

Tab. 6.1: Plan-Deckungsbeiträge von T_1 und T_2

Die fixen Kosten betragen monatlich 36.000,-- DM.

Das Planungsproblem, um das es geht, läßt sich nun in zwei Versionen formulieren:

1. In welcher Mengenkombination sind die **Produkte** T_1 und T_2 zu fertigen, damit der Gesamtdeckungsbeitrag ein Maximum wird, und die verfügbaren Kapazitäten nicht überschritten werden?
2. Wie sind die verfügbaren **Kapazitäten** von A, B und C auf die Herstellung der zwei Produkte T_1 und T_2 zu verteilen, damit der Gesamtdeckungsbeitrag ein Maximum wird?

Beide Problemversionen - die aus der Perspektive der Produkte und die aus der Perspektive der Kapazitäten - verdichten sich aber letztlich in einer Kennziffer, die für die optimale Steuerung der Kapazitäten relevant ist. Es ist die Kennziffer: **Deckungsbeitrag/ Kapazitätseinheiten** [DM/h] . Diese Kennziffer bezieht die Profitabilität der **Produkte** auf die **Kapazitäten** und macht damit deutlich, daß es für die Allokation der (knappen) Ressourcen nicht auf den „Deckungsbeitrag DB pro Produkteinheit" (alleine) ankommen kann, auch nicht (alleine) auf die „Inanspruchnahme der Kapazitäten KB pro Produkteinheit" für jedes Produkt, sondern der ökonomische Wert der Kapazitäten KW eben aus der Kombination beider Aspekte hervorgeht in der Form:

DB [DM/ME]: KB [h/ME] = KW [DM/h].

Wendet man diese Kennziffer auf das vorliegende Beispiel an, so erhält man für die drei Kapazitäten die folgenden Werte KW:

	T_1	T_2
A	300	250
B	300	500
C	–	166,66

Tab. 6.2: Deckungsbeiträge pro Kapazitätseinheit KW in [DM/h] im Beispiel

Ein Blick auf die Tabelle 6.2 macht sofort deutlich, daß Produkt T_1 bei der Kapazität A, Produkt T_2 dagegen bei der Kapazität B einen Profitabilitätsvorteil hat; Kapazität C kann außer Betracht bleiben, da die Produkte T_1 und T_2 nicht um diese Kapazität konkurrieren. Wäre die Situation nun derart, daß Produkt T_1 gegenüber T_2 bei allen Kapazitäten einen höheren KW-Wert hätte, T_1 also T_2 insoweit dominieren würde, wäre das Planungsproblem gelöst: nur T_1 käme mit der bei der gegebenen Kapazitätsausstattung maximal möglichen Menge in die Lösung. Da das aber nicht der Fall ist, also eine **„Konfliktsituation"** existiert, ist jetzt eine optimale Mengenkombination der Produkte T_1 und T_2 zu suchen.

(3) Dazu formulieren wir das **Lineare Programm** wie folgt:

Zielfunktion: $Z = 300\,x_1 + 500\,x_2 \longrightarrow \max!$ (1)

Nebenbedingungen:

$$\begin{aligned} 1\,x_1 + 2\,x_2 &\leq 170 \\ 1\,x_1 + 1\,x_2 &\leq 150 \qquad (2) \\ 3x_2 &\leq 180 \end{aligned}$$

Nichtnegativitätsbedingung:

$$x_1, x_2 \geq 0 \qquad (3)$$

(1) - (3) drückt aus, daß solche (nichtnegative) Mengen x_1 von Produkt T_1 und x_2 von Produkt T_2 gesucht werden sollen, die die Kapazitätsbeschränkungen pro Periode nicht überschreiten, also zulässig sind, und gleichzeitig den Deckungsbeitrag maximieren.

Die **graphische** Lösung ist auf zwei Arten möglich, je nachdem ob man die 1. oder 2. oben erwähnte Version wählt. Im ersten Falle wählt man - bei diesem Beispiel - zur Darstellung den zweidimensionalen „Raum der Produkte" mit x_1 und x_2 als Koordinaten (Abb. 6.18); im zweiten Falle wählt man den (hier dreidimensionalen) „Raum der Kapazitäten".

Die Beschränkungen (2) und (3) grenzen als Ungleichungen den Bereich der zulässigen Lösungen aus dem positiven Quadranten des R^2 aus. Man hat damit einen geschlosssenen Bereich zulässiger Lösungen O A B C D; zu ihm gehören alle Punkte auf den Restriktionsgeraden und innerhalb der Begrenzungen.[49] Gesucht ist nun der optimale Lösungspunkt, d.h. der Punkt, dessen Koordinaten – in die Zielfunktion eingesetzt – den maximalen Gesamtdeckungsbeitrag ergeben. Um ihn zu bestimmen, führt man die Zielfunktion mit Z als Parameter in Abbildung 6.18 ein. Für verschiedene Werte von Z ergibt sich eine Schar von zueinander parallel verlaufenden Geraden. Jede Mengenkombination der beiden Produkte, die auf einer Geraden liegt, erbringt denselben Gesamt-Deckungsbeitrag bzw. Gesamtgewinn (Gesamtdeckungsbeitrag ·/. fixer Kosten). Man kann deshalb hier von **„Iso-Gewinnlinien"** sprechen. Unter ihnen wählt man diejenige

49 Dieser Bereich ist konvex, d.h. alle Punkte auf der Verbindungslinie zwischen zwei beliebig aus O A B C D gewählten Punkten liegen selber in O A B C D. Diese Eigenschaft der Konvexität des Lösungsraumes (Polyeders) ist typisch für Lineare Programme und ermöglicht es, daß das Lösungsverfahren der Simplex-Methode nur „Eckpunktlösungen" des konvexen Polyeders auf Optimalität hin prüfen muß.

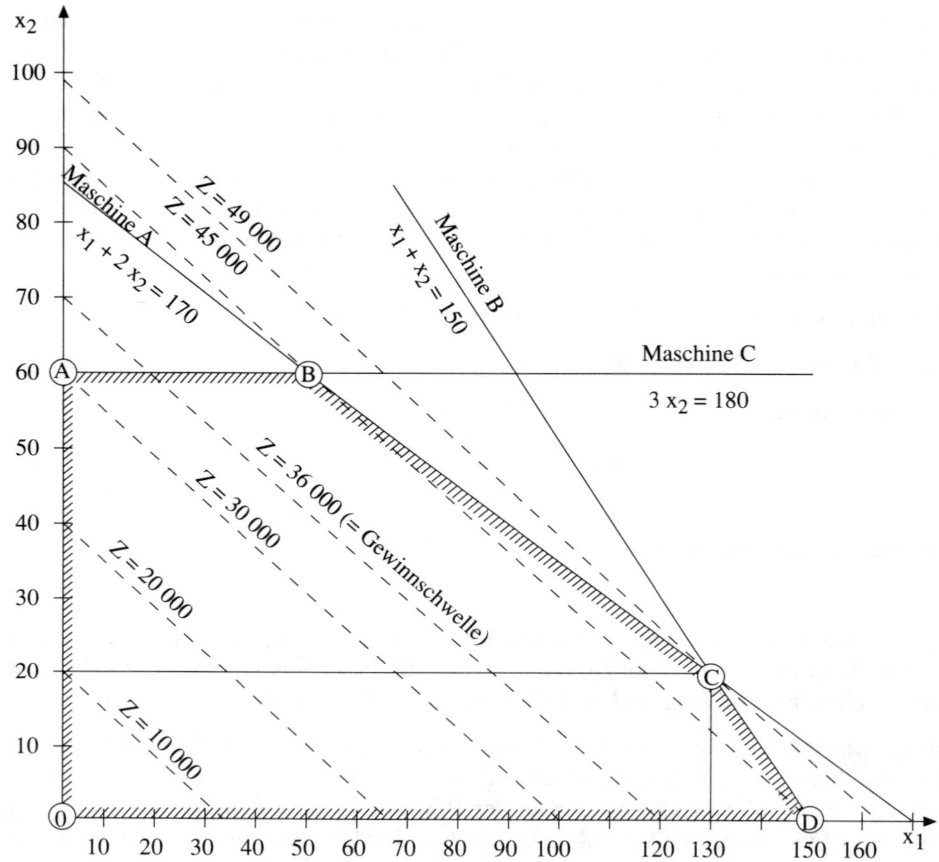

Abb. 6.18: Graphische Lösung des Beispiels im Raum der Produkte

aus, der der höchste Gesamtgewinn zuzuordnen ist und auf der noch (mindestens) ein Punkt liegt, der zum Bereich der zulässigen Lösungen gehört, dessen Koordinatenwerte x_1 und x_2, also die Nebenbedingungen (2) nicht verletzen. Die Koordinatenwerte dieses Punktes stellen die optimale Lösung dar. Sie ist in Abbildung 6.18 durch den Punkt C mit den Koordinatenwerten $x_1 = 130$ [ME] und $x_2 = 20$ [ME] gekennzeichnet. Der maximale Deckungsbeitrag beträgt 49.000,- DM, der Gewinn 13.000,- DM.

Die Optimallösung ist im vorliegenden Fall eine „Eckpunktlösung" und damit eindeutig. **Mehrdeutige** Lösungen ergeben sich, wenn eine Begrenzungsgerade parallel zu den Iso-Gewinnlinien verläuft (gleiche Steigung). Dann sind alle Punkte optimal, die auf dem den konvexen Bereich zulässiger Lösungen begrenzenden Teil dieser Geraden liegen. Die Eckpunkte sind darin eingeschlossen. Da die Eckpunkte also zu der Menge der optimalen Lösungspunkte gehören, gilt auch für den Fall einer mehrdeutigen Lösung, daß die Zielfunktion ihre optimalen Werte immer in **mindestens** einem Eckpunkt des konvexen Polyeders annimmt. Dieser Satz ist für das Lösungsverfahren der Simplex-Methode wichtig, da sie nämlich jeweils nur Eckpunktlösungen daraufhin prüft, ob sie optimal sind.

(4) Bevor die Simplex-Methode dargestellt wird, interpretieren wir das gewählte Beispiel noch aus der 2. Perspektive, der der Kapazitäten (Faktoren) und ihrer Verwendung für die Herstellung von T_1 und T_2. Wir wissen aus der eben gewonnenen Lösung, daß im optimalen Lösungspunkt C (Abb. 6.18) die Kapazität der Maschine C nicht ausgelastet ist. Sie ist - wie man auch sagt - bezüglich der Optimallösung kein knapper Faktor, wird also auch die graphische Lösung nicht beeinflussen, wenn man diese im „Raum der Faktoren" entfaltet. Man kann die Maschine C insoweit also vernachlässigen und das Problem im R^2 der Faktoren A und B darstellen.

Vorbereitend dazu schreiben wir (1) und (2) in Vektorschreibweise:

$$(300, 500) \begin{pmatrix} x_1 \\ x_2 \end{pmatrix} \longrightarrow \text{max!} \qquad (1a)$$

$$\begin{pmatrix} 1 \\ 1 \\ 0 \end{pmatrix} x_1 + \begin{pmatrix} 2 \\ 1 \\ 3 \end{pmatrix} x_2 \leqq \begin{pmatrix} 170 \\ 150 \\ 180 \end{pmatrix} \qquad (2a)$$

Nun kann man das Produktionsplanungsproblem auch wie folgt lesen:

Man hat zwei Produktionsprozesse P_1 und P_2:

$$P_1 = \begin{pmatrix} 1 \\ 1 \\ 0 \end{pmatrix} \quad \text{und } P_2 = \begin{pmatrix} 2 \\ 1 \\ 3 \end{pmatrix}$$

Der erste Prozeß dient zur Herstellung von T_1, der zweite zur Herstellung von T_2. Die Prozeßvektoren enthalten die **Faktorverbräuche**, bezogen auf eine Einheit von T_1 bzw. T_2, sie sind insofern auf diesem Einheitsniveau normiert. Gesucht ist dann das Niveau, auf dem die Prozesse P_1 und P_2 betrieben werden sollten, um den Deckungsbeitrag zu maximieren. Die Lösung ist bekannt: Für P_1 ist das Niveau $x_1 = 130$ [ME] , für P_2 : $x_2 = 20$ [ME] . Bei der graphischen Darstellung (Abb. 6.19) wird man nun (unter Vernachlässigung von Faktor C) im V_A/V_B-Koordinatensystem die Kapazitätsgrenzen markieren, ferner die Prozesse P_1 und P_2 als Strahlen vom Nullpunkt mit der dem Faktoreinsatzverhältnis entsprechenden Steigung eintragen und auf ihnen dann die Prozeßniveaus markieren. Diesen Prozeßniveaus ist dann jeweils ein bestimmter Deckungsbeitrag zuzuordnen. Verbindet man die Punkte gleicher Deckungsbeiträge auf P_1 und P_2 miteinander, so erhält man eine **Iso-Deckungsbeitragslinie** als geometrischen Ort aller Faktorkombinationen mit gleichem Deckungsbeitrag. Gesucht ist dann das Niveau, auf dem beide Prozesse betrieben werden müssen, um die höchste Iso-Deckungsbeitragslinie zu erreichen. Das Maximum für das vorliegende Problem wird - wie wir schon wissen - gerade dann erreicht, wenn die Kapazitäten der Maschinen A und B voll ausgelastet sind (DB = 49.000,- DM); dem entspricht in Abbildung 6.19 der Punkt K_o. K_o liegt auf einem (fiktiven) Prozeß P_3, der sich durch Linearkombination der Prozesse P_1 und P_2 ergibt:

$$P_3 = P_1\alpha + P_2 (1 - \alpha) \qquad (0 \leq \alpha \leq 1) \qquad (4)$$

In (4) fällt P_3 mit P_1 zusammen, wenn $\alpha = 1$ und mit P_2, wenn $\alpha = 0$. Mit $0 < \alpha < 1$ erzeugt man alle (fiktiven) Prozesse, die bei geeignet gewähltem Prozeßniveau von P_1 und P_2 die Punkte auf der Iso-Deckungsbeitragslinie K_1-K_2 überdecken. Die Prozeßniveaus der Prozesse P_1 und P_2, die K_o entsprechen, ergeben sich dann durch Rekonstruktion der Vektoraddition, die gerade zu K_o führt. Man erhält so die Prozeßniveaus für $P_1 : x_1 = 130$ und für $P_2 : x = 20$.

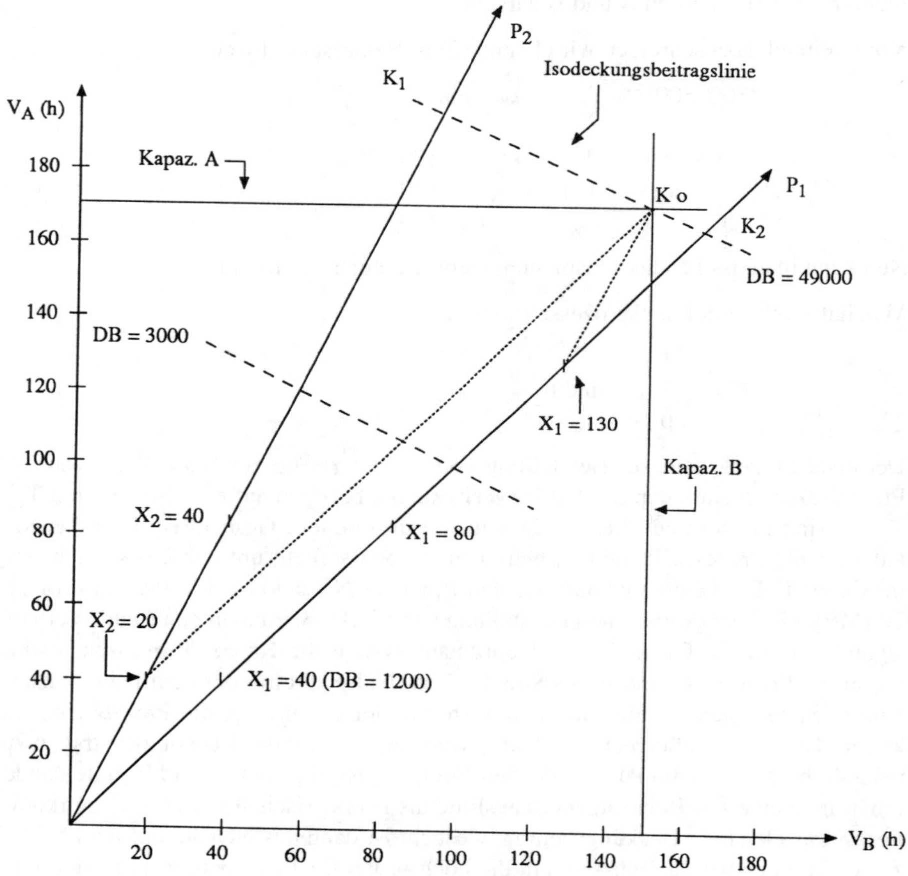

Abb. 6.19: Graphische Lösung des Beispiels im Raum der Kapazitäten

Abbildung 6.19 macht deutlich, daß eine Vollauslastung der Maschinen A und B (Punkt K_o) nicht möglich wäre, wenn man nur die Prozesse P_1 oder P_2 betreiben würde. Erst die **Prozeßkombination** der Prozesse P_1 und P_2 ermöglicht im vorliegenden Falle eine Lösung, die zur Vollauslastung der Kapazitäten führt.

Diese Kombination von Prozessen in der Linearen Planungsrechnung beruht auf zwei Eigenschaften, die für Prozesse vorausgesetzt werden.

– der **Multiplizitätseigenschaft**: Ist P_1 ein Prozeß auf dem Niveau $x_1 = 1$, so ist $P_1^* = P_1 \cdot X_1$ derselbe Prozeß auf dem Niveau $x_1 > 0$;
– der **Additivitätseigenschaft**: Sind P_1 und P_2 zwei Prozesse auf dem Einheitsniveau, so kann man aus ihrer Linearkombination einen (fiktiven) neuen Prozeß P_3 erzeugen:

$$P_3 = P_1\, x_1 + P_2\, x_2 \qquad (x_1 > 0;\; x_2 > 0)$$

Zusammen mit der Voraussetzung der beliebigen Teilbarkeit der Faktoren (für x_1 und x_2 wird **keine** Ganzzahligkeit gefordert), ergeben diese beiden Eigenschaften, daß man das Produktionsplanungsmodell der Linearen Programmierung als eine Approximation der traditionellen substitutionalen Produktionsfunktion ansehen kann, wie Abbildung 6.20 verdeutlicht.

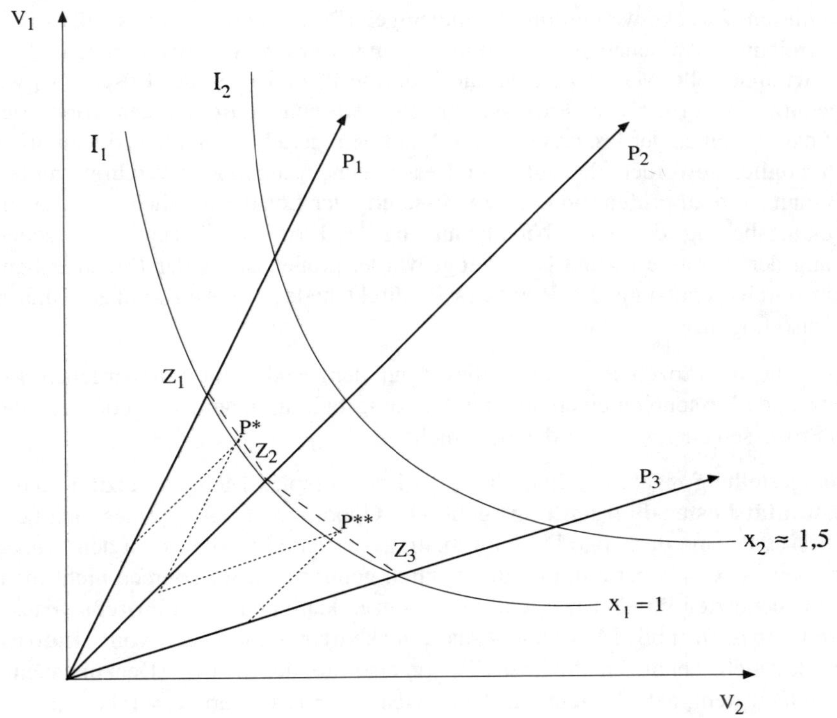

Abb. 6.20: Das Produktionsplanungsmodell der Linearen Programmierung als Approximation der substitutionalen Produktionsfunktion

In Abbildung 6.20 sind I_1 und I_2 zwei Isoquanten mit den Erträgen $x_1 = 1$ und $x_2 \approx 1{,}5$ bei vollständiger Substituierbarkeit der Faktoren. Sie sind linear approximierbar durch Kombination der Prozesse P_1, P_2 und P_3, wie in Abbildung 6.20 angedeutet. Den Punkt P* realisiert man durch Kombination der Prozesse P_1 und P_2, den Punkt P** durch Kombination der Prozesse P_2 und P_3 jeweils auf dem zugehörigen Prozeßniveau. Z_1, Z_2 und Z_3 sind Punkte auf der Isoquante, die allein durch Betreiben des Prozesses P_1, P_2 oder P_3 realisiert werden können.

(5) Die Prozeßbetrachtung des Produktionsplanungsproblems ist nun besonders geeignet, die **Vorgehensweise** bei der Lösung von LP-Problemen in Form der sog. Simplex-Methode zu demonstrieren und ökonomisch zu interpretieren. Die Simplex-Methode ermittelt - ausgehend von einer ersten zulässigen Lösung – die Optimallösung in mehreren Iterationsschritten, indem sie bei jedem Schritt eine Prüfung der vorliegenden Lösung daraufhin durchführt, ob sie noch verbessert werden kann. Sie stellt – ökonomisch interpretiert - die Frage, ob (bei einem Maximierungsproblem) der Deckungsbeitrag noch erhöht werden kann, wenn man die Verwendungsrichtung der Faktoren (Ressourcen) ändert. Zu diesem Zwecke werden für alle diejenigen (Produktions-)Prozesse, die bei einer gerade erreichten (Zwischen-)Lösung **nicht** benutzt werden, Vorteilsvergleiche der folgenden Art angestellt: Man habe etwa die Prozesse P_1 und P_2 in der Lösung; P_3 werde nicht genutzt. Wenn die drei Prozesse um die verfügbaren Ressourcen konkurrieren, dann ist das Betreiben der Prozesse P_1 und P_2 auf dem gerade erreichten Niveau offenbar dadurch möglich geworden, daß auf einen Ressourceneinsatz in P_3 **verzichtet** wurde. Also muß man - um zu prüfen, ob eine Verbesserung der Lösung möglich ist - fragen, ob der Deckungsbeitrag, der durch Nichtbenutzung des Prozesses P_3 (und entsprechender Benutzung der Prozesse P_1 und P_2) erzeugt wurde, größer ist als der Deckungsbeitrag, den man durch Benutzung des Prozesses P_3 direkt hätte erreichen können. Man muß konkret also fragen:

Erbringen die im Prozeß P_3 – wenn dieser auf dem Einheitsniveau betrieben wird – einzusetzenden Ressourcen einen höheren Deckungsbeitrag, indem sie in den gerade benutzten Prozessen eingesetzt werden oder nicht?

Diese Fragestellung macht deutlich, daß es bei der Simplex-Methode letztlich um eine „**Opportunitätskosten-Betrachtung**“ geht. Die Opportunitätskosten eines nichtbenutzten Prozesses P_3 sind derjenige Deckungsbeitrag, der entfällt, wenn man den Prozeß P_3 auf dem Niveau $x_3 = 1$ betreibt und die dadurch gebundenen Ressourcen nicht mehr in den gerade benutzten Prozessen P_1 und P_2 einsetzen kann und deren Prozeßniveaus entsprechend anpassen muß. Man kann – aus umgekehrter Sicht – auch vom „**indirekten Ertrag**“ des nicht benutzten Prozesses P_3 sprechen als dem Ertrag (Deckungsbeitrag), der dadurch entsteht, daß P_3 **nicht** auf dem Niveau $x_3 = 1$, sondern $x_3 = 0$ betrieben wird und die dadurch freigesetzten Ressourcen in den Prozessen P_1 und P_2 eingesetzt werden und zur Erhöhung des Deckungsbeitrages führen.

Jetzt ist sofort einsichtig: Wenn der indirekte Ertrag des nichtbenutzten Prozesses P_3 bei einer gerade betrachteten Lösung **größer** ist als sein „direkter Ertrag“ (Deckungsbeitrag), so ist es ökonomisch nicht sinnvoll, P_3 in die Lösung zu nehmen. Die Opportunitätskosten für P_3 wären dann ja größer als der zu erzielende Ertragszuwachs. Wenn diese

Aussage bezüglich einer gerade betrachteten Lösung für alle in dieser Lösung nicht benutzten Prozesse gilt, hat man offenbar die **Optimallösung** (den maximalen Deckungsbeitrag) erreicht. Also gilt als Kriterium für die Feststellung, ob eine Optimallösung vorliegt:

$$z_j - c_j \geq 0 \text{ (für alle Prozesse j)} \tag{5}$$

mit z_j als dem indirekten Ertrag und c_j als dem direkten Ertrag des Prozesses j. In (5) gilt das Gleichheitszeichen für benutzte Prozesse; für sie ist (natürlich) ihr indirekter Ertrag gerade gleich dem direkten Ertrag. (5) ist das sog. **Simplex-Kriterium**, dessen Anwendung bei der Lösung nun an einem Beispiel demonstriert werden soll.

Beispiel

Das Beispiel lautet in Vektorschreibweise:

$$(8, 5, 4) \begin{pmatrix} x_1 \\ x_2 \\ x_3 \end{pmatrix} \longrightarrow \max! \tag{6a}$$

$$\begin{pmatrix} 5 \\ 15 \end{pmatrix} x_1 + \begin{pmatrix} 9 \\ 3 \end{pmatrix} x_2 + \begin{pmatrix} 3 \\ 6 \end{pmatrix} x_3 \quad \begin{matrix} \leqq 60 \\ \leqq 150 \end{matrix} \tag{6b}$$

$$x_1, x_2, x_3 \geqq 0 . \tag{6c}$$

Wie man sieht, besteht das Beispiel aus drei Produktionsprozessen und zwei Faktoren. Eine graphische Darstellung wäre also im R^3 der Produkte oder im R^2 der Faktoren möglich.

Für die Lösung ist es zunächst erforderlich, die Nebenbedingungen (6b) als Gleichungen zu formulieren. Das erreicht man durch Einführung von zwei weiteren Unbekannten x_4 und x_5, die jeweils den „Schlupf" zwischen der linken und rechten Seite der Gleichung aufnehmen; man spricht deshalb auch von „Schlupfvariablen" im Gegensatz zu den „Strukturvariablen" x_1 bis x_3. Ihre Werte lassen sich im Beispiel als **Leerkapazitäten** interpretieren. (6b) geht dann über in:

$$\begin{pmatrix} 5 \\ 15 \end{pmatrix} x_1 + \begin{pmatrix} 9 \\ 3 \end{pmatrix} x_2 + \begin{pmatrix} 3 \\ 6 \end{pmatrix} x_3 + \begin{pmatrix} 1 \\ 0 \end{pmatrix} x_4 + \begin{pmatrix} 0 \\ 1 \end{pmatrix} x_5 = \begin{pmatrix} 60 \\ 150 \end{pmatrix} \tag{6b'}$$

Die zulässige Ausgangslösung, die man ja - wie schon erwähnt - für den Start des Iterationsverfahrens benötigt, ist sofort erkennbar: $x_4 = 60$ und $x_5 = 150$ sowie $x_1 = x_2 = x_3 = 0$. Das Produktionssystem ist bei dieser Lösung gleichsam in „Ruhestellung" (Nullpunkt des Koordinatensystems).[50]

50 Falls eine zulässige Ausgangslösung nicht so offensichtlich ist, läßt sie sich durch geeignete Vorgehensweisen im Rahmen des Lösungsverfahrens schnell finden.

Man überträgt nun das im Sinne von (6b') modifizierte Planungsproblem für die Anwendung des Simplex-Verfahrens in ein Tableau, wie in Abbildung 14.[51]

		c_j	8	5	4	0	0
	ZF-Koeff. d. BV	BV / b_j / Variable	x_1	x_2	x_3	x_4	x_5
	0	x_4 60	5	9	3	1	0
→	0	x_5 150	[15]	3	6	0	1
		z_j 0	0	0	0	0	0
		$z_j - c_j$	–8	–5	–4	0	0
			↑				

Abb. 6.21: Ausgangstableau des Simplex-Algorithmus

Das Tableau der Abbildung 6.21 ist weitgehend selbsterläuternd. Einzig die BV-Spalte und die z_j-Zeile bedürfen noch eines Hinweises. Die BV-Spalte nimmt die sog. **Basisvariablen** auf, d.h. diejenigen Variablen, die zur gerade betrachteten Lösung (Basis) gehören, im vorliegenden Falle also x_4 und x_5. Die zugehörigen Lösungswerte können in der b_i-Spalte unmittelbar abgelesen werden, also $x_4 = 60$ und $x_5 = 150$. Man beachte, daß die Zahl der BV-Variablen gerade der Zahl der Nebenbedingungen entspricht, also hier 2 beträgt. Die Zahl der BV-Variablen bleibt im Zuge des Iterationsprozesses konstant; man wechselt nur jeweils schrittweise eine Variable gegen eine andere aus. Man schreitet so von Eckpunkt zu Eckpunkt des Lösungspolyeders fort. Man kann also schon jetzt sagen, daß das optimale Produktionsprogramm (höchstens) zwei Produkte enthalten wird!

Die z_j-Zeile nimmt - wie später noch deutlicher wird - die indirekten Erträge der Prozesse auf; diese sind im vorliegenden Ausgangstableau natürlich sämtlich null, da noch keine Faktoren zum Einsatz gekommen sind. In der letzten Zeile steht das Simplex-Kriterium für den Optimalitätstest. Man sieht, daß die Ausgangslösung noch nicht optimal ist, da

$$z_j - c_j < 0 \quad \text{für } j = 1, 2, 3.$$

Nun beginnt der Iterationsprozeß, indem man eine BV-Variable aus der Lösung eliminiert und dafür **eine** andere Nichtbasis-Variable in die Lösung aufnimmt:

– **In die Basis** wird diejenige Variable aufgenommen, die in der $z_j - c_j$-Zeile den größten negativen Wert aufweist, also in Abbildung 6.21 die NB-Variable x_1 (Pfeilmar-

51 Im Schrifttum für Unternehmensforschung finden sich andere Vorschläge zur Gestaltung des Simplex-Tableaus. Die vorliegende Form wurde gewählt, um möglichst viele Informationen für die Diskussion verfügbar zu halten.

kierung). Ihr Deckungbeitrag ist **pro Produkteinheit** am größten. Das bedeutet natürlich nicht, daß mit der Auswahl von x_1 auch der Gesamtdeckungsbeitrag am schnellsten ansteigt. Hierfür ist ja auch die Kapazitätsbeanspruchung pro Produkteinheit relevant, weil die entscheidende Kennziffer für die optimale Faktorallokation natürlich - wie oben gezeigt[52] - der Deckungsbeitrag pro Kapazitätseinheit ist. Das Auswahlkriterium „höchster Deckungsbeitrag pro Produkteinheit" (steepest unit ascent-Kriterium) garantiert deshalb auch nicht eine minimale Zahl von Iterationsschritten des Algorithmus bis zur Optimallösung.

– **Aus der Basis** eliminiert wird diejenige BV-Variable, der der Engpaßfaktor entspricht, der also den Wert der in die Basis aufzunehmenden Variablen am stärksten beschränkt. Die Nichtbeachtung dieser Engpaßregel würde zur Verletzung der Nichtnegativitätsbedingung führen. Im vorliegenden Beispiel ermittelt man den Engpaß, indem man die folgenden Quotienten aus den Werten der b_i-Spalte (Kapazitäten) und den positiven Werten der x_1-Spalte (Kapazitätsbeanspruchungen pro Produkteinheit von Produkt 1) bildet:

$$Q_1 = \frac{b_1}{a_{11}} = \frac{60}{5} = 12$$

$$Q_2 = \frac{b_2}{a_{21}} = \frac{150}{15} = 10.$$

Das Minimum ist

$$\min_{j=1,2} \{Q_1, Q_2\} = \{12, 10\} = 10,$$

sodaß x_5 aus der Lösung eliminiert wird (Pfeilmarkierung). Man prüft leicht nach, daß bei Wahl von x_4 die sich dann ergebende neue Lösung einen unzulässigen negativen Wert für $x_5 = -30$ ergeben würde. Ebenfalls eine negative Lösung würde sich ergeben, wenn man in der ausgewählten Spalte negative Koeffizienten betrachten würde (die es im vorliegenden Ausgangstableau nicht gibt).

Nach diesen beiden Schritten zur Variablenauswahl wird der **Variablentausch** selber ausgeführt. Dazu markiert man im Schnittpunkt von ausgewählter Zeile und ausgewählter Spalte das sog. „Pivot"-Element [15] .[53] Dann vollzieht man die folgenden Rechenoperationen:

– Man **dividiert** die Koeffizienten der zum Pivot-Element gehörigen **„Pivot-Zeile"** durch das Pivotelement 15 und erhält so im nächsten Tableau (Abb. 6.22) die zugehörige neue Zeile mit der Variablen $x_1 = 10$.

52 Vgl. oben, S. 266 f.

53 "Pivot" kommt aus dem Französischen und bedeutet soviel wie „Dreh-Angelpunkt". Im Simplex-Tableau ist das Pivot-Element dann als Angelpunkt des Variablentausches zu verstehen; die zugehörige Spalte nennt man auch „Pivot"-Spalte, die zugehörige Zeile „Pivot"-Zeile.

– Man **subtrahiert** ein geeignetes Vielfaches der neu errechneten Zeile von den übrigen Zeilen so, daß alle übrigen Zahlen der „Pivot-Spalte“ Null ergeben. Im Beispiel ergibt sich für die (einzige noch verbleibende) x_4-Zeile in der neuen x_1-Spalte (Abb. 15) eine Null, wenn man das 5-fache der neuen x_1-Zeile von der alten x_4-Zeile subtrahiert.

ZF-Koeff. d. BV	BV	c_j / Variable / b_j	8	5	4	0	0
			x_1	x_2	x_3	x_4	x_5
0	x_4	10	0	[8]	1	1	$-\frac{1}{3}$
8	x_1	10	1	1/5	2/5	0	1/15
	z_j	80	8	8/5	16/5	0	8/15
	$z_j - c_j$		0	–17/5	–4/5	0	8/15

Abb. 6.22 : Simplex-Tableau nach der 1. Iteration

	x_1	x_2	x_3	x_4	x_5	
Alte x_4-Zeile:	5	9	3	1	0	(Abb. 6.21)
Neue x_1-Zeile:	1	1/5	2/5	0	1/15	(Abb. 6.22)
Neue x_4-Zeile:	0	8	1	1	–1/3	(Abb. 6.22)

Man sieht leicht ein, daß beide Rechenoperationen verbale „Vollzugsregeln“ für den mathematischen Prozeß der Variablensubstitution sind. Um das zu zeigen, schreiben wir die BV-Variablen der Abbildung 6.21 als Funktion der Nichtbezugsvariablen, also:

$$x_4 = 60 - 5\,x_1 - 9\,x_2 - 3\,x_3 \quad (7)$$

$$x_5 = 150 - 15\,x_1 - 3\,x_2 - 6\,x_3 \quad (8)$$

Nun ist x_1 in die Lösung aufzunehmen (BV) und x_5 zu eliminieren (NBV). Man schreibt für (8):

$$x_1 = 10 - 1/5\,x_2 - 2/5\,x_3 - 1/15\,x_5 \quad (9)$$

Die Koeffizienten dieser Gleichung entsprechen den Zahlen der neuen Pivotzeile in Abbildung 6.22.

Nun setzt man (9) in (7) ein und erhält:

$$x_4 = 60 - 5\,(10 - 1/5\,x_2 - 2/5\,x_3 - 1/15\,x_5) - 9\,x_2 - 3\,x_3 \qquad (10)$$

$$x_4 = 10 + 1\,x_2 + 2\,x_3 + 1/3\,x_5 - 9\,x_2 - 3\,x_2 \qquad (11)$$

$$x_4 = 10 - 8\,x_2 - x_3 + 1/3\,x_5 \qquad (12)$$

Aus (12) geht unmittelbar die x_4-Zeile der Abbildung 6.22 hervor, wenn man die Gleichung umschreibt, indem man alle Variablen auf eine Seite bringt:

$$10 = 0\,x_1 + 8\,x_2 + x_3 + x_4 - 1/3\,x_5 \qquad (13)$$

Nach der Durchführung des Variablentausches berechnet man nun noch die neue z_j-Zeile der Abbildung 6.22. Dazu multipliziert man die Zielfunktionskoeffizienten der (neuen) Basisvariablen mit den zugehörigen Zeilen-Koeffizienten jeder Spalte und addiert die Ergebnisse, also:

- für die b_i- Spalte: $0 \cdot 10 + 8 \cdot 10 = 80$ (neuer Zielfunktionswert)
- für die x_1- Spalte: $0 \cdot 0 + 1 \cdot 8 = 8$ (z_1)
- für die x_2- Spalte: $0 \cdot 8 + 8 \cdot 1/5 = 8/5$ (z_2) etc.

Es ist wichtig zu bemerken, daß z_2 der **indirekte Ertrag** des Prozesses 2 bezüglich der gerade betrachteten Lösung ist. Sein **direkter Ertrag** ist mit $c_2 = 5$ größer, also ist für P_2 das Simplex-Kriterium negativ

$$z_2 - c_2 = 8/5 - 5 = -17/5,$$

wie auch aus der $z_j - c_j$-Zeile der Abbildung 6.22 für j = 2 hervorgeht. Also ist die gefundene Lösung noch nicht optimal. Daß $z_2 = 8/5$ wirklich der indirekte Ertrag des Prozesses für die gefundene Faktorallokation ist, überprüft man leicht wie folgt. Man schreibt wieder für die neue Lösung die Basisvariablen x_4 und x_1 als Funktion der Nicht-Basisvariablen x_2 auf, also:

$$x_4 = 10 - 8\,x_2 \qquad (14)$$

$$x_1 = 10 - 1/5\,x_2.$$

Setzt man in (14) $x_2 = 1$, würde man sich also entscheiden, den Prozeß 2 doch (auf dem Niveau 1) zu betreiben, so ergäben sich die folgenden Konsequenzen für die Prozesse P_4 und P_1:

$$P_4\colon x_4 = 10 - 8 \cdot 1 = 2$$

$$P_1\colon x_1 = 10 - 1/5 \cdot 1 = 49/5$$

Das Niveau des Prozesses P_4 ist also um 8, das des Prozesses P_1 um 1/5 Einheiten zu senken. In (14) geben die Koeffizienten von x_2 (8 bzw. 1/5) also gerade diejenigen Anpassungen der Prozeßniveaus von P_4 und P_1 an, die man vollziehen muß, um P_2 auf dem Einheitsniveau zu betreiben. Die Ertragskonsequenzen (Opportunitätskosten) ergeben sich durch Berücksichtigung der Deckungsbeiträge der Prozesse P_4 ($c_4 = 0$) und P_1 ($c_1 = 8$) zu:

$$-z_2 = (-8 \cdot 0) + (-1/5 \cdot 8) = -8/5$$

Jetzt kehrt man die Argumentation um: Die Entscheidung, den Prozeß P_2 **nicht** auf dem Einheitsniveau zu betreiben, „spart" die Opportunitätskosten, ermöglicht es also durch Re-Allokation der pro Einheit des Prozesses P_2 gebundenen Faktoren auf die Prozesse P_4 und P_1 den Ertrag gerade um 8/5 zu erhöhen, also

$$-z_2 \, x(-1) = \; z_2 = 8/5 \; [DM] .$$

Das ist der Wert für z_2 in Abbildung 6.22. Da der direkte Ertrag pro Prozeßeinheit bei P_2 aber höher ist als 8/5 [DM], nämlich 5 DM, lohnt es sich, die Lösung zu verbessern. Man kommt nach zwei weiteren Iterationsschritten dann zum Optimaltableau der Abbildung 6.23, für das gilt:

$$z_j - c_j \geq 0 \;\; \text{(für alle j)}.$$

ZF-Koeff. d. BV	BV	c_j / b_j Variable	8	5	4	0	0
			x_1	x_2	x_3	x_4	x_5
4	x_3	10	0	8	1	1	–1/3
8	x_1	6	1	–3	0	–2/5	1/5
	z_j	88	8	8	4	4/5	4/15
	$z_j - c_j$		0	3	0	4/5	4/15

Abb. 6.23: Optimaltableau

Das optimale Produktionsprogramm lautet somit:

$$x_1 = 6 \; [ME] \; ; \quad x_3 = 10 \; [ME] \; ; \quad Z = 88 \; [DM].$$

Die Kapazitäten beider Faktoren sind voll ausgelastet.

Der Prozeß P_2 wird nicht realisiert. Sein indirekter Ertrag ist im Optimaltableau größer als sein direkter Ertrag. Der indirekte Ertrag berechnet sich aus den Substitutionskoeffizienten der x_2-Spalte, die ja - wie erläutert - die Niveauanpassungen der in der Lösung befindlichen Prozesse angeben, die als Folge der Entscheidung, P_2 nicht zu betreiben, pro Einheit des Prozesses 2 entstehen, also:

$$z_2 = 8 \left[{}^{ME_3}/_{ME_2}\right] \cdot 4 \left[{}^{DM}/_{ME_3}\right] + (-3) \left[{}^{ME_1}/_{ME_2}\right] \cdot 8 \left[{}^{DM}/_{ME_1}\right] = 8 \left[{}^{DM}/_{ME_2}\right].$$

Man sieht, daß die z_j in den Spalten der eigentlichen Prozeßvariablen (Strukturvariablen) x_1, x_2 und x_3 die Dimension [DM/ME] haben. Das gilt nicht für die indirekten Erträge der Prozesse 4 und 5, die zu den Schlupfvariablen x_4 und x_5 gehören. Hier nehmen die z_j-Werte die Dimension DM pro Faktor- bzw. Kapazitätseinheit an, also:

$z_4 = 4/5$ [DM/KE]

$z_5 = 4/15$ [DM/KE]

Dieser Dimensionswechsel beim Übergang von den Struktur- zu den Schlupfvariablen ist leicht einzusehen, da die Schlupfvariablen ja im Ausgangsproblem nicht, wie die x_j (j = 1, 2, 3), in Produkteinheiten, sondern in Kapazitätseinheiten gemessen werden; x_4 und x_5 stehen hier für die Differenz von vorhandener und genutzter Kapazität, gemessen z.B. in Fertigungsstunden. Ökonomisch interpretiert sind die mit der Optimallösung anfallenden indirekten Erträge z_4 und z_5 **Knappheitspreise**. Sie geben an, welche Erhöhung des Deckungsbeitrages möglich wurde, weil die jeweils letzten Kapazitätseinheiten beider Faktoren nicht als „Reservekapazitäten" gehalten wurden, sondern für die optimale Ausführung der Prozesse P_3 und P_1 genutzt wurden. Sie geben natürlich dann auch an, um wieviel der Deckungsbeitrag in der Zielfunktion steigen würde, wenn die Kapazität des Faktors 1 oder 2 um eine Einheit erhöht würde. Insofern ist die Reihenfolge der Knappheitspreise der Faktoren ein Indikator für die Engpaßstruktur im Kapazitätsgefüge des Unternehmens.

Den Aussagewert der Knappheitspreise sollte man allerdings auch nicht überschätzen. Diese Preise sind ja definiert relativ zu den Daten des Ausgangsproblems. Ändert sich ein Datum, z.B. ein Produktpreis oder ein Kostensatz, so verschieben sich natürlich u.U. die Engpässe. Darüberhinaus bleibt zu beachten, daß auch bei unveränderten Ausgangsdaten die Knappheitspreise sich bei Kapazitätserweiterungen ändern können, nämlich dann, wenn die Kapazitätserweiterung so groß ausfällt, daß dann andere Faktoren zum Engpaß werden. Mit anderen Worten: der Gültigkeitsbereich der Knappheitspreise gilt in der Regel nur für einen marginalen Bereich in der Umgebung der optimalen Lösung und muß für allfällige Kapazitätserweiterungen jeweils neu ermittelt werden. Investitionsentscheidungen können aber gleichwohl nicht (allein) auf den Knappheitspreisen aufbauen, da es dabei ja um **langfristige** Strukturentscheidungen geht, die nicht schlicht aus einem **kurzfristigen** Produktionsplanungsmodell abgeleitet werden können. Die Knappheitspreise sollten daher eher als erste Indikatoren zur ökonomischen Durchleuchtung der Kapazitätsstruktur verstanden und wegen ihres „Ceteris-paribus-Charakters" recht vorsichtig interpretiert werden. Insbesondere sind die durch Kapazitätserweiterungen zusätzlich entstehenden Fixkosten zu berücksichtigen; denn sie sind ja im Gegensatz zu den durch die schon bestehenden Anlagen verursachten Fixkosten noch vermeidbar und somit entscheidungsrelevant.

(6) Die Knappheitspreise enthalten eine Information über die Auswirkungen von Veränderungen einzelner Kapazitäten, d.h. - allgemein gesprochen - von (einzelnen) Koeffizienten der rechten Seite der Nebenbedingungen im LP-Ansatz.

Man kann nun die Auswirkungen von Datenänderungen sowohl bei den b_i wie bei den anderen Koeffizienten des LP-Modells, also den c_j (Zielfunktion) wie den a_{ij} (linke Seite der Nebenbedingungen), genauer berechnen. Auf diese Weise läßt sich gleichsam der „Entscheidungsraum" bei der Produktionsplanung nach verschiedenen Richtungen hin erweiternd ausleuchten. Handelt es sich z.B. um die Deckungsbeiträge c_j, so läßt sich etwa die Frage beantworten, wie sich das optimale Produktionsprogramm verändert, wenn mit einer Erhöhung der (variablen) Lohnkosten um 10 % zu rechnen ist; oder für welchen Variationsbereich des Deckungsbeitrages eines Produktes das Produktionsprogramm optimal bleibt, wenn man Preisänderungen erwägt. Was die a_{ij} (als Produktionskoeffizienten) angeht, so mag man etwa in einer Abteilung eine technische Veränderung planen, die zu einer Rationalisierung und damit Senkung der Faktoreinsatzmengen für ein Produkt führt, und möchte dann wissen, wie sich eine solche Veränderung des Faktoreinsatzverhältnisses auf die Optimallösung auswirkt.

Zur Veranschaulichung der Vorgehensweise bei Sensibilitätsüberlegungen für Lineare Programme betrachten wir die Auswirkung von Änderungen der Koeffizienten der Zielfunktion (als Deckungsbeiträge) auf die Optimallösung mit Hilfe der **Parametrischen Programmierung**. Die Änderung eines Koeffizienten der Zielfunktion läßt sich graphisch (Abb. 6.24) als eine Änderung der Steigung der Isodeckungsbeitragslinie deuten.

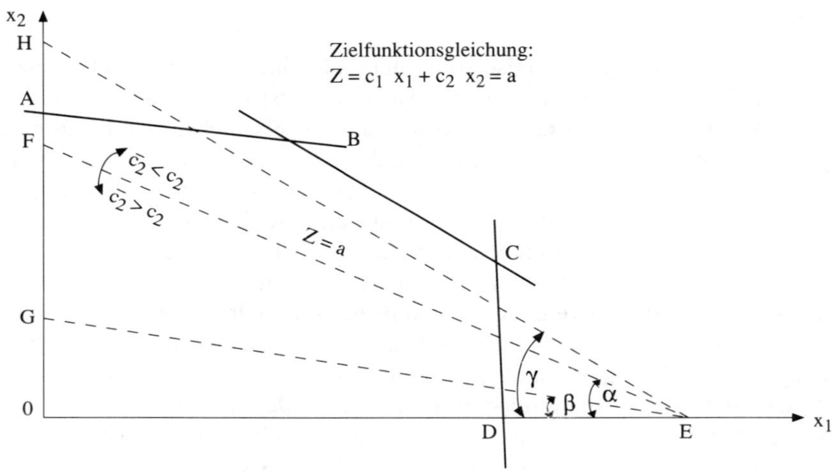

Abb. 6.24: Auswirkung einer Veränderung des Deckungsbeitrages c_2 auf die Optimallösung

In Abbildung 6.24 ist B Optimalpunkt, wenn die Isodeckungsbeitragslinie unter einer Steigung von tg α verläuft, was man durch Parallelverschiebung der Geraden EF zeigen kann. Wird der Deckungsbeitrag des Produktes 2 **erhöht** ($c_2 > c_2$), so dreht sich die Isodeckungsbeitragslinie um E nach unten. Verläuft sie unter der Steigung tg α (Gerade EG), so liegt sie parallel zur Kapazitätsrestriktion AB, d.h. die Punkte A, B und alle Linearkombinationen beider Punkte sind optimal (Tendenz, x_2 stärker im Produktionsprogramm zu berücksichtigen). Überschreitet der Deckungsbeitrag von Produkt 2 einen Grenzwert $c_2^+ > c_2$, so daß die Steigung der Isodeckungsbeitragslinie kleiner als tg ß wird, so ist nur noch Punkt A optimal (Produktionsprogramm enthält nur noch Produkt x_2). Ähnlich läßt sich die Auswirkung einer **Senkung** des Deckungsbeitrages des Produktes 2 erläutern und ein unterer Grenzwert hier Formel $c_2^{++} < c_2$ fixieren.

Die analytische Bestimmung der Grenzen c_2^+ und c_2^{++}, deren Nichtüberschreitung zur Beibehaltung der bisherigen Optimallösung führt (**optimumindifferenter Variationsbereich** der Zielfunktionsvariablen), wie auch der **neuen Optimallösung**, wenn eine Überschreitung des oberen oder unteren Grenzwertes eintritt, kann durch die Parametrische Programmierung erfolgen. Dabei ist es auch möglich, die simultane Veränderung mehrerer Zielfunktionskoeffizienten zu untersuchen.

Ferner läßt sich auch - wie schon erwähnt - die Frage beantworten, wie sich Änderungen von Daten, die in die Berechnung des Zielfunktionskoeffizienten eingegangen sind, auswirken (z.B. eine prozentuale Änderung der Lohnkosten, die in die Berechnung des Deckungsbeitrages eingegangen sind).

Die analytische Untersuchung der Auswirkungen einer parametrischen Variation der Zielfunktionskoeffizienten führt zu der neuen Zielfunktion:

$$(c_1 + \lambda c_1^+)\, x_1 + (c_2 + \lambda c_2^+)\, x_2. \ldots + (c_n + \lambda c_n^+)\, x_n \rightarrow \max! \qquad (15)$$

Hierin sind die c_j die Koeffizienten der ursprünglichen Zielfunktion. Die c_j^+ sind problemspezifisch festzulegen. Ist der optimumindifferente Variationsbereich von c_1 gesucht, so kann $c_1^+ = 1$ festgelegt werden. Sind bei der Berechnung von c_1 etwa 3,– DM Lohnkosten pro Stück berücksichtigt worden und soll untersucht werden, wieweit die Lohnkosten steigen (sinken) können, bevor die bisherige Optimallösung sich ändert, so ist $c_1^+ = -3$ festzulegen. Der gesuchte Parameter bestimmt entsprechend der Definition von c_j^+ den optimumindifferenten Variationsbereich von c_j^+. Im Fall der Lohnkosten gibt er etwa deren maximale prozentuale Erhöhung und Senkung an, die zu keiner Änderung des Produktionsprogramms führt. Ist der obere und untere Grenzwert von c_1 selbst gesucht ($c_1^+ = 1$), so gibt λ die maximalen Beträge an, um die der Deckungsbeitrag steigen (sinken) kann, bevor das optimale Produktionsprogramm sich verändert.

Zur obigen Zielfunktion lautet das Simplex-Kriterium für die Optimalität einer Lösung

$$(z_j - c_j) + \lambda\, (z_j^+ - c_j^+) \geq 0 \qquad (16)$$

Hierin sind die z_j^+ unter Berücksichtigung der c_j^+ der in der Basis befindlichen Variablen analog wie z_j zu berechnen. Mit

$$z_j - c_j = g_j \text{ und } z_j^+ = g_j^+$$

geht (16) über in

$$g_i + \lambda g_j^+ \geq 0 \qquad (17)$$

Im Optimaltableau des ursprünglichen Problems ist $g_j \geq 0$ für alle j; g_j^+ kann jedoch positiv und/oder negativ sein.

Ist $g_j^+ > 0$, so ist der maximale (negative) Wert, den λ annehmen kann, bevor das Simplex-Kriterium negativ wird, gegeben durch

$$\underline{\lambda} = \max_{g_j^+ > 0} \left\{ - \frac{g_j}{g_j^+} \right\} \tag{18}$$

Ist $g_j^+ < 0$, so ist der minimale (positive) Wert, den λ annehmen kann, bevor das Simplex-Kriterium negativ wird, gegeben durch

$$\underline{\lambda} = \min_{g_j^+ < 0} \left\{ - \frac{g_j}{g_j^+} \right\} \tag{19}$$

(19) sei an folgendem Beispiel erläutert:

$$g_j = (5, 6)$$

$$g_j^+ = (-3, 4)$$

Bildet man entsprechend (19) die Quotienten, so erhält man

$$\lambda_1 = +\frac{5}{3} = 1{,}66; \qquad \lambda_2 = +\frac{6}{4} = 1{,}5$$

Wählt man entgegen (19) das Maximum beider Quotienten, also $\lambda = \lambda_1$, so wird das Simplex-Kriterium für $j = 2$ negativ:

$$g_2 + \lambda g_2^+ = 6 + \frac{5}{3} \cdot (-4) = -2/3 < 0$$

Man prüft leicht nach, daß für das Minimum beider Quotienten ($\lambda = \lambda_2$) das Simplex-Kriterium erfüllt ist. Die Obergrenze für λ ist also $\lambda_2 = 1{,}5$.

Ist $g_j^+ = 0$, so geht l gegen unendlich; es existiert daher immer eine engere Schranke für λ. Dieser Fall braucht also nicht betrachtet zu werden. Ist $g_j^+ = 0$ für alle j, so können sich die untersuchten Zielfunktionskoeffizienten beliebig verändern, ohne daß sich die Optimallösung verändert. (18) und (19) reichen also aus, um für λ die Untergrenze $\underline{\lambda}$ und Obergrenze $\overline{\lambda}$ zu bestimmen. An dem oben behandelten **Beispiel** der Produktionsprogrammplanung[54] sei die Frage untersucht, inwieweit der Deckungsbeitrag für Produkt 1 von $c_1 = 8$ nach unten und oben schwanken kann, ohne daß sich die Optimallösung verändert. Die neue Zielfunktion lautet entsprechend (15) mit $c_1^+ = 1$ und $c_2^+ = c_3^+ = 0$

$$(8 + \lambda)\, x_1 + 5\, x_2 + 4\, x_3 \longrightarrow \max! \tag{20}$$

Führt man in das ursprüngliche Optimaltableau (Abb. 6.23) weitere Zeilen und Spalten für c_j^+, g_j^+ und den Quotienten $(-g_j/g_j^+)$ ein und berechnet man die entsprechenden Zahlenwerte, so erhält man das folgende Tableau (Abb. 6.25). Entsprechend (4) ist

54 Vgl. oben, S. 276 das Optimaltableau in Abb. 6.23.

$$\underline{\lambda} = -\frac{4}{3} \text{ (es existiert nur ein } g_j^+ = g_5^+ > 0!)$$

$$\overline{\lambda} = \min_{g_j^+ < 0} \left\{ -\frac{3}{-3} \; ; \; -\frac{4/5}{-2/5} \right\} = 1$$

c_j^+	ZF.-Koeff d. BV.	BV	c_j^+ / c_j / Variable / b_i					
			c_j^+	1	0	0	0	0
			c_j	8	5	4	0	0
			Variable / b_i	x_1	x_2	x_3	x_4	x_5
0	4	x_3	10	0	8	1	1	–1/3
1	8	x_1	6	1	–3	0	–2/5	1/5
		z_j	88	8	8	4	4/5	4/15
$g_j = z_j - c_j$				0	3	0	4/5	4/15
z_j^+				1	–3	0	–2/5	1/5
$g_j^+ = z_j^+ - c_j^+$				0	–3	0	–2,5	1/5
$\left\{-\frac{g_j}{g_j^+}\right\}$				–	1	–	2	–4/3
					↑ $\overline{\lambda}$			↑ $\underline{\lambda}$

Abb. 6.25: Beispiel zur Parametrischen Programmierung

Der optimumindifferente Variationsbereich von c_1 ist also gegegeben durch

$$\frac{4}{3} \leq \lambda \leq 1$$

Die Grenzwerte des Deckungsbeitrages von $c_1 = 8$ sind damit fixiert:

$$8 - \frac{4}{3} \leq c_1 \leq 8 + 1$$

$$6{,}66 \leq c_1 \leq 9.$$

(7) Die dargestellten elementaren Grundlagen und Lösungstechniken der Produktionsprogrammplanung haben nur ansatzweise einen Eindruck von der eigentlichen Tätigkeit des Planers in diesem Bereich vermitteln können, nämlich von der Konstruktion und

Pflege der (eingangs erwähnten) großen LP-Modelle, die in der Praxis zum Einsatz kommen. Hier geht es um die Erfassung oft hunderter von Restriktionen und Entscheidungsvariablen und deren richtige Vernetzung; ein klassisches Beispiel dafür ist die Steuerung der Raffinerieproduktion[55]. An dieser Stelle ist dann auch der Einsatz der EDV im Rahmen der Planungstätigkeit unerläßlich, und zwar sowohl für den Aufbau und die Pflege von Modellen, z.B. durch den Einsatz von Matrixgeneratoren, wie auch für deren Lösung, z.B. durch leistungsfähige Programme für die Simplex-Methode.

Um die Vorgehensweise bei der Konstruktion solcher großen Modelle wenigstens anzudeuten, wählen wir das Beispiel eines zweistufigen Produktionsprozesses, wie er in Abbildung 6.26 dargestellt ist.

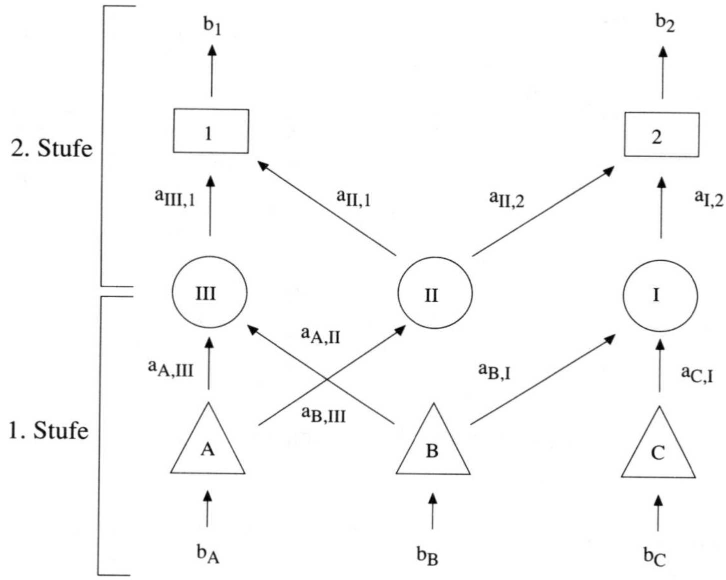

Abb. 6.26: Erfassung der Produktionsprozeßstruktur

In der **ersten** Stufe kommen die Faktoren (Rohstoffe, Maschinen, etc.) A, B und C zum Einsatz und werden zu den Zwischenprodukten I, II und III verarbeitet. In der **zweiten** Stufe werden dann die Zwischenprodukte wiederum entweder weiterverarbeitet zu den Endprodukten 1 und 2 oder können, wie bei Produkt I, direkt am Markt abgesetzt werden. Das Beispiel ist insofern noch relativ einfach gehalten, als die Faktoren der ersten Stufe nicht unmittelbar auch in der zweiten Stufe eingesetzt werden können und Recycling-Prozesse (mit und ohne Wiederaufbereitung) nicht vorgesehen sind; beides wäre aber ohne Schwierigkeiten in das Modell integrierbar.

55 Vgl. dazu eine vereinfachte, aber instruktive Darstellung der komplexen Modellstruktur zur Raffinerieplanung bei Meyer, M., Operations Research, a.a.O., S. 28 ff.

Diese technisch bedingte Produktionsstruktur läßt sich nun in einer „**technologischen Matrix**“ erfassen. Diese Matrix wird aus den einzelnen Produktionsprozessen aufgebaut, die in Abbildung 6.26 enthalten sind. Ein Produktionsprozeß läßt sich - verallgemeinernd zum früher Gesagten - als ein auf einem Einheitsniveau normiertes Einsatz-Ausstoß-Verhältnis von Gütern kennzeichnen; man kann dabei vereinbaren, den Output durch positive und den Input durch negative Größen darzustellen. Für die Normierung des Einheitsniveaus kann ein beliebiges Gut (Output, Input) als Basis genommen werden. Es ergibt sich dann der folgende **Prozeßvektor** $\underline{a}_j$ als mathematische Repräsentation eines Produktionsprozesses j:

$$\underline{a}_j = \begin{pmatrix} 0_{1j} \\ 1_{2j} \\ \cdot \\ \cdot \\ \cdot \\ 0_{nj} \\ -i_{1j} \\ -i_{2j} \\ \cdot \\ \cdot \\ \cdot \\ -i_{mj} \end{pmatrix} \qquad (j = 1, \ldots k).$$

In $\underline{a}_j$ sind alle Output- und Inputmengen auf das Einheitsniveau des Produktes 2 bezogen. Es handelt sich um einen Prozeß mit n Zeilen für n Produkte als Output und m Zeilen für m Inputgüter. Eine Null erscheint in $\underline{a}_j$ dort, wo ein Gut (als Output oder Input) in dem betrachteten Prozeß nicht auftritt.

Für jeden so definierten Prozeßvektor ist die Substituierbarkeit von Einsatzgütern zur Erzeugung eines bestimmten Outputs ausgeschlossen, d.h. man hat es mit einer limitationalen Produktionsfunktion zu tun. Wegen der oben erwähnten **Additivitätseigenschaft** der Prozesse lassen sich diese nun zu der technologischen Matrix wie folgt zusammensetzen:

$$\underline{\mathbf{A}} = \begin{pmatrix} 0_{11} & 0_{12} & \cdots\cdots & 1_{1k} \\ 1_{21} & 0_{22} & & 0_{2k} \\ \cdot & \cdot & & \cdot \\ \cdot & \cdot & & \cdot \\ \cdot & \cdot & & \cdot \\ 0_{n1} & 1_{n2} & \cdots\cdots & 0_{nk} \\ -i_{11} & -1_{12} & \cdots\cdots & -i_{1k} \\ \cdot & \cdot & & \cdot \\ \cdot & \cdot & & \cdot \\ \cdot & \cdot & & \cdot \\ -i_{m1} & -i_{m2} & & -i_{mk} \end{pmatrix}.$$

Man sieht, daß Prozeß 1 auf dem Einheitsniveau des Produktes 2, Prozeß 2 auf dem des Produktes n und Prozeß k auf dem des Produktes 1 normiert ist.

Die technologische Matrix, die der Abbildung 6.26 entspricht, hat dann folgendes Aussehen: Man hat k = 5 Prozesse (Spalten), nämlich drei für die Erzeugung der Zwischenprodukte I bis III und zwei für die Erzeugung der Endprodukte 1 und 2. Ferner hat man 8 Zeilen, nämlich drei für die Inputs A, B und C, drei für die Zwischenprodukte I, II und III und zwei für die Endprodukte 1 und 2. Für die Kennzeichnung der Elemente der Matrix sind die Indizierungen der Abbildung 6.26 übernommen.

$$\underline{\mathbf{A}} = \begin{pmatrix} 0 & 0 & 0 & 1 & 0 \\ 0 & 0 & 0 & 0 & 1 \\ \hline 1 & 0 & 0 & 0 & -i_{I,2} \\ 0 & 1 & 0 & -i_{II,1} & -i_{II,2} \\ 0 & 0 & 1 & -i_{III,1} & 0 \\ \hline 0 & -i_{A,II} & -i_{A,III} & 0 & 0 \\ -i_{B,I} & 0 & -i_{B,III} & 0 & 0 \\ -i_{C,I} & 0 & 0 & 0 & 0 \end{pmatrix} \begin{matrix} \left.\right\} \text{Output} \\ \left.\right\} \text{Zwischenprodukte} \\ \left.\right\} \text{Input} \end{matrix}$$

Aus dieser technologischen Matrix $\underline{\mathbf{A}}$ ist unmittelbar die zweistufige Produktionsstruktur ablesbar; die ersten drei Spalten beziehen sich auf die erste Produktionsstufe, die folgenden zwei Spalten auf die zweite Produktionsstufe. Der Output der ersten Produktionsstufe wird zum Input der zweiten Produktionsstufe, was man an den Zeilen von $\underline{\mathbf{A}}$ erkennen kann, die sich auf die Zwischenprodukte beziehen; hier erscheinen Outputs als positive und Inputs als negative Größen. Der Output des ersten Prozesses (Zwischenprodukt I) wird zum Input des letzten Prozesses, der sich auf die Herstellung von Endprodukt 2 bezieht.

Man kann sich leicht vorstellen, daß es dieser prozeßorientierte Zugriff ermöglicht, eine gegebene Produktionsstruktur konstruierend zu durchdringen und so Schritt für Schritt den Aufbau der technologischen Matrix zu vollziehen. Sie bildet dann die Grundlage für die Optimierung der Produktion unter den verschiedensten je aktuellen Fragestellungen und Restriktionen. Man kann z.B. bei der Optimierung des Produktionsprogramms Nachfragerestriktionen oder Mindestausbringungen berücksichtigen, einen Höchstverbrauch von nur beschränkt beschaffbaren Ressourcen einplanen, den direkten Absatz von Zwischenprodukten statt ihrer Weiterverarbeitung erwägen, kurz eine Vielzahl von Optionen an das Grundmodell der Produktionsprogrammplanung herantragen, die in einer spezifischen Planungssituation für die Unternehmensführung interessant sind.

Kann man etwa das Zwischenprodukt I - um ein Beispiel zu explizieren - zugleich auch am Markt absetzen, so muß das Modell kalkulieren, in welcher Menge das geschehen soll, um den gesamten Deckungsbeitrag zu maximieren. Man muß dann die Matrix $\underline{\mathbf{A}}$ modifizieren, ihr eine Zeile und Spalte hinzufügen, die sich auf den Output des ursprünglichen Zwischenproduktes I als **Endprodukt** (I_M) beziehen. Die neue, sich dann ergebende Matrix ist in dem nachfolgenden LP-Ansatz für das Optimierungsproblem berücksichtigt (Nichtnegativitätsbedingungen unterdrückt):

$$D = (p_1 - c_{II} - c_{III})\, x_1 + (p_2 - c_I - c_{II})\, x_2 + (p_{I_M} - c_I)\, x_{I_M} \longrightarrow \text{max!}$$

$$
\begin{array}{c|cccccc}
 & I & II & III & 1 & 2 & I_M \\
\hline
1 & 0 & 0 & 0 & 1 & 0 & 0 \\
2 & 0 & 0 & 0 & 0 & 1 & 0 \\
I_M & 0 & 0 & 0 & 0 & 0 & 1 \\
I & 1 & 0 & 0 & 0 & -i_{I,2} & -1 \\
II & 0 & 1 & 0 & -i_{II,1} & -i_{II,2} & 0 \\
III & 0 & 0 & 1 & -i_{III,1} & 0 & 0 \\
A & 0 & -i_{A,II} & -i_{A,III} & 0 & 0 & 0 \\
B & -i_{B,I} & 0 & -i_{B,III} & 0 & 0 & 0 \\
C & -i_{C,I} & 0 & 0 & 0 & 0 & 0
\end{array}
\begin{pmatrix} x_I \\ x_{II} \\ x_{III} \\ x_1 \\ x_2 \\ x_{IM} \end{pmatrix}
=
\begin{pmatrix} b_1 \\ b_2 \\ b_I \\ 0 \\ 0 \\ 0 \\ -b_A \\ -b_B \\ -b_C \end{pmatrix}
$$

In (24) erscheint das marktfähige Zwischenprodukt I_M jetzt in Prozeß 6 als Output (+1) und Input (-1). Die Alternative „Weiterverarbeitung oder Marktabsatz“ wird in der Zeile I berücksichtigt, in der das Zwischenprodukt I als Output des ersten Prozesses und als Input der Prozesse 5 (Weiterverarbeitung) und 6 (Marktabsatz) auftaucht. Über die Zielfunktion wird gesteuert, ob und in welchem Umfang die Weiterverarbeitung des Zwischenproduktes I günstiger ist als der direkte Marktabsatz. Dazu werden bei der Berechnung des Deckungsbeitrages sowohl für Produkt 2 wie für das marktfähige Zwischenprodukt die Grenzkosten c_I in Ansatz gebracht; im Rahmen der Simplex-Methode wird dann über die Abwägung von direkten und indirekten Erträgen der beiden fraglichen Prozesse die optimale Verwendung des Zwischenproduktes I gesteuert.

6.3.3.2 Projektplanung mit Netzwerktechnik

Als zweites Beispiel für die Modellierung operativer Planungsprobleme behandeln wir die Planung von Projekten mit Hilfe der Netzwerk- bzw. Netzplantechnik, wie sie oben schon kurz vorgestellt wurde.[56]

Um den **praktischen** Anwendungsbereich dieser Modellierungstechnik richtig einzuschätzen, sollte man einen weiten Projektbegriff im Auge haben, also nicht nur an technische Großprojekte wie Kraftwerks-, Staudamm- oder Schiffbau denken, sondern an komplexe Aufgabenstellungen aller Art; Projekte in diesem Sinne sind dann auch etwa die Organisation einer Jahres-Abschlußprüfung[57], die Strukturierung von (Groß-)Forschungsprojekten, der Kauf und die Übernahme einer Firma (vom Beginn der Verhandlungen bis zur Aufnahme der Fertigung), die Reorganisation einer Abteilung oder die Einführung eines Planungssystems. Bei allen Projekten geht es regelmäßig um

56 Vgl. oben S. 256 f.

57 Vgl. dazu Böcker, F., Dichtl, E. und Penzkofer, P., Netzplantechnik und Jahresabschlußprüfung, Frankfurt/M. 1970.

eine Vielzahl nicht mehr unmittelbar überschaubarer Teilaktivitäten, die zergliedernd identifiziert und in ihren sachlich bedingten Anordnungsbeziehungen von Vor- und Nachzeitigkeit erfaßt werden müssen, um zu einer rationalen Ablaufplanung zu gelangen. Diesen Teil der Modellierung nennt man die Strukturanalyse, die die graphische Darstellung der (Teil-)Aktivitäten mit ihren Verknüpfungen in der Form eines Netzwerkdiagramms zum Ziel hat. Die sich daran anschließende Zeitanalyse nimmt eine zeitliche Abschätzung der Tätigkeitsdauer der Aktivitäten vor und prognostiziert auf dieser Grundlage z.B. den Fertigstellungstermin des Gesamtprojektes sowie Beginn und Abschluß der einzelnen Teilaktivitäten. Kosten- und Ressourcenplanungen können sich dann anschließen.

Die **Strukturanalyse** von Projekten bedient sich zur zeichnerischen Darstellung der Netzwerke graphentheoretischer Hilfsmittel. Ein „Graph" ist - formal gesehen - eine Zeichnung, die aus Knoten und die **Knoten** verbindenden **Kanten** besteht. In Abbildung 6.27 sind die Kanten zusätzlich in eine Richtung orientiert, die durch eine Pfeilmarkierung angegeben ist.

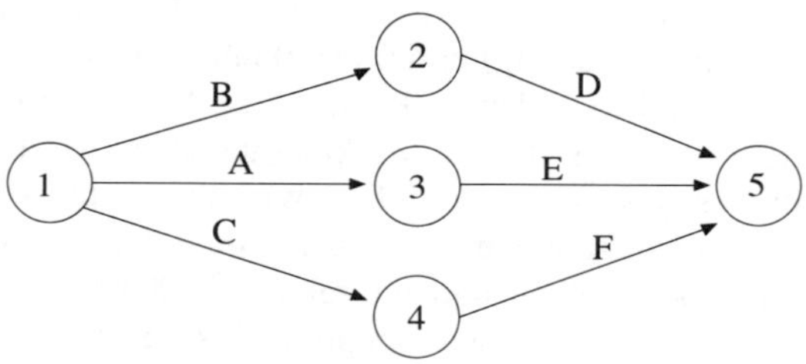

Abb. 6.27: Gerichteter Graph

Entsprechend spricht man dann von „gerichteten Graphen" (im Unterschied zu ungerichteten Graphen). Eine Folge von gleichsinnig gerichteten Kanten nennt man einen „Pfad". In Abbildung 6.26 bilden die Kantenfolgen AE oder CF z.B. einen Pfad. Die Netzwerktechnik bedient sich zur graphischen Darstellung eines Projektes im Rahmen der Strukturanalyse solcher gerichteter Graphen. Je nachdem, wie die Knoten und Kanten dabei interpretiert werden, spricht man von „Tätigkeitsgraphen" und „Ereignisgraphen". Charakteristisch für einen **Tätigkeitsgraphen** ist die Vereinbarung, daß alle Tätigkeiten (Aktivitäten), aus denen ein Projekt besteht, in den Knoten des Graphen darzustellen sind (Abb. 6.28a); demgegenüber handelt es sich um einen **Ereignisgraphen**, wenn die Kanten die Tätigkeiten repräsentieren und die Knoten dann die Bedeutung von (Fertigstellungs-)Ereignissen haben, die sich im Gefolge von Tätigkeiten einstellen (Abb. 6.28b).[58]

58 Beispiele aus Meyer, M. und Hansen, K., a.a.O., S. 84 f.

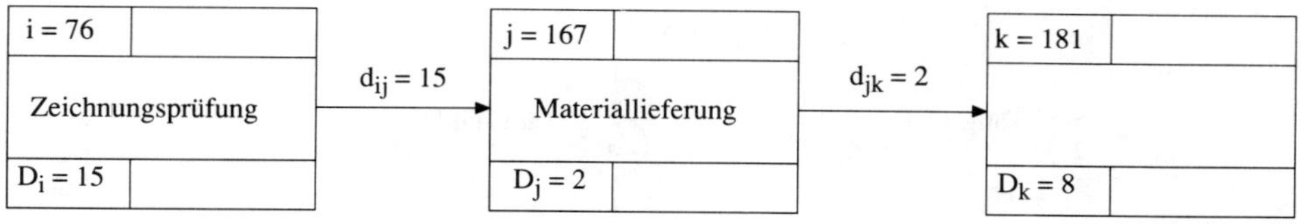

Abb. 6.28a: Tätigkeitsgraph

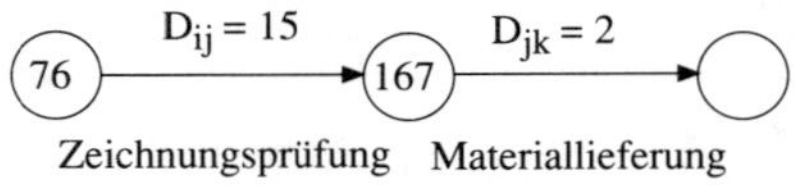

Abb. 6.28b: Ereignisgraph

Der Tätigkeitsgraph der Abbildung 6.28a enthält in jedem Knoten neben der Bezeichnung der Tätigkeit (hier: für den Bau eines Gebäudes) eine Knotennummer (i = 76; j = 167) zur eindeutigen Identifizierung der dem Knoten zugehörigen Aktivität und eine Angabe über die Dauer der Tätigkeit (z.B. $D_i = 15$ Tage). Die Kanten repräsentieren im Tätigkeitsgraphen „technologische Anordnungsbeziehungen" mit einer Zeitangabe ($d_{ij} = 15$ bzw. $d_{jk} = 2$), die ausdrückt, ob die nachfolgende Aktivität sofort im Anschluß an die vorhergehende Tätigkeit begonnen werden kann ($d_{ij} = D_i$; $d_{jk} = D_j$), gewartet werden muß ($d_{ij} > D_i$) oder beide Tätigkeiten sich überlappen können ($d_{ij} < D_i$).

Der Tätigkeitsgraph der Abb. 6.28a ist in den Ereignisgraphen der Abb. 6.28b umkonstruiert. Hier verkörpern die Kanten zwischen jeweils zwei Knoten selbst die Tätigkeit bzw. Aktivität und die $d_{ij} = 15$ bzw. $d_{jk} = 2$ geben die Dauern der Aktivitäten an. Die Knoten als Fertigstellungsereignisse haben die Zeitdauer „Null"; sie sind gleichsam Stadien der Programmdurchführung. Im Ereignisgraphen wird eine Tätigkeit nicht - wie im Tätigkeitsgraphen - durch eine Nummer (eindeutig) identifiziert, sondern durch die Angabe der Nummern der beiden Knoten, die einer Tätigkeit (Kante) vorangehen bzw. nachfolgen. Die Tätigkeit „Zeichnungsprüfung" in Abbildung 6.28b wird also durch die Nummern 76 und 167 identifiziert. Diese „Vereinbarung" hat zur Folge, daß in Ereignisgraphen sog. „**Scheinaktivitäten**" immer dann eingeführt werden müssen, wenn zeitlich parallel laufende Tätigkeiten vorliegen, die gemeinsam die Durchführung einer anderen Tätigkeit zur Voraussetzung haben und selbst wiederum Voraussetzung für eine weitere Tätigkeit sind (Abb. 6.29).

Erst wenn man in dieser Situation eine „Scheinaktivität" (gestrichelte Linie in Abb. 6.30) einführt, erhält man eine Darstellungsform, in der die Tätigkeiten A und B durch Angabe der zugehörigen Knotennummern eindeutig identifiziert werden können.

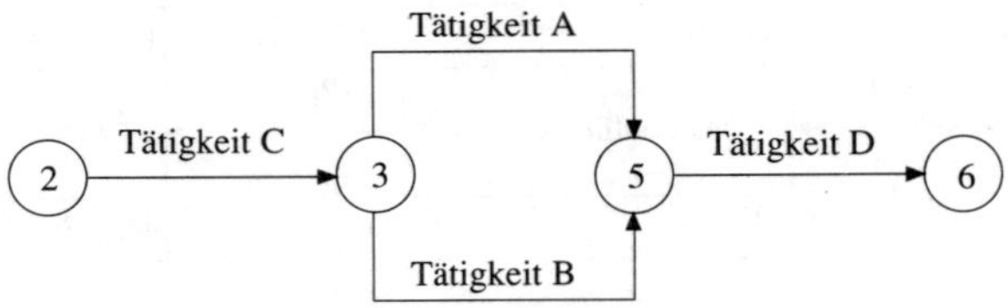

Abb. 6.29: Ereignisgraph mit unzulässiger Darstellung zweier paralleler Tätigkeiten

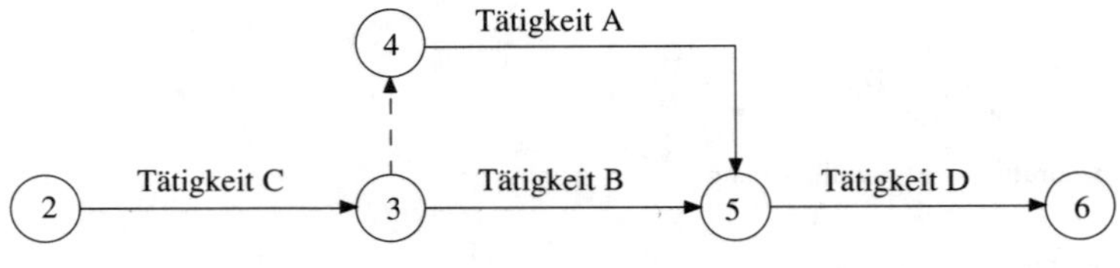

Abb. 6.30: Scheinaktivität im Ereignisgraphen

Die früher[59] erwähnte Netzwerkmethode CPM (Critical Path Method) und PERT (Program Evaluation and Review Technique) bedienen sich zur Strukturanalyse der Ereignisgraphen.

Für die weitere Darstellung der Zeitanalyse knüpfen wir nun an ein Beispiel an[60], das als Ereignisgraph folgendermaßen aussieht (Abb. 6.31).

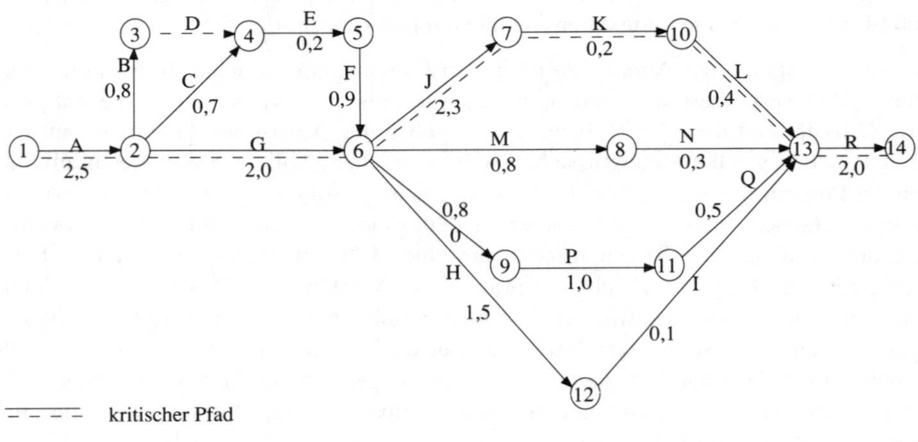

Abb. 6.31: Ereignisgraph für die Herstellung des Prototyps eines Werkzeugmaschinengetriebes als Ergebnis der Strukturanalyse

59 Vgl. oben S. 256.

60 Das Beispiel ist entnommen aus Mertens, P., Netzwerktechnik als Instrument der Planung, in: Zeitschrift für Betriebswirtschaft 34 (1964), S. 382 ff.

Abbildung 6.31 bezieht sich auf die Herstellung eines Prototyps für ein Werkzeugmaschinengetriebe. Die Buchstaben geben die folgenden Aktivitäten an:

A Entwurf
B Anfertigung der Konstruktionszeichnung für das Gehäuse
C Anfertigung der Konstruktionszeichnung für die übrigen Teile
D Scheinaktivität
E Zeichnungsprüfung
F Prüfung durch den Kunden
G Beschaffung von Spezialteilen
H Beschaffung von Lagern und Dichtungen
I Prüfung der Lager und Dichtungen
J Bau des Gußmodells für das Gehäuse
K Gießen des Gehäuses
L Spanende Bearbeitung des Gehäuses
M Wellen drehen
N Wärmebehandlung der Wellen
O Drehen der Zahnräder
P Zahnfräsen
Q Wärmebehandlung der Zahnräder
R Zusammenbau

Bei CPM wird nun für jede dieser Aktivitäten eine Zeit geschätzt, die für ihre Durchführung (voraussichtlich) benötigt wird; sie ist in Abbildung 6.31 bereits bei jeder Aktivität vermerkt.

Unter der Annahme, daß die Durchführung eines Projektes zum Zeitpunkt Null begonnen wird, errechnet man zunächst für alle Ereignisse i die Zeitpunkte $t(f)_i$, zu denen sie frühestmöglich erreicht werden können. Dazu summiert man die Zahlen d_{ij} derjenigen Aktivitäten, die vom Start des Projektes auf den einzelnen Pfaden des Netzwerkes zu jedem Ereignis i führen. Der zeitlängste Weg zum Ereignis i bzw. genauer: die Summe der auf diesem Pfade liegenden Aktivitätszeiten, liefert t (f). Dabei braucht man allerdings nur noch jeweils diejenigen Pfade zu betrachten, die nicht in vorhergehenden Rechenschritten bereits eliminiert sind.

Gemäß Abbildung 6.31 betrachtet man z.B. für die Berechnung von $t(f)_6$ die folgenden zwei zum Ereignis 6 führenden Pfade mit ihren Aktivitäten und Zeitsummen[61]:

1) A - G: $d_{12} + d_{26} = 2{,}5 + 2{,}0 = 4{,}5$

2) A - B - D - E - F: $d_{12} + d_{23} + d_{34} + d_{56} = 4{,}4$

Es ist dann

$$t(f)_6 = \max \{4{,}5; 4{,}3\} = \underline{\underline{4{,}5}}$$

61 Der Pfad A - C - E - F braucht zur Berechnung von $t(f)_6$ nicht mehr betrachtet zu werden, da er bei der Berechnung von $t(f)_4$ bereits eliminiert werden konnte; man prüft leicht nach, daß das Maximum der Zeiten der beiden zum Ereignis 4 führenden Pfade (A - B - D und A - C) für den Pfad A - B - D 3,3 Zeiteinheiten beträgt. Der Pfad A - C beansprucht nur 3,2 Zeiteinheiten.

Der Wert $t\,(f)_z$ für das letzte Ereignis z im Netzwerk markiert den Zeitpunkt, zu dem das Gesamtprojekt frühestmöglich abgeschlossen sein kann. Im Beispiel ist $t\,(f)_{14} = 9{,}4$, wie aus der nachstehenden Tabelle 6.3 abgelesen werden kann.

Akt.	A	B	C	D	E	F	G	H	I	J	K	L	M	N	O	P	Q	R
i	1	2	2	3	4	5	2	6	12	6	7	10	6	8	6	9	11	13
j	2	3	4	4	5	6	6	12	13	7	10	13	8	13	9	11	13	14
$d_{i,j}$	2,5	0,8	0,7	–	0,2	0,9	2,0	1,5	0,1	2,3	0,2	0,4	0,8	0,3	0,8	1,0	0,6	2,0
S_{ges}	0,0	0,1	0,2	–	0,1	0,1	0,0	1,3	1,3	0,0	0,0	0,0	1,8	1,8	0,5	0,6	0,6	0,0
S_f	0,0	0,0	0,1	–	0,0	0,1	0,0	0,0	1,3	0,0	0,0	0,0	0,0	1,8	0,0	0,0	0,6	0,0

Ereign.	1	2	3	4	5	6	7	8	9	10	11	12	13	14
$t_{(f)i}$	0,0	2,5	3,3	3.3	3.5	4,5	6,8	5,3	5,3	7,0	6.3	6.0	7,4	9,4
$t_{(s)i}$	0,0	2,5	3,4	3,4	3,6	4,5	6,8	7,1	5,9	7,0	6,9	7,3	7,4	9,4

Tab. 6.3: Daten und Ergebnisse der Zeitanalyse für das Beispiel der Abbildung 6.31

Ausgehend von der Annahme, daß dieser Zeitpunkt auf alle Fälle erreicht werden muß, kann man nun die Zeitpunkte $t\,(s)_i$ für jedes Ereignis i ermitteln, zu dem es **spätestmöglich** stattfinden muß. Man addiert dazu die Zeitdauern aller Aktivitäten, die von i zum Zielereignis z = 14 führen, und subtrahiert die Summe des daraus resultierenden zeitlängsten Pfades dann von $t\,(f)_z$.

Man betrachte wieder das Ereignis i = 6. Es führen vier Wege vom Ereignis 6 zum Zielergebnis 14, nämlich:

1) M - N - R: $d_{68} + d_{8,13} + d_{13,14} = 0{,}8 + 0{,}3 + 2{,}0 = 3{,}1$

2) J - K - L - R: $d_{67} + d_{7,10} + d_{10,}13 + d_{13,14} = 2{,}3 + 0{,}2 + 0{,}4 + 2{,}0 = 4{,}9$

3) O - P - Q - R: $d_{69} + d_{9,11} + d_{11,13} + d_{13,14} = 0{,}8 + 1{,}0 + 0{,}5 + 2{,}0 = 4{,}3$

4) H - J - R: $d_{6,12} + d_{12,13} + d_{13,14} = 1{,}5 + 0{,}1 + 2{,}0 = 3{,}6$

Der zeitlängste Pfad ist der Pfad 2) mit 4,9 Zeiteinheiten. Man errechnet dann:

$$t\,(s)_6 = t\,(f)_{14} - 4{,}9 = 9{,}4 - 4{,}9 = \underline{\underline{4{,}5}} \qquad \text{(Tabelle 6.3)}$$

Nachdem so die frühest- und spätestmöglichen Zeitpunkte für die Ereignisse (Knoten) ermittelt sind, kann man nun auf ihrer Grundlage die Zeitanalyse für die Tätigkeiten (i,j) durchführen. Man sieht die Richtigkeit der folgenden Formeln unmittelbar ein:

– **frühestmöglicher Anfang** von (i,j) : $t(fa)_{i,j} = t\,(f)_i$
(der frühestmögliche Anfang der Aktivität (i,j) ist identisch mit dem frühestmöglichen Zeitpunkt für den Eintritt des Ereignisses i);

- **frühestmögliches Ende** von (i,j) : $t\,(fe)_{i,j} = t\,(f)_i + d_{ij}$
(das frühestmögliche Ende der Aktivität (i,j) ergibt sich aus dem frühestmöglichen Anfang dieser Aktivität plus Aktivitätsdauer von (i,j));
- **spätestzulässiger Anfang** von (i,j) : $t\,(sa)_{i,j} = t\,(s)_j - d_{i,j}$
(der spätestzulässige Anfang der Aktivität (i,j) ergibt sich aus dem spätestmöglichen Zeitpunkt für den Eintritt des Ereignisses j abzüglich der Aktivitätsdauer von (i,j);
- **spätestzulässiges Ende** von (i,j) : $t\,(se)_{i,j} = t\,(s)_j$
(das spätestzulässige Ende der Aktivität (i,j) ist identisch mit dem spätestmöglichen Zeitpunkt für den Eintritt des Ereignisses j).

Wenn sich nun frühestmögliche und spätestzulässige Zeitpunkte für den Beginn und das Ende einer Aktivität voneinander unterscheiden, so hat man für die Terminierung des Startes einer Aktivität einen gewissen Spielraum zur Verfügung, ohne daß der Projektendtermin verschoben werden muß. Man spricht hier vom „**Schlupf**" oder von der „**Pufferzeit**". Den „Gesamtschlupf" oder „Gesamtpuffer" einer Aktivität berechnet man auf Grund der Annahmen, daß die dieser Aktivität vorausgehenden Ereignisse zum frühestmöglichen und die ihr folgenden Ereignisse zum spätestmöglichen Zeitpunkt stattfinden:

$$S_{ges} = t(sa)_{i,j} - t(fa)_{i,j} = t(s)_j - d_{ij} - t(f)_i$$

Für die Aktivität P ergibt sich etwa mit den Werten der Tabelle 6.3:

$$S_{ges} = t(s)_{11} - d_{9,11} - t(f)_9 = 6{,}9 - 1{,}0 - 5{,}3 = \underline{\underline{0{,}6}}$$

Der **freie Schlupf** stellt dagegen auf die Verschiebbarkeit einer Tätigkeit (i,j) für den Fall ab, daß nicht nur die ihr vorausgehenden, sondern auch die ihr folgenden Ereignisse zum frühestmöglichen Zeitpunkt eintreten:

$$S_f = t(fa)_{i,j} - t(fe)_{i,j} = t(f)_j - (t(f)_i + d_{i,j})$$

Für die Aktivität P berechnet sich der freie Schlupf zu Null aus:

$$S_f = t(fa)_{9,11} - t(fe)_{9,11} = t(f)_{11} - (t(f)_9 + d_{9,11}) = 6{,}3 - 5{,}3 - 1{,}0 = \underline{\underline{0{,}0}}$$

Aktivitäten mit einem $S_{ges} = 0$ werden als „kritisch" bezeichnet. Ein Pfad oder Pfade durch das Netzwerk, zu denen nur kritische Aktivitäten gehören, sind **kritische Pfade**. In Abbildung 6.31 wird der kritische Pfad durch die kritischen Aktivitäten A - G - J - K - L - R gebildet.

Jede Verzögerung auf einem kritischen Pfad führt zu einer gleich großen Verzögerung des Endtermins des Gesamtprojektes. Den Aktivitäten auf dem kritischen Pfad ist deshalb bei der Durchführung und Überwachung des Projektes besondere Aufmerksamkeit zu widmen.

Die Aktivitäten M und N haben den größten Gesamtschlupf von S_{ges} = 1,8 Wochen (Tabelle 6.3). Sie können gegenüber den frühestmöglichen Startterminen von 4,5 Wochen ($t(f)_6$) für M bzw- 5,3 Wochen $t(f)_8$) für N um 1,8 Wochen verschoben werden, ohne daß die Projektdauer verlängert wird. Die Aktivität N hat gleichzeitig auch den größten freien Schlupf S_f = 1,8 Wochen. Der Start dieser Aktivität könnte sich also um 1,8 Wochen verzögern, ohne daß der Beginn der nachfolgenden Aktivität R zum frühestmöglichen Zeitpunkt 7,4 beeinträchtigt wird. Dagegen kann die Aktivität M wegen $S_f = 0{,}0$ nur dann später begonnen werden, wenn man in Kauf nimmt, daß auch die Aktivität N entsprechend später beginnt, gerechnet vom frühestmöglichen Zeitpunkt an.

Das vorstehende CPM-Netzwerk dürfte Grundidee und Technik der Netzwerkanalyse hinreichend deutlich gemacht haben. Verfeinerungen betreffen dann die Berücksichtigung von Verteilungen bei den Zeitschätzungen (stochastische Netzwerke), die Integration von Kostenüberlegungen, z.B. bei PERT/COST oder von Kapazitätsgegebenheiten (und deren Variation). Auch Finanzierungspläne (Auszahlungen) lassen sich an Hand eines Netzwerkes genauer aufstellen.

Gegenüber der Verfahrenstechnik selbst ist aus der Sicht der Planung neben den Anwendungsmöglichkeiten natürlich die **Konstruktion von Netzwerken** der interessanteste Aspekt. Die Konstruktionsleistung des Planers liegt ganz offensichtlich in der strukturierenden Durchdringung des „Durcheinanders" von Aktivitäten, wodurch „Ordnung" geschaffen wird. Dabei ist auch zu klären, auf welchem **Abstraktionsniveau** das Netzwerk angesetzt werden soll. Je abstrakter (umfassender) die Einzelaktivitäten definiert werden, umso grober fällt die Planung aus, umso grober können auch die Zeitschätzungen ausfallen, umso größer ist dann allerdings aber auch die Steuerungslast, die der „Feinplanung" verbleibt. Bei ganz großen Projekten – wie etwa dem Bau einer langen Eisenbahntrasse - ist es dann oft sogar notwenig, eine **Hierarchie** von Netzplänen anzulegen, um auf diese Weise die groben Pläne des übergeordneten Netzwerkes sukzessive bis hin zu Netzwerken zu verfeinern, aus denen sich wöchentliche (oder tägliche) Handlungsanweisungen ableiten lassen (gekoppelte Terminpläne).[62] Das Wissen über die Konstruktion von Netzplänen ist im übrigen inzwischen so weit fortentwickelt worden, daß die Heranziehung von Spezialisten aus der Unternehmensberatung zumindest bei ganz großen Projekten ratsam ist, zumal dort dann auch das spezifische Know How zur EDV-technischen Verarbeitung von Netzplänen versammelt ist.

6.3.4. Planung des Wertumlaufprozesses an Beispielen

Die bisherigen Planungsmodelle bezogen sich auf die Steuerung des Realgüterprozesses bzw. genauer: von Teilbereichen davon. Die Integration solcher **Partial**modelle stößt – wie bereits früher deutlich gemacht wurde[63] – schnell an Grenzen. Will man **gesamtheitliche** Perspektiven für die Abschätzung des Erfolges operativer Managemententscheidungen gewinnen, so muß man sich der Planung des Wertumlaufprozesses zuwenden, also die monetären Konsequenzen der Entscheidungen (in Form von Erlösen und Kosten, Einnahmen und Ausgaben, Erträgen und Aufwendungen) in Planungsmodellen zu

62 Vgl. dazu u.a. Stommel, H.J., Betriebliche Terminplanung, Berlin, New York 1976, S. 114 ff.
63 Vgl. oben S. 228.

erfassen versuchen. Drei Modelle bzw. Planungsinstrumente dieser Art werden nachfolgend exemplarisch vorgestellt; die ersten beiden beziehen sich dabei auf die Steuerungsgröße „Rentabilität", die dritte auf die Steuerungsgröße „Liquidität". Es geht um:

- die Break-even-Analyse
- die Planbilanzierung
- die kurzfristige Liquiditätsplanung.

6.3.4.1 Die Break-even-Analyse

(1) In Abbildung 6.5[64] wurde die Break-even-Analyse nicht als Optimierungsverfahren ausgewiesen, sondern bereits hervorgehoben, daß es sich hierbei um ein Planungsverfahren handelt, das **kritische Grenzpunkte** (Deckungspunkte, Betriebspunkte) ermittelt, und zwar durch Gegenüberstellung von Kosten und Erlösen, sei es für die Gesamtunternehmung, einzelne Abteilungen, eine Produktionslinie oder bestimmte Entscheidungen (z.B. über Losgrößen im Einkauf oder in der Produktion, über Eigenherstellung oder Fremdbezug, über den Einsatz von Vertretern oder Reisenden u.ä.). Die Break-even-Analyse ist also ein formales, inhaltlich vielseitig einsetzbares, dabei in seiner Grundstruktur einfach zu handhabendes Planungsinstrument. Wir beschränken uns hier auf die Darstellung der Kerngedanken der Break-even-Analyse, insbesondere gehen wir von deterministischen Kosten und Erlösen aus und nehmen an, daß die funktionalen Abhängigkeiten linear sind.[65]

(2) Für die graphische Veranschaulichung und Ableitung der analytischen Zusammenhänge wird der einfache Fall einer Einproduktunternehmung vorausgesetzt. Ferner nehmen wir an, daß die Erlös- und Kostenfunktion (Abhängigkeit der Erlöse bzw. Kosten von der Ausbringungsmenge x) für den Planungszeitraum von x = 0 bis zur vollen Kapazitätsauslastung x_{max} bekannt sind. Dann erhält man das Break-even-Diagramm (Break-even-Chart) der Abbildung 6.32.

In Abbildung 6.32 ist der Gesamterlös E (x):

$$E(x) = p\,x \tag{1}$$

mit p als dem Plan-Produktpreis der Planungsperiode (p = tg ß).

Die Gesamtkosten K (x) ergeben sich zu:

$$K(x) = K_v(x) + K_f(x). \tag{2}$$

In (2) sind $K_v(x)$ die gesamten variablen Kosten:

$$K_v(x) = k_v\,x \quad \text{mit } k_v = \mathrm{tg}\alpha. \tag{3}$$

64 Vgl. oben S. 245 und die Erläuterungen zur Abbildung, S. 247.

65 Eine umfassende Darstellung dieses Planungsinstrumentes findet sich in Schweitzer, M. und Troßmann, E.: Break-even-Analyse, Grundmodell, Varianten, Erweiterungen, Stuttgart 1986. Ferner sei auf Tucker, S.A.: Break-even-Analyse, die praktische Methode der Gewinnplanung, München 1966, verwiesen.

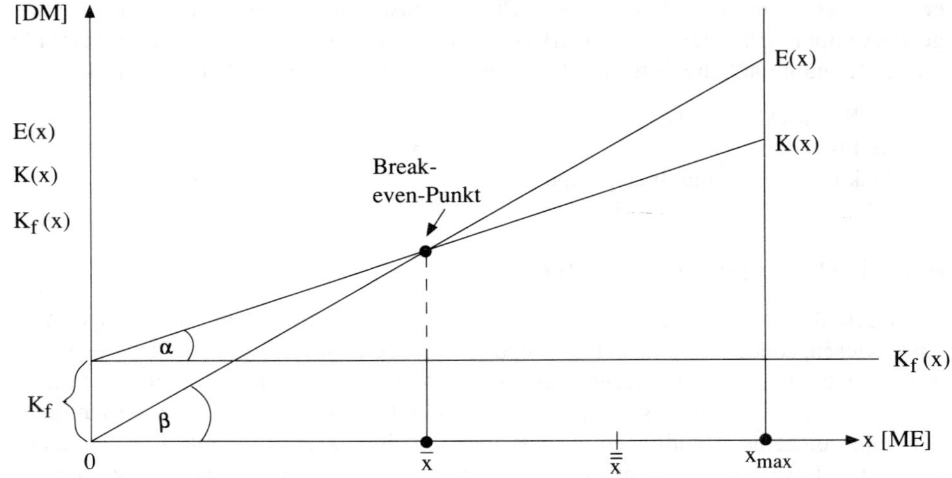

Abb. 6.32: Break-even-Diagramm

K_f (x) = const. sind die von der Ausbringungsmenge unabhängigen „fixen Kosten", d.h. diejenigen Kosten, die in der Planungsperiode nicht abgebaut werden können (sollen), gleichgültig, welche Menge produziert wird. Sie sind für die „Betriebsbereitschaft" disponiert ("Bereitschaftskosten"). In Abbildung 6.32 liegt der „Break-even-Punkt" (die Gewinnschwelle) dort, wo die Gesamterlöse gerade die Höhe der Gesamtkosten erreichen:

$$G(x) = E(x) - K(x) = 0. \qquad (4)$$

Die zugehörige Ausbringungsmenge $\bar{x}$ ist die Break-even-Menge. Wählt man eine beliebige Menge $\bar{\bar{x}}$ ($\bar{\bar{x}} > \bar{x}$), so markiert die Differenz

$$S = \bar{\bar{x}} - \bar{x} \qquad (5)$$

den **Sicherheitsabstand** S, den man von der Break-even-Menge im Fortgang der Planungsperiode mit Zunahme der Ausbringung erreicht. Der Sicherheitsabstand kann auch in Prozent des tatsächlich erreichten Absatzes gemessen werden:

$$S^* = \frac{\bar{\bar{x}} - \bar{x}}{\bar{\bar{x}}} \qquad (5')$$

(3) Hat man mit dem Fortgang der Produktion (und des Absatzes) im Zeitablauf der Planungsperiode die Break-even-Menge erreicht, sind die für die Gesamtperiode anfallenden fixen Kosten gedeckt. Bei einer Jahresplanung stellt man etwa Ende Mai durch Absatzkontrolle fest, daß die Break-even-Menge bereits abgesetzt ist; dann hat man nicht nur diese wichtige Kontrollinformation, sondern weiß auch, daß jede zusätzliche Absatzeinheit einen Gewinn erbringt genau in der Höhe des „Deckungsbeitrages pro Stück". Das geht aus Abbildung 6.33 hervor:

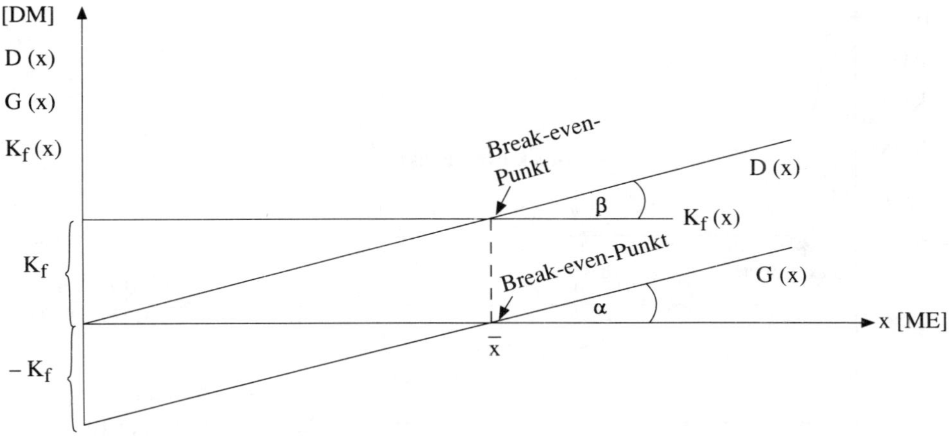

Abb. 6.33: Deckungsbeitrags- und Gewinnfunktion im Break-even-Diagramm

In Abbildung 6.33 liegt die Break-even-Menge dort, wo der Gesamtdeckungsbeitrag gerade die fixen Kosten deckt. Man kann (4) unter Berücksichtigung von (1) - (3) auch wie folgt schreiben:

$$G(x) = p\,x - k_v\,x - K_f = 0 \qquad (6)$$

Hier ist der Break-even-Punkt der Schnittpunkt der Gewinnfunktion G (x) mit der Abszisse (Abbildung 6.33). Ferner ist mit

$$D(x) = p\,x - k_v\,x = (p - k_v)\,x \qquad (7)$$

der Break-even-Punkt auch als Schnittpunkt der Deckungsbeitragsfunktion D (x) mit der Fixkosten-Funktion definiert:

$$D(x) - K_f = 0$$

$$D(x) = K_f \qquad (8)$$

Aus (6) und (7) folgt, daß G (x) und D (x) dieselbe Steigung haben; in Abbildung 6.33 ist

$$\text{tg}\,\alpha = \text{tg}\,ß$$

und damit bringt jenseits von $\bar{x}$ jede zusätzliche Absatzmenge einen Gewinn in Höhe des Deckungsbeitrages d pro Stück: $d = p - k_v$

(4) Das Break-even-Diagramm läßt sich natürlich auch **stückbezogen** darstellen (Abb. 6.34).

In Abb. 6.34 sind Stückerlös und variable Kosten pro Stück konstant; dagegen fallen die anteiligen Fixkosten pro Stück k_f (x) mit steigender Ausbringung.

Die Break-even-Menge $\bar{x}$ liegt dort, wo der Stückdeckungsbeitrag $d(x) = p(x) - k_v(x) =$ const. gerade gleich den anteiligen Fixkosten pro Stück $k_f(x)$ ist:

$$d(\bar{x}) = k_f(\bar{x}) \qquad (9)$$

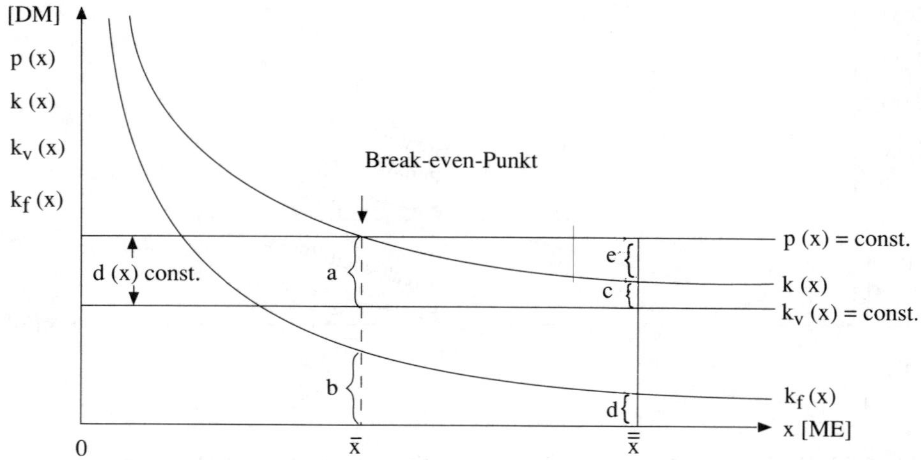

Abb. 6.34: Stückbezogenes Break-even-Diagramm (Stückerlös – Stückkosten)

In Abb. 6.34 gilt also mit $d(\bar{x}) = a$ und $k_f(\bar{x}) = b$, daß a = b ist.

Je weiter die Ausbringung dann über x hinaus erhöht wird, umso mehr wird der Stückdeckungsbeitrag d(x) gleichsam in einen Stückgewinn g(x) „umgewandelt“, da die anteiligen fixen Kosten pro Stück weiter sinken. In Abb. 6.34 sind für die Ausbringungsmenge $\bar{\bar{x}}$ die anteiligen fixen Kosten $k_f(\bar{\bar{x}}) = d$. Da gilt

$$k(\bar{\bar{x}}) - k_f(\bar{\bar{x}}) = k_v\,(\bar{\bar{x}})$$

sind in Abb. 6.34 die Strecken d und c gleich lang. Die Strecke e gibt dann den Betrag des Stückdeckungsbeitrages $d(\bar{x}) = a$ wieder, der bei der Ausbringung $\bar{\bar{x}}$ in Stückgewinn $g(\bar{\bar{x}})$ „umgewandelt“ wurde.

(5) Die Darstellung der Break-even-Analyse hat sich bis dahin an der Ausbringungs**menge** x (= Absatz) orientiert, die auf der Abszisse abgetragen wurde. Man kann die Analyse aber auch ganz auf den **Umsatz** in [DM] beziehen. Dann verläuft die Erlösgerade E(u) natürlich gerade mit einem Winkel von 45° (Abb. 6.35); die Steigung der Gesamtkostenfunktion K(u) bemißt sich entsprechend nach den variablen Kosten pro Umsatzmark, also

$$tg\alpha = \frac{K_v(u)}{u} \quad [DM/DM].$$

In der umsatzbezogenen Darstellung ist der Break-even-Umsatz $\bar{u}$ analog (6) aus (10) zu bestimmen:

$$G(\bar{u}) = \bar{u} - k_v * \bar{u} - K_f = 0 \qquad (10)$$

$$\bar{u} = \frac{K_f}{1 - k_v^*} \quad [DM]. \qquad (11)$$

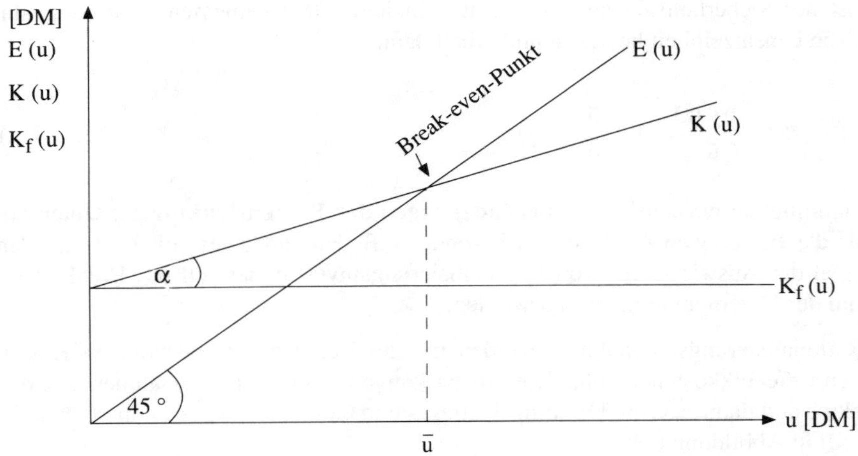

Ab. 6.35: Break-even-Diagramm auf Umsatzbasis

k_v^* bezeichnet in (10) den Anteil der variablen Kosten an der „Umsatzmark".

Der Nenner von (11) entspricht dem sog. **„DBU-Faktor"**, nämlich

$$DBU = \frac{p - k_v}{p} = 1 - \frac{k_v}{p} = 1 - k_v^* \text{ (dimensionslos)} \qquad (12)$$

In (12) ist $(p - k_v)$ der Deckungsbeitrag pro Mengeneinheit; dividiert man ihn durch den Stückpreis p, so erhält man den Anteil an jeder erlösten Umsatzmark, der (nach Abzug der variablen Kosten pro Stück) zur Deckung der fixen Kosten und darüber hinaus zur Gewinnerzielung verbleibt. Man kann (11) daher auch wie folgt schreiben:

$$\bar{u} = \frac{K_f}{DBU}.$$

Für die **Gewinnplanung** erhält man aus (10) unter Verwendung des DBU-Faktors mit $\bar{\bar{u}}$ als gerade betrachteten aktuellen Umsatz

$$G(\bar{\bar{u}}) = \bar{\bar{u}}\,(1 - k_v^*) - K_f = \bar{\bar{u}} \cdot DBU - K_f \qquad (13)$$

Da im Break-even-Punkt die fixen Kosten gerade gleich dem Gesamt-Deckungsbeitrag sind, kann man statt (13) auch schreiben:

$$G(\bar{\bar{u}}) = \bar{\bar{u}} \cdot DBU - \bar{u} \cdot DBU$$

$$G(\bar{\bar{u}}) = (\bar{\bar{u}} - \bar{u}) \cdot DBU \qquad (14)$$

Gleichung (14) besagt, daß der Gewinn ab dem Break-even-Umsatz $\bar{u}$ nach Maßgabe des DBU-Faktors steigt.

$(\bar{\bar{u}} - \bar{u})$ ist der Sicherheitsabstand in Umsatzeinheiten (DM) gemessen. Man kann ihn auch auf die Umsatzeinheit beziehen und erhält dann:

$$S^{+} = \frac{\bar{\bar{u}} - \bar{u}}{\bar{\bar{u}}} = 1 - \frac{\bar{u}}{\bar{\bar{u}}} \,. \tag{15}$$

(6) Wie unmittelbar einsichtig sind **Veränderungen der Kostenstruktur** der Unternehmung für die Break-even-Analyse von besonderer Bedeutung. Dies soll im folgenden am Beispiel der Auswirkungen von Rationalisierungsinvestitionen auf das Break-even-Diagramm der Unternehmung gezeigt werden.

Durch Rationalisierungsmaßnahmen werden in aller Regel die proportionalen Kosten gesenkt und die Fixkosten erhöht. Die Auswirkungen derartiger Maßnahmen auf den DBU-Faktor und damit auf die Deckungsbeitrags- und Gewinnzone zeigen die Schaubilder (a) - (d) in Abbildung 6.36.

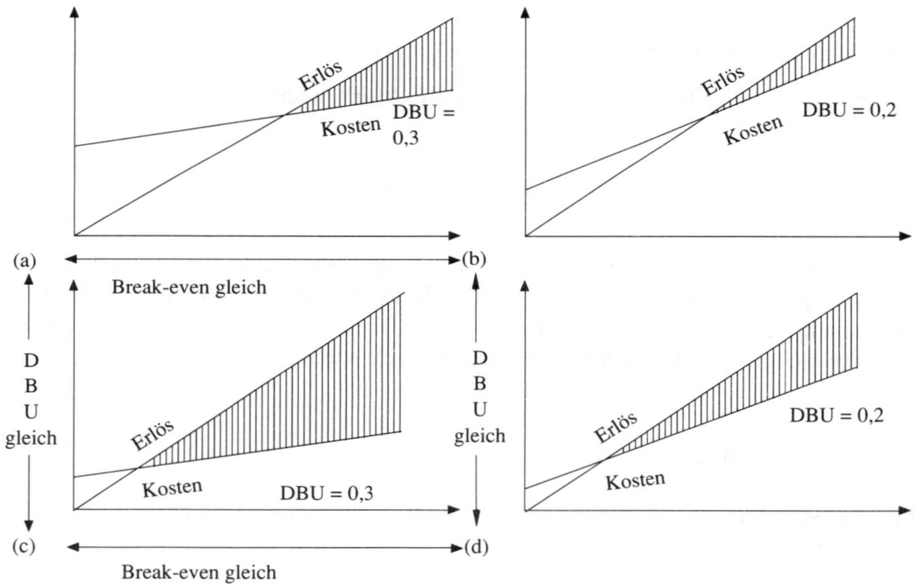

Abb. 6.36: Auswirkungen von Veränderungen der Kostenstruktur auf die Gewinne

Quelle: Tucker, S.A., Break-even-Analyse, S. 72

Die Unternehmung hat in den Situationen (a) und (b) denselben Break-even-Punkt. Da sie jedoch in (a) einen höheren DBU-Faktor aufweist, sind hier nach Überschreitung des Break-even-Punktes die Gewinnzuwächse wesentlich höher und schneller als in (b); allerdings steigen bei (a) auch die Verluste wesentlich höher und schneller, wenn die Umsätze unterhalb der Gewinnschwelle bleiben. Analoges gilt für den Vergleich zwischen (c) und (d). Andererseits haben (a) und (c) dieselbe Gewinnentwicklung, wenn der Break-even-Punkt überschritten ist, jedoch kommt (c) aufgrund der niedrigeren Fixkosten wesentlich früher in die Gewinnzone. Analoges gilt für den Vergleich zwischen (b) und (d).

Den Diagrammen (a) und (d) liegt eine unterschiedliche Struktur sowohl der fixen als auch der variablen Kosten zugrunde. In (a) liegt im Vergleich zu (d) der Break-even-Punkt höher und die proportionalen Kosten sind niedriger. Der Deckungsbeitrag pro Umsatzeinheit und damit die Ertragskraft ist größer, aber ebenso sind es auch die fixen Kosten. Ein solches Bild (a) kann das Ergebnis einer zufälligen Abfolge von Einzelfallentscheidungen der Vergangenheit und insofern ungeplant sein; es kann aber auch der Ausdruck bewußter Planung in dem Sinne sein, daß eine Unternehmung bereit ist, die Vorteile niedriger fixer Kosten und die eines schnellen Erreichens des Break-even-Punktes (relativer Schutz vor Verlusten, geringere Gefahr bei Absatzrückgängen bzw. Fehlplanungen) gegen einen höheren DBU-Faktor (höhere Gewinne bei hohen Umsätzen) einzutauschen. Ein höherer DBU-Faktor bei gleichzeitiger Fixkostensteigerung ergibt sich z.B. bei einer Modernisierung bzw. Automatisierung von Produktionsanlagen (höhere Kapitalkosten bei relativer Verminderung der Arbeitskosten). Denselben Hintergrund kann natürlich auch die Entwicklung einer Unternehmung von (b) nach (a) oder von (d) nach (c) haben.

Die Gefahr der Unternehmung in (a) liegt in ihrer geringen Flexibilität und in ihrer größeren Verwundbarkeit bei Umsatzrückgängen, etwa als Folge von Konjunkturschwankungen. Die unterschiedliche Lage des Break-even-Punktes in Abhängigkeit vom Mechanisierungsgrad wird nochmals in Abbildung 6.37 verdeutlicht.

(7) Das skizzierte Grundmodell der Break-even-Analyse **verdichtet** eine Vielzahl von Planinformationen aus dem Wertumlaufprozeß des Betriebes in den Dimensionen von Erlösen und Kosten; es ist diese Verdichtung von Informationen, die überhaupt erst die einfache Handhabbarkeit und Aussage dieses Planungsinstruments ermöglicht. Das bedeutet auf der anderen Seite dann aber auch, daß man die vielfältigen vorgängigen Annahmen und Entscheidungen, auf denen die Break-even-Analyse basiert, immer präsent haben sollte, um keinen Fehlvorstellungen über die aktuelle Gewinnsituation des Betriebes zu unterliegen. Eine Reihe solcher oft nur implizit gemachter Voraussetzungen sei nachfolgend genannt; sie beleuchten gleichsam exemplarisch das „Vorfeld" der Break-even-Analyse im **Realgüter** - und **Wertumlaufprozeß**. Im einzelnen geht es um folgende Punkte:

(a) Die **Erlösfunktion** wird als linear angenommen, d.h. man geht für die Planungsperiode von einem konstanten Verkaufspreis pro Produkteinheit aus. Der Preis ist unabhängig vom Absatzvolumen; dieses ist die einzige Einflußgröße. Damit setzt man letztlich voraus, daß alle Entscheidungen über den Marketing-Mix bereits gefallen sind und keine Änderungen in der Planungsperiode zu erwarten sind. Das betrifft z.B. die Wahl der **Vertriebswege**, die eingeschlagene **Werbepolitik**, die **Produktverpackung**, die **Servicepolitik** etc. Auch die **Preisdifferenzierung** als Einflußfaktor auf die Erlöse wird nicht explizit thematisiert. Schließlich geht man im Grundmodell

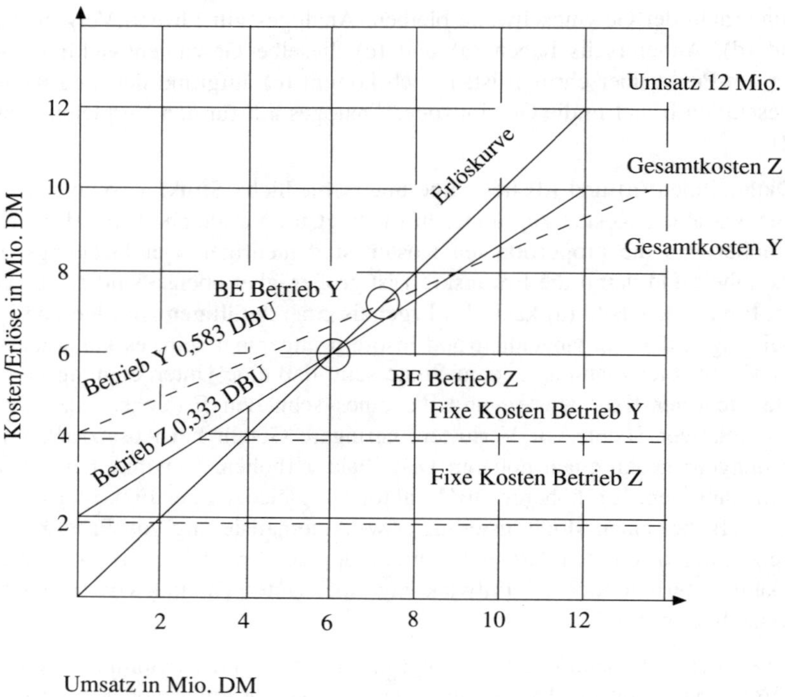

	Betrieb Y	Betrieb Z
Verkaufserlöse	12 000 000 DM	12 000 000 DM
Fixe Kosten	4 000 000 "	2 000 000 "
Proportionale Kosten	5 000 000 "	8 000 000 "
Gesamtkosten	9 000 000 "	10 000 000 "
Gewinn	3 000 000 "	2 000 000 "
DBU	0,583	0,333
BE	6 900 000 DM	6 000 000 DM

Abb. 6.37: Der Break-even-Punkt bei unterschiedlichem Mechanisierungsgrad

Quelle: Tucker, S.A., Break-even-Analyse, S. 121

der Break-even-Analyse implizit davon aus, daß Produktionsabsatz, also keine Lagerbestandsänderungen auftreten und alle strategischen und operativen Absichten der Konkurrenz korrekt antizipierbar und in ihrer Auswirkung auf den Preis abschätzbar sind.

(b) Die **Kostenfunktion** wird ebenfalls als **linear** unterstellt; dabei wird zugleich nur die Abhängigkeit der Gesamtkosten von **einer Kosteneinflußgröße**, nämlich der Beschäftigung (gemessen in Produktions- bzw. Absatzmengen) in die Analyse einbezogen.

Der erste Punkt, die Linearität der Kostenfunktion, kommt zustande, indem man die Gesamtkosten als in genau zwei Kostenkategorien, die fixen und die variablen Kosten, zerlegbar behandelt und für die variablen Gesamtkosten annimmt, daß sie proportional zum Beschäftigungsgrad variieren bzw. bei der Proportionalisierung dieser Kosten der Fehler vernachlässigbar klein bleibt; stückbezogen sind die variablen Kosten konstant. Sowie man andere Kosteneinflußgrößen in die Betrachtung einbezieht, etwa die Intensität der Faktornutzung, ist diese Annahme schon nicht mehr triftig. Es ergibt sich dann typischerweise ein u-förmiger Verlauf der variablen Stückkosten.

(c) Für Einproduktunternehmen können auf der Abszisse des Break-even-Diagramms physische Einheiten abgetragen werden. Mit Hilfe der Break-even-Analyse kann dann für einen geplanten Gewinn das erforderliche Produktionsniveau direkt fixiert und seine Erreichung laufend kontrolliert werden. Bei **Mehrproduktunternehmen** muß die Entscheidung über das Produktionsprogramm für den Planungszeitraum als getroffen vorausgesetzt und als konstant angenommen werden. Die Break-even-Analyse ermöglicht bei Mehrproduktunternehmen keine Bestimmung des gewinnmaximalen Produktionsprogramms.

(d) Die **Produktionstechnologie** bleibt für die Planperiode unverändert. Nur dann gilt die vorausgesetzte Struktur von fixen zu variablen Kosten.

(e) Die **Absatzbedingungen** ändern sich nicht; d.h. Absatzgebiete und Kunden bleiben dieselben und die Konkurrenzverhältnisse bewirken keine Preisänderungen.

(f) **Restriktive Nebenbedingungen** (z.B. Kapazitätsrestriktionen) können in die Break-even-Analyse grundsätzlich nicht explizit eingeführt werden. Bei Mehrproduktunternehmen ist zu unterstellen, daß das vorher festgelegte Produktionsprogramm den relevanten Restriktionen Rechnung trägt. Bei Einproduktunternehmen ist ein evtl. Engpaß vorher bestimmbar und legt die Maximalausbringung (Kapazitätsgrenze) fest.

(8) Abschließende Beurteilung

Obwohl die Voraussetzungen und Annahmen der Break-even-Analyse einer problemlosen und generellen Anwendung entgegenstehen, sind durchaus praktische Situationen denkbar (etwa Einproduktbetriebe, Partialanalysen, Mehrproduktbetriebe bei fixiertem Produktionsprogramm), in denen die Break-even-Analyse wertvolle Dienste leisten kann.

Diese liegen

(a) in der **Gewinnplanung**:

- Es können monetäre Gewinnziele formuliert und mit Hilfe der Break-even-Analyse untersucht werden, mit welchen Produktions- bzw. Absatzgrößen, mit welchen Änderungen der Kostenstruktur oder Änderungen der Preisgestaltung sie zu realisieren sind und umgekehrt.
- Es können physische und/oder monetäre Zielgrößen aus der Produktions-, Investitions- bzw. Absatzplanung zugrundegelegt werden, um mit Hilfe der Break-even-Analyse ihre Auswirkungen auf die Erlös-, Kosten- und Gewinnstruktur zu untersuchen.

(b) in der **Gewinnkontrolle**:

Die laufende Registrierung der entsprechenden Kennzahlen ermöglicht eine laufende Beobachtung (und -falls notwendig- kurzfristige Beeinflussung) der Gewinnentwicklung. Am Ende der Planungsperiode bietet die Break-even-Analyse ein Hilfsmittel, um über den Vergleich realisierter Ist-Daten mit den geplanten Soll-Vorgaben eventuelle Abweichungsursachen zu analysieren und erforderliche Korrekturmaßnahmen abzuleiten.

Trotz der damit angedeuteten weitergehenden Einsatzmöglichkeit der Break-even-Analye bleibt festzuhalten, daß sie sich als Instrument der Gewinnplanung und -kontrolle am besten für Einproduktbetriebe eignet. Je vielfältiger demnach das Produktionsprogramm eines Betriebes zusammengesetzt ist, desto weniger ist die Break-even-Analyse als (ausschließliches) Instrument der Gewinnplanung und -kontrolle für den Gesamtbetrieb brauchbar. Zwar kann immer noch der Break-even-Punkt in monetären Einheiten errechnet werden, jedoch würde die Ermittlung des gewinnoptimalen Produktionsprogromms nach herkömmlichen Methoden mit überaus hohem Aufwand verbunden und bei komplexen Problemstellungen letztlich nicht mehr zu leisten sein. Dann ist man auf die dargestellten Methoden der mathematischen Programmierung verwiesen.[66]

6.3.4.2 Planbilanzierung

Die Bilanzprojektion als Ursprungsidee

(1) Die Break-even-Analyse ist ein Modell, das die Unternehmenssituation gesamthaft in hochaggregierter Form in den Kategorien von Kosten und Erlösen erfaßt. Demgegenüber geht es bei der Planbilanzierung um eine Antizipation der Vermögens- und Kapitalsituation und der Aufwands- und Ertragslage, d.h. um die Planung der finanzwirtschaftlichen Situation der Unternehmung; im englischsprachigen Raum spricht man deshalb auch von „corporate financial models".[67] Dabei kann der Aggregationsgrad der Modelle je nach Informationsbedarf variiert werden.

(2) Alle Modelle der Planbilanzierung wurzeln letztlich in der einfachen Grundidee der „Bilanzfortschreibung". Insoweit geht es eigentlich zunächst eher um „Prognosemodelle" (oder Projektionsmodelle) als um Planungsmodelle. Die Grundidee derartiger Bilanzprognosemodelle ist einfach. Ausgehend von der Schlußbilanz des Jahres t - 1 (= Anfangsbilanz von t) werden mit Hilfe vorgegebener Daten (z.B. Bilanzwerte der Vergangenheit, geschätzter Umsatz etc.) und Parameter (z.B. Kennziffern wie: Forderungen/ Umsatz) die Schlußbilanz und die G+V-Rechnung des Jahres t prognostiziert. An einem Beispiel sei die Aufstellung einer prognostizierten Bilanz erläutert. Gegeben sei die Anfangsbilanz:

66 Vgl. oben S. 241 ff.

67 Vgl. dazu etwa Grinyer, P.H. and Wooller, J.: Corporate Models Today, A New Tool for Financial Management, London 1975. Der erste berühmt gewordene Aufsatz stammt von Gershefski, G.W.: Building a corporate financial model, in: Harvard Business Review 47 (1969), Nr. 4, S. 61-72.

Anfangsbilanz

Aktiva		Passiva	
Forderungen	100	Grundkapital	300
Lager	500	Jahresgewinn	100
Kasse	100	Verbindlichkeiten	200
		Kredite	100
	700		700

Der Umsatz in t - 1 habe 1000,-- DM betragen. Folgende Kennziffern lassen sich dann bestimmen:

(1) $\frac{\text{Forderungen}}{\text{Umsatz}} = 0{,}1$

(2) $\frac{\text{Lagerbestand}}{\text{Umsatz}} = 0{,}5$

(3) $\frac{\text{Kassenbestand}}{\text{Umsatz}} = 0{,}1$

(4) $\frac{\text{Jahresgewinn}}{\text{Umsatz}} = 0{,}1$

(5) $\frac{\text{Verbindlichkeiten}}{\text{Umsatz}} = 0{,}2$

Unter der Annahme, daß diese Kennziffern auch für das Jahr t Gültigkeit haben (also z.B. die Lagerhaltungspolitik, der Zahlungsmodus für Verbindlichkeiten etc. unverändert bleiben werden), läßt sich aus der Anfangsbilanz, dem geschätzten Planumsatz von 1800,-- DM für t und den Kennziffern (1) - (5) die folgende Planbilanz erstellen:

Planbilanz

Aktiva		Passiva	
Forderungen	180	Grundkapital	300
Lager	900	Jahresgewinn und Gewinnvortrag	280
Kasse	180	Verbindlichkeiten	360
		Kredite	320
	1260		1260

Die geplante Kreditaufnahme von 320,-- DM ergibt sich als Restglied. Der gestiegene Umsatz wird also c.p. eine Ausweitung der Fremdfinanzierungsmittel auf 320,-- DM erfordern, wenn man davon ausgeht, daß der gesamte Gewinn des Jahres in Höhe von DM 180,-- und der Gewinnvortrag aus dem Vorjahr nicht ausgeschüttet werden und somit zur Finanzierung des Vermögens zur Verfügung stehen. Die Relation von Bilanzsumme zu Umsatz bleibt dann gleich:

$$\frac{\text{Bilanzsumme}_{t-1}}{\text{Umsatz}_{t-1}} = \frac{700}{1000} = \frac{\text{Bilanzsumme}_t}{\text{Umsatz}_t} = \frac{1260}{1800} = 0{,}7\,.$$

Aus diesem Beispiel wird bereits ersichtlich, daß in Planbilanzierungsmodelle dieser Art **keine Entscheidungsvariablen** eingehen. Alle zur Bilanzprojektion erforderlichen Größen liegen als Vergangenheitsdaten fest, sind auf Grund explizit getroffener Entscheidungen fixiert (z.B. Entscheidungen über Lagerhaltungs- und Kassenhaltungspolitik) oder werden prognostiziert (wie der Umsatz).

Ein ausdifferenziertes Bilanzprognosemodell

(1) In allgemeiner Form bestehen die Bilanzprognosemodelle aus einer Reihe von Gleichungen, die sich auf die Bilanz- und die G+V-Positionen beziehen. Die Zahl der Gleichungen und damit die Komplexität eines Modells hängen von dem angestrebten Aggregationsgrad von Bilanz und G+V-Rechnung (Tiefengliederung der Positionen) ab. Je höher aggregiert beide Informationswerke ausfallen sollen, umso geringer wird die Zahl der Gleichungen.

Das folgende Modell ist daher nur beispielhaft zu formulieren.[68] Wir unterscheiden dabei Bestandsgleichungen, die Bestände in der Schlußbilanz definieren, Flußgleichungen, die Veränderungen auf den Bestandskonten und die Aufwendungen und Erträge der G+V-Rechnung definieren, und Vorgaben, die als Inputdaten jeweils neu in das Modell einzugeben sind.

1) **Bestandsgleichungen**

Die Bestandsgleichungen sind je nach gewünschter Tiefengliederung der Bilanz aufzubauen. Ihre Erstellung soll an einem Beispiel mit acht Bilanzpositionen demonstriert werden:

68 Vgl. dazu Wagner, J. und Pryor, L.J., Simulation and the Budget. An Integrated Model, in: Sloan Management Review 12 (1970/71), Nr. 2, S. 45 ff.; ferner Mertens, P. und Griese, J.: Industrielle Datenverarbeitung 2, Informations- und Planungssystem, 4. Aufl., Wiesbaden 1984, S. 184 ff.

(1) Kasse (t) = Kasse (t - 1) + Kasseneingänge (t) - Kassenausgänge (t)

(2) Forderungen (t) = (1 - a) Umsatz (t) + (1 - b - a) Umsatz (t - 1)

mit

a = Liquidationssatz der Umsätze aus t in t

b = Liquidationssatz der Umsätze aus t - 1 in t

c = Liquidationssatz der Umsätze aus t - 2 in t und a + b + c = 1

An Hand des folgenden Beispiels versteht man sofort die Gleichung (2).

Liquida- tionssätze	Umsätze	Kunden- zahlungen t–2	t–1	t	Forderungen t
a = 0,2	U (t) = 10000			2000	8000
b = 0,3	U (t–1) = 20000		4000	6000	10000
c = 0,5	U (t–2) = 15000	3000	4500	7500	0
					18000.

Nach (2) ergibt sich ebenfalls der Forderungsbestand in (t) zu:

(1 - 0,2) 10.000 + (1 - 0,3 - 0,2) 20.000 =18.000

(3) Lagerbestand (t) = Lagerbestand (t - 1) + Lagerzugang (t) - Lagerabgang (t) - Abschreibung auf Lagerbestand (t)

(4) Anlagen (t) = Anlagen (t - 1) + Anlagenzugänge (t) - Anlagenabgänge (t) - Abschreibungen (t)

(5) Verbindlichkeiten (t) = (1 - m) Einkäufe (t) +(1 - m - n) Einkäufe (t - 1)

mit

m = Liquidationssatz der Einkäufe aus t in t
n = Liquidationssatz der Einkäufe aus t - 1 in t
q = Liquidationssatz der Einkäufe aus t - 2 in t und m + n + q = 1.

(6) Bankkredit (t) = Bankkredit (t - 1) + Kreditzugang (t) - Kreditrückzahlung (t)

(7) Grundkapital (t) = Grundkapital (t - 1) + Kapitalerhöhungen (t) - Kapitalherabsetzungen (t)

(8) Rücklagen (t) = Rücklagen (t - 1) + Erfolg nach Steuern (t) (Annahme: Keine Dividendenzahlungen)

2) **Flußgleichungen**

Sie definieren diejenigen „Flußgrößen“ (Zugänge, Abgänge) der Bestandsgleichungen, die aus Prognosemodellen hervorgehen, sowie die Größen der G+V-Rechnung. Im einzelnen sind hier zu berücksichtigen:

(1) Kasseneingänge (t) = a · Umsatz (t) + b · Umsatz (t-1) + c · Umsatz (t-2) + Kreditzugang (t)

(2) Kassenausgänge (t) = m · Einkäufe (t) + n · Einkäufe (t-1) + q · Einkäufe (t-2) + Kreditrückzahlungen (t) + Zinsen (t)

(3) $\text{Lagerzugang (t)} = \text{Kosten pro ME} \left(\frac{\text{Umsatz (t)} + \text{Umsatz (t} - 1) + \text{Umsatz (t} - 2)}{3 \cdot \text{Verkaufspreis pro ME}} \right)$

$- \text{Lagerbestand (t} - 1)^{*)}$

$\text{Lagerabgang (t)} = \text{Kosten pro ME} \left(\frac{\text{Umsatz (t)}}{\text{Verkaufspreis pro ME}} \right)$

*) Die Lagerhaltungspolitik strebt also einen durchschnittlichen Lagerbestand in Höhe eines durchschnittlichen Periodenumsatzes über die drei letzten Perioden an.

(4) Zinsen (t) = i · Bankkredit (t) mit i als Zinsrate

(5) Kosten des Umsatzes (t) = Umsatz t (Kosten pro ME/Verkaufspreis pro ME)

In den Kosten pro ME sind anteilige Verkaufs- und Verwaltungskosten sowie Abschreibungen nicht enthalten.

(6) Verkaufs- und Verwaltungskosten (t) =

x · Umsatz (t) mit x als Verkaufs- und Verwaltungskostenfaktor.

(7) Abschreibungen auf Anlagen (t) =

y · Anlagen (t-1) mit y als Abschreibungsfaktor auf Anlagen.

(8) Abschreibungen auf Lagerbestand (t) =

Lagerbestand (t-1) z · mit z als Abschreibungsfaktor auf den Lagerbestand.

(9) Erfolg vor Steuern (t) =

Umsatz (t) - Kosten des Umsatzes (t)

- Verkaufs- und Verwaltungskosten (t)

- Zinsen (t) - Abschreibungen auf Anlagen (t)

- Abschreibungen auf Lagerbestand (t)

(10) Steuern (t) = r · Erfolg vor Steuern (t)[69] mit r als Steuersatz für die gewinnabhängigen Steuern.

(11) Erfolg nach Steuern (t) = Erfolg vor Steuern (t) - Steuern (t)

3) **Inputgrößen**

Als Inputgrößen gehen Daten der Vorperiode aus dem Rechnungswesen, prognostizierte Daten und die hier nicht nochmals zu erläuternden Parameter (c, b, a; m, n, q; i, x, y, z, r) in das Modell ein.

Die mit * gekennzeichneten Größen sind evtl. über Prognosemodelle zu bestimmen.

(1) Kasse (t-1)
(2) Umsätze (t)*, Umsätze (t-1), Umsätze (t-2)
(3) Lagerbestand (t-1)
(4) Verkaufspreis pro ME*
(5) Kosten pro ME*
(6) Anlagen (t-1), Anlagenzugänge (t)*, Anlagenabgänge (t)*
(7) Einkäufe (t)*, Einkäufe (t-1), Einkäufe (t-2)
(8) Bankkredit (t-1), Kreditzugang (t)*, Kreditrückzahlung (t)*
(9) Grundkapital (t-1), Kapitalerhöhungen (t), Kapitalherabsetzungen (t)
(10) Rücklagen (t-1)

Mit dem Modell kann eine beliebige Zahl von Simulationsläufen durchgeführt werden, wobei die Inputdaten parametrisch variiert werden können.

Wichtige Anwendungen des Modells schlagen sich etwa in folgenden Fragen nieder:

(1) Wie wirken sich unterschiedliche Umsatzprognosen auf Bilanz- und G+V-Rechnung aus?
(2) Wie beeinflussen Parameteränderungen (Zinssatz, Liquidationssätze für Forderungen etc.) den Abschluß?
(3) Wie hoch ist der Bedarf an Fremdkapital bzw. der Möglichkeiten der Kreditrückzahlung in Abhängigkeit von verschiedenen Umsatzentwicklungen?
(4) Wie wirken sich Umsatzentwicklungen alternativer Finanzierungsmaßnahmen auf die Bilanzstruktur aus?

Zu dem beschriebenen Modell ist ein einfaches Beispiel[70] mit drei Simulationsläufen in Abbildung 6.38 dargestellt. Es wird dort die unterschiedliche Entwicklung des Cash Flow in Abhängigkeit von Veränderungen bestimmter Inputdaten des Modells gezeigt. In allen drei Simulationsläufen wurde dieselbe Umsatzentwicklung unterstellt. Dem **ersten** Simulationslauf wurden u.a. folgende Größen zugrundegelegt:

69 Zur differenzierten Berücksichtigung verschiedener Steuerarten vgl. Mertens, P. und Griese, J., a.a.O., S. 189.

70 Vgl. Wagner, J. und Pryor, L.J., a.a.O., S. 51 ff.

(1) Die variablen Herstellkosten betragen 70 % des Umsatzes;
(2) Die Fixkosten betragen $ 100.000 pro Monat;
(3) Für die Forderungen gilt das folgende Liquidationsspektrum:
—60 % der Forderungen werden im ersten Monat nach Verkauf gezahlt,
—30 % der Forderungen werden im zweiten Monat nach Verkauf gezahlt und
—10 % der Forderungen werden im dritten Monat nach Verkauf gezahlt.

Im **zweiten** Simulationslauf wurden die variablen Herstellkosten von 70 % auf 60 % des Umsatzes gesenkt und die Fixkosten um $ 100.000,- auf $ 200.000,- erhöht. Diese Änderungen würden sich im Gefolge der geplanten Anschaffung neuer Maschinen ergeben (Rationalisierungsinvestitionen). Der **dritte** Simulationslauf unterschied sich von dem zweiten nur durch eine Änderung der Annahme bezüglich des Liquidationsspektrums der Forderungen: Im ersten Monat nach Verkauf sollten statt 60 % nur 40 % der Forderungen eingehen, im zweiten Monat nach Verkauf anstatt 30 % ebenfalls 40 % und im dritten Monat nach Verkauf anstatt 10 % 20 %. Insgesamt wird also eine Verlangsamung der Liquidation von Forderungen unterstellt.

Aus Abbildung 6.38 ist ersichtlich, daß sich die Cash-flow-Funktion invers zur Umsatzentwicklung verhält: mit steigenden Umsätzen geht ein rückläufiger Cash flow einher und umgekehrt. Außerdem lassen sich aus Abbildung 6.38 die Auswirkungen der Datenvariation ablesen und auf diese Weise wichtige Informationen für Entscheidungen gewinnen. Das Modell der Bilanzprojektion zeigt also - obwohl es im Grunde ganz einfach strukturiert ist - interessante Effekte als Folge der Interaktion zwischen den Gleichungen auf.

Modelle der Planbilanzierung

(1) Das dargestellte Bilanzprognosemodell enthält keine Optimierungszielsetzung. Es schreibt auf der Basis bereits getroffener Vorentscheidungen oder eingefahrener Praktiken die Vergangenheit auf der Basis eines prognostizierten Umsatzes in die Zukunft fort. Das gilt sowohl für die Gestaltung des Realgüter- wie des Wertumlaufprozesses. In diesem Sinne liegen dem Modell z.B. vorfixierte Politiken über die Kassenhaltung, die Lagerhaltung, oder die Zahlungskonditionen und das Mahnwesen (in ihrer Auswirkung auf den Forderungsbestand) ebenso zugrunde wie ggfs. bilanzpolitische Überlegungen zur Bewertung von Vermögenspositionen.

Im Prinzip kann man nun natürlich diesen reinen Prognosecharakter des Modells in Richtung auf die Einbeziehung von (operativen) Entscheidungen zur Optimierung gewisser zentraler Teile des Realgüterprozesses transzendieren. Man erhält dann echte Planbilanzierungsmodelle, die ausgewählte Kernbestandteile des Realgüterprozesses in sich aufnehmen und die Konsequenzen der optimalen Entscheidungen für Bilanz- und G+V-Rechnung im Wertumlaufprozeß registrieren. Nachfolgend wird die Architektur eines solchen Modelles im Überblick dargestellt. Es handelt sich um ein LP-Modell, dessen Grundzüge zuerst von Mattessich entwickelt wurden.[71]

71 Vgl. dazu auch Mattessich, R., Accounting and Analytical Methods, Homewood, Ill. 1964, S. 344-408; kurz informiert: ders., Die wissenschaftlichen Grundlagen des Rechnungswesens, Düsseldorf 1970, S. 229 ff.

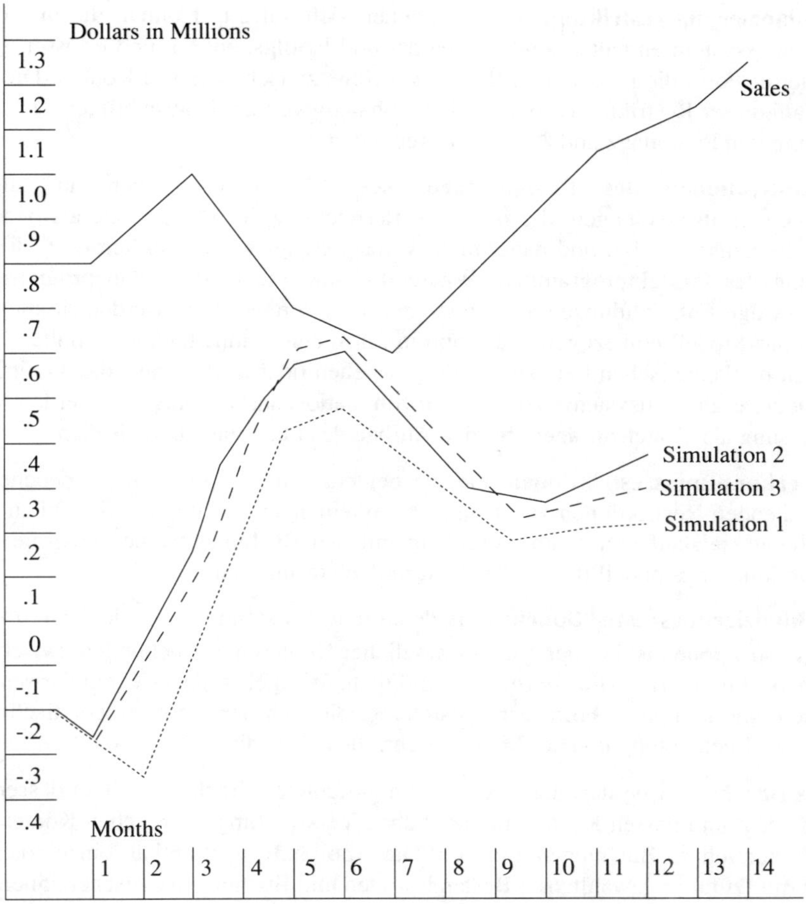

Abb. 6.38: Cash Flow-Entwicklung bei variierten Inputdaten

Quelle: Wagner, J., Pryor, L.J., Simulation and the Budget...., a.a.O., S. 53

(2) Das **Planungsproblem**: Gegeben ist eine Anfangsbilanz, deren Positionen auf der Aktiv- und Passivseite im Hinblick auf die angestrebten Informationen in Planbilanz und G+V-Rechnung in geeigneter Weise zusammengefaßt sind.

Gesucht sind die im Realgüterprozeß der Unternehmung zu treffenden Entscheidungen und die daraus resultierenden großen Buchungsströme zwischen den ins Auge gefaßten Kontengruppen, durch welche die Anfangsbilanz in eine Schlußbilanz transformiert wird, wobei die Bilanz auch bestimmten vorgegebenen strukturellen Anforderungen genügen kann. Derartige Planbilanzen sind dann als Globalmodell zur Steuerung und Kontrolle der Gesamtunternehmung anzusprechen.

(3) Die **Restriktionen des Modells** im Überblick: Die Restriktionen, unter denen die Zielsetzung zu optimieren ist, lassen sich in drei Typen einteilen:

(a) **Bilanzierungsrestriktionen**: Sie beziehen sich auf alle Konten, die in einem Buchungssystem enthalten sind (Bestands- und Erfolgskonten), und erfassen in aggregierter Form die potentiellen Buchungsströme zwischen diesen Konten. Die Art und Zahl dieser Restriktionen ist natürlich abhängig von der beabsichtigten Tiefengliederung von Planbilanz und Plan-G+V-Rechnung.

(b) **Restriktionen des Realgüterprozesses**: Sie beziehen sich auf diejenigen (Kern-)Entscheidungen, die für die Zielerreichung der Planperiode als bedeutungsvoll anzusehen sind und daher nicht vernachlässigt werden sollten (z.B. die Gestaltung des Produktprogramms). Während – wie gesagt – die Bilanzprognosemodelle derartige Entscheidungen als bereits getroffen voraussetzen, werden sie hier explizit in das Modell einbezogen. Das kann in Form eines einheitlichen, simultan zu lösenden mathematischen Globalmodells geschehen oder auch derart, daß Optimierungsmodelle als Teilsysteme so in einen Simulationsansatz integriert werden, daß ihre Lösung als „Datenzuträger" für den Aufbau des Planbilanzmodells dient.

(c) **Verknüpfungsrestriktionen**, die die beiden, zunächst unabhängig nebeneinanderstehenden Restriktionen zu (a) und (b) miteinander verknüpfen. Sie füllen den Buchungskreislauf gleichsam wertmäßig mit den Buchungsströmen aus, die aus dem Optimierungsmodell für den Realgüterprozeß resultieren.

(4) **Bilanzierungsrestriktionen**: Eine detaillierte Darstellung aller denkbaren Bilanzierungsrestriktionen ist bei der Vielfalt möglicher Konten und Buchungen zwischen ihnen in übersichtlich erfaßbarer Form nicht möglich. Wir gehen daher exemplarisch vor und wählen eine kompakte Form der Darstellung, die sich der graphentheoretischen Abbildung der Buchhaltung und der Matrizenschreibweise bedient.

Jedes Buchhaltungssystem läßt sich als ein gerichteter Graph darstellen, dessen Knoten die Konten und dessen Kanten die möglichen Verknüpfungen zwischen Konten in Form der (potentiellen) Buchungen angeben. Die Abbildung 6.39 enthält einen solchen Graphen mit (zufällig gewählten) 4 Bestandskonten und Buchungen zwischen ihnen.

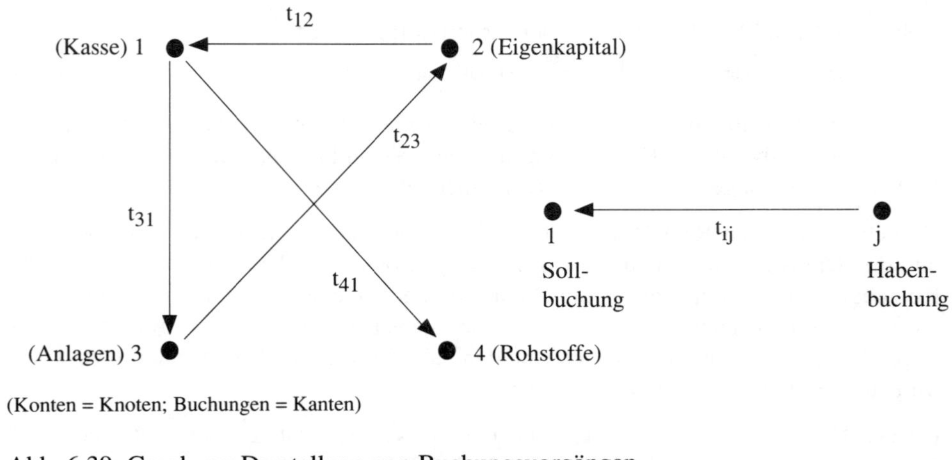

Abb. 6.39: Graph zur Darstellung von Buchungsvorgängen

In Abbildung 6.39 ist der Buchungsvorgang „Rohstoffe an Kasse“ (Bareinkauf von Rohstoffen) durch die gerichtete Kante von Knoten 1 zu Knoten 4 angedeutet; $t_{ij} = t_{41}$ gibt den Betrag der Buchung an. Zu jedem derartigen Graphen läßt sich eine Inzidenz-Matrix konstruieren, die die Inzidenz der Knoten angibt. Sie hat für den Graphen der Abb. 6.40 folgendes Bild:

Kanten / Knoten	t_{12}	t_{23}	t_{31}	t_{41}
1	+1	0	–1	–1
2	–1	+1	0	0
3	0	–1	+1	0
4	0	0	0	+1

Abb. 6.40: Inzidenzmatrix zum Graphen

Man sieht nun leicht, wenn man diese Inzidenzmatrix zeilenweise liest, daß jede Zeile die potentiellen Soll- und Habenbuchungen auf dem betreffenden Konto angibt. Unbekannt sind die Buchungsbeträge (t_{ij}). Multipliziert man die erste Zeile der Inzidenzmatrix mit dem Vektor $t' = (t_{12}, t_{23}, t_{31}, t_{41})$, so gibt das innere Vektorprodukt die **Änderungen** 1 an, die im Modell auf dem Kassenkonto erfolgen, wenn die Buchungsbeträge t_{ij} geplant sind:

$$\Delta_1 = (+1, 0, -1, -1) \begin{pmatrix} t_{12} \\ t_{23} \\ t_{31} \\ t_{41} \end{pmatrix} = t_{12} - t_{31} - t_{41}.$$

Allgemein erhält man daher die Änderungen auf jedem Konto i eines Buchhaltungssystems, das durch die Inzidenzmatrix $\underline{W}$ erfaßt ist, zu

$$\Delta_i = \underline{W} \cdot \underline{t} \qquad (i = 1, \ldots, m).$$

Für Erfolgs- und Bestandskonten kann man die Inzidenzmatrix durch geeignete Anordnung der Zeilen aufspalten in:

$$\underline{W}^* = \begin{pmatrix} \underline{W}^E \\ \hline \underline{W}^B \end{pmatrix}$$

Für **Erfolgskonten** (einschließlich des G+V-Kontos) gilt, daß die Summe aller Sollbuchungen gleich der Summe aller Habenbuchungen sein muß:

$$\underline{W}^E \cdot \underline{t} = \underline{0} \quad (1)$$

Für **Bestandskonten** gilt, daß die Endbestände in der Planbilanz nicht negativ sein dürfen. Für die Vermögenskonten (Aktiva) $\underline{W}^{BV}$ gilt dann

$$\underline{W}^{BV} \cdot t \geqq \underline{0}. \quad (2a)$$

Da die Kapitalkonten (Passiva) voraussetzungsgemäß mit negativen Vorzeichen in das Modell eingehen, lautet für sie die Nichtnegativitätsbedingung:

$$\underline{W}^{BK} \cdot t \leqq \underline{0}. \quad (2b)$$

Sind weitere Anforderungen über Bestandshöhe der Planbilanz vorgegeben, die nicht aus den Optimierungsmodellen des Realgüterprozesses selbst resultieren (z.B. soll die Schlußbilanz einen Mindestkassenbestand ausweisen), so kann das dadurch berücksichtigt werden, daß der Nullvektor der rechten Seite in (2) durch einen Vektor $\underline{\mathbf{b}}$ zu ersetzen ist. Für (2a) hat man dann z.B.

$$\underline{W}^{BV} \cdot t \geqq \underline{b}$$

Diejenigen Elemente von $\underline{\mathbf{b}}$ sind positiv, für die Bestandsanforderungen in der Planbilanz erhoben werden.

(5) **Restriktionen für den Realgüterprozeß**: Hier handelt es sich um die Beschränkungen, die aus dem Produktions-, Absatz-, Finanzbereich etc. je nach der Größe des Entscheidungsfeldes und des Aggregationsgrades des Modells resultieren und wie in anderen LP-Modellen zu formulieren sind. Wir beschränken uns auf das folgende Beispiel:

$$\underline{A} \cdot \underline{q} \leqq \underline{f} \text{ (als Produktionsbeschränkungen)} \quad (3a)$$

$$\underline{u} - \underline{q} \leqq \underline{g} \text{ (als Absatz-Lager-Beschränkung)} \quad (3b)$$

$$\underline{u} \leqq \underline{h} \text{ (als Absatzbeschränkungen)} \quad (3c)$$

mit $\underline{A}$ = Prozeßmatrix
$\underline{q}$ = Vektor des gesuchten Prozeßniveaus
$\underline{f}$ = Vektor der Kapazitäten
$\underline{u}$ = Vektor der gesuchten Absatzmengen der Produkte
$\underline{g}$ = Vektor der gegebenen Anfangslagerbestände der Produkte
$\underline{h}$ = Vektor der gegebenen Absatzbeschränkungen

(6) **Verknüpfungsrestriktionen**: Auch hier können zur Erläuterung nur exemplarisch einige der möglichen Verknüpfungen angesprochen werden.

(a) Aus (3) wird das Absatzprogramm für die n Produkte $\underline{u}' = (u_1, u_2, \ldots, u_n)$ bestimmt. Mit dem Preisvektor $\underline{p}' = (p_1, p_2, \ldots, p_n)$ erhält man den Gesamtplanumsatz der Periode

$$U = \underline{p}' \cdot \underline{u}'.$$

Aus der Erfahrung sei bekannt, daß α den Teil des Umsatzes angibt, der als Barumsatz getätigt wird;

1 - α ist dann der Teil des Umsatzes, der in Forderungen transformiert wird. Wenn α auch für die Zukunft gilt, lauten die Verknüpfungsrestriktionen mit t_{KV} (t_{FV}) als Variable, die in den Bilanzierungsrestriktionen den Betrag der Buchung „Kasse an Verkaufskonto" (bzw. den Betrag der Buchung „Forderungen an Verkaufskonto") angeben:

$$t_{KV} = \alpha\,(\underline{p}' \cdot \underline{u}) \tag{4a}$$

$$t_{FV} = (1 - \alpha)\,(\underline{p}' \cdot \underline{u}) \tag{4b}$$

(4a) und (4b) transformieren die wertmäßigen Konsequenzen der aus (3) bestimmten Absatzmengen in das Buchhaltungssystem (1) und (2).

(b) Aus (3) werden ferner die Produktionsmengen der n Produkte $\underline{q}' = (q_1, q_2, \ldots, q_n)$ bestimmt. Für jedes Produkt sind die variablen Lohnkosten pro ME bekannt. Ist $\underline{l}' = (l_1, l_2 \ldots, l_n)$ der Vektor der variablen Lohnkosten pro Mengeneinheit und steht t_{LK} als Variable für die Buchung „Lohnkosten an Kasse", so ergibt sich die Verknüpfung aus:

$$t_{LK} = \underline{l}' \cdot \underline{q} \tag{4c}$$

(c) In ähnlicher Weise ergibt sich der Betrag für die Buchung „Materialkosten an Rohstoffbestandskonto" (Materialverbrauch) t_{MR} aus.

$$t_{MR} = \underline{m}' \cdot \underline{q} \tag{4d}$$

mit $\underline{m}'$ als Vektor der Materialkosten der Produkte pro ME.

(7) **Struktur der Restriktionen**: Man sieht leicht ein, daß die Restriktionen des entwikkelten LP-Modells die folgende Struktur aufweisen:

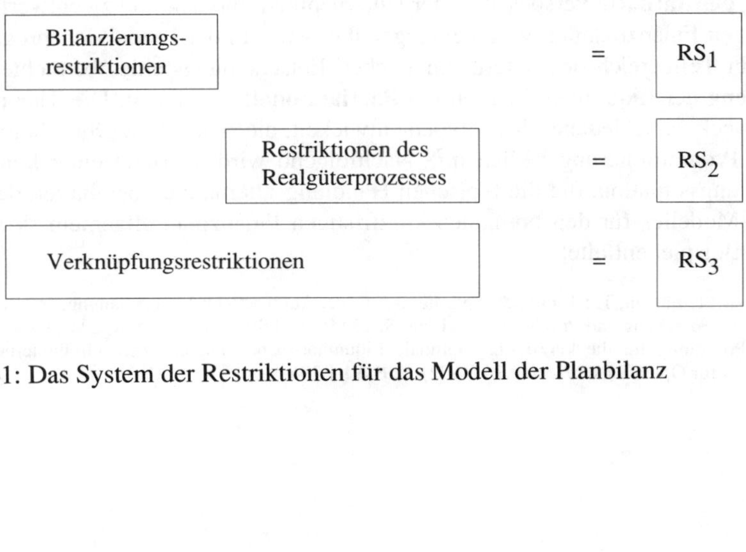

Abb. 6.41: Das System der Restriktionen für das Modell der Planbilanz

Aus dem System der Nebenbedingungen ergibt sich die Planbilanz und die Plan-G+V-Rechnung. Das sei exemplarisch an einem ausgewählten Konto gezeigt, etwa dem Lohnkonto. Auf Grund von (4c) - und ggfs. weiterer Buchungen - wird im Teilsystem der Bilanzierungsrestriktionen die Sollseite des Lohnkontos (als Erfolgskonto) aufgebaut. Die Abschlußbuchung „G+V-Konto an Lohnkonto" folgt dann aus der Restriktion (1). Für diejenige Zeile von $\underline{W}^E$, die sich auf das Lohnkonto bezieht, lautet die entsprechende Restriktion nämlich:

$$(+1, -1) \begin{pmatrix} t_{LK} \\ t_{GL} \end{pmatrix} = 0$$

oder ausmultipliziert

$$t_{LK} - t_{GL} = 0$$

mit t_{GL} als gesuchten Beitrag für die Abschlußbuchung „G+V-Konto an Lohnkonto". Man sieht, daß $t_{GL} = t_{LK}$ gesetzt wird. Genauso wird für alle Erfolgskonten verfahren, so daß man insgesamt die Plan-G+V-Rechnung generieren kann. Ähnliches gilt für die Generierung der Planbilanz.

(8) Die **Zielfunktion**: Als Zielfunktion kann z.B. die Maximierung des Deckungsbeitrages in Betracht kommen, also

$$Z = \underline{D}' \cdot \underline{q} \longrightarrow \text{max!}$$

Diese Zielfunktion steuert das optimale Produktionsprogramm und auf dessen Grundlage wird dann der Jahresabschluß geplant. Auch andere Zielfunktionen, wie etwa die Maximierung der Eigenkapitalrentabilität, wären denkbar, führen dann aber zu komplizierteren Strukturen der Zielfunktion.

6.3.4.3 Liquiditätsoptimierung in der kurzfristigen Finanzplanung

(1) Break-even-Analyse und Planbilanzierung modellieren den Wertumlaufprozeß mit dem Ziel, **gesamthafte** Perspektiven der Unternehmensentwicklung zu entwerfen. In der kurzfristigen Finanzplanung wird demgegenüber - wie in der Produktionsprogrammplanung - ein Teilbereich des unternehmerischen Entscheidungsfeldes betrachtet und zur Optimierung der Liquiditätssituation ein **Partialmodell** entwickelt. Die Theorie hat für diesen Zweck verschiedene Modelltypen entwickelt, die sich u.a. der Simulation und der Linearen Programmierung bedienen.[72] Nachfolgend wird an Hand einer konstruierten Entscheidungssituation, die die typischen Handlungsalternativen beinhaltet, der Aufbau eines LP-Modelles für den optimalen kurzfristigen Finanzplan allgemein skizziert und an einem Beispiel entfaltet.

72 Vgl. dazu Steinmann, H.: Liquiditätsoptimierung in der kurzfristigen Finanzplanung, in: Betriebswirtschaftliche Forschung und Praxis, 20. Jg., 1968, S. 257 ff., und Späth, H., Gutgesell, W., Grün, G.: Ein lineares Programm für die kurzfristige optimale Liquiditätsdisposition in einem Großunternehmen, in: Zeitschrift für Operations Research 16 (1972), S. B191-B206.

(2) Wenn der Finanzleiter eine kurzfristige Finanzplanung vornehmen will, so muß er in der kurzfristigen Finanzprognose für die Perioden k (k = 1,2,...T) des Planungszeitraumes T zunächst die autonomen Einnahmen E_k und Ausgaben A_k vorausbestimmen. Als autonom (entscheidungsunabhängig) bezeichnen wir hier diejenigen Teile des Zahlungsstromes, die als Planungsdaten der kurzfristigen Finanzplanung vorgegeben sind, d.h. nach Entstehungsgrund, Höhe und zeitlichem Anfall vom Finanzleiter kurzfristig nicht beeinflußt werden können. Dazu zählen etwa Lohn- und Gehaltszahlungen als autonome Ausgaben und Barumsätze oder Forderungseingänge als autonome Einnahmen; denn diese Teile des Zahlungsstromes werden durch Entscheidungen in anderen betrieblichen Funktionsbereichen als der Finanzabteilung determiniert und sind damit Datum der kurzfristigen Finanzplanung. Datum der kurzfristigen Finanzplanung sind aber auch diejenigen autonomen Einnahmen und Ausgaben, die zwar auf Entscheidungen durch den Finanzleiter zurückgehen, ihrer Natur nach aber aus langfristigen Finanzoperationen resultieren. Sie sind deshalb im Rahmen der kurzfristigen Finanzplanung nicht beeinflußbar. Man denke etwa an Zinszahlungen und Amortisationen auf langfristig gebundenes Fremdkaptial als autonome Ausgaben oder an Kapitalzuflüsse aus einer Kapitalerhöhung durch Neuausgabe von Aktien als autonome Einnahmen.

(3) Aus der Zusammenstellung der (erwarteten) autonomen Zahlungsströme in der kurzfristigen Finanzprognose ergibt sich für jede Periode k ein Finanzüberschuß, ein Finanzdefizit oder ein Finanzausgleich, je nachdem ob in (1) D_k größer, gleich oder kleiner Null ist:

$$D_k' = E_k' - A_k' \gtreqless 0 \quad (k = 1, 2, \ldots, \tau) \tag{1}$$

Abbildung 6.42 zeigt in schematischer Darstellung das Ergebnis der Finanzprognose.

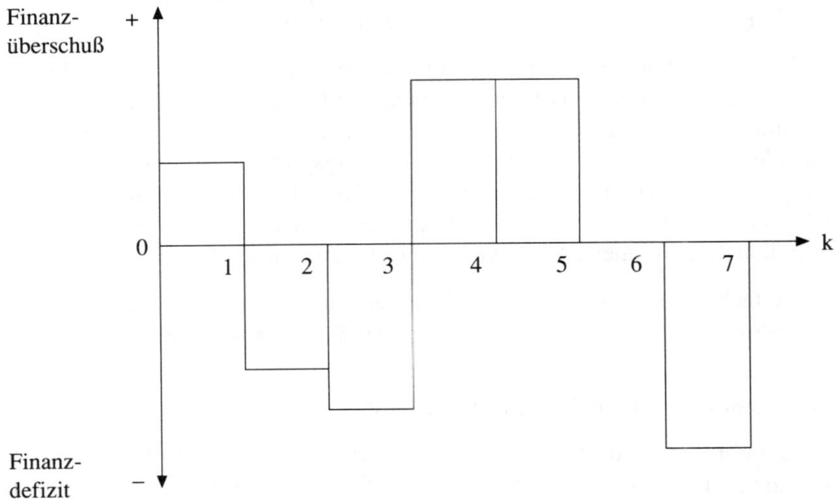

Abb. 6.42: Schematische Darstellung von Finanzüberschüssen und Finanzdefiziten

(4) Hier setzt nun die Aufgabe und das Problem der kurzfristigen Finanzplanung an. Der Finanzleiter muß Finanzüberschüsse verwenden und Finanzdefizite abdecken, um auf diese Weise das kurzfristige finanzielle Gleichgewicht des Unternehmens zu erreichen. Dabei steht ihm je nach der spezifischen Entscheidungssituation ein mehr oder weniger großer Entscheidungsspielraum zur Verfügung. Für die Verwendung von Finanzüberschüssen hat ein Unternehmen in der Regel verschiedene Anlagemöglichkeiten mit unterschiedlichen Erträgen pro Periode. Finanzdefizite können durch verschiedene Finanzierungsarten mit unterschiedlichen Aufwendungen abgedeckt werden. In beiden Fällen hat man normalerweise unterschiedliche Rückzahlungskonditionen mit ihren potentiellen Auswirkungen auf die Zahlungsströme nachfolgender Perioden. Geldanlagen können vielleicht in der Planungsperiode überhaupt nicht mehr abgerufen werden, Kreditaufnahmen bedingen u.U. eindeutig fixierte Ausgaben für die Kreditrückzahlung in späteren Perioden. So ist eine intensive zeitliche Verflechtung der Entscheidungen ein wesentliches Merkmal der kurzfristigen Finanzplanung und bedingt ihren nicht-trivialen Charakter.

Bezeichnet man nun diejenigen Ausgaben, die der Finanzleiter durch Dispositionen über Finanzüberschüsse induziert, als dispositive Ausgaben und spricht man bei denjenigen Einnahmen, die zur Abdeckung von Finanzdefiziten veranlaßt werden, analog von dispositiven Einnahmen, so läßt sich das Problem der kurzfristigen Finanzplanung wie folgt formulieren: Die dispositiven Einnahmen und Ausgaben sind nach Art, Höhe und zeitlichem Anfall so zu dimensionieren, daß

1. das kurzfristige finanzielle Gleichgewicht für alle Perioden k des Planungszeitraumes T realisiert wird,
2. die den Entscheidungsalternativen eigentümlichen Finanzierungskonditionen eingehalten werden und
3. die Differenz zwischen kurzfristigen Finanzerträgen und kurzfristigen Finanzaufwendungen, d.h. der kurzfristige Finanzgewinn maximiert wird.

(5) Sind die genannten Bedingungen erfüllt, wollen wir von der optimalen kurzfristigen Liquidität eines Unternehmens sprechen. Es bedarf keiner näheren Begründung, daß dieser Liquiditätsbegriff nur im Rahmen der kurzfristigen Finanzplanung, für die er definiert wurde, Gültigkeit besitzt. Wird das Planungsproblem ausgeweitet in sachlicher Hinsicht durch Einbeziehung des betrieblichen Umsatzprozesses und/oder in zeitlicher Hinsicht durch Einbeziehung der langfristigen Finanzvorgänge, so erhält natürlich auch der Liquiditätsbegriff einen entsprechend erweiterten Inhalt.

(6) Ein einfaches Beispiel soll diese Problemstellung nun genauer erläutern. Für einen Planungszeitraum von 5 Perioden liege folgendes Ergebnis der Finanzprognose vor:

Folgende Handlungsalternativen stehen zur Wahl:

(a) Es kann ein Bankkredit I bis zu einer Höhe von DM 20.000,- zu 1 % Zinsen pro Periode aufgenommen werden, der sofort verfügbar wäre und in Periode 5 zurückbezahlt werden müßte.

Tab.6.4: Ergebnis der Finanzprognose

Periode t	1	2	3	4	5
Oberschuß (+)		+8000,–			+20 000,–
Defizit (–)	–6000,–		–4000,–	–5000,–	

(b) Es kann ein Bankkredit II bis zu einer Höhe von DM 7.000,- zu 0,9 % Zinsen pro Periode aufgenommen werden, der ab Periode 2 verfügbar wäre und in Periode 4 zurückbezahlt werden müßte.

(c) Es steht ein Bankguthaben in Höhe von DM 3.000,- zur Verfügung, das zu 0,1 % pro Periode verzinst wird; eine Kontoüberziehung ist unzulässig.

(d) Folgende Verbindlichkeiten sind im Planungszeitraum abzudecken:
- Anfangsbestand: DM 7.000,-, zahlbar in Periode 2
- mit 3 % Skonto oder in Periode 4 netto Kasse.
- Zugang in Periode 2: DM 5.000,-, zahlbar in Periode 3
- mit 2 % Skonto oder in Periode 4 netto Kasse.

Nebenbedingungen

Die Beschränkungen, die die Einhaltung der finanzwirtschaftlichen Konditionen der Entscheidungsalternativen gewährleisten, werden wie folgt formuliert:

1. Für die zum Anfangsbestand gehörenden Verbindlichkeiten:

$$1{,}031\ x_{0,2} + x_{0,4} = 7000 \qquad (2)$$

Es sind $x_{0,2}$ und $x_{0,4}$ gesuchte Unbekannte (Variable), deren erster Index 0 darauf hinweist, daß die fraglichen Verbindlichkeiten zum Anfangsbestand gehören und deren zweiter Index die Periode angibt, in der ihre Begleichung erfolgen kann (Periode 2 oder 4). Erfolgt die Zahlung der Verbindlichkeiten in Periode 2, so sind nicht DM 7.000,-, sondern bei 3 % Skonto DM 6.790,- zu zahlen. Dies wird durch den Faktor 1,031 der Variablen $x_{0,2}$ berücksichtgt (7000 : 1,031= 6790,-). Gleichung (2) läßt auch zu, daß ein beliebiger Teil der Verbindlichkeiten in Periode 2 und der Rest in Periode 4 beglichen wird; daraus können sich für die Lösung u.U. marginale Realisationsschwierigkeiten dann ergeben, wenn sich anhand der zu begleichenden Rechnungen keine Summe finden läßt, die **genau** dem in Periode 2 zur Zahlung geplanten Betrag entspricht.

2. Für die in Periode 2 neu hinzukommenden Verbindlichkeiten ergibt sich analog:

$$1{,}02\ x_{2,3} + x_{2,4} = 5000. \qquad (3)$$

3. Die Konditionen des Bankkredites I ermöglichen eine Kreditaufnahme in den Perioden 1 bis 4 in beliebigen Teilbeträgen bis zur Gesamthöhe von DM 20.000,-. Be-

zeichnet man die gesuchten Kreditbeträge des Bankkredites I mit q_{I1} bis q_{I4}, so lautet eine weitere Beschränkung:

$$q_{I,1} + q_{I,5} + q_{I,3} + q_{I,4} = 20.000 \qquad (4)$$

4. Die Rückzahlung des Bankkredites I in Periode 5 darf nicht höher ausfallen als der Gesamtbetrag, der in den Vorperioden als Kredit aufgenommen wurde. Mit $q^{+}_{I,5}$ als gesuchten Rückzahlungsbetrag kann man die Einhaltung dieser Forderung durch folgende Gleichung erzwingen:

$$q_{I,1} + q_{I,5} + q_{I,3} + q_{I,4} = q^{+}_{I,5} \qquad (5)$$

5. Unter Berücksichtigung der Konditionen für den Bankkredit II lauten hier die Beschränkungen analog:

$$q_{II,2} + q_{II,3} < 7000 \qquad (6)$$

und

$$q_{II,2} + q_{II,3} = q^{+}_{II,4} \qquad (7)$$

In (6) und (7) sind $q_{II,2}$ und $q_{II,3}$ die gesuchten Kreditbeträge, die in Periode 2 bzw. 3 aufzunehmen sind, und $q^{+}_{II,4}$ stellt den gesuchten Rückzahlungsbetrag in Periode 4 dar.

6. Bei dem Bankguthaben muß zunächst gewährleistet sein, daß für keine der 5 Perioden durch die Kontobewegungen (Ein- und Auszahlungen) eine Überziehung des Kontos erfolgt. Zur Formulierung einer entsprechenden Beschränkung werden die Variablen s_1 bis s_5 (Auszahlungen in den Perioden 1 bis 5) und r_1 bis r_5 (Einzahlungen in den Perioden 1 bis 5) definiert. Man erhält

$$s_1 \leq 3000 \qquad (8)$$

Ungleichung (8) erzwingt, daß in Periode 1 höchstens der Anfangsbestand von D<m 3.000,– zur Abhebung geplant wird. In Periode 2 kann der Anfangsbestand durch Abhebungen bzw. Einzahlungen in Periode 1 verändert worden sein. Daher gilt für den maximal abzuhebenden Betrag in Periode 2:

$$s_2 \leq 3000 - s_1 + r_1 \qquad (9)$$

Entsprechende Beschränkungen (10) bis (12) erhält man für die Perioden 3 bis 5 unter Berücksichtigung der möglichen Kontobewegungen der Vorperioden:

$$s_3 \leq 3000 - (s_1 + s_2) + (r_1 + r_2) \qquad (10)$$

$$s_4 \leq 3000 - (s_1 + s_2 + s_3) + (r_1 + r_2 + r_3) \qquad (11)$$

$$s_5 \leq 3000 - (s_1 + s_2 + s_3 + s_4) + (r_1 + r_2 + r_3 + r_4) \qquad (12)$$

Die Kontobestände für jede Periode k ergeben sich aus der allgemeinen Formel:

Endbestand = Anfangsbestand - Abgänge + Zugänge.

Bezeichnet die Variable s_k (k = 1,2,...., 5) den Endbestand der Periode k, so erhält man als Definitionsgleichungen:

$$s_k^+ = 3000 - \sum_{l=1}^{k} s_l + \sum_{l=1}^{k} r_l \qquad (k = 1, 2, 3, 4, 5,)$$

Für die Formulierung von (13) wird aus Vereinfachungsgründen unterstellt, daß Habenzinsen direkt zur Auszahlung gelangen, also nicht dem Konto gutgeschrieben werden.

7. Neben der Einhaltung der finanzwirtschaftlichen Konditionen der Handlungsalternativen muß bei der Planung sichergestellt werden, daß in jeder Periode das finanzielle Gleichgewicht erhalten wird. Unter der Annahme, daß Zinszahlungen jeweils eine Periode später erfolgen, hat man in der ersten Periode zu berücksichtigen: Einnahmen aus einer eventuellen Kreditaufnahme aus Bankkredit I ($q_{I,1}$) und aus Abhebungen vom Bankguthaben (s_1), sowie Ausgaben aus ggf. erfolgenden Einzahlungen auf das Bankkonto (r_1) und aus dem in der Finanzprognose berechneten Finanzdefizit (DM 6.000,-). Man erhält damit als Beschränkung, die das finanzielle Gleichgewicht für Periode 1 erzwingt:

$$q_{I,1} + s_1 \geq 6000 + r_1$$

oder umgeformt:

$$q_{I,1} + s_1 - r_1 \geq 6000 \qquad (14)$$

Für die 2. Periode erhält man:

$$0{,}01\ q_{I,1} + r_2 + x_{0,2} - q_{I,2} - q_{II,2} - s_2 - 0{,}001 s^+_1 \leq 8000 \qquad (15)$$

In (15) stellen die ersten 3 Glieder Ausgaben dar, und zwar Zinsen auf den in Periode 1 evtl. aufgenommenen Kredit I (0,01 $q_{I,1}$), dann evtl. Einzahlungen auf das Bankkonto (r_2) und schließlich evtl. Bezahlung von Verbindlichkeiten ($x_{0,2}$). Die folgenden vier Ausdrücke sind Einnahmen, und zwar:

– evtl. Kreditaufnahme von Bankkredit I ($q_{I,2}$) oder Bankkredit II ($q_{II,2}$),
– evtl. Abhebungen von Bankguthaben (s_2)
– Zinseinnahmen aus dem Bankguthaben der Periode ($0{,}001 s^+_1$).

Auf der rechten Seite findet sich der Finanzüberschuß aus der Finanzprognose in Höhe von DM 8.000,--.

Analog lauten die Beschränkungen zur Erhaltung des finanziellen Gleichgewichts in den Perioden 3 bis 5:

$$q_{I,3} + q_{II,3} + s_3 + 0{,}001 s^+_2 - 0{,}01\ q_{I,1} - 0{,}01\ q_{I,2}$$
$$- 0{,}009\ q_{II,2} - r_3 - x_{2,3} \geq 4000 \qquad (16)$$

$$q_{I,4} + s_4 + 0{,}001 s^+_3 - 0{,}01\ q_{I,1} - 0{,}01\ q_{I,2} - 0{,}01\ q_{I,3}$$
$$- 0{,}009\ q_{II,2} - 0{,}009\ q_{II,3} - q_{II,4} - r_4 - x_{0,4} - x_{2,4} \geq 5000 \qquad (17)$$

$$q^+_{I,5} + r_5 + 0{,}01\ q_{I,1} + 0{,}01\ q_{I,2} + 0{,}01\ q_{I,3} + 0{,}01\ q_{I,4}$$
$$- 0{,}001 s^+_4 - s_5 \leq 20\,000. \qquad (18)$$

Zusammen mit der Forderung, daß alle gesuchten Unbekannten nicht negativ werden dürfen, hat man mit (2) bis (18) den Beschränkungsteil des LP-Modells formuliert.

Zielfunktion

Es sind zunächst die finanzwirtschaftlichen Erträge (E) zu berücksichtigen, die aus der Verzinsung des Bankguthabens sowie aus Skontoabzügen erzielt werden:

$$E = 0{,}001\ (s^+_1 + s^+_2 + s^+_3 + s^+_4 + s^+_5) + 0{,}03083\ x_{0,2} + 0{,}02041\ x_{2,3} \qquad (19)$$

In Gleichung (19) stellen die Variablen $x_{0,2}$ und $x_{2,3}$ den um den Skonto verminderten Wert der Verbindlichkeiten dar. Auf diesen Wert sind die Skontokoeffizienten umzurechnen. Sie liegen daher etwa über 3 % bzw. 2 %.

Die finanzwirtschaftlichen Aufwendungen (A) bestehen aus den Zinsen auf die beiden Bankkredite, für jede Periode berechnet auf den ausstehenden Betrag:

$$A = 0{,}01\ q_{I,1} + 0{,}01\ (q_{I,1} + q_{I,2}) + 0{,}01\ (q_{I,1} + q_{I,2} + q_{I,3}) +$$
$$0{,}01\ (q_{I,1} + q_{I,2} + q_{I,3} + q_{I,4}) + 0{,}009\ q_{II,2} + 0{,}009\ (q_{II,2} + q_{II,3}).$$

Umgeformt ergibt sich für A:

$$A = 0{,}04\ q_{I,1} + 0{,}03\ q_{I,2} + 0{,}02\ q_{I,3} + 0{,}01\ q_{I,4} + 0{,}018\ q_{II,2} + 0{,}009\ q_{II,3} \qquad (20)$$

Faßt man die Gleichungen (19) und (20) zusammen, so erhält man als Zielfunktion:

$$G = E - A \longrightarrow \max! \qquad (21)$$

d.h. der finanzwirtschaftliche Gewinn als Differenz zwischen E und A soll maximiert werden.

Das Ergebnis, der optimale kurzfristige Finanzplan, ist in der Tabelle 6.5 wiedergegeben.

Tab. 6.5: Optimaler kurzfristiger Finanzplan

	Periode 1	Periode 2	Periode 3	Periode 4	Periode 5
I. Einnahmen					
1. Finanzprognose		8000,–			20.000,–
2. Kreditaufnahme (I)	3000,–		750,30	12100,50	
3. Kreditaufnahme(II)			7000,–		
4. Bankguthaben (Abhg.)	3000,–		1180,47		
5. Zinsen			1,18		
	6000,–	8000,–	8931,95	12100,50	20.000,–
II. Ausgaben					
1. Finanzprognose	6000,–		4000,–	5000,–	
2. Verbindlichkeiten (I)		6789,52			
3. Verbindlichkeiten (II)			4901,95		
4. Kreditrückzahlung (I)					15.850,80
5. Kreditrückzahlung (II)				7000,–	
6. Zinsen (Kredit I)		30,–	30,–	37,50	158,50
7. Zinsen (Kredit II)				63,–	
8. Bankguthaben (Einz.)		1180,48			3.990,70
	6000,–	8000,–	8931,95	12100,50	20.000,–

Finanzaufwendungen:	319,–	DM
Finanzerträge:	313,70	DM
Opt. Zielfunktionswert:	– 5,30	DM

Abschließend gibt Kasten 6.1 einen Überblick über die Verwendungshäufigkeit und -schwerpunkte von OR-Methoden in der betrieblichen Praxis.

Kasten 6.1

Verwendung von OR-Methoden in der Praxis

Zur Verwendungshäufigkeit von OR-Methoden, liegen zahlreiche Untersuchungen vor. Eine der jüngsten (1986) kommt von Kathawala. Sie prüft in 226 US-Unternehmen den Einsatz von 28 OR-Methoden. Danach hat die Simulation am meisten Verbreitung gefunden, gefolgt von den Lagerhaltungsmodellen und der Linearen Programmierung.

Beim Vergleich der Ergebnisse mit der 1973 durchgeführten Unterschuchung von Gree/ Newson/Jones (n = 78) stellt sich heraus, daß entgegen verschiedener Prognosen die Häufigkeit in der Anwendung von OR-Methoden nicht wesentlich zugenommen hat. Es lassen sich vielmehr drei Gruppen von Methoden herausfiltern, wobei die erste eine Zunahme, die zweite eine Abnahme und die dritte eine Stagnation in der Verwendungshäufigkeit verzeichnet.

Eine *klare Zunahme* erfahren die Computersimulationsmodelle – Zunahme bei der „häufigen Verwendung“ von 17 % auf 44 % – sowie in allerdings wesentlich abgeschwächter Form die Methoden der nichtlinearen Programmierung und der Warteschlangentheorie. Eine Abnahme in der Verwendungshäufigkeit ist demgegenüber bei Methoden der Lagerhaltung, linearen Programmierung sowie Netzwerken zu verzeichnen. Eine *Stagnation* erfahren Methoden wie Markow-Entscheidungsmodelle und Spieltheorie. Die folgende Zusammenstellung beinhaltet eine Auswahl der Ergebnisse beider Unterschuchungen:

	Verwendungshäufigkeit der einzelnen Methoden in %		
Methoden	Keine Verwendung	Gelegentliche Verwendung	Häufige Vervendung
Computer-simulation	14+ (33)*	40 (51)	44 (17)
Lagerhaltungs-modelle	32 (33)	43 (33)	25 (45)
Lineare Programmierung	36 (17)	44 (47)	20 (36)
Netzwerke	49 (17	37 (51)	14 (32)
Nichtlineare Programmierung	55 (65)	38 (35)	7 (2)
Warteschlangen-theorie	55 (61)	40 (32)	6 (7)
Markow-Entschei-dungsmodelle	76 (78)	23 (22)	1 (0)
Spieltheorie	69 (77)	30 (23)	1 (0)

\+ Daten der 1983 von Kathawala durchgeführten Untersuchung (n = 226)
* Daten der 1973 von Green/Newson/Jones durchgeführten Untersuchung (n = 78)

6.4 Die Umsetzung der Pläne in Budgets

6.4.1 Budgets als Steuerungsinstrumente

(1) Die in den vorhergehenden Kapiteln skizzierten vielfältigen Planungsaktivitäten machen nur dann einen Sinn, wenn es gelingt, die jeweils eruierten Ziele und Maßnahmen in konkretes Handeln zu überführen, d.h. es gilt die Kluft zwischen (rein) prospektivem **Denk**handeln und dem konkreten Tathandeln zu überwinden. In diesem Spannungsfeld sind Budget und Budgetierung in Stellung zu bringen; sie stellen das bekannteste und verbreitetste Instrument zur Umsetzung der Pläne dar.[73]

(2) Der **Budgetbegriff** entstammt dem kameralistischen Rechnungswesen und beinhaltet dort die Auflistung und Gegenüberstellung von beabsichtigten Einnahme- und Ausgabepositionen öffentlicher Körperschaften. Im betriebswirtschaftlichen Bereich wird der Budgetbegriff heute mit unterschiedlichen Inhalten belegt, wobei die Diskrepanzen – überraschenderweise – weitaus stärker im Rahmen der begrifflichen Orientierung als in der materiellen Auffassung von Budgets in Form von Input- und Outputvorgaben hervortreten. Ohne an dieser Stelle die Genese des Begriffs im einzelnen nachzeichnen zu können, läßt sich feststellen, daß sich die unterschiedlichen Auffassungen grundsätzlich bewegen zwischen den beiden Polen eines sach-rationalen Verständnisses von Budgetierung einerseits und eines verhaltensbezogenen Verständnisses andererseits. Das letztere Verständnis ist unter besonderer Betonung der motivationalen Aspekte von Budgets vor allem von der US-amerikanischen Literatur akzentuiert worden.

Innerhalb des sach-rationalen Verständnisses von Budgetierung lassen sich grob zwei Ausprägungen unterscheiden. Eine Gruppe von Autoren sieht Budgets und Pläne entweder ganz oder, was häufiger anzutreffen ist, zumindest in Partialbereichen der Planung – etwa bezogen auf die operative Planung, die Finanzplanung oder die formalzielorientierte Planung – als synonym an. Andere Autoren distanzieren sich von einer Gleichsetzung. Die Budgetierung sei vielmehr der eigentlichen Planung nachgelagert und habe die Umsetzung der Pläne in konkrete Ergebnisvorgaben zum Gegenstand.[74]

Im folgenden werden Budgets in enger Anlehnung an die zweite Auffassung bezeichnet als:

- schriftliche Zusammenfassungen, durch welche
- den Aufgabenträgern (insbes. den Führungskräften)
- für einen abgegrenzten Zeitraum

73 Vgl. etwa die empirischen Befunde bei Töpfer, A., Planungs- und Kontrollsysteme industrieller Unternehmungen, Berlin 1976, S. 283 f., S. 292; Horvath, P. et al., Die Budgetierung im Planungs- und Kontrollsystem der Unternehmung – erste Ergebnisse einer empirischen Untersuchung, in: Die Betriebswirtschaft 45 (1985), insbes. S. 142 ff.

74 Vgl. Wild, J., Grundlagen der Unternehmensplanung, 4. Aufl., Opladen 1982, S. 40.

- fixierte Sollgrößen im Sinne von Soll-Ergebnissen geplanter Aktivitäten
- in wertmäßiger und evtl. auch mengenmäßiger Form vorgegeben werden.[75]

Das Management wird durch die Budgetierung gezwungen, die angestrebten Ziele und Maßnahmen soweit zu konkretisieren und präzisieren, daß sie in wertmäßige Größen (Kosten, Erlöse, Gewinn) überführt werden können. Budgets geben deshalb einen wichtigen Anstoß für die Umsetzung von Plänen in spezifische Maßnahmen.[76] Die Budgetierung umfaßt alle Aufgaben, die die Erstellung, Verabschiedung und Kontrolle von Budgets betreffen. Ergebnis der Budgetierung ist die wertmäßige Zusammenfassung der geplanten Entwicklung der Unternehmung in einer zukünftigen Geschäftsperiode.

(3) Budgets werden im allgemeinen die folgenden **Funktionen** zugesprochen:[77]

- **Orientierungsfunktion**

  Eine zentrale Aufgabe von Budgets ist es, die Entscheidungsträger auf bestimmte Ziele hin zu verpflichten und ihnen ihre Ergebnisverantwortung zu verdeutlichen. Insofern bilden Budget-Informationen ein wesentliches Mittel, um zielorientiertes Handeln und dispositives Entscheiden herbeizuführen. Anders gewendet liefern Budgets einen wesentlichen Beitrag zur Komplexitätsreduktion, indem die Entscheidungsträger zu zielorientiertem Handeln angeleitet werden.

- **Koordinations- und Integrationsfunktion**

  Die Budgetierung soll – wie die Planung – einen wesentlichen Beitrag zur Koordination und Integration aller Bereiche des Unternehmens leisten. Dahinter steht die Annahme, daß die Budgetierung dazu veranlaßt und dazu zwingt, eine Abstimmung sowohl zwischen gleichgeordneten als auch über- und untergeordneten Teilplänen herbeizuführen. Über das Gesamtbudget sollen die Teile des Unternehmens die notwendigen Anschlüsse finden. Dies geschieht insofern, als mit den vorgegebenen Teilbudgets die insgesamt knappen Mittel zur Zielrealisation verteilt werden.

- **Kontrollfunktion**

  Eine weitere Funktion haben Budgets, indem sie genau definierte Plangrößen (Umsätze, Kosten, Erträge u.a.) vorgeben, die es innerhalb einer bestimmten Planperiode zu erreichen bzw. einzuhalten gilt. Insofern setzt ein Budget auch Maßstäbe zur Leistungsmessung und übt damit eine Überwachungs- und Kontrollfunktion aus. Im Rahmen dieser Kontrollfunktion ist es auch wichtig, nach den Ursachen der Abweichungen zu fragen, da ein zielorientiertes Einwirken auf betriebliche Vorgänge und Prozesse nur möglich ist, wenn die Gründe der Abweichungen möglichst zuverlässig und auch rechtzeitig ermittelt werden.

75 Vgl. insbes. Wild, J., Budgetierung, in: Marketing-Enzyklopädie, Bd. 1, München 1974, S. 325; Grimmer, H., Budgets als Führungsinstrument in der Unternehmung, Frankfurt a. M. 1980, S. 13.

76 Vgl. Steiner, G.A., Die Budgetierung, in: Wild, J. (Hrsg.), Unternehmensplanung, Reinbek b. Hamburg 1975, S. 332.

77 Vgl. etwa Zünd, A., Kontrolle und Revision in der multinationalen Unternehmung, Bern 1973, S. 137 ff.; Siegwart, H., Budgets als Führungsinstrument, in: Kieser, A. u.a. (Hrsg.), Handwörterbuch der Führung, Stuttgart 1987, Sp. 107 f.

- **Motivationsfunktion**

  Budgets grenzen Handlungsspielräume aus und verpflichten auf bestimmte Vorhaben. Dennoch kann sich die Vorgabe von Budgets unter bestimmten Bedingungen auch positiv auf die Motivation der Mitarbeiter auswirken, nämlich dann, wenn es gelingt, daß sich die Führungskräfte mit den Zielvorgaben identifizieren. Eine solche Identifikation wird gefördert, wenn die Zielvorgaben partizipativ erarbeitet werden und das Budget nicht zu restriktiv ausgelegt ist, sondern Freiräume für eigenverantwortliche Entscheidungen läßt.

(4) Die aufgezeigten Funktionen lassen die Bedeutung erkennen, die den Budgets für die Steuerung des Unternehmens zuzusprechen ist. Gerade angesichts dieser Bedeutung gilt es jedoch dem Eindruck entgegenzuwirken, die Anwendung von Budgets weise keine Probleme und Gefahren auf. Sowohl in der Literatur als auch in der Unternehmenspraxis finden sich zahlreiche Hinweise auf mögliche **Dysfunktionalitäten** beim Einsatz gerade dieses Führungsinstrumentes:[78]

- **Die Gefahr des Etatdenkens**

  Dieses ist dadurch gekennzeichnet, daß überschüssige zugeteilte Beträge am Ende des Budgetjahres noch ausgegeben werden, obwohl dies für die Aufgabenerfüllung nicht erforderlich ist. Dieses Verhalten („budget wasting") ist vor allem darin begründet, daß die Höhe der Neubewilligungen häufig mechanisch daran orientiert wird, in welchem Maße die früher zugeteilten Mittel ausgeschöpft worden sind („Prinzip der Fortschreibung").

- **Die Gefahr der zu kurzfristigen Orientierung**

  Der häufig mitgeführte explizite oder implizite Anspruch, die Budgetvorgaben unbedingt einhalten zu müssen, kann die Budgetverantwortlichen dazu verleiten, solche (nicht geplanten, aber von der Sache her gebotenen) Aufwendungen zu unterlassen, die im Planungsabschnitt zu keiner Gewinnsteigerung führen.

  Den Budgetverantwortlichen kommt es darauf an, das eigene Budget in der Gegenwart einzuhalten, unabhängig von den späteren Folgen.

  Diese kurzfristige Orientierung führt dann z.B. dazu, daß längerfristige Maßnahmen, die auf den Aufbau bzw. die Erhaltung des Erfolgspotentials zielen – etwa Produkt- und/oder Personalentwicklungsmaßnahmen – nicht mehr dann durchgeführt werden, wenn es erforderlich ist, sondern dann,. wenn es das Budget erlaubt.

78 Vgl. Hofstede, G., The game of budget control, 2. Aufl., Assen 1970; Welge, M., Unternehmensführung, Bd. 3 Controlling, Stuttgart 1988, S. 106 ff.; Posselt, S.G., Budgetkontrolle als Instrument der Unternehmenssteuerung, Darmstadt 1986, S. 72 ff.

- **Die Gefahr des verstärkten partikularistischen Denkens der Bereichsleitungen**

  Im Bestreben, die Budgetvorgaben einzuhalten, werden (nicht geplante) Maßnahmen ergriffen, die sich auf die eigene Teileinheit positiv auswirken – gleichgültig, wie die anderen Abteilungen oder das Gesamtunternehmen davon betroffen sind. Die Abstimmungserfordernisse werden durch die Budgetierung als abgegolten betrachtet.

- **Die Gefahr der Verabsolutierung von Budgetvorgaben**

  Da Budgets sehr verbindliche und konkrete Vorgaben liefern, fördern sie die Gefahr, daß sich Mitarbeiter blind und mechanisch an den Budgetvorgaben orientieren. Dies kann zum einen dazu führen, daß an den Soll-Werten auch dann festgehalten wird, wenn sich die bei der Budgeterstellung zugrunde gelegten Prämissen entscheidend geändert haben. Bei dieser Konstellation wäre aber gerade eine Abweichung von den Soll-Werten und ihre Revision gefordert anstatt zu versuchen, die Ist-Werte an die überholten Soll-Werte anzunähern. Zum anderen können Budgets – insbesondere dann, wenn sie sehr rigide Budgetstrukturen aufweisen – die Initiative und Innovationsbereitschaft auf den unteren Hierarchieebenen lähmen.

- **Die Gefahr durch sog. „budgetary slacks"**

  Eine weitere Dysfunktionalität ist der (potentielle) Aufbau stiller Reserven (budgetary slacks). Die Betroffenen veranschlagen bei den Budgetverhandlungen die Kosten höher als eigentlich zu erwarten oder die Ziele niedriger als eigentlich möglich, um Reserven frei zu haben für andere nicht budgetierte Vorhaben oder unter weniger Druck arbeiten zu müssen. Derartige stille Reserven können sich aber auch unbeabsichtigt aufbauen, z.B. aus falschen Prognosen oder anderen außerordentlichen Entwicklungen, die bei der Budgetierung nicht bedacht wurden. Im Gegensatz zu den bisher angesprochenen Gefahren müssen sich Slacks allerdings keineswegs immer dysfunktional auswirken. Die Einstufung als funktional oder dysfunktional hängt vielmehr davon ab, wie die Freiräume genutzt werden. Greift der Budgetverantwortliche auf die Slacks zurück, um sie bewußt als flexible Reserve zum Ausgleich nicht antizipierbarer Störungen oder für sinnvolle Projekte einzusetzen, so kommt ihnen damit sehr wohl eine funktionale Bedeutung zu.[79]

(5) Es darf jedoch nicht übersehen werden, daß die erwähnten Dysfunktionalitäten nicht zwangsläufig als Folge der Budgetierung auftreten, sondern daß es sehr stark von der **praktischen Ausgestaltung** und Handhabung des Budgetsystems abhängt, in welchem Ausmaß Dysfunktionalitäten entstehen. Um die Dysfunktionalitäten möglichst gering zu halten, müssen sowohl die sachlich-rationalen wie auch die verhaltensbezogenen Aspekte von Budgets in Rechnung gestellt werden.

79 Vgl. Weidermann, P.H., Das Management des Organizational Slack, Wiesbaden, 1984. Weidermann unterscheidet demgemäß auch zwischen systemnotwendigem und nicht systemnotwendigem Slack.

Erstens kann man auf der Verfahrensebene ansetzen und zahlreiche Schwächen der traditionellen Budgetierung durch den Einsatz revidierter Verfahrensweisen einschränken; man denke etwa an das Zero Base Budgeting, das weiter unten besprochen wird.

Zweitens ist zu berücksichtigen, daß Budgets als Führungsinstrument in das unternehmerische Ganze eingebettet sind und damit ihr erfolgreicher Einsatz entscheidend davon abhängt, inwieweit sie hinreichend mit anderen Instrumenten der Unternehmensführung abgestimmt sind. So ist es z.B. unumgänglich, daß die Kosten- und Leistungsrechnung mit den Erfordernissen der Budgetgestaltung und -anwendung in Einklang gebracht konkrete Kosten- und Leistungsziele für die Budgetverantwortlichen transformiert werden.

Drittens gilt es, die demotivierenden Wirkungen von Budgets abzubauen, indem die Kluft zwischen Individualzielen der Mitarbeiter und offiziellen Zielvorgaben möglichst geschlossen wird. Ansatzpunkte hierzu bilden die Partizipation der Budgetverantwortlichen an der Zielbildung und die Erhöhung des Anteils der Selbstkontrolle.

6.4.2 Arten von Budgets

(1) Zur Klassifikation von Budgets lassen sich verschiedene Kriterien heranziehen:

Traditionellerweise bringt man die Budgetierung eher mit der kurzfristigen Steuerung von betrieblichen Aktivitäten in Beziehung. Man denkt dann etwa an monatliche Kostenbudgets für Fertigungsstellen oder Kosten- und Umsatzbudgets für die Steuerung des Vertriebs. Der hier vorgeschlagene Budget-Begriff, der ja primär auf die Umsetzungsfunktion von Budgets bezüglich betrieblicher Pläne abhebt, ist jedoch durchaus mit einer zeitlich weiter ausgreifenden Vorstellung von Budgetierung vereinbar. In diesem Sinne kann man dann auch z.B. von langfristigen Investitionsbudgets sprechen.

Bedeutsam im Hinblick auf die Umsetzungsfunktion von Budgets ist allerdings dann eine Unterscheidung, die – unter Loslösung von der bloß zeitlichen Perspektive – zwischen strategischen und operativen Budgets unterscheidet.[80] Strategische Budgets implizieren, weil sie an die strategische Planung anknüpfen, langfristige Wirkungen; umgekehrt muß langfristigen Budgets aber nicht unbedingt eine strategische Bedeutung zukommen. Man denke etwa an Investitionen, die unabhängig von strategischen Planungen einfach deshalb erforderlich werden, weil die Betriebsgebäude überaltert sind; derartige Projekte können Gegenstand von Investitionsbudgets sein. Die Unterscheidung zwischen strategischen und operativen Budgets nimmt also vor der zeitlichen primär eine **sachliche** Konkretisierung vor. Dabei findet die operative Budgetierung ihren Bezugspunkt in der Ressourcenallokation für das **bestehende** Produkt-Markt-Konzept (Leistungsprogramm). Hingegen wird im Rahmen der strategischen Budgetierung die Ressourcenzuteilung auf die Erreichung strategischer Ziele zentriert. Im Rahmen strategi-

80 Vgl. hierzu ausführlich Ishikawa, A., Strategic budgeting: A comparison between US and Japanese companies, New York et al. 1985.

scher Budgets muß also zu den jeweiligen Budgetierungszeitpunkten geklärt werden, welche Implementationsaspekte strategischen Vorrang haben und deswegen durch entsprechend hohe strategische Budgets gefördert werden sollen. Strategische und operative Budgets sind jedoch nicht überschneidungsfrei; strategische Projekte führen häufig sehr rasch zu Auszahlungen und sind deshalb im kurzfristigen Finanzbudget zu berücksichtigen.

(2) Strategische Budgets werden häufig zunächst als globale **Rahmenbudgets** konzipiert, d.h. in diesen Budgets werden lediglich die wesentlichen Zielgrößen und groben Ressourcenbindungen fixiert, ohne daß die zu ihrer Erreichung notwendigen Handlungsschritte schon im einzelnen festgelegt sind.In dem Maße, wie sich die strategischen Planungen konkretisieren, müssen diese Rahmenbudgets aber dann in Teilschritte zerlegt und für die Budgetperioden Maßnahmen und Ressourcen konkretisiert und terminiert werden. Die strategischen Rahmenbudgets werden so in weiteren „Iterationsschritten" zunehmend detailliert.

(3) Im Unterschied zu den strategischen haben es dann die **operativen Budgets** mit allen denjenigen Maßnahmen und Ressourcenbindungen zu tun, die aufgrund der operativen Planung erforderlich werden. Genauerhin lassen sich hier die Budgets kennzeichnen, die für die betrieblichen Funktionsbereiche alle geplanten Maßnahmen wert- (und mengen-) mäßig erfassen. Darüber hinaus gibt es **Projektbudgets** für Sonderaufgaben; so z.B. für eine umfassende Public-Relations-Kampagne, um das Erscheinungsbild einer Unternehmung in der Öffentlichkeit zu verbessern oder gegen ungünstige Meinungstrends abzuschirmen.

(4) Im Rahmen der operativen Budgetierung wird die Anzahl der Teilbudgets stark durch die unternehmensspezifische Organisationsstruktur geprägt, weil mit den Organisationsbereichen natürlich Entscheidungskompetenzen und Verantwortungen verbunden und diese dann auch in ihren ressourcenmäßigen Konsequenzen durch Budgets festgemacht werden sollen. Es ist hier nicht erforderlich, alle möglichen Budgets im einzelnen aufzuzählen. Abbildung 6.43 gibt einen Überblick über die Verbreitung bestimmter Teilbudgets in deutschen Unternehmen (n = 161). Im folgenden sollen mit dem Absatz- und dem Produktionsbudget nur zwei besonders wichtige Teilbudgets kurz skizziert werden.[81]

Das **Absatzbudget** basiert auf den Ergebnissen der Absatzprognose und Absatzplanung. Es enthält auf der Leistungsseite als wichtige Information die geplanten Umsätze, ggf. differenziert nach Produkten, Absatzgebieten und Kundengruppen. Diese Leistungsziele werden den Verkaufsorganen für die Planungsperiode als Umsatzvorgaben zugewiesen. Für die Leistungserbringung erforderliche Ressourcen werden dann in Form verschiedener Kostenbudgets den Verkaufsorganen nach Maßgabe der budgetierten Leistung gegenübergestellt. Diese Umsatzkostenbudgets beziehen sich auf alle Aktivitäten, die mit dem Verkauf im weitesten Sinne verbunden sind. Natürlich treten bei dieser Kostenbudgetierung nicht immer einfach zu lösende Zuordnungsprobleme auf, weil – ähnlich wie bei der Aufteilung von Gemeinkosten auf Kostenstellen und Kostenträger – eine unmit-

81 Vgl. hierzu weiterführend Welge, M.K., Unternehmensführung, Bd. 1: Planung, Stuttgart 1985; Freiling, D., Budgetierungs- und Controlling-Praxis, Wiesbaden 1980, S. 71 ff.

telbare Beziehung im Sinne des Verursachungsprinzips zwischen Kosten und Leistungen nicht immer auszumachen ist. Gleichwohl kann – wenn die Budgetierung ihr Ziel der Verhaltssteuerung durch Zuordnung von Erfolgsverantwortung erreichen will – auf eine Zuordnung von Kosten zu den budgetierten Leistungen nicht verzichtet werden. Im einzelnen werden im Absatzbudget die Kosten des Umsatzes z.B. als Kosten der Akquisition (insbesondere der Werbung und Absatzförderung), der physischen Verkaufsabwicklung (direkte Verkaufskosten, Transportkosten, Lagerkosten) und der Leitung und Verwaltung (Planung, Statistik, Marktforschung) budgetiert.

Funktionale Teilbudgets	Unternehmensgröße (Mitarbeiterzahl)**				
	1.000–2.499	2.500–4.999	5.000–9.999	≥10.000	insges.*
Investitionsbudget	96,2 %	89,4 %	95,0 %	100,0 %	95,0 %
Umsatzbudget	100,0 %	86,8 %	75,0 %	100,0 %	94,0 %
Verwaltungsbudget	89,9 %	92,1 %	95,0 %	100,0 %	92,5 %
Produktionsbudget	91,1 %	86,8 %	85,0 %	87,0 %	89,0 %
Unternehmens-gesamtbudget	92,4 %	78,9 %	85,0 %	91,3 %	88,0 %
EDV-Budget	86,0 %	86,8 %	75,0 %	100,0 %	87,0 %
F+E-Budget	75,9 %	78,9 %	85,0 %	95,7 %	81,0 %
Beschaffungsbudget	79,7 %	78,9 %	60,0 %	82,6 %	77,5 %

* = 100 % = Anzahl der antwortenden Unternehmungen insgesamt

** = 100 % = Anzahl der antwortenden Unternehmungen der jeweiligen Größenklasse

Abb. 6.43: Funktionale Teilbudgets

Quelle: Horváth, P. et al., Die Budgetierung im Planungs- und Kontrollsystem der Unternehmung – erste Ergebnisse einer empirischen Untersuchung, in: Die Betriebswirtschaft 45 (1985), S. 143

Das **Produktionsbudget** dient der Ermittlung der Standardfertigungskosten bzw. – unter Einbeziehung des Fertigungsmaterials – der Standardherstellkosten für das ausgewählte Produktionsprogramm. Aus diesem nach Produktarten und Produktmengen aufgegliederten Produktionsprogramm ergibt sich für die Planperiode das Mengengerüst der Kosten (z.B. in Fertigungsstunden); dieses Mengengerüst der Kosten wird je nach zu belegender Kostenstelle mit spezifischen Kostensätzen multipliziert, um die budgetierten Standardfertigungskosten zu ermitteln.

Soweit das Fertigungsmaterial in die Budgets aufgenommen wird, wird der Materialverbrauch über die Stücklistenauflösung ermittelt. Da der Materialverbrauch in der Regel einen bedeutenden Kostenfaktor darstellt, ist es notwendig, hier die wesentlichen Materialverbräuche einzeln zu erfassen. Die Bewertung der Verbrauchsmengen erfolgt auf der Basis von Standardpreisen, was in der Regel der erwartete Einstandspreis sein wird. Die Fertigungskosten werden traditionell in leistungsabhängige (variable) und leistungsunabhängige (fixe) Kosten unterschieden. An dieser Stelle kann die Kostenbudgetierung ggf. unmittelbar die Ergebnisse der Plankostenrechnung übernehmen. Da die Budgetierung von der Idee der Kostenverantwortlichkeit ausgeht, gilt auch hier, daß die Kostenzurechnung auf Verantwortungsbereiche unter dem Gesichtspunkt der Beeinflußbarkeit der Kostenhöhe erfolgen sollte.

(5) Neben den genannten Budgetarten sind eine Reihe weiterer Unterscheidungen instruktiv:[82]

Nach dem **Grad der Flexibilität** läßt sich zwischen starren und flexiblen Budgets unterscheiden. Flexible Budgets tragen im Gegensatz zu starren Budgets der Unsicherheit von Entscheidungssituationen dadurch Rechnung, daß sie entweder bereits bei der Erstellung, der Durchführung oder erst bei der Kontrolle der Budgets gewisse Anpassungsmöglichkeiten vorsehen, um drohenden Fehlsteuerungen begegnen zu können. Um eine antizipative Berücksichtigung der Unsicherheit bemühen sich **Alternativ**- bzw. **Eventualbudgets**. Hierbei werden neben dem „Arbeitsbudget“ weitere alternative Budgets im Hinblick auf denkbare Umweltentwicklungen formuliert. Man hält sich die Eventualbudgets quasi in Reserve vor, um sie ggf. bei entsprechenden Umweltveränderungen rasch zur Anwendung bringen zu können. Eine spezielle Variante dieser Vorgehensweise liegt vor, wenn sich die Flexibilität nur auf eine einzige Einflußgröße – etwa die Beschäftigung – bezieht. Hier ist die flexible Plankostenrechnung zu nennen, bei der variable und fixe Kosten getrennt ausgewiesen und für unterschiedliche Beschäftigungsgrade die Sollkostenbudgets vorgeplant werden.

Im Gegensatz zu dieser antizipativen Vorgehensweise sehen sogenannte **Nachtrags- oder Ergänzungsbudgets** und die sog. **nachkalkulierten Budgets** Anpassungen erst im Rahmen der Budgetkontrolle vor. Im ersten Falle werden unvorhergesehene Ausgaben oder fehlkalkulierte Kosten in ein separates Budget eingebracht und dem Ursprungsbudget hinzugefügt. Im zweiten Falle dient das Ursprungsbudget zwar während der Budgetperiode als Richtschnur, wird jedoch am Ende der Periode durch ein nachkalkuliertes Budget ersetzt, das dem aktuellen Informationsstand entspricht und als Maßstab für die Kontrolle herangezogen wird. Auf diesem Wege soll vermieden werden, daß die Ist-Werte mit überholten Soll-Werten verglichen werden. Da in beiden Fällen mögliche Korrekturen erst nach dem Vollzug einsetzen, können diese Anpassungsformen allerdings keine Steuerungswirkung entfalten, sondern nur eine gerechtere Beurteilung bewirken. Deshalb wird häufig vorgeschlagen, die Budgetvorgaben nicht nur am Ende, sondern bereits während des Budgetjahres fortlaufend oder in kurzen Intervallen an veränderte Entwicklungen – etwa beim Beschäftigungsgrad oder der Preisentwicklung – anzupassen. Ein derartiges Vorgehen erhöht allerdings zum einen die zeitliche Belastung und den formalen Aufwand für die Budgetverantwortlichen und kann zum anderen auch Verwirrung stiften, da ständige Revisionen die Eindeutigkeit der Handlungsorientierung beeinträchtigen können.

Stellt man schließlich auf das Kriterium der **Wertdimension** ab, so können Budgets sich beziehen auf Ausgaben/Einnahmen, Aufwendungen/Erträge und Kosten/Leistungen sowie daraus abgeleitete Größen, etwa den Deckungsbeitrag oder den Gewinn. Je nach Art der verwendeten Wertdimension können sich Budgets neben der Allokation auch auf die Akquirierung von Ressourcen beziehen (z.B. Investitionsbudgets).

82 Vgl. zu unterschiedlichen Vorschlägen z.B. Welge, M.K., Unternehmensführung – Bd. 1: Planung, a.a.O., S. 396 ff. Horvath, P., Controlling, 2. Aufl., München 1986, S. 262 f.; Dambrowski, J., Budgetierungssysteme in der deutschen Unternehmenspraxis, Darmstadt 1986, S. 35 ff.

6.4.3 Der Budgetierungsprozeß

(1) Der Budgetierungsprozeß bezieht sich darauf, wie Budgets konkret in Organisationen formuliert und implementiert werden. Im folgenden wird mit dem Zero-Base-Budgeting (ZBB) zunächst eine moderne Vorgehensweise zur inhaltlichen Gestaltung des Budgetierungsprozesses vorgestellt, die die verfahrensimmanenten Mängel der traditionellen Budgetierung überwinden will. Daran anschließend wird der Budgetierungsprozeß aus formal-organisatorischer Sicht charakterisiert, indem mögliche Verfahren zur Abstimmung der Budgetierungsaktivitäten auf den unterschiedlichen Hierarchieebenen erörtert werden. Als Ergebnis dieser Diskussion wird der Budgetierungsprozeß abschließend als politischer und nicht ausschließlich sach-rationaler Prozeß gekennzeichnet.

(2) In der von Pyhrr bei der Firma Texas Instruments entwickelten Form ist das ZBB[83] ein Analyse- und Planungsinstrument, das versucht, die entscheidenen Schwächen der traditionellen Budgetierung, nämlich den Fortschreibungscharakter und die Inputorientierung, zu überwinden.

Das **Fortschreibungsdenken** führt häufig zu ausufernden Budgets, in die neue Programme aufgenommen werden, ohne daß man alte Programme streicht. Um diese Vorgehensweise aus der Budgetierung zu verbannen, startet der Budgetierungsprozeß jeweils bei Null, d.h. ungeachtet der vormals erstellten Budgets werden alle Gemeinkostenbereiche jeweils neu auf ihre Notwendigkeit, auf Art und Umfang ihrer Leistungen sowie die Wirtschaftlichkeit der Leistungserstellung untersucht. Das Bestehende wird bewußt in Frage gestellt, um routinisierte, aber nicht mehr länger begründbare Ressourcenallokationen zu vermeiden.

Ferner strebt das ZBB eine **Abkehr von der Inputorientierung** an. Dies zeigt sich darin, daß die Ressourcenzuteilung nicht nach Kostenarten und -stellen, sondern auf der Grundlage von Entscheidungspaketen erfolgt, wobei **Entscheidungspakete** Bündel von Aktivitäten mit gleicher Zielsetzung darstellen. Diese einzelnen Bündel werden im ZBB-Prozeß miteinander verglichen und gemäß ihrer Dringlichkeit gruppiert. Danach werden – dieser Reihenfolge entsprechend – soviele „decision packages" bewilligt, wie die vorhandenen Ressourcen zulassen.

Zielsetzung des ZBB ist es, die Gemeinkosten zu senken und die verfügbaren Ressourcen im Gemeinkostenbereich wirtschaftlicher einzusetzen, d.h. das ZBB verfolgt gleichzeitig ein Kostensenkungs- und ein Reallokationsziel.

Der **Prozeß** des ZBB läßt sich in der von der Beratungsfirma A.T. Kearney propagierten Fassung[84] durch die **Phasen**

- Analyse und Grobplanung
- Maßnahmenplanung
- Durchführung und Kontrolle

beschreiben.

83 Vgl. Meyer-Piening, A., Zero-Base-Budgeting, in: Die Betriebswirtschaft 42 (1982), S. 630 f.

84 Vgl. ebenda, S. 630.

Die wichtigsten Verfahrensschritte[85] dieses mehrstufen Prozesses werden im folgenden kurz skizziert:

- **Die Bildung von Entscheidungseinheiten**

  Entscheidungseinheiten als Bündel inhaltlich zusammenhängender Aktivitäten müssen so gebildet werden, daß sie unabhängig von anderen analysiert werden können. Sie müssen analog zu den strategischen Geschäftseinheiten nicht unbedingt der Aufbauorganisation entsprechen. Jedoch muß jeder Entscheidungseinheit ein Leiter zugeordnet werden, der die unter seiner Verantwortung stehenden Aktivitäten und Arbeitsergebnisse zu analysieren, zu beschreiben und zu bewerten hat.

- **Die Festlegung von Leistungsniveaus**

  Das Leistungsniveau ist das gesamte qualitative und quantitative Arbeitsergebnis, das die Mitglieder einer Entscheidungseinheit erzielen sollen. Üblicherweise werden für jede Entscheidungseinheit drei Leistungsniveaus vorgegeben. Leistungsniveau 1 umfaßt die Arbeitsergebnisse, die zu einem geordneten Arbeitsvollzug unbedingt erforderlich sind, während Leistungsniveau 2 die durch Arbeitsanweisungen geregelten Ist-Abläufe, und Leistungsniveau 3 höhere, langfristig wünschenswerte Leistungen beinhaltet.

- **Bestimmung alternativer Verfahren**

  Aufgabe dieses Verfahrensschrittes ist es, durch Suche nach Alternativen für jedes Leistungsniveau das wirtschaftlichste Verfahren zu ermitteln (z.B. maschinelle vs. manuelle Erstellung von Leistungen).

- **Die Zusammenfassung in Entscheidungspaketen**

  Entscheidungspakete fassen – wie bereits oben angedeutet – die wichtigsten Informationen über ein Leistungsniveau einer Entscheidungseinheit zusammen und bilden die Grundlage für die Ressourcenzuteilung.

- **Bildung einer Rangordnung der Entscheidungseinheiten durch die übergeordnete Leistungsebene**

  Die Rangordnung wird gebildet, indem die Kosten und Nutzen eines Entscheidungspaketes gegenüber anderen abgewogen werden. Dies mündet im Ergebnis in eine Prioritätenfolge sämtlicher Entscheidungspakete im Hinblick auf die Unternehmensziele.

85 Zu unterschiedlichen Varianten der Vorgehensweise vgl. z.B. Weidermann, P.H., a.a.O.,S. 258 ff.; Horvath, P., a.a.O., S. 285 ff.

- **Ermittlung der genehmigten Pakete durch den „Budgetschnitt"**

  Mit dem „Budgetschnitt" legt die Unternehmensleitung endgültig die Rangordnung fest und bestimmt, welchen Entscheidungseinheiten in welchen Höhen Ressourcen zugeführt werden.

Die entscheidenden **Vorzüge** des ZBB sind darin zu sehen, daß die Budgetverantwortlichen gezwungen werden, sich Klarheit zu verschaffen über die Verflechtung ihrer Entscheidungspakete mit denen anderer Entscheidungseinheiten. Kosten und Nutzen alternativer Aufgabenerfüllungen sind explizit gegeneinander abzuwägen, und im Falle beschränkter Ressourcen sind diese auf Programme mit höherer Priorität auszurichten.

Dem stehen als **Nachteile** neben Problemen auf der Verfahrensebene (z.B. die Eruierung adäquater Skalierungen zur Bewertung einzelner Entscheidungspakete) der hohe formale Aufwand („Papierkrieg") sowie der hohe zeitliche Mehraufwand gegenüber. So werden z.B. für die Phase 1 ca. 14 Wochen, für die Phase 2 ca. 11 Wochen und für die Phase 3 1 1/2 Jahre bis 2 Jahre veranschlagt.[86] Diese Einschätzung deutet darauf hin, daß es aufgrund des zeitlichen Aufwandes und der in die Unternehmensbereiche hineingetragenen Unruhe im Rahmen der kurzfristigen, regelmäßigen Budgetierung kaum handhabbar und wenig sinnvoll erscheint, jedes Mal wieder auf der Basis Null zu starten. ZBB sollte demgemäß eher **sporadisch** eingesetzt werden, um allfällige Reallokationen und Gemeinkostensenkungen herbeizuführen. Andererseits darf nicht übersehen werden, daß die zeitliche Belastung dann erheblich reduziert werden kann, wenn man sich auf vermutete Schwachstellen oder große Mittelverbraucher konzentriert.

(3) Unabhängig von der speziellen Budgetierungsvariante des ZBB gibt es aber einige grundsätzliche Gesichtspunkte, die für jeden Budgetierungsprozeß bedacht sein wollen. Dies gilt zunächst für die **Wahl des Abstimmungsverfahrens**. Es stehen sich im wesentlichen drei Abstimmungsverfahren gegenüber:[87]

Bei der **Top-down-Budgetierung**, die auch als retrograde Budgetierung bezeichnet wird, leiten das Top-Management bzw. die vom Top-Management autorisierten Budgetierungsorgane aus den strategischen Plänen und Budgets die Rahmendaten für die Budgeterstellung der nächsten Periode ab. Aufgabe der nachgeordneten Führungsebenen ist es dann, gemäß den zugeteilten Ressourcen Budgets für ihren Verantwortungsbereich zu erstellen und die nachgeordneten Organisationseinheiten darauf zu verpflichten.

Diese Vorgehensweise lebt von der Idee einer vollständig integrierten Budgetierung aller Ebenen und Ziele. Der komplexe Charakter von Handlungssystemen läßt indessen – wie schon mehrfach gezeigt – eine solche zentralistische Planungsphilosophie zur (gefährlichen) Illusion geraten. Die Zentraleinheit kann nicht über alle die erforderlichen detailspezifischen und sensiblen Informationen über die Situation vor Ort verfügen. Die zentralen Stellen bleiben auf Informationen aus den Teilbereichen angewiesen.

86 Vgl. Meyer-Piening, A., a.a.O., S. 631.

87 Vgl. Wild, J., a.a.O., S. 191 ff.; Marettek, A., Budgetierung, in: Grochla, E./Wittmann, W. (Hrsg), Handwörterbuch der Betriebswirtschaft, Bd. 1, Stuttgart 1974, Sp. 1032 f.; Dambrowski, J., Budgetierungssysteme in der deutschen Unternehmenspraxis, Darmstadt 1986, S. 61 f., zu empirischen Befunden S. 196 ff.

Im Gegensatz dazu beginnt beim **Bottom-up-Ansatz** („progressive Budgetierung") die Budgeterstellung auf den untergeordneten Führungsebenen und wird stufenweise in der Organisation nach oben geführt. Dieses Verfahren weist den Vorteil auf, daß die Ermittlung der erforderlichen Ressourcen dort erfolgt, wo das hierfür erforderliche Know-How als Synthese aus Informationsstand, Erfahrung und Verantwortung am ehesten zu vermuten ist. Es besteht jedoch die Gefahr, daß die Teilbudgets auf den verschiedenen Budgetebenen nicht hinreichend aufeinander abgestimmt sind.

Als Konsequenz aus den jeweiligen Problemen erfolgt die Budgetierung häufig nach dem **Gegenstromverfahren**, das eine Synthese der beiden anderen Verfahren darstellt. Dieses Verfahren wird zumeist mit einer probeweisen groben Top-down-Budgetierung eröffnet, d.h. es werden allgemeine Rahmendaten und globale Budgetziele für die nächste Planperiode vom Top-Management vorgegeben. Die Budgets werden dann von den einzelnen Organisationseinheiten unter Beachtung dieser Informationen geplant und in einem Bottom-up-Rücklauf zusammengefaßt – ggf. in mehreren Zyklen.

(4) Die vorausgegangenen Erörterungen haben gezeigt, daß es zur Lösung des komplexen Budgetierungsproblems zweckmäßig ist, sich iterativ an eine akzeptierbare Lösung heranzutasten. Es sei abschließend auf einen Punkt hingewiesen, auf den die Diskussion der Dysfunktionen schon aufmerksam gemacht hat: Die Budgetierung vollzieht sich nicht in einem interessenfreien Raum. Der Prozeß wird von den Systemmitgliedern beobachtet, und sie versuchen, ihn in eine Richtung zu lenken, die ihren Interessen entgegenkommt. Die Budgetierung unterliegt wegen ihrer Ressourcenverteilungsfunktion in besonderem Maße politischen Prozessen.

Die Festlegung der relevanten Budgetparameter im Budgetierungsprozeß erfolgt auch als Ergebnis interpersoneller Entscheidungsprozesse, die von individuellen, gruppendynamischen sowie umweltbedingten Faktoren beeinflußt werden – etwa vom Leistungsvermögen, dem Anspruchsniveau, den bisherigen Erfahrungen oder auch dem Verhandlungsgeschick der Organisationsmitglieder.[88] Weiterhin bilden Rollen als gegenseitige Verhaltenserwartungen Beschränkungen für das Verhalten der Organisationseinheiten im Budgetierungsprozeß, und Macht ist die entscheidende Größe dafür, ob es einem Individuum oder einer Organisationseinheit gelingt, die eigenen Vorstellungen zu Entscheidungsprämissen anderer Organisationsmitglieder werden zu lassen.

Das eigentliche Problem, um das es hier geht, ist, daß die Budgetierung als eine Selbstplanung des Systems beobachtbar ist und von den Systemmitgliedern auch beobachtet wird.[89] Die Budgetierung berührt – wie gezeigt – viele Interessenlagen und wird daher besonders intensiv beobachtet; die von ihr angefertigte Selbstbeschreibung des Systems (= Budgetplan) erleichtert dies. Die Budgetplaner bzw. die Unternehmensleitungen sind sich natürlich der beschriebenen Nebeneffekte längt bewußt. Sie versuchen i.d.R. als Reaktion darauf, diese Effekte des Budgetierungsprozesses zu antizipieren und die eigene Reaktionsweise darauf von vornherein miteinzuplanen (z.B. durch sehr niedrige Budgetansätze, die dann im Laufe des Verhandlungsprozesses nach oben gezogen werden kön-

88 Vgl. dazu ausführlich Bamberger, J., Budgetierungsprozesse in Organisationen, Mannheim 1971, S. 135 ff.

89 Vgl. Luhmann, N., Soziale Systeme, Frankfurt a.M. 1984, S. 636 ff.

nen). Die Schwierigkeit ist jedoch, daß auch diese Antizipation beobachtet werden kann und es daher ihrerseits den Systemmitgliedern möglich macht, darauf antizipativ zu reagieren (z.B. durch besonders hohe Budgetvorschläge) – zumeist dann so, wie es die Planer **nicht** antizipiert hatten.

Diese Kluft zwischen Budgetierung und Beobachtung der Budgetierung ist nicht zu eliminieren, sie ist Resultat der Tatsache, daß Unternehmen reflexive, sinngesteuerte Systeme sind. Es kann dafür deshalb auch keine endgültige Lösung geben – es sei denn, die Budgetplaner und „Beobachter“ können sich auf eine gemeinsame Metaperspektive einigen im Diskurs.

6.5 Die operative Kontrolle

6.5.1 Die operative Kontrolle als Feedback-Kontrolle/ adaptive Kontrolle

Im fünften Kapitel haben wir Ihnen die strategische Kontrolle ausführlich dargestellt.[90] Die dort ausgeführte Konzeption und damit die Einteilung in Überwachung, Prämissenkontrolle und Durchführungskontrolle sind auf die operative Kontrolle grundsätzlich übertragbar, denn für alle genannten Kontrollarten gibt es auch im operativen Planungs- und Kontrollprozeß Ansatzpunkte. Der konzeptionelle Unterschied zur strategischen Kontrolle besteht jedoch darin, daß die Gewichte anders verteilt sind. Der Schwerpunkt hinsichtlich der Kontrollarten liegt im operativen Bereich eindeutig auf der Durchführungskontrolle in Form der Ergebniskontrolle und Planfortschrittskontrolle. Um diesen Unterschied bezüglich der Gewichte hervorzuheben, stellen wir im Einklang mit der Literatur die operative Kontrolle konzeptionell als Durchführungskontrolle dar.

Somit knüpft die operative Kontrolle an die im Rahmen der Planung eruierten – ggfs. durch die Budgetierung konkretisierten – Kontrollstandards an, registriert die erreichten Ergebnisse und vergleicht diese mit den Plandaten. Die operative Kontrolle stellt im stärkeren Maße, als dies bei der strategischen Kontrolle der Fall ist, ein nachgeordnetes, an die fertige Planung angeschlossenes Prüfungsverfahren dar. Nach der **Zwecksetzung** prüft die operative Kontrolle – wie bereits angedeutet – auf der Basis einer gegebenen Strategie, ob die in der Planung festgelegten Maßnahmen geeignet waren, die angestrebten Unternehmensziele zu erreichen. Während die operative Kontrolle also der Zielerreichung („doing the things right“) und damit der Effizienzförderung dient, stellt die strategische Kontrolle auf die Zielvalidierung und damit die Effektivitätsförderung ab („doing the right things“), d.h. hier wird explizit die Richtigkeit der formulierten Strategie hinterfragt.

90 Vgl. oben S. 200 ff.

Auf der **inhaltlichen Ebene** zielt die operative Kontrolle mithin auf die Identifikation von Abweichungen bei der Planrealisierung ab, während die strategische Kontrolle auf die Identifikation von Strategiebedrohungen gerichtet ist. Die materielle Ausdifferenzierung der operativen Kontrolle wird damit entscheidend durch die operative Planung vorgeprägt. Somit ist es nur einsichtig, daß die oben getroffene Unterscheidung von operativer Standard- und Projektplanung im Rahmen der operativen Kontrolle ihr Pendant findet.[91] Die operative Kontrolle kann auf verschiedenen Ebenen anfallen; auf Projektebene, auf Funktionsbereichs-, auf Geschäftsbereichs- und/oder auf Unternehmensebene. Die in der Literatur viel behandelte Return-on-Investment-Kontrolle ist typischerweise eine operative Kontrolle auf Unternehmensebene.[92]

Die operative Kontrolle setzt sowohl im Sinne der **Feedback-Kontrolle** am Abschluß des Planungs- und Realisierungszykluses an, als auch als Begleitkontrolle, um der Gefahr verspäteter Rückkoppelungsinformationen zu entgehen. Letzteres bedeutet, daß man die Kontrollzeitpunkte in die Realisationsphase vorverlagert und projektiv den Endpunkt der Realisation antizipiert (feed forward). Diese „adaptive Kontrolle" ist als Spezialfall der operativen Kontrolle zu verstehen und darf nicht mit der strategischen Durchführungskontrolle verwechselt werden. Denn trotz der Erhöhung der Kontrollhäufigkeit und der Vorverlagerung der Kontrollzeitpunkte dient die **adaptive Kontrolle** analog der normalen Feedbackkontrolle der effizienten Realisierung gegebener Ziele, während die strategische Durchführungskontrolle der Frage nach der Richtigkeit oder Validität des gewählten strategischen Kurses nachgeht.

Weiterhin erfolgt die Überwachung im Rahmen der operativen Kontrolle typischerweise periodisch, und die Informationsprozesse, d.h. insbesondere die Informationsgewinnungs- und Informationsverarbeitungsprozesse, sind stark formalisiert.Im Extremfall müssen jedoch die operativen Kontrollen – ähnlich wie die strategische Überwachung – permanent und kontinuierlich erfolgen.

6.5.2 Der Kontrollprozeß

Vor dem Hintergrund der eben erörterten Merkmale läßt sich der Prozeß der operativen Kontrolle konkretisieren. Sofern er als Ergebniskontrolle konzipiert ist, wird er üblicherweise als kybernetisches Regelkreismodell dargestellt (s. Abb. 6.44) und weist die folgenden Phasen auf:

1. Bestimmung des Soll
2. Ermittlung des Ist
3 Soll/Ist-Vergleich und Abweichungsermittlung
4. Abweichungsanalyse
5. Berichterstattung.

91 Siehe hierzu S. 218.
92 Siehe hierzu S. 347 ff.

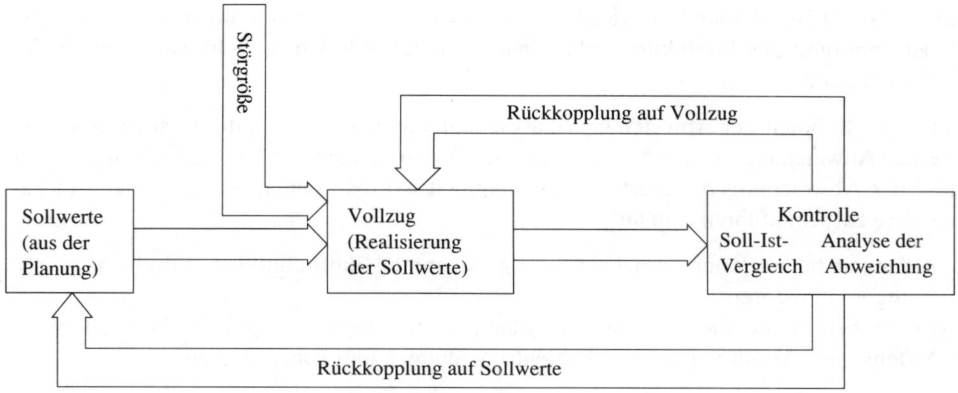

Abb. 6.44: Die Kontrolle im Regelkreis

ad 1) Jeder Vergleich setzt die Existenz von Vergleichsmaßstäben voraus. Durch die Bestimmung der Sollgrößen wird festgelegt, welche Zustände bestimmte Outputgrößen durch das Tun (oder Unterlassen) der Organisationsmitglieder annehmen sollen. Somit bilden die **Sollgrößen** die Maßstäbe, an welchen die erreichten Zustände (Ist), also z.B. die Leistung sowie das Verhalten der Mitarbeiter, gemessen werden müssen. Die Sollwerte können ihrer Maßstabsfunktion zum Zeitpunkt der Kontrolle umso eher gerecht werden, je mehr sie in eindeutig meßbare Größen transformierbar sind. Problematischer sind dagegen Sollgrößen qualitativer Natur, etwa zur Beurteilung des Erfolgs von Aus- und Weiterbildungsmaßnahmen, da hier subjektive Interpretationsspielräume die Objektivität der Kontrolle einschränken.

ad 2) Bei der Ermittlung des **Ist** muß darauf geachtet werden, daß Soll und Ist auch wirklich vergleichbar sind, d.h. sie müssen in sachlicher und zeitlicher Hinsicht kongruent sein. Zur Sicherung dieser Kongruenz ist eine eindeutige Definition der Vergleichsgrößen und die genaue Abstimmung zwischen Planungs- und Kontrollzeitraum erforderlich. Die sachliche Kongruenz wäre z.B. nicht gewahrt, wenn bei der Ermittlung des Ist-Umsatzes „Retouren" anders behandelt würden als bei der Planung. Werden dagegen Umsätze, die im Mai realisiert werden, erst im Juni abgerechnet, so ist die zeitliche Kongruenz verletzt worden.

ad 3) Der Soll/Ist-Vergleich dient der Feststellung der Übereinstimmung oder Nichtübereinstimmung (**Abweichung**) von Soll und Ist. Bei eindeutig quantifizierbaren, kongruenten Vergleichsgrößen ist die Feststellung der Übereinstimmung oder Nichtübereinstimmung unproblematisch. Dagegen können bei Vergleichsgrößen mit qualitativem Charakter leicht Interpretationsprobleme auftreten. Im Interesse künftiger Planungen muß der Kontrolle positiver Abweichungen (Soll übererfüllt) und negativer Abweichungen (Soll nicht erfüllt) die gleiche Aufmerksamkeit gewidmet werden. Es ist durchaus denkbar, daß eine Übererfüllung des Solls in einem Teilbereich im Interesse des Ganzen unerwünscht ist. So mag es etwa sein, daß ein Unternehmen z.B. durch eine wesentliche Überschreitung des Produktionssolls ohne entsprechende Umsätze in Zahlungsschwierigkeiten gerät.

ad 4) Im Rahmen der Abweichungsanalyse soll versucht werden, die **Ursachen** festgestellter Abweichungen zu ermitteln. Unter der Voraussetzung, daß die Ermittlung des Ist und der Abweichungen fehlerfrei vorgenommen wurde, können Abweichungen insbesondere zurückzuführen sein auf:

- Planungsfehler (Nichtberücksichtigung bekannter Einflußgrößen, falsche Gewichtung von Faktoren)
- unvorhersehbare, die Grundlage der Planung verändernde Ereignisse (Störgrößen)
- Mehr- oder Minderleistungen, Fehlentscheidungen und Fehlverhalten.

Da die Analyse der Abweichungen Zeit und Geld kostet, ist es aus wirtschaftlichen Gründen häufig zweckmäßig, einen Informationsfilter einzusetzen derart, daß nur solche Abweichungen analysiert werden, die ein zuvor festgelegtes „kritisches Abweichungsmaß" überschreiten. Die Bestimmung eines solchen Abweichungsmaßes erfordert allerdings eine gute Situationskenntnis und ein weitgehend antizipierbares Wirkungsfeld. Wie großzügig die Schwelle zu bemessen ist, wird fallweise zu entscheiden sein, und zwar in Abhängigkeit von der Bedeutung der Vergleichsobjekte im Hinblick auf die Gesamtunternehmung, vom Grad der Ungewißheit bei der Fixierung der Sollwerte, vom Anspruchsniveau hinsichtlich der Art der Kontrollinformationen etc.

ad 5) Damit die Kontrolle ihren Zweck erfüllen kann, muß jeder Mitarbeiter diejenigen Kontrollergebnissse kennen, die für seinen Zuständigkeitsbereich von Bedeutung sind. Es ergibt sich also immer dann die Notwendigkeit zur **Berichterstattung**, wenn Kontrollergebnisse, die an einer Stelle anfallen, für Entscheidungen relevant sind, die an anderer Stelle getroffen werden müssen. Somit ist es erforderlich, Kontrollergebnisse sowohl in vertikaler als auch in horizontaler Richtung weiterzuleiten. Auf mögliche Gefahren, die in diesem Zusammenhang auftreten können – etwa das Problem einer allzu rigiden Informationsfilterung – sei hier nur kurz hingewiesen.

6.5.3 Die Kontrolle auf Geschäftsfeldebene

Die Kontrolle auf **Geschäftsfeldebene** zeichnet sich dadurch aus, daß sie auf den Realgüterprozeß in Verbindung mit der Bewertung der jeweiligen monetären Konsequenzen – also den Wertumlaufprozeß – durchgreift. Im Vordergrund steht somit die Sachzielsteuerung, und die Kontrolle ist zwangsläufig eine Maßnahmenkontrolle. Im Gegensatz dazu werden bei der – weiter unten zu besprechenden – **Kontrolle in der divisionalen Organisation** die Sachziele durch Formalziele ersetzt und damit die Maßnahmen selbst freigestellt. Die Kontrolle ist hier also keine Maßnahmen-, sondern eine Zielerreichungskontrolle. Die **Budgetkontrolle** steht zwischen diesen beiden Typen. Sie operiert zwar analog zu der divisionalen Kontrolle (primär) mit wertmäßigen Größen, also Kosten, Erlösen etc., baut aber – und hier liegt der Unterschied zur divisionalen Kontrolle – explizit auf vorausgegangenen Sachzielsetzungen auf und transformiert bzw. „übersetzt" diese (Sachziele) quasi in wertmäßige Größen. Die wertmäßigen Größen im Rahmen der divisionalen Kontrolle sind, zumindest dort, wo die Divisionalisierung mit einer radikalen Dezentralisierung einhergeht, nicht auf vorgängige Sachzielsetzungen fixiert, sondern diese Sachziele sollen erst durch die Divisionen so generiert werden, daß die gesetzten Formalziele erfüllt werden. Es gibt aber auch viele Unternehmen, in denen die Divisionsmeßzahlen auf vorgängigen strategischen Plänen für die Divisionen beruhen.

6.5.3.1 Die Kontrolle operativer Pläne

Im Rahmen der operativen Kontrolle gilt es zu überprüfen, ob die festgelegten Pläne sowie die daraus resultierenden kurzfristigen Handlungsprogramme der einzelnen Funktionsbereiche wie geplant durchgeführt worden sind bzw. ob die ergriffenen Maßnahmen (voraussichtlich) geeignet sind, die geplante Strategie umzusetzen.

Die Kontrolle im Realgüterprozeß

(1) Die Kontrolle im Realgüterprozeß bezieht sich auf den Prozeß der Gütererstellung und -verteilung, der sich klassischerweise von der Beschaffung der notwendigen Faktoren über die Transformationsprozesse der Produktion bis hin zur Abgabe der fertigen Produkte an die Abnehmer erstreckt. Spezielle Kontrollaufgaben setzen – in Analogie zur Planung – an **zwei** unterschiedlichen **Ebenen** an, nämlich einerseits an dem Produktprogramm selbst und andererseits an den (aus dem Produktprogramm) abgeleiteten Handlungsprogrammen für die einzelnen Funktionsbereiche.

Die **produktprogrammorientierte Kontrolle** beinhaltet die systematische Überwachung des realisierten Produktprogramms nach Art, Menge und Zeit, um es mit dem geplanten Produktprogramm zu vergleichen, Abweichungen zu ermitteln und die Ursachen zu analysieren. Es ist dies eine Art Meta-Kontrolle; es sind Einflußfaktoren bzw. Restriktionen aus nahezu allen Unternehmensbereichen zu beachten. So muß u.a. überwacht werden, ob sich das Produktprogramm in den Grenzen der in der Planung angesetzten **Absatz**höchst- und -mindestmengen für die einzelnen Produkte (z.B. Stahlerzeugung und -verarbeitung 50 : 50 mit einer Toleranzzone von 10%), der Kapazitäten des Produktionsbereichs und der begrenzten Beschaffungsmengen für bestimmte Rohstoffe bewegt (z.B. ein Sonderauftrag für Produkt A darf nicht eine Monate später geplante Serie von Produkt B gefährden). Weiterhin muß die Kontrolle die **zeitliche** Interdependenz im Hinblick auf den kurzfristigen Ausgleich zwischen Absatz- und Produktionsmöglichkeiten durch den Auf- und Abbau von Lagern der verschiedenen Produkte berücksichtigen. Schließlich muß die Kontrolle an den unterschiedlichen Produkt**leistungs**- bzw. Eigenschaftsmerkmalen, wie etwa den verschiedenen Produktqualitäten oder Produktmissionen ansetzen und überwachen, ob die geplanten Relationen eingehalten werden.

Die produktprogrammorientierte Kontrolle wird ergänzt durch spezifische **funktionsbereichsbezogene Kontrollen**, die sich auf alle Funktionsbereiche einer Unternehmung, so insbesondere auf die Funktionsbereiche der Beschaffung, der Produktion und des Absatzes, beziehen. Da die Funktionsbereichspläne die Handlungsprogamme zur Realisierung des kurzfristigen Produktprogramms enthalten, werden sich Abweichungen im Produktprogramm nach Art, Menge und Zeit natürlich in den Funktionsbereichen widerspiegeln und eine der wichtigen Ursachen für Abweichungen dort sein. Es ist hier nicht erforderlich, die Kontrolle im Realgüterprozeß für alle möglichen Funktionsbereiche im einzelnen zu erläutern. Im folgenden soll vielmehr exemplarisch die operative Kontrolle im Beschaffungsbereich kurz skizziert werden.

(2) Zur Beschaffung im engeren Sinne zählt die wirtschaftliche Versorgung eines Unternehmens mit Roh-, Hilfs- und Betriebsstoffen sowie fertigbezogenen Teilen. Die Kontrolle im Beschaffungsbereich bezieht sich demgemäß auf die Überwachung der Beschaffungs- bzw. Bestellmengen, des Bestellzeitpunktes, der Güterqualitäten, der Lagerhaltung und des Einsatzes des beschaffungspolitischen Instrumentariums.[93] Im folgenden soll mit der Lagerbestandskontrolle ein wesentlicher Teilaspekt dieses Kontrollspektrums näher untersucht werden. Es sei jedoch darauf hingewiesen, daß in modernen Produktions-Planungs-Systemen diese Kontrolle nicht mehr isoliert geleistet wird, sondern zum Bestandteil eines integrierten Systems gehört. Lagerbestandskontrolle ist dort primäre Aufgabe des Disponenten, der die Fertigungsaufträge festgelegt und dazu die Lagerbestände kennen muß.[94]

Die **Lagerbestandskontrolle** soll das Auftreten von Fehlmengen verhindern. Abbildung 6.45 vermittelt einen Überblick über die in der Praxis gebräuchlichen Verfahren.

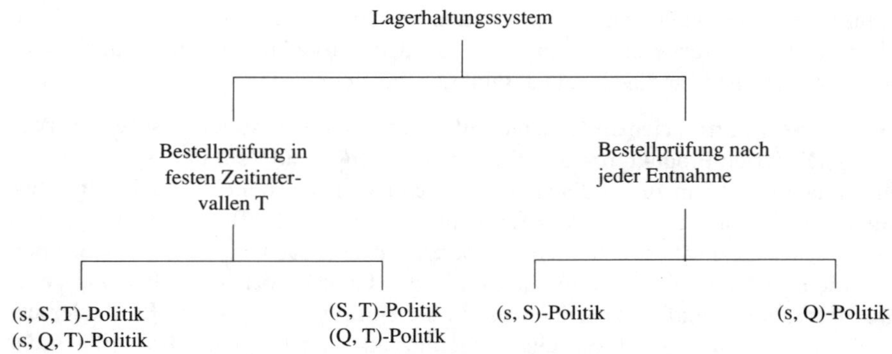

Abb. 6.45: Systematik der Lagerhaltungstechniken

Quelle: Mertens, P., Industrielle Datenverarbeitung, Bd. I, Wiesbaden 1972, S. 119

93 Vgl. Welge, M.K., Unternehmensführung, Bd. 1: Planung, a.a.O., S. 434; Reichmann, F., Controlling mit Kennzahlen, München 1985, S. 233.

94 Vgl. Scheer, A.W., CIM – Computer Integrated Manufacturing, 2. Aufl., Berlin u.a. 1987.

Erläuterung:

(1) Bestellprüfung in festen Zeitintervallen T

Es kann einerseits nach T Zeiteinheiten geprüft werden, ob eine bestimmte Bestellgrenze s erreicht oder unterschritten wurde, um dann gegebenenfalls die Lagerbestände auf einen Grundbestand S aufzufüllen [(s,S,T)-Politik] oder die optimale Bestellmenge Q zu bestellen [(s,Q,T)-Politik]; andererseits kann – ohne die Festlegung einer Bestellmenge s – nach T Zeiteinheiten jeweils die optimale Bestellmenge Q bestellt [(Q,T)-Politik] oder der Lagerbestand auf S aufgefüllt werden [(S,T)-Politik].

Bei manuellen Lagerdispositionssystemen haben diese T-Politiken den **Vorteil**, daß sie relativ geringen Verwaltungsaufwand verursachen, da die Bestände nicht laufend überprüft werden müssen. Als **Nachteil** ist jedoch zu werten, daß die T-Politiken höhere Lagerhaltungskosten mit sich bringen; denn es ist bei der Dimensionierung der Bestellgrenze s nicht nur der potentielle Lagerabgang während der Lieferfrist abzudecken, sondern es muß auch berücksichtigt werden, daß die Notwendigkeit einer Bestellung eventuell erst einige Zeit nach dem Unterschreiten der Bestellgrenze erkannt wird. Im ungünstigsten Fall kann unmittelbar nach der Überprüfung eine größere Entnahme zum Unterschreiten der Bestellgrenze führen, jedoch wird dies erst nach T Zeiteinheiten bemerkt. Es müssen also erhöhte Sicherheitsbestände eingeplant werden.

(2) Bestellprüfung nach jeder Entnahme

Es wird nach jeder Lagerentnahme geprüft, ob die Bestellgrenze s erreicht ist, um dann gegebenenfalls das Lager auf einen Grundbestand S aufzufüllen [(s,S)-Politik] oder die optimale Bestellmenge Q zu bestellen [(s,Q)-Politik]. Diese Lagerhaltungspolitiken haben den **Vorteil** relativ geringer Lagerkosten, denn die Sicherheitsbestände können klein gehalten werden, da nur der Zeitraum der Lieferfrist ohne Eingriffsmöglichkeit zu überbrücken ist. Ihr **Nachteil** bei manueller Lagerdisposition sind die hohen Verwaltungskosten der laufenden Kontrolle.

In Lagerdispositionsmodellen, die in die integrierte Datenverarbeitung eingebettet sind,[95] ist der Überprüfungsaufwand jedoch relativ gering, da es keine grundsätzlichen Schwierigkeiten bereitet, mit jeder Verbuchung eines Lagerabgangs sofort zu berechnen, ob damit die Bestellgrenze s erreicht oder unterschritten wurde.

Abbildung 6.46 stellt die mögliche Entwicklung von Lagerbeständen in Abhängigkeit von den gewählten Lagerhaltungspolitiken dar.

Die Kontrolle im Wertumlaufprozeß

(1) Der Wertumlaufprozeß muß – wie bereits im Rahmen der operativen Planung ausgeführt – als ein dem Realgüterprozeß entgegengesetzter Fluß von Geldmitteln gedacht

95 Vgl. hierzu ausführlich Mertens, P., Industrielle Datenverarbeitung, Administrations- und Dispositionssysteme, 7. neu bearbeitete Auflage, Wiesbaden 1988, S. 82 ff.

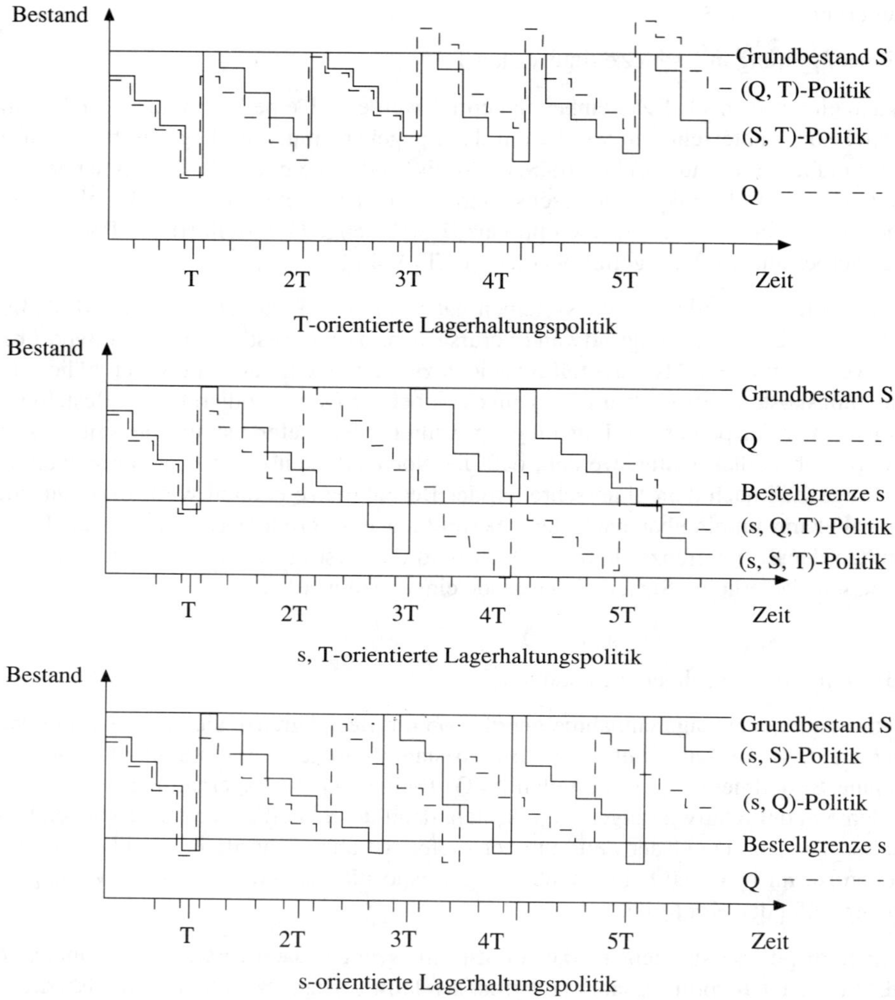

Abb. 6.46: Lagerhaltungspolitiken

Quelle: Mertens, P., Industrielle Datenverarbeitung, a.a.O., S. 120

werden, in dem sich die Sachzielsetzungen monetär widerspiegeln. Die operative Kontrolle des Wertumlaufprozesses ist dann darauf gerichtet, die monetären Konsequenzen der getroffenen Sachentscheidungen unter ständiger Wahrung der Zahlungsfähigkeit des Unternehmens als selbständige, von der Sachplanung nicht direkt abhängige Zielsetzung in Form von Einnahmen/Ausgaben, Aufwendungen/Erträgen und Kosten/Leistungen zu überwachen. Diese geldmäßigen Auswirkungen der Aktivitätsplanung werden – wie bereits oben deutlich wurde – häufig, jedenfalls zu Teilen in der Budgetierung fixiert, so daß die operative Kontrolle des Wertumlaufprozesses in vielen Unternehmen als Budgetkontrolle anzusehen ist. In Analogie zur Planung lassen sich auch bei der operativen Kontrolle des Wertumlaufprozesses wieder drei Teilbereiche unterscheiden, nämlich die

Finanzkontrolle, die bilanzielle (Plan-)ergebniskontrolle sowie die kalkulatorische (Plan-)Ergebniskontrolle, auch Betriebsergebniskontrolle genannt.

(2) Die **Finanzkontrolle** hat den systematischen, regelmäßigen und institutionalisierten Vergleich von geplanten und realisierten Zahlungsmittelbeständen und -bewegungen zum Gegenstand. Ihr obliegt mithin die Überprüfung und Erhaltung der Liquidität. Wird Liquidität im Sinne der jederzeitigen Zahlungsfähigkeit verstanden, so ist eine Unternehmung dann liquide, wenn für jede Teilperiode des Planungszeitraums die folgende Bedingung erfüllt ist:

$$\text{Kassenbestand} + \text{Einzahlungen} - \text{Auszahlungen} \geq 0.$$

Ausgehend von einem gegebenen Zahlungsmittelbestand geht es somit um die Kontrolle des Gleichgewichtes der Zahlungsströme, d.h. um die Feststellung von Ein- und Auszahlungsabweichungen, die gegenüber dem Liquiditätsplan auftreten. Determinanten für Einzahlungsabweichungen wären etwa unvorhergesehene Änderungen des Umsatzerlöses oder der Zahlungsgewohnheiten der Kunden; als Determinanten für Auszahlungsabweichungen kommen z.B. unvorhergesehene Änderungen sowohl der Mengen und Preise von Produktionsfaktoren wie auch die Änderung der Zahlungsbedingungen der Lieferanten in Frage.

Die **Kontrolle des bilanziellen (Plan-)ergebnisses** unterscheidet sich von der Finanzkontrolle dadurch, daß sie Einnahmen und Ausgaben periodengerecht erfolgswirksam erfaßt, also mit Aufwendungen und Erträgen operiert. Von der Betriebsergebniskontrolle – die sich ihrerseits auf Kosten und Leistungen bezieht – unterscheidet sie sich vor allem durch die Einbeziehung neutraler Aufwendungen und Erträge und die Nichtberücksichtigung von Zusatzkosten – wie etwa kalkulatorischen (Mehr-)Abschreibungen, Wagnissen und Unternehmerlöhnen.

Zur **Kontrolle des bilanziellen Planergebnisses** werden die geplanten Aufwendungen und Erträge den tatsächlichen Werten einer Periode gegenübergestellt und die Soll-Ist-Abweichungen ermittelt. Häufig wird man sich dabei insbesondere auf die Gewinnanalyse konzentrieren, wozu eine Vielzahl von Kennzahlen herangezogen werden kann. Beispielsweise können einzelne Aufwandspositionen – etwa die Personalaufwendungen oder die Materialaufwendungen – zum Umsatz ins Verhältnis gesetzt werden, um so Veränderungen der Aufwandsstruktur über die Zeit hinweg aufzudecken. Die mit Hilfe von solchen Kennzahlen ermittelten Abweichungen zwischen bilanziellen Plan- und Ist-Ergebnissen können nach eingehender Analyse Auslöser für Konsequenzen in allen Unternehmensbereichen sein.

Die **kalkulatorische Ergebniskontrolle** soll erklären, ob das angestrebte kalkulatorische Ergebnis der jeweils betrachteten Periode angesichts der realiter angefallenen Kosten und Leistungen erreicht, über- oder unterschritten worden ist. So sind sowohl bei positiven wie negativen Abweichungen vom Planbetriebsergebnis funktionsbereichs- und produktbezogene Abweichungsanalysen vorzunehmen. Einen wichtigen Ansatzpunkt dafür bieten die jeweiligen Funktionsbudgets.[96] Hier werden den jeweiligen Vor-

96 Vgl. hierzu S. 330 ff.

kalkulationen nach der Leistungserstellung entsprechende Nachkalkulationen gegenübergestellt, um so den Erfolg einzelner Produkte bzw. die Plankalkulationen zu überprüfen. Die inhaltliche Ausgestaltung der gesamtunternehmensbezogenen Betriebsergebniskontrolle hängt letztlich davon ab, welches Verfahren der Kostenträgerzeitrechnung als periodische Kosten- und Leistungsrechnung in der Unternehmung angewendet wird. Denkbar ist hier eine Ausgestaltung als Kosten- und Leistungsrechnung auf der Basis von Vollkosten, auf der Basis von Teilkosten oder als kombinierte Voll- und Teilkostenrechnung (sogenannte stufenweise Plan-Deckungsbeitragsrechnung). Verfahrenstechnisch kann das Betriebsergebnis nach dem Gesamtkostenverfahren oder dem Umsatzkostenverfahren ermittelt werden.[97]

6.5.3.2 Die operative Projektkontrolle als Sonderfall

(1) Legt man den oben entwickelten Projektbegriff[98] zugrunde, so kann sich die operative Projektkontrolle sowohl auf strategische als auch auf operative Projekte beziehen. Wegen des typischerweise langen Implementationszeitraumes von strategischen, aber vielfach auch von operativen Projekten darf sich die operative Projektkontrolle in der Regel nicht in einer ausschließlichen (End-)Ergebniskontrolle erschöpfen, da bei solch langen Zeiträumen die Gefahr eines unerwünschten Auseinanderfallens von geplanten und realisierten Ergebnissen ungleich höher ist. Um also rechtzeitige Anpassungsmaßnahmen für eine möglichst friktionslose Umsetzung des Geplanten einleiten zu können, kommt sogenannten Planfortschrittskontrollen im Sinne der adaptiven Kontrolle[99] eine besondere Bedeutung zu. Mit einer solchen Erhöhung der Kontrollhäufigkeit und Vorverlagerung der Kontrollzeitpunkte in die Realisationsphase allein ist es jedoch nicht getan. Entscheidend für den erfolgreichen Einsatz der Planfortschrittskontrolle ist die Erarbeitung von geeigneten Zwischenzielen, sogenannten „milestones", an denen die Kontrollaktivitäten ansetzen sollen. Grundsätzlich kommen dafür die Termine, die Kosten und die Leistungen des Projektes in Frage.[100]

(2) Ein wichtiges Instrument der Projektkontrolle ist – analog zur Projektplanung – die Netzplantechnik, die sich besonders für die **Terminkontrolle** eignet. Durch die Netzplantechnik können Interdependenzen zwischen den Einzelaktivitäten eines Projektes besser geplant und damit auch kontrolliert werden. Treten bei einzelnen Teilaktivitäten Verzögerungen auf, so können mit Hilfe des Netzplanes und unter den zu seiner Erstellung getroffenen Annahmen die Wirkungen der Verzögerungen auf das Projekt sofort abgelesen werden.[101] Bei der **Kostenkontrolle** werden im wesentlichen die Soll/Ist-Kostenentstehungsfunktionen der einzelnen Teilaufgaben des Projektes einander gegen-

97 Vgl. hierzu ausführlich: Hahn, D., a.a.O., S. 384 ff.

98 Vgl. S. 218.

99 Zum Begriff vgl. S. 338.

100 Vgl. dazu z.B. auch Brockhoff, K., Forschung und Entwicklung, Oldenburg 1988, S. 190 ff.; Welge, M.K., Unternehmensführung, Bd. 3: Controlling, Stuttgart 1988, S. 317 ff.

101 Natürlich treten aufgrund der Komplexität sozialer Systeme häufig Wirkungen von Verzögerungen auf, die im Netzplan gar nicht antizipiert waren.

übergestellt, damit rechtzeitig signalisiert werden kann, ob die bisher aufgelaufenen Ist-Kosten die veranschlagten Soll-Kosten überschreiten, so daß entsprechende Maßnahmen ergriffen werden können. Schließlich kann die Kontrolle drittens als **Leistungskontrolle** an den spezifischen Projektleistungen – also etwa Größen wie der Qualität oder der Zuverlässigkeit – ansetzen.

(3) Insgesamt gilt es zu beachten, daß eine **isolierte** Kontrolle jedes der drei Parameter zu Fehlinterpretationen führen kann. Trotz oder gerade wegen der Einhaltung der gesetzten Termine können die Kosten „explodieren" und auch bei zeit- und kostengerechter Abwicklung kann es vorkommen, daß die gesteckten Leistungsziele des Projektes nicht erfüllt werden können. Gefordert sind damit (adaptive) Überwachungssysteme für Projekte, die es erlauben, alle drei fundamentalen Parameter zu **integrieren**. Während sich integrierte Termin-Kosten-Kontrollen als relativ unproblematisch erwiesen haben, stößt die Einbeziehung bzw. allgemein die Handhabung der Leistungskontrolle als adaptive Kontrolle auf große Schwierigkeiten, da die Leistungskontrolle mit erheblichen Meßproblemen verbunden ist, so daß die Leistungsfähigkeit eines Projektgegenstandes vielfach erst nach Projektabschluß festgestellt werden kann.

6.5.4 Die Kontrolle bei divisionaler Organisation

(1) Die Kontrolle bei divisionaler Organisation ist – wie bereits eingangs erläutert – eine operative Kontrolle auf Unternehmensebene. Sie ist darüberhinaus als Spezialfall anzusehen, da bei dieser Organisationsform meist eine weitgehende Freistellung vieler Entscheidungen in den teilautonomen Einheiten durch den Übergang von der Sachziel- auf die Formalzielebene erfolgt. Die Kontrolle setzt demgemäß typischerweise nur auf der Formalzielebene an. Ein Beispiel für den Versuch, ein solches System von zu kontrollierenden Größen zur Steuerung und Koordination von Divisionen zu schaffen, stellt das von Du Pont de Nemours etwa um 1920 entwickelte, zwischenzeitlich modifizierte und in diversifizierten, dezentral operierenden Großunternehmen vielfach verwendete ROI-Kontrollsystem dar. Das ROI (Return on Investment)-Konzept weist die folgenden Merkmale auf:[102]

– Den Beurteilungsmaßstab für den Erfolg einer Division bildet die Rentabilität:

$$R = \frac{G}{V} \cdot 100 = \frac{G}{U} \cdot \frac{U}{V} \cdot 100$$

G = Gewinn
V = eingesetztes Vermögen
U = Umsatzerlöse

102 Vgl. hierzu und zum folgenden Lüder, K., Kritische Anmerkungen zur Steuerung divisional organisierter Unternehmen mit Hilfe des Return on Investment-Konzeptes, in: Steinmann, H. (Hrsg.), Planung und Kontrolle, München 1981, S. 400 ff.

- Für jede Division wird die Rentabilität und einige zu ihr gehörende wichtige Bestimmungsgrößen für ein Jahr im voraus geplant.
- In festgelegten zeitlichen Intervallen werden Soll-Ist-Vergleiche durchgeführt und eventuelle Abweichungsanalysen erstellt.
- Das Division-Management soll das gesteckte Nominal-, genauer Rentabilitätsziel erreichen oder übertreffen. Wie dies sachlich – d.h. durch welche konkreten Leistungsziele – erreicht wird, ist freigestellt.
- Der Entscheidungsspielraum des Division-Managements wird dann eingeschränkt, wenn die Soll-Ist-Abweichungen der Rentabilität eine vorab festgelegte Bandbreite überschreiten.

Mit der Verwendung des ROI-Konzeptes werden im wesentlichen zwei Hauptzwecke verfolgt. Zum einen soll die erzielte Rentabilität die Grundlage bilden für Investitions- und Desinvestitionsentscheidungen, und der Vergleich zwischen Soll- und Ist-Rentabilität soll der obersten Unternehmensleitung eine Leistungsbeurteilung des Division-Managements ermöglichen (Informationszweck). Zum anderen soll die Vorgabe einer aus dem Zielsystem der Unternehmung abgeleiteten Soll-Rentabilität das Division-Management in der Weise motivieren, daß es optimale Entscheidungen trifft (Motivationszweck).

(2) Das ROI-Konzept kann die genannten Zwecke jedoch nur unzureichend erfüllen.[103] Im Hinblick auf den **Informationszweck** ist zunächst problematisch, daß die Kennziffer ROI vergangenheitsorientiert ist. Für die Bestimmung zukünftiger Investitionsaktivitäten und die Einschätzung des zukünftigen Leistungspotentials der Division-Manager liefern jedoch historische Werte keine hinreichende Informationsgrundlage. Weitere zentrale Probleme liegen vor allem in der mangelnden Eindeutigkeit und damit Manipulierbarkeit der zugrundeliegenden Größen. So handelt es sich weder beim Gewinn noch beim Kapital um eindeutig bestimmte Größen. Die Probleme der bilanziellen Gewinnermittlung (Abschreibungen, Rückstellungsbildung, Lagerbestandsveränderungen, inflationäre Preisänderungen etc.) sind also gleichzeitig auch Probleme der Maßzahl „Return-on-Investment", für deren Nenner (eingesetztes Vermögen oder Kapital) weiterhin verschiedene Definitionen infrage kommen. Nicht einmal der Umsatz ist eindeutig definiert. Die Beurteilung der Leistung des Division-Managements mit Hilfe der Kapitalrentabilität setzt schließlich voraus, daß keine fremdbestimmten Entscheidungen (Bestimmung von Umlageschlüsseln für nicht direkt zurechenbare Aufwendungen durch die Unternehmensleitung, Wirkungen aus Entscheidungen der Vorperiode etc.) auf die Kapitalrentabilität einwirken.

(3) Im Hinblick auf den **Motivationszweck** taucht das Problem auf, daß das Division-Management durch Vorgabe einer Soll-Rentabilität motiviert wird, **suboptimale, nicht aber gesamtoptimale** Entscheidungen zu treffen. Hier wären beispielsweise folgende (Fehl-)Entscheidungen denkbar:

103 Vgl. hierzu ergänzend Dearden, J., Measuring profit center managers, in: Harvard Business Review, 65 (1987), Nr. 5, S. 84 ff.

(a) Ein Investitionsvorschlag, für den ein interner Zinssatz von 20 % nach Steuern errechnet wurde und der damit erheblich über den Mindestanforderungen der Unternehmenszentrale liegt, wird von der Division nicht zur Genehmigung an die Zentrale weitergeleitet. Grund: Die Realisierung des Projektes würde in den ersten beiden Jahren zu einer Senkung der Rentabilität der Division führen.

(b) Ein Division-Manager will möglichst umgehend die Rentabilität der Division verbessern, um seine Position zu sichern. Deshalb ergreift er eine Reihe von Maßnahmen, die sich allerdings langfristig gegen das Unternehmensinteresse richten. Er verschiebt vorbeugende Instandhaltungsmaßnahmen; er beschränkt das Personal-Ausbildungsprogramm; er reduziert die Forschungsaufwendungen dadurch, daß er alle Projekte streicht, die sich nicht innerhalb von zwei Jahren amortisieren.

(c) Ein Division-Manager verschrottet mehrere Anlagen, die im Augenblick nicht benötigt werden, um den Wert des Vermögens zu vermindern und damit eine Rentabilitätssteigerung zu erreichen. Falls diese Maschinen später wieder gebraucht werden, muß man sie neu kaufen.

Diese Beispiele verdeutlichen als weitere **zentrale Gefahren** des ROI-Konzeptes zum einen die Tendenz zur kurzfristigen Gewinnmaximierung und zum anderen die Neigung, daß aufgrund der ausschließlichen Konzentration auf monetäre Erfolgsgrößen darin nicht abbildbare technische und soziale Leistungsaspekte der divisionalen Führung systematisch vernachlässigt werden. Forschung und Entwicklung, fortschrittliche Personalpolitik, gutes Arbeitsklima, gute Kundenbeziehungen und Public Relations etc., alles dies sind Aspekte, die von einer kurzfristigen Gewinnperspektive tendenziell vernachlässigt werden, aber mittelfristig für die Gewinnsituation von sehr großer Bedeutung sind. Die Stärke des ROI-Konzeptes ist also zugleich seine zentrale Schwäche: Es ist lediglich auf das Formalziel Rentabilität der Unternehmung ausgerichtet und kann damit der Zielpluralität auf der Sachzielebene nicht (oder nur ungenügend) Rechnung tragen.

(4) Daß das ROI-Konzept trotz der genannten Nachteile eine weite Verbreitung gefunden hat, mag darauf zurückzuführen sein, daß der ROI in einer einzigen, **zusammenfassenden Größe**, nämlich der Rentabilität, alle Ereignisse wiedergibt, die das Formalziel einer Division beeinflussen. Ferner mag dazu beigetragen haben, daß die ROI-Rechnung ohne weiteres auf die Zahlen des traditionellen Rechnungswesens zurückgreifen kann und der ROI aufgrund seiner Allgemeingültigkeit und einfachen Berechnung zum Vergleich sowohl von einzelnen Divisionen als auch von Divisionen und alternativen Investitionen eingesetzt werden kann.

(5) Die offenkundigen Mängel des ROI-Konzeptes machen es jedoch erforderlich, daß die ausschließlich formalzielorientierte Steuerung **ergänzt** werden muß durch eine Einbeziehung sachzielorientierter Kontrollgrößen, um so dem Auseinanderdriften von Einzelinteresse der Division und Gesamtinteresse der Unternehmung entgegenzuwirken. Denkbar ist hier, daß die Überwachung außer am Rentabilitätsziel noch an weiteren sogenannten „Key Result Areas“ ansetzt, so etwa an Marktposition, Produktivität, Perso-

nalentwicklung, Mitarbeiterverhalten, Verantwortlichkeit gegenüber der Öffentlichkeit, Gleichgewicht zwischen kurz- und langfristigen Zielen etc.

Einen konkreten Ansatzpunkt in diese Richtung liefert Lüder.[104] Er schlägt vor, das ROI-Konzept durch ein dreiteiliges Verfahren zu ersetzen, das die Wirkung kurzfristiger und langfristiger Entscheidungen gesondert erfaßt. Die Einnahmen- Ausgaben-Planung enthält das Budget der laufenden Operationen und das Projektbudget. Die Entscheidungen des Division-Managements werden mit Hilfe eines Soll-Ist-Vergleichs und einer Abweichungsanalyse überprüft und beurteilt. Die Projektplanung und -kontrolle soll die Qualität der langfristigen Entscheidungen gewährleisten. Die Rentabilitätsanalyse soll als dritte Komponente in Lüders Konzept die Unternehmensleitung über die Verzinsung des in der Division eingesetzten Kapitals informieren.

Allerdings gilt es zu beachten, daß die Erweiterung der divisionalen Kontrolle die Dezentralisierungsphilosophie dieser Organisationsform in Frage stellt. Ein ausgefeiltes Kontrollsystem erfordert zwangsläufig mehr zentrale Planung und damit weniger Entscheidungsspielraum auf Divisionsebene.

104 Vgl. Lüder, K., a.a.O., S. 404 ff.

Diskussionsfragen

1. Aus welchen Gründen ist der operativen Planung nach dem Prinzip der operativen Flexibilität ein Handlungsspielraum zu belassen?

2. Nennen Sie Vor- und Nachteile des „Just-In-Time"-Konzeptes.

3. Warum ist eine Planung des Wertumlaufprozesses, die lediglich auf die Rentabilität abstellt, zur Existenzsicherung einer Unternehmung nicht ausreichend?

4. Eine Unternehmung stellt mehrere Produktarten, die dieselben Fertigungsstätten durchlaufen, her. Zeigen Sie die handfeste Interdependenz zwischen den beiden folgenden Teilplänen auf:
   – optimales Produktionsprogramm (maximaler Deckungsbeitrag);
   – optimale Einkaufslosgrößen für die benötigten Werkstoffe
   (Annahme: Der Einkaufspreis sinkt mit steigender Bestellmenge).

5. Skizzieren Sie die Vorgehensweise der Sukzessivplanung.

6. Welche Managementfunktion wäre vollkommen überflüssig, wenn das Unsicherheitsproblem mit Hilfe der Planung vollständig lösbar wäre?

7. Was versteht man unter der konstruktiven Eigenleistung des Planers?

8. Nennen Sie Beispiele (Produktarten), bei denen die Ganzzahligkeitsbedingung erforderlich/nicht erforderlich ist.

9. Wodurch unterscheidet sich ein prognostizierendes Modell von einem (statistischen) Prognoseverfahren?

10. Welchen Zusammenhang sehen Sie zwischen Budgetierung und Kontrolle?

11. Was versteht man unter der Motivationsfunktion von Budgets, und welche Voraussetzungen müssen dafür vorliegen?

12. Wodurch unterscheidet sich das Zero-Base-Budgeting (ZBB) von der traditionellen Budgetierung?

13. Warum ist die Budgetierung trotz vorhandener Abstimmungsverfahren als politischer Prozeß interpretierbar?

14. Welchen Sinn hat die Berichterstattung im Rahmen der operativen Kontrolle?

15. Auf welchen beiden Ebenen findet die Kontrolle des Realgüterprozesses statt?

16. Warum und aus welcher Perspektive setzt die Kontrolle bei divisionaler Organisation an der Formalzielebene an?

17. Nennen Sie Mängel des Return-on-Investment-Konzeptes im Hinblick auf den Informationszweck.

Literaturhinweise

Probleme der operativen Planung:

Steinmann, H. (Hrsg.), Planung und Kontrolle, München 1981.

Koch, H., Integrierte Unternehmensplanung, Wiesbaden 1982.

Morrisey, G.L./Below, P.J./Acomb, B.L., The executive guide to operational planning, San Francisco 1988.

Meffert, H., Größere Flexibilität als Unternehmenskonzept, in: Zeitschrift für betriebswirtschaftliche Forschung 37 (1985), S. 121-137.

Modelle und Modellierung operativer Pläne:

Koch, H., Gegenstand, Struktur und Kriterien der betriebswirtschaftlichen Entscheidungsanalytik, in: Zeitschrift für betriebswirtschaftliche Forschung 26 (1974), S. 301-334.

Mitroff, I.I./Betz, F., Dialectical decision theory, in: Management Science 19 (1972), S. 11-24.

Meyer, M., Operations Research, Systemforschung, 2. Aufl., Stuttgart 1986.

Zur Budgetierung:

Egger, A./Winterheller, M., Kurzfristige Unternehmensplanung, 2. Aufl., Wien 1984.

Posselt, S.G., Budgetkontrolle als Instrument der Unternehmenssteuerung, Darmstadt 1986.

Höller, H., Verhaltenswirkungen betrieblicher Planungs- und Kontrollsysteme, München 1978.

Welge, M.K., Unternehmensführung, Bd. 3: Controlling, Stuttgart 1988, S. 194 ff.

Zur operativen Kontrolle:

Welge, M.K., Unternehmensführung, Bd. 3: Controlling, Stuttgart 1988.

Anthony, R./Dearden, J., Management control systems. Text and cases, 3. Aufl., Homewood/Ill. 1976.

Hahn, D., Planungs- und Kontrollrechnung: PuK, 3. Aufl., Wiesbaden 1985.

Horváth, P./Gaydoul, P., Controlling in ausgewählten deutschen Unternehmen. Ergebnisse einer empirischen Untersuchung, Darmstadt 1977.

Vierter Teil
Organisation und Führung

Siebtes Kapitel
Organisatorische Strukturgestaltung

Achtes Kapitel
Das Individuum in der Organisation: Motivation und Verhalten

Neuntes Kapitel
Die Gruppe in der Organisation: Das Gruppenverhalten

Zehntes Kapitel
Der Vorgesetzte in der Organisation: Das Vorgesetztenverhalten

Elftes Kapitel
Unternehmenskultur

Siebtes Kapitel

Organisatorische Strukturgestaltung

7.1 Theoretische Grundlagen ... 357

7.2 Was heißt Organisieren? ... 358

7.3 Organisatorische Differenzierung ... 363
- 7.3.1 Aufgabenanalyse ... 364
- 7.3.2 Formen organisatorischer Arbeitsteilung ... 366
  - 7.3.2.1 Organisation nach Verrichtungen ... 366
  - 7.3.2.2 Organisation nach Objekten ... 368
- 7.3.3 Organisatorische Teilung des Entscheidungsprozesses ... 373

7.4 Organisatorische Integration ... 376
- 7.4.1 Abstimmung durch Hierarchie ... 378
- 7.4.2 Abstimmung durch Programme ... 385
- 7.4.3 Selbstabstimmungsregelungen ... 387
  - 7.4.3.1 Grundlagen ... 387
  - 7.4.3.2 Formen lateraler Integration ... 387
  - 7.4.3.3 Personelle Voraussetzungen ... 392

7.5 Einflußgrößen der Organisationsgestaltung ... 393
- 7.5.1 Umwelt als Einflußgröße ... 394
- 7.5.2 Technologie ... 396
- 7.5.3 Lebenszyklus ... 399
- 7.5.4 Menschen ... 401

Diskussionsfragen ... 403

Literaturhinweise ... 405

7.1 Theoretische Grundlagen

Stark **arbeitsteilige** Leistungsprozesse, wie wir sie heute in allen Bereichen der Wirtschaft und der öffentlichen Verwaltung vorfinden, bedürfen der sinnfälligen Zuordnung und Verknüpfung, um das Leistungsziel erreichbar zu machen. Aufgrund der heute überall feststellbaren Tendenz zu größeren Einheiten und multi-lokaler Repräsentanz kommt dem Problem der **Ordnung** der Aktivitäten und der **Zusammenführung** einzelner Arbeitselemente (z.B. von Produktentwicklung, Fertigung, Werbemaßnahmen, Vertriebswegen) immer größere Bedeutung zu. Der Aufbau organisatorischer Strukturen ist deshalb als zentrales Instrument der Unternehmenssteuerung anzusehen.

Systemtheoretisch sind organisatorische Strukturen ganz allgemein ein basales Mittel, die Umweltkomplexität auf ein bearbeitbares Maß zu reduzieren. Nachdem sich – wie im vierten Kapitel ausführlich erläutert – Systeme durch die Bildung einer Differenz zur Umwelt konstituieren, unterscheiden sich System und Umwelt stets durch ein Komplexitätsgefälle. Der Komplexität der Umwelt setzt das System seine Selektion als Differenz- und Identitätskriterium entgegen. Diese verringerte Komplexität muß im System gesichert werden. Die Schaffung arbeitsteiliger Binnenstrukturen ist ein Ordnungsmechanismus, der die Selektivität verstärkt, weil er das Prinzip der Systembildung im Binnenverhältnis wiederholt.[1] Mit anderen Worten, die organisatorische Strukturierung schafft Teilsysteme, die zum Gesamtsystem wiederum in einem selektiven Verhältnis stehen; sie betrachten das Gesamtsystem also gewissermaßen als – wenn auch bereits vorbearbeitete und vorgeordnete – **Umwelt**.

Durch die organisatorische Ausbildung von Teilsystemen zur Lösung spezieller Probleme (funktionale Differenzierung) wird einerseits doppelter Gebrauch von den Vorteilen grenzgesteuerter Selektion gemacht, andererseits wird dadurch aber die Binnenkomplexität des Gesamtsystems gesteigert, was die Systemkohärenz bzw. die Integration zum Problem macht. Ein komplexes Gesamtsystem kennt mehr Referenzen und mehr Möglichkeiten des Handlungsanschlusses als überschaubar und verarbeitbar ist. Die zentrifugalen Kräfte der Binnenkomplexität zur Erfüllung der Funktionen des Gesamtsystems wieder zusammenzuführen, wird zum eigenständigen Problem. Die organisatorische Gestaltung muß sich deshalb gleichermaßen diesem „Folgeproblem“ widmen, indem sie den Teilsystemen für die Kooperationsanschlüsse eine Ordnung vorgibt oder, anders ausgedrückt, indem sie die systeminterne Umwelt vorstrukturiert.[2]

Insgesamt läßt sich also feststellen, daß die Steuerung des Komplexitätsgefälles zwischen System und Umwelt neben der Zwecksetzung ganz wesentlich durch die organisatorische Strukturgestaltung bestimmt wird.

Bezogen auf unsere konkrete Problemstellung bedeutet dies, daß **Arbeitsteilung** bzw. Auffächerung des Arbeitsprozesses und Bildung von leistungsfähigen Aktionseinheiten

1 Vgl. Luhmann, N., Die Weltgesellschaft, in: Archiv für Rechts- und Sozialphilosophie 57 (1971), S. 1 ff.
2 Vgl. ebenda.

einerseits und **Arbeitsvereinigung**, d.h. die gezielte Zusammenführung der einzelnen Elemente andererseits, die zentralen Gesichtspunkte der Managementaufgabe „Organisation“ bilden. In der Organisationsliteratur werden dementsprechend häufig **„Differenzierung“** und **„Integration“** als Basisaufgaben der organisatorischen Gestaltung bestimmt. Diese zwei Gestaltungsaufgaben sind – wie erwähnt – latent widersprüchlich: Je stärker eine Organisation differenziert wird, um so mehr Anstrengungen müssen unternommen werden, die Aktivitäten zu integrieren. Jede Differenzierung setzt zentrifugale Kräfte frei, die durch eine gezielte Integration gebunden werden müssen.

Das praktische Problem der organisatorischen Gestaltung besteht nur in seltenen Fällen im Entwurf eines vollständigen neuen Strukturgefüges; in aller Regel geht es darum, Teil-Reorganisationsmaßnahmen zu planen. „Organisieren“ als Managementfunktion ist dementsprechend auch keine punktuelle Aufgabe, die jeweils nur alle 5 oder 10 Jahre anfällt, sondern ein **ständiger Prozeß**. Immer wieder tauchen Problemstellungen auf, die einer organisatorischen Lösung bedürfen; immer wieder erweisen sich einmal gefundene Problemlösungen als revisionsbedürftig. In dem einen Fall ist der Leiter der Forschungs- und Entwicklungsabteilung völlig überlastet, im anderen Fall macht eine neue Fertigungstechnologie Reorganisationsmaßnahmen notwendig; dann ist es wieder die unzureichende Kommunikation zwischen der Produktentwicklung und der Werbung, die einen effektiven Leistungsprozeß behindert, oder der Außendienst muß an die geänderte Kundenstruktur angepaßt werden. Natürlich wird hin und wieder auch eine Revision der Gesamtorganisation notwendig, dann ist aber in aller Regel nur der Gesamtrahmen betroffen, nicht aber die organisatorische Einzelregelung. Der Vorgang des Organisierens stellt also ein permanentes Problem dar, das Diagnosefähigkeiten, gestalterische Phantasie und das Vermögen, organisatorische Veränderungen durchzuführen, erfordert. Das ist so gesehen ein gewichtiges Element im Aufgabenbereich **jeder** Führungskraft.

Die organisatorische Gestaltung in der hier beschriebenen Weise steht nicht nur im Dienste der Planumsetzung, wie dies im traditionellen Management-Prozeß der Fall ist, sondern hat darüber hinaus weiterreichende Funktionen. Insbesondere ist zu beachten – was im Grundsatz im vierten Kapitel schon dargelegt wurde –, daß die Organisationsstrukturen ein eigenes Problemlösungs- und Steuerungspotential besitzt. Es ist dies ein Potential, das sich eben nicht nur aus der Referenz zu vorgelagerten Plänen ergibt, sondern auch in der selbständigen Bewährung in der System-Umwelt-Interaktion steht.

7.2 Was heißt Organisieren?

Die Schaffung einer selektionssichernden Ordnung war im letzten Abschnitt als allgemeines Ziel der Organisationsaufgabe beschrieben worden. Es schließt sich die Frage an, wie eine solche Ordnung hergestellt wird und worauf sie sich bezieht.

Untersucht man den Organisationsvorgang näher, so zeigt sich sehr schnell, daß es im Kern darum geht, **Regelungen** zu schaffen: Regeln zur Festlegung der Aufgabenverteilung, Regeln der Koordination, Verfahrensrichtlinien bei der Bearbeitung von Vorgängen, Beschwerdewege, Kompetenzabgrenzungen, Weisungsrechte, Unterschriftsbefugnisse usw. Das organisatorische Leben ist von Regeln durchsetzt. Die Ordnung eines Unternehmens ist deshalb nichts anderes als ein Geflecht aus Regeln. Gewöhnlich nennt man eine durch Regeln geschaffene Ordnung eines sozialen Systems **Organisationsstruktur**.[3]

Organisatorische Regeln sollen nicht nur einen effizienten Aufgabenvollzug sicherstellen, sondern auch Konflikte in geordnete Bahnen lenken, Pfade für neue Ideen schaffen oder das Auftreten nach „außen" in ein einheitliches Muster bringen. Schon aus diesen wenigen Beispielen wird deutlich, daß sich organisatorische Regelungen immer auf die Organisationsmitglieder richten, genauer auf deren Verhalten und Aktivitäten. Organisatorische Regeln stellen darauf ab, die Handlungsweisen der Organisationsmitglieder zu bestimmen und damit vorhersagbar zu machen. Die Regeln schränken den Handlungsspielraum des einzelnen Organisationsmitgliedes ein. Dementsprechend gilt: Je mehr Regeln geschaffen werden, um so mehr wird der Leistungsprozeß und seine Steuerung entindividualisiert.[4] Organisatorische Regeln können allerdings auch dazu dienen, für das einzelne Organisationsmitglied mehr Entscheidungsautonomie bzw. mehr Handlungsspielraum zu schaffen (Ermessensspielraum, Vertretungsmacht, Führungsverantwortung usw.).[5]

Organisatorische Regeln sind zunächst einmal offiziell eingeführte Regeln, d.h. sie sind aus der **Direktionsbefugnis des Arbeitgebers** abgeleitet und beanspruchen auf dieser Basis ihr Recht auf Geltung. Nicht alle Regeln, die in einer Firma Geltung haben, sind indessen auf diesem offiziellen geplanten Wege entstanden. Häufig entstehen Regeln auch **spontan** aus dem Handeln heraus und bewähren sich im täglichen Arbeitsvollzug; bisweilen sind es gerade diese Regeln, die das Verhalten besonders stark beeinflussen. In anderen Fällen sind es Regeln aus übergeordneten Bereichen, wie etwa der Branche oder einer Berufsgruppe, die in dem einzelnen Unternehmen wie selbstverständlich gelten, ohne daß sie je von einer dazu berechtigten Stelle eingeführt wurden (etwa im Bergbau oder der Bauwirtschaft bzw. bei Sicherheitsingenieuren). In diesen Fällen sind es entweder die übergeordneten Verbände, die diese Regeln setzen bzw. aus Tradition pflegen, oder aber sie werden durch Ausbildungsgänge indirekt vermittelt, indem dort schon festgelegt wird, wie bestimmte Tätigkeiten zu verrichten sind.[6]

Organisatorische Regeln geben Ordnung, sie strukturieren Situationen vor und geben Anweisung, wie in bestimmten Situationen zu verfahren ist. Gutenberg spricht in diesem Zusammenhang von **generellen** Regelungen und unterscheidet sie von **fallweisen** Regelungen;[7] damit sind die auf den einzelnen Geschäftsvorfall bezogenen individuellen

3 Gutenberg spricht an Stelle dessen von „Betriebsorganisation", deren Inhalt von den Regeln gebildet werde, vgl. Gutenberg, E., Grundlagen der Betriebswirtschaftslehre, 1. Bd.: Die Produktion, 24. Aufl., Berlin u.a. 1983, S. 237.

4 Vgl. Gutenberg, E., a.a.O., S. 238.

5 Vgl. Frese, E., Grundlagen der Organisation, 3. Aufl., Wiesbaden 1987, S. 213 ff.

6 Vgl. im einzelnen Kieser, A./Kubicek, H., Organisation, 2. Aufl., Berlin/New York, 1983, S. 14 ff.

7 Vgl. Gutenberg, E., a.a.O., S. 238 ff.

Kasten 7.1

Das Substitutionsprinzip der Organisation nach Gutenberg

Aufgabe des Substitutionsprinzips der Organisation ist die Bestimmung des Optimums an fallweiser und genereller Regelung für betriebliche Tatbestände. Das Substitutionsprinzip fordert dazu auf, fallweise durch generelle Regelungen solange zu ersetzen, bis ein Gleichgewicht zwischen Variabilität der betrieblichen Gegenstände und dem Ausmaß gebundener Regelungen erreicht ist. Je mehr variable betriebliche Tatbestände vorfindbar sind, um so weniger kann die Substitution fallweiser durch generelle Regelungen erfolgen. Eine Überorganisation liegt demnach vor, wenn variable Tatbestände generell geregelt sind, eine Unterorganisation dagegen dann, wenn Wiederholungsvorgänge nicht generell geregelt sind. Schematisch läßt sich der Zusammenhang wie folgt darstellen:

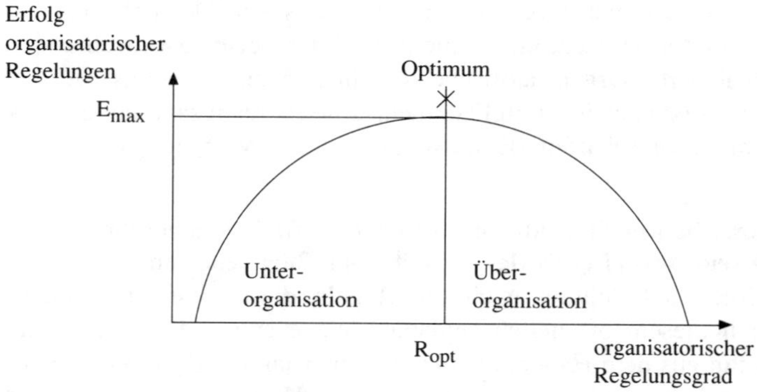

Einwendungen:

(1) Die Variabilität betrieblicher Tatbestände ist von vorgängigen organisatorischen Regelungen beeinflußt.
(2) Das Ausmaß der Variabilität ist nicht genau vorhersehbar.
(3) Der Erfolg organisatorischer Regelungen bestimmt sich nicht nur nach der Angemessenheit des Regelumfangs, sondern auch nach Gesichtspunkten wie Flexibilität der Regelung und Motivation der regelbetroffenen Mitarbeiter. Die generelle Regel führt in der Tendenz zu Starrheit und Routinearbeit.

Quelle: Gutenberg, E., Grundlagen der Betriebswirtschaftslehre, 1. Bd., Die Produktion, 24. Aufl., Berlin u.a. 1983, S. 239-242; ferner Seiwert, L., Das Substitutionsprinzip der Organisation, in: WiSt, 8 (1979), S. 77.

Anordnungen gemeint. Letztere sollen hier jedoch im Unterschied zu Gutenberg nicht als organisatorische Regeln gelten, sondern der Managementfunktion „Führung" zugerechnet werden. Ähnlich spricht auch Kosiol hier nicht von organisatorischen, sondern von **„dispositiven"** Maßnahmen.[8] Die organisatorische Regel ist die Alternative zur füh-

8 Vgl. Kosiol, E., Organisation der Unternehmung, Wiesbaden 1962, S. 75.

Kasten 7.2

Regeln und Vorschriften für die Arbeiter in der Eisengießerei & Maschinenfabrik von Klett & Comp.

§ 1

Alle Arbeiter verpflichten sich bei ihrer Aufnahme zum Gehorsam gegen die Fabrikherren, zur genauen Beobachtung der erteilten Vorschriften und zur sorgfältigen & freißigen Ausführung der erteilten Arbeiten, sowie auch von jeder vorkommenden Veruntreuung unverzüglich Anzeige zu machen ist.

§ 2

Die festgesetzten Arbeitsstunden sind von 6 bis 12 Uhr Vormittags und von 1 bis 6 1/2 Uhr Nachmittags. Von 8 bis 8 1/2 Uhr früh wird eine halbe Stunde zum Frühstück freigegeben, zu welchem Endzweck sämtliche Arbeiter die Werkstätten zu verlassen haben. Wer außer dieser Zeit Bier oder geistige Getränke sich verschafft, verfällt in eine Straft von 1/2 Tag Abzug.

Den Gießern ist gestatten, wenn dieselben über die Zeit mit Gießen beschäftigt sind, und die Fabrik nicht verlassen dürfen, von 6 1/2 bis 7 Uhr durch einen dazu bestimmten Handlanger sich bis 1 Maß Bier holen zu lassen.

§ 3

Wenn die Arbeit besonders pressant ist, so müssen die erforderlichen Arbeiter gegen Vergütung über die bestimmte Zeit arbeiten und in diesem Falle ist es ihnen erlaubt, ihr Nachtessen von 6 1/2 bis 7 Uhr zu nehmen. Sollte sich ereignen, daß die ganze Nacht durch gearbeitet wird, so hat der Arbeiter beim Nachtessen seine erforderlichen Lebensmittel mitzubringen.

§ 4

Sämtliche Arbeiter müssen sich pünktlich zur bestimmten Arbeitszeit in der Fabrik einfinden; 10 Minuten nach Glockenschlag 6 Uhr Morgens wird die Türe geschlossen und kein Arbeiter mehr eingelassen; wer öfter als 2 mal fehlt, wird mit Abzug nach § 5 gestraft.

§ 5

Wer 1/4, 1/2 oder 1 Tag fehlt, verliert nicht nur den verhältnismäßigen Lohn, sondern wird auch noch um ebensoviel gestraft; besondere Ausgänge sind nur dann gestattet, wenn gültige Beweise für deren Notwendigkeit beigebracht werden – Täuschungen haben augenblickliche Entlassung zur Folge.

§ 6

Wer blauen Montag hält, wird der Polizei angezeigt, so wie die bestehenden Gesetze es verlangen.

§ 7

Zum Ein- und Ausgang ist das bekannte große Thor bestimmt: wer über die Mauer, durchs Fenster oder über den Zaun des Nachbars steigt, wird sogleich entlassen.

§ 8

Jedem Arbeiter werden die nöthigen Werkzeuge übergeben und zwar unter Verschluß, wofür derselbe verantwortlich ist; so daß derselbe auf eigne Kosten ersetzen muß, was davon abgehen sollte; wer eines Andern Kasten öffnet, um Werkzeug zu benützen, wird mit 1 Tag Abzug gestraft.

§ 9

Die in Arbeit gegebenen Gegenstände sind genau nach Angabe zu fertigen; wer aus Nachlässigkeit Stücke bricht, oder auf sonstige Art unbrauchbar macht, hat selbe zu ersetzen, was sich auch bei beschädigten Werkzeug erstreckt.

§ 10

Jeder Arbeiter, welcher Ribahlen, Schraubbohrer oder andern Werkzeug nöthig hat, muß sich deswegen an den Hausmeister wenden, welcher die Stückzahl, sowie den Arbeiter, der sie empfängt, notiert; jeden Abend müssen diese Werkzeuge gereinigt und in vollkommender Ordnung dem Hausmeister zurückgegeben werden, bei Strafe von 1/2 Tag Abzug.

§ 11

Jeder Arbeiter, welcher Schmiedearbeit bebraucht, als Keile, Schrauben, Druchschläge pp muß sich, nachdem die Modelle gemacht sind, an das Aufsichtspersonal, den Hausmeister oder auch Buchhalter wenden, um einen Zettel zu empfangen, worauf bemerkt ist, wofür diese Gegenstände bestimmt sind, unter Angabe des Namens. – Dieser Zettel muß mit der fertigen Arbeit dem Hausmeister zurückgegeben werden.

§ 12

Die Schmiede oder anderen Arbeiter der Fabrik dürfen keinen Werkzeug ohne Auftrag der Fabrikherrn anfertigen; wer gegen diese Vorschrift handelt, wird sogleich entlassen.

§ 13

Alle jene Arbeiter, welche während der Arbeitszeit herumlaufen, mit einander plaudern oder schwätzen, und Nichts thuend bei einander stehend und somit ihre Arbeit versäumen, verfallen in eine Strafe vn 1/4 Tag Abzug; Streitigkeiten, Raufereien und unanständiges Betragen ist mit 1/2 Tag Abzug belegt, unbeschadet des Einschreitens der Polizeibehörde auf Anruf des einen oder anderen Theils.

§ 14

Jeder Arbeiter, der aus der Fabrik in Arbeit geschickt wird, muß von dem Bauherrn oder dessen verantwortlichen Vertreter einen Nachweis beibringen, wie viel Tage derselbe jede Woche bei ihm gearbeitet hat; wenn dieses unterlassen bleibt, so wird der ganze Lohn eingehalten, bis die Vorschrift erfüllt ist; bei solchen Veranlassungen muß dem Hausmeister angegeben werden, was für Werkzeug mit aus der Fabrik genommen wird, und der Arbieter bleibt verantwortlich, alles richtig mit zurückzubringen, wenn die Arbeit vollendet ist; alles Fehlende muß durch denselben ersetzt werden, wenn nicht erwiesen ist, daß die Stücke zurückgelassen worden sind.

§ 15

Das Tabakrauchen innerhalb der Fabrik ist bei 1 Tag Abzug verboten

§ 16

Wenn ein Arbeiter austreten will, so hat er 8 Tage vorher zu kündigen, zu welchem Ende 1 Wochenlohn einbehalten wird, ebenso wird auch ihm von Seite der Fabrikherren gekündigt, wenn er entlassen werden soll.
Widerspenstiges, unredliches Betragen, sowie auch wiederholte Übertretung aller in vorhergehenden Paragraphen gegebenen Vorschriften machen eine Ausnahme, in solchen Fällen können die Arbeiter augenblicklich entlassen werden, und zwar wird alsdann die Ursache jedesmal der Polizei angezeigt.

§ 17

Alle eingehenden Strafen sind zu einem wohltätigen Zweck für die Arbeiter bestimmt.

§ 18

Alle 14 Tage werden die Löhne bezahlt und dabei jedesmal dem Geldempfänger 6 Kr. als Krankenhaus-Beitrag in Abzug gebracht.

§ 19

Streitigkeiten, welche über vorstehende Punkte zwischen den Fabrikherren und den Fabrikarbeitern entstehen, werden durch die Polizeibehörde enschieden werden.
Vorstehende Regeln und Vorschriften für die Arbeiter in der Klettschen Eisengießerei und Maschinenfabrik werden von Polizeiwegen genehmigt, jedoch vorbehaltlich derjenigen Abänderungen, welche die Einführung eines allgemeinen Pflegeverbandes der Handwerksgesellen und Fabrikarbeiter, bei Eröffnung des neuen Krankenhauses bezüglich des § 18 nothwendig machen wird.
Nürnberg, 14. Octr. 1844

Quelle: Ruppert, W., Die Fabrik, München, München 1983, S. 54 ff.

rungsmäßigen Anordnung, eine generelle Regelung macht die fallweise Anordnung überflüssig. **Organisieren** kann man im Anschluß an diese Unterscheidung auch als die Ersetzung fallweiser durch generelle Regeln begreifen.

Es ist keineswegs als wünschenswert anzusehen, grundsätzlich generelle anstelle von fallweisen Regelungen vorzusehen. Eine generelle Regelung empfiehlt sich nur dort, wo sich absehen läßt, daß sich die Vorgänge in gleicher oder ähnlicher Form wiederholen. Betriebliche Tatbestände, die eine hohe Variabilität aufweisen oder erwarten lassen, generell regeln zu wollen, wäre in hohem Maße ineffizient. Die Firma würde fortwährend Gefahr laufen, das falsche Problem zu lösen, weil ihre Problemlösungsverfahren auf eine andere Situation zugeschnitten sind. Mit anderen Worten, die generelle Regelung setzt ein Maß an Gleichförmigkeit voraus, das häufig so nicht vorfindbar ist. Es ist daher eine wichtige Maxime des Organisierens, keine Überorganisation herbeizuführen in dem Sinne, daß Tatbestände einer generellen Regelung unterworfen werden, die sich dafür nicht eignen (vgl. dazu Kasten 7.1, S. 360).

Mit dem Rekurs auf die Variabilität betrieblicher Tatbestände wird auf einen wichtigen Sachverhalt aufmerksam gemacht, nämlich auf den Bedingungsrahmen des Organisierens, der nicht oder zumindest nur teilweise in der Kontrolle des Organisators steht. Auf diesen Bedingungsrahmen und seinen Stellenwert wird unten noch einzugehen sein.

Die offizielle, d.h. von den dafür legitimierten Stellen eingeführte Organisationsstruktur (= System genereller Regelungen) wird auf verschiedene Weise **sichtbar** gemacht. Zunächst einmal finden die Regelungen in **Geschäftsverteilungsplänen, Stellenbeschreibungen** und **Dienstanweisungen** oder ähnlichem ihren Niederschlag, besonders wichtige Regeln werden häufig in Betriebsordnungen festgehalten. Das bekannteste Mittel, Organisationsstrukturen zu visualisieren, ist jedoch das **Organigramm**, das im Sinne einer schaubildartigen Übersicht über die getroffenen Regelungen informiert. Organigramme haben sich als unverzichtbare Systematisierungsinstrumente erwiesen. Dabei muß man jedoch sehen, daß Organigramme nur einen **Ausschnitt** aus dem organisatorischen Regelungswerk zeigen, nämlich die Regeln zur Abteilungsbildung und der Autoritätsbeziehungen (Hierarchie). Darüber hinaus gibt es häufig disziplinarische Regelungen, die in einer Betriebsordnung niedergelegt werden (vgl. dazu das historische Beispiel in Kasten 7.2, S. 361 ff.).

7.3 Organisatorische Differenzierung

Die Kernaufgabe der Organisationsgestaltung war eingangs als Dualproblem geschildert worden, nämlich als Problem der Arbeitsteilung (Differenzierung) einerseits und als Problem der Arbeitsvereinigung andererseits (vgl. Abb. 7.1).

Wenden wir uns zunächst der Differenzierungsaufgabe zu. Ausgangsproblem jeder systematischen organisatorischen Differenzierung ist die Frage nach der günstigsten Teilung und Zuweisung von Arbeiten. Die in den Zielen fixierte und im Produktmarktkonzept konkretisierte Gesamtaufgabe einer Unternehmung ist in aller Regel zu umfangreich, als daß sie von einer Person ausgeführt werden könnte. Sie wird von mehreren

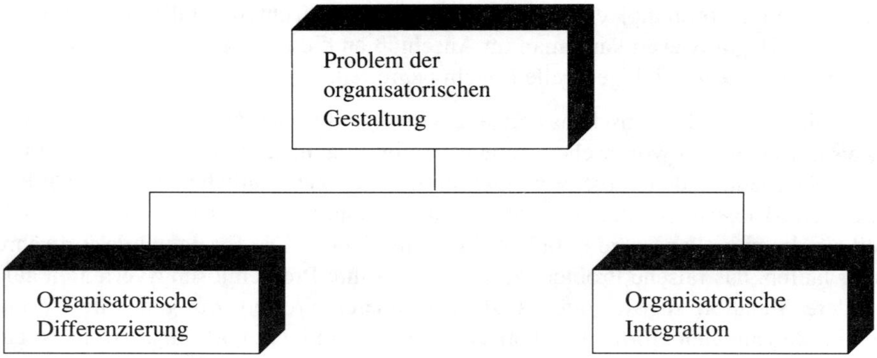

Abb. 7.1: Das Dualproblem der Organisationsgestaltung

Personen gemeinsam erledigt, und daher ist festzulegen, welche Teilaufgaben von welchen Organisationsmitgliedern zu bewältigen sind. Dies führt im Ergebnis zu einem differenzierten System, dessen Varietät von dem Ausmaß der gewählten Spezialisierung der Stellen und Abteilungen abhängt.

7.3.1 Aufgabenanalyse

Methodisch gesehen setzt die organisatorische Verteilung der Aktivitäten die systematische Durchdringung der Aufgaben voraus. In der deutschen Organisationslehre hat Erich Kosiol hierfür die wohl bekannteste Systematik entwickelt, er nennt sie **Aufgabenanalyse**.[9]

Nach dieser Konzeption soll die Gesamtaufgabe anhand von fünf Dimensionen gedanklich in Elementarteile zerlegt werden:

(1) nach den **Verrichtungen** (z.B. Sägen, Schweißen, Nieten)
(2) nach den **Objekten** (z.B. Aufgaben an Tischen, Stühlen, Schränken)
(3) nach dem **Rang** (nach Entscheidungs- und Ausführungsaufgaben)
(4) nach der **Phase** (nach Planungs-, Realisierungs- und Kontrollaufgaben)
(5) nach der **Zweckbeziehung** (nach unmittelbar oder mittelbar auf die Erfüllung der Hauptaufgabe gerichteten Teilaufgaben).

In der Kosiolschen Gestaltungslehre werden dann in einem zweiten Schritt, der sog. **Aufgabensynthese**, aus Elementarteilen nach bestimmten leitenden Prinzipien organisatorische Einheiten gebildet. Die erste zu bildende Verteilungseinheit heißt **Stelle**. Der **Leitungsaufbau** stellt eine hierarchische Verknüpfung der Stellen durch ihre rangmäßige Zuordnung her. Die Basis-Leitungseinheit heißt Instanz, dies ist eine Stelle mit Anordnungsbefugnis. Die Zusammenfassung mehrerer Stellen unter der Leitung einer In-

9 Vgl. Kosiol, E. a.a.O.

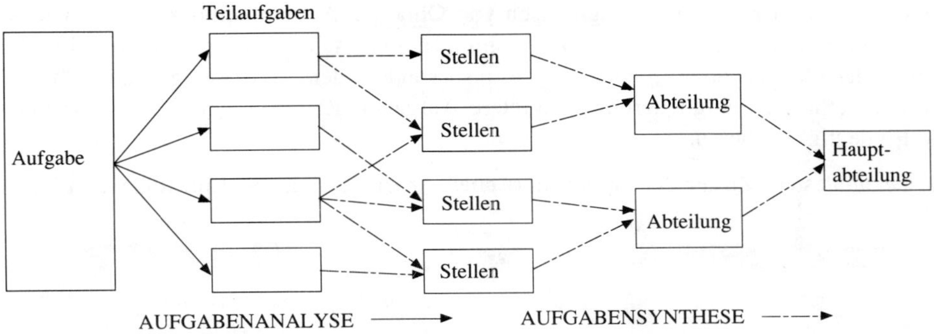

Abb. 7.2: Grundriß der Kosiolschen Gestaltungslehre

Quelle: Nach Frese, E., Grundlagen der Organisation, 3. Aufl., Wiesbaden 1987, S. 114

stanz heißt **Abteilung**. Im Fortlauf werden dann Abteilungen zu Hauptabteilungen usw. zusammengefaßt, bis das gesamte Strukturgefüge, das sich mit Hilfe eines Organigramms abbilden läßt, errichtet ist. Abbildung 7.2 zeigt den schematischen Zusammenhang.

Die Kosiolsche Systematik hat sich in der konkreten Arbeit als wenig praktikabel erwiesen. Dies vor allem deshalb, weil die Aufgabenanalyse zu formal angelegt ist und insgesamt einen viel zu hohen Analyseaufwand erforderlich macht. Ferner vermögen die für die Synthese vorgeschlagenen (hier nicht weiter erwähnten) Prinzipien der Organisationsgestaltung keine klare Konstruktionsanweisung zu geben.[10]

Neuere Ansätze stellen konkretere Merkmale der Aufgaben in den Vordergrund. Häufig genannte Kriterien der Aufgaben- und Entscheidungsanalyse sind hierbei[11]:

- **Aufgabenvariabilität** (Unterschiedlichkeit der Bedingungen der Aufgabenerfüllung),
- **Aufgabeninterdependenz** (wie stark ist die Aufgabenerfüllung von vor- und nachgelagerten Stellen abhängig?),
- **Eindeutigkeit** (Analysierbarkeit der Aufgaben und das Ausmaß, in dem die Korrektheit einer Aufgabenerfüllung nachgeprüft werden kann),
- **Zahl möglicher Lösungswege** und/oder **Zahl der richtigen Lösungen**.

Die praktische Schwierigkeit jedweder gestaltungsorientierten Aufgabenanalyse besteht nun allerdings darin, daß sie sehr leicht in einen Zirkel gerät. Eine Aufgabe läßt sich nämlich in der Regel nicht abstrakt, sondern nur im Rahmen eines schon bestehenden Leistungsprozesses erfassen und analysieren. Dieser setzt jedoch ein Mindestmaß an Organisation schon voraus, d.h. die Aufgabe spiegelt zumindest teilweise schon das Ergebnis organisatorischer Gestaltung wider. Eine völlige Trennung von Aufgabe und Organisation ist also nicht möglich.

10 Zur Kritik dieser Prinzipien vgl. Simon, H.A., Entscheidungsverhalten in Organisationen, Landsberg/Lech 1981, S. 63-76 (zuerst: Administrative behavior 1947).

11 Vgl. die Übersicht bei Staehle, W.H., Management, 4. Aufl., München 1989, S. 631 ff.

Die Organisationspraxis geht pragmatisch vor. Ohne die Antinomien der Aufgabenanalyse aufzulösen, orientiert sie sich doch in ihren Hauptgestaltungsmustern an den Grundthemen der klassischen Aufgabenanalyse, insbesondere den Verrichtungen und Objekten, und zieht zur Feingliederung konkretere Aufgabenmerkmale, wie z.B. Variabilität und Eindeutigkeit, heran.

Die bekanntesten Muster der organisatorischen Arbeitsteilung seien im folgenden kurz aufgezeigt.

7.3.2 Formen organisatorischer Arbeitsteilung

7.3.2.1 Organisation nach Verrichtungen

Die wohl bekannteste Form der organisatorischen Arbeitsteilung ist die Spezialisierung auf Verrichtungen oder Funktionen. Gleichartige Verrichtungen werden zusammengefaßt; dies gilt sowohl für die Stellenbildung (z.B. Lackierer) als auch für die Abteilungsbildung (z.B. Lackiererei). Die Vorteile einer verrichtungsorientierten Arbeitsteilung liegen einerseits in der Nutzung von Spezialisierungsvorteilen und andererseits in der Bildung in sich homogener Handlungseinheiten mit hoher Kompetenzdichte und entsprechend effizienter Nutzung der Ressourcen.[12]

Von einer **funktionalen** Organisation (vgl. Abbildung 7.3) spricht man dann, wenn die zweitoberste Hierarchieebene eines Stellengefüges (Unternehmung, Geschäftsbereich usw.) eine Spezialisierung nach Sachfunktionen vorsieht. Die Kernsachfunktionen eines Industriebetriebes sind Einkauf, Forschung und Entwicklung, Produktion, Marketing. Daneben sind aber auch unterstützende Sachfunktionen wie Finanzierung oder Personal von großer Bedeutung.

Abb. 7.3: Die funktionale Organisation

Die funktionale Organisation findet am häufigsten bei Unternehmungen Verwendung, die nur ein Produkt herstellen (z.B. Ruhrgas AG) oder über ein homogenes Produktprogramm verfügen (vgl. das Beispiel der Swissair in Abb. 7.4). Als typische Probleme werden Abstimmungsschwierigkeiten zwischen den Funktionsabtei-

12 Vgl. Frese, E., a.a.O., S. 502.

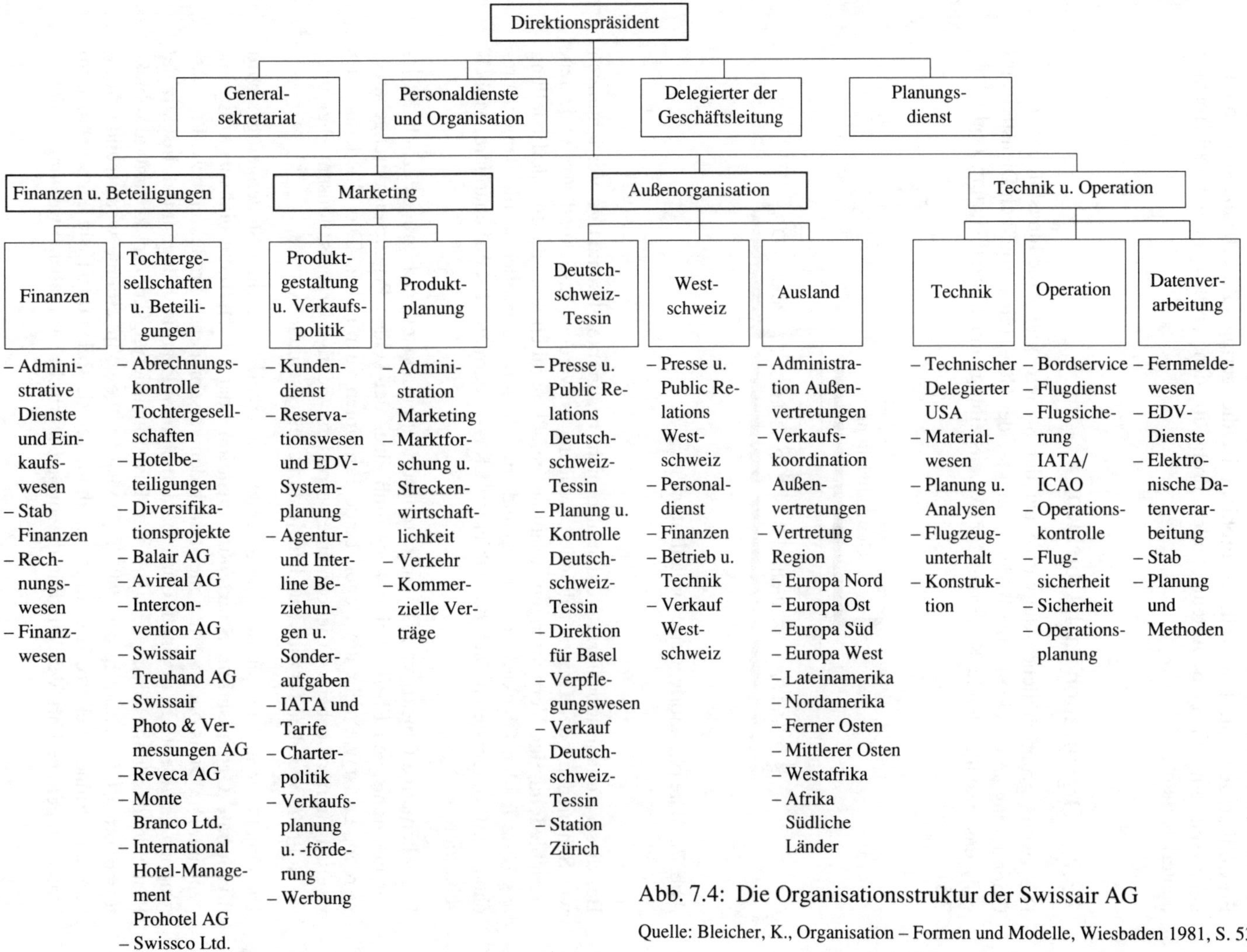

Abb. 7.4: Die Organisationsstruktur der Swissair AG

Quelle: Bleicher, K., Organisation – Formen und Modelle, Wiesbaden 1981, S. 530

lungen mit jeweils spezialistischer Ausrichtung und, daraus resultierend, mangelnde Flexibilität genannt. Ein weiteres Problem ist die geringe Zurechenbarkeit von Ergebnissen auf einzelne Akteure, alles droht in den großen Funktionalbereichen „unterzugehen".

7.3.2.2 Organisation nach Objekten

Die zweite grundsätzliche Alternative bei der Stellen- und Abteilungsbildung ist die Orientierung an Objekten. Hier bilden Produkte oder Güter (einschließlich Dienstleistungen) das gestaltbildende Kriterium für Arbeitsteilung und Spezialisierung (vgl. Abb. 7.5).

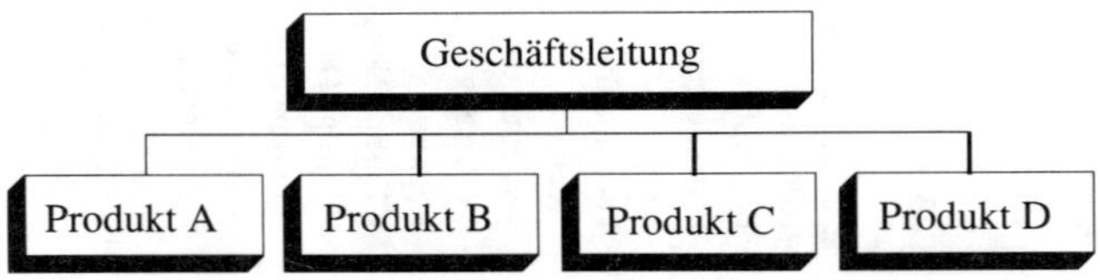

Abb. 7.5: Die objektorientierte Organisation

Bei dieser Organisationsform werden also nicht bestimmte **gleichartige** Verrichtungen wie Schmieden oder Graten gebündelt, sondern es werden, ausgehend von Objekten, **verschiedenartige** Verrichtungen zusammengefaßt, nämlich jene, die für die Erstellung des betreffenden Objektes notwendig sind. Ein Scharnierhersteller würde dementsprechend z.B. organisieren nach den Objekten LKW-Scharniere, PKW-Scharniere, Möbelscharniere.

Die Alternative Objekt- versus Verrichtungsorientierung stellt sich grundsätzlich auf jeder hierarchischen Ebene; keineswegs muß eines der beiden Prinzipien durchgehalten werden. Es ist vielmehr die Regel, beide Prinzipien zu mischen. Die Gliederung der zweiten Hierarchieebene ist jedoch eine besonders wichtige Organisationsentscheidung, sie stellt die Weichen für die Grundausrichtung des gesamten Systems.

Die Objektorientierung auf der zweitobersten Hierarchieebene eines Stellengefüges wird **divisionale Organisation, Spartenorganisation** oder **Geschäftsbereichsorganisation** genannt. Die Divisionen werden meist nach den verschiedenen Produkten bzw. Produktgruppen gebildet (z.B. in einem Chemieunternehmen: Pharma, Düngemittel, Insektizide/ Pestizide, dekorative Kosmetik). Bei dem Divisionalisierungskonzept kommt zur objektorientierten Gliederung hinzu, daß die Divisionen gewöhnlich eine weitgehende Autonomie im Sinne eines **Profit Centers** erhalten, d.h. sie sollen quasi wie Unternehmen im Unternehmen geführt werden. Für die organisatorische Aufgabenzuweisung bedeutet muß. Ansonsten wäre eine Gewinnverantwortlichkeit, wie sie das „Unternehmen im Unternehmen"-Konzept vorsieht, nicht gegeben.[13] Das Profit-Center-Konzept ist nicht an die Objektorientierung gebunden, es kann auch in verrichtungsorientierten Gliederungen Verwendung finden.[14]

Im Rahmen der objektorientierten Organisation ist auch eine **regionale Gliederung** denkbar. Hier werden die Objekte nach dem Prinzip der lokalen Bündelung zusammengefaßt, etwa nach Bundesländern, „Nielsen"-Gebieten, Ländern oder Erdteilen. Eine Stellen- und Abteilungsbildung unter dem regionalen Gesichtspunkt wird häufig im Zuge einer Expansionsstrategie gewählt; z.B. bei Ausdehnung des internationalen Geschäftes. In vielen Fällen ist aber auch das Bestreben, die Transportkosten zu minimieren, für die Entscheidung zugunsten einer lokal dezentralisierten Gliederung der Aktivitäten ausschlaggebend. Es sei darauf hingewiesen, daß regional orientierte Arbeitsteilung nicht zwingend eine physische Dezentralisierung der Aktivitäten voraussetzt.[15]

Ein dritter Gliederungsgesichtspunkt im Rahmen der Objektorientierung fokussiert auf zentrale **Abnehmergruppen** (oder auch Zuliefergruppen). So hat z.B. die Firma SEL Anfang der 80er Jahre entschieden, ihre Aktivitäten im Bereich Nachrichtentechnik nicht mehr nach produkttechnischen Gesichtspunkten (z.B. Navigation, Funksysteme, Mobilfunk), sondern nach Kunden zu gliedern. Abbildung 7.6 zeigt das neue Organigramm und den Ausweis der kundenorientierten Geschäftsbereiche: Post, Bahnen, Verteidigung und Luftfahrt, Industrie (sowie produktorientiert den Bereich Kabel und territorialorientiert den Bereich Export).

Das in Abbildung 7.6 gezeigte Organigramm ist zugleich ein Beispiel für die in der Praxis zumeist verwendeten **Organisations-Mischformen**. Alle drei Orientierungsgesichtspunkte des **Objektprinzips** (Produkt, Territorium, Kunden) finden nebeneinander Anwendung. Die zusätzlich zu den objektorientierten Abteilungen ausgewiesenen Zentralbereiche und -abteilungen sind darüber hinaus nach dem alternativen Verrichtungsprinzip gebildet (z.B. Finanzierung und Steuern, Vertragswesen, Personal- und Sozialwesen). Ferner zeigt Abbildung 7.6, daß die Firma SEL, wie heute bei Großunternehmen üblich, die Divisionalisierung nicht auf die zweite Hierarchie-Ebene beschränkt, sondern einen mehrstufigen Divisionsaufbau wählt, der Unternehmensgruppen als vorgeordnete und Geschäftsbereiche als nachgeordnete Koordinationsebenen unterscheidet. Ein weiteres Beispiel für die mehrstufige Divisionalisierung zeigt Abbildung 7.7.

13 Zum Konzept der divisionalen Organisation vgl. im einzelnen Poensgen, O.H., Geschäftsbereichsorganisation, Köln/Opladen 1973.

14 Zum Profit-Center-Konzept vgl. Welge, M.K., Profit-Center-Organisation, Wiesbaden 1975.

15 Bisweilen werden auch in einer funktionsorientierte Gliederung regionale Gesichtspunkte eingelagert, z.B. Werke an verschiedenen Standorten.

Vorsitzender des Vorstandes				
	Unternehmensgruppen			
Zentralbereiche: Kaufmännische Leitung und Controlling	Nachrichtentechnik	Private Nachrichten und Datensysteme	Audio Video Elektronik	Bauelemente
Finanzierung und Steuern Technik Industrial Engineering und Produktion Personal- und Sozialwesen, Administration	*Geschäftsbereiche:* Post Bahnen Verteidigung u. Luftfahrt Industrie und Export Kabel *Gruppenbereiche:* Operations Entwicklung	*Private Nachrichtensysteme* Datensysteme *Textvermittlungssysteme* Fernschreibtechnik	Audio Video Elektronik Serviceteile Kunststoffteile Holzwerkstoffteile	Passive Bauelemente Unterhaltungselektronik Motoren und Getriebe Elektromechanische Bauelemente
Zentralabteilungen:	Recht	Vertragswesen	Öffentlichkeitsarbeit	

Abb. 7.6: Organigramm der SEL (Stand 1980)

Quelle: Bleicher, K., Organisation – Formen und Modelle, a.a.O., S. 398

Im Hinblick auf die **rechtliche Ausgestaltung** gibt es zwei grundsätzliche Alternativen, nämlich die Sparten als Abteilung zu führen oder sie rechtlich zu verselbständigen. Im Falle der rechtlichen Verselbständigung der Sparten entsteht ein **Konzern**. Bisweilen beherbergen bei sehr großen Unternehmen auch die einzelnen Sparten eine ganze Reihe von (rechtlich selbständigen) Tochter- bzw. Enkelgesellschaften, die Spartengesellschaft ist dann als Teilkonzern anzusehen.[16] In solchen Fällen wird die Konzernobergesellschaft häufig als Holding ausgelegt. Die **Holding** ist eine reine Führungsgesellschaft, d.h. ihre Aufgabe ist ausschließlich die Ausübung der Konzernleitung, sie ist nicht mit der Produktion oder dem Vertrieb von Gütern beschäftigt; gleichwohl geht ihre Aufgabe über eine bloße Anteilsverwaltung hinaus.[17]

Abbildung 7.8 zeigt die MAN AG als geschäftsleitende Holdinggesellschaft; sie entstand im Zuge der Umstrukturierung des GHH-Konzerns.

16 Zu den verschiedenen rechtlichen Ausgestaltungsmöglichkeiten und den vielfältigen rechtlichen Restriktionen der Konzernorganisation vgl. im einzelnen Werder, A. v., Konzernstruktur und Matrixorganisation, in: Zeitschrift für betriebswirtschaftliche Forschung 38 (1986), S. 586 ff.

17 Vgl. zur Ausgestaltung der Management-Holding im einzelnen Bühner, R., Management-Holding, in: Die Betriebswirtschaft 47 (1987), S. 41 ff.

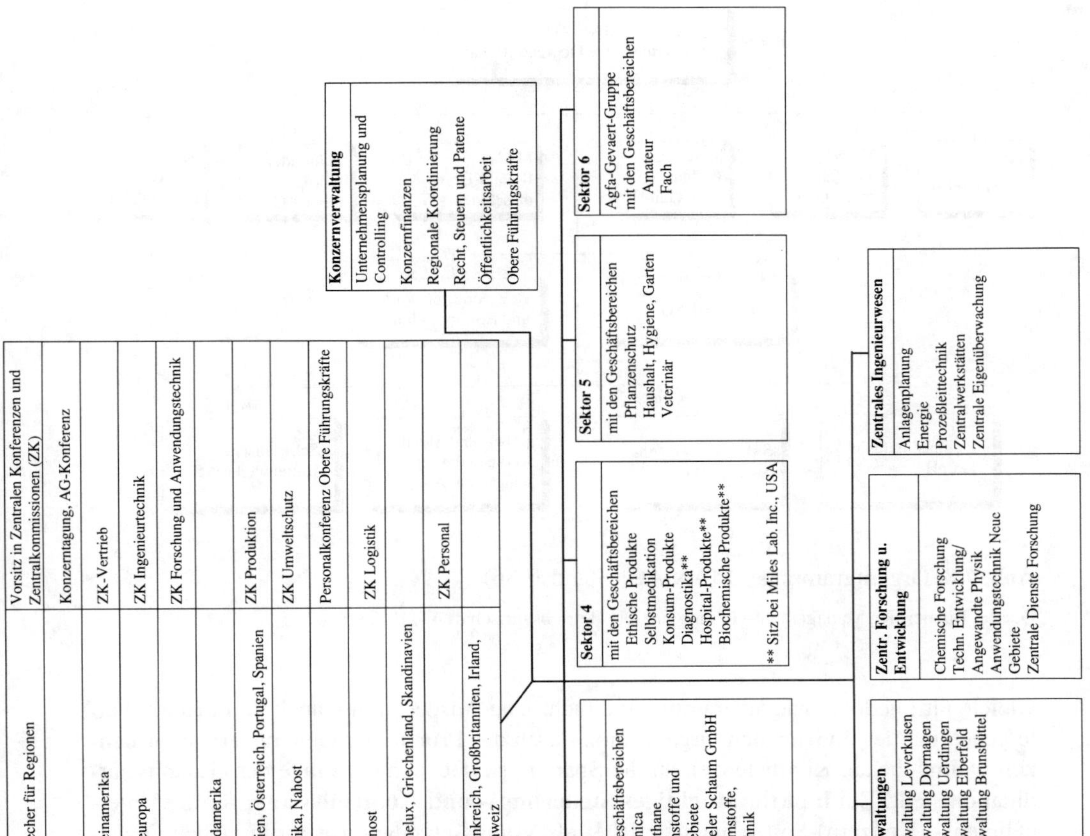

Mitglied in Vorstandsausschüssen (Vorsitz fett gedruckt)	Sprecher für Regionen	Vorsitz in Zentralen Konferenzen und Zentralkommissionen (ZK)
Konzernkoordinierung, Finanzen		Konzerntagung, AG-Konferenz
Materialwirtschaft und Dienstleistungen	Lateinamerika	ZK-Vertrieb
Investitionene und Technik	Osteuropa	ZK Ingenieurtechnik
Forschung und Entwicklung, Ökologie		ZK Forschung und Anwendungstechnik
Investitionen und Technik, Forschung und Entwicklung	Nordamerika	
Forschung und Entwicklung, Investitionen und Technik	Italien, Österreich, Portugal, Spanien	ZK Produktion
Ökologie	Afrika, Nahost	ZK Umweltschutz
Konzernkoordinierung		Personalkonferenz Obere Führungskräfte
Materialwirtschaft und Dienstleistungen, Personal und Recht	Fernost	ZK Logistik
Finanzen, Personal und Recht	Benelux, Griechenland, Skandinavien	
Personal und Recht, Ökologie		ZK Personal
Finanzen, Konzernkoordinierung, Materialwirtschaft und Dienstleistungen	Frankreich, Großbritannien, Irland, Schweiz	

Abb. 7.7: Organisationsstruktur der Bayer AG

Quelle: Zeitschrift Führung + Organisation 53 (1984), S. 463

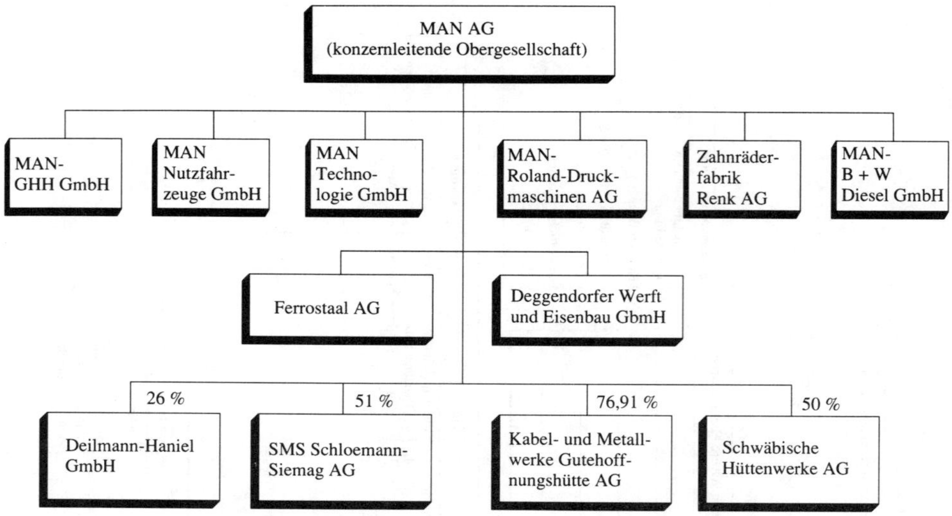

Abb. 7.8: Organigramm der MAN AG (Stand 1986)

Quelle: Bühner, R., Management-Holding, in: Die Betriebswirtschaft 47 (1987), S. 42

Gleichgültig jedoch, wie auch immer die rechtliche Ausgestaltung ausfällt, in jedem Falle gehen bei der divisionalen Organisation durch das Prinzip der Gewinnverantwortlichkeit weitreichende Kompetenzen an die Sparten, so daß sich die Frage der Gesamtkoordination stellt. Ein **funktionstüchtiges Steuerungs- und Kontrollsystem** für die Unternehmens- (Konzern)-Spitze hat sich daher als Voraussetzung jeder erfolgreichen Divisionalisierung erwiesen. Ein wesentlicher Aspekt der Gesamtsteuerung ist typischerweise der Verbleib der **Finanzierungsfunktion** und die Allokation der finanziellen Ressourcen auf die einzelnen Sparten.

Was die Kontrolle anbelangt, so ist man hier gewöhnlich bestrebt, einfache, übersichtliche aber dennoch wirksame Systeme zu etablieren, dies zumal dort, wo viele Sparten (in manchen Fällen sind es mehr als 100) gebildet werden. In Kapitel 6 wurde unter der Rubrik „Operative Kontrolle“ bereits das geläufigste Kontrollkonzept vorgestellt, nämlich der „Return on Investment“, basierend auf dem Kennzahlen-System, wie es von dem Divisionalisierungs-Pionierunternehmen Du Pont de Nemours/USA in den 20er Jahren entwickelt wurde.

Grundvoraussetzung für den Einsatz der divisionalen Organisation ist die Zerlegbarkeit der geschäftlichen Aktivitäten in homogene, voneinander weitgehend unabhängige Sektoren – nur dann können die Aktivitäten so gebündelt werden, daß eine Erfolgszurechnung möglich wird. Diese Zerlegbarkeit gilt sowohl **intern** hinsichtlich einer getrennten Ressourcennutzung, als auch **extern** hinsichtlich des Marktes und der Ressourcenbeschaffung.

Diese Überlegungen verweisen darauf, daß die divisionale Organisation historisch gesehen nicht einer theoretischen Alternativenkonstruktion entstammt, sondern als Antwort auf die Strategie der Diversifikation entwickelt wurde. Für breit diversifizierte Unternehmen erwies sich die dabei vorherrschende Funktionale Organisation als zu schwerfällig und zu unübersichtlich, und man ging immer mehr dazu über, spartenorientierte Strukturen zu entwickeln, die viel besser auf die verschiedenen Strategien eines diversifizierten Unternehmens ausgerichtet werden können.[18]

Die konzeptionelle Entsprechung von Diversifikation und Divisionalisierung konnte in mehreren empirischen Studien der Tendenz nach bestätigt werden.[19] Die Ergebnisse weisen jedoch keineswegs auf eine völlige Übereinstimmung hinsichtlich dieser Strategie und Struktur hin. Dafür können verschiedene Gründe verantwortlich sein (Personal, Risiko etc.), der wesentliche Grund ist aber gewiß darin zu suchen, daß die divisionale Organisation auch erhebliche **Nachteile** hat. So geht mit einer Divisionalisierung immer eine Vervielfachung der Führungsstellen einher; dieser zusätzliche Personalaufwand muß kleiner als der durch die Organisationsform erreichbare Nutzen sein. Ferner bereitet die für klar geschnittene Sparten erforderliche Separierung der Ressourcen und der Märkte häufig unüberwindbare Schwierigkeiten. Der aus der Trennung resultierende Synergieverlust wird zu hoch.[20] Man denke etwa an den Verlust konditionenpolitischer Vorteile im Einkauf oder an entgangene Größenersparnisse in der Produktion.

Abbildung 7.9 zeigt mögliche Vor- und Nachteile im Überblick, wobei die aufgeführten Nachteile zumeist den Vorteilen der Funktionalorganisation entsprechen et vice versa.

DIVISIONALE ORGANISATION	
Vorteile	Nachteile
– Jeweils spezifische Ausrichtung auf die Divisionsstrategien – Mehr Flexibilität, weil kleinere Einheiten – Zukäufe und Desinvestitionen leichter zu bewerkstelligen – Entlastung der Gesamtführung – Höhere Transparenz der verschiedenen Geschäftsaktivitäten – Mehr Motivation durch größere Autonomie – Exaktere Leistungsbeurteilung – Struktureller Anstoß für strategisches Denken	– Synergieverluste durch mangelnde Teilbarkeit von Ressourcen oder durch suboptimale Betriebsgrößen – Vervielfachung hoher Führungspositionen – Hoher administrativer Aufwand (Spartenerfolgsrechnung, Transferpreis-Rechnung usw.) – Potentielle Divergenz von Divisions- und Unternehmenszielen – Kannibalismus: Substitutionskonkurrenz zwischen den Divisionen

Abb. 7.9: Potentielle Vor- und Nachteile der divisionalen Organisation im Überblick

18 Historisch gesehen war die Bildung von Produkt-Ausschüssen mit Mitgliedern aus den verschiedenen Funktionsbereichen der Ausgangspunkt für eine Spartengliederung. Vgl. dazu die ausführliche Beschreibung der Einführung der Divisionalisierung in: Chandler, A.D.jr., Strategy and structure, Cambridge/London 1962.

19 Einen Überblick geben Kieser, A./Kubicek, H., a.a.O., S. 254 ff.

20 Vgl. Frese, E., a.a.O., S. 526 ff.

7.3.3 Organisatorische Teilung des Entscheidungsprozesses

Eine Arbeitsteilung anderer Art orientiert sich am Entscheidungsprozeß und untergliedert in Entscheidungsvorbereitung und Entscheidung. Die entscheidungsvorbereitenden Tätigkeiten werden aus dem Aufgabenspektrum von Instanzen ausgegliedert und zu eigenen Stellen gebildet; man nennt sie Stabsstellen oder Stäbe. Die **zugrundeliegende Idee** ist, daß bestimmten Instanzen **Spezialisten als Berater** zur Seite gestellt werden, um neuere wissenschaftliche Erkenntnisse und systematische Methoden der Problemlösung für die Verbesserung der Entscheidungen einsetzbar zu machen, ohne dabei die Instanz zusätzlich zu belasten. Der Entscheidungsprozeß wird geteilt. Die systematische **Entscheidungsvorbereitung** obliegt den Spezialisten, also dem Stab. Die Entscheidung selbst und damit die letzte Entscheidungsverantwortung trägt die „Linie" (siehe unten).

Die Beratungstätigkeit des Stabes kann unterschiedlich intensiv ausgelegt sein. Bisweilen werden Stäbe nur zur Sammlung von Informationen und abstrakten Problemlösungsverfahren (z.B. Planungsmethoden) eingesetzt. Meist aber umfaßt ihre Tätigkeit auch das Generieren und Selektieren von Alternativen, so daß die „Linie" nur noch die Wahl unter den verschiedenen Alternativen trifft. Bei der sog. vollständigen Stabsarbeit bearbeitet der Stab das Problem bis zur Entscheidungsreife, die Instanz trifft dann nur noch eine Ja/Nein-Entscheidung. Dadurch, daß die Stabsstellen nur „mitdenken", nicht aber anordnen sollen, bleiben die traditionellen Prinzipien der Leitungshierarchie jedoch uneingeschränkt in Kraft.

Stabsstellen werden in der Praxis für vielfältige Funktionen gebildet; typische Stabsaufgaben sind: Strategische Planung, Public Relations, Controlling, Personalentwicklung, volkswirtschaftliche Abteilung in Banken und Versicherungen (vgl. Abb. 7.10).

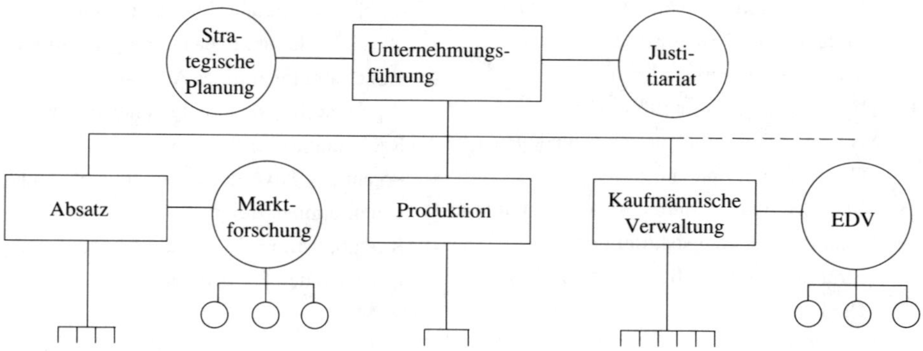

Abb. 7.10: Beispiel für Stab/Linie-Organisation

Quelle: Kieser, A./Kubicek, H., Organisation 2. Aufl., Berlin/New York 1983, S. 144 (modifiziert)

Daneben werden Stäbe z.T. aber auch zur quantitativen Entlastung von Vorgesetzten eingesetzt (Assistentenstellen). Im eigentlichen Sinne handelt es sich hier jedoch nicht um Stabs-, sondern um reine Hilfsstellen; sie deuten meist auf eine Fehlorganisation hin.

Die Zusammenarbeit von Stab und Linie hat sich in der Praxis als sehr konfliktreich erwiesen. Untersuchungen haben ergeben, daß ein Teil der Konflikte durch personelle Faktoren verursacht wird; so z.B. durch Unterschiede im Erfahrungshorizont, im Sozialverhalten, in Ausbildung, Sprachgewohnheiten und Fachsprachen.[21] Als besonders problematisch erwies sich die mangelnde praktische Erfahrung der Stabsmitglieder. Sie haben nicht „von der Pike auf gelernt" und sind erst nach dem Abschluß ihrer – meist akademischen – Ausbildung in die Organisation eingetreten. Dieses Erfahrungsdefizit dient der Linie oft als Argument, um die Vorschläge der „praxisfremden" Stäbe abzublocken oder gar der Lächerlichkeit preiszugeben.

Ein weiterer Konfliktherd liegt in der latenten Bedrohung der Linienmanager durch die Spezialisten. Stäbe werden eingesetzt, wenn das in den Linieninstanzen vorhandene Wissen nicht mehr ausreicht, die immer komplexer werdenden Entscheidungssituationen befriedigend zu lösen. Aus dem Tätigkeitsbereich des Linienmanagers werden also, genau genommen, zunehmend Aufgaben ausgesondert und auf Spezialisten übertragen. Durch die Anwendung von neuen Methoden und Techniken fungieren die Stäbe de facto als Kritiker und Reorganisatoren. Vorschläge des Stabes werden deshalb tendenziell als Bedrohung empfunden: Lange Zeit bewährte, vielleicht von den Linienmanagern selbst eingeführte Verfahrensweisen werden in Frage gestellt und oft durch neue ersetzt. So stellt sich die Stabsarbeit als solche für die Linienmanager tendenziell als Bedrohung und Einmischung dar.

Neben den genannten personellen Faktoren ist als weitere wesentliche Konfliktursache die Struktur der Beratungstätigkeit zu sehen.[22] Durch die Aufteilung des Entscheidungsprozesses entsteht die Gefahr, daß die Stäbe die Informationspotentiale beherrschen und dadurch entgegen der formellen Regelung (informationelle) Macht über die Linie gewinnen. Linienmanager sind meist nicht in der Lage, den Informationsbeschaffungsprozeß nachzuvollziehen; sie können nicht überprüfen, ob die richtigen und vollständigen Informationen in die Formulierung der Alternativen eingeflossen sind oder ob die Stäbe eine manipulative Auswahl getroffen haben. Je spezieller die Fachinformationen sind, desto stärker wird die Abhängigkeit der Linie; denn Informationen, die zum Beispiel als chemische Formeln oder in komplizierten Statistiken vorliegen, müssen erst in die Alltagssprache der Linie „übersetzt" werden, wobei diese der Richtigkeit der Transformation ausgeliefert ist.

21 Vgl. insbesondere Dalton, G., Men who manage. New York 1959.
22 Vgl. dazu Irle, M., Macht und Entscheidung in Organisationen, Frankfurt a.M. 1971.

In der Literatur finden sich viele Vorschläge, die darauf abstellen, die Zusammenarbeit von Spezialisten und Linienmanagern unter Beibehaltung des Stab-Linie-Prinzips zu harmonisieren. Dazu gehören eine gezielte Bewerberauswahl oder eine Job-Rotation, mit deren Hilfe die Distanz zwischen Linie und Stab zugunsten einer gemeinsamen Orientierung abgebaut werden soll.

Nachdem mit solchen Maßnahmen eine Milderung, nicht aber Lösung des Konflikts herbeigeführt werden kann, hat man sich nach alternativen Wegen der Zusammenarbeit von Spezialisten und Generalisten umgesehen. Die meisten davon sind teamorientierte Ansätze,[23]die eine **kooperative Entscheidungsfindung** in den Vordergrund rücken. Nachdem diese Modelle jedoch weniger die Arbeitsteilung (Spezialisten, Generalisten) behandeln – sie setzen sie vielmehr voraus -, als vielmehr die Arbeitsvereinigung, werden diese Modelle auch nachfolgend unter dem allgemeinen Stichwort Integration behandelt.

7.4 Organisatorische Integration

Arbeitsteilung erzeugt Komplexität: Die Bildung von spezialisierten Stellen und Abteilungen stellt jeweils Unterbrechungen des gesamten Leistungsflusses dar. Die Aufgabenteile werden von verschiedenen Personen, an verschiedenen Orten, zu unterschiedlichen Zeiten erledigt, und dies wirft zwangsläufig das Problem auf, alle diese separat erledigten Teile wieder zusammenzuführen, so daß eine geschlossene Leistungseinheit entstehen kann. Es ist leicht einzusehen, daß das Verhältnis von Differenzierung und Integration um so spannungsreicher gerät, je weiter und tiefer die Arbeitsteilung gewählt wird.[24] So ist es kein Wunder, daß das große Organisationsthema in den heutigen komplexen Großunternehmen nicht mehr so sehr die Arbeitsteilung, sondern die Integration geworden ist. Dabei ist das Problem der Zusammenführung der verschiedenen Aufgabenteile nicht nur als ein mechanisches Problem des Zusammenfügens bzw. dessen organisatorischer Bewerkstelligung zu sehen, es ist auch ganz wesentlich ein Problem der auseinanderdriftenden **Orientierungen** der Stelleninhaber und Abteilungen.

23 Vgl. z.B. Golembiewski, R., Organizing men and power: Patterns of behavior and line-staff-models, Chicago 1967.

24 Vgl. dazu Lawrence, P.R./Lorsch, J.W., Organization and environment, Cambridge/Mass. 1967.

Das Orientierungsproblem erklärt sich im Grunde daraus, daß jede organisatorisch separierte Einheit spezielle Ziele vor Augen hat und sich vor allem mit diesen Teilzielen identifiziert: Die Vertriebsabteilung konzentriert sich auf die Umsatzziele, die Forschung & Entwicklung auf die anstehenden Projekte, die Finanzabteilung auf den Kapitalmarkt usw. Diese Separierung von Zielen und Orientierungen ist jedoch immer Ergebnis einer künstlichen Trennung, tatsächlich besteht ja immer ein sehr viel engerer sachlicher Zusammenhang zwischen allen Aufgaben, als dies von den Spezialisten gewöhnlich wahrgenommen wird. In den täglichen Arbeitsvollzügen tauchen diese arbeitsteilungsbedingten „Abbrüche“ häufig als Konflikte auf. So z.B., wenn der Vertriebsbeauftragte dem Kunden eine Sonderausrüstung zusagt, die dem Kostensenkungsprogramm des Produktionsleiters zuwiderläuft; letzterer mag sich als Ziel gesetzt haben, die Produktstandardisierung zu forcieren, um die Kosten in Schach zu halten. Aus der Sicht der Forschung & Entwicklungs-Abteilung stellt sich die Zusage ebenfalls als problematisch heraus, weil sie, jedenfalls teilweise, Besonderheiten der neuen Modellbaureihe vorwegnimmt. Für den Vertriebsbeauftragten sind die Einwände nur schwer verstehbar, denn er hatte schwer zu kämpfen, um den Auftrag überhaupt zu erhalten. Der Kunde hatte fortwährend auf attraktive Konkurrenzangebote verwiesen. Der entstehende Konflikt bedarf einer Regelung, es bedarf der Integration.

Als weiteres Konfliktfeld bringt die Differenzierung eine **Kommunikationsverdünnung** mit sich. Mit wachsender Größe stellt sich zunehmend die Tendenz ein, nur noch innerhalb des eigenen überschaubaren Bereiches Informationen auszutauschen. Die Abteilungen kapseln sich zunehmend nach „außen“ (gemeint sind Abteilungen mit anderen Aufgaben) ab und differenzieren sich nach „innen“. Es werden neue Abteilungen gegründet, spezialisierte Unterabteilungen, wie z.B. Debitoren-, Kreditoren-, Lagerbuchhaltung oder Spezialabteilungen wie Operations Research, Marktforschung und Personalentwicklung. Mit dieser Binnendifferenzierung geht eine weitere Einengung des Blickwinkels und Aktionsfeldes einher, mit der Folge, daß Spezialsprachen und Methoden entwickelt werden, die den Informationsaustausch immer schwieriger machen und zu einer Verdünnung der Kommunikation führen. Nicht selten bestehen mehr Kontakte zu den entsprechenden Spezialisten in anderen Organisationen als zu den Mitgliedern anderer Abteilungen der eigenen Organisation. Die Kommunikationsverdünnung führt zu Konflikten, Stereotypisierungen, Grabenkämpfen usw., die einer effektiven Integration der einzelnen Arbeitsleistungen im Wege stehen.

Grundsätzlich stehen dem Organisator zur Bewältigung des Integrationsproblems drei Instrumente zur Verfügung:

- Hierarchie,
- Programme/Pläne,
- Selbstabstimmungsregeln.

7.4.1 Abstimmung durch Hierarchie

Das klassische Integrations- und Kontrollinstrument ist die Hierarchie bzw. die **persönliche Anweisung durch Vorgesetzte**. Die Funktionsweise dieser Form der Abstimmung sei an einem einfachen Beispiel aufgezeigt: Arbeiter A hat seinen Arbeitsgang an einem Werkstück X beendet; der Vorgesetzte fordert Arbeiter B auf, nunmehr mit seiner Bearbeitung des Werkstückes X zu beginnen. Oder: in der Produktentwicklung ist ein neuer Prototyp erstellt; der Geschäftsführer weist den Werkzeugbau an, mit der Konstruktion der Werkzeuge zu beginnen. Organisatorisch gesehen bedeutet diese Form der Arbeitsvereinigung, daß Instanzen geschaffen werden müssen, die mit den entsprechenden für die Abstimmungsprobleme erforderlichen Kompetenzen ausgestattet sind. Prozeßmäßig gesehen werden in der klassischen Hierarchie Abstimmungsprobleme so lange nach oben weitergegeben, bis ein Vorgesetzter gefunden ist, der die zu koordinierenden Bereiche gemeinsam umspannt. Dies ist in letzter Konsequenz immer die oberste Instanz.

Nachdem sich Abstimmungsprobleme – wie gezeigt – in vielen Fällen als **Konflikt** äußern, wird die Einrichtung von Instanzen auch als Instrument zur Konfliktlösung und zur Konfliktbegrenzung betrachtet. Mit der Einrichtung eines Instanzenzuges wird festgelegt, wer endgültig über Streitfragen entscheidet und meist auch, was überhaupt Streitfrage werden darf. Dies zumindest dann, wenn die Hierarchie nach dem sog. **Einlinienprinzip** konstruiert ist. Maßgeblich hierfür ist das Prinzip der Einheit der Auftragserteilung, wonach ein Mitarbeiter nur einen direkt weisungsbefugten Vorgesetzten haben soll ("one man, one boss"). Dies gilt nicht umgekehrt, eine Instanz ist gewöhnlich mehreren untergeordneten Stellen gegenüber weisungsbefugt sein (vgl. die schematische Darstellung in Abb. 7.11).

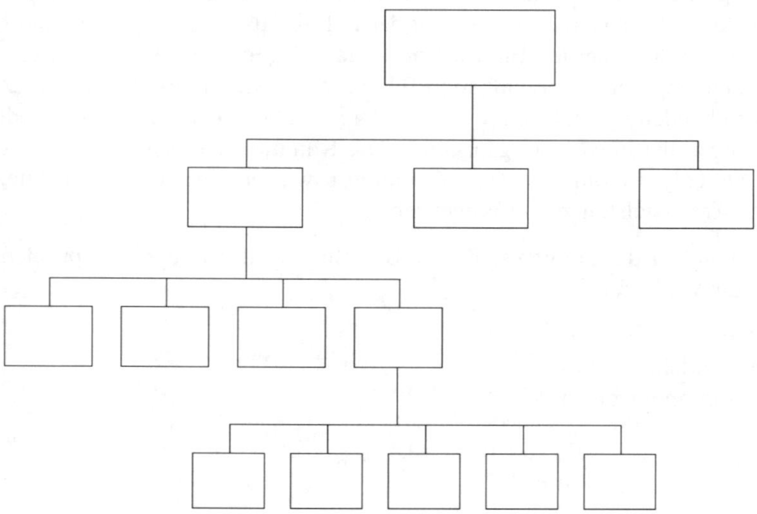

Abb. 7.11: Strukturtyp der Einlinienorganisation

Diesem Strukturtyp steht als Gegentyp das **Mehrliniensystem** gegenüber. Dieser baut auf dem Spezialisierungsprinzip auf und verteilt die Führungsaufgabe auf mehrere spezialisierte Instanzen mit der Folge, daß eine Stelle mehreren weisungsbefugten Instanzen untersteht, d.h. ein Mitarbeiter berichtet mehreren Vorgesetzten (vgl. Abb. 7.12). Die Idee des Mehrlinienprinzips fand eine besonders prägnante Ausformulierung im Funktionsmeistersystem bei F.W. Taylor.[25] Hiermit soll durch Funktionsspezialisierung – ähnlich wie bei den Ausführungsstellen – eine Gewinnung von Übungsvorteilen und eine Verkürzung der Anlernzeiten erreicht werden. Taylor schlug je nach Aufgabenkomplexität eine Aufgliederung der Meistertätigkeit in bis zu acht verschiedene Funktionsmeisterstellen vor, z.B. Geschwindigkeitsmeister, Instandhaltungsmeister, Arbeitsverteiler usw.

Die Idee, die Hierarchie nach dem Mehrliniensystem aufzubauen, hat lange Zeit in der Praxis wegen der damit verbundenen Aufweichung der Autorität wenig Anklang gefunden. Erst in neuerer Zeit finden sich – wenn auch weniger der Spezialisierung als der verbesserten Integration wegen – Modelle, die auf einem Mehrliniensystem basieren. Wir werden einige davon unter dem Punkt Selbstabstimmungsregelungen behandeln.

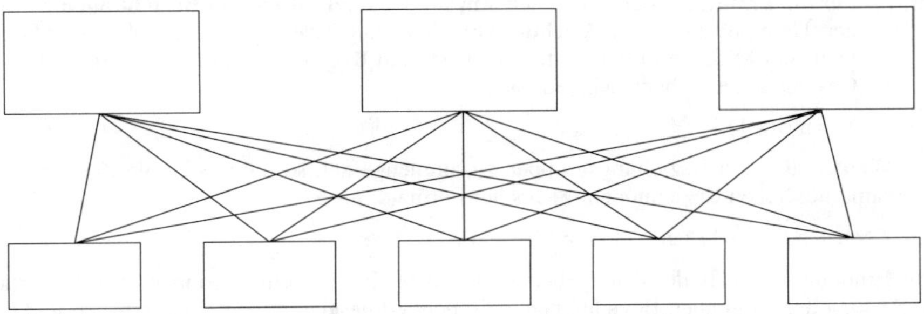

Abb. 7.12: Strukturtyp des Mehrliniensystems

Neben dem Liniensystem ist zum Aufbau einer Hierarchie zum zweiten über die notwendige **Anzahl der Leitungsebenen** zu entscheiden. Hierzu bestehen in der Organisationsliteratur recht unterschiedliche Auffassungen. Ausgangspunkt der Überlegungen ist die Entscheidung über die Größe der Kontrollspanne. Unter Kontrollspanne versteht man die Zahl der Mitarbeiter, die einer Instanz direkt unterstellt sind. In der klassischen Organisationslehre war der Umfang der optimalen Kontrollspanne eines der großen Themen. Man ging – wie im zweiten Kapitel ausführlich dargelegt – von einer starken Anleitungs- und Kontrollbedürftigkeit der Mitarbeiter aus und empfahl daher, die Kontrollspanne verhältnismäßig **klein** zu halten.[26] Die als optimal betrachteten Spannen schwanken zwischen 3 und 10.

25 Vgl. dazu zweites Kapitel.

26 Van Fleet, D.O./Bedeian, A.G., A history of the span of management, in: Academy of Management Review 2 (1977), S. 356-372.

Kasten 7.3

Graicunas Beziehungsformel zur Bestimmung der Kontrollspanne

Graicunas unterscheidet drei Typen von Beziehungen zwischen Vorgesetzten und Untergebenen, um den Umfang einer Leitungsaufgabe zu messen:

(1) Unmittelbare Beziehungen zwischen dem Vorgesetzten und jedem einzelnen seiner Untergebenen;

(2) Beziehungen zwischen dem Vorgesetzten und verschiedenen Gruppen von Untergebenen;

(3) wechselseitige Beziehungen zwischen den Untergebenen, welche die Aufmerksamkeit des Vorgesetzten beanspruchen.

ad(1) Die Zahl der möglichen **direkten Einzelbeziehungen** entspricht der Zahl der Untergebenen (= n).

ad(2) Zur Bestimmung der Anzahl der **direkten Gruppenbeziehungen** geht Graicunas davon aus, daß bei Kontakten zwischen dem Vorgesetzten und einer Gruppe von Untergebenen immer ein Mitglied dieser Gruppe im Vordergrund steht. Bei zwei Untergebenen A und B wäre z.B. zwischen der Gruppe AB und der Gruppe BA zu unterscheiden. Die Gesamtzahl der Gruppenbeziehungen errechnet sich dementsprechend:

$$X = n\,(2^{n-1} - 1)$$

ad(3) Für die Ermittlung der möglichen Anzahl der **wechselseitigen Beziehungen** zwischen den Untergebenen, berücksichtigt Graicunas nur Zweiergruppen, wobei allerdings jeweils ein Mitglied Initiator ist, so daß **A**B und **B**A zwei Gruppierungen darstellen. Die Gesamtzahl errechnet sich demnach:

$$Y = n\,(n - 1)$$

Werden alle drei Beziehungsgruppen zusammengefaßt, so ergibt sich die Zahl der insgesamt möglichen Beziehungen (z) aus der Formel:

$$Z = n + n\,(2^{n-1} - 1) + n\,(n-1) = n\,(2^{n-1} + n - 1)$$

Eine Erhöhung der Zahl der Untergebenen führt nach dieser Formel zu einem überproportionalen Anstieg der möglichen Beziehungen zwischen Vorgesetztem und Untergebenen und damit zu einer überproportionalen Zunahme des Leitungsumfangs; die Kapazitätsgrenze ist schnell erreicht:

n	z
3	18
4	44
5	100
10	5210

Kritik:
Es erscheint fraglich, ob die drei Beziehungsgruppen tatsächlich von gleicher Bedeutung sind. Insbesondere dürften die wechselseitigen Beziehungen zwischen den Untergebenen anders zu beurteilen sein, als die direkten Beziehungen. Außerdem ist die Annahme zweifelhaft, daß jede Interaktion in etwa gleich viel Zeit beanspruche. Insgesamt ist die Analyse zu einseitig, es gibt viele andere Einflußfaktoren, die für die Dimensionierung der Kontrollspanne gleichermaßen bedeutsam sind, wie z.B. Schwierigkeit der Aufgabe, Entscheidungsspielraum der Mitarbeiter, Qualifikation der Mitarbeiter, Führungsstil, Technologische Ausstattung usw.

Quelle: Graicunas, V.A., Relationship in organization, in: Gulick,L./Urwick,L., Papers on the science of administration, New York 1937, S. 181-187

Der wohl erste Versuch, die Optimierung der Kontrollspanne nicht nur auf der Basis von Alltagserfahrungen abzuhandeln, sondern einer gründlicheren Analyse zu unterziehen, wurde von dem Franzosen V.A. Graicunas unternommen. Er geht davon aus, daß die Zahl der (maximal möglichen) Beziehungen zwischen Vorgesezten und Untergebenen der ausschlaggebende Faktor für die Dimensionierung der Kontrollspanne sei. Wie das Beispiel in Kasten 7.3 zeigt, nimmt schon bei 10 Untergebenen die Zahl der möglichen Beziehungen eine unüberschaubare Größe an.

Das Prinzip der limitierten Kontrollspanne hat automatisch eine **tiefe Gliederung** der Stellenhierarchie zur Folge (vgl. Abb. 7.13).

Die Nachteile einer tief gestaffelten Leitungshierarchie liegen allerdings auf der Hand: schleppender und vielen Störungen unterworfener Informationsfluß und damit einhergehend verminderte Reaktionsfähigkeit, hohe „Führungskosten", hoher formaler Aufwand. Die Mehrzahl der neueren Organisationslehren empfiehlt daher die Einrichtung relativ **flacher** Hierarchien. Das höhere Maß an Flexibilität, an Kommunikationsdichte und die größere Nähe zum Organisationsziel werden als ausschlaggebende Gründe hierfür geltend gemacht. Die damit einhergehenden breiteren Kontrollspannen werden durch den Verweis auf den zunehmenden Ersatz der persönlichen Weisung durch andere unpersönliche oder horizontale Koordinationsarten gerechtfertigt (siehe unten).

Mit der Zahl der Hierarchieebenen sind aber noch viele andere Aspekte verbunden, so z.B. die „Leitungsintensität". Auch ihr gilt seit langem eine besondere Aufmerksamkeit der Organisationstheorie. Mit „Leitungsintensität" wird das Verhältnis von leitenden und unterstützenden zu ausführenden Stellen bezeichnet. Häufig ist das Argument zu hören, daß mit wachsender Größe eines Systems die Leitungsintensität (also auch die Zahl der Hierarchieebenen) überproportional zunehme. Blau zeigt in seiner Theorie der organisatorischen Differenzierung, daß sich die Zusammenhänge keineswegs so einfach darstellen.[27] Einerseits gibt eine wachsende Systemgröße Veranlassung und Gelegenheit zu einer stärkeren Spezialisierung (Arbeitsteilung), der gewöhnlich mit der Einrichtung **zusätzlicher** Leitungs- und Stabsstellen begegnet wird. Auf der anderen Seite ergibt sich für ein System mit wachsender Größe gewöhnlich ein (begrenzt) steigendes Potential an Skalenersparnissen. Organisatorisch bedeutet dies in erster Linie die Möglichkeit, mehr **gleichartige** Stellen und homogene Abteilungen zu bilden mit der Konsequenz, einer Instanz im Sinne einer Führungsrationalisierung eine größere Zahl von Stellen unterordnen zu können.

27 Vgl. Blau, P.M., A formal theory of differentiation in organizations, in: American Sociological Review 35 (1970), S. 201-218.

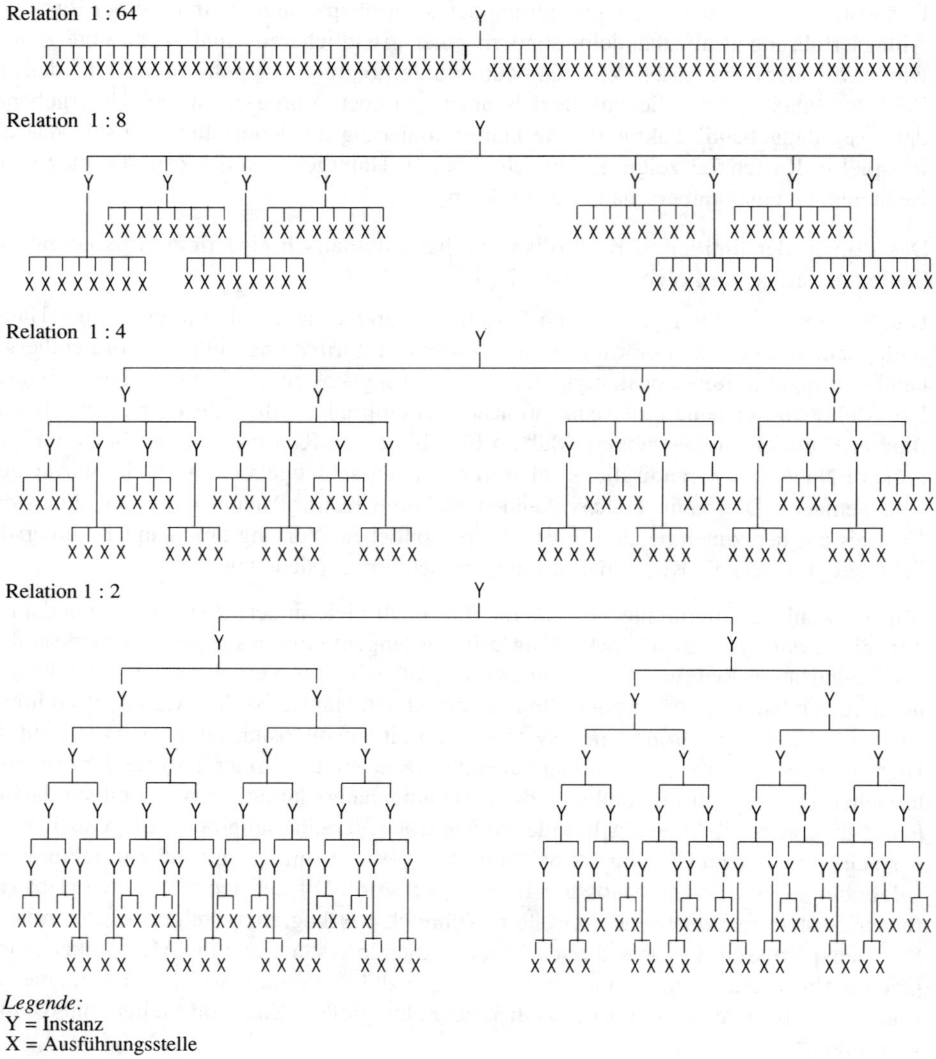

Abb. 7.13: Der Zusammenhang zwischen Leitungsspanne und Ebenenzahl

Quelle: Kieser, A./Kubicek, H., a.a.O., S. 155

Der zweitgenannte Aspekt läßt also im Hinblick auf die Leitungsintensität mit steigender Größe eine **sinkende** Tendenz erwarten: allerdings nur dann, wenn das Größenersparnis-Potential in der beschriebenen Weise genutzt wird. Aus den vorgehenden Darstellungen geht klar hervor, daß dieses Potential auch in ganz anderer Weise genutzt werden kann, z.B. durch Bildung mehrerer quasi-autonomer Einheiten mit dem Ziel des Flexibilitätserhalts, wie dies bei der Divisionalisierung der Fall ist. Wie der **Netto-Effekt** aussehen wird, hängt also von den Organisationsentscheidungen ab (vgl. Kasten 7.4).

Die Leitungstiefe oder allgemein die Schaffung betrieblicher Hierarchien hat aber auch weiterreichende Folgen, als dies die bloße Frage organisatorischer Zweckmäßigkeit erkennen läßt. So ist sie z.B. die maßgebliche Einflußgröße für das Ausmaß an **Statusdifferenzierungen** in einer Organisation. Mit der Zahl der hierarchischen Ebenen werden auch Karrieren und Karrierewege festgelegt. Auch gilt es den Zusammenhang zwischen **gesellschaftlichen** und betrieblichen Hierarchien zu sehen: Betrieblicher Status beeinflußt den gesellschaftlichen Rang.

Ferner darf die betriebliche Hierarchie nicht nur unter funktionalen, sondern muß auch unter Herrschaftsgesichtspunkten betrachtet werden. Forderungen nach Demokratisierung der Wirtschaft bzw. nach Mitbestimmung am Arbeitsplatz stellen ja gerade auf die Neuverteilung der Entscheidungsbefugnisse ab und stellen auf eine Einengung der Unterwerfung unter hierarchischen Machtpositionen ab. Die Partizipation am Entscheidungsprozeß ist in diesem Zusammenhang ein zentrales Thema, dem in Zukunft bei der Organisationsgestaltung ein immer größeres Gewicht zukommen wird. Eine zu stark ausgeprägte Hierarchie findet immer weniger die Zustimmung der Betroffenen, das Wertesystem unserer Gesellschaft richtet sich immer deutlicher auf eine Abnahme hierarchischer Unterwerfung und Weisung aus. Persönliche Weisung wird immer deutlicher als Eingriff und als Zumutung erlebt und trifft dementsprechend immer häufiger auf Widerstände und innere Ablehnung.

Aber auch unter **funktionellen Gesichtspunkten** hat sich das Instrument der hierarchischen Integration, zumal in komplexeren Organisationen, als **unzureichend** und in seinen **Nebenwirkungen** als **problematisch** erwiesen. Eine Abstimmung der Aktivitäten auf diesem Wege führt sehr leicht zu einer **Überlastung** der Instanzen. Es ist im Prinzip unmöglich, daß der Vorgesetzte alle in seiner Abteilung anfallenden Abstimmungsprobleme löst; dies anzunehmen ist, wie sich gezeigt hat, eine gefährliche und kostenträchtige Fiktion. Die Instanzen verfügen nämlich häufig nicht über die notwendigen Informationen, um eine Abstimmungsfrage sachgerecht entscheiden zu können. Um an die notwendigen Informationen (z.B. über voraussichtliche Konsequenzen der Entscheidungsalternativen) heranzukommen, müssen zumeist erst umständliche Rückfragen angestellt oder Berichte angefordert werden. Sofern dies aus Zeitgründen nicht ohnehin unterbleibt (und also auf der Basis unzureichender Information entschieden wird), binden diese Rückfrageprozesse Kommunikationsenergien, die anderweitig gebraucht würden.

Die hierarchische Lösung des Arbeitsvereinigungsproblems bedeutet letztlich, daß jede Abstimmung **fallweise** entschieden wird – wenn auch in einem generell bestimmten Kompetenzbereich. Dies wirft nicht nur ein Licht auf die tendenzielle Ineffizienz, son-

Kasten 7.4

Einfluß der Unternehmensgröße auf die Organisationsstrukur

I. Ziel und Methodik der Studie

Mit einer 1966 in den USA durchgeführten empirischen Untersuchung, versuchten Blau/ Schoenherr den Einfluß der Unternehmensgröße auf die Organisationsstruktur zu analysieren. Sie legten dabei die Daten von 53 Arbeitsämtern zugrunde, wobei die Auswirkungen zunehmender Größe anhand bestimmter, zuvor festgelegter Strukturvariablen mittels Regressionsanalyse bestimmt wurden. Ihren Forschungen legten sie die folgenden **Hypothesen** zugrunde:

(1) Mit steigender Größe erhöht sich unmittelbar das Ausmaß der Differenzierung, d.h. es gibt eine Zunahme der Hierarchiestufen, Abteilungen und Unterabteilungen.
(2) Dem wirkt jedoch als indirekte Folge ein erhöhtes Rationalisierungspotential entgegen, das sich in einer Verringerung der Zahl der Leitungs- und Stabsstellen, sowie zunehmender Standardisierung niederschlägt.
(3) In der Gesamtwirkung übertrifft der indirekte Rationalisierungseffekt die direkten komplexitätserhöhenden Auswirkungen.

II. Ergebnisse

ad (1) Sie kamen dabei zu dem Ergebnis, daß eine Ausweitung der Unternehmensgröße tatsächlich zunächst einen komplexitätserhöhenden Effekt zur Folge hat. Dieser wird durch eine zunehmende Anzahl der Hierarchiestufen (r =.75), Abteilungen (r =.88) sowie der Unterabteilungen (r =.47) verdeutlicht und bedingt durch die so entstandene stärkere Spezialisierung einen zunehmenden Koordinationsaufwand.
ad (2) Dem wirkt jedoch wie vermutet ein Rationalisierungseffekt entgegen. Die komplexitätsreduzierende Tendenz findet dabei in einer Verringerung der Zahl der Stellen auf der Leitungsebene (r=-1.13) und der Ausführungsebene (r=-1.04) ebenso ihren Ausdruck, wie in den verstärkten Standardisierungstendenzen (r=.40). Er bedingt eine Verringerung des Koordinationsaufwandes.
ad (3) Inwieweit der komplexitätsreduzierende den -erhöhenden Effekt überkompensiert, ließ sich aufgrund der erfaßten Daten nicht eindeutig feststellen.

III. Übersicht:

Unabhängige Variable	Leitungsebene	Ausführende Ebene	Standardisierungstendenzen
Größe	–1.13	–1.04	.40
Hierarchiestufen	.47	.33	
Abteilungen	.36	.21	
Unterabteilungen	.33	.18	
Arbeitsteilung			–.53
Automation	(n = 53)/(R = .63)		–.22

Quelle: Blau, P.M./Schoenherr, R.A., The structure of organizations, New York/London 1971, S. 82 ff.

dern auch auf die **Störanfälligkeit** dieses Mechanismus. Jede physische Abwesenheit des Vorgesetzten bedroht die Arbeitsvereinigung.

So ist es nicht verwunderlich, daß Organisationslehre und Praxis gleichermaßen schon frühzeitig nach zusätzlichen oder alternativen Mechanismen der Integration gesucht haben.

7.4.2 Abstimmung durch Programme

Das in größeren Organisationen wohl am häufigsten zusätzlich verwendete Integrationsinstrument ist das Programm. Programme sind verbindlich festgelegte Verfahrensrichtlinien, also generelle Regeln im eingangs definierten Sinne, die die Arbeitsvereinigung und dabei auftretende Konflikte zum Gegenstand haben. Programme können Anweisungen von Vorgesetzten (= fallweise Regelungen) ersetzen oder aber zumindest ihre Zahl erheblich reduzieren. Programme nehmen allfällige Abstimmungsprobleme vorweg und versuchen diese gewissermaßen im voraus schon zu lösen. Damit ist freilich auch gesagt, daß ein Programm nur dort entwickelt werden kann, wo die Abstimmungsproblematik antizipierbar ist. Mit anderen Worten, Programme sind – wie generelle Regeln überhaupt – sinnvollerweise nur dort einsetzbar, wo sich Abstimmungsprobleme in gleicher oder ähnlicher Form immer wieder zeigen und somit einer **Standardisierung** zugänglich sind.

Die Funktionsweise einer programmierten Integration sei an folgendem Beispiel illustriert:[28]

Ein Lagerist im Rohwarenlager hat die Vorratsmengen mehrerer Rohstoffe zu überwachen und dafür zu sorgen, daß den einzelnen Fertigungsabteilungen jederzeit das benötigte Material zur Verfügung steht. Um diese Koordination zwischen Beschaffung, Lagerhaltung und Fertigung zu bewirken, wurde dem Lageristen eine Reihe von Programmen vorgegeben. Für jeden Rohstoff wurde eine Bestellmenge festgelegt, und die Unterschreitung dieser Mindestmenge ist das auslösende Ereignis für die Anwendung eines Programms: Der Lagerist füllt bei Unterschreitung der Mindestmenge ein Formular aus, in dem er den Rohstoff spezifiziert und nach Maßgabe des Verbrauchs in den letzten Monaten nach einer festgelegten Formel eine zu bestellende Menge festlegt. Das ausgefüllte Formular schickt er dann an den Einkauf, in dem die Bestellung abgewickelt wird.

Der Lagerist verknüpft also die Arbeit verschiedener Abteilungen auf der Basis von generell geregelten Integrationsprogrammen – die Anweisung eines Vorgesetzten ist dazu nicht notwendig (außer der allgemeinen Programmeinführung!).

Entsprechend den Entscheidungsanforderungen unterscheidet man grundsätzlich zwischen **Routine- und Zweckprogrammen**.[29] Die Programmierung von Routineentschei-

28 Das Beispiel ist entnommen aus: Kieser, A./Kubicek, H., a.a.O., S. 121.
29 Vgl. Luhmann, N., Lob der Routine, in: Verwaltungsarchiv 55 (1964),S.1-33.

dungen baut auf dem wiederholten Auftreten gleicher oder ähnlicher Ausgangssituationen auf, denen festgelegte Reaktionen folgen sollen. Zugrunde liegt also folgendes Muster: immer wenn A eintritt, dann ist die Information B zu geben bzw. Handlung B zu ergreifen. Im obigen Beispiel hat dementsprechend der Lagerist bei Unterschreiten der Mindestmenge auf ein Bestellformular eine vorab bestimmte Menge Rohstoff einzutragen und dieses zur Abwicklung der Bestellung an die Einkaufsabteilung weiterzuleiten. Der Anstoß zum Tätigwerden kommt durch das Ereignis „Unterschreitung der Mindestmenge", dessen Zeitpunkt und Häufigkeit im einzelnen **nicht voraussehbar sind**. Die Frage des Zeitpunktes muß auch nicht geregelt sein, denn jedesmal wenn das bezeichnete Ereignis eintritt, wird das Handlungsprogramm automatisch ausgelöst. Der Entlastungseffekt von Routineprogrammen für die Hierarchie ist offenkundig.

Zweckprogramme legen in ihrer einfachsten Form einen Zweck fest, d.h. es wird ein bestimmter erwünschter Zustand für verbindlich erklärt.[30] Dem Aufgabenträger obliegt es dann, hierzu geeignete Mittel aufzufinden. Im Unterschied zum Routineprogramm ist hier jedoch der Zeitpunkt bedeutsam, die Wirkungsvorstellung verknüpft sich mit einem Zeitindex. Ein umfassendes Anwendungsbeispiel für die Zweckprogrammierung stellt das bekannte „Management by Objectives"[31] dar, wonach die Integration der arbeitsteiligen Leistungsprozesse nahezu ausschließlich durch Zweckprogramme geleistet werden soll. Die exakte zeitliche Fixierung der Zwecke und ihre umfassende Abstimmung untereinander spielen dort dementsprechend die herausragende Rolle. Zweckprogramme werden meist mit zusätzlichen **Bestimmungen angereichert**, um die Klasse der Mittel einzuschränken, so z.B. um Negativbestimmungen derart, daß bestimmte Nebenwirkungen nicht eintreten dürfen. Werden Zweckprogrammen zusätzliche Selektionsregeln beigegeben, so spricht man von mehrstufigen Programmen. Im Vergleich zu den Routineprogrammen hat der Aufgabenträger bei Zweckprogrammen ersichtlich einen größeren Aktionsspielraum, obgleich dies natürlich vom Spezifikationsgrad der Zwecke abhängt. Dies ist nicht zuletzt unter Motivationsgesichtspunkten von erheblicher Bedeutung.

Die Problematik einer Abstimmung durch Programme liegt ganz offenkundig darin, daß sie der Organisation einen zu statischen Rahmen geben und damit eine zu geringe Reagibilität bei veränderten Situationen bewirken. Dies gilt in besonderem Maße für das Routineprogramm, bei dem Signal und Handlung fest verkoppelt sind und ein Ausbruch aus dem Ablauf nicht vorgesehen ist. Darüber hinaus besteht die Gefahr, daß Abstimmungssituationen künstlich standardisiert werden, um sie einer Programmierung zugänglich zu machen. Die dabei erzielten schematischen Lösungen sind dann tendenziell Scheinlösungen, sie haben ihren tieferen Grund mehr in den Programmierungsanforderungen als in dem eigentlichen Abstimmungsproblem.

Häufig wird von der Programmierung die Abstimmung durch Planung als gesondertes Instrument unterschieden. Die Differenz zur Zweckprogrammierung ist jedoch nur schwer erkennbar, denn Pläne finden in der Regel in zeitlich bestimmten Zielen ihren Niederschlag.

30 Vgl. zum folgenden Luhmann,N., Zweckbegriff und Systemrationalität, Frankfurt a. Main, 1973, S. 284ff.
31 Vgl. Odiorne, G.S., Management by objectives, Führung durch Vorgabe von Zielen, München 1967.

7.4.3 Selbstabstimmungsregelungen

7.4.3.1 Grundlagen

Die Unzulänglichkeit der zwei genannten Abstimmungsmechanismen, aber auch die überall zu beobachtende, immer weiter fortschreitende Differenzierung der Aufgabenvollzüge haben zunehmend Veranlassung zur Entwicklung neuer Integrationsformen gegeben. Die Tendenz geht dabei eindeutig hin zu einer lateralen Kooperation im Sinne einer Selbstabstimmung. Selbstabstimmung zielt auf eine direkte Abstimmung der Aktivitäten zwischen den betroffenen Aufgabenträgern. Die Initiative zur Abstimmung soll von den Aufgabenträgern selbst ausgehen, sie stellen die notwendigen Verknüpfungen her. Dabei hat man vor allem solche Verknüpfungsprobleme im Auge, die zeitlich und/ oder sachlich nicht vorhersehbar sind.

Organisatorische Selbstabstimmung als Instrument der Arbeitsvereinigung ist von einem unverbindlichen Informationsaustausch etwa zwischen Abteilungsleitern zu trennen. Dort, wo sie als organisatorisches Instrument eingesetzt wird, stellt sie auf die Schaffung verbindlicher, autorisierter Problemlösungen ab. Deshalb sollte auch zwischen institutionalisierten Formen und der fallweisen spontanen Form der Selbstabstimmung unterschieden werden.

Die **spontane horizontale Kooperation** findet sich nahezu in allen Organisationen, wenngleich sie auch gemeinhin von der Hierarchie mit großer Skepsis gesehen und nicht selten in den Verdacht der Unwirtschaftlichkeit oder gar der Obstruktion gestellt wird.[32] Die vertikale Führungsorganisation sieht ihre Autorität häufig durch diese Spontanabstimmung in Frage gestellt. Trotz meist bestehender Sanktionsdrohung hat sich die horizontale Spontanabstimmung speziell in klassisch bürokratischen Organisationen als unverzichtbares Korrektiv erwiesen, um die Unzulänglichkeiten der hierarchischen wie auch der programmierten Abstimmung auszugleichen. Die Störungskosten und Reibungsverluste würden in vielen Fällen ins Unermeßliche steigen, sollten bei Abstimmungsfragen immer der vorgeschriebene Dienstweg oder das Programm eingehalten werden. Die spontane Selbstabstimmung ist jedoch im eigentlichen Sinne kein Instrument, das der Organisator geplant einsetzen könnte. Sie wird ja aus der „Not“ geboren und zeichnet sich eben gerade durch ihre Spontaneität (Ungeplantheit) aus (vgl. dazu das Beispiel in Kasten 7.5).

7.4.3.2 Formen lateraler Integration

Neuere Ansätze der Organisationslehre versuchen, diese spontane Bereitschaft, sich untereinander abzustimmen, auf breiter Basis zu nutzen; sie nehmen ihnen den Ruch der Illegitimität und treffen institutionelle Vorkehrungen, um ihre Funktionstüchtigkeit zu fördern. Zwischenzeitlich sind zahlreiche Formen einer institutionalisierten lateralen Integration entwickelt worden. Die bekanntesten seien im folgenden kurz aufgeführt.[33]

32 Vgl. Bahrdt, H.P.: Die Krise der Hierarchie im Wandel der Kooperationsformen, in: Mayntz, R. (Hrsg.), Bürokratische Organisation, 2. Aufl., Köln/Berlin 1971, S. 128ff.

33 Vgl. hierzu z. B. Child, J., Organization, London 1977, S. 111f.

Kasten 7.5

Spontane Kooperation

Unsere Freunde bei 3M hatten gegen den Besuch nichts einzuwenden, und wir hatten die Gelegenheit, eine Reihe befremdlicher Vorgänge zu beobachten. Dutzende von zwanglosen Gesprächsrunden waren im Gange; Verkäufer, Marketingleute, Experten aus der Fertigung, Techniker, F&E-Leute – ja sogar einige aus dem Rechnungswesen – saßen herum und sprachen über Probleme mit neuen Produkten. Einmal platzten wir in eine Sitzung hinein, in der ein 3M-Kunde sich ganz formlos mit vielleicht 15 Leuten aus vier Unternehmensbereichen über einen besseren Service für seine Firma unterhalten wollte. Nichts wirkte geprobt. Wir erlebten keinen einzigen förmlichen Vortrag. So ging das den ganzen Tag – man traf sich scheinbar ganz zufällig, um Probleme vom Tisch zu bekommen. Am Ende des Tages stimmte unser Begleiter zu, daß wir ihm vorher eine recht zutreffende Beschreibung gegeben hatten. Aber jetzt stand er vor dem gleichen Problem wie wir: Er wußte nicht, wie er das Geschehene jemand anderem mitteilen sollte.

Quelle: Peters, T./Waterman, R.H. jun., Auf der Suche nach Spitzenleistungen, 6. Aufl., Landsberg am Lech 1984, S. 150

(1) Ausschüsse

Häufig werden problembezogen Arbeitsgruppen mit Mitgliedern verschiedener Abteilungen eingerichtet zur Lösung spezifischer Abstimmungsprobleme. Es sind dies gewissermaßen Koordinationsprojekte mit zeitlicher Begrenzung und mit einer relativ klar umrissenen Aufgabe.

Beispiel: Die Arbeitsvorbereitung bildet mit den Meistern der Endmontage und dem Leiter des Halbteilelagers einen Ausschuß, um den Kommunikationsfluß zu verbessern, insbesondere um die Rückmeldung der durchgeführten und der wegen Werkzeugschadens gestoppten Fertigungsaufträge zu beschleunigen. Zu spät eingetroffene Informationen hatten wiederholt zu kurzfristigen Fehldispositionen geführt.

(2) Abteilungsleiterkonferenzen

Die Einrichtung von Abteilungsleiterkonferenzen oder Meisterbesprechungen dient in erster Linie dazu, Abstimmungsprobleme und Konflikte zwischen Abteilungen zu klären. Im Unterschied zu den unter (1) behandelten Ausschüssen sind diese Konferenzen permanente Einrichtungen einer unspezifischen Aufgabe. Sie sollen die allfälligen und mit einer gewissen Regelmäßigkeit zwischen den Abteilungen auftretenden Anschlußprobleme auf direktem Wege, also ohne Einschaltung der vorgesetzten Instanzen, einer Lösung zuführen.

(3) Koordinator

Ein anderes häufig verwendetes Instrument ist die Benennung eines Koordinators, der für eine kontinuierliche Abstimmung zwischen leistungsmäßig angrenzenden Abteilungen zu sorgen hat und bei auftretenden Konflikten aktiv nach einer Lösungsmöglichkeit suchen soll („liason role"). Typisch für diese Koordinationslösung sind z.B. Kontaktleute in Rechenzentren, z.B. der Kontaktmann für Werk A oder der Kontaktmann für Buchhaltung.

(4) Integrationsmanager

Eine weitergehendere Institutionalisierung der Koordinationsaufgabe ist die Bildung von Integrationsstellen, die sich hauptsächlich um die horizontale Koordination der Aktivitäten verschiedener Abteilungen kümmern sollen. Die Besonderheit dabei ist, daß der Integrator nicht Mitglied einer der zu integrierenden Abteilungen ist, sondern einen separaten Status erhält. Die bekannteste Anwendungsform ist der Produktmanager, dessen Hauptaufgabe darin besteht, sämtliche Aktivitäten für Entwicklung, Fertigung und Vermarktung eines Produktes so aufeinander abzustimmen, daß die übergreifende Produktzielsetzung zum Tragen kommt. Er hat vor allem dafür zu sorgen, daß sich die durch Arbeitsteilung entstehenden Teilziele der Funktionsabteilungen nicht verselbständigen (z.B. Perfektionsstreben der Entwicklungsingenieure, Standardisierungsbestreben der Fertigungsmanager).

(5) Matrixorganisation

Eine systematische Ausgestaltung erhält das Konzept des Integrationsmanagers in der sog. Matrixorganisation.[34] Hier wird die gesamte funktionale Organisation horizontal von einer produkt- oder projektorientierten Organisation überlagert (vgl. Abb. 7.14). Die Leiter der Funktionsabteilungen sind für die effiziente Abwicklung der Aufgaben ihrer Funktionen verantwortlich und für die Integration des arbeitsteiligen Leistungsprozesses innerhalb ihrer Funktionen. Im Unterschied dazu haben die Produkt- oder Projektmanager das Gesamtziel ihres Produktes oder ihres Projektes über die Funktionen hinweg zu verfolgen. Sie sollen mit anderen Worten die zentrifugalen Effekte, die eine komplexe Arbeitsteilung mit sich bringt, auffangen und den Ressourceneinsatz aus einer integrativen Perspektive bündeln helfen.

Die Besonderheit bei der Matrixorganisation ist nun, daß bei Konflikten keine organisatorisch bestimmte Dominanzlösung zugunsten der einen oder der anderen Achse geschaffen wird. Man vertraut auf die Argumentation und die Bereitschaft zur Kooperation. Mit diesem kompetenzmäßig nicht endgültig geregelten Aufeinandertreffen von Funktions- und Produkt/Projekt-Belangen wird der Konflikt zwischen Differenzierungs- und Integrationsnotwendigkeit direkt in die Organisation hineingetragen und seine Lösung der direkten Verhandlung und Abstimmung anheim gestellt. Konflikt wird in diesem Konzept nicht mehr länger als Bedrohung einer Ordnung verstanden, sondern als produktives Element, das die Abstimmungsprobleme einer sinnvollen Lösung zuführen kann.

34 Zu den verschiedenen Varianten vgl. Frese, E., a.a.O., S. 460ff.

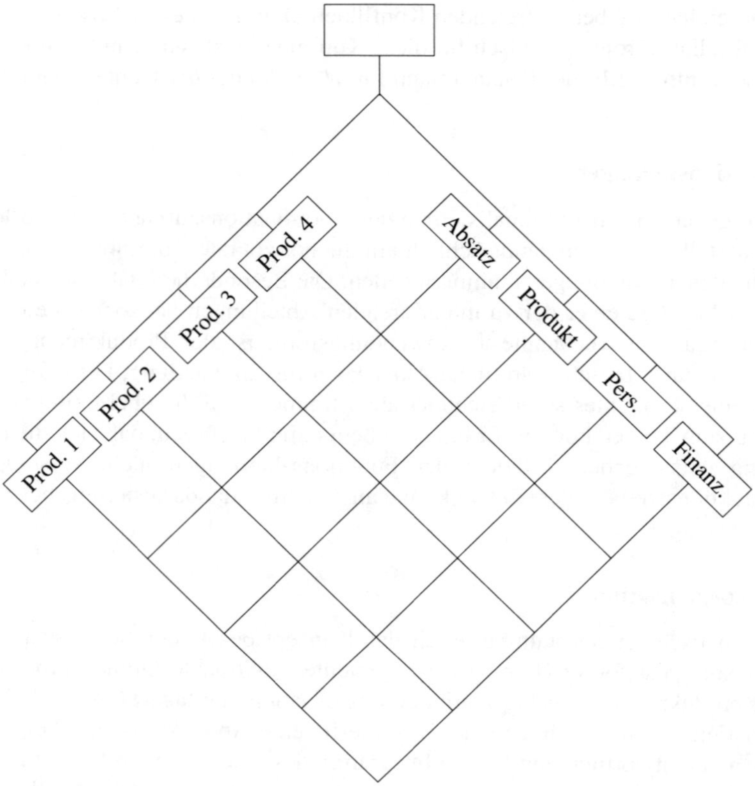

Abb. 7.14: Die Matrix-Organisation

Es dürfte klar sein, daß sich mit zunehmendem Integrationsbedarf der Aufgabenvollzüge (infolge zunehmender Differenzierung und der damit einhergehenden zunehmenden Komplexität der Transaktionen) immer mehr der Einsatz solcher institutionalisierten lateralen Abstimmungsmechanismen, wie es z.B. die Matrix-Organisation darstellt, empfiehlt. In der Praxis hat sich speziell letztere noch nicht sehr weit durchsetzen können (Ausnahme: Projektorganisation), bringt sie doch eine erhebliche Revision des traditionellen hierarchischen Gefüges und der damit verbundenen eingefahrenen Verhaltens- und Denkweisen mit sich.

Die besondere Hürde, die die Übernahme des Matrix-Konzeptes mit sich bringt, ist die Abkehr von dem Prinzip der Einheit der Auftragserteilung und damit die Aufgabe der Einlinien – zugunsten einer Mehrlinienorganisation. Die Funktionsmanager und die Produkt- oder Projektmanager stehen sich gleichberechtigt gegenüber, und nachgeordnete Mitarbeiter haben in bestimmten Fällen zwei Vorgesetzte (vgl. Leiter-Werk Ulm in Abb. 7.15).

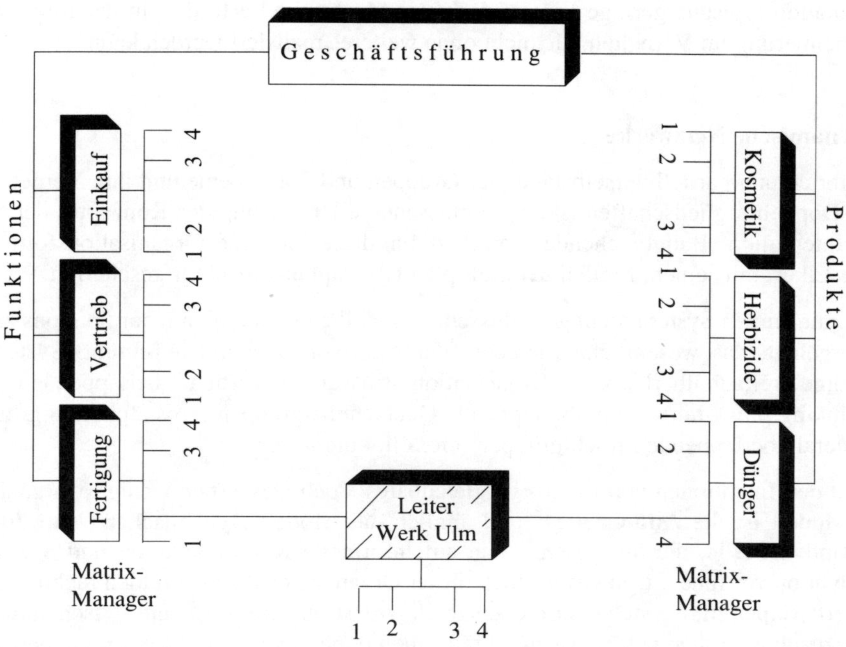

Abb. 7.15: Matrixorganisation als Mehrliniensystem

Quelle: In Anlehnung an Davis, S.M./Lawrence, P.R., Matrix, Reading/Mass. 1977, S.22

Dieses Mehrliniensystem erfordert zwangsläufig eine Vielzahl von Abstimmungsprozeduren und Konferenzen, um die von dieser Struktur-Konfiguration verstärkten Konflikte zu lösen. Es gilt jedoch zu sehen, daß die Matrix-Konfiguration meistens nur für eine und keineswegs für alle hierarchischen Ebenen gilt.

Die Matrix-Organisation hat neben ihren augenscheinlichen Vorteilen (höhere Integrationsdichte und -qualität, mehr Flexibilität, stärkere Gesamtzielorientierung) auch klare Nachteile. Dabei ist noch nicht einmal der hohe zeitliche Bedarf für die Abstimmungsprozeduren an erster Stelle zu nennen (diese müssen in anderen Organisationsformen auch, nur in anderer Form, geleistet werden), sondern die enorme Erhöhung der strukturellen **Binnenkomplexität** mit der Gefahr des Orientierungsverlustes. Der Einsatz der Matrixorganisation ist deshalb nur dort sinnvoll, wo der Integrationsbedarf durch besondere Umstände sehr hoch ist, wie etwa in der Luftfahrt-Industrie.

Funktionstüchtig ist die Matrixorganisation grundsätzlich nur dann, wenn die personellen Voraussetzungen dafür geschaffen worden sind. Die betroffenen Personen müssen in der Lage sein, sich von dem herkömmlichen hierarchischen Autoritätsdenken zu lösen und stattdessen auf ihre Konfliktregelungskompetenz zu vertrauen. Der für die Matrixkoordination typische geringe Einsatz formaler Machtmittel erfordert in der Regel eine Neuorientierung im Verhalten, die nicht ohne weiteres realisiert werden kann.

(6) Dynamische Netzwerke

Die Einrichtung partiell verselbständigter Gruppen und Subsysteme und ihre Vernetzung durch Doppelmitgliedschaften ist eine umfassendere Umsetzung des Konzeptes der lateralen Integration. Bahnbrechende Vorarbeit für diese moderne Organisationsform hat Rensis Likert mit seinem Modell der multiplen Überlappungsstruktur geschaffen.[35]

Er hat mit seinem System 4 ein geschlossenes Modell einer lateralen Koordinationsstruktur vorgelegt, das wesentliche Elemente der Matrixorganisation aufnimmt. System 4 weist eine dreifach überlappende Organisationsstruktur auf: vertikal überlappende Gruppen (linking pins), horizontal überlappende Querschnittsgruppen (cross function groups) und lateral überlappende Projektgruppen (cross linking groups).

Ein mit den Intentionen von Likert vergleichbares, doch wesentlich weniger „organisiertes" Modell ist die **Adhocratie**[36] und ähnlich das Modell Dynamischer Netzwerke[37] Dies sind Modelle, die im wesentlichen auf informelle Kommunikation und Spontankoordination vertrauen. Den Grundstock dieser Organisationsformen bilden fachlich spezialisierte Experten, die sich über die ganze Organisation verteilt finden. Entscheidungen werden nach dem Kompetenzprinzip gefällt; die kooperativen Anschlüsse an andere Experten und deren Entscheidungen werden über die netzwerkartigen Beziehungsstrukturen geleistet. Der organisierten Koordination im Sinne der Schaffung genereller Regeln für die Bewältigung der Koordinationsaufgabe kommt in der Adhocratie (dem Namen entsprechend) und in dynamischen Netzwerken so gut wie keine Bedeutung zu. Die Organisation der Koordination und ihrer Kontrolle wird auch nicht primär durch Führungsanweisungen ersetzt, sondern wird im wesentlichen durch gemeinsam geteilte **Wertvorstellungen** geleistet. Die Bedeutung von Normen und Werten für die (unsichtbare) Steuerung betrieblichen Verhaltens in diesem Sinne ist Gegenstand eines seit einigen Jahren sehr stark beachteten Forschungszweiges der Organisationslehre, nämlich der Unternehmenskultur.

7.4.3.3 Personelle Voraussetzungen

Auf die personellen Voraussetzungen kooperativer Organisationsstrukturen wurde schon sehr früh von Rensis Likert hingewiesen.

Als Voraussetzungen für das Funktionieren lateraler Kooperationsstrukturen nennt er:

35 Vgl. Likert, R., New patterns of management, New York 1961, ders., The human organization, New York 1967.

36 Vgl. Mintzberg, H., The structuring of organizations, Englewood Cliffs, N.J. 1979.

37 Vgl. Miles, R.H./Snow, C.C., Fit, failure and the hall of fame, in: California Management Review, 26 (1984), Nr. 3, S. 10–28.

(1) Hohe Bereitschaft zu kooperativem Verhalten (gegenseitiges Vertrauen statt Feindseligkeit und Konkurrenz).
(2) Arbeitsklima und Organisationsstruktur müssen so geartet sein, daß Koordinationskonflikte und -probleme offen zutage treten und in direkter Selbstabstimmung bewältigt werden können (offene Konfliktaustragung).
(3) Einflußausübung und die Lösung von Abstimmungsproblemen müssen auch ohne Linienautorität möglich sein.
(4) Die Entscheidungsprozesse und die interpersonalen Beziehungen müssen so geartet sein, daß eine Person auch dann ihre Aufgabe gut erfüllt, wenn sie zwei oder mehreren Personen (hierarchisch) untersteht.

Diese vier Punkte lassen das Problem deutlich werden, daß mit der Schaffung kooperativer Strukturen alleine ein entsprechendes Verhalten der Organisationsmitglieder noch nicht sichergestellt ist. Es muß die Bereitschaft und wohl auch die Fähigkeit mit hinzutreten, diese Strukturen zu tragen und eigeninitiativ zu füllen. Dies verweist uns auf die Problematik, daß neben der Organisationsstruktur noch viele andere Faktoren für das Verhalten der Organisationsmitglieder bedeutsam sind und daß für eine effektive Steuerung des Leistungsprozesses auch diesen große Aufmerksamkeit gewidmet werden muß.

7.5 Einflußgrößen der Organisationsgestaltung

Die Auswahl unter den beschriebenen Maßnahmen der Organisationsgestaltung, sowohl was die Arbeitsteilung als auch was die Arbeitsvereinigung betrifft, wurde bislang primär unter dem Gesichtspunkt der Funktionstüchtigkeit betrachtet: Welche Wirkungen werden erzielt? Welche Nebenwirkungen sind zu erwarten? Welche Kosten entstehen? Wieviele Konflikte entstehen? usw. Dies sind jedoch nicht die einzigen Gesichtspunkte, die in die Organisationsentscheidung einzubeziehen sind. Organisationsentscheidungen werden nicht in einem „luftleeren" Raum getroffen, sondern unterliegen – wie andere Entscheidungen auch – mehr oder weniger engen Restriktionen. Diese Restriktionen fließen zum größten Teil aus früher getroffenen eigenen Entscheidungen, die zum betreffenden Organisationszeitpunkt als Datum wirken, wie z.B. das Fertigungsprogramm oder die Fertigungstechnologie. Dies schließt nicht aus, daß sie zu späteren Zeitpunkten wieder zur Variablen werden. Darüber hinaus hat aber jede Organisationsgestaltung – ähnlich wie die Planung auch – mit nicht-kontrollierbaren externen Restriktionen umzugehen. Fragt man nach den hier wesentlichen Einflußkräften, so findet man in der Literatur vor allem die in Abbildung 7.16 gezeigten vier Faktoren.

In der Organisationstheorie wurden diese Einflußkräfte lange Zeit als Determinanten, ja als Imperative behandelt, die die ganze Organisationsgestalt bestimmen (Kontingenztheorie). Heute werden der Einfluß der Organisation auf diese Kräfte und Gestaltungsalternativen bei gegebenen externen Daten gleichermaßen betont, so daß das Verhältnis als **komplexes Interaktionsverhältnis** beschrieben werden muß.[38]

38 Vgl. Schreyögg, G., Umwelt, Technologie und Organisationsstruktur, Bern/Stuttgart 1978.

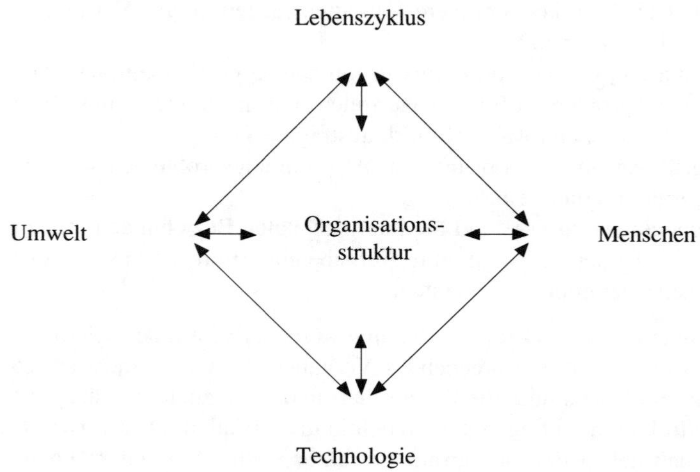

Abb. 7.16: Einflußgrößen im Strukturbildungs-Prozeß

Darüber hinaus stehen diese Bedingungsfaktoren nicht nur mit der Strukturierungsaufgabe, sondern auch untereinander in einem gegenseitigen Einflußverhältnis; so beeinflußt z.B. die Wahl der Technologie das Verhalten der Menschen (Monotonieproblem), die Umwelt beeinflußt über den technischen Fortschritt der Wahl der Technologie usw., so daß in mehrfacher Hinsicht von interaktiven Prozessen auszugehen ist (vgl. Abb. 7.16).

7.5.1 Umwelt als Einflußgröße

Die Umwelt wirkt in vielfacher Weise auf den Prozeß der Organisationsgestaltung ein. Man denke etwa nur an das Betriebsverfassungsgesetz oder an die Arbeitsstättenverordnung. Aber auch die weitere Umwelt wie die Wettbewerbsintensität auf den Gütermärkten und auf dem Arbeitsmarkt, das Erziehungssystem, die kulturelle Tradition, das politische Werte-Klima usw. spielen eine bedeutsame Rolle bei der Organisationsgestaltung. Umgekehrt wirken aber auch große, machtvolle Unternehmen mit ihren Strukturen auf die Umwelt ein und versuchen diese im Sinne der eigenen Zielsetzung zu ändern.

In der Organisationstheorie hat man die Umwelt hauptsächlich nach rein formalen Kriterien beschrieben und klassifiziert, so z.B. nach

- Unsicherheit versus Sicherheit
- Turbulenz versus Stabilität
- Komplexität versus Einfachheit.

Stabilität der Umwelt bedeutet z.B., daß die Aufgabenanforderungen über einen längeren Zeitraum gleichbleiben oder daß die zu ihrer Bewältigung erforderlichen Informationen präzise sind, daß die aufgabenrelevanten Kausalbeziehungen weitgehend bekannt sind, usw.[39] Stabilen Umwelten wird als notwendige Komplementärstruktur eine stark formalisierte, hierarchiebetonte Organisation zugeschrieben, turbulenten Umwelten analog dazu wenig formalisierte, kooperative Organisationsformen (vgl. Kasten 7.6).

Kasten 7.6

Organische versus mechanistische Organisationsformen

„Sobald Neuartigkeit und Unvertrautheit sowohl im Markt als auch in der Technologie zur Regel geworden sind, wird ein anderes Managementsystem erforderlich, das sich völlig von dem unterscheidet, das bei einer relativ stabilen ökonomischen und technologischen Umwelt paßt." Mit dieser Feststellung fassen Burns und Stalker die Erkenntnisse zusammen, die sie in langjährigen empirischen Untersuchungen gewonnen haben. Darauf aufbauend fordern Burns und Stalker für die beiden Extremsituationen einer stabilen sowie einer turbulenten Umwelt zwei völlig gegensätzliche Arten von Managementsystemen, nämlich das mechanistische (bei stabiler Umwelt) und das organische (bei turbulenter Umwelt). Die Hauptmerkmale der beiden Managementsysteme sind:

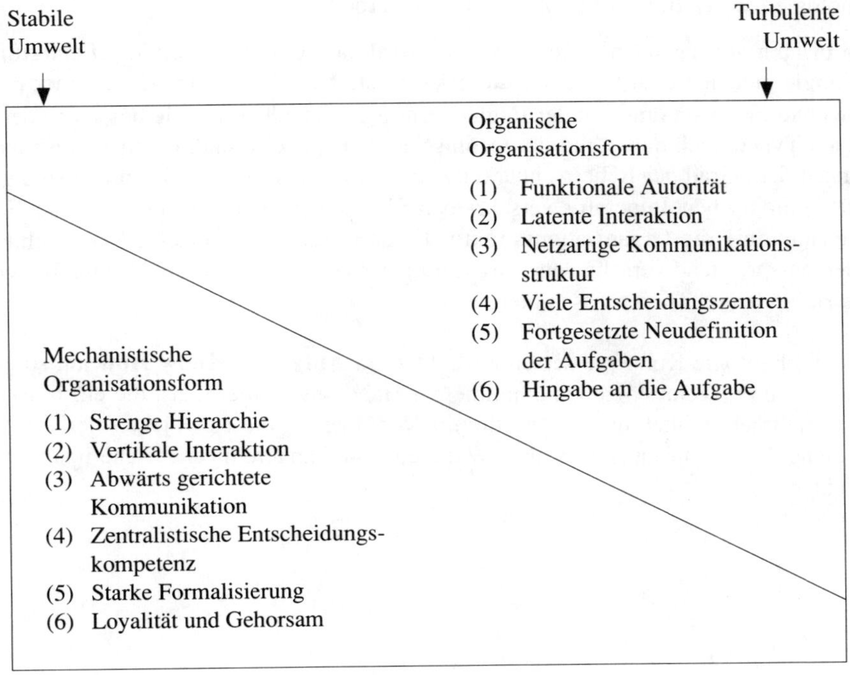

Quelle: Burns, T./Stalker, G.M., The management of innovation, London 1961, S. 96-125.

39 Vgl. Lawrence, P.R./Lorsch, J.W., Organizations and environment, Boston 1967.

Im kontingenztheoretischen Ansatz wird die Umwelt als determinierende Kraft verstanden, die je nach Ausprägung unterschiedliche Organisationsstrukturen erzwingt. Unternehmen – so die These -, die sich den Umweltimperativen nicht beugen und eine zur Umwelt inkongruente Strukturform wählen, erleiden erhebliche Effizienzeinbußen oder Reibungsverluste, die über längere Zeit hinweg zum Ruin führen. Diese strenge umweltdeterministische Sicht gilt heute als überholt und ist einem Umweltinteraktionsmodell gewichen, das die wechselseitigen Einflußbeziehungen von Umwelt und Organisation zum Thema macht.[40]

7.5.2 Technologie

Die Wahl der Technologie (z.B. Abbauhammer oder automatisierter Abbaubetrieb im Bergbau) steht zur Strukturierungsaufgabe in einem wechselseitigen Einflußverhältnis; bestimmte Technologien sind nur bei entsprechenden Strukturvoraussetzungen einsetzbar (z.B. verlangt Fließbandfertigung eine stabilisierende, weitgehend auf Routine abstellende Organisationsstruktur) und bestimmte Strukturpläne schließen bestimmte Technologien aus (z.B. Flexibilität vs. Fließbandarbeit).

In den bislang vorliegenden Untersuchungen wird häufig Technologie mit **Fertigungstechnologie** gleichgesetzt. Die bis heute bekannteste Klassifikation verschiedener Fertigungstechnologien stammt von der Engländerin Joan Woodward[41]; sie unterscheidet die einzelnen Typen nach dem Grad der technischen Komplexität und, damit korrespondierend, nach dem Grad der Beherrschbarkeit (vgl. Abb. 7.17). Ihre Forschungen sind ganz dem technologischen Imperativ verschrieben, d.h. sie geht davon aus, daß die Fertigungstechnologie die Organisationsstruktur bestimmt und daß verschiedene Technologien dementsprechend verschiedene Strukturmuster verlangen. Kasten 7.7 faßt die wichtigsten Befunde und Thesen zusammen.

Andere Technologie-Konzepte setzen abstrakter am **Aufgaben-Know How** an; so etwa Perrow, wenn er Technologie als „Summe der Handlungen" definiert, die ein Individuum auf ein Objekt richtet, um eine bestimmte Veränderung dieses Objektes herbeizuführen, gleichgültig ob dies mit oder ohne Werkzeuge und andere mechanische Instrumente geschieht.[42]

40 Vgl. Pfeffer, J./Salancik, G., The external control of organizations, N.Y. u.a. 1978.

41 Vgl. Industrial organization: Theory and practice, London 1965.

42 Vgl. Perrow, Ch., A framework for the comparative analysis of organizations, in: American Sociological Review 32 (1967), S. 195.

Niedrig	Unterklassen	Hauptklassen
Technische Komplexität	1 – Einzelfertigung nach Maßgabe des Abnehmers 2 – Prototypenfertigung 3 – Fertigung großer Anlagen 4 – Fertigung von Kleinserien nach Order	A Einzel- und Kleinserien-fertigung
	5 – Großserienfertigung standardisierter Teile mit anschließender Montage nach Einzelauftrag 6 – Fertigung von Großserien auf Fließbändern 7 – Massenfertigung	B Großserien- und Massenfertigung
	8 – Prozeßfertigung mit anschließender Verarbeitung für den Verkauf durch standardisierte Fertigungsmethoden 9 – Kontinuierliche Fertigung von Chemikalien (in Mehrzweckfabriken) 10 – Kontinuierliche Fertigung von flüssigen, gasförmigen und kristallinen Substanzen	C Prozeßfertigung
Hoch		

Abb. 7.17: Fertigungstechnologien und technische Komplexität/Beherrschbarkeit

Kasten 7.7

Fertigungstechnologie als Bestimmungsfaktor der Organisationsstruktur

Die 1954/55 von **Joan Woodward** in England durchgeführte empirische Untersuchung geht der Frage nach, inwieweit bestimmte Determinanten Einfluß auf die bestehende Organisationsstruktur sowie den Erfolg des Unternehmens haben. Den Untersuchungsgegenstand bildeten dabei 100 Fertigungsbetriebe in der Region South Essex mit mehr als 100 Beschäftigten.

Dabei stellte sich heraus, daß die feststellbaren Unterschiede in der Organisationsstruktur am besten durch technologische Variablen, d.h. die Methoden und Prozesse der Fertigung erklärt wurden. Andere Variablen wie die Größe oder Persönlichkeitsfaktoren erwiesen sich als unbedeutend. Die Fertigungstechnologie wurde in 1.- Einzel- und Kleinserienfertigung 2.- Großserien- und Massenfertigung sowie 3.- Prozeßfertigung (hier aufsteigend geordnet nach dem Grad der Komplexität) gegliedert.

Zusammengefaßt ergab sich als Tendenz die Feststellung, daß Firmen innerhalb des Bereiches der Massenfertigung zu mechanistischen Managementsystemen tendieren, wohingegen Unternehmen mit Einzel-/Kleinserien- oder Prozeßfertigung zu organischen Systemen neigen.

Ergebnisse im Überblick:

		Fertigungstechnologie		
		Einzel- und Kleinserienfertigung	Massenfertigung	Prozeßfertigung
Organisationsstruktur	(1) Zahl der Hierarchieebenen	3	4	6
	(2) Kontrollspanne			
	• oberste Hierarchieebene	gering	mittel	hoch
	• mittlere Hierarchieebene	hoch	mittel	gering
	• unterste Hierarchieebene	gering	hoch	gering
	(3) Leitungsintensität	gering	mittel	hoch
	(4) Kommunikation (schriftlich)	gering	hoch	gering
	Insgesamt:	organisch	mechanistisch	organisch

Quelle: Woodward, J., Management and technology, London 1958.

Eine dementsprechende Klassifikation unterscheidet dann z.B. nach **Routine** und **Nicht-Routine** (Zahl der Ausnahmen), nach **Gewißheit** oder **Ungewißheit** der relevanten Arbeitsinformationen (Analysierbarkeit) oder ähnlichem. Abbildung 7.18 zeigt die hierfür gewöhnlich behaupteten Zusammenhänge zwischen in dieser Weise definierten Technologietypen und Organisationsstrukturen. Die Thesen laufen im Ergebnis immer wieder auf dasselbe Muster hinaus, wonach Stabilität hohe Formalisierung und Ambiguität flexible Strukturen verlangt.

Setzt die Technologie aufgabenbezogen am Know How des Arbeitsvollzuges an, tritt der eingangs bereits erwähnte Interdependenz-Charakter der Beziehung von Organisationsstruktur und Technologie wieder deutlicher hervor. Denn die Frage, wie eine Aufgabe bewältigt wird, ist natürlich bereits wesentlich von (vorgängigen) Organisationsentscheidungen geprägt. Eine Routineaufgabe wird nicht nur deshalb zur Routine, weil sie immer wieder anfällt, sondern auch weil man ein hohes Maß an Spezialisierung eingeführt hat.

7.5.3 Lebenszyklus

Eine weitere wichtige, wenn auch gänzlich anders geartete Einflußgröße für die Organisationsgestaltung ist die Entwicklungsphase oder allgemeiner der Lebenszyklus.[43] Es macht einen Unterschied für die Lösung der Organisationsaufgabe, ob die Unternehmung gerade erst gegründet wurde, sich also in der Pionierphase befindet, oder ob sie bereits über 100 Jahre alt ist und schon die verschiedensten Strukturformen und Zeiterscheinungen erlebt hat. Organisieren ist auch ein historischer Prozeß, der Organisator muß mit den in dem betreffenden Unternehmen angesammelten Organisationserfahrungen umgehen, und er steht selbst im Einfluß des Zeitgeistes und seiner jeweiligen Betonung organisatorischer Vorlieben (das „Führer-Prinzip“, die Dezentralisierung, das Team usw.).

Obgleich eine schlichte Analogie von natürlichen Lebewesen und dem „künstlichen“ Gebilde Unternehmung nicht möglich ist, läßt sich doch in Anklängen für Unternehmen ein gewisser Lebenszyklus konstatieren, etwa mit den Phasen: Gründung, Wachstum, Konsolidierung und eventuell (aber keineswegs zwangsläufig) Niedergang.

Die **Gründung** einer Unternehmung wird in der Regel von einem Pionier oder einer Pioniergruppe betrieben. Die Organisationsgestaltung hat sich am Anfang an diesen Personen auszurichten und ihnen die erforderliche Handlungsfreiheit und Spontaneität zu ermöglichen. Generelle Regelungen sind in dieser Phase häufig schon wegen des wenig repetitiven Charakters der Aufgaben kaum sinnvoll und wenig effektiv.

Erst mit dem Erreichen einer bestimmten Systemgröße findet gewöhnlich der Übergang zu einer eindeutigeren Professionalität und zu professionellen Führungskräften statt und

43 Vgl. Quinn, R.E./Cameron, K., Organizational life cycles and some shifting criteria of effectiveness, in: Management Science 29 (1983), S. 31-51.

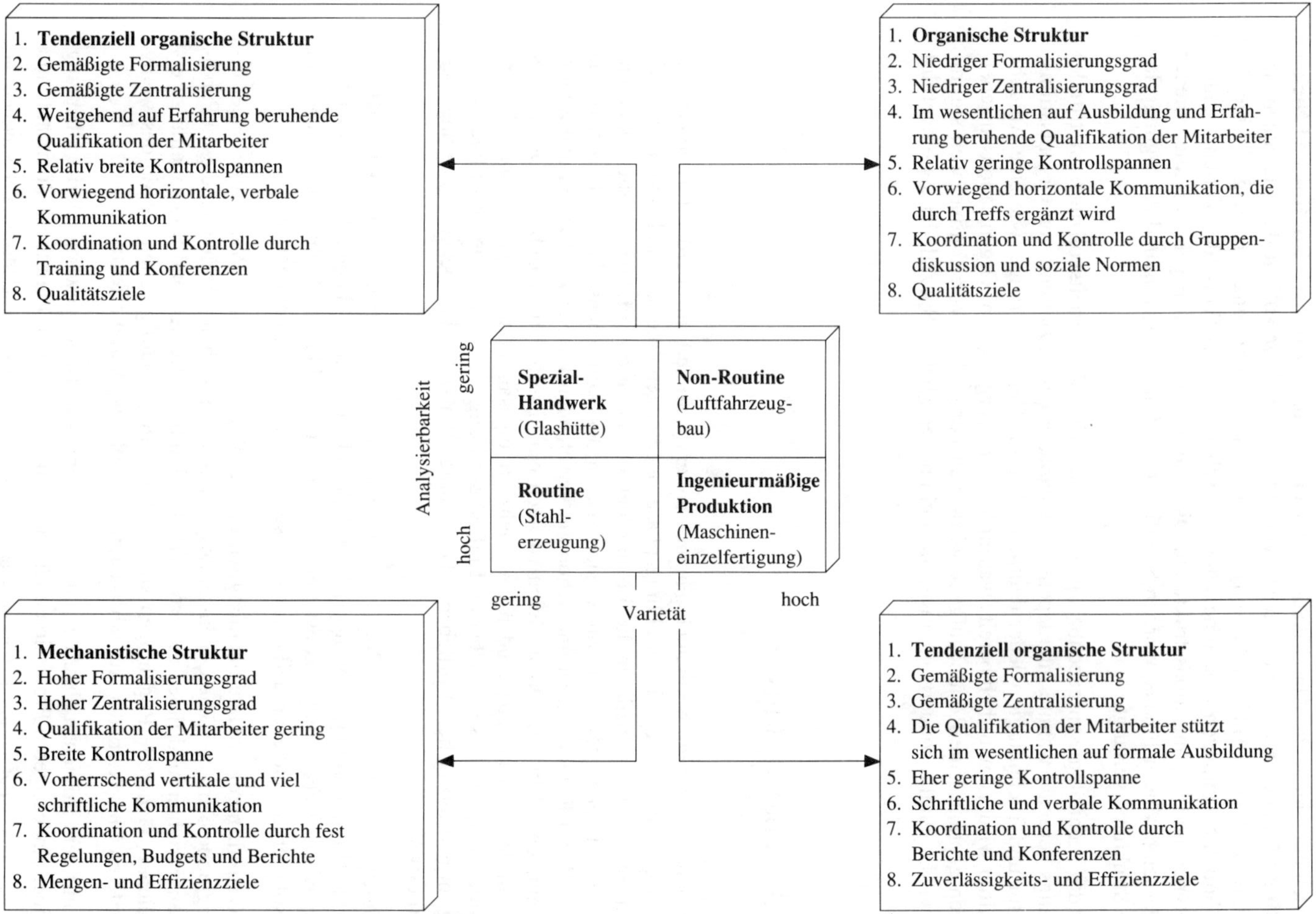

Abb. 7.18: Aufgabenorientierte Technologietypen und Organistionsstrukturen

Quelle: Daft, R., Organization theory and design, 2. Aufl., St. Paul 1986, S. 151 (modifiziert)

damit zumeist auch zu einer stärkeren Formalisierung. Es ist dies häufig ein kritisches Studium für junge Unternehmen, denn die Pioniere fühlen sich von den organisatorischen Regelungen und Prozeduren häufig eingeengt und von der eigentlichen Sache abgelenkt. Wenn es nicht gelingt, die neuen Führungskräfte, die das „kreative Chaos" ordnen sollen, und die Pioniere in eine kooperative Einheit zu verschmelzen, geht häufig der Impetus und der Erfolg verloren.[44]

Ein weiteres **Wachstum** zieht häufig eine verstärkte Differenzierung und Formalisierung nach sich, bis die Einheiten unüberschaubar werden (Kontrollverlust) und deshalb eine verstärkte Einrichtung teilautonomer Subsysteme zur Komplexitätsverarbeitung anstelle zentralentwickelter genereller Organisationsregelungen tritt. Horizontale Kooperationsformen, die sich partiell von der Hierarchie abkoppeln, erhalten eine immer größere Bedeutung.

Das Stadium der **Reife** enthält immer wieder Phasen des beginnenden **Niedergangs**, die in immer wieder neuen Revitalisierungsanstrengungen aufgefangen werden müssen (vgl. z.B. die Entwicklung traditionsreicher Firmen wie Ford, Siemens, Thyssen, Mannesmann; siehe auch Kasten 7.8).

An die organisatorische Gestaltung stellen die Revitalisierungsphasen große Anforderungen, denn sie sind meist mit einem starken Wandel verbunden, der einerseits in einer Neuorganisation seinen Niederschlag findet, andererseits aber müssen bereits vorher die Organisationsstrukturen so gelockert worden sein, daß eine Revitalisierung möglich wird.

Die Lebenszyklus-Betrachtung verweist auf die Adaptions-Fähigkeit, die Organisations-Strukturen besitzen müssen, um die Probleme bewältigen zu können, die sich aus den unterschiedlichen Phasen und deren Übergängen stellen. Natürlich gibt auch diese Lebenszyklusbetrachtung – ähnlich wie die Umwelt und die Technologie – nur einen groben Rahmen für die sich immer wieder verändernde Organisationsproblematik, keineswegs betimmen die einzelnen Phasen die Strukturform im einzelnen. Darüber hinaus sei darauf verwiesen, daß die Entwicklung einer Unternehmung alles andere als ein automatischer Prozeß ist, es ist ja gerade das Ziel der Unternehmensführung und der strategischen Planung, diesen Prozeß zu steuern.

7.5.4 Menschen

Der Mensch als Organisationsmitglied beeinflußt mit seinen Bedürfnissen, Erwartungen und Verhaltensweisen die Lösung der Strukturierungsaufgabe, er wird aber auch in seinen Erwartungen und seiner Lebenslage über den formellen Zweck hinaus von einer gegebenen Organisationsstruktur beeinflußt (z.B. Resignation aufgrund ständiger Unterforderung in hochgradig fragmentierten Arbeitsprozessen).

44 Vgl. Greiner, L., Evolution and revolution as organizations grow, in: Harvard Business Review 50 (1972), Nr. 4, S. 37-46.

Kasten 7.8

Siemens im Umbruch

Im Geschäftsjahr 1986/87 kam es erstmals in der Ära des Vorstandsvorsitzenden Kaske zu einem markanten Gewinneinbruch, den die Rücknahme der Dividende je Aktie von zwölf auf elf Mark bei weitem nicht widerspiegelt. Diese Situation ist nur ein sichtbares Zeichen für die Tatsache, daß sich Deutschlands größter privater Arbeitgeber (Umsatz 1986/87: 51,4 Mrd.DM; 364.000 Beschäftigte), der durch höhere Innovationsgeschwindigkeit bedingten technologischen Herausforderung nicht mehr voll gewachsen war. Ausprägungen der geänderten Umweltsituation sind dabei vor allem im Wandel von Mechanik zu Elektronik der alle Produktgruppen betrifft, einer Wertigkeitsverschiebung von Hardware zu Software sowie einer Globalisierung der Märkte zu sehen, die eine neue Wettbewerbssituation insofern bedingt, als zusätzlich eine Vielzahl kleiner High-Tech-Anbieter aus den USA und Fernost als Konkurrenten auftreten.

Den neu aufgetretenen Problemen will die Führungsspitze des Unternehmens nun mit einem Wandel weg vom fertigungsorientierten Konzern hin zu einem marketingorientierten Systemanbieter erfolgreich begegnen. Maßnahmen hierzu sind vor allem in folgenden Bereichen zu sehen:

- Um schnellere Innovationszeiten zu erzielen, wurde der Jahresetat für Forschung und Entwicklung auf 6,2 Mrd.DM angehoben.
- Eine engere Marktausrichtung soll durch einen Brückenschlag vom Forschungslabor zum Vertrieb erreicht werden. In diesem Zusammenhang wird in der Zukunft eine intensivere Zusammenarbeit im Hinblick auf die Definition von Produktwünschen bei Kunden erwartet.
- Ebenso soll durch intensive, bis in die unteren Managementebenen hinein durchgeführte Führungsseminare, ein Wandel in der bislang auf Anpassung gerichteten Unternehmenskultur bewirkt werden. Aufgrund der Einsicht, daß mit einer Anpassungsmentalität „der Marsch in die Weltmärkte“ nicht zu bewältigen sei, soll nun eine neue Denkungsart im Unternehmen Fuß fassen, die sich mit den Worten von Vorstandsmitglied Bauer folgendermaßen definiert: „Wir fördern heute die wilden Typen und sind auch bereit Querulanten eine Chance zu geben.“
- Umfassende Reorganisierungsmaßnahmen sollen vor allem kleine, flexible und schlagkräftige Aktionseinheiten schaffen, die – auf die Branche zugeschnitten – das gesamte Feld moderner Bürokommunikation nach der Devise „Alles aus einer Hand“ betreuen können.

Auf die Frage, ob ein Unternehmen dieser Größenordnung genügend Flexibilität besitzt, um eine solche Umstrukturierung zu bewältigen, antwortet Vorstandsvorsitzender Kaske: „Wir bemühen uns jedenfalls verstärkt, segmentierter und marktadäquater auf einzelne Geschäftsfelder einzugehen. Dabei dürfen wir nicht mit ein und derselben Siemens-Verhaltensweise an unsere Kunden herantreten. Es kann keine gemeinsame Strategie für alle Sparten unseres Hauses geben.“

Quelle: Wirtschaftswoche 42 (1988), Heft 6, S.34-43.

Die Bedeutung der Erwartungen für die Organisationsaufgabe blieb lange Zeit in der Organisationstheorie unerkannt. Man war vollständig an der Grundidee des Organisierens orientiert, daß nämlich organisatorische Strukturen geschaffen werden, um menschliches Verhalten zu kanalisieren und unerwünschte Handlungsalternativen auszuschließen. Was nicht bedacht wurde, sind die Wirkungen organisatorischer Strukturformen auf Motivation und auf menschliche Lebensvollzüge im allgemeinen sowie die Konsequenzen, die folgen, wenn organisatorische Strukturmuster Unzufriedenheit und Frust hervorrufen.

Auf die Bedeutung der Motivation für die Organisationsgestaltung wird speziell in dem nachfolgenden Kapitel „Motivation" eingegangen, so daß sich an dieser Stelle eine weitergehende Behandlung erübrigt.

Neben dem Gesichtspunkt der Motivation ist jedoch noch auf eine ganz andere Art des Einflusses der Organisationsmitglieder und ihrer Erwartungen hinzuweisen. Es sind dies die Taktiken, Koalitionen und informellen Machtpositionen, die sich in jeder Organisation auf die eine oder andere Weise herausbilden, und die die Definition und Lösung von Organisationsproblemen ganz erheblich mitbeeinflussen.[45] Die Organisationsgestaltung wird aus dieser Perspektive – jedenfalls zu Teilen – Gegenstand eines **politischen Prozesses**, in dem die widerstreitenden Interessengruppen versuchen, ihren Vorstellungen Geltung zu verschaffen. Die Lösung des Organisationsproblems hängt dann sehr stark davon ab, welche Gruppe am meisten Einflußkraft erwerben und entfalten kann und inwieweit es anderen Interessen gelingt, für diesen Entscheidungsprozeß Restriktionen in ihrem Sinne zu setzen.[46] Die formelle und informelle Verteilung von Einflußchancen muß deshalb als wichtige faktische (nicht jedoch zugleich als normativ gerechtfertigte) Randbedingung für das Organisieren angesehen werden. Bei den späteren Darlegungen über Gruppenprozesse und -strukturen wird darauf näher eingegangen.

Anmerkung: Strategie und Struktur

In vielen organisationstheoretischen Abhandlungen wird seit einiger Zeit auf die Unternehmensstrategie als separate Einflußgröße verwiesen. So bedeutsam die Strategie für die Organisationsgestaltung auch ist, so wird doch diese multifaktorielle Betrachtung, die die Strategie neben all die anderen genannten Einflußgrößen stellt, dem Kerngedanken der strategischen Planung nicht gerecht. Die Strategie ist ein übergreifendes Konzept, das mit der Wahl der Geschäftsfelder und der Wettbewerbsstrategien die Kernaufgabe, den Zweck, bestimmt und über die Aufgabe die vorrangigen Umweltbezüge und die Hauptstoßrichtung des Technologieeinsatzes bestimmt. Auch werden die Entwicklungsphasen der Unternehmen zumindest strategisch überformt, bei stärkerer Umweltkontrolle sogar strategisch geplant. Insofern sind all die Probleme, die der Organisator zu lösen und die Einflußkräfte, die er zu berücksichtigen hat, strategisch geformt bzw. gefiltert. Neben diesem allgemeinen und grundsätzlichen Einfluß von Unternehmenspo-

45 Vgl. Pfeffer, J., The micropolitics of organizations, in: Meyer, M.W. et al., Environments and organizations, San Francisco 1978, S. 29-50; Kirsch, W., Die Handhabung von Entscheidungsproblemen, 3. Aufl., München 1988, S. 153 ff.

46 Vgl. dazu Salancik,G.R./Pfeffer, J., Who gets power – and how they hold on to it; A strategic-contingency model of power, in: Organizational Dynamics 5 (1977), S.3-21.

litik und Strategie gibt es aber auch speziellere Bezüge zwischen Strategie und Struktur, die sich aus dem je spezifischen Inhalt der Strategie ableiten. Ein solcher Bezug wurde im vierten Kapitel bereits an dem Beispiel von Diversifikationsstrategie und divisionaler Organisationsstruktur diskutiert.

Diskussionsfragen

1. Wodurch unterscheiden sich die verschiedenen Organisationsbegriffe?
2. Inwiefern stehen Differenzierung und Integration in einem Spannungsverhältnis zueinander?
3. Welchen Sachverhalt muß man bei der Verwendung genereller Regelungen beachten?
4. Welche (und warum nicht eine andere) Stufe der Hierarchie wählt man zur Unterscheidung zwischen funktionaler und divisionaler Organisation?
5. Skizzieren Sie den Unterschied zwischen Routine- und Zweckprogramm.
6. Begründen Sie, daß die Matrixorganisation ein Integrationsinstrument ist.
7. Wo liegen die zentralen Unterschiede, wo die Gemeinsamkeiten zwischen den Kontextvariablen „Umwelt" und „Technologie"?
8. Warum ist der Lebenszyklus eine Einflußgröße ganz anderer Art als die Technologie?
9. Stellen Sie einen Zusammenhang her zwischem dem „Substitutionsgesetz" und der Einflußgröße „Umwelt"!
10. Inwieweit und in welcher Art ist die Unternehmensstrategie eine Einflußgröße für die Organisationsgestaltung?

Literaturhinweise

Zu den allgemeinen Grundlagen:

Lorsch, J.W./Baughman, J.Pl./Reece, J./Mintzberg, H., Understanding management, New York 1978, S. 53-91.

Frese, E., Grundlagen der Organisation, 3. Aufl., Wiesbaden 1987.

Frese, E. (Hrsg.), Handwörterbuch der Organisation, 3. Aufl., Stuttgart 1990.

Hill, W./Fehlbaum, R./Ulrich, H.P., Organisationslehre 1, 4. Aufl., Bern/Stuttgart 1989.

Kieser, A./Kubicek, H., Organisation, 2. Aufl., Berlin/New York 1983.

Kosiol, E., Organisation der Unternehmung, Wiesbaden 1962.

Zur organisatorischen Differenzierung und Integration:

Child, J., Organization, London u.a. 1977, S. 95-116.

Daft, R., Organization theory and design, 2. Aufl., St. Paul 1986.

Luhmann, N., Zweckbegriff und Systemrationalität, Frankfurt a.M. 1973.

Zu den Einflußgrößen der Organisationsgestaltung:

Pfeffer, J., Power in organizations, Marshfield/Mass. 1981.

Schreyögg, G., Umwelt, Technologie und Organisationsstruktur, Bern/Stuttgart 1978.

Staehle, W.H., Management, 4. Aufl., München 1989.

Achtes Kapitel

Das Individuum in der Organisation: Motivation und Verhalten

8.1 Motivation und Motivationstheorien ... 409

8.2 Formale Prozeßtheorien: Das Erwartungs-Valenz-Modell von Vroom ... 410

8.3 Inhaltliche Motivationstheorien ... 420
8.3.1 Die Hierarchie der Bedürfnisse nach Maslow ... 420
8.3.2 Das Motivationsmodell von Richards und Greenlaw ... 424
8.3.3 Die Zwei-Faktoren-Theorie von Herzberg ... 425
8.3.4 Das Reifekontinuum nach Argyris ... 430

8.4 Motivierende Arbeitsgestaltung ... 432

8.5 Arbeitszufriedenheit ... 441
8.5.1 Theoretische Grundlagen ... 441
8.5.2 Handlungskonsequenzen der Arbeitszufriedenheit ... 443
8.5.3 Bedingungen der Arbeitszufriedenheit ... 445

Diskussionsfragen ... 448

Literaturhinweise ... 449

8.1 Motivation und Motivationstheorien

Organisationen setzen sich aus verschiedenen Elementen zusammen: Aufgaben, Gruppen, Führern etc. Das fundamentalste Element jeder Organisation ist aber das Individuum. Das Individuum ist somit auch die Basiseinheit jeder organisatorischen Verhaltensanalyse. Andere Organisationselemente wie die Gruppe oder die Führerschaft sind bereits Beziehungen zwischen Individuen, also Analyseeinheiten höherer Komplexität.

Die Koordination und Stimulierung individueller Aktivitäten setzt Kenntnisse über die Bedingungen menschlicher Verhaltensweisen voraus. Jede effektive Koordination ist auf die zuverlässige Antizipation individueller Verhaltensweisen angewiesen. Um Verhalten antizipieren zu können, müssen Informationen über Verhaltensgrundlagen verfügbar sein, d.h. wir müssen wissen, warum sich Personen in einer bestimmten Weise verhalten und ob (voraussichtlich) auch zukünftig dieselben Beweggründe ihr Handeln bestimmen werden. Zwar liegt jeder Interaktion eine irgendwie geartete Vorstellung über die Grundlagen menschlichen Verhaltens zugrunde, einer planvollen Zusammenführung menschlicher Aktivitäten sollte allerdings nicht eine beliebige ad-hoc gebildete, sondern eine solche Theorie menschlichen Verhaltens zugrunde gelegt werden, die auf eine gute theoretische und empirische Fundierung verweisen kann.

Die Humanwissenschaften haben zwischenzeitlich eine Reihe von Konzepten entwickelt, die einen Zugang zum Verständnis individuellen Handelns erlauben. In dem hier interessierenden Zusammenhang sind vor allem die **motivationstheoretischen** Ansätze zu nennen.

Als Ausgangspunkt dient dabei die Annahme, daß menschliches Verhalten grundsätzlich „motiviert" ist, d.h. durch eine Kraft (Motiv) seine spezifische Ausrichtung erfährt. Menschen haben in der Regel Gründe für ihr Tun, die sich letztlich auf Bestrebungen zurückführen lassen, Motive zu erfüllen. Motivationstheorien versuchen – grob gesagt – Entstehung, Ausrichtung, Stärke und Dauer einer bestimmten Verhaltensweise im Zusammenhang mit den verhaltensrelevanten Motiven zu klären.[1]

Die in großer Zahl entwickelten Motivationstheorien lassen sich in zwei Gruppen unterteilen:

- formale Prozeßtheorien und
- inhaltliche Theorien.

Die **Prozeßtheorien** versuchen, formal den Prozeß der Entstehung, Ausrichtung und Energieladung von Verhaltensweisen zu erklären. Sie führen dazu Variablenklassen relativ hohen Allgemeinheitsgrades (Belohnung, Anreiz, Trieb etc.) ein und zeigen, wie durch das Zusammenwirken der Variablen Motivation entsteht.

Im Gegensatz dazu beschäftigen sich **inhaltliche Theorien** mit konkreten Motiven (z.B. Bedürfnis nach Sicherheit, Anerkennung, gerechter Entlohnung), die das Verhalten eines

1 Vgl. Pinder, C.C., Work motivation: Theory, issues, and applications, Glenview/Ill. 1984, S. 8.

Indiviuums bestimmen. Inhaltliche Theorien wollen zeigen, welche tieferliegenden Motive Menschen bewegen, und stellen den Bezug zu organisatorischen Aktivitäten her. Sie beantworten in direkterer Art und Weise, wie eine Organisation oder ein Vorgesetzter positiv „motivieren" kann.

Wie zu zeigen sein wird, schließen sich inhaltliche und Prozeß-Theorien der Motivation nicht zwangsläufig aus. Es gibt auch Wege, sie zusammenzuführen.

8.2 Formale Prozeßtheorien: Das Erwartungs-Valenz-Modell von Vroom

Aus der Fülle der formalen Prozeßtheorien soll hier das Modell von **Vroom** ausgewählt werden. Es ist nicht nur das bekannteste, sondern zeigt auch in besonders anschaulicher Weise die Dynamik von **Motivationsprozessen** im **organisatorischen Kontext** auf. Andere bekannte Prozeßtheorien sind die „Ausgleichstheorie"[2] und die „Verstärkungs-Theorie".[3]

Grundannahmen

Vroom modelliert menschliches Verhalten grundsätzlich als Entscheidungsverhalten. Das Individuum hat sich jeweils zwischen mehreren Handlungsalternativen zu entscheiden. Motivation wird dementsprechend definiert „als Prozeß, der die Wahl zwischen verschiedenen (freiwilligen) Aktivitäten bestimmt."[4] Aufgabe der Motivationstheorie ist es dann zu erklären, warum das Individuum eine bestimmte Alternative favorisiert, d.h. motiviert ist, diese zu ergreifen.

Vroom versucht, den Entscheidungsprozeß, der dem individuellen Handeln als Bestimmungsgrund vorausgeht, transparent zu machen. Unter Zuhilfenahme von Mustern der formalen Entscheidungstheorie skizziert er die basalen Zusammenhänge wie in Abbildung 8.1 dargestellt.

Um die Präferenz für eine Handlungsalternative genau bestimmen zu können, hat Vroom zwei Konzepte eingeführt: **Valen**z und **Instrumentalit**ät.

Valenz und Instrumentalität

Valenz bezieht sich ganz allgemein darauf, wie sehr das Individuum eine bestimmte Handlungsalternative bzw. deren Ergebnis ("first level outcome") schätzt. Die **Instru-**

2 Vgl. Adams, J.S., Injustice in social exchange, in: Berkovitz, L. (Hrsg.): Advances in experimental social psychology, 2. Aufl., New York, 1965.
3 Vgl. Luthans, F./Kreitner, R., Organizational behavior modification, Glenview/Ill. 1975.
4 Vroom, V., Work and motivation, New York 1964, S. 6.

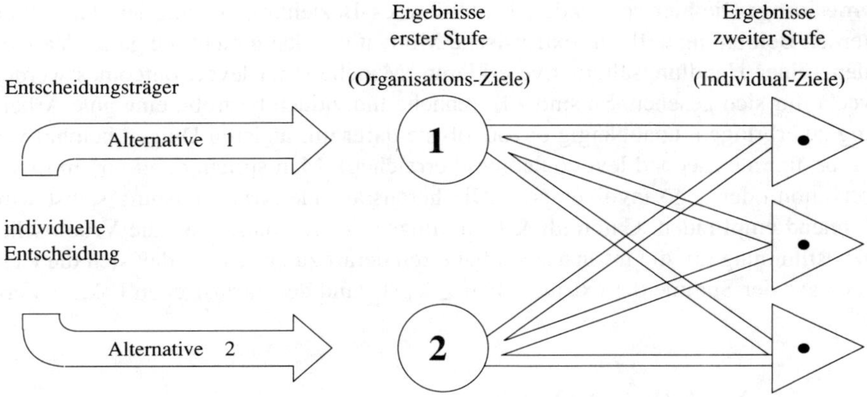

Abb. 8.1: Grundstruktur des Vroom-Modells

mentalität dagegen zeigt an, welche **Eignung** das Individuum einem „Ergebnis erster Stufe" zuspricht, ein „Ergebnis zweiter Stufe" ("second level outcome") herzustellen. Die Instrumentalität kann positiv, neutral oder negativ sein; es gibt Handlungsalternativen, die der Erreichung der persönlichen Ziele nicht nur nicht förderlich, sondern sogar abträglich sind.

Die Valenz (der „Nutzen") eines „Ergebnisses erster Stufe" bestimmt sich dann auf dem Hintergrund seiner Instrumentalität, bestimmte Zielzustände herzustellen und dem Wert (Valenz*), den das Individuum diesen Zielzuständen (Ergebnisse zweiter Stufe) beimißt. Mathematisch wird die Valenz eines Ergebnisses erster Stufe von Vroom als eine monoton steigende Funktion der algebraischen Summe der Produkte aus den Valenzen aller „second level outcomes" und der kognizierten Instrumentalität, diese zu erreichen, ausgedrückt:

$$V_j = f_j \left[\sum_{k=1}^{n} (V_k^* I_{jk}) \right] \quad j = 1, \dots n$$

$$f_j' > 0$$

V_j = Valenz des first level outcome j

V_k^* = Valenz des second level outcome k

I_{jk} = die kognizierte Instrumentalität ($-1 \leq I_{jk} \leq 1$) von first level outcome j zur Erreichung von second level outcome k

Anmerkung: Die hier verwendete Mittel-Zweck-Beziehung, die auf dem Gedanken der externen Belohnung aufbaut (extrinsische Motivation), kann nicht die ganze Varianz der Valenz einer Handlungsalternative erklären. Manche (first level) outcomes werden als Zwecke für sich gesehen. So sind z.B. manche Individuen bestrebt, eine gute Arbeitsleistung zu erbringen, unabhängig davon, ob sie dafür mit anderen Dingen belohnt werden (d.h. bestimmte „second level outcomes" erreichen). Man spricht dann von intrinsischer Motivation oder „ego involvement". Die herausragende Arbeitsleistung selbst wird als belohnend empfunden. Galbraith & Cummings schlagen daher vor, die Vroomsche Valenzbestimmung um die intrinsischen Faktoren derart zu erweitern, daß sich die Gesamtvalenz aus der Summe der extrinsischen $\sum V_k{}^*I_{jk}$ und der intrinsischen Faktoren errechnet.[5]

$$V_j = f_o\,(V_o) + f_j\,(\sum_{k=1}^{n} V_k{}^*I_{jk})$$

V_o = Valenz, die durch ego involvement bestimmt wird.

In neueren Untersuchungen wird die hier unterstellte **Additivität** von extrinsischer und intrinsischer Motivation bezweifelt, empirische Studien verweisen eher auf eine Konkurrenz derart, daß Individuen entweder intrinsisch oder extrinsisch motiviert sind.

Subjektive Wahrscheinlichkeit

Beschränkte man sich auf das bisher Gesagte, dann würde das Individuum jene Handlungsalternative wählen, deren Valenz die höchste positive (bzw. geringste negative) Produktsumme erreicht. Die Verwirklichung von Handlungsalternativen ist aber nicht nur von dem individuellen Wollen abhängig, sondern auch von Ereignissen, die außerhalb der individuellen Kontrolle liegen.

Die meisten Entscheidungssituationen enthalten Risikoelemente; so hat z.B. eine Person, die eine hohe Stückleistung erbringen will, keine Sicherheit darüber, daß sie die gewünschte Stückzahl auch tatsächlich realisieren kann. Deshalb hängt das Wahlverhalten des Individuums nicht nur von der Valenz einer Alternative ab, sondern auch von der vermuteten Wahrscheinlichkeit, mit der das Ergreifen einer Handlung die vorgestellte Wirkung bewirken kann.

Um diesem Sachverhalt Rechnung zu tragen, führt Vroom als weiteres Konzept die **subjektive Wahrscheinlichkeit** (expectancy) ein, also die zum Entscheidungszeitpunkt gehegte Erwartung, daß einer bestimmten Handlung ein bestimmtes Ergebnis (erster Stufe) folgen wird. Die Wahrscheinlichkeitswerte variieren zwischen 0 und 1, wobei der Wert von 1 (0) die **subjektive** Sicherheit ausdrückt, daß die Handlung (nicht) die vorgestellte Wirkung haben wird.

5 Vgl. Galbraith, J./Cummings, L.L., An empirical investigation of the motivational determinants of task performance, in: Organizational Behavior and Human Performance 2 (1967), S. 240.

Anmerkung: Die Konzepte „subjektive Wahrscheinlichkeit" und „Instrumentalität" bedeuten Unterschiedliches und sollten auf keinen Fall verwechselt werden. **„Subjektive Wahrscheinlichkeit"** bezieht sich auf die Verbindung von **Aktion** und **Wirkung** und nimmt Werte zwischen 0 und 1 an. **Instrumentalität** dagegen bezeichnet die Einschätzung der **Eignung** eines bestimmten Handlungsergebnisses für die Erreichung der persönlichen Ziele. Die Werte variieren dementsprechend nicht zwischen 0 und 1, sondern zwischen +1 und -1, um der Tatsache Rechnung tragen zu können, daß ein Handlungsergebnis erster Stufe für die Erreichung eines persönlichen Zieles hinderlich sein kann.

Handlungsmotivation

Um nunmehr die Motivation bzw. die treibende Kraft, eine Handlung auszuführen (force to act), bestimmen zu können, postuliert das Vroom-Modell, unter der Annahme subjektiver Rationalität, einen multiplikativen Zusammenhang zwischen subjektiver Wahrscheinlichkeit und Valenz.

Präziser ausgedrückt: Die Motivation, eine Handlung i auszuführen, ist eine monoton steigende Funktion der algebraischen Summe der Produkte aus den Valenzen aller Handlungsergebnisse (erster Stufe) und der Höhe der kognizierten Wahrscheinlichkeit, daß die Handlungsausführung die vorgestellten Ergebnisse (erster Stufe) tatsächlich bewirken kann.[6]

$$F_i = f_i \left[\sum_{j=1}^{n} (E_{ij} V_j) \right]$$

$f_i' > 0$

F_i = die treibende Kraft (Motivation), eine Handlung i auszuführen (force);

E_{ij} = die Höhe der Wahrscheinlichkeit ($0 \leq E_{ij} \leq 1$), daß einer Handlung i das Ergebnis (first level outcome) j folgt;

V_j = Valenz des Ergebnisses (first level outcome) j.

Das Individuum wird sich demnach für jene Alternative entscheiden, die den höchsten positiven (bzw. kleinsten negativen) Motivationswert hat.

6 Das Summenzeichen ist hier deshalb notwendig, weil einer Handlung mehrere Ergebnisse mit unterschiedlichen Wahrscheinlichkeiten folgen können. So kann etwa der Erwerb eines Loses mit 50% Wahrscheinlichkeit einen Trostpreis, aber nur mit 1% Wahrscheinlichkeit den Hauptgewinn erbringen; also zwei Handlungskonsequenzen mit unterschiedlichen Wahrscheinlichkeiten.

Beispiel (zu Illustrationszwecken):

Ein Organisationsmitglied A überlege sich, ob es eine relativ hohe oder eine durchschnittliche Leistungsabgabe (=informelle Gruppennorm) erbringen soll. Angenommen, es seien vor allem die folgenden fünf Ziele, die A in Zusammenhang mit seinem Arbeitsplatz anstrebt: Hohe Entlohnung, betriebliche Altersrente, unterstützendes Vorgesetztenverhalten, Beförderung und Akzeptanz durch die Arbeitsgruppe; man kann die Motivationssituation, wie in Abbildung 8.2 gezeigt, veranschaulichen:

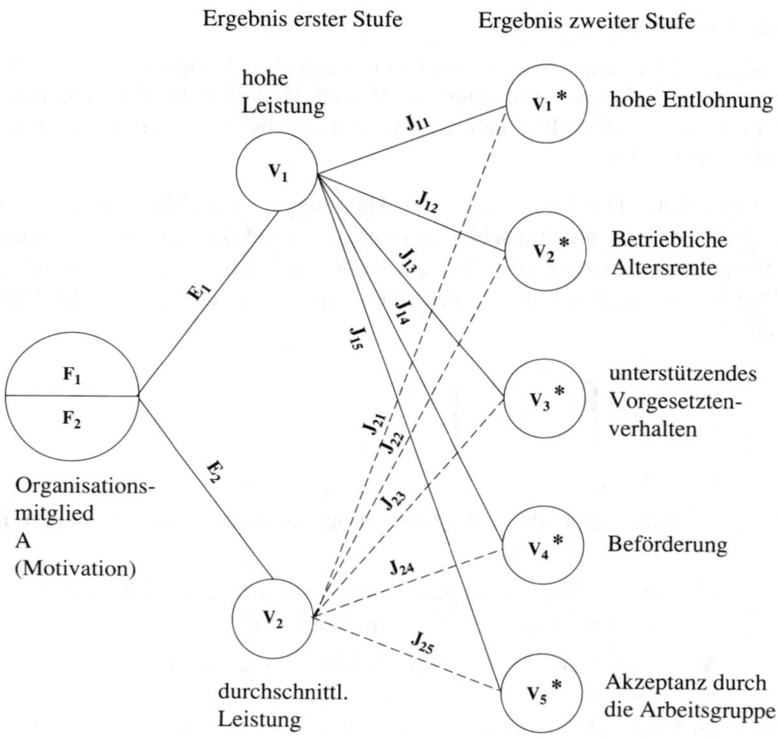

Abb. 8.2: Die Verknüpfung von Produktivität und individuellen Zielen, dargestellt an einem praktischen Beispiel

Um die Entscheidung von A bestimmen zu können, müssen Informationen über die subjektiven Wahrscheinlichkeiten, die perzipierten Instrumentalitäten und das Ausmaß der Erwünschtheit der fünf genannten Ziele vorliegen.[7]

7 In dem Beispiel wird unterstellt, daß der Handlung nur ein Ergebnis folgt.

(1) Für den Fall einer hohen Leistungsabgabe sollen folgende Annahmen Gültigkeit haben:

- A sei sich aufgrund seiner bisherigen Erfahrungen ziemlich sicher, daß es ihm gelingt, eine hohe Leistungsabgabe zu bringen ($E_1 = 0{,}75$).[8]
- Die Wertigkeit der fünf genannten Ziele verteile sich wie folgt (gemessen auf einer fünfstufigen Likert-Skala, die von 1 = „gleichgültig" bis 5 = „sehr begehrenswert" reiche):

– Hohe Entlohnung	5
– Betriebliche Altersrente	2
– Un terstützendes Vorgesetztenverhalten	3
– Beförderung	4
– Akzeptanz durch die Arbeitsgruppe	5

- Die Instrumentalitäten seien wie folgt perzipiert:
  - In dem Betrieb sei in gewissem Umfang Leistungsentlohnung eingeführt. Die Löhne schwankten jedoch nur maximal um ± 15 %. A betrachte daher hohe Produktivität als nur bedingt geeignet, eine hohe Entlohnung zu erzielen ($I_{11} = 0{,}5$).
  - Die Zuteilung einer betrieblichen Altersrente sei leistungsunabhängig an die Dauer der Betriebszugehörigkeit geknüpft. A perzipiere deshalb keinen Bezug zwischen Produktivität und betrieblicher Altersrente ($I_{12} = 0$).
  - Der Vorgesetzte mache seine Wertschätzung und sein freundliches Entgegenkommen weitgehend von dem Leistungsverhalten seiner Untergebenen abhängig. A sei sich dessen voll bewußt und sieht deshalb einen ziemlich engen Zusammenhang zwischen Produktivität und freundlichem Vorgesetztenverhalten ($I_{13} = 0{,}75$).
  - A habe das Gefühl, daß Leistung zwar relevant für Beförderungsentscheidungen ist, daß aber andere Faktoren eine mindestens ebenso wichtige Rolle spielen ($I_{14} = 0{,}25$).
  - Die Arbeitsgruppe, der A angehört, sanktioniere eine Überschreitung der informellen Leistungsnorm sehr streng und konsequent durch Isolierung, Ignorierung, Aggression etc. Eine hohe, über der Norm liegende Leistungsabgabe betrachte A daher als extrem ungeeignet, sein Ziel, akzeptiertes Mitglied der Gruppe zu sein, zu erreichen ($I_{15} = -1$).

Daraus errechnet sich folgender Wert F_1:

$$F_1 = [0{,}75 \cdot (5 \cdot 0{,}5 + 2 \cdot 0 + 3 \cdot 0{,}75 + 4 \cdot 0{,}25 + 5 \cdot (-1))] = 0{,}5625$$

(2) Für den Fall einer durchschnittlichen Leistungsabgabe soll folgendes gelten:

- A sei sich völlig sicher, daß es ihm gelingt, eine durchschnittliche Leistungsabgabe zu erbringen ($E_2 = 1$).

8 Beachte: E_2 errechnet sich nicht aus der Differenz zu 1 ($E_1+E_2=1$); E_2 wird unabhängig bestimmt. E_1 im obigen Beispiel drückt zugleich aus, daß eine Wahrscheinlichkeit von 0,25 besteht, die hohe Leistungsabgabe nicht zu erreichen.

– Für die Instrumentalität seien folgende Werte angenommen:

$$I_{21} = 0$$

$$I_{22} = 0$$

$$I_{23} = 0{,}25$$

$$I_{24} = -0{,}25$$

$$I_{25} = 0{,}75$$

Daraus errechnet sich der Wert F_2:

$$F_2 = [1 \cdot (5 \cdot 0 + 2 \cdot 0 + 3 \cdot 0{,}25 + 4 \cdot (-0{,}25) + 5 \cdot 0{,}75)] = 3{,}5$$

Fazit: $F_2 > F_1$

A wird sich also für eine durchschnittliche, der Gruppennorm entsprechende Leistungsabgabe entscheiden.

Erweiterung durch Lawler:

Lawler[9] erweitert das Vroomsche Motivationsmodell, indem er die Erwartungswahrscheinlichkeit (expectancy) in zwei Komponenten aufspaltet und zwischen Aufgabenerfüllung und organisatorischen Konsequenzen differenziert (vgl. Abb. 8.3).

Das Individuum schätzt **mit der ersten Erwartungswahrscheinlichkeit** ab, wie sicher es mit einer entsprechenden Anstrengung die gestellte Aufgabe zu erreichen vermag ("effort-performance belief"). Die Höhe dieser Erwartungswahrscheinlichkeit hängt nicht nur von der Selbsteinschätzung und dem Selbstvertrauen des Individuums ab, sondern auch von organisatorischen Umständen wie z.B. der individuellen Zurechenbarkeit der Arbeitsleistung in Vergangenheit und Gegenwart. Folgte man den Erkenntnissen der **Anspruchsniveautheorie**, so müßte die für die Motivation optimale Erwartungswahrscheinlichkeit nicht wie im Vroom-Modell bei 1, sondern in der Nähe von 0,5 liegen; denn dies ist der Punkt, der (zumindest für erfolgsorientierte Individuen) den meisten Anreiz entfaltet, das Aufgabenziel zu erreichen.

Die **zweite Erwartungswahrscheinlichkeit** richtet sich darauf, ob einer bestimmten Leistung (z.B. erfolgreiche Beendigung eines Projektes) auch wirklich die in Aussicht gestellten organisatorischen Konsequenzen (z.B. Beförderung) folgen. Dieser zweite Aspekt ist geprägt durch Erfahrungen in der Vergangenheit, die Glaubwürdigkeit des Managements, Persönlichkeitsmerkmale wie generalisierte Mißtrauenstendenz oder Pes-

9 Vgl. Lawler, E.E.II., Motivation in work organizations, Monterey/California 1973.

simismus/Optimismus. Das anspruchsniveau-theoretische Anreizkalkül ist bei diesem zweiten Aspekt ohne Belang; im Gegenteil, eine 0,5- Wahrscheinlichkeit wirkt hier stark demotivierend. **Beide Wahrscheinlichkeiten** nehmen Werte zwischen 0 und 1 an und werden multiplikativ verknüpft gedacht.

Für die optimierende Gestaltung des organisatorischen Leistungsprozesses wird damit das zuverlässige Eintreten von in Aussicht gestellten Konsequenzen bei Aufgabenerfolg eine Schlüsselvariable.

Bedeutung für die Unternehmensführung

Das Erwartungs-Valenz-Modell fordert dazu auf, Motivation als Verknüpfungsproblem zu formulieren, nämlich als Verknüpfung von organisationalen und individuellen Zielen. Eine hohe Motivation – so die Implikation – ist nur dann erreichbar, wenn es dem Management gelingt, die Aufgabenziele und das dazugehörige Anreizsystem so auszulegen, daß mit ihrer Erreichung zugleich die individuellen Ziele und Wünsche erfüllbar werden. Es muß sichergestellt sein, daß die Aufgabenziele tatsächlich erreichbar sind, daß die in Aussicht gestellten Anreize zuverlässig der erbrachten Leistung folgen und daß die Verknüpfung mit den Individualzielen im Hinblick auf solche Ziele geschieht, die von den Individuen auch tatsächlich hoch geschätzt werden (vgl. Abb. 8.4).

Um jedoch Verhalten im konkreten Einzelfalle antizipieren zu können, müssen Informationen über Zielsystem, Instrumentalität und subjektive Wahrscheinlichkeit jeweils für **jedes einzelne Individuum** verfügbar sein. Nachdem eine solche Vorgehensweise im Rahmen der Unternehmensführung wohl kaum praktizierbar ist und eine einheitliche Führung damit auch unmöglich würde, sind zusätzlich Aussagen notwendig, die in **genereller** Weise Auskunft über Verhaltensdispositionen geben, also etwa, welche Ziele von menschlichen Individuen in der Regel angestrebt werden und welche Arbeitsbedingungen (first level outcome) im allgemeinen von den Organisationsmitgliedern als geeignet empfunden werden, diese Ziele und Wünsche zu erfüllen. Erst dann, wenn wir also z.B. wissen, daß eine abwechslungsreiche Tätigkeit sehr häufig als geeignet betrachtet wird, hochgeschätzte Wünsche und Ziele der Individuen zu erfüllen, können Anweisungen über die Arbeitsplatzgestaltung abgeleitet werden.

Als Versuche, spezifizierte Aussagen über (derartige generelle) Verhaltensdispositionen zu gewinnen, können – obgleich nicht dafür gedacht – die inhaltlichen Motivationstheorien betrachtet werden.

Die inhaltlichen Motivationstheorien – zumindest diejenigen, die hier im Anschluß referiert werden sollen – unterscheiden sich allerdings in einem wichtigen Punkt von den Prozeßstudien; sie gehen explizit von einer wertenden Basis aus. Ihre Intention ist es, mit ihren Theorien den Weg zur Selbstverwirklichung (Selbstaktualisierung) des Menschen zu bahnen, zu einer Selbstverwirklichung, die sich am und über den Arbeitsplatz entfalten soll.

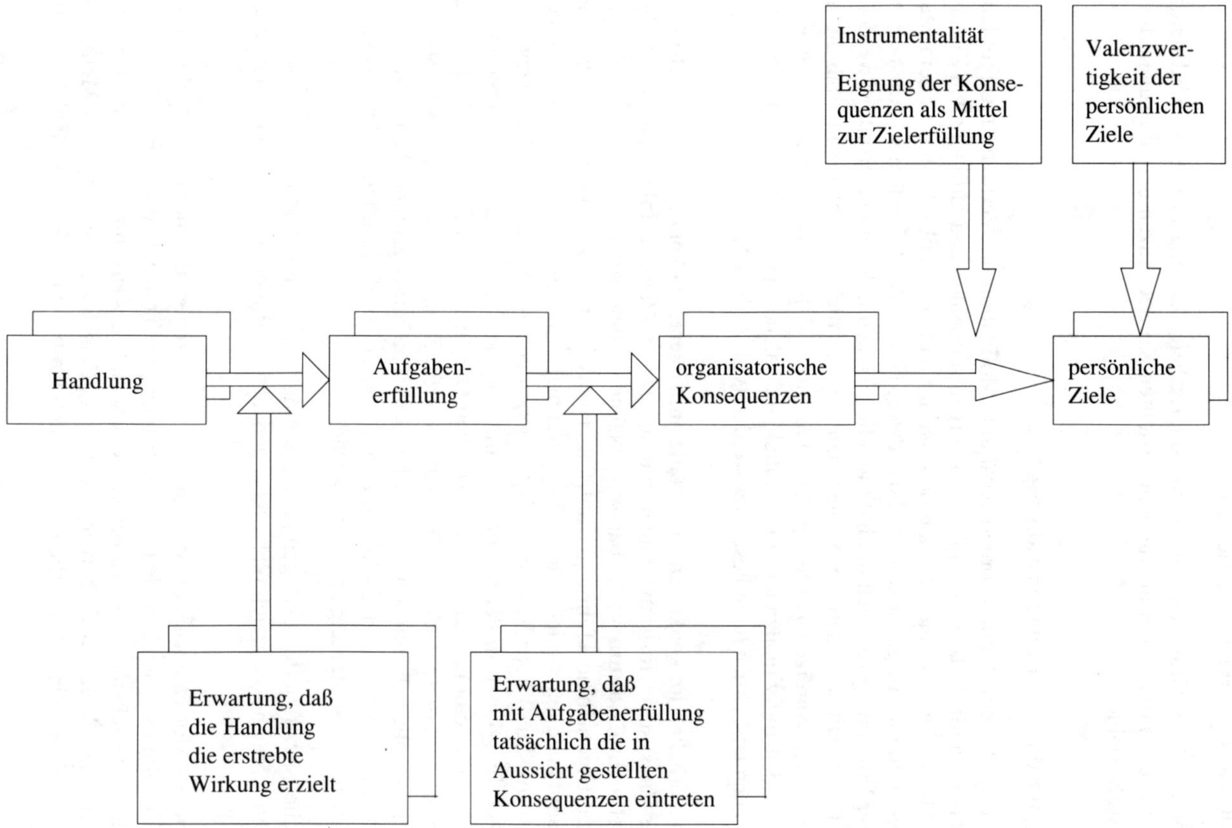

Abb. 8.3: Erweitertes Vroom-Modell

Theorie-Element	Individuum	Management – Implikation
Erwartung	Kann ich die gewünschte Leistung erzielen?	Personalauswahl, Personalfortbildung, Klärung der Leistungsziele
Instrumentalität	Welche meiner Ziele kann ich mit den verschiedenen Leistungsgraden erreichen?	Enge Koppelung von Leistung und Anreiz; Strikte Einhaltung von Belohnungsversprechen
Valenz	Wie wichtig sind mir die Ziele, die ich mit Arbeitsergebnissen erreichen kann?	Identifikation der Mitarbeiterziele; Ausrichtung der Anreizsysteme auf die Mitarbeiterziele

Abb. 8.4: Einige praktische Implikationen des Erwartungs-Valenz-Modells

Quelle: Nach Schermerhorn, J.R./Hunt, J.G./Osborn, R.N., Managing organizational behavior, 2. Aufl., New York 1985, S. 149.

Kritik

Die Grenzen des Erwartungs-Valenz-Modells liegen auf der Hand. Es wird zum einen ein Höchstmaß an individueller Entscheidungsrationalität unterstellt und zum anderen wird davon ausgegangen, Individuen würden fortwährend ihre Handlungen auf solche Kalküle aufbauen; ein Routinehandeln wird ausgeschlossen. Ersteres impliziert, daß das Organisationsmitglied nicht nur seine Ziele genau benennen und transitiv ordnen kann, sondern auch in der Lage sein muß, die Instrumentalitäten untereinander säuberlich zu differenzieren und von der Perzeption der Erwartungswahrscheinlichkeit abzukoppeln. Die Theorie läßt damit die Erkenntnisse der **beschränkten Rationalität** menschlichen Entscheidungsverhaltens unbeachtet.[10] Zweifelhaft ist ferner die Proportionalitätsthese, wonach die Handlungsmotivation im gleichen Maße wächst wie die Erwartung und die Valenz steigen.[11] Hiervon abweichende Motivationsverläufe werden (jedenfalls teilwei-

10 Vgl. Behling, O./Starke, F.A., The postulates of expectancy theory, in: Academy of Management Journal 16 (1973), S. 373-388.

11 Vgl. Campbell, J.P./Pritchard, R.D., Motivation theory in industrial and organizational psychology, in: Dunnette, M.P. (Hrsg.): Handbook of Industrial and Organizational Psychology, Chicago 1976, S. 92-95.

se) in den nachfolgenden Inhaltstheorien herausgestellt. Trotz dieser idealisierenden Prämissen wird die Erwartungs-Valenz-Theorie häufig verwendet, um bestimmte Teil-Aspekte im Motivationsprozeß zu verdeutlichen (instrumentelle Verknüpfung, Bedeutung der Erwartungen usw.) und um die mutmaßliche Wirkungsweise alternativer Anreizsysteme im Sinne eines Prognosemodells zu studieren.

8.3 Inhaltliche Motivationstheorien

8.3.1 Die Hierarchie der Bedürfnisse nach Maslow

Die inhaltlichen Motivationstheorien waren ursprünglich alle Spannungsreduktionstheorien, d.h. sie waren an Mangelzuständen ausgerichtet, die Menschen zu überwinden oder zu vermeiden trachten. Ein Mensch – so die Annahme – wird nur dann zum Handeln getrieben, wenn er an einem Mangel leidet. Häufig wurde dieser Mangelzustand mit einem **physiologischen Ungleichgewicht** zusammen gedacht, das auf einen Gleichgewichtszustand drängt (Triebreduktion).

Diese Mangeltheorie der Motivation ist jedoch zunehmend kritisiert worden, weil sie viele offenkundig bedeutsame Phänomene menschlichen Verhaltens nicht fassen kann. Menschliche Neugierde, spielerische Beschäftigung, Lust an der Herausforderung, Interesse am Lernen o.ä. – das sind alles keine Motive, die auf Beseitigung eines Mangelzustandes drängen. Im Gegenteil, sie stellen sogar Spannung her. Man spricht von Anregungs- oder Abundanzmotiven.[12] Als einen Versuch, beide Motivarten in einer Theorie zusammenzuführen, kann das populäre Modell von Abraham Maslow gelten.[13] Die Gegenpole Spannungsabbau und Spannungsaufbau werden dort über die Idee einer Bedürfnishierarchie theoretisch versöhnt. Die Theorie unterscheidet fünf allgemeine Klassen von Bedürfnissen, die im Hinblick auf ihre Dringlichkeit hierarchisch geordnet sind (vgl. Abb. 8.5).

Diese fünf Bedürfnisklassen können kurz in folgender Weise charakterisiert werden:

(1) Die **physiologischen Bedürfnisse** umfassen das elementare Verlangen nach Essen, Trinken, Kleidung und Wohnung. Ihr Vorrang vor den übrigen Bedürfnisarten ergibt sich aus der Natur des Menschen.
(2) Das **Sicherheitsbedürfnis** drückt sich aus in dem Verlangen nach Schutz vor unvorhersehbaren Ereignissen des Lebens (Unfall, Beraubung, Invalidität, Krankheit etc.), die die Befriedigung der physiologischen Bedürfnisse gefährden können.
(3) Die **sozialen Bedürfnisse** umfassen das Streben nach Gemeinschaft, Zusammengehörigkeit und befriedigenden sozialen Beziehungen.

12 Vgl. Kretch, D./Crutchfield, R.S. u.a., Grundlagen der Psychologie, Bd. 5 (Übers. a.d. Engl.), Weinheim/Basel 1985, S. 26 ff.
13 Maslow, A., Motivation and personality, New York 1954, S. 388 f.

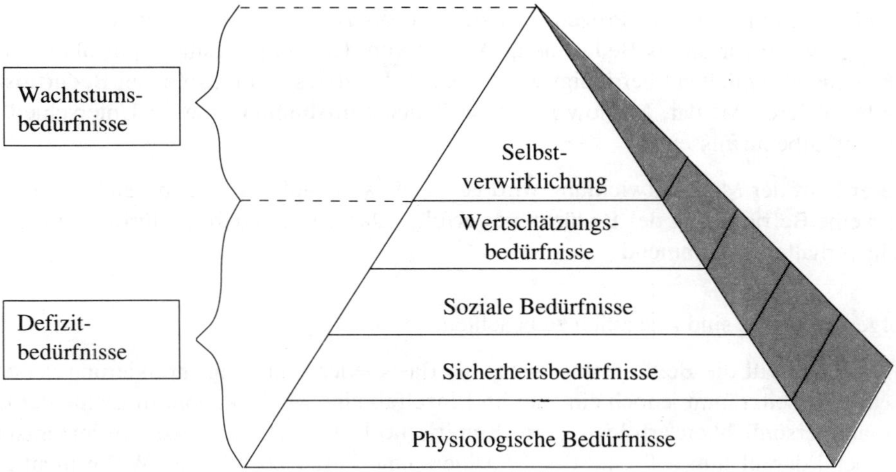

Abb. 8.5: Die Maslowsche Bedürfnispyramide

(4) **Wertschätzungsbedürfnisse** spiegeln den Wunsch nach Anerkennung und Achtung wider. Dieser Wunsch bezieht sich sowohl auf Anerkennung von anderen Personen als auch auf Selbstachtung und Selbstvertrauen. Es ist der Wunsch, nützlich und notwendig zu sein.

(5) Als letzte und **höchste** Klasse werden die **Selbstverwirklichungsbedürfnisse** genannt. Damit ist das Streben nach Unabhängigkeit, nach Entfaltung der eigenen Persönlichkeit im Lebensvollzug, nach gestaltsetzenden Aktivitäten gemeint:"Was ein Mensch sein kann, das muß er sein".

Die pyramidale Anordnung bedeutet nicht nur, daß die „unteren" Bedürfnisse im Entwicklungsprozeß früher in Erscheinung treten, in einem engeren Sinne physiologisch bestimmt sind und deshalb auch weniger individuelle oder soziale Ausdrucksvarianz kennen. Der Maslowsche Ansatz baut auf **zwei Thesen** auf, dem Defizitprinzip und dem Progressionsprinzip.

Das **Defizitprinzip** besagt, daß Menschen danach streben, unbefriedigte Bedürfnisse zu befriedigen. Ein befriedigtes Bedürfnis ist keine Motivationskraft. Anders ausgedrückt: wenn ein Individuum die dauerhafte Befriedigung eines der genannten Bedürfnisse als weitgehend sichergestellt betrachtet, hört dieses auf, handlungsmotivierend zu wirken. Änderungen der Lebenssituation (Krieg, Arbeitslosigkeit usw.) können allerdings bewirken, daß ein vormals befriedigtes Bedürfnis als unbefriedigt wieder auftaucht und damit erneut handlungsmotivierend wirkt.

Das **Progressionsprinzip** besagt, daß menschliches Verhalten grundsätzlich durch das hierarchisch niedrigste, unbefriedigte Bedürfnis motiviert wird. Der Mensch versucht zunächst, seine physiologischen Bedürfnisse zu befriedigen. Ist das geschehen, dann bedeuten diese Bedürfnisse keinen Handlungsanreiz mehr. Gesättigte Bedürfnisse motivieren nicht. Im Motivationsprozeß werden die nächsthöheren Motive, die Sicherheitsbedürfnisse, aktiviert. Dieser Prozeß setzt sich fort bis zum Bedürfnis nach Selbstverwirklichung, wobei für dieses Bedürfnis in Abkehr von der Sättigungsthese postuliert wird, daß es nie abschließend befriedigt werden kann. Letzteres stellt also einen Bedürfnistypus besonderer Art dar, Maslow nennt sie **Wachstumsbedürfnisse** im Unterschied zu den Defizitbedürfnissen.

Dieser Lauf der Motiventwicklung wird gestoppt, wenn auf einer der bezeichneten Ebenen keine Befriedigung des Bedürfnisses erfolgt. Das nächsthöhere Bedürfnis wird dann nicht verhaltensbestimmend.

Folgende Punkte sind zusätzlich zu beachten:

(1) Maslow will die Bedürfnishierarchie als Basis jeder Handlungsmotivierung verstanden wissen, räumt jedoch ein, daß im Einzelfall eine Modifikation im Lichte der Gesamtpersönlichkeit erfolgen kann. Empirische Untersuchungen weisen dementsprechend darauf hin, daß eine Bedürfnishierarchie in der postulierten Weise nicht einheitlich vorfindbar ist; sie berichten aber übereinstimmend, daß eine hierarchische Trennung in zumindest zwei Gruppen möglich ist, und zwar die Bedürfnisgruppen 1 und 2 als Grundbedürfnisse auf der einen Seite und die Bedürfnisgruppen 3, 4 und 5 als höhere Bedürfnisse auf der anderen Seite. Man kann also mit großer Wahrscheinlichkeit davon ausgehen, daß physiologische und Sicherheits-Bedürfnisse ausreichend befriedigt sein müssen, ehe darüberliegende Bedürfnisse verhaltensbestimmend werden.

    Alderfer[14] hat mit seiner ERG-Theorie diese Überlegungen aufgenommen und eine modifizierte Bedürfnishierarchie aufgestellt. Diesem Ansatz nach sind drei allgemeine Bedürfnisklassen in der folgenden Ordnung zu unterscheiden:

    (a) Existenzbedürfnisse (physisches Wohlergehen)
    (b) Sozialbedürfnisse (Einbettung in soziale Beziehungen)
    (c) Wachstumsbedürfnisse (Personales Wachstum).

    Im Unterschied zu Maslow wird ferner angenommen, daß eine dauerhafte Nichtbefriedigung eines höherrangigen Bedürfnisses ein Zurückgehen und Fixieren auf das niederrangige zur Folge hat (Frustrations-Regressions-Prinzip).

(2) Maslow beugt der Fehlinterpretation vor, daß eine Klasse von Bedürfnissen zu 100% befriedigt werden muß, bevor die nächste Klasse von Bedürfnissen motivierend wirkt. Häufig reicht ein Befriedigungsgrad von 70% oder weniger hin, um das nächsthöhere Bedürfnis in den Vordergrund treten zu lassen. Maslow geht davon aus, daß etwa die sozialen Bedürfnisse im Durchschnitt nur zu 50% befriedigt sein müssen, um bereits das nächsthöhere Wertschätzungsbedürfnis dominant werden zu lassen.

(3) Eine gewisse Relativierung bringt auch die psychologische Entwicklung des Individuums, d.h. mit zunehmender Reife und Mündigkeit ändert sich die relative Bedeu-

14 Vgl. Alderfer, C., Existence, relatedness and growth, New York 1972.

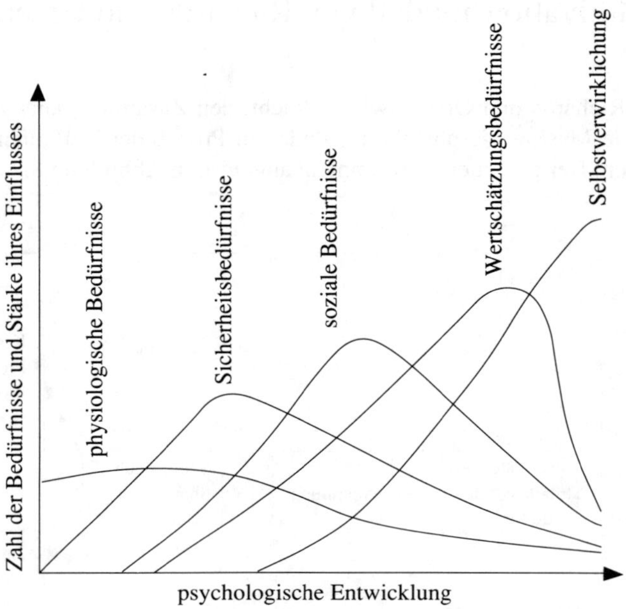

Abb. 8.6: Die relative Bedeutung von verschiedenen Bedürfnissen in Abhängigkeit von der zunehmenden Reifung des Individuums

Quelle: Krech, D./Crutchfield, R.S. u.a., Grundlagen der Psychologie, Bd. 5, Weinheim/Basel 1985, S. 47

(4) Maslow hat keine direkten Aussagen zur **Arbeitszufriedenheit** (s.u) gemacht. In der neueren Literatur wird hier meist mit einer Verknüpfungshypothese gearbeitet derart, daß mit zunehmender Befriedigung der einzelnen Bedürfnisse in der Arbeitswelt die Arbeitszufriedenheit steigt (Kumulations-These). Dabei werden die einzelnen „Zufriedenheiten" häufig – in Anknüpfung an das unter (2) Gesagte – als Differenz von **Soll-Wert** (Anspruchsniveau) und **Ist-Wert** (den vorgefundenen, perzipierten Bedürfnisbefriedigungsmöglichkeiten in der Arbeit) bestimmt. Das Defizit-Prinzip von Maslow wird bei dieser Sichtweise allerdings aufgegeben.

(5) Eine **Kritik** der Maslowschen Motivationstheorie hat anzusetzen an dem konzeptionellen Bezugsrahmen der Theorie. Es fehlt eine klare Verknüpfung zwischen ihren Annahmen der individuellen Bedürfnisbefriedigung und tatsächlichen Verhaltensweisen. Die empirische Basis des Ansatzes ist sehr umstritten. Dies erklärt sich jedoch zum Teil daraus, daß Konstrukte wie „Selbstverwirklichung" dem naturwissenschaftlich-orientierten Messinstrumentarium kaum zugänglich sind. Insoweit stellt sich dann auch die Frage, ob man diesem Ansatz mit der traditionellen Austestung gerecht werden kann.[15]

15 Zu einer ausführlicheren Auseinandersetzung und Kritik vgl. Conrad, P., Maslow-Modell und Selbstheorie: Eine Kritik, in: Die Unternehmung 37 (1983), S. 258-277.

8.3.2 Das Motivationsmodell von Richards und Greenlaw

Das Modell von Richards und Greenlaw[16] versucht, den Zusammenhang zwischen den Bedürfnissen – wie Maslow sie postuliert – und dem Prozeß der Verhaltensausrichtung genauer zu erfassen. Der postulierte Zusammenhang wird in Abbildung 8.7 dargestellt.

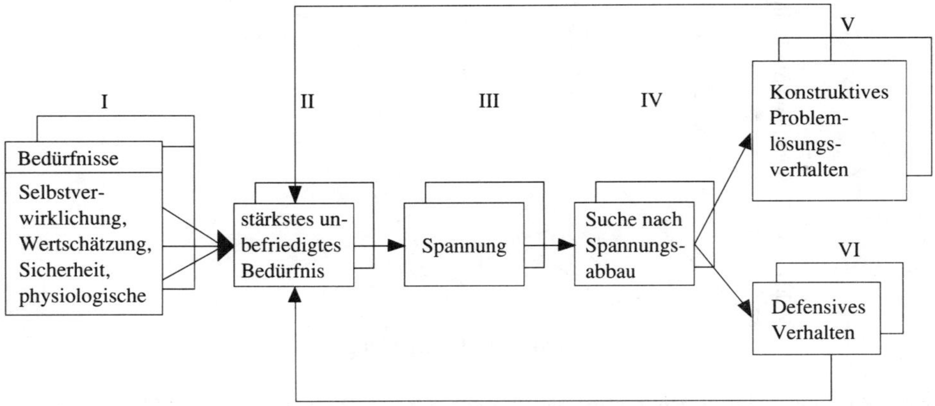

Abb. 8.7: Das Motivationsmodell von Richards/Greenlaw

Quelle: Richards, M.D./Greenlaw, P.S., Management decision making, Homewood/Ill. 1966, S. 112

Aus der Bedürfnishierarchie (I) ist nach Maslow das stärkste unbefriedigte Bedürfnis (II) verhaltensbestimmend. Seine Nichtbefriedigung führt zu Spannungen (III) und zu Suchstrategien zum Abbau dieses Zustandes (IV). Diese Suchstrategien können in konstruktives, problemlösungsorientiertes Verhalten (V) oder Abwehrverhalten (VI) münden.

„Konstruktives Verhalten" zielt auf die Findung von Lösungen für die Bedürfnisbefriedigung: Das Bedürfnis nach Akzeptierung durch die Arbeitsgruppe veranlaßt zur Übernahme der Normen der Gruppe; das Bedürfnis nach Aufstieg in der Firma führt zu eigenen Weiterbildungsanstrengungen.

„Abwehrverhalten" resultiert, wenn die Bedürfnisbefriedigung als nicht erreichbar erscheint: Die häufigsten Formen sind:

- Rationalisierung: Suche nach Gründen für Mißerfolg, die weniger ego-zerstörend bzw. leichter akzeptierbar sind als die wirklichen Gründe.
- Verdrängung: Die Existenz negativer Erfahrungen oder Gefühle wird durch Verdrängung in das Unterbewußtsein geleugnet.

16 Vgl. Richards, M.D./Greenlaw, P.S., Management decision making, Homewood/Ill. 1966, S. 112.

– Aggression: Angriff auf Objekt oder Subjekt, das als Quelle der Frustration angesehen wird (oder in Verschiebung auch auf andere Objekte oder Subjekte, die nicht Ursache der Frustration sind).

Mit der Rückkopplung wird auf das Auftauchen eines neuen unbefriedigten Bedürfnisses verwiesen, das einen neuen Zyklus in Gang setzt. Dieses Grundmodell der Motivation gibt den konzeptionellen Rahmen ab, um die Zusammenhänge zwischen Bedürfnissen, Motivation und Verhalten **im allgemeinen** zu erfassen. Differenzierungen ergeben sich durch Einbeziehung der Persönlichkeitsstruktur in das Modell. Sie bestimmt

(a) das Verhältnis der Bedürfnisse zueinander, deren relative **Bedeutung und Stärke** (Bsp.: Unterschiedliche Ausprägungen des Sicherheitsbedürfnisses und Relation zum Sozialbedürfnis),
(b) bezüglich jedes einzelnen Bedürfnisses das absolute **Anspruchsniveau**, das für die Befriedigung gesetzt wird
(Bsp.: Anspruchsniveau bezüglich Status und Selbstverwirklichung wird bereits durch mittlere Management-Position befriedigt),
(c) **Intensität von und Reaktionsweise auf Spannungszustände und Frustrationen** (Bsp.: In Stress-Situationen verlieren einzelne schnell die emotionale Kontrolle, andere meistern derartige Situationen relativ problemlos),
(d) **die Strategien zur Erreichung der Bedürfnisbefriedigung**
(Bsp.: Individuum orientiert sich stärker an ausweichendem Abwehrverhalten oder konstruktivem Problemlösungsverhalten).

Die Persönlichkeitsstruktur selbst ist wiederum geprägt durch Sozialisation, Lebenserfahrung, Anlagen, Institutionen und Gruppen, wobei die relative Bedeutung dieser Faktoren offen bleibt. Ihre Einbeziehung ergibt das **erweiterte Motivationsmodell** (vgl. Abb. 8.8).

8.3.3 Die Zwei-Faktoren-Theorie von Herzberg

Das neben Maslow in der Management-Literatur am häufigsten genannte Motivationsmodell wurde von Herzberg und Mitarbeitern entwickelt.[17] Ausgangspunkt waren ausgedehnte Interviews mit Arbeitern und Angestellten aus der Pittsburgher Industrieregion, in denen Ereignisse aus dem eigenen Arbeitsleben geschildert werden sollten, die als besonders befriedigend und als besonders unbefriedigend empfunden wurden ("Tell me about a time when you felt exceptionally good/bad about your job."). Eine Inhaltsanalyse der ca. 4.000 Interviews ergab, daß eine ganz bestimmte Klasse arbeitsbezogener Faktoren Zufriedenheit bringt, während andere, davon ganz unterschiedliche Faktoren Unzufriedenheit hervorrufen.

17 Vgl. Herzberg, F./Mausner, B./Snyderman, B.D., The motivation to work, 2. Aufl., New York 1967.

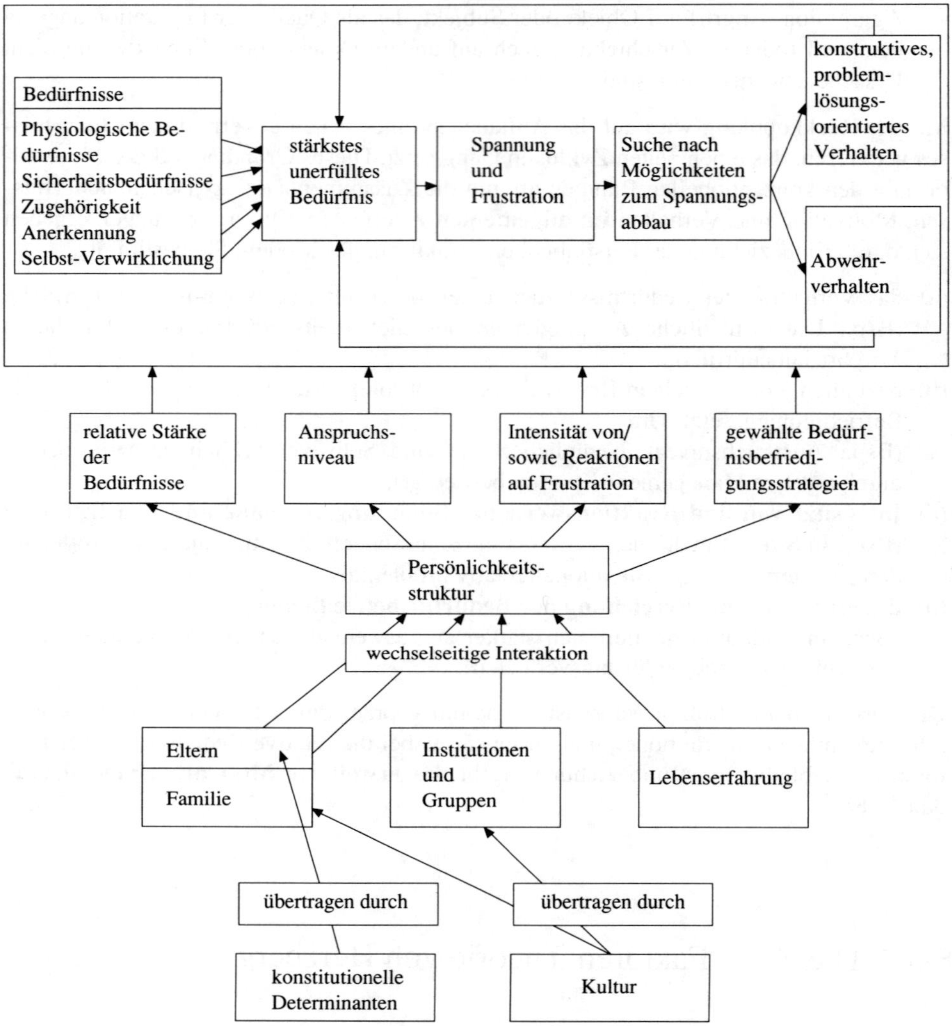

Abb. 8.8: Das erweiterte Motivationsmodell

Quelle: Richards, M.D./Greenlaw, P.S., a.a.O., S. 119

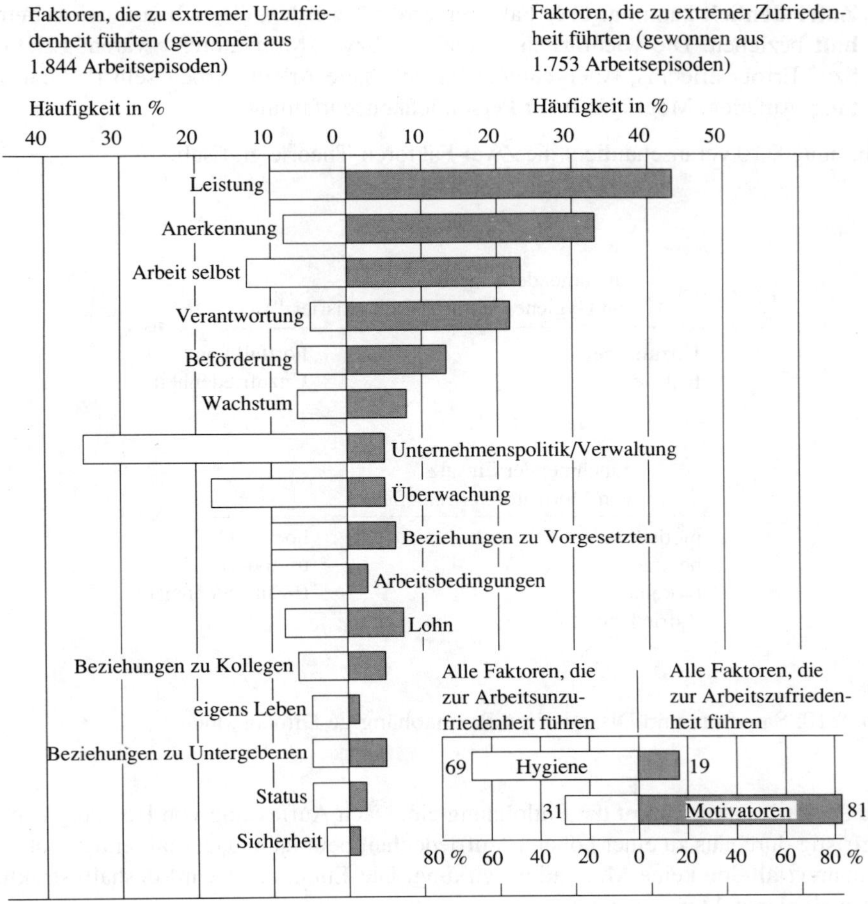

Abb. 8.9: Motivatoren und Hygienefaktoren im Vergleich der Herzbergschen Studien

Quelle: Staehle, W.H., Management, 4. Aufl., München 1989, S. 206

Herzberg leitet daraus die Vorstellung ab, daß Zufriedenheit und Unzufriedenheit nicht länger als Extrempunkte eines Kontinuums gesehen werden dürfen, sondern als zwei unabhängige Dimensionen.

– **Unzufriedenheit** wird durch (externe) Faktoren der **Arbeitsumwelt** (dissatisfiers) hervorgerufen. Die wichtigsten „dissatisfiers" oder „Hygiene-Faktoren" waren: Personalpolitik und -verwaltung (Urlaubsplanung, Beschwerdewege, Leistungsbeurteilungsverfahren usw.), Status, fachliche Kompetenz des Vorgesetzten, Beziehung zu Vorgesetzten, Kollegen und Mitarbeitern, Arbeitsplatzverhältnisse (Klima, Licht, Schmutz usw.), Arbeitssicherheit, Entlohnung u.a. Eine ausreichende Berücksichtigung dieser Faktoren führt nur zum Fortfall der Unzufriedenheit, nicht aber zur Zufriedenheit.

- **Zufriedenheit** kann nur über Faktoren erreicht werden, die sich auf den **Arbeitsinhalt** beziehen. Die wichtigsten „satisfiers“ bzw. „Motivatoren“ waren: Leistungs- bzw. Erfolgserlebnis, Anerkennung für geleistete Arbeit, Arbeit selbst, Verantwortung, Aufstieg, Möglichkeit zur Persönlichkeitsentfaltung.

Abbildung 8.10 veranschaulicht die Zwei-Faktoren-Theorie grafisch.

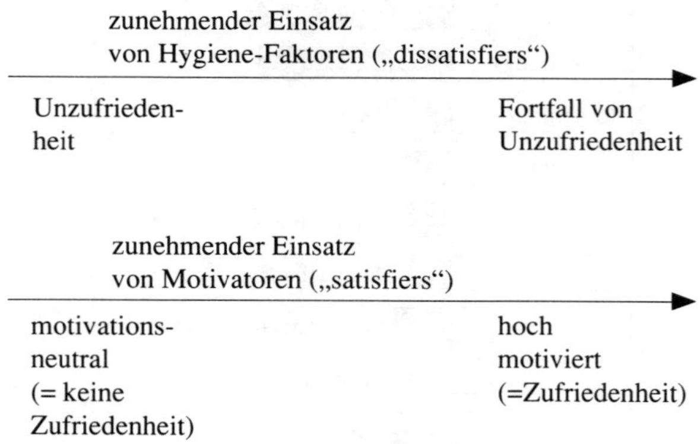

Abb. 8.10: Satisfiers und Dissatisfiers als unabhängige Dimensionen

Eine Sonderstellung nimmt die Entlohnung ein. Nach Auffassung von Herzberg kann sie kurzfristig durchaus zu einer höheren Zufriedenheit beitragen, dauerhaft entfalte aber der Lohnanreiz **alleine** keine Motivationswirkung. Die Entlohnung wird deshalb strukturell zu den Hygienefaktoren gezählt.

Herzberg hat aus diesen Ergebnissen den Schluß gezogen, daß nur solche Faktoren eine wirkliche Motivationskraft freisetzen können, die sich auf den Arbeitsinhalt und auf die Befriedigung persönlicher Wachstumsmotive beziehen. Ohne diese Faktoren (Motivatoren) kann es keine wirkliche Zufriedenheit geben.

Die Hygiene-Faktoren beziehen sich auf den Arbeitskontext; ihre Verhaltenswirkung erklärt sich aus einem gänzlich anderen Antrieb heraus, nämlich aus dem Bestreben, (Arbeits-)Leid zu vermeiden. Eine Verbesserung der äußeren Arbeitsumstände führt deshalb auch nur zu einer Beseitigung dieses Leides, ohne jedoch Zufriedenheit im eigentlichen Sinne herstellen zu können. Auch ein noch so starker Einsatz von Hygiene-Faktoren kann nach Herzberg keinen Zustand der Zufriedenheit herbeiführen.

Diese Differenzierung der Antriebsfaktoren hat weitreichende **praktische Implikationen**. Um eine hohe Motivation und Arbeitsleistung zu erzielen, müssen Motivatoren und Hygiene-Faktoren gleichermaßen zum Einsatz kommen. Die in den Motivatoren angelegte Entfaltung in der Arbeit als zentrale zufriedenheitsstiftende und damit leistungsstimulierende Kraft kann nur zur Wirkung kommen auf der Basis einer gesicherten „Hygiene". Starke Unzufriedenheit behindert im Resultat die Wirkungskraft der Motivatoren.

Dieser Zusammenhang läßt gewisse Querbezüge zur Maslowschen Motivationstheorie erkennen. Auch dort müssen erst die Defizitbedürfnisse befriedigt sein, bevor das Selbstverwirklichungsmotiv aktiviert und verhaltensbestimmend wird. Abbildung 8.11 zeigt eine vergleichende Gegenüberstellung der Bedürfnisstufen und der Herzbergschen Faktoren.

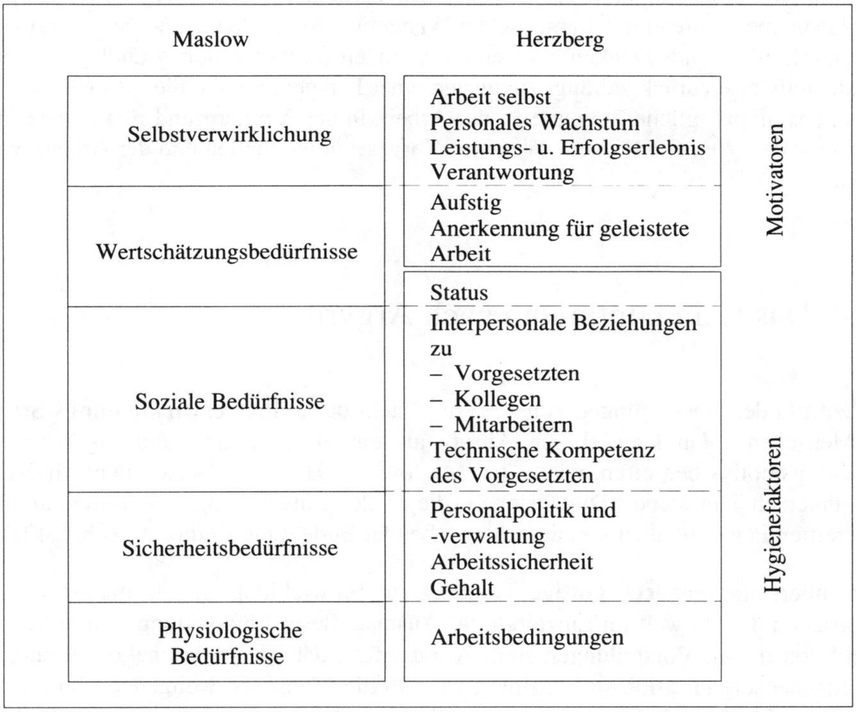

Abb. 8.11: Die Ansätze von Maslow und Herzberg im Vergleich

Quelle: In Anlehnung an Davis, K., Human relations at work, New York 1967, S. 37

Neben diesen Gemeinsamkeiten ist aber als gravierender Unterschied festzustellen, daß nach Maslow jedes Bedürfnis Motivator-Funktion haben kann, sofern es unbefriedigt ist, wohingegen Herzberg diese Funktion eben nur den höchstrangigen Bedürfnissen zuschreibt.

Der Ansatz von Herzberg hat in vielfacher Weise **Kritik** erfahren[18] – ohne daß dies allerdings seiner Popularität Abbruch getan hätte. Die Kritik hat sich primär an der Untersuchungs-Methodik entzündet. Kontrolluntersuchungen haben gezeigt, daß das Zwei-Faktoren-Profil nur dann wiederholbar ist, wenn exakt dieselbe Methode, wie sie Herzberg eingesetzt hatte, verwendet wird. Menschen neigten dazu, positive Bezüge der eigenen Leistung zuzuschreiben, negative Erlebnisse dagegen der Umwelt anzulasten („Ich-Abwehr-Mechanismus"). Der Zwei-Faktoren-Ansatz spiegelt – so die Kritik – primär diese Neigung wider.

Ein weiteres Argument richtet sich gegen die unscharfe Abgrenzung der Faktoren und ihre Zuordnung; so kann Gehalt etwa zur Sicherheit beitragen, als Statussymbol dienen und/oder Anerkennung für herausragende Leistung (= Motivator) sein.

Trotz der zum Teil heftigen Kritik bleibt es das Verdienst der Herzbergschen Theorie, in der Managementlehre einen dramatischen Wandel im Anreizdenken herbeigeführt zu haben. Das dominierende Denken in externen Anreizen als Motivationsgrundlage wurde jedenfalls teilweise zurückgedrängt zugunsten einer Perspektive, die die intrinsische Motivation, das ursprüngliche Interesse an der Arbeit, in den Vordergrund rückte. Die Theorie machte den Weg frei für neue Wege im Vorgesetztenverhalten und der Arbeitsorganisation.

8.3.4 Das Reifekontinuum nach Argyris

Im Zentrum der Überlegungen von Argyris[19] steht das **Selbstverwirklichungs-Streben** des Menschen. Man kann diesen Ansatz als eine Präzisierung und Ergänzung des Wachstumsmotivs begreifen, wie es bei Maslow und Herzberg Verwendung findet. Argyris unterscheidet sieben Dimensionen, die in der Entwicklung des Individuums zur ausgereiften Persönlichkeit von ausschlaggebender Bedeutung sind (vgl. Abb. 8.12).

Er postuliert eine **generell gültige Tendenz** zur Entwicklung auf die maximale Reife hin, obschon die Umwelt im Einzelfall das Ausmaß dieser Entwicklung bestimme. Ausgehend von diesen Vorstellungen stellt Argyris fest, daß die traditionelle Führung und Unternehmensorganisation so konzipiert ist, daß die Menschen weitgehend im Stadium der Immaturität festgehalten, d.h. in ihrem Reifungsstreben blockiert werden. Es bestehen für gewöhnlich nur wenig Möglichkeiten, an der Arbeit zu wachsen. Die Folgen sind Apathie und (häufig) Aggression, Human-Ressourcen werden vergeudet, die Motivationspotentiale, die sich mit dem Reifungsstreben verbinden, liegen brach. Daß eine solche Verknüpfung von menschlichem Reifungsstreben und Organisation nicht ganz neu ist, sondern die Wirtschaftswissenschaft immer wieder beschäftigt hat, zeigt Kasten 8.1.

18 Vgl. King, N., Classification and evaluation of the two factor theory of job satisfaction, in: Psychological Bulletin 74 (1970), S. 18-31.

19 Vgl. Argyris, Ch., Personality and organization, New York 1957.

Immaturity von ⟶	Maturity zu
(1) Passivität	wachsende Aktivität
(2) Abhängigkeit von anderen	relative Unabhängigkeit
(3) geringere Zahl von Verhaltensmustern	Fähigkeit zu vielfältigen Verhaltensweisen
(4) zufällig-oberflächliche Interessen	tiefe, beständige Interessen
(5) kurzfristige Perspektive (Gegenwartsorientierung)	langfristige Perspektive (Zukunfts-orientierung)
(6) untergeordnete Stellung	gleich- oder übergordnete Stellung
(7) fehlendes Bewußtsein eigener Persönlichkeit	Bewußtsein und Kontrolle der eigene Persönlichkeit

Abb. 8.12: Das „Immaturity-Maturity"-Kontinuum nach Argyris

Die Gestaltungsempfehlungen von Argyris stellen konsequenterweise primär auf eine Neugestaltung der Führung und eine Reorganisation ab.

Kasten 8.1

Individuum und Organisation

„Mit fortschreitender Arbeitsteilung wird die Tätigkeit der überwiegenden Mehrheit derjenigen, die von ihrer Arbeit leben, also der Masse des Volkes, nach und nach auf einige wenige Arbeitsgänge eingeengt, oftmals auf nur einen oder zwei. Nun formt aber die Alltagsbeschäftigung ganz zwangsläufig das Verständnis der meisten Menschen. Jemand, der tagtäglich nur wenige einfache Handgriffe ausführt, die zudem immer das gleiche oder ein ähnliches Ergebnis haben, hat keinerlei Gelegenheit, seinen Verstand zu üben. Denn da Hindernisse nicht auftreten, braucht er sich auch über deren Beseitigung keine Gedanken zu machen. So ist es ganz natürlich, daß er verlernt, seinen Verstand zu gebrauchen, und so stumpfsinnig und einfältig wird, wie ein menschliches Wesen nur eben werden kann. Solch geistige Trägheit beraubt ihn nicht nur der Fähigkeit, Gefallen an einer vernünftigen Unterhaltung zu finden oder sich daran zu beteiligen, sie stumpft ihn auch gegenüber differenzierten Empfindungen, wie Selbstlosigkeit, Großmut und Güte ab, so daß er auch vielen Dingen gegenüber, selbst jenen des täglichen Lebens, seine gesunde Urteilsfähigkeit verliert."

Quelle: Smith, A., Der Wohlstand der Nation, München 1974, S. 662

8.4 Motivierende Arbeitsgestaltung

Versuche, aus den inhaltlichen Motivationstheorien Schlußfolgerungen für die Praxis zu ziehen, münden, was die individuelle Ebene anbelangt, im wesentlichen in Maßnahmen zur Umgestaltung der Arbeit. Die Leitmaxime ist die bedürfnisorientierte Arbeitsgestaltung, die Individual- und Organisationsziele gleichermaßen befördert. Diese Konzeption wendet sich zugleich gegen eine Arbeitsgestaltung in der Tradition Taylors[20] mit ihrer radikalen Arbeitsvereinfachung, um Übungs- und Routinisierungsgewinne zu erzielen. Der Hauptimpuls kam, wie erwähnt, von der Herzbergschen Motivationstheorie und ihrer Betonung des Arbeitsinhalts als bedeutendste Motivationsquelle. Die zentrale Gestaltungsidee ist eine bedürfnisrelevante Anreicherung der Arbeit. Um diese Idee zu verdeutlichen, seien die **Dimensionen des Arbeitsinhalts** kurz umrissen.

Ausgangspunkt der meisten Überlegungen ist die Darstellung des **Handlungsspielraums**, den das einzelne Organisationsmitglied bei seiner Tätigkeit hat. In diesem Sinne wird für gewöhnlich in zwei Dimensionen unterschieden, nämlich in den **Tätigkeitsspielraum** einerseits und den **Entscheidungs- und Kontrollspielraum** andererseits.[21] Diese Unterscheidung baut auf der hergebrachten betriebswirtschaftlichen Trennung in ausführende und leitende Verrichtungen auf. Unter Tätigkeitsspielraum ist der Grad an Varietät in den Tätigkeiten zu verstehen, wobei sich die Varietät nicht nur nach der Zahl unterschiedlicher Operationen, sondern auch nach dem qualitativen Ausmaß der Unterschiedlichkeit (Distanz) richtet. Der Entscheidungs- und Kontrollspielraum ist durch das Ausmaß selbständiger Planungs-, Organisations- und Kontrollbefugnisse bestimmt. Interpretiert man diese beiden Dimensionen als unabhängig (orthogonal) voneinander, so läßt sich der Handlungsspielraum eines bestimmten Arbeitsplatzes als Punkt in einem zweidimensionalen Koordinatensystem darstellen (vgl. Abb. 8.13).

Eine interessante Erweiterung hat dieses Konzept der bedürfnisrelevanten Arbeitsdimensionen von Hackman und Oldham[22] erfahren. Sie unterscheiden die folgenden fünf Dimensionen:

(1) **Aufgabenvielfalt** (Skill Variety), d.h. das Ausmaß, in dem die Ausführung einer Arbeit unterschiedliche Fähigkeiten und Fertigkeiten verlangt.

(2) **Ganzheitscharakter der Aufgabe** (Task Identity), d.h. das Ausmaß, in dem die Tätigkeit die Erstellung eines abgeschlossenen und eigenständig identifizierbaren „Arbeitsstückes" verlangt.

(3) **Bedeutungsgehalt der Aufgabe** (Task Significance), d.h. das Ausmaß, in dem die Tätigkeit einen bedeutsamen und wahrnehmbaren Nutzen für andere innerhalb und außerhalb der Organisation hat.

20 Vgl. S. 34 ff.

21 Vgl. Ulich, E./Groskurth,P./ Bruggemann, A., Neue Formen der Arbeitsgestaltung – Möglichkeiten und Probleme einer Verbesserung der Qualität des Arbeitslebens, Frankfurt a. M., 1973, S. 64 f.

22 Vgl. Hackman, J.R./Oldham, G./Janson, R./Purdy, K., A new strategy for job enrichment, in: California Management Review 17 (1975), S. 57-71.

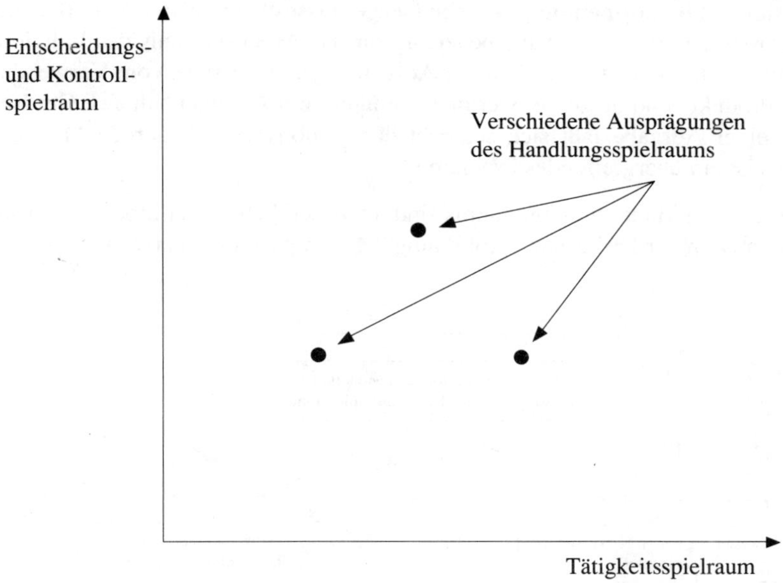

Abb. 8.13: Der Handlungsspielraum eines Arbeitsplatzes

Quelle: Nach Ulich, E./Groskurt, P./Brüggemann, A., Neue Formen der Arbeitsgestaltung, Frankfurt a.M., 1973, S. 65 (stark modifiziert)

(4) **Autonomie des Handelns** (Autonomy), d.h. das Ausmaß, in dem die Arbeit dem Beschäftigten Unabhängigkeit und einen zeitlichen und sachlichen Spielraum bei der Arbeitsausführung läßt.
(5) **Rückkoppelung** (Feedback), d.h. das Ausmaß an Information, das der Arbeitsplatzinhaber über die Ergebnisse seiner Arbeit erhält.

Zwei der fünf Kerndimensionen von Hackman und Oldham entsprechen den Dimensionen des Handlungsspielraum-Konzepts, nämlich die Aufgabenvielfalt (Skill Variety) dem Tätigkeitsspielraum und die Autonomie des Handelns (Autonomy) dem Entscheidungs- und Kontrollspielraum.

Die Dimension **„Ganzheitscharakter der Aufgabe"** (Task Identity) stellt eine wichtige Ergänzung dar. Sie verweist auf die Bedeutung, die die Erstellung eines abgeschlossenen und eigenständig identifizierbaren Arbeitsstückes für ein positives Erleben der Arbeitssituation hat. Eine Erhöhung des Variationsgrades der Arbeitsvollzüge geht nicht automatisch mit einer Komplettierung der Arbeitsvollzüge in Richtung auf ein in sich abgeschlossenes Arbeitsstück einher. Deshalb erscheint der Vorschlag von Hackman und Oldham einsichtig, diesen Aspekt als eigenständige Dimension des Arbeitsinhaltes anzusehen.

Die Dimension **„Rückkoppelung des Arbeitsergebnisses"** verweist auf die Bedeutung, die die Rückmeldung über den Aufgabenerfolg für das Arbeitserlebnis des Individuums hat. Die Dimension „Bedeutungsgehalt der Aufgabe" geht sehr stark vom Verwendungskontext der Produkte und dessen Bewertung, weniger vom Arbeitsinhalt aus. Der Bedeutungsgehalt einer Aufgabe läßt sich schlecht durch motivationsfördernde Maßnahmen steigern; dies ist ein übergreifendes Problem.[23]

Zur Erweiterung des Handlungsspielraums sind im wesentlichen vier arbeitsorganisatorische Maßnahmen in der Diskussion. Abbildung 8.14 zeigt sie im Überblick.

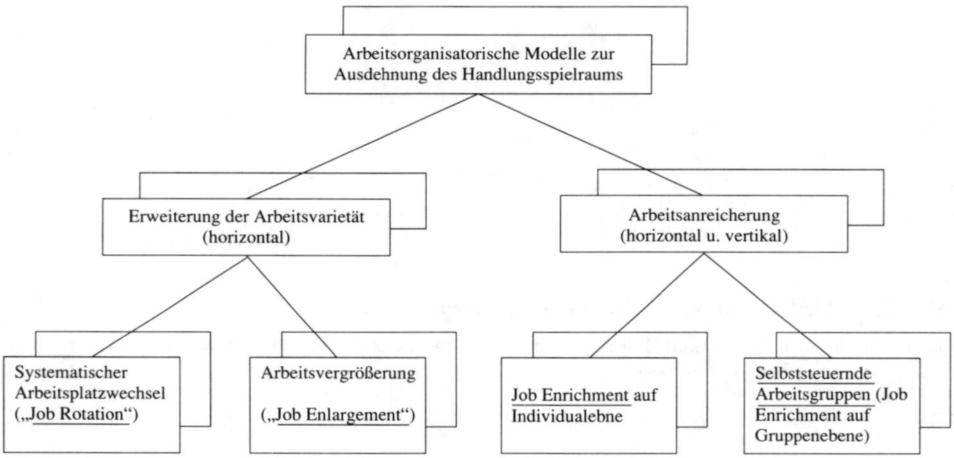

Abb. 8.14: Arbeitsorganisatorische Modelle im Überblick

(1) Geplanter Arbeitsplatzwechsel (Job Rotation)

Hier wechseln die Mitarbeiter nach vorgeschriebenen oder selbst gewählten Zeit- und Reihenfolgen ihre (strukturell gleichartigen) Arbeitsplätze durch bis hin zu einem totalen Rundumwechsel. Man erreicht auf diese Weise ohne gestalterische Eingriffe in die Arbeitsplätze für den wechselnden Arbeiter eine Erhöhung der Aufgabenvielfalt nach Maßgabe der Aufgabenanforderungen. Kasten 8.2 gibt ein praktisches Beispiel.

In der Beschränkung auf die gegebenen Arbeitsplätze liegt ganz offenkundig eine der wesentlichen Grenzen dieses Modells: Die Aufgabenvielfalt kann nur nach Maßgabe der vorhandenen Arbeitsplätze variieren. Hinzu kommt, daß die anderen beiden Dimensionen des Arbeitsinhalts unberührt bleiben.

23 Vgl. im einzelnen Schreyögg, G./Steinmann, H./Zauner,B., Arbeitshumanisierung für Angestellte, Stuttgart u.a. 1978, S. 39.

Kasten 8.2
Job-Rotation: Ein Fallbeispiel „Diese Abteilung verfügte über drei verschiedene Gruppen von Maschinen (Sortiermaschine, Tabelliermaschine und Kartenlocher), zwischen denen die Belege bzw. Lochkarten wie auf einem Fließband wanderten. Die Arbeit war sehr stark zergliedert und die „Arbeitsmoral“ der Büroangestellten schlecht. Durch eine umfassende Neustrukturierung innerhalb dieser Abteilung wurden die Angestellten in die Lage versetzt, wechselweise an drei Maschinengruppen zu arbeiten. Dabei wies der Abteilungsleiter jedem Angestellten die Plätze zu, an denen er nacheinander zu arbeiten hatte. Nach einer gewissen Einarbeitungszeit wußten jedoch die Angestellten wo sie gerade gebraucht wurden und verteilten die Arbeit an den Maschinen untereinander.“ Quelle: Friedmann, G., Grenzen der Arbeitsteilung, Frankfurt/M. 1959, S. 64.

(2) Arbeitsvergrößerung (Job-Enlargement)

Ebenfalls auf eine Ausweitung der Aufgabenvielfalt, jetzt allerdings durch gestalterische Eingriffe in den Arbeitsplatz (und den Arbeitsablauf), ist die Arbeitsvergrößerung gerichtet. Hier werden strukturell gleichartige, stark zersplitterte Tätigkeiten, die ursprünglich von verschiedenen Arbeitern durchgeführt wurden, wieder an einem Arbeitsplatz zusammengefaßt. Die Erweiterung der Arbeit besteht in einer zahlenmäßigen Vergrößerung qualitativ gleichartiger Operationen. Im Gegensatz zum Job-Rotation kann die Arbeitsvergrößerung aber hier u.U. ein Mehr an Ganzheitlichkeit einschließen. Kasten 8.3 zeigt ein typisches Beispiel für die Arbeitsvergrößerung im Verwaltungsbereich.

Kasten 8.3
Job-Enlargement: Kundenbriefe „In einem Versandhaus war die Bearbeitung der Kundenbriefe in kleinste Teilaufgaben zerlegt. Eine Angestellte erledigte die eingegangenen Beschwerden, eine andere die Anfragen, eine dritte den Briefwechsel über Teilzahlung etc. Dabei kam jede Angestellte für ihr Spezialgebiet mit vorgedruckten Formularen aus, und die wenigen Briefe, die einer besonderen Entscheidung bedurften, gingen an den Vorgesetzten. Nach der Einführung des Job-Enlargement hatte nun jede Angestellte die gesamte Korrespondenz mit den einzelnen Kunden zu führen, z.B. allen Kunden, deren Namen mit "A" beginnt. Nach wie vor wurden zwar alle Briefe mit Hilfe von vorgedruckten Formblättern beantwortet, und insofern hatte sich an der Arbeit nichts geändert, doch die einzelne Angestellte wiederholte nun nicht mehr unablässig einen bestimmten Arbeitsvorgang, sondern hatte es mit der gesamten Tätigkeitskette zu tun. Die Briefe, die besondere Entscheidungen verlangten, mußten nach wie vor an den Vorgesetzten weitergeleitet werden.“ Quelle: Drucker, P.F., Praxis des Managements, Düsseldorf 1956, S. 350 f.

Wie auch in diesem Beispiel deutlich wird, sieht die Aufgabenvergrößerung keine Einbeziehung des Entscheidungs- und Kontrollspielraums in die Umstrukturierung der Arbeit vor. Arbeitsplatzwechsel wie auch Arbeitsvergrößerung stellen sich deshalb nicht so sehr als geeignete Konzepte dar, die Motivation in signifikantem Maße zu steigern. Gleichwohl vermögen sie zweifellos im Einzelfall geeignet sein, stark belastende Arbeitssituationen abzumildern und eine positivere Arbeitssituation herbeizuführen. Eine generelle Abwertung erscheint deshalb nicht angebracht.

(3) Arbeitsanreicherung (Job-Enrichment)

Im Unterschied zu den bisher dargestellten Konzepten stößt die Arbeitsanreicherung in den Entscheidungs- und Kontrollspielraum vor und hebt damit am unteren Ende der Management-Hierarchie die traditionelle Trennung von leitender und ausführender Tätigkeit ansatzweise auf. Die Ausweitung des Entscheidungs- und Kontrollspielraums („vertikale Ladung") ist daher die notwendige Bedingung, wenn man von Job-Enrichment sprechen will. Diese Ausweitung gewinnt um so mehr an Gewicht, je mehr sie im Sinne einer Ganzheitlichkeit angelegt ist.

Die Qualität von Job-Enrichment-Maßnahmen bestimmt sich weiterhin nach Art und Umfang der erreichten neuen Aufgabenvielfalt. Es macht einen qualitativen Unterschied, ob z.B. chemo-technischen Assistenten im Labor zu ihrer bisherigen Analysetätigkeit zusätzlich die Säuberung der Geräte oder das Abfassen von Untersuchungsberichten über ihre Analysen übertragen wird (vgl. dazu auch das Beispiel in Kasten 8.4). Auch bezüglich der Aufgabenvielfalt hat die erreichte Ganzheitlichkeit des Aufgabenvollzuges einen wesentlichen Einfluß auf das erreichte Job-Enrichment-Niveau. Den Prozeß der Arbeitsanreicherung veranschaulicht Abbildung 8.15 (S. 438) grafisch.

In der amerikanischen Literatur wird Job-Enrichment für gewöhnlich als auf den einzelnen Arbeitsplatz gerichtetes Konzept betrachtet („individuo-zentrischer Ansatz"). Wenn man bedenkt, daß es bei der Ausweitung des Entscheidungs- und Kontrollspielraums im Grunde um den Einbau von Vorgesetztenfunktionen in die Aufgabe des Mitarbeiters geht, so wird unmittelbar deutlich, daß die Beschränkung auf die Individualebene eine deutliche Begrenzung der Arbeitsanreicherungsmöglichkeiten darstellt. Einer solchen Beschränkung unterliegt das aus Skandinavien kommende Modell der „selbststeuernden Arbeitsgruppen" nicht, das hier als eine spezielle Variante der Arbeitsanreicherung angesehen wird.

Kasten 8.4

Job-Enrichment-Experiment in einer Versicherungsgesellschaft

Studie:
Das Experiment wurde im Juli 1970 bei der Versicherungsgesellschaft Travelers (New York) mit ca. 75 Angestellten einer Datenverarbeitungsabteilung durchgeführt.

Gründe für eine Einführung:
Als Gründe für die Einführung von Job-Enrichment-Maßnahmen, waren vor allem hohe Fluktuations- und Abwesenheitsraten sowie geringe Produktivität zu sehen, als deren Ursachen man geringe Arbeitszufriedenheit vermutete.

Arbeitsstruktur vor dem Experiment:
Die Tätigkeit der betroffenen Datentypisten erstreckte sich hautpsächlich darauf, das kodierte Datenmaterial (Versicherungsansprüche, Belege, Prämienzahlungen usw.) auf Lochkarten zu übertragen. Die Arbeit wurde in Form von Ein-Stunden-Losen aufgeteilt, was unter anderem dazu führte, daß die Mitarbeiter nie eine Kontinuität in ihrer Arbeit sahen und sie lediglich als eine Zufallsansammlung von Arbeitseinheiten begriffen. Der Kunde blieb für die Datentypisten anonym und ihre gesamte geleistete Arbeit wurde einer 100% Kontrolle unterzogen.

Durchgeführte Änderungen in der Arbeitsstruktur:
Änderungen in der Aufgabenstruktur wurden im Hinblick auf drei Kerndimensionen durchgeführt.

(1) Aufgabenvielfalt: Es wurden „natürliche Arbeitseinheiten" in der Weise aufgebaut, daß das Datenmaterial nicht mehr stundenweise, sondern als gesamter Kundenauftrag von einem Datentypisten bearbeitet wurde.
(2) Entscheidungs- und Kontrollspielraum: Das ankommende Datenmaterial wurde nunmehr von den Datentypisten selbst auf Korrektheit und Lesbarkeit überprüft und eventuelle Probleme mit dem Kunden direkt geklärt. Zudem gehörte es zum neuen Aufgabenbereich, in Abhängigkeit vom Schwierigkeitsgrad, die Bearbeitungsdauer selbst festzulegen und deren Einhaltung zu überwachen.
(3) Ganzheitscharakter der Aufgabe: Weiterhin wurde die Arbeitsorganisation so eingerichtet, daß die Datentypisten ihre Fehler selbst korrigierten. Jeder Mitarbeiter führte eine Fehlerliste, aus der er Trends über Fehlerhäufigkeit und Fehlertypen entnehmen konnte.

Ergebnisse:
Die Ergebnisse des Experiments wurden anhand folgender Ausgangsdaten festgestellt:
- Es ergab sich ein Anstieg der quantitativen Arbeitsleistung, gemessen in
- Durchlaufquote und Effektivitätsquote.
- Es wurde eine Verbesserung der qualtiativen Arbeitsleistung, anhand einer Verringerung der Fehlerquote von 1,53% auf 0,99% festgestellt.
- Es konnte eine Verringerung der Fehlzeiten um 24% erreicht werden.
- Jedoch konnte keine Verbesserung der Fluktuationsrate gemessen werden.
- Die gestiegene Sorgfalt der Datentypisten brachte eine Reduzierung des Kontrollaufwandes mit sich.
- Im Hinblick auf die Arbeitszufriedenheit konnte ein Anstieg des Gesamtpunktwertes um 16,5 registriert werden.

Quelle: Janson, R., Synopsis of final job enrichment report at the travelers, Unpublished Report, Glen Rock 1972.

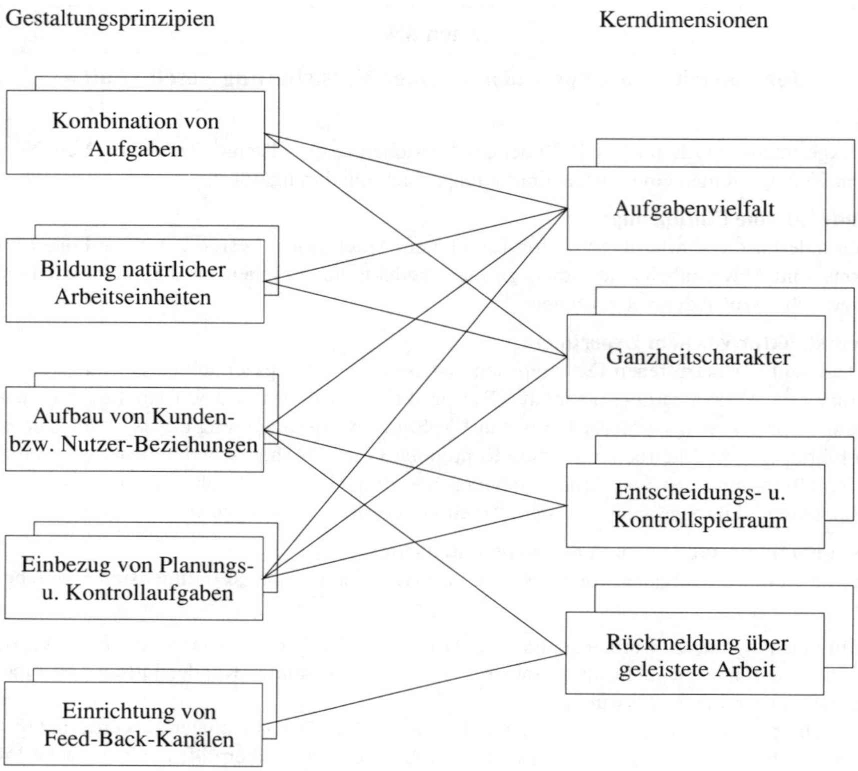

Abb. 8.15: Prinzipien einer anreicherungsorientierten Arbeitsgestaltung

Quelle: Hackman, J.R./Oldham, G./Janson, R./Purdy, K.,A new strategy for job enrichment, in: California Management Review 17 (1975), S. 62

(4) Arbeitsanreicherung auf Gruppenbasis (Teilautonome Arbeitsgruppen)

Selbststeuernde Arbeitsgruppen sind Kleingruppen im Gesamtsystem der Unternehmung, deren Mitglieder zusammenhängende Aufgabenvollzüge gemeinsam eigenverantwortlich zu erfüllen haben, und die zur Wahrnehmung dieser Funktion über entsprechende – vormals auf höheren hierarchischen Ebenen angesiedelte – Entscheidungs- und Kontrollkompetenzen verfügen. Je nach den Sachverhalten, die der Arbeitsgruppe zur eigenverantwortlichen Wahrnehmung übertragen werden, kann man verschiedene Grade der Selbststeuerung unterscheiden (vgl. Kasten 8.5).

Herzberg[24] lehnt dieses („sozio-zentrische") Modell der Arbeitsstrukturierung ab mit der Behauptung, daß der Einzelne in erster Linie in der Auseinandersetzung mit **seiner** Ar-

24 Vgl. Herzberg, F., Der weise alte Türke (Übers. a.d.Engl.), in: Fortschrittliche Betriebsführung und Industrial Engineering 24 (1975), S. 5 ff.

beit wachse. Diese Begründung vermag nicht zu überzeugen. Zunächst einmal ist daran zu erinnern, daß bei einer Beschränkung auf den individuellen Arbeitsplatz einer Ausdehnung des Entscheidungs- und Kontrollspielraums relativ enge Grenzen gesetzt sind. Diese werden sich insbesondere dann bemerkbar machen, wenn man die Arbeitsanreicherung als einen dynamischen Prozeß begreift. Darüber hinaus werden durch individuozentrische Ansätze des Job-Enrichment wichtige Entfaltungsdimensionen des Menschen gar nicht angesprochen. Dazu gehört vor allem der Erwerb interpersonaler Kompetenz und der Aufbau befriedigender sozialer Beziehungen.

Die bisherigen Ausführungen haben stillschweigend die Annahme einer universellen Einsetzbarkeit des Job-Enrichment mitgeführt. Gegen diese Annahme werden hauptsächlich zwei Einwände grundsätzlicher Art geltend gemacht, die auf technologische und personelle Einsatzbedingungen Bezug nehmen. Von diesen grundsätzlichen Einwendungen sind solche zu unterscheiden, die auf die konkreten Realisationsgrenzen im Einzelfall abstellen.

Was die **Technologie** betrifft, so wird häufig argumentiert, daß durch sie der Gestaltungsspielraum so enge Grenzen erfahre, daß eine Arbeitsanreicherung praktisch kaum realisierbar sei. Die Erfahrung lehrt indessen etwas anderes. Allzu häufig verwechselt man gewachsene Arbeitsroutinen bloß deshalb, weil sie lange in Übung waren, mit technologisch-situativen Beschränkungen der Arbeitsgestaltung; auf diese Weise wird der Gestaltungsspielraum enger perzipiert als er ist. Darüber hinaus werden oftmals vorgefundene Arbeitsstrukturen so interpretiert, als seien sie durch die Anforderungen der Technologie eindeutig bestimmt. Dabei wird übersehen, daß der Arbeitsinhalt neben den technologischen Bestimmungsgründen immer auch das Ergebnis von Vor-Entscheidungen über die Arbeitsorganisation ist. Letztere sind gewöhnlich revidierbar.

Neben der Technologie werden häufig (stabile) **persönliche Dispositionen** der Mitarbeiter zum Gegenstand restriktiver Einschätzungen der Handlungssituation gemacht. Man verweist auf die mangelnde Bereitschaft, das fehlende Bedürfnis und die zu geringe Kapazität von Mitarbeitern, um mit der Arbeitsanreicherung Erfolg zu haben. Als unmittelbare Konsequenz dieser Argumentation wird dann vorgeschlagen, die Arbeitsgestaltung

Kasten 8.5

Versuche mit selbststeuernden Arbeitsgruppen bei Volvo

Gründe für die Einführung:
Gründe für die Einführung sind vor allem in den extrem hohen Fluktuations- und Abwesenheitsraten zu sehen, die den Konzern finanziell sehr stark belasteten. So blieben 1973 etwa 20% der Beschäftigten in der Automobilproduktion ihrer Arbeit fern und rund ein Drittel der Arbeiter verließ jährlich das Unternehmen.

Ausgestaltung:
In den Betriebsstätten von Skövde und Kalmar wurde daraufhin mit einem Investitionsaufwand von ca. 320 Mio. schwedischer Kronen eine Umstrukturierung der Produktion vom Fließband- hin zum Arbeitsgruppensystem vorgenommen.

Die kleine „Werkstätte" in der großen Fabrik; hier ist eine schematische Beschreibung zweier Teams und deren Umgebung:
1. Lagerraum
2. Pufferlager für Karosserien
3. Materialausgabe an Elektrokarren
4. Vormontage
5. Materialien
6. Karosserien (links stehend, rechts in Bewegung)
7. Pausenraum
8. Wasch- und Toilettenraum
9. Umkleideraum

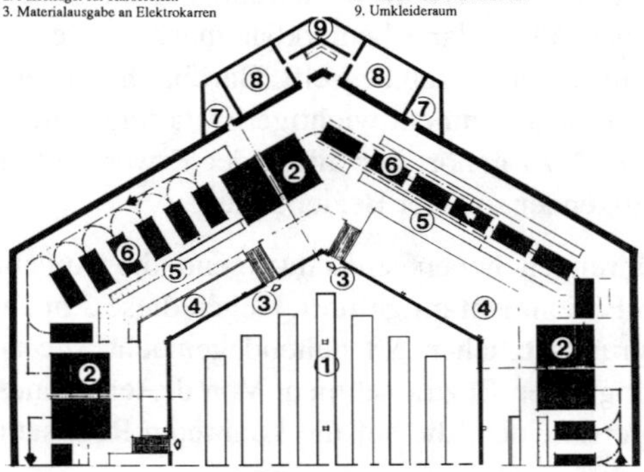

Die selbssteuernden Gruppen bestehen aus jeweils 15-25 Arbeitern, wobei jeder Gruppe in sich zusammenhängende Aufgabenbereiche zugeordnet werden (z.B. Montage der elektrischen Anlage im Fahrzeug, des Schaltersystems, der Steuerung usw.). Jede Gruppe trägt darüber hinaus selbsständig die Verantwortung für die Art und Weise der Durchführung der Arbeitsaufgaben, für Materialversorgung und -transport, den Weitertransport der Karosserien, Qualitätskontrolle sowie die Festlegung der Arbeitspausen. Durch die Gestaltung der Arbeitszonen mit eigenem Eingang, eigenen Umkleide-, Pausen- und Toilettenräumen für jede Arbeitsgruppe, wird darüber hinaus versucht, innerhalb industrieller Massenproduktion die Atmosphäre der Werkstattfertigung zu vermitteln. Die Vergütung der Arbeit in den einzelnen Gruppen, erfolgt nach einem stark leistungsbezogenen Zeitlohnsystem.

Ergebnisse:
Nach Informationen der Pressabteilung von Volvo-Deutschland, konnten im ersten Jahr nach der Einführung – 1974 – die geplanten 30.000 Einheiten gefertigt werden und die Fluktuationsrate sank innerhalb dieses Zeitraumes auf lediglich 6%.

Obwohl bislang keine wissenschaftlichen Untersuchungen über die Auswirkungen vorliegen, kann davon ausgegangen werden, daß mit diesem Ergebnis auch eine Reduzierung der Unterbrechung des Fertigungsprozesses durch Abwesenheit vom Arbeitsplatz und Einsparungen im Bereich der Personalkosten (Verringerung des gesamten Personalbestandes) verbunden waren. Darauf läßt sich weiterhin die Vermutung gründen, daß die Arbeitsorganisation trotz der finanziell aufwendigen Umstrukturierung, auch unter dem Gesichtspunkt des privatwirtschaftlichen Rentabilitätsinteresses positiv zu beurteilen ist.

Das Arbeitsmodell ist bis zum heutigen Tage erfolgreich und wurde – teilweise in erweiterter Form – auf andere Volvo-Werke ausgedehnt.

Quelle: Steinmann, H./Heinrich, M./Schreyögg, G., Theorie und Praxis selbststeuernder Arbeitsgruppen, Köln 1976, S. 80 ff.

nach Maßgabe der vorgefundenen Unterschiede in den persönlichen Dispositionen der Mitarbeiter auszudifferenzieren: Job-Enrichment wird dort als Problemlösung abgelehnt, wo die erwähnten personellen Voraussetzungen fehlen.[25] Diese Position vermag nicht zu überzeugen, weil sie die hier unverzichtbare Frage nach der Vorgeschichte der Dispositionen nicht stellt (vgl. dazu auch die Thesen von Adam Smith in Kasten 8.1). Arbeitsrelevante Dispositionen sind ja keine naturhaften, sondern kulturelle Tatbestände und als solche durch Organisationen geformt und damit auch gestaltbar. Daß hier Formungsprozesse zugrunde liegen, wird nicht nur aus der Geschichte der Dequalifikation der Arbeit deutlich, sondern folgt auch aus immer wieder beobachteten Lernprozessen in Job-Enrichment-Experimenten.[26]

8.5 Arbeitszufriedenheit

8.5.1 Theoretische Grundlagen

Im Zuge der Motivationsdiskussion hat sich immer deutlicher die Arbeitszufriedenheit als Konzept in den Vordergrund geschoben. Dabei ist die Beziehung zwischen Arbeitszufriedenheit und Motivation keineswegs klar bestimmt. Von Zufriedenheit spricht man in der Regel in dem Sinne, daß der Spannungszustand, den ein Bedürfnis hervorruft, beseitigt wurde.[27] Im Konzept von Maslow hat die Zufriedenheit keine motivierende Kraft; im Gegenteil, die Motivation fließt dort aus dem Spannungszustand, der aus einem unbefriedigten Bedürfnis folgt. Zufriedenheit ist dort nur ein kurzer Zustand, der alsbald von dem nächsten auftauchenden Bedürfnis bzw. Spannungszustand abgelöst wird.

So will aber Arbeitszufriedenheit in der Mehrzahl der Fälle nicht verstanden sein. Arbeitszufriedenheit soll eher in dem Sinne, wie Herzberg das Konstrukt auch gebraucht, als Indikator für eine hohe Arbeitsmotivation stehen. Gemeint ist ein positiver Zustand, in dem die arbeitsrelevanten Bedürfnisse in einem hohen Maße befriedigt sind (werden). Bisweilen wird, mehr auf eine kognitive Perspektive abstellend, Arbeitszufriedenheit als eine positive **Einstellung** zur Arbeit und zur Organisation konzeptualisiert.

Im Unterschied zur Herzbergschen Zwei-Faktoren-Theorie gehen die meisten Arbeitszufriedenheits-Ansätze von einer ein-dimensionalen Vorstellung aus, denn nur diese erlaubt eine **kumulative** Konzeption.

25 Vgl. u.a. Lawler,E.E., For a more effective organization – Match the job to the man, in: Organizational Dynamics 3 (1974), No. 1, S. 19-29; Hulin, C.L., Individual differences and job enrichment – The case against general treatments, in: Maher, J.R. (Hrsg.): New perspectives in job enrichment, New York u. a. 1971, S. 159-191.

26 Vgl. im einzelnen Schreyögg, G./Steinmann, H./Zauner, B. a.a.O.

27 Zu verschiedenen Zufriedenheitstheorien vgl. Rosenstiel, L. v., Grundlagen der Organisationspsychologie, Stuttgart 1980, S. 297 f.

Theoretisch gesehen ist die Frage sehr bedeutsam, wie Zufriedenheit zustande kommt oder präziser ausgedrückt, welche Umstände gegeben sein müssen, damit ein Individuum im Hinblick auf arbeitsrelevante Ziele Zufriedenheit empfindet. Mehr und mehr ging man davon ab, dies als physiologischen Prozeß zu sehen, der im wahrsten Sinne des Wortes zu spüren ist.

Heute wird Arbeitszufriedenheit meist als das Ergebnis eines sozialen Vergleichs gesehen, eines Vergleichs zwischen dem, was man an Bedürfnisbefriedigung von einem Arbeitsplatz erwartet (Soll) und den tatsächlich vorfindbaren Bedürfnisbefriedigungsmöglichkeiten (Ist). Die Anspruchsniveaubildung ist im wesentlichen durch Sozialisation und gesellschaftliche Entwicklungen bestimmt. Die Standards für die Bewertung des Soll/Ist-Vergleiches werden ihrerseits wieder in der Regel aus sozialen Vergleichen gewonnen.[28] Mit anderen Worten, Individuen beantworten die Frage, wie zufrieden sie mit ihrer Arbeit sind, indem sie die eigenen Bedürfnisbefriedigungsmöglichkeiten (Soll/Ist) denen einer entsprechenden Referenzpopulation gegenüberstellen. Die Kenntnis der Bedürfnisbefriedigungsmöglichkeiten anderer vergleichbarer Personen steigert und vermindert die Arbeitszufriedenheit der beurteilenden Person. Das Konzept der „relativen Deprivation“ bringt das hier Gemeinte auf den Punkt (vgl. Kasten 8.6).

Kasten 8.6

Relative Deprivation

Die relative Deprivation ist ein Zustand, in dem jemand Ärger darüber empfindet, etwas nicht zu haben, was andere haben. Im Anschluß an Crosby geht man heute davon aus, daß relative Deprivation nur dann erlebt wird, wenn jemand anderer etwas hat,

- das man sich selbst wünscht,
- worauf man ein Recht zu haben glaubt,
- das zu erlangen man für möglich hält und
- für dessen Nichtbesitz man sich nicht selbst die Schuld gibt.

Alle vier Voraussetzungen müssen gegeben sein, damit es zu dem Gefühl relativer Deprivation kommt.

Beispiel: Angestellte, die zur Beförderung vorgeschlagen wurden, sind in der Folge mit ihrem aktuellen Gehalt unzufriedener als andere Organisationsmitglieder, die keinen beruflichen Aufstieg vor sich haben oder anstreben.

Quelle: Krech, D./Crutchfield, R.S. u.a., Grundlagen der Psychologie, Bd. 9 (Übers. a.d. Engl.), Weinheim/Basel 1985, S. 47 f.

28 Vgl. Salancik, G.R./Pfeffer, J., An examination of need satisfaction models of job satisfaction, in: Administrative Science Quarterly 22 (1977), S. 427-456.

Zur **Messung der Arbeitszufriedenheit** ist eine Vielzahl von Instrumenten entwickelt worden.[29] Im wesentlichen kann man zwischen **individuellen qualitativen Instrumenten** unterscheiden, die auf den speziellen Befragungskontext eingehen, und **standardisierten quantitativen Skalen**, die von generell gültigen Ansprüchen an die Arbeit ausgehen. Die von Herzberg verwendete Methode der „kritischen Ereignisse" gehört zu erstgenannten. Bei zweiteren hat der „Job Description Index"[30] am meisten Prominenz erlangt, der auch in deutscher Version als ABB (Arbeits-Beschreibungs-Bogen) vorliegt (vgl. den Ausschnitt in Kasten 8.7).

8.5.2 Handlungskonsequenzen der Arbeitszufriedenheit

(1) Arbeitszufriedenheit und Fluktuation

Empirische Untersuchungen bestätigen übereinstimmend die Tendenz: Je zufriedener eine Person mit ihrer Arbeit ist, desto weniger ist sie geneigt, ihren Arbeitsplatz zu wechseln, d.h. mit steigender Arbeitszufriedenheit nimmt die Fluktuationsrate tendenziell ab.[31]

Eine Differenzierung und bessere Erklärungsmöglichkeit ergibt sich jedoch, wenn man Fluktuation nicht nur als Funktion der Arbeitszufriedenheit, sondern auch möglicher Alternativen und erwarteter Änderungen begreift. Die Entscheidung über den Verbleib in einer Organisation wird dann auch davon abhängen, ob ein Individuum überhaupt günstigere Alternativen zur Verfügung hat. Hierbei spielen dann Faktoren wie die Arbeitsmarktlage oder regionale Strukturbedingungen eine Rolle. Dies erklärt auch die relativ geringen Werte der ermittelten Korrelationen, die nur selten höher als 0,35 liegen.

(2) Arbeitszufriedenheit und Fehlzeiten (1-2 Tage)

Auch hier bestätigen die empirischen Untersuchungen weitgehend die vermutete inverse Beziehung von Arbeitszufriedenheit und (Häufigkeit der) Fehlzeiten, allerdings weniger eindeutig als im Falle der Fluktuation. Ein wesentlicher Grund dafür muß wohl darin gesehen werden, daß Fehlzeiten auch eine Reihe objektiver Ursachen haben, wie Krankheit, Verkehr usw., und nicht nur Folgeerscheinungen sind, die durch unbefriedigende Arbeit hervorgerufen werden.[32]

29 Vgl. Neuberger, O., Theorien der Arbeitszufriedenheit, Stuttgart 1974.

30 Vgl. Smith, P.C./Kendall, L.M./Hulin, C.L., The measurement of satisfaction in work and retirement, Chicago 1969; Zur hohen Stabilität der Faktorstruktur vgl. Jung, K.G./Dalessio, A./Johnson, S.M., Stability of the factor structure of the Job Description Index, in: Academy of Management Journal 29 (1986), S. 609-616.

31 Vgl. Mowday, R.T./Porter, L.W./Steers, R.M., Employee – organization linkages, New York 1982.

32 Vgl. Ilgen, D./Hollenbak, J.H., The role of job satisfaction in absence behavior, in: Organizational Behavior and Human Performance 19 (1977), S. 148-161.

Kasten 8.7

Arbeitsbeschreibungs-Bogen (ABB)

Definition:

Der ABB kann als „ein hochstrukturierter, schriftlicher, universell verwendbarer Mehr-Item Fragebogen charakterisiert werden, der aufgrund von Beschreibungen der Arbeitssituationen quantitative Aussagen über die Zufriedenheit mit einzelnen Arbeitsaspekten erlaubt."

Aufbau:

Der ABB strebt umfassende Beschreibung der gesamten Arbeitssituation in der folgenden Weise an:

(1) Gliederung in sieben Aspekte der Arbeitssituation, die eine inhaltliche Präzisierung durch eine bestimmte Anzahl von Items erfahren. Die Aspekte sind: Kollegen; Vorgesetzte; Tätigkeit; Arbeitsbedingungen; Organisation und Leitung; Entwicklung sowie Bezahlung. Die Anzahl der Items schwankt dabei von sieben (beim Aspekt „Bezahlung") bis zu dreizehn (beim Aspekt „Organisation und Leitung"). Eine Bewertung der einzelnen Items erfolgt anhand einer 4-stufigen Skala.

(2) Jeder Einzelaspekt erfährt zusätzlich durch ein einheitliches, zusammenfassendes Schlußitem (Kunin-Gesichter-Skala) eine Ergänzung und Kontrolle derart, daß es dem Bewertenden möglich ist, Aussagen über solche Aspekte zu treffen, die im Fragebogen nicht enthalten sind, für ihn persönlich aber Bedeutung besitzen.

(3) Eine weitere Ergänzung erfolgt durch die zwei, nicht durch Items präzisierten Aspekte „Arbeitszeit" und „gesicherter Arbeitsplatz", die eine direkte Bewertung anhand der 4-stufigen Skala erfahren sowie den Fragen nach „Arbeitszufriedenheit insgesamt" und „allgemeiner Lebenszufriedenheit" (Bewertung durch Kunin-Skalen).

(4) Eine Gewichtung der einzelnen Aspekte der Arbeitssituation, soll zuletzt durch die Verteilung von insgesamt 80 Punkten erreicht werden.

Meine Tätigkeit

Gemeint ist der *Inhalt* Ihrer Tätigkeit, die Art Ihrer Arbeitsaufgaben.

23. gefällt mir	ja ☐	eher ja ☐	eher nein ☐	nein ☐
24. langweilig	ja ☐	eher ja ☐	eher nein ☐	nein ☐
25. festgefahren	ja ☐	eher ja ☐	eher nein ☐	nein ☐
26. unselbständig	ja ☐	eher ja ☐	eher nein ☐	nein ☐
27. nutzlos	ja ☐	eher ja ☐	eher nein ☐	nein ☐
28. angesehen	ja ☐	eher ja ☐	eher nein ☐	nein ☐
29. enttäuschend	ja ☐	eher ja ☐	eher nein ☐	nein ☐
30. unterfordert mich	ja ☐	eher ja ☐	eher nein ☐	nein ☐
31. sehe Ergebnisse	ja ☐	eher ja ☐	eher nein ☐	nein ☐
32. kann meine Fähigkeiten einsetzen	ja ☐	eher ja ☐	eher nein ☐	nein ☐
33. kann eigene Ideen verwirklichen	ja ☐	eher ja ☐	eher nein ☐	nein ☐
34. verantwortungsvoll	ja ☐	eher ja ☐	eher nein ☐	nein ☐

35. Alles in allem: Wie zufrieden sind Sie mit ihrer Tätigkeit?

Quelle: Neuberger, O./Allerbeck, M., Messung und Analyse von Arbeitszufriedenheit, Bern u.a. 1978.

(3) Arbeitszufriedenheit und Unfallhäufigkeit
Eine inverse Beziehung zwischen Arbeitszufriedenheit und Unfallhäufigkeit konnte ebenfalls mehrmals in empirischen Untersuchungen bestätigt werden. Eine Erklärung könnte so lauten, daß mit geringerer Arbeitszufriedenheit ein geringeres Interesse an der Arbeit und damit ein weniger sorgfältiger und damit unfallträchtigerer Arbeitsvollzug einhergeht. Eine umgekehrte Erklärung ist ebenso plausibel. Erhöhte Unfallgefahr hat eine geringere Arbeitszufriedenheit zur Folge.

(4) Arbeitszufriedenheit und Arbeitsproduktivität
Die insbesondere von der Human-Relations-Bewegung vertretene Hypothese, daß Arbeitszufriedenheit in jedem Fall zu erhöhter Arbeitsproduktivität führen würde, läßt sich in der Form empirisch nicht bestätigen. Die Ergebnisse von 20 Felduntersuchungen, die Vroom zu einer Sekundäranalyse zusammengetragen hat[33], sind widersprüchlich; die Korrelationen variieren zwischen 0,86 und -0,31, der Mittelwert liegt bei 0,14. Eine Erklärung dieser Resultate muß in den mannigfachen Einflußfaktoren (unterschiedliche Interessen von Individuum und Organisation, Ausbildung, Fähigkeit) gesucht werden, die hier ebenfalls wirksam sind.[34] Die Haupterklärung wird aber in der mangelnden instrumentellen Verknüpfung von Produktivität und Arbeitszufriedenheit zu suchen sein; die Erwartungs-Valenz-Theorie machte ja deutlich, daß nur unter solchen Umständen ein Zusammenhang zu erwarten ist.

(5) Arbeitszufriedenheit und Lebenszufriedenheit
Die Arbeitszufriedenheit erwies sich als bedeutsamer Faktor für die Lebenszufriedenheit insgesamt.[35] Dieser positive Bezug unterstreicht die Bedeutung der Arbeitssituation für das Lebensglück schlechthin und steht zu der Kompensationsthese im scharfen Widerspruch, wonach Arbeitsleid durch attraktive Freizeit wettgemacht wird.

8.5.3 Bedingungen der Arbeitszufriedenheit

Es gibt eine unüberschaubar große Zahl von Studien, die nach den Bedingungen von Arbeitszufriedenheit fragen. Nachfolgend sollen einige wenige Ergebnisse kurz referiert werden[36]:

33 Vgl. im folgenden Vroom, V., Work and motivation, New York 1964, S. 175 ff.

34 Vgl. zur Diskussion Fisher, C.D., On the dubious wisdom of expecting job satisfaction to correlate with performance, in: Academy of Management Review 5 (1980), S. 607-612.

35 Vgl. Neuberger, O., Arbeitszufriedenheit: Kraft durch Freude oder Euphorie im Unglück, in: Die Betriebswirtschaft 45 (1985), S. 187 f.

36 Vgl. im einzelnen Vroom, V., a.a.O., S. 126 ff., S. 258; Locke, E.A., The nature and cause of job satisfaction, in: Dunette, M.D. (Hrsg.), Handbook of industrial and organizational psychology, Chicago 1976, S. 1297-1351; Bruggemann, A./ Groskurth, P./Ulich, E., Arbeitszufriedenheit, Bern 1975.

(1) Abwechslung und Arbeitszufriedenheit
Die häufig bestätigte Beziehung zwischen einem höheren Grad an Abwechslung (Variation der eigenen Handlungen, steigender Komplexitätsgrad der Aufgabe, vgl. job-enrichment) und Arbeitszufriedenheit verlangt allerdings eine Relativierung insoweit, als die Abwechslung als dynamischer Prozeß gesehen werden muß; d.h. nach gewisser Zeit tritt ein neuer Gewöhnungseffekt ein, und die Erwartungen richten sich auf neue Änderungen.

(2) Macht
Je weniger ein Individuum die Entscheidungen über seine Arbeitsbedingungen und Arbeitsablauf beeinflussen konnte, d.h. je machtloser ein Individuum ist, desto geringer war gewöhnlich die Arbeitszufriedenheit und umgekehrt.

(3) Sinnhaftigkeit der Arbeit
Stark zergliederte Arbeitsprozesse, die eine Einordnung der Tätigkeit in einen Gesamtprozeß schwer nachvollziehbar machen, wurden als unbefriedigend empfunden, selbst dann, wenn Wünsche und Erwartungen an die Arbeit eng begrenzt waren. Vergröbert: Ein Individuum ist mit seiner Tätigkeit um so zufriedener, je mehr es seine Arbeit verstehen kann.

(4) Soziale Kontakte
Die Möglichkeit, intensive Sozialkontakte bei der Arbeit zu pflegen, und die Mitgliedschaft in einer kohäsiven Gruppe erhöhte in der Mehrzahl der Fälle die Arbeitszufriedenheit.[37]

(5) Selbstverwirklichung
Je mehr die Arbeitsverhältnisse eine Selbstverwirklichung und Persönlichkeitsentwicklung gestatteten, desto höher war in der Regel die Arbeitszufriedenheit.

(6) Entlohnung
Es konnte kein eindeutiger Bezug zwischen absoluter Lohnhöhe und Zufriedenheit festgestellt werden, der soziale Vergleich spielt hier die entscheidende Rolle.

(7) Vorgesetztenverhalten
Relativ häufig und konsistent konnte die Annahme bestätigt werden, daß freundliches, unterstützendes Vorgesetztenverhalten die Arbeitszufriedenheit erhöht.[38]

(8) Positionshöhe
In mehreren Untersuchungen konnte eine positive Beziehung zwischen Positionshöhe und Zufriedenheit konsistent bestätigt werden. Der Hauptgrund ist wohl in den anspruchsvolleren Arbeitsinhalten, wie sie mit steigender Positionshöhe einhergehen, zu sehen.

37 Vgl. unten neuntes Kapitel.
38 Vgl. unten zehntes Kapitel.

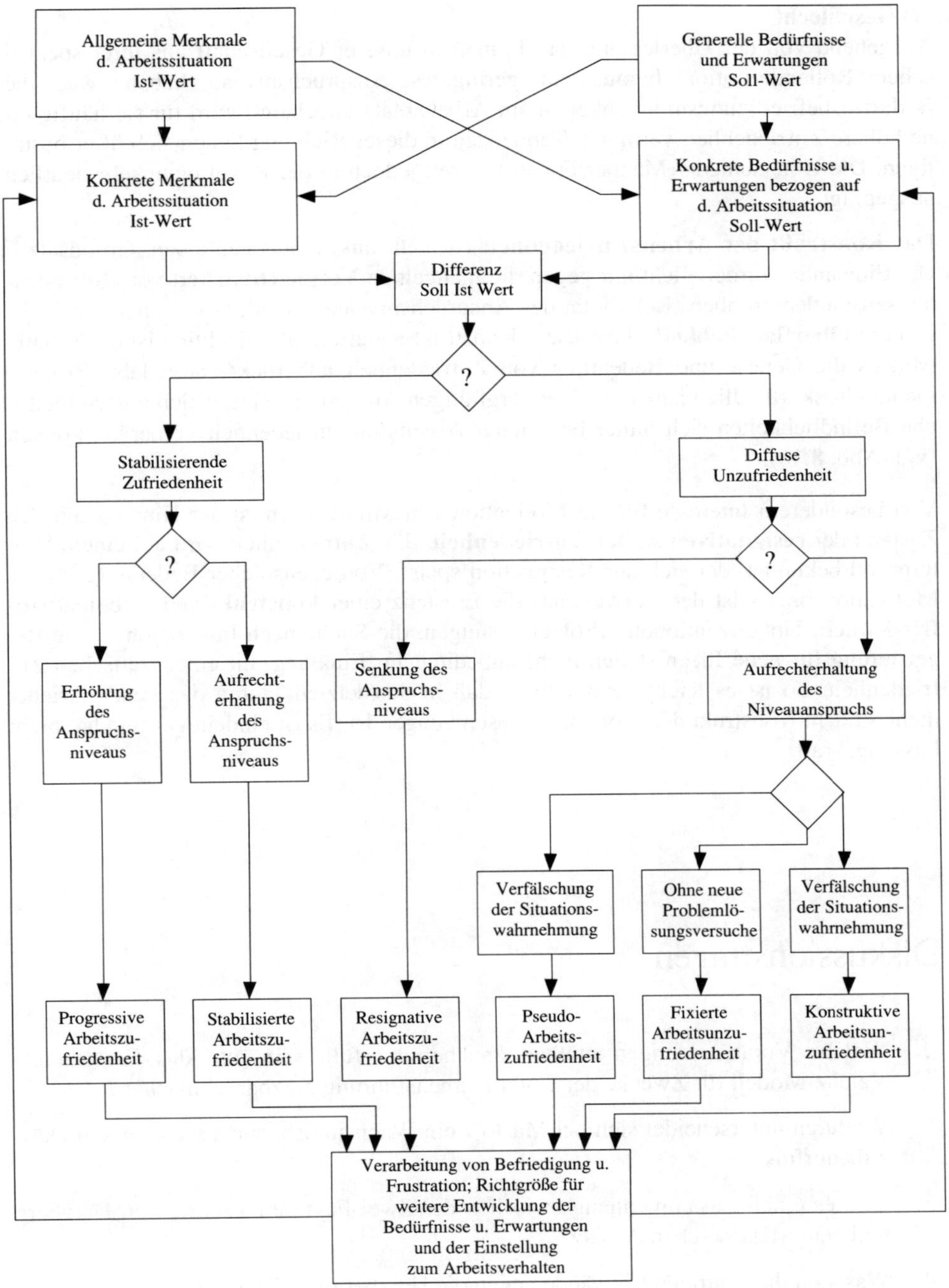

Abb. 8.16: Arbeitszufriedenheit

Quelle: Bruggemann, A./Groskurth, P./Ulich, E., Arbeitszufriedenheit, Bern u.a. 1975

(9) Geschlecht
Ausgehend von der Überlegung, daß Frauen in unserer Gesellschaft aus ihrer spezifischen Rollendefinition heraus ein geringeres Anspruchsniveau haben, was die Bedürfnisbefriedigungsmöglichkeiten am Arbeitsplatz anbelangt, wird für sie häufig eine höhere Zufriedenheit vermutet. Tendenzen in dieser Richtung ließen sich öfter bestätigen. Die Unterschiede (Männer/Frauen) waren jedoch in der Regel nicht sehr deutlich ausgeprägt.

Das **Konstrukt der Arbeitszufriedenheit** ist nicht unkritisiert geblieben. Grundsätzliche Einwände wurden nicht nur gegen die mangelnde **Vergleichbarkeit** von Zufriedenheitszuständen erhoben (Relativität des Anspruchsniveaus), sondern vor allem auch gegen die **Oberflächlichkeit**, die diesem Konstrukt anhaftet. Oberflächlich ist es deshalb, weil es die Genese und Bedeutung von Zufriedenheit unberücksichtigt läßt. Bruggemann/ Groskurth/Ulich haben in einer sorgfältigen Analyse gezeigt, welch unterschiedliche Befindlichkeiten sich hinter berichteter Arbeits(un)zufriedenheit verbergen können (vgl. Abb. 8.16).

Von besonderem Interesse für die Motivation von Mitarbeitern ist der Hinweis auf den Zustand der **resignativen Arbeitszufriedenheit**, d.h. Zufriedenheit wird auf einem Hintergrund bekundet, der sich aus Resignation speist. Von ebensolcher Bedeutung für die Motivationspraxis ist der Verweis auf die Existenz einer **konstruktiven Arbeitsunzufriedenheit**. Unkonventionelle Problemlösungen, die Suche nach Innovationen, die Begeisterung für neue Ideen stehen nicht unbedingt im Einklang mit einer statischen Zufriedenheit. So ist es leicht verständlich, daß in den letzten Jahren das Pendel wieder mehr zu dem Konstrukt der Motivation geschwungen ist. Es ist eindeutiger und hat mehr Fassungskraft.

Diskussionsfragen

1. Welche Voraussetzungen müßten annähernd erfüllt sein, um das Erwartungs-Valenz-Modell für Zwecke der Unternehmensführung nutzbar zu machen?
2. Wodurch unterscheidet sich bei Maslow ein Wachstumsbedürfnis von einem Defizitbedürfnis?
3. Gibt es einen Zusammenhang zwischen der Zwei-Faktoren-Theorie von Herzberg und dem Maslowschen Ansatz?
4. Was sind die zentralen Einwände gegen die Herzbergsche Theorie?
5. Läßt sich ein Zusammenhang zwischen dem Erwartungs-Valenz-Modell und dem Herzbergschen Ansatz herstellen?

6 Auf welcher normativen Grundlage baut der Maslowsche Ansatz auf?
7. Worin besteht der wesentliche Unterschied zwischen den Konzepten
   - Job-Rotation und Job-Enlargement einerseits und
   - Arbeitsanreicherung und teilautonome Arbeitsgruppen andererseits?
8. Wozu benötigt man für die Managementfunktion Organisation Kenntnisse über Motivation, die Bestimmungsgründe der Arbeitszufriedenheit und die damit im Zusammenhang stehenden Verhaltensweisen von Individuen?
9. Vergleichen Sie die Konstrukte „Motivation“ und „Arbeitszufriedenheit“!
10. Wie erklärt sich das Phänomen einer „resignativen Arbeitszufriedenheit“? Geben Sie Beispiele!

Literaturhinweise

Einen gut gegliederten Gesamtüberblick gibt:

Pinder, C.C., Work motivation: Theory, issues, and applications, Glenview/Ill. 1984.

Zu den verschiedenen Motivationstheorien:

Porter, L.W./Lawler, E.E.III./Hackman, J.R., Behavior in organizations, New York 1975.
Staehle, W.H., Management, 4. Aufl., München 1989.

Zur motivationsorientierten Arbeitsgestaltung:

Alioth, A., Entwicklung und Einführung alternativer Arbeitsformen, Bern 1980.
Steinmann, H./Schreyögg, G., Arbeitsstrukturierung am Scheideweg, in: Zeitschrift für Arbeitswissenschaft 34 (1980), S. 75-78.
Sydow, J., Der soziotechnische Ansatz der Arbeits- und Organisationsgestaltung, Frankfurt a.M./New York 1985.

Zur Arbeitszufriedenheitsforschung:

Walter-Busch, E., Arbeitszufriedenheit in der Wohlstandsgesellschaft, Bern u.a. 1977.
Groskurth, P. (Hrsg.), Arbeit und Persönlichkeit, Reinbek bei Hamburg 1979.
Neuberger, O., Ist Arbeitszufriedenheit ein sinnvolles Ziel?, in: Weber, W. (Hrsg.), Personalmanagement, Wien 1985.

Neuntes Kapitel

Die Gruppe in der Organisation: Das Gruppenverhalten

9.1 Begriff und Typen von Gruppen 453

9.2 Systemanalytischer Bezugsrahmen zur Beschreibung und Erklärung des Gruppenverhaltens 455

9.2.1 Gesamtkonzept 455

9.2.2 Die Inputvariablen 457

9.2.3 Die Prozeßvariablen (Gruppenformation und -entwicklung) 459

9.2.3.1 Gruppenkohäsion 459

9.2.3.2 Normen und Standards 461

9.2.3.3 Interne Sozialstruktur der Gruppe 463

9.2.3.4 Kollektive Handlungsmuster 474

9.2.4 Die Outputvariablen 479

Diskussionsfragen 483

Literaturhinweise 484

9.1 Begriff und Typen von Gruppen

Gruppen sind wichtige Bestandteile von Organisationen; man kann sie als intermediäre Einheiten zwischen Organisation und Indiviuum betrachten. Jeder Organisationsteilnehmer ist Mitglied einer oder mehrerer Gruppen (vgl. Abb. 9.1); dabei ist – wie unten zu zeigen sein wird – zwischen planmäßig gebildeten und spontan entstandenen Gruppen zu unterscheiden.

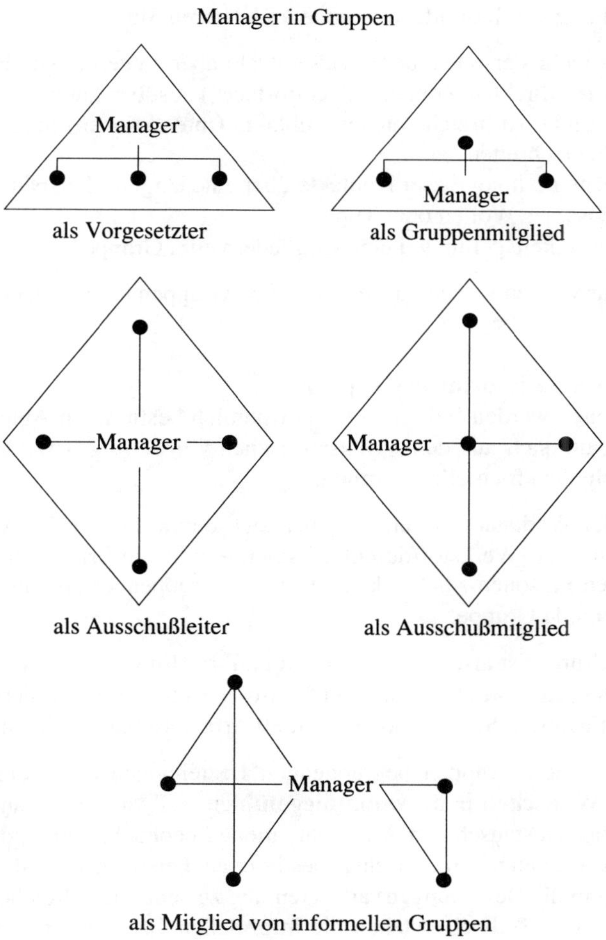

Abb. 9.1: Manager in Gruppen

Gruppen sind nicht als einfache Addition von Individuen und ihren spezifischen Motivationen zu begreifen, sondern als eigenständige soziale Einheiten mit speziellen Interaktionsprozessen (Gruppendynamik) und eigenständigen vom Individuum abgehobenen, intersubjektiven Phänomenen, wie Gruppennormen und -standards. Diese gruppenspezifischen Strukturen und Prozesse sind nicht nur auf das Verhalten der Mitglieder von nachhaltigem Einfluß (indem z.B. Gruppensanktionen erlassen und dadurch konforme Verhaltensweisen erzwungen werden), sondern auch für Zielerreichung und das Verhalten anderer Gruppen sowie der Gesamtorganisation.

Eine Ansammlung von bestimmten Individuen am gleichen Ort, mit gleichem Ziel, mit gleicher Herkunft oder ähnlichem, wird zwar umgangssprachlich zumeist Gruppe genannt, ist aber noch keine Gruppe im soziodynamischen Sinne, wie sie uns hier in diesem Kapitel beschäftigen soll. Es müssen bestimmte Voraussetzungen erfüllt sein, um eine Ansammlung von Individuen Gruppe im letzteren Sinne nennen zu können:

- zwei oder mehr Personen, deren Gesamtzahl aber so gering ist, daß jede Person mit jeder anderen direkten Kontakt („face-to-face“) ausüben kann
- das tatsächliche Auftreten solcher Kontakte (Interaktionen) muß ein gewisses Mindestmaß überschreiten
- die Aufrechterhaltung dieser Kontakte über eine längere Zeitspanne hinweg
- ein gemeinsames Wollen oder Tun
- ein Zugehörigkeitsgefühl bei den Mitgliedern zur „Gruppe“.

In der Literatur werden verschiedene Typen von Gruppen unterschieden:

(1) Formelle versus informelle Gruppen
In Organisationen werden Indiviuen für gewöhnlich bestimmten Abteilungen zugerechnet. Gruppen, die sich aus der organisatorischen Gliederung bzw. dem Organisationsplan ergeben, heißen **formelle Gruppen**.

Beispiel: In der Werkstattfertigung ergeben sich durch die Art der Anordnung der Betriebsmittel und den Werkstoffdurchlauf sowie durch die organisatorische Zuordnung von bestimmten Personen zur Werkstatt formelle Gruppenbeziehungen und dementsprechend eine formelle Gruppe.

Die formelle Gruppe ist also bewußt geplant und im Hinblick auf die Aufgabenerfüllung gestaltet. Bei vielen „formellen Gruppen“ wird es sich allerdings nicht um eine Gruppe im eingangs erläuterten Sinne handeln (z.B. 80 Arbeiterinnen an einem Fließband).

Die die **informellen** Gruppen begründenden Beziehungen orientieren sich primär an **persönlichen Wünschen** und **Sympathiegefühlen**, z.T. aber auch an konkreten Zielen (z.B. Informationsaustausch). In Arbeitssituationen beobachtet man, daß neben den formellen Gruppenbeziehungen zwischen bestimmten Personen formal nicht vorgesehene Kontakte (informelle Beziehungen) auftreten, die zu sehr einflußreichen Gruppenbildungen führen können. Teilweise stehen die informellen Gruppen und ihr Einfluß auf das Verhalten ihrer Mitglieder zu der sie umgebenden formalen Organisation in Widerspruch. Informelle Gruppen sind teilweise netzwerkartig miteinander verbunden, man spricht dann analog von der informellen Organisation. Die Unterscheidung in formelle und informelle Gruppen wird in der Literatur häufig angegriffen, weil formelle und informelle Beziehungen oft so eng miteinander verwoben sind, daß eine klare Trennung kaum möglich erscheint.[1]

(2) Aufgaben- versus Interessengruppen
Diese Unterscheidung orientiert sich an dem Anlaß, der zur Gruppenbildung führt. Einerseits ist es eine bestimmte Aufgabe, die es zu erfüllen gilt (z.B. Examensvorbereitung), oder aber sind es gemeinsame Interessen, wie etwa Wandern. Die Unterscheidung in Arbeits- und Freundschaftsgruppen geht in eine ähnliche Richtung.

9.2 Systemanalytischer Bezugsrahmen zur Beschreibung und Erklärung des Gruppenverhaltens

9.2.1 Gesamtkonzept

Nachdem Gruppenbegriff und Gruppenarten grob umrissen sind, taucht die Frage nach einem konzeptionellen Bezugsrahmen auf, um das Phänomen des Gruppenverhaltens genauer beschreiben und analysieren zu können. In vorstehender Einleitung war die Gruppe als eine eigenständige soziale Einheit ausgezeichnet worden, als eine Einheit, die in den hier interessierenden Fällen Teil einer größeren Einheit, nämlich der Unternehmung oder allgemein der Organisation ist. Dieses Verständnis von Gruppe besagt im Anschluß an die an anderen Stellen bereits mehrfach dargelegten systemtheoretischen Grundüberlegungen, daß sich Gruppen als Subsysteme durch Grenzbildung konstituieren. Alles, was außerhalb dieser Grenzen liegt, ist **Umwelt**. Die Firma ist für eine Gruppe interne Umwelt.[2] Jede Gruppe hat infolgedessen eine andere Umwelt - dies schon deshalb, weil jede Gruppe selbst Umwelt für die anderen Gruppen ist. Die Grenze zwischen Gruppe und Umwelt hat keinerlei physische Qualitäten, oft sind die Grenzen auch nur schwer identifizierbar. Die Grenzen konstituieren sich aus den Handlungen, Gefühlen und Sinngehalten des sozialen Systems Gruppe[3]; sie bilden die Differenz zur Umwelt. Wenn eine Gruppe die Differenz (= Grenze) nicht mehr aufrecht erhält oder aufrecht erhalten kann, löst sie sich (definitionsgemäß) auf.

Eine Gruppe kann deshalb auch niemals völlig passiv sein, ihre Grenzkonstituierung und die Aufrechterhaltung der Grenze erfordert eine „eigensinnige“ Aktivität. Wenn von der

1 Vgl. Blau, P.M./Scott, R., Formal organizations, San Francisco 1962, S. 6; Irle, M., Soziale Systeme. Eine kritische Analyse der Theorie von formalen und informalen Organisationen, Göttingen 1963; vgl. dagegen die interessante Re-Formulierung des Konzeptes von Luhmann, N., Funktionen und Folgen formaler Organisation, 3. Aufl., Berlin 1976, S. 29ff.
2 Zur Unterscheidung in interne und externe Umwelt vgl. fünftes Kapitel, S. 112 f.
3 Vgl. dazu im einzelnen Homans, G.C., Theorie der sozialen Gruppe (Übers. a.d. Engl.), 7. Aufl., Opladen 1978, S. 104. ff.

Differenz von Gruppen und (interner) Umwelt die Rede ist, so impliziert dies nicht, daß sich die Gruppe nur aus sich selbst heraus erklären ließe. Die Unternehmung hat mannigfaltige Einflüsse auf die Gruppe und ihre Entwicklung. Diese Umwelteinflüsse sind andererseits nun auch wiederum nicht so stark, daß die Gruppe ganz und gar Umweltreflex wäre. Wäre dies so, könnte man die Differenz, um die es uns hier ja gehen soll, nicht immer erklären. Umwelteinflüsse sind bedeutsam, sie determinieren aber keineswegs die Bildung und Formierung von Gruppen.

Abbildung 9.2 zeigt einen schematischen Rahmen, der die Gruppenprozesse nach Input-Output-Beziehungen gliedert. Die in dem Diagramm erfaßten Variablen umfassen nicht alle denkbaren Größen, die in Gruppenprozessen Bedeutung haben. Es beschränkt sich vor allem auf die Variablen und Beziehungen, die a priori als besonders bedeutungsvoll erscheinen, aber auch häufig empirisch untersucht und getestet worden sind. Trotz dieser Beschränkung zeigt das Modell ein komplexes Wirkungsgefüge, das durch eine Vielzahl **interdependenter** Variablen gekennzeichnet ist. Empirische Untersuchungen beschränken sich in der Regel auf eine oder zwei Teilbeziehungen und interpretieren diese unter Konstanthaltung der sonstigen Umstände in Kausalbeziehungen um.

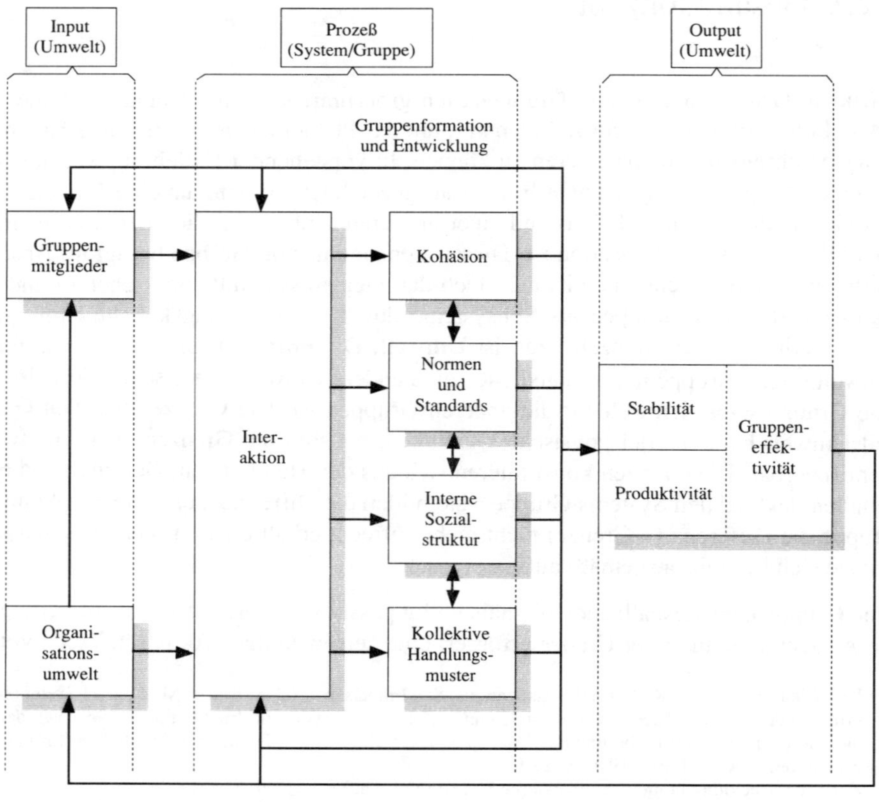

Abb. 9.2: Die Gruppe als soziales System

Der gewählte systemanalytische Bezugsrahmen versucht, die Komplexität der Situation durch den Ausweis von Prozeßelementen und ihrer Beziehungen zu strukturieren und transparent zu machen. Dabei wird grob zwischen Input, Prozeß und Output unterschieden.

Grundelemente jeder Gruppe sind **Individuen** (Gruppenmitglieder); Individuen gleichen oder unterscheiden sich hinsichtlich ihrer Ziele, Bedürfnisse, Werte, Erwartungen etc. Die Zusammensetzung der Gruppen wird speziell in Organisationen durch eine Reihe externer, d.h. von der Gruppe selbst nicht beeinflußbarer Faktoren geprägt: Aufgabe, Entlohnungssystem, Technologie, Organisationsstruktur, Vorgesetztenverhalten usw. Diese externen Faktoren (Organisationsumwelt) beeinflussen aber nicht nur die Zusammensetzung der Gruppe, sondern auch den Interaktions-Prozeß in der Gruppe. Gruppenmitglieder und Organisationsumwelt bilden zusammen die **Inputvariablen**. Im Rahmen dieser Vorgaben treten die Individuen untereinander in Kontakt und beteiligen sich an gemeinsamen Aktivitäten. Als Resultat des **Interaktionsprozesses** entwickelt sich für gewöhnlich (wenn auch ungeplant) eine Gruppe im engeren, eingangs definierten Sinne. Es bildet sich ein Beziehungsgefüge heraus, das sich in eigenen Zielen, Normen und Standards, Sozialstrukturen und kollektiven Handlungsmustern ausdrückt. Ein Resultat der Interaktionen ist auch der Attraktivitätsgrad (**Kohäsion**), den die Gruppe für ihre Mitglieder entwickeln kann. Der Attraktivitätsgrad bestimmt seinerseits wiederum in nicht unbedeutendem Maße die sich parallel entwickelnden Gruppenstrukturen und umgekehrt.

Das entstehende Gruppengefüge bestimmt **im Fortlauf** der Gruppenaktivitäten seinerseits nun selbst wieder – neben den Inputfaktoren – den Interaktionsprozeß und wirkt über diesen auf die einzelnen Gruppenmitglieder zurück. Das bedeutet, daß sich die Individuen in ihren Wünschen, Erwartungen, Vorstellungen usw. im Laufe der Gruppenentwicklung verändern.

Alle diese Faktoren zusammen bestimmen die Effektivität der Gruppe, den **Output**, den das System „Gruppe“ an das übergeordnete System „Organisation“ abgibt. Die **Effektivität** einer Gruppe wird aus der Sicht der Organisation einerseits als Produktivität und andererseits als Stabilität (Fluktuation, Fehlzeiten) interessieren. Die Gruppeneffektivität beeinflußt in einem erneuten Rückkoppelungsprozeß Inputfaktoren und Interaktion.

9.2.2 Die Inputvariablen

Die Inputvariablen des Systems werden bei Gruppen in Organisationen - und nur um solche soll es im Fortlauf gehen - zu einem wesentlichen Teil durch Entscheidungen des Managements bestimmt.

(1) Gruppenmitglieder
Die Gruppenmitglieder mit ihren individuellen Bedürfnissen, Werten und Zielen bilden die erste Klasse der Inputvariablen. Dies verweist uns darauf, daß die Organisationsmit-

glieder schon zu Beginn mit bestimmten Vorstellungen in die Gruppe kommen. Diese Vorstellungen gehen einerseits auf ihre Primärsozialisation in der Familie und Schule zurück und andererseits auf Erfahrungen in der betreffenden Firma (und vorgängig unter Umständen in anderen Firmen). Je nachdem, ob die Bedürfnisse, Werte, Ziele und Fähigkeiten der Gruppenmitglieder positiv, neutral oder negativ zueinander korrelieren, werden damit Ausgangsdaten für den Ablauf der Gruppenprozesse gesetzt.

(2) Organisationsumwelt

Die Organisationsumwelt ist eine komplexe Inputvariable; sie umfaßt Einflußvariablen wie:

- Aufgabenstellung, soweit es sich um Arbeitsgruppen handelt
- Technologie
- Organisationsstruktur
- Belohnungs- und Bestrafungssystem etc.

Die Organisationsumwelt beeinflußt **direkt** und **indirekt** (über die einzelnen Gruppenmitglieder) die Interaktions- und Entscheidungsprozesse in der Gruppe.

Direkter Einfluß. Die direkte Einflußnahme der Organisationsumwelt sei an einigen Beispielen erläutert: Der **Aufgabencharakter** (z.B. Einzel- versus Teamarbeit) nimmt Einfluß auf Art und Umfang der Interaktion. Die Ablauforganisation kann Kommunikationsprozesse und Kontakte zwischen Gruppenmitgliedern begünstigen oder hemmen. Ebenso kann die angewandte **Technologie**, z.B. durch große Geräuschentwicklung oder isolierte Arbeitsplätze, die Interaktionsmöglichkeit verringern bzw. unter umgekehrten Voraussetzungen verstärken. Die Interaktionshäufigkeit bestimmt ihrerseits zu einem wesentlichen Teil die Entwicklung einer gemeinsamen emotionalen Basis. Nach Homans gilt: Je häufiger Personen miteinander in Interaktion stehen, desto mehr tendieren ihre Aktivitäten und Gefühle dazu, sich in mancher Hinsicht einander anzugleichen.[4] Die **Belohnungs**- und **Bestrafungsmuster** der Organisation stellen darauf ab, das Gruppenverhalten in der gewünschten Weise auszurichten.

Indirekter Einfluß. Die Organisationsumwelt bestimmt zudem über die Beeinflussung des Inputfaktors „Zusammensetzung der Gruppe“ indirekt die Interaktions- und Entscheidungsprozesse in der Gruppe.

Die Organisation bestimmt - soweit es sich um Arbeitsgruppen handelt - durch **Auswahl** und **Einsatz** der Mitarbeiter die Größe und Zusammensetzung der Gruppe. (Die Zusammensetzung von Interessengruppen kann nur indirekt beeinflußt werden.) Unternehmenspolitik, Status und Belohnungssystem bestimmen ebenfalls in gewissem Maße Erwartungen und Einstellungen der Gruppenmitglieder.

4 Vgl. Homans, G.C., a.a.O., S. 143 ff.

9.2.3 Die Prozeßvariablen: Gruppenformation und -entwicklung

9.2.3.1 Gruppenkohäsion

Die Geschlossenheit und Festigkeit von Gruppen variiert erheblich. Manche Gruppen zerbröckeln sehr rasch bei Aufkommen disruptiver Kräfte, während andere Gruppen, bei sonst gleichen Bedingungen, von disruptiven Kräften ähnlicher Stärke keine Existenzbedrohung erfahren. Manche Gruppen leiden unter ständigem Mitgliederschwund, andere Gruppen erlassen „Aufnahmebeschränkungen“, weil die Nachfrage nach Mitgliedschaft den Bedarf überschreitet.

Kohäsion bezieht sich auf das Ausmaß, in dem eine Gruppe eine kollektive Einheit bildet und die einzelnen Gruppenmitglieder nach innen zu der Zentralität der Gruppe hingezogen werden. Mitglieder hochkohäsiver Gruppen sind bereit, sich für und in der Gruppe zu engagieren, Zeit und andere Ressourcen für die Gruppe einzusetzen.[5] Sie gehen zu den Gruppentreffs, stellen andere Aktivitäten hinter die Gruppenerfordernisse zurück, machen sich Sorgen um die Gruppe usw. Auf das einzelne Gruppenmitglied bezogen bezeichnet die Gruppenkohäsion den Attraktivitätsgrad, den eine Gruppe besitzt.

Häufig wird die Attraktivität für das einzelne Mitglied als eine Funktion seiner Bedürfnisse (Motive) und der kognizierten Instrumentalität, diese in der Gruppe befriedigen zu können, beschrieben. Diese **utilitaristische** Erklärung greift allerdings für das Gruppenphänomen zu kurz. Denn kohäsive Gruppen stellen meist mehr dar als nützliche Instrumente zur Befriedigung definierter Individualbedürfnisse. Kohäsive Gruppen geben Identität, vermitteln Sinn im sozialen Gefüge, helfen die Welt verstehen und mit der Welt fertig zu werden. Es ist genau dieser Aspekt, der die Organisationstheorie heute - allerdings auf der Ebene des Gesamtsystems – unter dem Stichwort „**Unternehmenskultur**“ stark beschäftigt.

Die Gruppenkohäsion, ihre Determinanten und ihre Wirkungen waren Gegenstand zahlreicher empirischer Studien. Im nächsten Abschnitt sind einige Ergebnisse speziell im Zusammenhang mit den Inputvariablen aufgelistet.

(1) Gruppenmitglieder und Gruppenkohäsion

- Untersuchungen haben gezeigt, daß **homogen zusammengesetzte** Gruppen eine **höhere Kohäsion** entwickeln als heterogen zusammengesetzte.[6] Umgekehrt konnte aber auch gezeigt werden, daß die Homogenität (Konformität) einer Gruppe stark beeinflußt wird von dem Grad der Gruppenkohäsion.
- Über den Zusammenhang von Kohäsion und Konformität sind folgende Hypothesen bestätigt worden[7]:

5 Vgl. Friedlander, F., The ecology of work groups, in: Lorsch, J.W. (Hrsg.): Handbook of organizational behavior, Englewood Cliffs, N.J. 1987, S. 305.

6 Vgl. die klassische Studie von Whyte, W.F., Men at work, Homewood/Ill. 1961.

7 Vgl. Tannenbaum, A.S., Social psychology of the work organization, Belmont/London 1966, S. 58 f.

- Je attraktiver eine Gruppe für ihre Mitglieder ist (d.h. je höher der Kohäsionsgrad), um so größer ist die Wahrscheinlichkeit, daß die Gruppenmitglieder ihre Meinungen, Ziele, Normen an die Gruppe angleichen.
- Zeigt ein Individuum nicht die erforderliche Konformität, ist die Gruppe geneigt, es zurückzuweisen; je kohäsiver die Gruppe ist, um so entschiedener wird die Zurückweisung ausfallen.
- Mitglieder werden um so wahrscheinlicher zurückgewiesen, je stärker sie bei solchen Zielen, Normen und Standards abweichen, die für die Gruppe wichtig sind.
- Mitgliederaspiranten werden in kohäsiven Gruppen eher abgelehnt, wenn sie den Zielen, Normen und Standards nicht entsprechen.

– Die Kommunikationsdichte liegt in hoch kohäsiven Gruppen wesentlich höher als in weniger kohäsiven. Dies verstärkt das positive Erleben der Gruppe und steigert die Konformität.

– Hoch kohäsive Gruppen zeigen ein höheres Maß an feindseligen Akten gegenüber außenstehenden Personen und anderen Gruppen als weniger kohäsive Gruppen.

– Die Grenzziehung (Innengruppe versus Außengruppe) fällt bei stark kohäsiven Gruppen wesentlich prägnanter aus; dies fördert eine einheitsstiftende und uniformierende (Gruppen-) Identitätsbildung.

– Gruppengröße und Kohäsion stehen in einer inversen Beziehung zueinander.

– Je häufiger die Gruppenmitglieder in Interaktion treten (müssen), desto höher ist die Gruppenkohäsion (und umgekehrt).

– Je abhängiger die einzelnen Mitglieder von der Gruppe sind, um so größer wird die Kohäsion sein.

(2) Organisationsumwelt und Gruppenkohäsion

Untersuchungen über die Zusammenhänge zwischen Organisationsumwelt und Kohäsion haben folgende Aussagen verschiedentlich bestätigt[8]:

– Je ähnlicher die von den Mitgliedern einer Gruppe zu verrichtenden Arbeitsoperationen sind, um so wahrscheinlicher ist eine hohe Gruppenkohäsion (immer unter sonst gleichen Bedingungen).

– Vom Management vorgegebene Faktoren (unterschiedliche Löhne, unterschiedliche Arbeitsbedingungen), die auf einen internen Wettbewerb gerichtet sind, führen zu geringerer Kohäsion als Vorgaben, die auf eine interne Kooperation gerichtet sind.

– Je geringer die Interaktionsmöglichkeiten zwischen Gruppenmitgliedern (durch hohe Lärmbelästigung, physische Distanz), um so geringer wird die Gruppenkohäsion sein.

8 Vgl. Litterer, J.A., The analysis of organizations, New York 1965, S. 86 ff.; Feldman, P.C./Arnold, H.J., Managing individual and group behavior in organizations, New York 1983.

- Je wichtiger die Arbeit einer Gruppe für die Funktionsfähigkeit des Gesamtsystems ist („wichtig“ hier vor allem in der Perzeption der Organisationsmitglieder), um so höher wird die Gruppenkohäsion sein.
- Bedrohungen von außen (Auflösung der Arbeitsgruppe durch neue Technologie etc.) steigern die Kohäsion ursprünglich kohäsiver Gruppen und schwächen die Kohäsion anfänglich wenig kohäsiver Gruppen.
- Demokratisches (autokratisches) Führungsverhalten verstärkt (schwächt) tendenziell die Gruppenkohäsion.

9.2.3.2 Normen und Standards

Gruppennormen sind ein Spezifikum der Gruppe als Ganzes, sie sind das Ergebnis von Interaktion und prägen das Verhalten der Gruppenmitglieder in spezifischer Weise. Gruppennormen sind der erste und wichtigste Mechanismus, Grenzen für das soziale System Gruppe zu konstituieren und aufrecht zu erhalten. Normen geben an, was in einer bestimmten Gruppe an Denk- und Verhaltensweisen, zumeist spezifiziert nach Umständen, erwartet wird. Gruppennormen gelten unabhängig davon, ob sie ausgesprochen oder gar aufgeschrieben sind; meistens werden sie stillschweigend vorausgesetzt, ohne daß der einzelne sie genau benennen könnte.

Gruppennormen sind allen Mitgliedern bekannt; ob sich alle daran halten, hängt von den weiteren Umständen in der Gruppe ab. Hochkohäsive Gruppen zeichnen sich – wie erwähnt – durch eine hohe Normkonformität aus. Nicht alle Gruppennormen sind dergestalt, daß alle Gruppenmitglieder sie gleichermaßen zu berücksichtigen hätten. Manche Normen gelten nur für einen einzelnen in einer bestimmten Lage, z.B. nur für den Vorarbeiter oder nur für Familienväter.[9] In solchen Fällen wird häufig von **Rollen** gesprochen (siehe unten).

Bei Arbeitsgruppen können sich Normen richten

- auf den **engeren Bereich** des Arbeitsplatzes und Betriebes: Vorstellungen über erwünschtes Vorgesetztenverhalten (z.B. Abbau sozialer Distanz), organisatorische Regelungen (z.B. Nichtbeachtung des Rauchverbots), Unternehmenspolitik (z.B. Ablehnung von Zeitlohn, weil ungerecht etc.);
- **über den Arbeitsplatz hinausreichend** auch auf die außerbetriebliche Umwelt (Familie, Politik, Rasse, Geschlecht, Religion usw.). Bestimmte divergierende Wertvorstellungen über Rasse oder Politik können z.B. die Integration von Arbeitsgruppen erheblich behindern.

Je größer die Gruppenkohäsion, um so eher werden Normen über den engeren Bereich des Arbeitsplatzes hinaus von der Gruppe gesetzt. Formelle, vom Betrieb vorgegebene

9 Vgl. Homans, G.C., a.a.O., S. 134 ff.

und in der Gruppe spontan entstandene Normen geraten dabei oft in Widerspruch; z.B. erwartet der Betrieb die Einhaltung bestimmter Sicherheitsvorschriften (z.B. Tragen eines Helms), während die Gruppe dies als lächerliche Ängstlichkeit aus dem Bereich akzeptierten Verhaltens ausschließt.

Die Entwicklung und Aufrechterhaltung von Gruppennormen wurde in der Literatur erstmals in den sog. Hawthorne-Studien an einem konkreten Fall aufgezeigt. Diese Beschreibung darf in ihrer Sorgfalt und Differenziertheit auch heute noch als beispielhaft gelten (vgl. den Ausschnitt in Kasten 9.1).

Kasten 9.1

Normen in der Drahtwicklerei

Die folgenden Beobachtungen wurden während der als Hawthorne-Experimente bekannt gewordenen Untersuchung im Hawthorne-Werk der Western Electric Company (Chicago) gemacht. Von Interesse sind hierbei die Gruppennormen, die im Hinblick auf Beschäftigung, Leistungsergebnis sowie Beaufsichtigung herrschen:

- Man sollte nicht zu viel tun, sonst gilt man als „Normbrecher“ (rate buster).
- Man sollte nicht zu wenig tun, sonst läuft man Gefahr als „Drückeberger“ (chiseler) bezeichnet zu werden.
- Informationen an den Vorgesetzten, die einem Kollegen zum Nachteil gereichen, stempeln einen zum „Verräter“ (squealer).
- Es gilt nicht als gut, Hierarchieunterschiede zu deutlich werden zu lassen. Wenn du schon Vorgesetzter bist, verhalte dich wenigstens nicht wie einer.

Quelle: Roethlisberger, F.J./Dickson, W.J., Management and the worker, 16.Aufl., Cambridgeu.a.1975, S.522.

Standards. Unter Standards versteht man operationalisierte Verhaltensvorschriften, die in Richtlinien und Richtwerten ihren Niederschlag finden. Sie werden erstellt, um die faktische Ausrichtung des Verhaltens der Gruppenmitglieder an den Normen und Zielen zu erleichtern (z.B. informell festgesetzte Tagesleistung bei Akkordgruppen, Verhaltensrichtlinien gegenüber Vorgesetzten, Nichtbeachtung von Sicherheitsvorschriften). Standards haben immer einen viel höheren Bewußtheitsgrad als Normen.

Standards werden besonders häufig für Leistungen gebildet (z.B. 6.000 Stück pro Tag). Die Maßnahmen von Vorgesetzten, die unterstellte Mitarbeiter zu einer höheren Leistung anspornen sollen, laufen häufig ins Leere, weil sie am Individuum ansetzen und die unsichtbare Barriere des Leistungsstandards ignorieren. Zumindest bei kohäsiven Gruppen ist eine Leistungssteigerung solange nur schwer erreichbar, wie es nicht gelingt, die informell gesetzten Gruppenstandards anzuheben.[10]

10 Vgl. Homans, G.C., a.a.O., S. 287 f.

Abweichungen von Normen und Standards werden von Gruppen sanktioniert, um die Mitglieder wieder auf Linie zu bringen. Gruppen stehen dazu verschiedene Mechanismen zur Verfügung (Beschimpfungen, Kommunikationsausschluß, Isolierung, körperliche Bestrafungsaktionen etc.). In der Regel tritt bei Normabweichung zunächst einmal eine Verstärkung der Kommunikation und ganz allgemein der Beachtung ein, mit dem Ziel der Verhaltenskorrektur. Wenn ein Mitglied fortwährend von den Gruppennormen abweicht, droht der Ausschluß. Es ist jedoch keineswegs so, daß Mitglieder in solchen Fällen immer ausgeschlossen würden. In der Literatur werden verschiedene Erklärungen angeboten, warum Gruppen häufig dauerhaft deviante Mitglieder nicht ausschließen.[11]

Eine der Hauptthesen geht davon aus, daß Gruppen aus deviantem Verhalten in gewissem Umfang Nutzen ziehen. Durch abweichendes Verhalten und seine Bestrafung können die Normen und die drohenden Sanktionen exemplarisch verdeutlicht werden. Darüber hinaus kann die Auseinandersetzung mit dem Abweichler den Prozeß der Grenzziehung und Identitätsbildung fördern, indem eine genauere Vorstellung von dem entwikkelt wird, was definitiv nicht erwünscht ist. Dieser These nach leisten sich Gruppen gewissermaßen Devianz zum Zwecke der Selbststabilisierung. Bei dieser Erklärung handelt es sich allerdings um eine ex-post Rationalisierung; man wird wohl kaum annehmen können, daß sie sich mit den selbst gesetzten Handlungszielen der Gruppe deckt. Dies verweist darauf, daß andere Motive ebenfalls eine Rolle spielen, wie z.B. Furcht vor Reaktionen anderer Systeme auf den Ausschluß oder mangelnde Bereitschaft, eine so unpopuläre Maßnahme zu exekutieren.

Obwohl Gruppen viel Kraft und Energie aufwenden, um ihr Normsystem zu stabilisieren, sind Gruppennormen nicht rein statisch zu sehen. Sie unterliegen einem (längerfristigen) Wandelprozeß wie andere Wertsysteme auch. Abweichler sind nicht selten der (unbewußte) Anlaß, ein Normsystem zu modifizieren.

9.2.3.3 Interne Sozialstruktur der Gruppe

Die dritte Formationsvariable versucht, die Vielzahl von Unterschieden zu erklären, die bei den Mitgliedern der Arbeitsgruppe in bezug auf ihr Verhalten und ihre Beteiligung an den Gruppenaktivitäten zu beobachten sind. Diese Unterschiede spiegeln die **interne Sozialstruktur** der Gruppe wider, die sich über einen mehr oder weniger langen Zeitraum innerhalb der Gruppe separat neben dem übergeordneten System herausbildet.

Die interne Sozialstruktur beeinflußt die Verteilung der Einflußmöglichkeiten auf Gruppenentscheidungen, sichert die Erhaltung und Durchsetzung von Zielen und eröffnet für die einzelnen Mitglieder unterschiedliche Möglichkeiten der Bedürfnisbefriedigung. Das Verständnis und die Erfassung der internen Sozialstruktur sind nicht nur für die Erklärung des Gruppenverhaltens besonders wichtig.

Drei Strukturmerkmale werden für gewöhnlich herangezogen, um die interne Sozialstruktur zu beschreiben:

11 Vgl. zusammenfassend Hackmann, J.R., Group influences on individuals, in: Dunnette, M.P.: Handbook of industrial and organizational psychology, Chicago 1976, S. 1499 ff.

- Statusstruktur
- Rollenstruktur
- Führungsstruktur.

(1) Die Statusstruktur

Mit dem Begriff „Status“ wird auf die **Rangordnung** von Individuen in sozialen Systemen Bezug genommen. Während die **Position** eines Menschen neutral die Stellung bezeichnet, die er innerhalb einer Organisation bekleidet, ist der Status die sozial bewertete Stellung, d.h. die relative Stellung, die eine Person in einem Sozialsystem aus der Sicht der Mitglieder einnimmt. Wohl richtet sich der Status u.a. nach den Kennzeichen der Position; er ist jedoch im Unterschied zur Position nichts formal Angeordnetes, sondern spontanen Ursprungs.[12] In Betrieben bestehen z.T. auch verschiedene Status-Systeme nebeneinander (z.B. das der Arbeiter im Vergleich zu dem der leitenden Angestellten).

Durch diese soziale Bewertung ergibt sich nicht nur eine mögliche Abweichung vom formellen Organisationsplan, sondern es entsteht häufig darüber hinaus eine stärker differenzierte Struktur, die auf zusätzlichen Merkmalen aufbaut. So weiß man z.B., daß gleichartige Positionen einen durchaus unterschiedlichen Status haben können.

Status ist ein **interpersonelles Phänomen**, es hängt von den Personen ab, die die Statuseinschätzung (Rangeinstufung) vornehmen. Welche Merkmale den Status bestimmen, kann von Gruppe zu Gruppe und von Organisation zu Organisation unterschiedlich sein; in jedem Falle können es allerdings nur solche Merkmale sein, die die Gruppe auf dem Hintergrund ihres Normsystems für bedeutsam hält.

Mit jedem Status gehen bestimmte Privilegien und Verpflichtungen einher, die die Gruppe bestimmt. Der Status legt z.B. fest, was sich der einzelne erlauben darf, wie er angesprochen werden darf usw. Der Status ist somit eine wichtige Determinante des Verhaltens von Gruppenmitgliedern.

Statussymbole. Um den Status nach außen hin kenntlich zu machen, werden eine Reihe unterschiedlicher Symbole benutzt, d.h. sie zeigen den Status an, geben ihn aber nicht. Bekannte Beispiele sind der „weiße Kragen“, Stockwerk bzw. Lage des Büros, unterschiedliche Büroausstattungen oder etwa Fensterplätze in größeren Büroräumen. Obwohl Statussymbolen die Funktion zugesprochen werden kann, die Orientierung der Interaktionspartner zu erleichtern und damit eine Vereinheitlichung des Verhaltens herbeizuführen, darf nicht übersehen werden, daß sie immer auch zu einer Verfestigung von Machtstrukturen beitragen und nicht selten eine Behinderung bei der sachbezogenen Bewältigung von Problemen darstellen.

Determinanten des Status in der Organisation

Obwohl in ihrer relativen Bedeutung **kultur- und zeitabhängig**, lassen sich generell drei Klassen von Variablen unterscheiden[13]:

12 Vgl. Mayntz, R., Die soziale Organisation des Industriebetriebes, Stuttgart 1958, S. 16 ff.

13 Vgl. Secord, P.F./Backman, C.W., Social psychology, New York 1964.

(a) Belohnungskapazität
Personen wird in dem Maße hoher Status zuerkannt, in dem ihre Attribute geeignet sind, für jedes einzelne Gruppenmitglied oder die Gruppe als ganzes belohnend zu wirken. Hinzu muß allerdings kommen, daß diese Attribute knapp verteilt sind. Attribute bzw. Aktivitäten, die von jedem Gruppenmitglied in gleicher Weise erreichbar sind oder erbracht werden, erbringen keinen höheren Status. **Beispiel**: In einem Forschungsteam wird dasjenige Mitglied den höchsten Status haben, dem es immer wieder gelingt, Probleme zu lösen, die für die anderen Teammitglieder nicht mehr lösbar erscheinen.

(b) Höhe der empfangenen Belohnungen
Status ist weiterhin abhängig von dem Ausmaß, in dem Personen als Belohnungsempfänger perzipiert werden. In dem Maße, in dem eine Person Empfänger von **Belohnungen** ist, die in der jeweiligen Kultur hoch geschätzt werden (z.B. hohes Einkommen, Verleihung von Orden), wird ihr ein hoher Status zuerkannt. Ähnlich werden „**Kosten**" honoriert, die aufgebracht wurden, um hochgeschätzte Gruppenziele zu erreichen, dies allerdings nur dann, wenn die Kosten überdurchschnittlich hoch sind, selten aufgebracht (z.B. Verzicht auf Urlaub) und von der Gruppe als nützlich betrachtet werden.

(c) Persönlichkeitsmerkmale („investments")
Als weitere statusbestimmende Faktoren sind Merkmale der Personen zu nennen, die die Biographie und den Hintergrund der Personen reflektieren (Alter, Religionszugehörigkeit etc.). Diese Faktoren gestatten den Statuserwerb nicht aufgrund damit verbundener Belohnungen für den Interaktionspartner, sondern aufgrund traditioneller Übereinkunft, daß Personen, die diese Merkmale aufweisen, das Recht auf einen bestimmten Status haben. **Beispiel**: Einem Fabrikarbeiter, der schon lange in demselben Betrieb beschäftigt ist, billigt die Gruppe aufgrund dieser Tatsache gewisse Privilegien zu, die Neueingestellten vorenthalten werden.

Statuskongruenz

Von Statuskongruenz spricht man, wenn alle Statusattribute einer Person auf der gleichen Ebene gesehen werden, d.h. wenn die Attribute **alle** höher, gleich oder niedriger als die einer anderen Person eingeschätzt werden (z.B. die Übereinstimmung von Schulbildung, Position in der Organisation, Einkommen, Wohnviertel, Kleidung). Wird diese Gleichrichtung aus der Sicht der Referenzgruppe nicht erreicht, spricht man von Statusinkongruenz (z.B. ein 18-jähriges Mädchen ist Leiterin einer Ingenieur-Schule).

Es gilt nun im allgemeinen die These, daß Personen bestrebt sind, ein Höchstmaß an Statuskongruenz zu erreichen. Statusinkongruenz verunsichert die Interaktionspartner und hat feindliche, zumindest aber uneinheitliche Reaktionsweisen zur Folge. Die betroffenen Personen fühlen sich unwohl und verunsichert, wie auf die ambivalenten Signale der Statusinkongruenz zu reagieren sei.[14]

14 Vgl. Hunt, J.G., Status congruence in organizations, in: Academy of Management Proceedings 1976.

Status und Gruppenverhalten

In einer Reihe von Untersuchungen konnte gezeigt werden, daß Status und Statuskongruenz von beträchtlichem Einfluß auf das Verhalten in Gruppen sind[15]:

- Gruppenmitglieder mit hohem Status und hoher Statuskongruenz zeigen einen höheren Zufriedenheitsgrad und verhalten sich in höherem Maße norm-konform.
- Gruppenmitglieder mit hohem Status verhalten sich zwar einerseits in höherem Maße norm-konform als Individuen mit geringem Status, haben aber paradoxerweise auch einen größeren Spielraum, sanktionsfrei von der Gruppennorm abzuweichen („idiosynkratischer Kredit").[16]
- Von Gruppenmitgliedern mit hohem Status werden mehr Aktivitäten initiiert als von solchen mit niedrigem.
- Gruppenmitglieder mit niedrigem Status kommunizieren mehr aufgaben-irrelevante Informationen als Mitglieder mit hohem Status.
- Der Kommunikationsfluß ist tendenziell (status-) hierarchie-aufwärts gerichtet. Inhalte, die sich kritisch mit dem Verhalten status-höherer Personen auseinandersetzen, werden in diesem Kommunikationsfluß stark gefiltert („Schönfärberei").

(2) Rollenstruktur

Eng mit der Statusdifferenzierung verbunden ist ein weiteres Strukturmerkmal von Gruppen, die Rollendifferenzierung. „Rolle" kann definiert werden als ein Bündel von **Verhaltenserwartungen**, die von anderen an eine Position herangetragen werden. Diese Verhaltenserwartungen stellen generelle, d.h. vom einzelnen Positionsinhaber prinzipiell unabhängige Verhaltensvorschriften dar, die dem Einzelnen mit einer gewissen Verbindlichkeit begegnen.[17]

Obschon zu jeder Position (mindestens) eine Rolle gehört, ist doch zwischen Position und Rolle zu trennen. Positionen bezeichnen – mehr formal – Stellen (Orte) im Gefüge sozialer Interaktionen, die von Personen innegehabt, erworben und verloren werden können, während die Rolle die Art der Beziehungen zwischen den Trägern von Positionen bestimmt bzw. angibt, wie sich der Träger einer Position verhalten soll. Die Rollenanalyse zeigt, wie das Individuum mit dem Sozialgefüge (Gruppe, Organisation etc.) verknüpft wird; die Rolle ist das Bindeglied zwischen Individuen und Gemeinschaft.[18]

Rollenerwartungen sind mit Sanktionen verbunden; je nachdem, wie stark die angedrohten Sanktionen bei Abweichung sind, kann in **Muß-, Soll- und Kann**-Erwartungen unterschieden werden.[19] Rollenerwartungen beziehen sich nicht nur auf beobachtbares

15 Vgl. Shaw, M.E., Group dynamics: The psychology of small group behavior, 3. Aufl., New York 1981.

16 Vgl. Hollander, E.P., Conformity, status, and idiosyncrasy credit, in: Psychological Review 65 (1958), S. 117 ff.

17 Vgl. Dahrendorf, R., Homo sociologicus, Köln/Opladen 1965, S. 27 f.

18 Es sei am Rande vermerkt, daß die hier vorausgesetzte Trennung von Individuum und Gemeinschaft nicht unproblematisch ist, weil die Übernahme von sozialen Rollen zu einem Prozeß gehört, der Persönlichkeit überhaupt erst entstehen läßt. Vgl. Mayntz, R., Rollentheorie, in: Grochla, E. (Hrsg.), Handwörterbuch der Organisation, 2. Aufl., Stuttgart 1980, Sp. 2046.

19 Vgl. Dahrendorf, R. a.a.O.

Verhalten, sondern auch auf innere Einstellungen und Überzeugungen (Bsp.: Von einem Pharma-Betriebsleiter wird erwartet, daß er die Kritik an der Chemotherapie innerlich ablehnt).

Rollenset

Mit einer bestimmten Position in einer Organisation wird in der Regel ein **Komplex** von Verhaltenserwartungen verbunden sein, der eine Reihe unterschiedlicher Rollensender umgreift. Rollen setzen sich also meist aus einer Mehrzahl von Teileinheiten, von Rollensegmenten zusammen („role set"). Wie Abbildung 9.3 zeigt, versteht man unter Rollenset die für eine Rolle relevanten Rollensegmente. Die Erwartungen der verschiedenen Segmente bzw. Sender sind oft unterschiedlich und geraten zueinander in Widerspruch. Mit anderen Worten, es bestehen unterschiedliche Auffassungen darüber, wie etwa ein Meister seine Rolle zu spielen hat (vgl. dazu unten den Intra-Rollen-Konflikt).

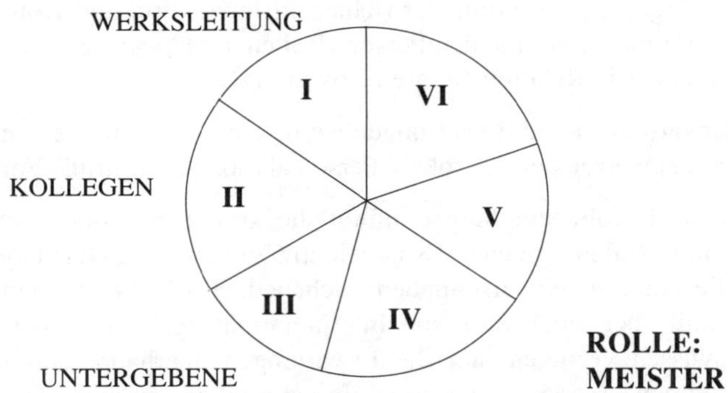

Abb. 9.3: Der Rollen-Set – die Meisterrolle und einige ihrer Rollensegmente

Von dem Rollen-Set streng zu trennen ist die Tatsache, daß Individuen häufig mehrere Rollen spielen, z.B. die Rollen: Manager, Vater, Parteimitglied, Kegelbruder, Vermieter. Ebenso wie die Segmente einer Rolle, so können auch die verschiedenen Rollen zueinander in Konflikt geraten (s.u.).

Rollenepisode

Der Prozeß der Rollenübernahme wird mit dem Konzept der Rollenepisode anschaulich beschrieben (vgl. Abb. 9.4): **Rollenerwartungen** führen zur **gesendeten Rolle**, diese führt zur **empfangenen Rolle**, und die Antwort darauf drückt sich im **Rollenverhalten** aus.

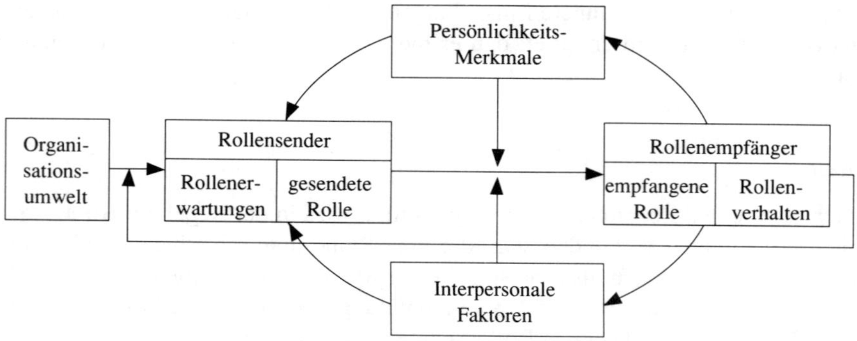

Abb. 9.4: Rollenepisode

Quelle: Katz, D./Kahn, R.L., The social psychology of organizations, 2. Aufl., New York 1978, S. 182

Rollenerwartungen. Organisationsmitglieder richten in Interaktion und Kommunikation Erwartungen an das Verhalten der fokalen Person (Rollenempfänger). Sie beobachten ihr Verhalten und bewerten es in Relation zu ihren Erwartungen.

Gesendete Rolle. Erwartungen und Bewertungen werden an die fokale Person kommuniziert, diese Informationen erreichen die fokale Person als sozialer Einfluß-Versuch.

Empfangene Rolle. Der Rollenempfänger nimmt die gesendete Rolle wahr und entschlüsselt sie bzw. ihre Rollensegmente. Es ist wichtig zu sehen, daß das Organisationsmitglied seine Rolle nur **indirekt** erschließen, nicht jedoch **direkt** erlernen kann. Der Rollenempfänger muß über einen Satz von Interpretationsregeln und über ein hinreichendes Situationswissen verfügen, um die Erwartungen überhaupt entschlüsseln zu können. Tritt jemand neu in eine Organisation ein, so muß er erst nach und nach erlernen, die Rollenanforderungen zu begreifen, er muß sich erst mit den Sinnstrukturen und dem über Jahre gesammelten Erfahrungswissen der neuen Institution vertraut machen (sekundäre Sozialisation).

Rollen-Verhalten. Die Antwort des Rollenempfängers auf die gesendeten Informationen ist sein (beobachtbares) Rollenverhalten. Es kann den Erwartungen entsprechen oder davon **abweichend** sein. Inwieweit das Verhalten den Erwartungen entspricht, ist zunächst einmal eine Frage der **Sanktionen** negativer und positiver Art, die mit den Erwartungen verknüpft sind. Nonkonformes Rollenverhalten kann aber auch, wie aus Abbildung 9.4 ersichtlich, in **Kommunikationsschwierigkeiten, Mißverständnissen** und **Fehlinterpretationen**, bedingt durch personale und/oder interpersonale Faktoren, sowohl was die Rollensender als auch die -empfänger anbelangt, seine Ursache haben. Die Abweichung ist dann unbeabsichtigt. Sie kann aber auch beabsichtigt sein, z.B. dann, wenn der Rolleninhaber aus ethischen Gründen den Erwartungen nicht entsprechen will.

Im Zyklus der Rollenepisode wird das gezeigte Rollenverhalten wiederum von den Rollensendern registriert und mit den gehegten Rollenerwartungen verglichen. Die Rolle wird dann – evtl. mit Korrekturinformationen versehen – erneut gesendet usw.

Die Rollenepisode wird von Kontextfaktoren überlagert (vgl. Abb. 9.4). So können Elemente der **Organisationsumwelt**, wie die Technologie, die Organisationsstruktur oder das Anreizsystem, die Rollenübernahme erleichtern oder erschweren. **Persönlichkeitsmerkmale** der (des) Sender (s) sowie des Empfängers beeinflussen die Art der Rollensendung und auch die Fähigkeit und Bereitschaft der Wahrnehmung und Umsetzung. Eine große Bedeutung kommt ferner den **interpersonalen Beziehungen** zu, die zwischen dem Sender und Empfänger, aber auch gegebenenfalls zwischen den Sendern bestehen. So beschleunigt z.B. Sympathie zwischen den Akteuren für gewöhnlich die Episode.

Die Rollenepisode gibt einen guten Eindruck von dem komplexen sozialen Prozeß des Rollenverhaltens. Der Prozeß wird allerdings, was das einzelne Individuum betrifft, im wesentlichen reaktiv beschrieben; das betreffende Organisations- und Gruppenmitglied hat lediglich die Entscheidung, ob es mit den Erwartungen konform gehen will oder nicht (was seinerseits wesentlich über Anreize steuerbar gedacht wird). Graen[20] verweist zu Recht darauf, daß fokale Personen auch Rollen „**machen**" können, d.h. sie können, jedenfalls bis zu einem gewissen Grade, die empfangene Rolle nach eigenen Vorstellungen umformen. (Der Vorstandsvorsitzende einer Aktiengesellschaft verwendet für kurze innerstädtische Dienstreisen nicht den Dienstwagen, sondern das Fahrrad.) Um **Innovationen** in Gruppen verstehen zu können, ist das Konzept der eigensinnigen Rollengestaltung von großer Bedeutung.

Rollenkonflikte

Sowohl die Erläuterung des Rollen-Sets als auch die der Rollenepisode haben deutlich werden lassen, daß Rollenerwartungen miteinander in Konflikt geraten können. Die hieraus resultierenden Rollenkonflikte sind für das Verhalten in Organisationen von großer Bedeutung. Im wesentlichen wird zwischen Intra- und Inter-Rollenkonflikten unterschieden.[21]

(a) Intra-Rollen-Konflikte

Im Anschluß an die oben dargestellte Rollenepisode lassen sich hier folgende Fälle unterscheiden.

- Intra-Sender-Konflikt
  Die Instruktionen und Erwartungen eines Senders sind widersprüchlich und schließen einander aus (Vorgesetzter erwartet einmal absoluten Gehorsam, ermuntert dann aber wieder zu Kritik an seinen Anordnungen).
- Inter-Sender-Konflikt
  Die Erwartungen, die ein Sender kommuniziert, sind mit den Erwartungen anderer Sender nicht kompatibel. Der Rollenempfänger steht im Kräftefeld sich widerspre-

20 Vgl. Graen, G.B., Role-making processes within complex organizations, in: Dunnette, M.D. (Hrsg.), Handbook of industrial and organizational psychology, Chicago 1976, S. 1201 ff.

21 Vgl. Gross, N. et al., Explorations in role analysis, New York 1958; Kahn, R.L./Wolfe, D., Rollenkonflikt in Organisationen, in: Türk, K. (Hrsg.), Organisationstheorie, Hamburg 1975.

chender Erwartungen. (Bsp.: Die Matrix-Organisation produziert sehr häufig derartige Inter-Sender-Konflikte. Die Erwartungen, die ein Produktmanager z.B. an einen Designer hat, sind häufig inkompatibel mit den Erwartungen, die der Abteilungsleiter der Produktgestaltung an diesen richtet.)

(b) Inter-Rollen-Konflikt

Er entsteht, wenn die Erwartungen unterschiedlicher Rollen einer Person miteinander kollidieren, d.h. sich ganz oder teilweise ausschließen. (Bsp.: Die Erwartungen an einen Manager als Mitglied des Naturschutzvereins widersprechen den Erwartungen, die an ihn als Mitglied der Geschäftsleitung einer Flughafengesellschaft gestellt werden.) Eine spezielle Form des Inter-Rollen-Konflikts ist die Überladung (role overload). Die Rollen sind dann zwar dem Inhalte nach miteinander verträglich, nicht aber der zeitlichen Anforderung nach. Der Rollenempfänger kann nicht alle Rollen gleichzeitig bewältigen.

Als Sonderfall ist der sog. **Person-Rollen-Konflikt** anzusprechen. Hier steht die Rollenerwartung der Sender im Widerspruch zu den Werten und Orientierungen des Rollenempfängers. (Bsp.: Ein Polizist soll Demonstranten auseinandertreiben, obwohl er das Ziel der Demonstration befürwortet.) Eine ganz ähnliche Thematik umreißt der Begriff „Rollendistanz“. Er verweist auf die Möglichkeit, sich von der Rolle zu distanzieren (emanzipieren) und kritisch zu prüfen, ob und inwieweit die Rolle den eigenen Ansichten und Werten entspricht.[22]

Rollenkonflikte, aus welcher Quelle auch immer gespeist, verlangen von dem Rollenempfänger eine Entscheidung; er muß zusehen, wie er die Widersprüche auflöst, um handeln zu können. Rollenkonflikte lassen sich grundsätzlich durch Hierarchisierung der Erwartungen, durch kompromißartige Annäherung oder durch Rückzug lösen. Welcher Lösungsweg gewählt wird, hängt von unterschiedlichen Bedingungen ab[23]: (a) der **Legitimität**, d.h. wie legitim werden die Rollenerwartungen empfunden (bestehen sie zu Recht?), (b) dem **Sanktionspotential**, d.h. wie stark sind die negativen Konsequenzen bei Nichterfüllung, (c) von den **Einstellungen** des Empfängers (Prinzipientreue, Vermeidungstendenz, Konfliktscheue usw.).

Neben den genannten gibt es allerdings noch bestimmte Taktiken, Rollenkonflikte zu lösen, z.B. indem kritische Teile des Rollenverhaltens der **Beobachtung entzogen** oder indem die Rollensender gegeneinander **ausgespielt** bzw. die Rollenerwartungen zum Gegenstand von **Verhandlungen** gemacht werden.

Rollenkonflikte werden von Individuen - sofern sie diese nicht verleugnen - als Belastung, als **Rollenstreß** erlebt; dies führt zu Spannungen, Unzufriedenheiten und - bei immer wiederkehrender Konfliktsituation - nicht selten zu psychosomatischen Erkrankungen. Rollenkonflikte stellen somit im Rahmen des Leistungsprozesses potentielle Störfaktoren dar,[24] wobei nicht verschwiegen werden soll, daß Rollenkonflikte auch produktiv als Veränderungsanstoß, als produktive Unordnung, wirken können.

22 Vgl. Krappmann, L., Soziologische Dimensionen der Identität, Stuttgart 1971.
23 Vgl. Gross, N., Explorations in role analysis, New York 1958.
24 Vgl. Kahn, R.L. et al., Organizational stress, New York 1964.

Rollendifferenzierung in der Gruppe

Ähnlich wie beim Status gibt es neben den offiziellen Rollenerwartungen (Stellenbeschreibung) eine Reihe informeller Rollendifferenzierungen, die sich aufgrund der Normen und Werte sowie der zu bewältigenden Aufgabe in der Gruppe im Laufe der Zeit herausbilden. Bei empirischen Untersuchungen zeigten sich u.a. Ausdifferenzierungen

- nach der **Dauer der Zugehörigkeit** zur Gruppe: Von den „**Neuen**" wird ein anderes Verhalten erwartet als von den „**Alten**"
- nach der **Abweichung von Gruppennormen**: die Außenseiter-Rolle
- nach **Gruppenfunktionen**: Die Rolle des **Sprechers**, die die Verbindung zur Umwelt der Gruppe regeln soll; die Rolle des **Schlichters**, die durch Konfliktabwehr und -beseitigung den Bestand der Gruppe sichern soll; die Rolle des **sozioemotionalen Führers**, die die Kohäsion sichern soll; die Rolle des **Aufgabenspezialisten** (task-leader), die die Erfüllung der Gruppenaufgabe regeln soll; die Rolle der **Vaterfigur**, die über Identifikation das Lernen von Rollen erleichtern soll; die Rolle des **Sündenbocks**, die eine Zentralisation der Aggressionen mit sich bringt und damit desorganisierende Kräfte abwehrt.

(3) Führungsstruktur (informelle)

Begreift man Führerschaft als Prozeß der sozialen Beeinflussung (s. u.), so gehen in der Arbeitsgruppe nicht nur vom formellen Führer Einflüsse auf das Verhalten der Gruppe aus. Es können eine oder mehrere Personen von der Gruppe bestimmt sein, denen neben formellen Führern generell oder bezüglich bestimmter Funktionen (Sprecher, Schlichter etc.) Einflußmöglichkeiten zugestanden werden. Da diese Einflußmöglichkeiten nicht auf der formalen Position in der Hierarchie basieren, spricht man häufig von **informellen** Führern.

Formelle und informelle Führer unterscheiden sich im wesentlichen durch die Machtgrundlagen, auf denen ihre Einflußmöglichkeiten beruhen. Die Machtgrundlagen des **formellen Führers** sind in erster Linie in der **Position begründet**, d.h. die Position ist von der übergeordneten Organisation mit formell geregelten Anweisungsbefugnissen Sanktionsmöglichkeiten (z.B. Disziplinargewalt, Förderung, Beurteilung, Lohnfestsetzung etc.) ausgestattet. Im Gegensatz dazu sind die Machtgrundlagen des **informellen Führers** in erster Linie in der Gruppe begründet: Macht wird Gruppenmitgliedern **zuerkannt** z.B. aufgrund überlegenen Wissens und Fähigkeiten (kognitive Komponente) oder aufgrund von Persönlichkeitsmerkmalen, die affektiv wirksam werden (Stärke, gutes Aussehen, emotionale Wärme etc.) und gewöhnlich den Wunsch von Gruppenmitgliedern zur Identifikation auslösen. Die Bedeutung dieser Fähigkeiten und Merkmale differiert von Gruppe zu Gruppe und von Situation zu Situation, so daß universelle Fähigkeiten und Merkmale, die zum informellen Führer prädestinieren, nicht existieren. (Die Machtgrundlagen werden in Kapitel 10 noch einmal genauer erläutert.)

Empirische Untersuchungen zeigen, daß der informelle Führer gewöhnlich eine Person sein muß, die der Verwirklichung der Gruppennormen sehr nahe kommt. Die Werte, Ziele und Verhaltensweisen des informellen Führers werden deshalb weitgehend kongruent sein mit denen, die von der Gruppe als wünschenswert angesehen werden: eine demokratisch orientierte Gruppe wird einen informellen Führer haben, der demokratisches Verhalten zeigt; eine religiös fixierte Gruppe wird keinen Atheisten als Führer akzeptieren (vgl. dazu das anschauliche Beispiel aus der Hawthorne-Studie in Kasten 9.2).

Kasten 9.2

Drahtarbeiter Taylor als Gruppenführer

Die folgenden Beobachtungen wurden während der als Hawthorne-Experimente bekannt gewordenen Untersuchungen im Hawthorne-Werk der Western Electric Company (Chicago) gemacht. Es handelt sich hierbei um eine Abteilung der Drahtzieherei.

„In seiner Tätigkeit als Drahtzieher erbringt Taylor durchweg sehr gute Leistungen. Er arbeitet zügig und beendet seinen Arbeitstag nicht, bevor er die von ihm zu erledigende Quote erreicht hat. Nach dem Urteil seiner Vorgesetzten ist er einer der besten seines Faches.

Sein Verhältnis zu Kollegen läßt sich am einfachsten durch die Weise kennzeichnen, in der sie bereit sind, ihm zu helfen. So erledigten sie bspw. während der Zeit, die er aufgrund eines Interviews nicht weiterarbeiten konnte, einen Teil der von ihm zu leistenden Quote mit. – Dies war jedoch nicht notwendig, da er den „Verdienstausfall" mit seinem Durchschnittslohn vergütet bekam. – Kennzeichnend ist weiterhin, daß derartige Hilfeleistungen von ihm, den Kollegen gegenüber nicht erbracht werden, ohne daß diese es jedoch als negativ empfinden.

Ein weiteres Kennzeichen ist seine unermüdliche Bereitschaft zur Kommunikation. Es gibt kein Thema, wozu er nichts beitragen könnte, wobei seine Kompetenz unbestritten bleibt. Geachtet wird er zudem wegen seiner Ratschläge, die sich sowohl auf geplante Firmenwechsel, Schlichtungen bei Meinungsverschiedenheiten oder einfach Pferdewetten beziehen.

Durch einen Vorfall wird die Position Taylors' innerhalb der Gruppe besonders deutlich. Einmal war der Draht knapp geworden und die Anweisung des Vorgesetzten lautete, mit dem Vorhandenen auszukommen. Entgegen seiner Weisung besorgten sich zwei Mitglieder der Gruppe zusätzlich Draht für ihre Bedürfnisse und waren sehr stolz darauf. Taylor hingegen ging in das Zentralbüro und kam nach kurzer Zeit mit einer Lastwagenladung voller Draht für alle zurück."

Quelle: Roethlisberger, F.J./Dickson, W.J., Management and the worker, Cambridge u. a., 16. Aufl. 1975, S. 464 f.

Von dem Führer wird in aller Regel in höherem Maße als von allen anderen Gruppenmitgliedern erwartet, daß er seinen Verpflichtungen nachkommt. Versäumt er dies, so gefährdet er seine Stellung; die Gruppe kann die Führungsmacht jederzeit wieder zurücknehmen. Der Führer ist zwar mächtiger als jedes einzelne Gruppenmitglied, aber immer schwächer als das Gebilde Gruppe, denn sie ist die Quelle seiner Macht.[25]

25 Vgl. Read, P.B., Sources of authority and the legitimation of leadership, in: Small Groups 37 (1984), S. 189 ff.

In diesem Zusammenhang soll noch einmal auf das Paradox hingewiesen werden, daß informelle Führer einerseits in höherem Maße den Gruppennormen entsprechen als alle anderen Gruppenmitglieder, andererseits aber sind die Führer diejenigen Gruppenmitglieder, denen am ehesten eine Normabweichung konzediert wird. Hollander erklärt den Widerspruch, indem er eine zeitliche Abfolge aufzeigt: Der Führer erwirbt sich durch Normerfüllung ein Anerkennungspolster (idiosynkratischer Kredit), das ihm **in der Fortfolge** eine „produktive Nonkonformität" erlaubt.[26]

In der Rollenanalyse war bereits angedeutet worden, daß sich Führung in Gruppen im wesentlichen als eine ausdifferenzierte Rolle darstellt. In vielen Studien zeigte sich, daß Gruppen im Fortlauf häufig die Führungsrolle in zwei Rollen weiter differenzieren, nämlich in die Rolle des **Aufgabenführers**, der primär die Zielerreichung im Auge hat, und die Rolle des **sozio-emotionalen Führers**, der primär für den Zusammenhalt der Gruppe Sorge trägt („Divergenztheorem").[27]

(4) Phasen der Gruppenformation und -entwicklung

Die beschriebenen Strukturmerkmale von Gruppen stehen nicht bereits zu Anfang fest, sondern sind das Ergebnis eines Entwicklungsprozesses. Ebenso wie auf der Ebene der Organisation gibt es auch für Gruppen Modelle, die den Entwicklungsprozeß nach Phasen gliedern. In aller Regel werden vier Phasen unterschieden[28]:

1. Formierungs- oder Orientierungsphase
2. Sturm- oder Differenzierungsphase
3. Normierungs- oder Integrationsphase
4. Leistungs- oder Reifephase.

Die **Formierungsphase** ist die Phase des Kennenlernens. Die Gruppenmitglieder prüfen einander auf Gemeinsamkeit und Unterschiede, auf Sympathie und Antipathie. Die Unsicherheit ist groß, erste Basisorientierungen darüber, was möglich und was nicht möglich ist, beginnen sich zu entwickeln. Formell eingesetzte Führer haben in dieser Situation leichte Hand, ihre Orientierungsleistung ist herzlich willkommen.

In der **Sturmphase** (Storming) treten die Mitglieder aus ihrer Reserve heraus, machen Unterschiede deutlich, melden Dominanz-Ansprüche an und suchen nach Koalitionspartnern. Es ist dies die kritische Phase in jeder Gruppenentwicklung, nicht selten führt sie zum Zerfall der Gruppe.

Wenn sich die Positionen zu festigen beginnen, tritt die Gruppe in die **Normierungsphase** ein. Harmonie und das Streben nach Konformität treten in den Vordergrund. Es besteht weitgehend Einigkeit, wer welche Rolle zu spielen hat und welche Erwartungen dafür erfüllt werden.

26 Vgl. Hollander, E.P., Führungstheorien - Idiosynkrasiemodell, in: Kieser, A./Reber, G./Wunderer, R. (Hrsg.), Handwörterbuch der Führung, Stuttgart 1987, Sp. 789 ff.

27 Vgl. Bales, R.F./Slater, P.E., Role differentiation in small decision-making groups, in: Parsons, T./Bales, R.F. (Hrsg.), Family, socialization and intraction processes, New York 1955, Kap. 5.

In der **Leistungsphase** konzentriert sich die Gruppe schließlich auf der Basis der entwikkelten Struktur auf bestimmte Ziele. Die Interaktionen laufen routinemäßig nach den zwischenzeitlich eingeschliffenen Mustern.

Mit dem Auftauchen neuer Mitglieder kann eine Gruppe unversehens wieder in die Sturmphase zurückversetzt werden, in der die Normen und Positionen neu verhandelt werden müssen.

9.2.3.4 Kollektive Handlungsmuster

Neben den Zielen, Normen, Standards, der Gruppenkohäsion und der internen Sozialstruktur können als vierte Formations- und Entwicklungsvariable die kollektiven Handlungsmuster unterschieden werden. Kollektive Handlungsmuster in dem hier gemeinten Sinne beziehen sich entweder direkt auf bestimmte Kollektiv-Aktionen oder aber **indirekt** auf Formen kollektiver Entscheidungsprozesse. Gerade letzteres ist sehr viel empirisch untersucht worden. Einige besonders interessante Ergebnisse sollen kurz vorgestellt werden.

(1) Risikoschub in Gruppen

Normalerweise würde man von Gruppen erwarten, daß sie tendenziell weniger risikofreudig entscheiden als Einzelpersonen. Kühnheit und Risikobereitschaft werden gewöhnlich Individuen und nicht Kollektiven zugeordnet. Die experimentelle Gruppenforschung verweist seit Jahren (wenn auch nicht immer ganz eindeutig) in eine andere Richtung. Gruppen wählen risikoreichere Alternativen als Individuen. Man bezeichnet diese Tendenz als **Risikoschub** (risky shift)[29]; Abbildung 9.5 veranschaulicht das gemeinte Phänomen.

Zur Erklärung des Risikoschub-Phänomens wurde eine Reihe von Thesen entwickelt. Die bekanntesten lauten:

- Diffusion der Verantwortung (Ein höheres Risiko wird akzeptiert, weil die Handlungskonsequenzen von der ganzen Gruppe getragen werden müssen.)
- Höheres Informationsniveau (Die Gruppendiskussion bringt viele Informationen zusammen und reduziert die Unsicherheit.)
- Führerschaft (Führer sind gewöhnlich risikofreudiger als Gruppenmitglieder, es werden deshalb mehr Pro-Risiko-Argumente vorgetragen, und es kommt zu dem Schub.)
- Risiko als sozialer Wert (Die Anwesenheit anderer läßt für mehr Risikofreude votieren, um nicht als kleinmütig gelten zu müssen.)

28 Vgl. Tuckman, B.W., Developmental sequence in small groups, in: Psychological Bulletin 63 (1965), S. 384-399; Heinen, J.S./Jacobson, E., A model of task group development in complex organizations and a strategy of implementation, in: Academy of Management Review 1 (1976), S. 98-111.

29 Vgl. Kogan, N./Wallach, M.A., Risk taking, New York 1964.

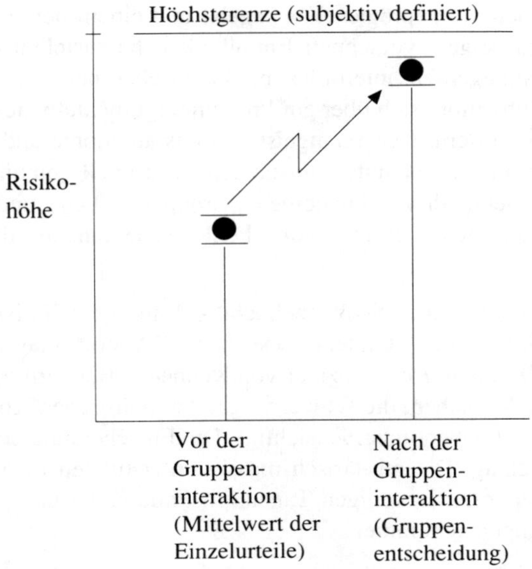

Abb. 9.5: Das Risikoschub-Phänomen

Insgesamt gilt es zu bedenken, daß der Risiko-Schub bislang primär in experimentellen Situationen beobachtet wurde, so daß ein Artefakt-Verdacht deshalb nicht ganz von der Hand zu weisen ist.[30] Interessant ist der Hinweis, der aus neueren Studien kommt. Danach ist der Risikoschub nur bei bestimmten Entscheidungsgegenständen beobachtbar, nämlich solchen, bei denen gesellschaftlich die Risikoübernahme positiv bewertet ist (z.B. bei unternehmerischen Pionierentscheidungen). Dort, wo die Risikofreude von der Gesellschaft eher negativ bewertet wird (z.B. beim Schutz von schwangeren Frauen oder der Eheschließung), zeigt sich überraschenderweise das Gegenteil. Gruppen votierten im Vergleich zu den Individuen für das geringere Risiko. Man spricht hier vom Vorsichtsschub („cautious shift").[31]

(2) Gruppendenken

Einen weiteren Einblick in das Entscheidungsverhalten von Gruppen und die sie bestimmende kollektive Dynamik geben die Studien von Janis.[32] Ausgangspunkt ist die These,

30 Vgl. Staehle, W.H, Management, 4. Aufl. 1989, S. 268.

31 Vgl. Stoner, J.A.F., Risky and cautious shifts in group decisions, in: Journal of Experimental Social Psychology 4 (1968), S. 442-459.

32 Vgl. Janis, J.L., Groupthink, 2. Aufl., Boston 1982.

daß **kohäsive** Gruppen mit einem ausgeprägten **Korpsgeist** und einem herzlichen Einvernehmen untereinander dazu neigen, vorschnell Einmütigkeit herzustellen und dazu im Widerspruch stehende Meinungen zu unterdrücken. Das Streben nach Einvernehmlichkeit wird stärker als die Motivation, sich über ein Problem argumentativ auseinander zu setzen und Alternativen zu erörtern. Der Teamgeist läßt das autonome und kritische Denken verstummen und führt die Gruppe unter Umständen zu skrupellosen und gefährlichen Entscheidungen. Janis nennt dieses Phänomen „Gruppendenken" und demonstriert seine Wirksamkeit an einer Reihe von Fehlentscheidungen der U.S.-amerikanischen Außenpolitik.

Ein besonders prägnantes Beispiel ist die „Schweinebucht"-Affäre, gemeint ist die Entscheidung John F. Kennedys und seiner Beratergruppe, dem CIA-Vorschlag zu folgen und eine Invasion in Kuba einzuleiten. Kein einziger von Kennedys Beratern opponierte gegen das äußerst zweifelhafte Vorhaben, die schwerwiegenden politischen Konsequenzen selbst im Falle des Erfolges blieben unberücksichtigt. Die Entscheidung erwies sich bekanntlich als völliger Fehlschlag. Die militärisch massiv unterstützten Invasoren (es waren 1.400 Exil-Kubaner) waren nach wenigen Tagen am Ende und wurden von den kubanischen Streitkräften gefangen genommen.

Die Rekonstruktion der Entscheidungsgrundlagen offenbarte ein verblüffendes Maß an Wunschdenken und Ausblendung kritischer Aspekte des Vorhabens. Arthur Schlesinger, als einer der Berater Kennedys, konstatierte später selbstkritisch, daß er Opfer des „Gruppendenkens" geworden war[33]: „Hätte sich auch nur ein Berater gegen das Abenteuer ausgesprochen, ich glaube, Kennedy hätte es fallen gelassen. Aber keiner sagte ein Wort dagegen ... Unsere Sitzungen fanden in einer Atmosphäre vermuteten Konsenses statt." Obwohl Schlesinger eigentlich schwerwiegende Vorbehalte gegen das Vorhaben hatte, zögerte er, sich gewissermaßen selbstzensierend, diese in der Gruppe zur Sprache zu bringen: „Ich kann mein Versagen, nicht mehr getan zu haben, als einige schüchterne Fragen zu stellen, nur dadurch erklären, daß der Impuls, gegen diesen Unsinn Front zu machen, durch die Umstände der Diskussion schlicht erlahmte."

Nach sorgfältiger Analyse ähnlicher (Fehl-) Entscheidungsprozesse benennt Janis acht generelle Symptome (im Sinne beobachtbarer Merkmale) des Gruppendenkens:

1. Falsche Einmütigkeit schafft die **Illusion der Unverwundbarkeit** und läßt einen überzogenen Optimismus entstehen.
2. Ein unbedingter **Glaube an die Moralität** der Gruppe macht blind für die ethischen Konsequenzen von Entscheidungen; was die Gruppe entscheidet, ist per se gerechtfertigt.
3. **Rationalisierung**. Die Gruppe weist oder wertet Argumente und Fakten ab, die der Gruppenmeinung zuwiderlaufen
4. **Stereotypisierung**: Feinde und andere Außenstehende werden durchgängig negativ wahrgenommen, zu dumm, als daß man sich auf ernsthafte Erörterungen mit ihnen einlassen könnte.

33 Vgl. ebenda, S. 38 f.

5. **Selbstzensur**: Gruppenmitglieder unterdrücken von sich aus eigene Zweifel an der Gruppenmeinung.
6. **Gruppenzensur**: Die Gruppe übt massiven Druck auf Mitglieder aus, die wider den Komment Zweifel an Gruppenmeinungen und Prämissen artikulieren.
7. **Gehirnwächter** (mind guards): Gruppenmitglieder treten in Aktion, um potentielle Dissidenten schon im Vorfeld zum Schweigen zu bringen, bevor sie die Gruppe mit ihren Zweifeln unterminieren können.[34]
8. **Illusion der Einmütigkeit**: Aufgrund der Selbstzensur und des Gruppendrucks entsteht bei allen Mitgliedern, insbesondere aber bei dem Gruppenführer, das Bild uneingeschränkter Einmütigkeit.

Das Phänomen des Gruppendenkens darf nicht als Gesetz mißverstanden werden; es handelt sich dabei um eine Tendenz, keineswegs aber um eine zwangsläufige Erscheinung. Es ist wichtig zu wissen, daß Gruppen, die sich gut verstehen, zu einem solchen Verhalten neigen, um dieser Gefahr entgegenwirken zu können. Janis unterbreitet eine Reihe interessanter Vorschläge, um Gruppendenken vorzubeugen[35]:

- Der Gruppenführer sollte mit Worten und Gesten die Mitglieder ermutigen, Kritik und Zweifel zu äußern.
- Der Gruppenführer sollte mit seiner Meinungsbildung abwarten und nicht schon in der Frühphase eine dezidierte Meinung vertreten.
- Die Gruppe sollte sich immer wieder einmal in mehrere Teams aufspalten und die verschiedenen Alternativen getrennt voneinander diskutieren.
- Ein Mitglied sollte zum advocatus diaboli bestellt werden (vgl. Kasten 9.3).
- Wenn eine vorläufige Entscheidung gefallen ist, sollten anschließend in einer Art „dialektischer Sitzung“ (second chance meeting) alle Gegenargumente und Einwände gesammelt und diskutiert werden.

Die Vorschläge gleichen - das sei hier am Rande vermerkt - sehr stark dem, was oben als Voraussetzung für die Wirksamkeit strategischer Kontrolle vorgetragen wurde. Das ist auch nicht weiter verwunderlich, denn das Grundanliegen ist dasselbe.

(3) Konzertierte Gruppenaktionen

Zu den direkten kollektiven Handlungen werden in erster Linie die sog. konzertierten Gruppenaktionen gezählt, die meist dann eingeleitet werden, wenn die Erreichung von Gruppenzielen gefährdet erscheint oder wenn von außen Ziele an die Gruppe herangetragen werden, die der Gruppe nicht akzeptabel erscheinen. Beispiele für derartige Aktionen sind: Outputrestriktionen bei Akkordarbeit (um z.B. einer ständigen Erhöhung der Richtsätze vorzubeugen), Dienst nach Vorschrift, Streik für bessere Arbeitsbedingungen, Widerstand gegen Änderungen etc.

34 In diesem Sinne beschreibt Janis die Rolle von Robert Kennedy bei der Schweinebucht-Entscheidung. Bei einer Party nahm er Schlesinger zur Seite und meinte zu den im Vorfeld geäußerten kritischen Kommentaren: „Du kannst recht haben oder auch nicht, der Präsident hat sich seine Meinung gebildet. Verfolge es nicht weiter. Es ist jetzt an der Zeit, daß jeder ihm hilft, so gut er kann“; ebenda, S. 40.

35 Vgl. ebenda, S. 262 ff.

Kasten 9.3

Advocatus diaboli

Definition:

Als „advocatus diaboli" wird ein Entscheidungsverfahren bezeichnet, bei dem eine Person oder eine Gruppe ausdrücklich die Rolle des schonungslosen Kritikers übernimmt. Ihre Aufgabe besteht darin, Schwachpunkte oder Fehlerquellen in den zugrundeliegenden Annahmen und Schlußfolgerungen aufzuspüren und auf sie aufmerksam zu machen. Ziel dieser Vorgehensweise ist es, durch die Schaffung von Dissonanzen bzw. den Verweis auf Gegenpositionen, die Entscheidungsbeteiligten vor einem zu frühen Konsens zu bewahren sowie eine intensivere Auseinandersetzung mit den zugrundeliegenden Prämissen zu erzwingen.

Vorteile bei der Verwendung:

Der Hauptvorteil bei der Verwendung dieser Methode liegt darin, daß die Legitimation für eine schonungslos kritische Position jenseits aller Gruppen- und Organisationszwänge geschaffen wird. Es wird jemand beauftragt, über alle (emotionalen) Barrieren hinweg, das auszusprechen, was an dem Plan oder der Entscheidung kritisch erscheint. Darüber hinaus werden die meist stillschweigend zugrundegelegten Annahmen sichtbar und damit diskutierbar gemacht. Die anstehende Entscheidung kann darüber hinaus noch einmal aus einer neuen Perspektive überdacht werden. Das erweitert den Reflektionshorizont, die Warscheinlichkeit von Fehlentscheidungen wird dadurch geringer und neue Alternativen kommen unter Umständen in das Gespräch.

Gefahren in der Anwendung:

Die Kritik an dieser Methode setzt vor allem an folgenden vier Punkten an:

- Hat bei einem Entscheidungsprozeß erst einmal die Kritik Oberhand gewonnen und ist das Vorhaben verworfen, gibt es nichts, was es „rehabilitieren" könnte.
- Es besteht die Gefahr einer zunehmend destruktiven statt konstruktiven Denkweise im Management.
- Durch die permanent ausgeübte Kritik besteht die Gefahr der Demoralisierung der verantwortlichen Planer
- Es entsteht eine Tendenz zur Schaffung „wasserdichter", nicht aber kreativer oder risikoreicher Vorhaben.

Quellen: Cosier, R.A., Dialectical inquiry in strategic planning: A case of premature acceptance, in: Academy of Management Review, 6 (1981), S. 643-648; Mason, R.O./Mitroff, I.I., Challenging strategic planning assumptions, New York u.a. 1981, S.128

Voraussetzungen für die Durchführung von Gruppenaktionen ist ein relativ hoher Grad an Gruppenkohäsion. Die Bedingungen für die Auslösung und die Art der Durchführung konzertierter Gruppenaktionen werden weitgehend durch die Ziele, Normen, Standards und die interne Sozialstruktur bestimmt. Umgekehrt kann aber auch der Kohäsionsgrad gerade durch solche Aktionen steigen, ebenso erfährt die Normstruktur wie die interne Sozialstruktur durch derartige Aktionen unter Umständen eine Differenzierung und gegebenenfalls eine Modifizierung. Die einzelnen Variablen sind also auch hier nicht unabhängig voneinander, sondern stehen in einem gegenseitigen Einflußverhältnis.

9.2.4 Die Outputvariablen

Als letzte Variablenklasse interessieren die Outputs, die von der Gruppe an die übergeordnete Organisation abgegeben werden. Die einer Arbeitsgruppe übergeordnete Organisation wird in erster Linie an einer hohen Gruppeneffektivität (Produktivität und Stabilität) interessiert sein. Untersuchungen, die diese Outputs als abhängige Variable zum Gegenstand haben, legen dabei Variablen aus verschiedenen Prozeßphasen unseres systemanalytischen Diagramms als jeweils unabhängige Variable zugrunde.

Teilweise werden Input und Output gegenübergestellt, teilweise werden Interaktions- oder Formations- und Entwicklungsvariablen zu Outputfaktoren in Beziehung gesetzt. In nahezu allen Fällen werden aber, wie oben bereits angegeben, nur Teilbeziehungen herausgegriffen und überprüft.

(1) Inputvariablen und Effektivität (einige Befunde)[36]

(a) Gruppengröße

- Die Zufriedenheit der Gruppenmitglieder sinkt mit steigender Gruppengröße.
- Eine eindeutige Beziehung zwischen Gruppengröße und Produktivität konnte nicht gefunden werden. Aufgaben, die ein hohes Maß an Kooperation und Komplementäraktivitäten verlangen, werden tendenziell in kleineren Gruppen besser gelöst, während Aufgaben additiver Natur mit zunehmender Gruppengröße tendenziell zunehmende Leistungswerte erzielen.

(b) Aufgabe

- Bei schwierigen Aufgaben hängt der Erfolg davon ab, in welchem Ausmaß die Gruppenmitglieder frei und ungehindert Zustimmung oder Ablehnung zu den vorgeschlagenen Lösungsschritten äußern können.
- Gruppen, die sich aus Mitgliedern mit unterschiedlichen Persönlichkeitsstrukturen zusammensetzen, arbeiten besser bei schwach strukturierten Aufgaben als Gruppen, deren Mitglieder homogene Persönlichkeitsstrukturen aufweisen. Bei gut strukturierten Problemen zeigen sich eher die umgekehrten Ergebnisse. Neue-

36 Vgl. im Überblick Shaw, M.E., a.a.O.

re Studien[37] differenzieren diesen Punkt weiter. Gruppen mit einem hohen Diversitätsgrad (Einstellungen, Präferenzen usw.) erzielen gewöhnlich bessere Ergebnisse als solche mit einem hohen Ähnlichkeitsgrad. Dies allerdings dann nicht, wenn die Diversität zu gravierenden Dauerkonflikten führt, wenn die Diversität keinen Konsens in den Grundzielen zuläßt, wenn die Entscheidung rasches Gemeinschaftshandeln erforderlich macht.

(c) Persönlichkeitsmerkmale

- Untersuchungen, die Eigenschaften der Mitglieder und Gruppenleistung direkt in Beziehung setzen wollten, konnten keine konsistenten Ergebnisse erzielen. Die Art der zu lösenden Aufgaben spielt eine auschlaggebende Rolle.
- Gruppen mit Mitgliedern ähnlicher Persönlichkeitsstrukturen zeigen gewöhnlich höhere Zufriedenheit und Stabilität als heterogen zusammengesetzte Gruppen.

(2) Gruppenstruktur und Effektivität (einige Befunde)

- Dezentralisierte Kommunikationsstrukturen bringen bessere Problemlösungen bei komplexen Aufgaben, zentralisierte Kommunikationsstrukturen dagegen bei einfachen Aufgabenstellungen.
- Gruppenmitglieder berichten mehr Zufriedenheit bei dezentralisierten als bei zentralisierten Kommunikations- und Entscheidungsstrukturen.

(3) Gruppenkohäsion und Effektivität (einige Befunde)

(a) Gruppenkohäsion und Produktivität[38]

- Die anfänglich häufig vertretene Auffassung, daß zwischen Gruppenkohäsion und Gruppenleistung eine eindeutige Kausalbeziehung derart bestehe, daß eine **Steigerung der Gruppenkohäsion** eine **Steigerung der Gruppenleistung** bewirke, konnte nicht bestätigt werden. Bei empirischen Untersuchungen fand man zwar Gruppen, die sich in der erwarteten Weise verhielten; man fand aber auch hochkohäsive Gruppen, die eine niedrigere Leistung erbrachten als Gruppen mit schwacher Kohäsion. Es erwies sich, daß ohne Berücksichtigung der **Gruppenziele** keine eindeutigen Aussagen möglich sind: Das Einflußpotential der Gruppe auf das Verhalten ihrer Mitglieder wird stark durch die Höhe der Gruppenkohäsion bestimmt; die Einflußrichtung aber hängt von den intern formulierten Zielen der Gruppe ab. Nur dann, wenn diese Ziele auf eine hohe Leistungsabgabe ausgerichtet sind, wird sich der ursprünglich erwartete Effekt einstellen. Das Ziel einer

37 Vgl. Wanous, J.P./Youtz, M.A., Solution diversity and the quality of group decisions, in: Academy of Management Journal 29 (1986), S. 149 ff.

38 Vgl. Seashore, S., Group cohesiveness in industrial work groups, Ann Arbor 1954.

hohen Arbeitsleistung wird in der Regel von der Organisationsumwelt an die Gruppe herangetragen. Eine Vielfalt von Einflußfaktoren bestimmt, inwieweit diese Ziele mit den Gruppenzielen im Einklang stehen oder divergieren. Eine besondere Bedeutung wird dabei der Frage der Instrumentalität der Organisationsziele zukommen.

– Generell ließen sich folgende Beziehungen wiederholt beobachten:

  - Bei Zieldivergenz (Kongruenz) leisten hochkohäsive Gruppen tendenziell weniger (mehr) als schwachkohäsive Gruppen.
  - Hochkohäsive Gruppen zeigen eine größere Uniformität im Output als schwachkohäsive Gruppen. Diese Uniformität läßt sich mit dem erhöhten Einflußpotential auf das Verhalten der Mitglieder erklären.
  - In hochkohäsiven Gruppen sind - bei Zielakzeptanz - schnellere Lernerfolge zu erwarten als in wenig kohäsiven Gruppen.

(b) Gruppenkohäsion und Zufriedenheit

Mitglieder von hochkohäsiven Gruppen äußern sich für gewöhnlich zufriedener über ihre Arbeit als solche schwachkohäsiver Gruppen. Dieses empirische Ergebnis überrascht nicht, denn Kohäsion war ja oben als Attraktivität bzw. Ausmaß der Bedürfnisbefriedigungsmöglichkeit in der Gruppe bestimmt worden.

(c) Gruppenkohäsion und Fehlzeiten

Hochkohäsive Gruppen haben im Durchschnitt geringere Fehlzeiten als schwachkohäsive Gruppen. Abbildung 9.6 zeigt die Ergebnisse einer Studie von Mann und Baumgartel.[39]

(d) Gruppenkohäsion und Fluktuation

Coch und French[40] untersuchten Gruppen von Textilarbeitern, die sich an neue Technologien anzupassen hatten. Die Fluktuationsraten waren sehr hoch; aber sie differierten stark in Abhängigkeit von der Kohäsion. Gruppen mit hoher Kohäsion hatten eine relativ niedrigere Fluktuationsrate als andere Gruppen – dies auch bei grundsätzlich negativer Einstellung gegenüber der Firma (vgl. dazu auch unten zum Führungsstil).

(e) Gruppenkohäsion und perzipierte Belastung durch die Arbeit

Seashore[41] untersuchte die Auswirkungen der Gruppenkohäsion auf den perzipierten Druck durch die Arbeit bei 228 Arbeitsgruppen in einer großen Schwermaschinenfabrik. Hohe Kohäsion wurde angenommen, wenn die Mitglieder „(1) perceive themselves to be a part of a group, (2) prefer to remain in the group rather than to leave, and (3) perceive their group to be better than other groups with respect to the

39 Mann, L./Baumgartel, H., Absences and employee attitudes in an electric power company, Ann Arbor 1952.

40 Coch, L./French, J.R.P. jun., Overcoming resistance to change, in: Human Relations 1 (1948), S. 512 ff.

41 Vgl. Seashore, S., a.a.O., ebenda, S. 40.

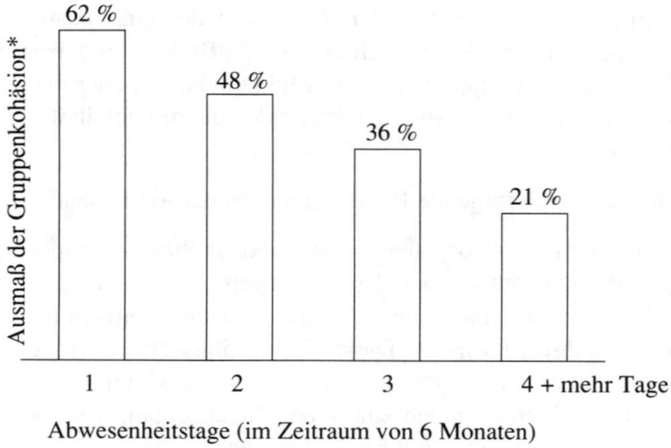

* Prozentsatz der Mitarbeiter, die die Frage bejahten: „Our crew better than others at sticking together."

Abb. 9.6: Abwesenheit vom Arbeitsplatz in Abhängigkeit von der Gruppenkohäsion

Quelle: Tannenbaum, A.S., Social psychology of the work organization, Belmont-London 1969, S. 64

way the men get along together, the way they help each other out, and the way they stick together". Es zeigte sich folgendes Ergebnis: Hohe Gruppenkohäsion führt zu geringeren arbeitsbezogenen Belastungs-, Spannungs- und Angstgefühlen. Abbildung 9.7 gibt die Antworten auf die Frage wieder: „Does your work ever make you feel `jumpy` or `nervous`?"

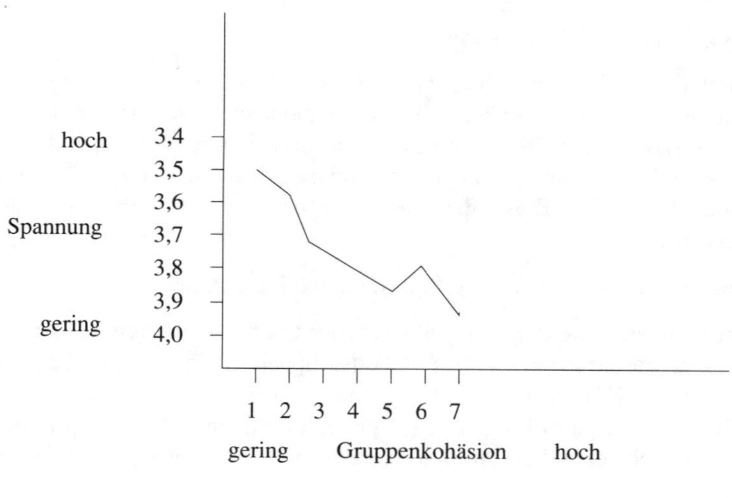

Abb. 9.7: Perzipierte Belastung durch die Arbeit in Abhängigkeit von der Gruppenkohäsion

Quelle: Tannenbaum, A.S., a.a.O., S. 65

(4) Rückkoppelung

Aufgaben(miß)erfolg und (In-)Stabilität der Gruppen haben nun ihrerseits wieder Einfluß auf die Inputvariable: Organisationsumwelt und damit indirekt auf die Zusammensetzung der Gruppe (z.B. Aufgabenmißerfolg bewirkt die externe Entscheidung, einige Mitglieder in der Gruppe auszutauschen).

Diskussionsfragen

1. Was versteht man unter einer Gruppe?
2. Spezifizieren Sie die Einflußfaktoren der „organisatorischen Umwelt“ (als Inputvariable) auf die Gruppe und zeigen Sie einige festgestellte Auswirkungen auf!
3. Zeigen Sie die Zusammenhänge zwischen Gruppenkohäsion und Zusammensetzung der Gruppenmitgliedschaft auf!
4. Inwiefern trägt die „Statusstruktur“ zur Erklärung von Verhalten in Organisationen bei?
5. Zeigen Sie die Zusammenhänge zwischen dem Status- und dem Rollenkonzept auf! Wie ist hier das Konzept der „Position“ einzuordnen?
6. Versuchen Sie mit Hilfe der „Rollenepisode“ verschiedene Rollenkonfliktmöglichkeiten aufzuzeigen! Inwiefern kann die organisatorische Umwelt zur Erhöhung der Wahrscheinlichkeit von Rollenkonflikten beitragen?
7. Inwiefern trägt die Kenntnis der Führungsstruktur zur Erklärung von Verhalten in Organisationen bei?
8. Versuchen Sie, anhand eines Beispieles das Phänomen des „Risikoschubs“ zu veranschaulichen und zu erklären! Diskutieren Sie mögliche Maßnahmen, den Risikoschub zu vermeiden!
9. Was versteht man unter „Gruppendenken“? Geben Sie ein praktisches Beispiel!
10. Welcher Zusammenhang ergab sich in empirischen Untersuchungen zwischen Gruppenkohäsion und Fluktuation? Wie kann dieses Ergebnis erklärt werden?
11. Gruppenkohäsion und Produktivität korrelieren in empirischen Untersuchungen teils positiv, teils negativ; manchmal ergibt sich überhaupt keine Beziehung. Wie könnte man dieses Ergebnis erklären?

Literaturhinweise

Gesamtüberblick zum Gruppenverhalten:

Jewell, L.N./Reitz, H.J., Group effectiveness in organizations, Glenview/Ill. 1981.

Zu Begriff und Typen:

von Rosenstiel, L., Gruppen und Gruppenbeziehungen, in: Grochla, E. (Hrsg.), Handwörterbuch der Organisation, 2. Aufl., Stuttgart 1980, Sp. 793-804.

Zu Struktur und Prozeß in Gruppen:

Hofstätter, P.R., Gruppendynamik, Reinbek bei Hamburg 1971.
Homans, G.C., Theorie der sozialen Gruppe, 7. Aufl., Opladen 1978 (Übers. a.d.Engl.).
Mc Grath, J.E., Groups: Interaction and performance, Englewood Cliffs, N.J. 1984.
Shaw, M.E., Group dynamics; The psychology of small group behavior, 3. Aufl., New York 1981.
Zander, A., Making groups effective, San Francisco 1983.

Zehntes Kapitel

Der Vorgesetzte in der Organisation: Das Vorgesetztenverhalten

10.1 Zur Theorie der Führung ... 487

10.2 Führerschaft und Führungseigenschaften (Eigenschaftsansatz) ... 487

10.3 Führerschaft als Beeinflussungsprozeß ... 490
10.3.1 Führung als intendierter sozialer Einflußversuch ... 490
10.3.2 Der Einflußprozeß und seine Erfolgsbedingungen ... 492
10.3.2.1 Das Einflußprozeß-Modell ... 492
10.3.2.2 Grundlagen sozialer Macht (Einflußpotentiale) ... 494

10.4 Führungsstile und Leistungsverhalten ... 497
10.4.1 Autoritärer versus demokratischer Führungsstil ... 497
10.4.2 Weitere Führungsstil-Konzepte ... 501
10.4.3 Zwei-Dimensionale Konzepte ... 504

10.5 Situationstheorien der Führung ... 507
10.5.1 Der Moderator-Ansatz ... 508
10.5.1.1 Das Fiedlersche Kontingenzmodell ... 508
10.5.1.2 Die „Situationale Führungstheorie" ... 513
10.5.1.3 Das Multiple Verknüpfungsmodell ... 516
10.5.2 Der situationsanalytische Ansatz: Das Vroom-Yetton-Modell ... 517
10.5.3 Der instrumentalistische Ansatz: Die Weg-Ziel-Theorie der Führung von House ... 521
10.5.4 Vergleichende Gegenüberstellung der Situationstheorien der Führung ... 523
10.5.5 Offene Fragen ... 523

Diskussionsfragen ... 526

Literaturhinweise ... 527

10.1 Zur Theorie der Führung

Neben dem Individual- Gruppenverhalten ist es das Vorgesetztenverhalten als dritte komplexe Variable, die für den Leistungsprozeß in Organisationen von großer Bedeutung ist. Die Frage nach der Natur und der Bedeutung der Führung beschäftigt die Wissenschaft schon sehr lange. Eine allseits akzeptierte Sichtweise konnte bislang noch nicht entwickelt werden. Dies hängt nicht zuletzt damit zusammen, daß das Führungsphänomen mit weltanschaulichen Fragen sehr eng verknüpft ist und in der Historie immer wieder in Ideologien einen zentralen Platz einnahm. Dies war in Deutschland zuletzt in den nationalsozialistischen Ideologemen der Fall, in denen die Führerschaft und der Führer geradezu kultisch überhöht wurden, überhöht mit so schrecklichen Folgen, daß das Wort Führer in Deutschland nicht mehr unbefangen verwendet werden kann (und soll).

Zur Erklärung von Führerschaft sind in der Literatur zahlreiche Ansätze entwickelt worden. Im nachfolgenden sollen die zwei bekanntesten Sichtweisen kurz vorgestellt werden. Erstere begreift Führerschaft als Ausfluß von Führungseigenschaften (Eigenschaftsansatz) und zweitere versteht Führerschaft als sozialen Beeinflussungsprozeß.

Ein dritter, in der Managementlehre äußerst einflußreicher Ansatz definiert aus einer prozeßtheoretischen Perspektive heraus **Führung als Funktion**; eine Funktion, die ein System zu erfüllen hat, wenn es Bestand haben soll. Diese Perspektive wurde im ersten Kapitel ausführlich erörtert und soll deshalb hier nur als Hintergrundmotiv fungieren.

10.2 Führerschaft und Führungseigenschaften (Eigenschaftsansatz)

Dem Eigenschaftsansatz liegt die alltägliche Vorstellung zugrunde, daß sich Führerschaft durch die Person des Führers erklären läßt. Leitend ist die Idee, daß bestimmte Eigenschaften zum Führer prädestinieren und daß es nur verhältnismäßig wenigen Menschen vergönnt ist, über solche Eigenschaften zu verfügen. Häufig verbindet sich diese Perspektive noch mit der Überzeugung, daß die Führungseigenschaften in bestimmten sozialen Klassen, nämlich den höheren, häufiger vertreten sind als in den unteren Klassen (was dann schließlich zum Rechtfertigungsgrund für Klassenunterschiede gerät). In diesen Zusammenhang gehört auch das immer wieder einmal gestellte Thema von „Führer" und „Masse".[1]

Die Forschung (insbesondere zwischen 1900 und 1950) richtete demgemäß ihr Hauptaugenmerk auf die Suche und Entdeckung relevanter Eigenschaften, die den Führer von

1 Vgl. Le Bon, G., Psychologie der Massen, Leipzig 1908.

den Geführten unterscheiden, wobei man meist das Angeborensein, teilweise aber auch das Erworbensein derartiger Eigenschaften annimmt.

Die erstellten Kataloge von Führungseigenschaften verwenden die unterschiedlichsten Eigenschaften; sie beruhen einerseits auf mehr intuitiv-introspektiven, andererseits mehr auf empirisch-statistischen Gewinnungsmethoden (Korrelationsrechnung, Faktorenanalyse usw.).

In den **intuitiv-introspektiv** gewonnenen Katalogen tauchen vor allem die folgenden Eigenschaften auf: Selbstvertrauen, Entschlußkraft, Fähigkeit zur richtigen Entschlußfassung, Willensstärke, breites Wissen, Überzeugungskraft und Selbstgenügsamkeit. Häufig genannt wird auch die Intelligenz. Die Frage nach der Beziehung der Eigenschaften untereinander, inwieweit z.B. Intelligenz und Wissen hohe Entscheidungsfreudigkeit ausschließen (oder begünstigen), bleibt unberücksichtigt. Die Kataloge differieren erheblich.

In den **empirisch-statistisch** gewonnenen Katalogen wird versucht, diejenigen Eigenschaftsmerkmale von Führern herauszudestillieren, die, universell gültig, Führer von Geführten unterscheiden. Der Grad der Übereinstimmung ist auch hier gering geblieben. Stogdill[2] analysierte z.B.. 124 derartiger Untersuchungen und fand nur wenige Eigenschaften, die in mehr als 15 Untersuchungen bei Führern häufiger auftraten als bei Geführten, nämlich: Höhere Intelligenz, bessere Schulleistungen und stärkere Teilnahme an Gruppenaktivitäten. In einer ähnlichen Analyse[3], die sämtliche verfügbaren Studien zwischen 1900 und 1957 einbezog, fand man 500 verschiedene Eigenschaftsvariablen, wovon jedoch nur wenige in jeweils 4 oder mehr Untersuchungen vorkamen. In vielen Fällen traten Widersprüche auf; bestimmte Eigenschaften waren in manchen Studien stärker bei Führern, in anderen dagegen stärker bei Nicht-Führern zu beobachten.

Stogdill fand in einem neuerlichen Sammelreferat deutliche Anzeichen dafür, daß die Muster von Eigenschaften der Führer sich mit den Gruppen-Situationen ändern.[4]

Die Problematik des Eigenschaftsansatzes erhellt auch aus Versuchen, Vorhersagen über Führungseignung aus solchen Katalogen abzuleiten: An Eigenschaftskatalogen orientierte Eignungsprognosen stimmten mit der tatsächlichen Bewährung in Führungspositionen kaum überein.Die Inkonsistenz, Widersprüchlichkeit und Uneinheitlichkeit der Ergebnisse des Eigenschaftsansatzes lassen die heute in der Wissenschaft herrschende Meinung als richtig erscheinen, daß dieser Forschungsansatz gescheitert ist. Trotz intensiver Bemühungen ist es auch nicht ansatzweise gelungen, eine Art Generalfaktor „Führungsbegabung“ zu finden. Nichtsdestotrotz ist das alltägliche Verständnis von Führung dem Eigenschaftsansatz verpflichtet geblieben, was sich nicht zuletzt in vielen Auswahlverfahren von Unternehmungen widerspiegelt.

2 Vgl. Stogdill, R.M., Personal factors associated with leadership: A survey of the literature, in: Journal of Psychology 25 (1948), S. 35-71.

3 Vgl. Mann, R.D., A review of the relationships between personality and leadership and popularity, in: Psychological Bulletin 56 (1959), S. 241-270.

4 Vgl. Stogdill, R.M., Handbook of leadership, New York 1974.

Ursachen für das Scheitern des Ansatz sind u.a. zu suchen in:

(1) der Annahme, daß Persönlichkeits-Disposition wie z.B. Dominanz oder Initiativkraft eine gleichsinnige Verhaltensdeterminierung in den verschiedensten Situationen zu bewirken vermag. Diese Annahme hat sich als nicht haltbar erwiesen; Verhalten wird heute als Produkt aus Person und Situation erklärt;

(2) dem Ausgangspunkt bei isolierten allgemeinen Eigenschaften; nicht aber bei führungssituationsbezogenen Verhaltensweisen;

(3) mangelnder Differenzierung. In den Untersuchungen wurden Inhaber von Führungspositionen analysiert, unabhängig davon, ob diese durch Alter, Schichtzugehörigkeit, Gruppenkonsens oder qua Amt dorthin kamen. Eine Übereinstimmung in Persönlichkeitsmerkmalen ist schon aus dieser Sicht wenig wahrscheinlich. Eine Unterscheidung zwischen erfolgreichen und erfolglosen Führern erscheint für diesen Untersuchungszweck wesentlich fruchtbarer (vgl. hierzu unten die Führungsstilforschung);

(4) der Annahme, daß jede Führungssituation dieselben Anforderungen an die Führungsperson stellt oder anders ausgedrückt, daß universale Führungseigenschaften existieren. Persönlichkeitsmerkmale, die dazu beitragen, daß eine Person in einer konkreten Situation die Führungsposition innehat, können in anderen Situationen belanglos im Hinblick auf Übernahme oder Ausübung der Führerrolle sein oder dem sogar entgegenstehen (z.B. Bergbau-Gruppe und Forschungsteam).

Das Scheitern des auf Führungseigenschaften rekurrierenden Forschungsansatzes besagt nur, daß ein Rekurs auf Eigenschaften das Phänomen Führung nicht zu erklären vermag. Es besagt jedoch nicht, daß Persönlichkeitsmerkmale im Rahmen der Analyse von Führungsprozessen überhaupt irrelevant sind.

Eine gewisse Neubelebung hat die Eigenschaftstheorie durch die **Attributionstheorie** erfahren, speziell durch den Ansatz von Calder[5], wenngleich auch dort ein völlig anderes theoretisches Grundgerüst verwendet wird. Die ursprüngliche Fragestellung wird dort radikal subjektiviert, es interessieren nicht mehr länger Eigenschaften eines Führers, sondern nur der Wahrnehmungsvorgang in Menschen, die mit ihm in Verbindung stehen. Ob Führungseigenschaften existieren oder nicht, spielt in diesem Ansatz keine Rolle, er interessiert sich vielmehr dafür, daß einer Person von ihrer Bezugsgruppe Führungseigenschaften zugesprochen (attribuiert) werden und daß diese im Zuge dessen als Führer akzeptiert wird. Erklärt werden soll der Zuweisungsprozeß, die Wahrnehmungsorganisation von Menschen, die schließlich dazu führt, daß anderen Personen Führungseigenschaften zugesprochen werden. Natürlich spielen bei diesem Wahrnehmungs- und Zuweisungsprozeß Alltagstheorien der Führung eine herausragende Rolle, und diese sind - wie erwähnt - im wesentlichen Eigenschaftstheorien. Es kann daher auch nicht weiter verwundern, daß sich der Attributionsprozeß um das (Trivial-) Konzept der Führungseigenschaft herumrankt.

5 Vgl. Calder, B., An attribution theory of leadership, in: Staw, B.B./Salancik, J.R. (Hrsg.), New directions in organizational behavior, Chicago 1977, S. 179-204.

Es ist genau auch dieser Kontext, in den neuerdings das altbekannte Konzept des **charismatischen Führers**[6] gestellt wird. Das Charisma wurde lange Zeit als quasi magisch unentrinnbares Faszinosum von Menschen mythisch verklärt. Forschungen im Sinne des Eigenschaftsansatzes, die sog. charismatische Führer untereinander mit dem Ziel verglichen, die gemeinsamen Merkmale dieser Personen zu extrahieren, blieben ohne Erfolg. Die Personen (Hitler, Gandhi, Watson usw.) waren viel zu unterschiedlich, als daß ein gemeinsamer Satz an Eigenschaften identifizierbar gewesen wäre.[7]

Heute wird im allgemeinen die Auffassung akzeptiert, daß es im wesentlichen die **Zuschreibung** der Geführten ist, die das Charisma generiert. Die Geführten oder besser die Einflußadressaten beobachten das Verhalten des Führers und weisen in bestimmten Fällen Charisma zu. Diese Zuweisung wird besonders häufig dann vorgenommen, wenn Führer 1. prägnante Visionen entwickeln, die vom Status quo stark abweichen, ohne allerdings die Vorstellungswelt der Geführten zu verlassen, 2. ein selbstaufopferndes Engagement zeigen, 3. ihre Ideen mit hohem persönlichem Risiko verfolgen, 4. ihre Ideen erfolgreich realisieren und 5. ihre Führungsmotivation klar zum Ausdruck bringen.[8] Die Merkmale und Wahrnehmungsprozesse, aufgrund derer Charisma attribuiert wird, sind selbstverständlich historisch und kulturell beeinflußt, so daß diese Erklärung letztlich auf die gesellschaftlichen Bedingungen verweist, die bestimmte Merkmale für den Attributionsprozeß hervortreten lassen.

10.3 Führerschaft als Beeinflussungsprozeß

Der Mißerfolg des Eigenschaftsansatzes hat zur Entwicklung verschiedener neuer Konzeptionen geführt, unter denen die Interaktionstheorie mit ihrer Deutung von Führerschaft als Beeinflussungsprozeß theoretisch am fruchtbarsten zu sein scheint.

10.3.1 Führung als intendierter sozialer Einflußversuch

Führungsverhalten wird in diesem Ansatz nicht mehr ausschließlich als persönlichkeitsbestimmt betrachtet, sondern auch als abhängig von äußeren Ursachen, d.h. von Umwelteinflüssen. Das gilt sowohl für das Verhalten der Führungsperson als auch für das Verhalten der Geführten. Im Anschluß an Lewin[9] ist Verhalten eine Funktion der Interaktion

6 Vgl. Weber, M., Wirtschaft und Gesellschaft, 5. Aufl., Tübingen 1976, S. 654 ff.

7 Vgl. Willner, A.R., The spellbinders: Charismatic political leadership, New Haven 1984.

8 Vgl. im einzelnen Conger, J.A./Kanungo, R., Toward a behavioral theory of charismatic leadership in organizational settings, in: Academy of Management Review 12 (1987), S. 637-647.

9 Vgl. Lewin, K., Feldtheorie in der Sozialwissenschaft, Bern/Stuttgart 1963.

von Person (bzw. deren Persönlichkeitsmerkmalen) und Umwelt: V = f (P,U). Als Umwelt werden solche externen Faktoren definiert, welche die Person - bewußt oder unbewußt - als auf Verhaltensbestimmung ausgerichtete Informationen erreichen. Aus der Menge der Umweltfaktoren sind als besonders wichtige Klasse die **sozialen** Einflüsse zu nennen, also Verhaltensdeterminanten, die in der sozialen Umwelt der betrachteten Person ihren Ursprung haben. Betrachtet man nun den Führungsprozeß, so läßt sich in einer ersten Annäherung sagen, daß Führung (aus der Sicht der Geführten) der Klasse der sozialen Einflüsse oder - vorsichtiger formuliert - der sozialen Einflußversuche zuzuordnen ist. Das Verhalten der Führungsperson ist selbst natürlich wiederum z.T. das Ergebnis sozialer Einflüsse (z.B. Führungsrichtlinien in einer Unternehmung).

Nun ist allerdings nicht jeder Einfluß der sozialen Umwelt beabsichtigt; es gibt viele Situationen, in denen Personen oder Gruppen andere beeinflussen (verhaltensbestimmend wirken), ohne daß sie dies gewollt oder angestrebt hätten (z.B. der „run" auf Banken). Aus dieser Unterscheidung ergibt sich eine weitere Einschränkung. Nachdem mit Führung immer etwas bezweckt wird, bezeichnet man nur solche sozialen Einflußversuche als Führung, die beabsichtigt sind. Aber auch diese Eingrenzung ist noch zu breit; wollte man jeden Versuch beabsichtigter sozialer Einflußnahme als Führungsverhalten klassifizieren, so wäre jedes soziale System durchzogen von einem unübersehbaren Führungsverhaltens-Gestrüpp. Aussagen über „Führer" und deren „Erfolg" wären nur schwer zu bilden. Führungsverhalten ist daher noch enger zu fassen[10]; wir wollen nur dann von Führungsverhalten sprechen, wenn

(1) der Beeinflussende über ein **gewisses Sanktionspotential** und einen Informationsvorsprung verfügt, d.h. es liegt eine asymmetrische Verteilung der Einflußchancen (in einem bestimmten Bereich) vor. In hierarchischen Organisationen ist diese Asymmetrie zugunsten des formellen Führers strukturell verankert. Durch vertragliche Bindungen wie auch durch Belohnungs- und Bestrafungspotentiale wird versucht, der Führungskraft dauerhaft ein Übergewicht zu sichern;

(2) der Einflußversuch zur **Wahrnehmung von Funktionen** unternommen wird, die für die Existenz des sozialen Systems wichtig sind (z.B. Integration, Zielerreichung, Wandel);

(3) wenn der Einflußversuch in einer **direkten** sozialen Beziehung unternommen wird. Soziale Einflußversuche von Medien oder von Personen, die keine unmittelbare Beziehung zu den Beeinflußten haben, wären nach dieser Definition also nicht als Führungsverhalten einzustufen.

Von Führungsverhalten soll allerdings auch dann gesprochen werden, wenn der Einflußversuch **erfolglos** endet, der Beeinflußte also sein Verhalten nicht in der intendierten Weise ausrichtet. Würde man die Einschränkung auf erfolgreiche Einflußversuche noch hinzunehmen, könnte man nicht mehr zwischen effektivem und nicht-effektivem Führungsverhalten unterscheiden und hätte somit das zentrale Problem einer angewandten Führungsanalyse aus dem Untersuchungsbereich ausgeschlossen.

10 Vgl. Irle, M., Führungsverhalten in organisierten Gruppen, in: Meyer, A./Herwig. B. (Hrsg.), Handbuch der Psychologie, Bd. 9, 2. Aufl., Göttingen 1980, S. 521 ff.

Führung bzw. Führerschaft ist somit als spezieller Prozeß einer - asymmetrischen und direkten - sozialen Beziehung definiert, der durch einen (intendierten) Einflußversuch zur Wahrnehmung systemrelevanter Funktionen gekennzeichnet ist. Löst man die Führerschaft ab von der formalen Zuweisung in einer Organisation, dann kann hiernach potentiell jedes Individuum in einer Gruppe als Führer in diesem Sinne wirken.

Festzumachen ist ein so verstandener Führungsprozeß im Interaktionsgefüge von Person und Umwelt, das sich in folgenden vier Grundvariablen umreißen läßt:

(1) **Persönlichkeit des Beeinflussers**, seine Bedürfnisse, Einstellungen und Erfahrungen
(2) **Persönlichkeit des (der) Beeinflußten**, seine (ihre) Bedürfnisse, Einstellungen und Erwartungen
(3) **Struktureigenschaften des sozialen Systems**, in dem der Einflußversuch abläuft (Rollenstruktur, Statusstruktur, Kohäsionsgrad, Konformitätsgrad etc.)
(4) unmittelbare **Situation**, innerhalb der der Beeinflussungsversuch unternommen wird (Art der Aufgabe, äußere Bedingungen, gesetzte Ziele der Gruppe etc.).

10.3.2 Der Einflußprozeß und seine Erfolgsbedingungen

10.3.2.1 Das Einflußprozeß-Modell

Versteht man Führung in der skizzierten Weise, so stellt sich die Frage, wie man sich den Einflußprozeß vorzustellen hat und unter welchen Bedingungen ein Einflußversuch erfolgreich resp. erfolglos sein wird. Wie jeder aus seiner Lebenspraxis weiß, sind Menschen nicht bereit, sich unbesehen jedem Einflußversuch zu beugen; sie machen dies für gewöhnlich von bestimmten Bedingungen abhängig. Hier ist zunächst an das Ziel- und Bedürfnissystem der Einflußadressaten zu denken. Sie werden prüfen, inwieweit das gewünschte Verhalten oder die gewünschte Einstellungsveränderung ihren Erwartungen und Zielen entspricht und inwieweit dies ihre Bedürfnisbefriedigungssituation tangiert (fördert oder beeinträchtigt). Die Entscheidung darüber, ob und inwieweit dem Einflußversuch stattgegeben wird, hängt weiterhin wesentlich davon ab, über welche Einflußpotentiale (Machtgrundlagen) der Beeinflusser verfügt, wie legitim diese erscheinen und in welchem Maße bisher davon Gebrauch gemacht wurde. Abbildung 10.1 veranschaulicht diese Zusammenhänge grafisch.

Der Einflußadressat (in unserem Fall: der unterstellte Mitarbeiter) nimmt demnach, ähnlich wie in dem Erwartungs-Valenz-Modell, jeweils Abwägungen vor, ob es für ihn günstiger ist, dem Einflußversuch stattzugeben als sich ihm zu widersetzen. Welche Überlegungen der Beeinflußte dabei anstellt, läßt sich beispielhaft an folgenden Fragen illustrieren. Ausgangspunkt sei dabei, daß ein Vorgesetzter seinen Untergebenen einige Wochen für eine äußerst unangenehme Tätigkeit abstellen möchte: (1) Wenn ich mich weigere, die Arbeit zu tun, wird er mir dann kündigen? Mich bei der nächsten Gehaltserhöhung übergehen? Wie wichtig sind diese Dinge für mich? (2) Wenn ich diese Abstellung

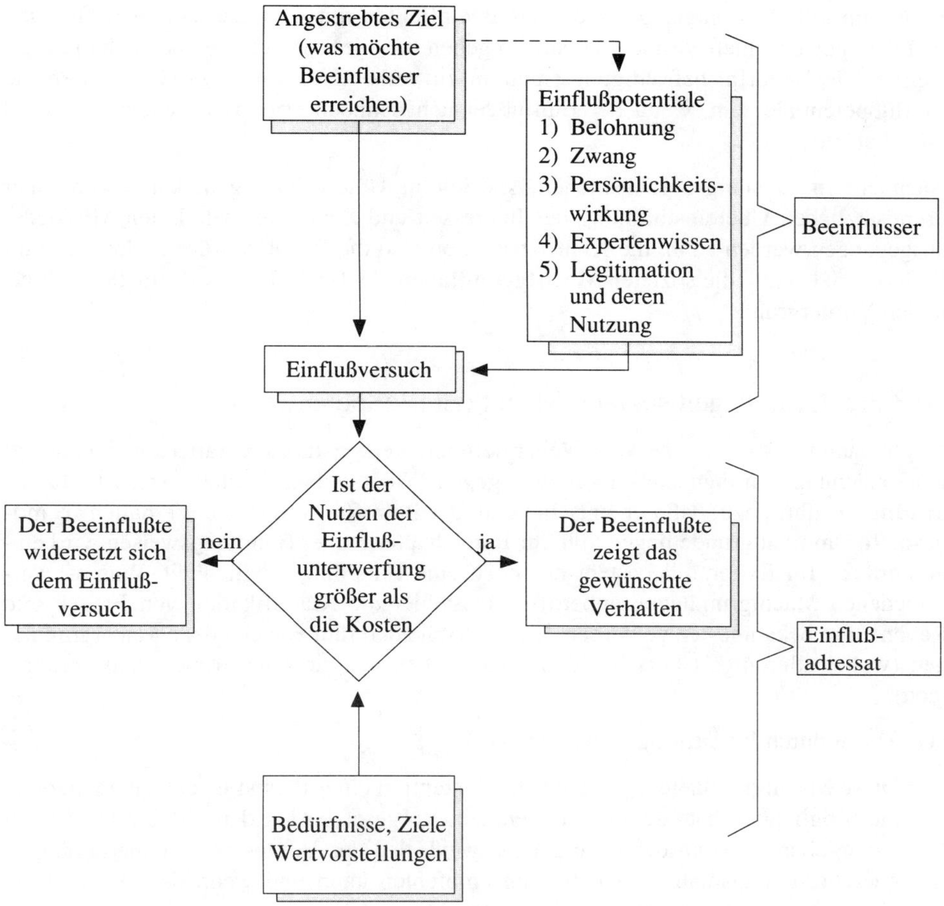

Abb. 10.1: Führung als Einflußprozeß

anstandslos akzeptiere, werden sich dadurch meine Fortkommensaussichten erhöhen? Werde ich schneller eine Gehaltserhöhung bekommen? Ist mein Vorgesetzter mir dadurch verpflichtet? (3) Gibt es ein Mittelding? Was passiert, wenn ich zwar diese Arbeit akzeptiere, aber versuche, meine „Kosten" zu verringern, indem ich häufig Pausen mache, etwas früher weggehe und ab und zu einfach zu Hause bleibe?

Generell läßt sich behaupten:

Je mehr das Ziel, dem die Beeinflussung dienen soll, und das gewünschte Verhalten den Zielen des Beeinflußten entgegenkommt bzw. seiner Bedürfnisbefriedigung in instrumenteller Weise dienlich ist (Zielkongruenz) und über je mehr Einflußpotentiale der Beeinflusser verfügt, um so eher wird der Beeinflußte dem Einflußversuch stattgeben und umgekehrt.

Weiterhin gilt: Je weniger die Ziele des Beeinflußten mit dem Ziel der Beeinflussung und dem gewünschten Verhalten konform gehen bzw. je weniger geeignet sich diese erweisen, die Bedürfnisbefriedigungssituation zu verbessern, um so größer müssen die Einflußpotentiale sein, wenn der Einflußversuch dennoch erfolgreich enden soll (und umgekehrt).

Nachdem in Leistungsorganisationen, speziell in Unternehmungen, kaum von einer grundsätzlichen Übereinstimmung der Interessen und Ziele aller beteiligten Mitglieder ausgegangen werden kann, die Konfliktsituation also die Regel ist, rücken dort die Einflußpotentiale bzw. die sozialen **Machtgrundlagen** des Beeinflussers (formeller Führer) in den Vordergrund.

10.3.2.2 Grundlagen sozialer Macht (Einflußpotentiale)

Macht kann im Anschluß an Max Weber definiert werden als die **Chance**, in einer sozialen Beziehung den eigenen Willen auch gegen Widerstreben durchzusetzen.[11] **Machtausübung** führt dazu, daß der Entscheidung der Betroffenen über ihr Verhalten **fremdgesetzte Daten** zugrunde liegen, d.h. ihr Bereich alternativer Handlungsweisen wird eingeschränkt. Im Extremfall besteht nur noch eine Handlungsmöglichkeit. Was die verschiedenen Machtgrundlagen anbetrifft, so ist hier die Klassifikation von French und Raven[12] am bekanntesten geworden. Sie unterscheiden fünf verschiedene Machtgrundlagen (wobei allerdings Überschneidungen zwischen den einzelnen Kategorien vorkommen).

(1) Macht durch **Belohnung** (reward power)

Diese Machtgrundlage basiert auf der Perzeption einer Person B, daß eine Person A die Möglichkeit hat, sie zu belohnen. Ein Vorgesetzter hat dann Macht über einen Untergebenen, wenn der Untergebene weiß, daß der Vorgesetzte Lohnerhöhungen oder Förderungsmaßnahmen für ihn empfehlen kann und wenn der Untergebene diese Anreize begehrenswert findet. Macht durch Belohnung ist streng zu unterscheiden von der bloßen Existenz eines Belohnungsinstrumentariums. Ein Vorgesetzter mag die Möglichkeit haben, Untergebene zu weiterbildenden Kursen vorzuschlagen; wenn die Untergebenen an solchen Kursen nicht interessiert sind, werden sie sich - zumindest aus diesem Grund - den Einflußversuchen nicht fügen. Verhaltensbeeinflussend wirkt also die perzipierte - und positiv bewertete - Inaussichtstellung erhöhter Bedürfnisbefriedigung bei konformen Verhalten. Für die Erhaltung dieser Machtgrundlage ist die tatsächliche Gewährung der in Aussicht gestellten Belohnung notwendig. Bei wiederholter Nichtgewährung der Belohnung, trotz konformen Verhaltens, wird diese Machtgrundlage verloren gehen.

11 Vgl. Weber, M., Wirtschaft und Gesellschaft, 5. Aufl., Tübingen 1976, S. 28.

12 French, J.R.P./Raven, B., The bases of social power, in: Cartwright, D. (ed.), Studies in Social Power, Ann Arbor 1959.

(2) Macht durch **Zwang** (coercive power)

Sie gründet sich auf die Perzeption von Untergebenen, daß der Vorgesetzte die Möglichkeit hat, sie bei nichtkonformen Verhalten zu bestrafen (Entlassung, Versetzung, Lohnabzug etc.). Hier gelten im Prinzip dieselben Ausführungen wie unter (1). Die Machtgrundlagen (1) und (2) ähneln sich in vieler Hinsicht. Für beide ist der Machtbereich auf Verhaltensweisen eingeschränkt, für die belohnt oder bestraft werden kann oder - besser gesagt - für die die Inaussichtstellung von Belohnungen/ Bestrafungen als solche empfunden wird. Die Stärke beider Machtgrundlagen ist abhängig von der (perzipierten) Größe und Zahl der Belohnungen/Bestrafungen und der antizipierten Wahrscheinlichkeit, daß diese tatsächlich gegeben werden. Die Höhe der Wahrscheinlichkeit hängt u.a. von den Erfahrungen ab, die der Beeinflußte mit dem Beeinflusser gemacht hat.[13]

(3) Macht durch **Persönlichkeitswirkung** (referent power)

Macht durch Belohnung unterscheidet sich in einem wichtigen Punkt von Macht durch Bestrafung: Sie kann in Macht durch Persönlichkeitswirkung überführt werden. Macht durch Persönlichkeitswirkung gründet sich auf Identifikation oder den Wunsch, dem Vorgesetzten zu gefallen. Belohnung ist allerdings nur eine der vielen möglichen Determinanten der Identifikation. Eine mögliche Erklärung für diese Transformation von Belohnungs- in Referenten-Macht ist die, daß die Autorität, Belohnungen gewähren zu können, eine Person attraktiv macht und daß diese Attraktivität zur Identifikation anregt. Im Gegensatz zur Macht durch Belohnung bzw. Bestrafung ist diese Machtgrundlage schwer herstellbar, sie ist spontanen Ursprungs.

(4) Macht durch **Wissen und Fähigkeiten** (expert power)

Expertenmacht gründet sich auf die Perzeption des Untergebenen, daß der Vorgesetzte Wissensvorteile in einem speziellen Gebiet hat. Je höher der zuerkannte Wissensvorsprung, desto stärker wird diese Machtgrundlage. Expertenmacht ist aber grundsätzlich **begrenzt** auf den Wissensbereich, für den relative Wissensvorteile zuerkannt werden. Außerhalb dieser Grenzen entfällt die Möglichkeit der Beeinflussung dieser Art.

(5) Macht durch **Legitimation** (legitimate power)

Sie gründet sich auf die Akzeptierung spezieller Normen und Werte, die besagen, daß bestimmte Personen (Positionsinhaber) das Recht haben, Einfluß auszuüben. Konkreter ausgedrückt: Mitarbeiter sind bereit, den Weisungen des Vorgesetzten zu folgen, weil sie dessen Recht anerkennen, Weisungen zu erteilen. Hierarchische Organisationen gründen (abgesichert über den Arbeitsvertrag) immer auf dieser Machtgrundlage, allerdings meist gepaart mit anderen Machtressourcen, weil die Legitimationsmacht im Einzelfall selten ausreicht.

13 Im Sinne eines Opportunitätskosten- und -nutzenkalküls gehen (1) und (2) ineinander über, da entgangene Belohnung als Bestrafung und vermiedene Bestrafung als Belohnung verstanden werden kann.

Die fünf Machtgrundlagen[14] sind zu einem gegebenen Zeitpunkt **simultan** in die Analyse des Beeinflussungsprozesses einzubeziehen, da sie zusammen das Ausmaß verfügbarer Macht determinieren. In bezug auf die Kosten-Nutzen- bzw. Kosten-Kosten-Kalküle der Einflußadressaten lassen sich neben den ohnehin direkt einsetzbaren Belohnungs- und Bestrafungsressourcen auch die drei anderen Machtpotentiale in Kosten (Bestrafungs)- und Nutzen (Belohnungs) -Kategorien transformieren.

Die Kosten-Nutzen-Abwägung über Annahme oder Ablehnung der Beeinflussungsinhalte ist nicht immer ein bewußter Prozeß. Dies dürfte nur dann der Fall sein, wenn die betroffene Person die Entscheidungssituation als neu oder problematisch erlebt. Ansonsten geschieht die Annahme oder Ablehnung der Beeinflussung routinemäßig, d.h. die Entscheidungssituation ist „vorkalkuliert". Die Person prüft allenfalls, ob die Bedingungen vorhanden sind, unter denen ihre „Vorkalkulation" gilt.[15]

Die Analyse der Machtgrundlagen ist für die Beantwortung der Frage, ob Führerschaft in einer gegebenen Situation erfolgreich ausgeübt wird, von entscheidender Bedeutung; dazu muß jedoch beachtet werden, ob und in welchem Ausmaß die **verschiedenen Machtgrundlagen tatsächlich** genutzt werden. Hier kommen persönlichkeits- und situationsbezogene Faktoren ins Spiel, die das Problem weiter komplizieren: Bestimmte Einstellungen und Überzeugungen schaffen Präferenzen für die Nutzung gewisser Machtgrundlagen sowie Ausmaß und Häufigkeit dieser Nutzung. Machtgrundlagen werden zudem unterschiedlich perzipiert und eingeschätzt und führen demzufolge zu unterschiedlicher Nutzung.

Ferner spielen situationsbezogene Faktoren für Art und Intensität der Nutzung von Machtgrundlagen eine wichtige Rolle: Kulturelle Gegebenheiten, Wertklima in einer Organisation, spezifische Management-Normen für Machtnutzung in einer Organisation, Art der zu lösenden Aufgabe etc.

Die hierarchisch-gegliederte Organisation „versorgt" ihre Kader auf den einzelnen Führungsebenen mit den gleichen formalen Machtressourcen (Macht durch Zwang, Belohnung, Legitimation). In zunehmendem Maße werden aber gerade diese Machtgrundlagen untauglich, die Koordinationsaufgabe zu bewältigen. Mehr und mehr werden die Möglichkeiten, Organisationsmitglieder durch Befehl und/oder Bestrafung und Belohnung zur Mitarbeit zu bewegen, durch Vertragsvereinbarungen beschränkt und reduziert. Legitime Einflußnahme qua Amt wird im öffentlichen Bewußtsein ebenso in zunehmendem Maße in Frage gestellt. Einflußbeziehungen in Organisationen werden also in Zukunft sehr viel stärker auf Referenten- und Expertenmacht angewiesen sein. In diesem Zusammenhang kann auch das im Anschluß zu diskutierende Problem der Führungsstile gesehen werden; Führungsstile interpretiert als spezifische Verhaltensmuster von Vorgesetzten, die auf unterschiedlichen Machtgrundlagen basieren und davon in unterschiedlichem Ausmaß Gebrauch machen.

14 Später wurde die „Informationsmacht" als sechste Quelle hinzuformuliert. Gedacht ist dabei primär an den Informationsvorsprung, den sich ein Vorgesetzter unter Umständen erwerben kann. Vgl. Raven, B.H./ Kruglanski, A.W., Conflict and power, in: Swingle, P., The structure of conflict, New York 1970.

15 Vgl. hierzu Kirsch, W., Entscheidungsprozesse, Bd. III, Wiesbaden 1971, S. 198 ff.

10.4 Führungsstile und Leistungsverhalten

Neben den Bemühungen, über den Forschungsansatz „Führung als Beeinflussungsprozeß“ zu Aussagen über die Entstehung von Führerschaft und die Bedingungen für den Erfolg des Beeinflussungsprozesses zu kommen, entwickelte sich eine stärker praktisch orientierte Forschungsrichtung, die Zusammenhänge zwischen unterschiedlich ausgeprägten Führungsverhaltensweisen und Untergebenenverhalten (Fluktuation, Effektivität, Arbeitszufriedenheit etc.) mit Hilfe von empirischen Untersuchungen aufzudecken sucht. Bei dieser Forschungsrichtung reduziert sich das aufgezeigte vielfältige Geflecht von Beeinflussungskräften auf die (nicht weiter begründete) **Annahme**, daß das Führungsverhalten die entscheidende Determinante für die Einstellungen der Untergebenen zur Organisation, zu deren Zielen, Aufgaben etc. und damit letztlich für ihr Verhalten im Produktionsprozeß sei. Dieser Forschungsansatz ist auf dem Hintergrund des Einflußprozeßansatzes stark vereinfacht. Er behandelt den Beeinflussungsprozeß gleichsam als „schwarzen Kasten“ (black box) und betrachtet nur eine Inputvariable (Führungsstil) im Hinblick auf verschiedene Outputvariablen (Fluktuation, Arbeitszufriedenheit, Effektivität etc.).

10.4.1 Autoritärer versus demokratischer Führungsstil

Die ersten Studien auf diesem Gebiet behandelten die Frage, ob autoritäre oder demokratische Führung erfolgreicher ist. Autoritärer und demokratischer Führungsstil werden meist als Extrempunkte eines Kontinuums aufgefaßt. Wird lediglich ein Merkmal, nämlich die Partizipation am Entscheidungsprozeß als stilbildend zugrunde gelegt, so lassen sich die in Abbildung 10.2 gezeigten Abstufungen idealtypisch herausformen.

Von den sieben Stufen seien einige kurz erläutert:

1. Stufe:
Hier liegt ein total autoritäres Verhalten vor im Rahmen der Grenzen, die der Beeinflußbarkeit der Mitarbeiter gesetzt sind: Der Vorgesetzte untersucht das Problem, betrachtet Alternativlösungen, trifft allein die Entscheidung und kündigt sie an. Er verlangt Gehorsam für die Ausführung aufgrund seiner Machtstellung und kontrolliert diese so oft als möglich.

2. Stufe:
Eine geringe Abweichung von diesem total autoritären Verhalten liegt vor, wenn der Vorgesetzte seine Entscheidungen begründet, sei es, daß er Widerspruch durch die Untergebenen einkalkuliert und diesem zuvorkommen will, sei es, daß er ein Bedürfnis der Untergebenen nach Verständnis der Entscheidung akzeptiert und ihm Rechnung tragen will.

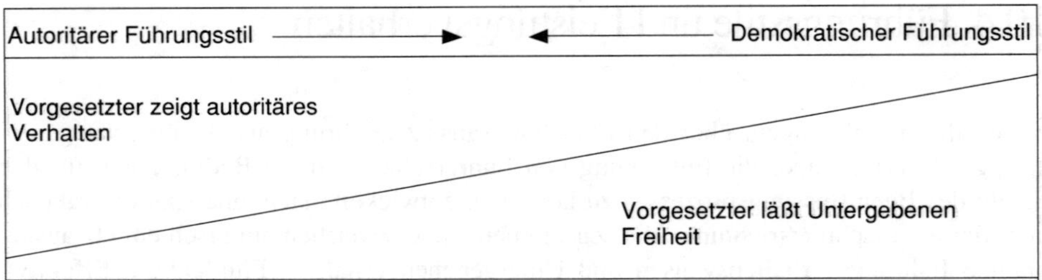

1)	2)	3)	4)	5)	6)	7)
Vorgesetzter trifft Entscheidungen und kündigt sie an	Vorgesetzter „verkauft" Entscheidungen	Vorgesetzter schlägt Ideen vor und erwartet Fragen	Vorgesetzter schlägt Versuchsentscheidung vor, die geändert werden kann	Vorgesetzter zeigt das Problem, erhält Lösungsvorschlag und entscheidet	Vorgesetzter gibt Grenzen an und fordert Gruppe auf, die Entscheidung zu fällen	Vorgesetzter gestattet den Untergebenen frei zu handeln in den systembedingten Grenzen

Abb. 10.2: Kontinuum des Führungsverhaltens

Quelle: Tannenbaum, R./Schmidt, W.H., How to choose a leadership pattern, in: Harvard Business Review 35 (1958) Nr. 2, S. 96

5. Stufe:
In den vorhergehenden Stufen hat der Vorgesetzte den Mitarbeitern seine Entscheidung vorgegeben. Hier eröffnet er erstmals die Möglichkeit, daß die Mitarbeiter Lösungen vorschlagen. Die Initiative des Vorgesetzten liegt darin, das Problem vorzustellen. Wenn eine Reihe von Lösungsmöglichkeiten entwickelt ist, wählt der Vorgesetzte die Entscheidung aus.

7. Stufe:
Hier liegt ein total demokratischer Führungsstil vor. Die Arbeitsgruppe übernimmt die Analyse des Problems, entwickelt Lösungsalternativen und trifft die Entscheidung. Der Vorgesetzte ist gleichberechtigtes Mitglied der Gruppe. Die Grenzen der Entscheidung werden von außen gesetzt, sie sind durch das übergeordnete System und die ihm inhärenten Funktionszusammenhänge bedingt.

Wenn wir diese nur auf Entscheidungen bezogene Beschreibung erweitern und auf das Vorgesetztenverhalten in einer normalen Arbeitssituation übertragen, dann könnte man die beiden Extrempunkte kurz in folgender Weise beschreiben:

Das **autoritäre** Verhalten ist dadurch gekennzeichnet, daß der Vorgesetzte den einzelnen Mitgliedern der Arbeitsgruppe die Aufgabe zuweist, daß er den Untergebenen die Art der Aufgabenerfüllung vorschreibt (vorstrukturierende Aktivität), daß er auf soziale Distanz bedacht ist, den Untergebenen keine persönliche Wertschätzung entgegenbringt und sich den Gruppen-Aktivitäten fernhält.

Das **demokratische** Verhalten dagegen zeichnet sich dadurch aus, daß der Vorgesetzte den Mitgliedern der Arbeitsgruppe selbst überläßt, ihre Arbeitsaufgaben und die Arbeitsplätze zu verteilen, daß er versucht, Aufgabe und Zwecksetzung der Gruppe durch Diskussion mit der Gruppe zu klären, daß er sich bemüht, die soziale Distanz zur Gruppe zu verringern, den Mitgliedern der Gruppe hohe persönliche Wertschätzung entgegenzubringen und als Gruppenmitglied aktiv am Gruppenleben teilzuhaben.

Ausgewählte Studien:

(1) **Lewin, Lippitt und White**[16] haben in ihren klassischen Labor-Experimenten mit jugendlichen Freizeitgruppen die Auswirkungen der verschiedenen Führungsstile auf das Gruppenverhalten untersucht. Demokratisches Führungsverhalten führte durchgängig zu positiveren Einstellungen der Gruppenmitglieder gegenüber dem Führer als autoritäres Führungsverhalten. Die Kohäsion der Gruppen unter autoritärer Führung war wesentlich schwächer als in den demokratisch geführten Gruppen. Unter demokratischer Führung zeigte sich eine höhere Beständigkeit, Qualität und Originalität in der Arbeit (Anfertigung von Masken), während in den autoritär geführten Gruppen quantitativ eine etwas höhere Leistung verzeichnet wurde (allerdings wurde dort die Tätigkeit bei Abwesenheit des Leiters abrupt eingestellt).

(2) **Coch und French**[17] haben mit einem ähnlichen Ziel ein Feldexperiment mit industriellen Arbeitsgruppen durchgeführt. Nachdem diese Studie in mehrfacher Hinsicht interessant ist, sei darauf etwas genauer eingegangen. In einer Textilfirma stand eine grundlegende Änderung der Arbeitsorganisation an. Man bildete zwei **Experimentier-** und eine **Kontrollgruppe** und differenzierte die Art und Weise, in der der Änderungsprozeß vorbereitet und durchgeführt wurde, derart, daß eine unterschiedliche Partizipation der Gruppenmitglieder am Entscheidungsprozeß erfolgte.

- Die **erste Gruppe**, die als Kontrollgruppe fungierte, partizipierte überhaupt nicht am Änderungsprozeß. Die Produktionsabteilung plante die technischen Änderungen des Arbeitsvollzuges und setzte die Akkordstandards neu fest. Ein Gruppentreffen wurde abgehalten, der Gruppe wurde mitgeteilt, daß Änderungen der Arbeitsorganisation aus Kostengründen erforderlich seien. Die Änderungen und die Art der Berechnung der neuen Akkordsätze wurden vom Refa-Ingenieur erklärt. Hier lag also ein Vorgesetztenverhalten vor, das sehr stark autoritär ausgerichtet war.
- Die **zweite Gruppe** wurde, bevor Änderungen durchgeführt wurden, zusammengerufen. Die Notwendigkeit einer Änderung des Arbeitsprozesses wurde im einzelnen erklärt und anhand des betroffenen, sich schlecht verkaufenden Produktes demonstriert. Die Gruppe erzielte über die Notwendigkeit der Änderung Einmütigkeit. Das Management präsentierte sodann einen 6-Punkte-Plan zur Durchführung der Änderung, der u.a. vorsah, zunächst aus der sehr großen Gruppe einige Arbeiter auszuwählen, die für die Änderungen vorweg ausgebildet werden sollten. Es waren diese ausge-

16 Lewin, K./Lippitt, R./White, R., Patterns of aggressive behaviors in experimentally created „social climates“, in: Journal of Social Psychology 10 (1939), S. 271-299.

17 Coch, L./French, J.R.P., Overcoming resistance to change, in: Human Relations 1 (1948), S. 512-532.

wählten Arbeiter, die dann in speziellen Zusammenkünften Vorschläge für die Änderungen einbrachten, die Art der Berechnung der Akkordsätze mitbestimmten, also total in den Gesamtprozeß einbezogen wurden. Die Ergebnisse wurden dann der gesamten Gruppe in einem zweiten Treffen präsentiert und die ausgewählten Arbeiter trainierten die übrigen im Hinblick auf die neuen Arbeitsoperationen. Der Führungsstil, der hier angewandt wurde, war also stark kooperativ, bezog sich aber nur auf einen Teil der Gruppe. Hier lag Partizipation durch Repräsentation vor.

- Die **dritte Gruppe** wurde wie die zweite Gruppe behandelt, man hat sie jedoch so klein gewählt, daß eine totale Partizipation aller Gruppenmitglieder am Entscheidungsprozeß möglich war.[18]

Für alle drei Gruppen wurde sodann die Entwicklung der Produktivität in den nächsten Wochen verfolgt und aufgezeichnet (Abb. 10.3).

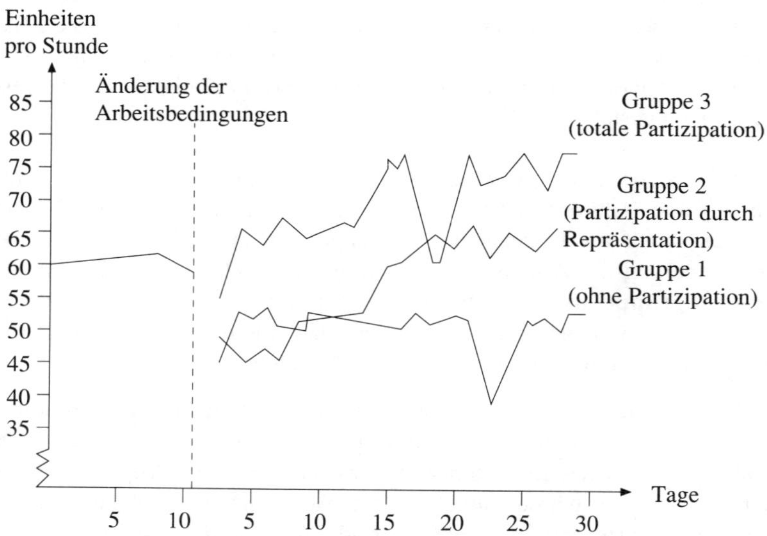

Abb. 10.3: Wirkungen autoritärer/demokratischer Führung auf die Arbeitsproduktivität

Quelle: In Anlehnung an Coch, L. und French, J., Overcoming resistance to change, in: Human Relations 1 (1948), S. 512 ff.

18 Im Experiment bestand die 3. Gruppe aus zwei kleinen Gruppen; sie werden hier aus Vereinfachungsgründen zusammengezogen.

Nach einem Arbeitsabfall in den ersten Tagen bei allen drei Gruppen stieg die Produktivität der dritten Gruppe schnell an und lag über der der beiden anderen Gruppen, aber auch über der früheren Produktivität. Auch bei der zweiten Gruppe zeigte sich ein Produktivitätsanstieg, die langfristige Leistung pendelte sich aber in etwa auf dem alten Niveau ein. Die erste Gruppe mit autoritärer Führung erreichte dagegen nicht einmal ihr altes Produktivitätsniveau und lag damit weit unter dem Output der übrigen beiden demokratisch geführten Gruppen.

Anmerkung: 2 1/2 Monate später erhielt die alte Kontrollgruppe[19] bei einer anderen Änderung die Möglichkeit, wie die Gruppe 3 mitzuentscheiden und es zeigten sich hier dieselben Ergebnisse wie im ersten Versuch bei Gruppe 3.

(3) In einem anderen kulturellen Kontext (Norwegen) haben **French, Israel und Aas**[20] diesen Versuch (allerdings mit etwas anderer Operationalisierung der Begriffe und sorgfältigeren empirischen Methoden) wiederholt.

Bei dieser Untersuchung zeigte sich, daß Beteiligung an Entscheidungen nur dann innovationsfreudiger und zufriedener macht, wenn

(a) die Entscheidungen für die Arbeit **wichtig** sind,
(b) der Inhalt der Entscheidungen mit der Arbeitsleistung in erkennbarem **Zusammenhang** steht,
(c) wenn die Beteiligung als **legitim** erachtet wird, d.h. soweit sie mit den sozialen Normen und Werten der Betroffenen in Einklang steht,
(d) wenn **keine Ressentiments** gegen die Technik der Mitentscheidung (als Manipulationsinstrument) gehegt werden.

Unterschiede in bezug auf die **Produktivität** der Gruppen, wie sie sich bei Coch und French zeigten, konnten allerdings nicht festgestellt werden. Insgesamt ergeben Studien zum partizipativen Führungsstil kein zwingendes Bild in Richtung auf Coch/French.[21]

10.4.2 Weitere Führungsstil-Konzepte

Ein anderes Konzept führungsstilprägender Merkmale wurde den Forschungen an der Universität Michigan zugrunde gelegt.[22] Hier unterschied man (wiederum als Extrempunkte eines Kontinuums) zwischen **aufgabenorientiertem** und **personenorientiertem Führungsstil.**

19 Allerdings hatten bereits 7 der 18 Gruppenmitglieder gekündigt!

20 French, J.R.P. jun./Israel, J./Aas, D., Ein Experiment über die Beteiligung in einer norwegischen Fabrik, in: Irle, M. (Hrsg.), Texte aus der experimentellen Sozialpsychologie, Neuwied 1969, S. 487-504.

21 Vgl. im Überblick Locke, E.A./Schweiger, D.M., Participation in decision-making: One more look, in: Staw, B.M. (Hrsg.), Research in organizational behavior, Greenwich/Conn. 1979, S. 265 ff.

22 Dazu insbesondere: Likert, R., New patterns of management, New York 1961.

Der **aufgabenorientierte** Vorgesetzte richtet sein Hauptaugenmerk auf den technischen Ablauf und die geforderte Leistungsmenge. Er sieht seine Untergebenen hauptsächlich als Werkzeuge oder Einsatzfaktoren, die der Leistungserstellung dienen und die unter Druck gesetzt werden müssen.

Der **personenbezogene** Führungsstil geht dagegen von der Auffassung aus, daß über das Interesse am arbeitenden Menschen auch eine Begeisterung an der Arbeit selbst entsteht, so daß im Ergebnis eine überdurchschnittliche Arbeitsleistung erzielt wird. Ein so orientierter Vorgesetzter stellt in seiner Interaktion mit den Mitarbeitern nicht fortwährend die Leistungsziele in den Vordergrund, sondern geht auf die Menschen ein, mit denen er zusammenarbeitet; er hilft ihnen, zeigt Interesse für ihre Schwierigkeiten bei und außerhalb der Arbeit, sorgt sich um ihre individuelle Entwicklung und kümmert sich um ihre Beförderung. Er verhält sich eher freundlich und unterstützend als strafend und drohend (vgl. die Darstellung in Kasten 10.1).

Zur Frage, welche Wirkungen ein aufgaben- bzw. personenbezogenes Verhalten auf die **Arbeitsleistung** hat, liegt ebenfalls eine Fülle empirischer Untersuchungsergebnisse vor. Man ist bei diesen Untersuchungen in Michigan typischerweise so vorgegangen, daß Arbeitsgruppen mit sehr hoher und sehr niedriger Produktivtät gesucht wurden, um dann die Verhaltensweisen der Vorgesetzten in diesen Gruppen zu bestimmen (Extremgruppen-Design). Die Tendenz der Ergebnisse kommt in den zwei Beispielen in Abbildung 10.4 zum Ausdruck.

Studien mit anderer Untersuchungsmethodik gelangen jedoch z.T. zu konträren Resultaten im Hinblick auf die Produktivität. Was andere Wirkungsvariablen wie Zufriedenheit, Fluktuation, Fehlzeiten oder Informationsverhalten betrifft, so konnten hier für den personenbezogenen Führungsstil durchgängig bessere Ergebnisse nachgewiesen werden.

In der jüngeren Zeit findet ein weiteres, gänzlich anderes Führungsstil-Paar starke Beachtung, das von Burns in die Literatur eingeführt wurde: **Transaktionale** und **transformative Führung.**[23]

Transaktionale Führung basiert – ähnlich wie das Einflußprozeßmodell – auf dem Austauschprinzip, d.h. Führung klärt die Rollen und die Anforderungen, die die unterstellten Mitarbeiter erfüllen müssen, um ihre persönlichen Ziele zu erreichen. Der Führer bietet Anreize (z.B. Überstundenzuschläge) oder droht mit Sanktionen, um bestimmte Verhaltensweisen der Geführten zu erreichen. Er muß dabei ihre Wünsche, Erwartungen, Befürchtungen usw. berücksichtigen, sonst sind seine Ziele nicht erreichbar. Führung wird im wesentlichen als **Austauschprozeß** verstanden.

Auf ganz anderen Grundlagen steht dagegen die **transformative Führung**; im Zuge eines transformativen Führungsprozesses **verändern** sich die Einstellungen, die Wünsche und die Vorstellungen der Geführten. Der transformative Führer agiert aus tiefer Überzeugung, aus dem Glauben an bestimmte Werte und Ideen. Er überzeugt und reißt mit; er motiviert dazu, Dinge völlig neu zu sehen. Seine Überzeugungen können nicht Gegenstand von Aushandlungsprozessen werden, man kann sie allenfalls ablehnen oder übernehmen. Die Nähe zum oben erläuterten Konzept charismatischer Führung ist offenkundig.

23 Vgl. Burns, J.M., Leadership, New York 1978.

Kasten 10.1

Personenorientierte Führung in der Praxis

„Mary Kay Ash berichtet von einer Führungskraft, die persönliche Probleme hatte. Sie beschreibt, wie sie vorgegangen ist:

Vor einiger Zeit hatte einer meiner Führungskräfte, den ich hier „Bill“ nennen will, in seiner Leistung stark nachgelassen. Er hatte seine Berichte immer pünktlich abgegeben. Seit einigen Wochen aber kam er morgens häufig zu spät und ergriff bei Ausschußsitzungen nur noch selten das Wort. All dies war für ihn absolut untypisch. Eines Tages erklärte er mir, warum er einen Bericht nicht pünktlich habe abliefern können. Ich dachte mir, es sei Zeit, einmal intensiv mit ihm zu reden. Ich bin aufgestanden und habe ihm Kaffee eingeschenkt.

„Wie trinken Sie Ihren Kaffee“ fragte ich.

„Ich trinke ihn schwarz.“

Ich trug seine Tasche zum Couchtisch hinüber und setzte mich auf die Couch. Automatisch nahm er neben mir Platz.

„Bill“, sagte ich, „Sie gehören zu unseren Spitzenleuten. Seit zwölf Jahren sind Sie bei uns, und ich glaube, wir sind inzwischen gute Freunde geworden.“

„Der Meinung bin ich auch, Mary Kay“, sagte er leise.

„Ich mache mir Sorgen um Sie, Bill. Sie haben Ihre Arbeit immer so gewissenhaft erledigt, daß wir ohne Sie gar nicht mehr auskommen. Aber in letzter Zeit sind Sie nicht mehr ganz Sie selbst...“

Er antwortete nicht. Ich hörte also zu reden auf und trank meinen Kaffee. Er schien sehr angespannt. Ich bot ihm noch einmal Kaffee an.

„Nein danke“, antwortete er.

„Stimmt etwas zu Hause nicht?“ fragte ich.

Er wurde rot und nickte nach ein paar Augenblicken schließlich mit dem Kopf.

„Kann ich irgend etwas tun, um Ihnen zu helfen?“

Er erzählte mir dann, daß er sich große Sorgen mache, weil der Arzt bei seiner Frau einen Rükkentumor entdeckt hatte. Er wollte es mir erzählen, weil er genau wisse, daß dadurch seine Leistungsfähigkeit beeinträchtigt sei. Ich bin sicher, daß er es sehr nötig hatte, einmal seinen Gefühlen Luft machen zu können. Wir haben bestimmt eine gute Stunde lang miteinander gesprochen. Am Ende unseres Gespräches fühlte er sich erleichtert. Seine Leistungen wurden wieder besser. Ich habe zwar sein persönliches Problem nicht lösen können, aber es war zumindest gut, daß wir uns einmal ausführlich darüber ausgesprochen haben.

Wie weit ein Manager bei der Besprechung persönlicher Probleme gehen kann, kann nur derjenige entscheiden, der selbst in der Situation steckt. Wenn man tagein, tagaus zusammen arbeitet, wird sich immer irgendwo auch eine persönliche Beziehung entwickeln.“

Quelle: Peters, T.J./Austin, N., Leistung aus Leidenschaft (Übers. a.d. Engl.), Hamburg 1986, S. 426 f.

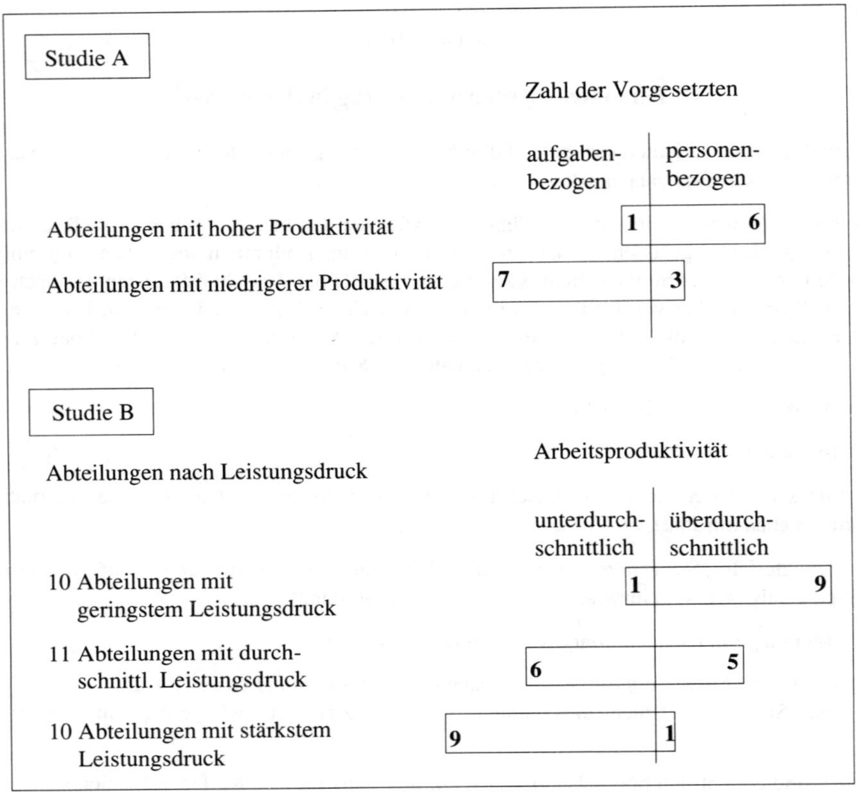

Abb. 10.4: Wirkungen von aufgaben- und personenbezogenem Vorgesetztenverhalten auf die Ergiebigkeit des Faktors Arbeit

Quelle: Likert, R., New patterns of management, New York 1961, S. 7-8

Mit der Vorstellung der transformativen Führung verbindet sich die These, daß es nur dieser Typ der Führung ist, der herausragende Leistungen erzielen kann. Mit transaktionaler Führung, gleichgültig in welcher Stilvariante, könnten dagegen nur durchschnittliche Leistungen erzielt werden.[24]

24 Vgl. Bass, B.M., Leadership and performance beyond expectations, New York 1985; Peters, T./Austin, N., Leistung aus Leidenschaft (Übers. a.d. Engl.), Hamburg 1986.

10.4.3 Zwei-Dimensionale Konzepte

Neben den beiden bisher behandelten Klassen von Arbeiten, die ein eindimensionales Führungsstil-Konzept zugrunde gelegt hatten, sind weitere Studien zu erwähnen (insbesondere Ohio State University Leadership Studies), die zu einer zwei- oder mehrdimensionalen Führungsstil-Konzeption übergehen. Diese Studien stützen sich zumeist auf faktoren-analytisch gewonnene Ergebnisse, die der Auffassung von unifaktoriellen bipolaren Führungsstilen widersprechen und ein mehrdimensionales Konzept nahelegen.

Halpin und Winer[25] identifizieren z.B. in ihrer Studie zwei (unabhängige) Hauptdimensionen des Führungsverhaltens, „consideration" und „initiating structure" (vgl. Abb. 10.5).[26]

Die Dimension „**consideration**" gibt das Ausmaß wieder, in dem ein Vorgestzter menschliche Wärme, Vertrauen, Respekt vor dem Untergebenen, Zugänglichkeit, Rücksichtnahme auf persönliche Sorgen u.ä. zeigt. (Typisches Fragebogen-Item: Macht es seinen Leuten leicht, mit ihm zu reden. Greift Anregungen aus der Gruppe auf.)

Die Dimension „**initiating structure**" stellt auf Aktivitäten des Vorgesetzten ab, die eine unmittelbare Effektivierung des Leistungsprozesses zum Gegenstand haben: Definition und Abgrenzung der Kompetenzen, exakte Planung des Aufgabenvollzuges, Abschirmung von Störungen, Vollzugs- und Ergebniskontrollen, externe Leistungsanreize (Typische Fragebogen-Items: Fordert leistungsschwache Mitarbeiter zu höherer Leistung auf. Besteht darauf, daß die Mitarbeiter ihre Arbeit genau nach festgelegten Richtlinien erledigen).

Diese zwei Grunddimensionen sind – so die Idee – in jeweils verschiedenen Ausprägungsgraden beliebig miteinander kombinierbar (s. Abb. 10.5). Entsprechende Untersuchungen gehen allerdings häufig davon aus, daß eine hohe „consideration-Orientierung" von einem geringen Grad an „initiating structure" begleitet ist und umgekehrt (A und B in Abb. 10.5). Diese Auffassung wird von der gruppendynamischen Forschung gestützt; Tüchtigkeit und Beliebtheit fallen - wie im dritten Kapitel erwähnt - nur in Ausnahmefällen in **einer** Person zusammen.

Nicht diesen zwei Führungsstilen, sondern Typ C in Abb. 10.5 gilt jedoch die eigentliche Aufmerksamkeit dieser Forschungsrichtung. Führungsstil C ist gekennzeichnet sowohl durch ein hohes Maß an „freundlicher Zuwendung" als auch „aktiv stimulierenden" Verhaltens. Blake und Mouton haben diese attraktive Idee des Alles-haben-Könnens mit großem kommerziellen Erfolg zu dem sog. Verhaltensgitter ("Managerial Grid") ausgebaut. Abb. 10.6 zeigt die idealtypischen Führungsstil-Varianten dieses Konzeptes. Absolut erstrebenswertes Ideal ist der dort so genannte 9.9-Führungsstil (entspricht C in Abb. 10.5).

25 Halpin, A.W./Winer, B.J., A factorial study of the LBDQ, in: Stogdill, P./Coons, A. (Hrsg.), Leader behavior: Its description and measurement, Ohio State University 1957.

26 Sinngemäße Übersetzung für „consideration" Wertschätzung, wohlwollende Besorgtheit; für „initiating structure": vorstrukturierende und stimulierende Aktivität.

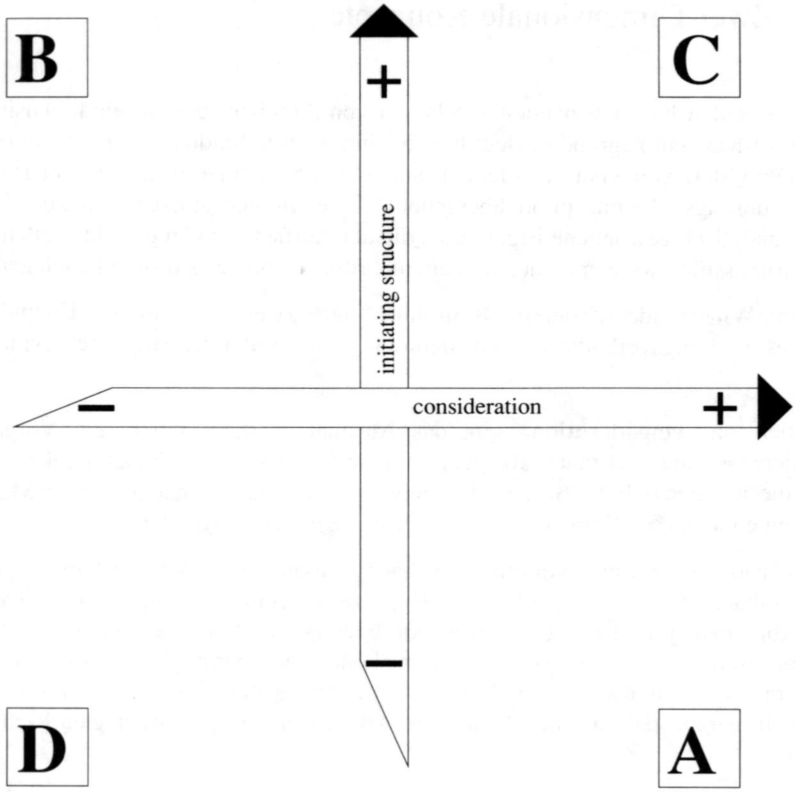

Abb. 10.5: Führungsstil-Dimensionen des Ohio State-Ansatzes

In beiden Konzepten wird davon ausgegangen, daß ein solches Führungsverhalten als das bei weitem erfolgsträchtigste zu betrachten ist. Abgesehen davon, daß die Evidenz strittig ist,[27] muß man tiefergehend fragen, ob ein solcher Führungsstil überhaupt praktizierbar ist. Nur selten ist die Addition der Alternativen der Ausweg bei einem Entscheidungskonflikt.

27 Vgl. Larson, L.L./Hunt, J.G./Osborn, R., The great hi-hi leader behavior myth, in: Academy of Management Journal 19 (1976), S. 628 ff.

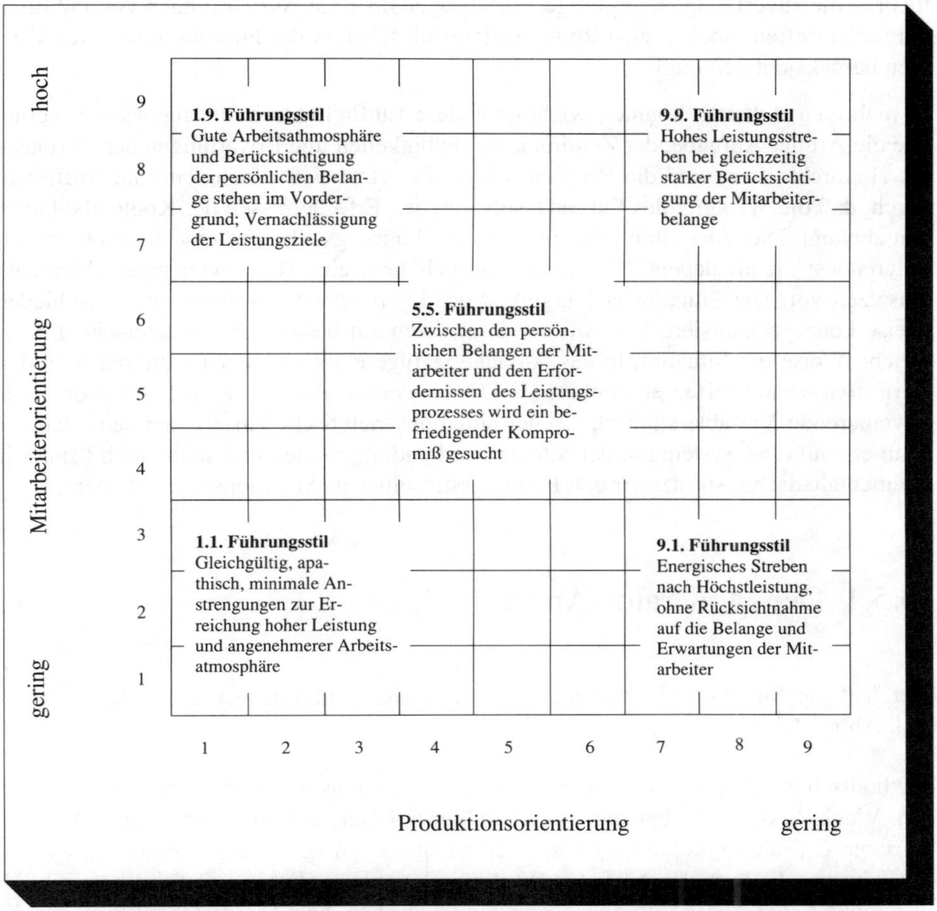

Abb. 10.6: Das Verhaltensgitter nach Blake und Mouton

Quelle: Blake, R./Mouton, J., The new managerial grid, Houston 1978, S. 11

10.5 Situationstheorien der Führung

Im weiteren Fortlauf der Studien, die die Auswirkungen des Führungsstils auf Effektivitätsvariablen untersuchten, zeigte sich jedoch, was der Einfluß-Prozeß-Ansatz schon nahelegt, daß Führungsprozesse viel zu komplex sind, um sie mit einer einfachen Input-Output-Beziehung erfassen zu können. Es wurde immer deutlicher, daß eine Führungstheorie, die zuverlässige und gültige Vorhersagen über die Auswirkungen von Führungsverhalten treffen möchte, eine Reihe weiterer im Kontext der Führung relevanter Variablen berücksichtigen muß.

In mehreren Arbeiten konnten wichtige andere Einflußfaktoren nachgewiesen werden, wie die Art der Aufgabe, der Zeitdruck, die Fähigkeiten und Erwartungen der Geführten, die Hierarchieebene und die Positionsmacht. Es setzte sich zunehmend die Auffassung durch, daß die Wirkung des Führungsstils von den Erfordernissen der Kontextbedingungen abhängt. Die Vorstellung des einen besten Führungsstils wird ersetzt durch ein relativierendes: „It all depends“. Zwischenzeitlich liegt eine Reihe von unterschiedlichen Ansätzen vor. Die Situationsabhängigkeit der Führung wird in diesen auf verschiedene Weise konzeptionalisiert. Die Ansätze lassen sich am besten danach unterscheiden, auf welche Weise die Situation in das Aussagengefüge einbezogen wird. Hiernach sind im Kern drei Ansatzweisen erkennbar: (1) Der Moderator-Ansatz, der die Situation als intervenierende Variable studiert; (2) der situationsanalytische Ansatz, der sein Hauptaugenmerk auf eine Systematik der Situationserkundung richtet, und schließlich (3) der instrumentalistische Ansatz, der den Führungsstil selbst als Situationselement begreift.

10.5.1 Der Moderator-Ansatz

Hier tritt die Situation als exogene Größe zwischen Führungsstil und Führungserfolg (vgl. Abb. 10.7).

Methodisch gesehen, könnte man die situative Beziehung mit Zetterberg[28] wie folgt fassen: Wenn A, dann B, aber nur wenn C. Oder präziser: Bei einem gegebenen Wert der Variable C (Führungssituation) gibt es einen speziellen kongruenten Wert der Variable A (Führungsstil), der den höchsten Wert bei Variable B (Führungserfolg) bewirkt. Abweichungen von dieser Kongruenzbeziehung zwischen A und C, gleichgültig in welcher Richtung, reduzieren den Wert der Erfolgsgröße B.[29]

Unter den Moderatoransätzen nimmt zweifellos das Fiedlersche Kontingenzmodell der Führung den prominentesten Platz ein.

10.5.1.1 Das Fiedlersche Kontingenzmodell

Als Grundannahme des Kontingenzmodells gilt, daß das Zusammenspiel von **Führungsstil** und **„situationaler Günstigkeit“** die **Effektivität** einer Arbeitsgruppe determiniert. Das Kontingenzmodell kennt somit **drei Kernvariablen**.

28 Vgl. Zetterberg, H.L., On theory and verification in sociology, Totowa, N.J. 1963.
29 Vgl. Schoonhoven, C.B., Problems with contingency theory, Administrative Science Quarterly 26 (1981), S. 349–377.

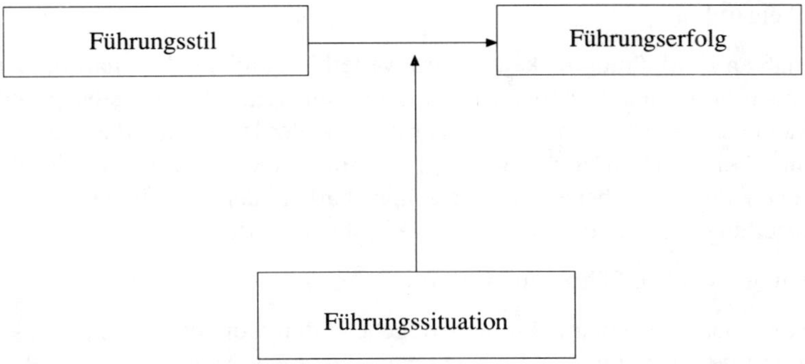

Abb. 10.7: Kausalmodell des Moderator-Ansatzes

Führungsstil

Fiedler unterscheidet zwischen aufgabenbezogenem und personenbezogenem Führungsstil. Zur Operationalisierung verwendet Fiedler die von ihm entwickelte LPC-Skala (LPC = Least Preferred Coworker). Sie fordert die befragte Person dazu auf, an alle ihre bisherigen Mitarbeiter zu denken und die Person, mit der sie am schlechtesten zusammenarbeiten konnte (LPC) anhand von 16 bipolaren Adjektivpaaren (pleasant – unpleasant, friendly – unfriendly etc.) auf 8-stufigen Skalen zu beschreiben (Semantisches Differential). Der **LPC-Score** errechnet sich durch einfache Summierung der jeweils markierten Item-Werte.

Ein hoher **LPC-Score**, d.h. eine relativ wohlwollende Beurteilung des wenigst geschätzten Mitarbeiters, wird dann als Indikator für einen **personenbezogenen**, ein niedriger **LPC-Score** dagegen als Indikator für einen **aufgabenbezogenen Führungsstil** betrachtet.

Situation

Die intervenierenden Situationseinflüsse bringt Fiedler mit dem Konstrukt „situationale Günstigkeit“ in Ansatz, damit soll das Ausmaß, in dem die situativen Gegebenheiten die Einflußnahme des Führers auf das Gruppenverhalten begünstigen, erfaßt werden. Der Grad der situationalen Günstigkeit ist durch drei Variablen bestimmt:

(1) Positionsmacht

Die Positionsmacht als am geringsten gewichtete Determinante soll die der jeweiligen Position in einer Organisation zugeordneten Befugnisse und **Sanktionspotentiale** reflektieren. Die Bedeutung hoher Positionsmacht für den Führer sieht Fiedler in der Erleichterung der Aufgabenerfüllung. Ein Führer ohne Positionsmacht müsse erst die Gruppe von seiner Befähigung überzeugen, bevor er seinen Einfluß geltend machen kann.

(2) Aufgabenstruktur

Das Ausmaß an Einflußmöglichkeiten wird weiterhin durch die Eigenart der zu erfüllenden Aufgaben bestimmt. Je höher der Strukturierungsgrad der Aufgabe (Fließfertigung versus Planungsaufgaben), um so einfacher und leichter lassen sich die Aktivitäten koordinieren und kontrollieren, um so günstiger ist somit auch die Situation für den Führer. (Dimensionen der Aufgabenstruktur: Nachprüfbarkeit der Entscheidung, Klarheit der Aufgabenstellung, Vielfalt der Lösungswege, Zahl der Lösungen.)

(3) Beziehung zwischen Führer und Geführten

Während die oben genannten Faktoren weitgehend durch die Organisation bestimmt waren, reflektiert der dritte und am stärksten gewichtete Faktor die affektiven Beziehungen des Führers zur Gruppe, d.h. das Vertrauen und die Anerkennung, die ihm entgegengebracht werden. Je besser diese Beziehungen, desto einfacher - so Fiedler - gestaltet sich die Einflußnahme für den Führer, um so günstiger ist also die Situation.

Zur Bestimmung verschiedener Führungssituationen werden dann die Situationsdimensionen gewichtet (1:2:4) dichotomisiert , d.h. es wird unterschieden zwischen

- guten und schlechten Führer-Geführten-Beziehungen (4),
- strukturierten und unstrukturierten Aufgaben (2),
- starker und schwacher Positionsmacht (1).

Die Kombination der drei Situationsvariablen ergibt dementsprechend $2^3 = 8$ mögliche Situationen (vgl. Abb. 10.8).

Situation	Beziehung F.-G.	Aufgabenstrukturierung	Positionsmacht	
I	+	+	+	(günstigste Situation)
II	+	+	–	
III	+	–	+	↓
IV	+	–	–	
V	–	+	+	
VI	–	+	–	
VII	–	–	+	
VIII	–	–	–	(ungünstigste Situation)

Abb. 10.8: Bestimmung der situationalen Günstigkeit nach Fiedler

Effektivität der Führung

Fiedler interpretiert Effektivität ausschließlich als Produktivität oder Output. Arbeitszufriedenheit, Fluktuation, Absentismus und ähnliches werden nur als interessante Nebenprodukte angesehen. Dies ist - abgesehen von der Werthaltung - schon deshalb problematisch, weil eine solche Orientierung zu einer systematischen Vernachlässigung von Systemerhaltungsgesichtspunkten führt, also der mehrdimensionalen Zielsetzung von Unternehmen nicht Rechnung trägt.

Das Kontingenzmodell

Fiedler hatte in früheren Jahren zahlreiche Studien zum Zusammenhang von Psychologischer Nähe/Distanz (LPC) und Gruppeneffektivität durchgeführt. Die immer wieder inkonsisten Ergebnisse gaben Veranlassung, in den nicht berücksichtigten Situationsvariablen die Ursache dafür zu suchen.

Die schließlich entwickelte Situationstypologie gab dann Veranlassung, alle Studien (n = 22), die Fiedler oder seine Mitarbeiter bis dahin (1963) durchgeführt hatten, neu zu analysieren. Jede der 63 aus diesen Studien sich ergebende Korrelation zwischen LPC und Gruppeneffektivität wurde einem der 8 Situationstypen zugeteilt und in ein kartesisches Koordinatensystem eingetragen, dessen Abszisse die Günstigkeit der Situation und dessen Ordinate die Korrelation von LPC und Effektivität bildet (vgl. Abb. 10.9).

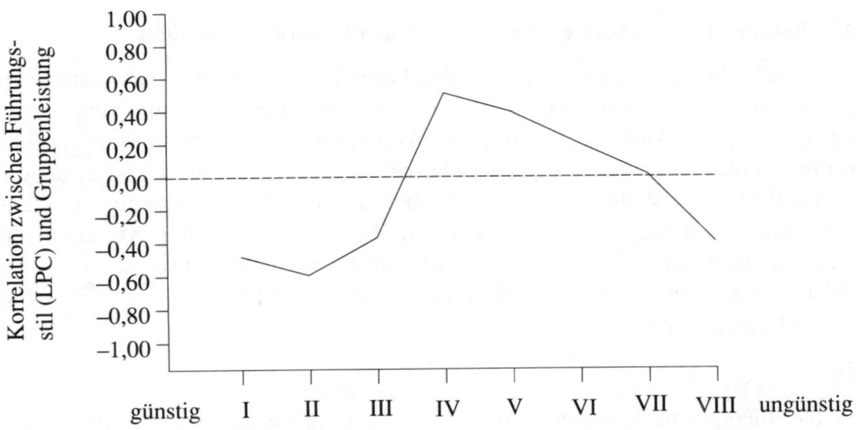

	I	II	III	IV	V	VI	VII	VIII
Führer-Mitglieder-Beziehung	+	+	+	+	–	–	–	–
Aufgabenstruktur	+	+	–	–	+	+	–	–
Positionsmacht	+	–	+	–	+	–	+	–

Abb. 10.9: Das Kontingenzmodell

Quelle: Fiedler, F.E., A theory of leadership effectiveness, New York 1967, S. 146

Für jede Situation wurde schließlich aus den zugeordneten Korrelationen der Einzelstudien eine Mediankorrelation als Prognosewert berechnet. Die Verbindung der errechneten Mediankorrelationen zeigt einen kurvilinearen Verlauf. Negative Korrelationen in Abbildung 10.9 bedeuten hohe Leistungen bei niedrigem LPC-Wert (=aufgabenorientierter Führungsstil) bzw. geringe Leistungen bei hohem LPC-Wert (= personenorientierter Führungsstil); positive Korrelationen bedeuten dagegen hohe Leistungen bei hohem LPC-Wert sowie geringe Leistungen bei niedrigem LPC-Wert.

Auf der Basis dieser Arrangements schloß der Autor, daß die Effektivität eines Führungsstils grundsätzlich **situationsbedingt** ist. Direktive, aufgabenorientierte Führer sind demnach effektiver, wenn die Situation entweder sehr günstig (I, II, III) oder sehr ungünstig (VIII) ist; nicht-direktive, personenbezogene Führer sind dagegen in Situationen mittlerer Günstigkeit (IV, V, VII) effektiver. Dieser induktiv hergeleitete Satz von Hypothesen wird schließlich Kontingenzmodell genannt.

Fiedler erklärt seinen Befund wie folgt. In sehr günstigen Situationen sei die Situation eindeutig und geklärt, der Führer könne sich ganz der gestellten Aufgabe widmen. In sehr ungünstigen Situationen dagegen müsse der Führer stark strukturierend eingreifen, um die Gruppe vor dem Auseinanderfallen zu bewahren. Bei mittlerer Günstigkeit schließlich stehe der Führer vor einer ambivalenten Situation, die auf Seiten der Geführten Unbehagen hervorrufe. Hier könne ein unterstützendes personenbezogenes Verhalten die Gruppe am besten zur Kooperation bewegen und zum Aufgabenerfolg motivieren.

Empfehlungen zur praktischen Anwendung des Kontingenzmodells

Die erste und wichtigste Implikation ist, daß Führungsstil und Führungssituation **zueinander passen** müssen, soll eine hohe Effektivität erzielt werden. Fiedler geht davon aus, daß der Führungsstil Ausfluß einer tief verankerten Persönlichkeitsstruktur und folglich, wenn überhaupt, so nur langfristig veränderbar ist. Bei Inkongruenz von Situation und Führungsstil bleibe deshalb nur die Möglichkeit, die Situation solange zu verändern, bis sie zu dem (gegebenen) Führungsstil im Sinne des Kontingenzmodells passe („situational engineering"). Als Ansatzpunkte für die Veränderung werden im sog. Leader Match-Programm alle drei Situationsvariablen empfohlen, auch die Führer-Geführten-Beziehungen.[30]

Kritik

Gegen das Fiedlersche Kontingenzmodell sind zahlreiche theoretische und praktische Einwände erhoben worden. Der schwerwiegendste ist wohl der, daß das Modell keine Erklärung dafür anbietet, weshalb die bezeichneten Situationstypen mit den angegebenen Führungsstiltypen eine **Kongruenzbeziehung** bilden. Abgesehen von einigen später nachgereichten Plausibilitätsüberlegungen[31] ist es der bloße Verweis auf die Empirie,

30 Fiedler, F.E./Chemers, M.M./Mahar, L., Der Weg zum Führungserfolg (Übers. a.d.Engl.), Stuttgart 1979.
31 Vgl. Fiedler, F.E., The contingency model and the dynamics of the leadership process, in: Berkowitz, L. (Hrsg.), Advances in experimental social psychology Bd. 11, New York 1978, S. 59-112.

der die Notwendigkeit und Richtigkeit des Zusammenhangs belegen soll. Die in großer Zahl vorliegenden empirischen Tests des Modells[32] zeigen nun allerdings ein so stark widersprüchliches Ergebnisbild, daß von einer **empirischen Bestätigung** der Thesen nicht gesprochen werden kann.[33]

Was die **theoretische Einzelkritik** anbetrifft, so steht hier neben gravierenden Meßproblemen bei allen drei Kernvariablen vor allem die Konzeptualisierung des **Situationseinflusses** im Vordergrund. Als problematisch muß das bloße Nebeneinanderstellen von Situation und Führer gelten. Es ist wenig plausibel, daß die Art, in der der Führer seine Aufgaben wahrnimmt, ohne Einfluß auf die Ausprägung der Situation sein soll. Kritisiert wird auch die **Konstruktionslogik** der Hauptdimension „Günstigkeit der Situation". Bezweifelt wird die unterstellte Wirkungsrichtung der Situationsvariablen. So mag z.B. eine hohe Positionsmacht auf der einen Seite zwar die Einflußmöglichkeiten erleichtern, sie wird aber in vielen Fällen soziale Distanz schaffen und damit auf der anderen Seite die Einflußmöglichkeiten gerade verschlechtern. Am häufigsten ist jedoch der Einwand erhoben worden, daß der Situationseinfluß mit den ausgewählten Variablen nicht adäquat erfaßbar ist. Insbesondere wird immer wieder bemängelt, daß die Untergebenen mit ihren Fähigkeiten, Erwartungen und Bedürfnissen völlig unberücksichtigt bleiben, obgleich es ja gerade das Verhalten der Mitarbeiter ist, dessen Varianz erklärt werden soll. Sanford konstatiert bereits 1950 nach einer Reihe von Studien: „Es spricht einiges dafür, die Geführten als den wichtigsten kritischen Faktor in jedem Führungsgeschehen zu betrachten ...".[34] Hersey und Blanchard stellen just diesen Faktor in den Mittelpunkt ihres Ansatzes.

10.5.1.2 Die „Situationale Führungstheorie"

Aufbauend auf dem 3-D Führungsmodell von Reddin[35] entwickelten Hersey und Blanchard eine Art Reifezyklustheorie der Führung. Ausgangspunkt ist eine Führungsstiltaxonomie, die die zwei Dimensionen Aufgaben- und Personenorientierung zu vier Stilen kombiniert (vgl. Abb. 10.10). Die Situation wird mit einer einzigen Moderatorvariable in Ansatz gebracht, der Reife der Untergebenen. Diese bestimmt sich aus zwei Faktoren, der **Funktionsreife** und der **psychologischen Reife**. Funktionsreife bezeichnet die Fähigkeiten, das Wissen und die Erfahrung, die ein Mitarbeiter zur Erfüllung seiner Aufgabe mitbringt. Die psychologische Reife ist eine Art Motivationsdimension, die auf Selbstvertrauen und -achtung abstellt und Leistungsorientierung und Verantwortungsbereitschaft signalisieren soll.

32 Vgl. Bass, B., Stogdill's Handbook of leadership 2. Aufl., New York 1981.

33 Vgl. Schriesheim, C.A./Kerr, S., Theories and measures of leadership: A critical appraisal of current and future directions, in: Hunt, J.G./Larson, L.L., Leadership: The cutting edge, Carbondale u.a. 1977, S. 9 ff.; Schreyögg, G., Kritik situativer Führungstheorien am Beispiel des Fiedlerschen Kontingenzmodells, in: Macharzina, K./Oechsler, W., Personalmanagement, Bd. 1, Wiesbaden 1977, S. 109-144.

34 Vgl. Sanford, F.H., Authoritarianism and leadership, Philadelphia 1950.

35 Vgl. Reddin, W.J., Das 3-D Programm zur Leistungssteigerung des Managements,. (Übers. a.d.Engl.), München 1977.

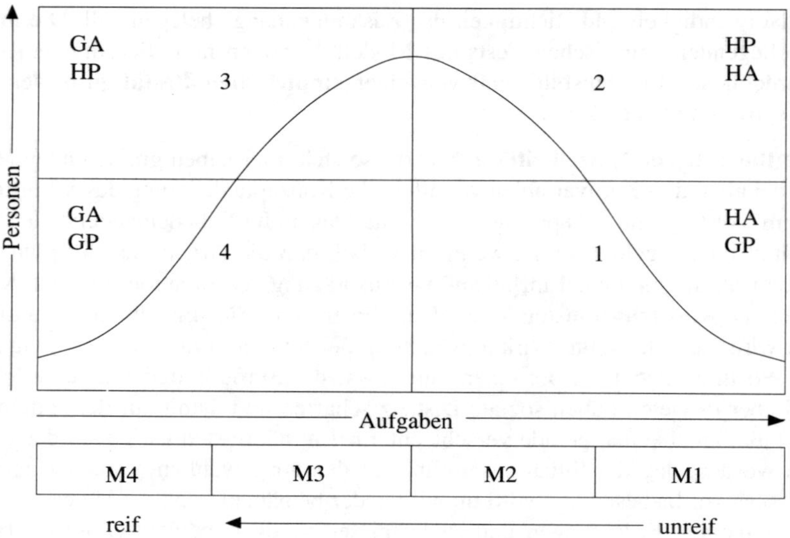

HP, GP = Hohe/Geringe Personenorientierung
HA, GA = Hohe/Geringe Aufgabenorientierung

Führungsstile
1 = direktiv
2 = unterstützend/strukturierend
3 = partizipativ
4 = delegierend

Abb. 10.10: Die „situationale Führungstheorie“

Quelle: Nach Hersey, P./Blanchard, K.H., Management of organizational behavior, 3. Aufl., Englewood Cliffs, N.J. 1977, S. 165

Die Autoren unterscheiden vier Reifestadien und ordnen diesen - wie in Abb. 10.10 gezeigt - die vier Führungsstile zu. Bei sehr „unreifen“ Mitarbeitern (M1) erzielt Führungsstil 1, der sich durch eine hohe Aufgabenorientierung und eine nur schwach betonte Mitarbeiterorientierung auszeichnet, die höchste Effektivität (=Zielerreichung). Mit zunehmender Reife (M2, M3) wird die Aufgabenorientierung immer unbedeutender, die Mitarbeiterorientierung dagegen immer wichtiger (Stil 2, 3), bis schließlich das höchste Reifestadium erreicht ist (M4), dem Führungsstil 4 mit seiner breiten Delegation und seiner Betonung von Selbständigkeit am besten gerecht wird.

Eine solche Anpassung des Führungsverhaltens an das vorgefundene Reifeniveau der Untergebenen ist jedoch tendenziell zirkulär, denn das arbeitsrelevante Reifeniveau ist ja keine Naturkonstante, sondern entwickelt sich im Arbeitskontext und ist damit wesentlich von der Art der Führung abhängig. Hersey und Blanchard sehen dieses Problem und fügen deshalb ihrem Modell eine dynamische Komponente hinzu. Längerfristig wird ein

Einfluß des Führers auf die „Situation“ in Rechnung gestellt; der Führer kann und soll den Reifegrad der Mitarbeiter durch gezielte Förderung kontinuierlich erhöhen und seinen Führungsstil bei Erfolg entsprechend anpassen.

Im Hinblick auf den **praktischen Einsatz** zeigen sich markante Unterschiede zu dem Fiedlerschen Modell. Während letzteres von der üblichen Annahme der Führungsstilkonsistenz ausgeht, d.h. ein Vorgesetzter verhält sich allen seinen Mitarbeitern gegenüber mehr oder weniger gleich, fordern Hersey und Blanchard ein je nach Mitarbeiter differenzierendes Führungsverhalten.[36] Im Grundsatz soll der Vorgesetzte alle vier Führungsstile **nebeneinander** praktizieren. Ein Beleg für die Erlernbarkeit einer solchen Führungsvariabilität steht freilich noch aus; wie überhaupt für dieses Modell keine empirischen Daten vorliegen.

Kritik

Gegen das Modell sind zahlreiche **kritische Einwände** erhoben worden.[37] Was die Führungsstiltaxonomie anbetrifft, so gilt – wie erwähnt – als zweifelhaft, ob sich Aufgaben- und Personenorientierung tatsächlich, wie angenommen, als beliebig kombinierbare (unabhängige) Dimensionen des Führungsverhaltens begreifen lassen. Bei dem Reife-Konzept wird vor allem die fehlende definitorische Klarheit bemängelt. Das Verhältnis der zwei Reifedimensionen zueinander ist offen gelassen, dadurch bleiben die mittleren Reifestadien unbestimmt. Ferner vernachlässigt die Theorie die Reziprozität, d.h. der Einfluß der Mitarbeiter auf den Führer bleibt unberücksichtigt.

Insgesamt gesehen wird der Einbezug der Untergebenen in das Situationsmodell als Fortschritt gewertet, die ausschließliche Fokussierung auf diesen Aspekt jedoch abgelehnt. Die Forderungen in der Literatur laufen in der Mehrheit auf eine Ausdehnung der Situationsfaktoren (und nicht auf eine Verengung) hinaus. Kerr u.a. listen z.B. nach einer kritischen Literaturdurchsicht nicht weniger als 10 Faktoren auf, die in eine Situationstheorie der Führung aufzunehmen seien, u.a. Zeitdruck, Hierarchieebene, Rollenambiguität. Indessen, je mehr Situationsvariablen berücksichtigt werden, um so (überproportional) mehr Verknüpfungsbeziehungen sind theoretisch zu bewältigen. Schnell ist der Punkt erreicht, an dem sich die Theoriebildung nur noch in der Aufzählung möglicher Einflußfaktoren erschöpft. Als ein Kompromiß kann hier das Führungsmodell von Yukl gelten.

36 Vgl. dazu auch den vertikalen Dyaden-Ansatz von Graen, der grundsätzlich von einem differenzierenden Führungsstil im o.g. Sinne ausgeht. Danach bilden Vorgesetzte im Laufe der Zeit eine Gruppe von Vertrauten heraus und eine Restgruppe (outgroup), der wenig Beachtung geschenkt wird. Graen, G./Cashman, J.F., A role-making model of leadership in formal organizations, in: Hunt, J.G./Larson, L.L. (Hrsg.), Leadership frontiers, Kent State 1975, S. 143-166.

37 Vgl. Graeff, C.L., The situational leadership theory: A critical view, in: Academy of Management Review 8 (1983), S. 285-291; Staehle, W.H., Management, 4. Aufl., München 1989.

10.5.1.3 Das Multiple Verknüpfungsmodell

In dem Modell von Yukl[38] treten zwischen das Führungsverhalten und den Führungserfolg zwei Arten von Situationsvariablen: **moderierende** und **intervenierende**. Ihr Zusammenhang ist in Abb. 10.11 schematisch dargestellt.

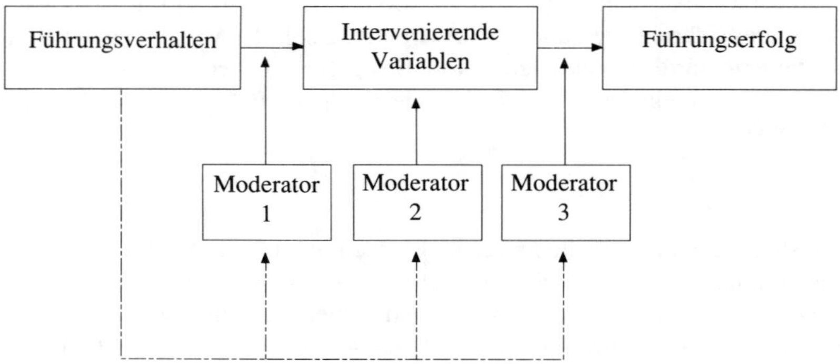

Abb. 10.11: Das Multiple Verknüpfungs-Modell

Quelle: Nach Yukl, G.A., Leadership in organizations, Englewood Cliffs, N.J. 1981, S. 886

Intervenierende Variablen sind Prozeßvariablen, die Kausal- in Endresultat-Variablen transformieren. Sieben Variablen wurden als maßgeblich ausgewählt: (1) Mitarbeitermotivation, (2) Aufgabenklarheit, (3) Mitarbeiterqualifikation, (4) Leistungsvermögen der Serviceeinheiten, (5) Arbeitsorganisation, (6) Gruppenkohäsion und (7) Führer-Mitarbeiter-Beziehungen. Grundsätzlich gilt: Je positiver diese intervenierenden Variablen ausgeprägt sind, um so höher liegt die (Gruppen-) Leistung.

Die **moderierenden Variablen** werden nach drei Klassen unterschieden, je nachdem, an welcher Stelle sie in der Wirkungskette Einfluß ausüben (vgl. Abb. 10.11). Die **erste Klasse** bezieht sich auf die Möglichkeiten des Führers, die intervenierenden Variablen im eigenen Sinne zu gestalten. Die **zweite Klasse** der Moderatoren bezieht sich auf überformende Faktoren wie Organisationsstruktur, Lohnsystem, Betriebsklima und ihren direkten Einfluß auf die intervenierenden Variablen. Die **dritte** Moderatorenklasse schließlich stellt auf Einflußkräfte ab, die die Bedeutung der einzelnen intervenierenden Variablen zueinander bestimmen. So spielen z.B. die Fähigkeiten der Mitarbeiter nur dort eine Rolle, wo mehr als reine Anlerntätigkeiten zu versehen sind.

Die **Basisthese des Modells** ist nun, daß der Führungserfolg sich im wesentlichen danach bestimmt, ob es dem Führer gelingt, bestehende Defizite in den intervenierenden Variablen abzubauen. Die Moderatorvariablen bestimmen, welche intervenierenden Va-

38 Vgl. Yukl, G.A., Leadership in organizations, Englewood Cliffs, N.J. 1981.

riablen besonders wichtig sind, welche Defizite auftreten und welcher Korrekturspielraum dem Führer zu Gebote steht. Eine erfolgreiche Kompensation ist durch Einsatz des jeweils passenden Führungsstils möglich. Yukl verweist jedoch darauf, daß langfristig auch eine Einflußbeziehung vom Führer auf die Moderator-Variablen in Rechnung zu stellen ist.

Das Modell von Yukl ist bislang noch relativ lose formuliert, nur wenige Teilstücke sind ausargumentiert und belegt. Es fehlt die theoretische Integration. Durch die vielen offen gelassenen Bezüge wird das Modell tendenziell unüberschaubar und eine Umsetzung in Handlungsanweisungen unmöglich. Als äußerst fruchtbar für die weitere Forschung erwies sich jedoch die enge Verkoppelung von Führung und Organisation.

Einen Weg, wie man eine größere Zahl von Situationsvariablen berücksichtigen und dennoch zu eindeutigen Handlungsempfehlungen vorstoßen kann, bietet das Vroom/Yetton-Modell an. Es ist seinem Charakter nach mehr ein analytisches Entscheidungsmodell, gleichwohl baut es auf Ergebnissen empirischer Führungsforschung auf.

10.5.2 Der situationsanalytische Ansatz: Das Vroom-Yetton-Modell[39]

Ziel dieses Modells ist es, den Führer im Sinne einer Entscheidungsheuristik dazu anzuleiten, die Führungssituation so zu strukturieren, daß sich aus einem gegebenen Satz von Führungsstilen der jeweils optimale bestimmen läßt. Den konkreten Ausgangspunkt bildet die Frage, in welchen Situationen ein partizipativer Führungsstil erfolgreich (-los) ist. In dem Modell werden fünf Führungsstile unterschieden, die sich nach dem Ausmaß der gewährten Partizipation am Entscheidungsprozeß stufen:

- Autokratisch I (AI): Der Führer löst das Problem allein und weist seine Ausführung an.
- Autokratisch II (AII): Der Führer holt zusätzliche Informationen bei den Mitarbeitern ein und entscheidet dann allein.
- Konsultativ I (BI): Der Führer bespricht mit einzelnen Mitarbeitern das Problem und entscheidet dann allein.
- Konsultativ II (BII): Der Führer bespricht das Problem mit der ganzen Gruppe und trifft dann seine endgültige Entscheidung.
- Demokratisch (GI): Der Führer agiert als primus inter pares; die Gruppe diskutiert das Problem und entscheidet.

Zur Erfassung der Situation werden – abgeleitet aus Ergebnissen der empirischen Partizipationsforschung – die folgenden sieben Merkmale herangezogen:

39 Vgl. Vroom, V.H./Yetton, P., Leadership and decision-making. Pittsburgh 1973; vgl. auch Müller, W.R./Hill, W., Die situative Führung, in: Die Betriebswirtschaft 37 (1977), S. 353-378.

(1) Qualitätsanforderungen
(2) Informationsstand des Vorgesetzten
(3) Strukturiertheit des Problems
(4) Handlungsspielraum der Mitarbeiter
(5) Einstellung der Mitarbeiter zu autoritärer Führung
(6) Akzeptanz der Organisationsziele durch die Mitarbeiter
(7) Gruppenkonformität.

Der drohenden Überkomplexität des Modells - allein bei dualer Ausprägung der Merkmale ergeben sich 128 verschiedene Situationstypen - begegnen die Autoren dadurch, daß sie die Führungsstilwahl als sequentiellen Entscheidungsprozeß (re-) konstruieren, der das komplexe Entscheidungsfeld mit Hilfe von sieben Filterfragen, bezogen auf die Situationsmerkmale, kleinarbeitet (vgl. Abb. 10.12).

Die sieben Problemmerkmale sind:

(A) Gibt es ein Qualitätserfordernis derart, daß vermutlich eine Lösung sachlich besser ist als eine andere?

(B) Habe ich genügend Informationen, um eine qualitativ hochwertige Entscheidung selbst treffen zu können?

(C) Ist das Problem strukturiert?

(D) Ist die Akzeptierung der Entscheidung durch die Mitarbeiter für die effektive Umsetzung wichtig?

(E) Wenn ich die Entscheidung selbst treffe, würde sie dann von den Mitarbeitern akzeptiert werden?

(F) Teilen die Mitarbeiter die Organisationsziele, die durch eine Lösung dieses Problems erreicht werden sollen?

(G) Wird es zwischen den Mitarbeitern vermutlich zu Konflikten kommen, welche Lösung zu bevorzugen ist?

Abb. 10.12: Filterfragen im Vroom/Yetton-Modell

Quelle: Jago, A.G., Führungstheorien -Vroom-Yetton-Modell, in: Kieser, A./Reber, G./Wunderer, R. (Hrsg.), Handwörterbuch der Führung, Stuttgart 1987, Sp. 936

Die Filterfragen bauen auf den zwei Hintergrund-Kriterien **Qualität** und **Akzeptanz** durch die Mitarbeiter auf. Anhand eines Entscheidungsbaumes (vgl. Abb. 10.13) diagnostiziert der Manager mit Hilfe von Ja/Nein-Fragen die Situation und findet auf diese Weise schließlich am Pfadende den optimalen, situationsadäquaten Führungsstil vor, spezifiziert für Individuen und Gruppen. Das Modell ist nach dem Ausschlußprinzip aufgebaut, d.h. es sagt dem Führer jeweils nur, was **nicht** zu tun ist. Dies hat zur Folge, daß in sieben Fällen am Ende noch Wahlmöglichkeiten verbleiben. Für diese Fälle ist eine weitere Entscheidungsregel eingeführt, die sich an der **Zeiteffizienz** orientiert. Sie lautet: „Wähle unter den möglichen Führungstilen immer den autokratischsten".

Für Vorgesetzte, für die die Zeiteffizienz nicht so sehr im Vordergrund steht, wird als Alternative die **Entwicklung des Teamgeistes** vorgeschlagen. Die Entscheidungsregel lautet dann entgegengesetzt: „Wähle unter den möglichen Führungsstilen immer den partizipativsten". Mit Hilfe dieser Regeln entsteht dann schließlich eine eindeutige Zuordnung.

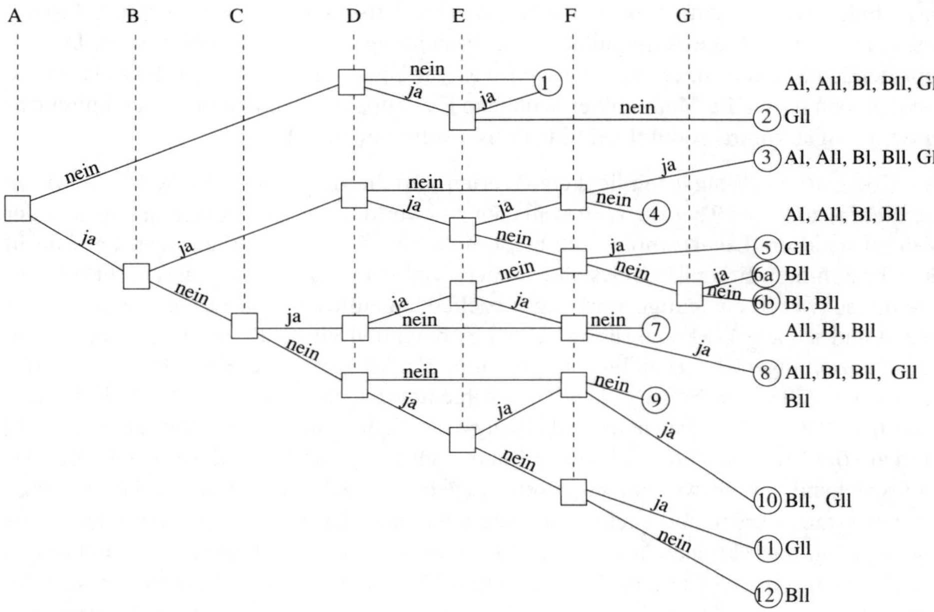

Abb. 10.13: Normatives Modell der Führungseffizienz nach Vroom /Yetton

Quelle: Jago, A.G., Führungstheorien - Vroom-Yetton-Modell, in Kieser, A,/Reber, G./Wunderer, R. (Hrsg.), Handwörterbuch der Führung, Stuttgart 1987, Sp. 938

Die Nummern am Ende des Entscheidungsbaumes in Abb. 10.13 bezeichnen den jeweiligen Problemtyp; es gibt demnach dreizehn verschiedene Problemtypen mit den jeweils ausgewiesenen dazu passenden Führungsstiltypen. Praktisch gesehen sollte ein Vorgesetzter also wie folgt verfahren: Angenommen er möchte das Schreibbüro auf elektronische Textverarbeitung umstellen, um Korrekturen schneller durchführen zu können. Seine Antwort auf Frage A laute Ja. Wenn der Vorgesetzte sich in die Probleme der Textverarbeitung vertieft hat, wird er auch Frage B mit Ja beantworten: Die Beantwortung von Frage D hängt stark von der Einstellung des Vorgesetzten ab, in diesem Falle wird er wohl mit Ja antworten. Ferner geht er davon aus, daß seine allein getroffene Entscheidung nicht von den Mitarbeitern akzeptiert würde, er antwortet bei E deshalb nein. Da die Mitarbeiter wenig an den Organisationszielen orientiert sind, antwortet der Vorgesetzte auf F ebenfalls mit Nein. Konflikte zwischen den Mitarbeitern erscheinen ihm wahrscheinlich, und er antwortet folglich auf G mit Ja. Es handelt sich also um Problemtyp 6a, und das Modell empfiehlt in diesem Fall den Gruppen-Konsultations-Führungsstil (BII). Das Ergebnis ist wenig überraschend; es ergibt sich fast zwangsläufig aus der Art der Fragestellung.

Kritik

Das Modell wurde vielfach wegen seiner **mechanistischen** Anlage kritisiert.[40] Problematisch ist u.a., daß die Ambiguität von Entscheidungssituationen negiert wird. Die abzuprüfenden Situationsmerkmale lassen i.d.R. gar keine eindeutige Ja/Nein-Antwort zu. Die dennoch durch die Methodik erzwungene Eindeutigkeit kann zu praktisch unbrauchbaren, ja sogar kontraproduktiven Situationsbestimmungen führen.

Der Übergang zu Wahrscheinlichkeits-Werten anstelle der Ja/Nein-Sicherheit – wie in der Neufassung der Theorie vorgeschlagen[41] – vermag dieses Problem nicht aus der Welt zu schaffen. Denn Ambivalenz heißt nicht nur, daß Unsicherheit über den Eintritt eines bestimmten Ereignisses besteht, sondern vielmehr, daß sich die gesamte Problemlage nur schwer in eindeutige Wirkungsbeziehungen auflösen läßt. Es sind zuviele Referenzen und zuviele Wirkungszusammenhänge potentiell virulent, als daß eine oder zwei Kausalbeziehungen die Handlungsfolgen abbilden könnten. Die besondere Schwierigkeit ist die, daß die in Frage stehenden „Problemmerkmale" wie z.B. „Wird die Lösung akzeptiert?" eigentlich gar nicht unabhängig vom Führer und seinem Verhalten gedacht werden können. Dies ist das schwerste Manko der Diagnose-Fragen, sie setzen alles das als feststehend voraus, was ein Vorgesetzter (jedenfalls z.T.) bewegen soll. Der Kontext, der hier erfaßt werden soll, steht aber nicht außerhalb der handelnden Menschen, er ist Ergebnis von Interaktionen, und er kann zu wesentlichen Teilen Ergebnis von Führungsinteraktionen sein. Das, was im Vroom/Yetton-Modell als unkontrollierbare Umwelt der Führungssituation erscheint, an die sich der Führer anpassen muß, wenn er Erfolg haben will, erweist sich bei näherer Hinsicht als plastischer Handlungskontext. Was sonst, wenn nicht diese (in dem Modell verwendeten) Situationsmerkmale, soll ein Führer eigentlich gestalten?

Als Mangel wird auch die bislang fehlende empirische Validierung hervorgehoben.[42] Dabei gilt es freilich zu sehen, daß das Modell als solches nur eine analytische Konstruktion darstellt und insoweit nur auf **logische Richtigkeit** geprüft werden kann. Empirisch prüfbar sind allerdings die Prämissen, auf denen es aufbaut. Sie richten sich zum einen auf die Auswahl der Situationsdimensionen und ihre Triftigkeit und zum anderen auf die (früheren Untersuchungen entlehnte) Kongruenz von Führungsstil und Situationstyp.

40 Vgl. Sydow, J., Der normative Entscheidungsansatz von Vroom/Yetton - Kritik einer situativen Führungstheorie, in: Die Unternehmung 35 (1981), S. 1-17.

41 Vgl. Jago, A.G., Führungstheorien - Vroom/Yetton-Modell in: Handwörterbuch der Führung, a.a.O., Sp. 946.

42 Vgl. Field, R.H.G., A critique of the Vroom-Yetton contingency model of leadership behavior, in: Academy of Management Review 4 (1979), S. 249-257.

Hierzu lassen sich im Prinzip dieselben kritischen Einwände anziehen (Willkürlichkeit der Auswahl, Widersprüchlichkeit der Ergebnisse etc.), wie sie bei den vorhergehenden Modellen angeführt wurden.

Ein genauerer Blick auf das zuletzt genannte Vorfeld der Theorie zeigt die Nähe zum Moderatoransatz. Zwischen Führungsstil und Führungserfolg tritt die Situation (definiert durch die erwähnten sieben Merkmale) als moderierender Faktor. Einen wesentlich weiteren Schritt weg vom Moderator-Paradigma stellt – ebenfalls entscheidungstheoretisch orientiert – der Ansatz von House dar.

10.5.3 Der instrumentalistische Ansatz: Die Weg-Ziel-Theorie der Führung von House

Die Weg-Ziel-Theorie von House[43] thematisiert den Führungsprozeß und sein Wirkungsgeschehen nicht mehr länger aus der Perspektive des Führers, sondern (re-) konstruiert ihn auf der Folie des Entscheidungsprozesses der Geführten. Den methodischen Hintergrund hierfür bildet die oben dargestellte Führungsprozeßtheorie und die Erwartungs-Valenz-Theorie von Vroom. Die theoretische Leitfrage lautet dementsprechend: Unter welchen Umständen schätzt der Mitarbeiter die organisationszielbezogenen Führungsanstrengungen des Vorgesetzten als instrumentell für die Erreichung seiner Ziele (= Motivation) ein? Führungsverhalten muß also, um im Sinne der Organisationsziele effektiv zu sein, vom Mitarbeiter als für sich „nützlich" angesehen werden. Unter welchen Umständen ein bestimmtes Führungsverhalten als nützlich (=motivierend) angesehen wird, hängt wesentlich von den Zielen und Vorstellungen des Mitarbeiters und von den sonstigen Situationsgegebenheiten der Aufgabenumwelt (Aufgabentyp, Gruppe, Organisationsstruktur) ab[44] (vgl. Abb. 10.14).

Das Individuum wird – der zugrundeliegenden Nutzenmaximierungsannahme entsprechend – diejenigen Handlungsalternative ergreifen, die ihm die beste Zielerreichung (den höchsten Erwartungs-Valenz-Wert) verspricht. In der Pfad/Ziel-Theorie ist der Führungsstil einer von mehreren Faktoren, die die Erwartungswahrscheinlichkeiten und die kognizierten Instrumentalitäten der Mitarbeiter beeinflussen können (vgl. Abb. 10.14).

Der Führer kann die Zufriedenheit, die Motivation und die Leistung der Gruppenmitglieder auf prinzipiell **zwei Wegen** beeinflussen. Er kann zum einen das **Belohnungssystem** so ausrichten, daß die Leistungen mit den Bedürfnisbefriedigungsmöglichkeiten verknüpft werden („Instrumentalität"). Zum anderen kann der Führer dazu beitragen, die

43 Vgl. House, R., A path-goal theory of leader effectiveness, in: Administrative Science Quarterly 16 (1971), S. 321-338.

44 Vgl. House, R./Mitchell, T., Ein Weg-Ziel-theoretischer Ansatz zur Erklärung von Führung, in: Nieder, P. (Hrsg.), Führungsverhalten im Unternehmen, München 1977.

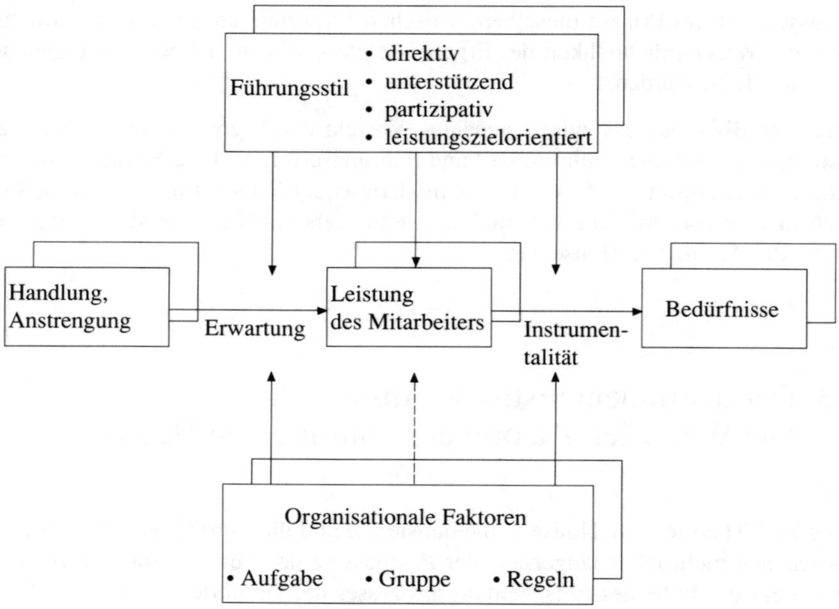

Abb. 10.14: Pfad/Ziel-Theorie der Führung

Pfade zu den Leistungszielen zu **klären**, und frustrierende Hindernisse auf dem Weg zu diesen beseitigen („Erwartung").

Die Erfüllung dieser Aufgaben stellt je nach Situation unterschiedliche Anforderungen an den Vorgesetzten, und sie hängt natürlich auch von dem Spielraum ab, den die Organisation dem Vorgesetzten zugesteht.

Grundsätzlich geht die Pfad/Ziel-Theorie – ähnlich wie Hersey/Blanchard – davon aus, daß ein Vorgesetzter verschiedene Führungsstile nebeneinander praktizieren kann und daß er den jeweils situationsadäquaten Führungsstil einsetzt, d.h. den Stil, der den Erwartungs-Valenz-Wert des Mitarbeiters für hohe Leistungsziele am positivsten beeinflussen kann. Es sind in systematischer Form eine Reihe von Thesen entwickelt worden zur Vorteilhaftigkeit von Führungsstilen, abhängig von spezifischen situationalen Gegebenheiten. So wird z.B. für den Fall einer langweiligen Routineaufgabe eine hohe Instrumentalität für unterstützende Führung vermutet; sie reichere die Arbeit (um emotionale Aspekte) an und lasse dadurch die frustrierenden Aspekte der Arbeit zurücktreten.

Kritik

Das Modell bleibt jedoch insgesamt sehr formal, die Zahl der situativen Einflußfaktoren ist unbegrenzt. Wirkungsprognosen für einen bestimmten Führungsstil sind daher auch nur schwer möglich. Man muß dazu darüber hinaus das Wertesystem des betreffenden Individuums und die Repräsentanz der Aufgabenumwelt in der Perzeption des Individuums kennen sowie eine Konstanz der Werte und Perzeptionen unterstellen. So gesehen verwundert es nicht weiter, daß dort, wo es versucht wurde, die Prognosen nicht konsistent zu bestätigen waren.[45] Was die konzeptionellen Grundlagen anbetrifft, so gelten hier im Prinzip alle die vielen Kritikpunkte, die oben zu den Erwartungs-Valenz-Ansätzen vorgetragen wurden. Zu bezweifeln ist vor allem die deskriptive Validität der rationalistischen Konstruktion individueller Handlungsvorbereitung.

10.5.4 Vergleichende Gegenüberstellung der Situationstheorien der Führung

Abbildung 10.15 gibt in Anlehnung an Yukl[46] eine synoptische Zusammenschau der wichtigsten Merkmale der fünf beschriebenen Situationstheorien.

10.5.5 Offene Fragen

Situationstheorien der Führung sind einige grundsätzliche Probleme inhärent, die im folgenden kurz dargelegt werden sollen, weil sie das Verständnis von Führung vertiefen helfen.

Statische Betrachtungsweise?

Den beschriebenen Situationstheorien der Führung liegt ein grundsätzlich statisches Denken zugrunde. Zu einer gegebenen Situation wird der geeignete Führungsstil gesucht. Veränderung wird nur im Sinne einer komparativ-statischen Anpassung gedacht. Was - von wenigen Andeutungen abgesehen - grundsätzlich fehlt, ist eine Berücksichtigung der Entwicklung des Führungsprozesses. Das Verhältnis von Vorgesetztem, Untergebenem und Führungssituation bleibt nicht immer gleich, sondern entwickelt sich durch die Interaktion fortlaufend.[47] Der bereits erwähnte vertikale Dyaden-Ansatz von Graen zeigt hier einen interessanten Weg zur Integration der Prozeßdynamik. Eine prozessuale

45 Vgl. Bass, B., Stogdill's Handbook of leadership, 2. Aufl., New York 1981.
46 Yukl, G.A., a.a.O., S. 166.
47 Vgl. Niederfeichtner, F., Führungsforschung und ihre betriebswirtschaftliche Rezeption, in: Die Betriebswirtschaft 43 (1983), S. 605-622.

Situations-theorie der Führung	Führung			Situation		Erfolg	Empirie	
	Führungs-stil	Fokus der Führung	Flexibel	Situations-merkmale	Einfluß d. Führung a. Situation	Verwend. Maßstab	Tests	Resultate
Kontingenz-modell (Fiedler)	Aufgaben- vs. Personen-orientierung	Gruppe	nein	Positions-macht, Aufgaben-struktur, Gruppenkli-ma	nein	Leistung	sehr viele	wider-sprüchlich
Situative Führungstheorie (Hersey/Blan-chard)	Aufgaben- u. Personen-orientierung	Individuum	ja	Reife der Geführten	ja	Zieler-reichung	keine	–
Multiples Verknüpfungs-modell (Yukl)	offen	Gruppe	ja	Intervenie-rende/mode-rierende Variablen	ja	Leistung	keine	–
Entscheidungs-modell (Vroom/ Yetton)	Autokratisch vs. partizipativ	Individuum/ Gruppe	ja	7 Merkmale (Qualitäts-/ Akzeptanz-sicherung)	nein	Zieler-reichung	sehr wenig	strittig
Weg-Ziel-Theorie (House)	offen	Individuum	ja	offen (Aufgaben-struktur etc.)	nein	Motiva-tion (Lei-stung/Zu-frieden-heit)	viele indirekte	wider-sprüchlich

Abb. 10.15: Synopsis der Situationstheorien der Führungseffektivität

Quelle: Schreyögg, G., Führungstheorien - Situationstheorie, in: Kieser, A./Reber, G./Wunderer, R. (Hrsg.): Handwörterbuch der Führung, Stuttgart 1987, Sp. 889f.

Sichtweise hätte auch zu berücksichtigen, daß der Führungserfolg selbst einen bedeutsamen Einflußfaktor darstellt und die Entscheidung über den Führungsstil wesentlich mitbestimmt.

Institutioneller Rahmen?

Ein zweiter Problempunkt ist die Vernachlässigung des institutionellen Kontextes, in dem Führung stattfindet.[48] Die Führungsgestaltung kann nicht als isoliertes Problem behandelt, sondern muß im übergreifenden Kontext der **Organisationsgestaltung** und ihrer Grundprobleme (z.B. Umweltanpassung, Innovationsfähigkeit) reflektiert werden.

48 Vgl. Türk, K., Personalführung und soziale Kontrolle, Stuttgart 1981.

„One best model“?

Trotz der Abkehr vom Universalprinzip bleiben die Situationstheorien bei genauerer Hinsicht dennoch dem „one best approach“ verhaftet. Sie zielen alle darauf ab, zwar nicht mehr generell, aber eben situationsspezifisch den einen optimalen Führungsstil zu ermitteln (Ausnahme: Vroom-Yetton-Modell). Dieses Denken übersieht, daß die Situation in der Regel einen Spielraum in der Wahl des geeigneten Führungsstils läßt. Nur selten sind die Anforderungen einer Situation dergestalt, daß keine funktionalen Äquivalente zur Verfügung stünden. Diese sind gerade in praktischen Führungssituationen oft von großer Bedeutung, etwa bei mehrfacher Zielsetzung.

Was heißt „Kongruenz“?

Theoretisch ungelöst ist bis heute die Kernfrage der Kongruenz (Fit) von Führungsstil und Situation geblieben. Die Autoren geben hier für die behauptete Kongruenz für gewöhnlich nur die Evidenz und ad hoc-Erklärungen der Befunde an. Was die ad hoc-Erklärungen anbelangt, so bleiben diese unverbindlich. Der Gegenfall ist immer auch möglich. Man denke etwa an die Situationsvariable „klare Aufgabenstruktur“. Ein Teil der Autoren (z.B. Fiedler) sieht hier in einem aufgabenorientierten Führungsstil das geeignete Gegenstück zu einer hochstrukturierten Aufgabe, andere Autoren (z.B. House) sehen dagegen gerade hier den personenorientierten Führungsstil als kongruent an, weil nur durch ihn die aus der hohen Strukturiertheit resultierenden Motivationsdefizite aufgefangen werden könnten. Im einen Fall wird Kongruenz als Strukturgleichheit, im anderen Falle als Komplementarität gedeutet. Dies zeigt, daß „Kongruenz“ eben kein objektives Faktum ist, das quasi als Code in der Situation steckt und nur entschlüsselt werden bräuchte, sondern erst das Ergebnis einer theoretischen Argumentation sein kann.[49] Und bei der multivalenten Struktur der hier relevanten Probleme werden sich wohl meistens für mehr als nur ein Entsprechungsverhältnis gute Gründe finden lassen.

Der bloße Verweis auf die Empirie bringt an dieser Stelle auch keine Lösung. Eine spezielle Konstellation von Situation und Führungsstil deshalb als kongruent zu bezeichnen, weil sie Erfolg zeigt, bringt keine zusätzliche Einsicht, sondern führt in einen Zirkel. Fragt man, warum eine Konstellation erfolgreich ist, wird man auf die Kongruenz ihrer Teile verwiesen, fragt man, weshalb die Teile zueinanderpassen, wird man auf den Erfolg verwiesen (ohne belegen zu können, daß das angebliche Zueinanderpassen die Ursache für den Erfolg ist).

Insgesamt kann man damit sagen, daß die Bezüge zwischen Situation, Führung und Erfolg weit weniger zwingend sind als sie sich in den meisten Situationstheorien aufgrund ihres mechanistischen Aufbaus widerspiegeln. Es wäre deshalb an der Zeit, in der situativen Führungstheorie nicht nur über Situationszwänge nachzudenken, sondern auch über Freiheiten, die die Situation läßt, und wie diese in einer sozio-verantwortlichen Weise gefüllt werden sollen.

49 Vgl. im einzelnen Schreyögg, G., Some comments about comments: A reply to Donaldson, in: Organization Science 3 (1982), S. 73-78.

Normative Problematik

Die Entscheidung für oder gegen einen Führungsstil kann sich nicht nur an der Leistungswirksamkeit orientieren; hierzu gehören auch Überlegungen zur Würde des Menschen, zum Anspruch auf eine anständige Behandlung und die Berücksichtigung des Strebens nach Selbstbestimmung und Freiheit. Es geht also auch um die Frage, welches Normensystem der Gestaltung von Beziehungen zwischen Menschen in der Arbeitswelt zugrunde gelegt werden soll.

Wie schnell gerade bei der Frage des Führungsstils normative Grundprobleme berührt sind, zeigt sich bei vielen Situationstheorien der Führung. So scheut sich Fiedler beispielsweise nicht, in bestimmten Fällen eine bewußte Verschlechterung der Führer-Geführten-Beziehungen vorzuschlagen, um einen „Fit" von Führungsituation und Führungsstil herbeizuführen. Hier tritt die Normenkonkurrenz offen zutage: Wieviel an physischen und psychischen Belastungen, an Unzufriedenheit mit der Arbeit, an Einschränkungen der Entfaltungsmöglichkeiten der Mitarbeiter in Kauf genommen werden soll im Interesse von wieviel Produktivitätszuwachs?

Diskussionsfragen

1. Worin sehen Sie die Ursachen für das Scheitern des Eigenschaftsansatzes? Welche Konsequenzen ergeben sich daraus für die Personalpolitik?
2. Erläutern Sie die Aussage: Führerschaft ist ein Interaktionsphänomen!
3. Warum ist es sinnvoll, von Führungsverhalten auch dann zu sprechen, wenn der Einflußversuch erfolglos endet?
4. Inwiefern ist es notwendig, die Machtgrundlage der Akteure in die Einflußprozeß-Betrachtung miteinzubeziehen?
5. Zeigen Sie die Beziehungen auf zwischen „Macht durch Belohnung" und „Macht durch Persönlichkeitswirkung"!
6. Was versteht man unter „autoritärem", was unter „demokratischem" Führungsstil? Welche Probleme ergeben sich bei dieser Unterscheidung?
7. Wie unterscheidet sich die Führungsstil-Konzeption von Blake und Mouton von dem Likertschen Konzept?
8. Mit welcher Grundannahme arbeiten die traditionellen Führungsstil-Studien? Welche Unterschiede ergeben sich im Hinblick auf den Einflußprozeßansatz?
9. Aus welchen Gründen und in welcher Weise wurde die für die Führungsstilforschung typische Fragestellung in den Situationstheorien der Führung erweitert?

10. Nehmen Sie an, es bestehe Einigkeit, daß in einem bestimmten Fall Ineffektivität aus Inkongruenz von Situation und Führungsstil resultierte. Auf welcher Ebene müßte man
a) nach Fiedler
b) nach Hersey/Blanchard
ansetzen, um eine Verbesserung zu erreichen?

11. Worin besteht der wesentliche Unterschied zwischen dem Fiedlerschen Modell und dem Vroom-Yetton-Modell?

12. Aus welchem Grund eröffnet eine kritische Beurteilung der Situationstheorien der Führung Spielräume für normative Überlegungen?

13. Was ist unter dem „normativen Gesichtspunkt" der Führungsstilproblematik zu verstehen?

14. Wie beurteilen Sie die praktischen Konsequenzen des Kontingenzmodells unter normativen Gesichtspunkten?

Literaturhinweise

Beiträge zu allen behandelten Problemen:

Kieser, A./Reber, G./Wunderer, R. (Hrsg.), Handwörterbuch der Führung, Stuttgart 1987.

Zu den theoretischen Grundlagen der Führungslehre:

Bass, B., Leadership and performance beyond expectations, New York 1985.
Müller, W.R., Führung und Identität, Bern/Stuttgart 1981.
Wunderer, R./Grunwald, W., Führungslehre, Bd. 1, Berlin/New York 1980.
Hunt, J.G. u.a. (Hrsg.), Emerging leadership vistas, Lexington/Mass. 1988.

Zu Führungsstilen und -formen:

Neuberger, O., Führung, 2. Aufl., Stuttgart 1985.
Seidel, E., Betriebliche Führungsformen, Stuttgart 1978.

Zu den Situationstheorien der Führung:

Bass, B., Stogdill's Handbook of leadership, 2. Aufl., New York 1981.
Yukl, G.A., Leadership in organizations, Englewood Cliffs, N.J. 1981.

Elftes Kapitel

Unternehmenskultur

11.1 Begriff und Bedeutung von Unternehmenskultur 532

11.2 Der innere Aufbau einer Unternehmenskultur 534

11.3 Kulturtypen 537

11.4 Starke und schwache Kulturen 540

11.5 Unternehmenskulturen und Subkulturen 543

11.6 Wirkungen von Unternehmenskulturen 544
11.6.1 Positive Effekte 544
11.6.2 Negative Effekte 546
11.6.3 Starke Unternehmenskulturen und Innovation 548

11.7 Kulturwandel in Organisationen 549

Diskussionsfragen 552

Literaturhinweise 553

Elizabeth Arden nannte einmal die Kosmetikindustrie „das gemeinste Geschäft der Welt". Dies, weil ihre Werbung Frauen suggeriert, so und nicht anders sollten sie aussehen, und sie unzufrieden macht mit ihrem eigenen unvollkommenen Gewicht und Körper. Für Branchenkenner ist es deshalb geradezu ein Wunder, daß die Body-Shop-Kette groß geworden ist, ohne jede Schönheitswerbung, ohne eine Glamour-Seite in den Magazinen. Selbst in den Läden gibt es keine Fotos mit idealisierten Schönheiten. Neben dem unverwechselbaren würzigen ländlichen Duft sind es Farben, Graphik und Dekor, die den sinnlichen Wegbereiter für den Kaufanreiz spielen. Alles, was es in den überall gleichgestalteten grün-schwarzen Läden zu kaufen gibt, durchsichtige Seifen, Naturcremes, Shampoos, Badegels usw., zeigt ein kreisförmiges Zeichen einer nach oben wachsenden Ranke – das Body-Shop-Logo.

Viele Body-Shop-Produkte haben einen weiten Weg hinter sich. Sie kommen nicht aus Forschungslabors oder Reagenzgläsern, sondern aus fremden Kulturen und exotischen Umgebungen. So etwa Kakaobutter. Auf einer ihrer Reisen sah die Unternehmerin, Anita Roddick, daß die Frauen auf polynesischen Inseln damit Haare und Körper einrieben. Prompt wurde das gelbliche Fett zum Hauptbestandteil einer Körperlotion. Einen ähnlichen Weg hat der Haarconditioner aus Bananen hinter sich.

Anita, wie die Unternehmerin von allen genannt wird, ist ersteinmal und vor allem: Mutter Erde. Wer auch immer in ihr Büro kommt, er wird bedacht mit einer Umarmung, einem Lachen, einer persönlichen Frage. Einmal monatlich ist für die über 3700 Mitarbeiter Videostunde: Alle sollen wissen, was läuft – und sich mitverantwortlich fühlen für die jeweils aktuellen Projekte, die irgendwo in Indien oder Nepal, Südamerika oder Schottland belegen, daß der prosperierende Body-Shop „der Gesellschaft etwas zurückgibt". So sind z.B. die zwei Hamburger Franchisenehmer genau darüber informiert, was es bei dem Schottland-Projekt Neues gibt. Dort wurde in einem heruntergekommenen Arbeiterbezirk der Stadt Glasgow eine Body-Shop-Seifenfabrik eingerichtet; 25% der Gewinne fließen in kommunale Einrichtungen.

Wer Franchisepartner werden will, muß sich einem strengen Ausleseprozeß unterziehen. Die besten Chancen haben Kandidaten, die schon länger in einem Body-Shop gearbeitet haben. Angehörige ethnischer Minderheiten haben einen Bonus. Jeder Bewerber muß einen Aufsatz über seine Ziele und Vorstellungen verfassen und anschließend so schwierige Fragen beantworten wie: „Wie willst Du am liebsten sterben?".[1]

Diese kurze Schilderung der britischen Firma „Body-Shop" enthält eine Vielzahl von Hinweisen auf Charakteristika dieser Firma, die mit dem herkömmlichen betriebswirtschaftlichen Analyseinstrumentarium nicht mehr so ohne weiteres faßbar sind. Es sind Hinweise auf die „Kultur" dieser Firma – und es hat den Anschein, als würden gerade diese Besonderheiten, den Erfolg dieser Firma begründen. Was sind diese „Besonderheiten"? Wie kann man sie verstehen, wie mit der Unternehmensführung in Zusammenhang bringen? Wie wirken sie auf die Verhaltensweisen der Mitarbeiter und auf die Unternehmensentscheidungen ein? Alles dies sind Fragen zur Unternehmenskultur einer Firma, denen im folgenden genauer nachgegangen werden soll.

1 Darstellung nach und Auszüge aus: Solo in der Seifenoper, in: Die Zeit 1989, Nr. 31, S. 56.

11.1 Begriff und Bedeutung von Unternehmenskultur

Unternehmenskultur ist heute zu einem populären Thema geworden – mit der bedauerlichen Folge, daß mehr und mehr Verwirrung darüber entsteht, um welchen Sachverhalt es sich eigentlich genau handelt. Wer heute daran geht, Unternehmenskultur zu definieren, tut deshalb gut daran, erst einmal zu sortieren und zu erläutern was Unternehmenskultur **nicht** meint.

Unternehmenskultur meint nicht reizvolle Industriearchitektur, schönes Produktdesign, Kunst am Bau oder etwa schöne Gemälde in den Büros. Unternehmenskultur meint auch nicht die Einrichtung anspruchsvoller Werksbibliotheken oder die Veranstaltung von Dichterlesungen im werkseigenen Bildungszentrum. Gemeint sind damit schließlich auch nicht personalwirtschaftliche Maßnahmen wie Qualitätszirkel oder Gewinnbeteiligungsmodelle. Das sind alles mögliche Bestandteile von Unternehmenskulturen, es ist aber keineswegs zwingend, daß eine Unternehmenskultur solche Attribute aufweist.

Es ist auch falsch zu sagen, Unternehmenskultur sei eine Schönwetter-Sache, also eine Sache, die sich ein Unternehmen nur dann leisten kann, wenn es sehr gut verdient. „Kultur“ hat ein Unternehmen unabhängig davon, ob es viel verdient oder nicht. Der Begriff Unternehmenskultur verweist auch nicht, wie häufig zu hören, auf externe kulturelle Einflüsse, etwa im Sinne einer typischen deutschen oder einer typisch englischen Firma, dies ist der Gegenstand der Landeskulturforschung und interkultureller Managementstudien.[2]

Was aber bedeutet „Unternehmenskultur“ dann?

Das neue und interessante an dieser Sichtweise ist vielmehr, daß sie die Unternehmung im Ganzen als eine Art Kultursystem begreift. Unternehmen, so die Idee, entwickeln eigene, unverwechselbare Vorstellungs- und Orientierungsmuster, die das Verhalten der Mitglieder und der betrieblichen Funktionsbereiche auf wirkungsvolle Weise prägen.

Der Kultur-Begriff ist der Anthropologie entliehen und bezeichnet dort die besonderen, historisch gewachsenen und zu einer komplexen Gestalt geronnenen Merkmale von **Volksgruppen**.[3] Gemeint sind damit insbesondere Wert- und Denkmuster einschließlich der sie vermittelnden Symbolsysteme, wie sie im Zuge menschlicher Interaktion entstanden sind. Die Managementforschung nimmt diesen für Volksgruppen entwickelten Kulturbegriff auf und überträgt ihn auf Organisationen mit der Idee, daß jede Organisation für sich eine je spezifische Kultur entwickelt, d.h. in gewisser Hinsicht eine eigenständige Kulturgemeinschaft darstellt. Organisationen, so die Idee, entwickeln eigene unverwechselbare Vorstellungs- und Orientierungsmuster, die das Verhalten der Mitglieder nach innen und außen auf nachhaltige Weise prägen.

2 Vgl. z.B. Hofstede, G., Culture's consequences: International differences in work-related values, Beverly Hills 1980.

3 Vgl. Kluckhohn, F.R./Strodtbeck, F.L., Variations in value orientations, Evanston 1961.

Ganz ähnlich wie bei dem oben erläuterten Organisationsbegriff[4] gibt es auch bei der Unternehmenskultur **zwei** grundsätzlich unterschiedliche **Ansätze** der Konzeptualisierung.[5] In einem Fall wird Unternehmenskultur als Teil eines übergeordneten Ganzen gesehen; Kultur ist etwas, was eine Organisation **hat**. Kultur steht hier in einer Reihe mit vielen anderen Variablen (Technologie, Planung usw.), die eine Organisation auszeichnen. In der **zweiten Konzeption** wird dagegen die Organisation insgesamt als Kultur betrachtet; die Organisation **ist** eine Kultur. Organisationen werden als soziale Konstruktionen begriffen, als Lebensgemeinschaften mit ausgeprägten Wert- und Orientierungsmustern. Unternehmenskultur bezeichnet hiernach also eine Art Sinngemeinschaft; sie wird als Grundlage des gesamten organisatorischen Handelns verstanden, die vor und über den konkreten Aufgaben, die eine Organisation zu erfüllen hat, liegt.

Unabhängig von den einzelnen Strömungen[6] gibt es dennoch einige **Kernelemente**, die heute allgemein mit dem Begriff der Unternehmenskultur verbunden werden:

(1) Unternehmenskultur ist ein im wesentlichen **implizites** Phänomen; sie hat keine separate, quasi physische Existenz, die sich direkt beobachten ließe. Unternehmenskulturen sind gemeinsam geteilte Überzeugungen, die das Selbstverständnis und die Eigendefinition der Organisation prägen.

(2) Unternehmenskulturen werden **gelebt**, ihre Orientierungsmuster sind selbstverständliche Annahmen, wie sie dem täglichen Handeln zugrundeliegen. Ihre (Selbst-) Reflektion ist die Ausnahme, keinesfalls die Regel.

(3) Unternehmenskultur bezieht sich auf **gemeinsame** Orientierungen, Werte usw. Es handelt sich also um ein kollektives Phänomen, das das Handeln des einzelnen Mitgliedes prägt. Kultur macht infolgedessen organisatorisches Handeln einheitlich und kohärent – jedenfalls bis zu einem gewissen Grade.

(4) Unternehmenskultur ist das Ergebnis eines **Lernprozesses** im Umgang mit Problemen aus der Umwelt und der internen Koordination.[7] Bestimmte, kulturell anderweitig vorgeprägte Handlungsweisen werden zu erfolgreichen Problemlösungen, andere weniger. Zug um Zug schälen sich bevorzugte Wege des Denkens und Problemlösens heraus, es wird immer deutlicher, was als „gut" und was als „schlecht" gelten soll, bis schließlich diese Orientierungsmuster zu mehr oder weniger selbstverständlichen Voraussetzungen des organisatorischen Handelns gemacht werden. Unternehmenskultur hat also immer eine Entwicklungsgeschichte.

(5) Unternehmenskultur repräsentiert die **„konzeptionelle Welt"** der Organisationsmitglieder. Sie vermittelt Sinn und Orientierung in einer komplexen Welt, indem sie Muster vorgibt für die Selektion die Interpretation von Handlungsprogrammen. Die Organisationsmitglieder verschaffen sich ein Bild von der Aufgabenumwelt auf der Basis eines gemeinsam verfügbaren Grundverständnisses.

4 Vgl. oben S. 358 ff.

5 Vgl. Smircich, L., Concepts of culture and organizational analysis, in: Administrative Science Quarterly 28 (1983), S. 339 – 358.

6 Zu weiteren Ausdifferenzierungen vgl. Allaire, Y./Firsirotu, M.E.: Theories of organizational culture, in: Organization Studies 5 (1984), S. 193 – 226; Ebers, M., Organisationskultur – ein neues Forschungsprogramm? Wiesbaden 1985.

7 Vgl. Schein, E.H., Organizational culture and leadership, San Francisco 1985.

(6) Unternehmenskultur wird in einem **Sozialisationsprozeß** vermittelt; sie wird nicht bewußt gelernt. Organisationen entwickeln zumeist eine Reihe von Mechanismen, die dem neuen Organisationsmitglied verdeutlichen, wie im Sinne der kulturellen Tradition zu handeln ist.

11.2 Der innere Aufbau einer Unternehmenskultur

Unternehmenskulturen sind komplexe Phänomene; zu ihr gehören nicht nur die Orientierungsmuster und Programme, sondern auch ihre sichtbaren Vermittlungsmechanismen und Ausdrucksformen. Ein Versuch, die verschiedenen Ebenen einer Kultur zu ordnen und ihre Beziehung zueinander zu klären, ist das in Abb. 11.1 gezeigte Modell von Schein. Um eine Kultur verstehen zu können, muß man sich nach dieser (der Kulturanthropologie entliehenen) Vorstellung, ausgehend von den Oberflächenphänomenen, sukzessive die kulturelle **Kernsubstanz** in einem Interpretationsprozeß erschließen.[8]

Die Basis einer Kultur als unterste Ebene von Abbildung 11.1 besteht hiernach aus einem Satz grundlegender Orientierungs- und Vorstellungsmuster („Weltanschauungen"), die die Wahrnehmung und das Handeln leiten. Es sind dies die selbstverständlichen Orientierungspunkte organisatorischen Handelns, die gewöhnlich ganz automatisch, ohne darüber nachzudenken, ja meist ohne sie zu kennen, verfolgt werden. Die Basisannahmen ordnen sich nach Kluckhohn/Strodtbeck unabhängig vom Einzelfall in jeder Kultur nach fünf Grundthemen menschlicher Existenzbewältigung:[9]

(1) Annahmen über die Umwelt

Wie wird die Organisationsumwelt gesehen? Hält man sie für bedrohlich, herausfordernd, bezwingbar, übermächtig usw.? Wie bereits angesprochen, wird z.B. die Entscheidung, welche Strategie eine Unternehmung wählt, stark von dieser Grundauffassung über die Umwelt geprägt.

(2) Vorstellungen über Wahrheit

Diese Annahmen geben Antwort auf die Frage, auf welche Grundlage man sich in einer Organisation bezieht, wenn man etwas als wahr oder falsch betrachtet. Ist es die Tradition oder sind es die Autoritäten, auf die man vertraut? Hält man sich an die Wissenschaft oder nimmt man eine pragmatische Haltung ein und macht die Entscheidungen über wahr oder falsch von den Ergebnissen eines Versuchs abhängig („Laßt es uns probieren und sehen, was dabei herauskommt")? Häufig ist es auch der tragfähige Kompromiß, der als „Wahrheitsinstanz" fungiert: „Fünf Gre-

8 Zu den methodischen Problemen vgl. Osterloh, M., Unternehmensethik und Unternehmenskultur, in: Steinmann, H./Löhr, A. (Hrsg.), Unternehmensethik, Stuttgart 1989, S. 155ff.

9 Vgl. Kluckhohn, F.R./Strodtbeck, F.L. a.a.O.

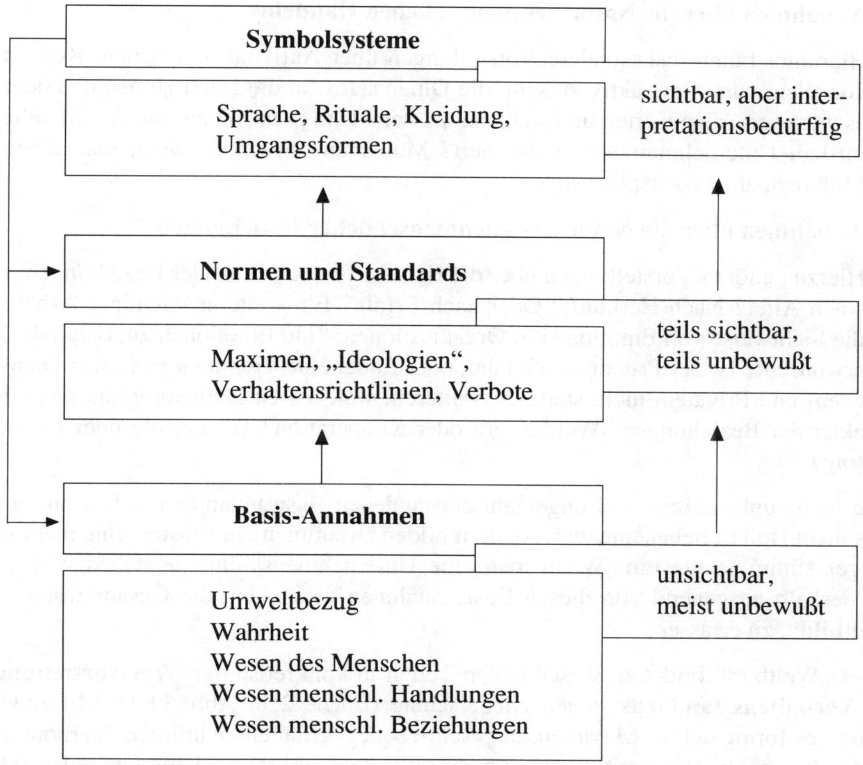

Abb. 11.1: Kulturebenen und ihr Zusammenhang

Quelle: Schein, E.H., Coming to a new awareness of organizational culture, in: Sloan Management Review 25 (1984), Nr. 2, S. 4.

mien haben über die Frage beraten und alle haben sich schließlich auf dieses Ergebnis geeinigt.“

(3) Annahmen über die Natur des Menschen

Dies sind implizite Annahmen über allgemeine menschliche Charakterzüge. Hält man Mitarbeiter im allgemeinen eher für gut oder schlecht? Sind Mitarbeiter tendenziell arbeitsscheu oder sind Mitarbeiter Menschen, die gerne Verantwortung übernehmen und die im Grundsatz Freude an der Arbeit haben? Ferner: Sind Mitarbeiter grundsätzlich entwicklungsfähig oder sind sie durch Veranlagung festgelegt? Diese Annahmen finden zumeist im Bild des „idealen Vorgesetzten“ ihre genaue Widerspiegelung.

(4) Annahmen über die Natur des menschlichen Handelns

Hierunter fallen insbesondere Vorstellungen über Aktivität und Arbeit. Kommt es vor allem darauf an, aktiv zu sein, die Dinge selbst in die Hand zu nehmen oder ist es wichtiger, abzuwarten und sich anzupassen? Und in bezug auf die Arbeit: Wie ist in dem Unternehmen Arbeit definiert? Muß man schwitzen, wenn man arbeitet? Muß man am Arbeitsplatz sitzen?

(5) Annahmen über die Natur zwischenmenschlicher Beziehungen

Hierzu gehören Vorstellungen über die richtige Ordnung sozialer Beziehungen, z.B. Nach Alter? Nach Herkunft? Oder nach Erfolg? Ein weiterer wichtiger Aspekt ist die Sichtweise von Emotionen in Organisationen. Sind Emotionen zulässig oder unerwünscht? Ist der Privatbereich tabu, oder findet eine Trennung zwischen Dienstlichem und Privatem nicht statt. Desweiteren: welches Grundthema prägt den Charakter der Beziehungen? Wettbewerb oder Kooperation? Teamerfolg oder Einzelerfolg?

Diese meist unbewußten und ungeplant entstandenen Basisannahmen stehen nun allerdings nicht isoliert nebeneinander, sondern bilden zusammen ein Muster, eine mehr oder weniger stimmige **Gestalt**. Wenn man eine Unternehmenskultur verstehen will, muß man deshalb ausgehend von diesen Basisannahmen versuchen, die Gesamtgestalt, das **„Weltbild“**, zu erfassen.

Dieses „Weltbild“ findet zu wesentlichen Teilen in konkretisierten **Wertvorstellungen und Verhaltensstandards** seinen Niederschlag (Ebene 2 in Abb. 11.1). Mit anderen Worten, es formt sich in Maximen, ungeschriebene Verhaltensrichtlinien, Verbote usw. um, die die Organisationsmitglieder in mehr oder weniger breitem Umfange teilen. Manche Unternehmen greifen diese latent vorhandenen Orientierungsmuster auf und formulieren sie zu einer ausdrücklichen **Managementphilosophie** oder zu sog. **Führungsgrundsätzen** aus. Insgesamt bilden die Basisannahmen und die daraus fließenden Verhaltensstandards quasi ein Brennglas, das die Prioritäten für das organisatorische Handeln bündelt, die Wahrnehmung steuert und fremdes und eigenes Handeln interpretiert.

Diese mehr oder weniger unbewußten und unsichtbaren Annahmen und Standards finden schließlich in der dritten Ebene (vgl. Abb. 11.1), der Ebene der **Symbole und Zeichen**, ihren Niederschlag. Sie haben die Aufgabe, diesen schwer faßbaren, wenig bewußten Komplex von Annahmen, Interpretationsmustern und Wertvorstellungen lebendig zu erhalten, weiter auszubauen und, was besonders wichtig ist, an neue Mitglieder weiterzugeben. Die Symbole und Zeichen stellen den **sichtbaren** Teil der Unternehmenskultur dar, der aber nur im Zusammenhang mit den zugrundeliegenden Wertvorstellungen verstehbar ist.

Zu diesen Vermittlungsmustern gehört z.B. das Erzählen von **Geschichten** und Legenden vom Firmengründer oder anderen wichtigen Ereignissen. Man vermittelt auf diese Weise indirekt, aber plastisch und einprägsam, worauf es in der Organisation besonders ankommt:

Als Beispiel sei hier eine Geschichte aus der Firma Hewlett Packard angeführt. Dort hat man die Politik des offenen Materiallagers, d.h. die Ingenieure haben unbeschränkten Zugang zum Materiallager und können dort Material für das freie Experiment entnehmen. Eine Anekdote berichtet: Bill Hewlett kam an einem Samstag ins Werk und fand das Materiallager verschlossen. Er ging sofort in die Reparaturabteilung, griff sich einen Bolzenschneider und entfernte das Vorhängeschloß von der Tür. Er hinterließ einen Zettel, den man am Montag morgen fand. Auf diesem Zettel stand geschrieben:" Diese Tür bitte nie wieder abschließen. Danke, Bill."[10]

Ein weiterer Teil der sichtbaren Kulturelemente sind die **Feiern** und **Riten** in einem Unternehmen. Man kann sie nach unterschiedlichen Anlässen gliedern.[11] So gibt es etwa Aufnahmeriten für den Eintritt in eine Organisation (Begrüßung durch den Chef, Einführungstag usw.). Ein weiterer Typ sind die sogenannten Entlassungsriten. Hier kommt es z.B. darauf an, ob ein Ausstand gefeiert wird (z.B. Rerservistenfeiern bei der Bundeswehr) oder ob derjenige, der gekündigt hat, isoliert wird. Bekannt sind auch Bekräftigungsriten etwa in Form von Veranstaltungen, in denen der Verkäufer des Monats gekürt wird. Weitere Riten sind Konfliktlösungsriten (z.B. Tarifverhandlungen) oder Integrationsriten wie z.B. Weihnachtsfeiern oder Betriebsjubiläen.

Schließlich gehören zu den sichtbaren Aspekten von Unternehmenskulturen die **Begrüßung** und Aufnahme von Außenstehenden, die **architektonische Gestaltung** der Räume und Gebäude, die **Kleidung**, die **Sprach**e (Firmenjargon) u.a.m.[12]

11.3. Kulturtypen

Die Aufdröselung der Unternehmenskultur in Ebenen und Elemente legt die Frage nahe, wie diese Faktoren konkret in einer Organisation zusammenwirken und eine „Kulturgestalt" ausprägen. Die Identifikation einer „Kulturgestalt" ist nicht einfach, es gibt keinen systematischen Weg, der sicher dorthin führen würde. Ein Hilfsmittel für dieses Entdeckungsverfahren sind Typologien. Am populärsten ist die Typologie von Deal/ Kennedy[13] geworden – vermutlich deshalb, weil sie in besonders anschaulicher Weise an den Alltagserfahrungen von Organisationsmitgliedern anknüpft (vgl. Abb. 11.2).

10 Nach Peters, T.J./Waterman, R.H., Auf der Suche nach Spitzenleistungen, 6. Auflage, Landsberg a.L. 1984, S. 283f.

11 Vgl. Neuberger, O./Kompa, A., Wir, die Firma, Weinheim/Basel 1987.

12 Zu praktischen Beispielen aus deutschen Firmen vgl. den Gabler-Videofilm, „Unternehmenskultur", Wiesbaden 1989.

13 Vgl. Deal, T.B./Kennedy, A.A., Corporate cultures, Reading /Mass. 1982, Die Autoren ordnen die vier Typen nach zwei Situationsmerkmalen: Dauer des Feedbacks und Höhe des Risikos. Nachdem diese Dimensionen für die Typologie nicht sehr bedeutsam sind, wird darauf im Text nicht weiter eingegangen.

Abb. 11.2: Unternehmenskultur-Typen nach Deal/Kennedy

Alles oder Nichts-Kultur

Dies ist eine Welt von Individualisten; gefragt sind Stars mit großen Ideen. Im Hinblick auf die Umwelt gilt das Motto: Zeige mir einen Berg und ich werde ihn erklimmen. Hoch geschätzt sind temporeiches Handeln und ein jugendliches, leicht aus dem Rahmen fallendes Erscheinungsbild. Die Sprache ist unkonventionell und voll von neuen Wortschöpfungen wie z.B. Cash Cows oder Yuppies. Neu Hinzukommende müssen sich schlagen, wenn sie Anerkennung finden wollen. Freundliche Zurückhaltung macht sie uninteressant. Der Erfolg bestimmt alles: Ansehen, Einkommen, Macht. Dementsprechend werden auch Erfolge enthusiastisch gefeiert. Mißerfolge dagegen schonungslos offengelegt. Man kann schnell nach oben kommen, aber ebenso schnell wieder tief fallen. Das Zeigen von Emotionen ist erlaubt, nur nicht solcher des Schmerzes. Männer und Frauen sind gleichberechtigt, denn es gilt das Motto: ein Star ist ein Star. Glücksbringer, Horoskope, und sonstiger Aberglaube spielen eine große Rolle, sie sollen das hohe Risiko reduzieren helfen.

Brot- und Spielekultur

Hier steht die Außenorientierung im Vordergrund nach dem Motto, die Umwelt ist voller Möglichkeiten, Du mußt sie nur nutzen. Insgesamt wird Wert auf freundliches und ansprechendes Auftreten gelegt. Im internen Verkehr steht die unkomplizierte Zusammenarbeit im Team an erster Stelle. Aktiv sein ist der herausragende Wert. Wer ruhig ist, steht im Verdacht, nichts zu leisten. Es werden viele fröhliche Feste gefeiert und es gibt häufig Auszeichnungen und Preise, wie z.B. der Verkäufer des Jahres oder das beste Schaufenster des Monats. Die Geschichten drehen sich hauptsächlich um schwierige Kunden. Wer es vermag, an Eskimos Kühlschränke zu verkaufen, ist ein Held. Die Firmensprache ist knapp und voller rätselhafter Kürzel (z.B. PAISY oder FIBUS). Die Bilder sind der Sportwelt entnommen: Halbzeit, Rote Karte, Fehlstart etc.

Analytische Projekt-Kultur

Fehlentscheidungen stellen die große Bedrohung in vielen Firmen dar. Alles ist darauf konzentriert, die richtige Entscheidung zu treffen. Die Umwelt wird vorwiegend als Bedrohung erlebt. Man versucht, sie durch Analysen und langfristige Prognosen einigermaßen in den Griff zu bekommen. Vertraut wird auf die wissenschaftlich-technische Rationalität. Hauptritual ist die Sitzung, sie vereint meist verschiedene hierarchische Ränge, kennt jedoch eine strenge Sitz- und Redeordnung. Die Zeitperspektive ist langfristig, alles will gut und sorgfältig überlegt sein. Hektik und Quirligkeit sind unerwünscht. Das Ideal ist vielmehr, die gesetzte, reife Persönlichkeit. Ist jemand 3 Jahre bei dem Unternehmen, gilt er immer noch als Neuling. Karriere wird schrittweise gemacht, Blitzkarrieren gibt es nicht. Ältere Herren haben in der Regel Schützlinge, denen sie auf dem Weg nach oben helfen. Helden sind Leute, die mit unerschütterlicher Zähigkeit eine große Idee verfolgt haben; dies auch dann noch, als sie die Firmenleitung längst aufgegeben hatte – notfalls im eigenen Kellerlabor. Die Kleidung ist korrekt und unauffällig. Spra-

che und Umgangsformen sind sehr höflich. Das Zeigen von Emotionen ist streng verpönt.

Prozeß-Kultur

Alles konzentriert sich auf den Prozeß, das Gesamtziel spielt eine untergeordnete Rolle. Perfekter und diskreter Arbeitsvollzug steht an erster Stelle der Werte. Fehler darf man nicht machen. Alles wird registriert, jeder kleinste Vorgang dokumentiert. Mißtrauen und Absicherung sind die vorherrschenden Orientierungsmuster. Man muß jederzeit damit rechnen, daß einem irgend jemand von außen oder innen einen Fehler nachweisen möchte, und für diesen Fall muß man gerüstet sein. Helden sind Leute, die selbst dann noch fehlerfrei arbeiten, wenn die Umstände äußerst widrig sind, etwa nach Schicksalsschlägen oder nach ungerechtfertigter Behandlung durch die Geschäftsleitung. Das Zusammenleben orientiert sich an der hierarchischen Ordnung; sie bestimmt einfach alles: die Kleidung, den Kreis der Kontaktpartner, die Umgangsformen, das Gehalt etc. Bei einer Beförderung weiß jeder Mitarbeiter, welche Privilegien er dazugewinnen wird: eigenes Telefon, Teppichboden, größere Fenster oder sonstiges. Diese Statussymbole werden höher geschätzt als der finanzielle Zugewinn. Beförderungen sind auch ein beliebtes Gesprächsthema. Um sie ranken sich permanent Gerüchte und Intrigen. Feste und Feiern spielen keine sehr große Rolle. Wichtig sind lediglich die Jubiläen, wie z.B. 25jährige Betriebszugehörigkeit. Die Sprache ist korrekt und detailbesessen. Emotionen werden als Störung empfunden.

Abb. 11.3 zeigt eine andere Typologie; sie ist an **Systempathologien** orientiert und von vornherein enger auf die Basis-Annahmen zugeschnitten.

Wie auch immer konstruiert, eine solche **Typologie** ist ein Hilfsmittel, mit dem man auf die Suche gehen und die Alltagserfahrung in einem ersten Schritt sortieren kann. Ohne Zweifel ist eine Typologie immer eine grobe Vereinfachung, darin liegt ihr Wert, aber eben auch ihre Gefahr. Es ist nicht sehr zweckmäßig, die ganze Organisationswelt gewaltsam auf bestimmte Typen zu reduzieren. Eine Unternehmenskultur zu verstehen, verlangt mehr als eine bloße Subsumtion. Typologien, wie die von Deal/Kennedy oder Kets de Vries/Miller, zeigen aber beispielhaft, wie man die verschiedenen Facetten einer Unternehmenskultur zu einer kommunizierbaren „Gestalt“ verdichten kann.

11.4 Starke und schwache Kulturen

Die Diskussion um die Kultur von Organisationen war von Anfang an geprägt von der Idee, daß bestimmte Kulturen in besonders intensiver Weise das organisatorische Handeln beeinflussen, ja daß sie in bestimmten Fällen die eigentlich treibende Kraft für herausragende Organisationsleistungen sind. Dies wird in besonderem Maße für sog. **starke**

	Kulturen				
Typen	Paranoide	Zwanghafte	Dramatische	Depressive	Schizoide
Charakteristika	Mißtrauen und Angst, permanente Bereitschaft, Angriffe zurückzuschlagen; hochsensitiv für Bedrohungen jedweder Art; ständige Suche nach versteckten Absichten anderer; hoher Aktivitätspegel; kalt.	Perfektionismus und Detailbesessenheit; alles muß seine Ordnung haben; die schlimmste Bedrohung geht vom Chaos aus; Beziehungen werden nach Überlegenheit oder Unterlegenheit geordnet. Überaschungen sollen um jeden Preis vermieden werden; nichts darf dem Zufall überlassen sein; alles wird vorbedacht und geregelt; Emotionen sind völlig unerwünscht.	Alles dreht sich um die charismatische Führungsfigur, die sich selbst grandios in Szene setzt; die Mitarbeiter idealisieren sie und geraten in starke Abhängigkeit zu ihr; alle wesentlichen Entscheidungen liegen bei der Führungsfigur. Die Arbeitsmethode vertraut auf Spontaneität und Intuition; Strukturen und Regeln werden als störend empfunden; neue Projekte werden wagemutig angegangen, Erfolge enthusiastisch gefeiert.	Pessimistische Prognosen und die Angst, es nicht zu schaffen, sind das Grundthema; man ist den Schicksalskräften ausgeliefert und sucht Schutz bei anderen; man erhofft Initiative von außen; alles nimmt seinen gewohnten Lauf; Routine bestimmt das Verhalten; Macht ist breit verteilt, aber ohne große Bedeutung.	Distanz, Zurückgezogenheit und die Scheu, sich auf etwas einzulassen, bestimmen die Haltung der Spitze; Indifferenz herrscht vor, es gibt weder Zorn noch Enthusiasmus; die zweite und die weiteren Managementebenen füllen das Machtvakuum, daher gibt es viele Konkurrenzkämpfe, Koalitionen, Taktiken usw.; Prestige und Karrierestreben sind hier dominant.
Leitmotiv (der Unternehmensspitze)	Ich kann niemandem trauen; es existieren viele Kräfte, die mir ans Leder wollen; ich muß auf der Hut sein.	Ich möchte nicht von irgendwelchen Zufällen abhängig sein; ich muß mein ganzes Umfeld unter Kontrolle haben.	Ich möchte von allen Leuten bewundert und bestaunt werden. Ich bin ein Genie.	Ich kann am Lauf der Dinge ohnehin nichts ändern, dazu wäre ich auch nicht kompetent genug.	Ich will mit anderen Menschen nicht viel zu tun haben, der Umgang mit ihnen könnte mich verletzen.

Abb. 11.3: Kulturtypen nach Kets de Vries/Miller

Quelle: Kets de Vries, M.F.R./Miller, D.: Personality, culture and organization, in: Academy of Management Review 11 (1986), S. 266–279 (zusammengefaßt und übersetzt d. d. Verfasser)

Kulturen vermutet. Zur Beurteilung, ob eine Kultur „stark" oder „schwach" ist, werden in der Literatur unterschiedliche Dimensionen herangezogen.[14] Die drei folgenden scheinen die bedeutsamsten zu sein:

(1) Prägnanz
(2) Verbreitungsgrad
(3) Verankerungstiefe

(1)Das **erste Kriterium** unterscheidet Unternehmenskulturen danach, wie klar die Orientierungsmuster und Werthaltungen sind, die sie vermitteln. Starke Unternehmenskulturen zeichnen sich demnach dadurch aus, daß sie ganz klare Vorstellungen darüber beinhalten, was erwünscht ist und was nicht. Eine solche klare Vorstellungswelt setzt zweierlei voraus. **Zum einen** müssen die einzelnen Werte, Standards und Symbolsysteme relativ konsistent sein, so daß in nur wenigen Fällen Konfusion darüber entsteht, welchem Orientierungspfad nun gefolgt werden soll. **Zum anderen** setzt dies voraus, daß die kulturellen Orientierungsmuster relativ **umfassend** angelegt sind, so daß sie nicht nur in einigen speziellen, sondern in vielen Situationen den Maßstab setzen können.

Der Kulturinhalt als solcher, also welche Werte von einer Kultur vertreten und transportiert werden, spielt für die Beurteilung der Stärke keine Rolle. Der Unternehmenskultur-Ansatz versteht sich grundsätzlich „wertfrei" insofern, als er keine Bewertung des jeweils virulenten Wertsystems anstrebt, außer natürlich der Frage, ob es für die Erfolgsträchtigkeit der Unternehmung funktional oder dysfunktional ist. Ob das mit einer Unternehmenskultur transportierte Wert- und Orientierungssystem, also der Kulturinhalt, anspruchsvoll („kulturell hochstehend"), als moralisch oder unmoralisch einzustufen ist, bleibt für die Bestimmung der „Stärke" in aller Regel außer Betracht. Dies ist eine genuine Frage der Unternehmensethik.[15]

Bisweilen wird der Kulturinhalt aber dennoch zum Gegenstand der Bestimmung der Stärke gemacht, dann jedoch in anderer Weise und ohne den eigentlich vorgegebenen instrumentellen Rahmen zu verlassen. Einbezogen wird die **Begeisterungskraft** der Inhalte. Visionen und Orientierungsmuster können mehr oder weniger geeignet sein, Enthusiasmus und Engagement auszulösen. Starke Kulturen zeichnen sich – folgte man diesem Vorschlag – also nicht nur durch Prägnanz und hohe Prägungsdichte aus, sondern geben darüber hinaus stimulierende, begeisterte Impulse.

(2) Das **zweite Unterscheidungskriterium** „Verbreitungsgrad" stellt auf das Ausmaß ab, in dem die Mitarbeiterschaft die Kultur teilt. Von einer **starken** Unternehmenskultur spricht man dementsprechend dann, wenn das Handeln sehr vieler Mitarbeiter, im Idealfall **aller** von den Orientierungsmustern und Werten geleitet wird. Eine **schwache** Unternehmenskultur zeichnet sich in diesem Sinne dann dadurch aus, daß die einzelnen Unternehmensmitglieder an weitgehend unterschiedlichen Normen und Vorstellungen orientiert sind.

14 Vgl. Sathe, V., Implications of corperate culture, in: Organizational Dynamics 12 (1983), Nr. 2, S. 5ff.
15 Zur Beziehung von Unternehmensethik und Unternehmenskultur vgl. Osterloh, M. a.a.O.

Unternehmen mit ausgeprägten **Subkulturen**, also Gruppen mit deutlich unterschiedlichen Wert- und Orientierungsmustern (z.B. Vertrieb versus F&E), können somit nach Voraussetzung keine starke (Gesamt-)Kultur haben. Daraus folgt, daß sich starke Kulturen aufgrund ihres hohen Verbreitungsgrades zugleich auch durch ein hohes Maß an **Homogenität** auszeichnen. Die Existenz einer Vielzahl unterschiedlicher Orientierungsmuster, Paradigmen und Verhaltensnormen, also kulturelle Heterogenität, weist dagegen auf eine schwache Kultur hin.

Bisweilen wird kulturelle Homogenität mit Konsens gleichgesetzt. Dies erscheint jedoch problematisch. Der Begriff Konsens stammt aus der Dialog-Theorie; Konsens zwischen Gruppenmitgliedern wird dort durch Angabe und Prüfung von Gründen, also durch **Argumentation**, gewonnen.[16] Die Homogenität einer Kultur entwickelt sich auf verschiedene Weise (Sozialisation, Zeremonien, Imitation usw.), aber in der Regel gerade nicht durch Argumentation. Dazu kommt, daß ein argumentativ erzielter Konsens immer labil insoweit ist, als er durch jedes neue und bessere Argument zerstört werden kann und soll. Kulturelle Homogenität soll aber ein hohes Maß an Kontinuität durch symbolisch abgestützte Beständigkeit auszeichnen.

(3) Das **dritte Kriterium** „Verankerungstiefe" stellt schließlich darauf ab, inwieweit die kulturellen Muster **internalisiert**, also zum selbstverständlichen Bestandteil des täglichen Handelns geworden sind. Dabei ist zu differenzieren zwischen einem kulturkonformen Verhalten, das bloßes Ergebnis einer kalkulierten Anpassung ist, und einem kulturkonformen Verhalten, das Ausfluß internalisierter kultureller Orientierungsmuster ist. Nur letzteres läßt die Stabilität, Vertrautheit und Fraglosigkeit im täglichen Umgang entstehen, wie sie für starke Kulturen gelten sollen. Als logische Konsequenz gehört zur Verankerungstiefe die **Persistenz** als weiteres Merkmal, d.h. die Stabilität der kulturellen Gestalt über längere Zeit hinweg.

11.5 Unternehmenskulturen und Subkulturen

Mit der Idee starker Unternehmenskulturen verknüpft ist die Vorstellung einer mehr oder weniger stimmigen Ganzheit, eines integrierten kohärenten Gebildes. Im Gegensatz dazu steht das Bild von Unternehmenskultur, das sich aus den Arbeiten zur Stellung und Bedeutung organisatorischer **Subsysteme** ergibt, die eigene kulturelle Orientierungsmuster („Subkulturen") entwickelt haben.[17] In dieser Perspektive treten die potentiellen Widersprüche zwischen Subkulturen in den Vordergrund; Widersprüche, die sich entweder zwischen den verschiedenen hierarchischen Ebenen (Arbeiterkultur, Angestelltenkultur, Managerkultur o.ä.) oder zwischen unterschiedlichen Funktionsbereichen herausbilden

16 Vgl. oben drittes Kapitel.

17 Vgl. z.B. Gregory, K.L., Native view paradigms, in: Administrative Science Quarterly 28 (1983), S. 359 – 376; Bleicher, K., Strukturen und Kulturen der Organisation im Umbruch, in: Zeitschrift Führung + Organisation 55 (1986), S. 97 – 106.

(z.B. Marketingkultur, F&E-Kultur, Buchhaltungskultur). Aus dieser Perspektive erscheinen Unternehmenskulturen eher als pluralistische Gebilde, die sich aus einer Vielzahl von Subkulturen zusammensetzen und für die sich nur mühsam ein gemeinsamer, alles umspannender Rahmen finden läßt. Die Besonderheit organisatorischer Kulturen ist dann mehr die **spezifische Mischung** von Subkulturen denn die Ausprägung eines spezifischen Wert- und Orientierungssystems. Im Lichte der dargestellten Stärke-Dimensionen sind Organisationen mit ausgeprägten Subkulturen aufgrund der daraus resultierenden Heterogenität – wie erwähnt – dann logischerweise eher schwache Kulturen.

11.6 Wirkungen von Unternehmenskulturen

Die Wirkungen von Unternehmenskulturen werden primär an starken Kulturen im oben erläuterten Sinne studiert. Entgegen der Schönfärberei in der anfänglichen Euphorie haben starke Unternehmenskulturen für die Funktionstüchtigkeit von Systemen jedoch keineswegs nur positive, sondern z.T. auch ausgeprägt negative Wirkungen.

Ein einfacher Zusammenhang zwischen Leistungsniveau und Stärke der Unternehmenskultur – wie häufig behauptet – läßt sich nicht nachweisen. Die Wirkungspfade sind verwickelter und die funktionalen Bezüge sehr viel ambivalenter. Die wichtigsten Aspekte seien nachfolgend kurz zusammengestellt.

11.6.1 Positive Effekte

Die wichtigsten Aspekte aus der Sicht des Systems sind im folgendem kurz zusammengestellt (vgl. Abb. 11.4).

(1) Handlungsorientierung durch Komplexitätsreduktion
(2) Effizientes Kommunikationsnetz
(3) Rasche Informationsverarbeitung und Entscheidungsfindung
(4) Beschleunigte Implementation von Plänen und Projekten
(5) Geringer Kontrollaufwand
(6) Hohe Motivation und Loyalität
(7) Stabilität und Zuverlässigkeit

Abb. 11.4: Vorzüge einer starken Unternehmenskultur

(1) Handlungsorientierung

Starke Unternehmenskulturen vermitteln ein klar geschnittenes Weltbild und machen damit die „Welt" für das einzelne Unternehmensmitglied verständlich und überschaubar. Sie erbringen so eine weitreichende Orientierungsleistung, weil sie die verschiedenen möglichen Sichtweisen und Interpretationen der Ereignisse und Situationen reduzieren und auf diese Weise eine klare Basis für das tägliche Handeln schaffen. Diese Handlungsorientierungsfunktion ist vor allem dort von großer Bedeutung, wo eine formale Regelung zu kurz greift oder gar nicht greifen kann.

(2) Reibungslose Kommunikation

Die Abstimmungsprozesse gestalten sich durch die einheitliche Orientierung wesentlich einfacher und direkter. In starken Kulturen existiert ein komplexes Kommunikations-Netzwerk, das sich auf homogene Orientierungsmuster abstützen kann. Signale werden so sehr viel zuverlässiger interpretiert und Informationen sehr viel weniger verzerrt weitergegeben, als dies typischerweise bei formaler Kommunikation der Fall ist.

(3) Rasche Entscheidungsfindung

Eine gemeinsame Sprache, ein konsistentes Präferenzsystem und eine allseits akzeptierte Vision für das Unternehmen lassen relativ rasch zu einer Einigung oder zumindest zu tragfähigen Kompromissen in Entscheidungs- und Problemlösungsprozessen vorstoßen.

(4) Zügige Implementation

Entscheidungen und Pläne, Projekte und Progamme, die auf gemeinsamen Überzeugungen beruhen und sich deshalb auf breite Akzeptanz stützen, können schnell und wirkungsvoll umgesetzt werden. Bei auftretenden Unklarheiten geben die fest verankerten Leitbilder rasche Orientierungshilfe.

(5) Geringer Kontrollaufwand

Der Kontrollaufwand ist gering, die Kontrolle wird weitgehend auf indirektem Wege geleistet. Die Orientierungsmuster sind verinnerlicht, es besteht wenig Notwendigkeit, fortwährend ihre Einhaltung zu überprüfen.

(6) Motivation und Teamgeist

Die orientierungsstiftende Kraft der kulturellen Muster und die gemeinsame, sich gegenseitig fortwährend bekräftigende Verpflichtung auf die zentralen Werte ("Vision") der Unternehmung lassen eine hohe Bereitschaft entstehen, sich für das Unternehmen zu engagieren („intrinsische Motivation") und dies auch nach außen hin unmißverständlich zu dokumentieren.

(7) Stabilität

Ausgeprägte, gemeinsam geteilte Orientierungsmuster reduzieren Angst und bringen Sicherheit und Selbstvertrauen. Es besteht deshalb wenig Neigung, ein solches kohärentes System zu verlassen oder dem Arbeitsplatz fern zu bleiben (geringe Fluktuations- und Fehlzeitenrate).

Alle diese Aspekte zusammen ließen die These entstehen, daß Organisationen mit starken Unternehmenskulturen **effizienter arbeiten** und bei marktgerechter Zielsetzung eine **höhere Rentabilität** erzielen.

11.6.2 Negative Effekte

Die geschilderten Vorzüge einer starken Unternehmenskultur sind jedoch keineswegs so eindeutig und so unkompliziert, wie sie auf den ersten Blick erscheinen mögen. Eine Reihe negativer Effekte ist möglich (vgl. Abb. 11.5):

(1)	Tendenz zur Abschließung
(2)	Blockierung neuer Orientierungen
(3)	Implementationsbarrieren
(4)	Fixierung auf traditionelle Erfolgsmotive
(5)	Kollektive Vermeidungshaltung
(6)	"Kulturdenken"
(7)	Mangel an Flexibilität

Abb. 11.5: Negative Effekte einer starken Unternehmenskultur

(1) Tendenz zur Abschließung

Tief internalisierte Wertsysteme und die aus ihr fließende Orientierungskraft können leicht zu einer alles beherrschenden Kraft werden. Kritik, Warnsignale, usw., die zu der bestehenden Kultur im Widerspruch stehen, drohen verdrängt oder überhört zu werden. Fest eingeschliffene Traditionen und Rituale verstärken diese Tendenz. Starke Kulturen laufen deshalb Gefahr, zu „geschlossenen Systemen" zu werden.

(2) Blockierung neuer Orientierungen

Starken Unternehmenskulturen sind Veränderungen suspekt, sie lehnen sie vehement dann ab, wenn sie ihre Identität bedroht sehen. Unangenehme, dem herrschenden Weltbild zuwiderlaufende Vorschläge werden frühzeitig blockiert oder gar nicht registriert.[18]

(3) Implementationsbarrieren

Selbst wenn neue Ideen in den Entscheidungsprozeß Eingang gefunden haben, erweist sich eine starke Unternehmenskultur bei ihrer Umsetzung tendenziell als starker Hemm-

18 Vgl. Kieser, A.: Die innovative Unternehmung als Voraussetzung der internationalen Wettbewerbsfähigkeit, in: WiSt 14 (1985), S. 354 – 358.

schuh. Solange es um die Umsetzung von mit der bisherigen Geschäftspolitik verwandten Ideen geht, sind – wie oben dargelegt – starke Kulturen überlegen. Von dem Moment an aber, wo es um einen grundsätzlichen Wandel, etwa um eine strategische Neuorientierung, geht, muß ein stabiles und stark verfestigtes Kultursystem zum Problem werden. Der Grund ist einsichtig. Die Sicherheit, die starke Kulturen in so hohem Maße spenden, gerät in Gefahr, und die Folge ist Angst und Abwehr. Der Umgang mit dem Ungewöhnlichen ist nicht geübt. Auch die „Helden" selbst haben ja ein Interesse daran, daß alles so weitergeht wie bisher, denn das ist ja die Quelle, aus der sich ihr „Heldentum" speist.

(4) Fixierung auf traditionelle Erfolgsmuster

Starke Kulturen schaffen emotionale Bindung an bestimmte gewachsene und durch Erfolg bekräftigte Vorgangsweisen und Denktraditionen. Neue Pläne und Projekte stoßen damit auf eine argumentativ nur schwer zugängliche Bindung an herkömmliche Prozeduren und Vorstellungen

(5) Kollektive Vermeidungshaltung

Die Aufnahme und Verarbeitung neuer Ideen setzt ein hohes Maß an Offenheit, Kritikbereitschaft und Unbefangenheit voraus; starke Unternehmenskulturen sind aufgrund ihrer emotionalen Bindungen wenig geeignet, diese Voraussetzungen herzustellen. Ja, sie laufen Gefahr, sich dem hier notwendigen Prozeß der Selbstreflexion in einer Art **kollektiver Vermeidungshaltung**[19] zu versagen, kritische Argumentation auf subtile Weise für illegitim zu erklären.

(6) „Kulturdenken"

Starke Kulturen neigen dazu, Konformität in gewissem Umfang zu „erzwingen". Konträre Meinungen, Bedenken usw. werden zurückgestellt zugunsten der kulturellen Werte. Die Motivation, den kulturellen Rahmen zu erhalten, übertrifft tendenziell die Bereitschaft, Widerspruch zu artikulieren. In Analogie zum Phänomen des „Gruppendenkens"[20] kann man hier von „Kulturdenken" sprechen.

(7) Mangel an Flexibilität

Die geschilderten Effekte bringen in der Summe das Problem der Starrheit und mangelnder Anpassungsfähigkeit mit sich. Lorsch bezeichnet deshalb starke Unternehmenskulturen als „unsichtbare Barrieren" für organisatorischen Wandel.[21] Er verweist dabei insbesondere auf die Problematik, die sich hieraus speziell für strategische Entscheidungsprozesse ergibt. Unternehmen sind – wie im fünften Kapitel gezeigt – in einem zunehmenden Maße mit strategischen Herausforderungen konfroniert, die ein Verlassen der traditionellen Unternehmensstrategie unumgänglich und die **Umstellungsfähigkeit** zu einer für das Überleben kritischen Ressource machen. Im Hinblick auf diese Anforderung kann sich eine allzu starke Unternehmenskultur nur als hinderlich erweisen.

19 Vgl. Janis, I.L./Mann, L., Decision making, New York 1977.

20 Vgl. oben S. 475 ff.

21 Vgl. Lorsch, J.W., Managing culture: The invisible barrier of strategic change, in: California Management Review 28 (1986), Nr. 2, S. 95 – 109.

11.6.3 Starke Unternehmenskulturen und Innovation

Nimmt man alle diese Probleme zusammen, so verweisen sie auf die Gefahr, daß starke Unternehmenskulturen zu starren „Palästen“ werden können. Diese Feststellung steht im Widerspruch zu anderen Thesen; gewöhnlich werden starke Unternehmenskulturen in einem Atemzug mit innovativen Unternehmen genannt, basierend auf der Annahme, daß eine starke Unternehmenskultur ein herausragender Faktor für die innovative Potenz einer Unternehmung ist. Wie ist dieser Widerspruch einzuschätzen?

Grundsätzlich gilt es festzustellen, daß es zweifellos Unternehmen mit fest verankerten Werten gibt, die einer Innovation förderlich sind. Es wäre unsinnig in Abrede zu stellen, daß der Inhalt einer Unternehmenskultur für die Innovationsfähigkeit und -freudigkeit von großer Bedeutung ist. Der hier entscheidende Punkt ist aber: Diese Grundhaltungen, die zu innovationsfreudigem Handeln ermuntern, lassen sich jedoch nicht schlüssig als Ausdruck **starker Kulturen** begreifen – auch dann nicht, wenn diese Grundhaltungen „tief verankert“ sind. Dies aus mehreren Gründen:

Innovationsfördernde Grundwerte sind grundsätzlich kein Nährboden, der eine starke Kultur gedeihen ließe, ja man kann fast sagen, sie ersticken eine erstarkende Kultur im Keim. Dies wird unmittelbar deutlich, wenn man sich die typischen Werte vor Augen hält, die eine organisationsfreudige Haltung stimulieren. Wie soll mit Werten wie „Freude am Widerspruch“, „Abneigung gegen Konformismus“, „Freude am Experimentieren und am Ausprobieren neuer Wege“ eine starke Kultur entwickelt werden? Sie laufen den eingangs konstatierten Merkmalen starker Kulturen offenkundig zuwider. Sie fördern nicht Homogenität, sondern Diversität, sie geben keine Sicherheit in der Orientierung, sondern sie verunsichern eher, sie reduzieren nicht (Binnen-) Komplexität, sondern erhöhen sie eher und überlassen es dem Individuum und der kleinen Gruppe, problemspezifisch die Komplexität zu absorbieren.

Gegen diese Überlegungen könnte eingewandt werden, innovative Organisationen böten ja auch Homogenität, nämlich im Hinblick auf die innovationsfördernde Grundhaltung durch Einhelligkeit in der Meinung, daß verschiedene Perspektiven gelten sollen, und sie böten auch Orientierungssicherheit und -prägnanz, nämlich im Hinblick auf die Unumstößlichkeit dieser Prinzipien.

Dieser Einwand trägt jedoch offensichtlich nicht weit, denn diese Grundhaltungen sind eben ihrem Charakter nach rein **formal** (Prozeßregeln), sie können weder ein prägnantes Weltbild vermitteln, das der Einzelhandlung Richtung und Sinn geben könnte, noch sind sie geeignet, den Handlungsraum weitläufig abzudecken und zu homogenisieren. Es sind einige für den innovativen Gesamtprozeß durchaus wichtige Minimalregeln, sie allein können aber natürlich in keiner Weise ein dichtes Werte- und Regelsystem abgeben, wie es für starke Kulturen gelten soll.

Man wird sich deshalb von der Idee trennen müssen, daß bedeutsame Wirkungen nur von sehr starken Kulturen ausgehen können. Auch in der Summe schwache Kulturen können in einem bestimmten Bereich für das Verhalten der Organisationsmitglieder sehr relevant sein, etwa im Sinne eines Kanons von Mindestregeln, der die diversen Strömungen und konkurrierenden Gruppen zusammenbindet.[22]

Das Ziel, eine starke Unternehmenskultur zu haben, erscheint im Lichte dieser Überlegungen als zweischneidiges Schwert. Auf dem Hintergrund einer zu einseitigen und zu kurzfristigen Sichtweise wurde **Kulturentwicklung** allzu häufig nur als Aufbau und Förderung starker Kulturen begriffen. Im Hinblick auf die Flexibilität eines Systems sollte man jedoch die Blickrichtung umdrehen und die Kulturentwicklung auch als einen reflexiven Prozeß verstehen, eine allzu starke Kultur aus ihrer Verklammerung zu lösen, um Freiraum für das Neue und das vorher Unbegreifbare zu schaffen.

11.7 Kulturwandel in Organisationen

Trotz ihrer stark beharrenden Züge sind Unternehmenskulturen Wandlungsprozessen unterworfen. Empirische Studien, die verschiedene Kulturwandlungsprozesse in Betrieben zum Gegenstand hatten, zeichnen den in Abb. 11.6 wiedergegebenen typischen Verlauf.

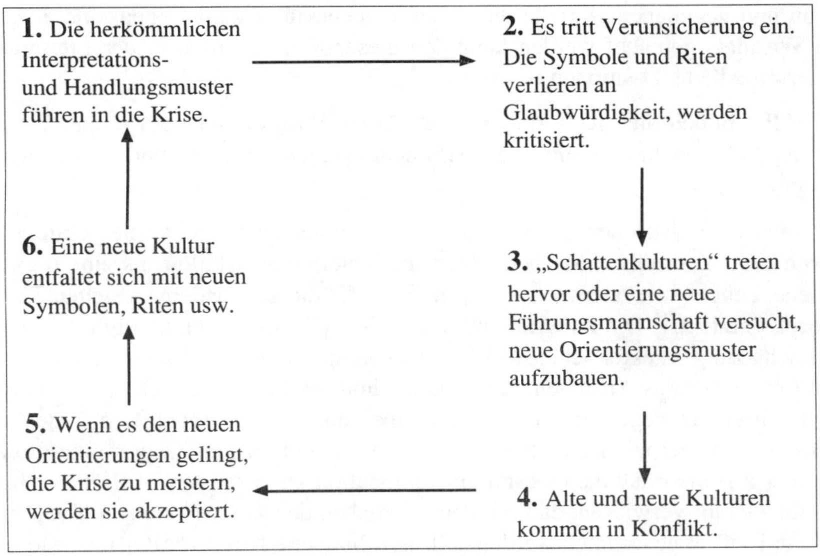

Abb. 11.6: Typischer Verlauf eines Kulturwandels

Quelle: Dyer, W.G. jr., The cycle of cultural evolution in organizations, in: Kilmann, R.H. u.a., Gaining control of the corporate culture, San Francisco 1985, S. 211

22 Vgl. Hedberg, B.T./Nystrom, P.C./Starbuck, W., Camping on seesaws: Prescriptions for a self-designing organization, in: Administrative Science Quarterly 21 (1976), S. 41 – 65.

Ausgangspunkt war immer eine Konfliktsituation. Die herkömmlichen Interpretations- und Handlungsmuster führen in die Krise, sind nicht mehr erfolgreich. Es tritt Verunsicherung ein. Die Symbole und Riten verlieren an Glaubwürdigkeit und Faszination. Sie werden kritisiert. **Schattenkulturen**, d.h. latent vorhandene, aber bislang nicht wahrgenommene Muster treten hervor, oder aber eine neue Führungsmannschaft versucht quasi von außen, **neue Orientierungsmuster** aufzubauen. Nun kommen alte und neue Kulturen in Konflikt; es gibt einen Machtkampf. Wenn es gelingt, die Krise zu meistern, und die Organisationsmitglieder schreiben diesen Effekt der neuen Orientierung zu, wird diese akzeptiert. Das ist in vielen Fällen nicht sehr einfach, denn mit einer neuen Kultur geht in der Regel auch eine **Umverteilung von Ressourcen** einher. Die Begünstigten der alten Kultur entfalten zumeist eine starke Gegenwehr und unterminieren das neue „Weltbild" so weit als möglich. Wird trotz allem das Problemlösungspotential der neuen Orientierung anerkannt, entfaltet sich eine neue Kultur und findet in neuen Symbolen und Riten ihre Verfestigung. Dies solange, bis wiederum eine Krise auftritt, und der Kreislauf beginnt dann von neuem. Der Anstoß für einen solchen Wandlungsprozeß kommt meist aus der Umwelt. Nicht selten ist es ein Wertewandel der übergreifenden Gesellschaft oder anderer externer Referenzgruppen, die die beschriebenen Anpassungsprozesse in Gang setzen.[23]

Dies sind im wesentlichen evolutorische Ausgangsprozesse gewesen. Die gravierenden (negativen wie positiven) Wirkungen von Unternehmenskulturen werfen jedoch die Frage auf, ob und gegebenenfalls wie die Unternehmenskultur zum Gegenstand eines **geplanten Wandels** gemacht werden kann. Zu dieser Frage werden in der Literatur äußerst unterschiedliche Positionen bezogen.

Den einen Pol bilden die „Kulturingenieure". Diese Position geht davon aus, daß man Kulturen ähnlich wie andere Führungsinstrumente gezielt einsetzen und planmäßig verändern kann.[24]

Dieser instrumentalistischen Sichtweise völlig ablehnend steht die Gruppe der **„Kulturalisten"** gegenüber. Sie betrachten die Unternehmenskultur als eine organisch gewachsene Lebenswelt, als Welt vor dem Begriff, die sich jedem gezielten Herstellungsprozeß entzieht.[25] Die kulturalistische Position verknüpft sich häufig mit einer hohen Wertschätzung intakter lebensweltlicher Gemeinschaften und weist dann dementsprechend nicht nur das Ansinnen, eine Unternehmenskultur zu „machen", als naiv zurück, sondern erhebt gegen ein solches Vorhaben auch starke **normative** Bedenken.[26] Man sieht in der Unternehmenskultur ein kostbares Traditionsgut, das vor dem profanen Zugriff einer ingenieurmäßigen Gestaltungsrationalität zu bewahren ist. Darüber hinaus wird auf die Gefahr verwiesen, daß mit dem Vorhaben der Kulturplanung auf unkontrollierte Weise Einfluß genommen werden soll. **Symbolische Kommunikation**, wie sie al-

23 Vgl. Alvesson, M./Sandkull, B., The organizational melting pot, in: Scandinavian Journal of Management 4 (1988), S. 135 – 145.

24 Vgl. etwa Allen, R.F./Kraft, C., The organizational unconscious. Englewood Cliffs/N.J. 1982. Pümpin, C./Kobi, J.M./Wüthrich, H.A., Unternehmenskultur. Die Orientierung, Nr. 85, Bern 1985.

25 Vgl. etwa Smircich, L. a.a.O.

26 Ulrich, P., Systemsteuerung und Kulturentwicklung, in: Die Unternehmung 38 (1984), S. 303 – 325.

lenthalben zum Kulturwandel empfohlen wird, ist verschlüsselte Kommunikation und deshalb zweifellos anfällig für Manipulation. Programme zur Kulturgestaltung könnten zu einem unfaßbaren Beherrschungsinstrument ausgeformt werden.[27]

Eine dritte Position läßt sich mit dem Stichwort **„Kurskorrektur"** umreißen.[28] Sie akzeptiert die Idee des geplanten Wandels im Sinne des Initiierens einer Veränderung in einem grundsätzlich offenen Prozeß. Auf der Basis einer Rekonstruktion und Kritik der Ist-Kultur sollen Anstöße zu einer Kurskorrektur gegeben werden. Die idealtypischen Phasen eines solchen Veränderungsprogramms zeigt Abbildung 11.7.

Der erste und wichtigste Schritt einer solchen Kulturentwicklung ist die Beschreibung und die Bewußtmachung der bestehenden Kultur. Nachdem es sich im wesentlichen um unsichtbare Größen handelt, ist hierzu – wie eingangs bereits dargelegt – eine umfängliche Deutungsleistung zu erbringen. Die besondere Schwierigkeit dieser **Deutungsleistung** besteht darin, daß nicht einzelne Handlungen zu deuten sind, sondern eben ein ganzer **Handlungskomplex**. Erst eine solche Rekonstruktion macht es möglich, den interessierenden Teil einer Unternehmenskultur zu analysieren und in seinen Normstrukturen zu diskutieren.

Eine **vollständige Beschreibung** einer Unternehmenskultur ist allerdings – das ist wichtig zu sehen – nicht möglich; denn Unternehmenskulturen weisen nicht nur unscharfe Randqualitäten auf, sondern sind ihrem Charakter nach **komplex**. Aus diesem Grunde ist es auch prinzipiell nicht möglich, eine vollständige neue Kultur zu **konstruieren** und Schritt für Schritt zu implementieren.[29] Diese Vorstellung ist viel zu mechanistisch und verkennt den netzartigen Charakter kultureller Beziehungen.

Was man tun kann, ist jedoch, Anstöße zu eben einer **„Kurskorrektur"** zu geben. Dazu gehört vor allem die Möglichkeit, verkrustete Muster durch den Verweis auf ihre problematischen Wirkungen als solche deutlich zu machen und gegebenenfalls für neue Werte zu plädieren und ihre Fruchtbarkeit zu demonstrieren.

Es ist augenscheinlich, daß ein solcher Prozeß nicht angeordnet werden kann. Neue Werte lassen sich nicht befehlen. Solange sich die Umorientierung, die Assimilation neuer Annahmen und Sichtweisen nicht in den Köpfen der Organisationsmitglieder vollzieht, ist jede Anstrengung wertlos. Die Organisationsmitglieder müssen – mehr noch als bei jedem anderen organisatorischen Wandel – davon überzeugt sein, daß ein Wandel notwendig ist, und motiviert sein, etwas Neues auszuprobieren. Deshalb ist eine Kulturänderung nur über eine breite Partizipation möglich und letztlich aus **ethischer** Sicht auch nur in dieser Weise vertretbar.

27 Vgl. etwa Sandner, K., Das Unbehagen an der Organisationskultur, in: Die Betriebswirtschaft 47 (1987), S. 242 – 244.

28 Vgl. etwa Schein, E.H. a.a.O.; Schreyögg, G., Kann und darf man Unternehmenskulturen ändern? in: Dülfer, E. (Hrsg.), Organisationskultur, Stuttgart 1988, S. 165f.

29 Vgl. dazu auch Wilkins, A.L./Patterson, K.J., You can't get there from here: What will make culture change projects fail, in: Kilmann, R.H., et al., Gaining control of the corporate culture, San Francisco 1985, S. 262–291.

Phase	
Diagnose	– Systematische Erfassung der kulturellen Ausdrucksformen – Erschließung der zugrundeliegenden Basis-Orientierung
Beurteilung	– Abschätzung der Wirkungen der Ist-Kultur – Ermittlung der Veränderungsbedürftigkeit
Maßnahmen	– Entwurf einer Kurskorrektur im Dialog mit den Betroffenen – Einleitung von Interventionen – Bestärkung der Neuorientierung

Abb. 11.7: Phasen einer „Kurskorrektur“

Einer planerischen Neugestaltung sind jedoch ebenso wie einer Totalbeschreibung unübersehbare Grenzen gesetzt. Der Entwicklungsprozeß als solcher ist nur bedingt steuerbar. Aufgrund des komplexen Charakters organisatorischer Kulturen ergeben sich aus Anstößen zur Kulturerneuerung häufig völlig überraschende ungeplante Wirkungen. Fehlentwicklungen sind aber registrierbar, diskutierbar und jedenfalls versuchsweise revidierbar. Unternehmenskulturen sind keine Naturgewalten, sie existieren nur als Schöpfung menschlichen Handelns. Und es war von jeher sinnvoll, den Weg der Schöpfung sozialer Praxis nachzuvollziehen und kritisch zu begleiten.

Diskussionsfragen

1. Begründen Sie den Satz: „Eine Unternehmenskultur hat immer eine Geschichte“!
2. Auf welche Weise werden neue Organisationsmitglieder in die Unternehmenskultur eingewiesen?
3. Inwiefern übernimmt die Unternehmenskultur eine Selektionsfunktion?
4. Wo liegt der Unterschied zwischen den „Normen und Standards“ und den „Basis-Annahmen“ im „Scheinschen Modell“?
5. Welchen Zwecken kann eine Typologie von Unternehmenskulturen dienen?
6. Wann wird eine Unternehmenskultur als „stark“ bezeichnet? Welche Probleme wirft die Verwendung der Polarität „stark-schwach“ auf?

7. Ein Unternehmensberater äußerte:"Wenn die Zeiten wieder härter werden, reden die Manager nicht mehr von Kultur, sondern wieder von Brot und Butter." Diskutieren Sie diese Aussage!
8. Inwiefern kann eine Unternehmenskultur motivationsfördernd wirken?
9. Weshalb werden starke Unternehmenskulturen gelegentlich als „unsichtbare Barrieren" bezeichnet?
10. Ist der Versuch, eine Unternehmenskultur gezielt zu verändern, ethisch fragwürdig?

Literaturhinweise

Zu den begrifflichen Grundlagen:

Kroeber, A.L./Kluckhohn, C.K., Culture: A critical review of concepts and definitions, Harvard University, Peabody Museum of Archeology and Ethnology Papers, 47 (1952).

Ebers, M., Organisationskultur: Ein neues Forschungsprogramm? Wiesbaden 1985.

Heinen, E., Unternehmenskultur als Gegenstand der Betriebswirtschaftslehre, in: ders., Unternehmenskultur, München 1987, S. 1 – 48.

Zu verschiedenen Konzeptionen und Methoden der Erfassung:

Pondy, L.R. u.a. (Hrsg.), Organizational symbolism, Greenwich/Conn. 1983.

Frost, P.J. u.a. (Hrsg.), Organizational culture, Beverly Hills 1985.

Dülfer, E. (Hrsg.), Organisationskultur, Stuttgart 1988.

Zu Beispielen gelebter Unternehmenskulturen:

Kurmann, B., Firmenkultur am Beispiel der Sarna, Bern 1986.

Rosen, M., You asked for it: Christmas at the bosses' expense, in Journal of Management Studies 25 (1988), S. 463 – 480.

Zu Ansätzen und Beispielen kulturverändernden Maßnahmen:

Kilmann, R.H. u.a. (Hrsg.), Gaining control of the corporate culture, San Francisco 1985.

Meyerson, D./Martin, J., Cultural change: An integration of three different views, in: Journal of Management Studies 24 (1987), S. 623 – 647.

Fünfter Teil
Personaleinsatz

Zwölftes Kapitel
Personalfunktionen im Unternehmen

Dreizehntes Kapitel
Personalauswahl

Vierzehntes Kapitel
Personalbeurteilung

Fünfzehntes Kapitel
Entlohnung

Zwölftes Kapitel

Personalfunktionen im Unternehmen

12.1 Personal als Management- und als Sachfunktion 559

12.2 Zum Bedeutungswandel der Personalfunktion 560

12.3 Die Aufgabengebiete der modernen Personalabteilung 562
12.3.1 Personal-Gewinnung 563
12.3.1.1 Personalplanung 563
12.3.1.2 Personalbeschaffung, -auswahl und -zuweisung 565
12.3.2 Personal-Entwicklung 566
12.3.2.1 Personalbeurteilung 566
12.3.2.2 Aus-, Fort- und Weiterbildung 567
12.3.2.3 Betriebliches Vorschlagswesen 568
12.3.3 Personalerhaltung 568
12.3.3.1 Gestaltung des Entgelts 568
12.3.3.2 Betriebliche Sozialpolitik 571
12.3.3.3 Mitarbeiterinformation 572
12.3.3.4 Personalverwaltung 573
12.3.3.5 Industrielle Beziehungen 573

12.4 Die Organisation des Personalwesens 574

12.5 Die Einordnung der Personalabteilung in die Gesatmorganisation 575

12.6 Die generischen Personalfunktionen des Managers 577

Diskussionsfragen 579

Literaturhinweise 579

12.1 Personal als Management- und als Sachfunktion

Um einen Leistungsprozeß wirkungsvoll werden zu lassen, bedarf es nicht nur geeigneter Organisationsstrukturen und Führungskonzepte, ein ganz entscheidender Erfolgsfaktor ist der Einsatz des geeigneten Personals, genauer: die dauerhafte Sicherstellung, daß das für die Aufgabenstellung erforderliche Personal verfügbar ist. Die **Managementfunktion** „Personaleinsatz", neuerdings bisweilen auch „Human Ressourcen Management" genannt, bezieht sich auf alle die Aktivitäten, die zu ergreifen sind, um einen solchen attraktiven Personalbestand sicherzustellen.

Im Hinblick auf die Stellung und Bedeutung dieser Aktivitäten ist es wichtig zu beachten, daß dies Aufgaben sind, die **jeder** Vorgesetzte (in mehr oder weniger großem Umfang) wahrzunehmen hat; als Teil seiner Führungsaufgabe sind sie daher ebenso wie Planung, Kontrolle, Organisation und Führung als **Managementfunktion** anzusprechen. Die Managementfunktion Personaleinsatz sollte nicht mit der **Sachfunktion** Personal bzw. Personalwirtschaft verwechselt werden. Letztere hat die gesamte Belegschaft, das Personalkollektiv, zum Gegenstand, sie umgreift die Aufgaben, die gewöhnlich von der Personalabteilung wahrgenommen werden. Ganz allgemein ist es dementsprechend Aufgabe der Personalabteilung, alle auf das Personal bezogenen Grundsatzfragen zu regeln und eine Personalpolitik im Interesse einer effizienten und effektiven Unternehmensführung zu entwerfen und umzusetzen. Darüber hinaus obliegt es der Personalabteilung, den Linienmanager bei all seinen Personalentscheidungen mit Expertenwissen zu unterstützen (z. B. bei arbeitsrechtlichen, testtheoretischen, ergonomischen oder soziodynamischen Problemstellungen).[1]

Im Grundsatz sind es drei Kernaktivitäten, die zu dem Aufgabenbereich Personal gehören: die Gewinnung, der Aufbau und die Erhaltung des geeigneten Personals (vgl. Abb. 12.1). Zu jeder Aktivität gehört wiederum eine Reihe von Teilaufgaben, die in Abbildung 12.1 überblicksweise zusammengefaßt sind und in den nächsten Abschnitten näher erläutert werden. Die Managementfunktion Personaleinsatz deckt nur einen Teil dieser Aufgabengebiete ab, nämlich die, die in den Personalverantwortungsbereich eines jeden Vorgesetzten fallen. Auch ist der Zugang zu den Funktionen ein anderer, nicht die Entwicklung und der Einsatz eines spezialisierten Instrumentariums steht im Vordergrund, sondern die unmittelbare Personalverantwortung im Führungsprozeß.

1 Vgl. Lattmann, C., Die Personalabteilung, in: Die Unternehmung 39 (1985), S. 207 ff.

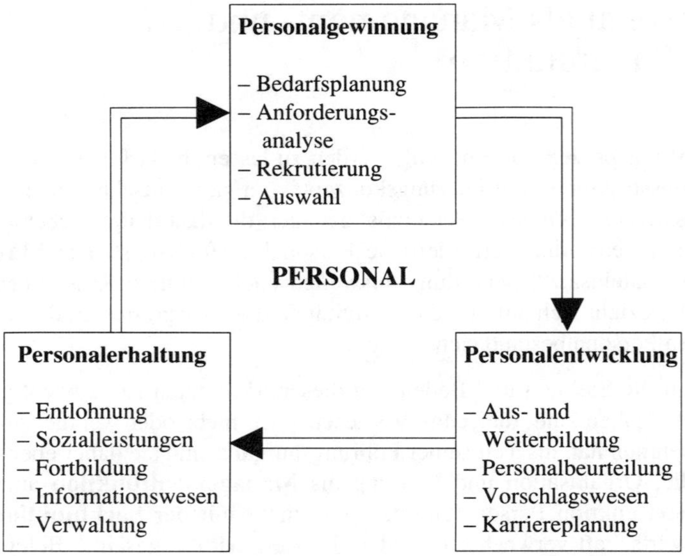

Abb. 12.1: Kernaktivitäten des Personalwesens

Quelle: In Anlehnung an Daft, R., Management, Chicago 1988, S. 336.

12.2 Zum Bedeutungswandel der Personalfunktion

In der Einschätzung und der betrieblichen Bedeutung der Personalfunktion hat es in den letzten Jahrzehnten erhebliche Veränderungen gegeben. Ursprünglich als reine **Personalverwaltung** (Lohn- und Gehaltsabrechnung, Arbeitsverträge, Personalstatistik usw.) verstanden, wurde sie überwiegend von Lohnbuchhaltern und ggf. von Juristen betreut. Organisatorisch gesehen war die Personalabteilung für gewöhnlich eine Unterabteilung der Verwaltung, von einer Gleichstellung mit den anderen Sachfunktionen konnte keine Rede sein. Spätestens seit Beginn der 60er Jahre hat die Personalfunktion jedoch einen inmensen Bedeutungszuwachs und eine erhebliche Funktionsausdehnung erfahren. So ist – um nur einen Indikator zu nennen – die Zahl der **Personalleiter** (im Range eines Ressortleiters) in der Bundesrepublik Deutschland in der Zeit von 1962 bis 1982 von 2.500 auf ca. 6.000 gestiegen.[2]

2 Vgl. Wunderer, R., Entwicklungstendenzen im Personalwesen, in: Die Betriebswirtschaft 43 (1983), S. 220.

Die Ursachen dieses Bedeutungswandels liegen[3]

- im **politischen** Bereich: Die Gewerkschaften und die ihnen nahestehenden politischen Kräfte haben sich in ihren organisationspolitischen Forderungen sehr stark auf den Personalbereich konzentriert. Mit Hilfe des Montan- wie auch des späteren Mitbestimmungsgesetzes wird der Funktionsbereich Personal **bindend** auf Vorstandsebene installiert. ähnlich enthält das Betriebs-Verfassungsgesetz eine Reihe einschlägiger Regelungen, die die Bedeutung des Personalbereichs nachdrücklich hervorheben und eine gewisse Formalisierung der Personalarbeit erforderlich machen.

- im **ökonomischen** Bereich: Die Einsicht in die Bedeutung des qualitativen, quantitativen und motivationalen Niveaus des Mitarbeiterpotentials für den Unternehmenserfolg in einer sich rasch wandelnden Umwelt hat die Signifikanz der Personalarbeit stark ansteigen lassen. Symptomatisch für diesen Wandel sind die schnell fortschreitende technische Entwicklung und die damit verbundenen Verschiebungen und Umbrüche in den Arbeitsanforderungen und -qualifikationen. Speziell auf diese Anforderungen abgestellte betriebliche Schulungsprogramme wurden immer mehr zur Notwendigkeit. Ein weiterer wesentlicher Anstoß kam aus der strategischen Planung und der dort erkannten Notwendigkeit, daß (neue) Strategien in den Personalressourcen ihre Entsprechung finden müssen, wenn sie erfolgreich umgesetzt werden sollen.[4]

- im **sozialen** Bereich: Ein grundlegender Wertwandel und ein veränderter Lebensstil haben eine neue Einstellung des Managements zur Personalfunktion entstehen lassen. Das Personal wird nicht mehr länger nur als Produktionsfaktor gesehen, dessen Einsatz es zu optimieren gilt, sondern als Gruppe von Personen mit eigenen Bedürfnissen und Zielen, die sie in ihrer Arbeitswelt, in der sie ja den wesentlichen Teil ihres Lebens verbringen, verwirklichen wollen. Wer diese gewandelten Erwartungen an die Arbeitswelt ignoriert, dem wird es nicht länger gelingen, einen motivierten und hochqualifizierten Personalstamm aufzubauen. Die Diskussion um die **Unternehmensethik** hat die soziale Bedeutung der Personalfunktion weiter ansteigen lassen. Für bestimmte ethische Problemfelder, wie die Beachtung der „Menschenwürde im Betrieb", die (Verteilungs-) Gerechtigkeit oder die Diskriminierung nach Rasse oder Geschlecht, ist zunehmend der Personalbereich zu der Einheit in den Unternehmen geworden, die sich bevorzugt um ihre Bearbeitung bemüht.[5]

Aus **theoretischer Sicht** wird der Wandel in der Personalfunktion vor allem mit drei Ansätzen zu erklären versucht; der funktionalen Differenzierung, dem Kontingenzansatz und dem Umwelt-Interaktions-Ansatz[6]

3 Vgl. Staehle, W.H., Human Resource Management (HRM), in: Zeitschrift für Betriebswirtschaft 58 (1988), S. 26–37.

4 Vgl. Tichy, N.M./Fombrun, C.J./Devanna, M.A., Strategic human resource management, in: Sloan Management Review 23 (1982), S. 47 – 60.

5 Vgl. dazu die konstatierten Leitnormen für das Personalwesen in: Müller W.R., Thesen zur Neuorientierung der Personalpolitik, in: Die Betriebswirtschaft 43 (1983), S. 521 f.

6 In Anlehnung an Tsui, A.S./Milkovich, G.T., Personnel department activities, in: Personnel Psychology 40 (1987), S. 519f.

Im Sinne der **funktionalen Differenzierung** hat es sich als zweckmäßig erwiesen, die insbesondere im Zuge des Unternehmenswachstums und der damit einhergehenden komplexeren Arbeitsteilung in immer größerer Zahl anfallenden Personalprobleme von dafür wiederum spezialisierten Fachleuten bearbeiten zu lassen. Die „Professionalisierung der Personalarbeit"[7] sollte eine exaktere und effizientere Bearbeitung der Personalprobleme garantieren.

Der **Kontingenzansatz** lokalisiert die Veränderung in der Unternehmensumwelt und dem daraus resultierenden **Zwang** für die Unternehmen, sich den veränderten Bedingungen anzupassen. Der Wandel der Personalfunktion ist also eine direkte Widerspiegelung von externen, außerhalb der Unternehmen sich ereignenden Veränderungen.

Der **Umwelt-Interaktionsansatz** betont schließlich die Rolle des Managements, des betrieblichen Handlungsspielraums und die Möglichkeiten, den Personalbereich nach eigenen Zielen zu gestalten. Veränderungen im Personalbereich sind demnach wesentlich auch auf neue Zielvorstellungen des Managements oder geänderte Einschätzungen der Instrumentalität des Personalbereichs zurückzuführen.

Alle drei Ansätze treffen sich mit den zuvor genannten Bewegungskräften. Während der Kontingenzansatz weitgehend den politischen Einfluß reflektiert, stellt der Differenzierungsansatz auf ökonomische Argumente ab. Der Umwelt-Interaktionsansatz bietet dagegen eine Art **integrative Perspektive**, ausgehend von externen Bedingungen, die ein (z. B. rechtliches) Rahmengerüst setzten, verbleibt ein Handlungsspielraum, den das Management nach verschiedenen Zielsetzungen ausgestalten kann. Dabei wird mit berücksichtigt, daß die Umweltbedingungen (z. B. der Arbeitsmarkt oder Weiterbildungseinrichtungen), jedenfalls zu bestimmten Teilen, von den Unternehmen mitgestaltet werden können.

12.3 Die Aufgabengebiete der modernen Personalabteilung

Die zunehmende Bedeutung der Personalabteilung drückt sich in ihrem starken Funktionszuwachs aus. Nachfolgend sollen die wesentlichen Aufgabengebiete überblicksartig erläutert werden, die von der Personalabteilung oder dem Personalressort in größeren Unternehmungen heute typischerweise wahrgenommen werden.[8] Wir orientieren uns dabei an den Kernaktivitäten, wie sie in Abbildung 12.1 unterschieden sind.

7 Vgl. Wächter, H., Professionalisierung im Personalbereich, in: Die Betriebswirtschaft 47 (1987), S. 143 ff.; siehe auch die dort geführte Diskussion zu neuen Formen der Professionalisierung im Personalbereich.

8 Vgl. dazu Lattmann, C., a.a.O., Tsui, A.S./Milkovich, G.T., a.a.O.

12.3.1 Personal-Gewinnung

12.3.1.1 Personalplanung

Die Personalplanung wird – wie alle betriebswirtschaftlichen Faktorplanungen – grundsätzlich in eine Bedarfsplanung und eine Deckungsplanung untergliedert und dabei jeweils nach Quantität, Qualität, Zeit und Ort aufgefächert.[9] Eine weitere Differenzierung ergibt sich hinsichtlich des thematischen Umfangs und des Detaillierungsgrades der Unterpläne. Zumeist wird nach folgenden Plänen unterschieden:

(a) Bedarfsplanung

Sie ermittelt den kurz-, mittel- und langfristigen Personalbedarf in quantitativer und qualitativer Hinsicht nach folgendem Grundmuster:

Personalbedarfsplan – vorhandene Deckungsmöglichkeiten = Personalbedarf.

Der Personalbedarfsplan setzt sich aus dem Einsatzbedarf und einem entsprechenden Reservebedarf zusammen.[10] Die Personalbedarfsplanung ist eine im wesentlichen derivative Planung, die sich aus dem strategischen Plan und/oder aus vorgeordneten Sachplänen, wie dem Fertigungs- und dem Vertriebsplan ableitet. Als besonders schwierig hat sich die Bestimmung des mittel- und langfristigen Bedarfs erwiesen und zwar sowohl in quantitativer als auch in qualitativer Hinsicht. Zu vielfältig sind die Bedingungsfaktoren und zu eigensinnig ihre Entwicklung.

(b) Beschaffungsplanung

Planung der Maßnahmen zur Deckung von gegenwärtigen und zukünftigen Fehlbeständen, wie sie sich aus der Gegenüberstellung von Personalbedarfsplan und vorhandenen Deckungsmöglichkeiten ergeben haben. Dabei ist zwischen internen und externen Beschaffungsmaßnahmen zu unterscheiden.

(c) Bildungsplanung

Eng im Zusammenhang mit der Beschaffungsplanung steht die Planung der innerbetrieblichen Bildungsmaßnahmen, also der Maßnahmen, die geboten erscheinen, um den aktuellen oder zukünftigen Fehlbestand durch eigene Schulung zu decken.

(d) Laufbahnplanung

Ein weiterer wichtiger Aspekt der Personalplanung ist der Aufbau von generellen Karrierewegen („Laufbahnen") und die Einrichtung entsprechender Promotionskader (z. B. Führungskreis oder „Generalstab"). Die Laufbahnplanung strukturiert die qualitative Personalplanung zu einem wesentlichen Teil vor.

9 Vgl. Mag, W., Hemmnisse und Fortschritte bei der Entwicklung der Personalplanung in der Bundesrepublik Deutschland, in: Zeitschrift für Betriebswirtschaft 37 (1985), S. 3ff.

10 Vgl. im einzelnen Wimmer, P., Personalplanung, Stuttgart 1985, S. 19ff.

(e) Abbauplanung

Bei überschüssigen Deckungsmöglichkeiten – deren frühzeitige Erkennung erst durch eine systematische Bedarfsplanung möglich wird – ergibt sich die Notwendigkeit einer Planung des Personalabbaus. In die Planung einzubeziehen sind Maßnahmen des direkten Personalabbaus (Entlassungen, Auflösungsverträge, vorzeitige Pensionierungen etc.) sowie des indirekten Personalabbaus (Nicht-Verlängerung von Zeitverträgen, Versetzungen, Einstellungsstops).[11]

Einen Bezugsrahmen für die Ordnung der Personalplanungstätigkeiten und ihre Einfügung in die Gesamtplanung gibt Abbildung 12.2, in der vier Phasen unterschieden werden.

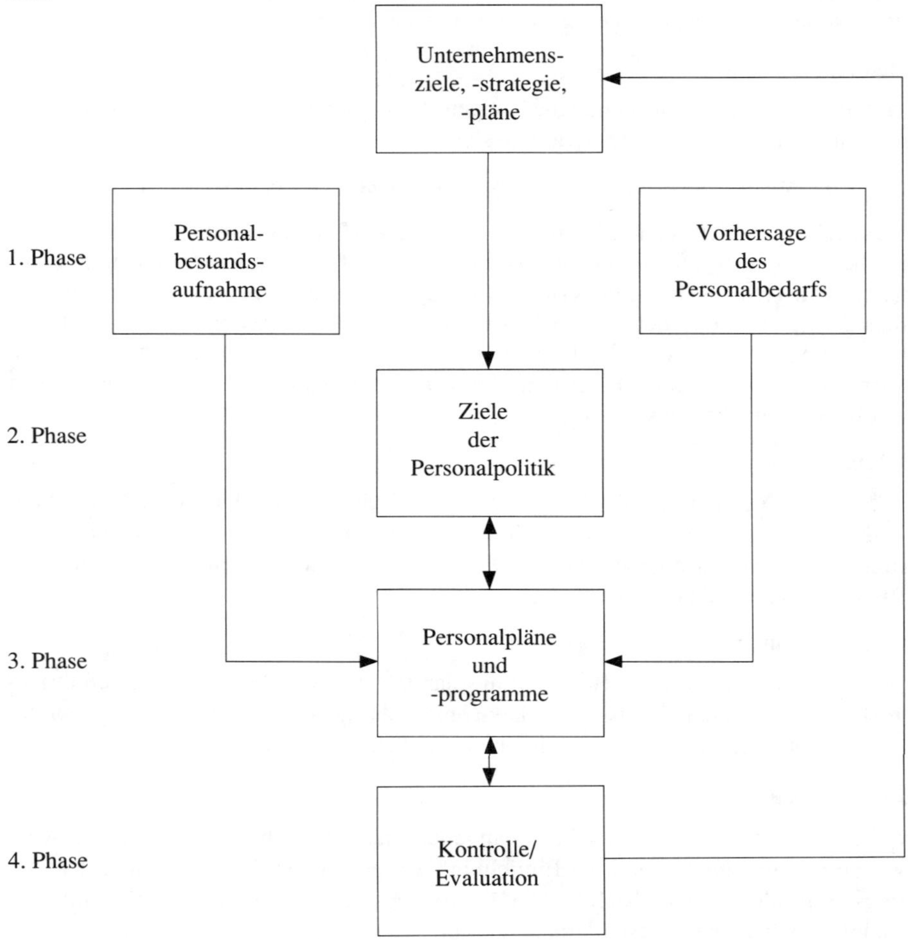

Abb. 12.2: Prozeßschema der Personalplanung

Quelle: Nach Wächter, H., Praxis der Personalplanung, Herne/Berlin 1974, S. 21

11 Vgl. im einzelnen Oechsler, W.A./Schönfeld, T., Entlassung von Arbeitskräften, in: Personalwirtschaft 1986, S. 387–399.

Die **erste** Phase ist charakterisiert durch die Ermittlung von Daten über den momentanen Personalbestand (Personalbestandsaufnahme: Altersaufbau, Fluktuationsgrade, Ausbildungsstand etc.) und dessen Projektion in die Zukunft aufgrund erwarteter und geplanter Änderungen (Absatz, Produktion etc.) für die ganze Unternehmung und jede einzelne Abteilung. Hier erfolgt eine **Abstimmung** der **Bedarfsplanung** mit den Teilplänen (Finanz, Absatz etc.) sowie den übergreifenden Unternehmens- und Personalbedarfsplänen. Daraus resultiert z. B. eine Anpassung der Personalvorausschätzungen an übergeordnete Pläne (etwa: Vorhaltung von Arbeitskraftreserven aufgrund strategischer Pläne) oder umgekehrt eine Revision der übergeordneten Pläne, wenn Personal Engpaßfaktor ist.[12]

In der **zweiten** Phase werden die allgemeinen Richtlinien der Personalpolitik bestimmt und ihre Wirkung auf die Personalplanung (**Beschaffungs-, Ausbildungs- und Einsatzplanung**) untersucht. Solche Richtlinien können z. B. sein: Reduzierung der Fluktuationsrate, Begrenzung der Personalkostensteigerung auf einen bestimmten Prozentsatz, Ausbildung über den Bedarf hinaus, Mehrfachqualifizierung der Facharbeiter etc.

Die **dritte** Phase umfaßt die Entwicklung der Beschaffungs-, Ausbildungs- und Einsatzpläne, um die augenblickliche Personalsituation in die zukünftige Personalsituation zu überführen, und die daraus resultierenden Programme.

Schließlich wird in der **vierten** Phase der Gesamtablauf der Planung kontrolliert. Insbesondere geht es hier um Überprüfung der Planannahmen und die Analyse von Planabweichungen, damit Korrekturen veranlaßt werden können. Die Kontrollmaßnahmen sind je nach dem Gegenstand sehr unterschiedlich und können von stark quantifizierten statistischen Daten (Fluktuationsgrad) bis zu stark subjektiven Evaluationen von Ausbildungserfolgen reichen.

Die Planung verschafft wichtige Basis-Daten für die weiteren Aufgabengebiete des Personalwesens.

12.3.1.2 Personalbeschaffung, -auswahl und -zuweisung

Die Personalbeschaffung setzt den in der Planung ausgewiesenen Fehlbedarf in konkrete Maßnahmen um. Für die an die Beschaffung anschließende Personalauswahl stellt die Personalabteilung für gewöhnlich Expertenkenntnisse bereit, der Auswahlprozeß als solcher wird jedoch in den meisten Fällen von den Linienmanagern selbst durchgeführt (siehe dazu dreizehntes Kapitel). Unterstützung bieten die Spezialisten in der Personalabteilung in Form von psychologischen Testverfahren, vorselektierenden Lebenslaufanalysen, Sonder-Interviews usw.[13] Die Personalabteilung hat den Betriebsrat von der geplanten Einstellung eines neuen Mitarbeiters zu unterrichten und seine Zustimmung ein-

12 Vgl. dazu die Ausführungen zum Gesamtplan-Zusammenhang, oben S. 228 ff.
13 Vgl. im Überblick Marr, R./Stitzel, M., Personalwirtschaft, München 1979.

zuholen (§ 99 Abs. 1 BetrVG). An das Auswahlverfahren schließt sich die Einstellung und die Einführung des neuen Mitarbeiters in den Betrieb und die Arbeit an.

Bei größerzahligen Einstellungen, Versetzungen, Projekten, Reorganisationen usw. stellt sich das Zuordnungsproblem, d. h. die Zuweisung von Arbeitskräften der benötigten Art zur erforderlichen Zeit auf die vakanten Stellen. Für die Personalzuordnung sind zahlreiche, in der Praxis jedoch kaum verwendete Optimierungs-Modelle entwickelt worden. Als Optimierungskriterien finden dabei z. B. Verwendung: Minimierung der Differenz zwischen Eingangs- und Anforderungsprofil oder Minimierung der Einarbeitungskosten.[14] Weitere Probleme der Personalzuordnung sind die Überbrückung von Engpässen (Springer, Reserve usw.) und die personelle Besetzung von „Sonderschichten".

12.3.2 Personal-Entwicklung

12.3.2.1 Personalbeurteilung

Mit der Personalbeurteilung sollen in systematischer Weise Arbeitsverhalten, Leistungsergebnisse und Leistungspotentiale von Mitarbeitern erfaßt werden. Die Personalbeurteilung wird für äußerst verschiedene Zwecke eingesetzt (vgl. vierzehntes Kapitel): Mitarbeitermotivation, Entgeltfindung, Bildungsplanung, Bewerberauslese etc. Am häufigsten werden Beurteilungsverfahren zur Gewinnung einer nachvollziehbaren Basis für die Lohndifferenzierung verwendet, teilweise sind dafür sogar tarifliche Vereinbarungen getroffen. Bei der Personalbeurteilung finden eine Vielzahl von Ansätzen und Methoden Verwendung, die im vierzehnten Kapitel in einzelnen dargestellt werden. Ein besonders wichtiges Einsatzgebiet der Personalbeurteilung ist die Personalentwicklung, sie bietet die konkretesten Informationen über den qualitativen und quantitativen Bildungsbedarf, jedenfalls dort, wo es um Defizitabbau und Qualitätssteigerung geht.

Die Personalbeurteilung ist bis heute kein unumstrittenes Instrument der Personalarbeit geblieben. Während die Personalabteilungen sehr stark an den Informationen aus den Beurteilungen zur Fundierung ihrer Tätigkeiten und Planungen interessiert sind, wehren sich viele Vorgesetzte und Mitarbeiter gegen ein formales Beurteilungswesen. Vorgesetzte fürchten bisweilen um ihr gutes Verhältnis zu den Mitarbeitern und um das Abteilungsklima; Mitarbeiter befürchten unter Umständen Nachteile und Willkür. Ein gravierendes Problem muß in diesem Zusammenhang darin gesehen werden, daß viele Unternehmen den Vorgesetzten zuwenig Schulung für diese relativ schwierige Aufgabe bieten.

14 Vgl. im Überblick Kupsch, P./Marr, R., Personalwirtschaft, in: Heinen E. (Hrsg.) Industriebetriebslehre, 7. Aufl., Wiesbaden 1983, S. 627ff.

12.3.2.2 Aus-, Fort- und Weiterbildung

Das insgesamt am stärksten wachsende Aufgabengebiet im betrieblichen Personalwesen ist der Bildungsbereich, [15] teilweise wird er sogar aus der Personalabteilung ausgegliedert und als gesondertes Ressort geführt. Heute wird in zunehmendem Maße von Personalentwicklungsmaßnahmen gesprochen.[16]

Die **Ausbildung** von Auszubildenden stellt in der Bundesrepublik Deutschland ein ebenso traditionelles wie wichtiges Gebiet betrieblicher Bildungsmaßnahmen dar; es ist dies nach wie vor der Schwerpunkt betrieblicher Bildungsarbeit. Ausbildung ist berufsvorbereitende Bildung, sie wird in der Bundesrepublik Deutschland im Rahmen des sog. dualen Ausbildungssystems praktiziert.

Unter **Weiterbildung** wird dagegen üblicherweise der Erwerb neuer zusätzlicher Qualifikationen verstanden (z. B. Betriebspsychologe erwirbt arbeitsrechtliche Kenntnisse).

Mit der **Fortbildung** soll schließlich sichergestellt werden, daß die Stelleninhaber den sich wandelnden Anforderungen des Arbeitsplatzes jederzeit gerecht werden können (z. B. Umstellung der Konstruktionsarbeit auf CAD, Einarbeitung in neue Rechtsvorschriften oder Deutsch für ausländische Arbeiter). In den letzten Jahren tritt in der betrieblichen Bildung in zunehmendem Maße neben den rein berufsfachlichen Wissenswert die Vermittlung sozialer Kompetenzen.[17] Dies gilt allerdings in erster Linie für Führungskräfte, wie überhaupt die **Führungskräfte** im Zentrum der betrieblichen Fort- und Weiterbildungsmaßnahmen stehen.

Die Bildungsmaßnahmen von **Führungskräften** sind gerichtet auf den Erwerb von Führungswissen, Fähigkeiten (Planungstechniken, Programmiersprache usw.) und speziellen Verhaltensweisen (Führungsstil, Teamfähigkeit usw.). Hierzu gehört auch die Entwicklung von speziellen Trainingsprogrammen, die ihr Schwergewicht auf arbeitsplatzbezogene Maßnahmen (Job Rotation) legen („Traineeprogramme").

Eine letzte Teilaufgabe auf dem Gebiet des Bildungswesens ist schließlich die **Erfolgskontrolle**. Der Erfolg betrieblicher Bildungsmaßnahmen (dem Grunde nach: Bildungsinvestitionen) läßt sich allerdings nur schwer messen, insbesondere dann, wenn nicht nur der unmittelbare Lernerfolg (am Ende einer Veranstaltung), sondern die Bewährung im praktischen Einsatz am Arbeitsplatz erfaßt werden soll. Eine exakte Zurechnung ist hier nur sehr schwer möglich.[18]

15 Vgl. Weber, W., Betriebliche Aus- und Weiterbildung, Paderborn 1983.

16 Vgl. Thom, N., Personalentwicklung als Instrument der Unternehmensführung, Stuttgart 1987.

17 Vgl. Die Analyse von 45 Weiterbildungsprogrammen deutscher Großunternehmen Oechsler, W. A./ Waschneck, C., Fort- und Weiterbildung in Großunternehmen, Bamberger Betriebswirtschaftliche Beiträge, Nr. 18, Bamberg 1983.

18 Vgl. im einzelnen Neudecker, M., Die innerbetriebliche Führungskräfteschulung – eine explorative Studie ihrer Effizienz, Berlin 1987, S. 122ff.

12.3.2.3 Betriebliches Vorschlagswesen

Im Zuge der Diskussion des japanischen Wirtschaftswunders und den dort vorherrschenden, sehr speziellen Formen der Betriebsführung erlangte ein Thema eine herausragende Bedeutung, das als Aufgabengebiet der Personalabteilung bis dahin eher ein Schattendasein geführt hatte – gemeint ist das **Vorschlagswesen.**[19] In der Variante des **Qualitätszirkels** hat dieses Gebiet seit einiger Zeit besondere Aufmerksamkeit auf sich gezogen.[20] Wurden im herkömmlichen Vorschlagswesen mehr oder weniger zufällig zustandegekommene Verbesserungsideen an die Personalabteilung eingereicht, von einem Komitee geprüft und bei Akzeptanz (meist bescheiden) honoriert, so stellt der Qualitätszirkel den **Ideengewinnungsprozeß** in den Vordergrund.

Ein auf freiwilliger Basis gebildetes Team durchdenkt einzelne Arbeitsvollzüge systematisch und entwickelt Vorschläge primär zur Verbesserung der Qualität und der Arbeitsablaufplanung. Der Idee nach soll das Problemlösungspotential aller Mitarbeiter aktiviert und hohe Sensibilität für Qualitätsprobleme entwickelt werden. Die Teamsitzungen stehen unter der Anleitung eines besonders für diesen Zweck geschulten Moderators (vgl. Kasten 12.1). Der Qualitätszirkel wird heute über die Erzielung konkreter Verbesserungsvorschläge hinaus ganz allgemein als Personalentwicklungsmaßnahme betrachtet, die geeignet ist, die Innovationsbereitschaft und die Eigenständigkeit im Denken zu steigern und die Kommunikationsbeziehungen in dem Unternehmen zu verbessern. Erste Erfahrungsberichte verweisen auf die Gefahr, die Qualitätszirkel als isolierte Maßnahme zu betreiben, ohne die Kontextabhängigkeit von solchen Änderungsvorhaben zu bedenken. Qualitätszirkel werden tendenziell **neben** der Arbeit geplant, auf die Dauer werden sie nur Erfolg haben können, wenn sie zum integrativen Bestandteil der regulären Arbeit werden.[21]

12.3.3 Personalerhaltung

12.3.3.1 Gestaltung des Entgelts

Die größte Aufmerksamkeit im Rahmen der Personalerhaltungsmaßnahmen kommt zweifellos der Entgeltgestaltung zu.

Die Entgeltfindung wird fast immer nach verschiedenen Gruppen und Anforderungen differenziert. Um diesem Ziel einer anforderungsgerechten Entlohnung entsprechen zu

19 Vgl. Thom, N., Betriebliches Vorschlagswesen, 2. Aufl., Bern u. a. 1985.

20 Vgl. Wicher, H., Qualitätszirkel, in: WiSt 16 (1987), S. 333–337.

21 Vgl. Lawler, E.E.,/Mohrman, S.A., Quality circles: After the honeymoon, in: Organizational Dynamics 15 (1987), Nr. 4, S. 42–54.

Kasten 12.1

„Jeder vierte japanische Arbeiter gehört einem Qualitätszirkel an."

Das Konzept der Qualitätszirkel (QC) wurde während der 50er Jahre an amerikanischen Universitäten als ein Instrument zur Qualifikationsverbesserung von Produkten (später dann auch: Dienstleistungen) entwickelt, fand jedoch aufgrund des Widerstandes von Gewerkschaften, Arbeitnehmern wie auch festverwurzelter gesellschaftlicher Traditionen keine Anwendung in amerikanischen Unternehmen.

Durch den Erfolg japanischer Unternehmen mit QC aufmerksam geworden (oder: aufgeschreckt?) reimportierten amerikanische Unternehmen Mitte der 70er Jahre das QC-Konzept. Zu diesem Zeitpunkt hatten die japanischen Unternehmen etwa zwei Jahrzehnte Vorsprung in der Anwendung. Die Sichtung der Fülle verschiedener QC-Konzepte, die in den knapp drei Jahrzehnten ihrer Entwicklungsgeschichte entstanden, lassen sich wie folgt zusammenfassen: Ein QC

- besteht aus etwa 5 (oder mehr) Mitarbeitern mit gemeinsamer Verantwortung für ein Produkt (eine Produktpalette)
- kommt auf freiwilliger Basis, regelmäßig (etwa 1 Stunde pro Woche) zusammen
- beschäftigt sich mit Datensammlung, Problem/Störungsanalyse und Vorschlägen/ Entscheidungen hinsichtlich der Lösung von Qualitätsproblemen
- trägt die Verantwortung von Qualitätsproblemen sowie die Durchsetzung entsprechender Maßnahmen
- arbeitet auf der Basis vorher vermittelter Methoden sowie Techniken
- zieht bei Bedarf entsprechende Informanten und Experten aus dem Unternehmen hinzu
- wird durch einen zuständigen Mitarbeiter (Vorarbeiter/Meister/Betriebsingenieur) mit entsprechender Ausbildung geleitet.

Quelle: Handelsblatt, 28.9.1981, S. 22

können, muß als grundlegende Voraussetzung eine systematische Beschreibung der Arbeitsplätze und ihren Anforderungen erfolgen. Die Entwicklung von arbeitsanalytischen Methoden und ihre Durchführung ist daher zu einer Kernaufgabe der Personalabteilung geworden. Die Methodenvielfalt ist heute groß, angefangen von Einfachstverfahren, die sämtliche Arbeitsplätze auf vier Basisdimensionen abbilden (z. B. „Genfer Schema": Fachkönnen, Belastung, Verantwortung, Arbeitsbedingungen) bis hin zu äußerst differenzierten Verfahren wie etwa dem PAQ (Position Analysis Questionnaire), der mit 177 Einzelmerkmalen die konkreten Arbeitshandlungen zu erfassen versucht.[22]

22 Zur deutschen Version vgl. Frieling, E., Psychologische Arbeitsanalyse, Stuttgart u. a. 1975.

Das Ergebnis der (in der Praxis häufig recht pauschal durchgeführten) Arbeitsanalysen wird zumeist in **Stellenbeschreibungen** festgehalten.

Die Arbeitsanalyse soll das „gesicherte" Fundament für den nächsten Schritt einer anforderungsbezogenen Entgeltdifferenzierung schaffen, die **Arbeitsbewertung**.

Die hierzu entwickelten Methoden werden traditionell in **summarische** und **analytische Verfahren** unterteilt. Die summarischen Verfahren nehmen eine ganzheitliche Bewertung der Anforderungen vor, während die analytischen Verfahren, die Anforderung in Einzelmerkmale aufdröseln, diese getrennt bewerten und daraus schließlich eine Wertsumme bilden (zu Einzelheiten siehe das fünfzehnte Kapitel).

Zu den Aufgaben der Entgeltfindung gehört desweiteren die Festlegung der Lohnform (Zeit-, Leistungs-, Pensumlohn) und die fortwährende Überprüfung, ob die verwendete Lohnform den über die Zeit hinweg u.U. veränderten Bedingungen immer noch entspricht. Dasselbe gilt für die Entwicklung der grundlegenden lohnpolitischen Richtlinien (z. B. Festlegung der maximalen Abweichungen innerhalb einer Gehaltsstufe oder der Zahl der maximal erwünschten Gehaltsstufen).

Die Aufstellung und Überprüfung solcher Richtlinien ist keine Aufgabe, die die Personalabteilung allein entscheiden könnte; dazu sind ihre Wirkungen zu weitreichend und ihre Bedeutung für das Gesamtunternehmen zu groß; wohl aber fällt der Personalabteilung die Entscheidungsvorbereitung zu, also die Ausarbeitung von (neuen) Alternativen und denkbaren Selektionskriterien.

Zur Lohn- und Gehaltspolitik muß auch die Gestaltung der anderen **finanziellen Leistungen** gerechnet werden, die in sehr vielen Unternehmen an Mitarbeiter gezahlt werden. Dazu gehört die Vermögensbildung, die betriebliche Altersversorgung, Gewinnbeteiligungspläne oder die betriebliche Krankenkasse. Wenn auch die Motive für diese Nebenleistungen gänzlich unterschiedlicher Art sein können (z. B. steuerliche Vorteile, weltanschauliche Absichten, Öffentlichkeitswirkung), so hat doch die Personalabteilung die verschiedenen Konzepte zusammenzuführen und daraus ein einigermaßen stimmiges Entgeltsystem für das Unternehmen zu entwickeln.

Nachdem die meisten Entgeltbestandteile in irgendeiner Weise Anreizfunktion haben sollen, wird zunehmend eine **Individualisierung** der Entgeltstruktur im Sinne des Cafeteria-Systems diskutiert. Hiernach soll sich der Mitarbeiter aus einer Reihe von Bauelementen im Rahmen konkreter Vorgaben (Mindestbestandteile, Gesamthöhe usw.) „seine" Entgeltstruktur selbst zusammenstellen, d. h. insbesondere, daß er aus der Vielfalt möglicher finanzieller Nebenleistungen diejenigen auswählt, die ihm besonders attraktiv erscheinen.[23]

23 Vgl. Wagner, D., Möglichkeiten und Grenzen des Cafeteria-Ansatzes in der Bundesrepublik Deutschland, in: Betriebswirtschaftliche Forschung und Praxis 38 (1986), S. 16 ff.

12.3.3.2 Betriebliche Sozialpolitik

Neben den finanziellen Nebenleistungen haben viele Unternehmen ein allgemeines soziales Programm für Mitarbeiter entwickelt. Die Beweggründe dafür sind ebenso vielfältig wie die angebotenen Leistungen. In der Mehrzahl der Fälle geht es jedoch darum, die Attraktivität der Firma zu erhöhen und den Aufbau und die Sicherung einer qualifizierten Stammbelegschaft zu befördern (vgl. Kasten 12.2). Beispiele für häufig angebotene Leistungen sind:

- Betriebsausflug/Weihnachtsfeiern/Jubiläen
- Betriebsinterner Kindergarten
- Betriebliche Sportvereine und Sportstätten
- Kulturelle Veranstaltungen/Werksbibliotheken
- Freizeitprogramme und –clubs
- Betreuungsprogramme für ausländische Arbeitnehmer
- Werkswohnungen
- Mittagstisch/Kantine
- Arbeitsmedizinische Programme
  (Vorsorge- und Kontrolluntersuchungen, Impfungen usw.)
- Anti-Alkoholismusprogramme
- Sozialpädagogischer Dienst etc.

Der Verwaltungsaufwand für diese Leistungen ist zum Teil sehr hoch, so werden allein im Kantinenbereich in großen Unternehmen mehrere Hundert Mitarbeiter beschäftigt.

Kasten 12.2

Werkswohnungsbau bei Krupp

„Engagierter und großzügiger als andere Ruhrindustrielle betrieben Friedrich und Friedrich Alfred Krupp den Werkswohnungsbau … Es ging um den Aufbau eines Stammes qualifizierter Arbeiter, der bei einem gesunden, leistungsbezogenen Selbstbewußtsein der Firma doch treu ergeben war. Angesichts der unzulänglichen, menschenunwürdigen Wohnquartiere in der Essener Altstadt und den umliegenden Bürgermeistereien konnten Facharbeiter mit dem Lockmittel einer gesunden Werkswohnung dort gewonnen und auch leicht davon abgehalten werden, kurzfristig zur Konkurrenz überzuwechseln …

Die Arbeiterfamilien wurden in vielen ihrer Bereiche in die Firma eingebunden. Krupp baute für sie Konsumanstalten, Schulen, eine Bibliothek, ein Krankenhaus, Altenwohnungen usw. In Essen, wo zeitweilig 20 % der Bevölkerung von Krupp lohnabhängig war, unterschied sich die Kaste der „Kruppianer“ durch ihr Elitebewußtsein von den übrigen Einwohnern. In der abgeschlossenen Anlage mancher Kruppsiedlungen wird dieser Sonderstatus architektonisch manifest. … Als idyllisches Ideal für den Feierabend wurde von der Werksleitung der Rückzug zu Frau und Kindern sowie zur Gartenarbeit propagiert.“

Quelle: Parent, T., Das Ruhrgebiet, Köln 1984, S. 138 f.

Die betrieblichen Sozialleistungen sind grundsätzlich als **freiwillige** und daher jederzeit zurücknehmbare Leistungen gedacht. Die Arbeitnehmervertretungen und die Gewerkschaften sind jedoch bestrebt, die Zuteilung dieser Leistungen kontrollierbar („goldene Fesseln") und ihre Gewährung so weit als möglich verbindlich zu machen, etwa in Form von Betriebsvereinbarungen oder in Manteltarifverträgen.

Im übrigen weist das BetrVG dem Betriebsrat bei tariflich oder gesetzlich nicht geregelten Sozialleistungen ein Mitbestimmungsrecht zu (§ 87, Abs. 1 Nr. 8,9; § 88, Nr. 2).

12.3.3.3 Mitarbeiterinformation

Ein weiteres klassisches Aufgabengebiet der Personalabteilung ist die Information der Mitarbeiter über das Unternehmen und /oder das Werk.[24] Diese längere Zeit etwas vernachlässigte Funktion hat in den letzten Jahren – nicht zuletzt angestoßen durch die Unternehmenskultur-Diskussion – wieder eine deutliche Belebung erfahren. Bei der Informationsaufgabe geht es weniger um die Kommunikation unmittelbar arbeitsrelevanter Sachverhalte, sondern um die Vermittlung allgemeiner unternehmensbezogener Inhalte (z. B. Geschäftslage, neue Produkte, neue Kunden usw.) und personalwirtschaftlicher Inhalte (z. B. neues Lohnabrechnungssystem, freiwillige Weiterbildungsmaßnahmen, Ausgabe von Mitarbeiteraktien).

Um den regelmäßigen Fluß dieser Informationen sicherzustellen, haben die meisten Unternehmen neben den betriebsverfassungsrechtlichen Organen (z. B. Betriebsversammlung, Wirtschaftsausschuß) eine **„Werkszeitschrift"** in das Leben gerufen: Werkszeitschriften waren jahrelang im Verruf geraten, weil sie – ihre Kommunikationsfunktion mißverstehend – allzu schönfärbend das Unternehmen darstellten und allzu undifferenziert und belehrend für bestimmte Weltanschauungen Partei ergriffen. Hat ein Informationskanal erst einmal seine Glaubwürdigkeit verloren, ist es sehr schwer, ihn als funktionstüchtiges Kommunikationsorgan wiederherzustellen.[25] Viele Firmen gehen daher mit der Werkszeitschrift in den letzten Jahren neue Wege und versuchen, sie stärker für den Dialog zu öffnen.

24 Vgl. Domsch, M., Personal, in: Vahlens Kompendium der Betriebswirtschaftslehre, Bd. 1, München 1984, S. 513ff.

25 Vgl. Dedler, K./Macharzina, K., Eine neue Typologie der Werkzeitschrift, in: Personal 39 (1987), S. 375–379.

12.3.3.4 Personalverwaltung

Von herausragender Bedeutung ist nach wie vor die Personalverwaltung, die schon allein durch die starke rechtliche Durchregelung der Personalarbeit (z. B. Kündigungsschutz, Mutterschaftsschutz, Reichsversicherungsordnung, Angestelltenversicherungsgesetz usw.) beständig weiter wächst. Zur Personalverwaltung gehören im einzelnen:[26]

- Abwicklung der Einstellungen, Versetzungen, Pensionierungen und Entlassungen
- Abwicklung der Lohn- und Gehaltsabrechnung (Lohnbuchhaltung)
- Führung der Personalstatistik für interne Zwecke (Flexibilität, Fehlzeiten usw.) und für externe Zwecke (Kammern, Verbände, statistische Ämter); Aufbau eines Personalinformationssystems.
- Führung von Personalakten/Personaldateien (Stammdaten, Zeugnisse, Beurteilungen, Zeichnungsberechtigung, Schriftverkehr, Abmahnungen usw.)
- Bearbeitung von Mitarbeiteranträgen (Reiseanträge, Umzugskosten, Höhergruppierung, Bildungsurlaub, Versetzung usw.)
- Verwaltung der Sozialeinrichtungen und Sportstätten.

12.3.3.5 Industrielle Beziehungen

Der Personalabteilung obliegt es schließlich, als primäre Anlauf- und Verhandlungsstelle für industriellen Konflikte zu fungieren. Sie ist primärer Verhandlungspartner für den Betriebsrat und die Gewerkschaften einerseits, die Kammern und Arbeitgeberverbände andererseits. Häufig wird die Personalabteilung auch innerhalb eines Unternehmens als eine Art Vermittlungsstelle angesehen, die – weil neutraler als andere Abteilungen – geeignet erscheint, eine Art **Moderator-Funktion** bei industriellen Konflikten und Aktionen (Streiks, Beschwerden usw.) einzunehmen. Diese Vermittlungsfunktion wird in der Bundesrepublik Deutschland auch dadurch unterstrichen, daß in mitbestimmten Unternehmen (MitbestG) der Idee des Gesetzgebers nach nur solche Personen zum Arbeitsdirektor bestellt werden sollen, die in besonderem Maße das Vertrauen der Arbeitnehmerseite genießen. In der Montan-Mitbestimmung ist dies gesetzlich festgeschrieben; der Arbeitsdirektor kann nicht gegen die Stimmen der Mehrheit der Arbeitnehmervertreter in den Aufsichtsrat bestellt werden.[27]

Die Regelung der industriellen Beziehungen in der Bundesrepublik Deutschland beruhen auf dem Grundsatz der vertrauensvollen Kooperation. Im Unterschied etwa zu Italien oder Großbritannien geht man davon aus, daß die Tarifparteien grundsätzlich bereit sind, zum Wohle des Betriebs einvernehmlich zusammenzuarbeiten. Im Rahmen der Aufsichtsratmitbestimmung übernehmen die gewählten Belegschafts- und Gewerkschafts-

26 Vgl. Oechsler, W., Personal und Arbeit, 3. Aufl., München/Wien 1988, S. 339ff.

27 Vgl. drittes Kapitel, S. 91 f.

mitglieder zwangsläufig Führungsverantwortung. In noch stärkerem Maße gilt dies für den Arbeitsdirektor, der als Vorstandsmitglied für das Wohl des Unternehmens und das der Eigentümer Sorge zu tragen hat. Über den daraus resultierenden Rollenkonflikt ist viel geschrieben worden; eine Lösung ist dafür freilich nicht in Sicht, der Konflikt ist strukturell angelegt und letztlich ja so gewollt.[28] In gewisser Hinsicht befindet sich die ganze betriebliche Personalarbeit, jedenfalls in vielen Unternehmen, in einer solchen gewollten Zwischenstellung. Man denkt die Personalabteilung dann auch als einen Ort, der eine Schlüsselfunktion bei der Bewerkstelligung dieser schwierigen Balance von Konflikt und Kooperation übernehmen kann.

12.4 Die Organisation des Personalwesens

Das Personalwesen wurde traditionell objektbezogen organisiert. Typisch war eine Ordnung der Aktivitäten (im wesentlichen: Lohnbuchhaltung und Personalverwaltung) nach gewerblichen Arbeitnehmern, nach (tariflichen) Angestellten und nach AT (außertariflichen) Angestellten. Im Zuge der beschriebenen Funktionserweiterung wurde jedoch zunehmend eine funktionale Gliederung nach den personalwirtschaftlichen „Verrichtungen" gewählt (vgl. Abb. 12.3).

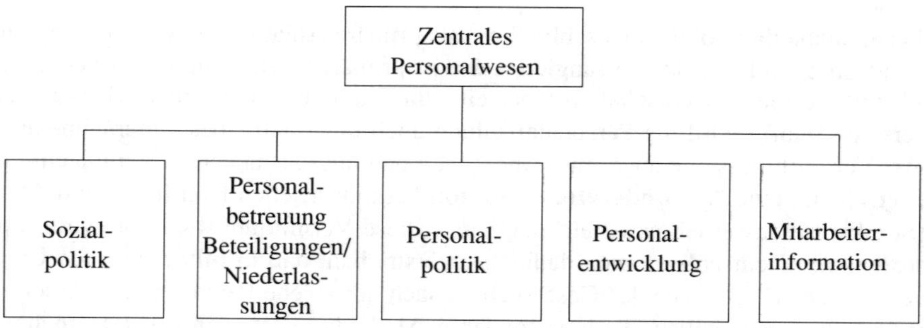

Abb. 12.3: Organisation des Personalwesens bei der BMW AG

Quelle: Olesch, G., Die Personalentwicklung und ihre Aufgaben in einer Unternehmung, in: Personal 39 (1988), S. 122

Eine einfache additive Abteilungsbildung stößt jedoch zunehmend auf Kritik. Es wird eingewandt, daß eine solche Aufgabenordnung zu wenig die Zusammenhänge zwischen den einzelnen Funktionen berücksichtige und konzeptionslos alte und neu auftretende

28 Vgl. zusammenfassend Wächter, H., Mitbestimmung, München 1983, S. 100 ff.

Aufgabengebiete, wie etwa Personalplanung oder Qualitätszirkel, aneinanderreihe. Diese Kritik verweist auf ein noch weitgehend offenes Grundsatzproblem, nämlich auf welcher Basiskonzeption die Personalaufgaben aufgebaut werden sollen und wie eine konzeptionell korrespondierende Organisationsstruktur auszusehen hat. Eine heute speziell im angelsächsischen Bereich häufig gewählte Konzeption ist die Prozeßgliederung in Personal-Gewinnung, -Entwicklung und -Erhaltung, wie sie auch Abbildung 12.1 zugrundeliegt.

Einen Hinweis, wie die Funktionen einer Personalabteilung auch sinnvoll aufeinander bezogen und in eine theoretisch begründbare Struktur eingeflochten werden können, gibt die Motivationstheorie von Herzberg. Die Personalabteilung, die traditionell auf die Hygiene-Faktoren ausgerichtet ist, erhält hier neben einer neuen Grundstruktur zugleich eine neue Zielrichtung: eine mindestens gleichwertige Gewichtung der Motivations-Faktoren. Eine Neuorientierung in diesem Sinne hätte nicht nur Folgen für die Personalabteilung, sondern auch und in erster Linie für die gesamte Unternehmung (vgl. Abb. 12.4).

12.5 Die Einordnung der Personalabteilung in die Gesamtorganisation

Im traditionellen Sinne verstand sich die Personalabteilung als Service-Abteilung,die auf Anforderungen der anderen Funktionsbereiche reagiert. Die Personalabteilung war daher reine **Stabsstelle**, häufig der Produktionsabteilung beigeordnet, weil dort die meisten Leute zu betreuen waren.

Heute wird das Personalwesen – wie mehrfach betont – in seiner Bedeutung wesentlich höher eingeschätzt, was sich dementsprechend auch in einer höheren hierarchischen Einordnung niederschlägt. In den meisten Großunternehmen steht die Personalabteilung heute gleichrangig neben den anderen betrieblichen Sachfunktionen und der Personalleiter/Arbeitsdirektor ist gleichberechtigtes Mitglied der Geschäftsleitung.

Was den kompetenzmäßigen Status anbelangt, so enthält die Personalabteilung, um ein hinreichendes Maß an einheitlicher Personalpolitik sicherzustellen, häufig „funktionale Autorität“. Mit anderen Worten, die Personalabteilung erhält in bestimmten, genau definierten Bereichen Richtlinienkompetenz und Weisungsbefugnis (Linien-Autorität) für das gesamte Unternehmen, so z. B. bei der Durchführung der Leistungsbeurteilung, der Gestaltung des Vorschlagswesens, der Personalbeschaffung.

Eine zu starke Spezialisierung der Personalabteilung hat sich in der Vergangenheit als problematisch im Hinblick auf ihre Servicefunktion erwiesen. Funktionsspezialisten und Linienmanagement tendierten dazu, sich auseinanderzuentwickeln. Diesem Trend versucht man in der jüngeren Zeit auch organisatorisch stark entgegenzuwirken, z. B. in

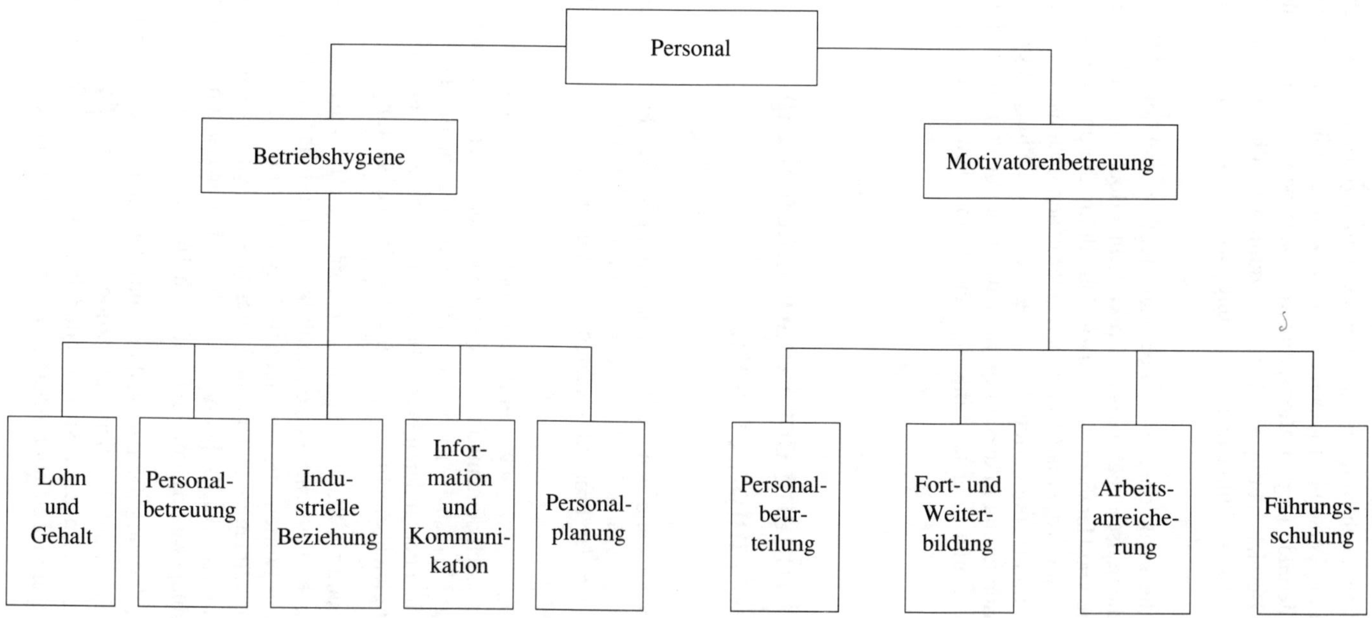

Abb. 12.4: Organisation der Personalabteilung im Sinne der 2-Faktoren-Theorie

Form des sog. **Referentensystems**. Hier erhält der Linienmanager einen speziellen Ansprechpartner in der Personalabteilung, mit dem er möglichst alle Personalprobleme besprechen kann.[29] Der Personalreferent erwirbt bei dieser Organisation im Laufe der Zeit eine intime Kenntnis des zuständigen Bereichs und kann daraufhin seine Servicefunktion sehr viel gezielter wahrnehmen. Offen bleibt freilich, ob sich ein Personalreferent so breit bilden kann, daß er tatsächlich alle relevanten Gebiete abzudecken vermag, oder ob hier nicht unverbindliche Beratung an die Stelle von Sachkompetenz und Detailwissen tritt.[30]

In dem Vorschlag zum Referentensystem drückt sich eine allgemeine aktuelle Tendenz in der Gestaltung des Personalwesens aus, die unter dem Stichwort „Individualisierung der Personalarbeit“ diskutiert wird.[31] Gemeint ist damit, daß aufgrund verschiedener Umstände die generelle Regelkompetenz der Personalabteilung zurückgeht und individuelle, sozusagen vor Ort entwickelte personalwirtschaftliche Problemlösungen den Vorzug erhalten. Das bedeutet, daß dem Vorgesetzten in Zukunft mehr personalwirtschaftliche Aufgaben zufallen werden und daß das Schwergewicht Personalabteilung weniger in der Richtlinienkompetenz als in ihrer Serviceaufgabe liegen wird.[32]

12.6 Die generischen Personalfunktionen des Managers

Jeder Manager hat eine Reihe von Personalaufgaben wahrzunehmen, die zu seinem engeren Aufgabenfeld zählen. Eine Leistungsbeurteilung, um nur ein Beispiel herauszugreifen, kann nur der Vorgesetzte selbst anfertigen, nicht die Personalabteilung. Jeder Vorgesetzte muß deshalb mit den Problemen der Personalbeurteilung gut vertraut sein und das System verstehen. Dasselbe gilt für die Personalauswahl. Aus genau diesem Grunde haben wir bereits zu Beginn dieses Kapitels auf die wichtige Unterscheidung zwischen der Sachfunktion und der Managementfunktion Personal hingewiesen. In diesem Buch soll es im Detail nur um die Managementfunktion gehen, die Darlegung des Aufgabenspektrums der Personalabteilung sollte den Rahmen der gesamtbetrieblichen Personalfunktion aufzeigen und die Querverbindungen zur Personalfunktion des Managers deutlich machen. Jeder Vorgesetzte muß mit den Aufgabengebieten der Personalabteilung vertraut sein, sonst kann er ihre Serviceleistungen nicht oder nur unzureichend nutzen.

29 Vgl. Fischer, D., Praktische Erfahrungen mit dem Referentsystem als Organisationsprinzip der Personalabteilung, in: Bisani, F. (Hrsg.), Ausgewählte Probleme betrieblicher Personalarbeit, Wiesbaden 1983, S. 133 ff.

30 Vgl. Paschen, K., Formen der Personalorganisation, in: Zeitschrift Führung + Organistion 57 (1988), S. 239.

31 Vgl. Drumm, H.J., (Hrsg.), Individualisierung der Personalarbeit, Bern/Stuttgart 1989; Müller, W.R., Thesen zur Neuorientierung der Personalpolitik, in: Die Betriebswirtschaft 43 (1983), S. 519.

32 Vgl. Wächter, H., Professionalisierung im Personalbereich, a.a.O., S. 147 ff.

Fragt man nach den zentralen Aufgabengebieten, die sich im Rahmen der Personalaufgaben des Managements stellen, so stößt man sehr rasch auf drei generische Funktionen:[33]

- Personalauswahl
- Personalbeurteilung und -entwicklung
- Entgelt.

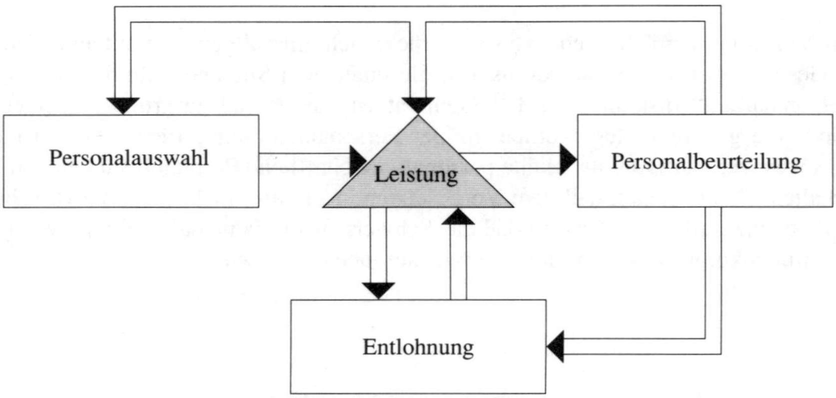

Abb. 12.5: Die generischen Personalfunktionen des Managers

Die Abbildung 12.5 zeigt die drei Funktionen als Zyklus, beginnend bei der Personalauswahl über die Beurteilung der erbrachten Leistungen bis hin zur Bestimmung eines leistungsgerechten Entgelts. Die nachfolgenden Kapitel folgen genau diesem Schema. Zunächst werden in Kapitel 13 die Aufgaben des Managers bei der **Personalauswahl** beschrieben und die relevanten Faktoren benannt,die für einen erfolgreichen Auswahlprozeß zu beachten sind. Auch hier gilt wiederum, daß die Personalabteilung unterstützen (durch Richtlinien, Vorselektion usw.), nicht aber die Auswahl selbst treffen kann.

Im vierzehnten Kapitel stehen die Aufgaben des Managers bei der **Personalbeurteilung** und der eng damit verknüpften Aufgaben der **Personalentwicklung** im Vordergrund. Auch hier werden die Faktoren herausgearbeitet, die der Vorgesetzte kennen und beherrschen muß, um einen erfolgreichen Beurteilungsprozeß zu ermöglichen.

Die dritte und letzte generische Personalfuktion des Managers ist schließlich die **Entgeltfindung**. In sehr vielen Unternehmen hat der Vorgesetzte einen nicht unerheblichen Einfluß auf die Bestimmung der Höhe des Entgelts. Um diesen Spielraum verantwortungsvoll und zielgerecht nutzen zu können, ist es notwendig, die Grundlagen des Entlohnungswesens und der Entgeltdifferenzierung zu beherrschen.

33 Vgl. z. B. Tichy, N.M./Fombrun, C.J./Devanna, M.A., a.a.O., S. 50ff. dort werden vier generische Funktionen des Human Ressourcen Managements genannt; die dort als vierte Funktion genannte Personalentwicklung wird hier mit der Funktion Personalbeurteilung verschmolzen.

Diskussionsfragen

1. Welche Entwicklung kennzeichnet das Personalwesen? Wo liegen die Ursachen für diese Entwicklung?
2. Zeigen Sie die Interdependenzen zwischen Personal- und Ablaufplanung auf!
3. Was versteht man unter einer Personalabbau-Planung?
4. Kritisieren Sie die herkömmliche Gliederung der Personalabteilung aus Herzbergs Sicht!
5. Inwiefern erscheint es notwendig, die Personalabteilung mit funktionaler Autorität auszustatten?
6. Bisweilen werden betriebliche Sozialleistungen „goldene Fesseln" genannt. Welcher Vorwurf steht dahinter?
7. Warum wird „Personaleinsatz" zu den klassischen Managementfunktionen gezählt?
8. Inwiefern kann man sagen, daß die Personalabteilung Beratungs- und Kontrollfunktion für die Gesamtunternehmung hat?
9. Welche Rolle fällt der Personalabteilung im Rahmen der sog. Industriellen Beziehungen zu?
10. Vor welchem Rollenkonflikt steht der Arbeitsdirektor in mitbestimmten Unternehmen der Montanindustrie?

Literaturhinweise

Zur Entwicklung des betrieblichen Personalwesens:

Eckardstein, D.v./Schnellinger, F., Betriebliche Personalpolitik, 3. Aufl., München 1978.
Remer, A., Personalmanagement, Frankfurt/New York 1978.
Staehle, W.H., The changing face of personnel management, in: Dlugos, G. et al. (Hrsg.), Management under differing market and employment systems, Berlin/New York 1988, S. 323–333.

Zu den Aufgabengebieten der Personalabteilung:

Greenlaw, P.S./Kohl,J.P., Personnel management, New York 1986.
DGFP (Hrsg.), Der Leiter des Personalwesens. Seine Aufgabe und seine Stellung im Unternehmen, Köln 1985.

Zur Personalplanung:

Wächter, H., Grundlagen der langfristigen Personalplanung, Herne/Berlin 1973.

Drumm, H.J./Scholz, C., Personalplanung – Planungsmethoden und Methodenakzeptanz, 2. Aufl., Bern/Stuttgart 1988.

Zur Organisation des Personalwesens:

Lattmann, C., Die Personalabteilung, in: Die Unternehmung 39 (1985), S. 192–211.

Paschen, K., Formen der Personalorganisation, in: Zeitschrift Führung + Organisation 57 (1988), S. 237–241.

Dreizehntes Kapitel

Personalauswahl

13.1 Der Handlungsrahmen der Personalauswahl 583

13.2 Instrumente und Prozeß der Personalauswahl 589
13.2.1 Überblick 589
13.2.2 Die Analyse der Bewerbungsunterlagen 590
13.2.3 Auswahl-Interviews 592
13.2.4 Psychologische Tests 597
13.2.5 Das Assessment-Center 602

13.3 Personalauswahl zwischen Vollzug und Öffnung 607

Diskussionsfragen 608

Literaturhinweise 609

13.1 Der Handlungsrahmen der Personalauswahl

In dem Überblick über die Personalfunktionen im Unternehmen – so wie er eben entwikkelt wurde – tauchte die Personalauswahl bereits als eine der generischen Funktionen auf, die von jedem Manager wahrzunehmen sind. Diese Aktivität zielt auf eine Auslese unter den Bewerbern für eine zu besetzende Stelle. Im Kern geht es also darum, eine begründete Aussage darüber zu treffen, wer aus dem Kreis der Bewerber für eine vakante Stelle im Unternehmen am besten qualifiziert und geeignet ist[1].

Einen Sinn macht die systematische Fundierung von Auswahlentscheidungen freilich nur dann, wenn die folgenden Voraussetzungen vorliegen:

1. Für die zu besetzende Stelle sind interindividuelle Unterschiede relevant.
2. Die Bewerber unterscheiden sich auch tatsächlich in den (stellenrelevanten) Fähigkeiten und Fertigkeiten, so daß manche Bewerber geeigneter für die Stelle sind als andere.

Beide Voraussetzungen dürften im Normalfall für die in einem Unternehmen zu besetzenden Stellen gegeben sein.

Fragt man nach der **Bedeutung** der Personalauswahl, so ist es eigentlich müßig darauf hinzuweisen, daß der Erfolg eines Unternehmens entscheidend von der Qualität und dem Potential der in ihm tätigen Mitarbeiter beeinflußt wird. Alle diese Mitarbeiter wurden letztlich über den externen Arbeitsmarkt akquiriert. Läßt man einmal unberücksichtigt, daß die Qualifikation von Mitarbeitern durch entsprechende Aus- und Weiterbildungsmaßnahmen verändert werden kann, so wird die Unternehmensentwicklung zu großen Teilen mit der Auswahl der „richtigen" Mitarbeiter geprägt. Je höher dabei die zu besetzende Position in der Unternehmenshierarchie einzuordnen ist, desto bedeutsamer ist sie für das Unternehmen und einen desto nachhaltigeren Einfluß übt die Auswahlentscheidung aus. Eine sorgfältige Personalauswahl wird insofern nicht nur sehr zeit- und kostenintensiv sein, sondern ist auch ein grundlegender Erfolgsfaktor des Unternehmens, da im Falle einer Fehlbesetzung empfindliche Folgekosten in Millionenhöhe entstehen können, sei es durch krasse Fehlentscheidungen des (fälschlicherweise) eingestellten Mitarbeiters oder aber durch gravierende Fähigkeits- oder Fertigkeitlücken, die im Rahmen der Leistungsbeurteilung offengelegt werden und dann nachträglich durch seinerseits kostenintensive Personalentwicklungsmaßnahmen behoben werden müssen. Schwierig dürfte es allerdings sein, bei derartigen Folgekosten eine eindeutige Ursache-Wirkungskette zwischen der Auswahlentscheidung und dem eingetretenen Schaden nachzuweisen, was aber nichts an der Relevanz dieser Kausalbeziehung ändert.

Träger der Personalauswahl ist – wie bereits oben angedeutet – im Prinzip jeder Manager, indem er typischerweise als Fachvorgesetzter den Personalauswahlprozeß (mit)steuert. Unterstützt wird er dabei in der Regel durch Spezialisten der Personalabtei-

1 Zu dieser Begriffsfassung vgl. z. B. Berthel, J., Personal-Management, Stuttgart 1979, S. 139.

lung, die ihn in einzelnen Stadien des Auswahlprozesses in unterschiedlichem Maße entlasten können.

In **prozessualer Sicht** knüpft die Personalauswahl an die Maßnahmen der Personalbeschaffung an[2]. Dort werden auf der Grundlage der Personalplanung Maßnahmen ergriffen, damit sich überhaupt eine angemessene Zahl von potentiellen Bewerbern für das Unternehmen bzw. die zu besetzenden Stellen interessiert. Die Personalbeschaffung beschränkt sich dabei – im hier verstandenen Sinne – nicht auf die Suche und Anwerbung externer Mitarbeiter, sondern schließt auch die Gewinnung von bereits im Unternehmen arbeitenden Mitarbeitern für vakante Stellen mit ein. Eine solche interne Stellenausschreibung ist gerade in Großunternehmen eine probate und gerne genutzte Alternative zur Akquirierung am externen Arbeitsmarkt, denn sie weist demgegenüber den großen Vorteil auf, daß hier bereits auf vielfältige Informationen – man denke etwa an die Leistungsbeurteilung – über potentielle Bewerber für die zu besetzende Stelle zurückgegriffen werden kann, deren Aussagegehalt man zudem auch besser einzuschätzen weiß als etwa von externen Kandidaten zugesandte Bewerbungsunterlagen. Das reduziert nicht nur die Kosten und die Dauer des Personalauswahlprozesses, sondern vor allem auch das Risiko von Fehlentscheidungen. Darüberhinaus ist die interne Besetzung von Führungspositionen in vielen Unternehmen ein fester Bestandteil der Unternehmenspolitik, um Nachwuchsführungskräften auch die entsprechende Option auf attraktive Führungspositionen bieten zu können. Eine Unternehmung, die ihre eigenen Nachwuchskräfte bei der Besetzung von Führungspositionen regelmäßig übergeht, wird es schwer haben, einen entsprechend fähigen und qualifizierten (Nachwuchs-) Führungskader aufbauen zu können, da viele potentielle Führungskräfte das Unternehmen wegen der schlechten Aufstiegschancen frühzeitig wieder verlassen und zur Konkurrenz abwandern werden[3].

Traditionelle Instrumente der externen Personalbeschaffung sind etwa die Stellenanzeige oder Vakanzmenldungen an das Arbeitsamt. In der jüngeren Diskussion werden auch verstärkt Überlegungen angestellt, daß Unternehmen im Zuge der sich verschärfenden Knappheit qualifizierter Arbeitskräfte wesentlich aktiver am Arbeitsmarkt auftreten müssen, um besonders gute Bewerber überhaupt für das Unternehmen interessieren und daran anschließend an das Unternehmen binden zu können. Einer solch aktiv-werbenden Personalbeschaffung wird gegenwärtig unter dem Schlagwort des Personal-Marketings großes Interesse entgegengebracht[4]. Eine typische Maßnahme, die in den Rahmen dieses Aufgabengebietes fällt, ist es beispielsweise, systematisch kontinuierliche Kontakte zu einzelnen relevanten Hochschulen bzw. Lehrstühlen aufzubauen, um auf diesem Wege einerseits eine allgemeine Imagepflege für das Unternehmen zu betreiben und anderer-

2 Zur Abgrenzung von Personalbeschaffung und Personalauswahl vgl. z. B. Kompa, A., Personalbeschaffung und Personalauswahl, 2. Aufl., Stuttgart 1989, S. 5 ff.

3 Eine ausführliche Diskussion zur Frage externe oder interne Personalbeschaffung liefert Kompa, A., Personalbeschaffung und Personalauswahl, a.a.O., S. 23 ff.

4 Zum Gegenstand eines Personal-Marketing vgl. z. B. Eckardstein, D.v./Schnellinger, F., Personalmarketing, in: Gaugler, E. (Hrsg.), Handwörterbuch des Personalwesens, Stuttgart 1975, Sp. 1592–1599; Fröhlich, W., Personal-Marketing für die 90er Jahre, in: Personalwirtschaft 14 (1987), S. 527–534. In der Literatur zum Personal-Marketing sollte allerdings stärker beachtet werden, daß eine allzu ausufernde Begriffsfassung kaum noch einen Erkenntnisfortschritt zuläßt.

seits frühzeitig besonders gute Hochschulabsolventen ansprechen und akquirieren zu können.

Derartige Maßnahmen der Personalbeschaffung prägen zu großen Teilen den Handlungsrahmen der Personalauswahl, da ja mit der Personalbeschaffung der Kreis der potentiellen Bewerber weitgehend determiniert wird.

Eine **zentrale Voraussetzung** für einen fundierten Auwahlprozeß ist die Erstellung aussagekräftiger Kriterien. Ein hierfür häufig verwendetes Instrument ist die Stellenbeschreibung. Wesentliche Bestandteile einer solchen Stellenbeschreibung sind:

1. Eine Beschreibung der vom Stelleninhaber wahrzunehmenden Aufgaben.
2. Eine Erläuterung der organisatorischen Eingliederung der Stelle in die Unternehmung (Über-, Unterordnungsverhältnisse, Informationswege).
3. Eine Beschreibung der physischen (Körperkraft, handwerkliche Geschicklichkeit), geistigen (Fachwissen, Fähigkeit, Probleme zu lösen und Zusammenhänge zu erkennen) und charakterlichen (Ehrlichkeit, Loyalität usw.) Anforderungen, die an den Stelleninhaber gestellt werden (sogenanntes Anforderungsprofil).

Der Großteil der für die Stellenbeschreibung relevanten Informationen wird sich auf die Ergebnisse der Arbeitsanalyse[5] stützen, da dort die Anforderungsmerkmale festgelegt werden, die zur erfolgreichen Aufgabenabwicklung erforderlich sind.

Mit Hilfe der – noch zu besprechenden – Verfahren der Personalauswahl soll es dann möglich sein, ein sogenanntes Fähigkeitsprofil des Betreffenden aufzustellen, das über Kenntnisse, Fertigkeiten und Fähigkeiten des Bewerbers Aufschluß geben soll. Aus dem Vergleich von Anforderungs- und Fähigkeitsprofil ergibt sich das Eignungsprofil.

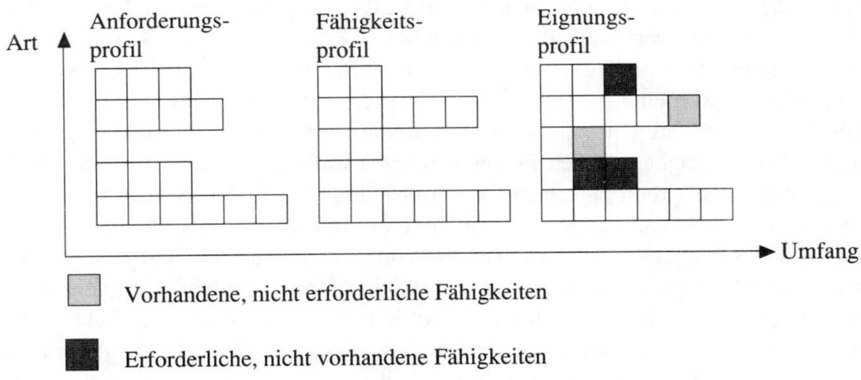

Abb. 13.1: Schematische Darstellung von Anforderungs-, Fähigkeits- und Eignungsprofil

5 Vgl. auch fünfzehntes Kapitel.

Das dieser Logik zugrundeliegende Ziel einer vollständigen Übereinstimmung von Anforderungs- und Fähigkeitsprofil wird allerdings nur selten erreicht werden können. Normalerweise bestehen mehr oder weniger große Abweichungen zwischen diesen beiden Profilen. Deshalb kann es bei der Personalauswahl meist nur darum gehen, einen Bewerber zu finden, der den zu stellenden Anforderungen zumindest annähernd gerecht wird. Außerdem ist in diesem Zusammenhang zu beachten, daß nicht nur Bewerber, welche weit hinter den gestellten Anforderungen zurückbleiben, abgelehnt werden müssen, sondern auch solche, deren Fähigkeiten und Kentnisse die Anforderungen der Stelle erheblich übersteigen, da ihre Bedürfnisse und Ziele wegen der vorliegenden Unterforderung auf längere Sicht nicht mit den Zielen und Zwecken des Unternehmens in Übereinstimmung gebracht werden können. Die Besetzung einer Stellle mit einem „überqualifizierten" Bewerber kann deshalb eigentlich immer nur von vorübergehender Natur sein.

Häufig ist es jedoch auch so, daß die Stellenanforderungen gar nicht so genau definiert werden können, weil die Anforderungen selbst sehr komplex sind und/oder starken Veränderungen unterliegen[6]. So ist es z. B. nicht möglich für Trainees eine aussagekräftige Stellenbeschreibung zu entwickeln. Darüberhinaus wird die Sinnhaftigkeit von Stellenbeschreibungen durch zwei zentrale Schwächen relativiert. Einerseits sind Stellenbeschreibungen häufig zu starr und zu sehr am Status quo orientiert, d. h. daß solche Anforderungen vernachlässigt werden, die in Zukunft etwa an Nachwuchsführungskräfte zu stellen sind. Gerade diese zukunftsbezogenen Anforderungen können aber entscheidend sein, denn die Bewerber von heute sind ja die potentiellen Führungskräfte von morgen. Andererseits sind Stellenbeschreibungen stark normativ geprägt. Sie zeichnen häufig ein unrealistisches Bild der tatsächlichen Stellenanforderungen. Es ist aber von entscheidender Bedeutung, daß die **allgemeinen** Erwartungen des Bewerbers mit den Erwartungen der Firma übereinstimmen, wenn es nicht zu kostspieligen Enttäuschungen kommen soll.

Ein Mittel, diesem Problem zu begegnen, ist der „**Realistic Job Preview**" (RJP). Hierbei wird bewußt versucht, dem Bewerber ein möglichst realistisches und akkurates Bild über das Unternehmen im allgemeinen und seine zukünftigen Arbeitsinhalte im besonderen zu vermitteln. So werden z. B. Filme vorgeführt, die Mitarbeiter des Unternehmens bei der Ausübung ihrer Tätigkeit zeigen oder es werden unzensierte Kommentare von Beschäftigten herangezogen, um den Bewerbern einen Einblick in den Alltag und das Umfeld der zukünftigen Arbeit zu erleichtern. Hinter dieser Vorgehensweise steht die Idee, daß eine offene und bewußt nicht „rosarot" gefärbte Informationspolitik gegenüber Kandidaten keineswegs qualifizierte Arbeitskräfte von einer Bewerbung und Zusage bei dem betreffenden Unternehmen abhält, sondern – und das ist entscheidend – bei den so akquirierten Mitarbeitern auch zu einer höheren Zufriedenheit und geringeren Fluktuationsrate führt. Zahlreiche Untersuchungen deuten darauf hin, daß ein solch positiver Zusammenhang zwischen RJP und Arbeitszufriedenheit durchaus denkbar ist, auch wenn die Ergebnisse nicht immer widerspruchsfrei sind[7].

6 Vgl. auch vierzehntes Kapitel.

7 Zu einer ausführlichen Diskussion des RJP vgl. Breaugh, J.A., Realistic Job Previews: A critical appraisal and future research directions, in: Academy of Management Review 8 (1983), S. 612–619.

Bei der Ausgestaltung des Personalauswahlprozesses sind auch gewisse **rechtliche Rahmenbedingungen** zu beachten, die im Betriebsverfassungsgesetz verankert sind. So stehen dem Betriebsrat im Zusammenhang mit der Personalauswahl Beteiligungsrechte bei allgemeinen personellen Angelegenheiten (§§ 92–95 BetrVG) und bei personellen Einzelmaßnahmen (§§ 99 ff. BetrVG) zu.

Bei den **allgemeinen Angelegenheiten** unterliegen sowohl Personalfragebogen[8] (§ 94 BetrVG) als auch Richtlinien über die personelle Auswahl bei Einstellungen der Zustimmungspflicht des Betriebsrates (§ 95 Abs. 1 BetrVG). In Betrieben mit mehr als 1000 Arbeitnehmern kann der Betriebsrat die Aufstellung von Richtlinien über die bei Einstellungen zu beachtenden fachlichen und persönlichen Voraussetzungen und sozialen Gesichtspunkte verlangen (§ 95 Abs. 2 BetrVG). Kommt jeweils keine Einigung zustande, so entscheidet in allen genannten Fällen die Einigungsstelle. Die „Richtlinien" beziehen sich auf die Festlegung allgemeiner Grundsätze und Kriterien, die das betriebliche Auswahlverfahren regeln. Die konkret zu treffende Auswahl eines Bewerbers unterliegt hingegen nicht der Mitbestimmung durch den Betriebsrat.

Den Auswahlrichtlinien kommt aber insofern eine besondere Bedeutung zu, da der Betriebsrat nach § 99 Abs. 2 Ziff. 2 BetrVG die Zustimmung zu solchen **personellen Einzelmaßnahmen** verweigern kann, die nach seiner Auffassung gegen die verfaßten Richtlinien verstoßen (siehe auch Punkt 2 in Kasten 13.1). Der Betriebsrat kann damit die endgültige Entscheidung über die Durchführung der jeweiligen personellen Maßnahme durch eine gerichtliche Klärung erzwingen.

Grundsätzlich kann der Betriebsrat auch bei den personellen Einzelmaßnahmen zwei wichtige Mitbestimmungsrechte ausüben:

Zum einen ist der Betriebsrat bei der **Einstellung** von Mitarbeitern mit mehr als 20 wahlberechtigten Arbeitnehmern in der in Abbildung 13.2 aufgezeigten Form zu beteiligen. Demnach muß der Betriebsrat vor der geplanten Einstellung unterrichtet und seine Zustimmung eingeholt werden (§ 99 Abs. 1 BetrVG). Die Zustimmung kann verweigert werden, allerdings nur aus den in § 99 Abs. 2 BetrVG genannten Gründen (siehe Kasten 13.1). Bei einer Verweigerung der Zustimmung kann der Arbeitgeber das Arbeitsgericht anrufen mit dem Antrag, die fehlende Zustimmung des Betriebsrates durch Spruch zu ersetzen (§ 99 Absatz 4 BetrVG).

Zum anderen steht dem Betriebsrat ein Mitbestimmungsrecht bei der **Kündigung** von Arbeitnehmern in allen Betrieben zu. Wird einer Kündigung zugestimmt, so zieht dies eine unbesetzte Stelle und damit ein (zukünftiges) Personalauswahlproblem nach sich, es sei denn, die freiwerdende Stelle soll überhaupt nicht mehr besetzt werden (§§ 102, 103 BetrVG).

8 Zum Begriff vgl. S. 590 f.

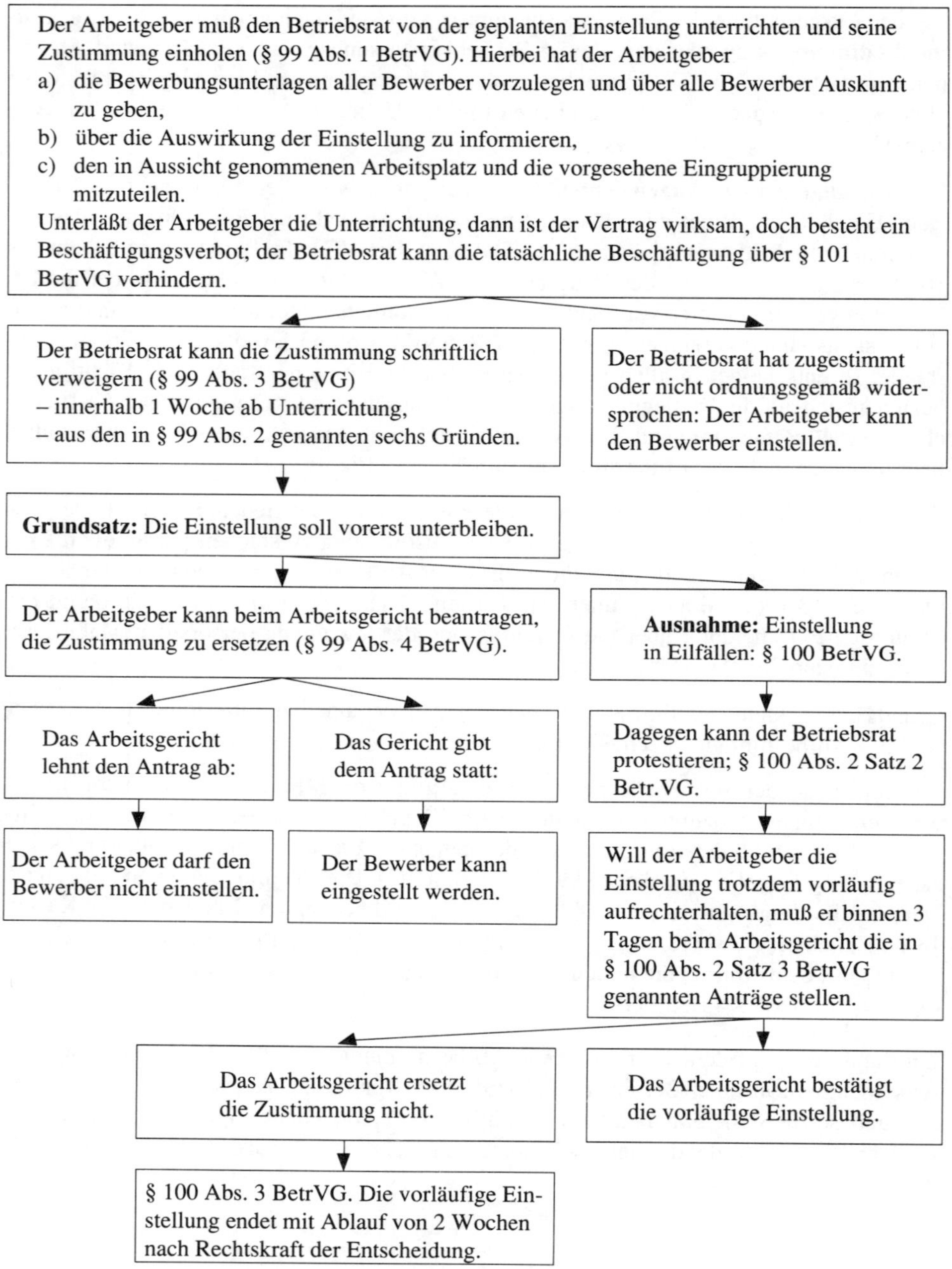

Abb. 13.2: Schema zur Beteiligung des Betriebsrates bei der Einstellung eines Arbeitnehmers

Quelle: Oechsler, W., Personal und Arbeit, 3. überarb. u. erw. Aufl., München 1988, S. 97

Kasten 13.1

§ 99 Abs. 2 BetrVG

Der Betriebsrat kann die Zustimmung verweigern, wenn

1. die personelle Maßnahme gegen ein Gesetz, eine Verordnung, eine Unfallverhütungsvorschrift oder gegen eine Bestimmung in einem Tarifvertrag oder in einer Betriebsvereinbarung oder gegen eine gerichtliche Entscheidung oder eine behördliche Anordnung verstoßen würde,
2. die personelle Maßnahme gegen eine Richtlinie nach § 95 verstoßen würde,
3. die durch Tatsachen begründete Besorgnis besteht, daß infolge der personellen Maßnahme im Betrieb beschäftigte Arbeitnehmer gekündigt werden oder sonstige Nachteile erleiden, ohne daß dies aus betrieblichen oder persönlichen Gründen gerechtfertigt ist,
4. der betroffene Arbeitnehmer durch die personelle Maßnahme benachteiligt wird, ohne daß dies aus betrieblichen oder in der Person des Arbeitnehmers liegenden Gründen gerechtfertigt ist,
5. eine nach § 93 erforderliche Ausschreibung im Betrieb unterblieben ist oder
6. die durch Tatsachen begründete Besorgnis besteht, daß der für die personelle Maßnahme in Aussicht genommene Bewerber oder Arbeitnehmer den Betriebsfrieden durch gesetzwidriges Verhalten oder durch grobe Verletzung der in § 75 Abs. 1 enthaltenen Grundsätze stören werde.

13.2 Instrumente und Prozeß der Personalauswahl

13.2.1 Überblick

Das entscheidende Problem bei der Personalauswahl ist die Erstellung einer **Prognose**, nämlich darüber wie der Bewerber mit den Anforderungen des Arbeitsplatzes (einschließlich des ihn umgebenden sozialen Systems) zurecht kommen wird. Eine solche Prognose zu erstellen, ist aus verschiedenen Gründen sehr schwer. Um die Treffgenauigkeit zu erhöhen, hat man systematische Verfahren der Personalauswahl entwickelt.

Fragt man nach den **wichtigsten Informationsquellen** zur Fundierung der Auswahlentscheidung, so werden mindestens die folgenden Instrumente immer wieder genannt:

1. Analyse der Bewerbungsunterlagen (Personalfragebogen)
2. Auswahlgespräch bzw. -interview
3. psychologische Tests
4. Assessment-Center.

Diese Informationsquellen dürfen allerdings nicht als sich ausschließende Alternativen der Personalauswahl gesehen werden, sondern als einzelne Facetten des Auswahlprozesses, die durchaus einander ergänzend zu Rate gezogen werden können.

In einem **„typischen“ Personalausleseprozeß** sieht der Bewerber sich in etwa den folgenden Hürden gegenüber, die es zu überwinden gilt. Zunächst werden die eingereichten Bewerbungsunterlagen sowie der ausgefüllte Personalfragebogen gesichtet. Anhand der solchermaßen gewonnenen Informationen trifft man von Seiten der Unternehmung eventuell bereits erste Vorselektionsentscheidungen. Die verbleibenden Bewerber durchlaufen einen oder mehrere psychologische Tests, in denen unterschiedliche Merkmalsgruppen erhoben werden. Diejenigen Bewerber, die hier vielversprechend abschneiden, lädt man entweder zu einem Auswahlinterview ein, das evtl. durch ein weiteres ergänzt wird oder man setzt in diesem Stadium Assessment Center ein.

Umfang und Tiefe von solchen mehrstufigen Personalauswahlprozessen nehmen natürlich mit der Qualifikation und Bedeutung des zu besetzenden Arbeitsplatzes zu.

Bei der Gewinnung und Auswertung dieser einzelnen Informationssegmente nimmt die **Arbeitsteilung zwischen Linie und Personalabteilung** unterschiedliche Formen an. Der (Linien)Manager wird i.d.R. vor allem das Auswahlgespräch und das Assessment-Center maßgeblich mitsteuern, aber auch bei der Analyse der Bewerbungsunterlagen in gewissem Umfang mitwirken. Die Durchführung und Auswertung psychologischer Tests sollte hingegen Spezialisten – in der Regel Psychologen – überlassen bleiben.

Wir wollen im folgenden diese wichtigsten Informationsquellen der Auswahlentscheidung kurz vorstellen und dabei diejenigen Elemente besonders akzentuieren, bei denen der (Linien)Manager maßgeblich mitwirkt.

13.2.2 Die Analyse der Bewerbungsunterlagen

Der Personalauswahlprozeß startet – unabhängig von seiner weiteren Ausdifferenzierung – üblicherweise mit einer eingehenden Analyse der Bewerbungsunterlagen, um so einen ersten Eindruck über den Bewerber zu gewinnen. Die Bewerbungsunterlagen setzen sich in der Regel aus Bewerbungsschreiben, Lebenslauf mit Lichtbild, Schul- und Arbeitszeugnissen zusammen. Ergänzt werden diese Unterlagen in manchen Fällen durch Referenzen und u.U. Arbeitsproben. Darüber hinaus lassen insbesondere viele Großunternehmen einen Personalfragebogen ausfüllen. Dieser enthält gegenüber den bereits angesprochenen Unterlagen kaum neue Informationen, sondern erhebt wichtige Daten systematisch und vollständig, so z. B. Angaben zur Person, Schul- und Berufsausbildung und beruflichen Entwicklung. Der Rückgriff auf derartige Fragebögen erleichert insbesondere das schnelle Auffinden relevanter Informationen und die Vergleichbarkeit zwischen den einzelnen Bewerbern.

Wenn man auf eine hinreichend große Zahl an historischen „Erfolgsprofilen" zurückgreifen kann, lassen sich auf der Basis solcher Personalfragebogen die Ausprägungen einzelner Merkmale gewichten. Damit soll die unterschiedliche prognostische Qualität der jeweiligen Merkmale für die erfolgreiche Ausübung bestimmter Tätigkeiten durch Punkte zum Ausdruck gebracht werden. Bei diesem Gewichtungsverfahren spricht man auch von „Weighted Application Blank" (WAB). Anhand der Fragebögen kann man dann für jeden Bewerber eine Punktesumme bestimmen und mit einem kritischen Wert vergleichen, der aus den historischen Erfolgsprofilen unter Berücksichtigung der unternehmensspezifischen Gegebenheiten abgeleitet wird[9].

Bei der Anwendung von „Biographical Information Blank" (BIB) bzw. biographischen Fragebögen geht man ähnlich vor. Im Unterschied zum WAB verbreitern sie jedoch die Informationsgrundlage durch die Berücksichtigung solcher Fragen, die auf subjektive Einstellungen und Eigenbeurteilungen des Bewerbers zielen. Die prognostische Qualität scheint sich auf diese Weise weiter verbessern zu lassen[10].

Aus all diesen Unterlagen erhofft man sich wichtige Aufschlüsse über den persönlichen und beruflichen Werdegang, den Sozialisationshintergrund und evtl. über die zukünftigen Entwicklungsvorstellungen des Bewerbers. Teilweise erlauben diese Informationen bereits recht konkrete Aussagen darüber, ob der Bewerber grundsätzlich für die zu besetzende Stelle geeignet ist oder nicht. Allerdings darf die Aussagekraft der Bewerbungsunterlagen auch nicht überschätzt werden.

Ausbildungszeugnisse spiegeln zwar die Leistungsfähigkeit des Bewerbers in formalen Prüfungen wider, lassen aber schon allein deswegen nur bedingte Rückschlüsse auf die Leistungsfähigkeit des Bewerbers zu, da die Beurteilungsstandards der Ausbildungsinstitutionen hinsichtlich Anforderungen, Ausbildungsinhalten und Anspruchsniveau stark variieren (man denke nur an die Diskussion um eine „Hitliste" betriebswirtschaftlicher Fakultäten nach amerikanischer Manier).

Der Aussagegehalt von Arbeitszeugnissen wird dadurch eingeschränkt, daß ihr Inhalt die berufliche Entwicklung des Beurteilten nicht behindern darf und somit die Leistungsfähigkeit des Beurteilten nur über unterschiedliche Grade einer positiven Einschätzung übermittelt werden kann. Zu diesem Zwecke hat sich eine regelrechte „Geheimsprache" herausgebildet, die aber – und das ist das große Problem – nicht einheitlich eingesetzt wird und sich somit auch nicht trennscharf dechiffrieren läßt. Die großen Interpretationsspielräume bei den gewählten Formulierungen verleiten nicht selten zu schwer korrigierbaren Vor- und Fehlurteilen.

9 Vgl. Cascio, W., Applied psychology in personnel management, 2. Aufl., Englewood Cliffs, N. J. 1982, S. 192 ff.

10 Vgl. ebd., S. 194 ff.; Weuster, A., Der Biographische Fragebogen als Instrument der Personalauswahl, in: Zeitschrift für Personalforschung 1 (1987), S. 409–434.

Insgesamt kann die Analyse der Bewerbungsunterlagen nur erste Anhaltspunkte geben. Sie eignet sich demgemäß vor allem für eine erste grobe Vorselektion unter den Bewerbern und als Gesprächsgrundlage für eventuell zu führende Interviews.

Ungeklärt und in der Literatur auch meist unbeachtet bleibt allerdings die Frage, welchem Anteil an Bewerbern bereits bei einer solchen Vorselektion sinnvollerweise eine endgültige Absage erteilt werden soll. Während die zeitliche Inanspruchnahme und Kostengesichtspunkte für eine recht rigide Vorselektion auf der Grundlage der Bewerbungsunterlagen sprechen, können durch diese Vorgehensweise andererseits viele Bewerber, die eigentlich zu dem jeweiligen Unternehmen und der ausgeschriebenen Stelle „passen" würden, von vorne herein unberücksichtigt bleiben, da sie z. B. wegen zu schlechter Schulnoten bereits in diesem Stadium des Personalauswahlprozesses endgültig zurückgewiesen werden.

Genau mit dieser Argumentationslinie änderte beispielsweise Hewlett Packard jüngst den bestehenden Auswahlmodus für die Ausbildung zum Industriekaufmann sowie zum Diplom-Betriebswirt der Verwaltungsakademie[11]. Hatte man bis dahin in der ersten Selektionsstufe all diejenigen Bewerber abgelehnt, die in den Fächern Mathematik, Deutsch und Englisch nicht eine Durchschnittsnote von mindestens 3,0 erzielten, so erhalten neuerdings in dieser Selektionsphase nur noch solche Bewerber eine Absage, die in all diesen Kernfächern die Note vier oder schlechter hatten oder eine Gesamtnotendurchschnitt von größer „4,0" erreichten. Aufgrund dieser Veränderung reduzierte sich die Zahl der Bewerber, die in dieser ersten Selektionsstufe bereits abgewiesen wurde von 50 % auf 20 %.

Zusammenfassend ist die wissenschaftliche Durchdringung der wichtigen Frage nach einer angemessenen Vorselektionsrate anhand der Bewerbungsunterlagen noch nicht sehr weit vorgestoßen; es hängt sehr viel von den speziellen Gegebenheiten ab. Allgemeine Kriterien sind eher irreführend.

13.2.3 Auswahl-Interviews

Auswahl-Interviews sind sehr populär und weit verbreitet. Dies überrascht auch nicht weiter, da mit dem Interview auf relativ einfache und kostengünstige Weise relativ viele Informationen ermittelt werden können, die sich zudem auf anderem Wege häufig gar nicht oder nur sehr schwer gewinnen lassen. So kann man sich anhand eines Interviews z. B. gut einen persönlichen Gesamteindruck vom Bewerber machen, da es wie kaum eine andere Informationsquelle auch Aufschluß über Einstellungen, Motive und Verhaltensweisen des Bewerbers geben kann. Ebenso lassen sich die Interessen, Erwartungen und Wünsche des Bewerbers in einem persönlichen Gespräch abklären. Der ent-

11 Vgl. Linning, G./Winkler, R., Neue Wege in der Auswahl von Ausbildungsplatzbewerbern, in: Personal 40 (1988), S. 322–326.

scheidende Vorteil des Interviews liegt mithin in seiner Multifunktionalität. Auf diese Weise kann man Informationen, die aus anderen Quellen gewonnen wurden, ergänzen und somit Mißverständnisse vermeiden (z. B. spezielle Punkte ansprechen, die in den Bewerbungsunterlagen unklar geblieben sind; zweifelhafte Testergebnisse klarstellen).

Interviews können als Einzel- oder Gruppeninterviews und als strukturierte oder unstrukturierte bzw. freie Interviews angelegt sein. Beim strukturierten Interview wird im voraus ein konkreter Gesprächsleitfaden entwickelt, der den Gesprächsinhalt vor allem in der Themenwahl, der Folge der Fragen, der Bewertung und Gewichtung einzelner Informationen weitgehend festlegt. Beim freien Interview, das in der Praxis nach wie vor bevorzugt wird, fehlt eine solche Grundlage. Dies ermöglicht eine größere Flexibilität, allerdings auf Kosten der Vergleichbarkeit der Aussagen.

Das Interview selbst verläuft üblicherweise in drei Phasen[12]. In der **Kontakt- oder Aufwärmphase** ist es wichtig, ein zwangloses Gesprächsklima zu schaffen und zum Bewerber eine Beziehung aufzubauen. Nur wenn dies gelingt, kann das Gespräch sowohl für das Unternehmen als auch für den Bewerber seinen potentiellen Informationswert tatsächlich entfalten. Beispielsweise wird man sich zunächst nach dem Verlauf der Anreise erkundigen oder auf gewisse Gemeinsamkeiten hinweisen.

In der **Hauptphase** des Auswahlgesprächs soll das eigentliche Gesprächsziel erreicht werden, d. h. hier geht es um die Gewinnung relevanter Informationen über den Bewerber. Folgende Themenkreise dürften regelmäßig Gegenstand dieser Phase sein:

- Ausbildung und Weiterbildung
- Berufserfahrung und fachliche Qualifikation
- die persönliche Situation des Bewerbers (soweit sie für die Position relevant ist)
- Kooperations- und Durchsetzungsfähigkeit
- Motivation und zukünftige Berufsziele
- Kenntnisse über die Firma.

Kasten 13.2 liefert ein Beispiel dafür, wie der Fragenaufbau aussehen könnte, um Aussagen über die Zielstrebigkeit bzw. die Durchsetzungsfähigkeit eines Bewerbers treffen zu können.

Die Eindringtiefe in die einzelnen Themenkomplexe und die Dauer dieser Hauptphase hängt natürlich stark von dem Charakter der zu besetzenden Stelle ab. Je wichtiger die vakante Stelle für die Unternehmensführung ist, um so gründlicher und differenzierter wird man die einzelnen Themenbereiche abklopfen. Auf jeden Fall sollte das Interview keinen Verhörcharakter annehmen, sondern tatsächlich als Gespräch angelegt sein, bei dem auch der Bewerber seine Informationswünsche erfragen kann, so z. B. Informationen über die Firma im allgemeinen (z. B. Wettbewerbssituation etc.) oder über die spezifischen Konditionen der ausgeschriebenen Stelle (Weiterbildungsmöglichkeiten, Aufstiegschancen etc.).

12 Vgl. Kitzmann, A., Assessment Center, 2. Aufl., Bamberg 1988, S. 19 ff.

Kasten 13.2

Fragen zur Zielstrebigkeit und Durchsetzungsfähigkeit

1. Nennen Sie bitte zwei, drei wichtige Ziele, die Sie in den nächsten Wochen erreichen wollen, privat oder beruflich.

1.1 Wie können Sie diese Ziele so beschreiben, daß die Zielerreichung überprüft werden könnte?

1.2 Was tun Sie, um diese Ziele zu erreichen?

1.3 Mit welchen Schwierigkeiten rechnen Sie dabei?

1.4 Was haben Sie vor, um diese Schwierigkeiten zu beseitigen?

1.5 Was werden Sie tun, wenn Sie diese Ziele nicht erreichen?

2. Worauf sind Sie besonders stolz, auf welche Erfolge der letzten Zeit?

2.1 Was haben Sie getan, um diese Erfolge herbeizuführen?

2.2 Hatten Sie ursprünglich genau diese Erfolge angestrebt oder kamen diese mehr zufällig zustande?

2.3 Wenn Sie meinen, daß dazu eine gewisse Zielstrebigkeit notwendig war, wie hat sich diese Zielstrebigkeit gezeigt, d.h. welche einzelnen Schritte zur Erreichung der Erfolge haben Sie unternommen?

2.4 Zeichnete sich der spätere Erfolg schon bei den einzelnen Schritten ab oder erst zum Schluß?

3. Seit wann hatten Sie eine Vorstellung von dem, was Sie heute tun bzw. was Ihr gegenwärtiger Beruf ist?

3.1 Macht Ihnen Ihre jetzige Tätigkeit Freude und was haben Sie unternommen, um gerade in diesen Beruf zu gelangen?

3.2 Gab es auf dem Weg zwischen dem Ende Ihrer Ausbildung und Ihrem jetzigen Beruf Schwierigkeiten, Hindernisse?

3.3 Wie haben Sie diese beseitigt?

Quelle: Jeserich, W., Mitarbeiter auswählen und fördern, München/Wien 1981, S. 25 f.

In der **Schlußphase** faßt man schließlich das Ergebnis des Gesprächs zusammen und informiert den Bewerber in jedem Fall darüber, bis wann er spätestens das Ergebnis des Auswahlgesprächs erfahren wird.

Trotz der großen Popularität von Interviews ergibt sich ein anderes Bild, wenn man die Qualität der mit einem Interview gewonnenen Informationen hinterfragt. Wie zahlreiche Untersuchungen belegen, unterliegt die prognostische Validität von Auswahlentscheidungen auf der Grundlage von Interviews starken Schwankungen. In Kasten 13.3 sind die wichtigsten Ergebnisse empirischer Untersuchungen zusammengetragen[13].

Die Übersicht macht klar, daß Interviews einer Vielzahl von potentiellen Informationsverzerrungen, Irrtümern und Vorurteilen ausgesetzt sind. Das größte Problem von Interviews ist die mögliche Verfälschung der Beurteilung durch das subjektive Empfinden des Interviewers. Interviewer ignorieren häufig wichtige Informationen, stimmen nicht mit anderen Interviewern überein und lassen sich von Vorurteilen leiten, die aus der Entwicklung und Erfahrung des Interviewers resultieren, sich z. B. auf Sprache, Kleidung, physische Attraktivität etc. beziehen, schwer nachweisbar sind und dem Interviewer häufig selbst in ihrer Tragweite gar nicht bewußt sind. Auf der anderen Seite kommt gerade dem subjektiven Empfinden auch eine entscheidende Bedeutung zu, denn der (Linien)Manager muß ja in aller Regel später direkt mit dem Bewerber zusammenarbeiten und da können bestimmte Sympathien, aber auch Antipathien das erfolgreiche Zusammenwirken maßgeblich beeinflussen.

Wie kann man nun die vielfältigen Probleme abbauen?

Nimmt man die Ergebnisse der empirischen Untersuchungen auf, so lassen sich einige generelle Gestaltungsempfehlungen ableiten, die zu einer verbesserten Aussagekraft von Interviews beitragen[14].

- Das Interview sollte unbedingt auf die Anforderungen der vakanten Stelle abgestimmt sein. Gerade hier kann der (Linien-)Manager als der jeweilige Fachvorgesetzte des zukünftigen Mitarbeiters durch seinen spezifischen Sachverstand über die stellenbezogenen Anforderungen entscheidend dazu beitragen, daß die Aussagekraft des Interviews erhöht wird. Inwieweit dieser Forderung voll entsprochen werden kann, hängt natürlich wiederum von der Art der zu besetzenden Stelle ab[15].

- Strukturierte Interviews sollten gegenüber freien Interviews vorgezogen werden, da sie – wie auch die Ergebnisse der empirischen Untersuchungen belegen – zuverlässiger sind. So wird z. B. die Gefahr der Selbstdarstellung durch den Interviewer vermieden, und unterschiedliche Interviewer kommen eher zu denselben Ergebnissen. Für Bewerber der höheren Führungsebene bieten sich halbstrukturierte Ansätze an, bei denen zwar die Hauptthemen geplant werden, aber durchaus Freiräume verbleiben, um auf individuelle Besonderheiten des Bewerbers eingehen zu können.

Der Interview-Leitfaden für die Durchführung strukturierter Interviews sollte von der Linie und der Personalabteilung gemeinsam entwickelt werden, so daß beide Seiten ihr spezifisches Know-How einbringen können, und der Dialog über die Bedeutung einzelner Kriterien bereits vorab und nicht erst im konkreten Beurteilungsfall zustande kommt.

13 Vgl. insbes. Weuster, A., Bewertung des Interviews (Einstellungsgesprächs) als eignungsdiagnostisches Instrument der Personalauswahl, in: Zeitschrift für Personalforschung 3 (1989), S. 5–33; Stehle, W., Zur Konzeption eines Personalauswahlverfahrens auf der Basis biographischer Daten, Hohenheim 1983, S. 101 ff.; Kompa, A., Personalbeschaffung und Personalauswahl, a.a.O., S. 185 ff.

14 Vgl. z. B. auch die Hinweise bei Weinert, A., Lehrbuch der Organisationspsychologie, 2. erw. Auflage, München/Weinheim 1987, S. 229 f; Weuster, A., Bewertung des Interviews (Einstellungsgesprächs) als eignungsdiagnostisches Instrument der Personalauswahl, a.a.O., S. 29 f.

15 Vgl. die obigen Hinweise zur Stellenbeschreibung auf S. 585.

Kasten 13.3

Wichtige Ergebnisse der Interviewforschung

I. Verhalten des Interviewers

1. Die Erwartungen, die sich beim Interviewer bereits vor dem Interview, z.B. anhand der Bewerbungsunterlagen herausgebildet haben, prägen das endgültige Urteil entscheidend (Problem der self-fulfilling prophecy).
2. Interviewer führen Einstellungsgespräche häufig ohne genauere Kenntnis der Anforderungen, die an die zu besetzende Stelle zu richten sind. Je besser die Interviewer über die tatsächlichen Stellenanforderungen informiert sind, desto höher ist die Inter-Rater-Reliabilität.
3. Statt an den Stellenanforderungen orientierten sich die Interviewer oft an Stereotypen eines "guten Bewerbers". Im Rahmen dieses Idealbildes spielen persönliche Eigenschaften eine große Rolle.
4. Die Interviewer bewerten die erhaltenen Informationen nicht einheitlich. Teilweise bestehen sogar Unstimmigkeiten darüber, ob bestimmte Informationen als positiv oder negativ zu werten sind.
5. Bei Interviewern, die im Gebrauch von Verhaltensbeurteilungsskalen geschult wurden, stieg die Beurteilungsgenauigkeit und die Beurteilungsfehler gingen zurück.

II. Verhalten des Interviewten

1. Die Reaktionen des Interviewten werden durch das Verhalten des Interviewers beeinflußt. Die nonverbale Kommunikation hat einen signifikanten Einfluß. Der verbalen Kommunikation scheint jedoch eine größere Bedeutung zuzukommen.
2. Geschlecht und physische Attraktivität eines Bewerbers üben einen starken Einfluß auf das Urteil des Interviewers aus.
3. Das Bewerberverhalten kann durch Training verbessert und die Einstellchance erhöht werden.

III. Ergebnisse zur Gestaltung des Interviews

1. Die Güte des Interviews als Auswahlinstrument hängt vom Grad seiner Standardisierung ab. Je freier die Bewerbungsgespräche sind, um so mehr variieren sie von Gespräch zu Gespräch und umso unzuverlässiger werden sie als Auswahlinstrument.
2. Der Interviewer fällt bei unstrukturierten Interviews bereits relativ früh ein Urteil über den Bewerber, das im weiteren Gesprächsverlauf nur sehr schwer zu korrigieren ist („primacy effect“).
3. Die Qualität vorangegangener Bewerber kann die Beurteilung nachfolgender Bewerber beeinflussen (Kontrast-Effekt; Maßstabsproblem).
4. Starke Verbesserungen der Reliabilitätswerte ergaben sich, wenn mehrere Interviewer am Auswahlgespräch beteiligt wurden.
5. Soziale Fähigkeiten, Motivation und „Intelligenz“ eines Bewerbers sind im Interview vergleichsweise gut abschätzbar.

Beim Interview selbst sollte der Bewerber ebenfalls von mehreren Personen befragt werden. Neben dem Fachvorgesetzten und dem Vertreter der Personalabteilung kann man eventuell noch einen Psychologen hinzuziehen. Eine solche multipersonale Gestaltung des Interviews trägt ganz entscheidend dazu bei, daß der Einfluß von subjektiv-individuellen Vorurteilen und Informationsverzerrungen abgebaut wird. Verschiedene Eindrücke lassen sich besser miteinander vergleichen und vorschnelle Urteile werden vermieden.

Einen anderen wichtigen Ansatzpunkt zur Verbesserung des Auswahlinterviews bieten regelmäßige Schulungen der Linienvorgsetzten. Interviews als Prozeß der unmittelbaren Interaktion verlangen vom Interviewer eine hohe Handlungskompetenz. Er hat so unterschiedliche Aktivitäten wie aufgabenbezogene Verhaltensweisen, Beziehungsaspekte, Beobachtungsfunktion und Zuhören zu berücksichtigen. Durch entsprechende Schulungen kann der Fachvorgesetzte nicht nur seine Interviewfähigkeiten verbessern, sondern auch seine Sensibilität gegenüber Schnellurteilen, Stereotypen oder der Tendenz negative Informationen überzubewerten.

Für den Gesprächserfolg ist schließlich eine gute Gesprächsvorbereitung sehr wichtig. So sollte man nochmals die Bewerbungsunterlagen sichten, genügend Zeit für das Gespräch einplanen und einen störungsfreien Verlauf sicherstellen.

Zusammenfassend ist das Interview nicht als umfassende bzw. alleinige Auswahlmethode geeignet, da die Gefahren der Informationsverzerrung vergleichsweise hoch sind. Es kann aber – trotz aller Einwände – ein wesentlicher Bestandteil jedes Auswahlverfahrens bleiben, da die vielschichtigen potentiellen Probleme durch eine sachgerechte Anwendung, eine realistische Begrenzung der an das Interview herangetragenen Erwartungen und durch das Zusammenspiel unterschiedlicher Informationsquellen auf ein vertretbares Maß zurückgeschraubt werden können.

13.2.4 Psychologische Tests

Unter psychologischen Tests versteht man standardisierte, routinemäßig anwendbare Verfahren, mit deren Hilfe bestimmte Merkmale von Personen (insbesondere Fähigkeiten, Fertigkeiten, Einstellungen, Motive, Interessen) ermittelt werden sollen[16]. Sie werden vor allem dann eingesetzt, wenn eine größere Zahl an Bewerbern zu untersuchen ist, so z. B. bei der Besetzung von Lehrstellen zum Industriekaufmann in Großunternehmen.

Der Rückgriff auf psychologische Tests bei der Personalauswahl stützt sich auf die Annahme, daß gegenwärtige und zukünftige individuelle Reaktionen durch empirisch abgrenzbare (Persönlichkeits)Merkmale erklärbar sind, die ihrerseits meßtechnisch erfaßt werden können.

16 Zu dieser Begriffsfassung vgl. z. B. Kompa, A., Personalbeschaffung und Personalauswahl, a.a.O., S. 119.

Die Entwicklung spezifischer psychologischer Tests zur Bewerberauswahl umfaßt einen mehrstufigen Prozeß, in dem sichergestellt werden soll, daß die Tests bzw. Testbatterien hinreichend reliabel (zuverlässig) und valide (gültig) sind. Reliabel ist ein Test dann, wenn er von irgendwelchen Zufälligkeiten der Testsituation unabhängig ist. Demgemäß müßte man bei einer Wiederholung des Tests wiederum zum gleichen Ergebnis kommen. Ein Test ist valide, wenn er tatsächlich diejenigen Merkmale mißt, die er zu messen vorgibt. So muß ein Test, der sich z. B. auf die Auswahl einer Nachwuchsführungskraft bezieht, auch tatsächlich das Führungsvermögen des Bewerbers ermitteln[17].

Je nach der Art der zu ermittelnden Merkmale lassen sich – wenn auch nicht überschneidungsfrei – unterschiedliche psychologische Tests klassifizieren. Wir wollen in Anlehnung an Lienert drei Arten von Tests kurz vorstellen, nämlich Leistungs-, Intelligenz- und Persönlichkeitstests[18].

Leistungs- oder Funktionstests stellen sicherlich die einfachste und gebräuchlichste Testart dar. Bei ihnen werden – z. B. in Form von Arbeitsproben – berufspezifische Fähigkeiten und Fertigkeiten erfaßt, die das momentane fachliches Können des Bewerbers unter Beweis stellen sollen (z. B. Schreibmaschinentest). Leistungstests sind im Hinblick auf die eignungsdiagnostischen Gütekriterien der Validität und Reliabilität am besten handhabbar und weisen demgemäß auch die größte Aussagekraft auf.

Mit Hilfe von **Intelligenztests** sollen insbesondere die geistige Kapazität, das Gedächtnis, die Schnelligkeit des Denkens sowie die Fähigkeit, Interdependenzen zu erkennen, gemessen werden. Zu den bekanntesten deutschsprachigen Gruppenintelligenztests zählt der Intelligenz-Struktur-Test nach Amthauer (vgl. Kasten 13.4).

Der Aussagegehalt von Intelligenztests ist allerdings stark umstritten[19]. Zum einen wird das Konstrukt der Intelligenz recht unterschiedlich definiert (z. B. als Einzelfaktor oder Kombination von Faktoren). Zum anderen variiert die relative Bedeutung einzelner Intelligenzfaktoren von Arbeitsplatz zu Arbeitsplatz, und schließlich betonen viele der Tests „konvergentes Denken" statt das an vielen Arbeitsplätzen geforderte „divergente Denken" (Suche nach der einzig richtigen Lösung statt nach einer Anzahl möglicher Lösungen).

17 Vgl. Mayntz, R./Holm, K./Hübner, P., Einführung in die Methoden der empirischen Soziologie, 3. Aufl., Opladen 1972, S. 23.

18 Lienert, A., Testaufbau und Testanalyse, Weinheim 1967.

19 Vgl. Weinert, A., a.a.O., S. 232; Berthel, J., Personal-Management, Stuttgart 1979, S. 146 ff.

Kasten 13.4

Intelligenz-Struktur-Test 70 nach Amthauer

Testkonzept und Testaufbau:

Bei dem Intelligenzstrukturtest 70 (IST 70) von Amthauer handelt es sich um einen allgemeinen Intelligenztest, der als Gruppentest verwandt werden kann. Es gibt ihn in den Parallelformen A und B, die jeweils aus 180 Einzelaufgaben und neun Untertests bestehen:

Satzergänzen	Gemeinsamkeiten	Figurenauswahl
Wortauswahl	Rechenaufgaben	Würfelaufgaben
Analogien	Zahlenreihen	Merkfähigkeit

Mit den ersten drei Untertests wird z.B. Sprachvermögen, mit den nächsten drei abstraktes Denken geprüft. Ferner gehören zu den Intelligenzkomponenten räumliches Denken und Gedächtnis.

Der IST soll die Intelligenzstruktur erfassen. Er findet im Schulbereich, Berufsberatung und der arbeitsplatzbezogenen Eignungsdiagnostik Anwendung. Die Größe der gesamten Standardisierungstichprobe ist mit N = 15000 Versuchspersonen hoch.

Material und Auswertung:

Das Testmaterial besteht aus Handanweisung, Testheft, Auswertungsschablonen und maschinell lesbaren Auswertungsbögen. Testrohwerte werden sowohl in Standardwerte für jeden Untertest, als auch zu einem Gesamtstandardwert, der das Intelligenzniveau angibt, verrechnet.

Quelle: Amthauer, R., Intelligenz-Struktur-Test I-S-T 70, 4. Aufl., Göttingen 1973

Persönlichkeitstests zielen darauf ab, die Charakterzüge eines Bewerbers (z. B. Interessen, Einstellungen, Wahrnehmungen) eines Bewerbers zu erfassen und unterliegen damit in besonderem Maße den Problemen, die die Anwendung des Eigenschaftsansatzes mit sich bringt[20]. Es verwundert daher auch nicht sehr, daß Persönlichkeitstests im Hinblick auf die Kriterien des Berufserfolges bislang nur sehr unbefriedigende Validitätskoeffizienten vorweisen können. Ob und inwieweit die gemessenen Eigenschaften tatsächlich den Anforderungen der zu besetzenden Stelle entsprechen, läßt sich darüberhinaus – wenn überhaupt – nur in den seltensten Fällen willkürfrei feststellen. Dies überrascht kaum, wenn man berücksichtigt, daß die weitaus meisten Persönlichkeitstests als Diagnoseinstrumente der klinischen Psychologie entwickelt wurden und damit anderen Zielsetzungen als der Personalauswahl dienen. Aber nicht nur die Bedenken über die Relevanz und den Aussagegehalt, sondern auch ethische Überlegungen legen es nahe, auf derartige Tests zu verzichten. Es ist mehr als fraglich, ob es gerechtfertigt ist, soweit in die Privat- und Intimsphäre eines Bewerbers einzudringen, wie dies bei Persönlichkeitstests üblicherweise geschieht (vgl. als Beispiel Kasten 13.5).

20 Vgl. die obigen Ausführungen zum Eigenschaftsansatz S. 487 ff.

Kasten 13.5

Freiburger Persönlichkeits-Inventar (F-P-I)

Testkonzept und Testaufbau:

Dieser 1970 entwickelte Test besteht aus 212 Items, die neun Dimensionen der Persönlichkeit erfassen sollen:

Skala 1	Nervosität
Skala 2	Spontane Aggressivität
Skala 3	Depressivität
Skala 4	Erregbarkeit
Skala 5	Geselligkeit
Skala 6	Gelassenheit
Skala 7	Reaktive Aggressivität und Dominanzstreben
Skala 8	Gehemmtheit
Skala 9	Offenheit

Hinzu kommen drei zusätzliche Skalen: (10) Extraversion-Introversion; (11) Emotionale Stabilität-emotionale Labilität und (12) Maskulinität-Feminität.

Beispiel: Item Nr. 64: „Mir hat es als Kind eigentlich Spaß gemacht, wenn andere von Eltern oder Lehrern Prügeln bezogen".

Dieser Test wurde ursprünglich für den klinischen Bereich entwickelt, wird aber heute generell zur vergleichenden Beschreibung von Individuen verwendet.

Testmaterial und Auswertung:

Das Testmaterial besteht aus Testheft, Fragebogen, Auswertungsbogen und Schablonen zur Auswertung. Ein Testdurchgang dauert ca. 30 Minuten. Zur Auswertung werden die ermittelten Skalenrohwerte in Normwerte umgesetzt.

Quelle: Fahrenberg, J./Hampel, R./Selg, H., Freiburger Persönlichkeits-Inventar (F-P-I), 3. Aufl., Göttingen 1979

Diese knappen Hinweise zu einzelnen Testverfahren deuten bereits an, daß es keineswegs unumstritten ist, psychologische Tests – abgesehen von Funktionstests – überhaupt zum Zwecke der Personalauswahl heranzuziehen. In Kasten 13.6 sind die wichtigsten Argumente zusammengefaßt, die in der kontroversen Diskussion um das Für und Wider psychologischer Tests bei der Personalauswahl immer wieder ins Feld geführt werden[21].

Entschließt man sich nach einer situations- und testspezifischen Abwägung dieser und anderer Argumente für den Einsatz von psychologischen Tests, so muß unbedingt gewährleistet sein, daß sie nur von hinreichend geschulten Spezialisten durchgeführt werden. Der für die Personalauswahlentscheidung verantwortliche (Linien)Manager soll die Testergebnisse wegen der vielfältigen Fehlerquellen nur als einen Informationsbaustein neben mehreren anderen heranziehen, um so zu einem fundierten Gesamturteil über die Fertigkeiten und Fähigkeiten des Bewerbers gelangen zu können.

21 Vgl. zu dieser Übersicht Kompa, A., Personalbeschaffung und Personalauswahl, a.a.O., S. 140 ff.; Weinert, A., a.a.O., S. 233 ff.; Geissner, E./Horn, R., Einstellungstests: Kein Grund zur Panik, in: Psychologie heute 16 (1989), Nr. 8, S. 52–59.

Kasten 13.6

Häufig genannte Argumente in der Kontroverse um die Angemessenheit von Tests bei der Personalauswahl

Vorteile:

1. Tests gewähren allen Kandidaten infolge der Standardisierung der Prüfsituation gleiche Chancen, d.h. die Ergebnisse von Tests werden nicht durch persönliche Rücksichten bzw. Vorurteile, unsachliche Erwägung oder irrelevante Informationen beeinflußt.
2. Bei Tests werden die Bewertungsmaßstäbe und die Bezugsgruppen offengelegt, was die Vergleichbarkeit der Ergebnisse von verschiedenen Kandidaten erleichtert.
3. Tests werden (hoffentlich) vor ihrem Einsatz auf ihre methodische Qualität untersucht und einer empirischen Bewährung unterzogen; da sie nach einem rationalen Schema entwickelt werden, können die Ergebnisse auch später jederzeit nachvollzogen werden.
4. Tests können bereits gesammelte Informationen über einen Bewerber durch weitere Informationen ergänzen oder aber korrigieren (z.B. schlechte Schulnoten durch gute Testergebnisse kompensieren), die auf anderem Wege nicht oder nur schwer erhältlich sind.

Nachteile:

I. Theoretische Grundlagen:

1. Tests analysieren Verhalten nur in Abhängigkeit von der Person und berücksichtigen nicht die Situation als verhaltensrelevanten Faktor (Problematik der Eigenschaftstheorie).
2. Durch die von der Eigenschaftstheorie getragene Annahme überdauernder und stabiler Eigenschaften blendet die traditionelle Eignungsdiagnostik individuelle Entwicklungsmöglichkeiten aus.

II. Methodische Grundlagen

1. Tests liefern kein „wahres" valides Bild der Fähigkeiten und Fertigkeiten eines Bewerbers, sondern können nur kleine Facetten des Gesamtspektrums an vorhandenen Fähigkeiten und Möglichkeiten eines Bewerbers ermitteln.
2. Der Testinhalt hat mit den Arbeitsinhalten meist wenig gemeinsam (Ausnahme: spezielle Leistungstests). Wesentliche Variablen, die im Berufsleben von entscheidender Bedeutung sind, werden gar nicht oder nur unzureichend erfaßt (z.B. Talent, Initiative, Motivation, Flexibilität etc.).

III. Testpraxis:

1. Über die Validität der häufig in Großunternehmen eigens entwickelten Tests bzw. Testbatterien dringt zumeist nichts nach außen oder die Validitätsuntersuchungen sind so stark veraltert, daß sie keine diskussionswürdige Grundlage mehr bilden.
2. Tests werden häufig von Personen vorgenommen, die keine ausreichende Vor- oder Ausbildung im Gebrauch von Tests und ihrer Interpretation haben. Aufgrund von Testresultaten werden Aussagen getroffen und Urteile gefällt, die der Testentwickler so gar nicht vorgesehen hat und auch nicht zulassen würde.

13.2.5 Das Assessment-Center

Das Assessment Center stellt ein systematisches Verfahren zur qualifizierten Ermittlung von Verhaltensleistungen bzw. Verhaltensdefiziten dar. Dieses Verfahren setzt sich aus **mehreren** Einzel- und ggfs. Gruppenübungen zusammen, in deren Verlauf gleichzeitig **mehrere** Teilnehmer von **mehreren**, speziell dafür geschulten Führungskräften in bezug auf vorher definierte Anforderungen beobachtet und beurteilt werden[22]. Entscheidendes Merkmal ist mithin die konsequente mehrdimensionale Ausrichtung des Assessment-Centers, und zwar im Hinblick auf

- die zu beurteilenden Personen
- die Beurteiler
- die eingesetzten Methoden.

Diese Vorgehensweise, die ihre Ursprünge übrigens in der Auswahl von Offiziersanwärtern während der Weimarer Republik hat, wurde für den nichtmilitärischen Bereich insbesondere von einigen großen amerikanischen Unternehmen (z. B. AT&T, IBM) entwickelt[23].

Assessment-Center werden gegenwärtig sehr häufig zur Lösung von Personalauswahl-Problemen propagiert, aber wesentlich seltener – insbesondere von Großunternehmen – tatsächlich praktiziert. In ihrer konkreten Ausgestaltung weichen sie sehr stark voneinander ab. Sie dienen neben Auswahlzwecken vereinzelt auch zur Potentialdiagnose von Führungskräften des Unternehmens, um aus den Ergebnissen individuelle Entwicklungsmaßnahmen für die betriebliche Karriere- sowie Aus- und Weiterbildungsplanung abzuleiten.

Als Auswahlinstrument – wie es uns hier interessiert – weist das Assessment-Center gegenüber den „traditionellen" Infomationsquellen einen ganz entscheidenden Unterschied auf. Bei den traditionellen Test-Verfahren kann der Vorgesetzte bzw. Beobachter die Gegenüberstellung von Anforderungen der vakanten Stelle mit den Fähigkeiten und dem Potential des Bewerbers nur gedanklich vornehmen. Das Assessment-Center bietet dagegen u. a. auch die Möglichkeit zur Simulation, d. h. die Teilnehmer werden mit quasi-realistischen Situationen konfrontiert, die denen in ihrer künftigen Arbeitsposition gleichen. Aus dem hier gezeigten Verhalten der Teilnehmer glaubt man bessere Aussagen über die Eignung eines Bewerbers für die mit der zu besetzenden Stelle verbundenen Herausforderungen ableiten zu können.

Als weiterer Vorteil des Assessment-Centers wird genannt, daß die Beobachtung und Beurteilung der Betroffenen durch mehrere, gezielt darauf vorbereitete Vorgesetzte und

22 Zu dieser Begriffsfassung vgl. z. B. Gebert, D./Rosenstiel, D.v., Organisationspsychologie, 2. erw. u. verb. Aufl., Stuttgart u. a. 1989, S. 200.

23 Zur Geschichte des Assessment Centers vgl. Domsch, M./Jochum, I., Zur Geschichte des Assessment Centers – Ursprünge und Werdegänge, in: Lattmann, C. (Hrsg.), Das Assessment-Center-Verfahren der Eignungsbeurteilung, Heidelberg 1989, S. 1–18; kritisch Kompa, A., Assessment Center – Bestandsaufnahme und Kritik, München 1989, S. 22 ff.

Experten erfolgt. Subjektive Einflüsse einzelner Beurteiler sollen dadurch weitgehend zurückgedrängt werden; nach jeder Übung wird zunächst die Übereinstimmung zwischen den einzelnen Beurteilern geprüft, bevor man ein Urteil fällt. Denkt man allerdings an die Ergebnisse der Gruppenforschung, insbesondere zum „Gruppendenken", muß diese Annahme fraglich erscheinen.

Dem Assessment-Center wird im Vergleich zu den übrigen Verfahren auch deswegen eine höhere Objektivität zugesprochen, weil sehr unterschiedliche diagnostische Verfahren in einem Assessment Center gleichzeitig Anwendung finden. Die Bewerber müssen sich z. B. in den gerne zitierten „Postkorb-Übungen" bewähren. Hier wird dem Bewerber ein Postkorb vorgelegt, der eine Vielzahl von Merkposten, Telefonnotizen, Briefen und anderen Informationen enthält, die unter Zeitdruck gesichtet und bearbeitet werden müssen. Die Bewertung dessen, wie ein Bewerber die mannigfaltigen Problemstellungen bewältigt, orientiert sich daran, wie systematisch er vorgeht, wie prompt er die Aufträge ausführt, ob er die drängendsten Fragen zuerst angeht und wie gut er die Problemsituationen insgesamt bewältigt. Die Kandidaten müssen weiterhin Interviews überstehen, an führerlosen Gruppendiskussionen mit und ohne Rollenvorgabe teilnehmen, kurze Statements halten, Fallstudien analysieren und schriftliche Übungen durchlaufen[24].

Jede dieser Aufgaben ist auf ganz spezifische Fähigkeitsmerkmale des Kandidaten gerichtet. Abbildung 13.3 vermittelt einen Eindruck über die Zusammenhänge. So können beispielsweise mit Hilfe einer Postkorb-Übung u. a. die Delegations-, Steuerungs- und Kontrollfähigkeiten des Bewerbers beobachtet werden, während sich für Kriterien wie Unabhängigkeit, Beharrlichkeit und Flexibilität die füherlose Gruppendiskussion besser eignet.

Die Abbildung macht auch deutlich, daß die gesuchten Fähigkeitsmerkmale des Bewerbers jeweils durch mehrere Verfahren erfaßt werden. Diese Überschneidungen bzw. Redundanzen werden bewußt in Kauf genommen und dienen dem Ausgleich von Beurteilungsfehlern.

Die jeweilige Beurteilung der Kandidaten wird von geschulten Beobachtern vorgenommen, üblicherweise von (Linien)Managern, die ein oder zwei Ebenen über der zu besetzenden Position im Unternehmen eingruppiert sind. Für eine größere – d. h. mindestens zwei hierarchische Ebenen umfassende – „Distanz" zwischen Beurteiler und Beurteilten wird als Argument die tendenziell höhere Objektivität dieser Lösung ins Feld geführt.[25] Berücksichtigt man auf der anderen Seite, daß der Führungserfolg wesentlich durch ein gutes Kooperationsverhältnis zwischen Vorgesetzten und Mitarbeiter geprägt wird, der

24 Zu einer ausführlichen Erläuterung einzelner Übungen vgl. z. B. Neubauer, R., Die Assessment Center Technik. Ein verhaltensorientierter Ansatz zur Führungsauswahl, in: Neubauer, R./Rosenstiel, L.v. (Hrsg), Handbuch der angewandten Psychologie, München 1980, S. 122–158, hier insbes. S. 129 ff.; Lattmann, C., Das Assessment Center Verfahren als Mittel zur Beurteilung der Führungseignung, in: Ders. (Hrsg.), Das Assessment-Center-Verfahren der Eignungsbeurteilung, Heidelberg 1989, S. 19–46, hier insbes. S. 31 ff.

25 Zur Machtproblematik bei dieser Vorgehensweise vgl. Kompa, A., Assessment Center – Bestandsaufnahme und Kritik, a.a.O., hier insbes. S. 31 ff.

Kategorien \ Übungen	Interview	Management-Spiel	Postkorb und Interview	Führerlose Gruppendiskussion (ohne Rollenvorgabe)	Führerlose Gruppendiskussion (mit Rollenvorgaben)	Daten sammeln und Entscheiden	Analyse/Präsentation (Falls Gruppendisk., s. a. Sp. 5)	Interview-Simulation	Schriftliche Übung
	1	2	3	4	5	6	7	8	9
1. Wirkung	(X)	X	(X)	X	X	X	X	X	
2. Energie/Tatkraft	(X)	X	(X)	X	X	X	X	X	
3. Mündlicher Ausdruck	X	X	X	X	X	X	X	X	X
4. Mündl. Präsentation				(X)		X	(X)		
5. Schriftlicher Ausdruck	X		(X)				(X)		(X)
6. Kreativität	X		X	X					X
7. Interessenbereich	(X)								X
8. Streß-Toleranz		X		X	X	(X)	X		
9. Motivation	(X)								
10. Arbeitsnormen	(X)								X
11. Karriereorientierung	(X)								
12. Führungsfähigkeit	X	(X)		(X)	(X)				
13. Verkäuferische Fähigkeit				(X)	X	X	(X)	(X)	
14. Sensibilität	X	X	(X)	X	X	X	X	(X)	
15. Zuhören können		X		X	X	(X)		X	
16. Flebilität		X		(X)	X	(X)	X	(X)	
17. Beharrlichkeit	X	X		X	X	(X)	X	X	
18. Risikobereitschaft	X	(X)	X		X				
19. Initiative	X	X	X	X	X				
20. Unabhängigkeit	X	X		X	X	X			
21. Planen und Organisieren	X	X	(X)				X	X	X
22. Steuern u. Kontrollieren	X		(X)						
23. Delegieren	X		(X)						
24. Problemanalyse	X	X	X	X	(X)	(X)	X	X	X
25. Urteilsfähigkeit	X	X	(X)	X	(X)	(X)	X		X
26. Entschlossenheit		X	(X)		(X)	(X)			

Die einfachen Kreuze zeigen nach der Originalfußnote zu dieser Übersicht solche Übungskategorien, die gewöhnlich bestimmte Anforderungskategorien abdecken. Die Kreuze (x) bedeuten, daß diese Kategorien besonders gut beobachtbar sein sollen.

Abb. 13.3: Zusammenhang zwischen Assessment-Center-Übungen und beobachtbaren Anforderungskategorien

Quelle: Jeserich, G., Mitarbeiter auswählen und fördern, München/Wien 1981, S. 123

unmittelbare Vorgessetzte am besten mit den jeweiligen Anforderungen der zu besetzenden Stelle vertraut ist und für ihn gewisse Lerneffekte zu erwarten sind, so sollte der direkte Vorgesetzte auf jeden Fall in den Beobachtungs- und Beurteilungsprozeß integriert werden.

Abbildung 13.4 gibt einen Einblick, aus welchen Prozeßphasen sich ein Assessment-Center idealtypisch zusammensetzen soll.

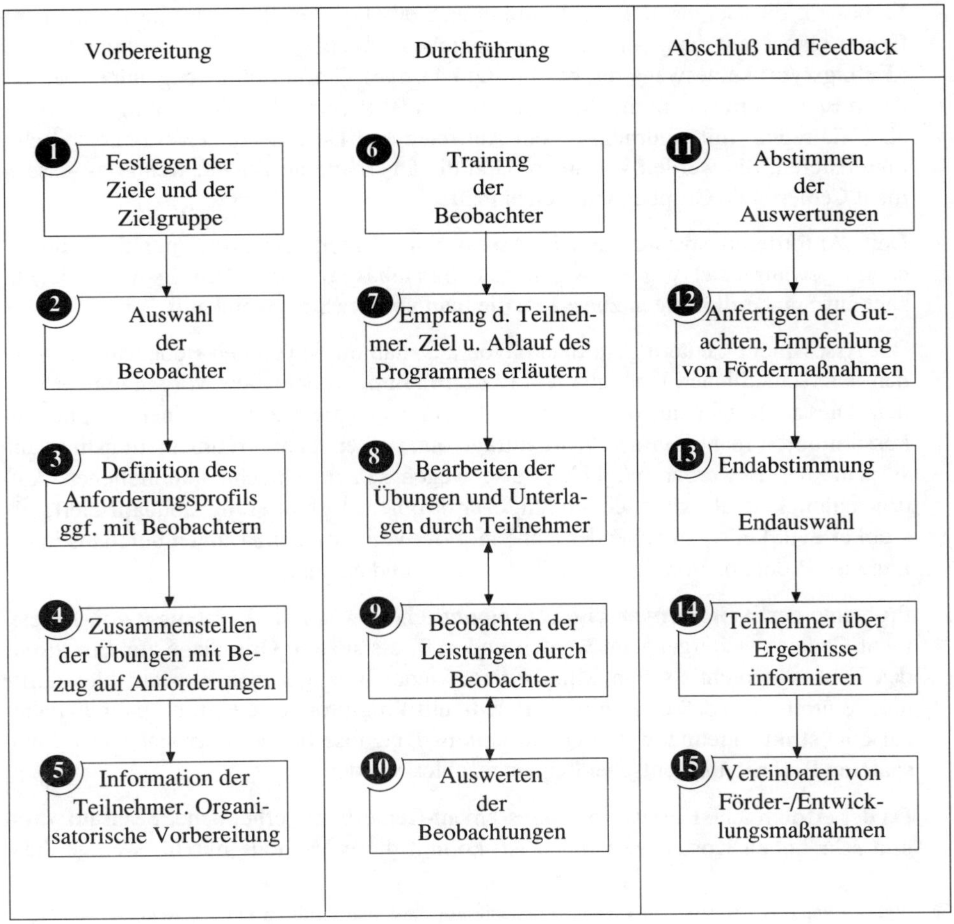

Abb. 13.4: Soll-Schema eines Assessment-Centers

Quelle: Jeserich, W., Mitarbeiter auswählen und fördern, München/Wien 1981, S. 35

Assessment-Center scheinen, so reklamieren zumindest einige Untersuchungen, eine bessere Prognosevalidität zu liefern, d. h. die Erfolgsprognosen für durch Assessment-Center ausgelesene Kandidaten korrelieren strammer mit deren späterem Erfolg als es bei Einzeltestverfahren der Fall ist. Es scheint hier also eine Art Synergie-Effekt aufzutreten. Begründen läßt sich dieses Phänomen u. a. wahrscheinlich mit der oben bereits angespochenen **redundanten** Überprüfung einzelner Fähigeiten in den unterschiedlichen Übungen, die den Abbau von Beurteilungsfehlern fördert und somit zu einer höheren Validität beiträgt.

Trotz dieser positiven Ergebnisse empirischer Untersuchungen weisen auch Assessment-Center zahlreiche Probleme und Schwachstellen auf. In komprimierter Form können die folgenden Hauptbedenken geltend gemacht werden[26].

- Es besteht die Gefahr, daß ein bestimmter Stereotyp von Bewerber im Assessment-Center glänzt und dann bei der Stellenvergabe auch zum Zuge kommt, obwohl dieser **„Erfolgstyp"** keineswegs die bessere (zukünftige) Führungskraft gegenüber den anderen Bewerbern sein muß. Diese Gruppe von Bewerbern läßt der sich mit Neubauer als „Vielredner mit eindrucksvollem Auftreten und Durchsetzungsvermögen"[27] charakterisieren. Sie werden vor allem dann die Oberhand gewinnen, wenn das Assessment Center viele Gruppenübungen enthält.
- Der Anforderungsbezug kann in Assessment Centern eigentlich nur dann hinreichend gewährleistet werden, wenn man **betriebsspezifische Übungen** entwickelt statt auf Standardlösungen zu setzen, die man von der Stange einkauft.
- Bei Assessment-Centern geht man davon aus, daß die jeweiligen Beobachtungen bei den unterschiedlichen Übungen relativ **unabhängig** voneinander vorgenommen werden. Dies trifft aber nur bedingt zu. Fällt ein Teilnehmer z. B. in einer Gruppendiskussion durch recht konfuse Wortbeiträge ohne erkennbare Argumentationslinie auf, so wird der Bewerber möglicherweise wegen seiner schlechten mündlichen Ausdrucksfähigkeit als gänzlich unfähig zur Problemstrukturierung abqualifiziert, obwohl er evtl. bei entsprechender Ruhe und frei von Gruppenzwängen durchaus in der Lage ist, Probleme vorzüglich zu strukturieren und zu analysieren.
- Probleme der **Kriterienverschmelzung** entstehen, wenn die Ergebnisse von Assessment-Centern weitergegeben werden und z. B. als spätere Grundlage zur Ermittlung des Führungspotentials von Mitarbeitern wieder herangezogen werden; hier dürfte nisse eintreten, so daß es zu einer Art self-fullfilling-prophecie kommt. Es muß daher auf eine strikte Trennung von Qualifikations-Diagnose bei der Personalauswahl und späteren Beförderungsentscheidungen geachtet werden.
- Da der erfolgreiche Einsatz von Assesssment-Centern mit erheblichem **Zeitaufwand** und sehr hohen Kosten verbunden ist, kommt diese Methode nur für wenige Aus-

26 Vgl. Kompa, A., Assessment Center – Bestandsaufnahme und Kritik, a.a.O.; Cascio, W., a.a.O., S. 248 ff.; Berthel, J., Personal-Management, 2. überarb. u.erw. Auflage, Stuttgart 1989, S. 132 f.; Neubauer, R., S. 154 ff.; McCormick, E./Ilgen, D., Industrial and organizational psychology, 8. Aufl., London 1987, S. 256 f.

27 Neubauer, R., a.a.O., S. 154.

wahlprozesse in Betracht; die Anwendung wird wohl weiterhin auf die Führungskräfteauswahl in Großunternehmen begrenzt bleiben.

- Auf der **inhaltlichen** Ebene wirft z. B. die Vielzahl isolierter Einzelübungen Probleme auf, da es auf diesem Wege nicht möglich ist, weiter ausgreifende Handlungsstrategien der Teilnehmer zu berücksichtigen. Die starke Konzentration auf vorab definierte Handlungen kann dazu beitragen, daß davon abweichende originelle Lösungsansätze nicht angemessen gewürdigt werden. Weiterhin kann der Übungscharakter nie ganz ausgeschlossen werden, auch wenn eine realitätsnahe Gestaltung des Assessment-Centers angestrebt wird.

Bereits diese hier nur knapp angeführten Schwachstellen zeigen, daß das Assessment-Center keineswegs als Allheilmittel angesehen werden, sondern nur, wenn überhaupt, als Ergänzung in ganz bestimmten Fällen dienen kann.

13.3 Personalauswahl zwischen Vollzug und Öffnung

Die meisten Bemühungen, die Personalauswahl zu professionalisieren, sie also nach objektiven ggf. wissenschaftlich abgestützten Kriterien zu vollziehen, laufen darauf hinaus, eine bessere Selektion im Hinblick auf vorgegebene (möglichst präzise gefaßte) Arbeitsanforderungen zu erreichen. Von einer etwas höheren Warte aus gesehen, stellen die Personalauswahl-Prozeduren darauf ab, eine bessere Abstimmung der Persönlichkeitsmerkmale und -fähigkeiten auf die gegebenen Stellenbedingungen herbeizuführen. Diese Basisorientierung für die Personalauswahl gilt für die operative wie für Teile der strategischen Personalforschung gleichermaßen.[28] So richtig dieser Ansatz und dieses Bemühen einerseits sind, so sehr gilt es doch, die Beschränkungen dieser Konzeption zu erkennen. Bei dieser Perspektive geht man davon aus, daß die Arbeitsanforderungen als mehr oder weniger konstante Größe betrachtet oder zumindest als eine Größe, die sich sehr gut aus den Plänen für die Zukunft und den darin enthaltenen Prognosen abgeleitet werden kann. Das „Anforderungsprofil“ gilt nicht als problematisch, das eigentliche Problem ist die Ermittlung des „Eignungsprofils“ und die Prognose seiner Stabilität.

Mit anderen Worten, die meisten Personalauswahlkonzeptionen gehen von einer relativ statischen Unternehmensgesamtsituation aus oder zumindest von einer Situation, die sich über Prognose gut beherrschen läßt. Unausgesprochen schließen viele Auswahlkonzepte an die Idee der plandeterminierten Unternehmensführung an und modellieren die Auswahllogik als eine **Logik der Plananpassung**, der Schaffung von Personalressourcen, die einen reibungslosen Planvollzug gewährleisten.

28 Zur strategischen Ausrichtung der Personalfunktion vgl. oben S. 198 ff.

Nun wurde ja im vierten Kapitel grundsätzlich und in den nachfolgenden Kapiteln an vielen Beispielen gezeigt, daß sich Unternehmen grundsätzlich in einer bestandskritischen Umwelt zu bewähren haben und daß die Bewältigung einer komplexen und dynamischen Umwelt nicht selten ein Prozeß der Bewältigung von Überraschungen ist. Eines der wesentlichen Bewältigungsinstrumente neben der Flexibilität ist die Neudefinition der Systemgrenzen (in den Worten der Strategischen Unternehmensführung: eine neue Strategie finden). Für die **Personalauswahl** bedeutet dies zweierlei: Zum einen sind die Anforderungsprofile wesentlich disponibler, als sie für gewöhnlich unterstellt werden. Zum anderen verweist uns die Notwendigkeit zum Wandel auf ganz andere Qualifikationserfordernisse, die in den herkömmlichen Anforderungsprofilen nicht mitgedacht werden. Denkt man den Wandel als einen bestandskritischen Prozeß im System/Umwelt-Verhältnis, so tritt zum einen die Fähigkeit, den Wandel zu vollziehen, als kritische Fähigkeit in den Vordergrund und zum anderen, mindestens ebenso wichtig, die Fähigkeit, einen Wandel anzustoßen, d. h. neue Ideen aufzunehmen, Überraschungen frühzeitig zu erkennen usw. Auf die bestandskritische Bedeutung dieser Handlungsweisen wurde oben u. a. bei der Diskussion der Strategischen Kontrolle mit Nachdruck verwiesen.

Für die **Konzipierung von Personalauswahlprozessen** bedeutet dies, daß neben den Planungs- bzw. Aufgabenvollzug im Prinzip gleichgewichtig die Systemöffnung als Basisorientierung treten muß. Der Auswahlprozeß muß versuchen, eine Balance in diese unterschiedlichen Systemanforderungen zu bringen. Es gilt ebenso wie für den „Vollzug“, Kriterien für die „Öffnung“ zu finden und diese in die Auswahlprozesse einzuflechten. Die Öffnungsfunktion verlangt nach anderen Auswahl-Kriterien und -Prozeduren; es wäre fahrlässig, sie dem Zufall zu überlassen.

Diskussionsfragen

1. Welche Bedeutung messen Sie der Personalauswahl bei?
2. Diskutieren Sie mögliche Formen der Arbeitsteilung zwischen Linie und Personalabteilung für die einzelnen Verfahren der Personalauswahl!
3. Welche Verbindungen sehen Sie zwischen Personalbeschaffung und Personalauswahl?
4. Welche Probleme können beim Einsatz von Stellenbeschreibungen auftreten?
5. Was stellen Sie sich unter einem Eignungsprofil vor?
6. Schildern Sie die Vorgehensweise der Beteiligung des Betriebsrates bei der Einstellung von Mitarbeitern in Betrieben mit mehr als 20 wahlberechtigten Arbeitnehmern!

7. Mit welchem entscheidenden Grundproblem muß sich die Personalauswahl auseinandersetzen?

8. Welche Gefahren sehen Sie bei der Vorselektion von Bewerbern anhand von Bewerbungsunterlagen?

9. Welche unterschiedlichen Stärken weisen Interviews und psychologische Tests auf?

10. Was halten Sie von der These: „Auf Auswahlinterviews sollte wegen der vielfältigen Gefahren einer Informationsverzerrung verzichtet werden"?

11. Wie beurteilen Sie den Einsatz unstrukturierter Interviews?

12. Stellen Sie sich vor, Sie haben als Linienmanager eine Auswahlentscheidung zu treffen und bekommen jetzt von den Spezialisten der Personalabteilung die Ergebnisse eines bei den Bewerbern durchgeführten Intelligenztests vorgelegt. Schildern Sie, welche Überlegungen Sie gedanklich vornehmen, um den Stellenwert dieser Informationen für Ihre Auswahlentscheidung abzuwägen!

13. Welche Merkmale zeichnen das Assessment-Center gegenüber den „traditionellen" Methoden der Personalauswahl aus?

Literaturhinweise

Überblicksdarstellungen zum gesamten Themenkreis Personalauswahl:

Albanese, R., Management, Cincinnati u. a. 1988, S. 362–372.
Berthel, J., Personal-Management, 2. überarb. u.erw. Aufl., Stuttgart 1989, S. 163–173.

Überblicksdarstellungen zu den Verfahren der Personalauswahl:

Jeserich, W., Mitarbeiter auswählen und fördern, München/Wien 1981, S. 21–50.
Makin, P./Robertson, I., Selecting the best selection techniques, in: Personnel Management 11 (1986), S. 38–40.
Cascio, W., Applied psychology in personnel management, 2. Aufl., Englewood Cliffs, N. J. 1982, S. 231–250.

Weiterführende Literatur zu den einzelnen Auswahlverfahren:

Zum Auswahlinterview:

Weuster, A., Bewertung des Interviews (Einstellungsgesprächs) als eignungsdiagnostisches Instrument der Personalauswahl, in: Zeitschrift für Personalforschung 3 (1989), S. 5–33.

Kompa, A., Personalbeschaffung und Personalauswahl, 2. Aufl., Stuttgart 1989, S. 159–210.

Zu den psychologischen Tests:

Weinert, A., Lehrbuch der Organisationspsychologie, 2. erw. Aufl., München-Weinheim 1987, S. 230–236.
Gebert, D./Rosenstiel, D.v., Organisationspsychologie, 2. erw. u.verb. Aufl., Stuttgart u. a. 1989, S. 194–198.

Zum Assessment-Center:

Lattmann, C. (Hrsg.), Das Assessment-Center-Verfahren der Eignungsbeurteilung, Heidelberg 1989.
Kompa, A., Assessment Center – Bestandsaufnahme und Kritik, München 1989.

Vierzehntes Kapitel

Personalbeurteilung

14.1 Einführung 613

14.2 Zwecke der Personalbeurteilung 613

14.3 Ansätze der Personalbeurteilung 616
14.3.1 Der Tätigkeitsorientierte Ansatz 617
14.3.2 Der Ergebnisorientierte Ansatz 626
14.3.3 Prozeßgestaltung statt Methodenoptimierung 628

14.4 Das Beurteilungsgespräch 628

14.5 Personalbeurteilung zwischen Vollzug und Öffnung 630

14.6 Allgemeine Problemaspekte der Personalbeurteilung 633

Diskussionsfragen 635

Literaturhinweise 636

14.1 Einführung

Die Beurteilung von Eigenschaften, Verhaltensweisen und Leistungen von Individuen und Gruppen spielen in jeder Organisation eine große Rolle. Gleichgültig, ob geplant oder nicht, bewerten Individuen sich und andere und richten ihr Verhalten auf diese Urteile aus. Gruppen beurteilen das Verhalten ihrer Mitglieder sowie das Verhalten anderer Gruppen, Vorgesetzte sind fortwährend mit Beurteilungsproblemen konfrontiert. Die Unternehmensführung steht deshalb auch nicht vor der grundsätzlichen Frage, ob sie eine Leistungsbeurteilung will oder nicht, sondern hat eine speziellere Entscheidung zu treffen, ob nämlich ein **formales Beurteilungssystem** betrieben werden soll, das periodisch in geregelter und kontrollierter Form Leistungsdaten sammelt und rückkoppelt, oder ob ein solches System nicht gewünscht ist. Für den einzelnen Vorgesetzten ist diese Entscheidung wichtig, denn ein formales Beurteilungssystem stellt hohe Anforderungen an ihn. Er muß die Grundlagen und Intentionen des Systems verstehen und Kompetenz für die praktische Umsetzung erwerben.

Die meisten größeren Betriebe und Behörden haben heute ein **formalisiertes** Beurteilungswesen, wenn auch aus verschiedenen Gründen (s.unten). Trotz dieser Popularität ist das Beurteilungswesen ein in vielfacher Hinsicht umstrittenes personalwirtschaftliches Instrument geblieben. Bei Mitarbeitern stößt es häufig auf Skepsis und Widerstand, viele Vorgesetzte setzen es nur mit Widerwillen ein, nicht selten geraten deshalb Beurteilungssysteme zur bloßen Formalität ohne wirkliche Bedeutung. Als Reaktion auf diese Probleme ist heute ein Trend zu beobachten, Beurteilungssysteme zu **entformalisieren** und das Beurteilungsverfahren stärker zu individualisieren. Das Ziel exakter Leistungsmessung tritt hinter allgemeinere Motivationsaufgaben zurück. Im folgenden sollen diese Themen etwas mehr entfaltet werden.

14.2 Zwecke der Personalbeurteilung

Mit Personalbeurteilungssystemen wird eine Reihe unterschiedlicher Zwecke verfolgt:[1]

(1) Ermittlung von Grundlagen für eine über die Arbeitsplatzbewertung hinausgehende **Lohn- und Gehaltsdifferenzierung** (bessere Erfüllung des Grundsatzes der Äquivalenz von Lohn und Leistung).

(2) **Fundierung personeller Auswahlentscheidungen**: Entlassungen, Versetzungen, Beförderungen (d.h. auch Ermittlung der **potentiellen** Leistungsfähigkeit!), Personaleinsatzplanung.

1 Vgl. Bartölke, K., Anmerkungen zu den Methoden und Zwecken der Leistungsbeurteilung, in: Zeitschrift für betriebswirtschaftliche Forschung 24 (1972), S. 650 ff.

(3) Evaluation der **Effizienz personalpolitischer Instrumente**: Ermittlung der Validität von Verfahren für die Auswahl von Bewerbern und für die Zuweisung von Positionen; Analyse des Erfolgs aller Arten von Aus- und Weiterbildungsmaßnahmen.

(4) Ermittlung relevanter Informationen für die Bestimmung des **Fort- und Weiterbildungsbedarfs** sowie der inhaltlichen Gestaltung (der Ziele) der Fort- und Weiterbildungsveranstaltungen.

(5) Steigerung der **Motivation und Förderung der individuellen Entwicklung** von Organisationsmitgliedern. Zum einen wird erwartet, daß die Vorstellung, beurteilt zu werden, leistungsstimulierend wirkt und daß die Mitteilung kritischer Leistungsaspekte zu einer Änderung des Leistungsverhaltens führt. Zum anderen sollen mit Leistungsbeurteilungen Stärken und Schwächen in Wissen, Einstellungen und Fähigkeiten der Mitarbeiter aufgezeigt werden, um individuelle Entwicklungsprozesse anzustoßen.

(6) **Information der Mitarbeiter**: Nach § 82 II BetrVG kann der Arbeitnehmer verlangen, daß mit ihm die Beurteilung seiner Leistungen sowie die Möglichkeit seiner beruflichen Entwicklung im Betrieb erörtert wird.

Es ist wichtig zu sehen, daß diese Zwecke der Personalbeurteilung in einem **konfliktären** Verhältnis zueinander stehen. Ein Teil der Zwecke, nämlich (1)–(4) läuft auf eine möglichst scharfe Diskriminierung des Leistungsverhaltens hinaus, während andere die Förderung des Mitarbeiters und seine Motivierung anstreben. So setzen z.B. personelle Auswahlentscheidungen eine Einschätzung der Qualität der Mitarbeiter und damit auch möglichst präzise Informationen über ihre Schwächen voraus. Eine negative Einschätzung der Arbeitsleistung und des Entwicklungspotentials ist aber wenig geeignet, die Arbeitsmotivation zu steigern. Eine solche Information führt häufig zu Entmutigung, Frustration und zur Ablehnung der Beurteilung, letzteres zumal dann, wenn Fremdurteil und Eigenurteil über die erbrachte Leistung auseinanderfallen. Dieser Konflikt verschärft sich, wenn die Beurteilungsmethode auf einer Art Null-Summen-Spiel derart aufbaut, daß die Verbesserung eines Mitarbeiters immer nur bei Verschlechterung eines anderen darstellbar ist.

Für den Vorgesetzten führt die gleichzeitige Verfolgung dieser Zwecke zu einem schweren Rollenkonflikt, der die eingangs erwähnte ambivalente Haltung zu Beurteilungssystemen verständlich macht[2]. Der Evaluationszweck versetzt ihn in die Rolle des unbestechlichen **Richters**, der für eine objektive Beurteilung ein möglichst hohes Maß an sozialer Distanz und Unabhängigkeit anstreben sollte. Der Motivations- und Förderungszweck erfordert dagegen **Ermutigung** und **emotionale Anteilnahme**, um dem Mitarbeiter die für eine Verbesserung der Leistung notwendige Wertschätzung und Unterstützung geben zu können. Wer einen Lernprozeß unterstützen will, muß Vertrauen aufbauen und Mut machen, vor allem aber eine nicht-verletzende Einsicht in die eigenen

2 Vgl. Beer, M., Performance appraisal, in: Lorsch, J.W. (ed.), Handbook of organizational behavior, Englewood Cliffs, N.J. 1987, S. 288 ff.

Schwächen fördern können. Ein „Richter“, der die Ergebnisse seiner unbestechlichen Beobachtungen bekannt gibt, wird eine solche Atmosphäre nicht aufbauen können. Seinen Urteilen schlägt für gewöhnlich Mißtrauen und Angst entgegen; um sich gegen mögliche Verletzungen zu schützen, werden schon im Vorfeld Abwehrbarrieren errichtet.[3]

Ein weiterer Konflikt liegt in den divergierenden Zwecken von **Individuum und Organisation**. Organisationsmitglieder erwarten von ihrer Beurteilung eine positive Würdigung ihrer Leistung und die Erreichung von Gratifikationen, die mit einer guten Beurteilung verbunden ist (z.B. Beförderung, Gehaltserhöhung). Die Organisation erwartet dagegen von den Individuen in erster Linie Offenheit für Kritik und Verbesserungsvorschläge, so daß eine Leistungssteigerung erreicht werden kann. Das Organisationsmitglied wird sich dieser Erwartung jedoch solange und soweit entziehen, wie das Eingeständnis von Schwächen **negative Konsequenzen** nach sich zieht, wie etwa vorläufig keine Beförderung oder Versetzung auf eine andere weniger anspruchsvolle Position. Während also ein Teil der Zwecke Abwehrverhalten geradezu provoziert, sind die anderen Zwecke nur bei Offenheit zu verwirklichen.

Die aufgezeigten Konflikte werden nicht endgültig lösbar sein; Organisationen müssen sich letztlich entscheiden, welche Ziele sie mit dem Beurteilungssystem vorrangig verfolgen möchten. Es gibt jedoch einige Vorschläge, die die Konflikte besser handhabbar machen:

(1) Teilung des Systems

Ein erster Vorschlag läuft darauf hinaus, die konfligierenden Teile zu separieren, d.h. die Organisation betreibt ein System, das primär dem Förderungszweck dient, und daneben ein anderes, das vorrangig Selektionsfunktionen erfüllt. Der Vorgesetzte hätte seine zwei rivalisierenden Rollen dann nicht mehr simultan, sondern in zeitlichem Abstand und in verschiedenen Kontexten zu erfüllen. [4]

(2) Vorgesetztenbeurteilung

Eine anderes Mittel, die geschilderten Konflikte abzumildern, ist die Beurteilung des Vorgesetzten durch die Mitarbeiter. Der gegenseitige Austausch von Feedback und der modellhafte nicht-defensive Umgang mit Kritik durch den Vorgesetzten kann die Bedingungen für eine offenere Diskussion von Stärken und Schwächen fördern.[5]

(3) Verwendung geeigneter Beurteilungsmethoden

Bestimmte Beurteilungsmethoden verschärfen den Basis-Konflikt zwischen Evaluation und Entwicklung, indem sie z.B. das Abwehrverhalten verstärken, während andere den Beurteiler zu einer unvoreingenommenen, arbeitsbezogenen Informationssammlung anleiten und dadurch der Akzeptanz des Urteils eher förderlich sind.

Die verschiedenen Methoden und grundsätzlichen Vorgangsweisen seien im nachfolgenden näher erläutert.

3 Vgl. Pearce, J.L./Porter, L.W., Employee responses to formal performance appraisal feedback, in: Journal of Applied Psychology 71 (1986), S. 211–218.

4 Vgl. Meyer, H.H./Kay, E./French, R.P., Split roles in performance appraisals, in: Harvard Business Review 43 (1965), Nr. 1, S. 123–129.

5 Zu den Problemen der Vorgesetzenbeurteilung vgl. Reinecke, P., Vorgesetztenbeurteilung, Köln u.a. 1983.

14.3 Ansätze der Personalbeurteilung

In der Literatur finden sich im wesentlichen drei Grundkonzeptionen zur Personalbeurteilung: (1) der Eigenschafts-, (2) der Tätigkeits- und (3) der Ergebnisorientierte Ansatz. Wie in Abbildung 14.1 gezeigt, setzen diese an jeweils unterschiedlichen Punkten des Leistungsprozesses an.

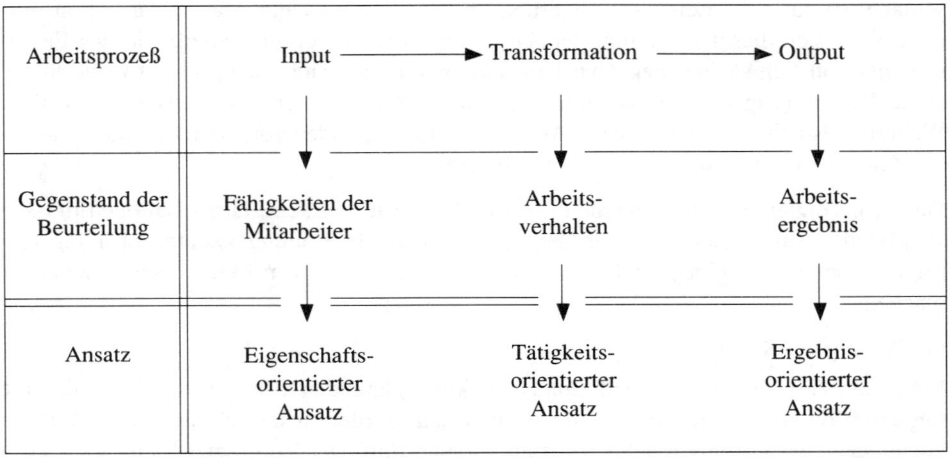

Abb. 14.1: Ansätze der Personalbeurteilung

(1) **Eigenschaftsorientierter Ansatz (Input)**: Im Mittelpunkt der Beurteilung steht die **Persönlichkeit** des Mitarbeiters. Es interessiert vor allem das Vorhandensein bestimmter, **für relevant erachteter Eigenschaften** (z.B. Loyalität, Dominanz, Intelligenz, Kreativität). Eigenschaften werden dabei als universelle und generelle Verhaltensdispositionen betrachtet.

(2) **Tätigkeitsorientierter Ansatz (Transformation)**: Zu beurteilen ist, „was" und „wie" die Person arbeitet, d.h. die **Art** des **Tätigkeitsvollzuges.** Ausgehend von den spezifischen Anforderungen einer Tätigkeit soll beurteilt werden, inwieweit ein diesen entsprechendes Verhalten gezeigt wurde. Beurteilt wird also nicht die Persönlichkeit schlechthin, sondern das konkrete beobachtbare Arbeitsverhalten.

(3) **Ergebnisorientierter Ansatz (Output)**: Gegenstand der Beurteilung ist das Ergebnis der Tätigkeit, das anhand von vorab festgelegten **Zielen** eingeschätzt werden soll. Im Mittelpunkt der Beurteilung steht also das, was von dem Mitarbeiter tatsächlich erreicht wurde.

Aufgrund der stark subjektiven Komponente und der wissenschaftlich äußerst fragwürdigen Grundlagen von (1) ist heute in der Praxis eine starke Präferenz für (2) und (3) feststellbar. Der notwendige Nachweis, daß die spezifizierten Eigenschaften einen eindeutigen Rückschluß auf die erbrachte Leistung zulassen, konnte nicht erbracht werden.[6] Abgesehen davon ist eine Beurteilung der Persönlichkeit ungeschulten Beobachtern selten möglich; sie artet allzu leicht in eine bloße Reproduktion von Vorurteilen aus.

14.3.1 Der Tätigkeitsorientierte Ansatz

Ausgangspunkt für jede tätigkeitsorientierte Personalbeurteilung ist eine gute Kenntnis der Arbeitsinhalte. Erst wenn bekannt ist, welche Anforderungen eine Stelle tatsächlich an den Inhaber richtet, kann auch sein Arbeitsverhalten angemessen beurteilt werden. Auf die verschiedenen Verfahren der **Arbeitsanalyse**, die hier im Vorfeld zur Erfassung und Strukturierung der Anforderungen eingesetzt werden müssen, sei hier nur am Rande verwiesen.[7]

Um die tätigkeitsbezogenen Urteile zu ordnen und vergleichbar zu machen, ist eine Reihe von Methoden entwickelt worden. Einige der gängigeren seien nachfolgend erläutert:

(1) Einstufungs-Skalen (Rating-Scales)

Dies ist die am häufigsten verwendete Methode in Personalbeurteilungssystemen. Die Beurteilung erfolgt anhand von mehrstufigen (in der Regel: fünf- oder siebenstufigen) Skalen, die für eine Reihe von Beurteilungsmerkmalen vorgegeben werden (vgl. dazu die Beispiele in Abbildung 14.2).

In der Mehrzahl der Fälle wird hier mit Standardkriterien, wie in Abbildung 14.2 gezeigt, gearbeitet. Kritisch für die Wirksamkeit der Methode ist jedoch die Auswahl der zu messenden Merkmale. Häufig fällt es dem Vorgesetzten schwer, das Arbeitsverhalten seiner Mitarbeiter in den typisierten Merkmalen und Niveaus wiederzufinden, weil diese die je spezifischen Anforderungen der jeweiligen Stelle häufig nur sehr unscharf widerspiegeln. Von Beurteilungsmerkmalen muß jedoch im Sinne des tätigkeitsorientierten Ansatzes erwartet werden, daß sie im Arbeitsverhalten verankert sind, und die Erstellung eines spezifischen Leistungsprofils erlauben. Um dieses Problem zu lösen, wurden neue Verfahren der Skalenkonstruktion entwickelt.[8] Zwei davon seien kurz erläutert:

Bei den sog. **Verhaltenserwartungsskalen** werden die Skalenstufen durch Kurzbeschreibungen typischer arbeitsplatzbezogener Verhaltensweisen definiert („verankert").

6 Vgl. dazu auch oben zur Kritik am „Eigenschaftsansatz" der Führung, S. ..ff.

7 Vgl. insbesondere McCormick, E.J./Jeanneret, P.R./Mecham, R.C., The development and background of the Position Analysis Questionnaire (PAQ), Purdue 1969.

8 Vgl. dazu den klassischen Beitrag von Smith, S./Kendall, L.M., Retranslation of expectations: An approach to the construction of unambiguous anchors for rating scales, in: Journal of Applied Psychology 47 (1963), S. 149–155.

Verbal ordinale Skalenverankerung
(z. B. „Zusammenarbeit“)

Ausgeprägte Fähigkeit zur Zusammen-arbeit, hat dennoch eine eigene Mei-nung, kann andere positiv beeinflussen	Gute Fähigkeit zur Zusammen-arbeit, hat eine eigene Meinung, wird von den anderen ge-schätzt	Ist fähig zur Zusammenar-beit, stellt ei-gene Meinung nicht in den Vordergrund, wird von den anderen als an-genehm emp-funden	Zeigt wenig Neigung zur Zusammenar-beit, hält mit seiner Meinung zurück, bleibt unauffällig	Zeigt keine Neigung zur Zusammenarbeit

Numerische Skalenverankerung

1	2	3	4	5	6
A	B	C	D	E	F

Verbal ordinale/numerische Skalenverankerung
(z. B. „Flexibilität“)

sehr gut	gut	zufriedenstellend	ausreichend	unzureichend
1	2	3	4	5

Pole verbal/Zwischenwerte numerisch
(z. B. „Konzentrationsfähigkeit“)

Zeigt sehr gute Konzentrationsfähigkeit bei allen Tätigkeiten, ist stets mit ganzer Aufmerksamkeit bei der Sache	☐ ☐ ☐ ☐ ☐ ☐ 1 2 3 4 5 6	Ist konzentrationsschwach, mit seinen Gedanken oft abwesend, bedarf deshalb der ständigen Beaufsichtigung und Kontrolle

Verbal gemischte Skalenverankerung
(z. B. „Geistige Eignung“)

braucht mehr Erklärungen als im Durchschnitt	begreift sehr schnell und denkt mit	schwerfällig, begreift sehr langsam	begreift durchschnittlich schnell

Abb. 14.2: Beispiele für Einstufungsskalen

Quelle: Batz, M./Schindler, U., Personalbeurteilungssysteme auf dem Prüfstand, in: Zeitschrift Führung + Organisation 53 (1983), S. 431

Für jede Leistungsdimension wird in einem aufwendigen Verfahren eine Skala entwikkelt, die die verschiedenen Leistungsniveaus wiedergibt (vgl. Abb. 14.3). In diesem Verfahren wird der Beurteiler also aufgefordert, sich das Arbeitsverhalten des Mitarbeiters im Hinblick auf die aufgelisteten Dimensionen (= Erwartungen) zu vergegenwärtigen und dann das gezeigte Leistungsverhalten mit den alternativen Niveaus der Skala zu vergleichen und die passendste Stufe zu bestimmen.

Leistungsdimension: Führung des Verkaufspersonals

Vermittelt dem Verkaufspersonal klare Vorstellungen über dessen Aufgaben und Verantwortungsbereiche; arbeitet taktvoll und freundlich mit Untergebenen zusammen; nimmt effiziente und gerechte Arbeitseinteilung vor und ergänzt formale Trainingsmaßnahmen durch persönliche Anleitung; hält sich laufend informiert über das, was sein Verkaufspersonal am Arbeitsplatz tut und hält sich bei Vereinbarungen mit Untergebenen an die Unternehmenspolitik.

Leitet sein Personal durchweg effektiv an und erreicht durch gezielte Förderung und geschickte Motivierung Spitzenleistungen seiner Mitarbeiter.	9	Man könnte von diesem Abteilungsleiter erwarten, daß er für zwei neue Mitarbeiter ein ganztätiges Verkaufspraktikum durchführt und sie so in die Gruppe der besten Verkaufsmitarbeiter der Abteilung führt.
	8	Man könnte von diesem Abteilungsleiter erwarten, daß er seinen Mitarbeitern ein starkes Gefühl des Vertrauens und der Verantwortlichkeit vermittelt, indem er viele wichtige Aufgaben an sie delegiert.
	7	Man könnte von diesem Abteilungsleiter erwarten, daß er es nie versäumt, wöchentliche Trainingsveranstaltungen mit seinen Mitarbeitern zu festgelegten Terminen durchzuführen und ihnen genau mitzuteilen, was er von ihnen erwartet.
	6	Man könnte von diesem Abteilungsleiter erwarten, daß er sich gegenüber seinen Mitarbeitern höflich und korrekt verhält.
Leitet sein Personal überwiegend befriedigend an und fördert und motiviert seine Mitarbeiter so, daß sie ihre Aufgaben zumeist befriedigend bewältigen.	5	Man könnte von diesem Abteilungsleiter erwarten, daß er Verkaufspersonal daran erinnert, auf Kunden zu warten, anstatt sich untereinander zu unterhalten.
	4	Man könnte von diesem Abteilungsleiter erwarten, daß er sich vor seinen eigenen Mitarbeitern kritisch über die Qualität des Kaufhauses äußert und so die Entwicklung negativer Einstellungen bei den Mitarbeitern riskiert.
	3	Man könnte von diesem Abteilungsleiter erwarten, daß er einen Mitarbeiter auch dann auffordert zur Arbeit zu kommen, wenn dieser angerufen hat, um mitzuteilen, daß er krank sei.
	2	Man könnte von diesem Abteilungsleiter erwarten, da er die einem Mitarbeiter gemachte Zusage, daß dieser in seine frühere Abteilung zurückkehren könne, wenn es ihm in der neuen Abteilung nicht gefällt, nicht einhält.
Verhält sich gegenüber seinem Personal so, daß dessen Leistungsbereitschaft und -fähigkeit durch ihn eher verschlechtert wird.	1	Man könnte von diesem Abteilungsleiter erwarten, daß er einem Mitarbeiter eine umsatzorientierte Gehaltsfestsetzung verspricht, obwohl er weiß, daß ein solches Verfahren gegen die Unternehmenspolitik verstößt.

Bitte geben Sie von Ihnen tatsächlich beobachtete Verhaltensbeispiele an und stufen Sie diese unter Zugrundelegung der obigen Skala ein: ______________________

Abb. 14.3: Beispiel für eine Verhaltenserwartungsskala (für Abteilungsleiter eines Kaufhauses)

Quelle: Domsch, M./Gerpott, T.J., Verhaltensorientierte Beurteilungsskalen, in: Die Betriebswirtschaft 45 (1985), S. 671

Arbeitsplanung und -organisation

Der beurteilte Mitarbeiter...

1. entwickelte vor Projektbeginn einen Plan, in dem Projektorganisation, -termine, -steuerung und -überwachung festgelegt wurden (d. h. er spezifizierte u. a. die Aufgaben aller am Projekt Beteiligten).

   Fast nie 1 2 3 4 5 Fast immer

2. bereitete sich auf Besprechungen vor, z. B. durch Niederschrift einer Tagesordnung oder anzusprechender Diskussionspunkte.

   Fast nie 1 2 3 4 5 Fast immer

3. bearbeitete gleichzeitig zwei oder mehrere Arbeitsaufträge effektiv.

   Fast nie 1 2 3 4 5 Fast immer

4. versäumte es sicherzustellen, daß Teilaufgaben zufriedenstellend abgeschlossen wurden.

   Fast immer 1 2 3 4 5 Fast nie

5. hielt Termine nicht ein oder verschob Termine.

   Fast immer 1 2 3 4 5 Fast nie

6. versäumte es, die Hauptziele seiner Stelle zu verfolgen, (da er sich durch nebensächliche Probleme oder persönliche Interessen ablenken ließ).

   Fast immer 1 2 3 4 5 Fast nie

7. gab mehr als das zur Zielerreichung erforderliche Geld aus (z. B. unzulängliche Beachtung von Budgetrestriktionen; kein Kostenbewußtsein).

   Fast immer 1 2 3 4 5 Fast nie

8. versäumte es, Arbeitsziele und Prioritäten zu erkennen und/oder zu setzen.

   Fast immer 1 2 3 4 5 Fast nie

Punktsumme =

1 = Fast nie (0 – 19 % der Arbeitszeit); 2 = Selten (20 – 39 % der Arbeitszeit); 3 = Manchmal (40 – 59 % der Arbeitszeit); 4 = Meistens (60 – 79 % der Arbeitszszeit); 5 = Fast immer (80 – 100 % der Arbeitszeit). Für negative Verhaltensbeschreibungen kehrt sich die Bedeutung der Skalenstufen einfach um.

Abb. 14.4: Beispiel für eine Verhaltensbeobachtungsskala

Quelle: Domsch, M./Gerpott, T.J., Verhaltensorientierte Beurteilungsskalen, a. a. O. S. 675

Einen ebenfalls wesentlich verfeinerten Skalentyp stellen die sog. **Verhaltensbeobachtungsskalen** dar. Hier werden auf systematischem Wege Leistungsdimensionen im Sinne von anforderungsgerechten Verhaltensweisen ermittelt; der Beurteiler hat dann anzugeben, wie oft er bei dem Mitarbeiter dieses Verhalten beobachtet hat. Abbildung 14.4 gibt ein anschauliches Beispiel für diesen Skalentyp. Es ist einem Leistungsbeurteilungssystem entnommen, das für in der Forschung und Entwicklung eines US-amerikanischen Industrieunternehmens tätige Ingenieure und Wissenschaftler entwickelt wurde.

Insgesamt gesehen stellen alle diese Verfahren sehr hohe Anforderungen an das Beobachtungs- und Differenzierungsvermögen des Beurteilers, da er in der Regel 8–12 Beurteilungsmerkmale nach 5–7 (manchmal sogar mehr) Leistungsstufen beurteilen muß. Die Praxis zeigt deshalb speziell bei dieser Methode eine Reihe von Problemen und Verbesserungen (vgl. Kasten 14.1) Das aus der Sicht der Personalabteilung gravierendste Problem ist die typischerweise geringe **Streubreite** der Urteile. In der Regel wird nur die „bessere" Hälfte der Skala verwendet; bei einer 7-stufigen Skala liegen die Werte gewöhnlich zwischen 1 und 4 mit einem Mittelwert um 3 (Milde-Effekt).

Kasten 14.1

Beurteilungsfehler

1. **Überstrahlungsfehler („Halo-Effekt"):**

   Der Beurteiler läßt sich von einem Merkmal leiten (positiv oder negativ) und generalisiert diese Einschätzung, d.h. die Beurteilung fällt auf allen Dimensionen mehr oder weniger gleich aus. Beispiel: Der Eindruck „hohe Intelligenz" überstrahlt alle anderen Aspekte des Leistungsverhaltens, wie etwa Pünktlichkeit oder Zuverlässigkeit, d.h. diese werden ebenfalls sehr positiv eingeschätzt, obgleich sie vom faktischen Verhalten her allenfalls durchschnittlich einzuschätzen wären.

2. **Milde-Fehler**

   Der Beurteiler gibt generell sehr milde Urteile ab, unabhängig von der faktischen Leistung der Beurteilten. In empirischen Studien zeigte sich, daß der Milde-Effekt besonders stark dann auftritt, wenn die Beurteilung für Beförderungszwecke erstellt wird. Dem Milde-Fehler steht als anderes Extrem der „Strenge-Fehler" gegenüber.

3. **Tendenz zur Mitte**

   Der Beurteiler reiht alle zu Beurteilenden in eine mittlere Position ein; er ist nicht bereit, die einzelnen Leistungen klar voneinander abzuheben.

4. **Hierarchie-Effekt**

   Die Beurteilung fällt umso besser aus, je höher der hierarchische Rang des Beurteilten ist. Dies ist ein Effekt, der in fast allen Organisationen anzutreffen ist und wohl in dem Bestreben seinen Ursprung hat, Konsistenz zwischen Status und Beurteilung herzustellen.

Wie auch immer die Skalen konstruiert sind, für gewöhnlich werden die Ergebnisse für die Weiterverarbeitung stark verdichtet. Häufig werden die einzelnen Skalenwerte zu Gesamtwerten addiert, um diese dann in eine **Rangreihe** (Gruppe, Abteilung etc.) zu bringen. Abgesehen davon, daß methodisch gesehen eine Addition unabhängiger Dimensionen unzulässig ist, bringt die Bildung einer Rangreihe gesonderte Probleme mit sich. Die Beurteilungen lassen sich nicht mehr über verschiedene Abteilungen hinweg vergleichen, weil die Plazierungs-Folge von dem Niveau der jeweiligen Gruppe abhängt, d.h. es kann passieren, daß der schwächste Mann in der einen Abteilung mehr leistet, als der beste in einer anderen Abteilung. Ferner impliziert dies, daß die Verbesserung einer Person immer eine relative Verschlechterung einer anderen Person nach sich ziehen muß.

(2) Verfahren der erzwungenen Verteilung (forced distribution)

Dieses Verfahren wurde entwickelt, vor allem um dem bereits angesprochenen Problem der **mangelnden Streubreite** entgegenzuwirken. Es zwingt den Beurteiler, die zu beurteilenden Personen den entsprechenden Leistungsstufen so zuzuteilen, daß sie einer bestimmten Verteilung, meist der Normalverteilung entsprechen. Im Hinblick auf bestimmte Leistungsmerkmale sind z.B. 10 % aller Beurteilten als sehr gut (sehr schlecht), 20 % als gut (schlecht) und 40 % als mittel einzustufen (vgl. Abb. 14.5).

Diese Methode erbringt also scharf herausgefilterte Extremgruppen und eine große undifferenzierte Mittelgruppe.

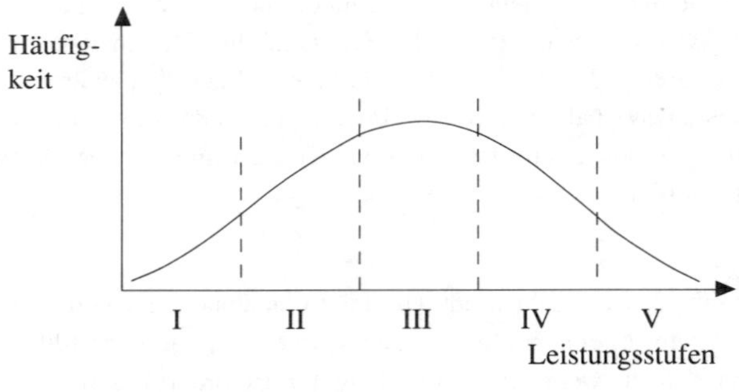

Abb. 14.5: Leistungsgruppen nach Normalverteilung bei fünfstufigen Beurteilungsskalen

Probleme: Unbedingte Voraussetzung für den Einsatz dieses Verfahrens ist, daß die einzelnen Merkmale tatsächlich normal verteilt sind, d.h. mittlere Werte müssen auch wirklich häufiger vorkommen als Extremwerte, sonst werden **Beurteilungsfehler erzwungen**. Statistisch gesehen gilt: Je kleiner die zu beurteilende Gruppe, desto geringer ist die Wahrscheinlichkeit, daß normal verteilte Merkmale vorliegen. Was die anderen Merkmale dieser Verfahren betrifft (Dimensionen, Beurteilungsstufen usw.) ergeben sich dieselben Probleme wie bei den vorgenannten Methoden.

(3) Gruppierte Aussagenliste mit Wahlzwang (forced choice)

Die bisher erläuterten Methoden erlauben es dem Beurteiler, das eigene Urteil zu steuern und damit unter Umständen auch einzelne Personen bewußt zu bevorzugen oder zu benachteiligen (vgl. auch Kasten 14.1). Das soll durch die „forced choice"-Methode ausgeschlossen werden. Bei dieser Methode – die in leicht unterschiedlichen Formen Verwendung findet[9] – liegen dem Beurteiler zahlreiche Beschreibungen von typischen Arbeitsverhaltensweisen vor, meist zu Paaren zusammengefaßt (vgl. Abb. 14.6).

(I)	Gibt gute klare Instruktionen an die Untergebenen	☐
	Kennt seine Leute, ihre Fähigkeiten und Grenzen	☐
(II)	Begünstigt einige seiner Leute	☐
	Macht Versprechungen, von denen er weiß, daß er sie nicht halten kann	☐

Abb. 14.6: Beispiel einer gruppierten Aussagenliste

Der Beurteiler wählt jeweils aus den zwei (oder mehreren) Aussagen scheinbar **gleich** positiver oder negativer Wertigkeit diejenige aus, die seiner Meinung nach den zu Beurteilenden treffender bzw. weniger treffend zu charakterisieren vermag. Für die (später zu erstellende) Beurteilung ist jedoch nur eine der positiven bzw. negativen Beschreibungen relevant, die anderen sind sog. „zero-credit-items" und nehmen auf das Ergebnis keinen Einfluß. Die Entscheidung, welche der Items ergebnisrelevant sein sollen, wird nicht willkürlich getroffen, sondern basiert auf Voruntersuchungen, die für diese Items im Gegensatz zu den "zero-credit-items" hohe signifikante Korrelationen mit Effektivitätskriterien ergeben hatten.

9 Vgl. Jacobs, R.R., Numerical rating scales, in: Berk, R.A. (ed.), Performance assessment, Baltimore 1986, S. 92 f.

Der entscheidende Punkt bei diesem Verfahren besteht darin, daß dem **Beurteiler unbekannt** bleibt, welche Items zählen und welche nicht. Der Bewertungsschlüssel wird geheimgehalten, um subjektive Einflüsse und Manipulationsmöglichkeiten auszuschließen. Die Auswertung der Beurteilung erfolgt in der Personalabteilung. Für jeden Mitarbeiter wird ein Gesamtwert errechnet, der dann die Bildung einer Rangordnung ermöglicht.

Untersuchungen berichten, daß dieses Verfahren gegenüber anderen ein höheres Maß an Objektivität gewährleistet, eine größere Streubreite erbringt und höhere Korrelationen mit objektiven Effektivitätskriterien erzielt.

Probleme: Die Erstellung eines solchen Verfahrens ist sehr aufwendig; die einzelnen Aussagen müssen direkt an den Anforderungen des jeweiligen Arbeitsplatzes validiert sein, sonst ist das Verfahren wertlos. Problematisch ist auch das Procedere, der Bewertungsschlüssel kann nur schwer geheimhalten werden. Wichtiger aber noch ist das Problem, daß sich Beurteiler und Beurteilte zumeist – und das zu Recht – gegen ein Verfahren wehren, das für sie nicht durchschaubar ist. Der Vorgesetzte kann mit dem Untergebenen die Beurteilung nicht im einzelnen durchdiskutieren, weil er selbst nicht weiß, welche Verhaltensweisen als besonders leistungsrelevant betrachtet werden und wie er seinen Mitarbeiter beurteilt hat. Die dadurch erzeugte Situation ist ausgesprochen kontraproduktiv für den Zweck der Mitarbeiterentwicklung.

(4) Methode der kritischen Ereignisse (critical incidents)

Diese Methode geht davon aus, daß es gewisse Verhaltensweisen gibt, die über Erfolg oder Mißerfolg eines Aufgabenvollzugs- und Führungsprozesses entscheiden (kritische Ereignisse).[10] Dem Beurteiler wird für die vom zu Beurteilenden auszuführende Aufgabe eine Liste der wichtigsten Arbeitsanforderungen (critical job requirements) vorgegeben, die z.B. für Ingenieure folgende Punkte enthalten könnte: Technisches Wissen, Kreativität, Entscheidungsfreudigkeit, Koordination und Kooperation mit anderen Gruppen, Weiterbildung etc.

Die Aufgabe des Beurteilers besteht nun darin, den Untergebenen im Hinblick auf diese Kriterien bei der Arbeit zu beobachten und herausragende Ereignisse (critical incidents) positiver oder negativer Art – möglichst gleich im Anschluß – festzuhalten. Auf diese Weise entsteht Stück für Stück ein Verhaltensprotokoll, das ausführlich über das Leistungsverhalten des zu Beurteilenden unterrichtet (vgl. Abb. 14.7).

Die über die Zeit beobachteten kritischen Ereignisse werden nach Häufigkeit und Bedeutung geordnet und bilden so die Grundlage für eine zusammenfassende Beurteilung. Der Vorteil dieser Methode ist darin zu sehen, daß der Vorgesetzte die Beurteilung nicht mehr an diffusen Persönlichkeitsmerkmalen, sondern an konkreten Ereignissen festzumachen hat. Darüber hinaus wird durch die kontinuierliche Protokollführung der häufig zu beobachtenden Tendenz entgegengewirkt, die Beurteilung schwergewichtig auf die kurz vor dem Beurteilungszeitpunkt gezeigten Verhaltensweisen zu stützen.

10 Vgl. Flanagan, J.C., The critical incidents technique, in: Psychological Bulletin 51 (1954), S. 327–358.

a. rotes Formular (–)

Erkennen von Problemsituationen

A. Erkennt nicht das Problem

B. Erkennt nicht die Bedeutung des Problems

C. Erkennt nicht die spezielle Situtation

Datum	Item	Ereignis
17.7.	C	Verschleppt einen Eilbrief

Eine Eilzustellung ging zur gleichen Zeit wie die reguläre Post ein. Anstatt den Eilbrief zuerst vorzulegen, legt er ihn zur normalen Post.

b. blaues Formular (+)

Erkennen von Problemsituationen

A. Erkennt das Problem, sobald es auftritt

B. Erkennt die Bedeutung des Problems

C. Erkennt die Situation, die zu einem Problem führt

Datum	Item	Ereignis
17.7.	C	Schmelzofenproblem

Der Mitarbeiter hat an einem Freitag bis spät gearbietet. Er entdeckt einen elektrischen Schmelzofen, der versehenlich abgeschaltet war. Er ruft daraufhin seinen Vorgesetzten zuhause an. Diese Handlung verhindert, daß der Ofen über das Wochenende auskühlt.

Abb. 14.7: Beispiel für ein Protokoll „kritischer Ereignisse"

Quelle: Liebel, H.J., Personalführung durch Verhaltensbewerung, in: Oechsler, W./Liebel, H.J., Leistungsbeurteilung, Bamberg 1987, S. 135

Probleme: Der gravierendste Nachteil dieses Verfahrens ist der extrem hohe Zeitaufwand für den Vorgesetzten. Ferner werden Vorgesetzte durch diese Methode dazu verleitet, Untergebene permanent zu kontrollieren; es entsteht ein bedrückendes Kontroll-Klima. Das Vorgesetzten-Mitarbeiter-Verhältnis wird dadurch nachhaltig belastet. Untergebene fühlen sich unbehaglich, weil alles, was sie tun, in einem Protokoll seinen Niederschlag findet („Sündenregister").

Zusammenfassung

Bezogen auf die eingangs genannten **Zwecke** läßt sich resümierend folgendes feststellen: Die bislang dargestellten Methoden eignen sich primär für **Differenzierungs- und**

Selektionszwecke. Es sind jedoch auch hier deutliche Unterschiede zu machen.[11] Was die **Lohn- und Gehaltsdifferenzierung** anbelangt, so muß diese, um dem Prinzip der Äquivalenz von Lohn und Leistung Rechnung tragen zu können, auf der Grundlage von generell gültigen Standards erfolgen. Rangordnungsverfahren und erzwungene Verteilungen lassen keine Berücksichtigung von Standards zu. In etwas gemilderter Form gilt die gleiche Aussage für die gruppierte Aussagenliste mit Wahlzwang und die Methode kritischer Ereignisse; bei letzterer wird insbesondere das normale Leistungsverhalten vernachlässigt. Die Einstufungsskalen lassen dagegen im Prinzip eine Verankerung in Standards zu und sind somit also grundsätzlich für eine Lohn- und Gehaltsdifferenzierung geeignet. Bei **personellen Auswahlentscheidungen** verhält es sich gerade umgekehrt. Die eindeutigsten Selektionsinformationen liefern Rangordnungsverfahren, erzwungene Verteilung und gruppierte Aussagenliste mit Wahlzwang.

Was die **Motivation und die individuelle Entwicklung** betrifft, so wurde bereits betont, daß Rangordnungsverfahren und erzwungene Verteilung ungeeignet sind, da sie nur relative Qualifikationen (aus Normalverteilung oder Rangordnung vergleichbarer Mitarbeiter) erfassen und keine Informationen über objektive Stärken und Schwächen erbringen. Die gruppierte Aussagenliste mit Wahlzwang ist für den Motivationszweck völlig ungeeignet, weil der Mitarbeiter keine hinreichenden diagnostischen Hinweise erhält und vor allem nicht erfährt, wo er sein Leistungsverhalten verbessern soll. Die Verfahren der Skalierung und der kritischen Ereignisse werden manchmal als bedingt geeignet eingestuft, weil sie zumindest Informationen für das Beurteilungsgespräch liefern und unter Umständen auf zu verändernde Verhaltensweisen oder Entwicklungsmöglichkeiten hinweisen.

14.3.2 Der Ergebnisorientierte Ansatz

Einen Versuch, den **Motivationszweck** im Rahmen der Personalbeurteilung besser erreichbar zu machen, stellt der ergebnisorientierte Ansatz dar. Dieser Ansatz, der in Umrissen bereits von McGregor[12] konzipiert wurde, darf jedoch nicht isoliert als eine Personalbeurteilungsmethode, sondern muß als **integraler Bestandteil** eines übergreifenden Führungsmodells gesehen werden, des Management by Objectives (MbO).[13] Das MbO-Konzept unterscheidet drei Schritte:

(1) Der **erste Schritt** besteht in der Bestimmung der **Ziele** für eine Leistungseinheit (Individuum oder Gruppe). Mit diesem Schritt werden zum einen der erwartete Beitrag des Stelleninhabers für das System festgelegt und zum anderen über die gesetzten Ziele Kriterien für die Beurteilung geschaffen. Die Ziele sollen insbesondere den zwei folgenden Anforderungen genügen:

11 Vgl. Bartölke, K., Anmerkungen zu den Methoden und Zwecken der Leistungsbeurteilung, in: a. a. o., S. 658.

12 Vgl. McGregor, D., An uneasy look at performance appraisal, in: Harvard Business Review 35 (1957), Nr. 3, S. 89–94.

13 Vgl. Odiorne, G.S., Management by objectives: A system of managerial leadership, New York 1965 (deutsch: München 1967).

– **Eindeutigkeit**: Nachdem die Ziele Beurteilungskriterien werden, muß gewährleistet sein, daß ihr Inhalt von allen gleich verstanden wird. Durch die Bezugnahme auf objektive Meßzahlen sollen Interpretationsspielräume weitgehend eingeschränkt werden.

– **Richtiger Schwierigkeitsgrad**: Motivation und Persönlichkeitsentwicklung als Zwecke der Beurteilung werden gefährdet, wenn zu hohe Ziele gesetzt werden (Entmutigung, Frustration bei dauernder Nichterreichung). Umgekehrt stellen aber auch zu niedrige Ziele keinen Anreiz dar.

Die Zielplanung soll unter aktiver Mitwirkung des Mitarbeiters erfolgen.[14] Das Ergebnis dieses Prozesses sollten – bezogen auf das Leistungsvermögen des Stelleninhabers – realistische und innerhalb der vereinbarten Periode erreichbare Ziele sein, einschließlich solcher Kriterien, an denen die Zielerreichung gemessen wird.

(2) In einem **zweiten Schritt** schätzen der Untergebene und der Vorgesetzte am Ende der vereinbarten Periode ein, inwieweit die gesteckten Ziele erreicht wurden. Die Beurteilung soll erst einmal vom jeweils Betroffenen selbst vorgenommen werden, weil er **selbst** in die Lage versetzt werden soll, seinen eigenen Fortschritt bei der Zielverfolgung zu beurteilen und weil er in der Regel die besten Kenntnisse über die Situation, insbesondere was Störgrößen bei Zielabweichungen betrifft, besitzt. Er selbst soll seine Stärken und Schwächen einschätzen und die Verantwortung für seine Entwicklung tragen. Die Selbstbeurteilung ist der Gegenstand des nachfolgenden **Beurteilungsgesprächs** zwischen Vorgesetzten und Untergebenen, in dem gemeinsam das erzielte Ergebnis diskutiert wird, Verbesserungsmöglichkeiten aufgezeigt und die Richtung für den erneuten Zielbildungsprozeß festgelegt werden.

(3) In einem **dritten Schritt** zeigt der Vorgesetzte Verbesserungsmöglichkeiten auf und legt zusammen mit dem Mitarbeiter die Ziele für den neuen Leistungszyklus fest.

Der ergebnisorientierte Ansatz besitzt einige **grundlegende Vorzüge**: Die Partizipationsmöglichkeiten der Mitarbeiter, die eindeutige Festlegung der Leistungserwartungen und die Möglichkeit zur Selbstkontrolle wirken motivationsfördernd. Darüber hinaus bringt dieser Ansatz mehr Transparenz und Objektivität, weil er Mehrdeutigkeiten der traditionellen Bewertungsmethoden durch operationale Zielstandards vermeidet.

Diesen Vorzügen stehen jedoch einige gravierende **Nachteile** und **Probleme** gegenüber, die weniger in der Beurteilungsmethodik als in dem zugrundeliegenden Führungsmodell ihre Ursache finden:

– Der **Anwendungsbereich** ist eng begrenzt: MbO ist dort nicht einsetzbar, wo es an klaren Arbeitszielen mangelt (z.B. Sekretariat) oder der Handlungsspielraum für selbständige Zielerreichungsmaßnahmen zu eng ist (Fließband). Des weiteren bringt das MbO-System die Gefahr mit sich, daß qualitative Aspekte zugunsten leicht operationalisierbarer und **quantifizierbarer** Ziele vernachlässigt werden.

14 Einige neuere Publikationen zum MbO glauben belegen zu können, daß eine einseitige Zielvorgabe eine stärkere Motivationswirkung entfalte, vgl. z.B. Shalley, C.E./Oldham, G.R./Porac, J.F., Effects of goal difficulty, goal-setting method, and expected external evaluation on intrinsic motivation, in: Academy of Management Journal 30 (1987), S. 553–562.

– Das wohl zentralste Problem ist aber die **Abstimmung** von Einzel- und Gesamtzielen. Soll dies ernsthaft betrieben werden, muß das MbO-Leistungsbeurteilungssystem zum integralen Bestandteil der Unternehmensplanung werden und sich den dort definierten Kriterien unterordnen. Eine individualisierte Zielsetzung muß dann in der Tendenz als Störfaktor wirken.

14.3.3 Prozeßgestaltung statt Methodenoptimierung

Jahrelang hatte man das Problem der Personalbeurteilung im wesentlichen als ein methodisches Problem definiert, man war der festen Überzeugung, daß durch immer ausgefeiltere Methoden eine kontinuierliche Steigerung der Effektivität dieser Systeme erreicht werden kann. Diese Überzeugung erwies sich indessen als trügerisch. In empirischen Untersuchungen zeigte sich, daß die Methodenwahl nicht den Einfluß hat, den man ihr zuschreibt.[15]

Von mindestens ebenso großem, wenn nicht erheblich größerem Einfluß als die Methodik ist die **Handhabung des Prozesses** durch den Vorgesetzten und das **organisatorische Milieu**, in dem der Prozeß stattfindet. So erwies sich z.B. der Arbeitsinhalt von großer Bedeutung, d.h. Mitarbeiter mit anspruchsvollen Arbeitsplätzen hatten eine wesentlich positivere Einstellung zum Beurteilungssystem als solche mit monotoner Arbeit.

Es wäre naiv anzunehmen, man könnte ein sozial so sensibles Instrument, wie die Beurteilung, nach Belieben an jedwedem Platz zur Entfaltung bringen. Die Leistungsbeurteilung ist mit dem gesamten System der Personalführung eng verflochten, und ihre Wirkung hängt deshalb auch stark von dem Zusammenspiel mit den anderen Maßnahmen der Personalführung und der Arbeitsorganisation ab.

In den meisten Untersuchungen zeigt sich, daß das **Beurteilungsgespräch** der **wichtigste Teil** des Leistungsbeurteilungsprozesses ist. Dies ist keinesfalls nur eine Frage des Kommunikationsstiles („Wie teile ich am geschicktesten die Ergebnisse meiner Beurteilung mit?"), sondern eine viel umfassendere Führungsaufgabe, die im Grundsatz **jeder Vorgesetzte** zu seinen Pflichten zählen muß, gleichgültig, ob ein formales Beurteilungssystem installiert ist oder nicht.

14.4 Das Beurteilungsgespräch

Viele Vorgesetzte sehen das Führen von Beurteilungsgesprächen als eine äußerst unangenehme Aufgabe an. Sie fühlen starke innere Widerstände, mit dem Mitarbeiter offen

15 Vgl. die General Electric-Studie von Lawler, E.E./Mohrman, A.M./Resnick, S.M., Performance appraisal revisited, in: Organizational Dynamics 13 (1984), Nr. 1, S. 20 ff.

über seine Arbeitsleistung, seine Stärken und seine Schwächen zu sprechen. Bisweilen erhält das dann schließlich doch geführte Beurteilungsgespräch einen so peripheren und flüchtigen Charakter, daß der Mitarbeiter gar nicht erkennt, daß er sich in einem Beurteilungsgespräch befindet.

Mehr noch als andere Bereiche der Personalfunktion bedarf deshalb das Mitarbeitergespräch einer vorbereitenden Schulung. Für die Führung eines erfolgreichen Beurteilungsgesprächs haben sich die folgenden sechs Gesichtspunkte als besonders wichtig erwiesen:[16]

(1) **Dialog**: Wenn das Beurteilungsgespräch tatsächlich auf eine Verhaltensänderung bei dem Mitarbeiter abzielen soll, muß dieser die Gelegenheit haben, sich aktiv am Gespräch zu beteiligen und nicht nur einem Vortrag zuzuhören. Der Mitarbeiter muß das sichere Gefühl haben, daß man an seinen Überlegungen interessiert ist, daß alle die Probleme, die ihn bedrücken, auch zur Sprache kommen können, daß er auch von sich aus Probleme zum Thema machen kann. Es ist deshalb von zentraler Bedeutung, daß der Mitarbeiter im Beurteilungsgespräch zum Sprechen kommt und Raum für die Darlegung seiner Vorstellungen, Wünsche und Ziele erhält.

(2) **Wertschätzung**: Es hat sich als sehr wichtig erwiesen, daß auch und gerade kritische Beurteilungsgespräche auf der Basis einer grundsätzlichen Wertschätzung geführt werden. Verletzende Kritik findet nur Ablehnung und Abwehr zum Schutze der eigenen Persönlichkeit.

(3) **Dosierte Kritik**: Zuviel Kritik wirkt entmutigend; es werden offene oder verdeckte Schutzmechanismen hervorgerufen, die den ganzen Feedbackprozeß leerlaufen lassen.

(4) **Arbeitsverhalten**: Nur solche Gespräche haben sich als wirkungsvoll erwiesen, die konkret und unmittelbar am Arbeitsverhalten des Mitarbeiters ansetzen und nicht global an seiner Persönlichkeit. Es geht nicht darum, generelle Persönlichkeitsdispositionen zu erörtern (z.B. „Sie sind ein verschlossener Mensch!"), sondern um konkrete Probleme bei der Arbeit (z.B. „Mir ist aufgefallen, daß der Informationsaustausch zwischen Ihnen und Frau Burger häufig nicht funktioniert").

(5) **Entwicklungsziele**: Es hat sich als sehr wichtig erwiesen, daß in Beurteilungsgesprächen konkrete Pläne entwickelt werden, **wie** eine Verbesserung erzielt werden kann. Im Vordergrund muß die zukunftsgerichtete Problemlösung stehen und nicht der rückwärtsgewandte Tadel für irgendwelche Vorkommnisse oder Versäumnisse.

(6) **Offenheit**: Beurteilte schätzen es wenig, wenn Beurteilungsgespräche nach taktischen Mustern aufgebaut werden. Besonders negativ wird die sog. Sandwich-Methode erlebt: Auf eine große lobende Einleitung folgen einige bittere „Einlagen", um sie dann mit großen lobenden Trostworten abzuschließen. Ist der Aufbau durchschaut, wartet der Beurteilte nur noch ängstlich darauf, wann der bittere Teil kommt.

16 Vgl. Wexley, K.N., Appraisal interview, in: Berk, R.A. (Hrsg.), Performance assessment, Baltimore 1986, S. 169 f.; Beer, M., Performance appraisal, a.a.O.

Um sicherzustellen, daß Beurteilungsgespräche ihren Zweck nicht verfehlen, ist immer wieder eine selbstkritische Prüfung des Vorgesetzten erforderlich. Bisweilen hat es sich auch als hilfreich erwiesen, zu dieser Einschätzung Dritte hinzuzuziehen (Spezialisten aus der Personalabteilung oder Berater). Der in Kasten 14.2 wiedergegebene Fragenkatalog zeigt beispielhaft, nach welchen Gesichtspunkten dieser Selbstprüfungs- oder Supervisionsprozeß gestaltet werden könnte.

14.5 Personalbeurteilung zwischen Vollzug und Öffnung

Die Personalbeurteilungsformen und -systeme, soweit wir sie bis jetzt besprochen haben, sehen den Stelleninhaber ganz überwiegend aus einer bestimmten Perspektive. Sie gehen davon aus, daß ein relativ gut definierter Satz von Arbeitsanforderungen oder Arbeitszielen existiert (bzw. im Laufe des Erstellungsprozesses herausgefiltert wird), auf die hin die tatsächlich erbrachte Leistung zu beobachten und zu beurteilen ist. Es wird also eine **Differenzbetrachtung** angestrebt, mit dem Ziel, eine Einheit herzustellen. Das Beurteilungsverfahren geht von (möglichst präzise) definierten Soll-Anforderungen bezüglich des Arbeitsvollzuges und seiner Resultate aus und prüft, ob und inwieweit das tatsächlich gezeigte Verhalten davon abweicht mit dem Ziel, die Verhaltensabweichung durch Feststellung der Differenz zu minimieren (idealiter: zu eliminieren). Diese Perspektive geht von **zwei Prämissen** aus, die einer näheren Betrachtung bedürfen:

(1) Man geht davon aus, daß Leistungsverhalten im wesentlichen **Vollzug** ist; Vollzug einer vorher bestimmten Ordnung im Sinne einer Erfüllung schon festliegender als richtig erkannter Aufgabenanforderungen. Man geht also – mit anderen Worten – davon aus, daß die **Lösung** der Probleme, die sich dem Stelleninhaber stellen, schon bekannt ist, so daß sich richtiges und falsches Verhalten eindeutig trennen läßt.

(2) Man geht (ferner) davon aus, daß nicht nur die Lösungen, sondern im Grunde auch die Probleme, die sich dem Stelleninhaber stellen, schon im vorhinein bekannt sind. Der Beurteiler und der Systemkonstrukteur kennen also den Satz an Problemen, den der Stelleninhaber zu lösen hat. Mit anderen Worten, die Umwelt des Beurteilten wird als im wesentlichen sicher gedacht.

Beide Annahmen sind ersichtlich problematisch, unterstellen sie doch eine weitgehend **stabile**, in sich verstandene Aufgabenumwelt. Faktisch ist aber die Aufgabensituation häufig eine gänzlich andere; der Stelleninhaber hat mit immer wieder veränderten **neuen Problemstellungen** zu tun und muß fortlaufend an der Verbesserung noch unbeherrschter Problemstellungen arbeiten. Mehr noch, nicht selten wird von dem Stelleninhaber geradezu erwartet, daß er die eingefahrenen Problemlösungsmuster verläßt und nach neuen Ausschau hält, oder daß er die Unternehmung durch neue Ideen verändert. Man denke etwa an Mitarbeiter in der Produktentwicklung, aber auch an solche, die in der Qualitäts-

Kasten 14.2

Fragenkatalog zur Einschätzung des Beurteilungsgesprächs

Der Einstieg:

1. Schuf der Vorgesetzte ein offenes und akzeptierendes Klima?
2. Herrschte Übereinstimmung über Zweck und Verlauf des Interviews?
3. Waren beide Parteien gleich gut vorbereitet?

Während des Interviews:

4. In welchem Umfang versuchte der Vorgesetzte wirklich, seinen Beschäftigten zu verstehen?
5. Wurden breite allgemeine Fragen an den Anfang gestellt?
6. War das Feedback des Vorgesetzten klar und spezifisch?
7. Lernte der Vorgesetzte dazu? Insbesondere über die tieferen Gefühle und Werte des Untergebenen?
8. Widersprach der Untergebene dem Vorgesetzten und konfrontierte er ihn mit anderen Vorstellungen?
9. Endete das Interview in gegenseitiger Übereinstimmung über Probleme und Verbesserungsansätze?

Ergebnisse:

10. Motivierte die Sitzung den Untergebenen?
11. Führte die Aussprache zu einer besseren Beziehung?
12. Verließ der Untergebene das Gespräch mit einer klaren Vorstellung über seine Einschätzung?
13. Kam der Vorgesetzte zu einer gerechteren Einschätzung seines Untergebenen?
14. Lernte er etwas Neues über seinen Untergebenen?
15. Lernte der Untergebene etwas Neues über seinen Vorgesetzten und den auf ihm lastenden Druck?
16. Hat der Untergebene eine klare Vorstellung darüber, was zur Verbesserung der Leistungen zu tun ist?

Quelle: Beer, M., Performance appraisal, in: Lorsch, J.W. (Hrsg.), Handbook of organizational behavior, Englewood Cliffs, NJ. 1987, S. 298

kontrolle tätig sind und daran arbeiten, den Qualitätsstandard der Produktion zu heben. Noch deutlicher wird dies bei Unternehmensmitgliedern, die an der strategischen Planung eines Unternehmens arbeiten; von ihnen wird grundsätzlich erwartet, daß sie nach neuen, unverbrauchten Wegen Ausschau halten und das Unternehmen für Veränderungen öffnen.

Diese zweite Perspektive stellt die Personalbeurteilung vor große Probleme. Sie läßt sich in das Differenz-Schema nicht mehr einpassen; neue Maßstäbe werden erforderlich. Erscheinen Abweichungen unter der Vollzugsperspektive grundsätzlich negativ, so können sie unter der Öffnungsperspektive gerade im Gegenteil Indikatoren für positives, funktionales Verhalten sein. Viel zu wenig Personalbeurteilungssysteme reflektieren diesen Spannungsbogen. Es ist auch schwer, ein System zu entwickeln, das beiden Perspektiven gleichermaßen gerecht zu werden vermag. Der Hauptgrund dafür liegt in den sehr unterschiedlichen Anforderungen, die aus den beiden Perspektiven fließen. Während die **Vollzugsperspektive** auf Eindeutigkeit und Kriterienadäquanz drängt, verlangt die **Öffnungsperspektive** eher allgemeine Beurteilungskriterien, die keine voreiligen Festlegungen bewirken.

Bei der Konstruktion und dem Umgang mit Personalbeurteilungssystemen ist jedenfalls auf die Bedeutung beider Perspektiven zu achten. Besonders wichtig ist es zu sehen, daß die Prägnanz und **Präzisierbarkeit** der Vollzugsperspektive nicht die eher mehrdeutige Öffnungsperspektive schon rein aus Gründen der einfacheren Handhabbarkeit verdrängt.

Eine Vernachlässigung der Öffnungsperspektive könnte fatale Folgen für die Unternehmung und ihre Bestandsfähigkeit haben. Das Personalbeurteilungssystem verpflichtet nämlich dann die Mitglieder auf nur **eine** Perspektive und filtert damit unter den möglichen Handlungsalternativen einseitig nur die status quo-orientierten aus, weil diese gewöhnlich einen höheren Strukturiertheitsgrad aufweisen. Das Personalbeurteilungssystem signalisiert dann (wenn auch ungewollt), daß die Prioritäten auf einem ganz bestimmten Leistungstypus liegen und daß andere Typen des Leistungsverhaltens irrelevant oder gar unerwünscht sind. Diese indirekte Steuerung des Leistungsverhaltens durch die Personalbeurteilung[17] wirkt wie ein **selektiver Verstärker**; bestimmte Verhaltensweisen werden hervorgehoben und belohnt, andere bleiben unberücksichtigt. Im Hinblick auf allfällige neue Entwicklungen und Impulse stellt diese Selektion eine **Gefahr** dar, daß nämlich gerade die Verhaltensweisen zurückgedrängt werden, die für die neue geänderte Situation besonders wichtig wären. Personalbeurteilungssysteme sollten daher fortlaufend auf diesen ihnen mehr oder weniger inhärenten Bias achten und immer wieder neu prüfen, ob die Öffnungsperspektive den Raum erhält, den sie braucht, um einer Unternehmung hinreichende Flexibilität und Innovationskraft zu verleihen.

17 Vgl. dazu im Hinblick auf den strategischen Entscheidungsprozeß Schreyögg, G., Verschlüsselte Botschaften – Neue Perspektiven einer Strategischen Personalführung, in: Zeitschrift Führung + Organisation 56 (1987), S. 151–158.

14.6 Allgemeine Problemaspekte der Personalbeurteilung

Personalbeurteilungs-Verfahren sind mit einigen grundsätzlichen Problemen behaftet, die es immer wieder zu prüfen gilt – auch dann und insbesondere dann, wenn ein Verfahren schon lange eingeführt ist.

(1) Zurechenbarkeit der Leistung

Grundlegende Voraussetzung jeder Personalbeurteilung ist eine hinreichende Abgrenzbarkeit und Zurechenbarkeit der erbrachten (Arbeits-)Leistung eines Stelleninhabers. Dieser Grundforderung stellen sich aufgrund der Leistungsverflechtung in arbeitsteiligen Organisationen z.T. erhebliche Schwierigkeiten entgegen. Dies nicht nur bei eng verkoppelten Mensch-Maschine–Systemen, sondern auch dann, wenn der zu beurteilende Stelleninhaber in unmittelbarer Zusammenarbeit mit anderen (z.B. Teams) eine Gesamtleistung erbringt, wenn also eine starke **Interdependenz** im Aufgabenvollzug gegeben ist.

Die Frage der Zurechenbarkeit stellt sich noch in einem grundsätzlicheren Sinne. Die **Leistung eines Individuums** ist ja – neben den technischen Gegebenheiten – nicht nur eine Funktion seiner Fähigkeiten und Fertigkeiten, sondern auch seiner Motivation. Die Motivation wiederum – das haben die vorhergehenden Kapitel gezeigt – ist keine konstante Eigenschaft, die eine stabile Unterteilung in Motivierte und Nicht-Motivierte zuließe, sondern ist neben individuellen Merkmalen auch sehr stark von externen Faktoren abhängig. Als relevante externe Faktoren wurden u.a. bereits genannt: Organisationsstruktur, Vorgesetztenverhalten, Gruppenverhalten, Arbeitsinhalt, Gehalt und frühere Leistungsbeurteilungen. Auch diese Faktoren sind im Prinzip bei der Beurteilung der Individualleistung zu berücksichtigen, eine **exakte** Lokalisierung dieser Einflüsse ist jedoch nahezu unmöglich. Dem Beurteiler ist deshalb eine sorgfältige Abwägungspflicht aufzuerlegen, um zumindest ungerechtfertigte Zurechnungen zu verhindern (Würdigung der Gesamtsituation).

(2) Vergangenheits- und zukunftsbezogene Personalbeurteilung

Personalbeurteilungen beziehen sich zunächst einmal immer auf die in der Vergangenheit (Beurteilungszeitraum) erbrachte Leistung, d.h. die Beurteilung setzt an dem faktisch gezeigten Verhalten und den erzielten Ergebnissen an. Häufig werden aber Leistungsbeurteilungen zu **Prognosen** verwendet (z.B. Beförderung) unter der Annahme, die beurteilte Person werde sich in Zukunft weiter so verhalten (bzw. weiter so entwikkeln), wie es bisher der Fall war, sei es im Hinblick auf den bisherigen oder einen neuen Arbeitsplatz. Eine solche Prognose (Extrapolation) ist jedoch nicht ohne weiteres zulässig; sie gilt nur, wenn die Bedingungskonstellation (Anspruchsniveau, Ziele usw.) als zukünftig stabil vorausgesetzt werden kann. Davon darf aber gewiß nicht generell ausgegangen werden, eine Veränderung der Konstellation ist eher die Regel als die Ausnahme. Um dieses (Prognose-)Risiko zu begrenzen, sollte zumindest jeweils geprüft werden, ob gute Gründe für einen berechtigten Zweifel an der Triftigkeit der Prognose (Extrapolation) bestehen.

(3) Nebeneffekte

Neben diesen systematischen Problemen ist weiterhin auf unerwünschte Nebeneffekte hinzuweisen, die mit der Einrichtung und Praktizierung von Personalbeurteilungsverfahren einhergehen können. So gilt es z.B. die Gefahr zu sehen, daß die Beurteilung neben ihren offiziellen Funktionen im Prinzip auch zur **Sanktionierung** bestimmter, dem Beurteiler unliebsamer Verhaltensweisen mißbraucht werden kann. So kommt es vor, daß bestimmte Einstellungen (z.B. politischer oder religiöser Art) und/oder ein bestimmter Lebensstil (Frisur, Sport, Kleidung usw.) mit Hilfe der Personalbeurteilung zu unterdrücken (zu fördern) versucht werden, indem ungerechtfertigt schlechte (gute) Beurteilungen gegeben oder (implizit) angedroht werden. Solche Verfahrensweisen sind um so leichter möglich, je unpräziser und je weniger arbeitsplatzbezogen die Beurteilungsmerkmale sind. Beurteilungskriterien wie „Verhalten gegenüber dem Vorgesetzten" fordern zu solchen extrafunktionalen Sanktionen geradezu heraus. Nachdem Praktiken dieser Art bzw. die damit einhergehenden Nebeneffekte nicht nur den Informationsgehalt der Beurteilung zerstören, sondern auch für die Mitarbeiter einen unerlaubten und unzumutbaren Eingriff in ihre **Persönlichkeitsrechte** (insbes. Art. 1 I, Art. 2 I GG) bedeuten, ist ihnen durch Einrichtung von Kontrollen und Beschwerderegelungen soweit wie möglich entgegenzuwirken. Es sei darauf hingewiesen, daß ohnehin die allgemeinen Grundsätze einer formalen Leistungsbeurteilung nach § 94 II BetrVG der Zustimmung des Betriebsrates bedürfen. Kommt eine Einigung über den Inhalt nicht zustande, entscheidet die Einigungsstelle.

Neben dieser auf die spezielle Beurteilungssituation bezogene Problematik sind solche unerwünschten Nebeneffekte zu unterscheiden, die mit der Personalbeurteilung als Ganzes verbunden sind. So wird von Belegschaftsvertretern häufig auf die Gefahr der **Diskriminierung** älterer Arbeitnehmer oder Frauen hingewiesen. Beurteilungssysteme sollten deshalb in regelmäßigen Abständen auf solche systematischen Verzerrungen hin untersucht werden.[18] Ein gewisses Gegengewicht bildet das Prinzip, wonach jede Beurteilung für den Beurteilten **voll einsehbar** sein muß. Dies ist eine Forderung, die sich ohnehin aus den einschlägigen Vorschriften des BetrVG ergibt (§§ 82, 83); das Anlegen von Geheimakten ist verboten. Der Beurteilte muß zugleich die Möglichkeit haben, bei einem aus seiner Sicht nicht akzeptablen Urteil Klärungsschritte einzuleiten, d.h. es muß dafür ein Konfliktlösungsverfahren institutionalisiert sein (vgl. §§ 84, 85 BetrVG).

(4) Selektivität

Die Erstellung einer Personalbeurteilung macht einen komplexen Informationsverarbeitungsprozeß erforderlich: Verhaltensweisen müssen beobachtet, wichtige Details und Kontextumstände erinnert, Widersprüche integriert, das eigene Perzeptionssystem mit dem des Mitarbeiters, dem anderer Beurteiler und dem System der Verfahrensvorschriften abgeglichen werden usw. Um schließlich zu einer stimmigen Bewertung vorzustoßen, muß der Beurteiler zwangsläufig selektiv vorgehen und den Vorgang **vereinfachen**. Personalbeurteilungen werden deshalb immer partiell willkürlich sein.

18 Vgl. Heinrich, M./Erndt, H., Leistungsbeurteilung zur Fundierung personeller Ausleseentscheidungen, in: Zeitschrift f. Arbeitswissenschaft 34 (1980), S. 89–96.

Dieses Problem läßt sich auch durch noch so gute Methoden nicht aus der Welt schaffen, es ist eine Folge der komplexen Aufgabe. Umso mehr gilt es, diesem Selektionsproblem Aufmerksamkeit zu schenken und kompensierende Gegengewichte zu schaffen. Als ein mögliches Korrektiv wird häufig der systematische Einbezug von **Selbstbeurteilungen** in den Beurteilungsprozeß vorgeschlagen.[19]

Diskussionsfragen

1. Welche Argumente sprechen für, welche gegen ein formalisiertes Personalbeurteilungssystem (PB-System)?
2. Inwiefern konfligieren die Zwecke der PB? Welche Konsequenzen ergeben sich daraus für die Einführung von PB-Systemen?
3. Inwieweit greift das BetrVG in die Gestaltung von PB-Systemen ein? Welche Gründe mögen den Gesetzgeber dazu veranlaßt haben?
4. Inwiefern ist die Anwendung des Verfahrens der „erzwungenen Verteilung" problematisch? Belegen Sie Ihre Argumente anhand von Beispielen!
5. Welche Probleme wirft die Anwendung der „Gruppierten Aussagenliste mit Wahlzwang" auf?
6. Was versteht man unter dem „Milde-Fehler"? Warum tritt er wohl auf?
7. Vergleichen Sie den ergebnisorientierten Ansatz mit der Methode der kritischen Ereignisse! Welche Vorteile erkennen Sie für ersteren?
8. Welche Anforderungen sind an ein effektives Beurteilungsgespräch zu stellen?
9. Welche Probleme wirft die Zurechenbarkeit der Leistung im Rahmen der Personalbeurteilung auf?
10. Inwiefern konfligiert die Öffnungs- mit der Vollzugsperspektive?

19 Vgl. Campbell, D.J./Lee, C., Self-appraisal in performance evaluation, in: Academy of Management Review 13 (1988), S. 307 ff.

Literaturhinweise

Zur Stellung und Bedeutung der Personalbeurteilung:

Gaugler E. u.a., Leistungsbeurteilung in der Wirtschaft, Baden-Baden 1978.

Lattmann, C., Die Leistungsbeurteilung als Führungsmittel, Bern/Stuttgart 1975.

Oechsler, W., Personalführung durch tätigkeitsbezogene Leistungsbewertung, in: Liebel, H.J./Oechsler, W., Personalbeurteilung, Bamberg 1987.

Zu Ansätzen und Methoden der Personalbeurteilung:

Batz, M./Schindler, U., Personalbeurteilungsssysteme auf dem Prüfstand, in: Zeitschrift Führung + Organisation 52 (1983), S. 424–432.

Berk, R.A. (ed.), Performance assessment, Baltimore 1986.

Liebel, H.J., Personalführung durch Verhaltensbewertung: Aktuelle Probleme mit langer Tradition, in: Liebel, H.J./Oechsler, W., Personalbeurteilung, Bamberg 1987.

McGregor, An uneasy look at performance appraisal, in: Harvard Business Review 35 (1957) Nr. 3, S. 89–94.

Muczyk, J.P./Reimann, B.C., MbO as a complement to effective leadership, in: Academy of Management Executive 3 (1989), S. 131–138.

Zu Problemen der Personalbeurteilung:

Bartölke, K., Probleme und offene Fragen der Leistungsbeurteilung, in: Zeitschrift für Betriebswirtschaft 42 (1972), S. 629–648.

Feldman, J.M., Beyond attribution theory: Cognitive processes in performance appraisals, in: Journal of Applied Psychology 66 (1981), S. 127–148.

Neuberger, O., Rituelle (Selbst-) Täuschung – Die irrationale Praxis der Personalbeurteilung, in: Die Betriebswirtschaft 40 (1980), S. 27–43.

Fünfzehntes Kapitel

Entlohnung

15.1 Der Lohnkonflikt 639

15.2 Grundlagen der Entgeltdifferenzierung: Elemente, Gestaltungsmöglichkeiten, Probleme 640
- 15.2.1 Überblick 640
- 15.2.2 Lohnsatzdifferenzierung 642
- 15.2.3 Lohnformdifferenzierung 648
  - 15.2.3.1 Zeitlohn 648
  - 15.2.3.2 Akkordlohn 649
  - 15.2.3.3 Prämienlohn 651
  - 15.2.3.4 Pensumlohn 653
  - 15.2.3.5 Allgemeine Probleme der idealtypischen Leistungslohnformen 653

15.3 Entlohnung im Wandel 654
- 15.3.1 Überblick 654
- 15.3.2 Neue Produktionstechnologien und Entlohnung 656
  - 15.3.2.1 Arbeitsbewertung und neue Technologien 656
  - 15.3.2.2 Lohnformgestaltung und neue Technologien 661

15.4 Entlohnung und Motivation 667

15.5 Entlohnung und Lohnzufriedenheit 670
- 15.5.1 Determinanten der Lohnzufriedenheit 671
- 15.5.2 Empirische Befunde 675

15.6 Unzufriedenheit mit der Entlohnung und ihre Folgen 676

Diskussionsfragen 678

Literaturhinweise 678

Die Entlohnung als eine der wichtigen Maßnahmen zur Erhaltung der quantitativen und qualitativen Arbeitskraft in der Unternehmung ist mehr als alle anderen Elemente der Managementfunktion Personaleinsatz durch den größeren Rahmen des industriellen Lohnkonfliktes geprägt. Es ist deshalb angebracht den Kern dieses Lohnkonfliktes kurz zu skizzieren, bevor die betrieblichen Möglichkeiten bei der Gestaltung der Entlohnung diskutiert werden, wie sie der Manager kennen muß, um die Lohnpolitik verantwortlich mitbestimmen zu können.

15.1 Der Lohnkonflikt

Auch und gerade in den heutigen, hochentwickelten, arbeitsteiligen industriellen Volkswirtschaften ist die Substanz des Lohnkonfliktes unberührt geblieben; nämlich das Aufeinandertreffen divergierender ökonomischer Interessen von abhängig Beschäftigten und Unternehmern. Während diejenigen, die die Produktionsfaktoren kombinieren, an **möglichst geringen** Lohnkosten Interesse haben, möchten die abhängig Beschäftigten einen **möglichst hohen** Lohn für ihre Arbeitskraft erzielen. Lohn wird dabei verstanden als dasjenige Entgelt, das auf der Grundlage eines vertraglich geregelten Arbeitsverhältnisses gezahlt wird.

Der Prozeß der Lohnfindung läßt sich vielleicht durch Verfeinerung der Arbeitsbewertungs-Instrumente, Differenzierung der Arbeitsstudien-Verfahren und Verbesserungen der REFA-Ausbildung objektivieren. Doch derartige Verbesserungen ändern nichts am **politischen Charakter** des Lohnkonfliktes. Sie erleichtern die Abstimmung der Interessen, sie können aber nicht den Interessenausgleich herstellen. Die Frage der Entlohnung kann auch nicht nur auf der Ebene der Arbeitsanforderungen und der individuellen Arbeitsleistung betrachtet werden. Entlohnung ist immer auch Verteilung der betrieblichen Wertschöpfung, betrifft also auch die Frage, welcher Anteil an den geschaffenen Werten billigerweise dem Faktor Arbeit zuerkannt werden soll. Die in Wissenschaft und Praxis zu Recht immer wieder gestellte Frage nach dem gerechten Lohn läßt sich damit nicht mit empirischen Verfahren lösen, sondern bedarf – wie es ihrem methodischen Charakter ja auch entspricht – einer sorgfältigen normativen Diskussion[1]. In der Praxis stellt sich die Lohnfindung als Verhandlungsprozeß dar und zwar sowohl innerbetrieblich als auch außerbetrieblich.

Lohnforderungen und Klagen über das Entlohnungssystem sind sicherlich für den abhängig Beschäftigten schon wegen der Sicherung des Lebensunterhalts von großer Bedeutung; zusätzlich aber haben sie in der Regel symbolischen Charakter. In Lohnforderungen und insbesondere in Beschwerden über das Lohnsystem drückt sich häufig zugleich auch eine Unzufriedenheit mit den allgemeinen Verhältnissen im Betrieb aus. Be-

1 Vgl. hierzu ausführlich Steinmann, H./Löhr, A., Lohngerechtigkeit, in: Gaugler, E./Weber, W. (Hrsg.), Handwörterbuch des Personalwesens, 2. Aufl., Stuttgart 1990, im Druck.

schwerden über das Verhalten der Vorgesetzten, über schlechte zwischenmenschliche Beziehungen, über abstumpfende, monotone Arbeit sind als solche für den Beschwerdeführer nicht nur schwer zu diagnostizieren, sondern häufig noch schwerer zu verbalisieren. „Lohnforderungen hingegen haben gleichsam a priori objektiven Charakter; denn sie beziehen sich auf einen realen, allgemein anerkannten Interessenkonflikt zwischen Arbeitern und Management."[2] Löhne sind zwar häufig Anlaß, aber eben nicht immer der Hauptgrund der Unzufriedenheitsäußerung. Dahrendorf interpretiert deshalb den Lohnkonflikt wie jeden industriellen Konflikt auch als eine Auseinandersetzung um Machtbefugnisse; als Anfechtung der Legitimität der bestehenden Machtverteilung und als Forderung nach ihrer Veränderung[3]. Dies offenbart sich nach seiner Meinung u.a. in den gewerkschaftlichen Begründungen der Lohnforderungen. Zu Anfang der Industrialisierung geht es in **erster** Linie um die Sicherung des **Existenz-Minimums**; in der **zweiten** Phase wird zur Unterstützung der Forderungen häufig auf die steigenden **Lebenshaltungskosten** verwiesen (während sinkende Lebenshaltungskosten nicht als Grund für Lohnsenkungen akzeptiert werden); das Hauptinteresse ist dabei, die einmal gewonnene Position so gut wie möglich abzusichern. Die **dritte** und expansivste Argumentationsphase orientiert sich an der Geschäftslage und der **Produktivität**. Die Forderungen zielen auf eine Teilhabe an den steigenden Unternehmensgewinnen durch Lohnerhöhungen. „In dieser Forderung drückt sich das Verlangen nach Anerkennung des auch direkt angemeldeten Rechtes auf Mitbestimmung, auf Institutionalisierung der Teilhabe der Arbeitnehmer an den Geschicken des Betriebes und Unternehmens aus."[4]

Somit muß der Lohnkonflikt in seinen vielfältigen Bezügen gesehen und darf nicht nur – wie etwa bei der Grenzproduktivitätstheorie – auf den rein ökonomischen Aspekt reduziert werden.

15.2 Grundlagen der Entgeltdifferenzierung: Elemente, Gestaltungsmöglichkeiten, Probleme

15.2.1 Überblick

In der betrieblichen Praxis finden sich vielfältige Formen, Methoden und Systeme zur individuellen Entgeltbestimmung. Nichtsdestotrotz kann man das Arbeitsentgelt und damit die Entgeltdifferenzierung – so wie sie sich in der Bundesrepublik Deutschland herausgebildet haben – auf drei Grundelemente zurückführen[5], die aus Abbildung 15.1 entnehmbar sind.

2 Friedeburg, L. v., Soziologie des Betriebsklimas, Frankfurt/Main 1963, S. 49.
3 Vgl. Dahrendorf, R., Industrie- und Betriebssoziologie, Berlin 1962, S. 99.
4 Dahrendorf, R., a.a.O., S. 100.
5 Vgl. hierzu und zum folgenden insbes. Eckardstein, D.v., Entlohnung im Wandel. Zur veränderten Rolle industrieller Entlohnung in personalpolitischen Strategien, in: Zeitschrift für betriebswirtschaftliche Forschung 38 (1986), S. 248 f.; in Anlehnung daran auch Scholz, C., Personalmanagement, München 1989, S. 455 f.

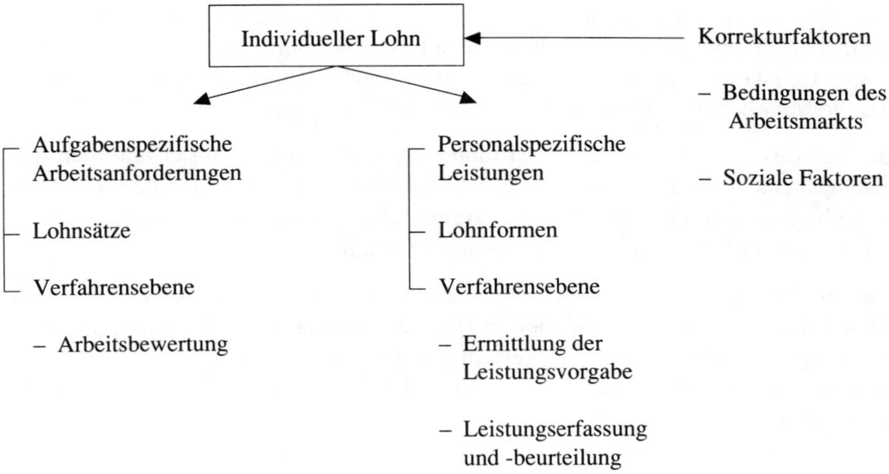

Abb. 15.1: Grundelemente der betrieblichen Lohnfindung

Quelle: Eckardstein, D.v., Entlohnung im Wandel. Zur veränderten Rolle industrieller Entlohnung in personalpolitischen Strategien, in: Zeitschrift für betriebswirtschaftliche Forschung 38 (1986), S. 248

Die Entgeltdifferenzierung orientiert sich demnach zum einen an den personenunabhängigen Anforderungen, die die **Arbeitsaufgabe** an die Arbeitskraft stellt (Lohnsatzdifferenzierung), zum anderen an den individuellen **Leistungen**, die die Arbeitskraft erbringt. Die leistungsbezogene Entgeltdifferenzierung kann dabei durch die Wahl und den Einsatz einer bestimmten Lohnform (Lohnformdifferenzierung) – so z.B. durch den Akkord- oder den Prämienlohn – und die Anwendung der bereits oben besprochenen Formen der Personalbeurteilung herbeigeführt werden[6].

Hinter den beiden bisher angesprochenen Elementen der Entgeltdifferenzierung kommen die „Gerechtigkeitspostulate" der Entsprechung von Lohn und Anforderungen sowie der Entsprechung von Lohn und Leistungsgrad zum Ausdruck, die das von Kosiol 1962 formulierte Äquivalenzprinzip ausmachen. In der betrieblichen Praxis wird dieses theoretische Lohnkonzept dabei durch bestimmte Korrekturfaktoren, insbesondere durch soziale Komponenten und Einflüsse des externen Arbeitsmarktes, modifiziert. So fließen regelmäßig auch soziale Gesichtspunkte, wie z.B. Familienstand, Lebensalter, Betriebszugehörigkeit und Garantie des Lohnniveaus im Falle von Versetzungen, in die Lohnbildung ein. Soziale Faktoren müssen dabei nicht zwangsläufig den ökonomischen Überlegungen zuwiderlaufen, sondern können mit ihnen im Hinblick auf die Erhaltung des Belegschaftsstandes oder die Wahrung der Loyalität der Beschäftigten durchaus har-

6 Vgl. vierzehntes Kapitel.

monieren. Der externe Arbeitsmarkt wirkt immer dann maßgeblich auf die Lohnfindung ein, wenn die Einkommensmöglichkeiten, die aufgrund des anforderungs- und leistungsorientierten Lohnkonzeptes ermittelt wurden, nicht attraktiv genug sind, um hinreichend qualifizierte Mitarbeiter extern zu aquirieren oder im Unternehmen halten zu können.

Die Idee Kosiols, der gerechte Lohn sei hinreichend bestimmt, wenn er anforderungs- und leistungsgerecht sei, ist also in der betrieblichen Praxis dadurch modifiziert worden, daß der Lohn auch **sozialgerecht** und **marktgerecht** sein soll. Diese Gerechtigkeitspostulate können natürlich in Konkurrenz zueinander treten.

Vor diesem Hintergrund werden im folgenden zunächst prinzipielle Gestaltungsmöglichkeiten bei der anforderungsorientierten Lohnsatzfindung und der leistungsabhängigen Lohnformdifferenzierung kurz vorgestellt, um dann in einem weiteren Schritt praktische Veränderungstendenzen bei diesen beiden klassischen lohnpolitischen Instrumenten aufzuzeigen.

15.2.2 Lohnsatzdifferenzierung

Die Bestimmung der Arbeitsschwierigkeit als Basis der Lohnsatzdifferenzierung erfolgt durch die Arbeitsbewertung. Sie zielt darauf ab, bestimmte Anforderungen an eine Arbeit (oder eines Arbeitsplatzes) im Vergleich zu anderen Arbeiten nach einem einheitlichen Maßstab zu bestimmen. Es geht also darum, ganz unabhängig von bestimmten Personen als Arbeitsplatzinhabern Schwierigkeitsunterschiede zwischen einzelnen Arbeiten festzulegen. Auf der **verfahrenstechnischen Ebene** stehen als Arten der Bewertung die summarische und die analytische Arbeitsbewertung, als Arten der Quantifizierung die Reihung und Stufung zur Verfügung[7].

Summarische Verfahren nehmen eine Bewertung der Arbeitsschwierigkeit als Ganzes vor und verzichten damit auf eine getrennte Analyse einzelner Anforderungsarten. Bei den **analytischen** Verfahren wird hingegen die Höhe der Beanspruchung nach Anforderungsarten aufgegliedert, und diese werden jeweils einzeln bewertet. Die Quantifizierung des Urteils über die Arbeitsschwierigkeit kann bei beiden Verfahrensgruppen entweder durch Reihung oder durch Stufung erfolgen. Bei der Reihung wird eine Rangordnung der Arbeitsplätze gemäß dem jeweiligen Schwierigkeitsgrad vorgenommen. Bei der Stufung werden hingegen unterschiedliche Schwierigkeitsklassen gebildet, in die dann die einzelnen Tätigkeiten bzw. Anforderungsarten eingruppiert werden. Kombiniert man die genannten Unterscheidungsmerkmale, so lassen sich – wie Abbildung 15.2 veranschaulicht – vier Verfahren der Arbeitsbewertung unterscheiden.

7 Vgl. hierzu und zum folgenden ausführlicher z.B. Kupsch, P./Marr, R., Personalwirtschaft, in: Heinen, E. (Hrsg.), Industriebetriebslehre, 8. durchges. und verb. Aufl., Wiesbaden 1985, S. 712 ff.; Oechsler, W., Personal und Arbeit, 3. Auflage, München/Wien 1988, S. 210 ff.

Art der Bewertung / Art der Quantifizierung	summarisch	analytisch
Reihung	Rangfolgeverfahren	Rangreihenverfahren
Stufung	Lohngruppenverfahren	Stufenwertzahlverfahren

Abb. 15.2: Verfahren der Arbeitsbewertung

Quelle: Kupsch, P./Marr, R., Personalwirtschaft, in: Heinen, E. (Hrsg.), Industriebetriebslehre, 8. durchges. und verb. Aufl., Wiesbaden 1985, S. 715

(1) **Summarische Verfahren**

(a) Rangfolgeverfahren

Beim **Rangfolgeverfahren** werden die im Unternehmen anfallenden Arbeiten in einem ersten Schritt anhand von Arbeitsbeschreibungen aufgelistet. Anschließend werden diese Arbeiten durch paarweise Gegenüberstellung miteinander verglichen und nach der Arbeitsschwierigkeit geordnet. Diese Rangordnung bildet die Grundlage für die Lohnsatzdifferenzierung. Dabei werden die Arbeitsplätze, die nach ihrer Arbeitsschwierigkeit als gleichwertig eingeschätzt werden, in einer Lohn- und Gehaltsgruppe zusammengefaßt. Den Vorteilen der einfachen Handhabbarkeit und leichten Verständlichkeit stehen allerdings auch gravierende Nachteile gegenüber. So ist das Rangfolgeverfahren allenfalls in kleinen, überschaubaren Betrieben oder einzelnen Abteilungen mit vertretbarem Aufwand durchführbar; ferner bleibt die Größe der Rangabstände zwischen den einzelnen Tätigkeiten unberücksichtigt, und es fehlt eine exakte Bezugsgröße für die Transformation der Arbeitswerte in Lohnsätze. An den Beurteiler werden damit sehr hohe Anforderungen gestellt, was einen breiten Raum für subjektive Einflüsse eröffnet und die Gefahr von Fehlurteilen erhöht. In der Praxis findet das Rangfolgeverfahren aus diesen Gründen nur sehr selten Anwendung.

(b) Lohngruppenverfahren

Beim **Lohngruppenverfahren**, das Tarifverträgen häufig zugrundeliegt, wird die Vorgehensweise des Rangfolgeverfahrens umgedreht. Zuerst bildet man einen Katalog von Lohngruppen, der unterschiedliche Schwierigkeitsgrade der verschiedenen Arbeitsplätze darstellt. Um die Einstufung in die einzelnen Lohngruppen zu erleichtern, ergänzt man die summarische Beschreibung der einzelnen Schwierigkeitsstufen in der Regel durch Richtbeispiele. Im zweiten Schritt werden dann die einzelnen Arbeitsplätze den Lohn-/Gehaltsgruppen zugeordnet. Die Zahl der Lohngruppen umfaßt je nach Tarifgebiet und dem gewünschten Genauigkeitsgrad zwischen acht und vierzehn Lohngruppen. Abbildung 15.3 zeigt als Beispiel die Lohngruppeneinteilung für die Arbeiter der Eisen-, Metall- und Elektroindustrie des Saarlandes gemäß dem Lohnrahmentarifvertrag aus dem Jahre 1987.

Lohn-gruppe	Beschreibung der Arbeit	Prozent-satz	Grundlohn ab 1.4.88
02	Körperlich leichte Arbeiten, die ohne vorherige Arbeitskenntnisse nach einer Zweckausbildung oder einer Anlernzeit von mindestens 4 Wochen ausgeführt werden können.	82,0	DM 10,75
03	Körperlich leichte Arbeiten, die nach einer Anlernzeit von 3 Monaten und nach Erwerb von beruflicher Fertigkeit, Übung und Erfahrung ausgeführt werden können.	82,0	DM 10,75
1	Einfache Arbeiten mit körperlicher Belastung, die ohne vorherige Arbeitskenntnisse nach eieiner kurzfristigen Einweisung ausgeführt werden können.	82,0	DM 10,75
2	Arbeiten mit erhöhter körperlicher Belastung, die ohne vorherige Arbeitskenntnisse nach Einweisung ausgeführt werden können.	84,0	DM 11,01
3	Körperlich erschwerte Arbeiten, die eine Zweckausbildung oder ein systematisches Anlernen von drei Monaten und berufliche Fertigkeit, Übung und Erfahrung verlangen.	88,5	DM 11,60
4	Arbeiten, die ein Spezialkönnen voraussetzen, das durch eine abgeschlossene Anlernausbildung in einem anerkannten industriellen Anlernberuf oder durch gleichzubewertende Arbeitskenntnisse und Erfahrungen erreicht wird.	93,0	DM 12,19
5	Facharbeiten, die neben beruflicher Handfertigkeit und beruflichen Kenntnissen einen Ausbildungsstand verlangen, der durch eine fachentsprechende Berufslehre mit abgelegter Facharbeiterprüfung erzielt wird oder der ein gleichzubewertendes Können voraussetzt, das den Ausführenden befähigt, aufgrund langjähriger Erfahrungen alle Arbeiten des betreffenden Lehrberufs auszuführen.	100,0 (Ecklohn)	DM 13,11
6	Qualifizierte Facharbeiten, die besondere Fertigkeiten und Berufserfahrungen voraussetzen.	110,0	DM 14,42
7	Hochwertige Facharbeiten, die hohe Anforderunrungen an Können und Wissen stellen und selbständiges Arbeiten voraussetzen.	120,0	DM 15,73
8	Hochwertigste Facharbeiten, die überragendes Können, große Selbständigkeit, Dispositionsvermögen, umfassende Verantwortung und entsprechende theoretische Kenntnisse erfordern.	133,0	DM 17,44

Abb. 15.3: Beispiel zum Lohngruppenverfahren in der Metallindustrie des Saarlandes

Quelle: Scholz, C., Personalmanagement, München 1989, S. 463

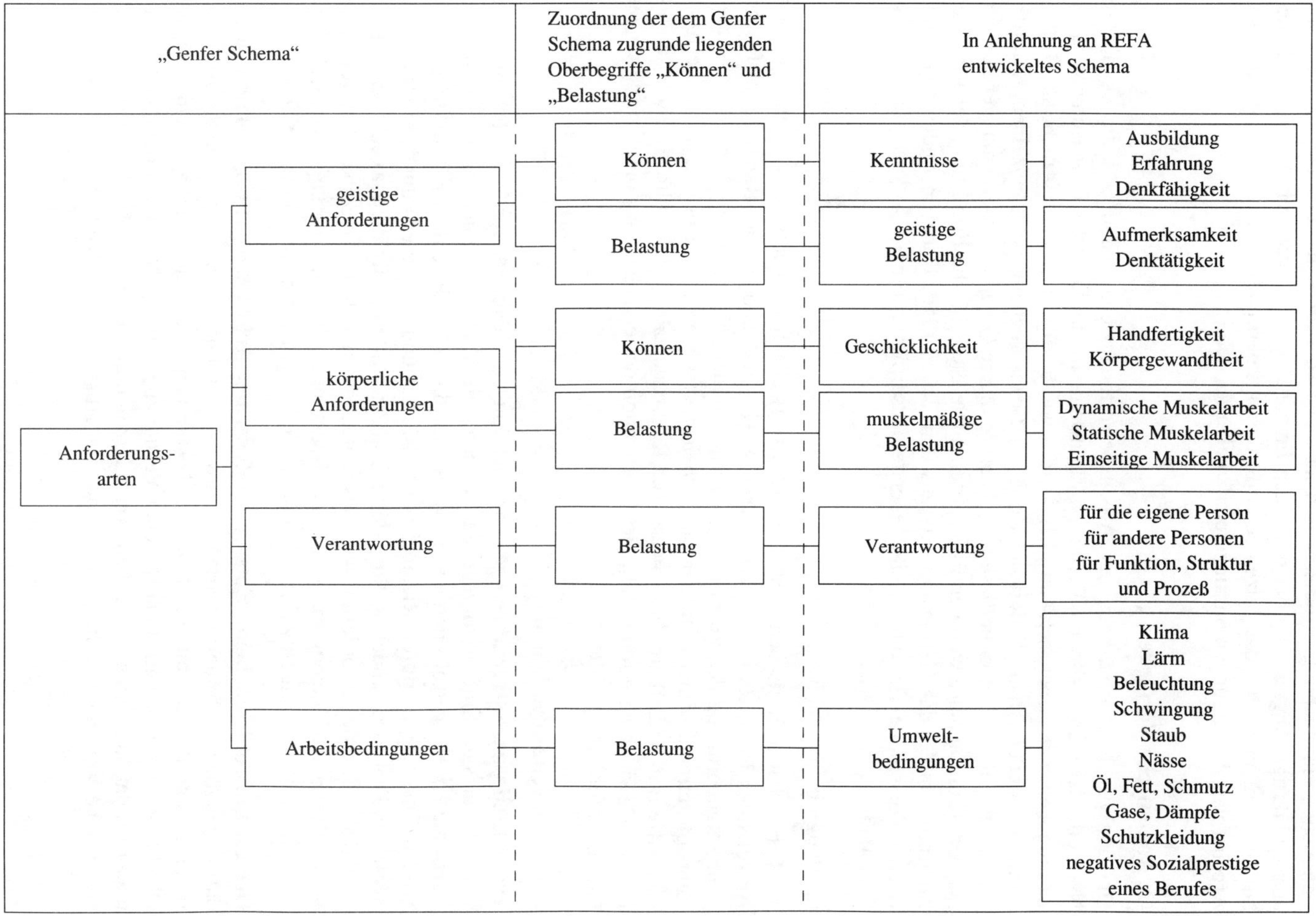

Abb. 15.4: Anforderungsartenkatalog

Quelle: Pfeiffer, W./Doerrie, U./Stoll, E., Menschliche Arbeit in der industriellen Produktion, Göttingen 1977, S. 187

Die Vorzüge des Lohngruppenverfahrens liegen wiederum in der einfachen und verständlichen Handhabung. Problematisch ist dabei allerdings die hinreichend klare und aussagekräftige Abgrenzung der einzelnen Entgeltgruppen. Außerdem werden – da detaillierte Angaben über die einzelnen Anforderungsmerkmale fehlen – die spezifischen Arbeits(platz)bedingungen nur unzureichend berücksichtigt.

(2) **Analytische Verfahren**

Die **analytischen Verfahren** der Arbeitsbewertung zielen darauf ab, die erwähnten Nachteile der summarischen Verfahren durch einen detaillierteren Bewertungsvorgang zu umgehen. Die Arbeitsschwierigkeit wird – wie bereits angedeutet – nicht als Ganzes ermittelt, sondern man gliedert die Höhe der Beanspruchung nach einzelnen Anforderungsarten auf und bewertet diese jeweils einzeln. Die Gesamtbeanspruchung ergibt sich aus der Addition der jeweiligen Einzelurteile. Die Basis für die Ermittlung der Anforderungsarten bildet das Genfer Schema aus dem Jahre 1950. Daneben finden sich zahlreiche Vorschläge für eine weitergehende Ausdifferenzierung, so etwa das REFA-Schema (s. Abb. 15.4).

(a) Rangreihenverfahren

Auch bei den analytischen Verfahren finden zwei unterschiedliche Vorgehensweisen Anwendung. Beim **Rangreihenverfahren** wird – in Analogie zum Rangfolgeverfahren – eine Rangordnung der Verrichtungen vorgenommen, hier allerdings für jede Anforderungsart getrennt. Zur Ermittlung des Arbeitswertes werden die ordinalen Ränge bzw. Platzziffern in addierbare Zahlenwerte (i.d.R. Prozentzahlen) überführt. Darüber hinaus ist eine Gewichtung erforderlich, die die Relation der einzelnen Anforderungsarten zur Gesamtanforderung festlegt.

(b) Stufenwertzahlverfahren

Das **Stufenwertzahlverfahren** zeichnet sich hingegen dadurch aus, daß jeder einzelnen Anforderungsart Stufen vorgegeben werden, die die unterschiedlichen Belastungen durch die jeweilige Anforderungsart widerspiegeln sollen. Jede dieser Bewertungsstufen wird definiert, ggfs. durch Richtbeispiele erläutert und mit einer Punktzahl (Wertzahl) versehen. Der jeweils höchste Wert der gebildeten Stufen ergibt die maximal erreichbare Punktzahl für eine Anforderungsart. Gewichten lassen sich die einzelnen Anforderungsarten zueinander, indem man je nach Bedeutung der Anforderungsart jeweils unterschiedlich viele Stufen wählt. Abbildung 15.5 zeigt auch hierzu ein Beispiel.

Die **Hauptprobleme beim Einsatz analytischer Arbeitsbewertungssysteme** liegen darin, geeignete Anforderungsarten auszuwählen und den Anteil der einzelnen Anforderungsarten an der Gesamtanforderung zu bestimmen. Die Bemühungen um eine stärkere Objektivierung im Rahmen analytischer Verfahren können jedoch nicht darüber hinwegtäuschen, daß auch diese Vorgehensweise letztlich quasi-objektiv bleibt. Quasi-objektiv sind solche Verfahren deshalb, weil schon die Auswahl der einzelnen Tatbestandsmerk-

Anforderungsartenkatalog			Punktzahl je Anforderungsart									
Anforderungsart	Kenntnisse	Ausbildung	0	1	2	3	4	5	6	~~7~~	8	9
		Erfahrung	0	1	2	3	4	5	~~6~~	7	8	
		Denkfähigkeit	0	1	2	3	4	~~5~~	6	7		
	geistige Belastung	Aufmerksamkeit	0	1	2	~~3~~	4					
		Denktätigkeit	0	1	2	~~3~~	4	5				
	Geschicklichkeit	Handfertigkeit	0	1	2	3	4	~~5~~	6	7		
		Körpergewandtheit	0	1	2	~~3~~	4	5				
	muskelmäßige Belastung	Dynamische Muskelarbeit	0	1	2	~~3~~	4					
		Statische Muskelarbeit	0	1	~~2~~	3	4	5	6			
		Einseitige Muskelarbeit	0	1	2	3	~~4~~	5				
	Verantwortung	für die eigene Person	0	1	2	~~3~~	4	5				
		für andere Personen	0	1	~~2~~	3	4	5	6			
		für Funktion, Struktur und Prozeß	0	1	2	~~3~~	4	5				
	Umweltbedingungen	Klima	~~0~~	1	2	3						
		Lärm	0	~~1~~	2							
		Beleuchtung	0	~~1~~	2							
		Schwingung	0	~~1~~	2							
		Staub	~~0~~	1	2	3						
		Nässe	~~0~~	1	2	3						
		Öl, Fett, Schmutz	0	1	~~2~~	3						
		Gase, Dämpfe	~~0~~	1	2							
		Schutzkleidung	~~0~~	1	2							
		negatives Sozialprestige	~~0~~	1	2	3	4					

Abb. 15.5: Beispiel einer Bewertungstabelle beim Stufenwertzahlverfahren

Quelle: Pfeiffer, W./Doerrie, U./Stoll, E., a. a. O., S. 199

male und ihre 'Gewichtung' Raum für subjektive Beurteilungen gibt[8]. Sie können daher bei der Erstellung von Lohnsystemen (nur) als Argumentationshilfe dienen, nicht aber die zugrundeliegenden normativen Fragen beantworten. Eine solch unterstützende Funktion des politischen Prozesses durch Arbeitsbewertungssysteme setzt freilich voraus, daß diese Systeme **argumentationszugänglich** gemacht werden, indem die Gründe für die Wahl von Verfahren, Merkmalen, Gewichten etc. offengelegt werden[9].

Unabhängig davon, ob analytische oder summarische Verfahren herangezogen werden, stellen die ermittelten Arbeitswerte schließlich die Basis für eine Lohnsatzdifferenzierung unter Beachtung des in den Tarifverträgen festgelegten Mindestgrundlohns dar.

15.2.3 Lohnformdifferenzierung

Die zweite grundsätzliche Entscheidung, die im Rahmen der Entgeltdifferenzierung zu treffen ist, bezieht sich auf die **Wahl der Lohnform**. Mit ihr soll dem Grundsatz der Äquivalenz von Entgelthöhe und Leistungsgrad entsprochen werden. Die zahlreichen in der Praxis angewandten Lohnformen lassen sich auf vier elementare Grundformen zurückführen, nämlich den Zeit-, Akkord-, Prämien- und Pensumlohn[10].

15.2.3.1 Zeitlohn

Beim Zeitlohn wird die Arbeitszeit (Stunden, Tage, Wochen, Monate, Jahre) vergütet, die der Beschäftigte im Rahmen des Arbeits(Dienst)Vertrages dem Unternehmen zur Verfügung stellt. Der Verdienst des Arbeitnehmers verläuft damit proportional zur Arbeitszeit, da der Lohnsatz pro Zeiteinheit konstant ist. Der häufig vorgebrachte Vorwurf, der Zeitlohn sei ergebnisunabhängig, ist insoweit nicht richtig, als in der Praxis mit der Zahlung von Zeitlöhnen oder festem Gehalt auch eine, teilweise recht konkrete, Vorstellung über die zu erwartenden Arbeitsergebnisse verbunden ist. So gesehen liegt zwar keine unmittelbare, aber doch eine mittelbare Beziehung zwischen Entgelthöhe und erbrachter Leistung vor.

8 vgl. Gutenberg, E., Grundlagen der Betriebswirtschaftslehre, Bd. I, Die Produktion, Berlin u. a. 1983, S. 541.

9 Vgl. zu dieser Rolle der Arbeitsbewertung Gerum, E./Herrmann, U., Zur Leistungsfähigkeit von einheitlichen analytischen Arbeitsbewertungssystemen, in: Zeitschrift für Arbeitswissenschaft 35 (1981), S. 92 f.

10 Vgl. hierzu - teilweise mit differenzierteren Systematisierungen - und zum folgenden z.B. Eckardstein, D.v./Schnellinger, F., Betriebliche Personalpolitik, 3. Aufl., München 1978, S. 173 ff.; Lücke, W., Arbeitsleistung und Arbeitsentlohnung, Wiesbaden 1988, S. 50 ff., S. 101 ff.

Angewendet wird der Zeitlohn überall dort, wo die Vielgestaltigkeit und mangelnde Quantifizierbarkeit der geforderten Arbeitsleistung eine im Sinne der analytischen Arbeitsbewertung exakte Leistungsbewertung unmöglich macht, der Qualität der Arbeitsleistung ein besonderer Stellenwert zukommt oder der Leistungsspielraum weitgehend durch die technologischen Bedingungen vorgegeben ist und damit nicht der individuellen Einflußnahme unterliegt.

Die Vorteile des Zeitlohns liegen auf der Hand. Der Beschäftigte hat sein festes Einkommen garantiert, weder wird durch überhastetes Arbeiten die Gesundheit gefährdet, noch droht bei vorübergehenden Krisen ein empfindlicher Lohnverlust. Die Entwicklung und Pflege sozialer Beziehungen wird durch diese egalisierende Lohnform erleichtert. Daneben ist die einfache Lohnbemessung und -verwaltung als Vorteil zu nennen.

Als Nachteil wird manchmal die „Ungerechtigkeit" des Zeitlohns empfunden; flinke, geschickte Arbeitnehmer beklagen sich z.T. über dieses System, weil sie sich nicht ihren überlegenen Fähigkeiten und Fertigkeiten entsprechend bezahlt fühlen. Darüber hinaus gebe der Zeitlohn keinen Anreiz, die Leistung zu steigern.

Diesem letzten Kritikpunkt kann aber durchaus im Rahmen des Zeitlohns begegnet werden, nämlich dann, wenn – wie auch häufig praktiziert – statt dem bisher dargestellten reinen Zeitlohn ein Zeitlohn mit Leistungszulage auf der Grundlage einer Leistungsbeurteilung gewählt wird. Anders als bei den idealtypischen Leistungslohnformen – wie dem Akkord- und Prämienlohn – werden hier allerdings nicht ausschließlich quantitative und damit eher objektivierbare Größen (z.B. Umsatz, DB, Nutzungs- bzw. Stillstandszeiten etc.), sondern auch bestimmte subjektive Verhaltensmerkmale (z.B. Einsatz, Verhalten gegenüber Arbeitskollegen, Zuverlässigkeit etc.) als anreizfördernde Bezugsbasis herangezogen.

15.2.3.2 Akkordlohn

Beim Akkordlohn als zweiter grundsätzlicher Lohnform wird im Gegensatz zum Zeitlohn regelmäßig ein unmittelbarer Bezug zwischen erbrachter Mengenleistung und Entgelthöhe hergestellt. Idealtypisch wird der Lohn proportional zur gefertigten Zahl der Produktionseinheiten bezahlt. Das System der proportionalen Bezahlung wurde allerdings inzwischen durch Tarifverträge insoweit modifiziert, als sie bestimmte Mindestverdienste (leistungsunabhängig) sicherstellen. Der Akkordlohn setzt sich somit aus dem tariflichen Mindestlohn, der die Bewertung des Arbeitsplatzes und die Arbeitsmarktlage widerspiegelt, und dem Akkordzuschlag (i.d.R. 15–20 %) zusammen. Er repräsentiert den Lohn einer Arbeitskraft bei Normalleistung und wird als Akkordrichtsatz bezeichnet.

Fragt man nach der Art der Akkordberechnung, so kann der Akkordlohn als Geld- bzw. Stückakkord oder als Zeitakkord ausgestaltet werden. Beim **Geldakkord** als ältester

Form ergebnisbezogener Entlohnung bildet die Stückzahl die Grundlage der Entgeltberechnung. Für den Arbeitenden wird ein fester Geldwert je Produktionseinheit zugrundegelegt, der sich aus der Division des Akkordrichtsatzes durch die pro Zeiteinheit bei Normalleistung zu erstellende Stückzahl ergibt und als Akkordsatz bezeichnet wird. Zur Berechnung des Akkordsatzes wird der Mindestlohn und der Akkordzuschlag auf Minuten umgerechnet (Minutenfaktor). Multipliziert man den Minutenfaktor mit der Vorgabezeit in Minuten pro Stück – sie entspricht der in Zeitstudien festgestellten Normalarbeitszeit – so erhält man den Akkordsatz. Der endgültige Verdienst des Arbeiters ergibt sich dann aus dem Produkt von Akkordsatz und Zahl der produzierten Einheiten.

Geldakkord:

$$\frac{\text{Verdienst}}{\text{Zeiteinheit}} = \frac{\text{Menge (Stückzahl)}}{\text{Zeiteinheit}} \times \text{Akkordsatz} \left[\frac{\text{DM}}{\text{Stück}}\right]$$

Beim **Zeitakkord**, der heute den Geldakkord weitgehend verdrängt hat, verzichtet man auf die Berechnung des Stücklohns; stattdessen wird eine (Vorgabe-)Zeit pro Leistungseinheit festgelegt und die Division des Akkordrichtsatzes durch 60 (Min) ergibt den sog. Geldfaktor. Der Verdienst pro Zeiteinheit errechnet sich dann aus dem Produkt der erzielten Leistungseinheiten, der Vorgabezeit und dem Geldfaktor.

Zeitakkord:

$$\frac{\text{Verdienst}}{\text{Zeitheinheit}} = \frac{\text{Menge (Stückzahl)}}{\text{Zeiteinheit}} \times \text{Vorgabezeit} \left[\frac{\text{Min}}{\text{Stück}}\right] \times \text{Geldfaktor} \left[\frac{\text{DM}}{\text{Min}}\right]$$

Im finanziellen Ergebnis unterscheiden sich Geld- und Zeitakkord nicht, da sich der Ausdruck (Min/Stück) x (DM/Min) zu (DM/Stück) kürzen läßt. Der Zeitakkord stellt damit letztlich eine Ausdifferenzierung des Geldakkordes dar. Der entscheidende Vorteil dieser Ausfdifferenzierung liegt darin, daß der Zeitakkord bei Tarifänderungen schnell und einfach angepaßt werden kann. Es muß lediglich ein neuer Geldfaktor vereinbart werden, während beim Geldakkord neue Akkordsätze bestimmt werden müssen.

Akkordlöhne können für den einzelnen Arbeiter (Einzelakkord) oder für eine ganze Arbeitsgruppe (vor allem dort, wo Gruppenarbeit mit wechselnder Arbeitsverteilung vorliegt und Leistungsunterschiede nicht ermittelbar sind) vereinbart sein. Für den Betrieb bietet der Akkordlohn eine sichere Kalkulationsgrundlage, da die direkten Fertigungskosten pro Stück gleich bleiben, sofern die Arbeiter die Normalleistung erreichen.

Der Akkordlohn ist heute nach wie vor in der Industrie weit verbreitet, obwohl seit Jahrzehnten von verschiedenster Seite ernsthafte Bedenken gegen diese Form der Entlohnung vorgetragen werden. Die unter dem Schlagwort „Akkord ist Mord“ geführte Debatte richtete sich hauptsächlich gegen eine zu gering veranschlagte Akkordbasis (Lohn je Produkteinheit), die den Arbeiter zu einer permanenten Hochleistung zwingt, um ein durchschnittliches Einkommen zu erzielen. Als Folgen dieses „Akkordreißens“ treten unter Umständen Frühinvalidität, hohe Unfallhäufigkeit, psychische Verarmung etc. auf. Die Gewerkschaften versuchen vor allem die berüchtigte „Akkordschere“ zu unterbinden: bei hohen Verdiensten soll nicht mehr ohne weiteres der Akkordsatz heruntergesetzt werden können.

Grundsätzlich läßt sich sagen, daß durch Akkordentlohnung ein Wettbewerbsklima geschaffen wird, das Feindseligkeit und Neid zwischen den Beschäftigten provozieren kann. Die unvermeidliche Hierarchisierung in gut, mittel und gering Leistende behindert die zwischenmenschlichen Kontakte und entmutigt die geringer Leistenden; die Befriedigung wichtiger menschlicher Bedürfnisse auch am Arbeitsplatz ist damit nicht mehr gewährleistet. Die Gewerkschaften machen weiterhin geltend, daß durch das Akkord-System ein Teil des Unternehmerrisikos den Arbeitern aufgebürdet wird, da bei fixierten, direkten Arbeitskosten pro Produktionseinheit die Arbeiter u.U. Produktionsverzögerungen, Unzulänglichkeit der Maschinen, Mängel im Produktionsablauf zu tragen haben. Klage wird auch gegen die Ungerechtigkeiten geführt, die durch die Qualität der Arbeitsplätze entstehen; produktionshemmende Faktoren am einzelnen Arbeitsplatz, die vom Arbeiter nicht zu verantworten sind, schlagen sich möglicherweise in seinem Verdienst nieder, ein Problem, das sich bei einer Entlohnung nach Zeit nicht stellt. All diese negativen Begleiterscheinungen der Akkordentlohnung können natürlich auch die Zusammenarbeit von Mitarbeitern und Vorgesetzten belasten, so daß sich der Manager bei der Ausübung seiner führungspolitischen Aufgabe vielfach erschwerten Bedingungen ausgesetzt sehen dürfte.

15.2.3.3 Prämienlohn

Beim Prämienlohn als dritter selbständiger Lohnform wird zu einem vereinbarten Grundlohn (i.d.R. Zeitlohn) noch eine Zulage, die Prämie, gewährt. Sie bemißt sich nach quantitativen und qualitativen Mehrleistungen. Die Prämienentlohnung setzt sich somit aus einer leistungsabhängigen Prämie und einem leistungsunabhängigen Grundlohn zusammen, der zumeist dem tariflich vereinbarten Lohn entspricht. Durch die von den Gewerkschaften erreichte Mindestlohn-Garantie beim Akkordlohn, haben sich Prämien- und Akkordlohn aufeinander zubewegt. Einen ausführlichen Überblick über die gebräuchlichsten Prämienarten und deren mögliche Bezugsgrößen gibt Abbildung 15.6.

Denkbar sind ferner auch Terminprämien (für das Einhalten oder Unterschreiten vorgegebener Termine), Anwesenheits- oder Unfallverhütungsprämien. Die genannten Prämienarten lassen sich -wie in Abbildung 15.6 angedeutet – durchaus auch miteinander kombinieren. Besonders häufig wird eine Kombination von Menge und Güte gewählt. Anzutreffen sind aber auch umfangreichere Kombinationen, so z.B. die von Nutzungszeit, Wartungszeit, Stoffeinsatz und Güte. Nicht zuletzt diese Vielfalt an kombinatorischen Möglichkeiten macht den Einsatz des Prämienlohnes gegenüber dem Akkordlohn attraktiver.

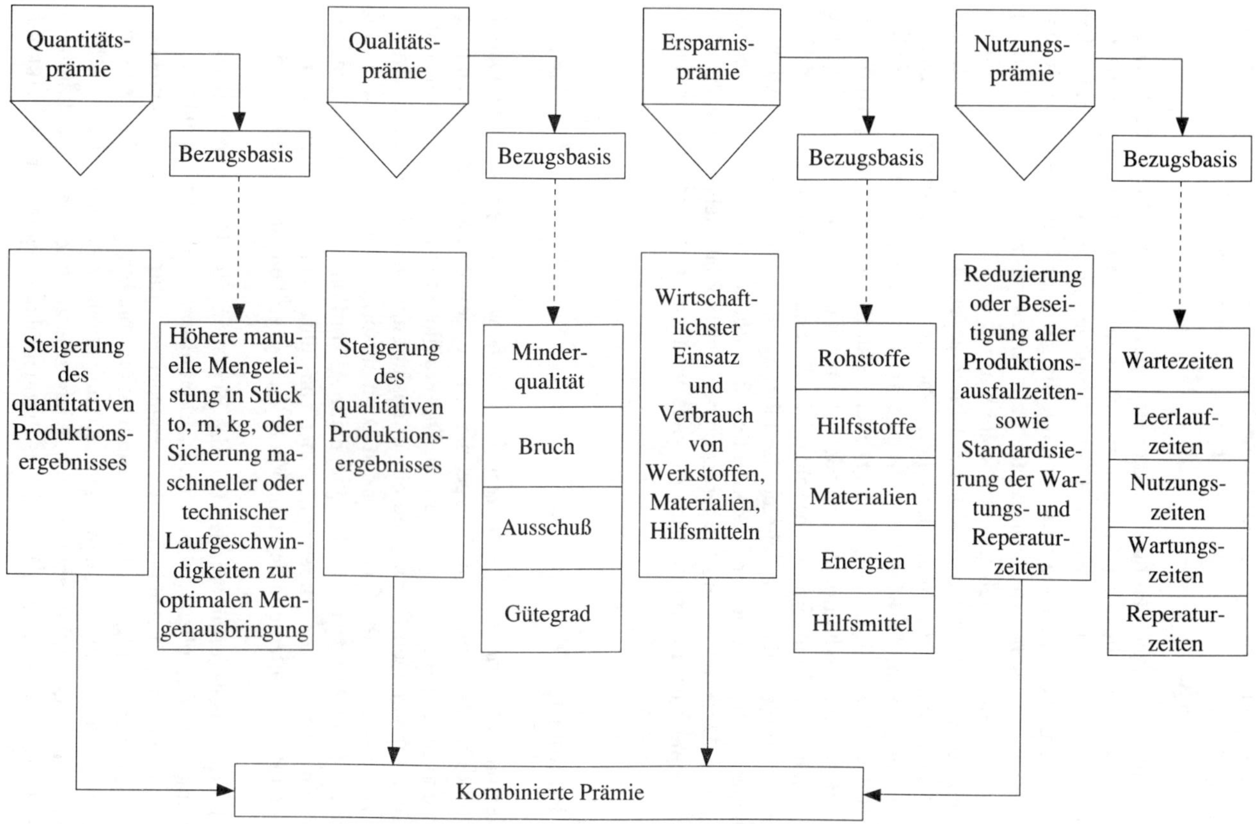

Abb. 15.6: Prämienarten und ihre Bezugsbasis

Quelle: Wiesner, H., Entgelt auf dem Weg zur „CIM“ der Fabrik der Zukunft, Krefeld 1988, S. 246

15.2.3.4 Pensumlohn

In der jüngeren Literatur wird der Pensumlohn verstärkt als weitere eigenständige Lohnform diskutiert[11]. Grundidee ist es hier, daß im Unterschied zu Prämien- und Akkordlohn nicht die erbrachte, sondern die erwartete Leistung im voraus durch eine Leistungsabsprache vereinbart und vergütet wird. Der Pensumlohn setzt sich unter Berücksichtigung der Leistungen in der vergangenen Abrechnungsperiode aus einem garantierten Grundlohn und dem Pensum als Leistungsanteil zusammen. Bei Erfüllung des Pensums erfolgt ein Zuschlag von bis zu 30% auf den Grundlohn, wobei durchaus dem Prämienlohn verwandte Bezugsgrößen (Menge, Qualität etc.) herangezogen werden. Von den vielfältigen Ausgestaltungen des Pensumlohnes kommt insbesondere den nachfolgenden Ausprägungen besondere Bedeutung zu[12]:

- **Vertragslohn**: Hierbei wird ein bestimmtes Leistungsniveau zwischen Vorgesetzten und Mitarbeitern auf der Basis von Vorgabezeiten für einen begrenzten Zeitraum individuell vereinbart.
- **Programmlohn**: Dieser sieht bei der Erfüllung einer klarumrissenen Arbeitsaufgabe (Programm) einen festen Lohn für eine bestimmte Zeiteinheit vor.
- **Systeme der Zielsetzung**: Zum Pensumlohn lassen sich auch alle Zeit- und Prämienlohnsysteme rechnen, die eine Zielvereinbarung zwischen Vorgesetzten und Mitarbeitern beinhalten. Diese Vorgehensweise ist inhaltlich offen für eine individuelle Schwerpunktbildung und erlaubt es frühzeitig die Konsequenzen bestimmter Leistungen im Dialog zwischen dem Vorgesetzten und dem Mitarbeiter klarzustellen.

15.2.3.5 Allgemeine Probleme der idealtypischen Leistungslohnformen

Ein erster kritischer Punkt bei den idealtypischen Leistungslohnformen – also dem Akkord- und Prämienlohn – sind die Zeitstudien zur Ermittlung der Vorgabezeiten. An vielen Arbeitsplätzen ist es schwierig, adäquate Kriterien zu ermitteln, die eine leistungsgerechte Entlohnung garantieren. Die subjektiven Spielräume bei der Festlegung der lohnbestimmenden Kriterien sind häufig Gegenstand von Auseinandersetzungen zwischen den Arbeitern und den REFA-Fachleuten bzw. dem Management. Die Arbeiter vermuten hinter den Zeitstudien Versuche, den Lohn zu drücken und die Arbeitsintensität zu erhöhen; sie versuchen daher, diesen negativen Konsequenzen durch Täuschung der Zeitstudien-Fachleute zu entgehen. Die Folge ist ein Klima beiderseitigen Mißtrauens.

Darüber hinaus ist das Zeitstudien-System häufig für den Arbeiter undurchschaubar, er fühlt sich dadurch dem Management bzw. den Zeitstudien-Fachleuten hilflos ausgeliefert.

11 Vgl. ausführlich Paasche, J., Zeitgemäße Lohngestaltung, Essen 1981, S. 94 ff.
12 Vgl. ebenda, S. 96 ff.

Zeitstudien sollten daher nur dann die Lohnbasis bilden, wenn die Arbeiter mit der Einführung bzw. Verwendung von Zeitstudien einverstanden sind, wenn sie selbst oder Leute ihres Vertrauens die Zeitstudien-Arbeit kontrollieren können und wenn sie bei Ermessensentscheidungen (subjektive Spielräume bei der Gewichtung etc.) gleichberechtigt mitbestimmen können.

Ein anderes, damit in Zusammenhang stehendes Problem ergibt sich aus der mangelnden Meßbarkeit bestimmter Dimensionen der Arbeitsleistung. Eine ergebnisbezogene Bezahlung honoriert ausschließlich die quantifizierbaren Aspekte der Aufgabe. Die Beschäftigten konzentrieren sich infolgedessen ausschließlich auf diese Aspekte, während die anderen, nicht erfaßbaren Bereiche vernachlässigt werden.

Den ausschließlich finanziellen Anreizsystemen liegt ein Menschenbild zugrunde, das mit der Theorie X von McGregor vergleichbar ist: Das im Prinzip initiativlose Individuum kann nur durch ökonomische Anreize zu einer höheren Leistungsbereitschaft bewegt werden. Die sozialen Bezüge des Menschen am Arbeitsplatz werden nicht berücksichtigt.

Die Frage, inwieweit die unterstellte einfache Beziehung zwischen Lohnanreiz und Leistung zutrifft, wird unten wieder aufgegriffen[13].

15.3 Entlohnung im Wandel

15.3.1 Überblick

In der jüngeren Diskussion um den Stellenwert und die Ausgestaltung der Entlohnung deutet eine Reihe von Entwicklungen darauf hin, daß die dargestellten klassischen Entlohnungsbestandteile kritisch auf ihre Angemessenheit hinterfragt werden müssen. Treibende Faktoren für einen potentiellen Wandel der bisherigen Entlohnungspraxis sind insbesondere[14]:

– **Der technologische Wandel**

Nicht zuletzt vor dem Hintergrund veränderter Marktbedingungen haben neue Produktionstechnologien Einzug in das Unternehmen gehalten. Sie erlauben neben einer stärkeren Automatisierung und Rationalisierung auch eine flexible und individuelle Produkti-

13 Vgl. Abschnitt 15.4.

14 Vgl. auch Eckardstein, D.v., a.a.O., S. 251 ff.; Weil, R., Der Einfluß des Marktes auf Technologie und Arbeitsorganisation, in: Angewandte Arbeitswissenschaft 8 (1985), hier insbes. S. 4 ff.

on. Werden z.B. die vom Mitarbeiter beeinflußbaren Zeiten zunehmend durch Planvorgaben ersetzt, hat das Konsequenzen für die Gestaltung des Verhältnisses von Lohn und Leistung. Es stellt sich somit die Frage, ob die traditionelle Entlohnungspraxis nicht umgestaltet werden muß angesichts der vielschichtigen Veränderungen, die in Verbindung mit den neuen (Produktions-)Technologien eintreten können.

– **Arbeitsorganisation**

Bei der Gestaltung der Arbeitsorganisation ist insbesondere unter dem Einfluß technologischer und marktbezogener Veränderungen in vielen Bereichen ein Trend weg von der Spezialisierung hin zu integrierten und erweiterten Tätigkeitsstrukturen beobachtbar. Für die Entlohnungspraxis ist in diesem Zusammenhang u.a. zu überprüfen, wie diese veränderten Anforderungsprofile in die Arbeitsbewertung einfließen sollen.

– **Tarifpolitik**

Auf tarifpolitischer Ebene werden (zumindest) auf Seiten der Gewerkschaften neue Schwerpunkte erkennbar. Die quantitative Lohnerhöhungspolitik wird stärker durch qualitative Überlegungen ergänzt. So wird etwa angestrebt, negative Umwelteinflüsse, wie z.B. Schmutz, Lärm und Hitze, eher zu reduzieren statt sie wie bisher üblich zu kompensieren durch entsprechende Lohnzuschläge für außergewöhnliche Belastungen, die über die Arbeitsbewertung ermittelt werden. Ein weiteres typisches Beispiel sind die Forderungen nach Arbeitszeitverkürzungen mit dem Ziel, die Freizeit auszudehnen, Belastungen abzubauen und die Beschäftigung abzusichern. Ergänzt werden diese Akzentverschiebungen durch die quantitative Forderung nach Sockellohnerhöhungen, die auf einen überproportionalen Anstieg für die unteren Lohngruppen zielen und damit zu einer Nivellierung der anforderungsbezogenen Unterschiede zwischen den Arbeitsplätzen führen. Alle Beispiele zeigen, daß mit der Neuorientierung der gewerkschaftlichen Tarifpolitik die Arbeitsbewertung als Instrument der Lohnsatzdifferenzierung an Bedeutung einbüßt[15].

– **Wertewandel**

In der breiten Diskussion um einen gesellschaftlichen Wertewandel erhält die Erwerbstätigkeit im Rahmen der Lebensgestaltung häufig einen deutlich relativierten Stellenwert. Folgt man dieser These, so könnten – sehr grob gesprochen – Lohnanreizsysteme an Bedeutung verlieren.

– **Strategische Orientierung der Unternehmensführung**

Die Forderung, die Unternehmensaktivitäten stärker strategisch auszurichten, hat auch Implikationen für die Entlohnung. Bei der Auswahl adäquater Entlohnungsformen müßte zum einen beachtet werden, ob die jeweilige Entlohnungsform geeignet ist die Umsetzung der angestrebten Strategie zu fördern oder ob sie dazu im krassen Widerspruch steht[16]. Für eine solche derivative Anbindung der Entlohnung an die Un-

15 Vgl. Eckardstein, D.v., a.a.O., S. 257 f.; Brumlop, E., Arbeitsbewertung bei flexiblem Personaleinsatz, Frankfurt/New York 1986, S. 32 ff.

16 In diesem Sinne z.B. Hagen, R., Anreizsysteme zur Strategiedurchsetzung, Spardorf 1985; Stonich, P.J., Using rewards in implementing strategy, in: Strategic Management Journal 2 (1981), S. 348 ff.

ternehmensstrategie werden in der Literatur verschiedene Möglichkeiten diskutiert. So wird einerseits vorgeschlagen, die Entlohnungsgrundsätze gemäß der Lebenszyklusphase einer Geschäftseinheit zu wählen[17]. Andererseits zieht man bestimmte Typologien von Wettbewerbsstrategien als Grundlage für die Gestaltung der Entlohnung (von Führungskräften) heran[18]. Gemeinsam ist all diesen Ansätzen, daß sie auf einen bestmöglichen „Fit" zwischen Unternehmensstrategie und Entlohnung zielen. Zum zweiten müßte aber auch der Einsicht Rechnung getragen werden, daß mit der Wahl einer bestimmten Gestaltungsform der Entlohnung nicht nur die Strategieumsetzung, sondern auch der zukünftige Strategieformulierungsprozeß entscheidend geprägt wird[19].

In diesem Zusammenhang gilt es zu beachten, daß eine zu rigide Orientierung der Entlohnung an der Umsetzung einzelner Unternehmensstrategien die Handlungen der Unternehmensmitglieder so stark kanalisieren kann, daß die für die Strategieformulierung und -sicherung erforderlichen Freiräume für innovatives Denken und die Weiterleitung strategiekritischer Informationen nicht mehr wie erwünscht genutzt werden. Die Entlohnung – wie auch die gesamte materielle und immaterielle Anreizgestaltung – haben somit sowohl den spezifischen Bedingungen der Strategieumsetzung als auch der Strategieformulierung und -sicherung Rechnung zu tragen. Die Gestaltung der Entlohnung bewegt sich vor diesem Hintergrund – ebenso wie die anderen personalpolitischen Funktionen – im Spannungsfeld von Vollzug und Öffnung.

Die genannten Einflußfaktoren stehen ihrerseits wiederum in einer starken wechselseitigen Beziehung zueinander, so daß im einzelnen sehr komplexe Wirkungsketten entstehen können. Im folgenden soll mit dem technologischen Wandel (im Produktionsbereich) ein besonders wichtiger Einflußfaktor für eine potentielle Neuorientierung der Entlohnung näher betrachtet werden.

15.3.2 Neue Produktionstechnologien und Entlohnung

15.3.2.1 Arbeitsbewertung und neue Technologien

Im Zuge der fortschreitenden Automatisierung und Flexibilisierung der Fertigung kommt es zu prinzipiellen **Änderungen der Arbeitsaufgaben**. Bestimmte Arbeiten fallen weg, neue Tätigkeiten treten hinzu und andere Arbeiten verschieben sich sowohl in

17 Vgl. z.B. Laukamm, T., Strategisches Management von Human-Ressourcen, in: Bleicher, K. et al. (Hrsg.), Personalstrategien der Zukunft, Hamburg 1988, S. 65.

18 Vgl. z.B. Tichy, N./Fombrun, C.J./Devanna, M.A., Strategic human resource management, in: Sloan Management Review 24 (1982), S. 49, die die Ausgestaltung des Entlohnungssystems z.B. davon abhängig machen, ob eine Einproduktstrategie oder Mehrproduktstrategie in vielen Ländern verfolgt wird.

19 Vgl. Schreyögg, G., Verschlüsselte Botschaften. Neue Perspektiven einer strategischen Personalführung, in: Zeitschrift Führung + Organisation 56 (1987), S. 151 ff.; Steinmann, H./Schreyögg, G./Thiem, J., Strategische Personalführung. Inhaltliche Ansatzpunkte und Überlegungen zu einem konzeptionellen Bezugsrahmen, in: Bolte, K.M. u.a. (Hrsg.), Mitteilungen aus der Arbeitswelt- und Berufsforschung 22 (1989), H. 3, S. 397 ff.

ihrer quantitativen wie auch qualitativen Ausprägung. Welchen Einfluß diese technischen Entwicklungen auf die Qualifikationsanforderungen nehmen, wird unterschiedlich beurteilt. Die Anhänger der sog. **Polarisierungsthese** gehen z.B. davon aus, daß Tätigkeiten mit mittleren Qualfikationsanforderungen entfallen werden. Stattdessen werde die Mehrzahl der Beschäftigten Tätigkeiten mit sehr geringen Qualifikationsanforderungen ausüben, und eine Höherqualifizierung trete nur für einen sehr kleinen, erlesenen Kreis von Beschäftigten ein. Verfechter der sog. **Segmentierungsthese** erwarten hingegen, daß es für eine große Zahl von Arbeitskräften zu einer Reprofessionalisierung der Produktionsarbeit durch Aufgabenintegration bzw. die Rückkehr zu ganzheitlichen Tätigkeitsstrukturen kommen werde. Davon abgekoppelt bilde sich ein zweites Segment heraus, dem Dauerarbeitslose, Arbeiter in den Krisensektoren und die sog. „Jedermannarbeitsplätze" mit unqualifizierter und stark repetitiver Handarbeit zuzuordnen sind. Die Kluft zwischen diesen beiden Segmenten werde sich in einem bisher nicht gekannten Ausmaß verstärken[20].

Ohne daß eine dieser Thesen bereits endgültig verworfen werden könnte, scheint die Entwicklung insgesamt stärker auf anspruchsvollere Arbeitsplätze hinauszulaufen. Gestützt wird die These der Höherqualifizierung auf breiter Basis u.a dadurch[21], daß die bereits seit langem im administrativen Bereich zu beobachtende Funktionsintegration sich mit dem weitergehenden Zusammenwachsen technischer und betriebswirtschaftlicher Funktionen auf den Produktionsbereich übertragen wird, so daß auch dort erhöhte Qualifikationsanforderungen an den Mitarbeiter gestellt werden. Weitgehende Einigkeit besteht darüber, daß sich die Integration der Arbeitsplätze inhaltlich insbesondere auf Überwachungs-, Feinsteuerungs-, Wartungs- und Instandhaltungstätigkeiten beziehen wird, während bei Ausführungs-, Bedienungs- und manuellen Transporttätigkeiten mit einem Rückgang zu rechnen ist.

Veränderte Arbeitsaufgaben ziehen **veränderte Anforderungsprofil**e nach sich. Legt man die Anforderungsarten des Genfer Schemas nach REFA zugrunde, so weisen zahlreiche Untersuchungen[22] (vgl. beispielhaft auch Abb. 15.7) darauf hin, daß neue Technologien zu einer deutlichen Verringerung negativer Umgebungseinflüsse führen.

Insbesondere die Belastungen durch Schmutz und Staub sowie die Unfallgefahr nehmen drastisch ab. Darüberhinaus kommt es für die muskelmäßige Belastung zu einem deutlichen Rückgang, während die Bedeutung von Kenntnissen und Verantwortung stark zunimmt. Für die Anforderungsart „Geistige Belastung" ist hingegen keine eindeutige Wirkungsrichtung erkennbar. Das ambivalente Ergebnis für diese Größe läßt sich so begründen, daß beim Einsatz neuer Technologien Arbeitsaufgaben zum Teil erweitert wer-

20 Vgl. Osterloh, M., Industriesoziologische Vision ohne Bezug zur Managementlehre?, in: Die Betriebswirtschaft 46 (1986), S. 611; Gerum, E., Entlohnung durch Arbeitsbewertung, in: WiSt 14 (1985), S. 497 f.

21 Vgl. ausführlicher Osterloh, M., a.a.O., S. 612 f.

22 Vgl. Kurth, R., Die Auswirkungen technischer Änderungen auf die Arbeit, in: Angewandte Arbeitswissenschaft 8 (1985), S. 29 ff.; Ohl, B., Veränderte Anforderungen durch neue Technik, in: Angewandte Arbeitswissenschaft, 9 (1986), S. 16 ff.; Landau, K., Zur Veränderung der Arbeitsanforderungen durch neue Technikgenerationen, in: REFA-Nachrichten 39 (1986), S. 21.

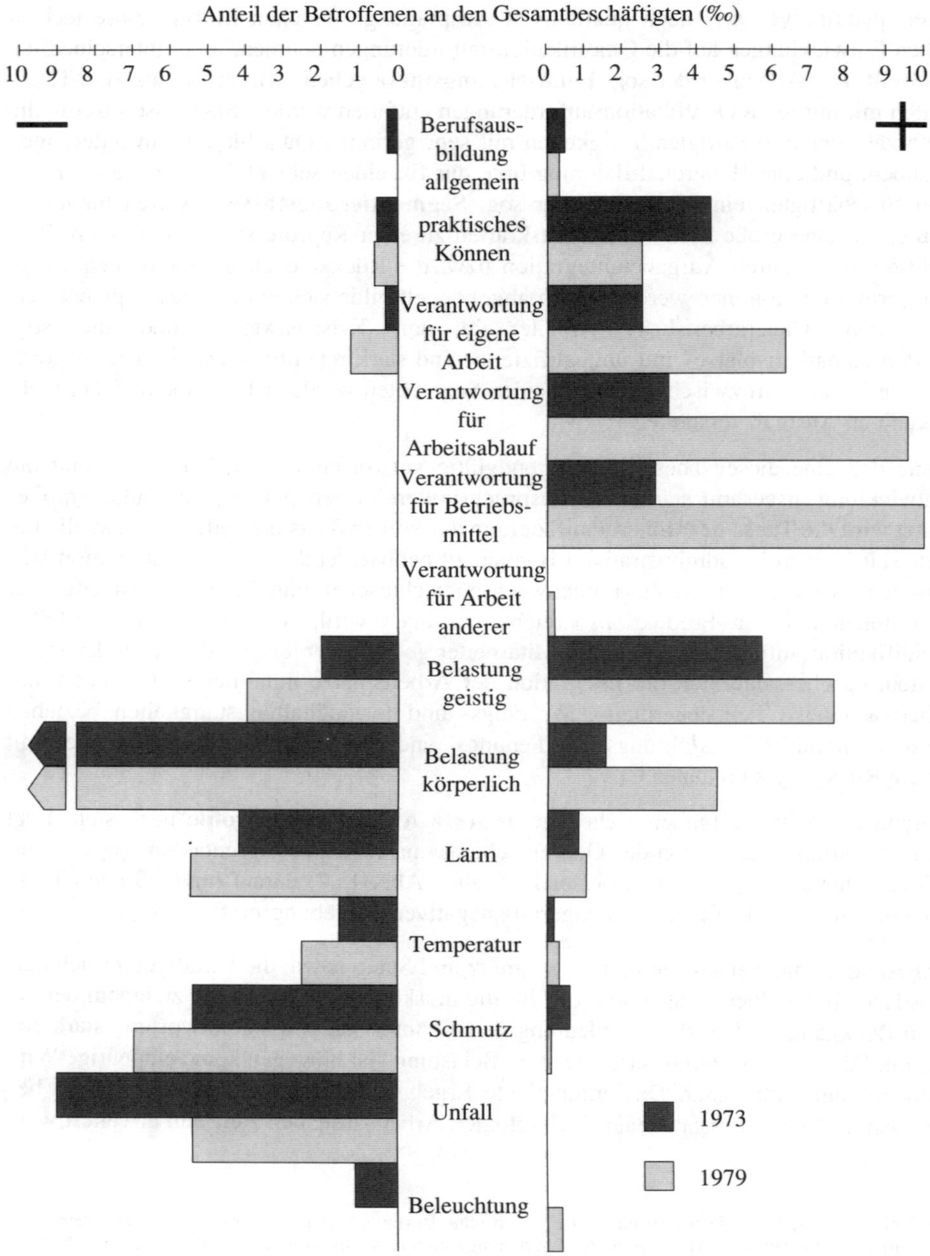

Abb. 15.7: Auswirkungen technischer Änderungen auf die Arbeitsanforderungen

Quelle: Kurth, R., Die Auswirkungen technischer Änderungen auf die Arbeit, in: Angewandte Arbeitswissenschaft 8 (1985), S. 30

den (können), was eine höhere geistige Belastung nach sich zieht, zum anderen aber abnehmen (können), wenn den Mitarbeitern auf der unmittelbar operativen Ebene nur noch Bedienungs- und Überwachungsaufgaben verbleiben. Die Existenz dieser unterschiedlichen Wirkungsrichtungen nebeneinander verdeutlicht, daß der Einsatz neuer Technologien (nur) die **Option** für eine Rückverlagerung ganzheitlicher Tätigkeitsstrukturen auf die unmittelbar ausführende Ebene schafft. Die Entscheidung darüber, ob und in welchem Ausmaß eine derartige Dezentralisierung bei der Gestaltung der Arbeitsorganisation tatsächlich durchgeführt oder ob im Gegenteil ein stärker zentralistischer Ansatz mit weitgehend sinnentleerten Arbeitsplätzen auf der unmittelbar operativen Ebene gewählt wird, ist nämlich nicht technologiedeterminiert, sondern letztlich eine führungspolitische Entscheidung.

Insgesamt gesehen dürften also beim Einsatz neuer Technologien die psychomotorischen Anforderungen abnehmen, während die kognitiven Anforderungen zunehmen. Demgemäß dürften Fähigkeiten wie abstraktes Denken, Kooperations- und Kommunikationsbereitschaft sowie das Denken in Zusammenhängen auch im Produktionsbereich an Bedeutung gewinnen[23].

Vor dem Hintergrund dieser veränderten Arbeitsanforderungen scheint eine **Überprüfung der Arbeitsbewertungspraxis** dringend geboten. Für die **summarische Arbeitsbewertung** ist festzustellen, daß die Zuordnung von Arbeitsplätzen zu bestimmten Lohngruppen mit dem Einsatz neuer Technologien weitaus schwieriger wird. Die größere Verantwortung, der häufige Wechsel von körperlicher und geistiger Beanspruchung, die größeren Handlungs- und Entscheidungsspielräume sowie die Integration vormals getrennter Arbeitsvorgänge machen die – an sich bereits – problematische Anwendung der summarischen Bewertungsverfahren immer fragwürdiger und in vielen Fällen praktisch unmöglich[24].

Will man an den **analytischen Bewertungsverfahren** festhalten, so ist es prinzipiell denkbar, die Gewichtung einzelner Anforderungsarten zu modifizieren, bestimmte Anforderungsmerkmale zu substituieren oder neu aufzunehmen. Orientiert man sich wiederum am Genfer Schema nach REFA, so ist es z.B. wegen der Abnahme der muskelmäßigen Belastungen überlegenswert, an der Dreigliederung nach REFA[25] festzuhalten, die Anforderungsart selbst aber geringer zu gewichten. Die körperlichen Anforderungen an die Geschicklichkeit (insbes. Handfertigkeit und Körpergewandtheit) könnten in das Merkmal Ausbildung integriert werden, da diesen Merkmalen kaum noch eine eigenständige Bedeutung zukommt. Auf diesem Wege ließen sich auch die anforderungsbezogenen Unterschiede zwischen Gewerblichen und Angestellten entschärfen. Für die Anforderungsarten Kenntnisse, geistige Belastung und Verantwortung kommt, insbeson-

23 Vgl. auch Warnecke, H.J., Strategisches Denken. Wo stehen wir?, in: Zeitschrift Führung + Organisation 58 (1987), S. 108 sowie Sonntag, K./Bendix, J./Heun, D., Kognitive Anforderungen bei Anlagenführer- und Instandhaltungstätigkeiten, in: Zeitschrift für Arbeitwissenschaft, 43 (1989), S. 26 ff.

24 Vgl. auch die Hinweise bei Busch, E., Entlohnung bei moderner Technik, in: Angewandte Arbeitswissenschaft 8 (1985), S. 19 f.

25 Vgl. hierzu und zum folgenden die Präzisierungen der einzelnen Anforderungsarten nach REFA in Abbildung 15.4 sowie Ohl, B., a.a.O., S. 26 ff.; Schlichting, C., Kriterien für die Entgeltdifferenzierung von morgen, in: Personal 38 (1986), S. 135.

dere dann, wenn der Einsatz neuer Technologien mit ganzheitlichen Arbeitsstrukturen auf der operativen Ebene einhergeht, eine Höhergewichtung und eine Ausweitung der zu berücksichtigenden Merkmale in Betracht. Mögliche Erweiterungen der Merkmale könnten sich etwa für die Anforderungsart „Verantwortung" auf die finanzielle, kooperative oder die organisatorische Verantwortung beziehen; in die Anforderungsart „Kenntnisse" könnten Merkmale wie „Aufgeschlossenheit" und „Selbständigkeit" integriert werden[26]. Allerdings gilt es bei derartigen Erweiterungen Überschneidungen zwischen den Merkmalen der einzelnen Anforderungsarten und Überlappungen mit den Kriterien der Leistungsbeurteilung zu vermeiden, damit es nicht zu Doppelbewertungen kommt.

Neben diesen Vorschlägen, die auf eine Aktualisierung bzw. Verbesserung der analytischen Arbeitsbewertung auf der Grundlage des Genfer Schemas zielen, finden sich – insbesondere von Seiten der Gewerkschaften – auch Vorschläge, die die analytische Arbeitsbewertung durch **alternative Lohn(satz)differenzierungen** ersetzen wollen. Die Gewerkschaften befürchten, daß die Arbeitgeber die Anpassung der Arbeitsbewertung an die veränderten technisch-organisatorischen Bedingungen zu massiven Abgruppierungsmaßnahmen nutzen wollen[27]. Angestrebt wird daher ein neues Eingruppierungsverfahren, das die Abgruppierungsgefahren der analytischen Arbeitsbewertung weitgehend begrenzt und das zugleich geeignet ist, neuartige Qualifikationsanforderungen lohnmäßig nachzuvollziehen[28].

Derartige Überlegungen sind bereits in einige (wenige) konkrete Tarifvereinbarungen eingeflossen. Bei der VW AG wurde die analytische Arbeitsbewertung abgeschafft und durch eine **Einstufung gemäß der Tätigkeit in Arbeitssystemen** ersetzt. Diese „bereichsbezogene" Bewertungsmethode zeichnet sich dadurch aus, daß sie nicht mehr – wie bisher üblich – an den Anforderungen eines einzelnen Arbeitsplatzes, sondern an der Arbeitsfunktion im Sinne einer globaler definierten Arbeitsaufgabe ansetzt[29].

Im gemeinsamen Entgelttarifvertrag für Arbeiter und Angestellte der Firma Vögele AG wurde die anforderungsorientierte Entlohnung abgelöst durch eine **Entlohnung, die sich an der Qualifikation der Beschäftigten orientiert**. Mit dieser Eingruppierung distanziert man sich noch radikaler als bei VW von der analytischen Arbeitsbewertung. Denn das VW-Modell setzt zwar nicht mehr am einzelnen Arbeitsplatz an, stützt sich jedoch immer noch auf eine anforderungsorientierte Basis. Im Vögele Modell löst man sich hingegen gänzlich von der Anforderungsorientierung und nimmt die Eingruppierung nach dem personenbezogenen Merkmal der von einem Arbeitnehmer angebotenen Qualifikation vor. Die verbreitete Norm „Gleicher Lohn für gleiche Arbeit" wurde damit zumindest theoretisch durch die Alternative „Gleicher Lohn für gleiche Befähigung" ersetzt[30].

26 Vgl. Ohl, B., a.a.O., S. 26 ff. sowie die Vorschläge bei Bühner, R., a.a.O., S. 434.

27 Diese Befürchtungen haben sich nach Kurth, R., a.a.O., S. 34 f. allerdings für die empirischen Untersuchungen des Instituts für Arbeitsmarkt- und Berufsforschung nicht bestätigt.

28 Vgl. Brumlop, E., Neue Formen der Lohndifferenzierung, in: WSI Mitteilungen (1986), H. 10, S. 662 ff.

29 Vgl. ebenda, S. 664.

30 Vgl. Eckardstein, D.v., a.a.O., S. 260 ff.; zu einer weitergehenden Diskussion des Modells vgl. ebd., S. 263 ff. sowie Axer, H., Neue Technologien und Entgeltfindung, in: Zink, K.J. (Hrsg.), Personalwirtschaftliche Aspekte neuer Technologien, Berlin 1985, S. 63 ff.; Wiesner, H., a.a.O., S. 138 ff.

Die von der IG-Metall geforderte stärkere Entkopplung der Entlohnung von den Arbeitsplatzanforderungen stößt bei der Mehrzahl der Arbeitgeber jedoch auf massive Ablehnung, so daß bislang lediglich in den beiden genannten Unternehmen der Metallindustrie Tarifvereinbarungen über eine so weitreichende Neugestaltung der Eingruppierung getroffen worden sind. Die Arbeitgeberseite vertritt die Auffassung, daß grundsätzlich an dem herkömmlichen Arbeitsbewertungsverfahren festgehalten werden sollte. Es wird allerdings vorgeschlagen, diese Verfahren – in der oben angedeuteten Weise – an die veränderten technisch- organisatorischen Bedingungen des Einsatzes menschlicher Arbeitskraft in der Produktion anzupassen.

Bei einer anderen Forderung der Gewerkschaften – nämlich der **Schaffung einheitlicher Bewertungssysteme für Arbeiter und Angestellte** – sind in einigen Wirtschaftszweigen bereits große Übereinstimmungen erzielt und konkrete Lösungen erarbeitet worden. Das bislang prominenteste Beispiel ist sicherlich der einheitliche Entgelttarifvertrag der Chemischen Industrie vom 18.07.87. Hier wurde – immerhin für den zweitgrößten deutschen Industriebereich mit ca. 690 000 Beschäftigten – erstmalig bundesweit ein Entgeltgruppensystem zur Integration von Arbeitern und tariflichen Angestellten geschaffen. Bei diesem „Jahrhundert-Vertrag" – so Mettke – richtet sich die Eingruppierung bei den Arbeitnehmergruppen nur noch „nach der Art der Tätigkeit, die vom Arbeiter zu erbringen ist, nach seinen Kenntnissen und Fähigkeiten, die für den jeweiligen Arbeitsplatz erforderlich sind, nach Art und Länge der Ausbildung sowie dem Abstraktionsgrad der Lerninhalte, betrieblicher Spezialausbildungen und dem Merkmal der Selbständigkeit in der Ausführung seiner Tätigkeit."[31] Das Entgelt wird grundsätzlich monatlich gezahlt.

Das komplizierte Thema einer einheitlichen Entgeltfindung wird zur Zeit auch für die Metallindustrie verstärkt diskutiert; allerdings sind dort die Überlegungen und Verhandlungen noch nicht abgeschlossen[32].

15.3.2.2 Lohnformgestaltung und neue Technologien

Eine vorrangige Zielsetzung der Entgeltgestaltung ist es, die Mitarbeiter zu einem wirtschaftlichen Verhalten zu motivieren. Dies läßt sich im Produktionsbereich auf zweierlei Weise verfolgen[33]:

31 Mettke, H., Entgelttarifvertrag in der chemischen Industrie, in: Die Mitbestimmung 38 (1987), S. 448 f.

32 Eine aktuelle Bestandsaufnahme liefert Siebel, F.W., Gemeinsame Entgelttarifverträge für Arbeiter und Angestellte in der Metallindustrie, in: Angewandte Arbeitswissenschaft 12 (1989), S. 2 ff.

33 Vgl. hierzu und zum folgenden insbes. Reichel, F.G., Praxis und Zukunft der tariflichen Leistungsentlohnung in der Metallindustrie, in: Angewandte Arbeitswissenschaft 9 (1986), S. 41 ff. sowie Busch, E., a.a.O., S. 3, S. 14 ff.

Produktivitätsverbesserungen können einmal erzielt werden, indem man bei konstantem Mitteleinsatz die Ausbringungsmenge erhöht oder umgekehrt bei konstanter Ausbringungsmenge den Mitteleinsatz reduziert. Bisher wurde bei der Wahl der Entlohnungsform im Produktionsbereich vornehmlich nach der Maxime gehandelt, daß sich Produktivitätsverbesserungen vor allem durch die Senkung der Stückkosten über eine gesteigerte Ausbringungsmenge je Zeiteinheit erzielen lassen. Die entsprechende Anreizwirkung auf den Mitarbeiter, diese Zielsetzung auch zu verfolgen, hoffte man durch die Akkordentlohnung mit ihrer direkt proportionalen Verknüpfung von Ausbringung und Lohn sicherstellen zu können.

Mit Hilfe der rechnergestützten Fertigungsplanung und Fertigungssteuerung können die Arbeitsabläufe in der Fertigung nun aber immer besser aufeinander abgestimmt werden. Das betriebliche Interesse an einer Überschreitung der pro Zeiteinheit vorgegebenen Ausbringungsmenge sinkt drastisch, da vorzeitig hergestellte Materialien längere Durchlaufzeiten, höhere Lagerbestände und somit zusätzliche Kosten verursachen würden. Außerdem führt die Automatisierung der Maschinensteuerungsfunktionen durch Rechnersysteme dazu, daß der Mensch das quantitative Arbeitsergebnis nicht mehr in der bisherigen Weise beeinflussen kann. Die Mengenausbringung wird heute in einer technisch hochentwickelten Fertigung fast ausschließlich von der Maschine erbracht[34]. Ein weiteres Merkmal neuer Techniken ist ihre hohe Kapitalintensität. Damit gewinnt die optimale Nutzung der Produktionsanlagen zentrale Bedeutung für die Wirtschaftlichkeit der Produktion; denn je besser die Produktionkapazität zeitlich genutzt wird, um so geringer sind die Kosten je Zeiteinheit. Eine bessere Kapazitätsausnutzung läßt sich durch arbeitsorganisatorische Maßnahmen, wie z.B. die Ausdehnung des Schichtbetriebes oder den Durchlauf der Produktionsanlagen während der Pausen, aber auch durch die Minimierung von Störzeiten erreichen. Will man bei der letztgenannten Möglichkeit nicht auf das Organisationsgeschick der Maschinenbetreuer verzichten, die „vor Ort" den größten Einblick in und den unmittelbarsten Zugriff auf die Steuerung des Arbeitssystems erlangen können, ist darauf zu achten, daß ein vom Mitarbeiter verbesserter Arbeitsablauf im Rahmen der Leistungsentlohnung honoriert und nicht durch die Kürzung von Soll-Leistungswerten bestraft wird. Untersuchungen über die Störzeiten von automatisierten Montageanlagen haben gezeigt, daß diese Produktionsanlagen nur für sehr kurze Zeit störungsfrei laufen (im Mittel wurde sogar alle 1,6 Minuten eine Störung registriert)[35]. Außerdem konnte nachgewiesen werden, daß der Großteil der Störungen durch entsprechende Maßnahmen der Maschinenbediener beseitigbar war. In der automatisierten Fertigung besteht somit eine wesentliche Aufgabe des Maschinenbetreuers darin, Störungen und Arbeitsunterbrechungen vom Arbeitsystem fernzuhalten, indem er störungsbedingte Unterbrechungen durch vorbeugende Instandhaltungsmaßnahmen verhindert bzw. bei Störungen diese selbst behebt bzw. für eine schnelle Behebung durch die zuständigen Reparatureinheiten oder -betriebe sorgt.

34 Busch, E., a.a.O., S. 28 nennt für die Bedienung von NC-Maschinen einen Anteil von 80 - 90% an unbeeinflußbarer Zeit.

35 Vgl. Reichel, F.-G., a.a.O., S. 44.

Diese technologieinduzierten Veränderungen machen deutlich, daß zum einen die Voraussetzungen für die Akkordentlohnung, wie z.B. vom Arbeiter beeinflußbare Leistungsmengen und eine eindeutige Leistungsermittlung, vielfach nicht mehr gegeben sind; zum anderen hat die dominante Zielsetzung, auf die der Akkordlohn hinwirken will, nämlich eine hohe Arbeitsintensität bzw. eine auf den Einsatz von Muskelkraft zurückzuführende Erhöhung der Stückzahlen pro Zeiteinheit, an Bedeutung eingebüßt.

Daran läßt sich die Frage anschließen, ob die Krise des Akkordlohns nicht zugleich als eine Krise der Leistungsentlohnung zu deuten ist. Entscheidende Voraussetzung für eine sinnfällige Anwendung der Leistungslohnformen ist es ja, daß sich das Arbeitsverhalten überhaupt durch das Leistungsverhalten des Mitarbeiters beeinflussen läßt. Anders gewendet, eine leistungsbezogene Bezahlung macht nur dann einen Sinn, wenn den Mitarbeitern entsprechende Handlungsspielräume eröffnet werden, innerhalb derer sie ihr Leistungsangebot einbringen und gestalten können. Wie eben angedeutet, existieren solche Freiräume für den Mitarbeiter auch und gerade beim Einsatz neuer Technologien, wenn ihre Anwendung mit entsprechenden arbeitsorganisatorischen Regelungen einhergeht. Die Einflußnahme durch den Mitarbeiter zielt dann aber nicht mehr darauf ab, vorgegebene Stückzahlen zu überschreiten, sondern die Produktionszeiten zu erhöhen und die Stillstandzeiten niedrig zu halten, um auf diesem Wege die optimale Nutzung der kapitalintensiven Maschinen zu unterstützen[36]. Durch einen solchermaßen veränderten Einsatz menschlicher Leistungskomponenten entstehen – wie bereits oben angedeutet – neue Arbeitsanforderungen. Gefordert bzw. erwartet werden immer weniger Leistungen durch primär körperlichen Einsatz, sondern kognitive Komponenten wie Eigenverantwortung, Organisationsgeschick, vorausschauendes Disponieren, Mitdenken, Flexibilität und Kooperationsbereitschaft. Wichtig werden weiter wirtschaftliches Verhalten (wie sparsamer Umgang mit Stoffen, Werkzeugen und Energie), Termintreue und hohe Qualitätsleistungen[37].

Vor diesem Hintergrund lassen sich zahlreiche **Veränderungstendenzen bei den einzelnen Entlohnungsformen** ableiten[38]. Einen komprimierten Überblick liefert Abbildung 15.8.

Demnach ergeben sich auch bei einem tiefgreifenden technologischen Wandel zahlreiche Ansatzpunkte für eine leistungsbezogene Entgeltgestaltung. Hier werden jedoch zunehmend andere leistungsorientierte Entlohnungssysteme an die Stelle der Akkordentlohnung treten. Konkret dürften insbesondere der Prämienlohn sowie alle erweiterten (leistungsorientierten) Formen des Zeitlohns attraktiver werden.

Die **Prämienentlohnung** weist den Vorteil auf, daß auch beim Einsatz moderner Technologien eine große Bandbreite möglicher Leistungsziele als Basis der Entlohnung her-

36 Vgl. hierzu auch Bühner, R., a.a.O., S. 436.

37 Vgl. Busch, E., a.a.O., S. 14 ff.; Knebel, H., Leistungsvergütung als Bestandteil einer zukunftsorientierten Personalpolitik, in: Personalführung (1989), S. 357; Schlichting, C., a.a.O., S. 136.

38 Vgl. Busch, E., a.a.O., S. 21 ff.; Zander, E., Entgeltformen bei veränderten Technologien, Arbeitsstrukturen und Arbeitszeitregelungen, in: ZfbF 38 (1986), S. 297 ff.; Wiesner, H., a.a.O., S. 235 ff.

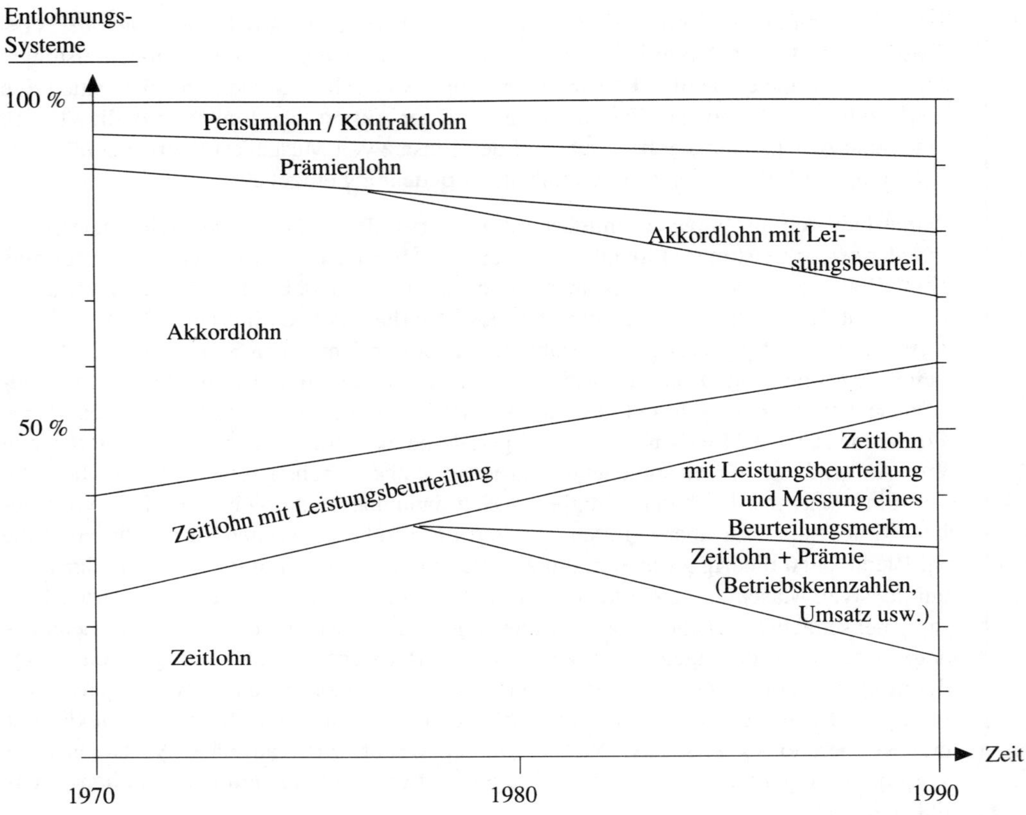

Abb. 15.8: Voraussichtliche Entwicklung bei der Anwendung verschiedener Lohnformen in der Metallindustrie

Quelle: Busch, E., Entlohnung bei moderner Technik, in: Angewandte Arbeitswissenschaft 8 (1985), S. 37

angezogen werden kann. Voraussetzung ist allerdings, daß die Leistungsmerkmale quantifiziert werden können. Besonders eignet sich eine Prämiengestaltung auf der Grundlage des Nutzungsgrades der Maschinen. Die Drägerwerk AG praktiziert ein solches Prämienlohnsystem bereits seit mehreren Jahren erfolgreich. Dort führte der Übergang auf Gruppen-Nutzungsprämien zusammen mit konsequenten arbeitsorganisatorischen Änderungen in den letzten zwölf Jahren an zirka 60 NC-Maschinen zu einem verbesserten Nutzungsgrad von 30%[39]. Eine solche eindimensionale Ausrichtung der Prämie kann allerdings leicht mit anderen relevanten Zielgrößen kollidieren. So kann eine alleinige Orientierung an der Nutzung dazu führen, daß der Maschinenbediener die Nutzungszeit durch Abstriche bei der Mengenleistung, der Qualitätsleistung oder der

39 Vgl. Baisch, G., Prämienmodelle für die Entlohnung an CNC-Maschinen, in: Personal (1986), H. 4, S. 149 ff.

Maschinenpflege erhöht. Vor diesem Hintergrund kann es sinnvoll sein, kombinierte Prämien auf der Basis von mehreren additiv oder multiplikativ verknüpften Leistungsgrößen zu bilden. Beispielsweise kann zusätzlich zur Nutzungszeit die Qualität der Arbeit anhand von Ausschuß- oder Nacharbeitskennzahlen prämiiert werden[40].

Auch die **Leistungszulage auf der Grundlage einer Leistungsbeurteilung** dürfte eine stärkere Ausbreitung erfahren. Ihr Einsatz ist nicht an den Zeitlohn gebunden, sondern sie kann auf betrieblicher Ebene auch mit den idealtypischen Leistungslohnformen des Akkord- oder Prämienlohns kombiniert werden. Die Leistungsbeurteilung ist vor allem immer dann sinnvoll, wenn auch solche Merkmale leistungsrelevant werden, die nicht oder nur mit unvertretbar hohem Aufwand quantifiziert werden können.[41] Unter den erhöhten Flexibilitätsanforderungen moderner Produktionsprozesse an die Mitarbeiter sind damit Leistungsmerkmale wie Initiative (z.B. zur Behebung von Störungen, Vermeidung von Wartezeiten, vorsorgliche Pflege der Betriebsmittel), Selbstständigkeit (im Hinblick auf die Ausführung der Arbeitsaufgabe), Arbeitseinsatz (insbesondere die Bereitschaft zur Übernahme anderer vielseitiger Arbeitsaufgaben) und Kooperationsbereitschaft gefragt. Grundsätzliche Voraussetzung ist – wie in vierzehnten Kapitel dargelegt – daß bei den Verfahren der Leistungsbeurteilung auf tariflicher und betrieblicher Ebene Merkmale verwendet werden, die auch den veränderten Arbeitsaufgaben und -strukturen gerecht werden.

Ganz im Sinne der hohen Flexibilitätserwartungen nehmen aber auch die Bestrebungen zu, die vielseitige Einsatzfähigkeit der Mitarbeiter durch eine **qualifikationsbezogene Entlohnung** stärker zu fördern und auch angemessen bei der Entgeltgestaltung zu berücksichtigen. Das am weitesten reichende praktische Beispiel liefert hier die schon erwähnte Vögele AG. Als Lohnform ist dort ein dreigliedriges Entgelt vereinbart, das sich zusammensetzt aus dem Grundentgelt, einer Zulage für „besondere Anforderungen" in Höhe von 1 %–10 % des Grundentgeltes und einer Leistungszulage nach Maßgabe der Leistungsbeurteilung. Diese Zulage bemißt sich nach den Kriterien „Arbeitsqualität" und „Arbeitsquantität", orientiert sich mit dem Kriterium „Arbeitseinsatz" aber zugleich auch an der Einsatzbereitschaft und -fähigkeit des Mitarbeiters außerhalb der üblichen Arbeitsaufgaben. Beim Grundlohn – und das ist das entscheidende Novum – werden sieben Entgeltgruppen unterschieden, die sich – wie Abbildung 15.9 zeigt – ausschließlich im Hinblick auf das berufliche/schulische Wissen (Fachkenntnisse) und die Fähigkeiten der Berufsbilder unterscheiden.

Die **Ausbreitung periodenkonstanter Leistungslohnformen** wie dem Pensumlohn wird mit dem Einzug von solchen Formen der Betriebsorganisation in die Fertigung gefördert, die auf einen plangesteuerten Produktionsablauf hinzielen. Man wird diese Lohnformen immer dort vorteilhaft anwenden können, wo konstante Leistungen benötigt werden und Leistungsschwankungen den Fertigungsablauf stören würden. So läßt sich der Pensumlohn z.B. in der mehrstufigen Massenfertigung der Automobilindustrie sinn-

40 Vgl. auch Abbildung 15.6.
41 Vgl. Kammer, W., Leistungslohn in hochmechanisierter Fertigung, in: Angewandte Arbeitswissenschaft 8 (1985), S. 207; Weil, R., Prämienlohn und persönliche Zulage, in: Personal 38 (1986), S. 140.

E 1	Arbeitnehmer ohne Berufsausbildung und ohne betriebliche Weiterbildung sowie Arbeitnehmer, deren Qualifikation dem Stand einer kurzfristigen Einarbeitung entspricht.
E 2	Arbeitnehmer mit einer in der Metallindustrie verwertbaren Qualifikation, wie sie in der Regel nach einer fünf- bis 12-wöchigen Anlernzeit erreicht wird. Arbeitnehmer mit einer in der Metallindustrie verwertbaren Qualifikation, wie sie in der Regel durch eine zweijährige Berufsausbildung erworben wird.
E 3	Arbeitnehmer mit einer in der Metallindustrie verwertbaren Qualifikation, wie sie in der Regel in einer dreijährigen Berufsausbildung erworben wird. Arbeitnehmer, deren Qualifikation durch betriebliche Anlernzeit u. entsprechende Arbeitserfahrung den Stand einer dreijährigen Berufsausbildung erreicht hat.
E 4	Arbeitnehmer mit überdurchschnittlichen Fachkenntnissen u. Fähigkeiten, die in der Regel eine mindestens dreijährige Berufserfahrung voraussetzen.
E 5	Arbeitnehmer, deren Qualifikation durch schulische oder betriebliche Aus- u. Weiterbildung über den Anforderungen der Entgeltgruppe 4 liegen.
E 6	Arbeitnehmer, deren Qualifikation dem Niveau eines Fachhochschulabschlusses entspricht. Arbeitnehmer, deren Qualifikation durch schulische oder betriebliche Aus- u. Weiterbildung über den Anforderungen der E 5 liegen.
E 7	Arbeitnehmer, deren Qualifikation ausreicht, hochwertige Tätigkeiten mit besonderen theoretischen Anforderungen im Rahmen der betrieblichen Aufgabenstellung auch selbständig auszuführen. Arbeitnehmer, deren Qualifikation durch schulische oder betriebliche Aus- u. Weiterbildung über den Anforderungen der E 6 liegen.

Abb. 15.9: Eingruppierungskriterien für die Entgeltgruppen bei der Vögele AG, Mannheim

Quelle: Wiesner, H., Entgelt auf dem Weg zur „CIM" der Fabrik der Zukunft, Krefeld 1988, S. 138 f.

voll einsetzen, da dort Mehrleistungen in der Zulieferproduktion keinen zusätzlichen Nutzen bringen, sondern nur erhöhte Lagerkosten erzeugen würden. Der Einsatz periodenkonstanter Leistungslohnformen bietet sich insbesondere dann an, wenn eine elektronische Betriebsdatenerfassung dafür die Grunddaten liefert. Dies gilt auch für CAD/CAM-Systeme, bei denen solche Daten systembedingt anfallen und zur Verfügung stehen[42].

15.4 Entlohnung und Motivation

Mit der Entlohnung wird, das haben die bisherigen Ausführungen deutlicht gemacht, die Erwartung verbunden, leistungsmotivierend zu wirken. Über die Beziehung zwischen Entlohnung und Motivation wird dabei viel spekuliert und geredet, ohne daß den notwendigen Grundlagen immer genügend Beachtung geschenkt wird. Die Bandbreite der Auffassungen bewegt sich zwischen den beiden Extremen, daß entweder allein die Bezahlung leistungsfördernd sei, oder aber daß die Entlohnung überhaupt keine motivierende Wirkung entfalten könne und nur solche Antriebe, die aus der Arbeit selbst resultieren, die Leistungsbereitschaft dauerhaft fördern könnten[43].

Im folgenden wird ein systematischer Rahmen aufgezeigt, vor dessen Hintergrund detailliertere Aussagen über die motivierende Wirkungsweise von Entlohnung und Entlohnungsformen gemacht werden können. Um die Wirkungsweise von Geld (bzw. zusätzlichem Verdienst) bestimmen zu können, muß zuerst seine **Bedeutung** klargelegt werden, die es für das Individuum hat oder haben kann.

Geld (bzw. Verdienst) ist – obwohl häufig fälschlicherweise behauptet – kein Bedürfnis; es wird – von Extremfällen abgesehen – nicht um seiner selbst willen begehrt, sondern um der Möglichkeit willen, bestimmte Ziele (Bedürfnisse) zu erreichen. Geld (bzw. Verdienst) kann also **instrumental** zur Befriedigung von Bedürfnissen sein: Es kann so verschiedene Dinge wie Ernährung, Sicherheit, Ansehen, Autonomie möglich machen. Wie oben gezeigt[44] werden diese Bedürfnisse vom Individuum unterschiedlich gewichtet, und zwar der jeweiligen Bedürfnisbefriedigungs-Lage entsprechend.

Eine zusätzliche Menge Geld (bzw. Verdienst) wird demzufolge in dem Maße wichtig sein, wie sie geeignet erscheint, die Befriedigung bestimmter Bedürfnisse einer Person zu gestatten, und in dem Maße, wie diese Bedürfnisse selbst wichtig sind. Im Rahmen der Motivationstheorie von Vroom[45] bestimmt sich die Valenz des Geldes aus der Wert-

42 Vgl. Goedel, H.-D., Leistungslohn bei Klöckner-Humboldt-Deutz, in: Personal 38 (1986), S. 159 f.; Paasche, J., a.a.O., S. 106 f.

43 Vgl. Lawler, E.E.III., Pay and organization development, Reading/Mass. 1981, S. 23; Thierry, H., Arbeit und Entgelt - Perspektiven. Wie wichtig ist die Bezahlung?, in: Angewandte Arbeitswissenschaft (1986), H. 109, S. 1 ff.

44 Vgl. achtes Kapitel.

45 Vgl. ebenda.

schätzung bestimmter Ziele und aus der perzipierten Instrumentalität, über Geld diese Ziele erreichen zu können. Die Summe der daraus gebildeten Produkte bestimmt schließlich die Valenz des Geldes (bzw. Verdienstes) für die jeweilige Person; je größer diese Summe, desto höher ist die Valenz. Wünscht sich z.B. ein Individuum vor allem Sicherheit und hohe soziale Wertschätzung und glaubt es, dies mit hoher Wahrscheinlichkeit über Geld erreichen zu können, dann wird Geld bzw. Verdienst für dieses Individuum eine hohe Valenz besitzen.

Wie wir bereits gesehen haben, macht die Vroomsche Theorie **keine inhaltliche Aussage** darüber, **welche Bedürfnisse** für die Individuen von Bedeutung sind und **welche Faktoren** die Bedeutung dieser Bedürfnisse beeinflussen; wir können daher, ohne zusätzliche Annahmen, keine gültigen Aussagen darüber machen, unter welchen speziellen Bedingungen Geld (bzw. Verdienst) von hoher Bedeutung ist und welche Effekte bestimmte Entlohnungssysteme haben werden. Um dies zu erreichen, kann man, wie oben angedeutet, das Erwartungs-Valenz-Modell mit einer inhaltlichen Motivationstheorie verbinden, die in generalisierender Weise menschliche Bedürfnisklassen spezifiziert und gewichtet. Wir wollen zu diesem Zweck die im achten Kapitel dargestellte Bedürfnis-Hierarchie von Maslow verwenden (Bedürfnisse sind dann in unserem Kontext allgemein hoch geschätzte Ziele bzw. „second-level-outcomes").

Mit der Maslowschen Pyramide läßt sich das Zustandekommen der Valenz des Geldes (bzw. Verdienstes) in dem folgenden Modell (s. Abb. 15.10) sehr gut veranschaulichen.

Eine zusätzliche Menge Geld wird also, wie Abb. 15.10 zeigt, in dem Maße wichtig sein, wie sie instrumental für die Befriedigung der Bedürfnisse einer Person empfunden wird und in dem Maße, wie diese Bedürfnisse selbst Bedeutung haben. Die Summe der daraus resultierenden 5 Produkte ergibt dann die Valenz des Geldes (bzw. Verdienstes).

Die Instrumentalitäten ihrerseits werden durch in der Vergangenheit liegende Lernprozesse und situationale Faktoren gebildet. Die Valenz der einzelnen Bedürfnisse bestimmt sich im Anschluß an Maslow danach, inwieweit die hierarchisch darunter liegenden Bedürfnisse befriedigt sind und zu welchem Grad das jeweils in Frage stehende Bedürfnis selbst befriedigt ist. Je mehr die unteren Bedürfnisklassen befriedigt sind, desto unbedeutender sind sie und desto wichtiger werden die oberen.

Das Modell zeigt, daß Geld **im Prinzip** für die Befriedigung jedes der angeführten Bedürfnisse instrumental sein kann; es spezifiziert jedoch nicht die **typischerweise** perzipierte (relative) Instrumentalität von Geld für die verschiedenen Bedürfnisse. Um Aussagen über die Wirkung des Geldes für Kollektive machen zu können, sind jedoch gerade darüber Informationen notwendig. Wird beispielsweise Geld im allgemeinen **keine** Instrumentalität für die Befriedigung höherrangiger Bedürfnisse zuerkannt und unterstellen wir die Richtigkeit der Maslowschen Annahmen, dann wird Geld nach Befriedigung der Grundbedürfnisse keine motivierende Wirkung mehr haben.

Zu diesen Fragen ist eine Reihe empirischer Untersuchungen angestellt worden, die – grob skizziert – folgendes Bild zeigen[46]:

46 Vgl. Lawler, E.E.III., Pay and organizational effectiveness, a.a.O., S. 29 ff.

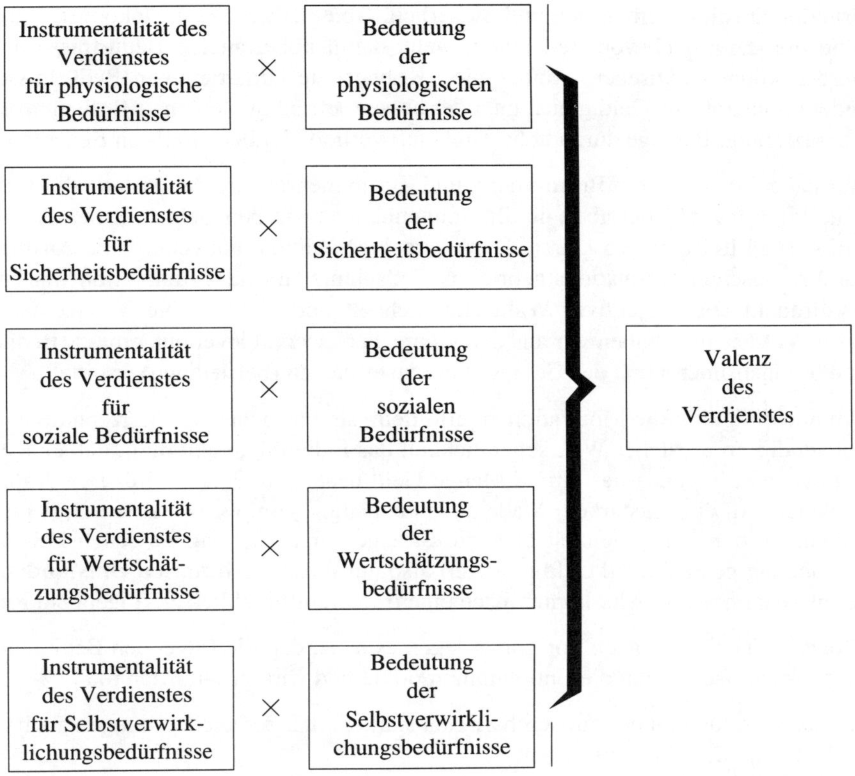

Abb. 15.10: Valenz des Geldes (bzw. Verdienstes)

Quelle: Angelehnt an: Lawler, E.E.III., Pay and organizational effectiveness, A psychological view, New York 1971, S. 27

Die Untersuchungen bestätigen übereinstimmend, daß Geld als instrumental für die Befriedigung verschiedener Bedürfnisse empfunden wird; es hat sich aber auch gezeigt, daß es sich für die Befriedigung bestimmter Bedürfnisse mehr eignet als für andere. Die Befunde zeigen – wie nicht weiter verwunderlich – am deutlichsten eine hohe Instrumentalität für physiologische, Sicherheits- und Wertschätzungsbedürfnisse. Erwartungsgemäß wurde dagegen für die Befriedigung sozialer und Selbstverwirklichungsbedürfnisse nur eine geringere Instrumentalität gefunden. Diese Ergebnisse lassen folgende Schlußfolgerung zu:

Individuen, die besonders ausgeprägte soziale und Selbstverwirklichungsbedürfnisse haben, messen dem Geld (bzw. Verdienst) keine besondere Bedeutung bei; Geld ist für sie nur begrenzt instrumental zur Befriedigung ihrer relevanten Bedürfnisse. Die Bedeutung des Geldes hängt weiterhin von der Höhe des Einkommens ab. Für die Empfänger niedriger Einkommen ist Geld von großer Bedeutung, denn es sichert die Befriedigung der

Grundbedürfnisse: Ernährung und Sicherheit. Ab einer gewissen Einkommensgrenze ist Geld nur dann noch von Bedeutung, wenn damit höherrangige Bedürfnisse befriedigt werden können (Ansehen, Autonomie). Können die höherrangigen Bedürfnisse durch andere Substrate als Geld gleich gut oder besser befriedigt werden (z.B. Sicherheit durch Verbeamtung, Prestige durch hohe Titel etc.) verliert Geld ebenfalls an Bedeutung.

Wir haben nunmehr die Bestimmung und Zusammensetzung der **Valenz** des Geldes erläutert: unser Ziel ist es aber, die Zusammenhänge zwischen Geld (Verdienst) und Motivation (und Leistung) zu klären. Dazu ist es noch einmal notwendig, die Ausführungen zur Vroomschen Motivationstheorie ins Gedächtnis zu rufen. Motivation war bestimmt als Produkt aus subjektiver Wahrscheinlichkeit und Valenz. Die Valenz des Geldes (bzw. Verdienstes) haben wir aus der Valenz der „second level outcomes“ (Bedürfnisse) und der Instrumentalität des Geldes, diese zu erreichen (befriedigen) ermittelt.

Um nun endgültig die Motivation zu ermitteln, sind also zusätzliche Kenntnisse darüber notwendig, mit welcher Wahrscheinlichkeit das Individuum annimmt, daß eine erbrachte Leistung eine ganz bestimmte Menge Geld nach sich ziehen wird. Der Wahrscheinlichkeitsgrad wird in starkem Maße davon abhängig sein, welche Erfahrungen das Individuum in der Vergangenheit über die Strenge der Beziehung zwischen Leistung und Entlohnung gemacht hat. Geld motiviert also nur **unter bestimmten Umständen** zu höheren Leistungen. Lawler kommt nach einem Literaturüberblick zu folgendem Resümee:

„Sowohl Theorie als auch Forschung legen es nahe, daß die folgenden Bedingungen erfüllt sein müssen, wenn die Entlohnung motivierend wirken soll: Man muß

1. das Vertrauen unter den Beschäftigten stärken, daß bessere Leistungen auch entsprechend höher vergütet werden,
2. die Bedeutung der Entlohnung verdeutlichen,
3. die nachteiligen Folgen hoher Leistungen auf ein Minimum zurückführen und
4. solche Bedingungen herstellen, daß auch andere Zielgrößen als die Bezahlung mit guten Leistungen in Zusammenhang gebracht werden.“[47]

Sind diese Bedingungen nicht erfüllt, oder kann die Grundvoraussetzung jeder Leistungsentlohnung, eine einigermaßen **objektive Leistungsmessung**, nicht gewährleistet werden, hat es wenig Sinn, Geld als Leistungsanreiz einzusetzen. In jedem Fall ist aber klar, daß Geld nur eine der vielen Variablen darstellt, die in diesem Zusammenhang von Bedeutung sind.

15.5 Entlohnung und Lohnzufriedenheit

Neben der Motivation ist die Lohn(un)zufriedenheit der Mitarbeiter, ihre Kenntnis und Deutung, für die Wahrnehmung der Managementaufgaben im Kontext der Funktion Personaleinsatz von großer Bedeutung.

47 Lawler, E.E.III., Pay and organizational effectiveness, a.a.O., S. 157; vgl. ergänzend auch Ders., Pay and organization development, a.a.O., S. 23 f.

Zu der Frage der Lohnzufriedenheit gibt es eine Vielzahl von Einzelbefunden aus empirischen Arbeiten, die relativ lose und häufig ohne explizierten theoretischen Hintergrund nebeneinander stehen. Wir wollen daher auch hier einen theoretischen Rahmen voranstellen, in den die Befunde sinnvoll integriert werden können und der eine Erklärung der meist nur black-box-artig behaupteten Zusammenhänge zuläßt.

15.5.1 Determinanten der Lohnzufriedenheit

Lawler hat ein anschauliches Modell entwickelt, das uns im folgenden zur Erklärung der Lohn(un)zufriedenheit dienen soll (s. Abb. 15.11).

Zur Konzeptualisierung von „Zufriedenheit" greift Lawler auf den Diskrepanzansatz[48] zurück und verknüpft ihn auf instruktive Weise mit der sog. „Equity Theorie". Die Equity Theorie stellt auf den sozialen Vergleich ab und postuliert, daß Individuen nach einem ausgeglichenen Verhältnis von Aufwand und Ertrag dergestalt streben, daß die (perzipierte) Relation von Aufwand und Ertrag einer Bezugsperson gerade der eigenen entspricht. Positive oder negative Abweichungen von diesem Gleichgewicht führen zu Spannungen. Der Diskrepanzansatz erklärt Zufriedenheit unter Einbezug anspruchsniveautheoretischer Elemente aus der Differenz zwischen dem, was eine Person berechtigter Weise glaubt fordern zu können und dem, was sie tatsächlich erhält. Diesem Muster entsprechen die zwei Basiselemente des Lohnzufriedenheitsmodells:

a) **Soll-Verdienst**; das ist der Verdienst, den eine Person nach Abwägung der Umstände für sich berechtigterweise glaubt fordern zu können.

b) **Ist-Verdienst**; das ist der tatsächlich empfangene Verdienst, wie ihn das Individuum perzipiert.

Wie Abbildung 15.11 zeigt, sind je nach Ausprägung prinzipiell drei Zufriedenheitszustände als Folge möglich:

1) Der Soll-Verdienst entspricht dem Ist-Verdienst; Ergebnis: Lohnzufriedenheit.

2) Der Ist-Verdienst liegt unter dem Soll-Verdienst; Ergebnis: Lohnunzufriedenheit.

3) Der Ist-Verdienst liegt über dem Soll-Verdienst; Ergebnis: Unbehaglichkeit, Schuldgefühle.

Die dritte der genannten Möglichkeiten erscheint auf den ersten Blick etwas unwahrscheinlich, ja sogar im deutlichen Gegensatz zu dem, was gemeinhin über die Entlohnung gedacht wird. Man denke jedoch an eine gut integrierte Arbeitsgruppe, in der alle Mitglieder dasselbe machen, einer aber mehr als die anderen verdient. In Experimenten

48 Vgl. achtes Kapitel.

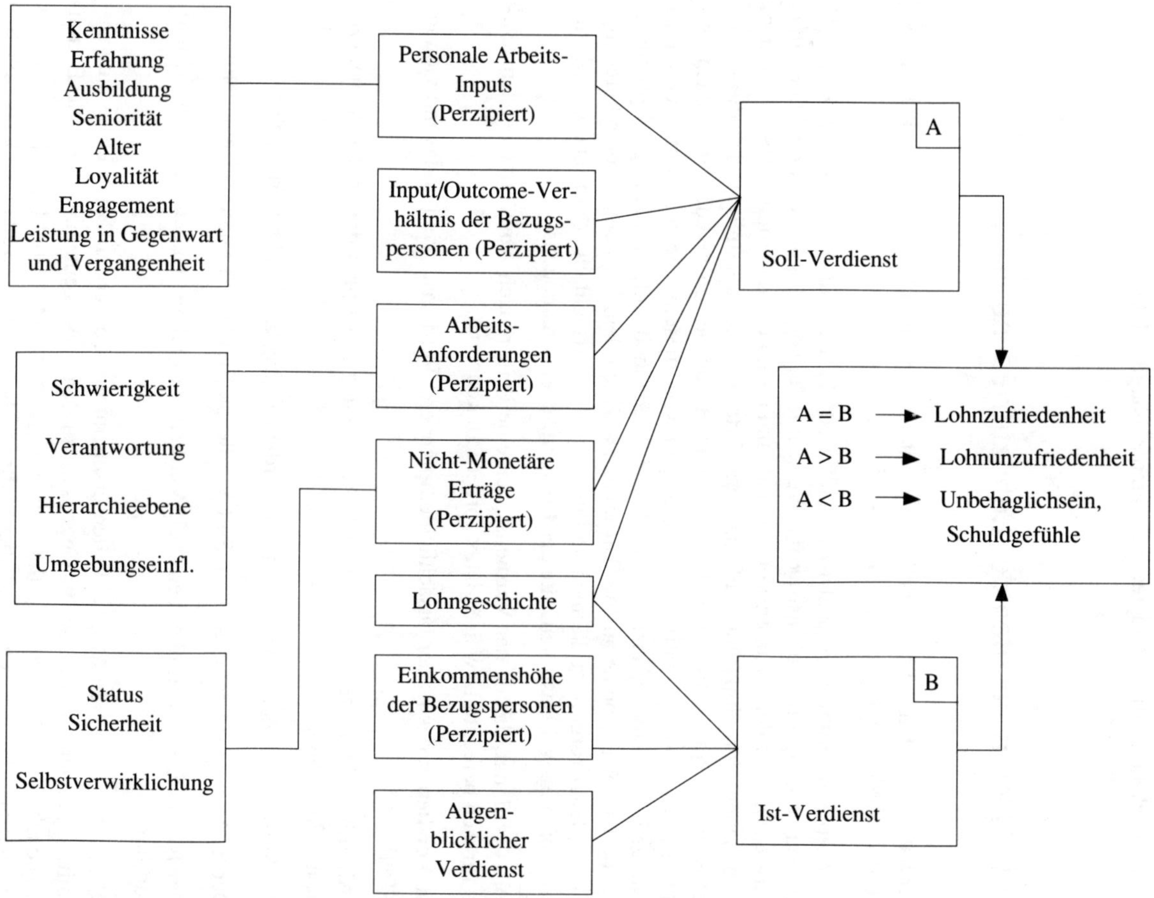

Abb. 15.11 Determinanten der Lohnzufriedenheit

Quelle: Lawler, E.E. III., Pay and organizational effectiveness, a.a.O., S. 215 (modifiziert) ließen sich solche „Überbezahltheitsgefühle“ erfolgreich nachweisen. Allerdings ist das Gefühl der Überbezahlung bei den Individuen häufig nur vorübergehend bedeutsam, die Perzeptionen werden nach einiger Zeit an die Situation angepaßt. Dies geschieht z.B. indem sie ihre Leistungen (nach und nach) für so wertvoll einschätzen, daß sie die hohe Bezahlung doch als gerechtfertigt ansehen. Eine solche Anpassung der Perzeptionen tritt bei Unterbezahlung wesentlich seltener auf. Hier kann die Unzufriedenheit häufig nur durch tatsächliche Änderungen der „objektiven“ Arbeitssituation – etwa in Form einer höheren Bezahlung oder eines Arbeitsplatzwechsels – reduziert werden. Das Gefühl der Unterbezahlung weist also gegenüber dem der Überbezahlung einen stabileren Charakter auf und läßt sich demgemäß schwieriger abbauen[49].

Welche Faktoren bestimmen nun im einzelnen den Soll-Verdienst und welche den Ist-Verdienst?

1) Perzipierter Ist-Verdienst

Der faktische Verdienst einer Person ist zwar der wesentlichste, aber nicht der allein entscheidende Bestimmungsfaktor für den „perzipierten Ist-Verdienst“. Weitere Determinanten sind die Zahlungsreihen der in der Vergangenheit empfangenen Löhne (die „Lohngeschichte“) und das (perzipierte) Einkommen von Bezugspersonen. Dabei gelten folgende Zusammenhänge:

- Je höher der in der Vergangenheit bezogene Verdienst war, um so geringer wird der gegenwärtige Verdienst erscheinen.

- Je höher das Einkommen der Bezugspersonen liegt, desto geringer erscheint die eigene Lohnsumme. Dieselbe Menge Geld kann somit von verschiedenen Personen als unterschiedlich hoch empfunden werden.

2) Soll-Verdienst

Ebenfalls eine Reihe von Einflußfaktoren bestimmt den Soll-Verdienst, d.h. die Summe, die eine Person nach Abwägung der Umstände berechtigter Weise erwarten zu können glaubt.

Personaler Arbeits-Input

Der vermutlich wichtigste Einflußfaktor ist der Arbeits-Input, wie er sich aus der Sicht des Individuums darstellt. Input ist hier in einem sehr weiten Sinne zu verstehen. Darunter fallen neben den eingebrachten Fähigkeiten und Fertigkeiten die ganzen arbeitsrelevanten Verhaltensweisen wie: in Gegenwart und Vergangenheit erbrachte Leistung, Loyalität, Dauer der Betriebszugehörigkeit, aber auch solche Faktoren wie Alter, Geschlecht, in der Vergangenheit erworbener Verdienst, Besuch von Weiterbildungsveranstaltungen, Ausbildung, Schulabschluß usw. Die Faktoren überlappen sich zum Teil, haben aber dennoch alle ihre eigenständige Bedeutung. Insgesamt gilt: je höher eine Person ihren Arbeits-Input veranschlagt, um so höher liegt auch die erwartete Lohnsumme.

49 Vgl. auch Lawler, E.E., Pay and organization development, a.a.O., S. 12.

Perzipierte Arbeitsanforderungen

Als weiterer Einflußfaktor kommen natürlich die Arbeitsanforderungen in Frage und zwar wiederum – nachdem es sich ja um ein Zufriedenheitsmodell handelt – aus der Sicht des Individuums. Geläufige Anforderungsarten sind: Schwierigkeit, körperliche und geistige Belastung, Verantwortung, Umgebungseinflüsse. Es sei darauf hingewiesen, daß sich Arbeitswerte, wie sie sich nach der analytischen Arbeitsbewertung ergeben, oder Lohnstufen, wie sie sich in der summarischen Arbeitsbewertung finden, keineswegs mit den von dem Individuum wahrgenommenen Arbeitsanforderungen decken müssen. Als weitere Anforderungskriterien kommen z.B. in Frage: hierarchische Ebene oder Zeitspanne der Rückkoppelung der Arbeitsergebnisse. Die Wirkungsrichtung ist klar: Je höher eine Person ihre Arbeitsanforderung veranschlagt, um so höher liegen ihre Lohnerwartungen. Berücksichtigt das Lohnsystem die Arbeitsanforderungen nicht oder nur geringfügig, dann werden diejenigen, die sich mit hohen Anforderungen konfrontiert sehen, unzufriedener sein als jene, die ihre Arbeitsanforderungen gering veranschlagen.

Lohngeschichte

Eine dritte Einflußgröße ist die „Lohngeschichte“. Als Annahme liegt dabei zugrunde, daß Personen im Laufe ihrer Entwicklung, als Teil ihres Selbstkonzeptes, Vorstellungen darüber entwickeln, was sie „wert“ sind. Personen, die auf eine Geschichte hoher Löhne zurückblicken, veranschlagen ihren „Wert“ hoch und erwarten infolgedessen auch einen relativ hohen Verdienst.

Nichtmonetäre Erträge

Ebenfalls von großer Bedeutung für die Veranschlagung des Erwartungsverdienstes sind die nichtmonetären Bedürfnisbefriedigungsmöglichkeiten, die die Arbeit bietet. Zu denken ist hier sowohl an die Möglichkeit zur Entfaltung und zu personalem Wachstum als auch an Aspekte wie Sicherheit, Status und Sozialprestige[50]. Nichtmonetäre Erträge können partiell als Substitute für monetäre Erträge angesehen werden. Je mehr nichtmonetäre Bedürfnisbefriedigungsmöglichkeiten eine Arbeit bietet – und vorausgesetzt, diese werden als Substitute akzeptiert – desto geringer wird ceteris paribus die Höhe des Soll-Verdienstes veranschlagt. Mit diesem Faktor kann erklärt werden, warum manche Personen **trotz relativ geringer Bezahlung** und hoher Arbeitsbelastung dennoch mit ihrem Verdienst zufrieden sind, wie z.B. Pastoren oder (unbekannte) Schauspieler.

Sozialer Vergleich

Die letzte Einflußgröße stellt im Anschluß an die erwähnte Equity-Theorie auf den sozialen Vergleich ab. Zur Bestimmung des Soll-Verdienstes ziehen demnach die Individuen nicht nur ihre eingebrachten Inputs, Arbeitsanforderungen usw. heran, sondern auch das Aufwands- und Ertragsverhältnis von Referenzpersonen. Je höher die Erträge der Referenzpersonen in Relation zu ihren Inputs stehen, um so höher wird das Individuum seinen Soll-Verdienst veranschlagen. Besonders bedeutsam ist hier, daß es wiederum nicht um das faktische Aufwands- und Ertragsverhältnis der Referenzpersonen geht, sondern um seine Perzeption. Bleibt die eigene Relation hinter der der Bezugsperson zurück, so entsteht Lohnunzufriedenheit.

50 Vgl. ausführlicher Ondrack, D.A., Entgeltsysteme als Motivationsinstrument, in: Kieser, A./Reber, G./ Wunderer, R. (Hrsg.), Handwörterbuch der Führung, Sp. 210 ff.

Soziale Faktoren

Für deutsche Verhältnisse wird man als weitere Komponente soziale Faktoren mit hinzunehmen müssen. Dazu zählen – in Analogie zu dem oben vorgestellten Grundelementen der betrieblichen Lohnfindung[51] – etwa der familiäre Status, Zahl der Kinder, Alter etc.

15.5.2 Empirische Befunde[52]

Die im folgenden überblicksartig zusammengefaßten Befunde sind immer unter sonst gleichen Umständen (c.p.) zu verstehen:

(1) **Geschlecht**

Frauen sind in der Regel mit ihrer Entlohnung zufriedener als Männer. Die höchste Zufriedenheitsrate bei Frauen zeigte sich dort, wo Frauen und Männer gleichen Lohn für gleiche Arbeit erhielten. Im Rahmen des Modells ist dieser Sachverhalt in der Weise erklärbar, daß in unserer Gesellschaft die Tatsache, ein Mann zu sein, immer noch als höherer Input angesehen wird.

(2) **Hierarchie-Stufe**

Eine Reihe von Untersuchungen kann die Annahme stützen, daß mit steigender hierarchischer Stufe die Unzufriedenheit mit der Entlohnung steigt.

(3) **Nicht-monetäre Outcomes**

Personen, die eine Reihe positiver nicht-monetärer Outcomes (Nutzen) empfangen, sind mit ihrer Bezahlung zufriedener als Personen mit nur geringen nicht-monetären Outcomes. Je mehr Autonomie im Arbeitsvollzug möglich war, je besser die Beziehungen zu den Vorgesetzten und je großzügiger die Förderungsmaßnahmen waren, desto größer war die Zufriedenheit mit der Entlohnung.

(4) **Sozialer Vergleich**

Vergleiche führen in der Logik des Modells dann zur Unzufriedenheit, wenn die „Input-Outcome"-Relation der Bezugsperson(en) günstiger zu sein scheint. Dieser Aspekt ist auch im Hinblick auf die häufig geübte Praxis der Lohngeheimhaltung von Bedeutung. Bei geheimgehaltenen Löhnen fehlen genaue Informationen für den Vergleich. Lawler weist in diesem Zusammenhang auf das Phänomen hin, daß die Vergleichspersonen sehr häufig nach einem ganz bestimmten Muster falsch eingeschätzt werden. Zum einen wird den (externen und internen) Vergleichspersonen meist ein zu hoher Verdienst zugesprochen, was die Unzufriedenheit mit dem eigenen Verdienst fördert. Zum anderen wird die Leistung anderer Personen gerne unterschätzt, so daß die Individuen ihre eigenen Leistungen vergleichsweise höher einstufen und somit eine höhere Bezahlung erwarten[53].

51 Vgl S. 640 ff. dieses Kapitels.

52 Die Darstellung orientiert sich an Lawler, E.E. III., Pay and organizational effectiveness, a.a.O., S. 221 ff.

53 Vgl. auch Lawler, E.E.III., Pay and organization development, a.a.O., S. 14 f.

15.6 Unzufriedenheit mit der Entlohnung und ihre Folgen

Der Frage nach den Folgen von Lohnunzufriedenheit wurde in einer Reihe von Studien nachgegangen, die den Einfluß von Lohnunzufriedenheit auf Variable wie Fluktuation, Abwesenheit, Streik etc. untersucht haben. Abb. 15.12 gibt die am häufigsten untersuchten Beziehungen wieder.

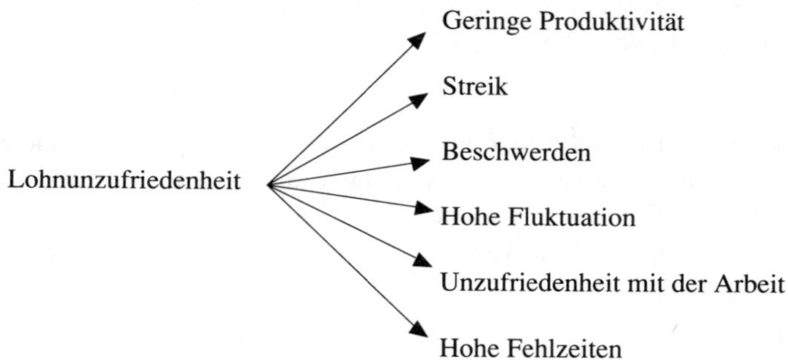

Abb. 15.12: Übersicht über häufig postulierte Handlungskonsequenzen von Lohnunzufriedenheit

Die wichtigsten Beziehungen sollen im folgenden kurz diskutiert werden[54]:

(1) **Fluktuation**

Die Motivation einer Person, den Arbeitsplatz zu wechseln, wird dann hoch sein, wenn die Netto-Attraktivität der neuen Arbeit höher ist als die der bisherigen. Nachdem der Verdienst gewöhnlich eine hohe Instrumentalität besitzt, kann gefolgert werden, daß die Valenz der gesamten Arbeit mit zunehmender Bezahlung steigt. Die Individuen werden daher – **unter sonst gleichen Umständen** – zu einer besser bezahlten Arbeit tendieren.

Es erscheint jedoch nicht sinnvoll, Fluktuation nun ausschließlich auf Lohnunzufriedenheit zurückzuführen. Die Bezahlung ist ja nur ein Aspekt, der die Attraktivität des Arbeitsplatzes bestimmt. Eine Person kann mit ihrer Bezahlung unzufrieden, mit den anderen Aspekten der Arbeit aber so zufrieden sein, daß die Netto-Attraktivität des gegenwärtigen Arbeitsplatzes dennoch höher ist als die der anderen Angebote. Ebensowenig kann in Zeiten hoher Arbeitslosigkeit aus einer geringen Fluktuationsrate auf hohe Arbeits- bzw. Lohnzufriedenheit geschlossen werden. Empirische Untersuchungen zeigen deshalb erwartungsgemäß nur eine leicht positive Beziehung zwischen Lohnunzufriedenheit und Fluktuation.

54 Vgl. Lawler, E.E.III., Pay and organizational effectiveness, a.a.O., S. 232 ff.

(2) **Fehlzeiten**

Theoretisch kann man Fehlzeiten aufgrund von Lohnunzufriedenheit als das Bemühen erklären, die als ungerecht empfundene Input-Outcome-Relation durch verminderten Input zu korrigieren; eine Korrekturmöglichkeit ist das kurzfristige Fernbleiben von der Arbeitsstelle. Ob diese Korrektur-Variante gewählt wird, hängt in starkem Maße davon ab, ob und auf welche Weise Abwesenheit sanktioniert wird. Wenn Abwesenheit mit Lohnverlusten oder sozialer Geringschätzung der Arbeitskollegen verbunden ist, wird diese Alternative kaum gewählt werden. Die empirischen Befunde zeigen hier – wie bei der Fluktuation – eine konsistente, wenn auch schwache Beziehung in der angenommenen Richtung.

(3) **Leistung**

Ähnlich wie bei der Arbeitszufriedenheit[55] konnte keine direkte Beziehung zwischen Lohn-(un)zufriedenheit und Leistung gefunden werden. Eine schwache Beziehung ließ sich dort feststellen, wo nach Leistung bezahlt wird.

(4) **Arbeitszufriedenheit**

Wie erwartet, zeigt sich in den Studien eine relativ geringe, aber doch konstante positive Beziehung zwischen Lohn(un)zufriedenheit mit Arbeits(un)zufriedenheit. Wie schon mehrfach gesagt, setzt sich Arbeitszufriedenheit aus verschiedenen Faktoren zusammen, wovon Lohnzufriedenheit nur ein, wenn auch bedeutsamer Bestandteil ist.

(5) **Streik und Beschwerden**

Die eindeutigste Beziehung zeigte sich zwischen Lohnunzufriedenheit und Streik- und Beschwerderaten. Hier stellt sich allerdings – wie oben bereits angesprochen – die Frage, inwieweit die in Streiks und Beschwerden geäußerte Lohnunzufriedeheit tatsächlich nur im Lohn seinen Ursprung hat oder ob nicht der Lohn nur sozial akzeptiertes Mittel ist, generelle Unzufriedenheit (insbesondere mit den Machtverhältnissen) auszudrükken[56].

Anzufügen bleibt noch, daß die Diskussion um Lohn(un)zufriedenheit die Lohnfrage aus **subjektiver** Sicht behandelt, sie fragt also unter welchen Umständen Arbeitnehmer in unserer jetzigen historischen Situation mit ihrem Lohn (un)zufrieden sind. Diese Betrachtung darf nicht verwechselt werden mit der Diskussiom um den **gerechten** Lohn. Letztere zielt auf einen **objektiven** (überindividuellen) Sachverhalt, nämlich auf eine rechtfertigbare Verteilung des Volkseinkommens. Dies ist eine normative Frage, die auf der Grundlage begründeter Verteilungskriterien zu entscheiden ist.

55 Vgl. achtes Kapitel.
56 Vgl. S. 639 f. dieses Kapitels.

Diskussionsfragen

1. Was versteht man unter dem „Lohnkonflikt"?
2. Inwiefern können Lohnforderungen symbolischen Charakter haben?
3. Zeigen Sie die Unterschiede zwischen Zeitlohn und Akkordlohn auf!
4. Diskutieren Sie die Nachteile der Akkordentlohnung!
5. Wie verändern sich die Arbeitsanforderungen beim Einsatz von neuen, flexiblen Fertigungstechniken?
6. Diskutieren Sie die Angemessenheit einzelner Lohnformen bei wachsender Automatisierung in der Fertigung!
7. Inwiefern kann Geld (bzw. Entlohnung) motivierend wirken?
8. Zur Befriedigung welcher Bedürfnisse wird Geld (bzw. Entlohnung) überdurchschnittlich häufig als instrumental empfunden?
9. Welche Faktoren bestimmen die Lohnzufriedenheit?
10. Wie kann man erklären, daß Fluktuation eine Folge von Lohnunzufriedenheit ist?
11. Ist mit der Schaffung von Lohnzufriedenheit der „Lohnkonflikt" beseitigt?

Literaturhinweise

Zum Lohnkonflikt:

Dahrendorf, R., Industrie- und Betriebssoziologie, Berlin 1962, S. 92–105.
Friedeburg, L. v., Soziologie des Betriebsklimas, Frankfurt a. M. 1963, S. 76–106.

Zu den Grundlagen der Entgeltdifferenzierung:

Paasche, J., Zeitgemäße Lohngestaltung, Essen 1981.
Oechsler, W., Personal und Arbeit, 3. Auflage, München/Wien 1988.

Zur Entlohnung im Wandel:

Bühner, R., Arbeitsbewertung und Lohnfindung, in: WIST 14 (1985), S. 433–438.
Eckardstein, D.v., Entlohnung im Wandel. Zur veränderten Rolle industrieller Entlohnung in personalpolitischen Strategien, in: Zeitschrift für betriebswirtschaftliche Forschung 38 (1986), S. 247–269.
Zander, E., Entgeltformen bei veränderten Technologien, Arbeitsstrukturen und Arbeitszeitregelungen, in: Zeitschrift für betriebswirtschaftliche Forschung 38 (1986), S. 289–301.

Zur Entlohnung und Motivation, Lohnzufriedenheit und Lohnunzufriedenheit:

Lawler, E.E. III., Pay and organizational effectiveness: A psychological view, New York 1971.

Lawler, E.E. III., Pay and organization development, Reading/Mass. 1981.

Ondrack, D., Entgeltsysteme als Motivationsinstrument, in: Kieser, A./Reber, G./ Wunderer, R. (Hrsg.), Handwörterbuch der Führung, Stuttgart 1987, Sp. 210–231.

Stichwortverzeichnis

ABB-Arbeits-Beschreibungs-Bogen 444
Abbauplanung 564
Abbild-Theorie 238, 241
Abnehmeranalyse 148 ff.
Absorptionsmedien 213
Abwehrverhalten 424 f.
Adhocratie 392
Äquivalenzprinzip 641
AGIL-Schema 114
Akkordlohn 649 ff.
Alles- oder Nichts-Kultur 539
Analytische Projektkultur 539 f.
Anforderungsarten 642 ff., 657 ff.
Anforderungsprofil 585 f.
Anreiz-Beitrags-Theorie 46 f.
Anspruchsniveau 448
Arbeitsbewertung 642 ff., 656 ff.
- analytisch 645 ff.
- summarisch 643 f.
- und neue Technologien 656 ff.
Arbeitsinhalt 432 ff.
Arbeitsdirektor 573
Arbeitsentgelt s. Entlohnung
Arbeitsproduktivität 479 ff.
Arbeitszeugnisse 591
Arbeitszufriedenheit 441 ff.
Assessment Center 602 ff.
Attributionstheorie 489
Aufgabenanalyse 364 ff.
Aufgabenführer 473
Aufgabengruppe 455
Aufgabenstruktur 510, 516, 518
Aufgabenvielfalt 432
Aufsichtsrat 91 f., 573
Aus-, Fort- und Weiterbildung 567
Ausbildungszeugnisse 591
Austrittsbarrieren 151
Auswahlentscheidung 190 ff.
Auswahlgespräch 592 ff.
- strukturiert/unstrukturiert 593
- Ergebnisse der Interviewforschung 596
Autoritärer Führungsstil 497 f.

Bank-Wiring-Observation Room-Studie 50 f.
BCG-Matrix 178 ff.
Bedarfsplan 563
Bedürfnishierarchie 420 ff., 429
Befehl 37, 39, 45
Bellmannsches Optimalitätsprinzip 253
Bereitstellungsplanung 222 f.
Bestandserhaltung 110
Betriebliche Sozialpolitik 571
Betriebsrat 87 f., 572 f., 589
Betriebsverfassung 88
Beurteilungsgespräch 628 ff.
Bewegungsstudien 36
Bewerbungsunterlagen, Analyse der 590 ff.
Bilanzprognosemodelle 306 ff.
Bilanzrichtliniengesetz 90
Biographical Information Blank (BIB) 591
Branchenattraktivitäts-/
Wettbewerbsstärken-Matrix 185
Break-even-Analyse 295 ff.
Brot und Spiele-Kultur 539
Budget 325 f.
- Arten 329 f.
- Funktion 326 f.
- Kontrolle 326
- Probleme 327 f.
Budgetierungsprozeß 333 ff.
Business Policy 32
Bürokratie 41 ff.

Cash-flow 182
Charisma 42, 490
Consideration 505 f.
Davoser Manifest 93 f.
DBU-Faktor 299
Deckungsbeiträge 265 f., 272
Defizitprinzip 421
Delegation 29
Dialog 92, 543
Differenzierung, organisatorische 361 ff.
Differenzierungsstrategie 168 ff.
Divergenztheorem 479
Diversifikation 174 ff.
Durchführungskontrolle 207

Echtzeitsteuerung 235
Economies
- of Scale 146 ff., 169 f., 189
- of Scope 148, 174, 190
EDV 294, 324, 342 f.
Effektivität, Begriff 46 f.
Effizienz, Begriff 46 f.

Eigenkomplexität 111
Eigenschaftsansatz der Führung 487 f.
Eigenschaftsorientierter Ansatz der Personalbeurteilung 616
Eigentum 74, 82 ff.
Eigentümerkontrolle 82 ff.
Eigentümerunternehmer 25
Eignungsprofil 585 f.
Einflußprozeß-Modell 490 ff.
Einheit der Auftragserteilung 40
Einlinienprizip 378
Einstufungs-Skalen 617 f.
Entlohnung 637 ff.
- Lohnzufriedenheit 670 ff.
- Motivation 667 ff.
- qualifikationsbezogene 660, 665 f.
- und neue Produktionstechnologien 656 ff.
- und Arbeitsorganisation 655
- und Strategie 655 f.
- und Tarifpolitik 655
- und Wertewandel 655
Entscheidungsbaumverfahren 234, 250 ff.
Entscheidungsprozeß 373 ff.
Entscheidungstheorie 231 ff., 239 ff., 254
Equity-Theorie 671
Erfahrungskurve 169 f.
Erfolgsfaktor, strategischer 215
Ergebnisorientierter Ansatz 626 ff.
Erlösfunktion 295
Erwartungs-Valenz-Modell 410 ff.
Erzwungene Verteilung 622 f.
Esprit de Corps 40
Evolutionstheorie 59
Experimentier-Modelle 260 ff.
Externe Effekte 77 f.

Fall-Methode 32
Fähigkeitsprofil 585 f.
Fehlzeiten 437, 481, 545
Finanzplanung 316 ff.
Flexibilität 215, 236, 547
Fluktuation 437, 440, 443, 481, 545
Forced Choice 623
Frustration 425
Frühwarnsystem 206
Funktionsmeistertum 36, 379
Führer
- formell 471 ff., 494
- informell 471 ff.
Führungsgrundsätze 536
Führungsstil
- autoritär/demokratisch 497 ff.
- personen-/aufgabenbezogen 501 ff.
- zwei-dimensionale Konzepte 505 ff.
Führungsverhalten 497

Gantt-Chart 36
Ganzheitscharakter der Aufgabe 432
Geführte 492 ff., 510
Generische Personalfunktionen 577 ff.
Genfer Schema 645
Geschichten 536 f.
Geschlecht 448
Gesellschaftliche Verantwortung 92 ff.
Gesellschaftsrecht 73 ff.
Gewinnbeteiligung 570
Graph 288
- gerichteter 288
- Tätigkeits- 288
- Ereignis- 288
Grenzziehung 109 ff.
Gruppen
- Denken 475 ff.
- Entwicklung 473 ff.
- Formation 473 ff.
- formelle 454 f.
- Größe 479
- informelle 454 f., 108
- Kohäsion 459 ff.
- Mitglieder 457 f.

Halo-Effekt 621
Handeln
- erfolgsorientiert 69 ff.
- verständigungsorientiert 68 f.
Handlungsspielraum 80 f., 433
Handlungssystem 109 ff.
Handlungstheorie 116
Harmoniethese 52 f.
Hawthorne - Experimente 48 ff.
Herrschaft 41 ff.
Hierarchie 78 ff.
Hierarchie-Effekt 621
Holding 370 ff.
Human Relations-Ansatz 52
Human Ressourcen-Ansatz 53 f.
Humanisierung der Arbeit 441
Hygienefaktoren 427 f.
Implementation
- Planung der 193 ff.
- Barrieren 197, 547 f.
Indifferenzzone 48
Indirekter Prozeßertrag 272
Individualisierung der Personalarbeit 577
Industrielle Beziehungen 573
Industrielle Revolution 25
Initiating structure 505 f.

Innovation 548 f.
Input (variablen) 457 ff.
Integration
- horizontale 378 ff.
- vertikale 27, 378 ff.
Integrationsmanager 389
Intelligenztest 598 f.
Interdependenz der Pläne 228 ff.
Interessen 65 f.
Interne Umwelt 112
Interview s. Auswahlgespräch
Issue-Management 206

Job Enlargement 435 f.
Job Enrichment 436 f.
Job Rotation 434 f.
Joint Venture 177
Just-In-Time-Produktion 221 f.

Kapitalismus 74, 80
Käuferloyalität 148
Kernmarkt 167 f.
Klassische Schule des Managements 34 ff.
Knappheitspreise 279
*Kompensation 202, 120
Komplexität 235, 110 ff.
Kompromiß 72
Konformismus 547
Kongruenz 525
Konkurrentenanalyse 163 ff.
Kontingenz 110 ff.
Kontingenzmodell (Fiedlersches) 508 ff., 524, 525
Kontingenztheorie der Organisation 396 ff.
Kontrolle
- funktionsbereichsbezogen 342
- operativ 337 ff., 341 ff.
- produktprogrammorientiert 341 f.
- strategisch 200 ff.
Kontrollspanne 380 ff.
Konzertierte Gruppenaktion 477 f.
Kooperation, laterale 387
Koordinationsproblem 66 f.
Kosten
- fixe 296
- funktion 295
- Grenz- 246
- struktur 300 f.
- variable 295
Kostenschwerpunktstrategie 169
Koalitionstheorie 47
Krisenverläufe 204 ff.
Kritische Ereignisse 624 f.
Kulturdenken 547
Kulturtypen 537 ff.
Kurskorrektur 551

Lebenszyklus
- Produkt 179
- Organisation 399 ff.
- Technologie 139 f.
Legalität 41, 47
Legitimität 42, 48
Leistungsbeurteilung s. Personalbeurteilung
Leistungstest 598
Leitungsintensität 381
Lernprozeß 111, 169 f., 209, 534
Lieferantenanalyse 150
Lineare Programmierung 242 ff., 316 ff., 264 ff.
Liquidität 295
Liquiditätsplanung 295, 316
Lohnformdifferenzierung 648 ff.
- und neue Technologien 661 ff.
Lohngerechtigkeit 639, 642, 677
Lohngruppenverfahren 643 f.
Lohnkonflikt 639 f.
Lohnsatzdifferenzierung 642 ff.
Macht
- Definition 42, 494
- gebrauch 70, 496
- Machtstellung der Großunternehmung 78 ff.
- durch Belohnung 494
- durch Legitimation 495
- durch Persönlichkeitswirkung 495
- durch Wissen 495
- durch Zwang 495
Markteintrittsbarrieren 145 ff.
Management
- Ansätze
  - evolutionstheoretische 59
  - klassische 34 ff.
  - quantitativ-mathematische 54 ff.
  - systemtheoretische 56 ff.
  - verhaltenswissenschaftliche 45 ff.
- Ebenen 6
- Funktionen 7 ff., 17 ff.
- Ideengeschichte 30 ff.
- Kompetenzen 19 f.
- Prinzipien 38
- Prozeß 9 f., 116 ff.
- Ursprung 25 ff.
Management by Objectives 626 ff.
Managementlehre 30 ff.
Manager 6 ff., 11 ff., 82 f., 92, 96 ff.
Managerial Grid s. Verhaltensgitter
Managerkontrolle 83
Managerrolle 15 ff.
Marketing-Mix 223 f.
Markov-Modelle 257 ff.

Marktwirtschaft 72
Mathematische Modelle 237 ff.
Mathematische Schule 54 ff.
Matrix
- organisation 389 ff.
- technologische 285 f.
Mehrliniensystem 379
Milde-Fehler 621
Mindestbetriebsgröße 145 f.
Mitarbeiterinformation 572
Mitbestimmung 87 ff., 91 f., 561, 640
Modellbegriff 273 ff.
Moderator - Ansatz 508 ff.
Monopolistische Konkurrenz 148
Motivationstheorie
- inhaltliche 409, 420 ff.
- Prozeßtheorie 409 ff.
Motivatoren 428
Multinationale Strategie 188 ff.
Multiples Verknüpfungsmodell 516 f., 524

Nationalsozialismus 32 f.
Netzplanmodelle 256 ff.
Nische 167 f., 172
Normalverteilung 622
Normen 461 ff., 536
Normstrategie 185 ff.
Offenes System 507
Optimierungsmodelle 242 ff.
Organisation
- divisionale 368 ff.
- funktionale 366 ff.
Organisationskultur s. Unternehmenskultur
Organisationsstruktur 359, 363 ff.
Organizational Engineering 512
Output (variablen) 479 ff.

PAQ-Position Analysis Questionnaire 569
Paradigma (wechsel) 34
Parametrische Programmierung 279 ff.
Partizipation 497 ff.
Pensumlohn 653, 665, 667
Personal
- Abteilung 562 ff.
- Bedarf 563
- Einsatz 8 f., 117 ff., 555 ff.
- Entwicklung 566 ff.
- Fragebogen 590 f.
- Leiter 560
- Marketing 584
- Planung 563 ff.
- Verwaltung 573
Personalauswahl 581 ff.
- Instrumente der 589 ff.
- rechtliche Rahmenbedingungen 587 ff.
Personalbeschaffung 584
- externe 584
- interne 584
Personalbeurteilung
- Ansätze 566, 616 ff.
- Zwecke 613 ff.
Persönlichkeitstest 599 f.
PIMS 180 f.
Planbarkeit 106 f.
Planbilanzierung 295, 304 ff., 310 ff.
Plandeterminierung 103 ff.
Planung
- Konkretisierungsgrad 213
- operativ 118 f., 125, 213 ff., 241 ff.
- Prozeß 132 ff., 235
- simultan 228, 230
- strategisch 213, 129 ff., 125, 118 f.
- sukzessiv 230 f.
- taktisch 217
Planungsmodelle 237 ff.
Planungssystem 219 ff.
Polarisierungsthese 657
Politische Prozesse 71
POSDCORB 8
Positionshöhe 446
Positionsmacht 509, 524
Prämienlohn 651 f., 663 f.
Prämissenkontrolle 202 ff., 207
Preissystem 75 ff.
Produktionsplanung 222, 264 ff.
Produktionsprogramm 264 f.
- optimales 272 f., 278
- Planung des 264 ff.
Produktionsprozeß 269, 284 f.
Produktionsstruktur 284
Produzentenhaftung 87
Professionalisierung
- des Managements 82 f.
- des Personalwesens 562
Prognostizierende Modelle 255 ff.
Progressionsprinzip 421 f.
Projekt
- operativ 218, 226
- strategisch 218, 226
Prozeßkultur 540
Prozeßplanung 222
Psychologische Tests 597 ff.
Publizitätsgesetz 89
Pufferzeit 293

Qualitätszirkel 569
Quantitative Schule 54 f.

Rangreihe 622
Rangreihenverfahren 646
Rationalität 68
- kommunikative 68
- ökonomische 71
- subjektive 68, 70
- Systemrationalität 115
- Zweckrationalität 70
Reaktionspotentiale 233
Realgüterprozeß 218
Realistic Job Preview (RJP) 586
Referentensystem 577
Regelkreis 56 f.
Reifekontinuum 430 f.
Reihung 642 f.
Relais-Montage-Testraum-Studie 49 f.
Relative Deprivation 442
Reliabilität 598
Requisite Variety 57
Ressourcen-Abhängigkeits-Theorem 58 f.
Ressourcenanalyse 155 ff., 132
Return on Investment (ROI) 347 ff.
- Mängel 349
- Merkmale 347 f.
Risikoschub 474 f.
Riten 537
Rollen
- Differenzierung 471
- Episode 468
- Konflikte 469 f.
- Set 467
- Streß 470
Routineprogramme 385 f.
Rückkoppelung 57, 433

Sachfunktionen 6
Schattenkultur 550
Schnittstelle 214 ff., 217
Scientific Management 34 ff.
Segmentierungsthese 657
Selbstabstimmung 387 ff.
Selbstbeschreibung 111
Selbstbeurteilung 635
Selbstverwirklichung 421
Selektion 110 ff., 237 ff., 201 ff.
Selektivität s. Selektion
Simplex-Methode 272, 273 ff.
Simulation 260 ff.
- deterministisch 261
- stochastisch 261 ff.
Situationale Führungstheorie 513 ff.
Situationsmodell 231 ff.
Situationstheorie der Führung 507 ff.
Soziale Bedürfnisse 420 f.
Sozialisation 534
Sozialleistungen 571
Sozialstruktur 463 ff.
Spezialisierungsvorteile 35, 366
Stabilität 545
Stabsstellen 135, 373 ff.
Stakeholder-Ansatz 65 f.
Standards 462 f.
Status
- Determinanten 464 ff.
- Kongruenz 465
- Symbole 464
Stellenbeschreibung 585 f.
Strategie
- Geschäftsfeld 167 ff.
- Globale 188 f.
- fragmentierte 189
- Optionen 165 ff.
- Unternehmensanalyse 152 ff.
- Unternehmensgesamt 174 ff.
- Wahl 190 ff.
Strategische Kontrolle 200 ff.
Strategische Programme 194 f.
Strategische Überwachung 202, 204, 208
Streubreite 622
Strukturanalyse 288 ff.
Stufenwertzahlverfahren 646
Stufung 642 f.
Subjektive Wahrscheinlichkeit 412 f.
Subkultur 543 f.
Substitutionsprodukt 150
Subsystem 112 f., 213 f.
Survey Feedback 54
Symbole 536
System/Umwelt-Differenz 109 ff.
Systemrationalität 114 f.
Systemtheorie 56 ff., 107 ff, 115 f.
Szenario 141 ff.

Tagebuchstudien 11
Tätigkeitsorientierter Ansatz 616 ff.
Team 135, 519
Technologie-Typen 396 ff.
Teilautonome Gruppen 438 f.
Tendenz zur Mitte 621
Transaktionale Führung 502
Transformative Führung 502

Umstellungskosten 149
Umwelt
- Analyse 135 ff.
- Globale 137 ff.
- Wettbewerbs 144 ff.
Umwelt-Interaktions-Ansatz 396

Umweltschutzgesetzgebung 90
Unfreezing 54
Unsicherheit 106, 231 ff., 110 ff., 201 ff., 239 ff.
Unternehmensethik 84 ff.
Unternehmenskultur
- Basisannahmen 534 ff.
- Entwicklung 549 ff.
- Homogenität 543
- Stärke 540 ff.
- Typen 539 f.
- Wandel 549 ff.

Validität 598
Variablen/Intervenierende 516
Verfügungsgewalt 82 ff.
Verhaltensbeobachtungsskalen 620 f.
Verhaltensgitter 505 ff.
Verhaltenswissenschaftliche Schule 45 ff.
Vertragsmodell 73 ff.
Vollkommene Konkurrenz 75 f.
Vollzug 193 ff., 213 ff., 607 ff., 630 ff.
Vorschlagswesen 568
Vroom-Yetton-Modell 517 ff.

Wachstumsbedürfnisse 422
Weg/Ziel-Theorie der Führung 521 ff.
Weighted Application Blank (WAB) 591
Weltbild 536
Werkswohnungen 571
Werkszeitschrift 572
Wertkette 155 ff.
Wertumlaufprozeß 218, 224 ff.
Wissenschaftliche Betriebsführung s. Scientific Management

Zeitanalyse 290
Zeitlohn 648 f., 663 f.
Zero-Base-Budgetierung 333 ff.
Ziele
- Eindeutigkeit 627
- Schwierigkeit 627
Zwei-Faktoren-Theorie 425 ff.